"十四五"时期国家重点出版物出版专项规划项目

中国电力工业史

火力发电卷

中国电力企业联合会
中国电机工程学会 编

HISTORY OF
CHINA'S
ELECTRIC POWER
INDUSTRY

中国电力出版社
CHINA ELECTRIC POWER PRESS

图书在版编目（CIP）数据

中国电力工业史. 火力发电卷 / 中国电力企业联合会，中国电机工程学会编. —北京：中国电力出版社，2022.12
ISBN 978-7-5198-7292-2

Ⅰ. ①中… Ⅱ. ①中… ②中… Ⅲ. ①火力发电–电力工业–经济史–中国 Ⅳ. ①F426.61

中国版本图书馆 CIP 数据核字（2022）第 226639 号

出版发行：中国电力出版社
地　　址：北京市东城区北京站西街 19 号（邮政编码 100005）
网　　址：http://www.cepp.sgcc.com.cn
印　　刷：北京雅昌艺术印刷有限公司
版　　次：2022 年 12 月第一版
印　　次：2022 年 12 月北京第一次印刷
开　　本：787 毫米×1092 毫米　16 开本
印　　张：39.25　插页　20
字　　数：910 千字
印　　数：0001—1000 册
定　　价：280.00 元

中国火力发电的初步发展

1882—1949 年

1887 年上海
外白渡桥上
的电弧灯。

1882 年 7 月 26 日晚，上海 15 盏电弧灯点亮，标志着中国电力工业诞生（图上红点标注处为电弧灯的位置）。

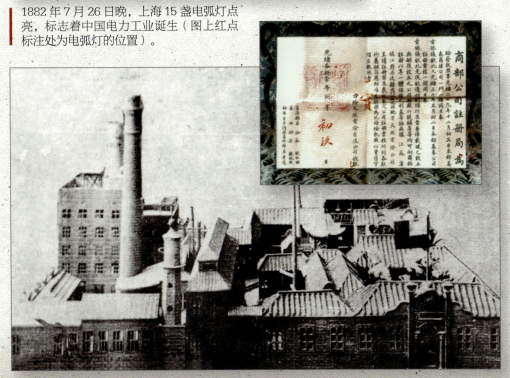

1905 年，镇江府丹徒县大照电灯有限公司全景及其执照。

1912 年的京师华商电灯公司西城根电厂（前门发电总厂）及其营业执照。

1913 年建成的上海江边电站（现杨树浦电厂），至 1934 年装机容量 18.35 万千瓦，成为远东第一大电厂。

创建于 1914 年的宁波永耀电力公司，至 1936 年装机容量已有 9520 千瓦，图为其厂房和发行的股票。

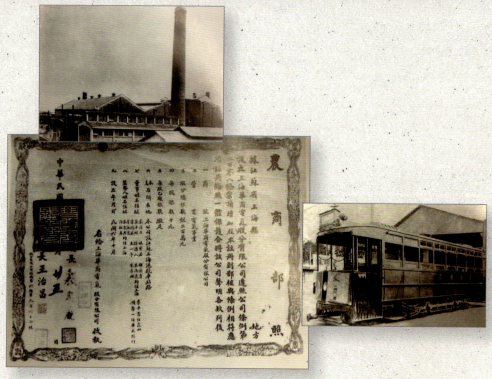

1917 年，上海华商电气股份有限公司成立，图为其营业执照、公司厂房及运营的电车。

北京石景山发电厂于 1919 年开始建设，图为 1938 年的石景山发电厂。

▌1922 年法商电车电灯公司（成立于 1906 年）卢家湾发电厂。

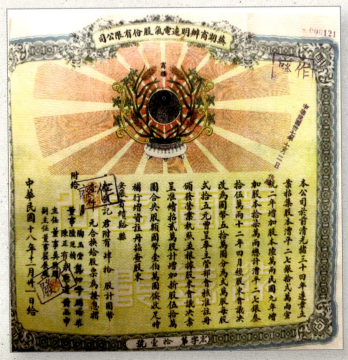

▌1929 年芜湖明远电气股份有限公司发行的股票。

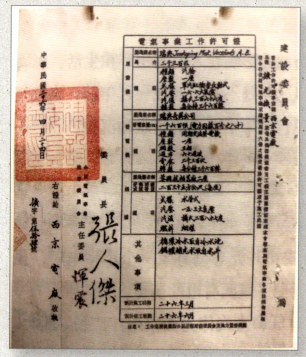

1937 年国民党政府建设委员会颁发给西京电厂的电气事业工作许可证。

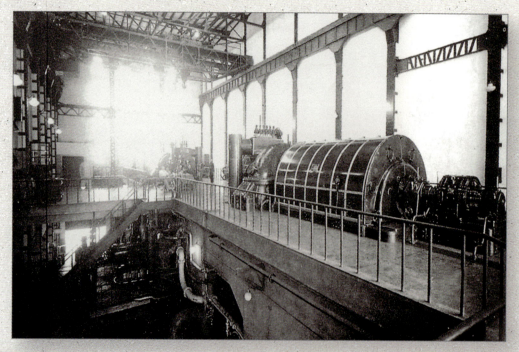

1943 年建成的天津第一发电厂，装机容量 3 万千瓦，图为该厂汽轮发电机组。

1947年，中国共产党领导的解放区建设了山西长治华北军工部第四总厂军工一分厂，又称刘伯承电厂。

南京下关发电所"京电"号小火轮成为"渡江第一船"。

新中国成立到改革开放前期的
中国火力发电

1949—1978 年

1950 年 10 月，出席全国工农兵劳模代表会议的电业劳动模范。

1952 年 9 月 17 日，中华人民共和国成立后第一台 2.5 万千瓦汽轮发电机组在阜新发电厂安装竣工，毛泽东主席发来嘉勉电。

20 世纪 50 年代，列车电业局"老二站"在新安江水电站建设工地。

由苏联援建的黑龙江富拉尔基热电厂于 1953 年
开始建设，是中国第一座高温高压热电厂。

1956 年 2 月，第一台国产 6000 千瓦汽轮发电机组在安徽田家庵发电厂投产。

▍1957 年开始兴建的辽宁发电厂，经过多次扩建，成为 20 世纪 60 年代亚洲第一大电厂。

▍1974 年 11 月，国产第一台 30 万千瓦燃油机组在江苏望亭发电厂投产。

▍1969 年 9 月，国产第一台 12.5 万千瓦超高压汽轮发电机组在上海吴泾电厂投产。

改革开放到新世纪初期的中国火力发电

1979—2002 年

20 世纪 70 年代末投产的河北陡河发电厂，装机容量 155 万千瓦。

1981 年 12 月，中央与地方集资兴建的山东龙口电厂开工建设，1988 年 12 月 4 台机组全部建成投产。

1988 年 1 月，浙江北仑发电厂开始建设，这是中国首次利用世界银行贷款建设的大型电力项目。

广东沙角 B 电厂是中国首个以 BOT 方式建设的火电厂，于 1988 年 4 月投入商业运行，装机容量 2×35 万千瓦。

1988 年 12 月 15 日，首台国产 60 万千瓦火电机组在安徽平圩发电厂成功并网发电。

山东石横电厂 30 万千瓦双引进机组于 1988 年全部建成发电。

1992 年，上海石洞口第二发电厂投产 2 台 60 万千瓦机组，这是利用外资建设的第一座超临界压力机组发电厂，其主要技术经济指标连续十余年居国内领先水平。图为该厂 CO_2 捕集装置。

▌ 1994 年，华能大连电厂成为全国第一座获得"一流火力发电厂"称号的发电厂。

▌ 华能内蒙古伊敏电厂于 1999 年建成，是中国第一个大型煤电联营项目。

中国大陆规模最大的台湾资本建设的漳州后石电厂，一期工程1号、2号机组分别于1999年11月、2000年6月并网发电，二期工程3号、4号、5号、6号机组分别于2001年9月、2002年11月、2003年12月、2004年7月并网发电。

2001年，中德合资的邯峰发电厂一期工程建成投产。

进入新世纪的中国火力发电

2002—2019年

2004年11月23日，首台60万千瓦国产化超临界机组在华能沁北电厂投产。

2005年4月，国电大同二电厂成功投运国产首台亚临界60万千瓦直接空冷机组。

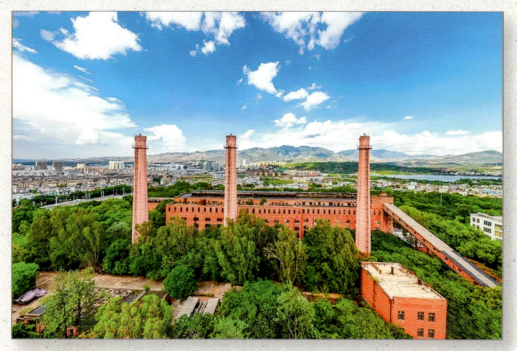

2006 年 6 月 3 日，云南大唐国际红河发电公司开远电厂 1 号机组投产，为第一台国产化 30 万千瓦循环流化床机组。

2006 年 6 月，内蒙古乌拉山电厂投运国产首台 30 万千瓦空冷机组。

2006年7月，华电可门发电厂60万千瓦超临界机组投产，为华电集团首台60万千瓦超临界燃煤机组。

2006年，华能上都电厂2×60万千瓦机组投运，成为国家"西电东送"北通道的骨干电源支撑点。

▌2006 年 11 月 18 日，中国首台百万千瓦超超临界机组在华能玉环电厂投产。

邹县电厂 2 台百万千瓦机组分别于 2006、2007 年顺利投产发电。邹县电厂集 30 万、60 万、100 万千瓦 3 个等级机组于一身，装机总容量达 454 万千瓦。

2007 年 1 月，大唐安阳公司 2 台 10 万千瓦机组成功实施"上大压小"的"全国第一爆"。

2007年8月31日，华能营口电厂二期工程3号机组——首台国产化60万千瓦超超临界机组投产。

2007年11月，华能铜川电厂投运国产首台60万千瓦亚临界空冷脱硫机组。

2007年12月4日，泰州电厂1号机组投产，成为中国发电装机达7亿千瓦的标志性机组。2015年9月25日，泰州电厂3号机组投产，是世界首台百万千瓦超超临界二次再热燃煤发电机组。

2007年，国电成都金堂电厂2×60万千瓦机组投产，是国电集团公司在四川投产的最大火电机组。

2008年3月和6月，上海外高桥第三发电厂2台百万千瓦超超临界机组相继投产，能耗处于世界领先水平。

2008年6月、7月，华能上安电厂三期工程5号、6号机组分别投运，为世界上首次在60万千瓦超临界等级上采用空冷技术的机组。

▌2008 年，华能瑞金电厂投运首台国产 35 万千瓦超临界燃煤机组。

▌2009 年 6 月，国电北仑电厂三期工程 7 号机组投产，随着此百万千瓦机组投产，国电北仑电厂以总装机容量 500 万千瓦成为当时全国最大的火力发电厂。

2009年7月，大唐华银金竹山火力发电分公司扩建工程3号机组投产，此机组锅炉为世界首台60万千瓦W火焰超临界锅炉。

2009年11月，国投北疆电厂一期百万千瓦机组投产，项目采用"发电—海水淡化—浓海水制盐—土地节约整理—废物资源化再利用"的"五位一体"循环经济模式，是国家首批循环经济试点项目。

▎2009 年 12 月，大唐景泰电厂 66 万千瓦超临界机组投产，为甘肃省首台 60 万千瓦级机组。

▎2009 年 12 月，华能东方电厂投产 2 台国产第一批低煤耗 35 万千瓦超临界燃煤发电机组。

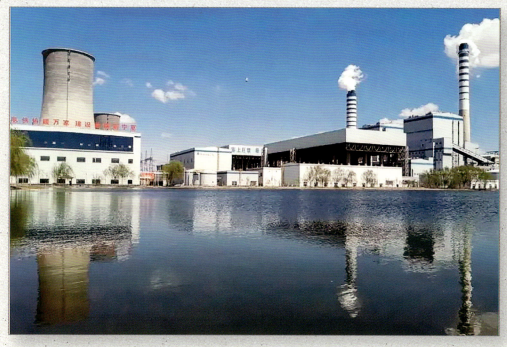

2010 年 12 月，华电灵武电厂二期工程 3 号机组投产发电，为中国拥有自主知识产权的世界首台百万千瓦超超临界空冷机组。

2012 年 12 月，中国首座、世界第六座 IGCC 电站——华能天津 IGCC 示范电站投产。

2013 年 4 月，四川白马电厂投运世界首台 60 万千瓦超临界循环流化床机组，标志着中国在大容量、高参数循环流化床洁净煤燃烧技术领域走在了世界前列。

2014 年 5 月，中国首套烟气超低排放装置在浙能嘉兴电厂 8 号机组上投入运行。

神华国华三河电厂于 2014 年、2015 年完成了在役 4 台机组的节能环保综合升级改造，成为京津冀地区首家"近零排放"燃煤电厂。

2015 年 6 月，华能安源电厂 66 万千瓦超超临界机组投产，为国内首台 66 万千瓦超超临界二次再热机组。

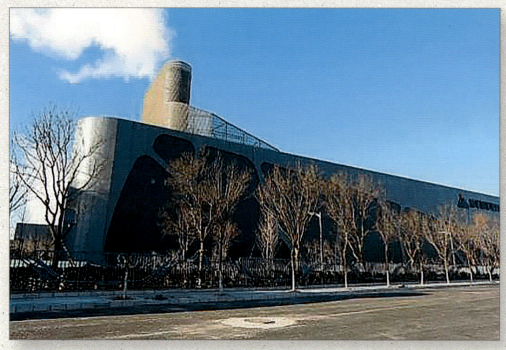

2015年8月，神华国华（北京）燃气热电智慧电厂示范工程正式投产，此工程开启了"智能化、数字化"电站的建设之路。

华能莱芜电厂"上大压小"百万千瓦机组扩建工程——2台百万千瓦超超临界二次再热机组分别于2015年、2016年投产，此工程凭借机组效率高、能耗低、指标优、环保好、自动化程度高的特点，获得亚洲电力奖2018年度燃煤发电项目金奖。

2017 年 2 月，大唐国际内蒙古托克托电厂装机总容量达到 672 万千瓦，成为全世界最大的在役火力发电厂。

2018 年 4 月，国家能源集团安徽蚌埠发电公司 2×66 万千瓦二次再热机组投产。此工程也是国家科技部支撑计划项目"燃煤电厂烟气一体化协同超净治理技术及工程示范"依托项目。

2018 年 9 月，华电湖北襄阳生物质气化耦合发电项目于完成满负荷试运行，此项目为国家燃煤耦合农林生物质发电技改试点项目。

宿迁电厂 2×66 万千瓦超超临界二次再热燃煤发电机组分别于 2018、2019 年投产。该工程为国家重点研发计划项目"高效灵活二次再热发电机组研制及工程示范"和"燃煤电站低成本超低排放控制技术及规模装备"的依托工程。

2020年11月、12月，大唐东营电厂2台100万千瓦超超临界机组投运，为世界首台六缸六排汽超超临界二次再热百万千瓦燃煤机组，其热效率更高、煤耗率更低。

土耳其阿特拉斯2×60万千瓦伊斯肯德伦火电厂2台机组分别于2014年8月和12月投入商业运行，该项目为国家电投集团的海外代表性工程。

2015 年 10 月，印度尼西亚与东方电气集团签订芝拉扎燃煤电站三期 1 台 100 万千瓦扩建项目锅炉设备采购合同，实现了国内首台 100 万千瓦等级超超临界机组锅炉出口海外。

2015 年，印尼巴厘岛 3×14.2 万千瓦燃煤电厂项目投产发电。项目为华电集团在海外投建的煤电项目，投产后成为巴厘岛的主要支撑电源。

▌菲律宾康塞普森电站CFB燃煤机组项目为中国能源建设集团的海外项目，机组于2016年投运。

▌巴基斯坦萨希瓦尔电站2×66万千瓦超临界燃煤机组是中巴经济走廊"优先实施"项目，是华能集团在海外建设的第一个大型高效清洁煤电项目，2台机组分别于2017年5月、6月投产发电。

俄罗斯捷宁斯卡娅燃气—蒸汽联合循环电站于 2017 年 6 月投运，该电站项目由华电香港公司与俄罗斯联合投资建设而成。

中国电建参与投建的巴基斯坦卡西姆港燃煤电站首台 66 万千瓦超临界机组于 2017 年 11 月投产。该电站是"中巴经济走廊"首个落地的大型发电项目。

越南永新燃煤电厂一期2×62万千瓦项目是中国企业在越南的首个采用BOT投资模式的项目。2台机组分别于2018年5月、10月投运。

国家能源集团投资的印度尼西亚爪哇7号2×105万千瓦燃煤发电厂分别于2019年、2020年投产运行，是中国企业在海外投资建设的单机容量最大的火电机组。

越南沿海二期 2×66 万千瓦燃煤电站 1 号机组于 2021 年 6 月投运,由华电工程与国外企业合资开发建设而成。

《中国电力工业史》
编 纂 委 员 会

《中国电力工业史》
编 辑 部

主　任　郝英杰

副主任　刘广峰　张天文　米建华　田卫东　石庆周
　　　　毕湘薇　冀瑞杰　晏　俊

成　员　肖　兰　张运东　孔志国　孙　健　侯　伟
　　　　周　莉　李建强　杨伟国　王金波　梁　瑶
　　　　黄晓华　王春娟　华　峰　胡顺增　赵文图
　　　　方耀明　亓艳萍　王惠娟　张大龙

《中国电力工业史 火力发电卷》
编 纂 委 员 会

前　言

电力工业是国民经济的重要基础工业，是资金密集型、技术密集型的基础产业，是社会公用事业的重要组成部分。

1882 年 7 月 26 日，中国电力工业诞生。从此，被马克思称为"电气火花"的"无比的革命力量"，降临到具有五千年悠久文明史的中国大地，开启了曲折漫长而又波澜壮阔的电气化进程。随着中国社会历史的变迁，经过数代中国电力工作者的不断努力奋斗，中国电力工业从小到大、从弱到强，历经 140 年的发展壮大，已经跃居世界电力工业先进行列。

中国电力工业的历史是一部国家兴衰史。中国电力工业在其发展的前 60 多年里，发展极其缓慢，技术和装备十分落后。旧中国的电力工业史是一部被列强掠夺、饱受战争创伤的辛酸史。新中国的成立，是中国电力工业迅速崛起的里程碑。从此，中国电力工业走向了欣欣向荣的康庄大道。

新中国电力工业的历史是一部艰苦奋斗史。新中国电力工业是从战争的废墟中起步的，中国电力工作者在一穷二白的基础上，发扬愚公移山的精神，依靠自己的力量和聪明才智，独立自主、自力更生、顽强拼搏、不懈努力，创造了一个又一个辉煌。没有艰苦奋斗，就没有发展壮大的中国电力工业。

新中国电力工业的历史是一部改革发展史。中国电力工业跨越式发展得益于改革开放。改革开放破除了体制机制的障碍和藩篱，调动了电力市场主体的积极性和创造性，极大地解放了生产力；改革开放使中国电力工业从引进资金、设备和技术到走向国际市场，赶超世界先进水平。没有改革开放，就没有走向世界的中国电力工业。

新中国电力工业的历史是一部科技进步史。电力工业是技术密集型产业，技术进步是高质量发展的动力。中国电力工业坚持自力更生与引进、消化、吸收、创新相结合，短短几十年突破了众多重大技术、重大工程、重大装备的难关，在发电、输变电、大电网自动控制等多个领域进入世界先进行列。没有科技进步，就没有高质量发展的中国电力工业。

新中国电力工业的历史是在中国共产党领导下创造的历史。新中国成立之初即明确电力工业是国民经济"先行官"的地位。在中国共产党的领导下，中国电力工业开辟了一条中国特色社会主义的发展之路。"人民电业为人民""能源建设以电力为中心""四个革命、一个合作"能源安全新战略，引导中国电力工业持续健康和高质量发展。电力工业所取得的辉煌成就，是中国共产党领导中国人民从胜利走向胜利在电力行业的光辉写照。

党的十九大提出，2035 年要基本实现社会主义现代化，2050 年要建成富强民主文明和谐美丽的社会主义现代化强国。电力作为社会发展的生产资料，又是生活资料，也是物质文明和精神文明的基础，将伴随社会经济的发展、人民生活水平的提高而不断发展。"十四五"时期，中国已转向高质量发展阶段，将由全面建成小康社会转向全面建设社会主义现代化国家，处于转变发展方式、优化经济结构、转换增长动力的攻坚期。中国电力工业从总量来看已成为世界第一，技术水平和管理水平都已进入世界先进行列，但中国人均占有电量只有发达国家的 60% 左右，人均生活用电仅为发达国家的 35% 左右。据初步预测，到 2050 年中国达到现代发达国家水平，从电力需求来说，今后 30 年内需再新增发电容量 30 亿千瓦以上；从技术发展来说，在提高电力智能化、自动化水平上，在煤的清洁高效利用与可再生能源的高效转换上，在电能供应质量和可靠性上，在节能环保和综合能源管理上，都需要科技创新和技术升级。这是所有电力工作者的重要职责和伟大使命。电力工业将始终坚持"创新、协调、绿色、开放、共享"的新发展理念，坚持创新驱动战略，加强核心技术攻关，推动服务模式创新，促进中国电力工业高质量发展，为经济社会健康发展提供坚强支撑。

习近平总书记指出，历史是最好的教科书，要在对历史的深入思考中做好现实工作、更好走向未来。要高度重视修史修志，把历史智慧告诉人们，激发我们的民族自豪感和自信心，坚定全体人民振兴中华、实现中国梦的信心和决心。

在庆祝中国共产党成立 100 周年之际，中国电力企业联合会组织电力行业各单位，编纂了《中国电力工业史》。《中国电力工业史》共分《综合卷》《火力发电卷》《水力发电卷》《核能发电卷》《可再生能源发电卷》《电网与输变电卷》《配电卷》与《用电卷》八卷，以生产力为主线，采用编年体的方式，梳理和阐述了中国电力工业萌芽、成长、壮大的发展历程，记录了中国电力工作者依靠自己的勤劳智慧，克服各种艰难困苦，从胜利走向新的胜利，不断攀登世界电力工业高峰，走出一条具有中国特色的电力工业发展之路；讴歌中国电力工业在党的领导下艰苦奋斗、锐意改革、创新发展的历程，赞美中国电力工业取得的辉煌成就，总结经验教训，探讨电力工业发展的自身规律，传承电力文化，弘扬电力精神，提升民族自信。2021 年，党中央决定在全党开展党史学习教育，学史明理、学史增信、学史崇德、学史力行。结合党史的学习，回顾中国电力工业在党的领导下取得的辉煌成就，将激励电力工作者以更加昂扬的姿态，在全面建设社会主义现代化国家的新征程中取得更加优异的成绩。

2017 年年底，《中国电力工业史》的编纂工作全面启动。中国电力企业联合会党委十分重视《中国电力工业史》的编纂工作，建立了完备的组织协调机制和质量审查保障机制。组建了理事长任主任，各副理事长任副主任的《中国电力工业史》编委会，成立了由中电联专职副理事长兼秘书长负责具体协调，理事会工作部、英大传媒投资集团及各电力集团公司相关人员、电力系统老领导、专家组成的编辑部和编审工作机构，成立了以电网企业、发电企业为供稿单位的分编辑部，形成众人修史的良好氛围。编纂工作以史为据，真实记述，准确评述，坚持唯物史观，以习近平新时代中国特色社会主义思想为指导，贯彻落实《关于建国以来党的若干历史问题的决议》、习近平总书记在庆祝改革开放 40 周年大会上的讲话等文件精神，参考《中国共产党的九十年》等重要文献，确保重大问题与中央精神保持一致。经过三年多的时间，《中国电力工业史》陆续与读者见面，期望为读者展现一部波澜壮阔的中国电力工业史诗。

本卷为《火力发电卷》。通过燃烧煤、油、气或者其他碳氢化合物等燃料，将所得到的热能转化为机械能，驱动发电机产生电力的过程，称为火力发电。1875 年，法国巴黎北火车站用蒸汽机发电供附近照明，火力发电的发展拉开序幕。1882 年，中国上海建设了中国第一座火力发电厂，这是中国火力发电的开端，也是中国电力工业的开端。

《中国电力工业史 火力发电卷》着重记录中国火力发电的发展历史。中国火力发电起步时，中国处于半殖民地半封建社会，外强侵略、战争不断、社会动荡，火力发电在困难与曲折中艰难前行。中华人民共和国成立以来，在电力先行发展方针的指引下，中国火力发电快速发展，装机容量、发电量屡创新高，成为保证社会经济发展的"压舱石"。进入 21 世纪后，中国火力发电由追赶者转变为引领者，以清洁、高效、智能、安全为主要特征，引领全球火力发电技术的发展。

谨向所有关心、支持和参与《中国电力工业史》编纂的领导、专家和工作人员，以及编辑出版人员表示衷心的感谢！由于史料搜集、研究、编纂和校核的工作量巨大，书中难免存在不妥和疏漏之处，希望广大读者批评指正。

《中国电力工业史》
编纂委员会

顾　　问	黄毅诚	史大桢	汪恕诚	柴松岳	吴新雄
名誉主任	刘振亚				
主　　任	辛保安				
副 主 任	杨　昆	张智刚	孟振平	舒印彪	邹　磊
	温枢刚	刘国跃	江　毅	王　琳	余剑锋
	晏志勇	宋海良	杨勇平	伍　萱	夏　忠
	于崇德	安洪光	王抒祥	郝英杰	江宇峰
	魏昭峰	王志轩			
委　　员	刘　巍	吴远海	侯国力	陈海斌	王　冬
	琚立生	徐俊新	杜运斌	魏立军	陈　功
	胡三高	郑　林	赵　焱	王　锋	林铭山
	路书军	王　刚	申彦红	金　炜	李　明
	张廷克	汪映荣	吴义航		
主　　编	于崇德（兼）				
副 主 编	郝英杰	江宇峰	张天文	郑　林	孙盛鹏

《中国电力工业史》
编 辑 部

《中国电力工业史 火力发电卷》
编纂委员会

顾　　　　问	舒印彪　郑宝森
主　　　　编	张廷克
副　主　编	林铭山　路书军　赵　毅　晏　俊　王　刚
	申彦红
委　　　　员	苏立新　王月明　梁昌乾　汪德良　曾卫东
	梁法光　王　慧　刘雁斌
审　稿　人	肖　兰　赵　洁　柴高峰　亓艳萍　华　峰
	胡顺增　王惠娟
编纂工作组组长	梁昌乾
编纂工作组副组长	汪德良

编纂工作组成员（以姓氏笔画为序）

王燕军　申建汛　宁　哲　刘树涛　刘振琪
孙本达　张安琪　姚明宇　徐党旗　梁法光
程东涛　蒋　术　谭增强　樊　坤

编辑工作组成员　杨伟国　赵鸣志　宋红梅　安小丹　孙建英

前 言

中国电力工业史

　　电力工业是国民经济的重要基础工业，是资金密集型、技术密集型的基础产业，是社会公用事业的重要组成部分。

　　1882 年 7 月 26 日，中国电力工业诞生。从此，被马克思称为"电气火花"的"无比的革命力量"，降临到具有五千年悠久文明史的中国大地，开启了曲折漫长而又波澜壮阔的电气化进程。随着中国社会历史的变迁，经过数代中国电力工作者的不断努力奋斗，中国电力工业从小到大、从弱到强，历经 140 年的发展壮大，已经跃居世界电力工业先进行列。

　　中国电力工业的历史是一部国家兴衰史。中国电力工业在其发展的前 60 多年里，发展极其缓慢，技术和装备十分落后。旧中国的电力工业史是一部被列强掠夺、饱受战争创伤的辛酸史。新中国的成立，是中国电力工业迅速崛起的里程碑。从此，中国电力工业走向了欣欣向荣的康庄大道。

　　新中国电力工业的历史是一部艰苦奋斗史。新中国电力工业是从战争的废墟中起步的，中国电力工作者在一穷二白的基础上，发扬愚公移山的精神，依靠自己的力量和聪明才智，独立自主、自力更生、顽强拼搏、不懈努力，创造了一个又一个辉煌。没有艰苦奋斗，就没有发展壮大的中国电力工业。

　　新中国电力工业的历史是一部改革发展史。中国电力工业跨越式发展得益于改革开放。改革开放破除了体制机制的障碍和藩篱，调动了电力市场主体的积极性和创造性，极大地解放了生产力；改革开放使中国电力工业从引进资金、设备和技术到走向国际市场，赶超世界先进水平。没有改革开放，就没有走向世界的中国电力工业。

　　新中国电力工业的历史是一部科技进步史。电力工业是技术密集型产业，技术进步是高质量发展的动力。中国电力工业坚持自力更生与引进、消化、吸收、创新相结合，短短几十年突破了众多重大技术、重大工程、重大装备的难关，在发电、输变电、大电网自动控制等多个领域进入世界先进行列。没有科技进步，就没有高质量发展的中国电力工业。

新中国电力工业的历史是在中国共产党领导下创造的历史。新中国成立之初即明确电力工业是国民经济"先行官"的地位。在中国共产党的领导下，中国电力工业开辟了一条中国特色社会主义的发展之路。"人民电业为人民""能源建设以电力为中心""四个革命、一个合作"能源安全新战略，引导中国电力工业持续健康和高质量发展。电力工业所取得的辉煌成就，是中国共产党领导中国人民从胜利走向胜利在电力行业的光辉写照。

党的十九大提出，2035 年要基本实现社会主义现代化，2050 年要建成富强民主文明和谐美丽的社会主义现代化强国。电力作为社会发展的生产资料，又是生活资料，也是物质文明和精神文明的基础，将伴随社会经济的发展、人民生活水平的提高而不断发展。"十四五"时期，中国已转向高质量发展阶段，将由全面建成小康社会转向全面建设社会主义现代化国家，处于转变发展方式、优化经济结构、转换增长动力的攻坚期。中国电力工业从总量来看已成为世界第一，技术水平和管理水平都已进入世界先进行列，但中国人均占有电量只有发达国家的 60% 左右，人均生活用电仅为发达国家的 35% 左右。据初步预测，到 2050 年中国达到现代发达国家水平，从电力需求来说，今后 30 年内需再新增发电容量 30 亿千瓦以上；从技术发展来说，在提高电力智能化、自动化水平上，在煤的清洁高效利用与可再生能源的高效转换上，在电能供应质量和可靠性上，在节能环保和综合能源管理上，都需要科技创新和技术升级。这是所有电力工作者的重要职责和伟大使命。电力工业将始终坚持"创新、协调、绿色、开放、共享"的新发展理念，坚持创新驱动战略，加强核心技术攻关，推动服务模式创新，促进中国电力工业高质量发展，为经济社会健康发展提供坚强支撑。

习近平总书记指出，历史是最好的教科书，要在对历史的深入思考中做好现实工作、更好走向未来。要高度重视修史修志，把历史智慧告诉人们，激发我们的民族自豪感和自信心，坚定全体人民振兴中华、实现中国梦的信心和决心。

　　在庆祝中国共产党成立 100 周年之际，中国电力企业联合会组织电力行业各单位，编纂了《中国电力工业史》。《中国电力工业史》共分《综合卷》《火力发电卷》《水力发电卷》《核能发电卷》《可再生能源发电卷》《电网与输变电卷》《配电卷》与《用电卷》八卷，以生产力为主线，采用编年体的方式，梳理和阐述了中国电力工业萌芽、成长、壮大的发展历程，记录了中国电力工作者依靠自己的勤劳智慧，克服各种艰难困苦，从胜利走向新的胜利，不断攀登世界电力工业高峰，走出一条具有中国特色的电力工业发展之路；讴歌中国电力工业在党的领导下艰苦奋斗、锐意改革、创新发展的历程，赞美中国电力工业取得的辉煌成就，总结经验教训，探讨电力工业发展的自身规律，传承电力文化，弘扬电力精神，提升民族自信。2021 年，党中央决定在全党开展党史学习教育，学史明理、学史增信、学史崇德、学史力行。结合党史的学习，回顾中国电力工业在党的领导下取得的辉煌成就，将激励电力工作者以更加昂扬的姿态，在全面建设社会主义现代化国家的新征程中取得更加优异的成绩。

　　2017 年年底，《中国电力工业史》的编纂工作全面启动。中国电力企业联合会党委十分重视《中国电力工业史》的编纂工作，建立了完备的组织协调机制和质量审查保障机制。组建了理事长任主任，各副理事长任副主任的《中国电力工业史》编委会，成立了由中电联专职副理事长兼秘书长负责具体协调，理事会工作部、英大传媒投资集团及各电力集团公司相关人员、电力系统老领导、专家组成的编辑部和编审工作机构，成立了以电网企业、发电企业为供稿单位的分编辑部，形成众人修史的良好氛围。编纂工作以史为据，真实记述，准确评述，坚持唯物史观，以习近平新时代中国特色社会主义思想为指导，贯彻落实《关于建国以来党的若干历史问题的决议》习近平总书记在庆祝改革开放 40 周年大会上的讲话等文件精神，参考《中国共产党的九十年》等重要文献，确保重大问题与中央精神保持一致。经过三年多的时间，《中国电力工业史》陆续与读者见面，期望为读者展现一部波澜壮阔的中国电力工业史诗。

本卷为《火力发电卷》。通过燃烧煤、油、气或者其他碳氢化合物等燃料，将所得到的热能转化为机械能，驱动发电机产生电力的过程，称为火力发电。1875年，法国巴黎北火车站用蒸汽机发电供附近照明，火力发电的发展拉开序幕。1882年，中国上海建设了中国第一座火力发电厂，这是中国火力发电的开端，也是中国电力工业的开端。

《中国电力工业史 火力发电卷》着重记录中国火力发电的发展历史。中国火力发电起步时，中国处于半殖民地半封建社会，外强侵略、战争不断、社会动荡，火力发电在困难与曲折中艰难前行。中华人民共和国成立以来，在电力先行发展方针的指引下，中国火力发电快速发展，装机容量、发电量屡创新高，成为保证社会经济发展的"压舱石"。进入21世纪后，中国火力发电由追赶者转变为引领者，以清洁、高效、智能、安全为主要特征，引领全球火力发电技术的发展。

谨向所有关心、支持和参与《中国电力工业史》编纂的领导、专家和工作人员，以及编辑出版人员表示衷心的感谢！由于史料搜集、研究、编纂和校核的工作量巨大，书中难免存在不妥和疏漏之处，希望广大读者批评指正。

绪　论

140 年，弹指一挥间。

1882 年 7 月 26 日，15 盏电灯在上海外滩点亮，中国电力工业从火力发电开始起步。伴随着国家和民族的命运变迁以及社会经济的曲折发展，到现在，走过了整整 140 年。140 年来，从无到有、从小到大、从弱到强，火力发电走出了一条具有中国特色的发展之路，至今已经全面处于世界领先地位。

中国火力发电的历史整体上以新中国成立为界，分为两个阶段，各自大约 70 年。第一个阶段从 1882 到 1949 年，可划分为三个时期：第一时期是自 1882 年中国电力工业诞生至辛亥革命前的时期；第二时期是自中华民国成立到抗日战争前；第三时期是自抗日战争全面爆发到新中国成立。第二个阶段也可以分为三个时期：第一时期是 1949 年到改革开放之前；第二时期是从改革开放之后到 21 世纪初；第三时期是 21 世纪到现在为止的自主创新发展。

旧中国处于半殖民地半封建社会，由于外强侵略、长期战争、社会动乱以及外国资本控制和制约，电力工业发展道路坎坷，步履蹒跚。至 1949 年 9 月底，全国发电设备装机容量仅为 184.86 万千瓦，年发电量 43.10 亿千瓦·时（不含台湾，下同），分别居世界第 21 位和第 25 位。新中国成立后，特别是改革开放后，中国的电力工业快速发展。到 2021 年底，电力装机容量达到 20.1 亿千瓦，年发电量 8.11 万亿千瓦·时，发电装机容量、发电量均居世界第一。以清洁、高效、智能、安全为主要特征的中国火电，正引领全球火力发电的发展。

一、中国火力发电的初创与中国电力工业的起步

中国的火力发电开始于上海，其中最重要的推动力是开埠通商、天主教会和留学生带来的科学传播以及人们对美好生活的向往。中国的第一个火电厂首先在上海租界出现，随后，为了维护主权，在已经掌握了西方科学知识的天主教徒和留学生的推动下，上海陆续出现了官办电灯厂和商办电力公司，并逐步在全国范围推广。

1879 年 5 月 17 日，美国卸任总统格兰特访问上海，5 月 23 日离开。格兰特离开上海五天之后，即 1879 年 5 月 28 日，在位于上海虹口乍浦路的一幢仓库里，租界工部局电气工程师毕晓浦进行了一次具有历史意义的试验。他以 1 台 7.46 千瓦的蒸汽机带动自励式直流发电机，用产生的电流点燃了碳极弧光灯，电灯的光芒第一次照耀华夏。

1882 年 4 月下旬，英国人立德尔发起并组建了上海电气公司。5 月，公司买下南京路江西路口 31 号 A 老同孚洋行（今南京东路江西中路口），上海第一座电厂就诞生在这里，

1882 年 7 月 26 日，电厂开始正式供电。这家电厂的出现，标志着中国电力工业的起步。在上海有电 120 周年（2002 年 7 月 26 日）之际，上海的南京东路江西中路路口竖起了 120 年前第一盏灯的模型，来纪念这一重大事件。南京路还设置了一个青铜雕塑，雕塑造型是一本翻开的书，左页是中文，右页为英文，中文内容是："一八八二年七月二十六日，中国第一家发电公司——上海电气公司正式投入商业化运营，第一盏电灯在此点亮。"7 月 26 日这一天，被定为中国电力主题日。

自 1882 年中国电力工业诞生至 1911 年辛亥革命前是中国电力工业的初创时期，用电以照明为主。英国、法国、德国、俄国、日本、比利时等国商人，在上海、北京、天津、广州、台北、大连、青岛、旅顺、香港、澳门、九龙、沈阳、汉口、长春等城市开办电灯厂，经营电力事业。同时，一些民族资本工商业者，也在交通方便、商业繁荣的城市开办了小型电灯厂。随着洋务运动的发展，清政府引入了大量西方先进的工业设备，逐步推动紫禁城开始使用电灯和清廷官方筹办电厂，电力逐步在轨道交通和工农业生产中得到应用。到 1911 年，中国发电装机容量约 7.6 万千瓦。这些初创的火电厂在中国一个多世纪的电力发展中举足轻重，例如上海的南市发电厂、杨树浦电厂和北京的石景山电厂等，直到 21 世纪还在发电供热。

自 1912 年中华民国成立到 1937 年日本发动全面侵华战争之前，国外资本强势扩张，民族资本也积极参与，电力工业得到初步发展。在此期间，外资电厂占有较大比重，支配着电力经营权。当时民营电厂虽数以百计，但多数规模较小且多用于照明，政府也不加指导和监督，任其自生自灭。1927 年，全国华资经营电气事业的总容量合在一起，还达不到上海市外资经营的电厂容量。除了上海之外，江浙沿海及长江沿线成为电力建设的重要区域，特别是江浙区域，经济发达，装机容量和发电量都居全国首位。其他内陆省份因为经济发展缓慢，电力发展也相对滞后，零星的电厂主要服务照明，装机和发电量都微不足道，这种地域的差别一直到抗日战争爆发后才得到改观。

1928 年 2 月 18 日，国民党政府在南京设立建设委员会，下设全国电气事业指导委员会，主管电力建设。从 1928 年开始到抗日战争全面爆发前的近十年时间内，中国电力工业迎来了一个短暂的历史发展机遇。国民党政府和国家资本采用各种手段取得电气公司的控制权，在电力行业实施统制，使电力的管理由分散走向集中。单机容量越来越大、电源越来越集中、电压等级越来越高，顺应了当时的经济发展形势，也推动我国电力技术和电力企业管理的进步，有一定的历史进步性。从 1931 年到 1936 年短短五年间，民族电力工业发电容量增加了 50%，发电量增加 80%，如果包括外资电厂，发电容量增加了 1/3。据建设委员会统计，到 1936 年，中国发电设备容量达到 136.58 万千瓦，年发电量 44.5 亿千瓦·时，发电装机容量比 1911 年增长了 17 倍。但是，国民党政府特别是官僚资本通过强制手段占有和控制商办企业，与民争利，使得民营发电企业无法得到保障，民营资本无奈萎缩或者直接退出，对社会生产力造成了一定的破坏，也引起了民族资本对统制政策的强烈抵制。

抗日战争全面爆发阻断了中国火力发电的发展进程。"七七"事变后，凡被日军占领地区的中国电力企业均转入日本的战时体制。日本对沦陷区的所有电力企业强行兼并，设立华北开发公司、华中水电公司等公司控制当地电业，为其侵略战争服务。为了应对战争，国民党政府从南京迁至重庆，工商业经济重心由沿海地区转移到西南地区，内陆地区的电力工业相应发展起来。资源委员会组织了中国历史上最浩大的工业大搬迁，把处于沿海、沿江的电厂设备拆迁至大后方，筹建电厂，保住了中国电力工业微薄的家当。1941—1945 年，国民党政府在大后方共建设了 27 个发电厂，发电设备容量为 2.84 万千瓦。这在一定程度上缓解了国统区的电力短缺，支援了其他工业的发展，改变了大后方工业落后的格局，成为支撑长期抗战的能源基础。这一时期，电力工业建设以国民党政府资源委员会为主，辅以国民党政府其他机构、地方政府、民营企业、各工厂自备电力等多种形式的通力合作，取得了较大进展。与此同时，抗战时期国统区开展了大型装备制造活动，这对中国工业来说具有开拓性质。国家资本持续性地注入中央机器厂，同时向瑞士、美国的合作企业派驻技术人员，引进了 2000 千瓦火电制造技术，培养了一批人才。但是，由于战争的破坏、通货膨胀的影响、电力建设中技术和经验的不足等因素的制约，战时电力工业的发展举步维艰。

日本侵华战争极大地破坏了中国的民族工业和经济建设，迟滞了中国电力工业的发展，致使刚刚起步的电力工业损失惨重。但是，在全面抗日战争时期，中国战时电力工业的发展，增强了中国长期抗战的物质基础，初步改变了中国电力工业不合理的布局，为中国电力工业的发展积累了宝贵的经验，培养了一大批电力人才，为以后中国电力工业的建设奠定了一定的基础。

抗日战争胜利后，电力工业百废待兴，国民党政府资源委员会出面收复了大部分的火电厂，还制订了电力工业发展三年计划，并发布了中国历史上第一部《电业法》。随着 1946 年 6 月蒋介石发动全面内战，国民党政府关于电力工业的发展建设计划全面落空。战争破坏和社会动荡，使中国的电力工业同中国经济一样，再次遭受重大创伤，发展停滞。到 1949 年，全国装机容量降至 184.86 万千瓦，全国发电量 43.1 亿千瓦·时，人均用电量不足 8 千瓦·时，年发电装机容量和发电量分别居世界第 21 位和第 25 位。随着解放战争形势的飞速发展，各地的电力工人在中国共产党的领导下，配合城市解放，开展了激烈艰苦的护厂斗争，为保全我国电力设施立下大功。据统计，共有 134.86 万千瓦容量的发电设备完好地转入人民之手，为中华人民共和国成立后恢复发展电力生产创造了条件。这是旧中国电力工业在战争中留下的全部家当，也是新中国电力工业的起跑线。

旧中国电力工业发展的历史充分说明，电力工业的发展与国家命运息息相关，与经济发展密不可分。虽然中国电力工业起步不晚，几乎与世界主要发达国家同步，但由于当时的中国处于半殖民地半封建社会，外国资本主义入侵、国内封建买办势力统治，近代工业遭受多方面的压迫和阻挠，发展极其艰难坎坷。帝国主义侵略战争、国内战争，社会动荡、经济萧条，电力工业萎靡不振、逐渐衰败。没有国家独立、民族解放、经济发展，就不可能有电力工业的真正进步。

二、中国火力发电自主发展的经验与教训

1949 年 10 月 1 日，中华人民共和国宣告成立，从此中国电力工业掀开了新的历史篇章。

中华人民共和国的电力工业在落后、弱小、破碎的"烂摊子"上起步，经过三年国民经济恢复期卓有成效的重建和发展，"一五"计划时期迎来建设高潮，以苏联援建的 156 项工程中的 25 个电源项目（其中 23 个为火电项目）为中心，重建或新建了一批骨干电厂；通过挖掘潜力、降低损耗，以及加强管理和堵塞窃电漏洞，电力生产运行开始步入正常，各项技术经济指标也有所好转；通过学习、消化、吸收苏联电力设备技术，自行设计、制造成套发电设备。"二五"以及此后的国民经济调整时期，电力工业受到"大跃进"、三年困难时期的影响，在取得超常规发展速度的同时，也出现大批停缓建项目，后期不得不"填平补齐"。"文革"十年正是执行"三五"和"四五"计划时期，水利电力部由军管会接管，电力生产建设秩序勉强维持，但强调"突出政治"、反对"管卡压"，电力生产规律受到冲击，规章制度得不到严格遵守，安全生产受到严重威胁，计划指标未能全面完成，全国缺电矛盾突出。尽管如此，经过全国电力职工的艰苦努力，电力工业仍然在困难和曲折中艰难前行。

中华人民共和国成立后，在把握客观规律、把握中国国情的基础上，国家明确了发展电力工业的一系列重要指导思想。在发展方针上，明确了电力先行。在发展路线上，明确了自力更生的指导思想，在三年恢复重建期和"一五"计划时期着手建设自己的装备制造基地、科研机构和规划、设计、施工、生产队伍。在发展宗旨上，人民电业为人民这一宗旨贯穿了新中国电力发展的始终。在发展途径上，明确了安全第一、水主火辅、因地制宜。这些重要的指导思想，确立了电力工业发展的"四梁八柱"，保障了中国电力工业在创业时期朝着正确的方向发展，建立了适应社会主义计划经济的电力工业管理体制，逐步建成完整的电力工业体系和组织体系。

中华人民共和国成立后，电力工业建立起高度集中的计划经济体系。在管理体制上，从 1949 年的燃料工业部，到 1955 年成立电力工业部，到 1958 年重组成立水利电力部，经过多次上收和下放的探索，确立了以国家主管部门为主导、以省为建制组建各省电业局的计划管理体制。在电力建设上，依托国家重点电力工程项目展开电源建设和送变电工程建设，形成了火力发电、水力发电和其他新能源发电等多种发电形式，建成了覆盖全国大部分地域的电力输配网络。在设备制造上，依托 156 工程建设了东北、上海、西安三大动力设备制造基地，"三线"建设时期在四川建设了东方发电设备制造基地，以及平顶山高压开关厂、许昌继电器厂等输变电设备制造基地，形成了中国电工装备制造的中坚力量。在科研机构上，先后组建了各类电力科学研究机构，拥有了覆盖整个电力领域的科研力量。在工程设计上，组建了六大电力设计院和八家水电勘测设计院，电力规划设计工作迅速摆脱了对苏联的依赖。在队伍建设上，依托苏联援建工程培养了一大批施工领导干部和工程技术人员，全国各大高校电气工程高等教育规模不断扩大，兴办了一批电力高等学校和专

科学校、技工学校、夜大等，为电力工业发展提供了有力的人力资源保障。电源建设加快推进，电力供应能力大幅增强。

这一时期，电力工业的发展重点在电源建设上，发电装机容量和发电量快速增长，为经济建设提供了有力支撑。在火电建设上，国产 6000 千瓦、1.2 万千瓦、2.5 万千瓦、5 万千瓦、10 万千瓦、12.5 万千瓦、20 万千瓦、30 万千瓦火电机组相继投产。1949—1977 年期间，全国新增发电设备装机容量 4815 万千瓦，年平均新增发电设备装机容量 172 万千瓦，年平均增长 13.0%；年平均新增发电量 78 亿千瓦·时，年平均增长 15.8%。到 1977 年，发电设备装机容量达到 5000 万千瓦，较 1949 年增长 26 倍；发电量达到 2234 亿千瓦·时，较 1949 年增长 51 倍。到改革开放前夕，中国年发电量与美国、苏联、日本的差距已经大幅缩小。

"文革"结束后，电力工业"安全第一""质量第一"的生产方针重新被确立，恢复了安全生产、运行管理等规章制度，扭转了生产事故连年增多的被动局面，生产能力与秩序得到了恢复。党和国家领导人高度重视缺电对国民经济发展的影响，提出"突出抓电"的口号，将电力工业视为工业领域最为突出的行业。电力投资建设规模显著加大，电力建设加快，前期的勘测、设计工作得到加强；电力建设工程"三边"情况得到有效的改正。1978 年全国发电设备装机容量比 1976 年增加 997 万千瓦，年发电量比 1976 年增加 535 亿千瓦·时。

从中华人民共和国成立至改革开放前的这一段火力发电发展史，是一部自力更生、奋发图强的艰苦奋斗史。这一时期，我们从捷克引进了 6000 千瓦火电机组，从苏联引进了 2.5 万千瓦和 5 万千瓦火电机组；自主研制了国产 10 万～30 万千瓦各级火电机组，还启动了 60 万千瓦火电机组的研制；建设了上海、哈尔滨和四川东方三大动力基地，初步实现了火电设备制造的自主化。

虽然也受到"大跃进"的影响和十年浩劫的冲击，但火力发电总体上还是不断发展壮大的，没有这段时期的创业和积累，也就没有改革开放后中国火电的大发展。其中的经验与教训表明，发展电力工业，必须尊重电力适度超前发展和以安全生产为中心的客观规律。从"三五"开始的持续"缺电"局面也表明，电力只有适度超前发展，才能适应经济社会的发展需要，否则就成为制约经济建设的瓶颈。

三、改革开放后火电技术的引进吸收与发展壮大

1978 年，党的十一届三中全会作出了改革开放的伟大历史抉择，开启了中国经济社会发展的全新历史征程。国家崛起和经济发展需要强大的电力支撑，改革开放之初的电力严重短缺成为制约国民经济发展的瓶颈。1979 年 2 月，国务院设立电力工业部，加快了电力工业的发展。1979—1980 年是实行"五五"计划的最后两年，电力工业全面贯彻中央提出的"调整、改革、整顿、提高"新八字方针，开展了以生产为中心、以管理为重点、以提高经济效益为目的的企业整顿工作。"六五"计划时期（1981—1985 年），继续贯彻执行新八字方针，开启了电力快速发展。经过整顿，火电单机 10 万千瓦以上的大型

机组比重从 1966 年的 6% 提高到 1980 年的 27%，发电标准煤耗率从 1978 年的 434 克/（千瓦·时），下降到了 1982 年的 404 克/（千瓦·时），供电标准煤耗率从 1978 年的 471 克/（千瓦·时），下降至 1982 年的 438 克/（千瓦·时）。

1978 年的 10 到 12 月间，经国务院批准，第一机械工业部（一机部）同时组织了赴欧洲、日本两个技术考察访问团，主要是了解情况、找到差距，并探讨技术引进、利用外资、合作生产的渠道和方式。两个考察团进行了认真的总结，于 1979 年 1 月 25 日向国务院提交了《关于借鉴国外经验加快机械工业发展的报告》。报告分析了中国机械工业落后的状况和差距，提出了大胆解放思想、大力转变观念、借鉴国外经验的新理念。此后，一机部开始启动发电设备的技术引进工作，并遵照中央领导同志"机械电力团结造机"的指示精神，由机械、电力两部共同拉开了我国电力装备快速发展的序幕。

1980 年 5 月 27 日，国家进出口委、国家计委、国家经委发出《关于安排 30 万千瓦、60 万千瓦大型火电设备的技术引进和合作生产项目有关事项的通知》，开启了中国大规模引进国外先进火电技术的进程。中国与美国 WH 公司、CE 公司分别于 1980 年 9 月、11 月签订了 30 万千瓦、60 万千瓦火电机组技术转让合同及第 1 台样机零部件购买合同。根据一机部的安排，30 万千瓦机组由上海机电一局（后改由上海电气联合公司）负责，组织上海汽轮机厂、电机厂和锅炉厂试制；60 万千瓦机组由哈尔滨电站设备成套公司负责，组织哈尔滨汽轮机厂、电机厂和锅炉厂试制，东方汽轮机厂、锅炉厂和电机厂则进行协作配合。30 万千瓦考核机组安装于山东石横电厂，60 万千瓦考核机组安装于安徽平圩电厂。整个研制过程大致分为生产准备阶段、投料试制阶段、部件运输阶段和安装调试阶段 4 个阶段。引进技术的消化吸收是实现国产化和再创新的基础，掌握这些技术可以使中国发电设备的设计及制造水平在最短时间内赶上国际先进水平。中国参研单位对美国 WH 公司和 CE 公司提供的 700 多个计算机程序完成了消化吸收，用了 1 年多的时间完成了制造图纸的转化工作，通过技术引进、标准收集及专业人员的培训，实现了中国发电设备设计和制造技术与国际先进技术的接轨。

"电力要先行"战略的确立，为"六五""七五"计划期间电力工业"以改革促发展"创造了政治条件。党中央、国务院通过一系列改革，基本形成了"政企分开，省为实体，联合电网，统一调度，集资办电"的电力工业改革发展格局。这一时期也是中国特色电力工业发展模式的重要探索和形成时期。电力工业体制机制改革得以快速推进。从 1980 年开始，电力建设率先实行使用银行贷款的试点，开启了多渠道办电。1981 年，国家计委向国务院提出实行"以煤代油"政策，经国务院同意后，设立了"以煤代油"专项资金办公室，1985 年，在煤代油办公室的投资下，先后成立了 9 个统一以华能为名的公司。1988 年 6 月，中国华能集团公司筹备组成立，1988 年 8 月，国办发文批准成立中国华能集团公司。

国家将 30 万千瓦、60 万千瓦机组国产化工作列入"七五"重大科技攻关项目，攻关取得的成果使引进型 30 万千瓦、60 万千瓦火电机组逐步实现了国产化，中国的锅炉制造技术、汽轮机制造技术有了质的飞跃。"八五"期间，以"优化"为中心开展科技攻关，

使引进技术有所发展创新。通过技术攻关和优化工作，引进型 30 万千瓦、60 万千瓦火电机组的国产化率逐步提高，技术水平均达到了当时国际同类机组的先进水平，电厂的发电煤耗大幅下降。第一台 30 万千瓦的发电机组国产化率只有 40%，到第二套时，国产化率 68%，第三套国产化率 75%，第四套 80%多，到"七五"末，国产机组与引进机组的生产成本相当。在多渠道办电的促进下，电力建设规模快速增长。年度基本建设投资额从 1982 年的 42.1 亿元增加到 1987 年的 154.81 亿元，1992 年电力基本建设完成投资 400.23 亿元。1992 年底火电装机容量 1.258 5 亿千瓦，1992 年火电年发电量 6227 亿千瓦·时。

通过消化引进的技术，将国内的 20 万千瓦机组都逐步过渡到 30 万千瓦和 60 万千瓦，并对三大锅炉厂、三大汽轮机厂、三大电机厂进行改造升级。到 1995 年，哈尔滨、上海、东方三大发电设备制造基地均能制造出国际先进水平的纯国产 30 万千瓦、60 万千瓦火力发电机组。1995 年 3 月，河北马头发电厂 8 号机组投产发电，标志着中国发电装机容量已经超过 2 亿千瓦。中国发电装机容量从 1 亿千瓦发展到 2 亿千瓦，共历时 7 年零 3 个月。此后，中国新增电力装机以火电为主，火电发展沿着国产和引进两条主线，向大机组、高参数方向齐头并进，60 万千瓦以上的大机组成批矗立在中华大地上。广东沙角 C 电厂、浙江嘉兴发电厂、华能伊敏火电厂、福建漳州后石电厂、陕西渭河发电厂新厂、江苏扬州第二发电厂、河北邯峰发电厂等一批重点骨干火电厂建成投产，成为各大电网的重点电源。到 2002 年底全国火电装机容量达到 2.65 亿千瓦，电力装机容量居世界第二位。

随着火电规模的快速增长，大气污染日益显著。20 世纪 80 年代到 90 年代初，在国家环境保护政策出台和完善的背景下，火电行业制定了一系列具体的环境保护的政策、规定、标准，形成了火电行业电力工业环境保护工作的体系。1989 年 12 月，国家颁布《中华人民共和国环境保护法》，要求实现环境与经济协调发展，初步推行环保经济手段。1991 年 10 月，国家环境保护局批准了《燃煤电厂大气污染物排放标准》（GB 13223—1991），并于 1992 年 8 月 1 日实施，这是中国首部专门针对火电厂的大气污染物排放标准。在加速发展电力工业的同时，节能与环保也是重要任务，为了减轻或解决火电厂的大气污染，火电厂逐步开展了除尘、脱硫、脱硝等环保改造。

四、新世纪火力发电的创新发展与成就

进入新世纪以来，中国火力发电一直在围绕四个方面快速创新发展：第一是依靠电力体制改革处理"市场煤"和"计划电"之间的矛盾，这个过程到现在仍然还在进行。第二是始终坚持创新驱动，推动火电关键技术和重点装备的研发，逐渐从设备进口和技术引进过渡到自主研发、自主设计、自主建造，火电机组从亚临界、超临界、超超临界，一直到目前的超超临界二次再热。第三是持续推动火电厂烟气污染物治理，从"九五"开始，持续进行脱硫、脱硝、除尘，目前已全面实现超低排放。第四是在全球低碳发展的背景下，持续探索火电低碳发展途径，推进碳捕集和封存技术。

进入 21 世纪后，火电行业已经形成了强大的生产能力。外国电力体制改革的经验和教训为中国电力体制改革提供了借鉴，国内先期实行的多家办电以及改革试点工作，也为深化电力体制改革积累了经验。党中央、国务院十分重视电力体制改革，社会各界要求加快改革，这些都为电力体制改革创造了良好的条件。经过充分酝酿和广泛论证，2002 年 2 月 10 日，国务院印发《电力体制改革方案》（国发〔2002〕5 号文）。根据该方案，国家电力公司被拆分为两大电网公司，五大发电集团和四大辅业集团，电力行业实现了厂网分开，引入了竞争机制。这是中国电力体制改革的重要成果，是中国电力工业发展的新里程碑。

2000 年以后，中国将超超临界发电技术列入国家"十五"科技攻关和"863"计划，并制定以中方企业为主、引进技术与中外联合设计制造的技术路线，加大国产化力度，并最终实现自主设计、制造。电力行业在加快发展可再生能源、鼓励电力多元化发展的同时，自主建设了一大批 60 万千瓦超临界、60 万千瓦超超临界和 100 万千瓦超超临界机组。2004 年 11 月 23 日，首台 60 万千瓦国产化超临界机组在华能沁北电厂投产。2007 年 8 月 31 日，华能营口电厂二期工程 3 号机组——首台国产化 60 万千瓦超超临界燃煤机组投产。2006 年 11 月 18 日，首台国产百万千瓦超超临界机组——玉环电厂 1 号机组投产。

2005 年 12 月，浙江国华宁海电厂 2 号机组的投产，标志着中国电力装机突破 5 亿千瓦，这是中国电力发展史上的重要里程碑。2006 年 12 月 4 日，当时全国单机容量最大的百万千瓦超超临界燃煤机组——邹县发电厂 7 号机组顺利通过 168 小时满负荷试运行，正式投产发电，中国发电装机容量超过 6 亿千瓦。2007 年 12 月 4 日，国电泰州发电有限公司 1 号机组完成 168 小时满负荷试运行，正式投产发电，中国发电装机容量已超过 7 亿千瓦。发电装机容量从 5 亿千瓦发展到 6 亿千瓦历时 12 个月，发电装机容量从 6 亿千瓦发展到 7 亿千瓦也历时 12 个月。

电力行业按照国家统一要求与部署，积极推进"上大压小"，优化电源结构，加大二氧化硫治理和节能减排力度，燃煤机组平均供电煤耗率、二氧化硫排放量等指标均达到或接近世界先进水平。2012 年，火电供电标准煤耗率下降到 326 克/（千瓦·时）。截至 2012 年底，已投运燃煤机组烟气脱硫装置容量 6.75 亿千瓦，占火电机组容量 90% 以上；已投运烟气脱硝机组容量 2.3 亿千瓦，占火电机组容量 30.5%。烟尘氮氧化物和二氧化碳排放强度均呈下降态势。同时火电技术装备质量和水平跃上新台阶，60 万千瓦级超超临界机组和百万千瓦级超超临界火电机组的设计制造技术日趋成熟，百万千瓦超超临界空冷机组正式投入运行，自主设计和制造了 30 万千瓦大型循环流化床锅炉（CFB），大机组发展成为火电主力机型。截至 2012 年底，全国在运的百万千瓦级超超临界机组达 54 台，在运、在建的百万千瓦机组数量均居世界第一，30 万千瓦及以上机组占全国机组的 75% 以上。

"十一五"至"十三五"期间，累计关停小火电机组 1.24 亿千瓦，火电装机容量占比降至 55%。全面推进以电代煤、以电代油等电能替代，优化能源消费结构。百万千瓦超超临界机组、二次再热机组、超临界 CFB 机组、大型 IGCC 机组相继投产。中国火力发电迈进了高参数、大容量、高效率、低排放的时代，发电效率大幅提升，中国火电发电效率与日本基本持平，总体上优于德国、美国；火电机组全面实现超低排放，污染物控制排放水平世界领先。中国火电技术发展达到了世界先进甚至领先水平。

二次再热发电技术为《国家能源科技"十二五"规划》重点攻关技术，同时也是《煤电节能减排升级与改造行动计划（2014—2020 年）》推进示范技术，是大型电站锅炉清洁高效发展的重要技术路线之一。经过近几年的探索，中国逐步掌握了完整、成熟的二次再热技术，实现了完全自主知识产权，涵盖机组设计、关键动力设备生产制造、机组运行控制等二次再热技术的各个方面。"十二五"期间，国家能源局正式批准了华能安源电厂、华能莱芜电厂建设超超临界二次再热高效燃煤发电项目。2015 年 6 月，中国首台 66 万千瓦超超临界二次再热发电机组——华能安源电厂 1 号机组通过 168 小时连续满负荷试运行，标志着中国电力设计、制造、安装和调试水平上了一个新台阶。2015 年 12 月，华能莱芜电厂 100 万千瓦超超临界二次再热发电机组投运，机组供电煤耗 266.18 克/（千瓦·时），刷新了世界火电机组的纪录。

2013 年，"一带一路"倡议提出，为中国火电和相关产业走出去进行国际化合作提供了新的空间和对接平台，在合作主体、合作区域、合作方式等方面都取得了较大突破。在国内市场日益饱和的情况下，电力集团纷纷走出国门，寻找新的发展机遇和空间。以 60 万千瓦机组为主力的火电出口机型，遍及印度、印尼、土耳其、巴基斯坦等国家，这标志着中国火电装备技术从引进来单向发展模式到自主创新"走出去"的转变。中国火电企业开发海外市场，在产能输出的同时，给"一带一路"国家带去最先进的火电技术，为当地创造良好的经济效益和社会效益。

从合作区域看，加入 WTO 以来，火电企业海外开发主要集中在中国周边的一些发展中国家，如印度、孟加拉国、印度尼西亚、菲律宾、越南、蒙古、俄罗斯等国家。随着"一带一路"倡议的深入推进，中国火电企业海外投资、合作和开发范围不断扩大，开始转向经济状况较好的发达国家，比如澳大利亚、加拿大、波兰等。从合作方式看，由单一的技术、装备和劳务输出延伸为全产业链合作。近年来，神华、国家电投、华能、华电、国电等火电企业在"一带一路"沿线国家的投资开发力度进一步加大。中国与相关国家的火电合作项目对当地的发展起到了至关重要的作用，"共商、共建、共享"的原则也已经被大多数国家所接受，先进火电为中国的"一带一路"倡议保驾护航，成为中国的新名片。

五、"双碳"背景下火电面临的机遇与挑战

2009 年 12 月，在丹麦召开的哥本哈根世界气候大会，传递出低碳技术、低碳经济将是国际政治、经济、贸易的重要角力点。电力行业是二氧化碳排放最集中的行业之一，减排压力巨大，转变发展方式、调整电源结构刻不容缓。因此，重新布局全国火电产业，进一步提高燃煤发电机组的发电效率，推广洁净煤发电技术，降低供电煤耗和燃煤带来的污染物排放，是中国电力工业发展的必然选择和根本出路。

　　中国二氧化碳捕集、封存与利用（CCUS）技术起步于 2005 年，国内众多高校、科研院所、企业围绕 CCUS 开展了基础理论研究、关键技术研发与中试示范项目建设，在 CCUS 各技术环节均取得了显著进展，已开发出多种具有自主知识产权的二氧化碳捕集技术，并具备了大规模捕集、管道输送和利用封存系统的设计能力。中国已有不同规模的全流程驱油与封存示范项目，10 万吨级咸水层封存项目部分地解决了多层统注分层监测问题，千吨级千米深驱煤层气项目也已有试点。2008 年 7 月 16 日，华能北京热电厂 3000 吨二氧化碳捕集示范工程投产，这标志着中国燃煤发电领域二氧化碳气体减排技术首次得到应用，同时也为改善北京市空气质量和绿色奥运作出贡献。2009 年 12 月 28 日，华能石洞口二厂 10 万吨级二氧化碳捕集项目顺利投产，这是中国第一个十万吨级燃煤电厂捕集装置。虽然我国 CCUS 技术链各环节都已具备一定的研发与示范基础，但是各环节技术发展不平衡，距离规模化、全流程示范应用仍存在较大差距。

　　党的十八大以后，中国经济从高速增长转为中高速增长，经济发展方式从规模速度型粗放增长转向质量效率型集约增长。中国政府提出加强生态文明建设，强化低碳发展；《环境保护税法》开始实施，排污费改为环保税；新一轮电力体制改革开始。《能源生产和消费革命战略（2016—2030）》要求到 2020 年把能源消费总量控制在 50 亿吨标准煤以内，煤炭消费比重降低到 58% 以下，全国发电装机容量 20 亿千瓦，非化石能源发电装机达到 7.7 亿千瓦左右；承诺二氧化碳排放 2030 年左右达到峰值并争取提前实现。

　　中华人民共和国成立 70 年以来，我国电力工业快速发展，实现了从小到大、从弱到强、从追赶到引领的巨大飞跃，为我国经济社会发展作出了突出贡献。中国特色社会主义进入新时代，社会主要矛盾已经转化为人民日益增长的美好生活需要和不平衡不充分的发展之间的矛盾。党的十九大提出，从 2020 年到 2035 年，在全面建成小康社会的基础上，再奋斗 15 年，基本实现社会主义现代化。从 2035 年到 21 世纪中叶，在基本实现现代化的基础上再奋斗 15 年，把中国建成富强民主文明和谐美丽的社会主义现代化强国。电力工业要坚持"创新、协调、绿色、开放、共享"的新发展理念，坚持创新驱动战略，加强核心技术攻关，推动行业标准创新，推动服务模式创新，破解行业发展中存在的不平衡不充分问题，促进行业高质量发展。

　　在国家持续投入和支持下，火电技术取得了长足进步，单机容量、机组参数、机组数量、能效指标均跃居世界前列。长期以来，我国火电实际承担主力电源和基础电源的角色。近年来我国对能源利用多元化、清洁化、低碳化的需求日益迫切，尤其是习近平总书记提出"3060 碳达峰碳中和"的目标后，能源行业尤其是电力行业的转型势在必行。

　　历史赋予了火力发电新的使命。"十四五"是中国能源电力转型的一个非常重要的时期，在"3060 碳达峰碳中和"中远期的背景下，中国能源电力结构，必将发生巨大的深刻的变化，电力系统对低碳、清洁、安全、高效的能源电力技术的需求更加迫切。在大规模、低成本储能技术成熟应用之前，火电可为电力系统的稳定运行提供足够的转动惯量，平抑大比例新能源发电并网带来的波动，保障电网系统的安全。火电将由传统的提供电力、电量的主体性电源，向提供可靠电力、调峰调频能力的基础性电源转变，参与调峰、调频、调压、备用等辅助服务，提升电力系统对新能源发电的消纳能力。在相当长一段时间内，火电仍然是全社会低成本用电、用热的基础，是中国保障民生和社会经济活动用能的重要支撑，对促进经济社会发展、提升人民幸福感具有重要意义。

构建新型电力系统，保障国家能源安全，最终实现"双碳"的目标，关键在于求真务实、探索创新，在于不断拓展新的领域，应用新的技术。

全世界火电机组的蒸汽参数长期稳定在 600 摄氏度等级，部分机组提高到 620 摄氏度，容量以 60 万~100 万千瓦等级为主。从 20 世纪 80 年代开始，美国、日本、欧洲相继开展了更高参数超 700 摄氏度发电技术的研究。2010 年，国家能源局组织了"700℃联盟"，推动关键高温部件的验证和主要设备的可行性研究，并于 2021 年"揭榜挂帅"，计划于"十四五"期间，首先建成 650 摄氏度超超临界发电机组，为 700 摄氏度机组的建设打下基础。与此同时，科技部在"十三五"期间设置了重点研发计划项目，研究新型的"超临界二氧化碳循环"发电技术，以期在 600 摄氏度等级实现 50% 的发电效率。超临界二氧化碳循环发电技术是热力发电领域一项重大的变革性前沿技术，该技术具有热电转换效率高、动力设备紧凑、体积小且灵活性高等显著优势，能够更好适应新型电力系统的苛刻要求，对实现电力低碳发展具有战略意义。2021 年 12 月，5000 千瓦超临界二氧化碳循环发电验证系统在华能西安热工研究院成功投运，标志着该技术正在从理论模型走向工程实际，同时也表明我国在该技术领域的研究已经走在世界前列。

"十四五"时期，中国经济社会发展进入了全面绿色转型新时期，以清洁低碳、安全高效为主要特征的能源体系和新型电力系统加速构建。关键核心技术是国之重器，对推动我国经济高质量发展、保障国家安全都具有十分重要的意义。能源电力科技创新将迎来跨越式发展和历史性变革，对于中国火力发电而言，机遇与挑战并存，任重而道远。

第一编

中国火力发电的初步发展

（1882—1949）

1769 年，当英国人瓦特改进的蒸汽机大规模应用以后，欧美开始掀起一场产业革命，劳动资料生产逐步进入以机器大工业生产代替手工生产的时代。19 世纪后期，电能开始在欧美应用，劳动资料生产又逐步进入以电能为动力的高效率大工业生产的时代，人类社会进入电气时代。

19 世纪 30 年代，在法国出现了炭极弧光灯，人类在由电到光的转化过程中迈出了具有历史性的一步。1852 年，世界上最早的电灯公司——英法联盟商会宣告成立，并制成电磁式直流发电机，发电机首次走出实验室，进入工业、商业应用领域。

此后，特斯拉（Nikola Tesla，1856—1943）发明了世界上第一台交流电动机，1885 年美国匹茨堡的西屋公司购买了特斯拉的多相交流发电机、变压器和电动机的专利权。1886 年，西屋电气公司在美国建立了第一座交流发电厂，1900 年制造出美国第一台汽轮发电机，领导美国走进了电气化时代。

中国电力发展开始于上海，其中最重要的推动力是天主教会、开埠通商和留学生带来的科学传播。1882 年，英国人立德尔（R.W.Little）在上海创办了上海电气公司，7 月 26 日晚，电厂开始供电，点亮了上海外滩 15 盏电灯。这一刻，标志着中国电力工业正式起步，它比法国晚 7 年，比日本早 5 年，比俄国早 1 年，与世界主要发达国家几乎同步。

晚清时期，电力技术和电力设备制造掌握在外国人手里，外资电力占据统治地位，部分民族资本建设了少量的民营电力，但是规模较小，经营困难，勉强维持。从 1882 年到 1911 年，英、法、德、日、俄等国商人，在香港、广州、天津、大连、青岛、北京、汉口等 20 余座城市，相继兴建电灯厂。20 世纪初叶，伴随着帝国主义在中国的掠夺步伐进一步加快，外资办电迅速发展，逐渐走向"托拉斯"。同时，中国民族资本纷纷成立官办、商办、官商合办电灯公司或者发电厂，与帝国主义相抗衡，在上海、广州、旅顺、杭州、镇江、济南、南京、长沙、长春等地也开办电灯厂，但终因竞争激烈、缺乏经营管理经验，大部分关厂停业或被外资兼并。

国民党政府成立之后，国家开始设立电气机构，统一管理全国电力发展，特别是1927 年到 1937 年之间，中国电力建设得到了将近 10 年的稳定发展。随着国民党政府发展国家资本、节制私人资本政策的推行，对电力工业实行统制政策，沿着商办、官府参股、官商合办、官办的途径，国内电力工业向国家垄断的方向发展。这种做法，顺应了当时的经济发展形势，某种程度上也推动了火力发电技术的进步。但是，直到1936 年，外资办电仍占绝对优势，电业资产占比高达 67.9%，民族资本经营的电业资产只占 32.1%。

1937 年，抗日战争全面爆发，中国电力工业持续遭受重创，东部经济发达地区的电厂大部分被日寇侵占或者破坏。由国民党政府资源委员会主导，开始把部分电厂内迁，在抗战大后方建设了一批电厂，以满足战时需要。抗战结束后，国民党政府接收了被日寇占领的大部分电厂并开始重建，同时与西屋等美国公司开展了技术引进合作，派出技术人员到美国学习先进电力技术。国民党政府设立中央机器厂电工器材厂，开始制造一部分电力设备，中国电力制造工业开始萌芽。

解放战争时期，各地的电力工人在中国共产党的领导下开展了如火如荼的护厂运动，粉碎了国民党军队的破坏行动，维护设备安全，维持电厂正常运行，为新中国的电力事业做出了重要的贡献。

第一章

晚清时期的火力发电（1882—1911）

上海开埠前，上海本地居民晚上照明用的是豆油或菜籽油点燃的油灯，萤光如豆。老城厢地区的街巷虽然设有路灯，但也都是油灯，光线昏暗，还不时会被风吹灭。上海开埠之后，随着四方侨民在上海租界集聚，也带来了西方最新的技术，这些新技术因有利于改善侨民的生活环境，很快得到应用和发展，由此使当时的上海租界在水、电、煤等新技术的应用方面走在世界前列。

1879 年 5 月 28 日，位于上海虹口乍浦路的一幢仓库里，公共租界工部局电气工程师毕晓浦（J.D.Bishop）进行了一次具有历史意义的试验。他以一台蒸汽机带动自励式直流发电机，用产生的电流点燃了碳极弧光灯，电灯的光芒第一次照耀华夏。从科学的角度讲，这只是一次"粗糙的试验"，但对于中国来说，却是第一次打开了电气时代的大门。❶

1882 年 4 月，英国人立德尔（R.W. Little）等招股集银 5 万两，成立上海电气公司，并从美国购得发电设备，在上海南京路创办上海第一家（也是中国第一家）发电厂，设备装机容量 11.93 千瓦（通常称 12 千瓦）。7 月 26 日，电厂发出的电点亮外滩的 15 盏电灯。这家电厂的出现，标志着中国电力工业的发端。

上海电力工业的创始，对中国电力工业的发展起了带头的作用。此后，一些帝国主义国家相继在沿海城市上海、天津、大连、青岛、旅顺、厦门，以及铁路沿线、长江沿线和矿区城市北京、奉天❷、哈尔滨、汉口、长春等地组建电气公司、兴建电厂。与此同时，受外国资本主义的影响，中国有一部分商人和官僚也开始投资新式工业，官办、官督商办、商办的电厂逐步崭露头角，并与外国资本在中国的电厂抗衡。中国的第一批电厂就是在这样的形势下创建起来的。

第一节　中国电力工业从上海起步

19 世纪后期，随着资本主义生产技术及装备的输入，电能的生产和应用也相继进入中国。上海电气公司的成立，就是一个重要标志。上海电气公司于 1882 年 4 月创办的发

---

❶ 罗苏文：《上海传奇：文明嬗变的侧影（1553—1949）》，上海人民出版社，2004 年，第 162—163 页。

❷ 今沈阳。

电厂，几乎与欧美同步，它仅比法国巴黎北火车站电厂晚建 7 年，比英国伦敦霍而蓬高架路（HolbornViaduct）电厂晚建 6 个月，比美国纽约珠街（PearlStreet）电厂早建 2 个月，比俄国彼得堡电厂早建 1 年，比日本桥茅场町发电所早建 5 年。

上海设立发电厂后第 6 年，天津和北京开始办电，并在华北最早使用电力。1888 年夏天，天津德商世昌洋行在伦敦路（今泰安道）维多利亚公园前开办的绒毛加工厂安装了 1 台小型直流发电机，除供本厂照明外，还向邻近的荷兰领事馆提供照明用电。同年 12 月，清政府工部为修葺北京西苑，在仪銮殿西墙外安装容量为 20 马力（约 15 千瓦）的发电机 1 台，成立西苑电灯公所，供清宫廷照明用电。1890 年，清宫廷在颐和园安装 1 台 20 马力（约 15 千瓦）直流发电机组，成立颐和园电灯公所，供园内照明用电。

19 世纪末期，随着上海、天津、北京出现电灯，武汉、广州、东北、江浙、湖南和台湾等地，外资和民族资本也创立了一些电灯厂或者发电厂，它们全部是火力发电。这些小规模的火电厂建设是中国电力工业的起步阶段，为电力工业在全国的发展打下了基础。

一、上海租界设立电气公司

英国人立德尔早在 1859 年就来中国经商，在上海创立了立德洋行。1879—1881 年间，30 岁出头的立德尔曾出任三届公共租界工部局总董。1881 年 6 月下旬，他向工部局董事会提交辞呈，赴美休假。在美休假期间，他与克里夫兰市的勃勒许电气公司达成协议，取得在中国和香港地区使用其设备的授权，将该公司的直流发电设备及照明系统引进上海等地❶。

1882 年 4 月下旬，立德尔通知工部局，他已与美国勃勒许电气公司签订协议，该公司授权他为租界提供电灯设施，如果引进该公司的路灯网，费用比当时工部局为煤气灯支付的要少得多。工部局表示，在没有得到批准前，不能给予竖立电线杆的特权，但不反对使用电线杆试验路灯网。

于是，立德尔等随即发起组建上海电气公司，由立德尔任董事长，在上海登报招股集资 10.1 万银两，实筹 5 万银两。尽管公司的资金并不充裕，但筹建进度却很神速。5 月，公司买下南京路江西路口 31 号 A 老同孚洋行（今南京东路江西中路口）。上海第一座电厂就诞生在老同孚洋行院落的仓库里。它配置了 1 台 0.59 兆帕的卧管式锅炉，安装了 1 台 11.94 千瓦单缸蒸汽发电机和可供 16 盏弧光灯照明的直流发电机，转速为 800 转/分钟，电压 100 伏。由于当时锅炉补给水系统缺乏水源供给，电厂另装置了可存放 6 天用水量的储水箱。随后，在这个简陋的院落里，竖起上海第一根电灯木杆，又在沿外滩到虹口招商局码头一线架设 6.4 千米的电线，串起 15 盏弧光灯。

1882 年 7 月 26 日，电厂开始正式供电。首批启用的 15 盏弧光灯都安装在建筑物的

❶ 罗苏文：《上海传奇：文明嬗变的侧影（1553—1949）》，上海人民出版社，2004 年，第 164—167 页。

门前或公园内外。其中，美记钟表行（南京路 21 号）2 盏、虹口招商局码头 4 盏、礼查饭店（今浦江饭店）4 盏、外滩公园内外 3 盏、公司自用 2 盏。

当时钟指向 19 时的那个瞬间，夜幕之下，一个历史性的时刻在公共租界出现，15 盏电灯齐放光明，耀眼夺目。从南京路到虹口招商局码头，沿途观灯的人群往来如织。凡有电灯之处，都聚集着不少围观民众。相比之下，曾有"地火""赛月亮"美誉的煤气灯黯然无色。次日，上海的中外报纸都对此事进行了报道。上海外滩点亮 15 盏电灯，标志着中国电力工业从此起步。

1888 年，上海电气公司改组为新申电气公司，从英国又购置新式交流发电机组，并推广使用更为便捷的白炽灯。但由于公共租界工部局对路旁架线限制极严，而公司又缺乏资金购置价格昂贵的地下电缆，以至业务发展受到抑制。1893 年 8 月 20 日，公共租界工部局收购新申电气公司的全部产业，并成立工部局电气处。9 月 1 日，工部局电气处在乍浦路新申电气公司旧址处建造发电设备装机容量为 197 千瓦的中央电站，供 123 盏弧光灯和 6325 盏白炽灯照明。后因用户增加，又在虹口斐伦路（今九龙路）30 号动工建造新中央电站，发电设备装机容量为 298.5 千瓦，于 1896 年 5 月 21 日落成发电。

1904 年，电气处向工厂电动机及电梯供电，用户装灯 88 201 盏。7 月，上海已有 800 余台电扇，3 家用户使用直流电梯。1905 年，工部局采用向用户出租电动机的措施，鼓励工厂使用电力为动力。1908 年 2 月，电车成为租界公共交通的新工具。1908 年，电厂发电设备装机容量达 44 000 千瓦，与 1904 年相比，售电量增加 3.8 倍，售电成本降低 51%。1910 年 8 月，电气处在南京路设立电灯供应站，出租电气零配件、电动机、取暖器、电热器等。

1896 年 4 月，法租界公董局在洋泾浜带钩桥（今延安东路山东路口）筹建洋泾浜电气厂，于 1897 年 6 月建成，安装了 3 台蒸汽机、6 台直流发电机，总容量 135 千瓦。电厂生产的直流电主要供法租界内道路照明和公董局本部及一些商行住户使用。1900 年底，时有用户 73 家、26 盏弧光灯、600 盏白炽灯，相当于 54 千瓦的功率。此后，法租界公董局不断增加对电厂的投资，扩充设备，1903 年全年发电量达 20.5 万千瓦·时。

1905 年，比利时国际东方公司提出承包法租界的电车电灯事业，公董局经过讨论，批准以 225 万法郎的价格将电厂转让给国际东方公司。1906 年，上海法商电车电灯公司作为继承比利时国际东方公司各项专营权的股份公司，在巴黎成立，11 月在法租界卢家湾徐家汇路以北、吕班路（今重庆南路）东侧购地 22.17 亩，筹建新电厂。1911 年安装了直流发电机 5 台、交流发电机组一组，总容量 1500 千瓦。

二、上海华界创办南市电灯厂

租界开设电厂之后，马路上装设了路灯，每到夜晚，华灯初上，街道被照亮如同白昼，路上行人如织，一派繁华气息。而一路之隔的华界，基本上一片漆黑，两相对比，差距悬殊。

1897 年秋，上海海关道宪蔡和甫认识到电灯的作用，与上海县令黄爱棠商量，参照租界办法创设电灯公司。原来打算把设在南码头附近的先农坛迁走，改建成电灯公司，电线从江南制造局一直接到汉口路外滩处。后来黄爱棠选中十六铺附近老太平码头（今老太平弄）的一块空地，拨银 4000 两，由南市马路工程善后局❶负责搭建厂房，从英商沪北怡和洋行租来发电机炉 1 套，并聘请了该行经理达罗斯（A.G.Dallos）帮助经办，就这样建起了一所小型发电厂，定名为南市电灯厂。随后，马路工程善后局又仿照租界的办法，用洋松木制成电杆，沿着新辟的外马路（今中山南路）竖起 30 盏路灯。

1898 年 1 月 21 日傍晚时分，黄爱棠率领县衙大小官吏亲临电灯厂，观看试灯。这天正巧是大年三十，上海县城的第一盏电灯就在辞旧迎新的爆竹声中点亮了。亮灯后第二天晚上，从老太平码头至公义码头沿黄浦江 30 盏电灯一起开亮，当时《申报》以"光明世界"为题，用"日坠崦嵫、电光大放、九衢四达、几疑朗月高悬"等语，报道了这个消息❷。

南市电灯厂当时隶属于南市马路工程善后局，开始时由该局委员朱森庭负责经办。电灯厂只开办几个月，就把 4000 两银子全部用完，加之租借的发电设备即将到期，蔡和甫考虑到经费不足，于是以南市马路尚未振兴和无从筹款为理由，提出要还机关厂。朱森庭竭力反对，提出不但电灯万不能停，而且还要求办新电灯厂。

后由朱森庭在赖义码头马路旁选地一块，仿照租界式样建造电灯新厂。该厂于 1899 年 5 月 4 日竣工，但因安装技术和设备质量问题，试验未成而启动失败。更换部分设备、撤换安装人员后进行重新调试，经过日夜赶建，于 1899 年 9 月试转成功。电灯新厂所装设备由上海虹口的一个中国厂商提供，是 1 套能点亮 48 盏电灯的直流发电机组。新厂竣工前几天，老厂就告结束，租借期原定半年到期的老厂设备，后来延至老厂结束时才交还怡和洋行。1902 年 8 月间，因受台风影响，新厂烟囱被狂风吹断，造成停电多日，后在苏松太兵备道袁海观的支持下才拨款修复。

1903 年，新任马路工程善后局总办翁子文选定在十六铺南面的行仁码头靠黄浦江边的一块官地上建造新电厂。经过半年时间，花费 4356.38 两白银，建成西式洋房一所。该厂设备，除了将原在赖义码头厂里的机器全部拆装移此之外，还另外花费 13 455.74 两白银，通过荣华洋行向国外订购能点亮 1400 盏电灯的发电设备 1 套，并聘荣华洋行一名工程师帮助安装，于 1903 年 10 月 30 日全部建成投运。

1904 年初，翁子文与马路工程善后局副办鲍光祖对南市电灯进行全面整顿，灯光达到与租界"并驾齐驱"的程度。同年 2 月，王家码头附近电线上绕有风筝，在开动发电机时碰线，击坏保险丝，造成停电事故。翁子文亲自发出布告，禁止在电线旁放风筝，还派人把布告张贴在各街巷路口。在翁子文的努力推广下，至 1906 年 4 月间，南市电灯发展到沿黄浦江一带，共有电灯 1010 余盏。

---

❶ 1894 年成立的市政工程机关。

❷ 上海南市发电厂史志编纂委员会：《上海南市发电厂志》，第 35—36 页。

1905 年，李平书❶出任上海城厢内外总工程局总董后，极力推动上海地方自治事业，兴办市政工程，扩充自来水厂、电灯公司之类共用工程。官办的南市电灯厂因管理落后，连年亏损，且装机容量极小，虽经两次迁厂扩建，发电量最多也只能供 1010 盏电灯的照明所需。1906 年，经上海总商会交涉，当局同意将南市电灯厂由官办改为商办，由李平书、王一亭、穆子经、朱志尧、张逸槎等一批社会人士筹集资金 10 万两白银承办，并改名为内地电灯公司，由李平书任董事长，张逸槎任经理。

由于当时尚未普及用电，上海华界仅有 900 用户合计安装电灯千余盏。电灯装得少，发电量少，发电成本就高，加之经营管理不善，内地电灯公司连年亏损，濒临倒闭。张逸槎数次向董事会提出辞职，却苦于无人接替而只好作罢。1910 年底，李平书去北京办事，下榻于中西旅馆，见到了陆伯鸿❷。李平书十分赞赏陆伯鸿，认为他才智过人、精明能干，是极理想的兴办实业之人才。1911 年 2 月中旬，李平书返沪后，召集内地电灯公司全体董事开会，一致同意由陆伯鸿出任公司经理。

1911 年 10 月 10 日，武昌起义爆发，上海于 11 月 4 日光复。陆伯鸿预感到发展民族电力工业的时机到来，遂举行电灯公司高级职员会议，决定扩大公司经营范围。会后，陆伯鸿亲自去都督府拜访沪军都督陈其美，陈述发展民族工业的重要性，动员陈其美带头安装电灯。陈其美对陆伯鸿的观点极表赞同，当场写了一纸手谕，同意在都督府各办公室装电灯。陆伯鸿回到电灯公司，连夜安排工人赴都督府施工，同时亲自起草宣传稿，由公司职员在上海华界各闹市地段张贴、散发，宣传用电的好处。华界的许多工厂、商店、学校见都督府装了电灯，也纷纷安装使用电灯。在短短的一个月里，华界地区用电户跃升至 6500 余户 7000 余盏电灯。陆伯鸿抓住机会，又突然宣布降低电价，并在报纸上大做广告。内地电灯公司以"薄利多销"的方式很快就达到了扭亏为盈的目标，信誉日增。

三、清廷在北京创办西苑、颐和园电灯公所

电灯本应早早用于宫中照明，但却受到清朝廷内部保守势力的反对❸。据清宫内务府档案，在 1900 年（光绪二十六年）前，宫中均没有使用电灯的记载，还用蜡烛照明。

但这并没有阻止电灯在皇家苑园即颐和园和西苑（今中南海）试用和使用。1888 年，慈禧准备还政光绪帝，退居西苑（今中南海）休养。慈禧下旨让内务府员外郎英年查办电灯事宜。英年奉旨到西苑四处察看，测量地势，向慈禧建议锅炉安设在仪鸾殿西围墙外。

---

❶ 李平书，1853 年（咸丰三年）生于江苏宝山县高桥镇，早年就读于丁日昌创办的上海龙门书院，30 岁时进入《字林沪报》任撰稿。33 岁中举，被朝廷派到广东处理洋务，期间赴港、澳及南洋的西贡、新加坡等地，考察各埠经济、政治情况。1899 年，他在粤西南遂溪县知县任上，因支持民众反对法国侵占广州湾，遭朝廷革职遣回原籍。但旋即应湖广总督张之洞之邀，成为其得力幕僚。后张之洞署理两江总督，又让他进入设于上海的江南制造局任职。李平书先后兼任中国通商银行（盛宣怀创办的近代第一家华资银行）总董、轮船招商局董事、江苏铁路公司董事等要职。

❷ 黄健美：上海士绅李平书研究，复旦大学，2011 年博士学位论文，第 68—70 页。

❸ 尚国华、芮谦：紫禁城宫殿采光和照明的发展，中国紫禁城学会论文集（第二辑），第 302—312 页。

19

李鸿章委派军机处神机营制作局从丹麦祁罗弗洋行购买 20 匹马力直流发电机及电灯材料。4 月，在西苑西门府右街西侧（今国务院西门外）建西苑电灯公所，有 4 台蒸汽发电机组，由神机营枪炮厂人员管理。翁同龢于 1889 年 1 月 30 日在日记中提到"电灯照耀于禁林"，便是对当时西苑初点电灯的记载。

清廷为了训练八旗子弟的海军指挥官，在颐和园设立了北洋武备水师学堂即昆明湖水师学堂。1888 年，在颐和园设立了轮船公所和电灯公所。1890 年 12 月，清工部重修今颐和园，委托广东黄埔鱼雷学堂从德国采购 3 台蒸汽发电机组。次年 9 月设备抵京，安装在园东南耶律楚材祠内，建立颐和园电灯公所，由昆明湖水师学堂管理。

1895 年，因甲午战败，海军衙门被裁撤，北洋武备水师学堂停办，颐和园两公所全部归神机营统一管理，官兵皆隶属神机营健、利两队。据清军《神机营档》记载：颐和园、西苑电灯公所官弁工匠各 20 名。每年颐和园、西苑两电灯公所费用由户部拨款六万两白银。《颐和园电灯公所房间、机器数目册》记载：机器房院共屋 68 间、东院房 18 间，蒸汽发电机 3 台。大、小轮车数目不详。西苑电灯公所有锅炉房 8 间，其他房屋 32 间，蒸汽发电机 4 台，大轮车两辆、小轮车 10 辆。颐和园轮船、电灯公所恭遇慈禧太后驻跸园内时启用。西苑电灯公所为西苑各殿电灯供电，并在 1899 年（光绪二十五年）为西苑铁路（中南海至北海）铺设铁轨。颐和园和西苑两处初期安装电灯数目不详。

1900 年，八国联军攻入北京，慈禧太后和光绪皇帝仓皇逃往西安。颐和园轮船、电灯公所及西苑电灯公所遭到八国联军严重破坏，园苑内铁路、轮船、发电机等被毁或被运走，公所房屋门窗、室内家具拆抢全无，房墙倒塌。

1902 年，慈禧、光绪回銮北京。2 月，庆亲王奕劻和商务大臣盛宣怀奉慈禧太后懿旨，重新设立颐和园轮船、电灯公所和西苑电灯公所。这一次两处公所的重新设置，已不具先前的军事色彩，由神机营交归清宫内务府负责皇家园苑事务的奉宸苑就近管理。从德国购进设备，由上海德商荣华洋行电气工程师威廉安装，1904 年 6 月先后完工，其中西苑装电灯 800 余盏。

慈禧太后对于在颐和园和西苑使用多年的电灯已有所了解，加之成立于 1905 年的京师华商电灯股份有限公司在 1906 年 10 月 10 日开始向北京市供电，朝廷内的保守势力也不再极力反对在宫中使用电灯。1907 年 11 月 22 日，总管太监崔玉贵传慈禧太后懿旨："著西苑电灯公所速即安设宁寿宫电灯，在紫禁城外采择房间，安置机器。" 11 月 26 日，经西苑电灯公所购定北池子大悲院庙房一处，共计灰瓦房 25 间，以安放机器。1907 年 12 月 22 日，新设电灯处机器、电线均已竣工，设立西苑电灯公所分局即东公所。自此，清宫开始了全面安装电灯的时期。

此后，慈福太后和光绪帝相继病逝，宫中一切事务由隆裕皇太后接管，继续进行宫中的电灯安装工程。因皇极殿安奉慈禧太后梓宫，1908 年 10 月 23 日，隆裕皇太后要求皇极殿各处均添设电灯。西苑电灯公所遵即饬派官员带领工匠安设。皇极殿前檐安设三火挂灯一件，殿内两次间安设九火电灯二件，两梢间安设五火电灯二件，共五件三十一火。1909

年 9 月，西苑电灯公所奉隆裕皇太后懿旨在长春宫、建福宫、御花园各宫并长街等处安设电灯。1911 年底，清宫各殿电灯大致安装完毕。

四、天津外商竞相创办电厂

1888 年夏季，天津德商世昌洋行在天津英租界伦敦路维多利亚花园❶前的绒毛加工厂装设一台小型直流发电机，除供本厂包打照明外，还向邻近的荷兰领事馆提供 1000 烛光❷照明用电，这是天津最早的电能使用。

天津德商世昌洋行在天津的办电，带动了外国资本在天津的竞相办电。1891 年，英商柏林公司经营的开平矿务局为建塘沽煤栈码头，在塘沽郭庄子大街购地 229 亩（约 15.3 公顷），建造公事房、库房、宿舍、电灯房、澡堂、职工学校等 451 间，在电灯房装直流发电机约 40 千瓦。

1900 年，八国联军占领天津塘沽港，法军在塘沽装设发电机及安装电灯，供军队照明使用。这一时期，比、法、日、英等租界内的外商都在各自租界兴办发电厂，但这些电厂都是小容量机组，多数以蒸汽机作为原动力，供电范围也主要是在各自租界范围以内。但随着经营的扩大，各厂都在积极扩大供电区域，彼此间展开了激烈的竞争。外国资本和外国租界在这个时期的竞相办电，使天津的电力工业得到一定的发展。其时，有代表性的电灯公司有以下几家。

法商电灯股份有限公司（法商电灯房）。1901 年秋，法国人科里梦·布吉瑞、江苏白铁匠叶桂伙同清政府驻法国公使"李四爷"三人，合伙经营汽灯发财起家后，经科里梦·布吉瑞提出，投标法国工部局经营发电厂。当时，由科里梦·布吉瑞向瑞士 BBC 厂购买了 2 台透平发电机组，由于使用廉价劳动力和低廉的燃料，发出的电又卖给中国，从中获取了大量的利润。1902 年，天津法租界公议局在埃菲尔铁桥❸旁建立发电厂，作为埃菲尔铁桥方便海河过往船只的桥体开闭通行的动力，以及为法租界提供照明，这是当时华北地区第一座营业性电厂。1907 年，法租界公议局将原设在海河西岸埃菲尔铁桥附近的直流发电所，以 8.5 万两白银价卖给科里梦·布吉瑞，并于当年 6 月签订合同，给予科里梦·布吉瑞在法租界经营电力的专利权 50 年。科里梦·布吉瑞接办后，于 1912 年选厂于老西开墙子河畔，安装 200 千瓦蒸汽机、50 赫交流发电机 2 台，并于 1916 年 10 月 19 日成立了法商电灯股份有限公司（俗称法商电灯房），资本 25 万两白银。1949 年，该公司发电设备装机容量达到 1500 千瓦。

比商天津电车电灯股份有限公司（比商电灯房）。1901 年，清朝直隶总督兼北洋大臣袁世凯，因进口军火与德商世昌洋行军火商海礼交往甚密。海礼深得袁世凯的关照，在 1902 年取得了在天津开办电车电灯事业的特许权。世昌洋行因自身财力有限，又将其获得的特许权转让给比利时通用财团。在此之前，德商向天津联军都统衙门提出了建厂计划，

❶ 现天津泰安道市政府小花园。

❷ 发光强度，1 烛光约等于 1 千瓦。

❸ 俗称法国桥，今天津解放桥。

后由天津府、天津道和天津海关官员及世昌洋行与驻津比国领事馆签订了建立天津电车电灯公司的合同，经北洋大臣袁世凯批准实施，投资 250 万元❶。1904 年 4 月，比商天津电车电灯股份有限公司正式成立。总公司设在比利时首都布鲁塞尔，在意租界三马路设办事，在金家窑建发电厂，供电范围以天津旧城鼓楼为中心，以 6 华里为半径。1906 年，比商天津电车电灯股份有限公司开始营业。

天津电气股份有限公司。1906 年，英租界工部局委托仁记洋行在伦敦道（今成都道）建立了直流发电厂，称天津电气股份有限公司，负责给英工部局及英租界部分地区供电。在英租界的不断发展中，直流供电已经满足不了日益增长的电力需求，英工部局便萌生了将直流供电改为交流供电以及统一管理电力供应的想法。1919 年 12 月，英工部局与天津电气股份有限公司达成协议，购买该公司主要供电线路及附加设备。英工部局成立电务处，改造整个线路输送及配电系统。10 月 9 日，整个直流供电系统切断，用户连接上新的交流供电系统。除个别区域用户还由法国电灯房供电外，英租界电力用户均由英工部局电务处供电。除给本租界供电，英工部局发电厂的剩余电量还供给特一区（前德租界）。1923 年英工部局电务处将电厂进行扩建，发电设备装机容量增至 2000 千瓦。此后，英工部局电务处不断扩建发电厂，分别于 1924、1927 年增设 2500 千瓦发电机各一部，总发电装机容量达 7000 千瓦。

日商发电所（日商电灯房）。1906 年 2 月，日租界的日本当局给予天津工业组合以办电特许权。1907 年 7 月，由东京建筑公司接办，11 月开始办理配电业务，期限 15 年。1921 年 11 月，特许期满，改由日本居留民团直接经营，铺设配电电缆、架空线及变电所，向法商电灯公司购电。1926 年 7 月，民团决定自建发电厂，向三菱公司采购 2 台 950 千瓦发电机组。1927 年 10 月，民团发电所建成，开始运转。1930 年 7 月，日当局怕将来日租界交回，损失既得利益，遂成立日本财团法人天津共益会，将日租界电气事业移交共益会经营，发电所地址设在日租界海光寺。

德商发电所（德商电灯房）。1908 年，天津德租界工部局建立 200 千瓦直流发电所，经营德租界供电业务。1917 年，中国政府收回德租界，改为特别第一区，同时没收该电厂，归特一区区公署水电股管理。其后，因用电增加，该机不敷应用，无力增建新机，遂向英工部局订立购电合同，封闭该电厂，改直流为交流。

五、黄秉常在广州创办中国首个民办电灯公司

1888 年 7 月，两广总督张之洞在广州两广总督署安装 1 台小型直流发电机及白炽灯，使用电灯照明，开创了华南地区用电的先河。

1889 年，在美国旧金山的华侨商人黄秉常，向清政府驻旧金山总领事提出回国创办电灯公司的想法，并得到了支持。清政府驻美公使张荫桓对此大力支持，并积极协助黄秉常。在张之洞、李瀚章等官员的首肯和支持下，1889 年，黄秉常在旧金山募集资金 40 万

---

❶ 为民国初年的银圆，每圆依旧市制含银 7 钱 2 分。

元，派遣李荣邦先行勘察地形选择厂址，随后黄秉常携带采购的电气设备等回到广州创办电厂。

1890 年 8 月，中国首个民办电灯公司——广州电灯公司正式营业。其最初的地点位于广州城西的源昌街一带，这里位于粤海关、十三行及仓库附近，靠近沙面租界区。广州电灯公司使用美国西屋电气公司制造的 2 台 100 马力（73.6 千瓦）柴油机和 2 台 1000 千瓦交流发电机发电，供广州市内商铺和居民照明用电，其发电量约供 1500 盏电灯。黄秉常聘请美国人威司任总工程师，并雇用工人 100 名。照明用电的灯泡分 16 烛光和 10 烛光两种。广州电灯公司的创办带动了广州城市电气化的进程。1892 年 1 月，广州城街道试装电灯，亮灯时间为每日黄昏至午夜，收费标准为 10 烛光灯每盏每月 0.60 元，16 烛光灯每盏每月 1.00 元。4 月，广州十三行一带已有四里长的街道装起电灯，在商铺内安装电灯的也越来越多。1892 年，广州城共有 40 条街上店铺和公共场所使用约 700 盏电灯。

但对于当时的广州来说，电费太贵了，除了少数商铺和达官贵人，一般人家无力问津。广州电灯公司开办头两年，用电负荷不到公司发电量的一半。由于公司的资金准备和后期筹措资本不足，加上从美国购进的是旧机器，经常发生故障导致停电，严重影响了信誉。该公司于 1899 年被迫关闭，结束经营，发电厂改为锯木厂。

黄秉常创办的广州电灯公司成立之后，粤籍华侨、绅商等陆续创办电力事业。形成了以广州周边地区、五邑地区、潮汕为中心的，覆盖粤东西北以及钦廉地区、海南岛的民办、侨办电力事业热潮。清末民初，粤籍、闽籍华侨回国办电，数量多、持续时间长，广东近四成的电灯公司、电厂为华侨创办，华侨办电成为民族资本办电的一支重要力量和组成部分。

六、清政府修建旅顺大石船坞电灯厂

1885 年，清政府为加强海防，扩大北洋海军，成立了海军衙门，修建船坞，兴建旅顺海军基地。1888 年 1 月，北洋大臣李鸿章奉旨在旅顺口委托法国人德威尼兴建北洋水师旅顺船坞工程及旅顺大石船坞电灯厂等 9 座附属工厂，并派员督办。1890 年 11 月 9 日，船坞工程竣工。李鸿章委派北洋水师提督丁汝昌、直隶按察使周馥、津海关道刘汝翼等人前往检查验收，其中电灯厂装有从法国购进的发电机组，并于坞边设置大小 49 盏电灯，供修船照明用。甲午战争后，日本军队侵占旅顺口，旅顺船坞及电灯厂等附属工厂全部落入日军之手。1895 年，俄、法、德三国分别照会日本政府，要挟日本退还辽东半岛。日军在撤出前，将旅顺地区军事设施和工厂设备洗劫一空，旅顺船坞电灯厂遭损毁。1897 年 12 月 15 日，沙皇俄国派太平洋舰队以"保护中国"为名赶走了日本人，强占旅顺口大连湾，旅顺船坞电灯厂随之转落俄军之手。

七、刘铭传创办台北兴市公司

1885 年，清政府决定台湾正式建省，改福建巡抚为台湾巡抚，任命抗法有功的原福

建巡抚刘铭传❶为第一任台湾巡抚。刘铭传在任职巡抚的 6 年（1885—1890）中，对台湾的国防、行政、财政、生产、交通、教育，进行了广泛而大胆的改革。

1888 年，刘铭传于台北创立兴市公司，装置小型燃煤蒸汽发电机，以低压供应照明为主。台北兴市公司在台北市东门安装小型蒸汽发电机，供巡抚、市政司各官署电灯及若干街道路灯照明用。台北兴市公司的创办，既是台湾电力工业起步的标志，也是台湾电力公司的前身，为台湾后续的电力工业发展奠定了重要基础。

八、镇江民营大照电灯公司创办

大照电灯公司是江苏省第一家民办电气公司，被誉"厉开民营之先河"❷。镇江是长江三口（汉口、九江、镇江）中最先开埠的一口。英国人于 1861 年设立租界，因而更造成镇江进出口的繁盛，成为长江下游最大的米市、木市和糖市。百业兴旺，盛极一时。

大照公司创办人郭礼征，出生于安徽亳县商人之家，幼时聪慧，刻苦好学，1895 年，在张謇主持的文正书院读书，其弟郭肖霆与他同时就读。兄弟学识兼优，被张謇誉为"亳州二郭"。后来郭礼征又去上海汇文书院进修，学习西方近代科学。1901 年，他捐得候补知县，来到镇江居住。当他获悉"英租界工部局有附设电气之议"，就和张謇商议，拟在镇江筹建电厂。张謇极为赞成，答应投资，担任总董，并为之取名"大照电灯公司"。

1903 年，郭礼征呈给常镇道署的禀折内称："伏思通商各埠，凡有商务权利，均被洋人侵占，以致中国商民交困，无力自强。职商创议试办，意在开通风气，自固利权。"常镇道郭道直给江苏抚院的呈文称："电气灯简便灵捷，保无火险，上海等处行之已久，镇江乃商务繁盛之区，若不捷足创办，瞬将为洋商所占，与其听利之外溢，不若等抵于事先。职道伏查镇江为长江第一口岸，华商先设电气灯，以收利权，与商务、地方，均有裨益。"光绪二十九年（1903 年）九月三十日，即得江苏抚院批准。至此，大照电灯公司完成立案手续。

大照电灯公司初拟筹集资本 10 万两（1000 股，每股 100 两），因风气未开，集资不易。1904 年（光绪三十年）仅筹得二万余两。张謇除投资外，更由大生纱厂给予贷款。张謇又商请常镇道拨给江边东荷花塘官地一块，作为建厂基地（共 9 亩，1909 年作价 6000两为官股，1930 年时增为 123 股，12 300 元），拨银一万两为贷款，大照电灯公司才能于 1904 年建成厂房。

1905 年（光绪三十一年）初，公司从国外订购的 2 台 75 千瓦直流发电机及配套蒸汽机、锅炉等设备陆续到货，并进行安装。当时绅商居民迷信风水，在该公司沿街立杆架线时多方阻挠。经丹徒县署出告示，郭礼征率领工人逐户登门协商，花了 7 个月的时间才完

---

❶ 刘铭传（1836—1896），字省三，自号大潜山人，安徽合肥（今肥西大潜山麓）人。

❷ 王树槐：江苏第一家民营电气事业——镇江大照电气公司，（中国台湾）中央研究院近代史研究所集刊第二十四期下册，第 517—571 页。

成。同年 9 月 7 日，大照电灯有限公司获得清商部公司注册局颁发的第 57 号执照。10 月，该公司开始发电，以 220 伏电压向外供电，成为江苏第一座公用电厂，亦为全国最早的民营电厂之一。

1908 年（光绪三十四年），该公司增装 2 台 190 千瓦交流发电机组，这是江苏最早使用的交流发电机。同时，增设升压变压器，以 3 千伏电压向外供电，并开始供工业用电，直流发电机退出运行。至 1911 年（宣统三年）底，除停役机组外，该公司有发电设备容量 380 千瓦，年发电量 130 万千瓦·时。

九、湖南宝善成公司开设电厂

1896 年，湘绅王先谦、黄自元、张祖同等在湖南巡抚陈宝箴的支持下，自筹资金，创办了长沙（湖南）第一个近代民用机械工业企业——湖南宝善成机器制造公司。

1897 年，该公司派工程师曾昭吉赴上海，购回小型发电设备 1 套，在抚署附近（今长沙中山路又一村）设厂装机，发电试用，为学堂、报馆、衙署、通衢装灯 400 余盏。开始时，有些迷信的市民视电灯为鬼火，惧怕使用，甚至用石块击打。加上抚署衙门曾发生过一次漏电失火事故，更使有些市民惧不敢使用。

1898 年初，谭嗣同发表了《论电灯之益》一文，写道："宝善成公司，创造电灯，自于抚署试燃之，数月而善，乃令民意背得同其利。取费又甚谦贱，由是长沙一城，自学堂报馆以逮通衢之商肆，咸入夕炳炳然矣"。文章热情赞扬长沙第一次用电灯照明的科学之举，指出电是一门新的现代科学，宝善成公司开设电厂给省城带来了光明，是社会进步的表现。文中还对比了煤油与电灯的优劣，用科学知识告知使用电灯的好处，对宝善成公司设置电厂一事给予了肯定与赞扬。正是由于谭嗣同等人宣传，许多人解除了顾虑，使用电灯的用户迅速增加[1]。

1898 年 9 月，戊戌变法失败，谭嗣同殉难，陈宝箴革职。宝善成公司向新任湖南巡抚俞廉请求继续办电，屡请不允，电厂停办。

第二节　外国资本在华投资兴办电厂

电能技术被西方掌握以后，在很短时间内就引入中国。西方列强根据不平等条约，控制了中国重要的通商口岸，并把许多通商口岸划出一部分土地作为它们直接管理的租界，他们看中发电是一笔有利可图的生意，就率先在租界开办电厂，用于公用事业和工业扩张所需的动力。一些主要西方国家如英、法、德、俄、日等，相继在北京、武汉、广州、青岛、哈尔滨、香港、澳门、内蒙古等地设立电厂，组建电灯公司。

---

[1] 国家电网公司：档案价值，中国电力出版社，第 10—12 页。

一、北京使馆区设立电厂

北京使馆区电厂由亚诺卡盘洋行创办，其目的是为使馆区独立供电[1]。电厂开办之初，采用 3 台卧式煤气机组。选用这种机型，是因为北京地居华北，厂子规模太小，用煤气机组更加经济。当时在华北，还没有煤气机组，能够管理煤气机组的工程师非常少。工人及技术人员，均需加以训练。更不幸的是，电厂前后雇佣的外国工程师，技术水平也不够，造成设备经常出现故障，电力供应时有时无，用户非常不满意。

1909 年，因为用户日增、电力供应不足，电厂又向德国订购了 150 匹马力煤气机组 1 台，并由制造厂家派送工程师 1 人管理机器，公司的运行水平才逐渐提高。该厂的发电方式为直流三线制（220 伏），营业区域仅限于使馆区，范围很小（北京饭店也由该厂供电）。

随着用电量日增，该厂不得不作第二次扩充。1913 年，该公司又订购 250 匹马力煤气机组 1 台。当该机制造完成之时，刚好第一次世界大战爆发，设备由德国装运回中国途中被英国军舰没收。原来雇佣的德国工程师，也被召赴青岛参加战争，该厂工程管理暂交中国人之手。亚诺卡盘洋行不得已重派工程师 2 人，驻厂管理。

第一次世界大战后，该厂再向英国订购 250 匹马力卧式煤气机组 1 台，延误近 1 年后交货。竣工投运后，噪声太大，马力不足，灯光不定。1923 年该厂添购 250 匹马力立式煤气机组 1 台，1927 年又购买 170 匹马力立式煤气机组 2 台，以取代最初 3 台 80 匹马力机组，方基本满足需要。

二、英德日外商在武汉租界各自创办电厂

英商汉口电灯电力公司创办于 1905 年 5 月，由皮货商投资，得英法俄三租界当局批准，于同年 11 月 26 日开始送电[2]。本来合同年限 15 年，应于 1920 年 11 月满期。后又延长 20 年，至 1940 年 11 月 26 日。该公司电厂设备采用蒸汽机组，直流三相发电机，外线电压为 414 伏，电灯电压为 220 伏。锅炉最早设置 3 台，每台每小时产蒸汽 2.2 吨，供 1、2、3 号机器使用。随着汽轮机增加，逐渐又添购 5 台锅炉，每小时产蒸汽 4.75 吨。蒸汽温度为 300 摄氏度，蒸汽压力为 1.14 兆帕，锅炉效率为 83%。

特一区电厂（美最时洋行电厂）成立于 1907 年，由德商美最时洋行经办。第一次世界大战后，德租界收回，称特一区电厂。电厂中设备为黑油机组 2 台，配 245 千瓦直流发电机，直流三相，电压为 450/225 伏。蒸汽机组 4 台，配直流发电机，该厂总装机容量为857.5 千瓦。

日本租界电厂以日界界为营业区，由日商大石洋行承办，机器有 40 千瓦黑油引擎发电机 2 台，60 千瓦黑油引擎发电机 1 台，100 千瓦蒸汽引擎发电机 1 台，总装机容量 240千瓦。直流三相制，电压为 440/220 伏，最高负荷约 200 千瓦，是汉口最小的电厂。

---

[1] 中国电业史志编辑室、湖北省电力志编辑室，《中国电业史料选编（上）》，第 68—69 页。

[2] 中国电业史志编辑室、湖北省电力志编辑室，《中国电业史料选编（上）》，第 75—76 页。

三、英商创办粤垣电灯公司

广州市商办电力股份公司（原为粤垣电灯公司）是广州历史上运行时间跨度最长的电力公司。由于设在长堤路五仙门一带，民间称为五仙门电厂。

1901 年，也就是旧的广州电灯公司结束营业两年后，英国旗昌洋行在广州开设粤垣电灯公司，首次安装英国造的蒸汽发电机组 4 台，总容量 546 千瓦，向社会供电。当时五仙门电厂又称为电灯机器总厂。

1909 年 5 月 18 日，广州市官商合股毫洋❶144.294 万元，向英商收购粤垣电灯公司，改名为广东电灯股份有限公司。1916 年向美公司订购的 2 台 500 匹马力油机装妥投入运行，共有装机容量 2370 千瓦。在各街道新上了输电线路、增加了路灯线及变压器等设施，后又扩充发电机及添配机件，共投资 25 万余元。1917 到 1918 年间，每年收费达到了 100 余万元。

1919 年广东电灯股份有限公司入不敷出，官股无力续增，只得完全退出。1919 年官股招商承买，该厂完全改成商办发电厂，公司改名为广州市商办电力股份有限公司。

1920 年，在五仙门旧厂房边扩建新厂，改名为广东省会电力机厂，又称五仙门电厂。电厂安装 2 台 2500 千瓦汽轮发电机组，1921 年投产，发电机输出电压 2.3 千伏，频率 60 赫；1924 年，五仙门电厂增加 3 号发电机组，容量 5000 千瓦；1927 年又增加 4 号机组，容量 6000 千瓦。1929 年 8 月，广州用电户共 4.97 万户，超过 10 千瓦·时的用户就有 2 万多户。1932 年，广东省政府以公用事业应由政府经营和便于扩充电力设备为由，将广州市商办电力股份有限公司收归市营，并成立广州市电力管理委员会。1933 年再增加 5 号机组，容量 6000 千瓦。1933 年 2 月 15 日，广州市电力管理委员会接手兴建的河南电厂投产，安装 2 台 1000 千瓦、频率 60 赫的柴油发电机组发电，接入 2.3 千伏电网，并通过 18、19 号 2 条配电线路与五仙门电厂联络，作为五仙门电厂启动电源，也供河南地区用电。同时，一些小型柴油发电机组和蒸汽发电机组先后停产，当年发电设备装机容量达到 2.4 万千瓦。

五仙门电厂的经营一直持续到 20 世纪 70 年代，最后因为机器劳损、对市内污染大等原因停产。但在将近百年的历史里，广州市区大部分地方的供电，都是倚仗五仙门电厂。

四、德商在青岛创办电灯厂

1898 年德国强行租借了胶州湾，还攫取了从青岛到济南的铁路建筑权和铁路两侧的矿山开采权，进而把整个山东都置于德国的势力范围。就在这个时期，一位名叫朴尔斯曼的德国企业主，在胶州湾的东岸一片荒滩❷搭起简易厂棚，安装了 2 台 50 马力（73.55 千瓦）的柴油机发电，这是山东电力工业的肇始。

这 2 台 50 匹马力的发电机主要供德国胶澳租借地的军事和督署机关用电。德国在这

---

❶ 广东、广西等省旧时通行的本位货币。

❷ 即今天的青岛市河南路、天津路交叉处。

里大规模地搞建设开发，电力需求量大，虽陆续增加了两个小型发电机，但还是供不应求。1900年，德国库麦尔电气股份有限公司接手，在今青岛的广州路3号建立青岛电灯厂（即西大森电灯房），安装1台44千瓦发电机。德国当局从长期霸占青岛的目的出发，严令德商增加资本扩张，扩大供电范围。但库麦尔电气股份有限公司在德国的总公司破产，青岛的工程难以继续进行。德胶澳殖民当局于1903年以200万马克之重资将库麦尔在青岛的资产全部收买，改由德国胶澳总督府承办。1903年10月青岛电灯厂建成，装设两台170千伏·安蒸汽引擎发电机组。1905年，增装1台410千伏·安蒸汽引擎发电机组，全厂装机容量达到了600千瓦，1906年发电量猛增到86.8万千瓦·时。到1907年，青岛初步形成覆盖市内大部分地区的供电网络。

五、俄商和日商在哈尔滨创办电厂

1903年，俄国中东铁路管理局开始修建中东铁路总工厂。1905年，中东铁路总工厂电灯厂建成发电，装机4台三相交流发电机组，总容量为1100千瓦，向工厂、火车站及附近职工住宅供电。初办电时，电价较为昂贵。1906年，永胜火磨（装直流发电机6台，总容量509千瓦）、秋林洋行（装直流发电机3台，总容量130千瓦）也建成小型发电站，供生产与照明用电，除自用外，也向附近商户和居民出售动力和照明用电。

1907年，哈尔滨开埠，商埠的建设与发展促进了电力工业的发展。先后出现了米其阔夫发电厂、巴尔斯基发电厂以及日商北满电气株式会社道里发电所。1907年，俄商在埠头区透笼街建成米其阔夫发电厂，装直流发电机4台，总容量210千瓦，电压230伏。用柴油机做原动力进行发电，供给道里部分商店和居民用电。1910年6月，自治市公议会与米其阔夫订立安装市内路灯合同，有效期13年。1917年6月，市公议会与米其阔夫签订为期3年的电灯契约。1918年3月，该厂被日商北满电气株式会社收购了全部发、供电设备，由日商继续经营，1921年停发关闭。巴尔斯基发电厂由俄商耶内鲁毕亚商会筹办，1907年在新市街建巴尔斯基发电厂，总容量208千瓦，电压230伏，以燃油做原动力进行发电，为南岗部分商店和居民供电。

1918年3月，在哈尔滨的日本商人鹤岗永太郎和石光等人，在日商东洋拓置株式会社的资助下，收购米其阔夫发电所和巴尔斯基发电所，组建了日商北满电气株式会社道里发电所。以经营的这两个发电所为基础，于同年4月10日，组成了北满电气株式会社，地址在今道里透笼街48号，资本金为120万日元，24 000股，每股50元。该社成立后，将原米其阔夫发电所改称第一发电所，将原巴尔斯基发电所改称第二发电所。1919年，在埠头区买卖街动工新建发电所，1920年9月竣工发电，装机1台，容量400千瓦，初称中央发电所，后改称道里发电所。翌年续装325千瓦交流发电机两台、375千瓦交流发电机1台。1922年9月，续装2300千瓦发电机。"其时哈尔滨正在异常膨胀之际，公司急于扩张，建设大规模新发电所"。至1930年续装1500千瓦发电机组后，总装机容量达4500千瓦[1]。

---

❶ 张忠：哈尔滨早期市政近代化研究（1898—1931），吉林大学，2011年博士论文，第165—166页。

六、英商创办香港电灯公司和香港中华电力公司

香港电灯公司创立于 1889 年，是由保罗·遮打创办的香港第一家电力公司。1890 年 12 月 1 日下午 6 时，香港电灯公司开始为香港岛部分地区供电，包括中环商业区。香港成为亚洲最早拥有电力供应的城市之一。除中环以外，现今的日街、月街、星街、光明街及电气街一带，是首先有电力供应的地区。香港电灯公司首座电厂位于湾仔星街，初期发电量 100 千瓦。星街发电厂于 1922 年拆卸。

香港中华电力公司成立于 1901 年，由伊利·嘉道理创办。当年发电机的功率很小，香港也仅有少数人能用上电灯，但嘉道理已预见到电力事业是个大有发展潜力的行业。1903 年，中华电力公司的第一座发电厂在红磡建成，当时的装机容量仅 140 千瓦，主要向九龙地区供电。1918 年，中华电力公司改组。1920 年，中华电力公司在红磡鹤园建成了新的发电厂，装机容量为 3500 千瓦。

七、葡萄牙商人在澳门设立电灯厂

澳门电灯公司由葡萄牙商人兴办，1904 年正式成立。澳门电灯公司创办初期，只有一家发电厂，由柴油机引擎发电，主要提供商贾用电和民用照明（澳门当时有 1000 多盏电灯）。1906 年，法国人烈古充股 4 万元，扩大电厂设备，厂内设写字楼，在米糙街设营业处，与政府签订 30 年专营合约，这被看作是澳门电力广泛供应的开始。

八、俄商在内蒙古胪滨❶开办电厂

胪滨的电力事业始于中东铁路修筑期间。1903 年，俄国商人私人开设电灯厂。当时的电灯厂供电电压为 220 伏直流供电，发电机功率为 40 千瓦，原动设备为锅驼蒸汽机。1906 年在满洲里成立了电业股份有限公司，由白俄自治会与满洲里官方联合投资，对 1903 年私人开设的电灯厂进行扩建和改造，其中白俄方面投资 16 万元。满洲里官方投资 69 542 元。新扩建的发电所，装机容量为 168 千瓦，其中发电功率为 60 千瓦机组 1 台，发电功率为 108 千瓦机组 1 台。其原动力设备仍为锅驼蒸汽机，输出电压为 220 伏，频率为 60 赫兹，全所人数为 44 人。发电所代理所长是俄罗斯人兹维科夫。1913 年满洲里发电所改为满洲里电灯厂，装机容量为 305 千瓦。

第三节　民族资本投资兴办电业

1895 年经历甲午战争后，中国遭受了惨痛的失败，面临严重的社会经济危机。在此境遇下，清政府开始重视并提出"以振兴工商、发展实业为自强的首要措施"，鼓励民间

---

❶ 当时为内蒙古满洲里治所。

开设工厂，发展新式工业。因此，民间增大了对电力的需求。此时期的国人也认为："电灯一行，富者可以适用，即贫者亦可以省费，国家之权力亦从此可以收矣！"❶。

到了 20 世纪初叶，各地纷纷成立官办、商办的电灯公司或电厂。清政府于 1903 年成立商部，下设通艺司管理电业，负责电灯公司注册给照事项。1906 年改由邮传部负责电业立案事宜。对于省办电气事业，由地方长官到邮传部备案即可，而商办电灯公司，需在农工商部注册、领照后，由地方长官咨明邮传部立案❷。

一、上海设立闸北水电公司❸

1909 年，在两江总督张人骏的授意下，由上海道蔡伯浩、总工程局总董李平书出面，筹设兴办闸北水电公司❹。闸北水电公司兼营电气、给水两种事业，其电厂设在上海市殷行区军工路剪淞桥畔。落成伊始，以上海市江湾、彭浦、闸北、引翔四区，及殷行区内张华浜以南区域，与蒲淞区内苏州河以北陈家渡以东之区域为营业区域。水电两部合计规定股本 400 万元，实收 391 万元。

闸北水电公司的沿革，可分为三个时期。一为官商合办时期，二为官办时期，三为商办时期。闸北有水电事业的时间，始于 1910 年（宣统二年），时因外商越界经营水电，侵犯主权，由地方官厅拨借官款加入商款，组织闸北水电公司，费银 26 万两，建厂于闸北潭子湾。1913 年，闸北水电公司收归省办。省署接收后，即于 1914 年 4 月撤销公司名称，改称省立上海闸北水电厂。1923 年秋，由省议会议决，改归商办。1924 年 8 月，开创立会组织商办闸北水电公司，闸北水电事业，由官办而改为商办。

二、北京创办京师华商电灯股份有限公司

1904 年（光绪三十年）9 月 26 日，史履晋、蒋式瑆、冯恕等三人向商部呈《华商创办京城内外电灯公司请予立案以保利权折》，吁请清廷准许记名御史刑部员外郎史履晋等创办电灯公司之请求，得到军机处"奉旨依议"的答复。同时，附有《奏办京师华商电灯有限公司章程》。《章程》中这样写道"请设京城电灯公司，意在保全华商利益"。公司创办人共同发起创办京师华商电灯股份有限公司（简称华商电灯公司），专募华股，禁止外资进入❺。

此时的中国刚刚经历了庚子事变，民族主义情绪高涨，清政府也害怕列强进一步窃取中国的利权，遂给予华商电灯公司两项特权。第一，免除关税特权。华商电灯公司建立初期因资金奇缺，史履晋等人便引援清政府曾给予供水公司和电话电报等公用事业免除进口西方设备的海关关税的先例，请求为华商电灯公司免除关税，在商部的支持下，清政府最

❶ 朱海嘉：论清末民国时期的电力保障，学术探索，2015（01），第 48—53 页。
❷ 王静雅：建设委员会电业政策研究（1928—1937）——以长江中下游地区为例，华中师范大学，2011 年硕士论文，第 21 页。
❸ 此处"水电公司"是指同时经营电力和自来水的公司，后文"水电公司"如无标注都是此意。
❹ 上海市政协文史资料委员会：上海文史资料存稿汇编（8）市政交通，上海古籍出版社，第 126—138 页。
❺ 王文君：华商电灯公司研究（1905—1938），河北大学，2016 年硕士论文，第 9—11 页。

终豁免了华商电灯公司购买机器的全部税金。第二，清政府授予华商电灯公司在北京城内的独占经营权，这一措施遏制了东交民巷的西门子公司继续对外扩张的发展趋势，保护了民族利权。

华商电灯公司在创建初期预计筹集白银 20 万两，分 2000 股，每股 100 两。但因当时国家积弱，民众贫困，最终只筹集到白银 8 万两。遂在前门西城根购买了 16 亩地作为建厂基地，并装置英制 200 匹马力蒸汽引擎 2 台，直接拖动英国电气公司生产交流发电机 2 台（蒸汽引擎发电机，容量 150 千瓦，英国阿林梦格厂生产），以供北京电灯之需要。1906 年 11 月 25 日，经过两年筹建，北京第一家民营电力企业——华商电灯公司开始为市民供电，"北京公用电力事业自此之始"。前门发电厂投运结束了北京只有皇室和外国使馆可以使用电灯的特权时代，电灯逐渐向商业和市民拓展，开启了电气平民化的新时代。

但随着用户量的增加，前门发电厂的发电量根本无法满足市民的用电需求，再加上前门附近水源奇缺，设备的冷却水需要采用冷水塔水源，这给公司发电增添了诸多不便。于是华商电灯公司于 1919 年 8 月在距离原厂 20 千米处的石景山建立分厂，并于 1922 年 2 月正式向北京城供电。

三、杭州、宁波等地有识之士筹资办电

19 世纪末，浙江宁波、温州、杭州先后被辟为商埠，浙江民族资本主义有了发展，电力工业应运而生。

作为京杭大运河南端起点的杭州，是浙江电力的源头。1896 年（光绪二十二年），湖州富商庞元济、杭州富绅丁丙合资白银 30 万两，在杭州府仁和县北关❶建成世经缫丝厂，设有上海摩宜笃公司所造直缫式缫丝车 208 台，自备发电机发电，首创工厂夜班照明条件，月产优质"西泠牌"生丝 30 担，成为丝绸之府的一颗明珠。世经缫丝厂的照明用电，也是浙江有电之始。

1897 年（光绪二十三年），杭州书院学生陆肖眉和熊某等发起集资，在杭城馆驿后创办浙省电灯公司，试装直流发电机成功，元宵节试灯，同时还向附近衙署供电。同年 7 月，浙省电灯公司拆股，由裘吉生接办，改名杭州电灯公司。1898 年（光绪二十四年），杭州电灯公司迁至葵巷，营造厂房，同时从清泰门到清河坊立杆架线，杭州电灯公司开始对外供电，杭州商民开始用电灯代替油灯照明。

杭州板儿巷发电厂是浙江省最早的燃煤发电厂。1908 年（光绪三十四年）底，由刘思训筹组大有电灯公司，并由富商金敬秋投资 2000 银圆，购得板儿巷菜地 4466 米²。1910 年（宣统二年），大有电灯公司募集股金英洋❷20 万元，改组为大有利电灯股份有限公司，开始订购发电设备，建造厂房。1911 年（宣统三年）初，在德商上海禅臣商行英籍技师指导下，开始安装德国西门子公司生产的蒸汽动力发电机 3 台，每台容量 160 千瓦，配置

---

❶ 今杭州拱宸桥如意里。
❷ 即鹰洋，旧时来自墨西哥的一种银圆。

压力为 11.25 千克/厘米² 的锅炉 2 台，发电机电压为 5.25 千伏。7 月 8 日竣工发电，是年，发电最高负荷 112.5 千瓦，发电量约 8 万千瓦·时。1915 年，板儿巷发电厂进行扩建，次年，新增美国 GE 公司制造、容量为 400 千瓦的汽轮发电机组 1 台，配置压力为 12.3 千克/厘米² 的"斯忒林"锅炉 1 台，发电机电压 5.25 千伏，同时建造高 60 米的砖砌烟囱 1 座。1918 年，板儿巷发电厂进行第二次扩建，添置美国 GE 公司制造、容量 1000 千瓦的汽轮发电机组 1 台，配拔柏葛水管式锅炉 2 台，发电机电压 5.25 千伏，同时增建高 60 余米的砖砌烟囱 1 座，新机组全部由电厂工人自行安装；是年 10 月，投入运行。至此，板儿巷发电厂已拥有发电机组 5 台，装机总容量 1880 千瓦，并开始向城外供电。

1897 年（光绪二十三年），宁波四明银行行长孙衡甫投资 1.4 万银圆，在海曙区战船街建成宁波电灯厂向城乡供电。

四、苏州振兴、无锡耀明等电灯公司建成发电

苏州为太湖流域富庶之地，丝绸纺织工业发达，是江苏省内最早用电的地区，但公用电气事业晚于自备发电。

清末时期，江苏民族资本开办发电厂。1895 年（光绪二十一年），时任两江总督兼南洋通商大臣张之洞为"振兴商务、自保利权"，力主以"巨款大举"，创办新式纱厂、丝厂。经奏准，移用清政府向苏州等五府商民借款 54.76 万两（原拟用作中日甲午战争军费），成立苏州商务局办苏经苏伦股份有限公司，安装 3 台以蒸汽机为动力的直流发电机组（其中 1 台容量为 38.5 千瓦），供厂内照明用，揭开了江苏使用电能的帷幕。

1906 年（清光绪三十二年），宁波籍人黄梅贤拟开创苏州公用电气事业，独自出资组建生生电灯公司，但因资金不足，工程难以进展。1908 年（光绪三十四年）由无锡籍人祝大椿❶、苏州钱业界人士洪少圃、龚杰等合股续办，将生生电灯公司改名为振兴电灯股份有限公司（简称振兴电灯公司）。1909 年（宣统元年）1 月公司正式成立，同年 4 月 18 日，由上海商务总会转报农工商部批准立案。祝大椿任董事长兼总经理。资金总额 10 万两规银❷，10 两 1 股，共 1 万股。厂址选在阊门外南濠街，东靠环城河，电厂用水、燃煤运输转驳十分方便。建厂初期，安装 2 台 175 千瓦 50 赫交流发电机组，原动机为蒸汽引擎，机、电、炉全部系德国西门子公司制造，出线电压为 2.2 千伏。1911 年 11 月 5 日（宣统三年九月十五），即辛亥革命苏州光复日，振兴电灯公司正式发电营业。1913 年和 1917 年，振兴电灯公司又先后添购 375 千瓦和 750 千瓦发电机组各 1 台，最终装机容量为 1475 千瓦。1917 年资本总额增至 30 万两银，供电区域仍为城区。1923 年底，交通部和江苏省政府仲裁，令振兴电灯公司和苏州电气公司双方公平估价，由苏州电气公司出资收买。1924 年 2 月 19 日，双方在总商会交割厂款，振兴电灯公司改名苏州电气公司第二发电所，继续发电，振兴电灯公司至此结束。

---

❶ 祝大椿（1856—1926），字兰舫，江苏无锡人，清末资本家，工商实业家。
❷ 即规元，近代上海通用的银两计算单位。

1909 年 6 月，由无锡乡绅孙鹤卿、薛南溟等人集资 6 万余元（申请注册时声称 10 万元），在无锡北门外太平巷东侧西村里购地 6 余亩，率先筹建耀明电灯股份有限公司（简称耀明电灯公司），11 月，呈清政府农工商部注册批准执业。1910 年 8 月，2 台 50 千瓦直流发电机装竣发电，供夜间城区照明用电。耀明电灯公司开业后，因用户增加，先后向上海瑞记洋行购进 120 千瓦直流发电机 1 台，向闸北发电厂购进 50 千瓦直流发电机 2 台。1920 年 4 月，又向西门子洋行赊购 180 千瓦交流发电机 1 台，随同发电机配套的爆竹形锅炉 4 台，蒸发量总计 6 吨/小时，并另行配备了 1 套柴油机。1922 年 10 月，因旧机损坏频繁，影响正常供电，又向慎昌洋行购买 1 台 50 千瓦直流发电机。耀明电灯公司先后共装机 7 台，总容量 550 千瓦。

五、汉口华商创办既济水电股份公司

汉口在明清时期商业繁盛，被称为"天下四聚"，堪称四大名镇之首，成为中国内陆最大的商贸中心。19 世纪中后期，汉口开埠，西方势力开始进入武汉，汉口商务更为繁荣，同时，英、法、德、俄、日五国相继在汉口设立租界，成为与汉口旧市区并立的新城区。租界的兴起也吸引了大量外国人寓居汉上，随着租界的逐渐繁荣，新式建筑、马路、工厂、码头等设施开始在租界兴起，为汉口带来了近代化的气息，也为华界城市的发展提供了强烈的示范效应。

1889 年，被誉为"洋务殿军"的张之洞就任湖广总督，在武汉三镇展开一场规模浩大的"湖北新政"，修铁路、办工厂、练新军、兴文教、促商务，使汉口逐渐由一个单一功能的商业巨镇开始向具有政治、经济、文化等复合功能的现代大都市转变。至 20 世纪初，汉口的商贸已成"驾乎津门，直逼沪上"之势，被时人誉为"东方芝加哥"，成为仅次于上海的第二大都市。

城市的近代化也呼唤着新的市政，旧的汉口镇街道狭窄，人烟稠密，火灾频发，城市基础设施缺乏。张之洞在湖北施行新政的同时，也在汉口进行了市政改革，主要有设立夏口厅市政管理机构、拆除城墙、修筑马路、开辟轮渡等，汉口的城市面貌得到了较大改善。不过就居民的饮水与照明来说，汉口百姓饮水无外乎井水、河水，不仅取水不便而且不卫生。生活照明仍以煤油、蜡烛为主，市民生活的近代化水平仍较低，而经济的发展与社会的进步也使得都市对水电的要求更为迫切，水电事业正是在这种背景下产生。租界水电事业的发展也促使华界水电事业的兴办。

电力的使用早在 1880 年代即在武汉兴起，当时已有不少工厂自备发电机，供工厂电灯照明之用，但民用电力首先在租界内设立。汉口租界设立后，在汉外国人越来越多，到 1905 年已达 2142 人。租界人口的增长促进了用电需求的增加，电气事业首先在英租界内出现。首先是英国商人集资创建的汉口电灯公司，专供英法俄三国租界居民使用。其次是德租界内由美最时洋行投资建设的汉口美最时电灯厂，专供德租界内商民使用。日租界内直到 1913 年才由日本大石洋行开办日商大正电气株式会社，负责日租界供电。

关于饮水方面，汉口租界内一直未有开办自来水厂，租界居民多以明矾对江水做一简单处理饮用，仅有汉口电灯公司生产少量清水。由于汉口商务日兴，而电灯、自来水又是直接关系到人们日常生活的新兴事物，为社会各界所期望，张之洞对此也颇为热心，但因初期申办者多"影射洋股，希图渔利"，张之洞认为"事关中国主权"，酌予缓办，以致多年筹议累累，均未实现，此后张之洞又曾筹划官办水电，但因资金难于筹集而作罢。

1906 年，宁波旅汉商人宋炜臣联合湖北、江西两帮商人共同集资筹办水电公司，共募集股本 30 万股，共 300 万元，取"水火既济"之名，呈请筹办"汉口既济公司"。得知宋炜臣等人均系华商，且资本充足，而汉口水电事业之举办又刻不容缓，张之洞欣然应准❶。

宋炜臣将其正式定名为商办汉镇既济水电股份公司（简称既济公司），并开始建设水电两厂，至 1908 年 8 月电厂首先建成发电，发电设备装机容量为 1500 千瓦，水厂到 1909 年 8 月才建成送水，日供水能力达 500 万加仑，汉口华界的水电事业由此正式开始。既济公司建成后即向汉口华界区域送电，"六个月内，报装电灯者，不下二万余盏"。水电的出现既是汉口作为国际大商埠的体现，也推动了汉口的城市化进程，让这座"东方芝加哥"更具都市化色彩。

六、芜湖集资创办明远电灯公司

芜湖地处江南水乡，曾是中国"四大米市"之一。安徽的面粉、纺织、火柴业均在该市率先创立。芜湖的电力工业也继安庆（时为省会）之后较早得到发展。

1906 年，吴兴周与程宝珍等人，采用集资的方式创建电厂，定名为明远电灯股份有限公司，职工 20 余人。程宝珍为首任董事长，吴兴周为首任经理，选择芜湖西门外下十五铺为厂址，征地超过 1.3 万米²，建厂工程包给西门子洋行工程师罗史、门鲁、培路等人设计安装。1907 年，工程竣工，装设两台德国产 200 匹马力蒸汽机，两台 125 千瓦三相交流发电机，于 1908 年投产发电。以 2.3 千伏电压对市区送电，供应大马路和长街一带照明。同年 4 月，在清政府农工商部注册立案，以"黑白月亮"为商标。

开办之初，社会对用电技术不了解，用户很少，只有官府、大商号使用电灯，因而营业不振、入不敷出，连续 6 年未见利息。后来明远电灯公司多方寻找工业用电出路，1911 年与同丰米厂等厂家订立专线送电契约。自 1913 年起，成绩始渐显著，1915 年各商店灯数已达 4200 余盏，街灯 180 多盏。1917 年，芜湖明远电灯公司率先安装 200 千瓦汽轮发电机组 1 台，这是安徽最早采用的汽轮发电机。但该机因生产技术不过关，构造不佳，不久便报废了。1925 年，随着芜湖的机械、纺织、火柴、粮食、面粉加工业相继兴办，工业有了初步发展，电力开始供不应求，明远电灯股份有限公司又集资扩建发电厂，安装德国西门子公司制造的 640 千瓦汽轮发电机组 1 台。1928 年，再次集资扩建，安装德国西门子公司制造的 1520 千瓦汽轮发电机组 1 台，每天供电 12 小时，电力不足情况暂告缓解。1929 年，明远电灯股份有限公司易名为明远电气股份有限公司，发电设备装机容量达 2410 千瓦。

---

❶ 吴承胜：既济水电公司与近代汉口公用水电事业研究，武汉大学，2018 年硕士论文，第 12—13 页。

七、南昌借款创办开明电灯公司

1900 年，江西萍乡安源煤矿自购发电机供煤矿使用，开启了江西有电的历史。但真正的居民生活用电则始于 1908 年。

1905 年冬，江西永新县举人贺赞元在上海看到外国租界装置使用的电灯，极感兴趣。他经过调查，认为创办电灯公司是一项很有前途的事业，于是在南昌邀集龙钟伊、朱培真等人招商集股，发起创办电灯公司，并于 1908 年 3 月 21 日，正式在清邮传部立案登记，后因股本无法招齐，改向日商借款，并由日商代购发电设备。公司地址选择在城内东湖边钟鼓楼附近❶。

初期公司共安装 70 千伏·安、60 赫兹三相交流发电机 3 台，均采用直立式蒸汽机直联传动，于 1908 年冬正式发电，经营南昌城厢内外电灯业务。公司取开放光明之意，正式定名为南昌开明电灯有限公司，时有员工 40 余人。

南昌开明电灯有限公司开业之初，以供城内照明为主，仅限于夜间供电。1910 年，在南昌市中山路、民德路、中正路安装了第一批路灯。到 1912 年开始有织布厂使用动力织机、电动布机新设备，电力在居民生活和工业生产中发挥越来越大的作用。1918 年又在钟鼓楼厂址装置 1 台 125 千伏·安、2400 伏、30 安、60 赫兹交流发电机，采用直立式蒸汽机皮带传动。

尽管公司一直在经营，也在缓慢地增加设备和人员，但是几年下来亏损甚巨，公司发展步履蹒跚，1920 年由商会会长龚梅生等地方乡绅出面维持，清理旧债，添招新股。南昌开明电灯有限公司由绅商集资接办后，于 1922 年 4 月改组为南昌开明新记电灯有限公司。公司事务所设在城内钟鼓楼老厂，另在城南抚河沿岸司马庙处设一新厂，此处既可就近取水，又便于船运煤炭。1923 年，公司在新厂址安装 1 台德制 224 千瓦、2200 伏、60 赫兹三相交流发电机，直联于装有喷水凝结器的大车头式蒸汽机，这台机组性能在当时还属较好。此时公司职工也增加到 120 余人，经营管理状况比以前有了较大改善。1930 年，公司又在司马庙厂址内装竣 1 台 750 千瓦、2300 伏、60 赫兹三相交流汽轮发电机。这台机组发电后，城内钟鼓楼老厂的 4 台机组即废置停用。然而由于司马庙厂装置的 2 台发电机组无并车装置，不能并列运行，只能由 224 千瓦发电机组向城北上三路区域供电，750千瓦发电机向城南下三路区域供电。因城区用电户多寡不一，两条线路负荷极不平衡，尤以冬季为甚，用户端电压往往下降达 30%，2 台机组均超负荷运行分别达 260 千瓦和 920千瓦。公司在这种状态下运行直至 1933 年 9 月被国民党政府接管。

八、成都商人创办启明电灯公司

1904 年，清政府四川总督锡良在成都创办《四川官报》，作为新政的喉舌，该报对创办电灯一事多有呼吁，提出"省城人烟稠密，火患时度，自近年改用洋灯洋油，为害尤烈。

---

❶ 今南昌市百花洲路 14 号。

久知电灯利用不仅能保危险，且光激衢巷，宵小匿迹，实于巡警，大有裨益"。❶

在办电呼声高涨中，1905 年锡良于省城银元局内尝试性地安设发电机，以局内蒸汽动力传动发电，专供督院内照明。1907 年，成都劝业场由总商会周均德发起，组织数十家商户集资股银两万两成立了劝业场发灯部，装机 40 千瓦并于次年发电，供场内 300 余家商家及附近街道 600 余盏电灯使用。

1909 年，陕西商人陈养天等 16 人筹办启明电灯公司，报清政府农工商部注册其专营25 年，供成都南新街及西东大街一带。这成为成都电力发展的一个里程碑。

九、长沙商会创办湖南电灯公司

1908 年秋，长沙商会总理陈文玮、协理李达璋等发起创办湖南电灯股份有限公司（简称湖南电灯公司）。是年冬呈报清政府农工商部，要求"授照北京、镇江、汉口各地电灯公司成例，准以专利"和"授照湖南省矿产不许外人开采定案，所有湘省电灯，概归本省绅商自办，外商不得仿设"，1909 年 2 月获准立案。湖南电灯公司招股章程规定集股20 万元，以百元为整股，10 元为零股，合共 2000 整股，并规定 8 股在 2000 元股者，方有被推举为公司董事的资格。

公司办公地点初设在长沙皇仓坪，1922 年迁至苏家巷，1935 年迁往南门外中六铺街新建办公楼，发电厂则一直设在中六铺街❷。1910 年，公司向法国瑞记洋行购置 160 千瓦三相交流发电机组 3 台，容量共 480 千瓦，水管式锅炉 3 台，1911 年 4 月装机竣工，同年 5 月 28 日正式发电。1915 年加装 240 千瓦交流发电机组 1 台，水管式锅炉 1 台。1917年安装 260 千瓦交流发电机组 2 台，锅炉 2 台。1919 年加装 500 千瓦交流发电机组 1 台，锅炉 1 台。1922 年安装 1000 千瓦交流发电机组 1 台，锅炉 2 台。此时装机已达 8 台，容量达 2740 千瓦。由于灯数日益增多，导致机组容量不足。公司向外商继续订购机器设备。因外商废约，扩充未达目的。

1939 年，湖南省军政当局下令疏散厂矿机器设备。湖南电灯公司由副经理孙慎游、常务董事黄祖同经办拆迁事宜，7500、2000 千瓦和 1000 千瓦发电机组陆续搬运零陵冷水滩、黄阳司，除留下部分保管人员外，其余职工均被遣散，湖南电灯公司至此被迫终止营业。

十、哈尔滨耀滨电灯有限公司

耀滨电灯有限公司是清廷在哈尔滨创办的第一家近代工业企业。1905 年 12 月，傅家店办事公所委员熊冕章为与俄国中东铁路发电厂抗衡，请办耀滨电灯有限公司。1906 年初因"所招商股不敷开办"，滨江道台杜学瀛禀请吉江两省军宪批准，入官股万元以资提倡。该公司股份官银钱号居大多数，历任董事均由官银钱号呈请巡按使派委，每月各款出

---

❶ 国家电网公司：档案价值，中国电力出版社，第 47—48 页。
❷ 今长沙发电厂所在地。

入簿册及一切应办事件须经该公司呈请巡按使及官银钱号指示遵行❶。

1907年6月，该公司正式投产发电，厂址在今道外区十二道街和十三道街之间，占地面积3530m²。装机容量35千瓦直流发电机2台，计70千瓦；后增装86千瓦发电机2台，总容量242千瓦，电压分别为220伏和235伏，供给傅家店部分商店和居民照明用电。公司成立的头十年，由于傅家甸地区经济发展水平的限制，业务一直未得到发展，公司也一直未有盈利。

随着商埠地的扩展，电力公司的业务也有了很大发展，但同时也暴露出官办体制的不足和矛盾，公司的发展未能跟上用电需求的激增，供需矛盾日益突出。公司开办之初，资金准备并不十分充足，在后期筹措过程中也因种种困难未能筹集大笔资金，所以公司一直没有更新机器设备，导致发电量供不应求，电费也始终居高不下。

为扩大经营规模，耀滨电灯厂谋求引入商股，扩充股份，但遭到了旧有利益方也就是商会的拒绝。因利益纠葛矛盾无法解决，新兴商人势力准备另建新厂，但因违反专营制度，未予批准，耀滨电灯公司也仍归官办。

十一、吉林宝华电灯有限公司

1906年11月，二品顶戴、湖北补用道胡廷儒写了一份禀文呈送东三省总督徐世昌，建议抓住商业兴起之机会，尽早安设电灯。他认为吉林省应该兴办并且稳当可行的就是电灯公司。徐世昌看到后，觉得胡廷儒的建议很好，于是札敕胡廷儒负责办理开办电灯公司及安装电灯等事宜❷。

胡廷儒接到徐世昌给吉林交涉总局的札文后，立即着手办理电灯公司的选址事宜。开办电灯公司、安装电灯是当时吉林省的一件大事，为了保证电灯的顺利安装，胡廷儒组织成立了电灯公司办事处。公司设总董事1人，协董1人，凡应办事宜，都由总、协董邀请各股东中有议事权的人互相斟酌。董事至少3人，均由股实的商户担保。每周一、三、五由总董事带领协董、董事和部分股东集合商议和处理生产电灯的问题。

经过详细商讨，决定把电灯公司定名为吉林宝华电灯有限公司，本着"保全国家利益，不招收外国股份"的宗旨，招股办法遵照内地普遍通行章程，按商律记载说明，必须声明公司总共股份、每股银两等。先后共筹集了资金商股20万两作为开办资金。

完成招股后，胡廷儒立即派人到上海、武汉等地调查创办电灯公司的办法、规则，考察机器的价格。经过详细调查后，最后决定从国外引进设备，并与上海德商所开信义、礼和洋行签订了合同，订购德国西门子生产的全套机器，雇用德国工程师麦华德为电灯公司的工程师。1907年，机器运到营口，胡廷儒派人把机器运回省城。机器到位后，立刻在吉林省城东门外电报局后乌拉菜园处修建发电厂。经过一年多的时间，于1909年1月正式建成，开始发电。生产所需大量煤炭，都是趁天寒地冻的时候，用爬犁、大车从蛟河运

---

❶ 张忠：哈尔滨早期市政近代化研究（1898—1931），吉林大学，2011年博士论文，第166—169页。
❷ 王玉梅：清末吉林电灯业的兴起，兰台内外，2019（18），第18页。

至吉林。有时燃料供应间断，便在省城内到处收集。

吉林省的第一批电灯，大灯 50 盏，小灯 2000 盏，分别安装在将军、都统、道府署，以及交涉、巡警、劳务、农工商各局，学堂和内外城道路。

十二、长春商埠电灯厂

20 世纪初的长春自开辟为商埠地后，人烟逐渐稠密，商业日趋繁荣，遂设立了开埠局。当"满铁"在长春修建发电所向日本租界地和车站送电后，长春官民发愤图强创建自己的电灯厂，振兴电力事业，专门向中国居民区供电。1910 年 9 月 19 日，由吉林西南路分巡兵备道颜世清呈请东三省总督锡良、吉林巡抚陈昭常立案，动工兴建官办长春商埠电灯厂，与上海美商协隆、慎昌两洋行订立合同，购买 2 台 100 千瓦交流发电机，并承包机电设备、内外线施工及厂房建筑。厂址在长春七马路道尹公署东北角附近。1911 年 7 月 26 日工程竣工，经高鸿文经理验收于当日正式发电，此即长春商埠电灯厂成立纪念日。长春商埠电灯厂隶属于长春开埠局，新任吉林西南路兵备道及吉长道尹孟宪彝兼长春商埠电灯厂督办（以后历任西南路分巡兵备道及吉长道尹均兼此职），其开办费由吉长道尹颜世清任内自开埠局拨出。

1917 年，总办彭树棠、坐办高文垣以原订购 200 千瓦发电机不能满足应用为由，提出增加 500 千瓦的计划，因当时爆发第一次世界大战而未能如愿。后又向美国 GE 公司订购 300 千瓦发电机及英国拔柏葛公司制造的 250 匹马力锅炉各 1 台。1921 年 8 月，300 千瓦新发电机到货后装于旧厂板楼内，1922 年 4 月，厂长王立三将 2 台旧发电机移装于新厂，1923 年 1 月 8 日开始发电。同年 2 月 3 日，将 300 千瓦新发电机组移装于新厂，3 月 6 日开始发电，旧厂即行废止。

随着新厂工作的开始，厂方经呈请道尹，变更厂内组织，重新整顿营业，厂务一新，日臻起色。1924 年 2 月，厂长高国柱又增建 250 匹马力锅炉 1 台。1926 年 6 月，因原有 3 台发电机中的 1 台不堪使用，厂长金毓绂又向美国 GE 公司订购新式 500 千瓦发电机并 254 匹马力水管式锅炉各 1 台。新设备于 1927 年 8 月 20 日装竣，27 日发电。

"九一八"事变后，日本占领东北，改长春商埠电灯厂为新京电灯厂，隶属新京特别市公署管辖。"南满电"依靠其统治权力，为挤垮新京电灯厂，于 1932 年 11 月建联络线，由"南满电"新京发电所向原新京电灯厂的全部用户供电。但因新京发电所频率是 50 赫，而新京电灯厂则为 60 赫，最后议定由"南满电"新京支店负责更换全部所有频率为 60 赫的变压器等供电设备，开始由联络线送电，关闭了新京电灯厂。

十三、福州、厦门创办电灯公司

1906 年，林炳章❶在南台苍霞洲铜元局旧址创设福州电灯公司❷。该公司拟发行股票 10 万元，因招股受挫，被迫中止。1909 年，邱希仁在南台创办了小型的文明电厂，购置

---

❶ 林炳章（1874—1923 年），字惠亭，侯官县（今福州市区）人，林则徐曾孙。清光绪二十年（1894 年）恩科进士，特点翰林，后累迁至翰林院编修。光绪二十九年（1903 年），委为钦差大臣，回闽考察宪政。

❷ 林星：近代福建城市发展研究（1843—1949 年）以福州、厦门为中心，厦门大学，博士论文。

15 千瓦发电机 1 台，于 1910 年 2 月 15 日发电照明。但用户有限，未能盈利，很快就停业。1910 年，林友庆在南台创办耀华电灯公司，有一定规模，后因财力不济而停办。

1910 年，由刘崇伟出面集资，成立福州电气公司，这是当时全国向清廷邮传部立案的电气公司之一。电气公司资本 12 万元，分 8 股，刘家出 4 万元，占全部股本的三分之一，所以控制了全公司的经营管理权。福州电气公司于次年 10 月开始向南台地区发电，11 月向城区送电。福州电气公司开始营业后，业务甚为发达，规模不断扩大。1912 年公司发电能力只有 300 千瓦；1914 年，公司第一次增资至 30 万元，购进美国造的 500 千瓦发电机 1 台；1918 年，公司第二次增资至 70 万元，又购进 1000 千瓦发电机 1 台。

1911 年，陈祖琛邀本埠华侨富商黄世金、买办叶鸿翔等人集股筹办厦门电灯电力股份有限公司，其子陈耀煌和黄世金分任正副董事长。公司买来 1 台 300 千瓦的火力发电机，从天津聘来外国技师，从上海募雇技术人员，盖厂装机。该公司最初集资 15 万元，不到 1 年便资金告罄，工程几陷停顿。公司再添股 5 万元，使实缴股本总额增至 20 万元。1913 年扩充股份至 1500 股，每股 40 元，合计 60 万元。并呈报工商部核准注册给照，获得 20 年专利权，1915 年投产发电。

第二章

中华民国成立后的火力发电（1912—1937）

1911 年 10 月 10 日，革命党人发动武昌起义，并在随后的两个多月带动中国各地的革命响应。12 月 29 日，清朝原有的 22 个行省中业已独立的 17 个省，派出代表，推选刚刚返国的孙中山先生为中华民国临时大总统。1912 年 1 月 1 日，孙中山宣誓就职，1912 年 1 月至 3 月，中华民国临时政府以《中华民国临时约法》为临时宪法，定都南京。

1912 年 2 月 12 日，在清朝内阁总理大臣袁世凯等的劝说下，宣统帝溥仪的母亲隆裕太后发布退位诏书，至此，中国结束了持续两千多年的封建帝制，中华民国正式取代大清帝国。1912 年 2 月 13 日，中华民国临时参议院选袁世凯任临时大总统，首都迁至北京，此后至 1928 年这一段时间称为北洋时期，该时期的中华民国政府也称为北洋政府。辛亥革命胜利后，实业界纷纷要求当局为发展实业提供条件，北洋政府实施了一些资本主义工商经济的措施。

北洋政府于 1912 年在北京组织工商界召开临时工商会议，商讨发展实业的各种计划。随之颁布了《暂行工艺品奖励章程》《公司条例》等法规，在制度层面上有效推动了工商经济的发展。特别是在 1914 年颁布了《公司注册规则》《商业注册条例》后，工商经济业成为社会经济行为最活跃的部分。

工商经济活跃的态势促进了对电力需求的增加，北洋政府制定了一些电力保障的经济政策并予以实施，1918 年 4 月，政府颁布《电气事业取缔条例》，1921 年，实施《修正颁给民用电气事业执照规则》。在交通部下专设电政司主管全国电力事业，设立电气技术委员会，负责主管电业技术指导。据统计，1912 年，全国有电厂 60 余家，其中民营资本开设的有 46 家，分布在各大中城市，发电装机容量仅 1.2 万千瓦；1924 年，全国民营发电厂已增至 219 家，总装机容量约 8 万千瓦；1927 年，全国发电装机容量增加至 11.7 万千瓦。

1928 年，北伐战争取得胜利，北洋政府覆灭，南京国民党政府在形式上统一了中国。1928 年 2 月 18 日，国民党政府在南京设立建设委员会，从事交通、电力、水利、矿冶等建设事项。此后，电业行政改归建设委员会主管，并下设全国电气事业指导委员会。直到 1938 年 1 月建设委员会的电气事业部门并入资源委员会后，电业行政才由资源委员会主管。

建设委员会主管全国电气事业行政、技术及管理，并附设有全国电气事业指导委员会、电气试验所、购料委员会等机构，推动全国电业尤其是国资电业的发展，先后举办首都、戚墅堰、西京、安庆等电厂。在政策法规上相继颁布了《电气事业条例》《电业法规》《电气事业取缔规则》《注册规则》等，对国内各类电力企业加以整顿。维护电业投资者和生产者的利益，保障电力生产和经营正常进行。这些举措对促进电力工业发展的规范化、标准化具有重要意义，同时，初步实现了建设委员会对电力经营的规范运行。

从 1928 年开始，到 1937 年抗日战争全面爆发的近 10 年时间内，电力工业迎来了一个良好的历史发展机遇。从国际而言，一战结束，各国均将复兴经济作为头等大事；从国内而言，南京国民党政府全国形式上的统一为经济的发展奠定了政治基础。建设事业一日千里，电力工业的发展突飞猛进。从 1931 年到 1936 年短短 5 年间，民族电力工业发电设备装机容量增加了 50%，发电量增加了 80%，如果包括外资电厂，发电设备装机容量增加了 1/3。据建设委员会统计，到 1936 年底，中国发电设备装机容量增加到 1 365 792 千瓦，年发电量 44.5 亿千瓦·时，发电设备装机容量比 1911 年的 76 239 千瓦增长了 17 倍[1]。

第一节　北洋政府时期电力工业的初步发展

北洋政府时期，全国的工商业都有了一定的发展，各地对电力的需求也在增长。1914年后，由于第一次世界大战刺激，中国面粉、纺织等行业繁荣一时。电动机因其高效、方便，在面粉、纺织厂中被大量使用。特别是 1916 年起，中国人开办的上海华生电器厂等国货厂家先后开始生产直、交流电动机和发电机，相关电器设备价格逐步降低，在富庶地区被广泛使用。动力用电需求逐渐旺盛，电灯公司的发电容量得以发挥。电灯厂整体发电成本和电价都逐渐下降，同时也促进了电气照明的应用普及。

除了上海之外，江、浙沿海及长江沿线成为电力建设的重要区域，特别是江浙区域，经济发达，装机容量和发电量都居全国首位。汉口以既济水电公司为主，京津区域主要的电厂是京师华商电气公司，青岛和东北的电厂则长期为外资主导。其他内陆省份因为经济发展缓慢，电力发展相对滞后，零星的电厂主要服务照明，装机和发电量都微不足道，这种地域的差别一直到抗日战争爆发后才出现改观。

一、江浙地区火力发电发展居全国之首

江、浙二省的电气事业非常发达，在国内数一数二。江苏有电厂 180 所，浙江有 170所（工业自备电厂不在内），已占全国 460 个电厂的近八成，装机容量约占全国之六成，发电量约占七成[2]，其中主要是上海的发电厂[3]。

1908 年（清光绪三十四年），上海公共租界工部局电气处经营的新中央电站已无扩展

---

[1] 张彬：《中国电力工业志》，当代中国出版社 1998 年版，第 237 页。

[2] 中国电业史志编辑室、湖北省电力志编辑室，《中国电业史料选编（上）》，第 146—147 页。

[3] 此处江浙含上海，当时上海归江苏省管辖，1925 年上海改为淞沪市，1927 年设立上海特别市。

余地，决定在杨树浦沈家滩购地 39 亩筹建江边电站❶。装 4 台英国制造的锅炉（1~4 号）和 2 台 2000 千瓦德国制造的汽轮发电机组（1、2 号）。时值英国海员罢工，部分辅助设备到货延期，直到 1913 年 4 月 12 日才投运❷，设备容量 4000 千瓦。

1915 年初，在 1 号锅炉房的 4 台英国制造的锅炉（5~8 号）和德国制造的 2 台 5000 千瓦汽轮发电机组（3、4 号）先后投产。1917 年 10 月，8 台英国制造的锅炉（9~16 号）中的 4 台（9~12 号）和 1 台美国制造的 1 万千瓦汽轮发电机组（5 号）建成。1919 年初，从加拿大约空（Yukon）电厂购得 2 台闲置不用的 2000 千瓦旧机组，装在临时厂房里投运后，将 1、2 号机送往日本修理。11 月，3、4 号机故障停运。1919 年 1 月，英国制造的 5000 千瓦汽轮发电机组（6 号）和 13~16 号锅炉投运，1、2 号机于年底修复。1920 年 4 月，英国制造的 1 万千瓦汽轮发电机组（7 号）投运，扩建的 3 号锅炉房内陆续安装 10 台英国制造的锅炉，编号为 17~26 号锅炉。1921 年，美国制造的 2 台 1.8 万千瓦汽轮发电机组投运，编号为 8、9 号机，并将屡次发生故障的 3、4 号机拆除，换装 1 台美国制造的 1 万千瓦汽轮发电机组，编号为 4 号机，同时，9~16 号锅炉加装烧油装置以提高蒸发量。1923 年，2 台英国制造的 2 万千瓦汽轮发电机组（10、11 号）和 2 台 3000 千瓦汽轮发电机组（12、13 号）先后投运。至此，共有锅炉 26 台，汽轮发电机组 12 台，总装机容量达到 12.1 万千瓦，成为远东最大的火力发电厂。

1929 年，上海租界工部局因政治、经济等因素，将电气处的全部产业和专营权以 8100 万银两出售给美国电气债券和股份公司所属的美国和国外电力公司。虽然公共租界华人纳税人会议曾发表宣言进行抵制，上海特别市政府也以电力在租界收回时工部局应无条件交还政府为由，呈文行政院进行外交干预，但均未成功。电气处被更名为上海电力公司，后世亦称其为美商上海电力公司。

上海城墙拆除后，华界和租界连成一体，也有条件开通电车运营。英法租界计划要将电车线路延伸到华界，均遭到时任上海市政厅民政总长的李平书的拒绝，他主张南市的电车一定要由中国人承办。李平书出面邀请陆伯鸿任总经理，等陆伯鸿同意后，李平书连夜准备好文案，赶往南京，谒见江苏都督程德全，向他陈明南市不能不自办电车的理由，很快获准。

1913 年 8 月 11 日，上海华商电车有限公司第一条有轨电车线路通车，最初线路是从十六铺到沪杭火车站，里程仅为 4 千米，时速为每小时 19 千米，全程约 20 分钟到达。车厢也分头等、二等两种。以后又陆续建立了四条电车线路。南市电车车头的上端，均安装了"绿、白、红"三色的三盏电灯，据说是陆伯鸿名字的谐音，南市居民对此引以为自豪，

---

❶ 江边电站于 1950 年代改名为杨树浦发电厂。在此后的 40 年里，该厂先后为全国 24 个省市自治区的 256 个单位培养、输送了 3224 名发电技术和管理人才，因而被电力同行誉为育人育才的"老母鸡"。按照国家"上大压小、节能减排"的政策要求，2010 年 12 月，杨树浦发电厂完成其历史使命正式关停。

❷ 上海市电力工业局史志编纂委员会：《上海电力工业志》，第 47 页。

乘客日众❶。

1917 年初，身兼电灯、电车两家公司总经理的陆伯鸿，为方便经营管理，提出车、灯合并的建议。经过两家公司的董事会反复讨论，于 1918 年 1 月 7 日正式合并，并于 2 月 11 日（农历正月初一日）起，将原车、灯两家公司的商号、名称、图记一律改为上海华商电气股份有限公司，呈报上海县公署立案，交通部注册。合并时，两家公司共有大小发电机组 6 台，容量约 3350 千瓦，其中原属电车公司两台机组约 2000 千瓦，电灯公司 4 台机组约 1350 千瓦。大小锅炉 8 台，烟囱 3 座，各种供电电杆 2152 根，供电灯数 23 878 盏，还有电车轨线 14.47 千米，电车 32 辆。

公司成立后，由原股东在已有资金的基础上认足 100 万元，接着于当年向国外购买德国制造的 3200 千瓦发电机组 1 台，1922 年装竣投运。1924 年又增添德国制造的 6400 千瓦汽轮发电机组 2 台，分别于 1925、1926 年建成发电。在这期间，将旧有 1 台 1600 千瓦发电机折价转让给浦东和兴钢铁厂，其他小机组也都陆续处理或废置不用。至 1928 年底，公司共有巴布科克厂水管式锅炉 7 台，总装机容量已达 1.6 万千瓦。

1919 年 1 月，嘉定学者童世亨联合上海知名人士黄炎培、钱新之、张蟾芬等集资银圆 20 万元，筹办浦东电气股份有限公司，5 月成立董事会，推举童世亨任总经理兼技术主任，张蟾芬任副经理❷。1920 年经农商部核准注册，并租用春江码头 10 号（今陆家嘴游龙路）为事务所。同时，在塘桥建造张家浜发电所，安装 2 台美国制造的 120 千瓦三相交流发电机组和配套的 111.9 千瓦煤气发生炉，并与发电所同步建设浦东第一条长 10 千米的 2.3 千伏供电线路。首台机组于 1920 年 12 月 21 日发电，供上半夜照明，使南起塘桥，北至陆家嘴，东到其昌栈、开平局一带电灯放光。随着电力供求需要增加，1925 年 2 月 26 日，发电所在张家浜口北岸易地重建，即今张家浜北安里 32 号，占地面积 9.4 亩。11 月 20 日，新厂落成发电，安装 1 台瑞士制造的 600 千瓦汽轮发电机组。新厂投运后，老厂停用，并将发电机出售。

除了上海之外，江浙二省的发电厂有一特殊现象，即小厂星罗棋布。每每一县之中，有发电厂五六所，各据一镇一市以营业。主要原因是这些市镇大多距海较近，交通便利，又地处江南富庶、人口稠密之区，互相仿效，向洋商购买小型柴油机，或辗转购得旧机，以享用电灯之便利，同时又可以其余力余时，用于他处。可惜的是，这些小厂因管理不当，大多归于失败。距大电厂输电线路较近的一些小厂，慢慢体会到购电之经济便利，愿与大厂合作，或并入大厂。

杭州电气公司在技术及业务方面，工作成绩均甚优良，只是杭州当时工业不甚发达，其负荷增长比较迟缓。

苏州电气厂也是当时较大的企业，随着资本逐渐增加，由于当时农田灌溉、电力碾米的原因，营业范围发展很广，西至望亭，东近昆山，北达无锡荡口，南经吴江平望而

❶ 郭小燕：天主教实业家陆伯鸿的慈善事业研究，福建师范大学，2013 年硕士论文，第 23—25 页。
❷ 上海市政协文史资料委员会：上海文史资料存稿汇编（8）　市政交通，上海古籍出版社，第 54—61 页。

抵盛泽。

此外，还有南通的天生港电厂、宁波的永耀电力公司、武进的武进电气厂、吴兴的吴兴电气公司、镇江的大照电灯公司等，都是较大的电厂。

二、武汉区域以既济水电公司为主

武汉居全国之中，早年工商业非常发达，张之洞督鄂时已颇具规模。武汉电厂共有 6 家，汉口既济水电公司占据主导地位，水电合营，颇多便利[1]。

既济水电公司自初创开始，营利一直远不如预期，但形势逐渐好转，至 1911 年，内地及租界自来水长年收洋约 27 万元，电灯长年收洋 28 万元，总计年收入 55 万元之多，而年开支 25 万元，股息 30 万元，与收入基本相当，可以维持盈利[2]。

正当公司发展刚有起色时，辛亥革命爆发，清军与民军在汉口激战，清军于败退之际在汉口大肆纵火，市区房屋大量被毁。虽经宋炜臣[3]在两军之间奔走游说，水电两厂得以保存，但水电厂的设备如电机、电缆、皮线、房屋都遭受严重破坏，敷设的电线杆、电线、水管、水龙头等损失十之八九。南北议和后，汉口社会经济开始复苏，市政建设始有起色，既济水电公司也开始逐渐走出困境，并渐入佳境，至 1914 年以后，水电公司的各项业务也进一步扩张，"全镇街市恢复，商旅辐辏，公司电灯机力已满，供不应求"。这一时期"营业蒸蒸日上，渐入佳境，1921 年至 1925 年间之五年，营业最盛，盈余最丰，为公司唯一之黄金时代，1927 年后营业日衰，经济日绌。"1926 年，公司的发电能力达到 10 500 千瓦，完全能够满足汉口市区的电力需求。

既济公司可称为官督商办的民营企业。民国初期，北洋政府对工商业的发展采取自由放任的政策，武汉当局对既济公司的内部行政、价格调整、股东选举均未加干涉，这一时期的既济水电公司实际上是完全市场化的商办公用企业。国民党政府成立后，对公用企业的控制明显增强，政府不仅干涉既济水电的价格，还干预公司的内部行政，增加捐税，拖欠水电费，以致企业与政府之间冲突不断，给公司的正常发展带来严重的负面影响。

1926 年 9 月，北伐军进入武汉，汉口开始在国民党政府的统治之下，既济水电公司的发展进入了一个新阶段。1927 年，国民党政府迁都武汉，合武汉三镇为武汉市，并改为武汉特别市。宁汉合流后，武汉特别市解散，又设汉口特别市，成立汉口市政府，并长期为国民党政府院辖市，汉口的行政力量大大增强，既济水电公司的经营也开始越来越多地受到政府的影响。在武汉国民党政府成立之初，国民党政府便组织"既济水电公司整理筹备委员会"，对既济公司进行"整理"，将宋子文的旧友刘少岩推上总经理之位，以为控制。之后桂系掌控政权，湖北省政府又提出"整理汉口既济水电公司案"，企图"假整理之名，行接收之实"，将既济水电事业收归公营，后经既济公司各股东及社会各界的支持，

---

[1] 中国电业史志编辑室、湖北省电力志编辑室：《中国电业史料选编（上）》，第 147—148 页。

[2] 吴承胜，既济水电公司与近代汉口公用水电事业研究，武汉大学 2018 年硕士论文，第 14 页。

[3] 宋炜臣（1866—1926 年），字渭润，浙江宁波镇海人，既济水电公司创始人，武汉民族工业的开创者之一。

才得以于 1929 年完全收归商办，免于被没收的命运❶。

三、胶济区域日商实力雄厚

胶济区工业比较发达，而日商势力尤为雄厚。电气事业主要在青岛、济南二地，其他皆渺小不足道。青岛的胶澳电气公司由中日商人合资组织，于 1923 年成立，专营期限 20 年，日方占 46%，中方占 54%。该公司基础极为健固，股本仅 200 万元，资产逾 500 万元，每年盈利逾 40 万元，发电所分两厂，总装机容量 28 800 千瓦。济南的华商电灯公司，一直由庄、刘二姓轮流把持，其发电厂机器多系人弃我取之旧货，故障时有发生，电压不稳，工厂皆不敢购用，故电力用户较少。

四、平津区域一共八家电厂

平津二地共有八家电厂，天津五家，北平三家。在天津，比商电车电灯公司最大，营业区域以天津鼓楼为中心，半径六华里。英租界电力由英工部局电厂供给，法租界电力由法工部局电厂供给，日租界亦然。特一区由市政府自办电业新公司，向英租界购电❷。

比商电车电灯公司装机容量 21 900 千瓦，过半用于电车电力，盈利尚属丰厚，但管理及技术方面不及英租界电厂。英工部局电厂成绩最优，装机 7500 千瓦，居天津市第二位。法工部局电厂装机 6000 千瓦，居天津市第三位。天津市各电厂有一优点，即其频率及用户电压都一样，且与中国标准相符；但也有一共同缺点，即电价过高，不受中国政府指导。

北平三电厂为京师华商电灯公司、北平电车公司，以及使馆区北平电气公司。北京地区用电量日益增长，前门西城根电厂的发电能力已渐渐不能满足用电需求，电厂的扩建提上了日程。但是前门西城根电厂所在地域狭小，无储煤除灰场地，再加上水源不足，实在难以扩建。经过多方勘察，1919 年，京师华商电灯公司选定了西郊的广宁坟村，购得荒丘 60 余亩新建石景山发电分厂。公司又从国外购置了大量设备，在石景山发电分厂中陆续安装锅炉 12 台、透平机 3 台、发电机 3 台、总装机容量达 17 000 千瓦，并于 1922 年 2月向京城送电。

京师华商电灯公司规模日益扩大，1921 年公司召开股东会，决议再加股本 300 万圆，共计总额 600 万圆，分作 12 万股，每股 50 圆。京师华商电灯公司增加的股票于 1924 年 5 月正式发行。京师华商电灯公司在当时社会上拥有巨大影响，不仅是民用实业领域的"龙头老大"，在政界也具有举足轻重的地位❸。

五、东北区域中俄日三方面竞争

1905 年，日俄双方签订朴茨茅斯和约，俄国遂将长春以南的铁路及其附属一切权益

---

❶ 吴承胜，既济水电公司与近代汉口公用水电事业研究，武汉大学 2018 年硕士论文，第 16 页。

❷ 中国电业史志编辑室、湖北省电力志编辑室：《中国电业史料选编（上）》，第 148—149 页。

❸ 史苑：北京首家民族资本的电业公司——京师华商电灯股份有限公司，北京档案，2015（05），第 59—61 页。

转让于日本，于是日本积极经营，设立南满铁道株式会社，接收俄国的大连发电厂[1]。

南满铁道株式会社以电力事业为铁道附属事业之一，竭力计划扩充，1908 年在抚顺、同年六月在奉天、1910 年 3 月在长春，先后设立发电厂，1911 年收购安东电气公司，同时其他日方电气企业亦于各处乘机设立发电厂，此后，凡其势力所及之地，电力事业无不随之发展。

当时东北官民鉴于电业主权行将旁落，利权外溢，在各重要城市内亦谋振兴电力事业，1906 年（光绪三十二年）在满洲里、1907 年（光绪二十三年）在吉林、1909 年（宣统元年）在辽宁及齐齐哈尔、1911 年（宣统三年）在长春及哈尔滨，均先后设立发电厂。此外，各地小规模发电厂亦相继成立数处。

虽然东北电力事业由中俄日三方面竞争经营，然而俄人所经营者，除东铁自用电厂规模较大外，其余四处均系小规模电厂，势力薄弱。日本人经营的电厂规模都较大，且系有组织有计划，均以侵占为目的。

1916 年，日本人高桥贯一受南满电气株式会社的安排，以资金 120 万元收购哈尔滨俄人所办的发电厂两处，成立北满电气株式会社，继续从事营业，冀欲取得哈尔滨全市电业权。北满电气株式会社的设立，是南满电气株式会社的势力扩展，也是日本进一步的侵略。

哈尔滨市民清楚日本的意图，遂群起反对，明争暗斗两年多。就在哈市当局顶不住日方压力，日本人行将取得哈市电业权之际，中方商民于 1920 年 5 月一夜之间组成哈尔滨电业公司，次日再与市政当局据理力争，方才得以保住哈市电业权。此后中方不顾日本抗议，于 1921 年春先行成立电业工程筹备处，积极筹备，1924 年得吉林官银号资助，开始大兴土木，从事建设。1927 年 10 月 10 日全部竣工，开始营业，同时改哈尔滨电业公司为哈尔滨电业局，共计 11 000 千瓦发电厂 1 处，1000 千瓦发电厂 1 处，设电车路轨 135 千米，电车 32 辆。哈尔滨电业局于 1929 年收购俄商秋林及东铁 2 处发电厂，1930 年合并傅家甸中国人创办的耀滨电灯公司，至此，除北满电气株式会社之外，哈市电业悉归统制。

第二节　南京国民党政府推动电力国有化

自 1927 年南京国民党政府成立后，中央政权明显增强，并陆续制定了统一发展社会经济的计划和相应的政策措施，力图以国家权力强化对社会经济领域的管理。1927 年国民党政府一成立，就宣布要通过建设国家资本的途径，发展实业。1928 年国民党中央政治会议通过的《建设大纲草案》规定，铁路、国道、电报、电话、无线电等全国交通及通信事业，水利电力、商港、市街公共服务等独占性质的公用事业，钢铁、基本化工、大煤

---

[1] 中国电业史志编辑室、湖北省电力志编辑室：《中国电业史料选编（上）》，第 174—175 页。

矿、煤油矿、铜矿等关系国家前途的基本工业及矿业，全部由国家建设经营。国民党政府认为电气事业是独立国家的命脉，是各种工业的动力源泉，欲工业化，必先电力化，电力事业是工业建设中重要一环，同时又是独占性的公用事业，政府有监督的职责。

1927—1936 年的 10 年间，国民党政府和国家资本采用各种手段取得电气公司的控制权，使电力的管理由分散走向集中，在电力行业实施统制。国民党政府对电力工业的统制主要是占有和控制商办电力企业、民营电力企业，将私人资本直接转化为国家资本。

第一种方式为代为整顿。全国电气事业指导委员会密切关注各地电厂经营情况，积极推动各地工业发展。1927 年，国民党政府扩大监理职权，采取"中央集权监督政策"，对经办不善、无从改进的商办电厂"暂收归公营或代为整理"，或派员代理，或借故收归官营。第二种方式为参股改制，国民党政府采用各种手段改变电气公司的资本结构，调整债务资本与股权资本的比例关系，取得电气公司的控制权。这类企业不论官股比重大小，企业的实际控制权都在政府手中，这是国民党政府控制商办企业的一种重要手段。第三种方式为强制没收接管。强制没收接管是国民党政府扩张国家资本、节制私人资本的一种重要手段。由民营改为官办，企业经过整顿与接管后，改变了过去管理混乱的局面，推进企业逐步走上规范发展的道路。

这些统制措施在一定程度上顺应了电力发展的客观要求，使电力管理由分散走向集中，单机容量越来越大、电源越来越集中、电压等级越来越高，顺应了当时的经济发展形势，也推动中国电力技术和电力企业管理的进步，有一定的历史进步性。但是，国民党政府特别是官僚资本通过强制手段占有和控制商办企业，与民争利，使得民营发电企业无法得到保障，民营资本无奈萎缩或者直接退出，对社会生产力造成了一定的破坏，也引起了民族资本对统制政策的强烈抵制。

一、建设委员会全面管理全国电气事业

南京国民党政府建立初期成立建设委员会，接管全国电力工业之后，迅速成立了电气处与全国电气事业管理指导委员会，开始对全国电气事业进行管理。国民党政府对电力工业实行统制政策，促使电力工业向国家垄断的方向发展，这是近代中国资本主义发展的一个重大变化与重要转折。

1928 年 2 月 1 日，国民党中央政治委员会第 127 次会议通过孙科等 11 名委员的提议，决定设立中华民国建设委员会，由国民党政府直接管理，从事交通、水利、农林、渔牧、矿冶、垦殖、开辟商港商埠及其他生产事业的设计和创办，建设委员会聘请国内外专家担任各专业委员会的委员或顾问。2 月 18 日，建设委员会正式宣告成立，由张静江担任主席。10 月，建设委员会更名为国民党政府建设委员会，改隶于行政院，委员由国民党政府聘任，取消主席制，设委员长及副委员长各一人，张静江任委员长❶。

1929 年 1 月 15 日，建设委员会成立民营电气事业委员会，任命鲍国宝、江湛、张行

---

❶ 韩文昌、邵玲：《民国时期中央国家机关组织概述》，档案出版社，1994 年，第 226—228 页。

恒、王承桓和李鼎等 5 人为委员[1]。后来又增加委员至 11 人，主任委员专任，其他委员兼任，均系电气工程或经济领域内的著名专家，且由建设委员会委员长派任。主任委员之下，设行政、经济、业务、工作 4 股，由专家主事。1 月 29 日，派李鼎接收交通部和前北京政府交通部民营电气事业的卷宗，直至 6 月份完全移交完毕。

为进一步加强对全国电力工业的管理，1930 年 2 月，建设委员会成立了电气处。电气处的职能是：国营电气事业的计划建设，建设委员会所属各电气事业的指导、监督和管理，民营电气事业的发照、注册，民营电气事业的指导、监督和改良，电气机械材料的制造及标准检定以及其他与建设委员会有关的电气事项。

1931 年 5 月，国民党举行第三届中央执行委员会临时全体会议，专门讨论国家经济建设的有关政策，通过了张静江提出的以铁路、电气和水利事业为建设中心的议案。大会最后形成的决议案突出强调电力建设，认为电力建设与铁路建设同等重要，应列为国民党政府初期经济建设的中心任务。决议案中还指出电力、农业、工业建设刻不容缓。直到 1937 年日本发动全面侵华战争前夕，国民党政府的国家工业建设基本上按照该决议案的精神开展，建设任务与程序没有大的变化。

1933 年，建设委员会成立全国电气事业管理指导委员会。指导委员会首先对全国电力发展状况、各电厂设备技术与经营管理情况开展摸底调查，抽查核实了上报的情况，获得了比较真实的数据与资料，然后对各地电力企业进行了重新审核、登记、注册、发照。指导委员会参照美国电力管理法规和有关制度，制定了中国电力管理法规和管理章程、管理条例等，整顿了有关电厂，对自营电厂开展了示范引导，使中国电气事业管理逐渐走向正轨。

（一）调查与整顿电力工业

1929 年初，建设委员会接管全国电力工业之后，为掌握电力工业在各地的发展情况，对全国所有电厂进行了调查摸底。为此，制定了电厂的年终报表，分发至全国电气事业人，要求其如实填报并将每个电厂的工程业务、经济情况填具呈核。据 1934 年调查统计，全国电气事业大小合计共约 450 家（东北自沦陷后未曾列入），已注册完竣领取营业执照者计 192 家。建设委员会要求各地电厂迅速注册，以便管理，否则将依法取缔，禁止其营业。关于电气事业注册发照的审核工作，建设委员会"力求审慎，其办理腐败者，在督促整顿未见成效之前，不予注册"。在该政策的指导下，全国电力工业开始改变过去那种不习惯注册，管理混乱的现象，为建设委员会管理电力工业提供了真实数据与资料。

建设委员会制定的电厂年终报表，使其能随时掌握全国电力工业的发展情况。与此同时，建设委员会每年还分派指导员至各省市进行视察，对各电气事业的经营情况加以核实。为防止出现反弹现象，建设委员会令各省建设厅指定一个视察员定期至全省各个电厂视察，以便督促其发展，并将视察报告呈送建设委员会以备考核。1933 年 10 月，全国电气

---

[1] 王静雅，建设委员会电业政策研究（1928—1937）以长江中下游地区为例，华中师范大学 2011 年硕士论文，第 23 页。

事业指导委员会在南京召开了各省市电业视察会议，讨论有关电力工业的发展方针，制订视察计划。此次电业视察会议使建设委员会加强了对各地电厂视察监督的情况。根据各个电厂每年呈送的年终报表及各个视察员的视察汇报，建设委员会编制了各项电气事业的发展统计，每年刊印一期，以便国内外对中国电力工业的发展有全面了解；并将各种材料进行分析研究，借以推求各项平均指数以供企业家及学术界参考。建设委员会编纂的《电气事业发展统计》，至抗战前共出版七期。

全国电气事业指导委员会因为负责电气事业，对各地电厂经营情况十分注意，意欲使其成为地方工业发展的推动者。实际上当时全国电厂虽然多达数百家，"然求其办理优良、售电低廉、足以促进工业之发展者无几"。为发展电力工业起见，全国电气事业指导委员会对全国电厂进行整顿。

对地方电厂整顿成效最为显著者为江西九江映庐电灯公司。九江自开埠后，经济迅速繁荣，1917 年唐伯龙在九江总商会支持下集资办厂。但因地方势力很大，私拉电灯的情况非常严重，以致电厂财务亏损，运转困难，不得不求助于建设委员会。1935 年 5 月，建设委员会派单基乾、朱谦然与朱大经等电力专家帮其进行整理。通过对设备、营业以及财务的两年整理，使其逐渐走上良性发展轨道。

（二）颁布电业管理政策条例

1929 年，建设委员会公布《民营公用事业监督条例》，规定"民营公用事业除应由中央主管机关监督者外，其经营范围属于县区域者由县政府监督，属于市区域者由市政府监督，属于县市两个区域以上者由省政府监督。"明确了各级机构的监管范围，避免了重复监督，为各级企业发展提供了一定的保障。条例还规定"当地居民创办或投资电气事业具有优先权，企业专营年限为二十年，同一营业区域内，不得设立同种公用事业，其盈利达资本的百分之二十五时，次年应减少收费或扩充设备。"这些条款为民营电厂提供了保障，稳定了电力从业者的人心。1933 年，建设委员会对《民营公用事业监督条例》做了修正，电力事业专营年限由 20 年变为 30 年。这大大增加了民营资本投资电业的积极性，有利于电力事业的发展。条例对技术标准也作出统一规定，要求民营公用事业的技术标准包括会计制度，都要按照中央主管机关公布的各种规程执行。在电价方面，条例明确提出要保护公众用户利益，规定事业人资本金收益率超过 25%时，超过额的半数作为电力用户的公积金，用来弥补收费减少时用❶。

《民营公用事业监督条例》公布之后，立法院于 1930 年公布《电气事业条例》，后于1934 年修正。《电气事业条例》界定了电气事业与电气事业人，明确规定公营和民营企业都必须在中央机关登记后才能营业，规定了股本或资本总额与投资总额的比例，规定了电气事业从业者有使用公有或者私有土地及其空间的权利。《民营公用事业监督条例》和《电气事业条例》都经过了立法程序，成为电气事业法规中的母法。

---

❶ 中国电业史志编辑室、湖北省电力志编辑室：《中国电业史料选编（上）》，第 619—621 页。

（三）制定电力技术标准、规则

建设委员会先后公布了一系列工程技术法规。1930 年公布《电气事业电压周率标准规则》《室内电灯线装置规则》，1931 年公布《室外供电线路装置规则》，1933 年公布《电力装置规则》，1935 年公布《电气事业控制设备装置规则》，1936 年公布《电气事业汽压汽温选订规则》《电线经过铁路装置规则》，1937 年公布《架空电信及供电线路平行交叉并置规划》《电气事业电度表检验规则》。这些工程技术标准规范了电业工程技术，在一定程度上确保了公共用电的安全。

中国电力工业发供电设备依赖国外进口，来自世界各国，标准不同，差异悬殊。东北、华北、华中地区多采用日本的标准，其他多采用欧美的标准。据建设委员会 1929 年的调查，全国 220 伏电压的有 92 家电厂，200 伏电压的有 39 家电厂，110 伏电压的有 9 家电厂，230 伏电压的有 5 家电厂，以 220 伏电压为主。世界各国使用的频率大致有四种，即 60、50、25、16 赫，其中以 50 赫最常见。中国用 50 赫的电厂有 105 家，60 赫的电厂有 73 家。外资电厂 35 家中，除南满铁路（与日本同用 60 赫）外，几乎都用 50 赫❶。

建设委员会认识到电压、频率没有一个统一的标准，不利于电气事业发展。参考各国标准，并考虑到经济效益，建设委员会制定了中国统一的电压、频率标准，并于 1930 年 9 月公布了《电气事业电压周率标准规则》。明确要求电气事业所用的电压和频率，均应按照该规则所规定的标准。直流电电压以线路满载时的终点电压为标准，定为 220 伏和 440 伏两种。交流电频率，定为 50 赫兹，相数定为单相及三相两种；交流电电压以输电线或配电线满载时的终点电压为标准。对各级电压伏数也作出具体规定，并要求发电机、变压器、电动机、电灯、电具等的电压按照该规则规定执行❷。

二、政府接办部分电力企业

在电力国有化政策的主导下，电力发展的成效显著。国民党政府直接接办了南京电厂、戚墅堰火电厂和杭州电厂等几家电力企业，这些电力企业在原有基础上，充分发挥政府优势，取得了较好的经营业绩。

（一）建设委员会接办南京电灯厂并改名为首都电厂

南京国民党政府首都电厂的前身先后为金陵电灯官厂、南京电灯厂。至首都电厂时期，已历经两次技术转型，从清末的一座小型电灯厂发展至大型官营都市企业。1930 年代，首都电厂一跃成为当时国民党政府官营的最大电厂，也标志着中国城市供电技术达到了新的阶段❸。

1912 年，金陵电灯官厂由中华民国江苏省实业厅接管，改称江苏省立南京电灯厂。

---

❶ 恽震：《电力电工专家恽震自述》，中国科技史料，2000（03），第 197—198 页。

❷ 中国电业史志编辑室、湖北省电力志编辑室：《中国电业史料选编（下）》，第 609—611 页。

❸ 陈悦：民国时期大型官营都市工厂的技术发展——以南京首都电厂为例，山西大同大学学报（自然科学版），2019 年 6 月，35（3），98—102。

其供电范围已辖三山街、中正街、三元巷、鼓楼、下关变压所5个配电处，变压器9台，杆木1178根，用户约1200户，装灯约2万盏。由于供电已超原有设计，导致灯光暗淡，责难蜂起。电厂不得不实施首次技术升级，先是增装发电机组，后又建新发电所。1914年添加2台100千瓦单相发电机组；1919年考虑商户的需求，加装50、125、270千瓦发电机3台三相机组，西华门发电所共有发电装机容量820千瓦，较建厂初期有很大提升。但下关商埠居民有万余家，商店数千户，供电能力依旧捉襟见肘。下关商民曾联名呈请交通部，要将电灯厂划归商办。当时，各方均看好在下关江边添设发电所。1919年12月1日，电厂与上海慎昌洋行签订购机合同，由该洋行承办安装美国通用电气公司1台1250千瓦三相交流汽轮发电机。新电站于1920年发电，形成了"一厂两所"的格局。城内老电站为江苏省立南京电灯厂西华门发电所，新电站则为江苏省立南京电灯厂下关发电所。这一时期的升级，已能提供三相交流电，在原来以居民用户为主的基础上，开始为城区的工商用户供电。

1927年国民党政府成立，统制经济政策推动了国有经济的扩张，以没收方式转为官营是当时常见的企业"转制"方式。南京电灯厂即被作为"逆产"收归官营，改称南京市电灯厂，仍保持"一厂两所"结构。1928年4月，南京市电灯厂划归国民党政府建设委员会直管，更名为建设委员会首都电厂，属国有企业。后续的一系列技术改造表明，国有首都电厂的出现，不仅意味着供电能力的跃升，而且属于首都建设规划的一项重要内容。

国民党政府定都南京后，党政军警机关用电攀升，人口骤增，同时市政建设、工商业发展快，其中的动力与热力用户的出现，更突显了发电、原料供应、设备维护、输电与配电等各环节不敷需求的窘况。

建设委员会接手首都电厂后，首先以整理机器及增设线路为最重要职责，着手从根本上改造电压质量差、损耗大及供电线路紊乱等弊病。西华门所的设备年久失修，实有发电能力仅300千瓦左右。两家发电所采取了废除不经济的汽轮机，折旧处理部分锅炉与柴油机等措施，腾出空间添置先进的柴油机，进行技术升级。电厂向慎昌洋行新购125、219千瓦发电机各1台，各用180、270匹马力柴油机传动，均于1928年秋装机发电；次年，西华门所购置575千瓦发电机1台，用700匹马力柴油机传动；下关发电所则先后装置通用电气公司制造的750千瓦汽轮发电机组和瑞士产1600千瓦汽轮发电机各1台，发电所总装机容量达到3350千瓦，两所发电容量共有4605.2千瓦。1930年代初，首都电厂协调周边地区数家企业自用小电厂，根据各方用电情形分段整理，部分区域改由其他电厂供电，全市电力分布得以稍有平均。

1930年，建设委员会发行八年短期电气公债，筹集资金建立新厂。公债由国内各大银行协助承销，德商西门子洋行参与新厂工程。新厂仍设在下关，占地15亩有余，计划装机容量5万千瓦，分两期完成，抗战前实际装机容量3万千瓦。1931年起实施一期工程，主要任务是安装2台5000千瓦汽轮发电机和2台锅炉，从设计到订货、从安装到投运，均被德方为首的外商操纵，电厂不能自主。西门子公司负责设计并提供发电设备，锅炉由德国包捷克公司（Borsig）供货，英国巴布科克&威尔考克斯公司（Babcock & Wilcox）负责配套高低压汽管、蒸馏器与输煤器等。2台交流发电机与电轮机直接连接，转速3000转/分，频率50赫，励磁电压110伏，励磁机出力33千瓦；2台锅炉为蒸发量28吨/时的链条炉，各配两台吹风机；锅炉室内运煤设备为皮带式运煤机，每小时可运煤40吨。由于新厂输出电压13.5千伏、50赫，旧厂发电机输电电压为2300伏、60赫，需经2500千瓦变频机变为50赫，再升压后与新厂母线相连送电。

1932年，在"一·二八"事变之前，发电设备及输配电线路设备大体完成。1933年建设委员会派员验收，1号和2号锅炉及汽轮发电机全部正式供电。由此，南京地区电力全部由下关发电所供电，原西华门发电所改为首都电厂西华门营业所，停止发电。

1933年开始实施二期工程，初定安装1台1万千瓦汽轮发电机组，因1935年冬与江南水泥厂签订供电合同，决定多添购1台机组。鉴于一期工程从设计到订货、从基建到安装整个过程全部由外方把持，厂方不能自立，陆法曾[1]总工程师主动谋划，承担2万千瓦汽轮发电机组整套规范书的自行确定、设备选型与生产设计工作。

1934年设备订货实施国际招标，这也是中国大型电厂首次自主尝试工厂设计与设备招标。陆法曾组织技术人员，分锅炉、汽轮发电机、凝汽器、电气控制设备和吊煤机5个专业组，经半年审核，选择符合设计要求的设备。

大型电力设备的采购与安装周期长，首都电厂的扩展工程先后受到资金不足、管理易手和日本侵华等因素的严重影响。本来欲新建大型电厂以应新都需要，实际却缓不济急，无补于时局。1937年，国民党政府建设委员会将70%股权（17万元）卖给中国建设银公司，其余30%交经济部，由官办改为所谓"官商合办"，控制权被宋子文资本集团掌握，归入扬子电气股份有限公司经营管理。

因抗战爆发，部分设备西迁，电厂的1台750千瓦和1台1600千瓦发电机组先后拆往西安西京电厂。1937年6月，电厂被日伪"华中水电股份有限公司"强占。二期工程的第2台机组被迫改用日立电气制作所的电气控制设备。日军占领首都电厂后，实行掠夺性生产，发供电设备遭到严重破坏，供电能力不足1万千瓦，且物资材料被掠夺，首都电厂衰落萧条。

抗战胜利，还都南京，首都电厂重归扬子电气股份有限公司经营，陆法曾兼任厂长和总工程师，打算恢复并扩增发电能力。厂方先征用兵工署等机构战时用的小型发电机，作为临时举措。此后，电厂订购了美国万国燃烧工程公司50吨/小时蒸汽锅炉1套、美国奇异公司5万千瓦发电机1台，力保南京公用事业及大中型工业用户。相比战前，装备、发电量和技术水平并未有显著起色。1949年4月南京解放，首都电厂由市军事管制委员会接管，更名为南京电厂，开启新的发展之路。

（二）建设委员会整合震华发电厂为戚墅堰电厂

商办震华电机制造厂于1921年在北京交通部以股份有限公司的形式立案注册。规定

---

[1] 陆法曾（1928—1970），字富如，江苏吴县人。

资本总额国币银 250 万元，实收 150 万元，华股 56 万余元，德商西门子洋行为大股东❶。创办之初，原拟以制造电机为主要业务，副业发电。但由于招股未能足额，于是变成了专门的发电厂。

震华电厂厂址在戚墅堰镇车站西边，占地 200 余亩，面临运河，取水方便。最初的设备有西门子克罗伯两厂合造的 3200 千瓦汽轮发电机 2 台，巴布科克制造的锅炉 4 台。西至武进，东至无锡，33 000 伏高压线路长约 38 千米。1923 年冬，设备完竣，开始发电营业。但是武进、无锡两县城厢之内，均已有电灯厂设立，最初与武进县的武进电厂发生营业区域之争，经武进县商会居间调解，划分区域，暂时相安无事。

无锡方面原有耀明电气公司，无锡市近郭 10 里以内，是耀明专售电气的营业区域。但是耀明公司营业不振，将该区域供电转售给震华电厂，耀明专营电灯。1926 年冬，耀明与无锡市公所因路灯电价发生纠纷，震华与无锡市公所另订合同，于无锡市区植杆架线，供给路灯，直接营业。自此，震华与耀明公司出现了持续不断的纠纷。同时，震华公司受战事影响，经营困难，入不敷出，负债日增。

1928 年，耀明公司勾结西门子及震华一部分股东，拟以震耀合并名义，组织永兴公司筹备处，冀图接收震华全部资产。此举遭大多数震华股东反对，遂致发生停电风波。武进、无锡两市地方公团电灯用户及农工各界，联呈中央建设委员会请求设法维持。同时震华股东也设立股东维持会，函请救济。建设委员会于 1928 年 8 月 14 日派王承桓、吴新炳到厂维持，至 10 月 1 日实行接收，更名为中华民国建设委员会戚墅堰电厂❷。耀明公司停业，杆线交由戚墅堰电厂接收，平价清偿。自 1928 年 2 月 15 日起，无锡电灯用户由戚墅堰电厂直接供电。

（三）浙江省政府接办大有利电厂

杭州大有利电厂是杭州电厂的前身，1916 年改为官商合办，定名为大有利官商合股商办电气公司。由于杭州丝绸和布匹机织业的发展，电力需求增加。1922 年在艮山门外扩建新厂，1925 年底装机容量达到 5100 千瓦，经营情况良好，发展甚为迅速。

浙江省政府主席张静江深信，"欲发展浙江经济，非经营一所大型电厂不可"。1929 年 4 月 19 日，张静江提议将大有利电厂改为省办。

1929 年 4 月 23 日，建设委员会派员前往协助接收大有利电气公司，浙江省政府建设厅公布 11 条接管办法，主要包括：限日接收；由建设委员会聘请专家估价；商股改为保息股；官股增为 150 万元，省政府占 75%，建设委员会占 25%，资金总额为 300 万元；保息 6%的年利，无论盈亏由建设委员会及省政府担保，5 年后政府按照面值，提前 1 个月通知后拨款收回等。大有利电厂债务全部由政府承担，对商股来说，非常有利。其他财务问题，经清理委员会清算，也给出了清偿办法。浙江省政府多付 13.625 万元给大有利公司，已经超过了商股投资总额。政府回收的优惠条件，超过了任何官府收购民营电厂，

---

❶ 中国电业史志编辑室、湖北省电力志编辑室：《中国电业史料选编（上）》，第 99—100 页。
❷ 王树槐：《江苏武进戚墅堰电厂的经营，1928—1937》，《中央研究院近代史研究所集刊》第 21 期，1992 年 6 月，第 4—5 页。

大有利公司的股东对于对政府接管，不但没有表示出反对意见，而且还自愿退出官商合股，是其他官收民营电厂前所未有的现象。1929 年 5 月 3 日，浙江省政府接收了大有利电厂，更名为杭州电厂。

三、资本财团介入电厂经营

（一）企信银团成立

杭州电厂 1929 年 5 月改归国营后，由浙江省政府电气局管理。电气局在主持管理期间筹借资金，建设闸口新厂，以图增加收入及满足电力供应的需要。1930 年 1 月电气局裁撤，浙江省政府以新电厂工程大、经费缺乏，建设杭江铁路经费缺乏，计划将建设闸口新厂的经费移作筑路之用，另外招商承办此厂。

上海金融界人士李铭闻讯萌发了组团到杭州办厂的设想。1931 年 4 月 5 日，由李铭发起，中国银行、交通银行、上海银行、浙江兴业银行、浙江实业银行、周宗记、慎修堂、诚记等银行和实体的代表一起开会，会议推选李铭为主席，组建银团对杭州电厂投资放款[1]。

会议通过了以"企信"命名银团及银团合同等，同时推选张嘉璈、陈光甫、徐新六、叶琢堂、李铭等 11 人为银团委员，在紧接着召开的银团委员会上又推出李铭、叶琢堂、周宗良、金润泉、翁谊安为常务委员。

根据企信银团合组合同规定，提供透支款以 300 万银元为限，分别由中国银行承担 90 万，浙江实业银行、周宗记各承担 50 万，交通银行、浙江兴业银行、上海银行、慎修堂各承担 25 万，诚记承担 10 万，同时银团在上海设立经理杭州电厂总办事处，管理经营电厂和工程建设维护等。1931 年 5 月 1 日，企信银团同浙江省政府正式订立委任经营合同和透支合同。委任经营合同内容十分详尽，总共 18 条，其中规定浙江省政府将杭州电厂等（包括余杭电厂、海宁电厂、泗安电厂、闸口电厂的输配电工程及电气专营权）交银团全权经营管理，所得款项用于杭江铁路萧山至兰溪段工程建设，银团受任经营期限以省政府偿还银团借款本息为度。合同同时规定银团经营电厂所得每月营业收入总数，在扣除各项开支折旧及利息外，还需支付杭州电厂官有和商有保息股本息，如果还有盈余，才偿还透支款的本息。银团也获得了不少权利，如合同规定，对于一切公私土地上道路、桥梁、河流、沟渠、城垣等如有需要可以依法使用或收用；银团对于电厂运营有用人之全权；电厂经营不需要的设备，经浙江省政府书面同意，银团可以将部分或全部出售，以偿还银团借款本息。合同还规定，银团应于每年 6 月底和 12 月底，将电厂 6 个月营业状况编制报表送浙江省政府建设厅备核，省政府建设厅可以随时派员查核[2]。

1931 年 5 月至 1932 年 4 月，企信银团共向杭州电厂支付贷款 285 万余元，银团经理杭州电厂总办事处处理了大量事务，包括银团垫款、会计事务，设备采购，燃煤购买审核，

---

[1] 浙江兴业银行档案. 上海市档案馆藏，Q268-1-480.

[2] 浙江第一商业银行档案. 上海市档案馆藏，Q270-1-369.

驻厂会计稽核、材料稽核等，但杭州电厂的经济状况未见好转。

1932年5月23日，企信银团召开第三次全体委员会会议。会议决定银团以660万元买下杭州电厂，该厂资本即定为660万元，同时成立股份公司，发行股票。同年10月1日，企信银团召开第4次全体会议，讨论和通过了杭州电气股份有限公司章程草案，讨论和通过了银团继续合组合同。同根规定银团前借给杭州电厂的330万元，其中300万元按银团各成员原来承担的借款额成为认购杭州电气公司股份应缴之股款，银团成员成为杭州电气公司当然股东，其余30万元作为银团股本暂借给杭州电气股份有限公司[1]。至此，企信银团完成了由集资借款、接受委托经营杭州电厂到投资购买、组建杭州电气股份有限公司的决策程序。

1932年10月5日，在企信银团的支持下，闸口发电厂建成投产，装机容量为1.5万千瓦。电厂装有美国汤姆斯好司顿厂制造的7500千瓦中温中压凝汽发电机组2台，美国燃烧公司制造的38.6吨/时汽鼓弯管煤粉炉2台。闸口发电厂是当时国内非外资电厂中第一座采用煤粉喷燃装置的发电厂，与上海江边电站、南京首都发电厂一起成为当时中国东南三大电厂。

1933年1月11日，《申报》分别刊登了浙江省政府公告和企信银团第一号公告，声明浙江省政府于1932年7月1日将杭州电厂及其附属各电厂全部资产设备包括电气专营权转让给企信银团，企信银团于1932年12月24日召开发起人会，设立杭州电气股份公司，议决章程，选举董事、监事，由公司承受全部资产及电气专权。公司于1933年1月1日正式成立，企信银团收购改制杭州电厂获得成功。

1937年12月22日晚，杭州闸口电厂被炸，业务严重受阻。尽管如此，杭州电气股份公司作为银团投资的一家企业，总体经营良好，公司一直存续到20世纪50年代。

（二）扬子电气股份公司成立

1937年5月，建设委员会宣布，将首都电厂和戚墅堰电厂改组为扬子电气股份公司（简称扬子公司），股本1000万元，建设委员会占股200万元，其他股本金由中国建设银公司筹集[2]。1937年5月14日，扬子公司在上海江西路181号建设大厦召开发起人大会，张静江、宋子文、孙科（宋子文代）、李石曾、宋汉章、杜月笙等40余人出席会议[3]。出席此次发起人大会的，除了建设委员会的高级官员外，其余大部分都是银团公司的董监事，或身兼两职的，如张静江既是建设委员会的委员长，又兼中国建设银公司的监察人，李石曾、张嘉璈既是建设委员会的常务委员，又是中国建设银公司的常务董事。

1937年7月1日，扬子公司正式宣告成立，并于10月29日核准登记。扬子公司1000万股本中，除了建设委员会200万元外，其余800万元均为商股。从扬子公司的股东名单得知，中国建设银公司是其最大的股东，不但占了公司近一半的股权，而且其他参股的银行也大多是中国建设银公司的股东；再从各银行的股份看，除了中国、交通、国货与上海

---

[1] 浙江第一商业银行档案. 上海市档案馆藏，Q270-1-369。

[2] 《中央日报》，1937年5月20日。

[3] 《中央日报》，1937年5月15日。

4 家银行所拥有的股权比较多之外，其他几家银行或公司的股份则完全一样，都是 1250
股，这就说明股份乃为分配摊派，而并非自由竞争，至于股份的比例则主要视银行实力及
其在中国建设银公司中的地位而决定。因为以上资本结构，扬子公司被称为"官僚资本经
营的扬子电气股份公司"。

尽管中国建设银公司控制了扬子公司，但公司的实际管理仍由原建设委员会的班底掌
握，所有权中占有、使用、收益和处分等四项权力中的一部分交由专门的经营者来行使，
经营权与所有权分离，正是股份公司的特点之一。扬子公司的总经理由曾任首都电厂厂长、
时任建设委员会设计处处长的潘铭新担任，首都电厂和戚墅堰电厂的厂长分别由原厂长陆
法曾、吴玉麟续任，后者还兼任扬子公司的协理。

四、民营资本电厂反对统制政策

南京国民党政府推行统制政策，通过占有和控制商办企业，或将私人资本直接转化为
国家资本，或用行政和法制手段将私人资本消灭，引起民族资本电业对统制政策的强烈抵
制，政府接办民营电厂造成的风波不断。

1928 年 7 月 3 日，上海特别市公布《商办公用事业监理规则》，上海与七省民营电气
业者不满该政策，组织开展了请愿活动，最终立法院于 1929 年 12 月 14 日通过了《民营
公用事业监督条例》[1]。1928 年 10 月 1 日，建设委员会接收震华电厂，改名为建设委员
会戚墅堰电厂，原定与震华电厂合并组建永兴电气公司的耀明电灯公司，被取消了购电营
业权，由戚墅堰电厂直接给无锡地区供电。永兴电气公司和耀明电灯公司先后和建设委员
会打了近两年官司，向国民党政府写了很多呈文申诉，直到国民党政府发行电气公债，核
实估价归还股债，并对当事人实施了其他压力，这桩公案才不了了之[2]。

1935 年 8 月，湖北省政府建设厅接管武昌竟成电气公司，竟成电气公司多次向建设
委员会提出诉愿书。建设委员会裁决，认定竟成公司未注册，无营业权，加上经营不善，
可以收归公营，竟成电气公司被政府强行接管[3]。

1932 年 7 月，广州市政府训令收回广州商办电力公司，改为市营。广州电力公司反
对市府接管。1936 年 10 月，广东省政府转给建设委员会广州市政府的处理意见：此案所
请发还，应毋庸议；将组织评价会评定公司所值，清偿股本。评价公断委员会确定广州电
力公司总资产 6 373 222 元，负债 4 717 835 元，余 1 655 387 元，共计 30 万股，每股可
得 5.5 元。清偿股本，顾及了原业主的权益[4]。

---

[1] 王树槐：《国民党政府接管民营电厂的政策与实践——以南昌开明电灯公司为例》，《中央研究院近代史研究所集刊》第
28 期，1997 年 12 月，第 185—192 页。

[2] 王树槐：《江苏武进戚墅堰电厂的经营，1928—1937》，《中央研究院近代史研究所集刊》第 21 期，1992 年 6 月，第 6—7 页。

[3] 王树槐：《武昌竟成电气公司，1911—1937》，《中央研究院近代史研究所集刊》第 38 期，2002 年 12 月，第
130—141 页。

[4] 王树槐：《政府接管前后的广州电力公司，1909—1938》，中央研究院近代史研究所集刊，第 31 期，1999 年 6 月，
第 94—118 页。

第三节 南京国民党政府时期的火力发电发展

1928 年到全面抗战前夕，是中国电力工业较快发展的一个时期。从 1931 年到 1936 年短短 5 年间，民族电力工业发电设备容量增加了 50%，发电数量增加 80%，如果包括外资电厂，发电设备容量增加了 1/3。地区电网及调度机构有了较大发展，过万伏级电压的电网也开始出现。部分地区开始设置电力调度机构，东北地区形成了二级调度系统。电气设备制造业也有了一定的进步。

一、发电装机取得较快发展

1935 年，国内发电设备装机容量在 1 万千瓦以上者共 20 家，功率最大的为 2.25 万千瓦[1]。从电厂规模看，全国一二等电厂（超过 1 万千瓦为一等，超过 1000 千瓦在 1 万千瓦以下者为二等）共 51 家，占全国总数 11%，但其发电设备装机容量占全国 93%，发电量占全国 96%。到 1936 年，中国发电设备装机容量增加到 1 365 792 千瓦，年发电量 44.5 亿千瓦·时，发电设备装机容量比 1911 年的 76 239 千瓦增长了 17 倍。如果不包括日本侵占的东北地区，发电设备装机容量为 872 813 千瓦，年发电量为 31 亿千瓦·时[2]。1937 年全面抗战开始时，全国安装完成和正在安装的发电设备有：广州 3 万千瓦，南京 1 万千瓦，上海华商 3 万千瓦，长沙 7500 千瓦，重庆 9000 千瓦，成都 2000 千瓦等。已订购等待内运的有：浦东 1 万千瓦，西安 2000 千瓦等，总数约在 10 万千瓦以上。如果当时战事没有发生，到 1937 年底，国内自营电气事业发电设备装机容量可超过 50 万千瓦[3]。

二、技术装备紧跟国外发展

这一时期中国电力工业的主要设备几乎全是外国输入的。1912 年前，按发电原动机的类型来分，大多数为蒸汽机、煤气机、柴油机。中国第一台汽轮机 1907 年在上海中央电站安装，容量为 800 千瓦。到 1935 年，汽轮机发电机组在中国得到了普遍应用，发电容量占全国总装机容量的 88%，蒸汽机组、煤气机组、柴油机组占到 11%，水轮机组占到 1%。1929—1936 年，北平华商电灯公司石景山发电厂先后投运了 2 台中温中压机组，包括 1 台 1 万千瓦、1 台 1.5 万千瓦，总容量 2.5 万千瓦。1929 年，上海电力公司投运了 2 台容量为 2 万千瓦的中温中压机组，蒸汽压力为 2.5 兆帕，锅炉热效率可达 80%，发电煤耗率降为 776 克/（千瓦·时）。这些从国外引进的先进发电设备使得中国电力工业基本上跟上了工业国家的水平[4]。1935 年采用 3.0 兆帕以上的电厂有 5 家，最高蒸汽压力

---

[1] 中国电业史志编辑室、湖北省电力志编辑室：《中国电业史料选编（上）》，第 128 页。

[2] 张彬：《中国电力工业志》，当代中国出版社，1998 年版，第 237 页。

[3] 中国电业史志编辑室、湖北省电力志编辑室：《中国电业史料选编（上）》，第 377—378 页。

[4] 中国电业史志编辑室、湖北省电力志编辑室：《中国电业史料选编（上）》，第 130 页。

为 4.0 兆帕，最高蒸汽温度为 425 摄氏度。锅炉的容量也大幅增加，燃料经济性有普遍的改进[1]。

三、外资电厂仍占半壁江山

这一时期电力工业发展速度比较快，还得益于外国资本的大量输入。外国资本以独资方式和中外合资的方式，建设发电厂或成立发电公司。外资电厂的数量虽然不多，发电量却占到半壁江山。

据统计，到 1932 年全国至少一半的电气事业仍是外国人经营，虽然电厂数量只有 4%，容量却占 51%，资本高达 65%。1932 年全国估计电力工业总资本额 4.25 亿元，其中营业性电厂资本额约为 3.36 亿元，占 79%；中国资本电厂的资本额约 1.65 亿元，其中民营资本约为 1.5 亿元，公营资本约为 1500 万元；外资电厂资本额约为 2.6 亿元。华资电厂平均资本 26.6 万元，而外资电厂平均达 1880 万元，相当于华资电厂的 70.7 倍。

1935 年，关内的外资电厂上海有 2 家，九龙有 1 家，汉口有 3 家，天津有 4 家，共计 10 家发电厂，数量上仅占全国（关内）电厂数量的 2%，发电容量却达到了 27.575 5 万千瓦，相当全国（关内）总装机容量的 47%，总发电量 90 578 万千瓦·时，占全国（关内）总发电量的 58%，投资占全国（关内）的 62%。而中国（关内）经营的电气事业共446 家，包括民营 414 家、公营 23 家、官商合办 5 家、中外合资 4 家，发电设备容量为309 669 千瓦，占全国（关内）总容量的 53%，而发电量只占 42%。

四、区域电力发展差距显著

这一时期，中国工业集中在沿海及长江中下游地区，电厂也不例外。抗战爆发时，上海、江苏、浙江、山东、河北、福建、广东等沿海各省市，共占有发电容量 90%以上[2]。

1936 年，全国总计电厂 461 家，发电总容量为 631 165 千瓦，发电量为 172 530.5 万千瓦·时。其中，江苏省发电厂最多，达 107 家，发电设备装机容量为 125 740 千瓦，发电量为 31 832.6 万千瓦·时。其次为浙江、广东、福建、湖北、山东、河北等省。相对而言，内地省份的电厂就很少，如四川电企 22 家、发电设备装机容量 5176 千瓦；广西电企 12 家，发电设备装机容量 2858 千瓦；甘肃电企仅 4 家，发电设备装机容量 151千瓦；云南电企仅 3 家，发电设备装机容量 1879 千瓦；贵州电企仅 1 家、发电设备装机容量 150 千瓦；而宁夏、青海等省份尚无发电企业。"足证中国之电业大多分布于沿海沿江，内地则寥寥无几"。内地电业的滞后与当时政局动荡、民生凋敝的社会背景有较大的关系。

---

[1] 中国电业史志编辑室、湖北省电力志编辑室：《中国电业史料选编（上）》，第 127 页。

[2] 中国电业史志编辑室、湖北省电力志编辑室：《中国电业史料选编（上）》，第 279—280 页。

五、日本加快对中国电业的掠夺

1931 年"九一八"事变后，日本加快了对东北电力的掠夺。1932 年 3 月，日本政府一手炮制的伪满洲国出炉。同年 6 月，日本关东军特务部与伪满洲国签订协议，协议规定"作为推进日满经济发展的一个阶段，在满洲必实行日满电力事业统一经营的方针"。日本遂以南满洲电气株式会社、营口水电株式会社、北满电气株式会社等三个企业的电气设备及财产估价作股，伪满洲国则以奉天电灯厂、安东电灯公司、吉林电厂、长春电灯厂、哈尔滨电业局、齐齐哈尔电灯厂的电气设备及财产估价作股，于 1934 年 11 月 1 日成立满洲电业株式会社（简称满电）。满电下设大连、奉天（今沈阳）、新京（今长春）、哈尔滨 4 个电业局及安东（今丹东）、营口、鞍山、吉林、齐齐哈尔 5 个支店。"九一八"事变前，东北共有火力发电厂 105 家，总装机容量为 23.77 万千瓦，最大单机容量为 2.5 万千瓦，几乎全部被日本吞并[1]。

满电成立后，首先将矛头对准东北各地中国人开办的电力企业，除对上述 6 家电力企业先行兼并外，对其余官办电力企业，以"军事管理"的名义，强行霸占；对民办的电力企业则采取"逼迫出让"和"委托经营"等手段兼并；对一时难以兼并的边远地区的中国电力企业，则称为关系公司进行暂时笼络，一旦时机成熟便兼并。到 1937 年，满电强行收买和兼并的电厂已达 67 家，东北民族电力工业已被满电兼并殆尽。苏联在北满各地的电业、日军的军电业以及各大型企业的自备电厂，也收归满电名下。除抚顺煤矿、鞍山制铁所、本溪湖煤铁公司三个大型企业的自备发电厂外，其他没有被日本兼并的小电厂所剩无几[2]。

日本为了把黑龙江省以及整个东北地区建成进一步侵占全中国的基地，加紧掠夺黑龙江省丰富的资源，在其侵占东北的 14 年中，掠夺性地开发电力工业，先后扩建了哈尔滨发电厂，建设了齐齐哈尔、鸡西、牡丹江、佳木斯、镜泊湖、滴道、北安、鹤岗、桦南等一批较大的发电厂。火电机组最大容量达 1.5 万千瓦，水电机组最大容量达 1.8 万千瓦。哈尔滨发电厂和镜泊湖发电厂装机容量分别达到 3.8 万千瓦和 3.6 万千瓦。供电最高电压等级达到 154 千伏，变压器最大容量为 2.5 万千伏·安[3]。

1935 年 12 月 20 日，日本在大连成立兴中公司，作为侵略华北、华中、华南公开活动的经济机构。1935 年 11 月，满铁派遣专业人员落合兼行、秋山政男、坂口忠等人至天津深入筹划侵略方案，年末，由日本支那驻屯军司令部提出吞并天津电业及在特一区建厂方案，1936 年 5 月，国民党天津市政府被迫同意成立中日合办的天津电业股份有限公司。

1936 年 11 月，兴中公司向满铁支那电气事业调查委员会提出冀东电气事业现状及统制方案，建议成立冀东电业公司，进一步侵占当时伪冀东防共自治政府所辖地区的电力工业，包括通县、宝坻、唐山、滦县、芦台、昌黎、秦皇岛、山海关等地。1937 年"七七"

---

❶ 东北电力工业史编辑室编：《中国电力史东北卷》，中国电力出版社，2005 年版，第 11 页。

❷ 中国电业史志编辑室、湖北省电力志编辑室：《中国电业史料选编（上）》，第 228 页。

❸ 《黑龙江电力工业史》编委会：《中华人民共和国电力工业史 黑龙江卷》，中国电力出版社，2002 年版，第 6—7 页。

事变后，又将业务范围扩大到塘沽。1937 年 4 月，满铁、兴中公司、天津电业公司与日本支那驻屯军会商后，兴中公司于 1937 年 11 月与伪冀东防共自治政府签订协定，成立中日合办的冀东电业股份有限公司。冀东电业股份有限公司于 12 月在唐山正式成立，1938 年 1 月开始营业。

　　1936 年 4 月，满铁经济调查委员会拟订《北平电气事业统制方案纲要》，拟定侵占北平之后，以石景山发电厂为基础，组成日伪合办的电气公司，统一管制全北平市的发供电事业❶。

---

❶ 《天津市电力工业志》编委会：《天津市电力工业志》，中国铁道出版社，1993 年版，第 93 页。

第三章

全面抗日战争时期的火力发电（1937—1945）

"七七"事变后，日军占领地区的中国电力企业均转入日本的战时体制。日本对沦陷区的所有电力企业强行兼并，设立华北电业公司、华中水电公司等控制当地电业，为其侵略战争服务，原官营者予以没收，原民营者任意估价，强行投资予以收买或合营。当时中国的电力企业大多集中在沿海、沿江城市。为了应对战争时局，国民党政府资源委员会组织了中国历史上最浩大的工业大搬迁，把处于沿海、沿江的电厂设备拆迁至大后方，筹建新电厂，保住了中国电力工业微薄的家当。

这一时期，电力工业建设以国民党政府资源委员会为主，辅以国民党政府其他机构、地方政府、民营企业、各工厂自备电力等多种形式的通力合作，取得了较大进展。在电力工业发展的进程中，国民党政府注重调动发挥各方积极性、注重水利电力开发、注重与电力工业发展关系密切的电工企业的建设，这些在很大程度上促进了大后方电力企业的建设。但是，由于战争的破坏、通货膨胀的影响、电力建设中技术和经验的不足等制约因素，战时电力工业的发展举步维艰。

这一时期，国民党政府为解决国统区的电力问题，支援长期抗战，在大后方进行了较大规模的电力建设。1941—1945 年，国民党政府在大后方共建设了 27 家发电厂，发电设备装机容量为 2.839 9 万千瓦。这在一定程度上缓解了国统区的电力短缺，支援了其他工业的发展，改变了大后方工业落后的格局，成为支撑长期抗战的能源基础。

日本侵华战争极大破坏了中国的民族工业和经济建设，迟滞了中国电力工业的发展。但是，中国战时大后方的电力工业得到了一定的发展，增强了中国长期抗战的物质基础，初步改变了中国电力工业不合理的布局，为中国电力工业的发展积累了宝贵的经验，同时也培养了一大批电力人才，为此后中国电力工业的建设奠定了一定的基础。

第一节　日本对中国电力的侵略和破坏

1937 年"七七"事变后，中国电力工业在拆迁和战火中损失惨重。在沦陷区，大量的电力设备和整座的电厂不断沦陷于日本军国主义之手。

国民党政府迁往重庆，在撤退时，将汉口、沙市、宜昌、长沙、湘潭、常德等地的发电设备计有 2.547 0 万千瓦拆迁至后方各地，运输中损失巨大。杭州和广州两电厂来不及撤走，就地炸毁。其他如戚墅堰电厂、南京下关电厂，受敌机轰炸，设备部分被毁。上海华商、闸北、浦东等厂的发电设备、输电杆线器材等，多被日军拆迁移用，损失严重。在宁、沪、杭沿线，如镇江大照、武进、嘉兴永明等电气公司来不及拆走的电力设备，也被日军掠为军用。凡被日军占领地区的中国电力企业，均转入日本帝国主义的战时体制。华北方面设立华北电业公司以控制平津一带的电业；华中、华南方面设立华中水电公司分别控制华中、江南一带的电业；东北方面早已设立满电以控制全东北的电业。这些公司对沦陷区的电业，原官营者予以没收，原民营者强行予以收买或合营，对所有电力企业强行兼并，为日本帝国主义的侵略战争服务。

一、成立伪满电业株式会社侵占东北电业

1940 年 11 月，伪满制定电气事业统制纲要，伪满电业株式会社于同年 12 月 21 日奉令改为"特殊法人"，同时规定该社在伪满国内经营电业权限如下："（一）受委托经营伪政府直接建设的水力发电厂；（二）凡伪满国内主要火力发电设备，必要时得行统合或综合运营；（三）鸭绿江水电会社送配于伪满境内的电力由该社独家经营"。总体而言，凡在伪满国内，无论水力或火力发电发、送、配电等，均由该社统一经营管理[1]。

二、成立华北电气实业有限公司侵占华北电业

早在 1935 年 12 月 20 日，日本就成立了兴中公司，作为侵华的经济机构。电气事业是兴中公司的一种"旁系事业"，大部分是与其他机关合办，并非由公司完全自营。1936 年 8 月 20 日，兴中公司与天津市政府联合成立天津电业股份有限公司。1937 年 12 月 8 日，与伪冀东防共自治政府联合成立冀东电业股份有限公司。1938 年，与北支派遣军合办胶澳电气公司；同年，与东亚电力兴业株式会社合办齐鲁电业公司。1939 年，与伪蒙疆自治政府及东亚电力会社合办蒙疆电业公司[2]。

天津电业股份有限公司由兴中公司与天津市政府合办，资本金 800 万元，两方各出半数。其电厂内设备，有 15 000 千瓦发电机 2 台，供电区域为特一区，及距离天津六华里以内之近郊地带；富余部分，供给裕丰、钟纺等纱厂用电，以及天津日租界用电。"七七"事变以后，天津市政府股份变为伪天津特别市公署所有。1939 年 10 月间因扩充业务并为协助完成塘沽都市计划，增加 20 000 千瓦电力，供给塘沽之用。

兴中公司与伪冀东防共自治政府合办冀东电业股份有限公司，资本金 300 万元，两方各出半数，经营范围包括芦台、唐山、潍县、昌黎、山海关、通县等。

---

[1] 中国电业史志编辑室、湖北省电力志编辑室：《中国电业史料选编（上）》，第 177 页。
[2] 中国电业史志编辑室、湖北省电力志编辑室：《中国电业史料选编（上）》，第 160 页。

胶澳电气公司设于青岛，原为德国人所办，后一度为日本人所夺。青岛退还后，又改为中日合办，资本金 200 万元，供给青岛电力。抗战爆发后，该厂第一发电所发电机被炸毁，事后由兴中公司修理，供给市内电灯及工厂电力之用，并增资本金为 800 万元，与北支派遣军合办。

蒙疆电业公司资本金原定 600 万元，由伪蒙疆联合自治政府与伪蒙疆银行出资 300 万元，东亚电力与兴中出资 300 万元。蒙疆电业公司将大同西北实业公司兴农酒精厂电灯部、张家口华北电灯公司、包头电灯公司及绥远电灯公司改为发电所，并以张家口为总发电所。伪蒙疆联合自治政府则给予该公司以统制区域内电气事业的独占权。

齐鲁电业公司资本金 400 万元，由济南政府出资半数，东亚电力与兴中公司共出资半数。1939 年 11 月以后，齐鲁公司着手将山东省重要县份的电厂并入该公司经营，设立德州、滕县（今滕州）、临清三县发电所。

还有一种电厂叫军事管理电厂，是以兴中公司为中心，受日军部委托，管理其掠夺的电厂。兴中公司则在"共同出资，共同经营，权利平等"三原则下，与其他电力会社协力合作。属于委托兴中公司等经营的军事管理电厂有保定、石家庄、太原、榆次、太原兵工厂、兰村、太谷、祁县、彰德、新乡、徐州、开封、平遥、临汾、新绛各电灯发电厂 15 家[1]。

1939 年 12 月，日本在北支开发会社之下成立华北电气实业有限公司，接办兴中公司及东亚电力所经营之电业，统一管理并积极开发华北水力电气事业。整个华北的发电、电气输送、分配诸事务都由该公司管理，接收天津、冀东、齐鲁、芝罘四大电气公司。统制各自备电厂，包括天津裕大、公大六、公大七、恒源、北洋、裕丰等纱厂，济南仁丰、成通等纱厂，青岛富士、公大、日光、银月等纱厂，山东中兴煤矿，冀东开滦煤矿，山西兴中公司受托经营之军管发电厂等，总发电设备装机容量为 33.4 万千瓦。

三、成立华中水电公司侵占上海、江浙和鄂赣电业

1937 年 8 月 13 日，日本军队大举入侵上海，中国军队英勇抗击，战火笼罩浦江两岸。3 个月后上海沦陷，11 月国军西撤，淞沪沦陷。南满铁路株式会社即派大批技术人员到上海，在外滩正金银行楼上设立办事处，利用无耻华人与上海各水电公司负责人密商合作复兴办法。

1938 年 3 月，上海"维新政府"成立后，在伪实业部内设立水电事业整理委员会，以伪实业部次长沈能毅任委员长，借口仿效沪西电力公司华洋合办之先例，特许日本人组织华中水电股份有限公司。水电事业整理委员会组织成立水电事业估价顾问委员会，于 6 月 23 日在上海百老汇大厦新兴俱乐部举行第一次会议，将上海各水电公司财产估价 1500

---

[1] 中国电业史志编辑室、湖北省电力志编辑室：《中国电业史料选编（上）》，第 163 页。

万元，再由日方加入现金 1000 万元，作为华中水电股份有限公司之资本❶。

上海各水电公司接伪实业部函，要求将建设委员会及实业部颁发的注册登记执照送往查验，又接华中水电股份有限公司函，定于 6 月 30 日下午在新兴俱乐部召开创立会，要求派员出席，各公司会商，决定一致拒绝不理，但新公司实际已于该日宣告成立。

华中水电股份有限公司作为华中振兴会社的子公司，由伪维新政府给予该公司以经营华中水电事业的独占权，同种事业均须置于该公司统制之下。据华中水电股份有限公司规程中所规定的经营范围，有如下四项：①　华中电灯电力及电热的供给；②　电气机械器具的贩卖及租借；③　对同种事业的投资及融资；④　附带的自来水事业❷。

华中水电股份有限公司首先从接办华厂入手，分三区进行：上海为第一区，江浙为第二区，鄂赣为第三区。上海方面由华中水电股份有限公司直接经营，上海以外各地则由日本电力联盟先行派员整理发电，归华中水电股份有限公司节制。接办华商电厂有 17 家之多。

1937 年"八一三"事变后，日军飞机连日在南市地区滥施轰炸，上海华商电气公司于 8 月 20 日下午 5 时停止发电，为维持地区军民用电，改向法商电车电灯公司购电转售用户。11 月 9 日南市失守，公司员工无法继续工作，于当天下午 3 时先后退出，公司停止供电。不久，公司被日军侵占，徐家汇教堂用电改由法商电车电灯公司的馈线供给。12 月 30 日，总经理陆伯鸿遇刺身亡，董事会决定公司停业，所有员工发给遣散费遣散，酌留少数人办理徐家汇教堂供电业务❸。

1939 年初，上海华商电气公司被日军改名为"华中水电公司南市分公司"，下设庶务、营业、发电、线路等部门，共有日籍职员 40 余人，并临时从社会上招募工人 110 人。1939 年 6 月，徐家汇教堂供电业务也被日军侵占。由于日伪经营腐败，发电成本高，战时燃煤紧张，1942 年，将 3 台发电机和 10 台锅炉设备拆至华北地区，以廉价卖给日伪的华北电业公司。从此，上海华商电气公司中断发电直至日本投降。

1937 年 4 月，日军挑起淞沪战争后，租界成为沦陷区中的"孤岛"，太平洋战争爆发，杨树浦电站被日军占领，1942 年 11 月，英美籍人员被日军关押，电站的生产管理工作由中国人员取代。1944 年，6 号机和 6、8 号炉被日军拆走。同年 7 月，美商上海电力公司由日伪华中水电股份有限公司上海电气分公司管理。11 月起，杨树浦电站遭美国飞机 4 次轰炸，中弹 42 枚，11 号机、水泵房、卸煤设备等被炸坏，16 号发电机转子短路烧坏，加以燃料缺乏，1945 年发电量降至 2.98 亿千瓦·时❹。

---

❶ 中国电业史志编辑室、湖北省电力志编辑室：《中国电业史料选编（上）》，第 167 页。

❷ 中国电业史志编辑室、湖北省电力志编辑室：《中国电业史料选编（上）》，第 169 页。

❸ 上海市政协文史资料委员会：上海文史资料存稿汇编（8）市政交通，上海古籍出版社，第 152—153 页。

❹ 上海市电力工业局史志编纂委员会：《上海电力工业志》，第 48 页。

　　"八一三"事变后，闸北水电公司营业衰落，无法维持，大部分人员一度被遣散。1938年，公司被日军占领，改名华中水电公司北部分公司。3号机因遭炮击损坏，被运往日本修理，1941年3月修复运回。在日军占领期间，设备严重超负荷运行，1945年9月公司发还经营时，设备已严重损坏，无法发电。

　　"八一三"事变后，张家浜发电所停止发电。8月14日，闸北至浦东的电源被迫中断。上海沦陷后，浦东电气公司自1937年11月至1945年8月中止营业，人员解散，全部资产被日伪华中水电股份有限公司侵吞，改名为华中水电公司浦东营业所。1939年，张家浜发电所600千瓦汽轮发电机组被拆售给日伪华中矿业公司桃冲矿业所，在建的王家渡发电厂厂房仓库、码头遭战火毁坏，已向英、德两国订购的发电设备合同被迫终止，定金一半作为赔偿外商损失。沦陷8年，浦东地区的供电线路和各种设备，被日军任意拆迁或破坏，有的甚至被盗窃，闸北至浦东的2条水底电力电缆一条被拆除，另一条损坏不能送电，浦东唯一的电源由华中水电股份有限公司另敷设1条33千伏线路，自美商上海电力公司江边电站，经闸北、沪西、南市至浦东，仅供沿江市区和浦东部分郊县城镇用电，营业区域大为缩小。1945年9月18日，公司奉命接收复业，发电设备已荡然无存，供电线路留存无几。

　　日军认为首都电厂为国营事业，予以没收，在特务机关监督之下，由华中电气公司运来大批材料，恢复供电，并由华中电气公司陆续派出日本管理人员，共计有所长以下事务员9名、技术员有电气班10名、外线班13名，共计32名。下关发电所仍用原工程师管理，开用5000千瓦发电机10台，供日军及伪政府各机关用。镇江大照电气公司曾组难民所，为日军服务。日军入城后，仅停电一夜，次日即照常开机，并将伪镇江自治委员会设于该厂。公司经理郭志成为献媚日本人，在厂内设华中电气公司镇江办事处，由日军4人驻充代表，后郭又自请日方，将公司予以没收。

　　日军进入扬州后，得知担任伪江北自治委员会委员的钟信夫是扬州振扬电气公司董事，于是限期恢复供电。由钟信夫召集工人，如期开机。一切组织照旧，即由伪江北自治委员会管辖，并有日军把守。

　　日军本来计划将戚墅堰电厂5000千瓦发电机修复使用，但是重要机件早被拆除，无法开机，于是悬巨赏征求该厂工人来厂工作，果然有工人应征到厂，但是待将机件修复后，日本人即以手枪恫吓，拒付赏钱，同时认该厂为国营事业，决意没收。

　　苏州陷落，日军进城时，苏州电气公司经理丁春芝即与日人接洽，恢复供电，并因该公司董事陈则民是伪江苏省长，董事程干卿是伪商会委员，故公司即由伪府与商会管辖[1]。

---

❶ 中国电业史志编辑室、湖北省电力志编辑室：《中国电业史料选编（上）》，第156—159页。

第二节 国民党政府对电力进行战时管理

日本发动全面侵华战争后，中国沿海、沿江各省市相继沦陷。为满足战时需要，国民党政府将建设委员会归并经济部，资源委员会隶属经济部管理国营电气事业。资源委员会的主要任务就是大力发展电力工业，为军工、机械、化学等其他工业的建设打下良好的动力和能源基础，并满足大后方电力照明需要。

一、资源委员会全面接管电力工业

"九一八"事变爆发后，在全国抗日怒潮的推动下，蒋介石开始着手秘密进行反侵略战争的准备工作。1932 年 11 月 1 日，经国民党政府秘书兼教育部次长钱昌照的建议和蒋介石的同意，资源委员会的前身国防设计委员会在南京秘密成立。该委员会隶属于国民党政府参谋本部，蒋介石亲自兼任国防设计委员会的委员长，并任命翁文灏为国防设计委员会秘书长，钱昌照为副秘书长，具体负责各项事务。国防设计委员会是一个秘密机构，其主要工作是针对日本的侵略威胁，有计划地调查研究全国的资源状况及国际局势，并提出相应的国防计划，供国民党政府参考。

1935 年，日本步步紧逼，蓄意制造了"华北事变"，意图侵占整个华北。在这种背景下，国民党政府加快了抗战的准备工作，并于 1935 年 4 月对军事机构进行了改组，国防设计委员会与兵工署资源司合并改组为资源委员会，直属军事委员会领导。1935 年 4 月 1 日，资源委员会正式成立。与国防设计委员会相比，资源委员会将工作重心转移到国防重工业的计划与建设上来。根据国民党政府公布的《资源委员会组织条例》规定，其职能为：一关于人的资源及物的资源之调查、统计、研究事项；二关于资源之计划及建设事项；三关于资源动员之计划事项；四关于其他有关资源之事项。可见，资源委员会的职能已由国防资源的调查研究转变为国防重工业的计划与建设了。

抗日战争爆发后，日军迅速占领沿海各省，并封锁中国沿海航线及长江航线，中国的海上补给几乎中断，"较大之发电设备，必须购自国外，但因所占吨位太大，抗战期间，几无法整套内运。"[1]同时，国内又无制造先进发电设备的能力，致使供电愈发困难。

1937 年 10 月，在日军的猛烈进攻下，淞沪战事日益吃紧，首都南京不断遭到日本军机的轰炸，国民党政府西迁已迫在眉睫。在此情况下，蒋介石在南京主持国防最高会议，作了题为《国民党政府迁都重庆与抗战前途》的讲话，确定四川为抗日战争的大后方，重庆为国民党政府所在地，并表示将抗战到底，国民党政府决定迁都重庆。中国工业发展史上规模最大的工厂内迁拉开了序幕。

---

[1] 苏保丰，资源委员会与战时电力工业建设，南京师范大学，2011 年硕士论文，第 13 页。

为了尽快完成向战时经济体制的转变，国民党政府于 1938 年 1 月 1 日颁布《调整中央行政机构令》，开始对政府机构进行调整。国民党政府裁撤了实业部，设立了经济部，同时将军事委员会第三部、建设委员会电气事业部门并入资源委员会，并将资源委员会并入经济部。1938 年 3 月 1 日，经济部资源委员会正式成立。至此，资源委员会改隶经济部，成为公开的专门负责战时重工业建设的机构。改组后原建设委员会电力工业方面的管理及工程技术人员，如恽震、鲍国宝、陈中熙、谢佩和等，纷纷转入资源委员会，使得资源委员会的技术实力大大增强。

由于电力的公共事业性质，抗战爆发后电价并未随着物价暴涨，电力行业成为风险高而无利可图的事业。"后方的电厂，除掉已有者外，因为不易赚钱，没有人肯办。"因此，战争爆发后，在交通阻滞、物资缺乏的情况下，民间资本除了维持营业及已实施的扩充外，并不愿意再投资电力事业。一些企业即使有了发电机组，也宁愿把设备转让给资源委员会，不愿自行创办电厂。综计川滇黔陕甘康藏七省，只有 33 家电厂。内地各省过去设有电厂的地方原本就很少，即使有，也是机械陈旧、设备简陋，不足供应大批内迁及新兴工矿业的需要。

为挽救民族危机、发展国防工业，国民党政府将电业纳入战时经济体系中统制与开发，在电厂经营上"改变了一般工商业纯以营利为目的之观念，在抗战发生后，对国防生产之主要一环始有确切认识"。"针对抗战以来，战区及邻近前方之工商业与居民均陆续向西南、西北各省迁移，政府重建之重工业亦在积极推进，内地旧有电气事业自不足以应此需求的现状，筹建后方电厂"。

二、抗战大后方的火电厂建设

抗战初期，由于后方财力、物力有限，交通运输不便，沿海地区电厂设备在内迁过程中损失较多，并且机件陈旧、配件缺乏、修缮困难，导致资源委员会新建的各电厂发电量相对较小。随着战局的不断恶化，新建电厂大多忙于应付日本军机轰炸，一些电厂投产不久又不得不奉令再次迁移。

在武汉沦陷前，资源委员会组织人员将郑州、九江、汉口、长沙、宜昌等地邻近战区的发电设备，拆迁至后方的四川、云南、陕西等地。陆续创办了岷江、自流井、宜宾、昆湖、汉中等电厂，又与四川、贵州、甘肃省政府合办力县、贵阳、兰州 3 家电厂，同时投资并主办前建设委员会与陕西省政府合办的西京电厂等。到 1939 年底，资源委员会已有电厂 11 家，其中昆湖、万县、岷江、宜宾、贵阳、汉中、龙溪河、自流井家电厂陆续发电，供应当地需要。战争初期造成的损失"几已全部恢复，电力之供给或比战前为多"。

1940 年后，抗战进入了相持阶段，战局趋于稳定，后方电力需求更为增加，为了缓解电力供应不足的矛盾，资源委员会在后方兴起了电力工业建设的高潮。在此期间，资源委员会陆续独资创办或合办了泸县、王曲、柳州、都江等电厂，并将电厂建设的区域扩大到青海、西康等边远省份，分别与青海省政府及西康省政府合办了西宁、西昌等电厂。同时，资源委员会还不断扩充原先已建成的电厂，以增加发电设备装机容量，如昆湖、龙溪河、万县、岷江等电厂。

正是在资源委员会的努力督促下，后方电业发展迅速，并改变了"战前内地各省电厂既少，设备复多陈陋，发电容量约占全国总容量的4%"的落后面貌。数据显示，1938年，后方发电设备装机容量25 000千瓦，投资约1200万元。至1940年，发电设备装机容量达31 740千瓦，1942年底增至64 100余千瓦。使得抗战时期电气区域覆盖面更广、分布更为均衡，逐步构建了抗战大后方电网建设的新格局，以资源委员会为核心主导下的国家电力保障体系初步形成。

（一）昆湖电厂

抗战爆发后，随着战区的日益扩大，沿海工厂大量内迁。昆明因地处滇越铁路及滇缅、川滇、黔滇公路的交会处，成为战时物资进口与矿产品出口的集散地，成为后方的重镇。内迁工厂，不论国防军需及民用工业，纷纷在昆明选址设厂。资源委员会所属之中央机器制造厂、中央电工器材厂、化工材料厂及昆明炼铜厂等先后选定昆明附近为厂址。其他国防重要事业，如广播电台、国际无线电台、航空委员会飞机制造厂等亦相继迁滇。

1938年，资源委员会副主任委员钱昌照与云南省政府主席龙云、云南省经济委员会主任缪云台几经交涉，达成合作办厂的协议，"由资源委员会和云南省政府在滇合办厂矿企业，资源委员会出资金和人员，并负责工程技术方面的职责，如有盈利，双方均分，如有亏损，云南方面不承担责任"。此后兴建的厂矿，名义上是资源委员会和云南省政府合办，实际上多数是资源委员会独资经营，昆湖电厂亦不例外。

合作协议达成后，资源委员会鉴于昆明为后方的进出口通道，工厂日渐增多，电力需求迫切，原有民营电厂——耀龙电气公司限于设备，不敷应用。便于1938年3月设立云南电厂工程处，筹办昆湖电厂，由刘晋钰主持。工程处择定云南西郊马街为建厂地址。厂址一经选定，征购土地、建造厂房、购运发电设备等便成为资源委员会亟待解决的问题。征收土地由资源委员会昆明办事处向云南省政府接洽，由于订有合作协议，所以进展比较顺利。所有购地款项，经评估后直接拨付给土地所有人。昆湖电厂"征地总共面积计为七十六亩强，其中蒸汽发电厂占四十八亩，柴油机发电厂约占二亩，职工住宅区约占二十六亩"。昆湖电厂筹备初期，其发电设备主要来自四川自流井自贡盐业电力厂筹备委员会战前向英国、德国订购的汽轮发电机及锅炉各2台，后因战事爆发，设备运川不便，故愿意转让。资源委员会便迅速购得这些发电设备，改运昆明筹建昆湖电厂。"查以上移让之机器锅炉之总容量虽为4000千瓦，但在锅炉清洗时期，仅能供给2000千瓦电力，不足以应付地方之需要"。适逢粤汉铁路战事吃紧，湖南湘潭下摄司湘江电厂被迫迁移，于是资源委员会鉴于昆湖电厂的迫切需要，便将湘江电厂未安装的1台锅炉运抵昆明，交由昆湖电厂使用。此外，资源委员会电业处又拆迁汉冶萍厂336千瓦柴油机1套，由粤汉铁路经香港、海防转由滇越铁路运入昆明。1939年6月，电厂发电设备基本配置齐全，主要土木及装机工程也已全部竣工，资源委员会昆湖电厂正式成立，厂长为刘晋钰。

1940年，昆湖电厂鉴于水力发电建设周期过长，缓不济急，因此着手实施火力发电扩充计划，以应对过渡时期的需要。考虑到煤炭价格高涨、运输困难，昆明又随时有遭受日机空袭的威胁，经过实地勘察，最终择定昆明郊外煤水两便的喷水洞为扩建厂址。这里位于崇山峡谷之间，虽然交通不便，机件运输困难，但是在煤、水及避免空袭方面比较有利，于是昆湖电厂向中央机器厂订购汽轮发电机、锅炉等发电设备，开始凿洞建厂。正当该电厂积极兴建之际，1940 年 9 月，日军侵占越南，有借道侵滇之意，该工程不得不暂时停工。待局势稳定后，立即继续扩建，"至三十二年（注：1943 年）完成发电，添设二二千伏之高压线七千米，送电至昆明城郊四周"❶。

太平洋战争爆发后，盟军来中国参战，并在昆明建立空军基地，电力需求激增。资源委员会昆湖电厂马街发电所和喷水洞发电所均告满负荷发电，而且新增用户也纷至沓来，电力供需矛盾突出，再次扩充设备已刻不容缓。在坚持自力更生的原则下，昆湖电厂向中央机器厂订购 2000 千瓦汽轮发电设备 1 套，置于马街发电所内，以应空军基地等电力用户的迫切之需。至此，昆湖电厂含马街发电所和喷水洞发电所安装有 2000 千瓦汽轮发电机组 3 台，总装机容量 6000 千瓦，输配电变压器容量 19 195 千伏·安，22 千伏输电线和 6 千伏配电线共长 240 千米。电厂主要供应大宗用户用电，为战时资源委员会在大后方经营的火力发电厂中发电量最大的一家。

（二）西京电厂

抗战爆发前，国民党政府曾将西安定为陪都，并成立西京筹备委员会，专门组织力量对陪都西京的建设进行规划。1934 年陇海铁路西延至西安，于是西安工商各业日渐繁荣，电力需要，至为迫切。因此，陕西省政府拟兴建公营发电厂以加速西安的社会经济发展❷。

1934 年春，陕西省政府派建设厅长雷宝华前往南京，与国民党政府建设委员会洽商合资创建电厂办法，"决定由省会两方联合投资 25 万元，省政府以现款 20 万元，前建设委员会以首都电厂之 75 千瓦汽轮发电机连锅炉，作价 5 万元，作为投资，共同创办，定名为西京电厂"。建设委员会电业科，"一方面即拟就柴油机及其他各项添配机料之规范书，交由建设委员会购料委员会分别询价订购；一方面即着手机炉底脚、配电线路及一切土木工程之设计。"陕西省政府则着手"征收基地至廿四年四月，计共十八亩，发电所房屋于是年三月开始招标，由南京复兴建筑公司得标，四月间签订发电所房屋建筑工程合同，五月初开始动工❸。"1936 年 4 月，移用首都电厂的 1600 千瓦锅炉安装完成后，由国民党政府建设委员会与陕西省政府合资创办、经营的西京电厂开始发电，正式营运。

1937 年，为扩大规模，西京电厂改组为官商合办。国民党政府建设委员会、陕西省政府与中国建设银公司合作，三方组织成立新公司，合资经营电厂，并规定"投资总额一百万元，陕西省政府及前建设委员会各担任三十三万五千元，中国建设银公司担任三十三万元，组织西京电气股份有限公司，于廿六年七月五日成立❸"。同时，西京电厂更名为西京电气股份有限公司，业务上主要由建设委员会主持。

1938 年初，国民党政府西迁重庆后，对政府机构进行调整，裁撤建设委员会，将其

---

❶ 苏保丰，资源委员会与战时电力工业建设，南京师范大学，2011 年硕士论文，第 36 页。

❷ 苏保丰，资源委员会与战时电力工业建设，南京师范大学，2011 年硕士论文，第 37—40 页。

❸ 寿光：《西京电厂之概况》，《资源委员会月刊》第一卷第二期，1939 年 5 月 1 日，第 113—115 页。

业务并入经济部，其中电气事业并入资源委员会。因此，建设委员会拥有的西京电厂股权移归资源委员会接管，而陕西省政府的股权则移交给陕西省银行。从此，资源委员会与陕西省银行开始合资经营西京电厂，资源委员会占有绝大部分股权，实际推动西京电厂的运作，董事长由资源委员会电业处长恽震担任。

1939 年，资源委员会鉴于沿陇海铁路内迁宝鸡工厂较多，工商业日益繁盛，电力负荷日益增加，于是创办西京电厂宝鸡分厂，供应宝鸡地区工厂用电。宝鸡分厂创办初期，由于机器设备缺乏、柴油价格昂贵等原因，不得不转购陇海铁路局宝鸡机车厂部分电力供市区用电。1943 年，资源委员会在西安王曲镇建立王曲电厂。"惟因规模较小，未能成立独立组织，于三十三年一月交西京电厂，代为管理，不另设组织"❶。

太平洋战争爆发后，日军侵占缅甸，封锁了滇缅公路，西京电厂向国外订购的 2000 千瓦新机组陷于越南海防无法内运。在无新机扩充的情况下，西京电厂不得不采取紧缩的办法，一方面，分区供电，取缔窃电；另一方面，宝鸡分厂购买陇海铁路局宝鸡机车厂电力供应宝鸡市区，1941 年和 1943 年又相继购买宝鸡申新纱厂自备发电机的电力向宝鸡市供电。此外，西京电厂还向大兴纱厂、成丰面粉厂等企业购电，以保证西安地区的电力需求。仅 1944 年度上半期，西京电厂宝鸡分厂"共购电十二万余度转供全市，以灯用为主体。"然而，西安工业日益发达，加之申新纱厂等自备发电机容量有限，不敷自用，常拟停止供给宝鸡分厂电力。为谋求电力自给起见，西京电厂宝鸡分厂决定"俟岷江电厂二千千瓦机发电后，即将该厂现用之二百千瓦汽机发电设备一套运至建设发电厂，以资供电"。

（三）万县电厂

万县电厂原名万县电气公司，于 1929 年冬由前万县市长王方舟召集当地绅商商议成立，装车头式蒸汽发电机 2 座，共有发电容量 180 千瓦。抗战开始，工厂内迁后方，动力需要骤增，为谋积极扩充，以应需要起见，四川省府向资源委员会洽商合办，于 1938 年6 月订立合约，组织理事会。同年 8 月 18 日正式接收，改组成立万县电厂，增加资本，扩充设备。于 1939 年春在钟鼓楼附近购地建厂设立第二发电所，装 132 千瓦柴油发电机1 台，该机系于军事紧张时，由大冶铁矿拆出抢运至万县，是年 8 月装竣发电。1941 年春，在第二发电所添装 340 千瓦柴油发电机 1 台，该机系由江苏常熟电厂拆出，运到后方，于1942 年 2 月，装竣供电❷。

（四）岷江电厂

四川犍为、乐山一带，井盐产量丰富，造纸丝织及其他工业，对动力的需求非常急迫，加以附近大渡河有大量水力资源可以开发利用，资源委员会于 1938 年 4 月派员前往五通桥勘察，筹设电厂，向成都启明电灯公司购 200 千瓦蒸汽发电设备 1 套，是年 12 月成立五通桥发电所筹备处。后因该区域内电能需求剧增，于 1939 年 3 月成立岷江电厂筹备处，

❶ 单基乾：《资源委员会电气事业概况》，《资源委员会季刊》第四卷第三期"电业专号"，1944 年 9 月 1 日，第 48 页。
❷ 中国电业史志编辑室、湖北省电力志编辑室：《中国电业史料选编（上）》，第 255—277 页。

其下设五通桥分厂。五通桥发电所的 200 千瓦机组，于 1939 年 6 月装竣，7 月 1 日起正式供电。是年 10 月，购买沙市电灯公司在沦陷时拆迁内运的 200 千瓦柴油发电设备 1 套，于 1940 年 9 月装竣，10 月开始供电。1941 年，分别完成五通桥至西坝、五通桥至乐山等输电线路。金粟桥发电所工程处设立于岷江电厂筹备处，成立时主要工作为完成 6000 千瓦火力发电计划，原定于 1941 年间完成。后因 1940 年宜昌失守，原定拟用的前湘江电厂的 2000 千瓦汽轮发电设备一时无法运川，当时刚好有宜昌永耀公司的 500 千瓦汽轮发电设备 1 套，由资源委员会在宜昌危急时协助该公司拆迁运输，于是向该公司租用，移装于金粟桥发电所，以供应该区域内的电力需要，于 1941 年 8 月装竣，9 月 1 日正式供电。金粟桥发电所计划的 6000 千瓦发电所建筑工程仍继续进行，先装 2000 千瓦汽轮发电设备 1 套，所有机件，陆续由公路运输，再经水路运抵该所，装机工程于 1945 年 1 月完毕。

（五）宜宾电厂

四川宜宾，为长江、金沙江、岷江汇流之处，水路便利，附近矿产丰富，地位重要。资源委员会决定在该处设立电厂，供应动力，于 1939 年夏成立宜宾电厂筹备处，购买汉口既济水电公司在汉口将沦陷时拆迁抢运来川的 6000 千瓦汽轮发电设备全套及其锅炉设备。为应对当地迁川之急需电力，于 1940 年 1 月收购当地宜华电灯公司，加以整理，先行供电。并添装 200 千瓦煤气发电设备及 344 千瓦柴油发电设备各 1 套，于 1941 年 2 月装竣发电。1942 年 1 月，宜宾电厂正式成立。1942 年秋，6000 千瓦汽轮发电所厂房完工，1943 年 12 月间该机装竣，12 月 20 日起正式供电。自该机发电之后，解决了宜宾一带的工业用电。

（六）自流井电厂

四川自贡一带为产盐中心，抗战以后尤为重要。以往用土法开采，成本太高，采用电化汲卤，实不容缓。抗战以前，盐务管理局即有筹设自贡盐业电力厂事议，成立筹备委员会，着手进行。抗战军兴，该会工作停顿。1939 年春，资源委员会与川康盐务管理局洽商，合办自流井电厂，同年秋签订合约，组织理事会，勘定张家坝沿河其地为厂址，发电设备为前资源委员会向陇海铁路收购的连云港电厂拆迁至宜宾的 500 千瓦汽轮发电设备全套，该项设备由宝鸡沿公路及嘉陵江水路分批运井。至 1940 年初器材全部运抵厂址，2月起安装，至 7 月装竣，9 月正式供电营业。

该厂发电之初，仅有电灯用户，负荷甚轻。后经盐管局暨该厂努力推行电力汲卤、电力汲水，负荷渐增，业务日展。各盐井采用电力汲卤以来，成绩极佳，推行日广，以致该厂发电容量渐感不够用。但自流井附近一带，产煤有限，运输困难，加以熬卤需煤很多，以致煤价高昂，供不应求。于是决定向宜宾电厂购电输至自流井转供，敷设自宜宾至自流井 33 千伏高压输电线路长 86.81 千米，为当时国内最长的输电线路。因抗战期间钢铁缺少，全线均用木杆木塔，为控制便利起见，由自流井至宜宾，加设电话线，该项工程于 1940 年初开始施工，至 1943 年 11 月间完成，1944 年 2 月通电。

（七）贵阳电厂

贵州省政府于 1928 年募资设立贵阳电厂，供省会电灯用电，在西湖路购地建厂，装置 75 千瓦直流汽轮发电机 2 台。供电以后，需求日增，容量渐感不敷。1937 年夏，省府与建设委员会洽议，合资扩充，随后抗战爆发，扩建事宜搁置。1938 年春，资源委员会接办电气事业，省府与资源委员会继续接洽合作，于同年 3 月双方签订合约，6 月初资源委员会与贵州省政府合办的贵阳电厂成立。

贵阳电厂于 1938 年成立后，即向长沙湖南电灯公司购买 160 千瓦旧汽轮发电设备 2 套，在水门寺购地建厂，积极安装，1939 年 4 月建设完成，正式供电。但不久即告满负荷，无法应付当地急切之需要，而原定添装该厂的斯可达厂出品 1000 千瓦汽轮发电设备，运抵越南海防后不久，越南沦陷，无法内运，故于 1940 年 7 月又向湖南电灯公司洽购其 260 千瓦汽轮发电机 2 台，即在水口寺原址，建厂安装，1942 年 6 月装竣发电。

（八）柳州电厂

柳州电厂始创于 1917 年，由绅商合资经营，后遭兵焚，改为省办。至 1934 年，省府饬令广西电力厂筹建柳州分厂，择雅儒村为厂址，装 200 千瓦柴油发电机 1 台，1935 年 5 月开始供电，1938 年增装 130 千瓦柴油木炭两用发电机 1 台。抗战以后，湘桂、黔桂两路相继修筑，柳州遂成为水陆交通枢纽，人口增多，工商业逐渐发达，需电激增，供不应求。由资源委员会与广西省府洽议合办，于 1941 年 8 月签订合约，成立理事会，1942 年 1 月接收旧厂，成立柳州电厂，继续经营。为应当地急切需要起见，资源委员会将湘江电厂 2000 千瓦汽轮发电设备 1 套，连同锅炉 1 台，拨给该厂装用。

雅儒村原有发电所地基狭小、水源不足，不适合建造 2000 千瓦发电所之用，乃另择柳江边驾鹤山东麓基地，于 1942 年 10 月土地征收竣事，12 月开工建厂，并由湖南搬运 2000 千瓦机炉设备。是年 4 月全部运抵柳州，整理添配，1943 年 6 月开始装机，8 月中土木工程完竣，1944 年 1 月间装竣试机，至 3 月 6 日正式供电。

（九）湘西电厂

抗战爆发后，湘西一带机关工厂渐次增多，电力需求增加。1938 年初，资源委员会开始筹备在沅陵设湘西电厂，并在辰溪设分厂，向湖南电灯公司购买旧的 240 千瓦汽轮发电设备 1 套，装于沅陵，500 千瓦汽轮发电设备 1 套装于辰溪。由资源委员会湘黔区电厂工程处主持，1938 年底厂房完工，机器装竣，于 1939 年 1 月正式成立电厂，供电营业。当时辰溪分厂，只供工厂用电，暂不供照明，至 1941 年 9 月，辰溪区域线路完成，开始供民用。沅陵厂因负荷日增，供不应求，于 1941 年 10 月借装 50 千瓦柴油发电机 1 套，11 月间开工发电。并于 1944 年夏向常德鼎新电灯公司购买 150 千瓦汽轮发电设备 1 套，运沅赶装，9 月间装竣供电。

（十）汉中电厂

南郑为陕南重镇，握陕郑交通之枢纽，1938 年春，资源委员会即着手筹备在该地设立电厂，将由九江电厂拆出的 100 千瓦机车式汽轮发电设备 1 套，拨给该厂，由汉口装民船 6 艘，溯汉水上运。该河上游，滩多流急，盗匪出没，货船翻没，蒸汽机一部分，不幸沉没江底，打捞无着，锅炉及发电机部分，均安然抵达汉中。后向郑州电灯公司购 85 千瓦旧蒸汽发电机 1 台，以资补充，于 1939 年 1 月设汉中电厂筹备处，同年 12 月机器装竣，开始供电。1940 年 1 月成立汉中电厂，正式营业。但是该厂机器过于陈旧，且南郑需电量增，容量不够，急需扩充，又向中央机器厂订购 160 千瓦煤气机发电设备 1 套，但因交货延期，为应急计，先拨装新中公司的 30 千瓦煤气发电设备 2 套，以资应付，于 1941 年冬先后装竣。160 千瓦发电机至 1941 年 9 月开始交货，由昆明转运南郑，至 1943 年 12 月间装竣发电，原有的 30 千瓦煤气发电设备 2 套停止使用。

（十一）兰州电厂

兰州旧电厂始建于 1914 年，设厂于东大街，专供督省两署电灯用。至 1919 年，开始供市民公用，发电容量仅 60 千瓦，且机件陈旧，管理不善。1934 年经各方筹集资本，购到 108 千瓦发电设备 1 套，1935 年底发电，其时总容量为 168 千瓦。

兰州系西北重镇、交通孔道，抗战以来，地位益趋重要，工商各业日见发达，人口激增，电力需求迫切。1938 年春，资源委员会与甘肃省政府商订合约，合办兰州电厂，于是年 8 月 16 日接收旧厂，正式成立新厂，由资源委员会拨 102 千瓦汽轮发电设备 1 套，由汉口经西安运往兰州，并在黄河沿征购基地，建造厂房，于 1939 年春完成发电。并将该厂原有旧机炉修理配用，暂为维持，同时向浙赣铁路购巴布科克&威尔考克斯锅炉 2 台，及 132 千瓦汽轮发电设备 2 台，由南昌经汉口、西安等处，运往兰州。由南昌内运时，沿途遭日机轰炸，所幸主要机件未被波及，于 1939 年秋运抵兰州，装在黄河沿发电所内，1940 年 8 月装竣发电。原有的 60 千瓦旧机旋即停用，1941 年拆拨甘肃水泥公司。资源委员会又将向陇海铁路购得其由连云港电厂拆出的 500 千瓦汽轮发电机 1 台拨给该厂，于 1941 年 4 月开始在黄河沿发电所装设，1942 年 2 月间安装完成开始发电，兰州电厂总容量达到 974 千瓦。

（十二）西宁、天水电厂

西宁为青海省会、政治商业中心，1939 年经参政会议提请政府创设电厂。资源委员会于同年秋派员前往调查，与青海省省府洽商合办，订立合约，组织理事会。1940 年正式成立西宁电厂，开始购运器材、建造厂房。1941 年 2 月，29 千瓦柴油发电设备 1 套装竣，开始发电。1941 年 10 月，20 千瓦柴油发电设备 1 套装竣，开始发电。1942 年 11 月间，41 千瓦柴油发电设备 1 套装置完成，正式发电，发电容量共计 90 千瓦。

天水为陇南重镇、商业中心，原有电厂系甘肃省政府独办，仅有 27 千瓦煤气发电机 1 台。1940 年冬，决定改由资源委员会与甘肃省政府合办，即交由兰州电厂理事会主办。1941 年春开始筹备，天水燃煤缺乏，因此购买 200 马力柴油机 1 台，配以汉中电厂 108 千瓦发电机 1 台，是年九月成立工程处，开始征购基地、建造房、运装机器、施放线路，1942 年 9 月新机装竣发电。

（十三）西昌、泸县电厂

西昌为西康重镇，交通要道，需设立电厂，以供该地工商各业的需要。1940 年 1 月，成立西昌电厂办事处，着手购地建厂，同时向新中公司订制 45 马力煤气机 2 台，向中央电厂订购 30 千瓦发电机 2 台，配合发电。1941 年 5 月正式成立西昌电厂，积极进行运输及装机工作，是年 10 月 10 日，第一台煤气发电设备装竣，开始供电营业；1942 年 5 月，第二台煤气发电设备，运抵西昌，是年9月装竣发电。

西昌新村离城区较远，为供给电灯照明用电，于1943年春在新村设立发电所，装置同样30千瓦煤气发电设备1套，是年3月正式供电。

泸县为西南重镇，处水陆交通要道。该地原有电厂因经营不善，业已停顿。资源委员会鉴于该地工商各业迫切需要电力，于1941年1月成立泸县电厂工程处，勘定厂址在泸县城外石棚，同时向资源委员会中央机器厂订购2000千瓦汽轮发电设备全套，1942年3月开工建造厂房，11月完成。但是机器交货延期，加上昆、泸运输困难，延迟到1944年9月才装竣试车，于1944年10月正式供电，成立泸县电厂，对外营业。

（十四）湖南电气公司

长沙为湖南省会，工商各业都很发达。原有湖南电灯公司发电容量10 000余瓦。1938年冬，长沙大火，该公司虽将大部分器材抢运至冷水滩等地存备，但损失惨重，无力复业。1941年1月，湖南电灯公司与资源委员会接洽合作，签订合作大纲，是年7月，在桂林召开成立大会，由资源委员会及旧公司股东双方分别指派及推举董事组成董事会，成立湖南电气公司，并将旧公司拆存的器材作价给新公司用，除恢复长沙供电处之外，并筹设衡阳电厂。

湖南电气公司将原有的2000瓦汽轮机炉全套，装在长沙发电厂原址，以期早日恢复供电。但因湘北三度会战，工作进行阻滞，长沙沦陷后，该厂员工被迫撤退，所有器材虽经员工努力抢运往湘桂黔桂路一带，但是因为运输困难，沿途损失重大。

湖南电气公司利用原有的1000瓦汽轮发电设备全套在衡阳设厂，1942年春，在衡阳北门外祝家山一带购地约百亩，开凿防空洞，修筑道路，建造厂房，安装机器，架设线路，积极兴工，1944年4月底，全部完成，开始烘炉试车。

不幸5月下旬湘战开始，即着手准备疏散。6月24日战火波及衡阳，该厂因此功败垂成。所有设备一部分由湘桂路及水路运赴柳州及冷水滩等地，以备继续内运；一部分笨重设备，限于运输困难，无法抢出，只得就地破坏。运出的设备，沿途因车辆缺乏，军车拥挤，及其他种种困难情形，虽经该厂员工不避艰险，努力抢运，仍然损失巨大。

（十五）湘江电厂

该厂位于湖南下摄司湘江北岸，于1936年冬开始筹备，1937年1月订购2000千瓦汽轮发电设备2套，12吨水管式锅炉2台，是年5月开始建筑厂房。1938年4月成立湘江电厂，机器也于当月运到并着手安装，并向汉口周恒顺购135匹马力煤气机1套，配以华生115千伏·安发电机，以供厂用。是年6月，武汉外围战事渐紧，该厂奉令准备撤退，8月全部拆迁至祁阳。锅炉1台拨让昆湖电厂。湘江电厂在祁阳设厂，装置煤气发电设备1套，供给当地电灯电力，成立祁阳分厂。1939年5月祁阳分厂奉令结束，将发电设备租与新中工业公司使用，其他设备分别拨让宜宾、岷江、柳州各电厂装用。

1938年9月间奉军委会令，限期于双十节前在郴县设厂发电，定名湘南电厂，装10千瓦直流发电设备1套，于10月1日发电。是年10月18日复奉军委会通知在南岳设立电厂，当即装置3千瓦发电设备1套及15千瓦柴油机发电设备1套，于10月28日完成供电，以应急需。湖南电厂奉令于是年 12 月中旬结束。

（十六）浙东、安庆、宜都电厂

资源委员会为发展浙江省电气事业，1939 年 5 月与浙江省政府签订合约，合办浙东电力厂，设立电厂 7 家，经营该地电气事业，计碧湖电厂装有 96 千瓦柴油发电设备 1 套、丽水电厂装有 120 千瓦及 40 千瓦柴油发电设备各 1 套、大港头电厂装有 14 千瓦柴油发电设备 1 套、小顺电厂装有 20 千瓦及 19 千瓦柴油发电设备各 1 套、松阳电厂装有 24 千瓦柴油发电设备 1 套、金华电厂装有 30 千瓦柴油发电设备 1 套及 38 千瓦柴油发电设备 2 套、龙泉电厂装有 30 千瓦柴油发电设备 1 套。

1942 年浙东战事发生，除龙泉、大港头及小顺三厂外，其他厂均为日军侵占。丽水、碧湖及松阳三地，虽先后收复，但丽水、松阳两厂机器损失，厂房被毁。碧湖电厂损坏较轻，加以整理，即恢复供电。大港头及小顺二厂，虽未被敌人侵占，但因接近前线，线路及机器等也有损坏。

安庆电厂前身是安徽省会电灯厂，由安徽省政府所办。1937 年，安徽建设厅与前建设委员会接洽改组，是年 9 月签订协定，由建设委员会拨款 20 万元，交安徽省府清理该厂旧欠，该厂即由建设委员会接收办理，更名为安庆电厂。后即由资源委员会接管，继续经营。安庆电厂发电设备装机容量 1040 千瓦，计有 640 千瓦汽轮发电机和锅炉设备 1 套，400 千瓦柴油发电机 1 套。1938 年春，长江下游战事紧迫，安庆局势危急，该厂仍竭力维持发电，以应地方军事的需要。是年 6 月，安庆陷入战区，该厂被迫停办。

1938 年 3 月，为供给资源委员会电工器材厂第四厂电力需要，在湖北宜都县筹设宜都电厂，将拆自大冶矿厂的 132 千瓦柴油机发电设备 1 套拨装该厂。是年 8 月间，全部竣工，正式发电。电工器材厂第四厂奉令迁往桂林后，因宜都工商各业均不发达，而万县电厂急需增加发电容量，资源委员会权衡缓急，将宜都电厂停办，发电设备移拨万县电厂装置。宜都电厂于 1938 年 11 月停办。

第三节　抗战时期火电技术发展和人才培养

抗战时期国统区的大型装备制造活动，对中国工业来说具有开拓性质。国家资本持续性地注入中央机器厂，解决了该厂的资本供给难题，但能否成功制造大型装备，还取决于该厂自身能否顺利地实现技术转移。中央机器厂依靠派驻国外合作企业学习的技术人员，构筑了一个海外研发机制，解决了技术稀缺的难题。驻外人员的参与，对于中央机器厂的大型装备制造活动起到了重要作用。

1939 年之前从事技术引进及购买设备活动的有张乔啬、施伯安等人，以及 1942 年赴美实习的"三一学社"人员。中央机器厂在整个抗战时期，派技术人员常驻瑞士，学习大型装备的制造技术，其实习时间更长且未曾中断。当然，还有 1946 年资源委员会与西屋公司的技术合作。这些都引进了技术、同时培养了人才。

一、中国火电装备制造业开始起步

1935 年 4 月，资源委员会成立后，即将"电机、电器、电工器材、无线电机械制造"列为国家重点发展的战略行业。于是，兴办具有一定实力的国家资本电机制造企业提上了议事日程。1936 年，资源委员会研究制订了《重工业建设计划》，规划用 3 年时间投资 2.7 亿元，兴建电器、机械、电力、钢铁、燃料等工业。

1936 年 7 月，资源委员会在南京筹建中央电工器材厂，指派全国电气事业指导委员会主任恽震担任筹备委员会主任委员，在中央电工器材厂下设四个厂，一厂为电线厂，生产电线；二厂为管泡厂，生产电子管和白炽灯泡；三厂为电话厂，生产电话机及配件；四厂为电机厂，生产发电机、电动机、变压器、开关、电池等。选定与湖南省湘潭县城隔河相望的下摄司建厂，并征地 9430 亩❶。

1939 年，为避免日军摧残，资源委员会机器厂内迁云南昆明茨坝，8 月 7 日正式命名为中央机器厂，于 9 月 9 日正式成立。中央机器厂造端宏大，其产品并不局限于大型装备，还涵盖了普通动力机械、机床工具、纺织机械乃至汽车等。该厂早期有 5 个分厂，一分厂造汽轮机（即透平），二分厂造锅炉，三分厂造内燃机，四分厂造电机，五分厂则尝试造汽车。

中央机器厂是资源委员会为培育机械工业而创办的大型国有企业，其技术代表了战时中国机械工业的最高水平。就大型装备制造而言，后方企业具有此种能力者为数不多，中央机器厂又最具典型性。该厂在战时制造的大型装备主要为发电成套设备，包括火电站所用汽轮机、锅炉和电机，以及水电站所用水轮机等，是中国制造大型装备的开端。

二、从瑞士 BBC 引进 2000 千瓦发电机组

还在筹建航空发动机厂阶段，王守竞❷等人就注意考察赴美中国留学生，对其中的优秀分子予以资助，吸纳他们加入机器厂。这些留学生中较突出者包括贝季瑶、金希武、钱学榘、钟朗璇等。贝季瑶、金希武等人是清华官费留学生，王守竞曾指示张乔啬，在清华官费外另由资源委员会给他们津贴。但同时，这些留学生也要调查研究王守竞指定的技术问题。航空发动机计划落空后，王守竞即改派这些留学生赴瑞士两家企业学习包括大型装备在内的制造技术。

中央机器厂最重要的驻外人员为钟朗璇。钟朗璇为上海交大电机系毕业生，1939 年 4 月被王守竞派往瑞士常驻布朗勃法瑞厂（Brown Boveri Co.，后文简称 BBC 厂），1946 年回国。在赴瑞士之前，钟朗璇曾在美国西屋公司实习，他主动申请到汽轮发电机科工作，学习火力发电设备制造技术。随着实习的深入，钟朗璇增强了自制汽轮机的信心，对中央机器厂的领导层表示："汽轮机之制造问题，我辈最难解决者为材料问题，如我辈能制齿

---

❶ 恽震：《电力电工专家恽震自述》，中国科技史料，2000（03），第 200 页。

❷ 王守竞（1904—1984），出生于苏州，先是从事量子力学研究，1936 年 9 月负责筹建中央机器厂。

轮铣头类之工具，则翼子之制造甚易解决。"1941年9月9日，在给王守竞的信中，钟朗璇再次强调："我辈开始制造汽轮机，亦并无难处。"同时，他开列了当时中央机器厂制造汽轮机所缺的工具。

尽管中央机器厂在战时未能利用钟朗璇从瑞士传回的知识与技术制造汽轮机，但钟朗璇对于该厂制造其他大型装备及其核心部件仍发挥了重要作用。1938年3月29日，在施伯安与费福焘的努力下，资源委员会与BBC厂签订了引进2000千瓦汽轮机和汽轮发电机生产技术的合同❶。合同的要点为：① 先由BBC公司供给2000千瓦汽轮机和汽轮发电机的技术图纸及工艺规程，中央机器厂可以有选择地购买BBC成品，部分按图在国内制造；② 凡利用BBC图纸规程所制造的设备，应由中央机器厂提成付给BBC该项设备的出厂价格的5%，作为技术许可证的报酬金；③ BBC交付其合同产品的图纸和工艺规程时，中央机器厂一次付给费用美金3万元。

以中国当时的工业基础，制造此类装备极为困难，但施伯安与费福焘有信心，他们在给王守竞的报告中称："至于制造蒸汽透平，现在造4000、5000千瓦者当属可能，至造12 000千瓦者，或觉困难，但经调查，有非尽然者。此项特别大透平只需将发电机之转轴、透平之心子及外壳等尺寸过大部分令洋厂车光后输入外，其他部分欲在中国自造，照现在本厂已购设备略加扩充，堪足胜任也。"这一建议后来被概括为"难造部分输入，易制部分自造"，符合当时中国的技术水平。除与BBC厂合作外，施、费二人还联系了瑞士机车厂，签订了类似的合同。

由于初次制造该类大型装备有难度，中央机器厂采纳了施伯安与费福焘的建议："本厂采取逐渐自造办法，以期安全，故第1、2两套中透平、发电机、送风器、引风器、吹灰器等件，暂向与本厂订有技术合作合同之卜朗比厂购置外，其余悉由本厂设计制造。"中央机器厂与BBC厂签订的合同规定引进的发电设备容量最大可达12 000千瓦，但实际开始制造时，中央机器厂仅从2套2000千瓦设备着手，是考虑到战时困难而采取"救急之计"。同时，为造这两套2000千瓦发电设备，中央机器厂采取了分解零件渐进仿造的策略，即先仿造简单零件而进口复杂零件，再逐渐过渡到对复杂零部件的仿造，这也使其制造过程带有试验性质。

这是中国第一次成套引进火力发电技术，并且真正形成了制造能力，可以算中国火电制造业的开端。

在火力发电设备三大主机中，以锅炉制造最简单，汽轮机最复杂，故中央机器厂对汽轮机主要采取了进口策略，而重点制造锅炉与电机。负责制造锅炉的施伯安在进入中央机器厂前，曾任上海新通贸易公司总经理，而新通公司1924年就与BBC厂签订了在中国境内独家经销该厂产品的合约，故施伯安对BBC厂发电设备的技术特点是很熟悉的。因此，中央机器厂的锅炉制造相对顺利。与之相比，发电机的制造较为曲折。1941年4月前，中央机器厂的2台2000千瓦发电机制造长期停滞。1941年6月，第1台发电机的完工度

---

❶ 钱昌照：两年半创办重工业之经过及感想. 新经济［J］. 第二卷第一期，1939：2。

达到 85%，第 2 台的完工度则为 60%，状态尚佳。此后 2 台发电机的制造进展十分缓慢。1941 年 8 月 12 日，中央机器厂遭日军空袭，第 1 台发电机不幸被炸，进度由 7 月的 90% 陡降至 60%，直到 12 月才恢复。1942 年 1—3 月，发电机制造又陷于停滞，直到 4 月，第 1 台发电机才继续动工，于 6 月完竣。至于第 2 台发电机，则"停工经年"，直到 1943 年 8 月方重新"进行整理"。实际上，第 2 台 2000 千瓦发电机要到 1945 年才正式完工并投入应用，其制造周期长约 6 年。综合来看，中央机器厂大型装备的制造贯穿了整个抗战，备尝艰辛，相当不易。这 2 套 2000 千瓦火力发电设备，先后卖给了四川的泸州电厂和云南的昆湖电厂。

三、选派人才赴美实习

抗战胜利前夕，资源委员会所属单位已达 130 家，其中 115 家是生产企业，其余为服务和管理机构。这 115 家生产企业包括冶炼、机械、电器、化学、煤矿、石油、铜铅锌铁矿、钨锑锡汞矿、金矿、电力等工业企业。随着资源委员会所辖企业的迅速增加和技术水平的不断提升，技术和管理人才匮乏的问题日益突出。尽管资源委员会吸收了一大批有志于工业救国而又学有专长的人才并委以重任，但由于企业发展迅速，经营范围不断扩大，中高级技术和管理人才仍然十分缺乏。每新办一家企业，面临的技术难题便层出不穷，难以解决。

对于人才培养的方法和途径，主持资源委员会日常工作的副主任钱昌照提出："各方面可能造就的领袖人才，在国内应予以种种机会，参加设计，增进经验，必要时派往国外考察接洽。其次高级管理技术人才，应按时选派出洋考察或实习，以求深造。"由此可见，选派高级技术管理人员出国考察或实习，既是资源委员会事业发展的当务之急，又是战后重建家园的必要准备。

从 1941 年秋季开始，"资源委员会开始与美国各主要工业生产者接洽，期能获其允许我方之技术人员进入其工厂实习，俾从实际之训练中学得更精湛且最新颖之技术与经验，以因应急切之需要"。1941 年 9 月 21 日，资源委员会为此专门发出通知，要求各单位根据有关条件，尽快推荐最优秀的人员，同时要求每名出国实习人员需有 2 名导师，双方共同商定实习内容和程序，并呈报资源委员会审核。不久，各单位推荐出符合条件的人员共计 84 人上报资源委员会。经过资源委员会有关部门认真审核，又经国民党政府经济部长兼资源委员会主任翁文灏和资源委员会副主任钱昌照审查批准，"其获选者共计 31 人，分别为机械 4 人，化工 4 人，冶炼 3 人，电工 6 人，矿业 6 人，电力 6 人，工矿管理 2 人"。

美国对日本宣战后，美国与中国已成为盟国，选派人员赴美实习不仅是中国发展工业、提高工业技术和管理水平的需要，同时也符合美国的长远利益。美国方面认识到，第二次世界大战结束后，中国将发生巨大的变化，哪一个国家能够做到教育这一代的青年中国人，哪一个国家就将由于这方面所支付的努力，而在精神的和商业的影响上，取回最大可能的收获，进而能够达到控制中国发展的目的。所以美方对于有关接洽实习的事宜十分配合，各方面的工作进展特别顺利。

1942 年 4 月 20 日，资源委员会通知各有关单位，要求赴美实习的人员于 5 月 20 日前后会聚资源委员会办公所在地重庆，接受翁文灏和钱昌照的召见。在这 31 名赴美实习人员会聚重庆期间，"咸以此次奉派出国，负有学习新技术以报效国家之重任，且机会难得，为切磋学术，交换智识，提高研究兴趣，以吸收最新学术，发挥实习功效起见，乃成立三一学社"。1942 年 5 月 31 日上午 9 时 30 分，三一学社成立大会在重庆资源委员会中央无线电器材厂会议室举行，到会的有翁文灏、钱昌照及资源委员会各处室负责人、导师代表、社员等共计约 60 人。

从 1942 年 5 月至 1943 年 1 月，31 名赴美实习人员分批辗转来到美国。在纽约经过短暂的停留，办理完相关的手续，这批人员陆续进入美国无线电公司、田纳西流域管理局、威灵顿邦浦机械公司、通用汽车公司、克明斯发动机公司、奇异公司、太平洋电灯电力公司、邦拿维电力公司、西屋公司、伍特华调速厂等企业实习。

从 1944 年 4 月开始，三一学社赴美实习人员的实习期限先后到期。经资源委员会核定，除翁心源、林津、施洪熙、王平洋 4 人因工作需要延长半年实习期外，其余人员待实习期满后一律回国服务。而此时资源委员会驻美技术团正在美国为寻求技术帮助、考察工业机构忙得不可开交。为此，该团主任王守竞、副主任孙拯专门致电资源委员会，要求延长安朝俊、褚应璜、韩云岑等 13 名三一学社成员在美国的时间。经过协商，资源委员会批准韩云岑等少数人延期回国，在美协助资源委员会驻美技术团工作，其余成员先后按期回国。

事实证明，资源委员会探索出一条成功的人才培养模式。三一学社成员赴美实习，开创了中国工程技术人员成批赴美实习的先例，并产生了深远的影响。三一学社的成员回国后，皆能不负所望，成为国内工矿企业不同专业领域造诣颇深、多有建树的专门人才。其中一些人成为中国工业发展史上某些领域的开拓者和奠基人。中华人民共和国成立后，20 多名三一学社成员留在大陆，他们在各自的岗位上辛勤工作，为新中国的社会主义建设做出了重要贡献。

四、从西屋公司引进火电技术

1939 年第二次世界大战爆发后，资源委员将技术引进的重点转向美国。随着国内战局渐趋明朗，从 1944 年开始，资源委员会着手规划新的电力工业建设计划，仍将引进外国先进的技术与设备作为一贯方针。1944 年 10 月，资源委员会派中央电工器材厂厂长恽震赴美，与当时美国第二大电工动力制造企业——西屋电气公司就引进电动机、变压器、发电机、电气仪表等产品的生产技术进行了洽谈[1]。

1945 年 7 月 31 日，资源委员会驻美办事处主任王守竞和中央电工器材厂总经理恽震二人为资源委员会代表，在合同上签字。

资源委员会与西屋公司签订的合同是中国早期的对外经济技术合作项目，是第一次大

---

[1] 恽震：《电力电工专家恽震自述》，中国科技史料，2000（03），第 206 页。

规模引进国外先进技术的尝试，在工业发展史上具有重要意义。也正因为有了这次的成功合作。在 40 年后的 20 世纪 80 年代，新中国的电机工业又一次从西屋公司引进了先进技术。

中央电工器材厂与美国西屋电气公司的合同中还有关于人员培训的条款。在合同签字生效的 20 年内的头 5 年，西屋公司同意接受中方派遣培训人员不超过 30 人，但在任何一年内的人数不得超过 100 人。从合同的第六年起，培训人员每年以 6 人为限。开创了中国电工发展史上大规模出国培训的先河。

在赴美学习培训的人中，有的是从国内派遣的，有的是在美国就地招聘的我国留学人员。他们分别在西屋公司所属的发电机厂、电动机厂、变压器厂、开关厂和摩根·史密斯公司等处，接受了一年左右的现场培训。这些人员回国后，由资源委员会分配到有关电工企业工作。

中华人民共和国成立后，这批技术人才受到国家的高度重视，一大批人才从湘潭电机厂出发奔赴祖国各地电机工业重要岗位任职，包括第一机械工业部、电器工业管理局、东北电工局和上海电机厂、上海汽轮机厂、哈尔滨电机厂、哈尔滨汽轮机厂、西安开关整流器厂、西安电力电容器厂等骨干企业，成为新中国电机工业的技术骨干和重要管理人员。

第四章

解放战争时期的火力发电（1945—1949）

日本侵华战争彻底破坏了中国的民族工业和经济建设,中国的电力工业也深受战争摧残,残缺不全,百废待兴。

抗战胜利后,被战争破坏的电力设施亟待修复,恢复发电。国民党政府经济部资源委员会制定了《收复区电气事业处理办法》,将全国沦陷区的电业分为七个区,以国民党政府为主进行了接管。尽管国民党政府经济部和各省(区市)政府、民营企业努力修复设备,恢复供电,但大战之后,国内环境复杂,交通运输、地方秩序都一时难以恢复。电力工业受到战争的摧残,已支离破碎,设备损毁,部件拆窃,恢复工作进展缓慢。这一时期国民党政府还制订了电力工业发展三年计划,并发布了中国历史上第一部关于电业的经济立法——《电业法》。

随着 1946 年 6 月蒋介石发动全面内战,国民党政府关于电力工业发展建设计划彻底落空。战争破坏和社会动荡,使中国的电力工业同中国经济一样,再次遭受重大创伤,发展停滞。

在解放区,中国共产党领导军民克服资金短缺、物资匮乏、技术薄弱、交通不便等重重困难,积极筹建自己的电厂。这些电厂不仅为军工生产提供了电力保障,支援了解放战争,而且培养了一批电力建设人才。解放战争末期,国民党反动派见大势已去,穷凶极恶,企图破坏仅有的一些电厂及电力设施。在中国共产党领导下,电力工人英勇保护电厂,与国民党反动派进行了顽强机智的斗争,及时粉碎了他们的阴谋,为支援解放战争和新中国成立后电力工业迅速恢复做出了巨大贡献。

新中国成立前夕,全国发电设备装机容量仅有 184.86 万千瓦,年发电量 43.1 亿千瓦·时,发电设备装机容量和年发电量分别居世界第 21 位和第 25 位。这就是旧中国电力工业在战争中留下的全部家当,也是新中国电力工业的起跑线。

第一节　抗战胜利后沦陷区电厂的接管

1945 年抗战胜利后,国民党政府经济部所属的资源委员会对全国沦陷区的电业接收分为七个区,即东北区、冀热察绥区、鲁豫晋区、苏浙皖区、湘鄂赣区、粤桂闽区、台湾区，并制定了《收复区电气事业处理办法》，据此接收敌伪电业资产。接收的日伪经营的各地电业，均由国民党政府资源委员会管理。如北平、天津、唐山、石家庄、青岛、海南岛、安庆、广州、武昌、大冶等电厂，经接收后，交给资源委员会接管经营。国民党政府接管的电厂发电设备总装机容量为115.859 9万千瓦。对日伪强占的民营或外商经营的电业，经接收查明后，分别归还原业主继续经营。如上海、汉口、南京、苏州、无锡、杭州、镇江、芜湖等电厂。

一、东北电力设备大部分被苏联军队拆走

抗日战争胜利前，东北没有国民党政府的一兵一卒，只有中国共产党领导的抗日人民武装。日本投降后，1945年8月9日，苏联军队开始进入东北地区，开始大肆拆卸东北的电力设备。

1945年9月10日，苏联军队总部从沈阳抽调1000名工兵，携带大批工具开进阜新发电厂，分成两大班昼夜不停拆卸发电设备，至10月30日，将阜新发电厂的全部设备、原材料拆完后装车运走，包括变压器、配电盘、载波机、吊车、街机床，以及所有的库存器材。1945年9月上旬，苏联军队进驻抚顺发电所，开始拆迁发电机、锅炉设备。到12月中旬，先后拆卸120吨锅炉5台，5万千瓦发电机组3台，2.5万千瓦发电机组1台，1万千瓦发电机组1台，总容量达21万千瓦。

同年9月，大连甘井子发电所的3台2.5万千瓦汽轮发电机组和2台120吨锅炉也被苏联军队拆走，仅余下4000千瓦抽汽式发电机2台，使甘井子发电所失去了主要发电能力，大连的两个发电所综合发电能力，由11.43万千瓦降为3.93万千瓦了。

据不完全统计，东北已投入运行的发电设备，被苏联军队拆走的约97.3万千瓦，即拆走大连电厂5万千瓦、抚顺电厂21万千瓦、阜新电厂16万千瓦、本溪电厂4.3万千瓦、水丰电厂（属中朝共有）30万千瓦、丰满电厂21万千瓦。此外，未安装的发电设备被搬走约35.6万千瓦，即阜新10.6万千瓦、丰满21万千瓦、鸡宁1.5万千瓦、佳木斯2.5万千瓦。

1946年3月，苏联军队宣布从沈阳撤离，国民党将新一军、新六军等五个军运到秦皇岛，转赴东北。4月进驻沈阳，5月占领长春。国民党政府经济部驻东北特派员办事处陆续接管沈阳、锦州、抚顺、鞍山、安东、长春、吉林、四平、西安（辽源）等地电业，并在长春成立临时东北电业总局，在各市分别成立电业局。1946年10月，资源委员会接管辽宁电业，在沈阳成立东北电业局，作为统辖东北国民党统治区内各地电业的主管机构。

二、资源委员会主导沦陷区电厂接管工作

1946年秋，资源委员会主任委员钱昌照率领资源委员会各部门主管去东北。此前，资源委员会副主任委员兼东北特派员孙越崎已先到东北，做好了杜聿明的工作，因此顺利地接管了东北地区各大工矿，其中包括满洲电业株式会社。前往东北的接管人员和机构设

在沈阳东北电业局。为了应对当时的局面，资源委员会任命华北电业株式会社的郭克悌担任新设的东北电业局局长，常荫集任副局长，桂乃黄任总工程师，陶立中任抚顺区发电处处长。将东北的电业分成三个区，各设分局主管，其下再在各重要用电中心设支局。

冀热察绥（华北区）接管人员为郭克悌、顾敬曾，接管后的电业改称冀北电力股份有限公司，顾敬曾和刘泽民分别担任天津和唐山电力分公司的经理。鲁豫晋（山东区）接管人员为徐一贯、卢铖章、徐国璋，接管了青岛电厂，徐一贯任厂长，卢铖章任总工程师，徐国璋任四方发电厂厂长。湘鄂赣区（华中区）接管人员为王文治、王恺谋，接管了原湖北省政府与前建设委员会签约合办的武昌电厂和大冶工业区；在长沙成立了湖南电力公司，季炳奎任总经理，张其学任总工程师，着手长沙和衡阳两地电力供应的恢复工作；接管的电力企业还有原建设委员会购买的安庆电厂，由刘祖辉任厂长，马芳礼任工务长。台湾区接管人员为刘晋钰、黄辉、孙运璇，接管后成立了台湾电力公司，刘晋钰任总经理，黄辉任副总经理，孙运璇任总工程师。

三、冀北电力公司负责接管整个华北电力

1945 年 8 月日本投降后，国民党政府对冀热察绥[1]地区的电业管理机构进行了接管和改制。这一时期，由于国民党发动内战，华北地区的部分供电设施毁于战火，勉强运行的设备也因战乱无法维修。加之国统区物价飞涨，企业亏损严重，多数电厂倒闭。上述地区并没有开展实质性的电力生产恢复工作。

日本投降后，国民党河北省政府电业临时监理局接管了塘沽营业所和塘沽变电所，于 11 月 24 日移交给经济部接管华北电业公司专门委员会。国民党河北省政府建设厅先后接管了秦皇岛营业所及发电所、保定营业所及发电所；接管华北电业公司专门委员会接管了唐山支店及发电所，设立了唐山分公司、唐山发电厂。

1946 年 3 月，资源委员会奉令接收北平、天津、唐山、秦皇岛、保定一带的电力企业后，在北平成立资源委员会冀北电力股份有限公司（简称冀北电力公司），鲍国宝任总经理。设总务处、会计处、机电处、技术室、材料总库、购料组，辖北平分公司、天津分公司、唐山分公司（辖秦皇岛办事处）、保定办事处。

同年 7 月，冀北电力公司将唐山发电所划归唐山分公司管辖，分公司设总务课、会计课、业务课、供电课、发电课、材料库、唐山发电所、秦皇岛办事处。1947 年 7 月，冀北电力公司设察中支公司筹备处。内设总务股、会计股、业务股、供电股、材料股、张家口发电所、下花园发电所。

1945 年 11 月，接管华北电业公司专门委员会接管石门支店和石门发电所、微水发电所后，交资源委员会经营管理。1946 年 5 月，资源委员会将石门发电所、微水发电所合

---

[1] 冀热察绥是按民国时期的行政区划分的。冀，河北省；察，察哈尔省，旧省名，原辖河北省西北部地区及内蒙古自治区锡林郭勒盟，1949 年改辖今河北省西北部及山西省北部地区，1952 年撤销；绥，绥远，旧省名，辖内蒙古自治区中部地区，1954 年撤销；热，热河省，1914 年，热河脱离了直隶省，直属于国民党政府，设热河特别区域，1928 年改为热河省（简称热），1933 年被日本人占领，划入伪满洲国。

并，称资源委员会石微电厂。杨正清任厂长，设发电课、供电课、总务课、会计课、业务课、材料库、石门发电所、微水发电所。

1947 年 1 月，国民党察哈尔省政府将工业电气整理委员会划归张家口市，与张家口市电厂合并为张家口市电力管理局，设经理课、工务课、材料课、营业课、北电厂，庞廷伟任局长。8 月，察哈尔省政府依照同一地区不得有两个以上电气事业机构的原则，将张家口市电力管理局划归省企业公司管辖，改称张家口电力管理局。1948 年 2 月，张家口电力管理局改称察哈尔省电力管理局，李筱范任局长。

1945 年 10 月，绥远省政府财政厅组成接收委员会，接管了伪蒙疆电业株式会社厚和支店和厚和制粉有限公司，将二者合并为绥远电灯面粉股份有限公司。绥远省政府建设厅派高子良任经理，接管伪蒙疆电业株式会社包头支店，改称包头电灯公司。

四、上海各电力公司发还原主经营

1945 年 9 月 17 日，张家祉和汪经镕代表国民党政府经济部，正式从日伪手中接收华中水电公司，然后，在上海市政府公用局局长赵曾钰主持下，将上海各电力公司发还原主经营。

1945 年 9 月 17 日，市政府公用局派员到华商电气公司办理接收资产，并聘任杜月笙为上海市水电业接收委员兼华商电气公司接收委员。同年 10 月，公司董事会推杜月笙为董事长，聘童受民为经理，由童代表华商电气公司参加接收工作。由于日伪侵占期间，华商电气公司绝大部分设备都被拆迁外地，为追回财产，向当时行政院经济部、资源委员会、平津、青岛及苏浙皖区敌产处理局、上海市政府公用局，先后发函 70 件进行交涉联系，并 3 次派员至北平等地调查。拆迁至石景山发电厂的 2 机 7 炉因当时平津地区电力严重不足，加之这些设备已经陈旧，多次拆装损伤严重，且拆迁费用大，只好就此搁置。拆迁至山东省的 1 机 3 炉，因正值解放战争期间，交通阻塞，一直未能运回。

抗日战争期间，华商电气公司电车设施被日伪破坏殆尽。抗日战争胜利后，该公司曾多次向上海市公用局请求恢复南市电车行驶，并要求再延长 30 年的专营期。上海市公用局以"打破以前分割局面，不再分区组办电车"的决定，加上当时南市供电十分紧张等原因，明确回绝了该公司要求单独承办电车的请求。

美商收回了上海电力公司，并调查了设备损坏情况后，即着手进行修复工作。尚未竣工的高温高压机炉所缺的零部件立即订购，损坏严重的 16 号发电机送国外修理，已遭炸坏的 11 号机组则另购新机。这时，海路交通尚未正常，电厂燃煤十分紧张。公司从美军处获得紧急支援的燃油，以维持发电；并向美国的石油公司订购廉价重油，全厂锅炉陆续改为烧油。此时，上海市公用局开始对美商上海电力公司实行监督，电价需经核准，并专派一名联络员每天了解其发电量，负责协调向其他电力公司供电的配额。

五、西北实业公司接管山西电业

山西省境内国民党统治区可运行的发电厂（所）有原西北实业公司、民营以及日军占领时建设的共 25 家，总装机容量 6.9712 万千瓦，单机容量最大的 1.5 万千瓦，最小的仅 6 千瓦。日本投降后，西北实业公司经理彭士弘即奉阎锡山之命返回太原，派员将山西境内的西北实业公司原有的各厂矿和日军建设的工厂全部接管，并借机侵吞了规模较大的民营工矿企业。山西省电力工业除长治西关电厂由太行区的共产党军队接管外，其余 24 家发电厂全部由西北实业公司接管。1945 年 9 月初，山西省军政府及西北实业公司接管日军华北电业太原支店后，将第二、第十五电厂更名为"城内、城外发电厂"，统归西北实业公司电业部管辖。1945 年冬，南京国民党政府曾派员到太原接收敌伪移交的工矿企业。阎锡山为维护自身利益，阳奉阴违，抵制南京国民党政府接管。南京国民党政府接收大员既不了解山西工业的历史，也不进行详细调查，最后不了了之，而阎锡山的西北实业公司却趁机将真正的民营企业攫为己有。

六、汉口电厂由既济水电公司统一经营

国民党政府经济部接收汉口、武昌水电后，重新交给既济水电公司和武昌水电厂经营。战后汉口水电事业除既济水电公司外，仅剩下汉口英商电灯公司仍能生产。因营业权业已到期，抗战胜利后，英商电灯公司负责人向既济水电公司及第六战区外事处委托既济水电公司代为接收英商电灯公司在汉财产，既济水电公司接收人员于当年 10 月下旬将其全部接收完毕。美最时电厂在战前已被既济水电公司租用，胜利后第六战区接收日方物资委员会准予由既济水电公司接收保管，也于当年 12 月初接收完毕。至此，汉口的水电事业已全部接收完成，皆由既济水电公司统一整理经营，以往分裂割据的汉口的水电事业也首次得以统一。既济水电公司复业和代管英商电灯公司（改名合作路电厂）后，修复大王庙电厂停运的 1500 千瓦机组，恢复供电，同时在水厂发电所新装 1 台 2000 千瓦和 1 台 2500 千瓦机组。

第二节　中国电力工业的战后重建

抗日战争胜利后，面对支离破碎的电力工业，国民党政府资源委员会对沦陷区敌伪电厂进行了艰难的接收和恢复工作。这期间，国民党政府拟定了全国工业复员重建发展计划，对电力工业的建设与发展进行了评估，对后方电力工业、收复区和光复区接收的敌伪电厂，都制定了调整工作计划。该计划以火力发电为中心工程，着重考虑中心发电所及电力网的建设，预计三年完成后，可增加 70 万千瓦发电设备容量。该计划雄心勃勃，但由于蒋介石全面发动内战而最终没有实现。

这期间，国民党政府正式公布了《电业法》，这是中国历史上第一部关于电业的经济立法。《电业法》明确了电力工业公用事业的性质，进一步完善了电业法规，对于促进电力工业的发展、电能的供应与使用等都具有重要意义。

一、战后电力工业的恢复

抗战胜利后，各地工业逐渐复苏，电力出现了供不应求。为此，国民党政府拟定全国电力工业发展三年计划，期望在三年内逐步达到供求相应的目的。这一时期电力工业的主要任务可以分为整治旧厂和创建新厂。

东北电力局在被拆空的阜新发电厂安装了 2000 千瓦快装式机炉 2 台，以保证阜新和北票煤矿的紧急用电。鄂南电力公司在武昌安装了 2 套 500 千瓦、1 套 2500 千瓦机炉，在大冶安装了 3 套 5000 千瓦机炉，共计 6 套总装机容量为 1.85 万千瓦，还架设了 66 千伏武昌至大冶输电线路。湖南电气公司原有发电设备全部毁于战火，在长沙新安装 1 套 2500 千瓦机炉、下摄司安装 1 套 5000 千瓦机炉、衡阳安装 1 套 1000 千瓦机炉。南昌电厂安装 1 套 5000 千瓦机炉。马鞍山工程处安装 2 套 5000 千瓦机炉，并架设马鞍山至南京 66 千伏输电线路。贵阳电厂安装 1 套 1000 千瓦机炉。灌县电厂安装 2000 千瓦机炉，实现了对成都的供电，并拨发 1 套 5000 千瓦机炉，以解决成都缺电问题。西京电厂拨 1 套 1000 千瓦机炉，但适逢陈赓将军强渡风陵渡，陇海铁路中断未能运到。冀北电力公司天津分公司自己出资向上海新通公司订购瑞士 BBC 公司 2.5 万千瓦锅炉 1 套，与日本人遗留下来的 2.5 万千瓦发电机组合并运行。

以上新建、新增的发电设备装机容量约有 6 万千瓦，加上抗日战争期间所装容量，合计不过 90 万千瓦。这点容量在当时的确是微不足道的，但在这些新增、新建的过程中，电力建设队伍中一批新生的技术和管理力量从艰苦的环境中成长起来，这支力量在新中国成立后的电力建设中发挥了重要作用。

到了 1948 年，全国发电厂有 239 家，总计发电设备装机容量为 131.623 7 万千瓦，其中大半为中小型电厂，较大的发电厂均因战争损毁得不到及时修复而不能生产。

二、资源委员会制定电力发展计划

从 1943 年冬开始，资源委员会对重工业进行了长期计划。1945 年，与中央设计局拟定了重工业五年发展计划。其中，动力方面，计划于抗日战争后，五年火力发电装机容量达到 312 万千瓦，水力发电装机容量达到 153 万千瓦，职工达到 3.2 万人。

1945 年抗日战争胜利后，国民党政府就沦陷区重要工矿企业如何处理拟订了办法。1946 年 10 月，拟定了全国工业复员重建发展计划，对后方电力工业做出相应调整，对收复区及光复区敌伪电厂接管及调整工作，都制定出了详细计划，包括人力、物力、财力等。

全国工业复员重建发展计划所拟定增加的发电容量，参照 1945 年中央设计局拟定的《物资建设五年计划草案》，并按照当时实际需要的情形及其先后缓急分年实施。该计划为配合全国各工业中心区所制动力及覆盖情况，首先着重考虑中心发电所及电力网的建设，其次向全国其他各地逐步发展。该计划以火力发电为中心工程，考虑到水力发电建设所需时间漫长，将原有计划分别择要进行。该计划预计三年完成后，在全国可增加发电装机设备容量为 70 万千瓦，增加 53%。

在后方，国营各发电厂可以依据工业的需要适当进行扩充，邻近各电厂可根据实际情况进行合并，并加强对高压线路的建设以利对负荷的调节。所有重要的水力发电厂继续运行。当时后方的民营电厂在抗战胜利后仍发挥着重要作用，如重庆、成都、昆明等发电厂，计划根据情况进行必要的扩建，所需人力、物力、财力由政府以各种方式给予协助，其余则维持现状。省营或省商营电厂拟一律调整为民营。

收复区内敌伪经营的电厂一律由政府分别接收，按其性质交由国营机关，或由正规民营事业接办。抗战前政府经营的电厂，先由政府接管经营，并对其商股有无违规行为进行审查后再确定处理办法。对盟国或中立国经营的电厂，由政府与各国政府或原经办人协商处理。

三、颁布中国第一部《电业法》

《电业法》颁布之前，国民党政府已先后出台的电业相关法规有20多种，如《电力装置规则》（建设委员会1933年7月公布）、《电气事业控制设备装置规则》（建设委员会1935年6月公布）、《电气事业电度表校验规则》（建设委员会1937年7月公布）、《电气事业主要设备标准规则草案》（资源委员会1944年7月修正）、《加强处理窃电方法》（经济部1947年1月修正）等。这些法规分为条例、规则、办法等，其性质可分为工程技术及行政业务两种。但在实际运用中相互掣肘，困难较多，亟应化繁为简，汇总合一。另外，这些法规的制定大多在十年以上，在实际运用上已与发展不相适应，亟应修正。上述电业法规的母法是《电气事业条例》和《民营公用事业监督条例》，其他均为规则或办法，条例虽经过立法程序，但其效率远不及法有力度，亟应改条例为法以增强其效力。

抗战胜利后，国民党政府加快了《电业法》的立法过程，并借鉴和参考了英美苏等国家的立法经验。当时电业为独占性公用事业，故将其最重要的专营权、营业年限、营业区域专设一章，并反复论证。

1947年10月29日，国民党政府立法院第340次会议通过了《电业法》，同年12月11日由国民党政府正式公布《电业法》，共9章117条。这是中国历史上第一部关于电业的经济立法，也是多年电业运营实践在法律法制层面的全面总结。

《电业法》明确了电力工业公用事业的性质，对电业经营行为有所限制，如电业负责人对于电业事务的处理，如违反法令致他人受损害时负连带赔偿责任；规定了电价标准，但供给自来水、电车、电铁道和公用路灯等公用事业用电，收费率应低于普通电价；对供配电施工期、每日供电时间、紧急供电、停电停业进行了规定；同时加强电业监督，要求经营者按月上报业务状况简明月报和年报，并参照当地投资通行利率，以10%～25%的纯利核定电价。

《电业法》明确了电业管理权，中央主管机关为经济部，地方主管机关为省建设厅、院辖市主管局、县政府、省辖市政府；采取分级管理办法，从100千瓦至5万千瓦及以上分为四级管理。明确了电业经营权、供电营业管理区域和经营期，且营业管理区域经中央主管机关核准，同一区域仅能有一家电业经营。对自用发电设备也作了规定。

《电业法》明确了工程安全各项规定，如电业设备力求标准化、设置电表仪器记载电量、装置保安设备、应有适当备用供电量，规定电压和频率标准及其公差。要求设置主任技术员，习练触电急救法，发生意外即时报告，对设备随时查验等。

《电业法》明确了对窃电者的停电处罚，并可请当地警察或地方自治机关会同办理；对窃盗或毁坏电杆电线变压器或其他供电设备者，依刑法的规定从重处断。

国民党政府颁布的《电业法》是一部比较全面、完整的法律，进一步完善了电业法规，对于促进电力工业的发展、电能的供应与使用等都具有重要意义。

第三节　解放区的电力建设

抗战胜利之时，政治、军事形势非常复杂，特别是华北、东北地区。苏联根据雅尔塔协议出兵东北，攫取自己的利益；美国支持的国民党政府占据交通要道和大中城市，准备发动内战；共产党迅速挺进东北，扩大解放区。这一时期，有由国民党政府接收地区，有由边区人民政府接收后又暂时撤出的中间状态地区，还有一直为边区人民政府控制的解放区和较早解放的地区。华北、东北地区的敌伪产业，有国民党政府接收的，有共产党接收的，有苏联红军控制的，也有随着军事政治斗争的攻防进退而易手的。

在解放区，中国共产党领导的八路军、新四军和游击队坚持毛泽东主席提出的持久战的作战方针，粉碎了日本侵略者速亡中国的梦想。与此同时，率领广大军民克服资金短缺、物资匮乏、技术薄弱、交通不便等重重困难，在解放区建设了一些小型发电站。这些电站的建成投产，不仅为军工生产提供了电力保障，在支援解放战争中立下了不朽功劳，同时也为新中国培养了一批电力建设人才。

1945年8月9日，毛泽东同志发表《对日寇的最后一战》，8月10日，中共中央发出《关于苏联参战后准备进占城市及交通要道的指示》。根据中央指示，八路军、新四军和其他人民武装立即出击，对日军实行全面反攻，并取得了巨大胜利。与此同时，共产党领导的人民政府也对八路军解放城市的电业进行了接管，并组织电业职工积极修复设备、恢复发电生产。

一、中国共产党对解放区电业的接管与恢复

1945年8月抗日战争胜利后，华北的电业单位分别被南京政府经济部和解放区政府接收。以河北省为例，至1945年7月，河北省共有电厂18家，总装机容量为11.540 3万千瓦，年发电量约2.16亿千瓦·时。由国民党政府经济部接收的，有秦皇岛、唐山、保定、石门等地的电业单位，根据地附近的张家口、承德、邢台、邯郸等地由八路军受降，这些地区的电业单位即由边区政府接管。

（一）解放区接管的第一个发电所

1945年8月，晋察冀军区部队收复了蒙疆首府张家口，晋察冀边区工矿管理局派员

接管了蒙疆电业股份有限公司及宣化支店、张家口营业所、张家口发电所、下花园发电所等四个发电所，成立了晋察冀边区工矿管理局民生电业公司（简称民生电业公司），任命任一宇为经理，设总务科、工务科、营业科、材料科，下花园分公司、宣化分公司、张家口营业所、下花园发电厂、张家口发电厂。

下花园发电厂东临京包铁路，西濒洋河，南距北京125千米。电厂始建于1937年，日本帝国主义为掠夺战争资源，利用下花园煤、水充裕的条件，先后建设了四个发电所，合称为下花园发电所。至1943年，下花园发电所共安装有7台汽轮机、8台锅炉，总装机容量1.8万千瓦，隶属于伪蒙疆电业株式会社。

1945年8月16日，八路军来到下花园发电所，组织起一支工人武装队伍，保护电厂，防止日本侵略者和土匪破坏。8月25日，下花园获得解放。在一片锣鼓声中，蒙疆电业株式会社的旧牌子被扔进火堆，晋察冀民生电业公司挂牌，并改称下花园发电厂。下花园发电厂是抗战胜利后共产党接管的第一个发电厂。电厂员工努力生产，节约开支，积极支援前线，成绩卓著，被晋察冀边区人民政府评为模范厂，并被中国共产党晋察冀边区委员会通令嘉奖。

1946年7月27日，由下花园、宣化的十多名电业工人组成电灯安装工作队，携带柴油发电机和各种电气材料，从张家口向延安进发，10月中旬辗转到达延安，受到毛泽东主席亲切接见。由于国民党部队的进攻和土匪的干扰，发电机未能运到，留在了晋绥军区司令部所在地山西兴县。毛主席鼓励队员们参加战斗和军工生产。后来，这些工人在延安参了军，奔赴全国各地电厂做了军代表。

1946年9月，国民党军队进攻晋察冀解放区。10月，八路军奉命转移时忍痛将下花园电厂大部分机组炸毁，仅留下1台1000千瓦机组和未装完的1台1万千瓦机组。10月10日，民生公司及下花园发电厂的干部和部分职工，随八路军向太行山腹地转移。此后在厂长张彬带领下，先后完成了蔚县大同沟、曲阳葫芦汪电厂等安装发电任务，为中国革命事业和电力事业作出了贡献。

（二）接管承德双塔山电厂

日本占据热河期间，为了掠夺煤炭及钢铁资源，建设了承德双塔山发电所，装机3台，其中，3000千瓦发电机组1台，1500千瓦发电机组2台，总装机容量6000千瓦，归满洲电业株式会社承德支店管辖。

1945年8月，日本投降后，冀热辽边区政府接管了满洲电业株式会社承德支店。9月，双塔山发电所划归承德市建设局电业管理部管理，继续发电。1946年2月，冀热辽边区政府在承德成立热河省电业局，程明陞升任局长，双塔山发电所归热河电业局管辖。

1946年8月，苏蒙联军撤出承德时，将双塔山发电所3台发电机组的主要部件被拆运到苏联。当月，国民党军队占领承德，热河省电业局干部随解放军战略转移。人民解放军撤出承德时，忍痛将双塔山发电所3台机组全部毁掉。国民党政府热河省建设厅接管发电所，改名双塔山电灯厂，从密云拆来1台750千瓦机组，因燃料供应地承德大庙由人民解放军控制，只发电3天即告停运。

1948 年 11 月，承德第二次解放。承德市第七区政府受承德市政府委托接管了双塔山电灯厂，12 月，又将双塔山电灯厂改称双塔山发电所。1949 年 1 月，热河省承德市电业局成立，齐占文任局长，双塔山发电所归承德电业局管辖。

（三）接管邢台、邯郸电业

1925 年，顺德（今邢台市）电灯公司成立，安装 128 千瓦发电机 1 台。日伪时期，华北电业股份有限公司在邢台设立石门支店顺德发电所。"七七"事变后，日军侵占了峰峰矿区，强行接管了邯郸六河沟煤矿发电所和邯郸镇益丰火磨面粉公司的自备发电机组。1940 年后，华北电业股份有限公司又先后在峰峰、邯郸建设了 6 台机组，总装机容量 6320 千瓦。其中，峰峰 5000 千瓦机组于 1942 年投产。石门支店邯郸营业所和磁县发电所也先后成立。

1945 年 9 月，晋冀鲁豫军区太行军区六分区派人接管顺德发电所，成立了太行实业公司邢台利民电灯公司。设工务股、营业股、财务股、材料股、总务股，分锅炉、电机、线路、修理 4 个班。

1946 年 5 月，邢台利民电灯公司易名为邢台光华电灯股份有限公司。设人事股、生产股、计统股、财务股、材料股，分锅炉、汽机、电气、机修、线路、修试 6 个工段和电气承装部。

1945 年 9 月，位于漳河之滨、和峰峰矿区相连的磁县发电所（峰峰发电厂前身）解放，由边区政府利民煤业公司接管。10 月，邯郸解放，邯郸镇人民政府接管了邯郸营业所，10 月，成立了邯郸镇电灯公司，镇长马昭任经理。1946 年 5 月，国民党军队进攻邯郸，邯郸镇电灯公司被迫关闭。

为避免电力设备免遭战争破坏，邢台和峰峰的电业职工在共产党领导下，将电厂发电设备转移到山区。1948 年下半年后陆续运回，恢复发电。

（四）接管长治电厂

日本投降后，山西电业大多由阎锡山控制下的西北实业公司接管。1945 年 8 月，上党战役结束，山西长治市解放，长治电厂由边区人民政府接管。该厂装机容量 300 千瓦，后又增建 1 座循环水池、2 台圆柱形锅炉。1946 年为军工一、三、五分厂架设了专用线路，支援军工生产。1947 年 5 月 2 日，山西阳泉解放。晋察冀边区人民政府接管了阳泉电厂，5 月 4 日即恢复发电。阳泉电厂总装机容量 3150 千瓦。当年，该厂 1 台 650 千瓦发电机组迁往河北省曲阳县，建成了葫芦汪发电厂。

（五）东北地区电业的接管与恢复

1945 年 8 月 15 日，日本无条件投降，伪满政权垮台，从此结束了日本对东北长达 14 年的统治。根据中共中央关于《建立巩固的东北根据地》的指示，八路军迅速进驻沈阳、长春、哈尔滨等城市，并派人接管了东北三省电业。

1945 年 8 月 28 日，中共中央派冀热辽边区政府组成的 4 支干部大队先期挺进东北，于 10 月 27 日抵达沈阳，接管了满洲电业株式会社、南满总局和沈阳电业支社。在共产党组织下，电业职工经过 14 天努力，使沈阳市 6 座 44 千伏变电所全部恢复供电，并恢复了向本溪、安东地区送电，实现了中国共产党占领东北战略计划的第一步。

1945年12月26日，根据中共中央指示，东北民主联军实行战略性转移，撤出大中城市和交通干线，在东满、北满、西满建立巩固的军事政治的根据地，开辟新的解放区，建立民主政府。各地民主政府相继成立电业管理机构，发动和组织广大电业职工修复发电设施，恢复发电生产，支援人民解放战争。

从1946年到1947年末，修复了哈尔滨、镜泊湖、牡丹江、佳木斯、鸡西等发电厂的发电设备，总容量达19.08万千瓦，还恢复44千伏以上送电线路1.75万千米，变电容量39.2万千伏·安，为支援东北解放和全国的解放战争作出了重要贡献，1948年7月，中国共产党领导下的东北电业管理总局在哈尔滨成立，程明陞为局长。1948年11月2日沈阳解放，总局搬迁到沈阳，并接管国民党政府资源委员会东北电力局。

1946年4月28日，哈尔滨市解放。由于国民党军队封锁外部电源，哈尔滨市内发电厂因设备问题不能正常发电，供电能力严重不足。中国共产党领导的东北民主联军进驻哈尔滨市后，立即组织供电工人研究改造配电线路。他们将日伪时期的电灯、电力合用一条线路，改为电灯、电力分别架在两条线路上。白天电力线路运行，供电力设备用电；晚间照明线路运行，供电灯照明。这项改造措施兼顾生产生活，使工厂生产和人民生活都用上了电。

1946年10月10日，国民党军队撕毁协议，第二次停止向哈尔滨供电。当时，一场火灾烧坏了哈尔滨发电厂的3号机，同时使1、2号机受损，均不能立即投运发电，哈尔滨又陷入停电状态。这时，机修工人刘英源挺身而出，表示"要像前方解放军打败国民党那样，战胜困难，把发电机组修好"。他带领工友昼夜不停地抢修，先把1、2号机组修复，恢复了3000千瓦发电容量。但是，这2台机组远远不能满足需要，他又带领工友投入3号机的抢修。经过七天七夜奋战，于1946年10月23日修复了3号发电机，并向哈尔滨市供电。由于刘英源的突出贡献，被哈尔滨市授予二等劳动英雄称号。

哈尔滨发电厂总发电容量只有7000千瓦，发电量占全市需求电量的3/5，还是会影响支援解放战争和人民生活用电。为从根本上解决缺电矛盾，哈尔滨电业局召开会议，讨论如何增加发电量，满足哈尔滨市用电的需求。哈尔滨发电厂的5、6号机早有缺陷停运，日伪后期就准备修复，但因为需要返回日本修理，所以搁置下来。刘英源、王醒民等提议先修复1.4万千瓦的5号机，并自告奋勇参加修机。他们带领工友拿出自家保存的绝缘材料，克服技术难关，修好了发电机绕组。刘英源凭借多年的钳工根底，利用镍钢做成紧口，把汽轮机叶片羽根镶住，使叶片和叶根盘万无一失地固定在一起。汽轮机找正需要钻进汽缸内，刘英源钻进汽缸带头去干。工作1小时要出缸换一次气，当最后一次找正出缸时，他憋得脸上紫青，软软地瘫坐在地上。1947年1月13日，5号发电机组终于修复发电了，刘英源和王醒民被授予一等劳动英雄称号。

5号发电机修复运转一个多月，又因定子磁铁局部发热，绕组绝缘被击穿。刘英源痛心之余，决心再次修复。但这台机组日伪时已烧过2次，再搜寻旧材料修复也难保不烧。为了确保可靠发电，刘英源想出5、6号发电机合并修复的方案。经过夜以继日的紧张工作，1947年"五一"前夕，修复后的机组投入运行，发电出力达到9000千瓦。1947年3月1日，刘英源加入了中国共产党。在哈尔滨市第三届英模会上，刘英源被授予特等劳动英雄称号。东北电影制片厂以此为题材，拍摄了电影《光芒万丈》，颂扬刘英源等电业工人的英雄事迹。

（六）内蒙古地区电业接管与恢复

1945年8月，苏联军队首先进入内蒙古呼伦贝尔地区。从1945年8月至1946年5月期间，呼伦贝尔地区成为一个"缓冲地带"，伪兴安北省省长额尔钦巴图等成立的呼伦贝尔地方自治政府，直到1948年才撤销。国民党于1946年发动全面内战，内蒙古也形成了国统区与解放区对峙的局面。这个时期，内蒙古境内的电厂成为战争的军事目标，内蒙古境内的电力设施再次遭到战火的摧残，电业的管理也反复易手。

1945年8月9日凌晨，苏军进攻满洲里，飞机轰炸海拉尔，海拉尔发电厂中弹停运。8月10日，苏军在海拉尔北山一线炮击电厂，致使海拉尔发电厂4号和1号锅炉厂房被炸坏。8月17日，仓库材料员王立三被推为厂长，工人开始修复发电设备和供电线路。8月27日，1号机组恢复发电。1946年3月，驻海拉尔苏军司令部与海拉尔临时政府协商，将海拉尔发电厂交中长铁路局管理，铁路局派苏联技师达布果夫为电厂负责人。1946年5月，东北民主联军陆续开进呼伦贝尔地区，苏军撤离。苏军撤走时，将海拉尔发电厂未安装完的1台1500千瓦机组作为战利品运往苏联。1946年9月下旬，中国共产党领导的海拉尔市人民政府正式接管海拉尔发电厂，派刘俊斌为厂长。11月18日，海拉尔发电厂重新投产发电。1947年10月18日，中共东蒙工委书记高锦明、海拉尔市市长苏林参加海拉尔发电厂复兴一周年庆祝会。12月6日，工人庞德财公开加入中国共产党，成为该厂第一个中共党员，并于1948年2月被任命为厂长。

1945年8月9日，日本军队逃跑前在扎赉诺尔电厂3台发电机的励磁机上放置炸药进行引爆，致使1号、2号励磁机被炸毁。1946年7月，满洲里临时政府将扎赉诺尔电厂交给中长铁路煤业处扎赉诺尔煤矿管理，厂名改为扎赉诺尔煤矿电厂。

1947年7月，布特哈旗人民政府正式接管了俄裔经营的扎兰屯发电所，定名为扎兰屯发电所。

1945年8月11日，在通辽电灯厂的日本军队企图毁掉发电设备，做最后的挣扎。电厂工人发觉后采取护卫措施，爆炸未能得逞。但通辽发电所的变压器遭到日本监理的破坏，通辽至开鲁的输电线路停电。日军将王爷庙营业所变电设备全部损毁，150千瓦发电机组被炸毁，白城至王爷庙输电线路瘫痪。1946年1月，东北民主联军解放通辽县城，接管了通辽发电所。10月，国民党军向通辽解放区进攻，东北民主联军撤出通辽，通辽发电所设备被炸毁。1948年3月17日，东北人民解放军再次解放通辽，通辽发电所500千瓦机组经过修复后发电。

1945年8月16日，苏军3个师开进赤峰，同日，中国共产党军政武装人员接管赤峰市政权。赤峰市人民政府宣告成立，随即接管了赤峰电灯厂，将赤峰电灯厂改为赤峰发电厂。10月，赤峰市人民政府任命毛羽艇为赤峰发电厂厂长。11月1日，热河省人民政府在承德成立，赤峰发电厂归热河省管辖。1946年4月，国民党军队进攻热河解放区，冀察热辽军区下令拆除赤峰发电厂1台200千瓦柴油发电机，运往围场山区。当年10月10日，国民党军队占领赤峰，赤峰发电厂机组停运。1947年6月，赤峰第二次解放，冀察热辽军区所属开源公司接管赤峰发电厂，立即组织检修设备，恢复生产。但因国民党的封锁，燃料供应困难，1948年8月赤峰发电厂停产。

1945年8月20日，驻集宁日军向八路军晋绥部队投降。集宁发电所由八路军接管，改称集宁发电厂。1946年9月，国民党军队向绥东解放区发起进攻，八路军撤离集宁时，将集宁发电厂励磁机、整流子等重要设备拆除，分别隐藏在地下工作者家中，电厂停产。国民党军队进城后，集宁政府从当地玫瑰营天主教堂借得1台30千瓦直流发电机，当年11月电厂恢复发电。1948年9月，人民解放军再次解放集宁。集宁电厂1952年恢复生产。1945年8月23日，丰镇营业所人员随日军电力联盟派遣队逃离，发电设备保留完整。3日后国民党军队接管丰镇。10月14日，八路军晋绥、晋察冀部队解放丰镇，丰镇营业所改称丰镇电灯公司，1台500千瓦机组恢复发电。1946年9月，八路军撤离丰镇时，电厂500千瓦机组和部分厂房被炸毁。国民党军队进城后，丰镇县政府利用2台汽车头发电，最大发电能力10千瓦，并于12月将电灯公司改为新丰电灯面粉公司。1948年9月，人民解放军再次解放丰镇。丰镇新丰电灯面粉公司由解放军120师修械所奉命接收，更名为绥蒙电灯面粉厂。1949年3—4月，丰镇县人民政府筹集资金，维修发电机组，恢复发电生产。

二、解放区电厂的建设

抗日战争时期，在中国共产党领导下，建立了巩固的晋绥、晋察冀、冀热辽、晋冀豫等抗日根据地。抗日战争胜利以后，人民解放军在华北战场上和国民党军队展开了针锋相对的斗争，保卫了解放区。解放区克服重重困难，自力更生兴建电厂，解决了兵工生产和军政机关用电问题，有力地支援了人民解放战争。这些电厂的建设及运行管理，不仅积累了生产建设与管理经验，而且为新中国锻炼培养了一批电业建设管理人才。

（一）新华社广播电台用汽车引擎发电

1940年春，中共中央决定成立广播委员会，电台设备主要是周恩来从苏联带回的一部功率为10千瓦的语言发射机。发电机是靠一部汽车引擎带动的，引擎发动的燃料则是靠木炭炉供给的一氧化碳。1940年12月30日，延安新华广播电台开始在延安试播音，呼号XNCR。

（二）延安阎店子发电厂为无线电台供电

为了更有效地进行抗日战争，1941年，中国共产党在延安阎店子创建发电厂，尽管发电功率只有3000瓦，但却支撑着几十个无线电台，把中国共产党的联络范围扩展到国统区乃至苏联，这也成为中国共产党领导电力事业的开端。当时毛泽东主席的住地枣园距阎店子不到10里，1943年春，通往枣园的输电线路架通。

（三）利用转移设备建设葫芦汪电厂

解放战争初期，国民党的军队向解放区大举进攻，中国人民解放军奉命进行战略撤退，张家口、下花园、阳泉、井陉、宣化等解放区电厂的人员也进行转移，部分机器拆除运往根据地。

1946 年 10 月，从河北下花园发电厂撤退的人员，接到上级命令后，迅速拆掉一台 40 千瓦发电机，在厂长张彬带领下向山西灵丘转移。在离刘家庄不远的下寨，选定了临时厂址，从下花园电厂拉来的这台发电机，便安装在这里。机组投运后，主要供附近上寨和下寨两地的兵工厂用电。不久，张彬作为边区工业局工程处处长，又奔赴曲阳参加葫芦汪电厂建设。

最早运到葫芦汪的 1 台发电机，是从井陉煤矿拆迁来的 72 千瓦蒸汽发电机。机器安装在葫芦汪的东沟。由于发电机功率较小，发电能力不能满足军工生产需要，因此，上级决定在葫芦汪再建设 1 座容量较大的发电厂。经过详细认真地考察之后，最后厂址选在曲阳县境内莲花山南麓的南磨子山脚下。这个地址在葫芦汪村东南，西靠唐河支流，距灵山煤矿只有 4 千米，水源充足，运煤方便，又可防空，地势十分有利。

定好地址之后，为了安全，决定将机器安装在山洞里。于是发动群众打眼放炮、开辟山洞，很快便在磨子山底下开辟了两个大山洞。北边的山洞安装锅炉，南边的山洞安装发电机。烟筒顺山爬上去，从远处望去，只见冒烟却不知是何物。蓄水池建在山洞前，引唐河支流供发电用水。在山洞附近，又用土坯、石块、茅草等修建了库房、办公室等。

发电设备是从山西阳泉电厂拆迁的 1 台 650 千瓦发电机组，由德国西门子公司制造。拆迁运输的过程异常艰辛。阳泉电厂工人及运输民工，靠人背、肩扛、驴拉、马驮，开始了艰难的行程。为避免白天飞机轰炸，只好夜行晓宿。200 多千米的山路，四五个月才运到。在平山县境内遇到一条干涸的沙河，河里的沙土有一尺多深。走出这条长 10 千米的干涸沙河，共出动了 150 余人，花了 3 天多的时间。

机组安装条件简陋，安装锅炉和汽包这样庞大的设备，连 1 台普通的起重设备都没有。工人们在一个大石磨磨盘中心圆孔下，把一个打好的铁环放在上面，浇注上水泥，等凝结后，穿上钢丝绳，制成了一个土滑轮，配上其他设备和工具，便组成了一部绞磨。就是利用这部绞磨，才将那些笨重庞大的部件顺利地移进了山洞，安装就位。

1948 年 5 月，葫芦汪电厂正式投入运行，隶属边区工业局第一生产管理处，是这个处所属的 9 家电厂中的第 8 家。葫芦汪电厂发出的电力主要供应第一生产管理处所属军工厂用电，以及相邻的边区工业局化工总厂（下辖 5 个厂）生产用电。供电范围东北供到东邓家店，西北到阜平的晋察冀边区司令部，往南送电到曲阳城北、灵山煤矿等地。

葫芦汪电厂建立了系统的管理机构。厂长张彬，副厂长任玉良、刘克明，职工 300 余人。大部分是从解放区电厂撤退来的。随着解放战争的进行，前方对弹药的需求量巨大，为了保证军工生产，发电生产也十分紧张。随着解放战争形势迅速发展，1948 年底，葫芦汪东沟停机，72 千瓦发电机停机拆往石家庄。1949 年 10 月 1 日，中华人民共和国成立。在葫芦汪电厂的修配车间厂房内，召开共和国成立庆祝大会。会上上级领导宣布，葫芦汪电厂完成了历史使命。不久，这台 650 千瓦发电机组又拆迁回山西阳泉电厂。

（四）解放区第一座火力发电厂——贺龙电厂

1947 年，在晋绥军区司令员贺龙的直接领导下，在山西兴县创建了解放区第一座火力发电厂，即晋绥军区工业部第六厂，俗称贺龙电厂。贺龙电厂总装机容量 116 千瓦，安装 50 千瓦和 66 千瓦发电机组各 1 台。

1946 年 9 月，由下花园发电厂等单位电业职工组成的赴延安的电灯安装工作队到达了兴县。因国民党军队堵截，运输不便，他们将带来的一套 50 千瓦柴油发电机组和大批电气材料，留在了兴县。1947 年初春，晋绥军区后勤工业部又并从山西崞县拆迁来 1 台 66 千瓦发电机、2 台锅炉和 1 台蒸汽机，作为发电机组。

为了防止敌人空袭，将主厂房设计在较为隐蔽的土丘下面，机房设计为利用土崖打洞，再用石块砌筑而成的洞式结构。洞口直径 4 米，洞高 5 米，洞深 16 米。发电机和锅炉分别安装在相邻的两个大窑洞内，烟囱为方形结构，高 14 米，安装在土丘顶端。同时配套架设从电厂到兵工一厂、五厂及边区主要党政军机关的输电线路。由于设备大多是拼凑而成的，部分设备有损坏，整个施工安装工作异常艰难。当时电厂建设技术力量缺乏，工程建设由两名参加中国革命队伍的日本籍电气技术员带领中国工人施工

经过几个月的艰苦工作，1947 年 5 月 1 日电厂建成试运，7 月 1 日正式发电。晋绥军首长周士第、甘泗淇和晋绥边区行政公署代主任武新宇等亲临开机现场。贺龙司令员派晋绥军区评剧团到电厂慰问演出 3 晚，几十里外的老百姓带着干粮跑来观看电灯下演戏。

电厂投产初期，供电电压 3.3 千伏，供电线路 16.5 千米。1948 年，供电线路向东延伸至廿里铺，向西延伸至高家村，边区一级机关全部通电。电厂主要供机械厂、炮弹厂、西北农民银行钞票厂、《晋绥日报》印刷厂、造纸厂生产用电，以及军区司令部、后勤部和边区人民政府照明用电。

1949 年 2 月，晋绥军区工业部第六厂部分人员随军西进，将 66 千瓦发电机带走，50 千瓦机组交当地政府接管。贺龙电厂为确保晋绥根据地的兵工生产和晋绥军区机关的正常运转，立下了不可磨灭的功绩。

（五）解放区建设最大的电厂——刘伯承电厂

以长治为中心的上党地区山区是八路军 129 师的根据地，当时，除长治西关电厂外，山西省的电力工业均由阎锡山控制的西北实业公司接管。根据地先后创办了机械、铸铁、化学、纺织、造纸和酿酒工业，这些工业的兴起，急需能源动力的支撑。上党一带解放区的兵工厂没有电源，大部分都是用人工磨盘挂上皮带，带动机床加工制造武器，工作效率非常低。

为了巩固和壮大解放区，发展军工生产支援前线，太行军区决定在上党建设一座发电厂。电厂厂址选在长治市郊西白兔村南三面环山的山坳里，定名为华北军工部第四总厂军工一分厂，据说厂址是刘伯承考察后选定的，因此被称为刘伯承电厂，也称红色电厂。1947 年初，这座电厂开始建设，当年 7 月，350 千瓦的 1 号机组投产；11 月，320 千瓦的 2 号机组也投入运行。1948 年 12 月，1500 千瓦的 3 号机组投产。至此，全厂总装机容量达到

2170 千瓦。

电厂基建期间，环境和生活条件都非常艰苦，国民党飞机还经常对施工现场实施轰炸。为了防空，建设者割来青草伪装设备，同时克服施工器具不全，焊条、氧气缺乏等困难，艰难施工。电厂的机组设备分别从河南焦作煤矿、河北峰峰煤矿拆迁运来，从河南焦作运输发电机的任务尤其艰巨。当时运输的发电机是一台美国奇异公司 1898 年制造的 1500 千瓦发电机，整体重达 20 吨。还有 5 吨锅炉 1 台，1.5 吨锅炉 2 台，1～2 吨以下的大件十多件。从西白兔村到河南焦作距离有 175 千米，当时没有任何机械设备，绵延的太行山千沟万壑，设备器材的搬运全靠人抬肩扛。职工们不畏艰难困苦，开山修路，搬石填沟，克服各种困难，将超大设备化整为零，一人扛一件或多件，进厂后组装铆合而成。

刘伯承电厂党政工组织健全，党支部书记由林溪（女）担任。由于当时党组织不公开，支部书记的公开身份为监理。同时配备有行政厂长、技术厂长和工会负责人。电厂下设厂部办公室、生技股、经营财务股、总务股、钢炉部、汽机部、电气部、修配部等。

刘伯承电厂投产后，电流通过 10 千伏线路送往长治西关、故县、枣臻、安居、宋村、石圪节等解放区，以及太行军区军工厂和地方工矿企业，为稳定解放区、促进上党地区革命形势发展，发挥了不可低估的作用。

第四节　电力工人护厂保电迎接全国大解放

随着解放战争形势的飞速发展，各地的电力工人，在中国共产党的领导下，配合城市解放，开展了激烈艰苦的护厂斗争，有的人甚至为此流血牺牲。中国电力工人阶级充分发挥机智、勇敢、无私无畏的革命精神，为保全我国电力设施立了大功。据 1949 年全国解放初的统计，共有发电设备装机容量 134.86 万千瓦完好地转入人民之手，为新中国成立后恢复电力生产创造了条件。

一、第六次全国劳动大会在哈尔滨召开

1948 年 8 月 1 日至 22 日，第六次全国劳动大会在哈尔滨召开。会议通过了《关于中国职工运动当前任务的决议》《中华全国总工会章程》，选举了以陈云为首的执行委员会。电力系统何纯渤、刘英源、王月轩、王殿华、孟照林、程志信、李春圃、周子林、赵忠良、蒋寒梅、隋树栗、黄玉成、刘福春、欧阳祖润、沈翔声等代表参加了会议。刘英源被选为全总执行委员，欧阳祖润被选为全总候补执行委员[1]。

第六次全国劳动大会是民主革命时期中国工人运动史上极其重要的一次会议。中共中央向大会致祝词，指明中国工人运动的总任务就是首先团结自己，并以自己的英勇奋斗与自我牺牲精神去团结农民、独立劳动者、自由职业者、知识分子、自由资产阶级与一切爱

---

[1] 中国电力工人运动史编审委员会：《中国电力工人运动史》，第 156—157 页。

国分子，帮助人民解放军坚决彻底干净全部地歼灭国民党的反动军队，推翻美帝国主义与国民党的反动统治，"建立独立、自由、强盛和统一的中华人民民主共和国"。第六次全国劳动大会给中国电力工人运动指明了斗争方向，并提出了崭新的斗争任务，特别是陈云同志在大会上向全国电力职工提出了明确响亮的战斗号召——"解放军打到哪里，电灯就亮到哪里"。这一号召迅速得到广大电力职工的热烈响应，沈阳市解放的第二天就大放光明，北京市解放后基本上未停过电，西安解放后已不再停电，其他城市也千方百计地保证安全供电。

二、江苏地下党群策群力英勇护厂

解放前夕，镇江水电公司有谣言说："共产党来了，职员都要失业，工人拿不到工资，不能养家糊口"；有人煽动高级工程技术人员离厂外逃。中共镇江工委及时把解放军发布的要求工厂、企事业人员保护设备、物资、档案，准备迎接解放的公告油印件寄给水电公司总工程师周念泰、工程师吴继宗等人，教育和说服他们留了下来。电厂中共地下党员还积极启发一些老家在苏北解放区的工人向工友们宣传自己老家的所见所闻。当时公司 4 名地下党员，联络了 20 多名工人，秘密组织了护厂队，工人们有胆有识地保卫了电厂免遭破坏。

1949 年 4 月 24 日，无锡地方报纸以头版显著位置刊载报道："戚墅堰电厂工人保护电厂，发电设备机器完整地回到人民怀抱。"5 月 5 日，在庆祝江南大捷的会上，中共武进县委对发电所职工英勇护厂、发电从未中断的行为，提出特别嘉奖。5 月 6 日、15 日，《苏南日报》、新华社先后发表电讯，表彰"戚墅堰电厂发电所全体职工英勇护厂，锡、常等城市用电从未中断"。后于 1950 年 1 月，中央人民政府燃料工业部在北京召开全国第一次电业生产会议，会上授予戚墅堰电厂"群策群力，英勇护厂"的锦旗。

三、上海解放过程中电力始终未中断

1948 年，解放战争进入决战阶段，中国人民解放军挥师南下，国民党统治下的上海，通货膨胀，物价飞涨，民不聊生，电价亦随之一涨再涨，再加上燃煤匮乏，上海电业的售电量再次跌入低谷。

1949 年 2 月，上海电力公司中共党总支成立后，提出了三条措施：① 按各部门的特点，发电厂保证不间断发电，馈电处做到正常供电，总办事处完整地保存好文件档案；② 广泛开展防止敌人破坏的宣传教育工作，在此基础上组织好护厂队伍；③ 加强对敌人的分化瓦解，重点放在对护工队的策反上。据此，上海电气公司 3 个党支部积极地在工人群众中广泛进行宣传护厂的活动，引导工人把护厂同维护工人自身利益有机地结合起来。党支部还开展对高级职员、工程技术人员的宣传，用党的方针政策做说服工作，稳定他们留厂工作的决心；争取、吸收、团结中级技术人员，发展他们加入工人协会，主动地依靠他们进行护厂。发电厂地下共产党员李志耕秘密地利用关系打入发电厂护厂纠察队，当上队长，对保护电厂起到重要的作用。

各支部制定具体的护厂计划，着重宣传"天快亮了，防止敌人破坏""保住工厂就是保住饭碗"，❶在广泛宣传教育的基础上，组织护厂队、抢修队等。在解放前夕的这段日子里，为了防止敌人在暗中破坏发电厂，党支部发动党员和积极分子，严密监视敌人的活动，加强对发电设备及周围的检查，特别注意有无引火索一类的易爆物品，还曾考虑万一敌人从外面冲进电厂强行破坏，立即放高压蒸汽对付的办法。由于党支部和内线人员的努力，发电厂被完整地保存了下来，发电机组分秒没有停过。

1949 年 5 月 25 日，上海苏州河以南的市区宣告解放，国民党军队的退路已被截断。下午 3 时左右，国民党军队一列装满军火和油料的火车开到闸北电厂门口，到晚上，蜂拥而进电厂的国民党残兵已近 2000 人，电厂随时都有遭破坏的可能，情况十分危急。闸北电厂党组织、工协会员团结全厂职工，采取了护厂紧急措施：堵塞车间中有些通道，防止残兵到处窜动；在重要设备上都挂上"危险有电，不可接近"的警告牌，阻止靠近；劝告残兵离开汽机房和锅炉房；规定给锅炉燃煤都要经过筛拣，防止混入子弹等引起爆炸。同时开展对国民党残兵劝降的巨大攻势。至 25 日午夜，国民党残兵被迫接受了"不准破坏任何机器设备；分散的官兵全部集中在指定地方；由工人纠察队与解放军联系，保证投降官兵生命安全等"3 项条件❷。26 日凌晨 5 时，2000 多名全副美式装备的国民党官兵重点旅终于成了赤手空拳的电厂工人纠察队的俘虏，缴获的各式武器堆成了一座小山，电厂里升起了第一面红旗，闸北电厂党组织立即公开宣布成立人民保安队，利用缴来的武器武装自己，负责电厂内外的安全和治安。

5 月 26 日，上海电力公司所属的三个部门，只有南京路总办事处已经解放。杨树浦发电厂处于紧急戒备状态，全厂党员、群众日夜守卫在发电机房，将重点岗位如控制室等严密控制起来。九龙路馈电处的党员、群众守卫供电系统的重要岗位，日夜不离。抢修队整装待命，一有警报立即行动。5 月 27 日下午，解放军的队伍开进了杨树浦发电厂和馈电处。5 月 28 日，上海工人协会上电支会理事会贴出公告，欢庆解放，号召全体职工坚守岗位，维护生产，照常工作，上海电力公司全系统发供电正常。

四、南京"京电"号小火轮成为"渡江第一船"

1949 年 4 月 20 日，国民党政府拒绝签订国内和平协定，21 日毛泽东主席和朱德总司令向中国人民解放军发布向全国进军的命令。从 4 月 21 日起，伟大的渡江战役正式打响。

1949 年 4 月 21 日，南京城里大批国民党军队开始溃退，一时出现紧张混乱的局面。驻扎在下关电厂的国民党宪兵加强了对工人的监视，并扬言要炸毁电厂。电气间领班马文贤等团结工人坚守岗位，并果断地合上闸刀，使全所围墙的电网通电，厂门关闭，不许任何人闯入。驻守厂内的国民党宪兵眼看大势已去，无可奈何地撤走。职工组织起来护厂，加强戒备，防止敌特破坏，坚持发电。

---

❶ 中国电力工人运动史编审委员会：《中国电力工人运动史》，第 160 页。

❷ 中国电力工人运动史编审委员会：《中国电力工人运动史》，第 161 页。

4月22日凌晨，下关江边的大批敌人已不见踪影，浦口方向在一阵炮声后平静下来。这时，南京下关发电所"京电"号小火轮上的黄兴发、纽其朗、吴诚聚等6名船工，利用到浦口运煤的机会，得到人民解放军已经攻下江浦的消息，工友们互相传告，决心护好电厂，保证发电，配合解放军渡江❶。

23日下午，人民解放军第35军103师到达浦口，直逼南京，急需大船渡江。5时许，解放军5名侦察员乘小船过江，与下关发电所正在护厂的工人们联系，要求"京电"号小火轮接运解放军渡江。晚9点，"京电"号小火轮满载着解放军，从浦口码头出发，直驶南岸。当抵达中山码头时，受到发电所全体职工的热烈欢迎。发电所值班人员用调度电话向全市重要工厂通告，解放军已胜利渡江的消息。船工们不辞辛劳连续一趟又一趟地往返于下关、浦口之间。4月27日，邓小平、陈毅率总前委轻便指挥所从合肥东郊岗村出发，乘车到达浦口，经中共南京地下党安排，由"京电"号小火轮接到中山码头后，驶车前往南京市。

新中国成立后，"京电"号改名为"京电1号"，仍留在南京下关电厂。1973年，江苏省电力局将这艘船无偿调拨给下属的淮阴电厂。1978年，为支持苏北水运，这艘船又被调拨到灌南县轮船运输公司，更名为"苏淮605号"。在灌南落户28年，该船累计创造运输产值1800万元。1977年退役后，该船一直停靠在该县盐河岸边，作为市县爱国主义教育基地。1983年4月，经国家文物局和南京渡江战役纪念馆考证，确认此船为"渡江第一船"。1984年4月，南京解放35周年之际，由邓小平题词的渡江胜利纪念馆在南京挹江门城楼上落成，"京电"号小火轮作为一级文物就停放在主馆之内❷。

五、青岛电厂全体人员公开进行护厂斗争

1948年春天，解放战争已经呈现出摧枯拉朽之势，国民党军队节节败退，解放全国的号角已响在耳畔。这时，秘密设在平度宗家埠的中共青岛市委，已经考虑如何接管即将解放的青岛。当时，青岛电厂直接受国民党政府经济部资源委员会领导，装有3台机组共计3.5万千瓦，装机容量在全国排第二位，国民党反动派曾扬言"绝不能给共产党留下"。为保护好电厂，青岛市委派出以赵景业为代表的地下工作者，通过夺取工会控制权，发动工人起来保护电厂。

赵景业高小毕业后即进入青岛电厂工作，秘密加入党组织，后因身份暴露而离开青岛。这次赵景业潜入了青岛城内，先后发展了青岛发电厂工会的刘芳亭、贾清臣、王思臣为共产党员，后来又在台东变电所发展了数人，使青岛电业有了共产党的地下组织。他们分头行动，到工友们中间作宣传，很快引起工人的共鸣。同时利用实际控制的工会组织，提出了秘密护厂的主张，甚至连家属也动员起来，成立了护厂队。

他们决定公开争取青岛电厂厂长徐一贯的支持。徐一贯为人正直、忧国忧民，他支持

---

❶ 中国电力工人运动史编审委员会：《中国电力工人运动史》，第162—164页。

❷ 国家电网公司：《档案价值》，第23—26页。

护厂队，拿出金条作为护厂经费，购置武器枪支。他甚至要求工人们在危急时刻，拆除发电机和汽轮机的核心部件封存转移。护厂斗争由秘密转为公开，护厂队伍由最初的三四十人发展到全厂职工，他们与警卫班、保安队混合编班，轮流上岗，昼夜巡逻，一个群众性的护厂运动很快形成了。其间，先后挫败国民党反动军警三次企图破坏发电设备的阴谋。

1949年5月，护厂工人们吃住在厂，基本没有回过家，一直坚持到6月2日中午，解放军攻进青岛城。在地下党的领导下，青岛发电厂发电供电没停一分钟，保证了生产和生活的正常运转，为安定民心起了重大作用，山东最大的电厂完好无损地回到了人民的怀抱。

六、西京电厂更名为人民电厂

西安解放前夕，西安警备司令杨德亮和警察局长肖绍文奉胡宗南命令，计划在逃跑前炸毁西安火车站、西京电厂和一些工业通信设施，这一计划被中共西安地下党组织所掌握。此时，西京电厂厂长陈亚光先逃离电厂，委托工程师刘守学代管电厂。刘守学按照国民党政府资源委员会的要求成立应变委员会，中共地下党员李昆山打入该委员会任委员，组织纠察队开展了护厂工作。

1949年5月20日，中国人民解放军第一野战军第六军强渡渭河。上午9时，中共西安地下党组织电话通知西京电厂：敌人要炸毁西京电厂、火车站等重要设施，要不惜一切手段保护和反击。西京电厂的职工们得知情况后准备用沙袋堵住电厂大门，可国民党西安警备司令部爆炸连还是抢先一步，包围了电厂，在厂门外架起三挺机关枪，士兵端着上了刺刀的步枪强行闯入电厂进了车间，用武力把护厂职工赶出电厂，同时国民党工兵将运来的炸药搬进电厂厂区，情况万分危急。这时中共西安地下党代表王超北闻讯，立即到飞机场向解放军报告了情况。解放军即命令46团2营跑步赶赴西京电厂。但是国民党工兵还是在逃跑前引爆了部分炸药，1号、2号、3号机组的设备和厂房受到不同程度的损毁，电厂停机，全市停电。

5月21日，在中共地下党和解放军的领导下，刘守学召开紧急会议，提出"修复机组，恢复供电，支援大军西进"的口号，布置抢修工作。决定先集中力量，昼夜不停抢修损毁较轻的2号机组。职工们立即响应，积极抢修，从被炸的废墟中清理出可用的备件，先后更换了机组炉排、进水泵和进气阀。同时抽出人力检修市内供电线路和大街上的路灯设施，经过一天多的紧张抢修，2号机组恢复供电。5月22日夜晚，西安城内路灯复明，市民欢呼雀跃。

2号机修复后，工人们士气大振，提出"要死机复活"的抢修口号，一鼓作气又将3机组、1号机组修复发电。在抢修过程中，电厂职工苦干加巧干，创造出了电焊铜线接头的工具，并用标准轨面上的一层钢材代替特种钢材锻制成了汽轮机叶片，还自己设计了铣刀架子、平衡用规等。

5月25日，西安市军事管制委员会主任贺龙颁布命令，接管西京电厂。5月31日，西京电厂更名为人民电厂，任命刘守学为人民电厂厂长❶。

七、广州西村发电厂工人"与电厂共存亡"

1938 年，中国共产党地下组织已经在广州电力部门开展工作，并成立秘密地下党支部。1949 年 10 月，广州解放前夕，中共地下党和所属的各外围组织都加紧开展工作，动员全市市民保卫城市，防止敌人逃跑时劫夺破坏。10 月上旬，电厂工人先后收到中共党组织从香港、广州等地寄来的宣传品。主要内容包括：一是保护好电厂，不让国民党破坏电厂设备；二是坚守工作岗位、坚持生产发电；三是解放军解放广州时要坚持职守，确保发电正常，迎接解放。工人们收到宣传品后，受到极大的鼓舞。在中国共产党领导下的"新经协""新工协""地下学联"等外围组织的教育启发和推动下，进步工人们积极响应党的号召，进行护厂斗争。

为防止敌人强行闯入破坏，广州西村发电厂工人们修整了围绕厂房长达 1000 米的铁丝网，准备在紧急情况时输入高压电，提高防范效果。同时，在电厂门口设置可通高压电的活动铁丝网"木马"作为路障。工人们还将电厂存放在郊外南石头工程仓库内的 10 大桶汽油和汽缸管、机件搬到发电厂的仓库内，避免敌人破坏和偷盗。

1949 年 10 月 10 日后，情况发生变化，市内出现混乱。广州西村发电厂工人们镇定护卫电厂，住在市区的工人有条件的都搬到厂里暂住，参加保卫和值班工作。14 日傍晚，工人们得知海珠桥被国民党军队炸毁的消息后，对国民党反动派的卑劣行径异常愤恨，更加坚定了"与电厂共存亡"的决心。14 日晚 10 时许，解放军进入广州城，广州西村发电厂在工人们的保护下完好无损地回到人民怀抱。

1949 年 10 月 14 日整个夜晚，广州城内灯火通明，当晚电厂机组所带负荷 6000 千瓦。所有值班工作人员都坚守工作岗位，以饱满的精神状态迎接广州解放。10 月 15 日，解放军进入广州西村发电厂，立即收缴伪厂警察一个中队及自卫队的武器弹药。10 月 18 日，军代表奉命接管广州西村发电厂。

八、地下党组织护厂队保护柳州电厂

1949 年 11 月 6 日，随着中国人民解放军第四野战军三路大军挺进广西，国民党军队纷纷南逃，广西解放指日可待。柳州电厂装机容量 2500 千瓦，是广西单机容量最大的电厂，也是敌人破坏的重要目标。为了保护柳州电厂，1949 年夏初，柳州地下党组织就指示地下党员、柳州高级工业学校教师曾公朗负责这一工作。

这个时候，国民党当局加强了对电厂的控制，由宪兵第五团一个班进驻电厂日夜看守，对出入人员严加搜查。曾公朗通过该校教师认识了电厂助理工程师黎国庆，并发展他加入了党的外围组织——广西民主人士联谊会。1949 年秋，柳州国民党当局为了分散和削弱学校的进步力量，对进步师生严加监视，曾公朗无法去开展护厂工作，地下党城工委即派

---

❶ 国家电网公司：《档案价值》，第 31—34 页。

工委委员韦竞新负责领导电厂的护厂工作。韦竞新主要通过三条线进行活动：一条是黎国庆，另一条是电厂发电车间工人、爱国会员李景泽和柳州师范学校学生、地下党员麦起，还有一条线是由高级工业学校地下党员杨永善与电厂实习技术员梁肇贵联系。

韦竞新根据城工委关于加强护城迎军工作的指示，依靠进步力量，做好中上层人物的工作，挫败国民党煽动职工离厂外逃的阴谋。同时，广泛发动群众，壮大护厂队伍。他和黎国庆组织电厂的地下工作者积极宣传革命形势和党的政策，提出"保电厂就是保饭碗"的口号。经过一段时间的工作，一部分有疑虑的职工打消了外出逃跑的念头，纷纷要求组织起来，保护工厂。黎国庆看到时机已成熟，便去找公司经理林培深商量成立护厂队的问题。同时和李景泽、梁肇贵等，把城工委印制的革命传单散发在电厂厂区主要通道上和经理办公室门口。这一行动震慑了敌人，激发了群众的勇气，也使厂方管理层认识到，只有与群众一起保护工厂才是唯一的生路。电厂的一批主要职员，如经理林培深、财务科长林云、发电课长常振汉、营业课长陈秉权等也同意成立护厂队。

护厂队成立后，群众推选黎国庆担任队长。林培深又补提陈秉权任队长，并把电厂警卫班也纳入进来，还通过进步工人叶福铨掌握的电厂机器工会，发动会员加入护厂队。广大群众被发动起来，值班工人日夜坚守在机器旁。临近解放的前几天，护厂队把职工家属和休班人员安排到厂房后的驾鹤山山洞和球场边的旧壕沟内，使护厂队及值班人员无后顾之忧。同时，通过柳州商人买到了几条枪，护厂队共配有轻重机枪各一挺、冲锋枪六支、步枪十余支、驳壳枪四支。为了加强对发电设备的守护，还在厂房后面山洞架设轻重机枪各一挺。对厂区周围设置的电网也予以利用，合闸带电，防止国民党反动派窜入厂内。

11月24日下午，市区内一片混乱，敌军政人员风声鹤唳，纷纷逃走。为"坚守城市"垂死挣扎，国民党柳州警备司令部秦镇给柳州电厂下了一道手令："在首脑机关未撤走前，不准停电。"护厂队正好利用这张手令作为拒绝任何敌人进厂破坏的挡箭牌。11月25日凌晨2时许，驻厂的宪兵班见势不妙，逃之夭夭。护厂队当即派人接管电厂大门岗哨的守卫工作。凌晨4时，国民党工兵十团突然派一个工兵班，带着四箱炸药驱车前来炸厂，在护厂队的阻止下，仅在机房外面出线架下点燃几包炸药。除了机房的几只电气仪表和厂房玻璃被震坏之外，其余设备完好无损。

11月25日上午，柳州解放，解放军进驻电厂。在护厂队的带领下，全厂职工立即投入抢修工作，2台发电机组先后于26日11时及27日16时恢复供电，把光明送给新的柳州城。

九、重庆电力工人用生命保护电厂

1949年11月14日，蒋介石最后一次从台湾飞抵重庆。此次蒋介石特意从台湾调来了"特种破坏队"，企图对重庆全市的重要目标，包括发电厂、钢铁厂、军火库及其他重要设施实施爆炸破坏。

11月29日，重庆被三面包围。当晚，蒋介石居住的林园官邸后已枪声大作，他不得不仓皇逃往重庆白市驿机场。到达机场后却不马上起飞，在专机上一直等到30日凌晨6

时。在漫长的等待中，蒋介石并没有听到"特种破坏队"实施爆破的爆炸声，而是解放重庆隆隆的枪炮声。

29日，在中共地下党组织的领导下，重庆大溪沟电厂（原电力公司一厂）劳资双方以"人在工厂在，人亡工厂亡"的共同意愿，很快组织成立了以工人为主体的护厂队。在杨如坤、胡直林、刘树明、刘德初等工人的带动下，设法在旧军阀潘文华处搞到一些枪支武装起来，与敌人进行巧妙的周旋和斗争。由于人民解放军迅速包围了重庆，那些奉蒋介石命令的特务大多丢下炸药仓皇逃命。

在鹅公岩电厂，为了保护电厂，职工组成了护厂队，提出"保电厂，就是保饭碗"的口号，迷惑已经进驻电厂的敌人。11月29日午夜，全副武装的反动警察携带轻重机枪包围了电厂，带着炸药冲进了厂房，问什么地方最重要。工人们提前已经做好了保护汽轮机和发电机的准备工作，就指着锅炉说："这里最重要"。敌人用六箱炸药把锅炉炸毁，并引起大火，7名工人来不及躲避，不幸当场牺牲。除了锅炉被毁外，其他设备完好，工人们用生命保护了电厂。

十、石景山发电厂承担开国大典电力保供任务

1948年12月10日，解放军包围北平，北平发电所中共地下党员王志恒、沈根才接到中共华北局城工部的护厂指示，组织了以发电所代主任于运海为首的护厂委员会和工人纠察队，昼夜在发电所值班，防止破坏[1]。

12月17日拂晓，中国人民解放军开始对石景山地区敌军发起总攻击，经过激烈的战斗，石景山地区全部解放。当晚，门头沟中英煤矿自备电厂受电，启动低压炉及汽轮机，开始向石景山地区供电。12月19日，军代表任一宇等同志进驻北平发电所。石景山地区解放的当天，在冀北电力公司北平发电所副所长、护厂委员会主任于运海主持下，召开了恢复生产的紧急会议，并立即组织了线路抢修队，首先恢复了门头沟至石景山北平发电所的送电线路，12月28日恢复向北平市已解放地区的送电。

1949年8月，北平发电所承担了开国大典的供电任务，天安门广场电动升旗的设备由北京市供电局负责。1949年10月1日，随着毛泽东主席在天安门城楼上按动电钮，天安门前第一面五星红旗由电力驱动冉冉升起、猎猎飘扬。中央人民政府成立燃料工业部，华北电业公司隶属燃料工业部领导。华北电业公司北平分公司改称华北电业公司北京分公司，北平发电所改称石景山发电厂[2]。

新中国成立了，中国电力也翻开了新的篇章。

---

[1] 国家电网公司：《档案价值》，第35—38页。

[2] 北京市电力工业局工会：《北京电力工人运动史大事记》，第14—16页。

第二编

中华人民共和国成立到改革开放前的中国火力发电

（1949—1978）

1949 年 10 月 1 日，中华人民共和国宣告成立，从此中国电力工业掀开了历史新篇章。1949—1977 年是新中国电力工业艰苦奋斗的创业期。新中国的电力工业在落后、弱小、破碎的"烂摊子"上起步，经过三年国民经济恢复时期卓有成效的重建和发展，"一五"计划时期迎来建设高潮，以苏联援建的 156 工程中的 25 个电源项目（其中 23 个为火力发电项目）为中心，重建或新建了一批骨干电厂；通过挖掘潜力、降低损耗以及加强管理和堵塞窃电漏洞，电力生产运行开始步入正常，各项技术经济指标也有所好转；通过学习、消化、吸收苏联电力设备技术，自行设计、制造成套发电设备。"二五"以及此后的国民经济调整时期，电力工业受到"大跃进"、三年困难时期的影响，在取得超常规发展速度的同时，也出现大批停缓建项目，后期不得不"填平补齐"。"文化大革命"十年正是执行"三五"和"四五"计划时期，水利电力部由军事管制委员会❶（军管会）接管，电力生产建设秩序勉强维持，但强调"突出政治"、反对"管卡压"，电力生产规律受到冲击，规章制度得不到严格遵守，安全生产受到严重威胁，计划指标未能全面完成，全国缺电矛盾突出。尽管如此，经过全国电力职工的艰苦努力，电力工业仍然在困难和曲折中艰难前行。粉碎"四人帮"后，电力工业拨乱反正、恢复秩序并快速发展。

中华人民共和国成立后，在把握客观规律、把握中国国情的基础上，国家明确了发展电力工业的一系列重要指导思想。在发展方针上，明确了电力先行。1953 年，中央就指出，电力工业是国家工业化的先行工作。1958 年，毛泽东主席在最高国务会议上提出：一为粮，二为钢，加上机器叫三大元帅。三大元帅升帐，就有胜利的希望。还有两个先行官，一个是铁路，一个是电力。从此"先行官"成为电力工业的代名词。国家把电力基本建设作为重点，投资以及重大项目安排都尽可能向电力倾斜，为电力发展提供了强有力的保障。在发展路线上，明确了自力更生的指导思想，在三年恢复重建时期和"一五"计划时期着手建设自己的装备制造基地、科研机构和规划、设计、施工、生产队伍。在发展宗旨上，人民电业为人民始终贯穿于新中国的电力发展。在发展途径上，明确了安全第一、水主火辅、因地制宜。这些重要的指导思想，确立了电力工业发展的四梁八柱，保障了电力工业在创业时期朝着正确的方向发展。

中华人民共和国成立后，电力工业建立了适应社会主义计划经济的管理体制，逐步建成完整的电力工业体系和组织体系。在管理体制上，从 1949 年的燃料工业部，到 1955 年成立电力工业部，到 1958 年重组成立水利电力部，经过多次上收和下放的探索，确立了以国家主管部门为主导、以省（自治区）为建制组建各省（自治区）电业局的计划管理体制。在电力建设上，依托国家重点电力工程项目开展电源建设和送变电工程建设，形成了火力、水力和其他新能源发电等多种发电形式，建成了覆盖全国大部分地域的电力输配网络。在设备制造上，依托 156 工程建设了东北、上海、西安三大动力设备制造基地，"三

---

❶ 1967 年 1 月，在上海"夺权风暴"的影响下，各级党委普遍受到冲击，各地陷入严重动乱局面。为了稳定局势，中共中央发出指示，一切重要的粮食和物资仓库……都要派出军队，实行军事管制。1972 年 8 月，中共中央、中央军委发出《关于征询对三支两军问题的意见的通知》，附《关于三支两军若干问题的决定（草案）》。规定"凡是实行军管的地方和单位，在党委建立后，军管即可撤销"。文件发出后，军事管制委员会陆续撤销。

线"建设时期在四川建设了东方发电设备制造基地、平顶山高压开关厂和许昌继电器厂等输、变电设备制造基地，形成了中国电工装备制造的中坚力量。在科研机构建设上，先后组建了各类电力科学研究机构，拥有了覆盖整个电力领域的科研力量。在工程设计上，组建了六大电力设计院和八家水电勘测设计院，电力规划设计工作迅速摆脱了对苏联的依赖。在队伍建设上，依托苏联援建工程培养了一大批施工领导干部和工程技术人员，全国各大高校电气工程高等教育规模不断扩大，兴办了一批电力高等学校和专科学校、技工学校等，为电力工业发展提供了有力的人力资源保障。电源建设加快推进，电力供应能力大幅增强。

这一时期，电力工业的发展重点在电源建设上，水力、火力发电并举，发电设备装机容量和发电量快速增长，为经济建设提供了有力支撑。在火力发电建设上，国产 6000 千瓦、1.2 万千瓦、2.5 万千瓦、5 万千瓦、10 万千瓦、12.5 万千瓦、20 万千瓦、30 万千瓦火电机组相继投产。1949—1977 年期间，全国新增发电设备装机容量 4815 万千瓦，年平均新增发电设备装机容量 172 万千瓦，年平均增长 13.0%；年平均新增发电量 78 亿千瓦·时，年平均增长 15.8%。到 1977 年，发电设备装机容量达到 5000 万千瓦，较 1949 年增长 26 倍；发电量达到 2234 亿千瓦·时，较 1949 年增长 51 倍。到改革开放前夕，中国年发电量与美国、苏联、日本的差距已经大幅缩小，分别从 1949 年相差 68 倍、18 倍、10 倍下降到相差 10 倍、5 倍、3 倍。但是，这一时期技术发展水平的差距却在扩大。

粉碎"四人帮"后，电力工业"安全第一""质量第一"的生产方针被重新确立，恢复了安全生产、运行管理等规章制度，扭转了"文化大革命"以来生产事故连年增多的被动局面，生产能力与秩序得到了恢复。党和国家领导人高度重视缺电对国民经济发展的影响，提出"突出抓电"的口号，将电力工业作为工业领域最为突出的行业。电力投资建设规模显著加大，电力建设加快，前期的勘测、设计工作得到加强；电力建设工程"三边"情况得到有效的改正。1978 年全国发电设备装机容量比 1976 年增加 997 万千瓦，年发电量比 1976 年增加 535 亿千瓦·时。

从中华人民共和国成立至改革开放前的这一时期的电力工业发展史，是一部自力更生、奋发图强的艰苦奋斗史。虽然也受到"大跃进"的影响和"文化大革命"十年浩劫的冲击，但电力工业总的来说还是不断发展壮大的，没有这一时期的创业和积累，也就没有改革开放后电力工业的大发展。其中的经验与教训表明，发展电力工业，必须尊重电力适度超前发展、生产以安全为中心等客观规律。从"三五"开始的持续"缺电"局面也表明，电力只有适度超前发展，才能适应经济社会的发展需要，否则就会成为制约经济建设的瓶颈。"大跃进"和"文化大革命"期间出现的强制提高发电设备出力、放弃"安全第一"方针的做法，导致电力生产发生多起安全事故，教训深刻。

第五章

国民经济恢复期的火力发电建设
（1949—1952）

从 1949 年 10 月 1 日中华人民共和国成立到第一个五年计划开始前的 1952 年底是中国国民经济的恢复时期。旧中国是个半封建半殖民地社会，经济落后，生产力水平低，经过日本侵略和全面内战的破坏，留下的电力工业基础十分薄弱，技术落后、没有发电设备制造能力，电厂的生产能力低下。即使这样一个烂摊子，还遭到国民党撤退时的破坏。所幸的是广大电业职工在中国共产党地下组织的领导下进行了英勇的护厂斗争，使大部分电厂完好地保留下来。在各地军政委员会的领导下，绝大部分电厂很快恢复供电。电力工业恢复时期的工作任务是将旧电业改造成为人民的新电业，将旧社会电业与用户的关系改造成为新社会电业与用户的关系，这是一个巨大的变革。经过三年的艰苦奋斗，完成了新中国管理机构的设置，确定了新中国电力工业走计划经济发展的道路，并使电力生产能力得到恢复和发展。到 1952 年，在发电设备装机容量只增长 6.2% 的情况下，发电量增长 68.5%、发电设备平均利用小时增长 61%；基本上恢复了发电设备的铭牌出力，全国发电设备装机容量达到 196.4 万千瓦，发电量达到 72.61 亿千瓦·时，这期间发电量的增长靠的是挖掘潜力、降低损耗以及加强管理和堵塞窃电漏洞。电力生产运行自此开始步入正常，各项技术经济指标也有所好转。

第一节　燃料工业部及其对电力工业的管理

1949 年中华人民共和国成立，中央人民政府（中央）政务院下设 34 个部、委、署，分别负责各自行业的组织机构管理和日常工作管理。燃料工业部为 34 个部、委和署之一，负责全国煤炭、电力和石油工业的组织机构建设、行业发展规划制定、技术进步、安全生产等管理及实现行业的持续发展。

一、电力工业管理模式

1949 年 10 月 19 日，中央人民政府委员会第三次会议任命陈郁为燃料工业部部长，李范一、吴德为副部长。同年 11 月 1 日，政务院所属各部、委和署全部开始办公。

燃料工业部是煤炭、电力和石油几个独立行业的结合体，每个行业都配置有专门管理的副部长。在燃料工业部的统一领导下，成立了煤炭管理、电业管理、石油管理、水力发电建设等四个总局。由于每个行业都是各自独立的，因此各自的工作也泾渭分明。

电业管理总局是统一管理全国电力企业的主管部门，在东北、华北、华东、中南、西北、西南等6个大区，分别建立或接管了电业管理局，统管本区域内的各电力公司、电业局和电厂，实行对电力工业生产和建设的统一领导。

燃料工业部作为国家管理电力工业的政府最高行政机关，在电力工业管理方面，实行中央和地方两种管理，以中央管理为主的管理体制。中华人民共和国成立初期，从中央人民政府燃料工业部到全国各个大区和各省（自治区）、市纷纷设立电业管理局，各地（市）电力公司全部改为国营电力企业。由于电力企业兼有地方公用事业性质，改称地（市）供电局。在燃料工业部领导下，统一执行中央人民政府的政令。"政企合一、国有国营"是这个时期的主要特征。在这个国民经济百废待兴的时期，国家高度垄断的生产关系，统一的计划经济，充分发挥了社会主义集中力量办大事的优越性，有效满足了电力工业资金、技术密集的特征对资金和技术的需求，促进了电力生产力的迅速发展。

"政企合一"的电力管理模式，通过政府的各级电业管理部门，统一下达电力建设项目的基建计划，统一安排国家电力建设项目资金计划，统一下达电力生产和电力供应计划，统一安排计划配给发电燃料用煤、油；实行用电分配计划制度，实行统一的用电电价目录，定期对用户按规定电价收缴电费，并实行统一电费核算制度。电力企业的各项年度计划，通过各级电业管理行政部门下达到电力企业、电力用户等，并组织执行落实。

二、各地成立电业管理局

1949年10月，随着解放大军从南到北、从东到西的不断推进，各解放区人民政府相继成立，并陆续建立了各地的电力管理机构，领导、管理电力建设和生产。

1949年12月2日，华北电业公司改为华北电业管理总局，隶属于燃料工业部，下辖北京、天津、唐山、察中、石家庄、太原电业局，并直接领导石景山发电厂。

1950年3月15日，东北人民政府工业部撤销东北电业管理总局，成立东北电业管理局，隶属东北人民政府工业部领导。

1950年5月25日，燃料工业部决定取消华东、华北两区的地区性管理机构，将华东的青岛、鲁中、徐州、淮南、南京、苏南等地区的电业部门并入华北电业管理总局，并将华北电业管理总局改为电业管理总局，由燃料工业部直接领导。

1950年6月1日，西北电力建设公司改为西北电业管理总局，由西北军政委员会工业部领导。

1950年7月15日，政务院财政经济委员会发出关于中南地区11个电厂改归国有、交中南重工业部统一代管的电令后，10月10日中南军政委员会将该部所属的燃料工业管理局改组为燃料工业管理总局，并在各地设立电业局，管理中南地区的电力工业。

1951年2月，西南军政委员会工业部电业管理局正式成立，11月，改为西南电业管理局。

1952 年 4 月，经国务院财政经济委员会批准，在上海成立华东电业管理局，隶属于燃料工业部电业管理总局，同时将青岛、鲁中及徐州电业局划归华东电业管理局管理。

1952 年 7 月，燃料工业部接管了西北军政委员会所属的西北电业管理总局，改名为燃料工业部电业管理总局西北电业管理局。

1952 年 12 月，为了迎接即将到来的第一个五年计划的经济建设，燃料工业部根据财经委员会决定，对电业管理总局进行改组，由原管辖华北、华东地区范围扩大为管理全国电业，并先后成立华北、华东电业管理局，管理华北、华东各区电业基建和生产工作。华北电业管理局下辖北京、唐山、天津、张家口、石家庄、太原等电业局及峰峰、大同等电厂。当月，燃料工业部先后接管了中南重工业部燃料工业管理局管辖的电力工业和东北人民政府工业部管辖的东北电业管理局，分别改称为燃料工业部电业管理总局中南电业管理局、东北电业管理局。

三、火力发电厂的运行管理

中华人民共和国成立后，各发电厂由国家统一经营管理，此后多年组织机构虽有变动，但其基本形式都是由部、大区电业管理局、省（自治区）电力局和市供电局、发电厂基层企业的四级管理体制组成。由电业管理局或省（自治区）电力局给发电厂安排生产、检修和改造计划并作为基层经济核算单位，下发发电量、煤耗、厂用电率、生产成本、劳动生产率等生产、消耗指标。发电厂内，在生产上实行厂部、分场（运行值）和班组的三级管理制。生产方面一般机构有汽轮机、锅炉、电气、热工、化学、燃运和修配等分场，全面负责发电设备的运行与检修。运行设 4 个值，3 个值倒班，其中 1 个值轮流休息和学习，即"四值三班"制，每班每值 8 小时。各值设值长 1 人，直接组织指挥生产，按局调度所的指令完成发电任务。值长中设总值长 1 人，协调各值之间的工作。到 1950 年代后期，随着设备健康状况改善，有的火力发电厂将各小分场合并为运行、检修两个大分场。运行分场专管 4 个值负责汽轮机、锅炉、电气、化学、热工的生产运行，各专业设有班长 1 人，带领全班完成所承担的专业任务；检修分场全面负责机组的大、小修，至于燃运分场仍按原来的职责，负责煤炭、燃油的供给，修配分场负责全厂零部件的修理、配制任务。但仍有很多火力发电厂保持小分场的生产体制。

各值配有供随时查阅的公用安全工作规程、机组运行规程、运行人员守则、电厂有关规定、通知以及值班记录簿、设备缺陷记录簿、培训记录簿、考勤记录簿等，这些记录簿在交接班时由班长签署。分场的运行、检修负责人会按时来到班组，查看记录簿的填写内容，及时掌握各值的运行和设备状况。

值班人员中配有维修人员，遇有缺油、阀门盘根泄漏、表计失灵等一般性故障，随时予以处理。

四、召开全国电业工作会议推进电力建设

1950 年 2 月 19 日—3 月 2 日，燃料工业部在北京召开第一次全国电业会议，会议明

确规定了三年恢复时期电业工作的基本方针和任务："保证安全发、供电，并准备有重点地建设两三年内工业生产所需的电源设备。在此总方针下，大力改进技术和管理制度，并进一步开展民主改革工作，努力消灭事故与贯彻定额管理，达到质好、量多、效率高与成本低的目标，以帮助其他工业的生产与发展"。会议提出当年的工作方针是保证安全供电，促进电业生产。经过全国电业职工的共同努力，到 1950 年末，修复了受战争创伤的发电设备出力 30 多万千瓦，保证了工业生产的用电需求。

1951 年 3 月 10—22 日，燃料工业部召开第二次全国电业会议，会议确定全国电业职工应根据国家经济建设的新情况，遵照毛泽东主席的"团结一致，努力工作，为完成国家的任务和改善自己的生活而奋斗"的指示，巩固和推广 1950 年已经取得的成绩和经验，将生产水平更提高一步，保证经济部门得到充分和连续不断的电力供应，基本消灭事故，恢复冻结的设备出力，贯彻经济核算，提高生产技术定额，降低消耗定额和生产成本，大力培养干部，并进行今后经济建设的准备工作。

1951 年 8 月 5 日，人民日报发表《充分发挥潜在能力是人民电业的经营方针》的社论，指出人民电业经营的方向是：不断地、充分地提高效能、节约用电，以一定的合理的设备保证工业生产所需要的安全的足够的廉价的电源。目前最主要的问题是把现有设备能力充分发挥出来，把电力使用情况充分加以改善。在发挥设备发供电能力方面，主要是：进行定期的、彻底的、有计划和全面的检修工作；做好地区或城市的发电供电的统一调度工作；做好负荷的调整工作。

1951 年，在发电设备总装机容量比 1950 增长约 1%的情况下，全国年发电量达到 57.50 亿千瓦·时，其中火力发电 48.20 亿千瓦·时；全国年发电量大幅增长约 26%。

1952 年 9 月 2—7 日，电业工会[1]召开"总结竞赛推广安全先进经验"会议，经过与会代表讨论，电业工会将初步综合的一些电厂在生产运行过程中使用的运行工作法定名为"科学安全运行法"，并发出《为贯彻和丰富电业系统中的"科学安全运行法"而奋斗》的文件，要求在政治、组织及技术方面已经有经验的单位立即研究并掌握"科学安全运行法"的精神，在生产运行过程中加以贯彻执行，取得经验。在条件还不具备的单位，则应抓住其中的一条主要部分——"科学巡回检查法"大力推行。

1952 年 12 月 9—12 日，燃料工业部召开第一次全国电业基本建设会议，会议提出做好下列八项准备工作：① 建立组织，充实干部；② 加强专责，明确分工；③ 贯彻基本建设工作程序；④ 做好施工准备工作；⑤ 加强设备管理；⑥ 推广先进经验；⑦ 建立几个重要制度；⑧ 做好工地政治思想工作。

1949 年中华人民共和国成立时，中国的电力工业发展很落后，自己不能制造发电设备。而且，8 年抗日战争和 3 年解放战争，使电力系统和电厂受到很大破坏。因此，当时中国发电设备装机容量只有 184.86 万千瓦，其中火力发电装机容量 168.56 万千瓦，占总装机容量的 91.2%。经过中国电力行业干部职工几年的共同努力，电力行业的生产建设和

---

[1] 1950 年 7 月 7—22 日，中国电业工会第一次全国代表大会在北京举行，成立了中国电业工会。

经济效益都有了很大的发展与提高。到 1952 年底，中国发电设备装机容量 196.4 万千瓦，比 1949 年增加 11.54 万千瓦，增长 6.2%，年发电量 72.61 亿千瓦·时，比 1949 年增加 29.51 亿千瓦·时，增长 68.5%。其中火力发电设备装机容量达到 177.6 万千瓦，但大部分为中低压小机组，2.5 万千瓦以上汽轮发电机组仅有 7 台，高压机组仅有 1 台 1.5 万千瓦汽轮发电机，机组平均容量为 0.38 万千瓦。当时中国有发电设备装机容量 500 千瓦以上电厂 283 个，每个电厂的平均装机容量为 0.7 万千瓦。

这期间，恢复了 30 万千瓦的发电出力，相当于增加了 30 万千瓦的发电能力；提高了发电设备的利用小时，1949 年全国发电设备利用小时数为 2330 小时，1952 年达到 3800 小时；电厂主要消耗指标有所降低，发电煤耗由 1949 年的 1020 克/（千瓦·时）降低到 1952 年的 727 克/（千瓦·时）[其中燃料工业部所属企业的发电煤耗为 660 克/（千瓦·时）]；电厂用电率由 1949 年的 8.28% 降低到 1952 年的 6.17%（其中燃料工业部所属企业的厂用电率为 5.58%）。

五、恢复时期的电力安全生产工作

新中国电力工业接管的是旧中国的烂摊子，由于电力设备破烂不堪，技术管理跟不上。操作和维修规程制度缺失，加之因国家财力所限，新建发电设备和供电设施不多，电力生产安全工作面临严峻考验，电力工业部门及各级电力企业大抓设备检修，建立生产责任制和定额管理，开展无事故运动，生产局面得到好转。在抓好安全生产的同时，建设新的电源，提高发供电能力。

第一次全国电业会议提出，保证安全发供电，并准备有重点地建设两三年内工业生产需要的电源设备。第一次明确指出，电力工业必须保证安全生产，树立"安全第一"的思想。在此总方针指导下，电力企业大力改进技术和管理制度，并进一步开展民主改革工作，努力消灭事故，达到质好、量多、效率高与成本低的目标，以帮助其他工业的生产和发展。

1950 年 2 月 10 日，燃料工业部发布《关于一九五〇年实行发电厂与线路主要电力设备大修及日常检修的通令》，该通令附有锅炉、汽轮机、发电机、变压器等主要设备大修及日常补修的期限表等。其中，锅炉及其附属设备每年大修 1 次，日常补修 3～4 次；汽轮机及其附属设备，每年大修 1 次，日常补修 2～3 次。

1950 年 3 月 15 日，燃料工业部制定《关于所有电力系统一切设备的事故处理暂行规程》。8 月 23 日，电业管理总局发出《关于进行安全检查工作的指示》，附发《安全检查的各项要求》《安全检查的各项技术标准》《安全检查的各项参考资料》。

1950 年 10 月 5 日，燃料工业部发出《关于统一发电厂煤耗计算及煤质试验的决定》，确定标准煤耗的实际计算方法，以发电量及实际用煤折算成 7000 大卡低位发热量的标准煤来计算。

1951 年，各电管（电业）局开始设置安全监察处，发供电企业基层单位分别设置相应的安全职能机构，编制制度，组织安全检查，组织分析故障原因，督促消除设备缺陷和隐患，编制安全生产措施，培训安全干部，加强设备和人身的安全管理。电厂设置安全监察科，分厂（工区）和班组设专职或兼职安全员，形成三级安全网络，各负其责。安全工作每周活动一次，反映安全情况，分析不安全因素，提出相应安全措施，分别落实执行。如当时的石景山发电厂首次提出实行设备运行的巡回检查制度和安全大检查制度，同时开始"安全合同"制度。

1951 年 3 月 28 日，公安部、燃料工业部、邮电部经政务院批准，联合公布了《保护人民输电线路、电信线路及管制线路材料暂行办法》。同年 4 月 1 日，燃料工业部电业管理总局发出《关于为保证供电安全加强季节性预防事故工作的指示》，要求电力部门进行每年一次季节性突击安全检查，11 月 10 日，燃料工业部发布《对今后电业技术安全工作的指示》，要求"积极进行反事故斗争，指出今后工作中必须掌握的三个中心环节：1.迅速充实技术安全检查机构；2.严格贯彻执行规程制度，加强对安全工作的领导；3.有重点、有系统地解决一些影响安全的技术问题，包括解决锅炉用水处理，发电机的绝缘检修，系统的保护、稳定及过电压，主变压器的烧毁、断线、瓷瓶漏电，汽轮机损坏等。发电厂通过贯彻落实相关措施及要求，加强安全工作，减少安全事故，加强对设备的日常维护和检修；充实技术安全检查机构；严格贯彻规章制度；有重点地解决影响安全生产的技术问题"。

1951 年 6 月 20 日，燃料工业部电业管理总局发出《关于颁发发电厂紧急事故处理规程草案的通知》，要求各发电厂根据本草案精神，拟订紧急事故处理规程。该草案是鉴于石景山发电厂接连两次事故的教训而拟订的；针对多次供电人身伤亡事故，7 月 6 日又发出《关于加强防止人身事故的通知》等，要求做好安全工作。

1952 年，电力企业开始注意电网系统管理，开始成立专门管理电网系统的电网调度机构，并制定和修编调度规程，统一系统内的设备名称和编号，并实行发电、供电和用电设备的统一检修工作，以提高设备运行的安全性及可靠性。

在三年恢复时期，燃料工业部还颁发了《电业检修规程》《电业事故调查规程》《电业安全工作规程》《电力工业技术管理暂行法规》《火力发电厂设计暂行规程》《变电所设计技术规程》《架空送电线路设计技术规程》等几十种规程。

第二节　从捷克和苏联引进火力发电设备制造技术

中华人民共和国成立初期，中国电机工业的产品设计和制造工艺总体水平较低，难以适应大规模发展建设的需要。为打造社会主义工业化的初步基础，迫切需要迅速提高产品的设计制造技术。1952 年 8 月，政务院财经委员会决定，分别从捷克和苏联引进大型火电机组的成套设计制造技术，这一决定对打造上海和哈尔滨发电设备制造基地具有重要的战略意义，也为全面提升中国电机工业技术水平以及自主研发大型火力发电设备奠定了基础。

一、从捷克引进 6000 千瓦火力发电设备制造技术

1952 年，华东工业部委派此前曾在美国西屋公司培训过的技术人员率团赴捷克谈判

技术合作事宜。专察团在捷克考察了锅炉、汽轮机、发电机、发电机组辅机及电厂。在考察交流的基础上，考察团提出了由上海发电设备制造基地负责引进中压 6000～12 000 千瓦火力发电设备制造技术，首先试制技术比较成熟且性能指标也比较先进的 6000 千瓦火力发电机组的方案。报经华东工业部批准后，考察团与捷克有关方面签订了相关协议。协议规定由捷克提供 6000 千瓦火力发电设备技术资料，并派遣技术专家进行指导。该协议为引进、消化、吸收捷克火力发电设备设计制造技术的主要依据。

为了以较快的速度研制 6000 千瓦火力发电机组，新成立的第一机械工业部电工局设立了上海综合设计处，统抓技术引进工作，组织消化掌握引进的技术资料，配合来中国的专家组织指导上海锅炉厂、上海汽轮机厂和上海电机厂的试制工作；配合第一机械工业部设计总局第二设计分局负责的三大主机厂建厂设计工作；配合燃料工业部电业管理总局华东设计分局❶进行电厂设计；配合上海电站成套设备公司做好辅机配套工作。

6000 千瓦火力发电机组配套的 40 吨/时自然循环链条锅炉、凝汽式汽轮机、空气冷却式发电机等全套设备在 1954 年完成试制和配套工作，从此结束了中国不能制造火力发电设备的历史。

二、从苏联引进大容量火力发电设备制造技术

1952 年 8 月，政务院总理周恩来和副总理陈云、李富春率领中国政府专察团访问苏联，商谈苏联援助中国进行第一个五年计划的建设问题。于 1953 年 5 月 15 日由李富春和阿纳斯塔斯·伊凡诺维奇·米高扬分别代表两国政府签订《关于苏维埃社会主义共和国联盟政府援助中华人民共和国中央人民政府发展中国国民经济的协定》。商定由苏联在 1953 年至 1959 年内，用技术设备援助中国建设与改建 91 个企业，包括两个百万吨钢铁联合企业，8 个有色冶炼企业，8 个矿井、1 个煤炭厂，1 个百万吨炼油厂，32 个机器制造厂，16 个动力及电力机器厂，7 个化工厂，10 个火力发电站，2 个制药厂及 1 个食品厂。上述 91 个企业，加上 1953 年 4 月以前，在 1950—1952 年 3 年中陆续委托苏联设计，并经苏联同意援助中国建设与改建的 50 个企业，共 141 个企业。中国政府为偿付以上设备和技术援助，将按质按量对苏联供给钨精矿 16 万吨、锡 11 万吨、钼精矿 3.5 万吨、锑 3 万吨、橡胶 9 万吨以及羊毛、黄麻、大米、猪肉、茶叶等。

1953 年 3 月，斯大林突然去世，9 月，赫鲁晓夫担任苏共中央第一书记。1954 年 9 月赫鲁晓夫首次来中国前主持召开苏共中央主席团会议，决定对中国大幅增加援助作为礼物，并在前述 141 项工程的基础上再增加 15 项工程，一共 156 项，统称"156 工程"。

经中苏双方多次友好协商，确定从苏联引进 2.5 万千瓦火力发电机组，引进 2.5 万～10 万千瓦高压火力发电机组设计制造技术，同时安排了锅炉、汽轮机、汽轮发电机以及与发供电系统相关的一些设备及产品制造的工程项目。苏联方面为援建的电力和电工项目

---

❶ 现名称为中国电力工程顾问集团华东电力设计院有限公司，是中国能源建设集团规划设计有限公司全资子公司。创建于 1953 年 3 月，曾用名称有电业管理总局设计管理局华东设计分局、上海电力设计分院、上海电力设计院、华东电力设计院，先后隶属于燃料工业部、电力工业部、水利电力部、能源部和国家电力公司。

进行组织设计并提供了工厂设计图样、产品设计图样和工艺文件，提供了一批生产设备，并派遣了专家来中国传授电工技术，还先后为中国培训数百名实习生。

第三节 上海和东北火力发电设备制造基地的初步建设

中华人民共和国成立之初，百业待兴。各行各业要发展首先都需要有足够的电力供应，但当时中国发电设备装机容量只有 184.86 万千瓦，远远不能满足社会主义建设的需要，急需尽快建设发电企业提供电力，而发电企业的建设，离不开电机设备制造企业所提供的设备。因此，1950 年 1 月，重工业部❶决定重点建设东北电机工业基地；1952 年 8 月，政务院财经委员会决定，从捷克引进火力发电设备制造技术，建设上海发电设备制造基地。

1950 年 1 月，重工业部在北京召开第一次全国电机工业会议，周恩来总理亲自了解会议情况，并作了重要指示。会议决定重点建设东北电机工业基地。1951 年 4 月，经中央批准，东北重工业部决定在哈尔滨筹建锅炉透平机厂并成立筹建处；1953 年 5 月，国家计划委员会正式批准建设一期工程，1953 年底，第一机械工业部决定撤销哈尔滨锅炉透平机厂筹建处，分别成立筹建处建设哈尔滨锅炉厂和哈尔滨汽轮机厂。哈尔滨锅炉厂一期工程于 1957 年 7 月全部建成。1956 年 11 月国家计划委员会批准进行二期建设，1958 年 6 月 25 日开工，1960 年 12 月 25 日基本建成。哈尔滨汽轮机厂一、二期工程于 1958 年 9 月全部建成。

政务院财经委员会决定建设上海发电设备制造基地后，刚刚成立的第一机械工业部部长黄敬和时任华东工业部部长汪道涵，随即做出相应部署，一方面派出访捷克专察团商谈引进技术工作，另一方面计划在上海闵行建设发电设备制造基地。1953 年，第一机械工业部下达了上海三大电站设备主机厂的"一五"计划新建和扩建任务书。从此上海发电设备制造基地的大规模建设正式展开，第一个五年计划结束时，在上海闵行地区拔地而起的上海发电设备制造基地，已经初具规模。

一、上海火力发电设备制造基地

上海火力发电设备制造基地建设是以上海当时已有的上海电机厂、浦江机器厂、华东工业部通用机器厂为基础进行改扩建，建设新的上海电机厂、上海锅炉厂、上海汽轮机厂。

中华人民共和国成立后，基于上海电机工业人才相对聚集和管理水平相对较高的条件，中央重工业部和华东工业部，开始着手筹划上海电机工业的发展。

1949 年 12 月 1 日，在接收中央电工器材厂四厂的基础上，正式成立上海电机厂。1951 年 4 月，中央批准华东工业部的请示，在闵行筹建上海电机厂新厂，10 月 9 日正式开工。

---

❶ 1952 年 8 月 7 日，中央人民政府委员会第十七次会议决定，从重工业部内分设出新的第一机械工业部和第二机械工业部。1956 年国务院撤销重工业部。

1952 年 10 月，上海电机厂新厂初期基建工程完成，厂部职能机构和电机生产系统由四厂在市区的老厂迁往闵行；1953 年 3 月，变压器车间迁往闵行新厂，华通电业机器厂的变压器生产部分同时并入上海电机厂，并一同迁往闵行。至此，新的上海电机厂初步成型。

上海锅炉厂的前身是慎昌工厂❶和生产合作社❷。1952 年 9 月 6 日，慎昌工厂和生产合作社合并，称为浦江机器厂。1953 年 9 月 1 日，浦江机器厂改名为"国营上海锅炉厂"。

以原华东区工业部通用机器厂为基础建设上海汽轮机厂。华东区工业部通用机器厂的前身为国民党资源委员会在抗战胜利后创设的通用机器有限公司，于 1946 年 3 月 8 日成立筹建处，办公地址在上海南京路，建厂地址为黄浦江北岸的上海县闵行镇，称通用机器有限公司闵行制造厂，1947 年 5 月初开始建设，1948 年勉强投入生产。1949 年 5 月 14 日，通用机器有限公司闵行制造厂获得解放，苏南区行政专员公署派工作组到厂接管。同年 5 月 28 日，位于上海市区的公司办公地点也得到了解放，上海市军政委员会决定通用机器有限公司包括闵行制造厂均改由上海市军政委员会重工业处接管。1949 年 11 月，通用机器有限公司正式更名为华东工业部通用机器厂，归华东区财政经济委员会工业部领导。1951 年 1 月 27 日正式启用"华东工业部通用机器厂"新印章。

1952 年 8 月，政务院财经委员会决定，从捷克引进火力发电设备制造技术，建设上海火力发电设备制造基地。上海火力发电设备制造基地，依靠中国广大工程技术人员和职工刻苦钻研、勤奋工作，在捷克专家的指导下，顺利完成了中压 6000～12 000 千瓦火力发电设备设计制造技术的引进工作，并于 1954 年 9 月试制成功中国第一台（套）6000 千瓦火力发电机组，结束了中国不能制造火力发电设备的历史，这台（套）机组安装于安徽省淮南市田家庵电厂，1956 年 2 月 29 日投产发电。在成功试制 6000 千瓦火力发电机组的基础上，中国专业技术人员随后又研制了 1.2 万千瓦火力发电机组；在参考苏联技术资料并结合中国国情的基础上，1958 年又研制了 2.5 万千瓦中压火力发电机组。

二、哈尔滨火力发电设备制造基地

1951 年 3 月，东北人民政府就筹建锅炉透平机厂的厂址选择在哈尔滨市和其他省市进行了大量的调研工作，经多次分析论证，并经中央财经委员会批准，厂址选在哈尔滨市。1953 年 1 月，哈尔滨锅炉透平机厂筹备处正式成立；1953 年 12 月 1 日，根据第一机械工业部第四工业管理局指示，撤销原筹建处，分别成立哈尔滨汽轮机厂、哈尔滨锅炉厂筹建处。

1953 年 8 月 20 日各方签约，将汽轮机厂建厂的设计工作全部委托给苏联国立重型机

---

❶ 1906 年 3 月 31 日，丹麦人马易尔在上海泗泾路 2 号设立营业所。1908 年公司搬到圆明园路。1915 年与美国纽约慎昌公司挂钩，正式挂牌"慎昌洋行"。1921 年，慎昌洋行在杨树浦路铜梁路 86 号处开设慎昌工厂。

❷ 1949 年，上海市总工会将零散的技术人员和手工作坊工人集中，组建了以冷加工工艺为主的沪东区、沪南区、沪西区三个生产合作社。后来，又在汉口路上成立了总办事处，其中下设由几名技术人员组成的锅炉设计组，开始 2 吨/时兰开夏锅炉等工业锅炉的设计。1950—1951 年，上海生产合作总社在杨树浦黄浦江边成立。

器设计院列宁格勒分院承担，国内由第一机械工业部设计总局第二设计分局❶配合。1954年3月和9月，国家计划委员会分别批准了哈尔滨汽轮机厂一期工程计划任务书、一期工程初步设计；1955年7月，国家计划委员会批准了哈尔滨汽轮机厂二期工程任务书。同年9月，国家计划委员会在批准建厂工程设计的同时，批示将哈尔滨汽轮机厂一、二期工程合并一次建成。1958年9月哈尔滨汽轮机厂一、二期工程全部建成。

锅炉厂建厂的设计工作全部委托给苏联国立重型机器设计院列宁格勒分院承担，国内由第一机械工业部设计总局第二设计分局配合。一期工程于1957年7月全部竣工。1956年11月国家计划委员会批准哈尔滨锅炉厂进行二期建设，1958年6月25日开工，1960年12月25日基本建成。二期工程最初委托苏联国立重型机器设计院列宁格勒分院承担，后来根据国内经济建设形势发展变化，进行了修改和调整，由第一机械工业部设计总局第二设计分局进行再次设计。

第一次全国电机工业会议确定筹建沈阳重型电机厂，后因朝鲜战争的战火烧到鸭绿江边，中共中央指示东北人民政府，立即疏散沈阳的工业企业。为此，东北电工局决定，重型电机厂迁到哈尔滨建设，当时称为东北电工四厂，后改名为哈尔滨电机厂。

北迁建设的哈尔滨电机厂和批准建设的哈尔滨汽轮机厂、哈尔滨锅炉厂，使哈尔滨成为中国发电设备主机制造的另一基地。

1954年5月，哈尔滨锅炉厂抽调精干领导干部、技术人员、管理人员和工人组建团队，经过6个月的俄语学习，先后分两批共49人赴苏联最大的锅炉厂——塔冈罗格锅炉厂实习，1956年初，实习人员陆续回国，从苏联带回了35、75、120、240吨/时等中压锅炉的多套图纸及工艺资料，以及230、430吨/时高压锅炉（9.8兆帕、510摄氏度）的部分参考资料和苏联中央锅炉汽轮机研究所的试验报告。

在实习人员回国的同时，苏联开始向哈尔滨锅炉厂派出21人的专家组，包括地质勘测、土建、设备安装调试、锅炉整体布置、设计、工艺、焊接、热处理、工夹模具、阀门、材料试验、生产管理等专业的技术专家，哈尔滨锅炉厂重要技术科室均有专家指导工作。如设计科就有两位专家，分别指导整体布置和锅炉设计工作。工厂成立了专家办公室，统一管理和协调苏联专家工作，检查与督促各单位对专家提出建议的落实情况。苏联专家在哈尔滨锅炉厂工作尽职尽责，对哈尔滨锅炉厂技术人员要求十分严格，这对哈尔滨锅炉厂技术人员形成严谨的工作作风、实事求是的科学态度起到很好的作用。

1955年9月，哈尔滨汽轮机厂厂长率团赴苏联学习考察，1956年初，工厂又先后向莫斯科、列宁格勒等城市的有关科研单位、工厂派出44名工程技术人员和60多名技术工人，学习汽轮机产品设计、工艺制造等。同年后期，工厂又派出80人到苏联学习。建厂初期，工厂坚持"边基建、边安装、边生产"的方针，在1956年5月，列宁格勒金属工厂的高压2.5万千瓦汽轮机图纸和技术文件到厂后，技术准备和生产准备随即就展开工作，

---

❶ 现名称中国联合工程有限公司。成立于1952年初，曾用名称华东机械设计处、第一机械工业部第二设计院、第一机械工业部第二设计研究院、机械工业部第二设计研究院等。先后隶属于华东军政委员会工业部、第一机械工业部、机械工业部、国家机械工业委员会、机械电子工业部、国家机械工业局等。

1957 年 12 月，开始下料生产。

在苏联专家的指导下，哈尔滨发电设备制造基地的工程技术人员和干部职工，勤奋学习、刻苦钻研，于 1957 年试制成功 75 吨/时中压锅炉（配 1.2 万千瓦汽轮机），于 1958 年试制成功 2.5 万千瓦和 5 万千瓦高压火力发电机组，于 1959 年研制成功 2.5 万千瓦中压火力发电机组，于 1960 年研制成功 10 万千瓦高压火力发电机组，其中 5 万千瓦高压火力发电机组是哈尔滨发电设备制造基地当时批量生产的主导产品。

随着社会经济的发展、技术的进步，上海、哈尔滨发电设备制造基地源源不断地研制了单机容量越来越大、技术水平越来越高的发电设备，为中国电力工业的发展做出了重要贡献。

第四节　奠定电力（电工）技术基础

1952 年 11 月，第一机械工业部召开第二次全国电机工作会议，会议号召全国电工行业，在技术上向苏联学习，并决定在中国国家标准制定之前，以苏联相关标准作为中国电机工业暂行标准。于是从 1953 年起，新中国的电机工业，开始了引进技术和自主研发相结合的技术基础建设工作。

一、学习采用苏联电工技术

中华人民共和国成立后，中国电机工业的产品设计和制造工艺总体水平较低，难以适应大规模发展建设的需要，为打造社会主义工业化的初步基础，迫切需要迅速提高工业产品的设计制造技术。从 1950 年起，大批苏联制造的电工产品开始随成套设备进入中国；1951 年底，中国又接受了一批苏联电工产品的技术资料，国内电工企业开始仿制苏联的水力发电设备、变压器、高压电器和电动机等重要电工产品；1952 年 8 月，政务院财经委员会决定，分别从捷克和苏联引进大型火力发电机组的成套设备设计制造技术；1952 年 11 月，第一机械工业部召开第二次全国电机工作会议，会议号召全国电工行业，在技术上向苏联学习，并决定在国家标准制定之前，以苏联相关标准作为我国电机工业暂行标准。于是从 1953 年起，新中国的电机工业，开始了引进技术和自主研发相结合的技术基础建设工作。

旧中国虽然已经有了一些火力和水力发电厂，但从事电力事业的工程技术人员很少，新中国成立后，随着电力建设的开展，中央和各大区为加强电力设计力量，陆续成立了电力设计部门。1949 年，北京电业管理总局成立工程处，负责进行华北地区的电力恢复工程，既做设计，又负责指导施工。1952 年初，设计和施工分开，正式成立设计处。1950 年 5 月，东北电力管理总局成立设计处，并于 1951 年组建东北电业管理局基本建设局设计处，其后以该处为基础成立东北电业管理局设计局。1952 年，燃料工业部成立电业设计局筹备处，并于 1953 年 1 月正式成立设计局，隶属于电业管理总局，此后几经变化，到 1960 年代初期，建成了东北、华北、华东、中南、西南、西北 6 个部属设计院，即 6 个电力大区都有了部直属的电力设计院，各设计院基本上承担本区域内的电力设计任务。

1950 年成立的东北电业管理总局设计处的工作是从配合苏联专家收集阜新发电厂、抚顺发电厂、鞍钢热电厂以及富拉尔基热电厂的设计资料开始的，之后又收集东北各电厂、变电所和电网结构等资料，并配合苏联专家编制了东北电力系统设计。1951 年还自行设计了齐齐哈尔电厂扩建 2×5000 千瓦机组工程，这是中国最早的自行设计的火力发电工程。

在苏联援建中国的 156 项工程中，电力项目 25（火力发电 23）个，中国电力设计人员通过这一批工程中的苏联设计资料，学习到苏联的技术，从而提高了自己的水平，而比较系统地学习苏联设计技术开始于石家庄热电工程，通过这个工程，中国设计技术人员比较系统地掌握了工程设计程序。1954 年 4、5 月，由苏联专家讲课，在北京举办了电力系统学习班，此后还参照苏联资料于 1956 年颁发了中国第一部适用于 0.6 万～5 万千瓦机组的《火力发电厂设计技术规程》❶，并初步开展了标准化和典型设计工作。

二、建设电力（电工）科研院所

中华人民共和国成立初期，电力及电机工业几乎没有正规建制的科学研究机构。1951 年 7 月，燃料工业部电业管理总局在接收的冀北电力公司工程处试验室（设有电气设备常规检测、煤和水分析）基础上创建中心试验所，增设热机专业，主要解决火力发电机组投运及生产运行阶段的实际问题。1955 年效仿苏联，将中心试验所更名为技术改进局。1964 年将技术改进局更名为电力科学研究院。1965 年，热机专业从电力科学研究院西迁至西安，建立西安热工研究所，下设锅炉、汽轮机、自动化、化学、金属等五个专业室，主要从事火力发电厂安全经济运行方面的科研和技术服务工作。

在大规模兴建电机工业设备制造基地时，电机工业行业陆续成立了一些科研机构，比如：1953 年，第一机械工业部筹建综合性电工技术研究机构，定名为北京电工试验所，1955 年建成后定名北京电气工业研究所，下设上海、广州、沈阳三个分所，从事绝缘材料和电气传动自动化等方面的研究开发工作。该所此后继续扩建，于 1956 年建成并定名北京电器科学研究院。广州分所于 1956 年独立成为广州电器科学研究所；上海分所于 1958 年改组为上海电气科学研究所。1956 年 8 月，第一机械工业部在上海、北京两地成立动

---

❶ 1975 年，《火力发电厂设计技术规程》由电力规划总局以文件形式发布试行，代号为 SDJ1—75 试行；经修订后于 1979 年正式施行时代号 SDJ1—79，再次修订后于 1984 年代号变为 SDJ1—1984。根据电力生产运行和工程建设的实践经验、科研成果、国内外先进技术，反映运行、施工、设计等方面的要求，进一步修订完善后于 1994 年由电力工业部批准发布，代号变为 DL 5000—1994。根据行业技术、工艺、材料等技术发展，标准也随着修订完善，2000 年由国家经济贸易委员会批准发布，代号变为 DL 5000—2000。根据电力行业技术发展、建设需要，该标准经修订完善后，分为两个国家标准，其中一个为《大中型火力发电厂设计规范》（GB 50660—2011），中华人民共和国住房和城乡建设部和中华人民共和国质量检验检疫总局发布；另一个为《小型火力发电厂设计规范》（GB 50049—2011），由中华人民共和国住房和城乡建设部发布。原标准作废。

力机械研究所。1959 年两所合并为上海汽轮机锅炉研究所，主要从事提高设备设计性能和技术水平方面的研究工作。其后，上海汽轮机锅炉研究所组团访问苏联全苏中央锅炉透平研究院，建立双边科技合作渠道。

这一时期，陆续成立的一些研究院所的工作重点是消化、吸收从苏联引进的产品设计制造技术，为中国电力和电机工业的产品设计标准体系和技术开发体系积累技术基础。随着时代的发展，行业的发展壮大，电力工业陆续也在各大区域局以及各省局都相继成立了电力科研及技术服务院所。这些研究院所中有些后来成为电力和电机工业各行业的技术归口单位。这些研究院所，对电力和电工行业研发新产品、改进技术工艺、提高产品质量、推进技术进步产生了深远的历史影响。

第六章

"一五"时期火力发电的发展（1953—1957）

根据党在过渡时期总路线的要求，国家"一五"计划的基本任务是："集中主要力量进行以苏联帮助中国设计的 156 项建设项目为中心的、由限额以上的 694 个大中型建设项目组成的工业建设，以建立中国社会主义工业化的初步基础。发展部分集体所有制的农业和手工业生产合作社，建立对农业和手工业的社会主义改造的初步基础，基本上把资本主义工商业分别纳入各种形式的国家资本主义的轨道上，以建立对私营工商业社会主义改造的基础。"

中国电力工业在此背景下拉开了电力建设快速发展的序幕。中苏签订 156 项工程的协议后，中国迅速在东北、西北、华北、华中等地建设了一批骨干电厂，并且向中温中压和高温高压机组迈进。此外，围绕这些骨干工程，还有一些自建电厂、扩建老厂、自备电厂、列车电站等工程项目。电工装备企业快速发展，建立了上海、哈尔滨、西安（其中西安基地是制造输变电设备、属于供用电部分）三大动力设备制造基地。电力工业"一五"计划的胜利完成，奠定了中国电力工业发展的良好局面，不但为电力工业增加了新的生产能力，还为电力工业培养出一大批有能力、懂技术，能够贯彻国家计划、政策的建设人才，建立起一支自己的设计、施工、运行和管理队伍。这期间，国家调整了电力管理体制，初步建立起电力工业适应社会主义计划经济的管理体制，各种规章制度也相应地建立起来，基建与生产秩序井然，各项技术经济指标逐年向好，新生的人民电业蒸蒸日上。

第一节　"一五"电力计划及管理体制调整

中国第一个五年计划是在国民经济已经恢复的基础上制定的。1953 年 3 月经过中国共产党全国代表大会讨论并基本通过。中共中央根据代表会讨论的意见作了修改之后，提交国务院会议讨论通过，最后于 1955 年 7 月 30 日提交第一次全国人民代表大会通过。

第一个五年计划方案指出，电力建设将以建设火力发电站为主（包括热力和电力联合生产的热电站），共有 76 个火力发电站。它们都是根据工业的分布，按照靠近负荷中心或燃料基地的原则进行建设的。

第一个五年计划期间，在苏联专家的帮助下，于 1954 年编制了《中华人民共和国电力工业远景发展轮廓方案（1953—1967 年）》（简称《远景发展轮廓方案》）。此后虽然由于各方面情况的变化，该方案所规定的内容并不完全实用，但该方案所采用的技术方向和编制方法仍可供参考，且对此后几个五年计划的编制起了一定的作用。

第一个五年计划期间，还颁布了一些电力安全生产方面的技术标准和规章制度。电力建设和安全生产取得比较好的成就。

一、"一五"电力计划及实施

"一五"计划是中国第一次制定的国民经济五年计划，在国家的统一部署下，电力管理部门以科学严谨、实事求是的态度，确定了"一五"时期电力工业的方针，编制了电力工业"一五"计划。在"一五"计划的实施过程中，电力系统充分发动群众，调动职工建设社会主义的积极性。抓紧年度计划的编制，落实各项任务；调整和健全电力管理机构，从体制上促进了电力工业的快速发展；加强职工教育培训，提高职工的技术水平；改革工资制度，提高职工的生活水平。在电业职工的共同努力下，电力工业"一五"计划全面超额完成，为新中国电力工业的迅速发展壮大开了一个好局。

"一五"电力计划的制定最初由燃料工业部计划司负责。1955 年 7 月，成立电力工业部后由电力工业部计划司负责制定。电力计划的制定，从酝酿到完成，是在国家制定"一五"国民经济计划统一部署下进行的。

（一）"一五"电力计划

1953 年开始，中国国民经济各部门已根据五年计划草案正式实行计划经济。1 月 1 日《人民日报》发表题为《迎接一九五三年的伟大任务》的社论指出："一九五三年将是我国进入大规模建设的第一年"，"将开始执行国家建设的第一个五年计划"。电力工业第一个五年计划任务后来经 1955 年 7 月 5—30 日召开的第一届全国人民代表大会第二次会议确定。关于电力建设的方针是：为适应工业发展特别是新工业地区建设的需要，必须努力地发展电力工业，建设新的电站和改造原有电站。"一五"期间，将以建设火力发电站为主（包括热力和电力联合生产的热电站）。同时利用已有的资源条件，进行水力发电站的建设，并大力进行水力资源的勘测工作，为今后积极地开展水电建设准备条件。

"一五"期间，安排电力工业限额以上建设项目 107 个，其中电站项目 92 个，装机容量为 376 万千瓦。这 107 个项目包括在 156 工程内的有 25 个。另有限额以下的建设项目，装机容量为 30 万千瓦，全部建设装机容量为 406 万千瓦，是 1952 年底全国发电设备装机容量的两倍。5 年计划建成投产的电站 54 个，其中苏联援建的有 9 个，增加发电设备装机容量 174 万千瓦，加上限额以下的建设项目，"一五"计划共增加发电设备装机容量 205 万千瓦［其中，电力（燃料）工业部计划为 186.5 万千瓦，自备电厂计划为 18.5 万千瓦］。

在 92 个电站建设项目中，火力发电项目有 76 个，其中采用高温高压火力发电机组的设计装机容量占总装机容量的 32%；热电厂 19 个，装机容量占火力发电设计装机容量的 47%。"一五"开工建设的主要电厂除苏联援建的电厂外，还有江苏望亭、安徽淮南、云南普坪村电厂。在火力发电项目中有一个列车电站项目，包括 5 套列车电站设备，作为流动电源，以供应孤立地区短期用电需要。还有 15 个自备电厂，其中属于煤矿的有 6 个，大中型工厂的有 9 个。发电量计划从 1952 年的 72.6 亿千瓦·时增加到 1957 年的 159 亿千瓦·时，比 1952 年增长 119%，年平均增长约 17%。

（二）"一五"火力发电实施成绩

根据中国发展国民经济第一个五年计划，"一五"期间，全国电业对原有生产设备进行了系统性改造，进行了规模巨大的基本建设。五年内在全国范围新建和扩建了 76 个水力、火力发电厂，新建的火力发电厂都是根据工业的发展分布，按照靠近负荷中心或燃料基地的原则进行建设，采用苏联或东欧较先进的设备。到 1957 年底发电设备装机容量增加 267.1 万千瓦，总装机容量达到 463.50 万千瓦，其中火力发电装机容量为 362 万千瓦，年平均增长 18.7%；发电量达到 193.35 亿千瓦·时，比 1952 年的 72.61 亿千瓦·时增加 120.74 亿千瓦·时，年平均增长 21.6%。使得中国的年发电量在世界上的排名从 1949 年的第 25 位提升到 1957 年的第 13 位；火力发电机组发电标准煤耗达到 557 克/（千瓦·时）、厂用电率达到 7.28%。与此同时，又恢复发电设备出力 15.80 万千瓦、修复残旧设备 13 万千瓦、燃烧低质煤 1100 万吨、节省工业用电 12 亿千瓦·时、影响工业生产最严重的停电事故显著减少；在发电设备装机容量大幅增加的情况下，发供电事故却大幅减少近一半；在发电生产过程中，电力工业的管理水平有了很大程度的提高，建立和健全了技术管理制度，编制了科学、完整、切合实际和通俗易懂的运行规程；改进了检修管理，执行了计划检修制度；培养了可以掌握新设备的运行和检修人员；培养了一批科技人员和管理生产的企业管理干部，实现了中央指示"确保安全发供电、厉行增产节约、发挥一切潜力"的精神内涵。

"一五"期间，由于采取了以进口设备为主的计划安排，不仅保障了"一五"计划投产容量任务的超额完成，而且还提高了单机容量的水平，其中，火电单机容量提高到中压机组 5 万千瓦、高压机组 2.5 万千瓦的新水平，这也对中国电力工业向着大机组迈进起到了积极的推动作用。

"一五"期间，通过苏联援建项目，锻炼了中国电力工程技术人员的设计和施工建设能力，为此后的自力更生、自主建设创造了条件，促使一大批技术人才脱颖而出，逐步建立起了自己的设计、施工、运行和管理队伍。这些懂技术、有能力的规划、设计、施工队伍，作为电力企业的主人翁，开始了自己规划、自己设计、自己施工建设的重要实践，为新中国电力工业的起步和发展做出了不可磨灭的贡献。

二、电力工业管理体制的初步建立和电力工业部的设立

中华人民共和国成立后，在电力工业管理上，实行中央与地方两种管理，以中央管理为主的管理体制。

1953 年初，燃料工业部决定，将其直属的电业设计局筹备处设立为设计局，划归燃料工业部电业管理总局领导。同时，将电业管理总局所属修建工程局和土木建筑工程公司划归华北电业管理局领导。同年 2 月，成立上海电管局，隶属华东电业管理局，将浙江水

力发电工程处更名为华东水力发电工程局，负责黄坛口、古田溪两个水电站的施工。4月，将燃料工业部直属的水力发电工程局更名为水力发电建设总局。6月，成立北京设计分局，业务归电业管理总局设计局领导。

1954年是执行"一五"计划的第二年，基本建设已全面铺开。为加强基建管理，1954年3月，燃料工业部电业管理总局决定成立基建工程管理局，将各大区电业管理局领导的火电工程公司、送变电工程公司、土建公司、修建工程局、电业工程公司等施工企业，划归基建工程管理局领导。同时，决定将电业管理总局所属的设计局更名为设计管理局，并将东北、华东设计分局划归设计管理局领导。根据中央撤销大区行政管理建制精神，1954年6—12月，燃料工业部先后将电业管理总局所属西南电业管理局更名为重庆电业管理局，将西北电业管理局更名为西安电业管理局，将中南电业管理局更名为武汉电业管理局。1955年初，将华北电业管理局更名为北京电业管理局，并在当年撤销华东电业管理局，将上海电业管理局改由电业管理总局领导，同时将华东地区的南京、徐州、淮南、鲁中、青岛等电业局重新划归北京电业管理局领导。

随着新中国工业的发展，能源工业规模快速增长，燃料工业部所属电力、煤炭及石油行业各自发展迅速，燃料工业部的管理模式已不能很好地适应各方面的发展要求。1955年7月，第一届全国人民代表大会第二次会议通过决议，撤销燃料工业部，分别成立电力、煤炭及石油工业部，同时撤销电业管理总局建制，将北京、西安、重庆、武汉、上海、东北各电业管理局以及水力发电建设总局、电力建设总局及其他直属企事业单位改由电力工业部领导与管理。

1955年10月，电力工业部决定将广州电业局划归武汉电业局领导，11月，将东北电业管理局更名为沈阳电业管理局。1956年1月，成立沈阳电力建设局，隶属电力工业部电力建设总局。2月，北京电业管理局组建列车电业局，管理全国列车电站及其建设工作。4月，北京电业管理局将其所属的北京、天津、唐山三个电业局合并为北京电业局，负责京津唐电网的生产和建设工作。6月，成立郑州电业局，划归武汉电业管理局领导。7月，南京电业局改由上海电业管理局领导。1957年7月，重庆电业管理局迁至成都市办公，改名为成都电业管理局。11月，各电力设计院划归电力建设总局领导。12月19日，根据国务院《关于改进工业管理体制的决定》精神，电力工业体制又一次发生巨大变革，决定按省的建制组建电业局，成立15个电业局（包括上海、北京两个电业局）、一个列车电业局，由电力工业部直接领导。同时，相继撤销了西安、沈阳、北京、上海、武汉及成都等地的电业管理局。

三、"一长制"到党委领导下的厂长负责制

1953年下半年开始，燃料工业部决定在全国电力系统试行厂长负责制。1954年3月6日，全国电业会议要求全面贯彻厂长负责制。燃料工业部陈郁部长指出，建立和健全各种责任制是提高企业管理工作的基础，当前首先就是实行厂长负责制——生产区域管理制。同时提出要建立总工程师制，以克服生产技术领导岗位上的无人负责现象。

根据燃料工业部的部署，1953 年 12 月，华北电业管理局决定在石景山发电厂进行"一长制"试点工作。1954 年 4 月，石景山发电厂在苏联专家的帮助和指导下，按照学习文件、揭发问题、调整机构、配备干部、划分职责范围，全面贯彻"一长制"、党政工团建立正常工作秩序三个阶段，开始"一长制"的试点。1954 年，又建立了总工程师生产技术责任制，全厂的生产技术部门统归总工程师领导。

1955 年初，各电力企业陆续开始推行厂长负责制。行政首长（局长、厂长）全权处理企业中的生产、经营、职工生活等问题，企业党组织和工会等群众组织只起保证监督作用。各单位制定了一系列强化生产管理的工作制度，如周末生产会、月中检查会、月终总结会、车间碰头会，厂长、总工程师、分场主任每日定时到车间巡视检查等，有的还形成厂长、车间主任、班组长三级一长独立负责制，克服了生产上的混乱现象。但在具体实施中，由于片面强调命令和纪律，工人的职责是绝对服从，不能申诉、不能提意见，合理化建议得不到重视，一切生产活动都是靠命令推行。局长、厂长对下属以命令的形式布置工作，滋生了命令主义和主观主义，忽视群众路线和思想政治工作，方法简单生硬，甚至还有惩办和体罚下属人员的情况发生。

1955 年下半年，在党中央的领导下，电力工业部批评了"一长制"，大力推行党委领导下的厂长负责制和党委领导下的职工代表大会制。本单位的重大决策、重要工作都要经过党委会或党的常务委员会讨论决定。有关行政生产工作，由行政首长负责贯彻实施。生产行政工作计划、总结及有关职工切身利益的重大问题，提交职工代表大会审议。

1956 年，中国共产党第八次代表大会针对当时实行"一长制"存在的问题，提出一切企业中实行党委领导下的厂长负责制，标志着中国国营企业开始从"一长制"向党委领导下的厂长负责制转变。

四、火力发电设计和施工队伍建设

旧中国，虽然建设了一些火力和水力发电厂，以及相应的送配电设施，但这些电厂和设施的勘测设计工作，大都是依赖外国人进行的。中华人民共和国成立后，电力工业勘测设计力量由小到大地发展起来。从"一五"计划时期开始陆续组建机构，充实力量，逐渐形成一支具有一定业务能力和技术水平的勘测设计队伍。同时，电力建设的施工队伍也逐渐发展起来，施工技术和装备也日益发展。"一五"计划时期，电力工业组建的这一支懂技术、有能力的规划、设计和施工队伍，作为企业的主人翁，开始了自己规划、自己设计、自己施工建设的重要实践，为新中国电力工业的起步和发展做出了不可磨灭的贡献。

（一）火力发电设计机构的设立与改组

中华人民共和国成立后，中央和各大区为加强电力设计力量，陆续成立了电力设计部门。1949 年，在燃料工业部电业管理总局内成立工程处，既作设计，又负责指导施工。1952 年初，设计与施工分开，正式成立设计处。1950 年 5 月，在沈阳的东北电业管理局内成立设计处，年底该处迁往长春，并于 1951 年组建东北电业管理局基本建设局设计处，其后以该处为基础成立东北电业管理局设计局，1953 年，又改称东北电力设计分局。1953

年1月，燃料工业部电业管理总局设计局成立。1953年3月，在上海成立华东电力设计分局。1954年3月，电业管理总局设计局改组，一部分组建北京电力设计分局：另一部分组建电业管理总局设计管理局，管理全国各电力设计分局的业务。1954年，在武昌成立武汉电力设计分局。1955年，撤销电业管理总局设计管理局，在北京成立部直属电力设计院，并将东北、北京、华东、武汉电力设计分局改称长春、北京、上海、武汉电力设计分局。1956年，成立西安电力设计分院。1957年，撤销部属电力设计院，并陆续将各"分院"改称为"院"。1957年11月5日，电力工业部发出《关于加强设计工作领导的决定》，将电力设计院合并至电力建设总局。这种机构的调整有利于设计与建设的统一协调。1960年代初，又陆续将长春、北京、上海、武汉、西安电力设计院改称东北、华北、华东、中南、西北电力设计院。1961年，在四川成都成立西南电力设计院。至此，六大区都有了部直属的电力设计院，各设计院基本上承担本区内的电力设计任务。在部直属电力设计院成立的同时，为了进行小型火力发电和送变电工程的设计，在"一五"时期有的省（自治区）也成立了电力设计单位。1958年，中央提出权力下放后，各直属设计院下放2011人给20多个省（自治区）、市，协助建立省（自治区）电力设计院。省（自治区）设计院的成立，是对直属电力设计院必不可少的补充，省（自治区）设计院作用的充分发挥，是加快电力建设的重要保证。火电工程的勘测设计能力，从进行原有电厂的恢复改建与扩建开始，逐步掌握了不同容量等级的火力发电厂的设计技术。

（二）火力发电工程的勘测设计和施工

1. 火力发电的勘测设计工作

1950年代初，东北、华北相继成立设计处。东北设计处的工作是从配合苏联专家收集阜新发电厂、抚顺发电厂、鞍钢发电厂以及后来新建富拉尔基热电厂的设计资料开始的。之后又收集东北各电厂、变电所和电网结构等资料，配合苏联专家编制了东北电力系统设计。中国的电力设计工作是从全面学习苏联经验后才大规模开展起来的。在苏联援建中国建设的25项电力工程建设中，中国电力设计人员首先学习到苏联的设计技术，从而提高了自己的水平，在设计中开始考虑运行和施工的需要，并且注意电厂今后的发展和扩建。1956年，电力工业部颁布了中国第一部适用于0.6万～5万千瓦机组的火力发电厂设计技术规程，并初步开展了标准化和典型设计工作，这个时候，已基本具有每年进行约40个中型中温、中压电厂的设计能力。1957年，电力工业部决定把原拟委托苏联设计的阜新、吉林、富拉尔基、西固等电厂中扩建的高温高压机组，改由国内设计，这是一个重大的决策，从此开始了中国自行设计高温高压机组的新阶段。1957年11月5日，根据电力工业部发出的《关于加强设计工作领导的决定》精神，将电力设计院合并到电力建设总局。逐步地制订或充实各项设计规程和标准，改善设计文件编制的方法和程序。一般的设计项目委托电力建设总局或电管局代表电力工业部审批。北京电力设计院于1958—1959年设计的高井电厂，较好地体现了"安全、经济、适用和可能条件下的美观"的设计原则。1959年7月，电力建设总局召开会议，研讨电厂土建专业的设计特点，编制了《火电厂土建结构设计技术规定》，这是电力设计的第一个专业技术规定。与此同时，与制造厂家协作，编制了各类机组的本体定型设计。1960 年，苏联撤走在中国的苏联专家，加速了中国独立进行设计的进程。

到 1965 年，中国已经形成了专业基本配套，能全面进行电力系统和发、送、变电工程勘测设计，有一定技术水平的电力设计队伍。

2. 施工队伍的建立与发展

随着东北地区和华北地区的首先解放和电力工业的恢复和发展，电力基本建设施工队伍从无到有、逐步建立和壮大。以华北地区为例，1949 年第二季度，为了恢复大同电厂，成立了大同工程队，其人员主要来自老解放区的电厂，以及通过训练班新招收的一些学员。这个工程队于 1950 年改称检修大队。之后又将峰峰工程队、淮南工程队并入，成立修建工程局，这是中华人民共和国成立较早的电力安装队伍之一。华东地区于 1953 年初，以苏南电业局、南京电业的机电炉和线路检修队伍 300 余人为基础，成立了华东电业修建工程局。之后又在沪、锡、常地区招收工人，并接收一批部队转业军人，扩大到 2000 多人，于 1955 年更名为电力部上海电力基本建设局。其他各火电施工队伍，都经历了与此类似的发展过程。到 1957 年，中国火力发电施工队伍已有较大的发展，全国共有北京、沈阳、上海、西安、武汉五个基建局，在册职工人数 53 639 人，火力发电机组安装方面可以同时进 15～16 个 1.2 万千瓦容量以上的电厂的施工工作。在这时，按照上级指示，将全部土建施工队伍 14 821 人下放给建筑工程部❶，其中包括技术人员 721 人、干部 2112 人，以及大中型机械 540 台件，机械总值 1.12 亿元。这次下放，使火力发电施工队伍大伤元气。由于电力部门没有了自己的专业土建施工队伍，许多工程不得不交给没有电厂施工经验的地方土建施工队伍施工。他们对电厂土建工程的复杂性、建筑安装工序间配合的必要性，以及建筑安装间的交叉作业都不了解，以致不少工程拖延了投产时间并造成了很大的浪费。直到 1964 年，水利电力部借中央研究企业实行统一领导，搞拖拉斯试点的机会，提出了土建队伍的回收问题，虽经中央同意，但回收队伍的工作进行得并不顺利，绝大部分队伍未收回来，不得不重新招收人员培训并购置施工机具，组建土建施工队伍，这是一个深刻的教训。

3. 施工技术水平的提高

在火力发电施工技术方面，中华人民共和国成立以前自己不能独立施工，当时在安装施工中，遇到技术性较强的工序，类似汽轮机找中心、扣大盖等，外国人就关起门来干，不让中国人参加。中华人民共和国成立后，火力发电施工技术通过工程建设的实践得到不断发展。在三年恢复时期，电力工业的主要任务是修复遭到战争破坏的发电设备。这个时期，施工工作多为手工操作，技术落后，几乎全部是笨重的体力劳动。"一五"计划开始，随着苏联援建项目的陆续展开，在苏联提供的施工设备和苏联专家的指导下，迅速摆脱施工方法原始和落后的状态，加快了技术与管理水平提高的进程，从手工操作过渡到初步的

---

❶ 现名称住房和城乡建设部。1952 年 8 月 7 日，中央人民政府委员会第十七会议决定成立，其前身是中央财政经济委员会总建筑处。曾用名称国家基本建设革命委员、建设部。

机械化施工。学习苏联，对中国的电力建设起到了启蒙和奠基作用。通过援助项目的建设，培养了一大批施工领导干部和工程技术人员，壮大了施工队伍，从规划、选厂、勘测、设计、施工、调试到生产运行，都提供了一种模式，这对于此后的电力建设起到了积极作用。这种模式可以归纳为以下几个方面：一是编制施工的组织设计，对工程建设做出全面部署和安排。施工组织设计的内容包括：施工总平面布置，用于划分施工区域、规划临时建筑和交通运输通道和道路；制定施工总进度；拟订主要的技术方案；提出对人力和施工机械的要求等。良好的施工组织设计的实施，是加快建设进度、提高工程质量、降低工程造价、进行文明施工的先决条件。1956年，电力建设总局在良乡北京基建局组织全国大型工程的技术负责人举办施工组织设计研究班，并请苏联专家讲课，使这批施工技术骨干比较系统地学习了施工组织设计的编制程序、内容和有关技术规定，并结合实际研究制订了施工组织设计编制细则，从而在全国普遍加强了施工组织设计的编制工作。二是土建工程的机械化、工厂化施工。当时从苏联进口了一批挖土机、推土机，以及斗容量为2.5吨的自卸卡车，配以人工清底进行土方的挖、运，这在1950年代初期是很先进的。与此同时，工地设置了混凝土搅拌厂、预制厂、钢筋加工厂、模板加工厂、锯木厂、五金加工厂等，这也是工厂化施工的方向。三是设备的组合安装。这种施工方式缩短了工期，改善了施工的安全，还大大节约了脚手架等设施，降低了安装工程造价，显示了很大的优越性。四是主厂房和冷却塔的施工技术有了突破。主厂房从现浇钢筋混凝土框架，到预制装配式厂房结构，并推广了大跨度预应力屋架、大直径混凝土管等新技术，具有工效高、质量优、比较安全、节约木材等优点。五是填补了高压焊接技术的空白点。举办焊接培训班，形成严格的工艺要求，拟订了焊接规程。

第二节 苏联援建的156工程中23个火力发电项目与13个电力设备制造项目

中华人民共和国成立以后，以美国为首的西方工业发达国家对中国采取了敌视和经济封锁的政策。中国工业建设所必需的资金和技术，只有通过争取苏联援助来解决。1950年2月，中国政府与苏联政府共同签订了《中苏友好同盟互助条约》和《中苏关于贷款给中华人民共和国的协定》。

1953年5月15日，中苏两国政府又签订了《关于苏维埃社会主义共和国联盟政府援助中华人民共和国中央人民政府发展中国国民经济的协定》，规定苏联援助中国新建和改建91个工业项目。加上1950年已确定援建的50个项目，共有141个项目。1954年10月12日在中苏两国政府达成的《对于1953年5月15日关于苏联政府援助中华人民共和国中央人民政府发展中国国民经济的协定的议定书》的备忘录中又新增加了15项援助项目，由此形成中国"一五"时期苏联援助建设的156项重点工程。这些项目确定以后，虽然随着形势和认识的发展变化有所调整，但在此后的公开宣传中，就将此"156"项作为一个标志而没加改动。

由苏联援建的 156 项重点工程全部是重工业。其中，军事工业 44 个，冶金工业 20 个，化学工业 7 个，机械加工工业 24 个，能源工业 52 个，轻工业和医药工业 3 个。这 156 项重点工程是这一时期中国工业建设的核心和骨干，其他重点项目的选择和建设，主要围绕这些项目工程展开。此外，还有一些自建电厂、扩建电厂、自备电厂、列车电站等工程项目也在进行建设。

1953—1957 年，新中国实施第一个五年计划时期，苏联帮助中国建设了 156 项工业项目，拉开了中国社会主义现代化工业建设的序幕，其中的 25 个（火力发电 23 个）电力工程（见表 6–1），为中国能源基地建设打下了基础，为推动中国经济建设发挥了十分重要的动力保障作用，也为新中国培养了一批自己的技术力量。

表 6–1　　　　　　　　　苏联援建的 25 个电站项目

序号	名称	计划容量（万千瓦）	"一五"投产（万千瓦）	开工时间
1	辽宁阜新发电厂（扩建）	一期 1×2.5 二期 1×2.5+2×5	15（2×2.5+2×5）	1952 年 1 月
2	辽宁抚顺发电厂（扩建）	一期 1×5 二期 2×5	15（3×5）	1952 年 7 月
3	辽宁大连热电厂（扩建）	1×2.5	2.5（1×2.5）	1952 年 8 月
4	黑龙江富拉尔基热电厂	一期 2×2.5	5（2×2.5）	1953 年 7 月
5	黑龙江佳木斯纸厂热电站	一期 2×0.6 二期 1×1.2	2.4（2×0.6+1×1.2）	1954 年 12 月
6	吉林热电厂（扩建）	4×2.5	10（4×2.5）	1955 年 1 月
7	吉林丰满发电厂（扩建、水电）	5×7.25 1×6	36.25（5×7.25）	1953 年 2 月
8	新疆乌鲁木齐苇湖梁热电厂	2×0.35	1.3（2×0.35+1×0.6）	1952 年 5 月
9	陕西西安灞桥热电厂	一期 2×0.6 二期 3×1.2	4.8（2×0.6+3×1.2）	1952 年 11 月
10	陕西户县热电厂	2×2.5	2.5（1×2.5）	1954 年 1 月
11	甘肃兰州西固热电厂	4×2.5	5（2×2.5）	1955 年 12 月
12	山西太原第一热电厂	一期 2×1.2+1×2.5 二期 1×2.5	7.4（2×1.2+2×2.5）	1953 年 10 月
13	河北石家庄热电厂	一期 2×1.2 二期 2×1.25	2.4（2×1.2）	1954 年 4 月
14	北京热电厂	2×2.5+1×5	—	1955 年
15	山西太原第二电厂	2×2.5	—	1956 年 3 月
16	内蒙古包头第二热电厂	2×2.5	—	1956 年 3 月
17	内蒙古包头第一热电厂	1×1.2+2×2.5	—	1958 年 3 月
18	湖南株洲电厂	2×0.6	1.2（2×0.6）	1952 年
19	河南郑州火电厂	2×0.6	1.8（2×0.6+1×0.6）	1952 年 12 月
20	湖北青山热电厂（扩建）	2×2.5+1×1.2+1×5	2.5（1×2.5）	1955 年 11 月
21	河南洛阳热电厂	3×2.5	2.5（1×2.5）	1955 年 12 月
22	云南开远发电厂	1×0.4+2×0.6	1.6（1×0.4+2×0.6）	1955 年 5 月

续表

序号	名称	计划容量（万千瓦）	"一五"投产（万千瓦）	开工时间
23	四川重庆发电厂	2×1.2	2.4（2×1.2）	1952 年 12 月
24	四川成都热电厂	2×2.5	—	1956 年 11 月
25	三门峡水电站	120	—	1957 年 4 月

注 表中所列均根据双方签订的协议。实施过程长达 10 年，实施过程中表中所列有调整变动。

25 项电力工程（火力发电 23 项）是根据这一时期中国工业的分布状况而布局的。电力工业以建设火力发电厂为主，一方面配合全国重点建设，加强对东北、华北、中南和华东电力工业的建设，另一方面为开发西部作准备，在西南、西北新建扩建一批电厂。技术政策上，强调大电力系统、大型项目和大容量机组的建设，陆续投产单机容量 2.5 万千瓦的中温中压火力发电和供热机组，以及单机容量 5 万千瓦的高温高压火力发电机组。

这 23 项火力发电工程共计装机容量为 136.5 万千瓦，其中有 18 项约占总装机容量 61.6% 的机组是在"一五"计划期内建成发电的，具体情况如下：

一、辽宁阜新发电厂

阜新发电厂于 1936 年开始建设，分期安装 2 台 5.3 万千瓦和 2 台 2.7 万千瓦的汽轮发电机组和 8 台 120 吨/时的锅炉，总装机容量为 16 万千瓦。日本投降后，机组被苏联军队拆走，国民党统治时期全厂只剩 2 台 1000 千瓦的简易发电机，年发电量为 32 万千瓦·时。

阜新发电厂作为典型的坑口电厂，从 1952 年 1 月开始恢复性建设。扩建工程被列为国家"一五"和"二五"计划时期电力建设的重点工程，第一台 2.5 万千瓦汽轮发电机于 1952 年 9 月 17 日安装完毕，比原计划提前了一个半月，并节约资金 60 万元，受到东北人民政府和燃料工业部的表彰。这台机组是中华人民共和国成立后，由苏联援建的第一台 2.5 万千瓦大型火电机组，9 月 25 日，毛泽东主席给辽宁阜新发电厂工程队发嘉勉电："9 月 17 日电悉，庆祝你们在透平发电机组安装工作中取得的成就。望继续努力学习苏联先进经验，发扬积极性，在今后的建设工作中取得更大的成绩"。该机组于同年 11 月 8 日投运。

阜新发电厂工程队成立于 1949 年 5 月，是新中国的第一支火电施工专业队伍。在毛泽东主席贺电的鼓舞下，阜新发电厂职工安装完成了与 2.5 万千瓦汽轮机配套的 2 台锅炉（75 吨/时、130 吨/时），又先后安装了 1 台 2.5 万千瓦汽轮发电机组、2 台中温中压的 5 万千瓦汽轮发电机组和 4 台 130 吨/时锅炉。到 1956 年 4 月 30 日，提前完成了"一五"计划，总装机容量达到 15 万千瓦。

二、辽宁抚顺发电厂

抚顺发电厂坐落于抚顺市区中部，浑河南岸，始建于 1908 年。日本侵占东北后，该厂几经易址扩建，成为亚洲最大的火力发电厂。

中华人民共和国成立后，国家对抚顺发电厂的建设非常重视，列为国家"一五"和"二五"计划时期电力建设的重点工程。

抚顺发电厂扩建工程自1952年7月至1959年2月共进行了7次。1953年3月初，中华人民共和国成立后国内第一台苏联制造的5万千瓦汽轮发电机组（18号机）和2台苏联制造的蒸发量为130吨/时锅炉（18、19号炉）全部竣工。3月4日向毛泽东主席致电报捷。3月13日，中共中央办公厅发来贺电，电文说："3月4日给毛主席的报捷电已收悉，祝贺你们提前并良好地完成了大容量透平发电机和二台锅炉的安装任务，望团结一致，再接再厉，争取更大的成绩"。3月19日，机组正式投产发电。

二期工程于1953年3月5日开工，安装苏联制造的5万千瓦汽轮发电机组1台（19号机）和130吨/时锅炉2台（20、21号炉），并于1954年12月31日投产发电。

三、辽宁大连第二发电厂

1950年，中朝两国签订协议，位于鸭绿江干流下游的水丰水电站向大连电网供电，1952年3月，水丰水电站在朝鲜战争中被美军炸毁，旅大地区的电力供应紧张，工业生产用电难以得到保证。在全力抢修水丰水电站的同时，旅大市抓紧对第一、第二发电厂进行增容扩建。1952年6月23日，一厂着手筹备第一次扩建，安装从二道江发电厂迁来的1台由瑞典制造的轴流式7000千瓦汽轮发电机组和1台由日本制造的55吨/时煤粉锅炉，机组于1952年10月开始安装，1953年夏季投产发电。1952年8月，二厂进行了第一次扩建，该工程被列为第一个五年计划时期苏联援建的156工程之一，安装苏联制造的A-25-2型2.5万千瓦汽轮发电机组1台和130吨/时中温中压锅炉2台，1955年11月投入运行。

四、黑龙江富拉尔基热电厂

"一五"计划时期，齐齐哈尔市的富拉尔基地区是全国重工业基地，原有的齐齐哈尔发电厂已无力满足当时用电需求。经燃料工业部批准，从1953年开始，建设富拉尔基高温高压电厂。电厂安装2.5万千瓦机组6台，总容量达15万千瓦，分四期建成。

一期工程安装从苏联引进的单机容量2.5万千瓦的高温高压汽轮发电机组2台，170吨/时锅炉3台，机组蒸汽参数达到90个大气压（9.12兆帕）、500摄氏度。由苏联火电设计院做主机设计，东北电业管理局设计局❶配合技术设计和附属工程设计。

燃料工业部电力建设总局火电三公司负责机组安装，地方承担土建项目。1953 年 7

---

❶ 1950年5月中央燃料工业部以（50）燃字第73号文批复，东北电业管理局成立设计机构。1950年5月28日东北电业管理局设计处正式成立，标志着新中国第一个电力勘测设计机构的诞生。抗美援朝战争开始后，奉上级指示，设计处于当年10月由沈阳迁往长春，并于1951年以该处为基础成立东北电业管理局设计局。1953年1月燃料工业部正式成立设计局，隶属于电业管理总局。1953年11月改称东北电业管理局东北设计分局。1954年电业管理总局设计局改组，其中一部分组建电业管理总局设计管理局，承担管理全国电力设计分局的业务。1955年电业管理总局设计管理局撤销，在北京成立部直属电力设计院。并将东北电力设计分局改称长春电力设计分院。1957年部直属电力设计院撤销，并将下属"分院"改为"院"，即长春电力设计院，于1960年代初，又将长春电力设计院改为东北电力设计院。曾先后隶属于燃料工业部、电力工业部、水利电力部、能源部和国家电力公司。现名为中国电力工程顾问集团东北电力设计院有限公司，是中国能源建设集团规划设计有限公司全资子公司。

月开工，1955 年 8 月，1 号机组和两台锅炉投入临时运行。同年 12 月，2 号机组、3 号锅炉正式投产发电，一期工程竣工。

富拉尔基热电厂建设工程是当时全国重点工程，得到国家和黑龙江省的高度重视。承担施工任务的建设者发扬中国工人阶级的优良传统，克服重重困难，在苏联专家的指导帮助下闯过了装卸工具落后、严冬季节漫长、焊接技术不适应大机组需要等一道道难关，高质量地按时完成了建设任务。同时涌现出了以主任工程师焦永吉为代表的一大批全国和黑龙江省劳动模范。在工程建设中创造了"蒸汽外套法""冬季砌砖法""模板通气法"等一系列冬季施工法，抢回了漫长严寒耽误的工期，培养了一批高压焊接技术工人，为此后全国大量高温高压发电厂建设输送了专业技术人才。富拉尔基热电厂是新中国建设的第一座高温高压电厂，安装了全国第一台 2.5 万千瓦高温高压发电机组。它的建成投产使中国电力工业进入了发电设备高温高压的新时代，标志着中国火力发电建设技术水平的提高。

五、黑龙江佳木斯纸厂热电站

佳木斯造纸厂热电站是佳木斯造纸厂自备电站，由苏联电站部动力设计总局国立联邦设计院工业动力设计处莫斯科分处负责完成设计任务，由黑龙江省电力建设公司佳木斯工程处承建施工。总装机容量为 2.4 万千瓦，锅炉总容量为 200 吨/时。

1952 年 3 月，根据中央人民政府政务院要求，东北人民政府工业部提出《制浆造纸及自备电站设计任务书》。1952 年 12 月，苏联方面完成初步设计。1953 年 11 月，苏联方面交付技术设计。

自备电站工程原设计装机容量为 1.35 万千瓦。为解决佳木斯地区电力供应不足，缩短建设时间，经国家批准，装机容量增加至 2.4 万千瓦。除供本厂用电 1.1 万千瓦外，输送地区电网 1.3 万千瓦。所装 3 台发电机组（两台 0.6 万千瓦，1 台 1.2 万千瓦）采用抽汽式汽轮发电机组，在发电的同时，供应造纸厂的全部高低压用蒸汽。

自备电站工程从 1954 年 10 月开始筹备工作。1954 年 12 月 22 日，工程主厂房破土动工。施工人员在冬季施工中革新了输石子的机器，实现混凝土自动搅拌，自动装入矿车，用卷扬机顺轻便铁道直接运入施工暖棚的自动流水线作业，将原本需要 300 人的繁重劳动，减轻为 5 个工人的机械操作。1955 年 6 月，在主厂房工程未竣工的情况下，安装工程开始部分组合，土建工程与安装工程平行展开，交叉作业。

1955 年，因佳木斯地区电力不足，上级将自备电站的发电时间提前到 1956 年初。施工人员大胆修改了原施工组织设计，采取了大量技术革新措施，解决了土建、安装互相影响的困难，缩短了工期。1955 年 8 月，锅炉安装条件具备，开始准备大件起吊。锅炉安装施工采用 T 形吊车吊装法，3 台锅炉吊装时仅需移动 1 次吊车，此吊装方法精简了大量装备，减少了大量装卸程序，而且移位方便，保证了安全，降低了成本，提高了施工速度。1955 年 8 月 12 日，1 号锅炉开始起吊，到 1955 年 10 月 9 日即完成水压试验，仅用时 59 天。

1956 年 1 月到 1956 年 3 月 4 日，0.6 万千瓦的 1 号、2 号机组分别投入运行。1957 年 4 月，1.2 万千瓦的 3 号机组投产发电。至此，整个建设工程竣工，正式移交生产。

佳木斯造纸厂自备电站工程，为中国第一座大型综合造纸厂建设的一座现代化火力发电站，投入生产后为造纸厂和佳木斯附近新建煤矿提供了迫切需要的电能和热能。黑龙江省电力建设公司广大职工在工程建设中创造了冬季施工经验，在施工中开展预检修、预安装和预组合等革新活动，坚持落实施工计划作业和管理、施工定额等新的管理方法。经过中苏参建人员的共同努力，工程提前发电，降低成本 70 万元。工程质量优良，获得 1955 年第四季度电力工业部竞赛一等奖。

六、吉林热电厂

吉林热电厂是东北地区最大的高温高压热电厂，也是中国第一座应用电子自动控制机组的电厂。

1953 年 5 月，原吉林化工区拟建的自备电站（代号"789"）移交燃料工业部，改称吉林热电厂，筹建阶段的工作由吉林电业局负责，委托苏联火电设计院莫斯科分院设计。初步设计为 4 台 2.5 万千瓦机组、4 台 230 吨/时高压锅炉，建设容量为 10 万千瓦，设备全部由苏联提供。1955 年 1 月，主厂房工程破土动工，一期工程正式开工。1956 年 7 月 1 日，第一台机组正式启动一次成功。1957 年 12 月，4 台机组全部竣工。

该工程苏联方面设计的总工期为 42 个月，而施工建设者不畏艰难、夜以继日，仅用了 18 个月的时间就完成了工程建设，创造了电力建设史上的奇迹。

在工程建设过程中，发现吉林热电厂与拟建设中的吉林染料厂厂区的相对位置有重大误差，吉林热电厂的进厂专用铁路建成后将要通过染料厂的厂区。为了不影响整个施工进度，经苏联方面总图专家同意，由中国负责修改设计。

吉林热电厂投产以来，肩负着向化工、铁合金、碳素等多家大中型企业和大半个吉林市的供热任务，为地方经济发展和社会服务提供了有力支撑。

七、新疆乌鲁木齐苇湖梁发电厂

乌鲁木齐旧称迪化。1949 年冬，新疆军区军工部、省工业厅根据迪化文化教育、医疗卫生以及提高人民群众生活水平的用电需求，为规划建设的新疆八一面粉厂、七一棉纺织厂、十月拖拉机厂和六道湾煤矿等企业提供动力电源，提出了兴建迪化电站（后改称苇湖梁发电厂）的规划。

1950 年 4 月 19 日，中国进出口贸易公司和苏联电站部技术出口公司在莫斯科签订了由苏联援助中国建设迪化电站的统一合同，苏联方面提供 2 台 2500 千瓦全套发电设备。1951 年 9 月，鉴于用电负荷逐步递增的趋势，新疆军区司令员王震前往北京，请示政务院将原计划规模为 2 台 2500 千瓦机组改为 2 台 4000 千瓦机组，获得批准后即电告苏联方面改订机组。当时苏联方面没有 4000 千瓦机组，而有 3500 千瓦机组现货，因此改订 2

台 3500 千瓦机组。

厂址选择于 1950 年开始，1951 年 1 月，决定厂址为莘湖梁。1952 年 3 月，燃料工业部批准了迪化电站初步设计。

工程于 1952 年 5 月 11 日开工。电站由苏联电站部设计，新疆军区军工部、新疆军区工兵第二团和六师十六团、新疆军区工程处相继承担土建工程，燃料工业部派出的华北修建工程队、赴其他省（区）学习返回的 80 名干部和战士承担设备安装工程，新疆军区后勤部运输处负责运输。

新疆首批电力工业建设者们发扬解放军艰苦奋斗的作风，勇敢地从解放新疆的战场转入到工程建设的战场。担任电站设备和物资器材运输任务的新疆军区后勤部汽车一团、二团和独立营干部、战士往返于中苏边境霍尔果斯，既要与恶劣的气候环境和饥渴作斗争，又要随时准备反击零星土匪的袭击骚扰，20 个月行程数万千米，将 3000 余吨设备、材料运到了施工现场。

施工初期，投入近 300 名解放军指战员。1952 年 9 月 26 日，苏联专家指出劳动力不足影响土建工程进度。次日，王震司令员命令正在红雁池水库进行施工的解放军加强连的干部、战士赶赴电厂工地。200 余名干部、战士当日急行军 10 余千米，到达工地即投入生产。

1953 年 1 月，参加迪化电站建设的新疆军区解放军干部、战士转业至地方，电厂建设工程移交地方政府领导。6 月 10 日，安装工程全面展开，由新疆军区和新疆省人民政府工业厅组织协调，新疆军区工程处、独立营、运输部汽车第四团、汽车修理总厂及乌拉泊水电厂、八一钢铁厂、十月汽车修配厂等单位选派技术人员，汇聚电厂工地支援安装。

1953 年 12 月 24 日，1 号机组启动试车，经莘（湖梁）—纺（织厂）线与水磨沟 700 千瓦机组并列成功，于 12 月 30 日移交生产。2 号机组于 1954 年 1 月 14 日投产。

作为乌鲁木齐电网的第一电源，20 世纪 60 年代前，迪化电站是乌鲁木齐电网的主力电厂，也是新疆最大的火力发电厂，该厂的建设为乌鲁木齐地区工农业生产和各族人民群众用电水平的提高发挥了积极作用。

八、陕西西安灞桥热电厂

西安灞桥热电厂位于西安市东郊浐灞两河交汇处东南的官厅村，一、二期工程为"一五"时期苏联援建中国的 156 项重点工程之一。是当年陕西省建成的首座中温中压热电厂。

1950 年 2 月，燃料工业部在北京召开第一次全国电业会议，会议决定，在西安建设新的发电厂，由燃料工业部订购设备，并邀请苏联专家到西安勘察厂址。新厂的筹备工作由西北军政委员会工业部西北电业管理总局负责。同年 8 月，西北电业管理总局组成 20 余人（包括苏联专家 3 人）的勘察队进行选址、测量和钻探工作。1952 年 4 月，决定在灞桥建设西安第二发电厂。

西安第二发电厂一期工程主体设计由苏联电力设计院莫斯科分院承担，成套设备由苏联提供。铁路、公路、水源、福利设施及公用建筑由国内完成。工程规模为安装苏联制造的 6000 千瓦汽轮发电机 2 台、锅炉 3 台，总装机容量 1.2 万千瓦。

1952 年 2 月，电厂筹建处成立。工程由西北建筑 201 队承包土建工程；设备安装工程以东北火电工程公司第一工程队（103 工程队）为主，西北火电工程公司为辅；铁路专用线工程由西安铁路公局机械筑路队施工。1952 年 11 月 14 日，工程破土动工。开工不久就进入隆冬季节，建设者们苦干加巧干，采用材料加热、蓄热和暖棚法，坚持继续施工。为西北电力建设的冬季施工开创了先例，积累了经验，获得西北军政委员会工业部颁发的锦旗和银盾奖。

当时，中华人民共和国刚刚诞生，没有太多的施工经验，缺乏施工技术力量，运输工具严重不足。主要设备及建筑材料都是用汽车、马车在一条临时便道上运进现场的。在冷却水塔施工中，缺乏大型起吊工具，工人们因陋就简，采用独脚扒杆的土办法吊装大型构件。

1953 年 9 月 25 日，1 号机组顺利通过 72 小时试运行。10 月 15 日，1 号机组投入生产。11 月 18 日，2 号机组也通过 72 小时试运行，正式投入生产。是陕西省最早投产的中温中压机组，为西安市政、纺织和国防工业提供热能和动力。

1953 年 11 月，开始筹备二期扩建工程。1954 年 12 月成立了二期工程筹建处。二期主体工程由苏联电力设计院莫斯科分院设计，附属工程由国内设计，主设备由苏联供货。二期工程规模为 3 台 1.2 万千瓦汽轮发电机组、5 台锅炉。土建、安装分别由西北建筑工程总局一公司五工区和燃料部西北基本建设局第三十一工程处承担。二期工程于 1957 年 11 月正式投运。

随着二期工程的投运，陕西第一个热力网在西安市东郊形成。西安第二发电厂的建成，不仅解决了西安经济发展急需的电力，而且为陕西、西北乃至全国电厂建设积累了经验。

1958 年 2 月，西安第二发电厂更名为西安灞桥热电厂。

九、陕西户县热电厂

户县热电厂位于户县城南 6.5 千米处，东邻主要供热用户惠安化工厂，是当时陕西省第一座高温高压热电厂。

"一五"初期，西安地区国民经济建设发展迅速，电力和热力供不应求。1954 年 1 月，国家确定在西安西郊工业区附近建设一座大型火力发电厂，并成立筹建处，定名为西安第三发电厂。

1954 年 5 月，第三机械工业部 845 厂（惠安化工厂）确定在户县城南建厂，需要电力 2 万千瓦、蒸汽 185 吨/时、热水 1.67 太焦/时。为此，国家计划委员会决定，将西安第三发电厂改在 845 厂附近建设。经踏勘选址，确定在户县城南 6.5 千米，距 845 厂 680 米处建设电厂。

1954 年 5 月，燃料工业部提出了建设西安第三发电厂工程计划任务书，经国家计划委员会批准，厂内工程由苏联设计部门设计，电业管理总局北京电力设计分局❶向苏联方面提供设计资料；厂外工程由国内负责设计。一期工程安装苏联制造的2.5万千瓦抽汽式汽轮发电机组两套及锅炉4台。1957年，又根据电力负荷的需要，确定将一期工程中的3号、4号两台锅炉安装推迟，待后与二期工程同时安装。同时，将原计划在1957年后建成的2号机组提前到1957年底完成。该期土建工程由建筑工业部西北第三工程公司承包，安装工程由电力部西安基建局第三十二工程处承包。

1956年1月18日，主厂房工程正式开工。在建设过程中，先后从东北的抚顺、阜新，华北的石景山，华东的杨树浦等发电厂调来一批技术骨干，还从陕西农村、西安、上海等地招收了一批学徒工，分别送往抚顺、阜新、大连、富拉尔基等发电厂实习培训。1956年，又从电力工业部派往苏联学习的工人、技术干部中抽调部分人员，充实到各关键岗位。1957年后，沈阳电力技工学校和西安电力学校的一批学生先后分配到第三发电厂。到投产时，全厂共有职工698名，其中工程技术人员55名，为电厂顺利投产奠定了基础。

1957年12月，1号机组建成发电。翌年3月，2号机组正式投产。两台机组的相继投产，保证了845厂试生产的用电用热，并将剩余电力送至关中电网，保证了西安地区工农业生产和市政建设用电。一期工程的完成，标志着陕西电力工业进入了高温高压机组发电的新阶段。

在西安第三发电厂建设过程中，由于经验不够，出现了一些明显的问题。选址时带有一定的盲目性，依据的勘测资料不够精确，开工后暴露出工程在水文、地质方面的一系列问题，仅防地下水浸蚀措施这一项就增加投资70万元。在施工过程中建设者的安全意识淡薄，造成一定的人身伤亡事故。设计单位为求加速出图而使图纸上出现的疏漏、矛盾之处较多，一期工程因图纸差错牵连的问题就有2527项，增加投资150多万元。再有就是缺乏远见性，为节约投资而放弃在距离电厂2.7千米处的涝河滩建设储灰场，改在距离电厂700米处的堆渣场储灰，造成后来生产发展而储灰困难的缺陷。1958年5月25日，西安第三发电厂更名为户县热电厂。

十、甘肃兰州西固热电厂

西固热电厂位于兰州市西固工业区黄河南岸，1953年筹建，主机设备由苏联成套提供。

工程分四期建设，一期工程由苏联电站部等五个单位联合设计，二、三、四期工程由西安电力设计院❷设计，均由西北兰州工程总公司第三工程处和电力部第三十三工程处担任施工安装。一期工程于1955年底开工，规模为4台2.5万千瓦汽轮发电机组和4台230

---

❶ 现名为中国电力工程顾问集团华北电力设计院有限公司，是中国能源建设集团规划设计有限公司全资子公司。成立于1953年，曾用名北京电力设计院、华北电力设计院、华北电力设计院工程有限公司、北京国电华北电力设计院工程有限公司，先后隶属于燃料工业部、电力工业部、水利电力部、能源部和国家电力公司。

❷ 现名为中国电力工程顾问集团西北电力设计院有限公司，是中国能源建设集团规划设计有限公司全资子公司。成立于1956年，曾用名西安电力设计分院、西安电力设计院、西北电力设计院，曾先后隶属于电力工业部、水利电力部、能源部和国家电力公司。

吨/时锅炉，1957 年 11 月 16 日 1 号机组投产发电，1958 年全部竣工；二期工程于 1959 年开工，规模为 2 台 5 万千瓦汽轮发电机组和 1 台 220 吨/时锅炉，1960 年全部建成。因一期工程设计中需要有 1 台备用锅炉，故四期工程后，补装 1 台锅炉，设备为民主德国制造的产品。西固热电厂总规模为 10 台锅炉、8 台汽轮发电机组，装机容量 30 万千瓦，供汽能力为 850 吨/时。

西固热电厂投产不久，"大跃进"开始，在"反保守""捣陈规"的口号下，许多电力生产秩序受到破坏，生产事故不断发生，最终导致了震惊全国电力系统的"7·31"事故，挫折和教训极为深刻。

西固热电厂是西北电力建设的第一座大型热电厂，位于西固工业区的中心，不仅担负了附近几个大企业的供热任务，并以强大的电力供应推动兰州地区（包括白银在内）的各行各业的发展和建设。为甘肃的工农业生产和社会发展做出了重大贡献，为甘肃新建电厂培养了一批技术和管理的骨干人才。

十一、山西太原第一热电厂

20 世纪 50 年代，太原被选为"一五"时期重点建设的城市，定位是工业能源重地，需要大量电力供应。为解决建设中的太原化工厂、太原化肥厂、太原制药厂的电力和供热蒸汽需求，以及省会太原的市政用电问题，太原热电站（"360"工程）应运而生。该工程也是华北地区火力发电建设的起步工程，为确保工程顺利完成，华北电力系统抽调大批土建安装技术骨干和施工人员，组建了土建安装综合施工队伍"360"工程公司，并得到西北火电公司的大力支援。

1953 年 10 月 24 日，360 工程破土动工。燃料工业部调集来自全国各地的 1000 余名建设者，在一片荒滩旷野，以巨大的劳动热情和顽强的拼搏精神投入到工程冬季施工建设中，仅用一年零两个月的时间，便以奇迹般的速度和高标准的质量建成投产了第一台机组。1954 年 12 月 28 日，装机容量 1.2 万千瓦的 1 号机组验收合格移交生产；1955 年 1 月 21 日，1 号机组正式投产发电。

在工程建设的关键时期，遇到无法躲避的严冬，苏联专家和中国工程技术人员在实际施工中创造了"基础暖棚保温法""水泥水化热加覆盖保温法""蒸汽模板法""冻结法"，保证了工期和工程质量。该厂的建成，加快了山西省大规模经济和工业化建设的步伐。

鉴于太原第二热电厂兴建在即，1954 年 4 月 21 日，太原热电站更名为太原第一发电厂。至 1956 年 6 月 17 日 5 号锅炉建成，太原第一发电厂两台 1.2 万千瓦和 1 台 2.5 万千瓦机组的一期工程全部竣工。紧随其后的二期工程 1 台 2.5 万千瓦机组也于 1956 年 12 月 2 日投产发电。这两期工程均属苏联援建项目，总装机容量为 7.4 万千瓦。

太原第一发电厂建设过程中，由于只强调轰轰烈烈，忽视扎扎实实；只强调工程进度，忽视经济指标，造成严重浪费，在场地布置、劳动力组织和机械工具使用等方面存在混乱现象，土建施工高峰期现场人数达到 7000 人。周恩来总理就建设中存在的问题在北京专门听取汇报，并于 1954 年 9 月 23 日在第一届全国人民代表大会上所作的政府工作报告中指出："工业方面另一个重要的问题是许多部门和企业不重视节约资金，不重视管理财务成本形成巨大浪费。《人民日报》1954年8月16日发表的太原热电站建设工程中的浪费情况，就是一个惊人的例子"。"360"工程管理者及时总结经验，吸取教训，编制施工组织设计、冬季施工和组合安装工艺，制订技术规范和现场管理制度，理顺各项管理工作，提高了施工技术、运转操作技术和基建、生产管理水平，迅速控制了混乱局面，为加快建设打下了坚实基础，为进一步发展华北的电力工业创造了条件。

1958年，随着国家工农业生产"大跃进"的开展，社会用电需求急剧增长，太原第一发电厂着手实施了第三期扩建工程，并于这年1月18日更名为太原第一热电厂。三期工程是在吸收借鉴苏联对二期工程设计经验的基础上，由国内首次自主设计和组织设备建造的。工程设计单位为北京电力设计院，主机设备由哈尔滨三大动力厂制造，单台机组容量为5万千瓦，是当时国内最大的火力发电机组。

十二、河北石家庄热电厂

石家庄是新中国棉纺工业和制药工业的重要基地，1954年3月由国家计划委员会核准，兴建石家庄热电厂。

石家庄热电厂是河北省第一座中温中压供热电厂，工程设计由苏联电站部热电设计院莫斯科分院承担，厂区地质勘测由东北电力设计分局勘测队负责，建筑安装由电业管理总局基建工程管理局第八工程公司承担。一期工程安装2台1.2万千瓦供热机组，装配4台75吨/时中压煤粉锅炉，工程编号为"194"，设备由苏联成套提供。该厂从1954年4月开工建设，当时工程施工条件和生活条件很差，施工机械设备和技术手段都很落后，仅有一台马斯达吊车和一台铁路吊车，几台皮带车床。厂房基础由人工开挖，混凝土靠人工提料，建设厂房、烟囱，上料全靠人搬、肩担，木材加工靠人拉大锯，大件运输靠滚杠绞磨，吊装主要靠三木塔、滑轮、卷扬机或自制扒杆。就是在这种条件下，广大建设者自力更生、艰苦努力，克服重重困难，保持了较快的建设速度，2台机组分别于1956年4月10日和12月28日相继投产，1957年1月向热网供热。

由于一期工程建设提前完成，原计划"二五"期间建设的二期扩建工程提前到1957年4月开工，扩建2台1.25万千瓦凝汽式汽轮发电机组、2台75吨/时煤粉锅炉，设备由民主德国成套提供，工程设计由长春电力设计分院承担。二期工程原拟在1959年建成，实际仅用了8个多月，于1957年末基本建成，两台机组于1958年1月和3月正式移交生产。两期工程4台机组共计装机容量4.9万千瓦。

石家庄热电厂的建成投产，结束了河北省无供热机组的历史，为石家庄工业化建设提供了可靠的电力和热力保证，同时，也为河北省电力施工企业的发展提供了基地和经验，从此，河北省电力建设揭开了序幕。

十三、北京热电厂

北京热电厂位于北京市长安街东延长线，时称北京东郊热电厂，为中华人民共和国成立后在北京建设的第一座高温高压热电联产电厂。发电设备装机容量在1960年代初曾占京津唐电网容量的25%，其中10万千瓦的4号机组，在当时是全国单机容量最大的机组。该厂供工业生产用的蒸汽量为700吨/时，相当70台中型工业锅炉产生的蒸汽量；供生活采暖用的热能为200个百万大卡/时，可满足354万米²建筑面积的暖气用热。该厂的建成投产，对服务中央领导机关，缓解首都用电紧张局面，改善北京人民生活条件发挥了重要作用。

北京热电厂1955年开始建设。1958年9月20日，第一台1号机组（苏联制造的2.5万千瓦）发电。10月19日，2号机组（苏联制造的2.5万千瓦）正式投产。12月27日，建成蒸汽管道7.2千米，正式对外送汽，供棉纺、化工、酒精、制药等9家工厂生产用汽。12月29日，建成热水管道6.2千米，向2.75万米²建筑供热。北京城市集中供热事业自此开始，北京热电厂成为首都重要的电源热源支撑点。当时北京热电厂的集中供热替代了350多个小型采暖锅炉，有效保护了北京的大气环境。

1959年，开始安装中国第一台5万千瓦高温高压机组。进入关键调试阶段时，苏联政府单方面撕毁合同，撤走专家，带走重要图纸资料，停止了设备和材料供应。在一无图纸资料、二无安装经验的巨大困难面前，广大工程技术人员和电力工人发扬自力更生、艰苦奋斗的精神，发挥聪明才智，硬是让工程顺利建成投产。1959年3月3日，3号机组（苏联制造的5万千瓦）正式投产。9月30日，4号机组（苏联制造的10万千瓦）投产，这是中国第一台10万千瓦的汽轮发电机组。1960年9月6日，5号机组（苏联制造的5万千瓦）投产。

在北京热电厂工程建设中，中国技术人员第一次自己整套编制组织施工设计，采用大组合和预检修、预装配的施工方案，推行土建、安装大交叉作业，第一台机组仅用14个月就投产发电，创造了当时电力建设工期短、速度快、质量好的先进纪录。

十四、山西太原第二热电厂

1954年4月，经燃料工业部批准，在太原市北郊区向阳店建一座热电厂，即太原第二热电厂，暂定名为太原第五发电厂，代号"402"。当时，筹建太原第五发电厂是保密的，电厂主要为邻近的江阳化工厂、兴安化学材料厂、新华化工厂等三个化工厂供热供电。

1954年12月，燃料工业部电业管理总局设计管理局北京设计分局完成工程的地形测绘。1955年确定建厂位置，开始"三通一平"和筹建工作。1956年3月20日，"402"工程破土动工。华北电力建设"402"工区承担机组的安装任务。当年8月，机具特别是钢材供应出现不平衡，工程干干停停，到1957年夏，地下基础才完工。主厂房建设时，终因资金和钢材缺乏，工程被迫缓建，投产计划由1957年第三季度推迟到1958年第四季度。工程筹建处依照苏联专家的建议，将热管道的型钢立柱由全钢架改为混凝土结构，厂房的平台取消密集的钢筋排列，并把钢筋改为焊接钢筋网和预制板。这样，可以节省一半钢材。

工程施工中，土建和安装交叉作业，2台汽轮发电机、2台锅炉一起施工，主要建筑物钢筋混凝土骨架和机电炉基础及安装质量较好。1958年6月和9月，2台2.5万千瓦高温高压机组分别投产。

1958年，太原第二热电厂二期扩建工程和苏联签订供货合同，安装苏联制造的2台5万千瓦机组。随着中苏关系的紧张，这两台机组在陆续供货时，苏联政府撤走了专家，撕毁了合同，致使建设中的3号机组在供应了一些设备后，配套的3号锅炉不予供货，延迟了3号机组的建设时间。直到1964年，将苏联机组改为国产机组后才完成3号机组建设。

十五、内蒙古包头第二热电厂

包头第二热电厂位于内蒙古自治区包头市青山区，是内蒙古自治区第一座高温高压热电厂。到1990年代初，该厂具有8台锅炉、8台汽轮发电机，装机容量42.5万千瓦，成为当时内蒙古西部电网最大的主力发电企业。

随着国家"一五"计划的实施，包头钢铁、447（内蒙古第二机械制造总厂）、617（内蒙古第一机械制造厂）等工厂陆续开工建设，作为447、617厂的配套工程，包头第二热电厂随之诞生。

1954年12月24日，国家计划委员会批准包头第二热电厂计划任务书。1955年1月7日，燃料工业部下达包头第二热电厂计划任务书，工程编号"406"，拟订建设规模为2台汽轮发电机、3台锅炉，单机装机容量2.5万千瓦，全部设备由苏联提供，生产和辅助生产建筑任务也由苏联承担设计，设计中必须考虑电厂最终可扩建10万千瓦机组的基础条件。

1956年3月20日，包头第二热电厂建设工程破土动工。当时的塞北高原春寒料峭，施工困难很大，但首批建设者头顶冰天，脚踏荒原，展开了一场轰轰烈烈的大生产，工程进展非常顺利。

在土建施工和设备安装过程中，苏联先后派出22位专家援助建设。1956年11月，从各地抽调到苏联学习的15位学员分配到厂，开始对新招学徒工进行技术培训和熟悉设备工作。经过一年的紧张施工，主厂房和冷却塔等土建施工任务圆满完成。

1958年7月16日，1号汽轮发电机组圆满完成试运转，正式投产。1958年11月，2号汽轮发电机组投产发电。至此，全厂装机容量达5万千瓦，总装机容量占到了当时呼包电网总容量的74%。

原设计的3号锅炉受中苏关系破裂影响，直到1960年底才移交生产。至此，包头第二热电厂一期工程全部竣工。

十六、内蒙古包头第一热电厂

1953年，包头钢铁厂开始建设。包头第一热电厂与包头钢铁厂毗邻，服务于包头钢铁厂。

1954年4月25日，国家计划委员会批准了燃料工业部关于《包头第一热电站设计任务书》，委托苏联电站部火电设计院负责主要工程设计。1955年11月，莫斯科电力设计院完成了包头第一热电厂主体工程的初步设计。1956年1月，电业管理总局北京电力设计分局完成了包头第一热电厂辅助项目的初步设计。编制了《包头第一热电厂一期工程概算书》，一期工程的概算投资为 1.17 亿元，拟安装 5 台汽轮机、4 台锅炉。

包头第一热电厂于 1957 年冬开始做施工准备，1957 年 11 月 13 日，厂区"三通一平"拉开序幕。1958 年 3 月 22 日，工程开工建设。经过电力建设工人夜以继日、大干快上施工，1959 年 8 月 31 日，1 号锅炉、2 号汽轮发电机组经过 72 小时满负荷试运后移交生产，容量为 2.5 万千瓦，为包头钢铁厂第一炉铁水冶炼奠定了动力基础。

作为包头钢铁厂的动力之源，包头第一热电厂为包头钢铁厂一号高炉出铁提供了充足的热、电动力，并随着包头钢铁厂发展同步扩建。经过两期建设，1961 年 8 月，包头第一热电厂装机容量达到 11.2 万千瓦，成为内蒙古西部电网主力电厂。

十七、湖南株洲电厂

株洲电厂于 1952 年开始筹建，后因国家计划调整，推迟到 1955 年 4 月，燃料工业部才下达株洲电厂设计任务书，规定该厂按凝汽式电厂设计，向湘江机器厂（现南方动力公司）、硬质合金厂，以及株洲各工厂和城市供电。装机容量为 4.8 万千瓦，由苏联设计和提供全套设备。1955 年初开始选址，同年第四季度动工，一期工程共安装两台 6000 千瓦凝汽式汽轮发电机组和 3 台 35 吨/时中温中压煤粉锅炉，由中南工程管理局第五工程公司承担土建施工，电力工业部武汉基建局第四十二工程处承担机电设备安装。1956 年 5 月 17 日主厂房基础全面开工，苦战了一年半时间，2 台汽轮发电机、3 台锅炉分别于 1957 年 9 月 28 日和 11 月 9 日正式投产，并入湘中电网运行。

十八、河南郑州火电厂

郑州火电厂位于郑州西北郊，贾鲁河东岸，京汉、陇海两条铁路之间。于 1950 年 5 月开始选址，1952 年 12 月 6 日破土动工，工程代号为"363"，装机容量为 2 台 0.6 万千瓦发电机组。这是中华人民共和国成立后华中地区新建的单机容量最大的电厂。

选址紧临贾鲁河，可以直接用河水冷却，不必建设耗资巨大的冷却塔，节省成本。工程选址、勘探、设计均在苏联专家帮助下进行，设备全部由苏联提供，常驻工地的苏联专家有 19 人。

1953 年 10 月 24 日，1 号机组试运行成功，正式发电。同年 12 月底，2 号机组投入运行。自此，两台机组全部投产，装机容量为 1.2 万千瓦。1956 年 9 月，电厂扩建 1 台 0.6 万千瓦发电机组（3 号机组），总装机容量增至 1.8 万千瓦，加上郑州市区二马路发电厂的 0.4 万千瓦机组，1956 年郑州市发电装机容量已达到 2.2 万千瓦，相当于郑州市刚解放时发电装机容量的 157 倍。

郑州火电厂的建成，不仅为郑州工农业生产和人民生活提供了电力，而且为全国各地输送了数千名电业工人和干部。该厂为全国兄弟电厂培训电业工人近万名，有力地支援了全国电力工业的建设，被称为"河南电力工业摇篮"。

十九、湖北青山热电厂

青山热电厂位于武汉市青山区苏家湾，毗邻武汉钢铁公司，除一期工程由苏联设计并提供主要设备外，此后五次扩建均是中国自行设计和自行制造的成套设备。

1953 年 6 月，武汉冶电业局成立"武汉热电厂筹备处"，委托燃料工业部电业管理总局 5340 查勘组承担厂址勘察任务。1954 年 4 月，厂址决定在青山，正式定名为青山热电厂。

1954 年 5 月 24 日，国家计划委员会批准青山热电厂一期工程兴建计划，安装 3 台 2.5 万千瓦发电机组，总装机容量 7.5 万千瓦，发电设备全部由苏联提供。

一期工程设计由苏联火电设计院莫斯科分院承担，根据中方要求，设计规模改为 4 台汽轮发电机、4 台锅炉，总装机容量达到 11.2 万千瓦，即安装 2.5 万千瓦抽汽式机组 2 台（担负部分供热任务）、1.2 万千瓦背压机组 1 台（主要承担供热任务）、5 万千瓦凝汽式机组 1 台。

1955 年 11 月 21 日，工程动工。土建工程由武汉冶金建筑总公司总承担。设备安装由电力部武汉基本建设局第四十一工程处（即湖北省电力建设第一工程公司前身）承担。

1956 年 9 月 10 日，1 号锅炉开始组装。1957 年 5 月 27 日，第一台 2.5 万千瓦抽汽式汽轮发电机组安装完毕，8 月 21 日，正式并网发电。一期工程的另外 3 台机组分别于 1958 年 2 月 6 日、10 月 5 日和 12 月 31 日并网运行。其中，1958 年 10 月 5 日投产的 4 号机组是华中地区第一台 5 万千瓦机组。1959 年 2 月 24 日，全部工程正式移交生产，比计划提前 3 个月完成，装机容量占当时湖北省总装机容量的 61.36%。青山热电厂的建成投产，结束了中国长江以南无高温高压火力发电厂的历史。青山热电厂一直是华中电网的主力发电厂，是鄂东电网的重要电源支撑。

一期工程建设后期，中苏关系恶化，苏联单方面撕毁协议，撤走专家，对一期工程结尾工作造成极大困难。广大建设者依靠自己的力量，完成了 4 号机组的安装和调试。

二十、河南洛阳热电厂

洛阳热电厂位于洛阳市涧西区，北邻涧河，东临华山路，西、南两侧与洛阳第一拖拉机制造厂毗邻。

中华人民共和国刚成立时，历经战争创伤的洛阳电力工业几乎全面瘫痪，保存下来一个只有 500 千瓦装机容量的小电厂。1954 年 1 月 8 日，国家决定建设洛阳热电厂。

1955 年 2 月，苏联援建专家工作组来到洛阳，正式确定了热电厂的厂址。1955 年 10 月，国家计划委员会批准了洛阳热电厂的初步设计，当年冬天，洛阳热电厂建设工程全面铺开。一期工程采用由苏联制造的 2.5 万千瓦供热机组 3 台，170 吨/时锅炉 4 台。

从 1956 年 6 月 20 日主厂房动工开始，到 1957 年初锅炉钢架进入厂房安装，只用了 7 个多月的时间；从主厂房开挖，到 1957 年 12 月 6 日第一台 2.5 万千瓦机组投产，历时仅 18 个月。第二台机组于 1957 年 9 月下旬开始安装，1958 年 6 月竣工投产。第三台机组于 1958 年 8 月竣工投产。至此，一期工程全部完成，总装机容量达到 7.5 万千瓦。

洛阳热电厂是河南省投产的第一座高温高压机组热电厂，为全省积累了高温高压机组生产运行经验，培养了专业的技术人才，为河南省电力工业的发展打下了基础。

二十一、云南开远发电厂

开远发电厂位于开远市城南 1.5 千米的平坝山脚，是云南第一座中温中压燃煤凝汽式火力发电厂。1953 年，为加速开发云南锡矿资源，中央重工业部提出在开远建设一座中型火力发电厂的计划，经国家计划委员会批准，列为苏联援建的 156 项重点工程之一。一期工程安装 1 台 4000 千瓦和 2 台 6000 千瓦汽轮发电机组，主机设备由苏联提供。1955 年 5 月 4 日，主厂房破土动工。第一台机组于 1955 年 11 月 19 日开始安装，于 1956 年 3 月 17 日正式投产发电，比国家计划投产工期提前两个月。2 号、3 号机组分别于同年 7 月 14 日、9 月 15 日移交生产，创造了一年完成 3 台机组的快速施工好成绩。一期工程实际完成投资比计划投资减少 25%，从主厂房破土动工到第一台机组投产发电，建设工期仅为 313 天。开远发电厂一期工程 1.6 万千瓦机组的投产，使滇南电力装机容量增长了 1.55 倍。

二十二、四川重庆发电厂

重庆发电厂位于重庆市九龙坡区五龙庙。第一期工程建设称为"西厂"。中华人民共和国成立后，日益恢复的国民经济和有计划开展的经济建设，使重庆动力资源严重不足的矛盾突出。1950 年 9 月，西南电业管理局会同苏联专家对几个厂址进行了勘察，1952 年确定了重庆发电厂厂址。同年底，重庆发电厂动工兴建。

1952 年底，一期工程 2 台 1.2 万千瓦机组开工建设。由西南建筑工程管理局第七工程处承担土建工程，西南电力工程公司第一工程队承担设备安装，云南、贵州、四川三省 40 多个单位协作。1 号机组于 1954 年 4 月并网，20 日该厂举行开机典礼，参加庆典的有中共西南局、西南行政委员会的领导，中共重庆市委、市政府领导，西南电业管理局领导，苏联专家，重庆市各厂矿负责人，工农业劳动模范，军区战斗英雄和各机关团体代表共 3000 多人。在庆祝典礼会上，贺龙、李达、高治国和苏联专家代表分别讲了话。会上宣读了燃料工业部陈郁部长的贺电。最后，大会向党中央、毛泽东主席发了致敬电。会后，贺龙为发电厂剪彩。8 月 23 日，工程通过总验收，整个一期工程历时 1 年零 135 天，总装机容量 2.4 万千瓦。

二十三、四川成都热电厂

1951 年初，川西行政公署工业厅决定，在成都市近郊建设一座火力发电厂。于是，被列为成都市三大重点建设工程之一的成都热电厂一期工程开始建设。一期工程的 5000 千瓦中温中压机组，是国民党经济部资源委员会 1947 年从美国进口，国民党从重庆溃逃时沉入长江，中华人民共和国成立后人民政府组织打捞起来，并投资 32 万元重新配件修复而成的，定名为 1 号机组。

新建电厂当时定名为成都电业局成都发电厂。一期工程 1953 年 10 月破土动工，1955 年 5 月 1 日，1 号机组正式并网发电，使成都地区装机容量达到 1.05 万千瓦，初步缓解了当时城市供电紧张的局面。

成都发电厂一期工程竣工投产后，正值中国国民经济第一个五年计划开始实施。大规模经济建设的展开，对电力发展提出了更高的要求，成都发电厂二期扩建工程便提上了重要议程，被列入苏联援建的 156 项重点工程项目。

成都发电厂二期扩建工程设计为 2 台汽轮发电机、3 台锅炉，安装 2 台苏联制造的 2.5 万千瓦高温高压供热机组（2、3 号机组）。1956 年 11 月中旬，主厂房基础动工，1957 年底基本完成土建施工。1958 年 3 月，两台机组进入安装阶段，锅炉钢架、水冷壁、省煤器、过热器等大件采用地面组合整体吊装的方法，汽轮机本体设备完成了基础垫铁研刮、汽缸组合、隔板清理和行车安装试运。施工创造了 7 天吊装锅炉汽包、水冷壁，21 天扣汽轮机大盖，35 天完成给水管道并试水压的三项同类型电力设备安装新纪录，全部安装任务比计划提前一个季度竣工，全部转动机械均一次启动成功。1958 年 9 月 13 日，2 号机组正式投入运行，这是四川省历史上第一台高温高压热电联产机组，成为四川省电力工业发展的一个里程碑。随后，3 号机组于 1959 年 1 月投产发电，二期扩建的 2 台机组全部顺利投产。

在机组调试启动期间，由于成都地区电网系统容量小，不能满足新建机组电动给水泵启动需要，经四川省电力局同列车电业局协商，暂调 1 台 2500 千瓦列车电站到成都。1958 年 4 月，第十四列车电站进厂，并入成都电网运行。1956 年 8 月，开始安装热力管道。1959 年 6 月，工程竣工并开始向 13 家企业供热。2 号、3 号机组投产后，电厂发电能力增长 10 倍，成都市东郊工业区的供热问题由此得以解决。

1957 年 12 月，成都发电厂更名为成都热电厂。

二十四、苏联援建的 13 个电力设备制造项目

电力是现代化工业的命脉。电气化程度是体现国民经济和科学技术的重要标志。电器工业肩负着提供电能生产、传输、变换、分配和使用整个流程的各种装备，为国民经济以及人民生活提供电气化所需的各种各样电气设备的任务。电器工业能否按不同用户的需要提供先进、适用、技术经济性能好的电工产品，与国民经济各部门的发展、技术进步和经济效益休戚相关。

电器工业涵盖了从发电设备、输变电设备、供用电设备和电工基础元件、基础材料在内的制造业。中华人民共和国成立之初，中国的电器工业中不少电工产品的制造还是空白。按"一五"计划的基本任务要求，电器工业在"一五"时期重点发展冶金设备、发电设备、采矿设备、运输机械和农业机械，既有基本建设任务，又有繁重的产品开发和生产任务。

1952 年 8 月，第一机械工业部成立。1953 年 1 月，成立了第一机械工业部电器工业管理局的筹备机构。同年 2 月 22 日，第一机械工业部电器工业管理局成立，下有直属国

营和公私合营工厂 42 家，电机安装工程公司两家，设计研究单位 4 家及学校 6 所。从此，全国有了一个具体领导和管理电器工业的机构。

"一五"期间，电器工业大规模基本建设是结合中华人民共和国成立后第一次大规模技术引进及进口装备而进行的。苏联为这些项目提供了工厂设计、产品设计、图纸和工艺文件，还提供了许多设备。苏联还派出各种专家约 160 人，为中国培养实习生 200 多人。这次引进充分利用了当时有利的形势，组织准备工作进行周密。本着以自力更生为主、争取外援为辅的建设方针，中国在引进苏联技术及进口苏联设备的同时，充分使用国产的设备和器材。凡能自制或由国内供应的，在设备分交时都尽量利用国内的设备和器材。厂房基建也都是国内自行施工的。

"一五"时期，在第一机械工业部电器工业管理局系统中，有 30 家工厂全部投入生产，6 家工厂部分投产，竣工面积 121.5 万米 ^{2}，使电器工业生产能力大增，新增年生产能力为发电机 54 万千瓦、电动机 35 万千瓦、变压器 1390 兆伏·安、各种电线电缆 12 000 吨、仪表 103.5 万只、高低压开关板 8000 面。

在"一五"时期建设的这些项目中，包括纳入苏联援建中国经济建设 156 项重点工程的 13 个电力设备项目：改建沈阳电缆厂，新建哈尔滨电表厂、哈尔滨电碳厂、哈尔滨电机厂汽轮发电机车间、哈尔滨锅炉厂一期和二期、哈尔滨汽轮机厂一期和二期、西安开关整流器厂（包含西安高压电器研究所）、西安高压电瓷厂、西安电力电容器厂、西安绝缘材料厂、湘潭电机厂船用电机车间。西安高压电瓷厂原布点在湖南湘潭，为了与开关整流器厂和电力电容器厂配套，改在西安建厂；西安绝缘材料厂原定在上海建厂，也是为了就地协作配套的需要，改在西安建厂。这样，156 工程项目中 4 个安排在西安输变电设备制造基地建厂。

1955 年初，西安建设的 4 个项目陆续动工。1958 年 6 月，西安电力电容器厂首先建成投产，到 1960 年 12 月，西安开关整流器厂（包含西安高压电器研究所）、西安高压电瓷厂和西安绝缘材料厂亦相继建成投产。西安输变电设备制造企业的建设，对改善中国电机工业布局，发展西部电力事业，具有十分重要的意义。

朝鲜战争爆发后，中共中央指示东北人民政府，疏散沈阳的工业企业。东北电工一厂由沈阳迁至阿城，建成阿城仪表厂，不久又将阿城仪表厂的电工仪表和电能表的生产能力，迁至哈尔滨，建设 156 工程之一的哈尔滨电表厂。东北电工七厂的电线车间，部分迁至哈尔滨，建成哈尔滨电线厂，留在沈阳的生产能力，成为 156 工程之一的沈阳电缆厂的建厂基础。

湘潭电机厂的一期扩建工程开始于 1951 年，并于 1953 年纳入国家"一五"计划重点工程，后来随着 156 工程之一的新建船用电机车间项目的实施，湘潭电机厂又进行了二期扩建。1957 年 8 月破土动工，1962 年 12 月建成。经过两期扩建，湘潭电机厂初步成为一个大型综合性的电机电控成套设备制造厂。作为电工行业的元老企业，该厂为中国电工企业输送了一批又一批技术人员。为国家建设做出重要贡献。

这些工厂为"一五"时期中国电力工业的建设和发展提供了可靠保障。这些工厂直到现在，绝大多数仍然是中国电器工业的主导厂和骨干企业。

第三节 "一五"电力的自主发展

第一个五年计划执行期间，电力工业各级人员在积极认真建设苏联援建的 23 个火力发电项目、引进捷克和苏联电力设备制造技术建设中国大型火力发电设备制造基地、学习苏联技术及管理的同时，生产供应行业的有关人员在认真学习消化吸收有关技术的基础上，总结行业生产技术人员在日常工作中创造的一些好的做法、好的经验并进行推广，制订和发布一些规章制度，以期提高电力设备运行的安全性和经济性；发电设备制造企业的技术人员在采用引进技术制造设备的过程中，在认真学习消化吸收有关技术的基础上，开始考虑技术创新；电力科研机构在组织重建；设计和施工队伍在逐步建立和扩大；开展职工技术培训。所有这些工作，都是在为自力更生发展中国的电力工业进行准备。

一、强化电力安全生产基础建设

1953 年春，在中央一次讨论财经工作的会议上，针对有人反映电力工业事故很多，经常停电，毛泽东主席指出："电力生产事故已成为工业界的一大灾难"。当时的燃料工业部陈郁部长要求立即向全国电力工业职工层层传达，广泛深入地进行反对电力事故，保证安全发供电的教育。此后在 1953、1954 年的两次全国电力生产会议，1955、1956 年先后两次全国电业劳动模范大会和先进生产者大会上都强调了要开展反事故斗争，要求各电力生产和施工单位制订反事故措施计划，减少电力生产事故，提高电力生产的安全性和可靠性。

1953 年 4 月，"科学安全运行法"经过丰满、抚顺、唐山、下花园、天津一厂、石景山、青岛等七个重点发电厂的反复试验，认为它是有效贯彻执行有关安全运行规程、建立运行秩序、促进运行合理化、消灭运行事故，特别是防止由于运行不合理而造成的设备慢性潜伏事故，消灭误操作和及时发现隐形事故，保证发供电的良好工作方法。因此，电业管理总局和电业工会发出《关于认真执行"科学安全运行法"的联合通知》，决定在全国发电厂及变电站普遍推广执行。

1953 年 6 月 4 日，电业管理总局召开的全国电业热效率会议结束。大会讨论通过了"争取完成和超额完成本年度煤耗定额任务""加强热工专责制及改善热工技术管理"和"大力推行燃烧低质煤"等三项决议。

1954 年 3 月 6 日，全国电业生产会议召开。主要内容是：一是电力工业五年发展计划及 1954 年的任务；二是坚持安全发供电的方针，力争安全情况好转；要求发电厂和供电系统基本消灭 14 种责任事故；三是贯彻厂长负责制；四是有计划地进行干部培训；五是防止骄傲自满，树立整体思想。陈郁部长在报告中说，中央对电力工业的指示十分明确，"电业部门首要的和经常的任务，就是必须认真地贯彻为用户的思想……以保证发电供电的安全"。

1954 年 7 月 12 日，电业管理总局和电业工会联合发出《关于开展技术革新运动的指示》中指出：电力工业的技术革新运动首先应贯彻陈郁部长在全国电业工作会上提出的各项具体指示，以保证安全发、供、用为重点，做到基本上消灭发、送、变、配电系统各项频发性的责任事故；其次是挖掘潜在力量，提高运行经济性，改善工作人员的作业安全和劳动条件；相应地改善劳动组织，改善企业的经营管理。

1954年9月10日，电业管理总局发出《关于修订现场规程的指示》，并责成电业管理总局生产技术处主持编发各种典型规程并试行。修订现场规程的工作则由发电厂、线路管理所的总工程师领导进行。

1954年9月15日，燃料工业部发布命令，公布《电力工业技术管理暂行法规》。这个法规是在不断补充修订安全运行和检修各项规程的基础上于1953年形成并开始试行，在对一年试行期间的问题进行修改完善后正式发布的。该命令称，《电力工业技术管理暂行法规》是电业一切工作的基本大法规，要求组织全体干部职工学习，进行考试。该法规规范、简化了中国的电压等级，把6千伏、10千伏、35千伏、110千伏和220千伏定为标准电压。1957年7月9日，电力工业部发布命令，对该法规又进行局部修改。

1955年10月24日，电力工业部发出《关于重点推广全国电业安全运行经验的决定》，决定中指出：第一届全国电业劳模大会总结了几年来电业职工在各条战线上的模范事迹，各管理局、电业局、发电厂和线路管理所都应负起推广和学习这些先进技术和先进经验的责任。针对当前全国电业不安全的情况，决定首先重点推广保证长期安全运行的鸡西发电厂汽轮机车间、大同电厂锅炉分厂、南京下关电厂电气分厂、哈尔滨一次变电所及湘中电业局下设司线路工段等单位的安全运行经验。

1955年10月25日，电力工业部颁发"反事故措施计划的编制、执行与监督暂行办法"，要求各单位有计划进行反事故工作。

1955年11月4日，电力工业部和中国电业工会全国委员会发布《关于加强领导，把劳动竞赛推向新的高潮的联合指示》，同时发布全国电业系统劳动竞赛条件、电力部所属生产企业劳动竞赛奖励暂行办法。开展劳动竞赛的目的是调动广大职工群众的积极性和创造性，完成第一个五年计划中的电力工业任务。

1956年2月25日，电力工业部制订《反事故技术措施》，要求各局、厂分批分期地组织到反事故措施中去，严格贯彻执行。

1956年4月29日，电力工业部发布《消灭电业生产中的20种事故》的命令。同年8月15日，电力工业部又发布在基本建设系统消灭6种恶性事故的命令。

1956年5月，电力工业部发出《关于积极推行"全国电业燃烧低质煤技术经济交流会议决议"的指示》，要求各电厂立即制订燃烧低质煤的技术组织措施，订出本厂最大可能达到的低质煤掺烧比，加以贯彻执行。

1957年3月，电力工业部召开动力科学研究会议，综合提出了发展中国电力工业技术政策的10项建议，这些建议对于后来的电力工业计划和电力建设指出了明确的方向。其中与火力发电有关的有这几条：① 发展高温高压及超高温高压大型火力发电设备；② 结合工业需要大力建设供热电厂；③ 必须最大限度地利用当地劣质煤，利用选煤厂洗渣及其他二次动力资源，尽可能综合利用燃料；④ 电厂设备自动化。

二、第一台国产 6000 千瓦空气冷却汽轮发电机组投产

1953 年 11 月，燃料工业部决定在安徽省淮南建设一座火力发电厂，并安装国产第一套 6000 千瓦汽轮发电设备。安徽电力工业建设从此进入新的发展时期。1954 年 1 月，根据燃料工业部、安徽省人民政府和华东电业管理局的指示，组成以淮南电业局、各有关部门负责人参加的 17 人选厂委员会。选厂委员会预选的厂址共有四处。选厂委员会综合比较厂址当时的现有状况及将来发展条件后，决定在田家庵发电厂第一发电所原址扩建，并报华东电业管理局及燃料工业部审批。

田家庵发电厂原名淮南电厂，是淮南矿路公司的自备电厂，位于淮南市田家庵区的淮河之滨，中华人民共和国成立后收归国有。田家庵发电厂始建于 1941 年，首台机组于 1943 年投产，1949 年发电设备装机容量为 7200 千瓦（不包括该市大通矿的 1000 千瓦机组），职工 284 人。

1954 年 5 月，燃料工业部及华东电业管理局批复成立淮南电业局新机筹建委员会。田家庵发电厂一期扩建 4 台 6000 千瓦的汽轮发电机组，定名为 4102 工程，采用中国从捷克引进的 6000 千瓦和 1.2 万千瓦发电设备制造技术、国内制造的第一台（批）6000 千瓦汽轮发电机组。蒸汽参数为压力 3.43 兆帕、温度 435 摄氏度，汽轮机为冲动凝汽式，发电机为空气冷却式❶，锅炉为 40 吨/时链条炉，分别由上海汽轮机厂、上海电机厂、上海锅炉厂制造。

扩建工程由燃料工业部电业管理总局设计管理局华东设计分局设计，电业管理总局第九工程公司承建。

1955 年 1 月 10 日，水泵房工程开工，4 月 1 日主厂房破土动工。在工程施工中，工人们创造了组合施工、平行作业、交叉作业和流水作业的先进经验，合理调整劳动力组织，实行计件工资和奖励制度，大大提高了电建职工的劳动热情，加快了工程的进度。1955 年 8 月 23 日，第一台机组安装完毕，工期比原计划提前近四个月。1956 年 2 月 29 日，机组成功投产。

国产第一台 6000 千瓦发电机组的诞生，充分证明了中国已具备自行设计、制造、安装 6000 千瓦发电机组设备的能力和水平，是中国成套发电设备国产化的起点，拉开了中国自行设计、自行制造、自行安装国产发电设备的帷幕，成为新中国电力事业发展的一个良好开端。与国外同类型设备相比，运行时的机组振动和汽轮机调速系统工作情况都达到了优良标准，并于 1965 年创下安全生产 684 天的纪录，1957 年 11 月 29 日，4 台机组全部竣工投产。

此后，淮南田家庵发电厂紧跟新中国电力事业建设步伐，不断发展壮大，1970 年 3

---

❶ 按冷却介质不同，汽轮发电机可分为空气冷却、氢气冷却、水冷却汽轮发电机。冷却介质和冷却方式直接影响发电效能，其中空气表面冷却的效能最低，加压氢气内部直接冷却的效能要提高约 10 倍，而水内冷的效能则比加压氢气内部直接冷却更好。

月，田家庵发电厂第四期扩建工程引进两台波兰制造的 12 万千瓦汽轮发电机组。至 2006 年，历经 7 期扩建，该厂装机容量达到 111.5 万千瓦，成为中华人民共和国成立前建厂原址发展装机容量超百万的火力发电厂之一。

1960 年 4 月，第一台国产 6000 千瓦双水内冷汽轮发电机组在山东省枣庄电厂投产。

三、列车电站的创建和发展

列车电站就是将火力发电机组装于列车上，成为可通过铁路直接转移的机动电源。燃煤发电机组包括锅炉、汽轮机、电气、水处理、水塔、材料、修配、办公等车厢，燃气轮机组无锅炉和汽轮机，列车电站一般为 8～14 节车厢。

列车电站的机组容量虽小，但机动灵活，哪里缺电，哪里急需电源，就可以在短时间内将列车电站调往哪里，列车电站到达新的基地后，最快可在 3 天之内装好发电。

1950 年 10 月，燃料工业部电业管理总局修建工程局组建第四工程队，决定从无锡双河尖第二发电所接收一套移动发电设备，正式组建中国第一台列车电站，装机容量 2500 千瓦。这台移动发电机组是 1946 年 10 月，国民政府经济部所属扬子公司从英国茂伟公司购置的，安装在常州戚墅堰电厂，后迁至无锡双河尖第二发电所，俗称"老二站"。其有两次突出的应急调迁发电。一次是 1952 年 7 月上旬，由于鸭绿江水丰发电厂在美军空袭中被炸，位于抗美援朝前哨的安东失去主要电源，"老二站"奉命从河北石家庄急调安东，经过 7 天紧急安装，开机发电，保障了空军机场、高炮部队、防空雷达等重要军事设施及安东市用电。为此，燃料工业部特制"抗美援朝纪念章"，颁发给当时的工作人员。另一次是 1954 年 7 月初，在武汉防汛抗洪关键时刻，"老二站"紧急奉命调迁，昼夜兼程开进武汉，停靠在长江边丹水池列车机务段。经过 72 小时紧急安装，7 月 10 日发电，承担市区水泵排水供电任务。在武汉防汛中，"老二站"被评为二级红旗单位，一批职工立功受奖。

与此同时，华东、东北、中南等地区电力部门也开始组建列车发电厂，到 1955 年底，已有 5 台列车电站投运（分别是佳木斯的第一列车电站，萍乡的第二列车电站，西安的第三列车电站，武汉的第四、第五列车电站），总容量 1.3 万千瓦。1955 年 7 月，第一届全国人民代表大会第二次会议通过的国民经济发展"一五"计划，列有"购置流动列车发电设备五套"的内容。1956 年 2 月 29 日，北京电管局根据电力工业部的指示，决定成立列车电业局，负责统一管理全国列车电站及其他流动电站的设备、生产和基建工作，列车电站迎来了一个大发展时期。

1956—1961 年，从苏联进口列车电站 6 台，总装机容量 2.4 万千瓦；1957—1961 年，分六批从捷克进口列车电站 26 台，总装机容量 6.5 万千瓦；1960 年，从瑞士进口两台 6000 千瓦燃气轮发电机组，到 1962 年底，列车电站发展到 62 台，总装机容量 14.28 千瓦。

在同一时期，中国对实现列车电站国产化进行了大胆实践，1957 年 11 月，第一机械工业部、电力工业部、电机制造工业部联合发布《关于列车电站设计与试制工作的联合决定》，在北京成立列车电站设计试制委员会，在上海成立设计试制工作组，并明确了设计试制工作分工：上海电力设计院负责设计，上海三大动力设备厂提供锅炉、汽轮机和发电机等主要设备，齐齐哈尔车辆厂提供车辆，1959 年末试制出首台国产 LDQ-I 型 6000 千瓦蒸汽列车电站。

列车电业局也发扬自力更生、团结协作精神，克服重重困难，自制列车电站，1959 年 10 月，国产第一台 2500 千瓦列车电站在保定并网投运。此后，又完成了 4 台列车电站机组的设计制造，总装机容量 1.55 万千瓦，弥补了电站数量和容量不足，锻炼培养了列车电站队伍的技术创新能力。

1962 年以后，中国列车电站的发展以增加国产 6000 千瓦电站为主，1963—1982 年，列车电站共增加 20 台，其中 18 台为 6000 千瓦及以上容量机组，机动性能和经济技术性能都有所提高，总装机容量达到 14.5 万千瓦。在燃气轮机组方面，不仅制造出了 6000 千瓦机组列车电站，而且密切关注世界燃气轮机技术的发展，70 年代进口的加拿大 9000 千瓦燃气轮机和英国 2.3 万千瓦燃气轮机，都代表了当时世界燃气轮机发展的较好水平。

随着列车电站的增加，作为大后方的列车电站基地也逐步建立。1956 年与列车电业局机关同时建设了保定装配厂（保定列车电站基地）。此后，又相继在 1958 年建设武汉（中南）基地；1965 年建设宝鸡（西北）基地；1975 年建设华东（镇江）基地；并筹建东北（双城堡）基地，扩建武汉基地。到 70 年代末，除东北（双城堡）基地没有建成外，其他各基地都已成为具有一定规模的电力修造企业。四个基地承担了列车电站安装调试、大修及事故抢修、备品备件制造，以及协助电站调迁、电站分区管理、流动职工安置等多项任务。

1960 年前后，曾有 10 台列车电站、总计 12 台（次），为国防工业和国防科技提供电力。其中 6 台列车电站开赴湖南、甘肃、青海等地，为核工业基地、火箭发射基地提供电力，保障了"两弹一星"研制的顺利进行。

1958 年 10 月，第 5 列车电站奉命调迁湖南郴州许家洞，单机运行，为湖南二矿❶开采提供电力。电站职工克服生活困难，消除核污染危险，努力保证安全生产。1964 年 10 月，中国第一颗原子弹爆炸成功，711 矿被誉为中国核工业第一功勋铀矿，其中也有列车电站的贡献。

1962 年 5 月，为保证 404 厂❷的电力供应，第 1 列车电站奉命调到 404 厂发电，保证了科研和生产的顺利进行。1963 年 12 月，中国原子弹研制进入关键时期。为确保 404 厂的供电，第 12 列车电站又急调 404 厂，两站并网发电，为原子弹爆炸试验提供了可靠的电力保证。

1962 年 11 月，第二机械工业部党组以 1964 年爆炸试验第一颗原子弹为总目标，向

---

❶ 1950 年代后期，国家决定在湖南郴州开发铀矿，1957 年 10 月，中南矿业公司筹建 411 矿（1958 年更名为湖南二矿，1964 年更名为 711 矿），1994 年停产，2004 年宣布破产。

❷ 404 厂，是中国建设最早、规模最大的核工业综合性科研生产基地，位于甘肃省嘉峪关市以西约 100 公里处，设有铀浓缩生产线、核部件加工、核反应堆等，是生产原子弹的关键企业之一。现名称中国核工业总公司第四零四厂，主要业务是处理核废料。

中央军委报送了"两年规划"。作为负责研和总装原子弹的 221 厂❶，也进入了攻关的关键时期。为了确保 221 厂的电力供应，水利电力部急调列车电站为 221 厂供电。1963年 3 月，第 13 列车电站职工抵达住地，所见是一片新搭建的帐篷，共有 20 多顶，帐篷里没有床铺，毛毡直接铺在冰冻的地面上。电站周边见不到一棵电线杆，所有的电缆都埋在地下。电站职工始终不知用电的甲方是谁，用电的工厂在哪里。但神秘的特殊环境，严格的保密制度，使每个人深感责任重大。为了确保安全供电，即使夜间低负荷 1 台锅炉够用的情况下，也必须保持两台炉运行、两台水塔工作，以防万一。为了绝对保证供电安全，1964 年 7 月，第 35 列车电站也奉命调到海晏，与 13 站一起为 221 厂供电。

1964 年 10 月，中国第一颗原子弹爆炸成功，举国上下欢腾。在 404 厂召开的庆功会上，1 站和 12 站分别受到表彰。221 厂因保密需要没有举行公开的庆功活动。

1960 年 2 月 20 日，中共中央批准石油工业部提交的《关于东北松辽地区石油勘探情况和今后工作部署问题的报告》，大庆油田会战由此开始，会战期间，列车电业局先后分两批、共调动 4 台列车电站参加会战，保障电力供应。第一批有进口捷克的机组两台，总装机容量 5000 千瓦；第二批有进口瑞士的燃气轮机组两台，总装机容量 1.24 万千瓦。

在"三线"建设中，总计有 23 台（次）列车电站，辗转在云南、贵州、四川等偏远地区，为贵黔、成昆、贵湘铁路建设以及六盘水区的开发等提供电力服务。

1983 年 4 月列车电业局撤销前，拥有列车电站 67 台、船舶电站两台，另有拖车电站14 台，总装机容量近 30 万千瓦，约占当时全国发电装机容量的 1.9%。作为电力系统中的一支机动电源，30 多年间，列车电站数百次调迁，在备战、抢险、救灾、基本建设等方面，发挥了机动灵活的优势，为提供电力保障发挥了重要作用。

四、编制电力工业远景发展轮廓方案

电力部门从 1953 年开始，在全国范围建立了统一的计划制度。三年恢复和"一五"计划时期，中国的经济建设是严格按照国民经济计划进行的。中国计划工作的起步是在苏联专家的指导下开始的。1954—1955 年上半年，燃料工业部组成电气工作组，在苏联专家的指导下，根据国家计划委员会发展国民经济十五年综合规划草案的要求，编制了《中华人民共和国电力工业远景发展轮廓方案（1953—1967 年）》（简称《远景发展轮廓方案》）。该方案编制的主要目的是明确今后中国电力工业的技术发展方向和电力工业远景计划的编制方法。

编制的主要任务是：① 确定发电量与供热量的增长数字；② 选定主要发电厂的型式、容量及分布地区；③ 确定动力设备、资金、燃料与劳动力的需要量。

编制中按照下列五个方面的技术政策，提出了电力建设计划：① 建立新的和扩大现有的电力系统，使电力生产集中；② 建立供工业用的热电厂和供工业及市政采暖公用的

---

❶ 221 厂，对外称为青海矿区，是西北第一个核武器研制基地，位于青海省海晏县境内的金银滩草原上。1987 年国务院、中央军委做出撤销 221 厂的决定，1995 年，基地全面退役，更名海西镇。

热电厂，发展热力化事业；③ 采用高温、高压规范的设备；④ 燃用当地燃料、低质煤和洗中煤；⑤ 广泛发展水力发电，建设更多的水电站。

《远景发展轮廓方案》还对以下问题提出了意见和建议：保证电业的先行发展；在建设大型水力发电厂的地区内要综合发展电业和工业；要有计划按比例发展动力机械制造业和电业，提高发电厂及电（热）力网建设的质量、经济性和速度；保证发电厂燃料的合理供应；保证电力工业所需的技术干部；建设凝汽式电厂的问题；电力系统远景发展中注意事项；有关一般性设计研究工作的部署及其他措施。

编制《远景发展轮廓方案》，是中国历史上第一次，得到了苏联专家的帮助，只是后来在执行中受到"大跃进"等冲击，情况变化很大，执行并不到位。但其中涉及的一些技术进步的方向性意见和值得注意的问题，对此后的计划工作有很好的参考价值，有些至今仍然是计划工作中应该探索的问题。特别是《远景发展轮廓方案》提出的发展电网、发展高温高压大机组、发展供热机组等方针，对中国后来的几个五年计划的编制都起到了一定的作用。最重要的收获是在这次编制工作中，培养了一批计划工作干部，为后续电力工业的计划工作打下了良好的基础。

《远景发展轮廓方案》中的规划指标主要有：① 全国发电量由 1952 年的 78.52 亿千瓦·时，增加到 1967 年的 685 亿千瓦·时，增加 7.77 倍；② 发电设备容量由 1952 年的 196.6 万千瓦，增加到 1967 年的 1405 万千瓦，增加 6.13 倍，火力发电设备容量约占 70%；③ 设备年利用小时数由 1952 年的 3700 小时，增加到 1967 年的 4770 小时；④ 平均发电设备备用率由 1952 年的 35.6%，下降到 1967 年的 15.4%。

五、颁布电力设备额定电压及周率标准

在电力工业的发展初期，世界各地存在多种供电电压和频率。中华人民共和国成立前，汽轮发电机组全部来自外国，也有多种供电电压和频率。从美国来的机器，频率大多采用 60 赫兹，从欧洲来的机器频率用 50 赫兹。电压有 220/380 伏与 110/190 伏的区别，欧洲习惯都采用前者，而美国习惯采用后者。欧洲人说，他们的选择可节约用铜量，美国人说，用 110 伏的电灯电压，白炽发光效率较高，这也是节约。因此，中国要订立标准，请教外国专家或教授，各执一词，各有其理由。日本因为举棋不定，分成两个频率区域，联网时要设置变频站，非常不便。

针对这个问题，电力管理部门组织了好几次讨论会，也在中国工程师学会的年会上专题研讨过。结论是：标准工频应采用全世界多数国家采用的 50 赫兹，而不是美国人所鼓吹的 60 赫兹；用户电压应采用三相四线式 220/380 伏，而不是美国式的 110/190 伏。据此，1933 年，南京国民政府公布实行了《电气事业频率和电压标准条例》。

中华人民共和国成立后，中央政府电业主管机关继续将供用电频率规定为 50 赫。1953 年 6 月，燃料工业部颁布的《电力系统调度管理暂行条例》，是中华人民共和国最早规定 50 赫兹为供用电标准频率的文件。

1956 年 6 月 2 日，经中华人民共和国国务院（56）国三办习字第 5 号命令批准，中

华人民共和国第一机械工业部、中华人民共和国电力工业部以（56）机技设字第170号文件颁布了关于《中华人民共和国电力设备额定电压及周率标准》的命令并予以执行。

《中华人民共和国电力设备额定电压及周率标准》规定，交流电力设备的额定频率为50赫兹，额定电压为三类，第一类100伏以下，第二类100伏以上1000伏以下，第三类1000伏及以上。该标准要求如下：

（1）电力工业的基本建设以及各工矿部门有关电气的基本建设的新建工程，不论国内或国外设计均须严格遵照本标准；但在本标准公布前已办妥订货手续，虽不合本标准而变动困难者，仍按原设计办理。

（2）电力工业原有不符合本标准的发电厂或电力网，除在特殊需要的情况下可以适当扩建外，不应再增加任何非标准电压的设备；在进行改建或扩建时，新增加的设备应考虑到可以适用于标准电压，为将来全面改用标准电压创造条件，对于非标准的设备和构筑物，应加以充分利用，于必要时加以适当的改造。

（3）电气制造工业应根据本标准逐步完成标准产品的设计并供给设备。对现有非标准电压系统所需的设备仍继续供应，其技术条件应由订货单位及供应单位的双方主管部洽商决定。

标准附件共5条，对本标准适用的固定发电机、变压器及受电设备，不适用本标准的电气设备、额定频率、额定电压等做出了明确规定及说明。自此，电力工业有了电力设备额定电压及频率的标准依据并沿用至今。

第七章

"大跃进"和三年调整时期的火力发电建设
（1958—1965）

国民经济第一个五年计划的胜利完成，为制定和实施第二个五年计划打下了坚实基础。1956 年 9 月召开的中国共产党第八次全国代表大会正式通过了《关于发展国民经济第二个五年计划的建议的报告》，明确规定了"二五"计划的基本任务。但"二五"计划的执行和实施，却被此后掀起的"大跃进"运动打乱了。

1958 年 1 月中共中央召开了南宁会议，会议提出将"水主火辅"作为发展电力工业的长远建设方针，并确定将电力工业部和水利部合并为水利电力部。1958 年 5 月，中国共产党第八次全国代表大会第二次会议正式通过了"鼓足干劲、力争上游、多快好省地建设社会主义"的总路线。会议号召全党全国人民认真贯彻执行这个总路线，争取在 15 年或者在更短的时间内，在主要工业产品产量方面赶上和超过英国。会后，在全国各条战线上迅速掀起了"大跃进"的高潮。

"大跃进"期间，在片面追求"高速度"的同时，以高指标、瞎指挥、浮夸风为主要标志的"左"倾错误，使电力工业的建设、生产遭受严重损失。大搞"三边"（边勘测、边设计、边施工）工程、"先简后全"、"简易发电"等，造成许多电厂不能正常运行，或投产后有电送不出，尔后又再做大量的填平补齐工作。

1961 年，中央开始实行"调整、巩固、充实、提高"的"八字方针"，对国民经济进行调整。在调整工作中，电力工业完成了 215 万千瓦发电设备的填平补齐，使已有的 1300 万千瓦发电设备基本上达到安全、满发。

到 1965 年，电力工业有了显著进步，发电设备装机容量达到 1507 万千瓦，其中火力发电 1205 万千瓦，年发电量 571.9 亿千瓦·时，发电设备年平均利用小时为 4920 小时，其中火力发电 5217 小时，发电标准煤耗为 477 克/千瓦·时，厂用电率为 7.98%。年发电量和发电设备装机容量在世界上的排名升到第九位，但大部分技术装备水平和技术经济指标还只达到世界先进国家 40 年代末期的水平，小部分也只有 50 年代初期的水平。

第一节 "二五"电力计划与中央"八字方针"

"二五"计划的前三年，亦即"大跃进"时期，电力工业也像全国各行业一样，在"鼓足干劲，力争上游，多快好省地建设社会主义"总路线的指引下，解放思想，破除迷信，以至计划指标不断攀升。为赶超英美，满足经济社会大干快上的电力需求，如何千方百计多增加"千瓦"容量成为当时电力工业最主要的任务，"多快好省"的"快"也成了工作的核心。1956 年中国共产党第八次全国代表大会正式提出发电设备装机容量的增长速度必须超过发电量的增长速度、1957 年动力科学研究会议对电力发展技术政策的研讨、1958 年南宁会议提出"水主火辅"的电力长期建设方针，以及"大跃进"时期水电项目的集中开工等，都和这一指导思想不无关系。

"大跃进"的热潮持续了 3 年，使中国在探索社会主义建设的道路上走了弯路。到 1960 年下半年，国民经济明显出现严重困难，加之连续 3 年的大面积自然灾害，进一步加剧了农业生产的困难，农副产品特别是粮食供应极度紧张；1960 年 7 月，苏联撤走专家，又给工业建设和生产造成很大影响，一批重大工程建设项目被迫停工，许多新产品研制工作被迫中断。面对严峻的现实问题，中共中央决定开展调查研究，调整建设方针。

1961 年 1 月，中国共产党第八届九中全会讨论了副总理李富春所作的《关于 1960 年国民经济执行情况和 1961 年国民经济计划主要指标的报告》，决定适当缩短基本建设战线和降低重工业发展速度，实行"调整、巩固、充实、提高"的"八字方针"。由此，国民经济转入调整的轨道。

一、"二五"计划的制定及执行

1956 年 4 月，国家计划委员会向中共中央提出"二五"计划和十五年远景计划报告。这个报告成为编制"二五"计划草案和十五年远景计划草案的蓝本。1956 年 9 月召开的中国共产党第八次全国代表大会正式通过由周恩来总理主持编制的《关于发展国民经济的第二个五年计划的建议报告》。该建议报告明确规定了"二五"计划的五项基本任务，并指出第二个五年计划，必须在第一个五年计划胜利完成的基础上，以既积极又稳妥可靠的步骤，推进社会主义的建设和完成社会主义的改造，保证中国有可能大约经过三个五年计划的时间，基本上建成一个完整的工业体系，使中国能够由落后的农业国变为先进的社会主义工业国。在电力方面，规定到 1962 年发电量为 400 亿～430 亿千瓦·时，"二五"期间增加发电设备装机容量 700 万千瓦，较"一五"计划增加发电设备装机容量的指标为 140 万千瓦。

完成第一个五年计划后，电力工业和全国其他行业一样，都建立了一定的物质技术基础，培养出一大批有能力、懂技术、能贯彻党的方针、政策的骨干力量，积累了丰富的经验。社会主义建设出现了欣欣向荣的大好局面，加之朝鲜战争结束后的国际局势趋向缓和，激发了党和群众对加快国家建设的热情和紧迫感。

1958 年 1 月 1 日，电力工业部和电力工会联合发出"关于进一步开展先进生产者运动，组织生产建设新高潮"的指示；1958 年 1 月中共中央召开了南宁会议，提出"水主火辅"作为电力工业的长远建设方针；1958 年 2 月 3 日，第一届全国人民代表大会第五次会议《关于 1958 年度国民经济计划草案的报告》指出："今后电力工业建设，应当坚决执行中央提出的以水电为主、火电为辅的长期建设方针"。对 1958 年国民经济各部门发展计划的安排中，电力工业有 119 个项目，电站建设项目有 100 个，其中火力发电项目 76 个，水力发电站项目 24 个。重要的有北京、太原、包头、兰州、抚顺、洛阳、武汉、望亭等地的火力发电项目。这 100 个项目中在 1958 年可以建成的有 35 个，新增加的发电设备装机容量为 90 多万千瓦。

1958 年 5 月，在北京召开的中国共产党第八次全国代表大会第二次会议上，正式通过了"鼓足干劲、力争上游、多快好省地建设社会主义"的总路线，正式通过了新的第二个五年计划指标。这个指标比中国共产党第八次全国代表大会第一次会议建议的指标有了大幅度提高，其中电力方面，发电量从 400 亿～430 亿千瓦·时提高到 900 亿～1100 亿千瓦·时，这样，"二五"计划就抛开了中国共产党第八次全国代表大会第一次会议通过的建议，走上了"大跃进"的轨道。会后，舆论宣传进一步片面强调"速度是总路线的灵魂"，在全国各条战线上迅速掀起"大跃进"的高潮。自此，全国上下开展了全民性的"大跃进"运动。总路线、"大跃进"和人民公社，当时被誉为"三面红旗"。

总路线精神反映了广大人民群众迫切要求改变中国经济文化落后状况的普遍愿望，但却忽视了客观的经济发展规律，否定了国民经济的综合平衡，夸大了主观意志和主观努力的作用。加之在宣传中片面强调总路线的基本精神是"用最高的速度来发展我国的社会生产力""速度是总路线的灵魂""快是多快好省的中心环节"等，造成盲目求快压倒了一切。以高指标、瞎指挥、浮夸风为标志的"左"倾错误严重泛滥开来。

国家计划委员会于 1954 年开始编制的发展国民经济综合规划中提出，电力工业是先行工业，动力生产能力的发展，必须超过整个国民经济的发展，因为它是进行现代化大生产和不断发展技术的动力基础，因此电力工业"二五"计划的拨款与投资比重也较"一五"时期有所增长。1955 年第四季度，中央各主要部门编制的本部门十五年发展规划草案基本完成之后，国家计划委员会召开汇报会，修正"二五"计划，确定"三五"计划指标。会上，电力工业部副部长刘澜波发言中谈到电力工业发展所考虑到的 4 个问题：水平问题、技术政策问题、地区平衡问题、第二个五年计划的投资和经济拨款问题。刘澜波汇报发言后，经过 60 多天的研究计算，1956 年 1 月 9 日，国家经济委员会主任薄一波召集有关各部门开会，对电力工业部第二个五年计划和十五年远景草案进行了讨论，并发了简报。简报说明，根据国民经济各部门的发展对电力工业的要求，确定电力工业的长远发展水平为：1962 年发电量应到 450 亿千瓦·时，1967 年发电量应达到 1100 亿千瓦·时。达到这一指标后，可基本满足国民经济各部门对电力工业的要求。根据这一要求，1962 年全国发电设备装机容量计划达到 1037 万千瓦，1967 年计划达到 2530 万千瓦。应该说，这两次电力发展指标的安排，本来是一个既积极又稳妥的计划，可惜被后来的"大跃进"打乱了。在"大跃进"高指标的推动下，电力发展指标也不断变化、调高。从 1957 年底到 1958 年 8 月，9 个月时间内电力发展指标调增了 6 次。全国发电量"二五"指标最高达到 3000 亿千瓦·时。就是说，五年内要翻近 3 番，五年新增发电设备装机容量则要从 541.1 万千瓦提高到 7500 万千瓦。这样的计划指标已经失去了实际意义，当时的计划工作实际处于盲目失控的状态。

在一片"高指标"的浮夸风中，电力工业受影响最大的是"二五"水电新增装机容量的计划指标。这个时期水电发展速度受到两个方面的影响，一个是"大跃进"，另一个是要求尽快实现"水主火辅"。两个方面都要求加快。在五年全国新增发电设备装机容量541.1万千瓦的指标中水电新增129万千瓦，在新增7500万千瓦装机容量计划中，要求水电新增3500万～4500万千瓦，五年内水电装机容量要增加35～45倍。

电力工业"二五"计划除中国共产党第八次全国代表大会第二次会议通过的以外，其他指标可以说是非正式的，但也都是有关领导讲过的，也确实在执行中产生了很大的影响，造成了严重的危害。在编制"二五"计划中，根据"一五"计划执行中的经验，以《远景发展轮廓方案》为基础，电力工业计划编制工作较"一五"计划向前跨进了一步。从1956年初到1957年底，编制提出了较正规的电力工业第二个五年计划建议。这些都是经过编制"一五"计划和几年实践之后，在没有苏联专家帮助下独立完成的。尽管这些指标后来因受到"大跃进"的冲击而无法正常执行，但这次编制计划的方法和五年计划应包括的内容，为后续编制五年计划奠定了基础。

"二五"计划的前三年，轰轰烈烈开展的"大跃进"运动，使全党和全国人民付出了较高的代价。其实早在1958年第四季度，中共中央已经觉察到浮夸、盲目追求不切实际的高指标，造成国民经济比例严重失调，形成了浪费的现象。1959年7月召开庐山会议原本准备解决"大跃进"的问题，但会议后期却突然掉转矛头，错误地开成了批判"右倾机会主义集团"的会议。会后继续搞"大跃进"，使国民经济进一步陷入极度困难之中，1960年下半年不得不开始进行调整。"二五"计划的后两年，实际都是在按照中央"调整、巩固、充实、提高"的"八字方针"在进行调整。到1962年，经济形势开始好转。

"二五"期间电力工业取得的成就，可以归纳为以下三个方面。一是发电量和发电设备装机容量成倍增长以及电网的发展，进一步改善了电力工业的布局，保证了国民经济发展所需的电力供应。以执行"八字方针""二五"计划最后一年的1962年为例，发电量也达到458亿千瓦·时，与1957年对比，五年增加发电量近1.5倍，年平均增长18.7%。全国发电设备装机容量，1962年为1300万千瓦，五年间新增830多万千瓦，年平均增长23%。二是电力工业技术装备的现代化程度有了很大的提高，为安全、经济生产提供了物质基础；技术经济指标有了改善，为国家节约并积累了资金。在技术装备水平方面，全部发电设备中，新增设备装机容量占85%以上，其中5万千瓦以上的汽轮发电机组，到1962年装机容量为230万千瓦，比1957年增加了8.2倍；高温高压设备，1962年已达到309万千瓦，占全部火力发电设备装机容量的29%，比1957年增加了6倍。发电煤耗，1962年约为540克/（千瓦·时），较1957年有所降低。三是整个电力工业的生产、建设，从设计施工、运行管理到成套设备供应，基本走上独立自主、自力更生的发展道路。"二五"期间，在新增发电设备中，国产设备的比重约占55%，比"一五"期间增加了18倍。

二、火力发电相关的技术政策建议

在中国共产党第八次全国代表大会通过发展国民经济的第二个五年计划以前,对发展中国电力工业需要执行什么样的技术政策,电力工业部的领导和主管部门曾作过一些探讨。1954 年,国家计划委员会和燃料工业部计划司电气化工作组在苏联专家的帮助下,编制了《远景发展轮廓方案》,第一次提出中国电力工业应采取的技术方向。1955—1956 年,电力工业部计划司和技术司的负责人在局、厂长研究班的讲课中,以及在《人民电业》杂志上,都曾经阐述过发展中国电力工业应该采取的技术政策。"二五"计划公布以后,电力工业部组织人员征询收集多方面意见,并于 1957 年上半年召开动力科学研究会议,综合提出了发展中国电力工业技术政策的十项建议。其中与火力发电相关的几项如下:

（1）大力发展电力系统。

要使能源得到最经济的利用,不能仅依靠建立孤立发电厂,而是要同时建设大电力系统。当时,西欧诸国已经把 3000 万千瓦的发电装机容量连接在一起。美国东部互相连接系统的总装机容量达 8000 万千瓦。苏联正在建立连接中部、南部和乌拉尔系统的装机容量达 3000 万千瓦的大系统,并在考虑与西伯利亚连接起来。这些事实证明大系统是各国发展趋势。

建立和发展电力系统的优点是显而易见的。比如可以容许建设大型电厂和安装大型机组,使发电厂投资降低,建设期限缩短;满足国防上的需要和增加供电的可靠性;可使系统按最经济的方式运行,提高效率,节约运行费用等。

对于采用直流输电方式,一部分人主张可以建设 400 千伏线路,将来输送三门峡水电、内蒙古西部火电等。一部分人则认为,应先在有需要的地区分别建立较小系统,过早建设区域广大的系统和 400 千伏远距离输电线路,在技术上可能是冒进的。因此,可考虑在220 千伏和 400 千伏之间,采用 300 千伏左右的中间电压。也有部分人认为,是否有建立超远距离输电和全国统一电网的必要,还是需要再加以详细研究比较的。还有部分人认为,在当前中国,应争取多建"千瓦"容量,而不是多建长距离高压线路。

（2）发展高温高压及超高温超高压大型火力发电设备。

高温高压的火力发电设备,虽然投资较中压稍高,但在降低煤耗方面有显著效果,所以它可以在短期内补偿投资增加值。使用高温高压设备还可显著减少发电厂的运行费用和人力。以美国为例,由于大量采用高温高压大机组,美国 1955 年全国平均发电煤耗已降到 495 克/（千瓦·时）,全国发电厂每 1 千瓦平均管理人数 1953 年已降至 0.33 人。

从技术经济比较看来,中国需要走高温高压大机组的道路。从中国的发展趋势看,在大系统区域内,须安装 5 万千瓦和 10 万千瓦的机组,才不致造成浪费,但制造业只能制造 0.6 万千瓦和 1.2 万千瓦的机组。所以,要一方面促成国内制造业提前生产高温高压大机组,另一方面要利用他们所能生产的较小机组,使其能成长起来。

（3）结合工业需要大力建设供热电厂。

集中供热比一般供热电厂煤耗可降低 10%～15%,但一部分人由于在工作中遇到的困难，认为在中国发展热电厂是不合适的。这几年来也兴建了几个热电厂，实践证明，所有供热电厂，从收集资料到设计、施工、发电，始终处于被动地位，也拖延了完成期限。热电厂运行经验也不好。

（4）必须最大限度地利用当地劣质煤。

利用劣质煤发电在苏联已有较长时间的经验，在其他国家，也开始注意到利用劣质煤发电的问题。在当地利用劣质煤或选煤厂洗渣，在节约国家宝贵的优质煤、大大减轻运输负载量及对国防安全上都有很大意义。但结合中国情况，在发展的程度上也有不同见解。有的人认为苏联劣质煤较多，分布亦较广，但中国劣质煤产量不多，煤矿生产和地质工作赶不上，储藏量亦缺乏准确数字，大量开采劣质煤发电的现实意义值得考虑。

（5）电厂设备自动化。

电厂设备自动化可以保证安全供电，预防事故发生和缩小事故范围，提高发供电质量和经济性，保证劳动生产率的不断增长和劳动条件的改善。所以世界各工业先进国家都非常重视在电力工业中广泛采用自动化设备。自动化的效益大，世界趋势也很明显，但当时电力工业各部门仍有不同看法。

（6）在电业基本建设中尽量采用工厂化和机械化施工方法。

根据国外经验，在电业建设中采用工厂化（大型组件安装）和机械化施工可以缩短安装工期 3/5～2/3，并减少人力 50%～60%，这对加速电业基本建设和改善劳动条件方面，应是必然的方向，但其发展速度如何，范围如何，则尚无定论。据电业基建工作者的体会，认为电业基建施工中机械化应大量运用于土建工程，而安装工程则无必要大量机械化。从中国劳动力比较多需要劳动就业，而机械化需投资较多的情况出发，有人认为过早地大量工厂化和机械化应慎重考虑。

十项电力工业技术政策的提出和讨论，不仅在编制电力工业"二五"计划中发挥了重大作用，也给后来的"大跃进"中的主要领导干部作了一定的思想武装，使得电力工业的发展即使在大冒进过程中，也没有偏离科学轨道太远。十项电力工业技术政策的研究和讨论，对之后中国电力工业的科研工作起到了积极指导和促进作用。其中几项具有持续发展战略意义的电力工业技术政策，如在建立大电厂的同时，要建立大电力系统，使能源得到最经济的利用；西北、西南和华南水力资源丰富，而煤炭资源缺少，要积极开发水力发电站；发展在降低发电煤耗方面有显著效果的高温高压火力发电设备等，一直到现在，甚至在今后长远发展规划中，都能体现出其正确性。

三、从"水主火辅"到"水火并举"的电力发展方针

1958 年 1 月 11—22 日，中共中央在南宁召开有部分中央和地方领导人参加的工作会议。在这次会议上，毛泽东主席提出"不断革命"的思想，指出要来一个技术革命，把党的工作的着重点放到技术革命上去。就是在这次会议上，提出以"水主火辅"作为电力工业的长远建设方针。为了实现这个方针，国务院副总理薄一波建议从组织上把水利、电力两部合并起来，有不同意见在部内讨论，部内解决，统一计划，统一思想，统一使用力量，统

一领导，把水电赶快搞上去。在 1958 年 2 月召开的第一届全国人民代表大会第五次会议上，薄一波作了《关于 1958 年度国民经济计划草案的报告》，报告提出，今后电力工业建设，应当坚决执行中共中央所提出的以水电为主、火电为辅的长期建设方针，中央有关部门应当帮助地方建设中、小型水电站；长江三峡枢纽工程，从今年起应当积极进行流域规划和勘探设计等准备工作。并且在组织上确定将电力工业部和水利部合并为水利电力部。这一建议得到大会通过。

李葆华、刘澜波分别在会议上作了关于水利、电力工作的一些检查和第二个五年计划的初步安排的发言。会后，他们的发言被整理成文章《为五年内全国初步电气化而奋斗》，作为水利电力部党组向中央的工作报告，于 1958 年 5 月 31 日报送毛泽东并中央。报告着重谈了水电问题："关于中国电力工业的长期建设方针，中央确定为水电为主，火电为辅，这是极其重要的决定，其意义绝不止于电力工业本身，对整个国民经济也将发生深远的影响。"报告从资源条件、综合利用和成本效益三个方面，说明了中国开发水电的特殊优势。同时指出："第一个五年计划中，水电建设得少了，固然由于当时用电急，以及电力投资的限制等原因所致，但是更重要的原因是，大家对我国水电建设的优越条件还理解不深。报告指出，人们常在以下三个问题上抱着怀疑的态度：一是水电站的造价是不是真正便宜，二是水电站能不能很快建设起来满足用户的需要，三是我们自己有没有能力更多地建设水电站。经过第一个五年的实践，这三个问题可以作正面的肯定的回答了：水电每千瓦造价只比火电贵 10%（与容量相同的新建电站相比）；建设时间比火电一般只长 1/3；自己可以独立设计、建造各种类型的大水电站，并由国内供应大型设备。报告指出，"加速实现'水主火辅'方针的关键，在于第二个五年中水电要有一个大跃进"，报告中还谈到实现水电的大跃进，有两个有利的条件：一是各省近年来建设了并且正在建设着大批的水利工程，其中绝大部分都能结合发电；二是水轮发电机制造部门的生产能力有可能迅速提高。

此报告还指出，"电力工业是当前最薄弱的环节，需要更快的发展速度。电力工业一马当先的关键，在于增加足够的发电设备，在于发电设备增长的速度要大于发电量的增长。电力工业必须有一定数量的发电设备作备用，否则就必然会影响整个工业的发展。依靠地方，依靠群众，大中小并举，才能使电力工业高速度发展。"

"水主火辅"方针提出后，紧接而来的"大跃进"运动，推动水电建设达到了一个空前的高潮，一大批水电建设项目开工建设。但是，由于无视客观经济规律，给水电建设造成了灾难性的后果。当时对"水主火辅"电力建设方针也一度引起争论。1959 年 3 月 10日，水利电力部党组在给中共中央的报告中阐述了自己的意见："我们认为，在全国范围，从长远打算，必须贯彻水电为主、火电为辅的方针。在今后四五年内，实际上是水电火电并举，因地制宜的，全国电力中还是火力发电为多。但是，在可以发展水电也应当发展水电的地方，如西南各省和华中、华南、西北许多省份，还须在水火并举的同时积极发展水电。各地的水利工程凡能发电的都应当尽量结合发电。因此，在安排水、火的建设项目时，既要掌握在长远发展上水主火辅的方针，又要照顾到当前火主水辅的现实情况；既要掌握全国范围内的水主火辅，又要照顾到某些地区的火主水辅（如东北、华北）；在电网布置上，更要注意合理利用当地资源，使水、火电站充分结合。"之后在 1960 年的全国电力会议上，正式确定电力建设的方针为："水火并举，因地制宜"。作为电力建设方针，水电仍然保持优先发展的地位，但在水力资源缺乏而又有煤的地区，则多发展火力发电。"水主火辅"的长期建设方针改变成了"水火并举，因地制宜"。

世界上大多数国家特别是发达国家在电力建设中，往往是优先开发水电。考虑中国水力资源开发利用的优势，中共中央决定"水主火辅"方针，有其合理性和必然性，这一电力长期建设方针，极大地鼓舞了广大水利水电建设工作者。"水主火辅"方针的提出，提高了当时人们对水电可再生能源的认识，引起对开发水电的重视，对促进水电事业的发展，起到了相当大的推动作用。但从电力生产来说，水力发电与火力发电是相辅相成的，应当在运行上进行最适当的配合，以发挥最大效益。加之中国是一个大国，水力资源分布不均，各地区社会经济条件也有较大差距，将电力建设方针调整为"水火并举，因地制宜"，符合中国国情，从整体上更加有利于国民经济的发展。

"一五"期间，电力建设以火电为主，同时进行水电建设，并大力进行水电资源的勘测工作，为此后积极发展水电建设创造了必要的条件。水电建设"一五"的实践证明，中国有能力自己建设大中型水电站，而且可以做到投资省、工期短。

四、水利电力部成立

中华人民共和国成立初期，中国电力工业的特点是电网小、发电厂小、机组小、技术参数低，除东北和京津唐电网较大外，其他都属于孤立小电网，也都是分散经营型的电力企业。燃料工业部对全国电业实行行业管理，各大行政区设立区域电业管理局，统一规划和管理本地区内的电力企业，各省（自治区）、市政府不设专门管理电业的机构，1955 年成立电力工业部后，进一步加强了专业的统一管理，结合基本建设，将较大的地方国营和公私合营以及私营电力企业基本上划归电力工业部领导。

1958 年 2 月 11 日，第一届全国人民代表大会第五次会议通过关于调整国务院所属组织机构的决定，电力工业部与水利部合并为水利电力部。同日，毛泽东主席发布命令，任命傅作义为水利电力部部长。同年 4 月 4 日，决定原水利部工程局与原电力工业部水力发电建设总局合并，成立水利电力部水利水电建设总局。其后于 8 月间，水利部北京勘测设计院与电力工业部北京水电勘测设计院合并，组建水利电力部北京勘测设计院。

1958 年 5 月 29 日，水利电力部党组决定进一步改革电力工业管理体制，改变中央集中过多的作法，依靠地方，全党办电，全民办电，各省电力工业陆续下放地方管理。1961 年 8 月到 1965 年 4 月，电力工业管理体制又陆续调整。成立了东北、华东、中原、西北以及部分省电管局，实行以部为主、部省双重领导的体制。其中山东、山西、内蒙古三省区电力工业划归水利电力部。

这是第一次成立水利电力部，一直持续到 1979 年 2 月，水利电力部再度分设为电力工业部和水利部。

（一）第一次变革

1957 年下半年，中央国家机关开展反官僚主义运动，批判了机关和各级管理机构庞大臃肿、层次过多、分工过细、集中过多以及配合协作不够等缺点，要求改革体制，权力下放和精简机关。1957 年 12 月，电力工业部根据国务院《关于改进工业管理体制的决定》精神，制定了电力管理体制的改革方案，经过国务院批准，从 1958 年 1 月起实行。

这个方案确定按省建制和电网系统组建电业局，由电力工业部直接领导。主要内容是：撤销六个大行政区的地区（区城）电业管理局，将 25 个电业局分别改组为省电力局或供电局，将部分电力企业下放给地方政府，实行中央和地方双重领导的体制。全国除东北电网的辽吉电业局和京津唐电网的北京电业局仍然是跨省的电网管理局外，其他省（自治区）、市都设立了管理电业的专业机构电业局。

按照这一原则，从 1957 年底至 1958 年初相继撤销了西安、沈阳、北京、上海、武汉及成都电业管理局，先后成立电力工业部直属的山东省电业局、辽宁省电业局（管辖辽吉两省电力工业）、黑龙江省电业局（属电力工业部与黑龙江省双重领导）、北京电业局、河北省电业局、山西省电业局、上海市电业局、湖北省电业局、云南省电业局、四川省电业局、贵州省电业局、湖南省电业局、陕西省电业局、甘肃省电业局、邯峰安电业局等 15 个电业局和一个列车电业局。同时，将南京电业局、徐州电业局下放江苏省政府领导，将广州电业局下放广东省政府领导，将古田溪水电站下放福建省政府领导，将火电建设土建施工队伍移交建筑工程部领导。当时认为，通过这样的调整，可以解决两个方面的问题。一是撤销了地区（区域）电业局，精简了一层中间管理机构，使电力工业部更接近于生产单位，对于深入群众、改进领导、克服官僚主义和主观主义有好处；二是使企业的组织设置适应于行政建制，便于加强地方党和政府对企业的监督和领导，从组织上保证更好地实现中央关于双重领导的规定。这次改革也解决了集中和分散的统一问题，适当地扩大了基层企业的管理权限。根据这个方案，原由电力工业部管理的 21 个发电厂划归所在的省或者煤炭工业部领导（总容量约为 23 万千瓦，以及相应的配售电设施）。这些电厂下放以后，实行以地方为主的双重领导，电力工业部只是继续负责这些地区电业远景发展的统一规划工作，并给予必要的协助和业务上的指导等。

（二）第二次变革

1958 年，全国掀起"大跃进"浪潮，在这一浪潮冲击下，经济建设都在提高指标，赶超世界先进国家水平，要求各省（自治区）、市都要建立独立的工业体系，因此水利电力部于 5 月做出决定，部只管少数大型工程，成立辽吉电业管理局及北京电业管理局，分别领导与管理跨省的东北电网和京津唐电网，其他部属各省电业局，火电、送变电施工队伍，部分电力设计院等均下放各省（自治区）、市政府领导与管理。

1960 年冬，国民经济进入调整时期，电力工业按照中央提出的"调整、巩固、充实、提高"的"八字方针"，对电力工业管理体制作了调整，把前三年下放过多的企业和权力重新收回。

从 1961 年开始，原来被下放到省（自治区）、市的电管局、电业局重又划归部属，原下放到各省的设计力量也部分收回，并调整了布点。东北、西北、华东、西南各大区电管局相继恢复或成立。领导全国火力发电、送变电工程的电力建设总局虽仍然保留，但各大区的基建局则划归大区电管局管理，实现了双重领导。

1961年8月，撤销辽吉电业管理局及沈阳电力建设局，成立东北电业管理局，管辖辽宁、吉林、黑龙江三省电力工业，并成立辽宁省电业管理局。1962年4月，成立华东电业管理局，管辖江苏、浙江、安徽三省电业管理局和上海公用电厂、上海供电局，代管徐州电业局。接管河南电力工业局，改称水利电力部中原电业管理局。同年6月，成立西北电业管理局。8月，成立水利电力部云南电业管理局。1963年4—5月，经国务院同意，将山东、山西、内蒙古电力工业划归水利电力部，分别成立山东、山西、内蒙古电业管理局，实行以部为主的部、省（自治区）双重领导。1964年4月，宁夏回族自治区电力工业体制调整，成立宁夏电业管理局，隶属西北电业管理局和水利电力部。同月，成立水利电力部四川电业管理局。同年10月，经国务院批准，水利电力部和广东省决定，将广东省电力工作从广东省水利电力厅分离出来，成立广东电业管理局，隶属水利电力部，实行水利电力部和广东省双重领导，以水利电力部为主。同年10月，北京电业管理局更名北京电力公司，进行"托拉斯"管理模式试点。1965年4月，成立水利电力部贵州电业管理局。

这次改革由于必须是双重领导，这就使原有的地方电业和已交出的企业，都必须在专业上接受电力工业部的垂直领导；另一方面，密切了和地方党政的关系，可以更好地依靠地方党政的领导，下放企业中的许多重大问题，能够及时请示汇报，及时得到解决。但这次改革也留下一些后遗症，其中比较突出的是，撤销大区管理局以后，也相继不同程度地分割了电网。东北电网从中华人民共和国成立前已经具有雏形，可是下放后黑龙江成立省局，从电网分出去，东北电网只留了一个辽吉电管局。华东电网，地区之间本来就是弱联系，下放后基本上是苏、浙、皖三省和上海市各自平衡，多少只调剂一下高峰和余缺。最后只剩京津唐电网，因靠近中央才勉强保留下来。电网尚且如此，没有联网的，在规划计划上只能是以块块为主进行平衡，这对于从战略布局、系统规划上合理充分地利用资源，都大大削弱了，而且长时期扭转不过来。

在企业的经营管理上，由于计划权、人权、财权下放，有些省（自治区）电力企业提取的折旧甚至大修基金不能全部用于电力工业的更新改造和大修工程；在干部特别是职工后备培训上，由于归各省（自治区）自己安排，造成不平衡。"一五"期间新建电厂的人员基本上都经过技工学校的后备培训，但下放后赶上"大跃进"的快速发展，人员培训来不及，加上条条框框，不少单位失于自流，使培训工作有很大削弱。

五、电力建设进行填平补齐

1958—1960年，电力工业的建设速度达到空前的高度。在当时"大跃进"的形势下，为追求建设速度，许多工程是"先简后全"的简易发电工程，"后全"的工作未能跟上。1960年又提出边勘测、边设计、边施工的"三边"政策，在输煤、供水、除灰、道路等设施工程未完，输电、变电尚不完备的情况下，一些机组即勉强投入运行。到1962年底，全国发电设备装机容量为1303.72万千瓦，新建100多个工程项目中有215万千瓦设备由于工程结尾未完、设备制造质量不好，以及设备失修等原因，发不了电，需要进行补齐、整修和改造工作来完善。而这些工作只能交给生产单位解决，这便是填平补齐的由来。1964年全国电力工业会议上提出，要用打歼灭战的方法，争取两年内完成215万千瓦的填平补齐工作，第三年扫尾，消除设备缺陷，提高工程质量，使已有的1300多万千瓦设备达到基本安全、满发。

具体分析发电设备受限的215万千瓦装机容量，首先最主要的一类是基建公用工程未完而受限的发电设备有113万千瓦。如火力发电厂有的上煤、除灰、供水等公用工程还未建成，单元机组虽能运行，但全厂综合出力却不足，涉及火力发电有105项。其次是因设备缺陷而限制出力的，有33万千瓦。主要是国产汽轮机锻件不合格，叶片在运行中折断；发电机通风堵塞，转子绕组变形；65吨/时抛煤机锅炉事故多；苏联、捷克斯洛伐克、匈牙利进口的汽轮机喷嘴和叶片断裂。国内初次生产的水内冷机组事故多，有的甚至长期不能正常运行。再次是因超铭牌运行和未及时检修而损坏，到1962年底还未修复的，有15万千瓦，需要进行恢复性大修。还有1万千瓦以下的小电厂出力不足的有45万千瓦，自备电厂出力不足的有9万千瓦。

在电厂项目填平补齐的完善化过程中，电力工业做了大量细致的基础工作。全部填平补齐工作量，包括一部分设备的技术改造工作，投入资金约6亿元，其中填平补齐的工程投资3.7亿元。尽管工作量相对于当时的施工水平不算太大，但由于填平补齐的工程点多面广、零星分散，如不尽快完成，不仅影响电力企业本身的安全、经济生产，而且也影响许多地区、许多行业的用电。这使得填平补齐和技术改造成为短期内必须抓紧完成的一项工作。

经过电力系统的积极努力，至1965年底，填平补齐工作取得了明显的成效。这一年，包括三年新增的在内，全国电力装机容量达到了1508万千瓦，通过填平补齐，综合出力约为1410万千瓦，但仍有90万千瓦不能完全满发。1963—1965的三年中，尽管基建规模缩减了，三年中的发电设备容量年平均增长率只有5%，但由于填平补齐提高了已有发电设备的发电能力，使得三年中的发电量年平均增长率仍达到13.9%的较高水平。

六、执行中央"八字方针"

电力工业的调整工作开始于1961年，在决定整个国民经济于1963年开始继续调整时，电力工业已进行了两年整顿工作，执行调整政策的结果已经比较明显。首先是缩短了基本建设规模，进行了填平补齐，加强了质量管理。当时电力工业已坚决关停了58个既不急需也无力建设的项目，又推迟建设30多个项目，并根据当时及今后发展情况，适当地压缩了保留项目的规模，集中力量进行填平补齐工作。当时电力建设投资和新增装机容量都有大幅度的下降，电力基本建设1960年完成投资29.69亿元，1961年减为7.69亿元，1962年再减为3.07亿元，1963年为3.84亿元。1953年电力工业的新增发电设备装机容量为

28.73 万千瓦，之后几年持续增加，1959 年曾达到 323.66 万千瓦。而 1960 年即下降为 248.47 万千瓦，1961 年再降为 92.01 万千瓦，1962 年为 21.77 万千瓦，1963 年为 20.36 万千瓦，连续两年下降到 1953 年的水平之下。填平补齐工作已初见成效：在近 200 万千瓦未能发足出力的发电设备中，已有 38 万千瓦设备达到安全、经济满发。后两年新投入的工程，基本上做到了质量好、尾工少。

加强了计划检修，消除了大部分由于提高设备出力、延长检修间隔引起的设备缺陷，基本上扭转了"随坏随修，不坏不修"的局面，解决了不少"老、大、难"问题和一部分国内外新设备制造上的重大质量问题，恢复设备出力达 40 万千瓦。经过检修，有比较严重缺陷的设备占全部发电设备装机容量的比重已由 1960 年的 70%以上降到 30%以下，设备的健康状况有了较大的改善。

整顿和加强了企业管理，初步建立了新的生产秩序。从整顿责任制开始，建立健全了党委集体领导下的厂长负责制和各级责任制，基本上克服了无人负责的现象；恢复和健全了必要的技术规程和管理制度，结合培训，加强了基本功的锻炼。安全、经济情况均有所好转。

调整了机构，精简了人员。这两年共精简职工 22 万多人，支援了农业战线，充实了一些薄弱环节的力量，加强了生产第一线和职能科室。劳动生产率也开始回升。

彻底进行了清产核资，摸清了物资和资金的底细，核定了企业的流动资金，加速了资金周转，堵塞了漏洞，为严格实行经济核算打下了基础。

经过两年调整，电力工业形势有所好转。1963 年全国电业会议对当时电力工业形势概括为"形势很好，问题不少，问题不大，影响不小"。当时面临的问题主要有以下几个方面：一是调整方针开始后，全国工业生产逐步恢复，多数电网用电有富裕，但地区之间尚不平衡，一些中小电网供电出现紧张甚至缺电，电力工业不但要满足经济调整对用电的需求，还要为"三五"计划发展的衔接作必要的准备；二是现有设备装机容量中还有 215 万千瓦需要进行填平补齐和整修、改造工作；三是企业管理水平经过整顿，虽有很大提高，但存在的问题依然不少；四是"二五"后期停缓建项目多达 88 个，也需要妥善处理，尽量减少损失。

1961 年 2 月 28 日，水利电力部发出《关于加强设备保管工作的指示》，对由于压缩基本建设战线，把当年不能安装投产的约 200 万千瓦机组的设备保管作为基本建设单位的一项重大工作来推动。1961 年 3 月 15 日，水利电力部发出《关于整顿规程制度的通知》（简称《通知》），并随发 32 种规程制度，要求必须贯彻执行。《通知》称，"规程制度是企业管理的重要组成部分，是企业全体职工进行生产活动的准则""在企业生产中不可一日、一时、一分、一秒没有规章制度""凡是没有新的代替之前，旧的一律不要破"。1961 年 6 月，水利电力部召开全国电力工业座谈会提出停建和推迟进度工程维护保管的技术措施。

1961 年 4 月 29 日，水利电力部下达 1961 年电力工业基建计划。根据国家计划委员会分配的指标，投资 7.7116 亿元；装机容量 107 万千瓦，其中火力发电 82 万千瓦。安排了大型项目 162 个，属于结尾、补套、当年投产及填平补齐的项目共 113 个，其中火力发电项目 91 个、续建项目 154 个、新开工项目 8 个。1961 年 9 月 12 日，水利电力部又发出《关于加强设备保管工作的补充指示》，预计约有 400 万千瓦成套发电设备，在基本建设战线缩短以后，需要进行较长时间的保管，这些设备的总值在 12 亿元以上。要求按照 6 月全国电力工业座谈会上提出的《停建和推迟进度工程维护保管的技术措施》和按照此次修订发布的《电业未安装设备保管规程》认真进行维护保管。

1962 年 3 月 3 日，水利电力部发出《关于当前电力工业工作的几点指示》简称《指示》）。《指示》提出，1962 年电力工业的任务是：贯彻中央"调整、巩固、充实、提高"的"八字方针"，执行《国营工业企业工作条例（草案）》，以加强企业管理为中心，保证安全生产，严格推行经济核算，完成和超额完成今年的生产和基建任务。

1963 年 2 月 1—19 日，水利电力部召开全国电力工业会议。在这次全国电力工作会议上，刘澜波副部长对电力工业 1958 年以来，在生产和建设中积累的经验进行了总结，有正面的，也有反面的，有实践中的新体会，也有经过几次反复后，需要重新肯定的问题，简单归纳起来有下面几条：

（1）以安全生产为中心，保证安全、经济发供电，满足国民经济各部门的电力需求，是电力工业最根本的任务。

（2）为了适应国民经济的不断发展，电力工业必须先行一步。

（3）要多、快、好、省地发展电力工业，还必须有一套科学地体现党的总路线的技术经济政策。具体要点是：① 水火并举，因地制宜；② 大中小并举，因地因时制宜；③ 积极地、有步骤地采用高温、高压发电设备和恰当地发展热电厂；④ 积极燃用低质煤，争取燃用天然气、石油和其他工业的余热发电；⑤ 积极提高发供电技术装备的机械化、自动化程度，施工的机械化程度，以及对水电厂和变电所逐步采用远方控制。

（4）以电网为单位，布置电力供应基地，实行电网高度集中统一管理，是电力生产、建设的客观要求。

（5）严格保证质量，制定适当的建设标准，遵守基本建设程序，建立一支熟练的、成套的勘测、设计和施工专业队伍，是多快好省地全面完成基本建设任务的关键。

（6）要搞好安全、经济生产，提高工程质量，必须不断地加强技术管理，严格贯彻责任制度，实行专业管理与群众运动相结合。

（7）社会主义企业必须坚持勤俭办一切事业的方针，严格实行经济核算。

（8）坚持政治挂帅，坚持群众路线，领导核心团结一致，是做好一切工作的根本保证。

1963 年末，全国发电量 489.76 亿千瓦·时，其中火力发电 402.86 亿千瓦·时。全国新增发电设备装机容量 29.15 万千瓦，其中火力发电 24.04 万千瓦。

1964 年 6 月 24 日，国家计划委员会、国家统计局、水利电力部修改电力工业新增生产能力计算方法：设备进行满负荷 72 小时试运合格，并移交生产之日起，开始计算其新增生产能力。1964 年 8 月 29 日，水利电力部征得国家计划委员会同意，将技术改进局更名为电力科学研究院，负责电力工业的技术改进和科学研究工作。

1965 年 3 月 8—24 日，水利电力部召开全国电力工业会议和全国水利电力政治工作会议，传达和贯彻全国公交工作会议和公交政治工作会议精神，提出了 1965 年电力工业工作要点，其中包括：迎接新的生产建设高潮；加强思想政治工作，抓好四清运动；队伍建设；完成生产建设任务，迎接第三个五年计划；经济管理革命；技术革命。

第二节　"大跃进"期间一些违背火力发电生产规律的做法

中国共产党第十一届六中全会通过的《关于建国以来党的若干历史问题的决议》中指出，产生"大跃进"的错误，主要是由于我们党对建设社会主义经验不足，对于发展社会主义经济的规律性和我的国情认识不足，"更由于毛泽东同志、中央和地方不少领导同志在胜利面前滋长了骄傲自满情绪，急于求成，夸大了主观意志和主观努力的作用，没有经过认真的调查研究和试点，就在总路线提出后轻率地发动了'大跃进'运动和农村人民公社化运动，使得以高指标、瞎指挥、浮夸风为主要标志的'左'倾错误严重地泛滥开来"。在这个严重的泛滥过程中，电力工业也毫不例外。这个教训，应该认真接受。

一、大破规章制度

在"反保守反浪费"运动中，提出了"大破陈规，粉碎枷锁"的口号，矛头直指各项规章制度。电力工业系统的规章制度大体上可分作两类：一类是为了解决生产力本身存在的问题，诸如各种技术规程、导则；另一类是属于解决生产关系方面问题的各种规章制度。

当时，在反保守、反浪费运动中提出降低电站建设的平均造价，火力发电要降低30%～50%。在 1957 年 6 月全国设计会议后，根据中央提出的艰苦奋斗、勤俭建国的方针，已经对 1956 年 8 月电力工业部颁布的《火力发电厂设计技术暂行规程》作了比较切合实际的修改。初步估计，修改后可使火力发电厂造价降低 10%左右。但是，要使造价降低 30%～50%，从"一五"期间 1084 元/千瓦降到 735 元/千瓦，显然不大力从设计上想办法是不能满足要求的。

主管部门国家计划委员会、经济委员会电力局，首先写文章造舆论一谈再谈要降低火电建设标准。从厂区规划建筑布置、道路布置、卫生防护距离、绿化布置、防洪标准，到主厂房的尺寸、配置和结构，以及锅炉房、汽机房、厂用电系统，都提出要进行"脱胎换骨"的修改。

归纳当时设计上"双反"的重点，一是批求大、求全、求新、讲排场、摆阔气，缺乏勤俭建国思想；二是重技术、轻经济，只管技术不问经济效果的纯技术观点；三是片面强调安全，过大的安全系数的保守思想；四是不结合中国当前实际情况，机械搬运外国经验的教条主义思想。把一些生产技术上的专题上纲上线，提法似是而非，结果就必然越走越远。例子是很多的，如减少备用锅炉和附属设备的备用容量问题，按当时水平改为网内电厂在有备用机组情况下不设备用锅炉是合理的，但在给水泵的备用容量上，却从规程规定1台电动泵、1～2台汽动泵减为网内电厂1台电动泵和1台汽动泵、网外电厂1台电动泵和两台汽动泵，最后执行结果是只要1台备用泵。所以电厂群众反映，"本来一个人应该长两个耳朵，可是我们的建设节约，都说有一个就够了"。由于有些国产设备不过关，导致后来形成长期不能安全运行的情况，因此不得不进行填平补齐，有的使新电厂新设备被迫进行更新改造工程，增加备用泵，反而造成更大的浪费。又如电厂绿化布置，不少电厂没有厂前区，或者把厂前区缩得过小。还有其他大大小小的规定，如电厂应该取消围墙，消防管道不要环形布置等。

中华人民共和国成立初期，基建程序主要学习苏联模式。1952年召开的全国电业基本建设会议上对电业基建程序做出了规定。"一五"期间，各工程建设的程序基本都是按照这些规定进行的，结果工程进展顺利，收到良好效果。

1958年开始的"大跃进"，打乱了基建程序。在缺乏必要的前期工作的条件下，许多工程不顾基建程序，片面追求速度，仓促上马，上马以后才发现存在许多问题。这些工程有的后来恢复建设，有的由于无法施工而废弃，有的由于停工太久损失无法挽回。"大跃进"中还有一些工程仓促上马后虽然没有停工，但由于"三边""简易发电"等所造成的影响，使工程竣工投产后带来许多后遗症。1959年投产发电装机容量323.66万千瓦，其中只有124万千瓦符合72小时试运结束报投产的条件，其余为"机组转了起来"和"大件就位的"近200万千瓦。当时，提出了所谓"先简后全"的口号，致使不少电厂在公用系统不完备的情况下就报投产发电。例如太原第一热电厂的5号机组，在锅炉未装完，发电机未到，汽轮机本体和附属设备到货也不全，系统安装进度还差得很远的情况下，提出"学青山，赶青山，六天装机完"的口号。汽轮机本体有一道隔板未到，就先扣上大盖；1个瓦盖未到货，做个简单的瓦盖，临时把轴瓦卡起来；没有润滑油泵，做个临时油箱用行车吊起来，接上胶皮管送到汽轮机各轴承，回油也用胶皮管接到正式油箱里；冷凝水泵未到，就采用普通泵降低标高以增加吸头代替。此外，主蒸汽、循环水和冷凝水都用临时管道接通，最后由老厂锅炉送汽，汽轮机转了500转/分钟就停下来。类似的情况在全国比比皆是，其结果不仅给生产带来无穷后患，而且败坏了电力建设队伍一贯重视工程质量的优良传统。

反保守反浪费运动中首先受到冲击的是属于生产关系方面的规章制度。曾开过现场会的张家口下花园发电厂是个典型例子。根据下花园电厂的总结，他们的口号是"苦战一周，克服保守，革新规程制度200项，精简报表50%"。经过一周的时间，在275项规程制度中，取消了76项，修改合并简化了177项，下放9项，保留13项，剩下的仅有61项，减少了76%；全厂原有报表448种，废除253种，简化73种，保留122种，减少了60%；生产车间52本规程90万字，修改为6本规程8000多字；车间的报表由120种简化为23种；财务科的41种制度取消合并下放后只剩6种。原有的规章制度的确有不少脱离实际和带有形式主义、官僚主义的成分，有些生产操作规程也有机械照搬、不符合现场实际的情况，但在短时间内采取如此简单的做法，则是极其草率和不负责任的。

修改的结果，当时是作为成绩来总结的。例如化验室由原来 10 本规程 43.6 万字，改为 1 本 362 个字，字句减少了 99.4%。又例如防止锅炉爆管事故的规程原有 200 多个字，认为只要十几个字就行了。下花园发电厂破规章制度"发动群众革新运行规程的经验"，被称为"敢想敢作敢独创"的先进典型，在全国加以推广，实际上使全国电力企业的经营管理、生产管理和技术管理受到了一次大的挫折。

二、"小土群""小洋群"全民办电

在全民大办钢铁的群众运动中，电力工业在 1958 年的确有了很大的发展，但同钢铁产量翻一番所带来的新形势仍然远远不相适应。为加快电力工业发展，解决国民经济各部门在"大跃进"中所需的电力，不少电力企业（地区）按照中共中央提出的"大中小并举，土洋结合"的两条腿走路的方针，开展了以"小洋群""小土群"为主的全民办电运动。

全民办电最先在东北地区展开，当时的报刊报道："辽宁省在短短 2 个多月的时间内已经办起电力、动力 20 万千瓦。旅大市已经办起电力和动力共 10 万千瓦，已发电的 5 万多千瓦，可以使因电力紧张而减少供应的用电数量一半以上得到解决。很多因限电减产的企业不再减产了，很多因停电而停止生产的企业已部分恢复或全部恢复了生产，许多机关、学校、街道的电灯又亮起来了。""中共辽宁省委机关发电厂发电 24 千瓦，做到办公用电自给自足。"报道还指出："群众发动起来以后，不但办电的速度快了，而且办法也多了。""一切可以利用的动力资源都被挖掘出来了。水（包括海水、工业用废水、上下水道自来水等）、火、风、气（沼气、煤气、取暖蒸汽等）、油，以致人力脚踏车也变成了动力，各种积存的、备用的、坏了的蒸汽机、内燃机、柴油机、锅驼机、旧汽车头、坦克头、飞机头都修修改改，发了电或发出了动力；简易的水轮机、土汽轮机、土锅炉、不用矽钢片的土发电机也都造出来了"。文章列举的这些事例，当时都曾出现过，但大部分不过是昙花一现。实践证明，不讲经济核算，不计经济效果，大量浪费资源的全民办电，是不可能持久的。即使在当时，也并不是没有人反对。当时就有人提出："小土群的办法技术关难过，燃料浪费大，设备寿命不长，特别是土透平问题更多，得不偿失。""有的土透平由于加工太粗糙而不能用，有的能用而寿命太短。有的发 1 度电消耗 10 多公斤煤"，等等。

而实践的结果，"从 1958 年 12 月以来，小土发电设备出现停顿的多，开动的少，其原因一是设备破损率大；二是运行人员技术不熟练，缺乏必要的管理制度，机器使用管理不当造成损坏；三是缺乏定期的检修制度，容易磨损的部件又缺乏必要的备品，所以设备一坏，就要停很长时间；四是有 1/3 以上是用汽油、柴油作燃料，因缺油，一半以上停下来了；五是大动力带小设备或只用作照明，每天只开 2～3 小时，根本原因还在于燃料不足。"小土群办电运动是当时严重缺电的形势逼出来的，其本身由于违反科学，因而没有生命力。

1963 年的全国电力工业会议对全民办电做出了这样的结论：一是对发电设备制造技术的复杂性认识不足。当时推广的土发电设备和土电气设备制造粗糙，效率很低，浪费了不少人力和物力。现在看来，电力设备一般强调以土为主的提法是不恰当的。二是在农村办电运动中事前缺乏规划和设计，不讲效益。装机容量盲目求大，设备不配套，动力资源不可靠，开工多，建成少，能用的更少，以致花的力量很大，而实际效益小。三是在电力网覆盖范围内安装"小洋群""小土群"的发电设备，由于每千瓦的投资大，煤耗高，劳动生产率低，因而很不经济。现在看来，在电网范围内装小型机组是不合适的。利用风力、沼气、潮汐等自然能源来发电，当时尚缺乏成熟的技术经验就加以推行，也是不妥当的。四是全民办电运动中，忽视了经济核算制和所有制，发动群众献铜、献铁、献料及无偿地调用劳动力，犯了"一平二调"的错误。

三、火力发电设备超铭牌出力运行

早在1957年上半年，为缓和电源紧张局面，电力工业部组织了一个挖潜工作组，配合北京电业局在北京网内研究如何提高设备短时最大出力的问题，写了一篇总结《6400千瓦设备的潜力是怎样挖出来的》，摘要刊登在《人民电业》同年第10期上，很快引起那些缺电地区电业局、厂领导的重视和关注。为此，电力工业部于1957年7月下发了《关于研究使用汽轮机组的短时间最大出力的通知》，决定各缺电地区应当根据当前电力平衡情况及设备情况，研究在尖峰负荷时间内使用汽轮机的短时间的最大出力。指出一般制造厂对汽轮机都规定有短时间最大出力并在技术说明书上注明。通知还作了一系列技术上的具体规定和措施。应该说，这个通知前后的许多做法，都还是比较谨慎的，也是积极的和实事求是的。

1958年开始了全面"大跃进"，客观上电源越来越紧张，在"破除迷信，解放思想"的指导下，在上下左右的压力下，提高出力这条技术措施，便完全冲破了1957年电力工业部通知中那些规定，潜力被大大地夸大了。首先是在东北、上海一些电厂断断续续地搞了一段时间，后来鞍钢发电厂率先把出力提高了18%，接着在北京把这一数字又扩大了。

石景山发电厂在1958年7、8两月组织提高出力，还比较谨慎，出力也只提高了4000多千瓦。到第四季度不到1个月时间，就将原有发电设备出力提高了2.75万千瓦，为全厂发电设备装机容量11.5万千瓦的24%。其中机组出力比铭牌出力提高了42%，有3台锅炉比铭牌出力提高了40%。为了推广石景山发电厂的经验，国家经济委员会和水利电力部于当年12月初在北京香山联合召开了现场会议，到会代表有各省（自治区）的厅局长和工程技术人员等共300多人。这次会议开始时，大家对提高出力的认识并不完全一致，有些不赞成的人说，"这样不科学地超铭牌运行，弄不好会使汽轮机飞出去。"但水利电力部传达上边领导意见说"飞出一台也不要紧"，各地代表只能接受。会议总结时还说这是"思想上获得了一次新的解放，认识大大开阔和提高了一步"。各地根据石景山发电厂等单位的经验并结合本地区设备情况制定了初步规划。提高出力就这样全面推开了。

提高出力超铭牌运行，再加上规程制度与技术管理的废弛，使得电力事故率连续上升，接连发生汽轮机掉叶片、隔板断裂、锅炉水管破裂、发电机绝缘劣化甚至烧毁。据统计，1960年全国发电事故达到3902次，全国发电事故率达到8.84次/台，比1957年全国发电事故次数猛增10倍，全国发电事故率增加257%。超铭牌发电表面上多发了电，实际是以拼设备为代价取得的。长期超铭牌出力，使得设备隐患长期潜伏，后来爆发出来，严重影响设备寿命。到1960年损坏发电设备近100万千瓦，最终是得不偿失。

四、火力发电厂大搞设备制造

1958年7—8月间，"大跃进"的热潮正在高涨，当时预计当年装机容量已接近"一五"期间装机容量的总和，发电量预计比前一年增长50%左右。但电力增长距离当时工农业"大跃进"的需要还差得很远，要加快建设速度，设计安装的能力是有的，财政的困难当时还没有感到太紧张，而发电设备的不足，从上到下都已经意识到了。

正在这时候，中央领导在石景山发电厂视察时明确指示："发电厂不只搞发电，而且要制造发电设备，正业与副业结合，搞多种经营、综合利用"。这个指示很快得到响应，不少单位着手大搞起设备制造。水利电力部为贯彻这个指示，于当年8月下旬召开了全国各省水利电力厅（局）、各有关大专院校参加的设备制造会议。

主持会议的水利电力部负责同志分析了完全可以大搞设备制造的条件：一是有设备制造的经验；二是有一定的设备和技术力量，全国各电厂都有大小不同的修配厂；三是主要原材料由国家统一安排，列入计划。因此，确定自己动手，大搞制造，要在几年内制造出相当于"一五"期间第一机械工业部供应的电站设备的总和，接近"一五"期间进口设备的总数，"完成这任务就卫星上天"。此次会议以后，各地大力宣传中央领导的指示，号召以"放卫星的精神制造发电设备"。

很快，基层就纷纷发动起来。北京良乡修造厂首战告捷，制造的2000千瓦成套发电设备，原定"十一"献礼，提前于7月30日投入试运。辽吉电业管理局确定以抚顺电厂修配厂为主，制造1500～3000千瓦机组，以沈阳修配厂为主，制造1.2万千瓦机组，初步要求1959年生产出40万千瓦汽轮发电机。石家庄热电厂开办了电机厂要大造电动机，青岛电厂、广东电业局、西村电厂等单位都纷纷提出要制造电动机、变压器。与此同时发展综合利用，有的要搞煤焦油，有的要搞小水泥厂，特别是不少电厂在搞煤灰中提取锗，花费了不少人力物力财力。

发电厂大搞设备制造，不仅挤占了备品备件的生产能力，而且劳民伤财，得不偿失。实际执行结果是，除少数有材料和协作件正常供应渠道的发电厂、供电局为农村和边远地区搞一些小型发电设备外，绝大多数厂一哄而起，一哄而下。

第三节 "大跃进"时期的火力发电建设

电力工业的"大跃进"运动，是从 1958 年 1 月 1 日由电力工业部和电业工会全委会发出《关于进一步开展先进生产者运动，组织生产建设新高潮的指示》开始的。随着全国性的反保守、反浪费运动的开展，为了在 15 年内，同钢铁和其他重要工业产品一样，使中国的发电量也要赶上或者超过英国，"大跃进"运动就在电力工业的各个单位展开了。

"大跃进"期间，电力工业建设在跃进浪潮下高速发展。到 1960 年，年发电量达到 594.2 千瓦·时，三年平均增长 47%；发电设备容量达到 1191.8 万千瓦，三年平均增长 37%。

这三年虽然政治运动和生产运动不断，但在先进生产者红旗竞赛，比学赶帮社会主义劳动竞赛等各项运动中，广大职工群众还是发挥了冲天的干劲，电力建设的工地上，夜晚灯火通明，加班夜战的动人情景处处可见，施工的新纪录不断涌现。火电建设如上海闸北电厂，1958 年下半年安装第一台 6000 千瓦汽轮发电机用了 5 天半时间，杨树浦电厂用了 4 天零 21 小时，望亭电厂两台 6000 千瓦机组第一台用了两天零 3 小时，第二台只用了 1 天零 11 小时就安装完毕。再如山东省第二工程处为青岛发电厂安装 2 台 1.2 万千瓦的凝汽式发电机组，第 1 台用了 21 天，第 2 台只用了 14 天。南定热电厂 1959 年 11 月安装的 1 台抽汽式 1.2 万千瓦汽轮发电机组，实际安装时间只用了 6 天零 18 小时。

1958—1960 年三年"大跃进"期间，涌现出了一批进度快、功效高的工程，建成了高井、吴泾、黄台等一批设计施工质量水平都比较高的新电厂，一批较高电压等级的机组相继研制成功。1958 年 12 月，第一台国产 1.2 万千瓦双水内冷汽轮发电机组在上海南市发电厂投运；1959 年 4 月，第一台国产 2.5 万千瓦高压凝汽式机组在哈尔滨热电厂投运；1959 年 11 月，第一台国产 5 万千瓦高压凝汽式机组在辽宁发电厂投运；1960 年，第一台国产 10 万千瓦机组在北京高井电厂首次安装。从 1958 年到 1960 年，阜新、高井等大型电厂的设计工作相继完成。

一、第一台国产 1.2 万千瓦空气冷却汽轮发电机组在四川重庆发电厂投运

1958 年 8 月，国产第一台 1.2 万千瓦汽轮发电机组在四川重庆发电厂投运，其发电机采用空气冷却方式。重庆发电厂是"一五"期间苏联援建中国 23 个火力发电厂项目之一，位于重庆市九龙坡区五龙庙。一期工程安装两台 1.2 万千瓦机组，装机容量 2.4 万千瓦。这台机组为扩建机组。

二、第一台国产 1.2 万千瓦双水内冷汽轮发电机组在上海南市发电厂投运

上海南市发电厂是上海的第一个华人投资电厂。于 1954 年 7 月实行公私合营，成立南市电力公司，次年改为国营南市发电厂。此次以后，南市发电厂经历多次技术改造和设

备更新，在 1958 年扩建时安装了国产第一台 1.2 万千瓦双水内冷汽轮发电机组，这也是上海电机厂研制成功的世界上第一台双水内冷汽轮发电机。

双水内冷是指汽轮发电机定子和转子线圈都是用水内冷，由于水内冷技术复杂，当时世界上的最新成果也只是实现了定子水内冷，高速旋转的转子尚未有水内冷技术。

双水内冷技术经多年完善，先后成功用于 5 万千瓦、12.5 万千瓦和 30 万千瓦汽轮发电机。1985 年该项成果获得首届国家科学技术进步一等奖。

1987 年 9 月，南市发电厂实行电热联供，成为沪南地区热网热源中心。2007 年，为了配合上海电力工业"上大压小"的战略转型，更是出于世博会的建设需要，南市发电厂的 3 台机组先后全部停运。

三、第一台国产 2.5 万千瓦中压●凝汽式❷汽轮发电机组在上海闸北发电厂投运

上海发电设备制造基地制造的国产第一台 2.5 万千瓦中压凝汽式机组于 1958 年制成，安装在闸北发电厂，1958 年 12 月投运。

闸北发电厂位于上海市区东北角邻近江湾机场的黄浦江边，是上海地区仅次于杨树浦发电厂的第二家老厂。它从中华人民共和国成立前实际发电能力仅为 1.45 万千瓦，机组上 1 颗螺丝钉都要靠进口的小厂，发展成为总装机容量达 45.45 万千瓦的大型企业。全厂满发时日发电量可达 1000 万千瓦·时以上，1 年可发电 30 多亿千瓦·时。闸北发电厂全厂的布局分为甲、乙、丙 3 个站，沿黄浦江自南向北排列了 3 幢大厂房。甲站是中华人民共和国成立前盖的老厂房，其中的发电设备全部是国外三四十年代的老产品，共安装了 4 台汽轮机和 6 台锅炉，采用母管制，总出力 5.45 万千瓦；乙站全部采用了国产设备，也是 4 台汽轮机和 6 台锅炉、母管制，总出力 15 万千瓦；两台单元制的 12.5 万千瓦双水内冷汽轮发电机组组成了丙站，总出力 25 万千瓦。

1953 年，闸北水电公司实行公私合营。1956 年，全市各水厂、电厂由国家统一经营，水、电分开管理，闸北水电公司改名为上海闸北发电厂。从 1953 年 4 月起开始扩建，到 1956 年 3 月机组投入生产，安装了捷克制造的 50 吨/时锅炉和 2.2 万千瓦汽轮发电机组各 1 台。1958—1959 年，安装了上海锅炉厂、上海汽轮机厂和上海电机厂制造的两台 60 吨/时的风动播煤炉、两台 65 吨/时的机械抛煤炉、1 台 280 吨/时的液态排渣炉，以及 1 台 6000 千瓦汽轮发电机组、两台 2.5 万千瓦空气冷却发电机组，1 台 5 万千瓦双水内冷发电机组，这些都是国产设备。

四、第一台国产 2.5 万千瓦高压凝汽式汽轮发电机组在黑龙江哈尔滨热电厂投运

1958 年，黑龙江省哈尔滨市出现严重缺电情况。经国务院副总理邓小平批示，被称为"抗旱电厂"的哈尔滨热电厂在市郊一片荒地上开工建设。这是中国首座自行制

---

❶ 根据主蒸汽压力的大小，汽轮发电机组分为低压、中压、高压、超高压、亚临界、超临界、超超临界。

❷ 根据热力特性，汽轮机分为凝汽式、背压式、调节抽汽式、抽汽背压式、中间再热式、混压式。

造、自行设计、自行建设"三自"的高温高压热电厂，安装 2.5 万千瓦机组 4 台，工程分两期进行。

一期工程于 1958 年 7 月动工，安装 2.5 万千瓦汽轮发电机组两台，230 吨/时锅炉 1 台。1959 年 4 月，1 号机组投产；9 月，2 号机组投产。二期工程于 1959 年 8 月动工，1960 年 11 月完成主要设备安装，1964 年 11 月、1966 年 3 月，两台机组分别投产发电。在电厂建设过程中，全国十几个省协作，共同为哈尔滨热电厂制造设备。当时的黑龙江省政府等领导多次到现场帮助解决工程困难。哈尔滨热电厂的建设充分体现了社会主义制度下保重点、大协作的光荣传统。参加工程建设的职工怀着为国争光的信念，苦干、实干、巧干。1 号机组从土建开工到发电运行仅用了 9 个月时间，成为当时的快速施工试点工程。

作为中国首座"三自"高温高压发电厂，哈尔滨热电厂在中国电力史上具有重要的历史地位。一期工程建设中，除锅炉、汽轮机、发电机外，相当数量的辅助设备也是国内第一次制造的产品。它代表着当时中国电力工业及机械制造、装配行业的最高水平。

五、第一台国产 5 万千瓦空气冷却汽轮发电机组在辽宁发电厂投运

辽宁发电厂始建于 1956 年，厂址距抚顺市中心 19 千米。当时，国家根据全国工业生产建设的发展和东北地区严重缺电的状况，决定建设区域性大型电厂，并将其列为国家第一个五年计划的重点建设工程。

1956 年 12 月 17 日，国务院批准辽宁发电厂第一期工程计划任务书，计划装机容量为 8 台 5 万千瓦机组，总装机容量为 40 万千瓦，并考虑最终装机容量为 60 万千瓦。1957 年 6 月，国家调整计划，改为装机容量 45 万千瓦，同时修改设计方案。1958 年 2 月 5 日，国家建设委员会批准辽宁发电厂扩大初步设计，在装机容量 45 万千瓦基础上，再扩建 4 台 5 万千瓦机组，并再次修改设计方案。

1959 年 6 月，最后确定总体规划，共安装 13 台中国、苏联、民主德国、捷克 4 个国家制造的 5 万千瓦机组。第一期安装 9 台机组，其中捷克制造 5 台、苏联和中国制造各两台。第二期工程安装民主德国制造 4 台机组，并在设计中预留再扩建的可能性。在一期工程安装的 9 台机组中有两台国产机组，是中国首台（批）5 万千瓦高温高压机组，发电机采用空气冷却方式，于 1959 年 11 月 10 日投入运行。

辽宁发电厂工程建设由电力工业部基建总局扩大总承包，辽宁省第一工程公司承包土建工程，电力工业部沈阳基本建设局第十四工程处承包机组的安装工程。1957 年 12 月，第一期工程开工。由于设计方案、建厂规模、机组选型的变化，以及设备供货情况，一期工程由 9 号机组开始安装。一期工程施工中，在东北第一次采用混凝土泵送工艺，锅炉吊装扩大了组合面，充分发挥大吊车的起吊能力，从而加快了建设进度。二期工程于 1959 年 9 月开工。为使工程尽快竣工，以便缓解辽宁地区严重缺电局面，相继抽调第十五和第三十二工程处的部分安装力量，充实安装队伍。二期工程由 10 号机组开始安装。到 1960 年末，共有 6 台机组投入运行。

1960 年，国家经历了"大跃进"以及自然灾害，苏联、捷克、民主德国相继撕毁合

同，撤走专家，给辽宁发电厂建设带来了严重困难。由于国外设备存在不少制造缺陷，而且图纸资料不全，机组达不到满出力。参加建设的广大职工大搞技术革新，成功地改造了国外设备，并采用了滑参数启停机组的先进经验。1961 年，根据中共中央"调整、巩固、充实、提高"的方针，辽宁发电厂 1～5 号及 13 号共 6 台机组被列入停缓建项目，并按照扩大总承包的原则，由施工单位负责机组设备防腐保管。1964 年 10 月起，逐渐开始对机组设备解除防腐，进行恢复性大修和安装。到 1966 年 11 月，一、二期工程全部竣工，机组全部投入运行。

自 1957 年 12 月 6 日开工至 1966 年底，辽宁发电厂工程共安装了 13 台机组，总装机容量为 65 万千瓦，是当时中国自行设计和施工的最大的火力发电厂，也是亚洲最大的火力发电厂。需要说明的是，在东北电网容量已经达到 300 万千瓦的情况下，本来应该安装 10 万千瓦或更大的机组，但由于设备条件的制约，不得不安装了多达 13 台的 5 万千瓦机组，而且机组来源于 4 个国家，给生产运行和备品配件供应增加了复杂性，这虽然是迫不得已的，但也是不合理的。

六、第一台国产 5 万千瓦双水内冷汽轮发电机组在上海闸北电厂投运

上海闸北发电厂于 1959 年安装成功的 5 万千瓦汽轮发电机组，其发电机采用双水内冷冷却方式，在当时曾轰动了整个电力行业。因为当时在世界范围内，这个容量的发电机基本采用空气或氢气冷却。它是中国第一台拥有自主知识产权的双水内冷 5 万千瓦机组，标志着中国发电技术发展到了一个新的水平，是中国电力工业发展史上的一个里程碑。这台双水内冷发电机组的成功运行，凝结着工人和技术人员的无数心血。

七、第一台国产 10 万千瓦汽轮发电试验机组在北京高井发电厂投运

高井发电厂位于北京市石景山区高井村，占地 26.68 公顷，距市中心 22.5 千米。自 1959 年 2 月开工兴建，分五期建设，至 1974 年 10 月最后 1 台机组建成，历时 15 年，投资 2.5 亿元，先后安装 10 万千瓦汽轮发电机 6 台、锅炉 8 台，发电总装机容量 60 万千瓦，为 20 世纪 60—70 年代京津唐电网中的主力电厂，被誉为北京工业建设的橱窗，曾是中国最先进的电厂之一。

1959 年底，正值国民经济困难已经显露、生活必需物资供应十分紧张之时，由石景山发电厂负责筹建和生产准备、由北京电力建设公司负责施工的高井发电厂工程开工。为力争早日投产发电，在铁路专用线尚未开通的条件下，广大职工人拉肩扛，把数万吨急需的建筑材料运往工地，电厂的职工、家属和小学生也都参加到这个义务劳动的行列。由于生活物资供应极度匮乏，很多领导和职工在过度劳累、身体浮肿的情况下仍坚持工作。

一期工程按水利电力部 1959 年确定的两台 10 万千瓦汽轮发电机和 4 台 220 吨/时锅炉进行建设。1960 年，正当建筑工程全面展开、设备安装进行准备时，苏联中断供货合同，撤走技术人员，4 号锅炉因苏联停止供货，改装哈尔滨锅炉厂制造的 220 吨/时锅炉。改原苏联设计为自己设计，采取了开阔整齐的全厂总布置方案。技术上第 1 次采用扩大单

元集中控制，除第 1 台主机由苏联供货外，配套设备均由国内厂家发扬大协作精神制造。按战役组织施工，经过 7 个战役，历时 1 年零 4 个月，第 1 台机组于 1961 年 4 月交付生产，并取得一次制粉、一次点火、一次供汽、一次制氢、一次并列成功。在生产管理上则建立了运行和检修的大分场制。初步建成后的高井发电厂，厂房明净整洁，道路畅通，厂区山环水绕，松柏苍翠，显得庄重雄伟，成为 60 年代首都工业建设的一面旗帜。

中国火力发电建设标准的争论，遂于 1962 年围绕高井发电厂工程展开。当时有少数人认为高井发电厂建设标准偏高，主要原因是工程采用了一些人民大会堂施工剩余的装饰材料，如玉兰花式路灯、汽轮机房内栏杆镀铬，厂前区绿化中有雪松树种，并对引水泵房的护栏进行了一些艺术处理等。这次争论，实质是对勤俭建国方针的认识问题。回顾高井发电厂的建设标准，大体上体现了"百年大计，质量第一"的建设指导思想，以及"安全、经济、适用和可能条件下美观"的原则。

二期工程的计划任务书于 1964 年由国家计划委员会和国家科学技术委员会批准，将国产第一套高温高压 10 万千瓦汽轮机和 410 吨/时锅炉安装在高井发电厂进行试验，以考验机炉在材料、结构及性能方面的适用程度，以及辅助设备和自动化装置的性能。通过运行试验为技术鉴定取得系统资料，并为国产 20 万千瓦发电机与锅炉提供必要的技术依据。这项试验由水利电力部及机械工业部组成中间试验工作组，分两个阶段试验。第一阶段由设计到 72 小时满负荷联合试运转，第二阶段由移交生产到国家鉴定。工程的扩大初步设计由电力建设总局于 1964 年批准，主厂房按两机、两炉设计和施工。建筑工程于 1964 年 10 月开工，3 号机组于 1965 年 12 月开始安装，为配合中间试验，装置了大量的测点和发送信号的电缆。1966 年 10 月，由 4 号锅炉供汽，汽轮机进行第 1 次启动，12 月并网发电。试运中进行了油膜刚度等中间试验项目，于 1967 年 2 月移交生产。标志着国产首台 10 万千瓦机组投运。5 号锅炉于 1967 年开始安装，1968 年 9 月移交生产。在二期工程建设中，采用电子计算机对机组主要参数实行巡回检测、越限报警，这是当时国内新建机组的首创。

1966 年，水利电力部决定，将 1 台存放在天津西郊的苏联制造的 430 吨/时锅炉调给高井发电厂进行三期工程（10 万千瓦）建设。三期工程于 1967 年 1 月开工，1970 年 12 月移交生产。

四期工程扩建 1 台 10 万千瓦机组，初步设计由北京电力工业局批准。从 1972 年 3 月 7 日主厂房破土开工，到 1973 年 3 月 8 日并网发电，仅用了 1 年时间，创造了国内 10 万千瓦机组建设工期最短的纪录。

五期工程是根据国家计划委员会 1973 年批准的计划任务书开始筹建的。水利电力部于 1974 年批准初步设计纲要，并组织建筑、市政、机械施工、设备安装、物资供应等单位集中力量进行施工。从 1973 年 12 月 11 日主厂房破土开工，到 1974 年 10 月 2 日机组满负荷试运完成移交生产，仅仅用了 10 个月零 11 天，比国家计划提前了 1 个季度，创造了国内 10 万千瓦机组建设工期的又一个新纪录。

至 1974 年 10 月，历时 15 年，经过五期施工，工程全部建成。全厂安装 6 台 10 万千瓦高温高压机组，成为当时北京电力负荷供给的半边天。

八、中国第一座露天电厂——浙江半山发电厂建成

半山发电厂坐落在距杭州市中心约 10 千米的康桥镇南，京杭大运河东侧，东临半山，地处杭州老工业区中间地带，占地面积 67.95 万米 ^{2}。铁路专用线直达厂内，水陆码头紧挨大运河，交通便利，运输方便。

1958 年 5 月，根据《杭州市计划委员会国民经济第二个五年计划（草案）》，杭州电气公司编制在半山工业区建设一座规模 20 万千瓦火电厂的方案。同年 6 月 21 日，国家计划委员会批准计划任务书。首期工程装设 1.2 万千瓦发电机组，并按 20 万千瓦总装机规模考虑，一次性征地 55.18 万米 ^{2}。工程由上海电力设计院设计，浙江建筑公司承包土建施工，浙江省电力安装公司承担设备安装。半山发电厂为中国第一座露天发电厂，采用双水内冷及汽轮机轻型基础等新技术。1959 年 3 月 2 日工程开工，4 月 6 日，因主要设备订货等问题未解决而暂停施工。1960 年 2 月底恢复施工。5 月 21 日，1 号机组初步安装完毕，因工农业生产急需，先行简易发电。但是由于配套设施不配套、不完善，发电生产时断时续。1963 年 8 月 30 日，1 号机组正式并网发电。

半山发电厂为水利电力部露天电站建设试点项目，是全国较早采用双水内冷发电机组、汽轮机轻型基础、锅炉半露天布置的火力发电厂，水利电力部在该厂召开现场会，并拍摄科技纪录片《露天发电厂》。电力建设者在实践中扬长避短，采用"遮、盖、掩、罩、封"等方法，改露天式为半露天式电厂，长期保持了该厂的安全、经济、高效运行。半山发电厂历经 5 期扩建，逐步发展壮大，它的诞生及每期扩建都与国民经济的发展紧密相关。半山发电厂的发展史从一个侧面见证了浙江省经济建设飞跃发展的历史。

第四节　电力科学研究机构的发展

1950 年代初期，除电网和电厂的原有试验机构得到加强外，对承担京津唐电网试验工作的电业管理总局工程处试验室充实了技术力量，改组成中心试验所，担负华北地区发电厂、变电所的一般生产性电力试验工作。后来业务逐步发展为面向全国，专业范围扩大，分工也更加细化。1952 年，北京清河电力科学试验基地开始筹建。1955 年 9 月，中心试验所扩充后成立了技术改进局。

1956 年，由周恩来总理亲自领导，聂荣臻副总理主持制定了《1956—1967 年科学技术发展规划纲要》（简称《十二年科学技术发展纲要》）。规划共制定了 57 项重大科技任务，其中电力工业占 3 项：一是建立大系统，二是发展大容量发电机组，三是长江、黄河的综合开发。规划阐述各国的发展经验和中国社会主义经济建设的需要，提出要求解决的重大科技课题和保证规划实现的组织措施。电力方面，规划建立电力科学研究院、热工研究院和技术改进局 3 个机构。后又在良乡建立电力建设研究所，并成立水利电力科学研究院等。

1961 年，全国科研战线贯彻"科研十四条"，目的是纠正"大跃进"以来科研工作的

一些错误倾向。贯彻"科研十四条"中，各科研机构实事求是，制定了自己的科研管理制度，使科技事业逐步走向正轨，促进了中国科技事业的发展。

一、技术改进局改为电力科学研究院

1951 年，在燃料工业部电业管理总局领导下，以原冀北电力公司工程处的试验室为基础，组建了面向全国的中心试验所。

当时的试验所，设备简陋，只能进行简单的例行试验。随后中心试验所力量逐渐壮大，专业范围扩大，分工细化，试验内容几乎包括电力工业的全过程。随着中心试验所的业务不断开展，原在北京顺城街的旧址已不够用，遂开始找寻新址。后确定北郊清河新址后，1953 年动工兴建，1954 年竣工搬迁。电业管理总局中心试验所迁清河时，分出一部分人员在原址建立华北电管局中心试验所，以后各大区电管局和省电力局也陆续组建了自己的中心试验所。1955 年，随着国家经济建设的发展，电业管理总局中心试验所改为技术改进局，对全国各地的中心试验所实行业务指导，承担全国电网、发电厂的技术改进和试验工作，并开始进行一些关键性课题的研究，还承担运行经验总结，事故统计分析，重大事故调查以及技术规程、规范的制定和修编、专业技术培训等技术管理工作。

1956 年，国家《十二年科学技术发展纲要》出台。规划提出，在电力方面规划建立电力科学研究院、热工研究所和技术改进局 3 个机构。于是电力工业部调集全国力量，充实已组建的技术改进局，并以此为基础筹建上述 3 个机构。当时中国科学院电工研究所本有研究电力系统的任务，后来也按照分工划归技术改进局。

此后的"大跃进"时期，经济建设遭到很大破坏。1960 年 9 月，中央提出"调整、巩固、充实、提高"的"八字方针"，工业和农业分别提出贯彻"八字方针"的具体措施，而科研战线则是贯彻"科研十四条"。正是在贯彻"科研十四条"的过程中，1964 年，水利电力部征询国家科学技术委员会意见，将技术改进局改组为电力科学研究院，下设系统、高压、农电、热工、自动化等研究所和热工二室、电气测量室等研究单位，电力科学研究院成为当时电力部门最大的电气科研机构，主要从事电力方面的应用科学技术研究，同时进行必要的科学技术理论研究。

二、西安热工研究所的组建

西安热工研究所成立于 1965 年，是电力工业热工方面的综合性科研机构，从事热力发电的技术开发和科学研究，主要紧密结合火力发电厂的建设和生产，围绕设备的满发、安全经济运行、提高设备的可靠性和效率、延长设备的寿命，以及节约能源、资源、保护环境等方面进行研究。其主要专业 1951 年在北京创建，是五六十年代的技术改进局（后改为电力科学研究院）的一部分。50 年代中期，曾规划建立电气和热工两个研究院，因而在技术改进局各专业组织之外，设立电气和热工两个研究室，作为电气和热工研究院的雏形。但后来停止了两院的筹建工作，集中力量发展技术改进局。技术改进局当时聘请苏联专家指导工作，按电力生产建设的过程和主要电力设备以及有关学科设立了锅炉、汽轮

机、热工仪表和自动化等专业室，并仿照苏联热工研究院建制，建设了1座750千瓦的试验电站。1964年，技术改进局改组为电力科学研究院。因为750千瓦试验站容量太小，已经不能适应发展的需要，于是电力科学研究院一面筹建锅炉试验室，一面寻找地皮扩建热工和高压试验室。

此时适逢"备战、备荒、为人民"和三线建设时期，不许在北京再扩建科研机构，要去三线另选地址。从1964年开始，在三线几个城市选址建设热工研究所和高压研究所，年底选定在西安建设热工和自动化研究所基地。1965年初，基地一期工程开工，1966年夏建成。"文化大革命"前，决定将电力科学研究院热工研究所和热工测量、自动化研究所搬迁至西安，仍保持两个所的建制，但行政管理和技术、后勤部门统一公用，并设想以此为基础建立热工研究院。"文化大革命"前夕，电力科学研究院热工所的锅炉、汽轮机室首批搬迁西安。1970年，热工所的其余人员和设备以及热工测量、自动化研究所的全部人马也迁至西安，并下放给陕西省，统称为西安热工研究所。1977年7月，水利电力部与陕西省委、省革命委员会和西安市协商，决定将西安热工研究所改为水利电力部热工研究所，实行水利电力部与陕西省双重领导，以水利电力部为主的管理体制。

西安热工研究所是专门从事热能动力技术研究的机构，以火力发电厂热能动力装置及其控制系统的更新改造、调试鉴定、寿命诊断、重大事故处理分析、技术标准制定及新技术开发为主要研究方向。西安热工研究所还是热力设备和材料质检中心、发电用煤质检中心、锅炉和压力容器检测中心。西安热工研究所先后隶属燃料工业部、电力工业部、水利电力部、能源部、国家电力公司，其间随国家电力体制改革依次更名为电力工业部热工研究院（1994年）、国家电力公司热工研究院（1999年）、国电热工研究院（2001年）。2003年，成为由中国华能集团有限公司（中国华能集团）控股（股比52%），中国大唐集团有限公司（中国大唐集团）、中国华电集团有限公司（中国华电集团）、中国国电集团有限公司（中国国电集团）、国家电力投资集团有限公司（国家电力投资集团）参股（股比均为12%）的有限责任公司，并正式更名为西安热工研究院有限公司。2020年，西安热工研究院有限公司股权结构调整为中国华能集团控股（股比64%），中国华电集团、国家能源投资集团、国家电力投资集团参股（股比均为12%）。

第八章

"文化大革命"时期火力发电的曲折发展
（1966—1976）

国家第三个五年计划和第四个五年计划期间，正是动乱的"文化大革命"十年。这个时期，因为受到"文化大革命"的严重干扰，电力工业在困难和曲折中艰难前行。

基于当时国家周边环境的重大变化，中国国民经济发展第三个五年计划，是按照"备战、备荒、为人民"战略方针确定的。为此，电力工业也相应确立了"以国防建设为中心"和"以'三线'建设为纲"的发展方针。然而，就在电力"三五"计划开始落实、"三线"建设逐步展开的时候，1966 年开始的"文化大革命"打断了这一发展进程。从 1966 年下半年起，电力生产秩序被打乱。1967 年初掀起的"全面夺权"，使得"层层揪斗"的"动乱"很快波及电力系统，当年全国发电量和新增发电设备装机容量都大幅度下降，水利电力部由军事管制委员会（简称水电部军管会）临时取代了水利电力部正常的领导机构，对于维护水利电力部的生产建设秩序，发挥了积极作用。但在全国缺电的巨大压力下，水电部军管会从片面追求发展速度的主观愿望出发，盲目追求高指标、高速度，再加上对专业技术人员不信任，盲目决策，强制提高发电设备出力，造成这一时期电力生产事故不断增加。1970 年前后，由于"左"的思想影响，制定"四五"计划时提出了"以阶级斗争为纲，狠抓战备，促进国民经济新飞跃"等口号以及一系列不切实际的"高指标"，国家用于军工及其配套项目的基本建设投资逐年增加，各主要工业部门争相提出翻番目标，重工业比重不断加大，导致了全国性的严重缺电局面。

为应对复杂的国际局势和随时可能来临的战争风险而进行的"三线"建设，不仅为国家的经济发展打造了稳定的战略后方，而且有力推动了中西部地区的经济社会发展，为实现国家经济布局的战略性调整和更加平衡发展，打下了重要基础。在"三线"建设中发展起来的中西部地区电力工业，在有力支持"三线"地区国防建设和其他基础建设的同时，也提高了当地能源资源的开发利用水平，从而为后来实施"西电东送"创造了条件。

这十年还是中国电力工业迈上大机组、高参数、大容量、高电压等级的重要发展阶段。10 万千瓦以上的超高压发电机组得到更广泛的发展运用，并逐步建成了诸如北京高井、辽宁朝阳、江苏望亭、河北陡河、河南姚孟等一批现代化的大型火力发电厂，成为电网安全稳定的重要骨干企业。

第一节　动乱中的火力发电

经过 3 年调整期，中国国民经济比例失调的矛盾已经大为缓解，国民经济得到了比较顺利的恢复和发展，人民生活得到改善，人民建设社会主义的积极性高涨，为全面完成"三五"计划打下了良好基础，也为电力工业完成"三五"计划创造了条件。

1966 年是"三五"计划的开局之年，1966 年 5 月 16 日，中共中央发出全面发动"文化大革命"的"五一六"通知，"文化大革命"在全国范围兴起。全国生产秩序开始混乱，从 1966 年下半年起，电力生产秩序被打乱，合理的经济管理的规章制度被批判与否定，全国呈现一种无政府主义与半无政府主义状态。1967 年 7 月水电部军管会接管了水利电力部的工作，电力生产建设秩序勉强维持。1969 年科研院所疏散与科技队伍的下放，大大伤害了电力科技事业的元气。强调"突出政治"、反对"管卡压"，电力生产规律受到冲击，规章制度得不到严格遵守，安全生产受到严重威胁，计划指标未能全面完成，全国缺电矛盾突出。通过对主体设备进行"改造"的"超铭牌出力"，导致火力发电设备事故频发。盲目提高发电设备出力，发电设备制造单位生产的"次高压"设备，不能达到出力。此外，60 万千瓦火力发电机组研究停滞，中国大机组科研工作大大推迟。

一、"三五"计划与火力发电的赶超规划

1964 年 5 月中旬至 6 月中旬，中央工作会议在北京召开，提出了发展国民经济第三个五年计划的初步设想，确定了一、二线战略布局和建设大三线的方针。在当年第三届全国人民代表大会第一次会议上，周恩来总理在《政府工作报告》中郑重宣布："调整国民经济的任务已经完成，整个国民经济将进入一个新的历史发展时期"，发出了要把我国建设成为一个具有现代农业、现代工业、现代国防和现代科学技术社会主义强国的号召。1965 年 10 月，国家计划委员会"三五"规划草案初步确定了电力工业的主要指标，由于当时全国人民代表大会没能召开，"三五"计划草案没有经过审议，但全国还是基本遵循这个计划执行的，电力工业适应新的形势提出了发展方针和五年设想。

电力工业发展方针为：① 以三线建设为纲，供应好各行各业的需要，首先供应好国防尖端、基础工业的电力需要。② 积极备战，按"分散、隐蔽、进洞"的原则建设新的电厂。③ 积极支援农业，在第四到第五个五年计划内，基本上实现农业电气化。④ 大搞技术革新和技术革命，特别是设计革命和设备革命，以赶超 60 年代的世界先进水平。⑤ 大力开展综合利用和多种经营。

电力工业的五年设想是：到 1970 年全国发电量提高 775 亿千瓦·时，其中三线地区发电量从原有的 90 亿千瓦·时提高到 320 亿千瓦·时，5 年增加 2.9 倍，二线地区发电量从原有的 180 亿千瓦·时提高到 460 亿千瓦·时，5 年增加 1.6 倍，一线地区的发电量从原有的 405 亿千瓦·时提高到 670 亿千瓦·时，5 年增加 0.6 倍；发电设备装机容量增加

1700 万千瓦，其中三线地区从原有的 250 万千瓦增加到 850 万千瓦，5 年增加 2.4 倍，二线地区从原有的 430 万千瓦增加到 990 万千瓦，5 年增加 1.3 倍，一线地区从原有的 820 万千瓦增加到 1360 万千瓦，5 年增加 0.7 倍；火力发电建设项目三线地区 29 个，一、二线地区 52 个。按此设想，一、二、三线的电力工业布局会有较大改善。

1966 年 2 月 20 日—3 月 16 日，水利电力部召开了全国电力工业会议和水利电力政治工作会议。会议总结了 1965 年的工作，回顾了中华人民共和国成立以来电力工业走过的道路，指出中华人民共和国成立以来的前 8 年电力工业有了大发展，但在学习苏联经验中，由于成套照搬，带来了一些消极因素，后 8 年走的是我们自己的道路，但由于不重视科学，也产生了一些缺点和错误。会议评选出了先进企业 32 个、先进生产者 52 人。这次会议提出了《1966—1970 年电力工业赶超世界先进技术水平的措施规划》，规划从煤耗、事故率、电压质量、火力发电厂每千千瓦职工人数等方面比较了中国与欧美国家的差距，指出中国火力发电技术水平大体上只相当于世界 40 年代末期的水平，部分相当于 50 年代的水平。为了在第三个五年计划内在电力技术的主要方面赶上世界先进水平，并在个别项目上有所创新，提出了电力工业赶超规划主要目标，涉及火力发电的目标有：

（1）赶超同类型机组的热效率，大力节约燃料。

5 年内，火力发电厂的热效率都应以国内外同类型电厂的先进水平作为赶超的目标。高温高压机组电厂以赶英、法、西德的水平为目标（供电热效率为 32%～32.5%），中温、中压机组电厂以赶英国的水平为目标（供电热效率为 26.5%）。全国火力发电厂平均发电煤耗 5 年内降低 55 克/（千瓦·时），到 1970 年降为 420 克/（千瓦·时）以下；厂用电率 5 年内降低 1 个百分点，到 1970 年降为 7%以下，相当于供电煤耗降为 451 克/（千瓦·时），达到英国 1961 年的水平。部属火力发电厂的供电煤耗降为 415 克/（千瓦·时），超过英国 1964 年的水平。5 年共计可节约煤炭 2 千多万吨。

（2）赶超劳动生产率，增产又减人。

在可比条件下赶超国内外劳动生产率。5 年内，全国电业生产的劳动生产率提高 1 倍，部属火力发电厂每千瓦容量全员人数从 12.3 人降为 6.5 人，新装 5 万千瓦以上容量单元制机组的火力发电厂，按每单元计的运行人员数赶上英、法两国的水平，即机、炉、电每值为 3～5 人。

（3）赶超发供电的可靠性和质量。

5 年内，全国事故少供电率从 1.24/10 000 降到 1/20 000 以下，发电机组的可调率达到 90%，100 万千瓦以上容量的大型电力系统，频率偏差不大于±0.05 赫，50 万～100 万千瓦容量的中型电力系统不大于±0.1 赫，50 万千瓦以下容量的电力系统保持在 0.2～0.5 赫以内，分别达到世界上同容量电力系统的先进水平。在电压质量方面，重要用户的电压经常保持在额定电压的±5%范围内。

（4）赶超电业基本建设先进水平。

在基本建设方面，好字当头，全面贯彻多快好省，赶超世界先进水平。

为了实现赶超目标，提出了相应的主要技术措施规划，在火力发电方面包括增加高效率大机组比重、提高辅机效率、革新火力发电厂水处理和化学监督技术、提高电厂运煤和检修机械化程度、提高火力发电厂自动化程度、综合利用灰渣和革新计算理论，采用新材料、新结构、新布置、新工艺，提高机械化施工水平等几个方面。如果能够实现这个赶超世界先进的规划，中国的火力发电工业将会提前 20～30 年赶上世界先进水平。令人遗憾的是，规划提出的目标很具体，而技术措施脱离实际，很大程度上是主观想象的，轻视了经济发展规律和电力工业发展规律，这个规划在"三五"计划之后再也未被提起。

二、电力系统实行军管

1967 年初，受上海所谓"一月革命"风暴的影响，电力系统从领导机关到各地发、供电企业纷纷掀起了"造反""夺权"的高潮，各级、各单位主要领导干部多数被打成"走资派"，遭到"打倒""炮轰"和"靠边站"。全国处于"打倒一切"的全面内乱状态，各级党组织和政府失去了应有的权威，难以正常工作。

为了稳定局势，1967 年 7 月，中共中央、国务院、中央军委、中央文化革命小组发布了《关于对水利电力部实行军事管制的决定》，成立了以陈德三为主任，梁其舟、吴志笃为副主任的水电部军管会，水电部军管于 7 月 11 日进驻水利电力部机关，7 月 12 日正式办公，吸收了几个原来管生产业务的干部参加生产组工作。水电部军管会进驻部机关，对稳定当时局势，应付全国各地大串联进京冲击水利电力部的造反派起过积极的作用，但随着在运动中"左"的错误深入到电力工业生产领域，也带来了一些消极的后果。

生产秩序的混乱，给电力生产带来了明显影响。1967 年，发电量仅完成 773.75 亿千瓦·时，较上年下降 51.47 亿千瓦·时，其中火力发电量 642.38 亿千瓦·时；发电设备总装机容量 1799.30 万千瓦，其中火力发电设备装机容量 1415.40 万千瓦，较上年增加 97.55 万千瓦，增长 5.73%，这些新增容量都是前两年的老项目。

1968 年，强调开展"革命大批判"，对 17 年以来党和政府的工作做了全面否定，电力系统各单位也狠批所谓电力部门代理人所推行的"利润挂帅""物质刺激""爬行哲学""专家至上"等一系列"反革命修正主义路线"。

1968 年，电力生产继续下降，发电量仅完成 715.87 亿千瓦·时，较上年下降 57.88 亿千瓦·时，下降 8.08%。由于在国民经济调整时期最后两三年增加了发电设备的在建规模，有些项目延到 1968 年投产，发电设备新增装机容量 117.09 万千瓦，较上年增长 6.5%。

1969 年 8 月 28 日—9 月 9 日，水电部军管会在北京召开了全国电力工业"抓革命、促生产、促工作、促战备"座谈会，这个会议是"文化大革命"期间以水电部军管会名义正式领导运动和生产的第一次会议。会议继续批判"利润挂帅""物质刺激""爬行哲学""专家至上""安全第一""重工轻农""重大轻小""重洋轻土"等"反革命修正主义路线"；列举了"专业分工""垂直系统""专家治厂""靠管理制度管卡压""不讲党的领导""不学毛主席语录""压制广大工人的积极性"等所谓的错误；要求电力建设"要两条腿走路""大中小并举""土洋并举"，革命委员会要实行"一元化领导"、要大搞"群众运动"、要大搞技术革新、技术革命，改革不合理的规章制度，破除迷信解放思想；会议还提出了"把主机出力提高 50% 左右"的要求。

1969 年，全国大多数省（自治区）、市相继成立了"革命委员会"，除了四川、云南、贵州及有些省的部分地区外，逐步建立了相对稳定的生产秩序。1970 年 1 月水电部军管会改组，陈德三主任奉命调回部队，张文碧任主任。1970 年 6 月 22 日，中共中央批转国务院《关于水利电力部革命委员会和党的核心小组组成的报告》，革命委员会由 18 人组成，主任张文碧，副主任梁其舟、钱正英、杜星垣、吴志笃；党的核心小组成员由 7 人组成，组长张文碧，副组长梁其舟、钱正英、杜星垣。至此，水电部军管会完成了历时近 3 年的特殊使命，除了继续在革命委员会任职的以外，其余人员调回部队。

在第三个五年计划期间（1965—1970 年），新增发电设备装机容量 869.37 万千瓦，1970 年底全国发电设备装机容量 2377 万千瓦，比 1965 年年平均增长 9.58%，未能达到"三五"计划年平均增长 10.8% 的要求，火力发电设备装机容量 1753.5 万千瓦，年平均增长为 7.8%；1970 年总发电量为 1158.62 亿千瓦·时，比国家计划 1100 亿千瓦·时增加 58.62 亿千瓦·时，"三五"期间年平均年增长 11.4%，1970 年火力发电量 954.04 亿千瓦·时，年平均增长 10.8%。

客观地说，水电部军管会对电力生产建设是重视的。但由于电力工业是技术密集型与资金密集型、管理特别严密特别复杂的社会化大生产系统，由于水电部军管会人员不熟悉电力生产建设的特点，不了解电力工业规律，在"文化大革命"的特殊环境里，在极左思潮的影响下，急于求成，盲目冒进，提出不切实际的高速度与高指标，给电力生产建设带来了不良后果。

三、科研院所战备疏散和科研人员下放

"文化大革命"开始后，批判所谓"反动学术权威"成为运动最初的重点之一，科技、科研工作受到严重冲击和影响。1969 年 3—8 月间，中苏边境多次爆发武装冲突，边境形势骤然紧张。面对苏联大军压境，随时可能对中国发动侵略战争的严峻形势，全国开展了紧张的战备工作。随着形势升级，8 月 28 日，经毛泽东主席批准，中共中央发布命令，要求边疆地区革命委员会、人民解放军驻边疆地区部队，充分做好反侵略战争的准备，随时准备对付武装挑衅，防止敌人突然袭击。从 9—12 月，疏散大中城市人口和物资，成为当时全国各地普遍开展的重要战备活动之一。在北京的大批中央党政机关，以及主要单位、科研院所、学校，包括家属，被紧急疏散到外地，有的暂时先疏散至郊区。其中，水利电力部门一些设计、科研和教育单位也被全部或部分迁出北京。

1969 年 10 月北京电力学院将全部学生和部分教工分散到河北邯郸地区的涉县、马头等电厂基建工地参加劳动锻炼，接受工人阶级的再教育。电力科学研究院有职工 783 人准备到河南平舆"五七"干校，参加斗、批、改，留下的科技人员 70 人组成一个电力科研联队，归实验工厂领导，其余人员分别下放到云南省电力局、南京水电仪表厂、西安热工研究所。华北电力设计院在北京的近 2000 人、3 个综合室、连同 80 万千瓦以上的火力发电站初步设计人员，被疏散到了河北省的文安"五七"干校，1970 年将负责计算机的一

部分技术干部转给南京仪表厂，其余人员编成北京连、天津连、山西连、河北连、内蒙古连等 5 个连队，分别下放到这些省区，留下的编为 1 个"军工连"，专门负责军工供电和援外工程。后来北京电管局把下放给北京和天津的两个连队合并（227 人），以此为基础扩编为北京电力设计院。

上海的电力科研和设计队伍也同样被疏散和下放。1969 年 9 月，华东电业管理局设计室被宣布撤销、解散，设计人员纷纷下基层、去外地。地处武汉的中南电力设计院，原有职工 1000 多人，其中技术干部 750 人，具有同时进行 50 万千瓦以上火力发电站初步设计的技术力量，1971 年被分散下放给了湖北、河南、湖南、广东、广西等省区电力局；东北电力设计院等则是采取办法抵制了要求下放的压力，得以勉强保存下来，但后来还是被迫抽出 150 人的机电设计力量下放给龚嘴工程局。

这次科研院所疏散与科技队伍的下放，很多科研人员作用难以发挥，不仅使科技人员荒废了业务，而且不少人身心受到摧残，科技人才也得不到及时补充和培养，大大伤害了电力科技事业的元气，电力科研与电力教育事业都受到严重影响。当时正值世界各国科技事业突飞猛进的时期，也是世界电力建设中大型电厂、新型机组次第出现的技术交替阶段，下放和解散使得原本与发达国家正在缩小的科技水平，又拉大了差距。但是，从另一方面看，通过这次疏散下放，把集中在北京、上海等大城市的大批科研力量充实到基层，尤其是充实到二、三线地区，在很大程度上加强了中西部地区和基层电力科研机构的力量，对于加快中西部地区电力事业的发展，推动地方电力技术的进步，又有着积极的意义。

四、超铭牌出力，一厂变一厂半

"超铭牌出力"也称"超参数运行"。在发电设备装机容量不足和电网严重缺电的形势下，1958 年石家庄热电厂曾经进行过这样的试验。当时，该厂锅炉运行工人利用加大给粉量和进风量的办法，提高锅炉蒸发量和蒸汽参数。汽轮机、电气运行工人采取开大汽轮机调速阀、降低发电机入口风温和提高功率因数等措施，使汽轮发电机多带负荷。超参数运行后，全厂设备出力比铭牌出力提高了 18%，但也严重降低了设备健康水平，导致出现了许多严重问题，如锅炉排烟温度升高，炉膛结焦严重，汽轮机调速阀全开，发电机定子绕组、转子绕组的温度达到规定极限数值等问题，发电事故屡屡发生。

1968 年春夏之交，石家庄大搞工业"翻番"，加上天气干旱造成的农业灌溉负荷剧增，使石家庄电力供应非常吃紧，拉闸限电不断。石家庄市革命委员会领导在市计划工作会议上强调："夺取革命生产双胜利的关键是电力要保证供应，现在的形势是工业等电、农业盼电，电力紧张限电，工厂不能全开，影响产值 40%以上"，他要求石家庄热电厂"挖掘潜力，提高出力"，利用设备富裕容量提高铭牌出力。与此同时，省、市革命委员会领导和驻地解放军负责人也经常到电厂做报告，讲形势，提任务，鼓励干部、职工"打破洋框框，勇于闯新路"。为此，从 1968 年 8 月起，石家庄热电厂结合设备大小修，先后对 10 台机组进行了设备超出力试验，使该厂综合最高出力达 23 万千瓦，比额定出力 14.7 万千瓦提高了 56%。1969 年 1 月，该厂革命委员会提出了"踢开拦路虎，当好先行官，一厂变一厂半"的口号，全厂职工以此为"动力"，大打改造设备的"人民战争"。为增加风量，他们把直径 1 米的送风机叶轮加大到 1.12 米，调高安全阀动作压力；对汽轮机和发电机进行了开膛破肚的改造。1.2 万千瓦汽轮发电机在"进汽超参数"工况下，最大出力达到 2 万千瓦，但热经济性比额定负荷时降低 2%～3%；2.5 万千瓦汽轮发电机在超参数工况下，最大出力达到 3.5 万千瓦，但热经济性比额定负荷时降低 1.5%～2%。

石家庄热电厂的做法，得到了地方党委和上级主管部门的大力肯定和推崇。在 1969 年 8 月召开的"抓革命、促生产、促工作、促战备"座谈会上，特别安排该厂介绍了经验，并写进会议纪要，在全国火力发电厂大加推广。《人民日报》《解放军报》《光明日报》和中央人民广播电台，河北省、石家庄市的报纸、广播等，都连篇累牍地介绍了该厂的"经验"。

1970 年 3 月国务院召开全国计划工作会议，制定 1970 年国民经济计划，并研究第四个五年计划。为贯彻全国计划会议精神，水电部军管会在 1970 年 5 月 26 日—6 月 21 日召开全国电力工业增产节约会议。这次会议提出了 1970 年到 1972 年，实现"老厂变一厂半，新厂快马加鞭，能力翻一番，全国县县都有电"的奋斗目标。"四五"计划也为电力工业确定了高指标，要求 1975 年全国的发电量达到 2000 亿～2200 亿千瓦·时（其中火力发电 1450 亿～1650 亿千瓦·时），年平均增长 12%～13.7%，5 年新增发电设备装机容量 2420 万千瓦，火力发电 1396 万千瓦，三线地区新增发电设备装机容量 1284 万千瓦，火力发电 578 万千瓦。

在 "四五"计划高指标的压力下，钢铁、机械、煤炭行业纷纷提出五年翻番的计划，全国范围开始严重缺电，全国 33 个 10 万千瓦以上的电网中近一半以上的电网缺电严重，只能低频运行，估计缺少发电容量 500 万千瓦。缺电对国民经济和人民生活的影响十分严重，天津地区因供电不足，每年减少工业产值 5%左右，由于电压低，烧毁了许多电动机；关中电网，经常对重要用户限电 10%，一般用户限电 1/3；由于低频和低电压，对用户造成产品质量下降、广播声音不清、电报发不出、飞机不能正常起飞的严重危害；长期低频运行还减少了电厂出力并威胁电厂安全。

1970 年 10 月 15—23 日，水利电力部在石家庄召开了"提高设备出力座谈会"。这次会议进一步介绍和推广了石家庄热电厂"怎样实现主机组超出力 56%"的经验，并在会议纪要中发布情况说："短短几个月以来，据不完全统计，容量 5000 千瓦以上的 320 多个电厂中，已有 230 多个不同程度开展了提高设备出力的工作。到目前为止，提高设备出力已超过了 280 万千瓦，全年 300 万千瓦的任务将会提前和超额完成"。因此，会议对不赞成"超铭牌出力"的观点作为右倾保守思想和形而上学继续进行了批判，还进一步强调，不分大小机组、不分水电火电、不论供热和不供热，都必须提高出力。会议要求全国装机容量 5000 千瓦以上的 45 个电网，共 2084 万千瓦的发电设备装机，到 1972 年要累计提高出力达到 355 万千瓦以上。

华东电业管理局直属的上海各发电厂，响应水利电力部号召推行"一厂变一厂半"。杨树浦发电厂对无法改造的 4 台机组采取提高蒸汽参数的办法，使每台机组增加出力

500～1000 千瓦；对 1921 年投产、服役 50 年的两台铭牌出力各为 1.8 万千瓦的老机组，也要求其单机出力运行提高至 2.7 万千瓦，甚至最高到 3 万千瓦；对其余机组则逐一进行"开膛破肚"改造，采用汽轮机增加喷嘴、锉大静叶片喉部通道、发电机定子改为水内冷等方法，使全厂出力一段时期得到提高。1970 年，该厂原有设备装机容量 25.42 万千瓦，最高出力曾一度提高到 32 万千瓦。全厂发电设备年平均利用小时达到 8922 小时。但因为不讲科学，对设备乱"开刀"，导致设备严重受损。1975 年 9 月 15 日，11 号发电机定子红相线棒绝缘击穿，被迫停机。

包头第一热电厂为搞"超出力"运行，对主设备做了多项改动。1970 年 12 月综合超出力试验中，全厂铭牌装机容量 11.2 万千瓦的机组超出力达到 16.8 万千瓦，短时达 17.2 万千瓦，实现了"一厂变一厂半"。但运行不久，引风机、高压电动机全部烧毁，锅炉受热面承压部件严重磨损、腐蚀，等等。由于事故频发，最后不得不停止超出力运行。包头第二热电厂也对设备做了一些改动，全厂机组 20 万千瓦的装机容量，超发到 25 万千瓦。呼和浩特发电厂对 2 号汽轮机进行"超出力"改造，造成汽缸焊口开裂事故。

云南开远发电厂装机容量只有 6.6 万千瓦，在军代表的组织下，要求提高出力到 10 万千瓦，采取了许多不科学的措施，原本计划于 1970 年 11 月 19 日召集各方面人员庆祝提高机组出力成果，却在 11 月 18 日一台编号为 2 号的 6000 千瓦机组出力带到 8000 多千瓦·时汽轮机转子飞脱，造成一起重大设备毁坏事故。

如果说，1958 年搞的"超铭牌出力"还只是在设备铭牌规定参数的基础上，采取提高蒸汽温度、蒸汽压力等参数，加大锅炉负载能力等措施，超发幅度一般为 10%～20%，尚属于"挖掘设备设计、制造上安全系数的潜力"，而且超发时间较短，幅度也不大，恢复正常较易，造成的损失也相对较小，那么 1970 年这次则是通过对主体设备进行"改造"来达到超发目的，由于超发幅度大，持续时间长，设备损伤严重，致使锅炉爆管，汽轮机振动，叶片疲劳断裂，发电机、变压器烧线圈等事故频频发生。

仅据对 6000 千瓦以上机组的不完全统计，1971—1974 年因"超铭牌出力"而造成设备损坏的发电机组达到 38 台，总装机容量达 111.9 万千瓦。由于提高出力导致的发电机烧损等事故情况见表 8-1。

表 8-1　　　　1971—1974 年间由于提高出力导致的发电机烧损等事故情况

序号	厂名	机组编号	容量（万千瓦）
1	大连电厂	7	2.5
2	阜新电厂	3，7	5，10
3	辽宁电厂	2，3，5	3×5
4	鸡西电厂	5，8	2.5，5
5	吉林电厂	1	2.5
6	哈尔滨热电厂	1	2.5
7	富拉尔基热电厂	5	3

续表

序号	电厂	机组编号	容量(万千瓦)
8	石景山热电厂	7,8	2×1.2
9	天津电厂	5,6	2×2.5
10	石家庄热电厂	3	1.25
11	保定热电厂	1,2	2×2.5
12	下花园发电厂	7	3
13	邯郸热电厂	3	1.2
14	太原第一热电厂	3	2.5
15	大同电厂	7	2.5
16	杨树浦发电厂	16	2.25
17	闵行电厂	4	10
18	下关电厂	9,10	1.2,2.5
19	天生港电厂	5	1.2
20	闸北电厂	7	2.5
21	扬州电厂	2	1.6
22	吴泾电厂	4,X	10,2.5
23	石横电厂	1	2.5
24	枣庄电厂	2	1.2
25	临沂电厂	5	0.6
26	青岛电厂	5	0.6
27	白马电厂	4	1.2
28	株洲电厂	1	0.6
29	杏村电厂	2	0.6
合计			111.9

1979年5月15日,在全国电力工作会议上,时任电力工业部部长刘澜波同志严厉批评了"一厂变一厂半"的做法,指出了这种"瞎指挥"和"强迫命令"的巨大危害。至此,"一厂变一厂半""超铭牌出力"的试验才终于结束,全国发电厂普遍恢复了按铭牌出力运行。

五、生产"次高压"发电设备

盲目提高出力的后果,还延伸到第一机械工业部的发电设备制造单位。1970年全国电力工业增产节约会议提出了水利电力部和第一机械工业部共同协作,汲取石家庄热电厂等单位的技术革新成果，革新工艺设计，争取在第四个五年计划新增加的 2400 万千瓦火力发电设备中，加大出力 600 万千瓦，这就是第一机械工业部发电设备制造单位生产的一批"次高压"发电设备的由来。

从 1972 年 12 月底到 1975 年 12 月底，发电设备制造厂给电厂供应了 5 万千瓦"次高压"机组 18 台，容量 87.5 万千瓦，安装在 12 个电厂，其中压力为 4.12 兆帕、温度为 460 摄氏度的 2.5 万~5 万千瓦机组 12 台，压力为 5.88 兆帕、温度为 480 摄氏度的 5 万千瓦机组 6 台，这些机组都是由 2.5 万千瓦的汽轮机和发电机提高铭牌出力变为 5 万千瓦的，这些机组长期达不到出力。"次高压"机组中还有一批铭牌由 5 万千瓦改为 7.5 万千瓦的机组，压力为 5.88 兆帕、温度为 460 摄氏度，1976—1981 年间被安装在 7 个电厂共 14 台机组，这些机组锅炉、电气、汽轮机不配套，而且是非标准产品，附属设备（如辅机、水泵）不对口，如果按照 5 万千瓦机组配套，主机出力不能全发，如果按照 10 万千瓦配套，辅机又不经济。

两类"次高压"设备安装情况分别见表 8-2、表 8-3。

表 8-2　　　　　　　　　5 万千瓦"次高压"机组安装地点及投产时间

序号	厂名/编号	汽轮机厂家/型号	发电机厂家/容量	锅炉厂家/容量型号	投产日期
1	大屯电厂 1 号机	上汽 129 型	上电 5 万千瓦	上锅 230 吨/时 46	1971.12
2	大屯电厂 2 号机	上汽 129 型	上电 5 万千瓦	上锅 230 吨/时 46	1972.12
3	分宜电厂 3 号机	上汽 129 型	上电 5 万千瓦	上锅 230 吨/时 46	1972.10
4	分宜电厂 4 号机	上汽 129 型	上电 5 万千瓦	上锅 230 吨/时 46	1975.12
5	梅溪电厂 1 号机	上汽 129 型	上电 2.5 万千瓦	上锅 130 吨/时 37	1972.12
6	梅溪电厂 2 号机	上汽 129 型	上电 5 万千瓦	上锅 230 吨/时 46	1974.8
7	徐塘电厂 1 号机	上汽 129 型	上电 5 万千瓦	上锅 230 吨/时 46	1972.12
8	徐塘电厂 2 号机	上汽 129 型	上电 5 万千瓦	上锅 230 吨/时 46	1974.9
9	马鞍山电厂 7 号机	上汽 129 型	上电 5 万千瓦	上锅 230 吨/时 46	1973.12
10	邢台电厂 3 号机	上汽 129 型	上电 5 万千瓦	上锅 230 吨/时 46	1973.12
11	安阳电厂 5 号机	北重 129 型	北重 5 万千瓦	武锅 230 吨/时 70	1972.7
12	开封电厂 1 号机	上汽 A129 型	上电 5 万千瓦	东锅 230 吨/时 70	1973.4
13	开封电厂 2 号机	上汽 A129 型	北重 5 万千瓦	武锅 230 吨/时 70	1974.5
14	永济电厂 1 号机	北重 A129 型	北重 5 万千瓦	武锅 230 吨/时 70	1973.12
15	永济电厂 2 号机	北重 A129 型	北重 5 万千瓦	武锅 230 吨/时 70	1974.12
16	南京电厂 7 号机	上海电修厂 129 型	上海电修厂 5 万千瓦	上海电修厂 220/100 直流	1972.12
17	石横电厂 3 号机	上汽 129 型	上电 5 万千瓦	上锅 230 吨/时 46	1972.8
18	石横电厂 4 号机	青岛汽机厂 129 型	山东生建电机厂 5 万千瓦	山东电建 240 吨/时	1973.10

表8–3　　　　　　　　　7.5万千瓦"次高压"机组安装地点及投产时间

序号	安装电厂	汽轮机	发电机	锅炉	投产日期
1	清镇电厂5号机 清镇电厂6号机	东汽N–75–90	东方QFQ–75–2	东锅DG300/100–4	1977.5 1978.12
2	黄石电厂7号机 黄石电厂8号机	东汽N–75–90	东方QFQ–75–2	东锅DG300/100–4	1974.12 1976
3	韩城电厂1号机 韩城电厂2号机	东汽N–75–90	东方QFQ–75–2	东锅DG300/100–4	1975 1976
4	神头电厂1号机 神头电厂2号机	北重N–75–90	北重SQF–75–2	北锅F220/100 二机三炉	1977.12 1977.12
5	合山电厂4号机 合山电厂5号机	北重N–75–90	北重SQF–75–2	东锅DG300/100–5	1976.3 1977
6	鲤鱼江电厂7号机 鲤鱼江电厂8号机	东汽N–75–90 北重N–75–90	东方QFQ–75–2 北重SQF–75–2	东锅DG300/100	1980 1981
7	华蓥山电厂1号机 华蓥山电厂2号机	东汽N–75–90	东方QFQ–75–2	东锅DG300/100–1	1978.5 1979.1

六、60万千瓦火力发电机组研究停滞

"文化大革命"批判大搞大电网、大电厂、大机组，曾产生过一种谬论，叫做"电厂规模超过20万打死"，即电厂建设规模不超过20万千瓦，其依据是一颗原子弹的成本高于一个20万千瓦容量的电厂造价，一个电厂只要容量不超过20万千瓦，敌人就犯不上投一颗原子弹。清河电厂就因为容量问题，废弃了一些已建成的公用设施，扩建曾一度"被打死"，在后来的扩建中造成很大浪费。

电厂规模不超过20万千瓦，不要大电厂、更不能要大机组。20世纪60年代中期，在国家计划委员会、第一机械工业部的安排下，哈尔滨三大动力制造厂和有关设计单位共同做过科研和设计单机容量为60万千瓦火力发电机组，并已选定燃料用陕西韩城煤，安装地点也决定在韩城，虽在"文化大革命"中科研和设计工作一直没有停止，并得到了国务院主管领导同志的支持，但在1971年后这个项目受到批判，整个工作被勒令停止，虽然制造厂也进行了争取，但始终无效。大机组的科研、设计工作停滞，致使中国大机组科研工作大大推迟，其影响之大绝不止十年。

七、火力发电机组煤改油

随着大庆油田的顺利投产，中苏关系恶化后中国缺少石油来源的严重危机得到缓解。1963年石油产量648万吨，随后在渤海周围投产了辽河油田、大港油田、任丘油田，石油产量大幅度增长，1976年达到8716万吨，1966—1978年的13年，原油产量每年以18.6%的速度增长，年产量突破1亿吨，1973年中国开始向日本出口原油。

在"文化大革命"中，煤炭产量不断下降，而炼油能力的增长赶不上原油产量增长。1970 年冬天，国家经济委员会开始提倡火力发电厂烧油。由于烧油比烧煤发电洁净，烧油的技术和设备相对简单，省去了铁路专用线和机组的供煤、除灰系统，机组运行的安全可靠程度会有很大提高，所以烧油很快得到推广。一批电厂从原烧煤机组改为烧油机组，到 1972 年电厂年烧油将近 900 万吨，较 1969 年增加 1 倍。

同时，国家又决定新建和扩建 24 个烧油火力发电厂，总装机容量 600.6 万千瓦，主要分布在东北、华北、华东及中南个别城市，东北的有：辽宁清河、鞍山、盘锦及大连一厂和大连三厂，吉林前郭旗电厂，黑龙江哈热、安达和新华电厂；华北的有：北京第一热电厂和北京第二热电厂，天津杨柳青和大港电厂，河北沧州电厂；华东的有：上海闸北、南市和高桥电厂，江苏望亭电厂，浙江镇海电厂，山东辛店电厂；中南的有：湖北青山和荆门电厂，广东黄埔和茂名等电厂。1975 年以前投产的烧油火力发电厂有 260 多万千瓦。

八、火力发电事故频发

（一）云南开远发电厂汽轮机转子飞脱

开远发电厂是云南第一座中温中压燃煤凝汽式火电厂，是苏联援建的 156 项重点工程项目之一，是滇南电网的主力电厂。开远发电厂投产发电后，不仅奠定了开远成为云南省重要能源基地的坚实基础，而且对当时云锡生产发挥了极其重要的作用，并进一步带动起附近个旧、蒙自、弥勒等地的工业发展，使得边陲之地的社会主义建设与全国同步。

1970 年 3 月 11 日，云南开远发电厂为实现"突破 10 万千瓦大关"和"一厂变一厂半"，把原第二发电厂封存的 1500 千瓦汽轮机组拆迁到开远发电厂安装，编号为 9 号发电机，蒸汽来源由第 2、3 号汽轮机一段抽汽供给，管路与汽动给水泵的新蒸汽管相通，作无抽汽时备用。安装过程中，受"不用新设备，不用新材料"口号的影响，在没有旧止回阀可供利用的情况下，在 2 号汽轮机抽汽管上安装了止回阀。

同年 11 月 18 日，开远至弥勒线路跳闸，致使运行中的开远发电厂第 1、2、9 号发电机突然甩掉负荷，2 号汽轮机危急保安器动作。因 3 号汽轮机抽汽倒供至 2 号汽轮机，因此 2 号汽轮机主汽阀关闭后仍有 2000 千瓦负荷。2 号发电机司机于是向主盘发出"机器危险"的信号，主盘随即将 2 号发电机解列，部分厂用电中断。与此同时，1 号机组跳车后，1 号电动给水泵电源中断，值班员抢开 1 号汽动给水泵 4 次均未成功。于是又开启了新蒸汽阀以启动 2 号汽动给水泵。新蒸汽通过连通管进入已解列的 2 号汽轮机，使 2 号汽轮机转速急剧升高，导致转子飞车，击打到厂房钢梁，击穿屋顶飞出厂外，并造成发电机定子、转子严重损坏，大轴折断，汽轮机主轴断成 3 段，联轴节端击穿低压汽缸。

对这场严重设备事故，无论是从发电机组所应具有的自动控制水平，或是发电厂本应该极其严格规范的应急操作规程，或是职工基本技术素质来看，是应该能避免的。但当时不按规程办事，主观主义，随意决策，以及受"极左"思潮的影响，"人有多大胆，机有多大产"，酿成了这起汽轮机转子飞脱的重大事故。

（二）山东黄台火力发电厂氢气爆炸

1970年8月27日，山东黄台火力发电厂4号机组发生氢气爆炸事故，造成2人死亡、2人重伤和设备损坏的严重恶果。

山东黄台火力发电厂4号机组是国产的5万千瓦汽轮发电机组。这台机组于1960年6月开工建设，1961年11月安装完毕，直到1962年10月19日才正式点火煮炉。经过长达4年的反复试运后，于1965年12月30日正式投产发电。

1970年8月27日，4号发电机大修排氢。根据排氢工作规程，为避免发电机内形成具有爆炸浓度的混合气体，本应在保持发电机内一定气压的条件下，首先使用二氧化碳气体作为中间介质进行驱赶氢气作业，以实现发电机和管道内对氢气的置换。只有当二氧化碳含量超过95%以后，方可引入压缩空气驱赶二氧化碳。直至二氧化碳含量少于5%以后，才可终止向发电机内送压缩空气。除此之外，在具体工作流程上还有一套严格的操作规程。

然而，当时的大修人员从"节约大修费用和加快进度"考虑，随意省略了二氧化碳驱氢的关键环节，而直接采用自然空气驱氢，结果使氢与空气混合达到了一定的浓度。更为严重的是，当时的作业现场附近，还有人正在进行设备耐压试验，电焊产生的火花引发了氢气爆炸。

同年9月10日，因操作人员误判断造成1号锅炉满水事故；第二年3月16日，又因操作人员误判断造成1号锅炉严重缺水、导致爆管的事故。此类事故的发生，原因在于无章可循、有章不循。这又与"文化大革命"废除了原有规章制度，而新的规章制度没有及时建立起来，职工遵章守纪意识淡漠、盲目蛮干直接相关。

（三）北安、杨柳青、秦岭发电厂重大火灾

1973年6月29日，黑龙江省北安发电厂由于违章实施明火作业，引起备油池和油泵房起火，救火时5人被烧死，造成直接经济损失50多万元的重大火灾事故。

1973年1月，天津杨柳青发电厂发生重大火灾。杨柳青发电厂第一台机组于1972年12月并网发电。由于主体工程进度很快，许多配套工程没有跟上，所以仅是象征性地实现了并网发电。经过一段完善工作后，准备于1973年1月9日再次启动试运。而恰在这期间，电厂油区安装工程施工中，因安全措施未落实，施工人员用气焊切割管道，造成油气爆炸，引起存有2600多吨原油的1号油罐起火爆炸，从而造成油区设备烧损，1号机组正式投产日期被迫延迟到1973年8月。

1973年9月，陕西秦岭发电厂发生重大事故。9月28日，秦岭发电厂1号机组投运不久，发生汽轮机左侧中压油动机下部端盖法兰漏油，造成油动机上下剧烈摆动，引起调速油压荡和油管路系统振动，导致机头下一根调速油管道法兰螺栓松动而喷油，油又喷到附近保温不好的二级旁路口上引起火灾；由于运行人员对设备结构及系统不熟悉，在已经起火的情况下，又去启动高压油泵，扩大了事故面，致使大火烧毁了汽轮机房3跨和集控室及室内全部设备、仪表，烧毁各种电缆39.6千米，烧坏大小电动机18台，汽轮发电机的轴颈、轴瓦严重磨损。事故造成的直接经济损失 150 万元，同时造成 1 人因油烟中毒死亡、2 人受重伤的恶性人身事故。造成这次事故的主要原因，既有人为因素，又有用料错误。按规定高压调速油管道上法兰螺栓应装 8 只，施工时实际只装了 4 只，法兰垫子按规定应采用耐用石棉垫，实际用的是塑料垫。再就是运行人员对设备不了解，不能正确处理事故并误操作，从而扩大了事故。这次事故，暴露出了当时设备制造、施工中存在的质量问题，也反映出生产运行中安全管理、人员培训不到位等诸多问题。

九、国务院 114 号文件

"文化大革命"给电力生产、电力建设造成了巨大损失。进入 20 世纪 70 年代以后，各种问题爆发出来，全国经济严重滑坡，电力供应不足矛盾十分突出。根据 1974 年 1—5 月统计，煤炭产量比上年同期下降 6.2%，铁路货运量比上年同期下降 2.5%，发电用煤没有保证。1975 年 3 月，中共中央发布《关于加强铁路工作的决定》，铁路运输迅速好转。水利电力部在请求国务院解决电力供应严重不足的矛盾时，代国务院起草了关于加快发展电力工业的通知（建议稿），报国务院领导审阅、批示后，于 1975 年 7 月 25 日以《国务院关于加快发展电力工业的通知》（国发〔1975〕114 号）发出。这份文件紧紧抓住了当时全国电力系统和电力企业最为突出、最为关键的问题，并针对性地提出了解决的措施和工作要求，体现了邓小平全面整顿的思想在电力系统的具体要求，对当时以至后来的行业管理、企业整顿发挥了重要作用。

《国务院关于加快发展电力工业的通知》主要内容有六条：一是抓紧 1975 年完成装机容量 400 万千瓦，1976 年完成装机容量 500 万千瓦的任务；二是贯彻"水火并举"和"大中小"并举的方针；三是严格执行计划用电；四是厉行节约用电；五是确保电网安全，提高供电质量；六是加强电网的统一管理。

为了认真贯彻《国务院关于加快发展电力工业的通知》，水利电力部于 1975 年 8 月 13—19 日召开了全国电力工作会议，对全国电力系统整顿提出要求，做出了具体工作安排。8 月 20 日李先念副总理等国务院领导接见了全体出席会议的代表。

1975 年 9 月电力系统大张旗鼓展开了全面整顿。通过全面整顿，全国电力系统的规章制度进一步健全和完善，管理得到加强，纪律更加严格，安全生产面貌大为改观。

在第四个五年计划期间（1971—1975），新增发电设备装机容量 1963.6 万千瓦，未能完成"四五"计划新增发电装机容量 2420 万千瓦的要求，至 1975 年底，全国发电设备装机容量达 4340.6 万千瓦，年平均增长 12.8%，火力发电装机容量 2997.8 万千瓦；1975 年总发电量为 1958.4 亿千瓦·时，年平均增长 11.1%，未能完成年平均增长 12.0%～13.7%的要求，火力发电量 1482.1 亿千瓦·时。

1975 年 1 月经中央批准，国务院做出决定，撤销了水利电力部革命委员会，军队派出的革命委员会成员撤离水利电力部返回部队，水利电力部恢复了正常部门建制。任命了新的部长、副部长，恢复了部内的司、局等部门管理体制。

第二节　"三线"火力发电建设靠山进洞

在 1964 年中央讨论第三个五年计划的安排问题时，毛泽东主席从新的世界格局下发生战争的可能性出发，提出要把中国划分为一、二、三线的战略部署，下决心搞三线建设。"三线"建设的总目标是"要争取多快好省的方法，在纵深地区建设一个工农业结合的、为农业和国防服务的比较完整的战略后方基地"。

所谓"三线"，一般是指当时经济相对发达且处于国防前线的沿边沿海地区向内地收缩划分的三道线。一线地区指位于沿边沿海的前线地区；二线地区指一线地区与京广铁路之间的安徽、江西及河北、河南、湖北、湖南四省的东半部；三线地区指长城以南、广东韶关以北、京广铁路以西、甘肃乌鞘岭以东的广大地区，主要包括四川（含重庆）、贵州、云南、陕西、甘肃、宁夏、青海等省（自治区）以及山西、河北、河南、湖南、湖北、广西、广东等省（自治区）的部分地区，其中西南的四川、贵州、云南和西北的陕西、甘肃、宁夏、青海俗称为"大三线"，一、二线地区的腹地俗称为"小三线"。

"三线"建设，是指 20 世纪 60 年代中期开始，在中国西南和西北等"三线"地区开展的大规模以备战为中心、以军工为主体的经济建设活动。"三线"建设要求靠山、分散、隐蔽，后被改为靠山、分散、进洞，简称为"山、散、洞"。

20 世纪 60 年代，中国周边的国际处境复杂艰险：东部海岸线被美国半月形包围；西南地区因 1962 年中印边境冲突处在紧张状态；东北地区因中苏关系破裂致使边界冲突加剧，苏联加强了远东地区兵力配置，在北部边陲陈兵百万，虎视眈眈。根据总参作战部当时给出的报告分析，中国 70% 的工业和 60% 的人口都分布在大城市，集中度非常高，一旦打起仗来，大城市受袭后，中国经济将有遭致瘫痪的风险。

1964 年 8 月 2 日深夜，"北部湾事件"❶爆发，美国全面升级了侵越战争，并且把战火蔓延到了中国南部的边界。正是在这个背景下，毛泽东主席 8 月 12 日对总参作战部提交的《关于国家经济建设如何防备敌人突然袭击的报告》做出重要批示，要求"精心研究，逐步实施"。8 月 19 日，李富春、薄一波、罗瑞卿联名给毛泽东主席、党中央写的《关于落实毛泽东主席对国家经济建设如何防备敌人突然袭击问题批示的报告》中提出："今后，一切新建项目不论在哪一线建设，都应贯彻执行分散、靠山、隐蔽的方针，不得集中在某

---

❶ 北部湾事件，又称东京湾事件，是美国于 1964 年 8 月在北部湾（越南称东京湾）制造的战争挑衅事件。1964 年 7 月底，美国海军军舰协同西贡海军执行"34A 行动计划"，对越南北方进行海上袭击。8 月 1 日，美第七舰队驱逐舰"马多克斯"号为收集情报，侵入越南民主共和国领海，次日与越南海军交火，击沉越南鱼雷艇。美国政府迅即发表声明，宣称美海军遭到挑衅。3 日，美总统 L.B. 约翰逊宣布美国舰只将继续在北部湾"巡逻"。4 日，美国宣称美军舰只再次遭到越南民主共和国鱼雷艇袭击，即所谓"北部湾事件"，并以此为借口于 5 日出动空军轰炸越南北方义安、鸿基、清化等地区。7 日，美国国会通过《东京湾决议案》，授权总统在东南亚使用武力量。这一事件是美国在侵越战争中推行逐步升级战略，把战火扩大到越南北方的重要标志。

几个城市或点。"报告提出的"靠山、分散、隐蔽"6 个字的三线选址原则，是周恩来总理于 1964 年 1 月提出的核工业选址原则。林彪将"隐蔽"发展为"进洞"，并写进了中央文件。毛泽东主席后来提出要"靠山近水扎大营"。

1965 年全国电力工业会议对电力"三线"建设做出部署。一是有计划地调整电力工业布局，加速建设"三线"电力基地。同时要看到一、二线对经济与支持三线的作用，积极保证一、二线的用电。二是在西南地区成立西南电力建设工作组，负责这一地区的电力生产建设的督促工作。三是在西北地区成立计划、设计、施工统一管理的火电建设托拉斯。四是组织东北、华北、华东等地区的生产、设计、施工、科研力量，支援三线建设。五是抓紧修造工厂、列车基地等迁建工作。

随着"三线"工业部署的开展，电力工业安排了一批工程项目。复工建设的有綦江、重庆等 6 个项目，新建扩建的有宝鸡电厂二期、西固电厂四期等 4 个火力发电厂。同时，为了适应"三五"计划初期一、二线的用电增长需求，在一、二线地区建设了军粮城、吴泾、望亭等 10 个火力发电厂，新建扩建新乡电厂等 5 个火力发电厂。

从 1965 年开始选厂，在全国范围内共有 32 个火电厂按靠山或进洞的要求建设，总容量 543.4 万千瓦。当时建设的主要有：北京京西电厂、珠窝电站，河北马头发电厂，河南平顶山电厂，山西康城电厂、霍州电厂，陕西秦岭电厂、略阳电厂、渭河电厂，辽宁朝阳电厂、清河电厂、刀尔登电厂，黑龙江大庆二厂，内蒙古乌拉山电厂，四川五通桥电厂、渡口新庄电厂、华蓥山电厂，贵州桐梓电厂、水城电厂，宁夏中宁电厂，上海外高桥电厂，广西桂林沙河电厂等。

按照"山、散、洞"方针在山区建设电源点，厂址的选择成为一个重要问题。因为火力发电厂生产需要解决燃料运输、输电线路架设以及水源、灰渣排放等诸多问题，与在平地可以随意展开不同，山区建厂只能在狭小的空间里进行，而且还要受到地质条件的极大限制，如要能防止山体塌方、滑坡，要能避免山洪、泥石流侵害等。因此，确定选址需要详尽的勘测情况做依据。然而，在当年备战形势日益紧迫的情况下，许多重点项目的选址根本等不及勘测任务完成，便匆忙展开了建设，导致一些项目建设成本过高，建成后的生产布局不尽合理，以及受环境限制而形成的其他问题。当然，出现这些情况的项目在全部"三线"电源建设项目中占比很小。

在"三线"建设中，还对电厂装机容量上加以限制，否定了建设大电厂、选用大机组的正确技术路线，当时限定很多电厂装机容量不得超过 20 万千瓦。

一、"三线"建设先行官

"三线"建设增强了国家应对国际形势风云变幻和爆发战争的能力，对推进东西部地区经济平衡发展、改善国民经济的结构和整体布局发挥了重要作用。"三线"火力发电厂靠山进洞，从军事角度来看，并不具有真正意义上的安全价值。在当时的侦察技术条件下，火力发电厂的排烟和蒸汽乃至电厂形貌根本无法隐蔽，即使能够隐蔽，电厂的燃料运输线和输电线路一旦被破坏也将不能达到备战的目的。但是，电力在"三线"建设中所担当的先行官的角色，不仅为"三线"建设发挥了重要作用，也改善了全国电力工业的结构和布局，并且为之后解决东西部经济发展差异，开展西部大开发做出了贡献，为后来实施"西电东送"创造了条件，这也是电力工业在"三线"建设中所取得的巨大成就。

"三线"建设展开伊始，电力工业就居于重要的地位。根据国家"三五"计划的安排，从 1966 年开始的五年中，"三线"地区的发电量要从原有的 85 亿千瓦·时增加到 210 亿千瓦·时，比 1965 年增加 125 亿千瓦·时。发电量在全国的比重要从 12.8% 提高到 19.1%；五年内，"三线"地区的发电设备装机容量将从 1965 年的 230 万千瓦增加到 539 万千瓦，新增发电设备装机容量 309 万千瓦，所占比重也将从 15.4% 提高到 21.7%。

水利电力部对"三五"计划期间三线地区的电力建设作了重点安排。在投资比例上，90 亿元电力基建投资，用于"三线"地区建设安排了 36 亿元，占电力总投资的 40%。在"三线"地区，为减少输煤压力，在煤矿附近安排建设了一批骨干火力发电厂，如"三线"地区的宣威、綦江、宜宾、水城、渭北、石嘴山等。在"小三线"地区安排的还有朔县、霍县、娘子关、平顶山、淮南、济宁等一批火力发电厂。除了续建西固、包头、青山、辽宁、吴泾等老电厂外，还在"三线"新建了江油、宝鸡、中卫等一批新厂。执行中还增加了华蓥山、秦岭、涉县、金竹山、莱芜等 14 个新厂。到了"四五"期间，按照国家计划，全国新增发电设备装机容量的一半以上（1284 万千瓦，其中火力发电 578 万千瓦）建在"三线"地区。与此同时，全国电力行业开展了对"三线"地区电力工业的对口支援。如 1966 年 6 月，由华北电业管理局从唐山电厂抽调技术工人 53 名，对口支援贵阳发电厂；9 月，山东电业管理局抽调 172 名管理与技术干部及部分技术工人，按人员配套对口支援贵州水城发电厂与贵州六盘水供电局；10 月开始，上海电力系统的 1000 余名职工，奔赴皖南山区从事"小三线"电力建设；华东电管局从上海、江苏等建立较早的电厂抽调干部与技术工人 42 人，按人员配套对口支援贵州清镇发电厂；华东电管局支援安徽；天津电力系统援建河北；1967 年由东北电业管理局从大连电厂抽调 60 名职工支援贵州桐梓发电厂。此外，还有大批军队转业、退伍军人及新招工人充实到"三线"电力生产队伍。

中国"三线"建设的总目标是"要争取多快好省的方法，在纵深地区建设一个工农业结合的、为农业和国防服务的比较完整的战略后方基地"。国防工业方面，在西南地区规划了以重庆为中心的常规兵器工业基地，以成都为中心的航空工业基地，以长江上游重庆至万县为中心的造船工业基地；在西北地区规划了陕西的航空工业基地、兵器工业基地，甘肃的航空工业基地等项目建设。建设了攀枝花、包头、酒泉等几个钢铁基地；在四川、贵州等省建立了一批石油、机械、电力项目。

陕西省是"大三线"战略后方，在"文化大革命"十年中，借"三线"建设这个机遇，除户县、宝鸡两个主力电厂各投了 10 万千瓦发电设备装机容量外，又有略阳、渭河（1期）、秦岭（1期）、韩城（1期）和石泉 4 座电厂共 12 台发电机组，总装机容量为 93 万千瓦投入运行。到 1975 年末，陕西局属电网总装机容量已达到 100.7 万千瓦，比恢复时期 1965 年的 22.5 万千瓦净增 78 万千瓦，是 1965 年的 4.47 倍，年平均增长 16.3%，超过同期全国年平均增长 11.15% 的速度；年发电量达 41.373 1 亿千瓦·时，比 1965 年的

14.036 6 亿千瓦·时，净增 27.336 5 亿千瓦·时，是 1965 年的 2.9 倍，年平均增长 11.4%，略高于同期全国发电量年平均增长 11.2% 的水平。

贵州省是西南"三线"建设的重点省份之一。贵州省电力工业在"文化大革命"十年期间，国家投资达到了 7.46 亿元，为 1950—1965 年的 2.34 倍。在华北、华东等地电力部门的支援下，10 年中新增发电设备装机容量 55.05 万千瓦，总装机容量达 73.73 万千瓦，为前 15 年的 5.17 倍。贵州省年发电量由 1965 年的 5.88 亿千瓦·时，增至 1976 年的 24.80 亿千瓦·时，为 1965 年的 4.22 倍，基本满足了在特殊历史条件下建立起来的"战略大后方"用电需求。

四川省是"三线"建设的重点省份之一。1975 年，四川省年发电量达到 107.94 亿千瓦·时，比 1974 年增长 25%。其中四川省电力局系统所属电厂年发电量 89.08 亿千瓦·时，比 1974 年增长 28%；工业总产值增加 2.28 亿元，增长 50%。火力发电史上著名的全地下火力发电厂——503 地下战备电厂，位于渡口市新庄，它是为"三线"重点建设项目——攀枝花钢铁基地提供动力的、曾经的保密电厂。

1979 年中国提出国民经济调整方针，加快沿海地区的建设与发展，整个经济建设进入到一个新的历史时期，"三线"建设也随之告一段落，集中进行的大规模"三线"建设，从 1965 年开始到 1979 年结束，历时十五载。

二、部分"山、散、洞"电源项目

（一）四川渡口新庄发电厂

四川渡口新庄发电厂，是执行进洞方针较早的三线电力建设工程项目，要求电厂具有抵御原子弹袭击时，主体免遭破坏的能力。新庄发电厂是为攀枝花钢铁基地提供动力的、曾经的保密电厂——"503 地下战备电厂"，位于渡口市新庄尖山南麓脚下的金沙江北岸，江两岸山高坡陡，北岸山高约 700 余米，山体裸露出巨大的整块花岗岩石，南岸山高约 600 米，两山隔江对峙，形成南北方向的天然屏障。金沙江自西向东，依错列的山势蜿蜒曲折地穿行于峡谷之中，从远处沿东向西方向瞭望，唯见峡谷内重峦叠峰，电厂地形十分隐蔽。对岸山体内侧拟开采的动力煤可供电厂燃用，燃煤可由煤矿坑口通过短距离的跨江索道直达电厂进煤洞口。主厂房修建在一个完整的花岗岩体内，由 3 条南北走向约 220 米长的导洞和东西走向各长 80 米横贯 3 条导洞的 4 个洞室组成，主洞室面积 22 490 米^2，厂房在洞内呈"用"字形布置，新庄发电厂是一个名副其实的地下火力发电厂。因建在洞中，当时无论是从陆地上还是飞机上，人们都很难分辨这座电厂。新庄发电厂从 1966 年 3 月选址建设，1968 年 9 月全面开挖，1971 年上半年完成洞室挖掘，共挖出土石方 45 万米^3，其中主洞 21 万米^3，循环水压力隧道和水泵房约 24 万米^3。大小洞掘进的总长度为 3700 米，最大洞室的拱跨为 23.6 米，洞高 45 米，横断面积为 915 米^2。1968 年土建工程动工，施工中采用喷锚支护新技术，对控制室、汽轮机房、锅炉房等作了不同形式的隔间和防爆处理。1971 年 12 月起吊装 1 号锅炉钢架，1974 年 12 月 30 日 1 号机组试运转，次年 4 月下旬正式移交生产，1977 年 4 月 21 日 2 号机组发电，两台 5 万千瓦机组，建设周期 11 年。2007 年，因环保和能耗等问题，电厂关闭。2008 年被确定为区级文物保护单位。

（二）贵州桐梓发电厂

桐梓发电厂设计装机容量 30 万千瓦，是解决川黔两省部分地区电源和保安电源的重要战备工程。1966 年 8 月，经水利电力部核准，选址于贵州桐梓县天门山 1 个天然溶洞内。为了加快工程进度，当年 11 月 15 日，开始边勘测、边设计、边施工。由于场地狭窄，土石方工作量大，扩洞和拱洞 1 米就要耗资 10 万元，施工异常困难。加之洞体稳定、运行噪声、灰场、防洪等重大关键技术问题都未能解决，初步设计难以确定。能建与否，是建于洞内还是建于洞外，犹豫 6 年之久，最终在 1973 年被迫下马停建。已建成的约 5 万米² 的房屋、生活设施以及临时库房、工棚等建筑，只能弃之不用，浪费资金 2300 万元。

（三）陕西秦岭发电厂

秦岭发电厂位于以奇险闻名天下的西岳华山脚下。一期工程建在秦岭山脉罗敷河峪口，为在"山、散、洞"方针指导下的进山电厂，将一座两台 12.5 万千瓦机组的电厂，硬挤在面积不到 5 公顷的高山峡谷中，迫使设计不得不采用了一些多层重叠布置方案。在建设过程中，流传着"爬不完的坡，走不完的路，挖不完的土方，砌不完的挡土墙"4 句话。为解决运煤通道，设计了长达 410 多米的铁路隧道，其中有 1/5～1/4 处在风化岩层地带，施工中接二连三发生塌方，施工单位采取快速打排架，巧立井架和抢时间衬砌的办法，战胜大小塌方 119 次。秦岭发电厂 1969 年破土动工，两台机组分别于 1972 年 12 月和 1974 年 9 月建成投产。

（四）辽宁朝阳电厂

朝阳电厂坐落在辽宁省朝阳市西北 15 千米处的一个山沟里，装有两台国产 20 万千瓦火力发电机组，按进洞设计，提出了"向山体要厂房、向河滩要厂区"的口号。1966 年 8 月下旬进洞厂址确定，9 月下旬对主山体进一步进行槽探和钻探，发现有较宽的破碎带，而主设备要求的山洞，宽度要 35 米，锅炉洞高度要 60 米，躲开破碎带有困难，为此提出锅炉进洞高度难以实现，仅将汽轮发电机进洞，即半进洞方案。由于进洞问题较大，1967 年 2 月又把半进洞方案改为第 1 台机组地面建设，第 2 台还要争取进洞的方案。1967 年 5 月下旬，根据现场 1.0～1.5 米深探槽已达 4000 米，在山体上 7 个钻孔总进尺已达 785.87 米，宽度 3 米、高度 24 米的探洞进尺 98 米的钻探结果，初步判定电厂地质构造为矽质条带灰岩，石性特点是硬、脆、碎，发电设备难以进洞，第 2 台机组也改为地面建设。至此，两台 20 万千瓦机组的布置方案，随着地质情况的逐步查明，由全进洞变为半进洞，又改为第 1 台机组不进洞、第 2 台机组争取进洞，最后改为地面建设。工期原要求 1969 年发电，实际推迟了 3 年，1972 年底开始试运，至 1973 年 4 月才移交生产。

（五）陕西略阳电厂

略阳电厂位于陕西、甘肃、四川三省交界的陕西省汉中市略阳县县城北部的菜籽坝，距县城约 1.5 千米，长江的两条支流嘉陵江和八渡河从两侧经过，周围高山环绕，群峰林立。一期、二期分别建有 2×2.5 万千瓦和 1×5 万千瓦火力发电机组。仅因增建铁路 655 千米、铁路桥一座、隧洞 805 米、多挖土石方 14.7 万米³、填土 13.7 万米³、护坡 1.04 万米³，增加投资 830 多万元，还因布置困难和二次搬运等增加费用 100 万元，总计增加费用约 1000 万元。略阳电厂 1969 年 5 月破土动工，两台 2.5 万千瓦机组分别于 1971 年 4 月和 1972 年 1 月投产发电，5 万千瓦机组于 1974 年 10 月投产发电。

（六）广西合山电厂

合山电厂位于广西壮族自治区中部合山市岭南镇溯河村，与广西最大的煤炭基地合山矿务局毗邻，南靠红水河，北接柳邕公路，东有湘桂铁路支线来（宾）合（山）线接专用线直通厂区。其地形一面傍河，三面环山，煤源、水源充足，交通便利。合山电厂工程是三线建设的一项重点工程，按照战备保密的要求，合山电厂工程以开工时间作代号，冠名"671"工程，原拟建设方案为装机容量 2×5 万千瓦的洞内电厂，后鉴于洞内建厂施工进度不能满足电力需求，决定从速另建 1 座 2×2.5 万千瓦的地面电厂，与洞内电厂合为 1 个项目，总规模 15 万千瓦。

1967 年 11 月，地面电厂开工兴建，已进行了部分施工准备工程的洞内电厂停建。合山电厂建设共分五期进行。一期工程安装两台 2.5 万千瓦中温中压机组，1967 年 11 月工程开工，1、2 号机组分别于 1971 年 4 月和 1972 年 7 月建成投产；二期工程安装一台 2.5 万千瓦中温中压机组，工程于 1970 年底开工，因机组订购没有落实，厂房缓建 18 个月，1974 年 9 月建成投产；三期工程安装两台 7.5 万千瓦高温高压机组，该机组是当时推广"一厂变一厂半"做法、人为提高机组铭牌出力的产品，实际出力只能达到 6.5 万千瓦，1974 年 6 月工程动工，两台机组分别于 1976 年 3 月和 1977 年 3 月建成投产；四期工程安装一台 10 万千瓦高温高压机组，于 1977 年 6 月开工，1978 年 12 月建成投产；五期工程安装两台 10 万千瓦高温高压机组，于 1979 年开工，分别于 1985 年 6 月和 1986 年 10 月建成投产。

合山电厂是一座坑口电厂，燃用合山煤。合山煤属于"三高二低"（即含硫量高、灰分高、表面水分高，发热量低、挥发分低）的劣质烟煤。燃用这种劣质煤，对发电设备腐蚀性大，对环境污染严重，同时也导致事故频繁，严重影响安全生产。决策和设计部门按照当地煤源、煤质，水源、水质，以及交通便利情况等条件，在边设计、边基建、边生产的实践中，不断总结经验，不断调整和优化设计方案。通过坚持不懈的努力，终于找到了适应燃烧劣质煤的成功办法。在四期、五期扩建工程的 10 万千瓦机组锅炉设计中，生产单位与设备制造厂共同研究，吸取了第 1 台机组配套的 410 吨/时锅炉燃烧劣质煤的问题及其教训，设计制造了同容量改进型锅炉，选用了相应的配套设施，同时设计了适合燃煤含水率高的圆筒钢筋混凝土煤斗和邻炉加热装置，从而缩短了点火时间，节省了点火用油，提高了燃烧效率，改善了运行状况，降低了发电煤耗和发电成本。

合山电厂留下了那个时代的印记。由于当时战备的需要，一、二期工程在施工机械十分落后、更多依靠人拉肩扛的情况下，建设工期被大大压缩。由于厂址选择不当，建设规划缺乏全盘考虑和长远打算，边设计、边施工、边规划、边扩建，造成建设布局不合理，厂址容量超载，公共设施重复建设，不但给基建施工增加了困难，也加大了工程投资，而且给生产运行管理和职工生活带来了诸多不便，留下诸多教训。

合山电厂是广西壮族自治区 20 世纪 60 年代中期后近 20 年时间内建成的一座单机和总装机容量最大、机组台数最多、建设周期最长的大型火力发电厂，也是广西最早兴建的坑口电厂。

（七）宁夏中宁电厂

1965 年，水利电力部下达计划任务书，要求在宁夏回族自治区中卫县迎水桥建设 4 台 5 万千瓦的火力发电厂，规定第一台机组 1969 年投产发电。当厂址选定，设备分配之后又下达了要求符合"山、散、洞"的方针，迫使电厂另行选址；先是转移到贺兰山中，在进行了部分投资建设准备之后，军事部门又指示在银川以北不得建设厂；再之后，又指示为了备战，电厂需减小规模，将 20 万千瓦电厂一分为二。在拖延了几年之后，军事部门肯定了建设在中宁县新寺沟的厂址，而且电厂规模缩小为两台 2.5 万千瓦。中宁电厂的工程造价比同类机组要高出近 50%。

（八）辽宁清河发电厂

清河发电厂是一座一厂两站管理体制的火力发电厂，位于辽宁省北部铁岭市清河之滨的九登山麓，全厂装有 5 台 10 万千瓦和 4 台 20 万千瓦高温高压汽轮发电机组，总装机容量为 130 万千瓦。

清河发电厂于 1958 年开始设计，设计容量为 20 万千瓦，厂址选在清河水库坝下。当时，按 4 台 5 万千瓦动工兴建，到 1962 年两台机组的主厂房已施工完毕，并安装了 3 台锅炉，因为国家遭遇暂时的经济困难，工程停建。

1963 年复工，由于原坝下游厂址不符合防洪要求，决定将原厂址废弃。1965 年 12 月决定清河电厂在王家沟进行建设。第一期规模定为 20 万千瓦，公用系统按 40 万千瓦考虑，最终规模定为 80 万千瓦。工程尚未动工，又将清河电厂改为进洞项目，先是在大牛山选定进洞厂址。经勘测后，大牛山地质条件不能建厂，于 1966 年 8 月改在马家沟挖洞施工，于 1975 年建成一台 10 万千瓦机组的洞内发电厂。

1967 年，水利电力部又做出在王家沟兴建地上电厂的决定，并于当年 10 月动工。

1967 年开工建设后，受"山、散、洞"方针的影响，压缩建设规模，1970 年 3 月将建设规模定为 20 万千瓦，并不再考虑扩建。将原设计的两条循环水管取消一条，二、三段输煤皮带也各取消一条，取消了厂区围墙和厂外公路。一期工程安装两台国产 10 万千瓦汽轮发电机组，1 号机组于 1970 年 12 月 31 日投产发电，2 号机组于 1971 年 4 月移交生产；由于负荷需要，清河发电厂又进行第二期扩建，安装两台苏联进口的 10 万千瓦双氢内冷汽轮发电机组，锅炉及辅机由国产设备配套。1972 年 4 月，二期扩建工程破土动工，这两台机组分别于 1974 年 2 月和 12 月投产发电。1974 年 4 月，国家又确定进行第三期扩建，安装 3 台苏联进口 20 万千瓦中间再热式双氢内冷汽轮发电机组，该工程 1974 年 12 月开工，分别于 1977 年 8 月、1978 年 3 月、1978 年 6 月投产发电。第四期扩建 1 台 20 万千瓦机组，于 1984 年 12 月投入生产。

清河发电厂的建设经过三变厂址，八变规模，在全国具有典型性。究其原因，几次厂址和几次规模的变化大都由于"山、散、洞"方针所造成。由于缺乏长远规划，造成的反复扩建，在全国具有普遍性。清河发电厂由于几次反复造成的直接经济损失达 5200 多万元，而且给生产运行带来极大的不便。

清河发电厂是中国自行设计建设的第一座超百万千瓦火力发电厂，是当时全国大型火力发电厂之一，年工业产值在 5 亿元以上，1985 年的发电量为 81.57 亿千瓦·时，占东北全网发电量的 15%以上，它在东北电网中起着南部电网和北部电网的联结作用，是东北电网中举足轻重的一个枢纽发电厂。

根据对 8 个三线火力发电厂单位投资与当期同类型工程单位平均投资的比较（见表 8-4），一般增加投资都超过了 20%，贵州水城电厂增加投资超过了 1 倍以上。仅根据这 8 个电厂的粗略估计，经济损失达到 2 亿元以上。此外，三线电厂建设工期大大拖长，普遍推迟了机组投产时间，进一步加剧了缺电局面，给中国的电力建设和生产造成了巨大经济损失。

表 8-4 　　　　　　　　　　"山、散、洞"工程与同类工程投资对比情况

工程名称	容量（万千瓦）	总投资（万元）	单位投资（元/千瓦）	当期同类型工程平均单位投资（元/千瓦）	同类型工程	
					工程名称	单位投资（元/千瓦）
五通桥	2×5	9234	923	566	金竹山	550
渡口	2×2.5	2598	520	490	白马	410
清河	1×10	9234	923	646	高升	510
珠窝	1×20	9562	478	355		
秦岭	2×12.5	10 641	427	408	分宜	358
汤原	2×5	8563	863	590	鸡西	558
水城	2×5	6057	1221	510	永济	612
略阳	2×2.5	4419	910	718	宣威	591

三、改变落后面貌为西部大开发做贡献

（一）西部电力建设的加强

"三线"建设改变了甘肃工业落后的面貌，甘肃电力工业得到了前所未有的快速发展。在火力发电建设方面，按计划或提前完成了国民经济调整后恢复建设的嘉峪关电厂（1.8 万千瓦，1965—1966 年 3 台汽轮发电机组全部投产），永昌电厂（9.9 万千瓦，1965—1970 年 5 台汽轮发电机组全部投产），八〇三厂（7.5 万千瓦，1966—1969 年 3 台汽轮发电机组全部投产）。到 1976 年底，全省发电设备装机容量达到 265.419 万千瓦，其中水电装机容量 194.464 万千瓦，火力发电装机容量 70.955 万千瓦，比"二五"计划末新增装机容量 223.919 万千瓦，其中火力发电新增 42.725 万千瓦。一批大、中型骨干电厂建成，为甘肃电力发展奠定了坚实基础。

为了满足青海省各州、县工农牧业发展，以及厂矿生产用电的需要，青海省内各地区

陆续建成投产了一批小型水电厂、火力发电厂和企业自备电厂。主要有：海北藏族自治州浩门电厂扩建两台 1500 千瓦机组，海西蒙古族藏族哈萨克族自治州德令哈电厂两台 1500 千瓦机组，乌县电厂两台 1500 千瓦机组，果洛藏族自治州大武电厂两台共 1425 千瓦机组，石油管理局冷湖电厂增装两台 1500 千瓦机组，热水煤矿电厂两台 1500 千瓦机组，古浪堤电站两台 1250 千瓦机组等。到 1976 年底，青海全省发电设备总装机容量已达 11.882 万千瓦，其中水电 2.997 7 万千瓦、火电 8.884 3 万千瓦，基本满足了州、县经济发展需要。

（二）推动电力装备业加快发展

电力装备制造基地建设，是"三线"建设的一个重要领域。国家从 1964 年底到 1980 年历经了三个五年计划时期，共投入 2500 多亿元，安排了数千个"三线"建设项目。据粗略估计，"三五"计划期间（1966—1970 年）第一机械工业部电工系统的基建投资约为 5 亿元，"四五"计划期间（1971—1975 年）约为 7.2 亿元，主要用于"三线"建设项目。电力设备制造业在"三线"建设的推动下，形成了以四川德阳为重点的产业基地，开发了一批新产品、新技术，使电力设备制造的产品容量、技术等级不断提高，电力设备制造业布局有所改善。

从 20 世纪 60 年代中期开始，国家在经济调整时期停建、缓建的"三线"地区工程大都重新启动，并且还新建了一批项目。以生产锅炉、汽轮机、汽轮发电机三大主机为核心的中国第 3 个大型发电设备制造基地——四川东方发电设备制造基地，被列为"三线"建设的重点项目之一。其中：德阳水力发电设备厂（后更名为东方电机厂）于 1958 年破土动工，1961 年停建封存，1964 年启封续建，并由哈尔滨电机厂支援建设，于 1966 年建成投产；位于自贡的东方锅炉厂，1966 年开始由哈尔滨锅炉厂、上海四方锅炉厂、上海新建机器厂、上海汽轮机锅炉研究所支援建设，1971 年建成投产；位于绵竹的东方汽轮机厂，1966 年由哈尔滨汽轮机厂和上海汽轮机锅炉研究所支援建设，1974 年建成投产。由此，中国形成了哈尔滨、上海、四川东方三大发电设备制造基地。

这一时期，其他电工行业也开展了大规模的对口援建，如沈阳高压开关厂支援建设平顶山高压开关厂，阿城继电器厂支援建设许昌继电器厂等。国家按照对口工厂拆分搬迁的模式支援"三线"建设加快发展。从沿海地区以及东北、京津等地统一安排对口工厂，分出一部分人员和设备进行搬迁，少数有条件的全部搬迁，迅速建设新的企业，比较快地建成了一批"三线"电力装备制造企业。主要有位于贵州的永青示波器厂、永恒精密电表厂、永胜电表厂、永佳低压电器厂、永安电机厂，位于四川的东风电机厂，位于陕西的西安电炉变压器厂、西安电缆厂、西安微电机厂，位于甘肃的兰州综合电机厂、长城开关厂、长新电表厂、东方红电表厂、长城电工仪表厂、长城精密电表厂，位于青海的青海电动工具厂、青海微电机厂，以及呼和浩特电动工具厂和银川电表仪器厂等。

其中，永安电机厂在 1965 年实现了当年搬迁、当年建成、当年生产出第一批 JO2 系列异步电动机。搬迁落户到"三线"地区的电工企业，有一批现已发展成为具有较高技术水平、较强竞争能力的电机工业基地，如贵州遵义的长征低压电器制造基地、甘肃兰州天水的电机电器制造基地等。

（三）"三线"建设中的列车电站

列车电站是电力系统中的一支机动电源。列车电站作为机动电源，在贯彻"备战、备荒、为人民"战略方针，在国防科技、"三线"建设及战备应急中，转战西北、西南大三线，发挥机动灵活的优势，提供电力保障，发挥了重要作用。

列车电站为"三线"建设提供电力服务。"三线"建设是 20 世纪 60 年代中期，在中国经济状况开始全面好转，而国际环境日趋恶化，战争危险直接威胁中国安全的情况下，为防止外敌入侵和改变中国生产力布局，而实施的一项重大战略决策。"三线"建设提出要"大分散、小集中"，"靠山、分散、进洞"的建设方针，大多数工厂位置偏僻而分散，电力保障成为突出问题。在"三线"建设中，总计有 23 台（次）列车电站辗转在云南、贵州、四川等偏远地区，为贵黔、成昆、贵湘铁路建设及六盘水特区开发等提供电力服务。广大列车电站职工听从国家召唤，在频繁调迁中，在各种艰苦环境下，出色地完成了各项供电任务。

六盘水市位于贵州西部，西与云南曲靖相邻，东南北分别与安顺、黔西、毕节地区相连，地处云贵高原向黔中高原过渡的斜坡地带。六盘水矿产资源丰富，有煤、铁、铅、锌等 30 多个品种。其中煤炭储量 771 亿吨，炼焦煤 95 亿吨，素有江南"煤都"之称。六盘水作为"三线"建设的特区，主要建设一个为四川攀枝花钢铁工业配套的煤炭工业基地。从 1964 年起，在"备战、备荒、为人民"方针指引下，"好人好马上三线"，全国各地干部、知识分子、解放军官兵和专业建设队伍，来到崇山峻岭的六盘水。到 1965 年底，这里有近 11 万建设者云集，50 多万吨物资、4000 余台机械设备运抵。六盘水地处偏僻山区，1964 年贵昆铁路刚刚修到六枝，当地仅有 1 座 2000 千瓦的小电厂，无法满足建设需要。为了保证贵昆铁路和各项建设的电力需要，从 1964 年 12 月至 1977 年 10 月，先后有第 43、47、48、33、45 等 5 台列车电站，总计 8 台（次），从全国各地调到六盘水特区，为铁路、煤炭、钢铁等重点工程建设提供电力，发挥了不可或缺的电力支撑作用。

1964 年 12 月，作为战备电站的第 43 列车电站，首先从广东英德调迁到六枝，为修建贵昆铁路的铁路二局一处供电。当时职工住的是用竹子两面抹泥巴盖成的大通房，用水要到山下的河里去打。当地气候变化无常，经常细雨蒙蒙，"出门上下坡，穿鞋需绑绳，走路像滑冰，穿行云雾中"是真实写照。全站职工努力克服困难，保证设备安全运行。1966 年 1 月，六枝至水城铁路修通后，第 43 列车电站又随铁路建设大军西迁到水城，为铁路二局十三处供电。1970 年 4 月，第 43 列车电站完成在水城的发电任务，随铁路二局十三处调迁到野马寨，为修建一条通往保密单位的支线供电。野马寨虽然距离水城县城只有 16 千米，却是没有人烟的地方，所需生活物资必须到外地采购，保证职工生活成为大事。1971 年 3 月，第 43 列车电站又奉命调迁到贵定，再次为修建湘黔铁路的铁路二局一处供电。第 43 列车电站在贵州的 7 年里，始终伴随铁路建设大军，在极其艰苦的环境下迁徙，为贵昆、湘黔等铁路建设供电。

1965 年 4 月，第 47 列车电站从武汉基地调至六枝特区，为六枝煤矿供电。电站到达后，40 多天没见太阳，天气阴沉潮湿，许多人水土不服，带病坚守岗位。在这样的条件下，电站完成安装任务，并保证了安全运行。同年 8 月，第 48 列车电站从湖南涟邵也调到六枝。两站合并，实行统一领导，人员统一调配，开展多项技术改造，改善工作环境，提高安全运行水平。

1965 年 7 月，第 33 列车电站奉命从贵州都匀调到六枝特区，与第 43 列车电站一起为贵昆铁路建设供电。按照"先生产、后生活"的精神，电站职工自己动手，改善工作和生活环境。1966 年 5 月，贵昆铁路修到水城后，第 33 列车电站又奉命调往水城，支援煤炭生产建设。

1965 年 12 月，第 45 列车电站从黑龙江友好林业局调至六枝，为六枝特区指挥部供电。从高寒的东北林区来到阴冷潮湿的贵州山区，电站职工克服气候反差大、水土不服等不利因素，一心扑在工作上，在此发电 8 个月，安全无事故。1966 年 8 月，45 站又调迁到水城，与先期到达的 33 站并网发电，实行统一领导，为水城矿务局供电。

1966 年 9 月，第 35 列车电站调迁到贵州水城，甲方是水城钢铁厂。水城钢铁厂也是"三线"建设的重要项目，建设规模为年产生铁 50 万吨，选址在距离县城数千米的青杠林大山中。1966 年 2 月，鞍钢援建队伍进驻，但因电力供应不足，影响工程进度。第 35 列车电站的到来为工程提供了动力，水城钢铁厂会战正式展开。第 35 列车电站在恶劣的气候条件下，保证设备安全运行，电站 10 年没有返基地大修，为水城钢铁厂建设提供了可靠的电力保障。

1969 年 11 月，第 54 列车电站在西北基地安装后，奉命调到贵州水城钢铁厂，承担水城钢铁厂保安电源。第 54 列车电到达水钢时，正是水城钢铁厂会战进入决战的关键时期，1 号高炉安装即将完成，与其配套的烧结、焦化等项目已投产。因缺电严重，电网极不稳定，电站经常在负荷大幅度波动状态下运行，而用电单位又不能断电，一旦停电就会造成设备损坏和巨大经济损失。第 54 列车电投入后，克服常年多雨、煤含水量高等困难，保证设备安全运行，满足了钢厂生产用电需求。

成昆铁路是西南地区乃至全国的重要铁路干线，1958 年动工建设，后因线路走向等因素影响停止建设。1964 年 8 月，中共中央做出"三线"建设重大决策后，又复工建设并进入建设高潮。1965 年 11 月，第 42 列车电站在武汉基地安装试运行结束后，奉命调到四川峨眉县，为成昆铁路建设供电。1967 年 3 月，第 14 列车电站也调往四川甘洛，为成昆铁路建设发电。

1967 年 12 月，在保定基地待命的第 49 列车电站接到紧急命令，限期调往甘肃，为酒泉卫星发射中心供电。当时正处"文化大革命"时期，第 49 列车电站领导受冲击"靠边站"，全站 60 多人，经过严格政审，合格人员只有 30 人。在这种情况下，列车电业局紧急协调，从河南平顶山第 29 列车电站借调 20 名生产骨干，补充第 49 列车电站缺员。用电甲方是东风基地，对外称 8120 部队。电站职工到达后，因电站没有领导干部，电站由军代表接管。主机到达已是 1968 年 1 月下旬，1968 年 1 月 29 日除夕夜，机组开始启动。因东风基地用电非常紧张，提供的厂用电电压很低，电站迫不得已，只能采取非常手段操作，经过几个小时的努力，终于启动成功，在春节钟声敲响之前并网发电。

第三节　国产大型火力发电机组的自主发展

中华人民共和国成立初期，中国引进捷克、苏联火力发电技术，为创建中国的火力发电设备制造事业奠定了坚实基础。1960 年，中苏关系破裂，苏联撤走全部专家，迫使中国在学习、吸收、仿制的基础上，独立自主研制大型火力发电机组，国产第 1 台/套 10 万千瓦、12.5 万千瓦、20 万千瓦和 30 万千瓦机组相继投产。

1961 年开始设计，由哈尔滨锅炉厂、哈尔滨汽轮机厂和哈尔滨电机厂 1966 年制造的第 1 套 10 万千瓦机组（压力为 8.83 兆帕，温度 530 摄氏度），于 1967 年 2 月 16 日在北京石景山高井电厂投运，并被确定为国家试验项目。机组包括 410 吨/时高温高压锅炉、10 万千瓦汽轮机及双水内冷汽轮发电机。

1966 年开始设计，1969 年由上海锅炉厂、上海汽轮机厂和上海电机厂制造的第 1 套 12.5 万千瓦超高压中间再热式机组（压力 12.75 兆帕、温度 550/550 摄氏度），于 1969 年 9 月 26 日在上海吴泾热电厂投运。机组包括 400 吨/时中间再热超高压锅炉、12.5 万千瓦超高压三缸双排汽凝汽式汽轮机及双水内冷汽轮发电机。

1964 年开始设计，1970 年由哈尔滨锅炉厂、哈尔滨汽轮机厂和哈尔滨电机厂制造的第 1 套 20 万千瓦超高压中间再热式机组（压力 12.75 兆帕、温度 535/535 摄氏度），于 1972 年 12 月在辽宁朝阳发电厂投运。机组包括 670 吨/时中间再热超高压自然循环锅炉、20 万千瓦三缸三排汽超高压凝汽式汽轮机及双水内冷汽轮发电机。

1967 年开始设计，1971 年由上海锅炉厂、上海汽轮机厂和上海电机厂制造的 30 万千瓦亚临界燃煤（燃油）中间再热机组（压力 16.20 兆帕、温度 550/550 摄氏度），其中 30 万千瓦亚临界燃油机组于 1974 年 11 月 25 日在江苏望亭发电厂投运。30 万千瓦亚临界燃煤机组于 1975 年 9 月在河南姚孟电厂投运。机组包括 1000 吨/时亚临界中间再热直流燃煤（燃油）锅炉、30 万千瓦四缸四排汽凝汽式汽轮机及双水内冷汽轮发电机。

这些在当时参数高、容量大的国产机组投运，标志着中国的火力发电设备从制造到发电生产跃上了一个新台阶，为缓解当时的电力供需矛盾发挥了主力军作用。

一、第一台国产 12.5 万千瓦双水内冷汽轮发电机组在吴泾热电厂投运

1969 年 9 月 26 日，中国第一台 12.5 万千瓦双水内冷发电机组在上海吴泾热电厂建成并正式发电。这台机组是由中国自行设计、制造和安装的当时国产单机容量最大的机组。它不仅在汽轮发电机上采用了中国首创的"双水内冷"这一世界最新技术，而且在锅炉和汽轮机上还采用了高温高压等一系列世界先进技术，具有容量大、体积小、重量轻、耗煤低等特点。吴泾热电厂位于黄浦江上游西部，毗邻吴泾化工区，始建于 1958 年，前三期

投运的 23.75 万千瓦机组均为苏联制造。1966 年 5 月，在准备新一期扩建工程的时候，第一机械工业部和水利电力部商定，第四期工程安装国产第一台超高压中间再热式 12.5 万千瓦双水内冷发电机组，配套建设 1 台 400 吨/时锅炉，编号为 5 号机、7 号炉。由于全部设备是国内首次研制，而且是在"边设计、边修改、边制造"的情况下进行生产，加之采用了许多新技术，设备制造和安装施工几乎同时进行，因而给施工带来不少难度，协调的工作量很大。

为此，施工单位通过举办技术培训班，切实提高施工人员的技术和操作水平，并在与制造厂、设计院、试验所、发电厂的协同配合下，攻克了设备制造和工程建设中一个又一个难题。从 1968 年 12 月初动工开始，历时 9 个多月，终于在 1969 年 9 月 14 日完成了机组的建设安装任务，并在 12 天后实现了整台机组试运行并投入生产。机组投产后，曾先后发生了发电机主绝缘磨损、水冷母线漏水等故障，经不断改进完善后，消除了缺陷，机组达到正常运行水平。因此，这台机组的投产也为同类型发电设备的制造和运行提供了经验。

吴泾热电厂国产第一台 12.5 万千瓦双水内冷汽轮发电机组的建成发电，标志着中国从此拥有了超高压中间再热大容量火力发电机组的制造能力和施工能力，是中国独立自主发展电力工业的重大成果，意义重大。

二、第一台国产 20 万千瓦超高压燃煤机组在朝阳电厂投运

位于辽西马山脚下的朝阳发电厂，有新中国电力工业"大容量火力发电机组的摇篮"之称。这个厂是从 1967 年 3 月 15 日开始建设的，工程代号"212"，属于"三五"计划的重点项目。第一期工程安装了中国自行设计、制造、安装、调试的第 1 台 20 万千瓦双水内冷汽轮发电机组。经过 5 年 9 个月的建设，于 1972 年 12 月并网发电。这台机组的建成投产，填补了中国自行设计、制造大容量火力发电机组的空白，成为新中国电力工业史上的一个里程碑。

1975 年 4 月 29 日，朝阳发电厂 2 号机组，也是国产第 3 台同类型机组，并网发电，7 月 11 日正式移交生产。两期工程共投资 1.86 亿元，每千瓦造价 464.37 元。至此，朝阳发电厂总装机容量达到 40 万千瓦，成为当时东北电网的重要骨干企业。

"四五"时期建设的两台机组，由于是国产首台和第 3 台，属于未经改进完善和定型的产品，存在许多先天缺陷。机组投产后启停频繁、事故频发，长期不能稳定运行，而且无法燃煤，只能燃油。1 号机组投产运行后的 10 年里，先后共发生临检 132 次，停用 17 605 小时，被戏称为"礼拜机组"。机组存在的问题很多，主要是汽轮机启动带负荷过程中，经常由于高压缸胀差正值接近极限而影响加负荷速度。负荷加到 16 万千瓦的时间一般仍需 10~15 小时，有时甚至要用 48 小时，对机组的启动有很大影响。

1 号机组于 1973 年 1 月 1 日进行第 9 次启动，考虑到当时高压缸下缸内壁温度为 330 摄氏度，故按热态启动进行操作。冲转后，当转速升到 1200 转/分钟时，发现二瓦振动大（0.12 毫米），高压缸前汽封冒火花。于是，先进行降速处理，但振动仍然很大；随即打闸

停机，惰走时间为 2 分钟。转子静止后，用电动盘车，但盘不起来，只得借助吊车盘转。最后经盘车 3 天同时测量大轴晃度仍为 0.55 毫米，不见下降，表明大轴已永久弯曲。经采用"松弛法"直轴后，1973 年 4 月 1 日才正式移交生产。按水利电力部 1969 年投产的要求，已经拖延了 3 年多。

针对国产 20 万千瓦机组在调试过程中存在的问题，科研、制造与运行人员共同努力，经过运行考验以及不断的完善改进，终于达到能够基本满足安全、稳发运行的水平。经运行 18 000 小时后进行的各项试验和不断改进，主要技术和经济性终于达到了设计要求。

朝阳发电厂 1、2 号机组在运行实践中，为国产 20 万千瓦超高压发电机组的不断整改和完善，付出了艰辛的努力。配合制造厂家为该型机组的完善设计和产品定型提供了重要的技术和实践依据，也为同类型机组的安装调试提供了重要的参考。

三、第一台国产 30 万千瓦燃油机组在望亭发电厂投运

望亭发电厂位于苏州市吴县望亭镇，地处太湖之滨、古城苏州和无锡之间。西临京杭大运河，东北有望虞河通入长江，东靠沪宁铁路，有专用铁路线自望亭站接入厂内。厂区地势平坦，供水条件好，交通运输方便，地处用电负荷中心。

20 世纪 70 年代初，苏南地区和华东电网用电负荷急剧增长。为了应对华东电网严重缺电的局面，1973 年 1 月，国家计划委员会正式批准在望亭电厂扩建国产第 1 台 30 万千瓦燃油机组，时称三期工程。该厂建于 1958 年，一期工程装机容量 8.8 万千瓦，二期工程装机容量 11.2 万千瓦，总装机容量为 20 万千瓦的燃煤机组已于此前建成发电。

望亭发电厂三期扩建工程由华东电力设计院负责设计，上海电力建设公司第一工程处负责施工，电厂抽调部分工人和技术人员参加工程管理。30 万千瓦燃油发电机组的主设备分别由上海汽轮机厂、上海电机厂、上海锅炉厂和沈阳变压器厂制造。工程于 1973 年 6 月 19 日主厂房破土动工，1974 年 6 月设备安装工程基本结束，9 月 27 日机组并网进行试运行，11 月 25 日正式投产运行。这台机组是第 1 台国产 30 万千瓦双水内冷燃油发电机组，它的建成投运在中国电力工业发展史上具有里程碑意义。

鉴于在水源、燃料、运输、储存等方面还有潜力，针对华东当地缺电情况，国家决定在望亭发电厂继续扩建第 2 台 30 万千瓦燃油机组。该机组于 1975 年 3 月 6 日主厂房破土动工，1976 年 9 月 29 日成功并网发电。

望亭发电厂两台 30 万千瓦燃油发电机组是国内第 1 次生产制造的产品，因制造厂家缺乏经验，产品未经在运行实践中的反复完善，技术和质量上存在不少问题。第 1 台机组投运后的 14 个月内，共发生设备事故 27 次，检修时间长达 250 多天，最长连续运行只有 1 个星期，最高出力仅 28 万千瓦。1975 年 12 月，在水利电力部和有关部委的协调领导下，组成了由设计、科研、制造、施工安装和运行等单位参加的"30 万千瓦机组完善化领导小组"，并从 1977 年 5 月开始，对机组进行了系统的完善化大修，至 1978 年 7 月共完成 524 个项目。经过完善化大修，机组运行逐步趋于正常。

望亭发电厂扩建投产的两台国产 30 万千瓦双水内冷发电机组，每千瓦造价只有 265

元，造价低廉。至此，望亭发电厂总装机容量达到 80 万千瓦，为缓解华东电网严重缺电发挥了重要作用。

四、第一台国产 30 万千瓦亚临界燃煤机组在姚孟电厂投运

20 世纪 70 年代初，中共中央决定建立国家重要的战备军工企业——特厚钢板钢铁联合企业，以生产国家急需的特宽特厚军用钢板。经过多方选址，国家第 1 座特厚钢板厂选定河南省舞阳县杨庄公社（今舞钢市境内）马鞍山南麓。

1970 年 10 月 10 日，来自冶金工业部第六冶金建设公司的 9000 余名干部职工、全国钢铁战线的 3000 多名技术骨干、河南省中部 11 个县民兵团的 74 000 余名民兵，组成了 8 万余人的建设大军，在时任省军区司令员兼指挥长的指挥下，在从马鞍山到平顶山八矿、姚孟电厂延绵百千米的中原大地上，展开了轰轰烈烈、气壮山河的平舞工程大会战。会战项目包括矿山、钢铁厂、平顶山姚孟电厂、平顶山至舞阳两条高压输电线路、平顶山至舞阳杨庄公社冯庄和平顶山至八矿的铁路。

姚孟电厂位于河南省平顶山市西南姚孟村，厂区北距平顶山煤矿区 5 千米，厂南有库容 5 亿米³ 的白龟山水库，铁路、公路交通方便。姚孟电厂厂址曾于 1955 年和 1959 年两次勘测，均因国家工业调整而停止。建设"河南省舞阳特厚钢板钢铁联合企业"的决策过程中，作为电源配套工程，国家批准了在平顶山市郊姚孟村东侧兴建大型火力发电厂。

1970 年 3 月，国家计划委员会和国家建设委员会正式批准在姚孟建设安装国产第 1 台 30 万千瓦双水内冷亚临界中间一次再热直流燃煤机组。同年 11 月，工程正式破土动工。入冬时节，建设大军浩浩荡荡开进工地，在荒山野岭上展开了第一期工程大会战。建设者们夜以继日、栉风沐雨、艰苦奋战 5 年多，到 1975 年 9 月，姚孟电厂第 1 台 30 万千瓦机组建成投运，1 号机组建成的同时，建成了 220 千伏升压站。这台国产 30 万千瓦汽轮发电机组的正式投产，实现了中国火力发电 30 万千瓦以上燃煤大型火电机组"零"的突破，被称为"共和国的争气机"。

姚孟电厂 1、2 号机组的建设采用大会战的形式，边设计、边制造、边施工，1 号机组又是国产第一台 30 万千瓦亚临界燃煤发电机组，当时国内没有大型机组的设计、制造、安装经验，又处在"文化大革命"时期，科技水平低，设计制造缺乏经验，施工变动频繁，所以设计、制造和安装都存在不少问题。机组运行后，暴露的缺陷较多。针对 1、2 号机组设计、制造上的不足，在水利电力部、第一机械工业部及河南省电力局的支持和制造厂家、科研单位的配合下，姚孟电厂多次进行技术完善化大修，对设备进行了一系列技术革新和改造，处理了一批重大缺陷，如改善了机组膨胀不畅，减少了高中压前汽封齿倒伏面积，解决了锅炉水冷壁和承压部件焊口的泄漏，将发电机定子压圈涂耐高温导电胶解决发电机局部过热，更换 1、2 号锅炉引、送风机、省煤器、高压加热器全部投入运行等，从而使后来生产的 2 号机组实现了稳定满发运行。而 1 号机组由于锅炉降低参数运行，可以实现 27 万千瓦负荷的稳定运行。国产首台 30 万千瓦燃煤机组在运行中暴露出的问题及其消缺完善过程，为其后的国产大型机组生产提供了重要借鉴和参考。

在建设生产过程中，姚孟电厂不断解决生产难题，并广泛采用各种先进技术，对设备进行更新改造。1986 年，1 号机组荣获全国火力发电大机组竞赛评比第一名。1990 年，姚孟电厂自行设计、安装"一对一"新的电气控制系统，在保证机组正常运行情况下历时三年完成，使姚孟电厂国产 1、2 号机组电气控制水平，由 20 世纪 70 年代初国内先进水平跃居 90 年代国内先进水平。2002 年 5 月 26 日，历经八个月艰苦奋战，1 号机组换血式大改造后顺利通过 168 小时试运，使一台濒临退休的机组至少延寿 10 万小时，提升机组铭牌出力至 31 万千瓦，最低调峰能力 12 万千瓦，最高出力达 32.2 万千瓦。其中锅炉改造采用英国三井巴布科克公司研制的具有正流量响应特性的低质量流速垂直管圈直流炉技术，在世界上第一次应用于电力工业生产。

姚孟电厂第二期工程 2 号机组于 1975 年 9 月 25 日开工，1980 年 11 月 23 日并网发电。第三期工程 3、4 号机组是从比利时引进的两台具有 80 年代初国际先进水平、自动化程度较高的 30 万千瓦汽轮发电机组，于 1982 年 9 月 25 日开工，分别于 1985 年 12 月 22 日和 1986 年 12 月 26 日并网发电。至此，姚孟电厂跨入全国百万级火力发电厂行列，成为亚洲第 1 座全部由亚临界机组装备的特大型火力发电厂。

五、自主研发国产大机组的工作特点

"三五""四五"时期，是中国电力工业迈上大机组、高电压等级的重要发展阶段。12.5 万千瓦、20 万千瓦、30 万千瓦机组相继投产。国产设备"一五"计划末占比为 11.5%，1965 年末为 49.6%，到 1980 年末为 82.5%。1966～1980 年 15 年间全国投产的 10 万千瓦以上的火力发电机组装机容量共 1726 万千瓦，其中国产机组装机容量为 1257.5 万千瓦，占比 72.9%。国产大型火力发电设备的大量投运，解决了电力工业的大部分需要，成效很大，是独立自主、自力更生的结果。

（一）研发时间长，差距大

中国自行研制的大型火力发电机组除 10 万千瓦机组外，都是在 5 万千瓦、10 万千瓦机组基础上加以放大设计的，对大容量机组的一些关键技术还没有掌握，有些是知其然、不知其所以然，强调自力更生，忽略了先进技术，长期以来科研工作没有跟上，缺乏试验手段，缺乏设计必要的试验数据和科学计算依据，加之片面强调重量轻、体积小，吃了安全裕度，机组安全性差。

12.5 万千瓦、20 万千瓦、30 万千瓦机组的设计、生产是在"文化大革命"动乱时期完成的，生产技术装备落后、管理混乱，制造工艺粗糙、检验制度松懈，材料供应和配套设备得不到保证，设备问题多，机组质量差，在运行中暴露出很多技术问题，可用率低。

"文化大革命"期间的闭关自守政策，使学习国外先进技术成为禁区，中国火力发电设备制造技术发展水平缓慢，与国外的差距越拉越大。

中国自行研制的大型火力发电机组研制时间长、花费大：20 万千瓦机组从 1964 年开始设计到鉴定定型共花费了 15 年的时间，其中设计 2 年、制造 6 年、安装 1 年，完善化 6 年；30 万千瓦机组从设计到完善化也用了 14、15 年。即使如此，机组的技术经济指标

和可靠性等方面与国外先进水平也存在相当的差距,当时国产和进口火力发电设备性能比较见表8-5。

表8-5 国产和进口火力发电设备性能比较

项目	国产20万千瓦机组	国产30万千瓦机组	进口20万千瓦机组	进口30万千瓦机组
热耗［千焦/（千瓦·时）］	8369	8298	8002	7935
煤耗［克/（千瓦·时）］	365	357	312	309
厂用电率（%）	9.1	6.22	5.0	5.6
可用率（%）	78	70	85	85

（二）国产大机组存在问题多

由于当时国民经济发展的需要,必须加快新机组的制造和应用。新研制的国产机组大多采取制造单位和建设单位、运行单位"大协作"的方式,在安装和运行实践中逐步实现机组消缺、完善和定型。新型机组往往需要经过一个由不完善到消缺、改进逐步走向完善,由运行不稳定到逐步稳定的过程。

虽然国产大机组进行了不少改进和完善化,但一些根本性的质量、性能问题尚未完全解决。据统计,1980年8台20万千瓦机组临时停机检修95次,华东电网的17台12.5万千瓦机组和3台30万千瓦机组共发生事故21次,临时停机检修77次。1981年3月,机械工业部、电力工业部在国家计划委员会部署召开的10万千瓦以上火力发电机组质量会上,提出290多项质量问题,要解决这些质量问题要花3～5年时间和近2亿人民币费用,即便如此,也是只解决安全可靠性问题。

上海锅炉厂、上海汽轮机厂、上海电机厂为河南平顶山姚孟电厂制造的30万千瓦机组,投运后发生锅炉爆管、汽轮机轴系振动、汽轮机叶片断裂、发电机定子线圈端部磨损的事故。上海电机厂为广州黄埔电厂制造的1.25万千瓦双水内冷发电机,运行时发电机定子线棒过热,烧坏定子线圈,造成停机事故。许多制造时的缺陷反映在电厂,如吴泾发电厂发电机两次返厂,朝阳发电厂转子接地短路,姚孟电厂一次风机飞车、主变压器连续烧损,秦岭电厂1台20万千瓦机组检修工时占安装总工时的40%,国产第1台20万千瓦机组——朝阳电厂1号机组投运10年里前后发生临检132次、停用17605小时。国产大机组生产运行中出现了不少问题。

10万千瓦火力发电机组除个别问题外,运行比较稳定。汽轮机方面问题是169毫米叶片断裂,锅炉方面的问题是过热蒸汽温度高、减温器进水套管断裂和回转式空气预热器漏风率高。发电机方面问题是定子端部线棒松动、绝缘磨损。

12.5万千瓦火力发电机组在运行中缺陷暴露较多,连续发生几起重大损坏事故。汽轮机方面:中压缸17、18级球墨铸铁隔板球化不良,强度不够,在运行中变形,陆续发生磨损叶轮,以致造成高中压转子报废事故;中压缸10～16级隔板强度不够,需全部更换;

一部分低压焊接转子焊缝夹渣，较多的机组调速系统不稳、不同程度的晃动；多台机组低压缸裂纹，低压外缸刚性差，轴封摩擦。锅炉方面：尾部烟速过高，省煤器严重磨损，需进行改造；已查出一半以上的汽包内部预埋件不锈钢冷焊焊缝裂纹；部分汽包质量不合格，需更换；炉顶密封性差，漏烟漏灰严重；再热器出口段局部温度超过管材许可温度，使蒸汽参数由 555 摄氏度降到 540 摄氏度；安全阀起跳高度不够，需改进。发电机方面：定子下层线棒半导体漆粘结工艺不好，局部电阻低，铁芯短路，已造成两台发电机烧损；转子拐脚断裂漏水；直流励磁机升高片开焊，电刷冒火，阵发性振动；噪声大。

20 万千瓦火力发电机组问题比较多。汽轮机方面：导流环脱落，使调节级叶片严重磨损；169 毫米叶片断裂；机组启动性能差，冷态启动，高压缸胀差不易控制；正常停机时，低压缸胀差超限；中压缸膨胀不畅；部分机组高压内缸、叶轮、隔板裂纹；高压内缸内外壁温差大，达 100 摄氏度；高压加热器泄漏，有些长期不能正常投入。锅炉方面：多次发生屏式过热器爆管；炉顶密封差，漏烟漏灰严重，吊杆超温；回转式空气预热器漏风量大，部分汽包裂纹。发电机方面：定子端部线圈压环过热；定子端部线圈磨损；转子端部通风不良，线圈过热；端盖变形。

30 万千瓦火力发电机组问题很多，需改型生产。汽轮机方面：第二轴承座膨胀不畅；调速汽门杆多次断裂；高、中压缸内缸、低压缸裂纹；主油泵汽蚀严重，冷油器噪声及振动大。锅炉方面：承压部件频繁泄漏；水冷壁严重变形；顶棚过热器频繁爆管，膜式水冷壁膨胀应力引起拉裂；安全阀起跳高度不够；炉墙和炉顶密封结构不良，漏灰漏烟；尾部受热面局部磨损；燃烧器和水冷壁联结不合理，膨胀时水冷壁扭曲变形，燃烧器角度无法调整。汽轮发电机方面：转子漏水；定子端部压圈局部过热；转子励磁引线断裂、接地，有的因接地烧损转子铁芯；风扇叶片断裂，有的造成定子线棒磨损后接地烧损，定子线棒空心导线结垢；滑环钢材不耐磨；转子复合管寿命只有 1 年；噪声高达 113 分贝。

在辅机方面，制造部门重主机、轻辅机，许多大型机组的辅机不过关，包括 20 万千瓦火力发电机组的给水泵，30 万千瓦火力发电机组的风机、高压加热器等。

（三）经验教训

国产大型火力发电设备从无到有，到逐步形成较完整系列，解决了电力工业的大部分需要，成效很大，是独立自主、自力更生的结果。但是，机组质量是一个严重问题，投运后不仅要花费大量的时间、力量和资金进行修复，而且停机造成的损失更大。质量问题有一些是技术方面的问题，更多的是由于受到"左"的思想影响，管理松懈、忽视质量所致。

从发电设备质量问题看，自主研发国产火力发电大机组的经验教训有以下 3 点：

一是制造部门应加强设计、试验的科研工作，要加强检验工作，重视质量管理。二是制造部门应重视配套辅机的制造，并做好辅机系列化的工作。三是电力生产运行、安装部门必须加强与制造部门的配合协作。制造部门应重视从运行部门的运行中反映出的问题，吸收运行部门改造设备的经验和技术。为了加强制造过程的质量检验，运行、安装部门应在设备制造过程中，与制造部门共同进行质量检验。

第四节 大规模引进国外火力发电机组

20 世纪 70 年代初，国际关系出现了新的趋势，中国对外经济工作出现了一个新局面，开始了中华人民共和国历史上的第二次大规模成套技术设备引进工作。

1973 年，经毛泽东主席、周恩来总理批准，中国实施了向美国、联邦德国、法国、日本、荷兰、瑞士、意大利等西方国家大规模引进成套技术设备的计划，该计划方案当时合计总价为 43 亿美元，除了引进大化肥、大化纤、石油化工设备和武钢一米七轧机等设备外，还批准进口 3 套火力发电机组。从平衡苏联和东欧国家的对外贸易出发，中国还进口了苏联、捷克的火力发电机组。

一、"四三"方案

1971 年，中国恢复了在联合国的合法席位，加上美国总统尼克松访华，美国等西方国家的对华封锁被打破。这一时期，我国同发展中国家之间的易货贸易大部分改为现汇贸易，进出口贸易总额增长明显加快，1972 年总额上升到 63 亿美元，1973 年比上年增长 74%，达到 109.8 亿美元。对外贸易的结构也发生巨大变化，对资本主义国家的进出口占 75%，对苏联和东欧国家的进出口下降，只占 25%。这一时期，西方发达国家面临着严重的经济危机，产品、设备、技术都急于寻找出路，这就为中国引进成套技术设备创造了有利条件。

到 1972 年，中国的石油工业发生了重大变化。原油产量达到 4567 万吨，不仅能自给，而且还用不完，这为中国大规模引进成套化纤设备奠定了原料基础，加之当时中国的外汇储备较多，为了发展农业和满足人民穿衣的需要，1972 年 2 月 5 日，周恩来总理亲自批准了国家计划委员会《关于进口成套化纤、化肥技术设备的报告》。1973 年 1 月 2 日，国家计划委员会提出了进口 43 亿美元成套设备的方案（史称"四三"方案），方案由李先念转报周恩来总理批准，而且得到了毛泽东主席的批准。"四三"方案包括：大化肥设备 13套，大化纤设备 4 套，石油化工设备 3 套，综合采煤机组 43 套，10 个烷基苯厂，武钢一米七轧机，以及透平压缩机，燃气轮机，工业汽轮机工厂等大型项目，还包括进口 3 套火力发电机组。

"四三"方案引进的设备都关系着国计民生。其中用于解决吃、穿、用问题的化肥、化纤和烷基苯项目，就占了全部引进项目 26 个中的 18 个；总投资 136.8 亿元，占"四三"方案全部投资的 63.84%。这次引进是中华人民共和国成立以来第一次同西方发达国家进行的大规模的交流与合作，也是继引进苏联 156 个建设项目后的第二次大规模成套技术设备引进。

二、三套火力发电机组

水利电力部根据周恩来总理关于"建设一个稳定的首都电网"的指示，决定把两套火力发电设备分别建在唐山和天津地区，即为现今的唐山陡河发电厂和天津大港发电厂，还有 1 套设备建在现今的元宝山发电厂。

陡河发电厂一期 2×12.5 万千瓦燃煤机组工程为部分设备引进，引进的是日本日立公司的汽轮发电机，配套武汉锅炉厂 400 吨/时悬吊锅炉；二期工程为全部引进日本日立公司的 2×25 万千瓦的燃煤机组。陡河发电厂的选址工作从 1970 年开始到 1973 年 8 月结束。当时的唐山市人口 70 万，是华北的工业重镇，那里有开滦煤矿、水泥厂、陶瓷厂和铁路机车制造厂，而且是京哈铁路的一个重要车站。此时唐山的行政区划分为唐山地区和唐山市两个部分。对于电厂选址建厂的事情，唐山地区和唐山市都非常积极。唐山地区提出了两个方案：一个方案是靠近迁西县的长山沟厂址，这个厂址的优点是就近取水，缺点是交通不便，没有铁路直达；另一个方案的厂址在丰润县的孝义村，优点是离铁路较近，但近期运煤有困难。所以，两个方案都被否决。唐山市也提供了两个厂址方案：第一个方案是范各庄煤矿厂址，优点是取煤方便，可算是坑口电厂，但地质条件不好，附近就有煤矿塌陷区，而且煤矿能提供的水源有限，不适合建设大型火力发电厂。第二个方案是陡河厂址，优点是供煤方便，只需要建 2～3 千米的铁路专线就可以从开滦煤矿取到优质动力煤，煤不足的时候还可以通过铁路从山西大同补充。此外，还可以利用陡河水库作为发电厂的冷却用水，采取直流循环的方式，不用建冷却塔。如果陡河水库水量不足，还可利用滦河上的潘家口水库供水，以保持陡河水库最低水位不低于 32 米。陡河水库以北不远的地方还有一个叫李家峪的山谷，可以作为灰场，当时选厂把有无灰场也作为一个重要的条件。还有一个重要的因素是电厂的地质条件。唐山是燕山山脉与平原交界的地方，自古就是一个地震区。经过勘探认为陡河电厂厂址的地耐力还是比较高的，后来唐山大地震的时候，陡河发电厂并没有被毁灭性破坏，证明当初的选址方案是正确的。经过论证，确定陡河作为唐山大型火力发电厂的厂址。1973 年 12 月 14 日和 1974 年 6 月 17 日，陡河发电厂一期工程两台 12.5 万千瓦和二期两台 25 万千瓦机组分别开始建设，1 号机组于 1975 年 12 月 31 日并网发电。受到唐山大地震的影响，其他机组投产日期延迟，2 号机组于 1977 年 11 月移交生产，二期的 3 号、4 号机组分别于 1978 年 1 月 27 日和 1978 年 3 月 11 日相继投产。二期的锅炉、汽轮机、发电机生产商均为巴布科克——日本日立公司，主蒸汽参数为：压力 16.58 兆帕、温度 538/538 摄氏度。

天津大港发电厂引进的是意大利 GIE 集团的 2×32.85 万千瓦的燃油机组。锅炉生产商为 FRANCO TOSI，汽轮机生产商为 ANSALDO，发电机生产商为 ASGEN。主蒸汽参数为：压力 16.58 兆帕、温度 538/538 摄氏度。大港发电厂的选址工作从 1973 年开始，当时有两个备选厂，一个是北塘方案，一个是大港方案。北塘位于天津市郊东部的塘沽地区，是潮白新河与永定新河汇合后的出海口。火力发电需要大量的冷却水，而天津是一个缺少淡水的地区，所以决定在天津建厂必须用海水进行冷却。北塘位于海边，可以引潮蓄水。但是，北塘是一个产盐区，在北塘建电厂势必要占用一大块盐田，盐既是必不可少的食品，又是制造烧碱的原料，北塘方案遭到北塘盐场的反对。此外，北塘的厂址离油源也比较远，需要修建比较长的输油管线。大港方案的厂址位于天津北大港地区，在独流减河渤海出海口的地方，独流减河水来源于河北，由若干条河流汇合而成，出海口建有一座防潮闸，可以采用开闸取水的办法得到冷却水。大港地区还有一个淡水湖，叫北大港水库，可以经过古运河，把黄河水引入北大港水库，沉淀泥沙成为清水以后，再进入天津市区使用。大港发电厂锅炉和汽轮机用的软化水，可以就近取用。在距离北大港 8 千米处，还有一个炼油厂，可以通过管道将重油运到电厂。1974 年 4 月 2 日在天津召开了由天津市革命委员会，水利电力部计划司、水利司，北京电管局，天津电力建设公司和北京电力设计院等有关单位参加的电厂选址会议，一致同意大港方案。大港发电厂于 1974 年 12 月 26 日破土动工，1 号机组于 1978 年 10 月 4 日并网发电，11 月 26 日移交生产，2 号机组于 1979 年 4 月投入运行。大港发电厂采用了美国的反渗透海水淡化技术，是中国最早利用海水发电的火力发电厂。

元宝山发电厂引进的是法国 CEM-SULZER 公司的 1×30 万千瓦燃煤机组，是当时全国第一台引进单机容量最大的火力发电机组。锅炉生产商为 SULZER，汽轮机、发电机生产商均为 CEM。主蒸汽参数为：17.76 兆帕、温度 540/540 摄氏度。元宝山发电厂位于内蒙古自治区赤峰市东郊，距市区 35 千米，距元宝山火车站 11 千米，距老哈河 0.7 千米。厂址是老哈河套，绝大部分是荒地，电厂建 7.7 千米的专用线与煤矿矿区连接，灰场距电厂 7 千米，灰渣采用水力输送，补给水取自老哈河的六个深井。元宝山发电厂于 1974 年动工，1978 年 12 月 21 日并网发电。机组配备有计算机，执行巡回监视和检测，机组的启停、运行和事故处理实现完全自动化。

"四三"方案的电力项目普遍采用"交钥匙"的施工与移交方式。外方工作人员协助建厂，提供图纸和设计方案，甚至主导建厂，施工完成后交给中方。

三、引进东欧火力发电机组

在执行"四三"方案的同时，从平衡苏联和东欧国家的对外贸易着眼，中国还进口了 7 台苏联 20 万千瓦燃煤机组和 3 台捷克 11 万千瓦燃煤机组。苏联 20 万千瓦机组主蒸汽参数为：压力 12.75 兆帕、温度 540/540 摄氏度，分别安装在清河电厂、马头电厂和神头一电厂。安装在清河电厂的 3 台机组于 1977 年末投产，安装在马头电厂的两台机组分别于 1979 年 1 月 6 日和 12 月 26 日投产，安装在神头一电厂的两台机组分别于 1979 年 12 月和 1981 年 7 月投产。捷克 11 万千瓦机组参数为：压力 12.75 兆帕、温度 535/535 摄氏度，分别安装在鞍山发电厂和南京热电厂。安装在鞍山发电厂的两台机组分别于 1974 年、1975 年投产，安装在南京热电厂的一台机组于 1974 年投产。

这次大规模引进国外火电火力发电设备，缓和了当时中国的电力供需矛盾。这些设备具备 20 世纪 70 年代初期的国际水平，对改进国产设备技术水平具有一定的促进作用。但是，这次引进仅仅是设备引进，虽然花费了大量外汇，中国仍无法掌握设备的制造技术，设计技术的掌握更无从谈起。

第五节　唐山大地震后的电厂生产恢复

1976 年 7 月 28 日凌晨 3 时 42 分 53.8 秒，一场大地震把华北重镇河北唐山夷为平地，震级为 7.8 级，震源深度 12 千米，震中烈度 11 度，唐山全市为 10 度。由于当时的唐山地区属于经济发达的工业城市，人口较为稠密，地震造成的损失极为惨重。在世界损失最大的十次大地震排名中，这次大地震排位第 2，破坏力相当于 400 颗广岛原子弹的威力，是 20 世纪全世界伤亡最大的一次地震。当时唐山有 3 个电厂，分别为唐山电厂、陡河发电厂和林西电厂。林西电厂为开滦煤矿的自备电厂，工厂装有 6 台机组总容量为 3.9 万千瓦，除 6 号机组为解放后新建外，其他的都是 20 世纪 30 年代的建筑和设备。

唐山电厂和陡河发电厂是津京唐电网的主力电厂，地震中受损严重，初期的抢修是在"电力抗震抢修指挥部"统一领导下开展，在唐山地区供电恢复工作基本完成后，北京电管局成立了新的指挥部统一指挥唐山电厂和陡河发电厂的抢修工作。

唐山电厂于 1976 年 11 月 25 日提前 35 天全部完成修复工作，发电能力达到震前水平，成为唐山市第一个恢复震前生产能力的工厂。陡河发电厂在地震一周年的 1977 年 7 月 28 日，破坏较轻的 2 号机组并网发电，1 号机组也于 1978 年 1 月 27 日移交生产。在唐山市及周边的水利电力部列车电业局所属的列车电站，艰苦自救，及时修复电源恢复供水，迅速调迁应急供电，在抗震救灾中再立新功。

一、唐山电厂恢复生产

唐山电厂位于市区北部，处于地震烈度 10 度范围内，共装有 10 台汽轮机和 9 台锅炉，分新老电厂两部分：老厂有 4 台机组、两台锅炉，装机容量 5.52 万千瓦；新厂有 6 台机组、7 台锅炉，装机容量 28 万千瓦。地震时，两机两炉未运行，其他机组均在运行中。地震后，除 3、4 号锅炉和 6～9 号机组受屋面板塌落被砸埋外，其他机炉，由于值班人员冒着生命危险在危急时刻保护机器动作，在全厂停电后仍能启动汽动给水泵，保证了安全停炉。由于机炉紧急处理得当，经过抢修很快就恢复了供电。电厂职工及家属伤亡惨重：全厂 409 名职工遇难，占全厂 2796 名职工的 14.6%，其中牺牲在生产岗位的 15 人，198 名职工受重伤，职工家属震亡 852 人，21 户家庭全部遇难。

1976 年 8 月 7 日，时任北京电管局党委副书记的李鹏同志主持成立了唐山电厂抗震抢修分指挥部，分指挥部在省、地、市救灾指挥部和"电力抗震抢修指挥部"的领导下，制定了"先唐山、后陡河"的抢修原则，按照电力抗震抢修指挥部的统一部署，分 4 个阶段对唐山电厂进行了抢修。

第一阶段（7 月 29 日—8 月 7 日），突击完成唐山电厂由外线受电。唐山电厂广大职工投入抢修战斗，提前 3 天完成任务。

第二阶段（8 月 8—15 日），计划目标是抢修 2 号机组恢复生产。北京电管局于 8 月 8

日成立排险队，由唐山电厂、北京热电厂、石景山发电厂、北京发电设备修造厂、下花园发电厂、北京电力机械站、北京电力土建工程处、河北省电力建设公司、大港发电厂工程指挥部、密云水电厂等10个单位120多人组成，在电力抢修指挥部和唐山电厂党委领导下，进行抢修工作。8日，唐山电厂800多名职工对2号机、炉、电气、化学水、循环水、输煤、除灰等系统进行全面检查修复；9日晚，完成了汽轮机轴瓦、转子找中心及辅机的检修，对发电机做了检查并进行了工作电压试验，锅炉本体开始砌礅，在解放军支援下对循环水管道进行快干水泥补漏处理。在石景山发电厂、北京热电厂排险队的协助下，2号机组于8月11日19时19分，正式并网发电，比计划提前3天。唐山电厂职工与石景山发电厂、北京热电厂两电厂排险队连续作战，紧密配合，争分夺秒，持续突击抢修1号机、炉。1号机组于8月14日17时19分并网，1号锅炉于15日15时20分投入生产。

第三阶段（8月16日—9月30日），计划目标是4～7号4台锅炉和0、3、4、5号4台汽轮机恢复生产。北京热电厂排险队负责抢修4～7号锅炉、4号汽轮机和0、4号发电机以及0、4、5号主变压器；唐山电厂负责抢修其他机组设备；北京电管局土建处负责加固2号锅炉烟囱；北京大型机械站负责6～9号汽轮机主厂房的排险、房架吊装等。各队紧密配合，通力合作，到9月28日除完成预定计划外，6号机组也已恢复生产。

第四阶段（10月1日—12月31日），计划目标是3、8、9号锅炉和7～9号汽轮机恢复生产。北京发电设备修造厂抢修队负责7～9号汽轮机、发电机和6、7号汽轮机主厂房房架；保定热电厂抢修队负责9号锅炉；唐山电厂抢修8号、3号锅炉；北京电管局土建处负责重修3号锅炉烟道。11月25日，完成了以上抢修任务，恢复了生产，发电能力达到了震前水平。

北京电管局组建的排险队，除了参加机组抢修外，经过2个多月的艰苦奋斗，还完成了厂房建筑物的修复加固等19个重要工程项目，为抢修设备创造了条件。唐山电厂在兄弟单位和中国人民解放军的支援下，于11月25日提前35天全部完成修复工作，9台锅炉、10台机组全部恢复运行，发电能力达到了震前水平。在唐山电厂全体职工和北京热电厂、石景山发电厂、507电厂、下花园发电厂、密云水电厂、保定热电厂、北京送变电公司、北京发电设备修造厂、北京电力基建工程处、北京电力试验所、大港发电厂工程指挥部、北京电力设计院、北京电力机械站、河北电建马头工程处、清华大学等20个单位的工人、干部与中国人民解放军指战员共2500余人的团结协作、奋力拼搏下，唐山电厂成为唐山市第一个恢复震前生产能力的工厂。

8月7日，水利电力部部长钱正英、副部长杜星垣到唐山、陡河两电厂慰问。8月12日，水利电力部致信唐山电厂党委及全体职工、家属，祝贺唐山电厂2号机组提前3天修复发电。9月26日，国务院、国家计划委员会、河北省委领导到唐山电厂慰问。10月31日，国务院副总理谷牧到唐山慰问。11月27日和12月10日，水利电力部和中共河北省委、省革命委员会分别致函唐山电厂，祝贺唐山电厂发电能力达到震前水平。

二、陡河发电厂恢复生产

陡河发电厂位于唐山市东北，距离市区约 20 千米，处于地震烈度 9 度范围内。当时处于正在建设 20 世纪 70 年代国家重点工程"四三"方案的陡河发电厂，震前一期工程 2×12.5 万千瓦的 1 号机组正处于停机检修状态，2 号机组安装完毕等待试运行；二期工程 2×25 万千瓦的 3 号机组有关厂房结构基本吊装完毕，锅炉钢架和部分附属设备进入安装阶段，4 号机组厂房结构正处于吊装中，结构体系尚未形成。地震时，已经投产的 1 号机组受到损坏，陡河发电厂值班的 55 名员工，14 名牺牲在工作现场；电厂震亡职工 222 名，重伤 43 人；参加陡河发电厂建设的北京电力建设公司、西北电力建设公司和国家建委第二工程局的 1481 名建设职工和家属遇难，重伤 900 多人，其中西北电力建设公司有 478 名职工和家属遇难；9 名住在唐山宾馆参与陡河发电厂施工的日本制造厂技术人员伤亡，其中包括 12.5 万千瓦机组的安装现场总代表田所良一等 3 人遇难。

地震当天，正在北京开会的北京电管局党组副书记、陡河发电厂工程指挥部指挥长杜书润从北京乘直升机赶回陡河发电厂工地。解放军基建工程兵 61 支队派出 1000 多名指战员于 29 日清晨赶到陡河发电厂工地开展抢修救灾。水利电力部副部长李锡铭，北京电管局党组书记、局长张桂楠也赶到工地，组成抗震救灾领导小组，指挥抗震救灾、排险清墟，并根据现场实际情况和上级指示，制定了"原地恢复，就地重建"的原则。要求对原有构件采取加固措施继续使用，尽可能提高建筑物的抗震能力，修复工程从以前的 6 度不设防，按地震烈度 8 度设防，要保证工程质量，争取 1977 年恢复陡河发电厂一期工程两台机组的发电水平。根据上述指导思想，北京电力设计院确立了"小震不坏，大震不垮"的设计原则，仅用 2 个月就完成了修复补强的设计任务。

对主厂房除氧煤仓间多层框架结构和悬吊锅炉的钢筋混凝土框架的修复，采取减轻结构荷载，将实心砖墙改为轻质砖墙，减少煤仓容积和自重，将汽轮机房重型屋面板改为轻型屋面板。加强结构的整体性，增加钢筋混凝土板墙和钢支撑，增加钢筋混凝土基础梁，楼板增加钢筋混凝土现浇层。调整个别构件或节点的刚度，使框架结构受力均匀。框架整体扶正后，节点增加钢筋混凝土护套、型钢套等加固措施。

对排烟、输煤等附属建筑物的修复，1 号锅炉水膜除尘器因筒体倾斜较大，报废重做，2 号锅炉水膜除尘器筒体倾斜进行整体扶正。不仅节省了 20 万元的重建费用，还缩短了复产工期。对折断的 1 号烟筒，为提高抗震能力，由原 180 米降低为 150 米。现场施工人员在余震不断的情况下，在 90 米标高处铺设内架平台，搭起筒内脚手架，对筒壁裂缝进行了处理。在 132 米标高的断口截面排险修复。滑模施工到顶，仅用 62 个工作日就完成了修复任务。对地震中因被主厂房煤仓间框架倒塌而连带挂倒的 5 号输煤栈桥，修复时在栈桥与主厂房连接处专门设置了抗震缝，将破坏的栈桥与主厂房一起重建。碎煤机室、卸煤沟、联合运转站拆除重建。对室外轻型配电架构，在 10 米标高钢桁架与钢筋混凝土围杆连接的裂纹、鼓脱处，在节点核心部位用型钢加固修复。对轻微损坏的水泵房将墙体、屋面板改轻型结构，排架扶正，柱梁补强，取消顶部女儿墙。

对地震中损坏的发电设备，能修复的设备和部件由安装单位现场修复或重新安装；严重损坏的设备和部件，属国内供货范围的，经建设单位确认，重新订货。属日方供货的，由中方提出清单，日方供货给予优惠价格，并将设备保证期延长至 1979 年 2 月 20 日。

在机组恢复方面，陡河发电厂工程指挥部决定先恢复破坏较轻的 2 号机组，由原施工单位西北电力建设公司负责。1977 年 7 月 28 日，在地震一周年时，2 号机组并网发电。11 月 6 日，2 号机组正式移交生产。河北省革命委员会、水利电力部在现场联合召开庆功授奖大会，对抗震救灾、抢险和恢复建设中做出贡献的单位、个人授奖。1 号机组的修复由北京电力建设公司负责，施工人员只争朝夕，边排险，边清墟，边施工，提前 5 天完成41 面表盘修复安装。用卷扬机加倒链将 12 吨重的空气预热器安装就位；汽轮机低压缸 12块台板被砸弯，他们自制调校土工具，仅用 2 天完成了台板校正任务。1 号机组于 1978年 1 月 27 日移交生产，8 月 10 日恢复发电。陡河发电厂的抗震修复重建工程至此全部结束，共耗资 4249.32 万元。

三、列车电站再立新功

唐山大地震期间，正在唐山市及周边的水利电力部列车电业局所属的列车电站，经受了严峻的考验。在伤亡惨重的情况下，列车电站艰苦自救，及时修复电源恢复供水，迅速调迁应急供电，在抢险救灾中发挥了重要的作用。

（一）"震不垮的列车电站"——第 52 列车电站

地震当天，第 52 列车电站完成了在唐山华新纺织厂的发电任务，正处于停机调迁准备阶段。地震造成电站铁路弯曲，其中 2 处断裂，路基下沉，车厢倾斜，5 节车厢脱轨，车厢纵向移位 1 米，130 多吨重的锅炉车厢被地震抛起，落下时把铁轨切为两段。职工宿舍和办公室等所有房屋建筑全部倒塌。全站在现场的职工及家属共 156 人。地震中死亡104 人，重伤 28 人，死亡率超过 60%。震后的电站现场已经没有厂级领导。由于设备正在拆迁中，没有运行人员，电站职工安海书、郝玉琪、袁国英、郝云生、周彩芳、李玉升等人通过自救从废墟中爬了出来。面对震后惨状，他们不顾失去亲人的悲痛和自身伤痛，自发形成了一个抢救小组，不约而同地向着呼喊"救命"的地方奔去，徒手在废墟下奋力救出 35 人。

时值酷暑，灾民最大的难题是没有干净的饮用水。在解放军的大力支持下，电站紧急对 85 千瓦柴油发电机以及深井水泵进行抢修。两台深井泵中一台水泵损坏，另一台电机损坏，他们就把两台拼凑成一台。安装水泵，铺设水管，立电杆，架外线，抢修工作有序进行。经过 38 个小时连续战斗，铺设了 3500 米供水管道。到 8 月 1 日实现了发电供水。水管出水瞬间，现场一片欢呼。因为它为唐山路北区十几万灾民送来了救命水！同时还为解放军 1 个师部、1 座医院的抗震救灾提供了电力。

对列车电站及时送水的消息，唐山市区宣传车以"特大喜讯"巡行报道。在中央抗震救灾指挥部的水利电力部副部长李锡铭听到这个喜讯，为电力系统有这样一支队伍感到骄傲。他与北京电管局负责人李鹏特意从陡河发电厂赶到第 52 列车电站看望了列车电站职工。并网发电当日，唐山市人民政府授予第 52 列车电站"震不垮的列车电站"荣誉称号。职工归荣力代表第 52 列车电站参加了华国锋总理率领的中央慰问团在唐山钢铁厂的接见。

第 52 列车电站是一列发电容量为 6000 千瓦的列车电站。在获知该站情况后，水利电力部列车电业局紧急做出统一部署，迅速展开支援第 52 列车电站的工作。由第 38 列车电站党支部书记张鸿夫、第 42 列车电站副厂长罗法舜带领的 35 名精壮职工，携带救援工具和饮用水等生活必需品，连夜乘坐汽车，拂晓前抵达第 52 列车电站。列车电业局所属保定基地、中试所，以及第 1、5、6、11、18、28、38、39、42、54、57 等列车电站，纷纷派出精干力量，携带木板房等救灾物资前往支援。在解放军指战员的支援下，这些列车电站人员运用千斤顶、撬杠等简易工具，硬靠绳拉人推使脱轨的列车车厢重新入了轨。经过平整地基，更换断裂、变形钢轨，然后按照正常安装要求将各车厢定位。接着连接车厢之间的管道、电缆，安装锅炉煤斗、烟囱，汽轮机排汽管和其他附件、设备等。经过半个多月的日夜苦战，8 月 18 日，抢修工作胜利结束。

根据水利电力部安排，为保证陡河发电厂震后恢复重建，灾后恢复生产的第 52 列车电站之后又承担了为陡河发电厂冬季施工和设备保养供热的任务。

（二）灾区唯一没有震停的电源——第 42 列车电站

地震发生时，在迁安水厂铁矿发电的第 42 列车电站，3 台锅炉运行，负荷 4300 千瓦。由于受到系统的影响，电网联络线开关跳闸甩负荷，电动给水泵停运。在灾难面前，当（丙）班全体值班人员临危不乱，机炉电各专业运行人员密切配合，正确处理准确到位，在电网瓦解的情况下，保住了厂用电。随后电站生产技术管理人员及时赶到现场，与矿区总降压站联系，电站生产水源得以保证，带水厂矿区负荷单机运行。震后，飞机夜间空中巡视，整个唐山地区只有水厂矿区一片灯光。第 42 列车电站成为震后唐山地区唯一没有被震停的电站，派员参加了 9 月 1 日在北京召开的抗震救灾模范人物和先进集体代表会议，首钢矿山公司授予第 42 列车电站抗震救灾先进单位。迁安矿区的电网修复后，第 42 列车电站又立即启动对 20 千米外的大石河矿区送电。在迁安大石河矿发电的第 38 列车电站，因生产水源泵站在地震中断电、输水管道在地震中断裂而被迫停机。大石河矿张官营水泵站恢复运行，水源和启动电源具备后，第 38 列车电站抢修完成立即开机，于 7 月 31 日并网发电，大石河矿区生活、生产秩序恢复正常。

（三）顾全大局的第 57 列车电站

在天津汉沽发电的第 57 列车电站，地震时主开关跳闸，机组紧急停机。车厢间的运行平台坍塌，铁路钢轨扭曲，汽轮机车厢脱轨，车厢间主蒸汽管道扭曲撕裂。职工宿舍有的墙体开裂，有的下陷约半米，所幸无人员伤亡。地震中，第 57 列车电站有序应对，在安顿好职工及家属的同时，电站领导及时组织职工，前往救助附近受灾居民。天津市汉沽区委书记张玉和在庆功大会上表扬第 57 列车电站顾全大局的精神。该站代表曾在水利电力部机关大会上介绍了地震抗震救灾事迹。

（四）紧急增援秦皇岛的第5列车电站

为解决抗震救灾应急用电，地震发生后，水利电力部急调在大连的燃气轮机列车电站到秦皇岛发电。第5列车电站是不久前组建的列车电站，装备从加拿大进口的9000千瓦燃气轮机，是当时技术最先进、自动化程度最高的机组。车厢少，机动性高，最适宜紧急调迁。8月1日，列车电站进行选建厂技术交底，除更换机车时稍作停留外，立即启程，一路绿灯。8月8日机组在秦皇岛河东南李庄村南就位安装，8月10日并网发电。第5列车电站为灾区震后救灾、恢复建设提供了电力支持。

列车电站在关键时期，充分发挥机动灵活的特点，召之即来，来之能战，不辱使命，在抢险救灾中发挥了重要的、不可替代的特殊作用。

第九章

三年转折时期的火力发电（1976—1978）

1976年是令人难忘的一年。10月6日，中央政治局执行党和人民的意志，毅然粉碎"四人帮"，结束了"文化大革命"这场灾难，使中国进入了新的历史发展时期，火力发电事业的发展也逐步走上正轨。

粉碎"四人帮"后，人心思治。在"文化大革命"结束后开展的揭批"四人帮"和拨乱反正中，电力工业"安全第一""质量第一"的生产方针重新被确立和贯彻，恢复并修订完善了"文化大革命"前制定颁布的安全生产、运行管理等规章制度，制定出台了一些新的生产规范制度。一举扭转了"文化大革命"以来生产事故连年增多的被动局面。随着"工业学大庆"运动和企业整顿，火力发电的生产能力与秩序得到了初步恢复。

这一时期，电力工业的快速建设和整顿恢复为改革开放初期国民经济的调整与恢复打下了良好基础。

第一节 拨乱反正恢复安全生产秩序

从1976年10月粉碎"四人帮"，到1978年中国共产党第十一届三中全会的3年，是从徘徊到拨乱反正的3年，按照中共中央和水利电力部的部署和要求，电力工业系统开展了一系列拨乱反正和生产整顿工作，电力企业生产秩序和生产能力有了一定程度的恢复和发展。

通过一系列的整顿，电力工业技术经济指标得以有效改善。1977年、1978年两年，全国电力生产事故和电网系统事故大幅度下降，"文化大革命"以来生产事故年年上升的局面得到了扭转，安全生产形势逐渐向好。狠抓机组检修，改善设备状态，开展"内部挖潜400万千瓦"，1978年全国恢复机组出力243万千瓦，发供电设备完好率达到了90.8%。到1978年，全国各大电网相继恢复了正常频率运行。

水利电力部再次重申了1975年国务院114号文件，强调了坚持正确的方针政策，加快电力生产，坚持计划用电和节约用电，提高供电质量，加强电网的统一管理和安全生产等重要原则和要求。

水利电力部党组对"文化大革命"期间电力系统的冤假错案进行了全面的复查，做出了正确的结论，对被迫害的同志进行了平反昭雪。在全国各行业中较早地落实了知识分子政策，为"文化大革命"中受到错误批判和不公正待遇的工程技术人员恢复了待遇、职务，并逐步恢复了总工程师制度。水利电力部和各级电业主管机构、企业调整了领导班子，恢复和建立了正常的生产秩序，撤换了明显的打砸抢分子和"四人帮"在基层的代理人，会同地方党委对部分企业领导班子进行了调整。到1979年，各发供电单位都落实了党委领导下的厂长责任制。

一、生产方针的重新确立

"文化大革命"使"安全第一"的方针受到严重扭曲、干扰和破坏，事故大幅上升，电力工业生产处于十分被动的局面，损失严重。

按照中共中央和水利电力部的部署和要求，电力工业系统开展了一系列拨乱反正和生产整顿工作，电力企业生产秩序和生产能力有了一定程度的恢复和发展。这一时期的整顿，大体上从1976年底开始，持续到1979年落实新"八字方针"为一个阶段。形式上主要以揭批"四人帮""工业学大庆"群众运动、普及大庆式企业、社会主义劳动竞赛、企业整顿、"质量月"活动等为载体，以拨乱反正、整顿领导班子、整顿生产秩序为重点，以恢复技术经济指标的历史最好水平为目的。

在拨乱反正中，电力工业"安全第一""质量第一"的生产方针重新被确立和贯彻。1977年11月29日—12月12日，水利电力部召开全国电力工业会议，钱正英部长在会上作报告，要求在全党、全国突出抓电的大好形势下，自力更生，奋发图强，以大庆、石化部为榜样，抓纲办电，因地制宜地充分利用中国的能源资源，以最快速度把电搞上去。在这次会议上，水利电力部明确提出了必须坚持"安全第一""质量第一"的方针，要求所有的发供电单位将安全发供电作为生产的首要任务和中心环节来抓，在保证安全发供电的基础上，全面实现安全、满发、经济、多供。要求局、厂、工地的主要领导同志，要亲自抓安全、抓质量，各单位要建立和健全精干的安全监察和质量检查机构。同时，在全系统组织开展无事故记录竞赛、"质量月"活动等群众运动。随后，逐步建立和健全了各项安全生产规章制度。

经过努力，安全生产情况逐年得到改善，发电事故率逐年下降，1976—1980年的发电事故率分别为2.46次/台年、2.41次/台年、1.63次/台年、1.15次/台年、0.76次/台年。1978年，电力安全事故次数比1977年下降了11.1%，其中，设备事故从1977年的6404次，下降至1978年的5438次，系统事故从1977年的78次下降至1978年的22次。"文化大革命"以来生产事故次数年年上升的局面得到了扭转。1978年发供电设备完好率达到了90.8%，全国各大电网相继恢复了正常频率运行。

二、恢复科研院所

1977年，中共中央发文要求恢复科学研究机构。1978年，水利电力部相继恢复了电力科学研究院（简称电科院）和水利水电科学研究院（简称水科院）两个重要的科研机构。

电力科研机构的恢复设立是治理整顿和拨乱反正的重要举措，电科院、水科院的恢复设立，对电力工业的恢复、调整、建设和发展起到了重要的技术支撑作用。

电科院最初作为燃料工业部电业管理总局中心试验所，建立于 1951 年 7 月。随着电力工业的发展，1955 年 9 月由中心试验所改组为技术改进局。技术改进局成立后，承担全国发电厂和电力系统的技术改进和试验研究工作，负责解决有关电力生产中的重大技术问题和承担电力长远发展中的科学研究工作。主要的工作可归纳为推广新技术及开展科技专题研究、进行电力生产运行经验总结、提供现场技术援助等 3 个方面。

在推广新技术和开展科研工作方面，进行了汽轮机推力轴瓦的改进、60 千伏变电所防雷保护的研究、无触点综合远动装置的研制、用隔离开关切合空载变压器的试验等工作。在开展专题研究方面，承担了国家 1956—1967 年科学技术发展远景规划纲要中电站和动力网的合理配置与运行、全国统一动力系统的建立和全国能源的合理利用等项目的 26 个子项目的研究工作。在进行电力生产运行经验总结方面，包括运行事故分析，编拟技术通报、规程、导则和试验方法，以及召开专业技术会议和训练班；进行了如锅炉水处理的工作经验总结，全国绝缘事故分析，编写了关于加强防雷措施的通报，电流表、电压表和电力表检验规程，汽轮机效率试验导则，电气设备绝缘预防性试验方法，召开了电缆专业工作研究班、热工仪表修试训练班等。在为现场技术服务方面，主要进行新建发电厂、输变电工程的启动调整试验和已运行发电、供电设备的生产调整工作，仅 1956 年、1957 年两年即达 237 件。此外还接受现场委托进行电气热工仪表检修试验、避雷器试验、金属检验和探伤等工作。

1961 年后，根据国民经济"调整、巩固、充实、提高"的"八字方针"，协助现场进行了提高电力系统稳定、发电机安全运行和高压开关改造等工作。1961 年 9 月，为贯彻国家科委《关于自然科学研究机构当前工作的十四条意见》，根据技术改进局多年的工作实践，通过全面总结提高，制定了《关于技术改进局技术改进和科学研究工作的十一条意见》（简称《十一条》）。《十一条》使技术改进局的工作有了很大的进展，如进行的锅炉汽水分离装置的改装、汽轮机振动的消除、110 千伏电网中性点采用消弧线圈接地、电机绕组带电测温、电力系统特高频通信及电位计按元件自检验等技术改进和科研工作，提高了现场运行的安全性、经济性和技术水平。1964 年，在技术改进局的基础上建立了电科院，"文化大革命"期间被肢解。

1978 年 5 月，水利电力部决定恢复电科院建制。电科院恢复建制后，作为水利电力部直属的综合性电力科研机构，专业范围有所调整：面向经济建设，为电力生产建设服务，促进电力工业的科技进步，追踪世界电力科技发展。主要进行了能源与电力规划、能源管理信息系统、电力系统安全运行与大区互联电网、交直流输变电、电气设备及测试技术、供用电、电网调度自动化、电厂自动化、农村电气化、通信电气测量与计量标准等技术和电力发展战略、政策软科学等的研究工作，承担了国家重大攻关项目 34 项、部级电力工业重点科技项目 60 余项，并取得显著成效。

随着电力工业的快速发展，电科院已发展成为规模较大、设备先进和技术力量雄厚的科研机构，长期从事科技工作，紧密为电力生产建设服务，研究解决电力系统、超高压输变电、供用电、电厂自动化、电网调度自动化、通信信息、电能计量和农村电网等方面的规划、设计、建设和运行中的关键技术问题，为电力工业发展做出了贡献。

第二节　挖掘发电设备产能与油改煤发电

"文化大革命"结束后，在全面加快国民经济发展的背景下，全国缺电的情况严重。一方面是电力工业产能不足和无法充分发挥，一方面是用电领域的严重浪费和需求的急速扩大。电力的严重短缺成为制约经济发展的突出问题，引起了党和国家领导人的高度重视。1977 年 10 月 26 日，华国锋、李先念、纪登奎、余秋里等中央领导用了 8 个小时的时间听取水利电力部汇报。华国锋在听取汇报后做出的指示中明确指出"电的问题，在三年大见成效中还是个薄弱环节……三年大见成效，一定要电大见成效"。华国锋、李先念、余秋里等中央领导就加快电力建设、抓紧提高现有设备出力、完善配套和加快扫尾、加强电力短期长期规划、加快水电建设和大中小并举、加强用电管理和节约用电、做好与电力配套的煤、运配合等提出了较为全面的要求。1977 年 11 月 30 日，李先念、余秋里、谷牧等党和国家领导人接见了出席全国电力工业会议的全体同志，要求尽快把电力这个"先行官"抓上去，改变电力落后的状况。

经过拨乱反正和生产整顿，电力工业技术经济指标有了显著改善，供电煤耗明显降低，挖掘发电设备产能，恢复火力发电装机容量 400 万千瓦。"油改煤"发电，为国家节约了宝贵的石油资源。1978 年，中国发电设备装机容量排名达到全世界第 8 位，火力发电年发电量突破 2000 亿千瓦·时。

一、恢复发电装机容量 400 万千瓦

1976 年底，在全国已有的发电设备装机容量 4400 万千瓦中，有 400 多万千瓦发不出电来。其中：由于设备严重失修，限制出力 140 万千瓦；由于设备制造不良或缺少配套，限制出力 118 万千瓦；由于基建尾工未完，煤、灰、水、路等公用系统和送电线路不配套，限制出力 142 万千瓦。这些已成为恢复工农业生产，调整国民经济中的一个突出问题。当时水利电力部提出在内部挖掘潜力，解决 400 万千瓦出力的任务，在历史上又叫"挖潜 400 万千瓦"。在国家经济委员会、国家建设委员会的支持和第一机械工业部、财政部、国家物资局的帮助下，由国家列入专项，及时解决了资金和设备配套。1978 年完成恢复发电 243 万千瓦，1979 年完成 158 万千瓦，两年共完成 401 万千瓦。

另外，对 10 年动乱期间投入的 190 多万千瓦次高压机组进行了技术鉴定及试验，重新核定出力。其中 5 万千瓦的次高压机组改为 4 万千瓦，7.5 万千瓦的次高压机组改为 6 万～6.5 万千瓦，约计核减出力 33 万千瓦。经过恢复性的设备整修，全国发供电设备完好率由 1978 年的 90.8%，上升到 1979 年的 93% 和 1980 年的 93.5%。

二、节约能源油改煤

在"文化大革命"中，各项技术和管理制度遭到极大的破坏，管理工作大大削弱，技术装备水平虽有相当提高，但是技术经济指标不仅没有改善，反而出现停滞和倒退的局面。1976 年，全国火力发电设备中高温高压机组比重由 1966 年不足 42% 提高到 60%，单机容量 10 万千瓦以上的大机组比重由 1966 不足 8% 提高到 35%，但 1976 年 6000 千瓦以上火力发电厂供电煤耗高达 487 克/（千瓦·时），比 1966 年相应电厂的供电煤耗还高 9 克/（千瓦·时），大致相当于 1965 年的水平，出现了 10 年倒退令人心痛的局面。1967—1972 年 6 年间，6000 千瓦以上火力发电厂的供电煤耗一直徘徊在 502～505 克/（千瓦·时），比 1966 年的煤耗水平高 24～27 克/（千瓦·时），1973—1976 年 4 四年间的煤耗仅从 495 克/（千瓦·时）降到 487 克/（千瓦·时）。经过拨乱反正、恢复性整顿和大整顿，电力工业技术经济指标有了显著改善，全国 6000 千瓦以上电厂的供电煤耗由 1976 年的 487 克/（千瓦·时）降至 1978 年的 457 克/（千瓦·时）和 1980 年的 448 克/（千瓦·时）。

在节约能源中，一方面抓提高运行经济性、降低煤耗，另一方面主要抓节约烧油工作。"文化大革命"结束后，纠正了对石油储量、产量的过高估计。从 1977 年开始，将原来的烧煤改烧油机组重新改回烧煤。原烧煤机组改为烧油的机组 520 万千瓦（为折合全烧油容量），烧煤机组按烧油条件投产的 62.5 万千瓦，共 582.5 万千瓦，1977 年到 1978 年，累计"油改煤"270 多万千瓦，减少用油 140 多万吨。1978 年 5 月，中共中央印发的《关于加快工业发展若干问题的决定（草案）》明确指出，"……尽量利用热能低的燃料烧锅炉和民用，把好煤省下来，把原油省下来，是一项重大政策。凡是不应当烧油的，绝对不能烧油。水利电力部已经烧油的，要坚决地尽快改过来"，到 1981 年"油改煤"360 万千瓦。烧油量逐年减少：1977 年，包括烧油机组全国公用电厂烧油达到 1800 多万吨，由直接分配的燃料单位烧油 1482 万吨，按照发热量计算的烧油比重为 46.5%；到 1981 年由电力工业部直接分配的燃料单位烧油 1192 万吨，按照发热量计算的烧油比重为 26.6%。具体烧油情况见表 9-1。

表 9-1　　1977—1981 年水利电力部（电力工业部）直接分配的燃料单位烧油情况

年份	烧油量（万吨）	烧油比重（%）（按发热量计算）
1977	1482	46.5
1979	1313	32.6
1980	1262	31.0
1981	1192	26.6

1980 年 10 月 27 日，国务院发布关于压缩各种锅炉和工业窑炉烧油的指令，要求 1985 年底以前，把现有烧油的锅炉改为烧煤。

从煤炭发电，到煤改油发电，再到油改煤发电，这一能源政策的大反复，造成了巨大的人力、财力浪费，给国民经济带来了很大损失。

在当时的国际油价较高的情况下，减少燃油发电节省出的石油，用于出口创汇，直接缓解了财政困难，积累国民经济发展资金。节省出的石油用于化工领域，一方面可以大幅提高化肥产量，提高粮食产量，另一方面可以为化纤工业提供原料，增加服装等的供应。实行"油改煤"为国家节约了宝贵的石油资源，有效支援了国民经济其他行业的发展。

转折时期的发电设备容量和发电量不断攀升，1978年，全国发电设备装机容量5712.21万千瓦，比1976年末的4714.74万千瓦增长997万千瓦，增长21.14%；火力发电装机容量从1976年末的3249.24万千瓦增长到1978年末的3984.37万千瓦，增加735.13万千瓦，增长22.62%，其中1978年增加火力发电机组容量399.64万千瓦。1977年当年投产新增发电设备装机容量362.04万千瓦，1978年当年投产新增发电设备装机容量504.82万千瓦，年均新增发电设备装机容量433万千瓦，创历史最高水平。1978年，中国发电设备装机容量排名全世界第8位，居美国、苏联、日本、联邦德国、加拿大、英国、法国之后。1978年发电量达2565.51亿千瓦·时，比1976年的2031.30亿千瓦·时增加了535亿千瓦·时，增长26.34%，火力发电年发电量突破2000亿千瓦·时，达到2119.19亿千瓦·时。

第三编

改革开放到新世纪初期的火力发电

（1978—2002）

1978 年底召开的中国共产党第十一届中央委员会第三次全体会议（十一届三中全会），决定将全党的工作重点转移到经济建设上来，并提出要对国民经济比例失调问题进行一次调整。1979 年 4 月，国务院批转的电力工业部《关于执行"调整、改革、整顿、提高"方针的实施方案（摘要）》和当年 5 月召开的全国电力工作会议，都进一步延续了"文化大革命"结束后"突出抓电"的基本思路，明确了电力工业拨乱反正和治理整顿的政策与要求。同时，电力工业部针对当时严重缺电的形势，进一步强调了必须加快电力工业投资建设，抓紧时间"还旧账"，恢复和实行国民经济发展中"电力要先行"这一重要战略原则。

1979—2002 年，中国电力工业走出了一条从小到大、从弱到强、从供不应求到供应充足的发展之路；中国电力管理体制发生了重大改革，经历了国家独家经营、集资办电、政企分开、电力市场化改革 4 个发展阶段，中国电力工业由计划经济转向市场经济。1979 年 2 月，国务院决定撤销水利电力部，第二次成立电力工业部和水利部；1982 年 3 月再次将水利、电力两部合并成立水利电力部；1988 年 4 月撤销了水利电力部，成立了能源部；1993 年 3 月又撤销能源部，组建电力工业部；1997 年成立国家电力公司，1998 年电力工业部撤销；2002 年 12 月，国家电力公司拆分，组建了国家电网公司和南方电网公司，组建和改组了 5 家发电公司和 4 家辅业集团公司，成立了国家电力监管委员会。电力投资体制的改革和集资办电政策的实施，极大地调动了地方、外资等各方面办电的积极性，电力工业空前发展。

自 20 世纪 80 年代初，中国从美国西屋电气（WH）公司和燃烧工程（CE）公司引进了 30 万千瓦、60 万千瓦火电机组成套技术，引进技术总体达到 20 世纪 70 年代末 80 年代初的世界水平。国家非常重视引进技术的消化、吸收、优化（创新）工作，安排了 30 万千瓦机组山东石横发电厂和 60 万千瓦机组安徽平圩发电厂依托工程；为了保障承担单位掌握核心和关键技术，对承担单位给予国家重大技术装备科技攻关项目支持。"六五"期间，以"消化吸收"为中心开展科技攻关，保证顺利生产出 30 万千瓦、60 万千瓦考核机组；"七五"期间，以"国产化"为中心开展科技攻关，使三大主机和主要辅机基本实现国产化，具备批量生产能力；"八五"期间，以"优化"为中心开展科技攻关，优化机组的水平，使引进技术有所发展创新。通过技术攻关和优化工作，引进型 30 万千瓦、60 万千瓦火电机组的国产化率逐步提高，技术水平均达到了当时国际同类机组的先进水平，电厂的发电煤耗大幅下降。

通过消化引进的先进火电技术，三大锅炉厂、三大汽轮机厂、三大电机厂、部分辅机厂进行了改造升级，形成了中国大型火电机组的批量生产能力，同时实现了以引进技术带动整个行业水平的目的。从火电引进技术的最早谈判开始算，中间历经 15 年的时间，到 1995 年哈尔滨、上海、东方三大发电设备制造基地终于能完全造出国际先进水平的纯国产 30 万千瓦、60 万千瓦火力发电机组。中国的火力发电设备制造技术达到国际先进水平，从此不再大量进口高参数火电机组。这一时期中国新增发电设备装机以火电为主，火电技术沿着国产高参数方向发展，一批 60 万千瓦以上的大机组成批矗立在中华大地上。广东沙角 C 电厂、浙江嘉兴发电厂、华能伊敏煤电项目、福建漳州后石发电厂、陕西渭河发电厂新厂、江苏扬州第二发电厂、河北邯峰发电厂等一批重点骨干火电厂建成投产，成为各大电网的重点电源。1995 年 3 月，全国火电设备装机容量突破了 1.6 亿千瓦，1997 年底，中国电力工业基本实现供需平衡。2002 年底，全国火电设备装机容量达到 2.65 亿千瓦，发电设备装机容量居世界第二位。

　　"八五"和"九五"是中国实现第二个战略目标即人民生活达到小康水平的重要十年，国家制定了"预防为主、防治结合、综合治理"的环境保护工作方针，国家相关部委陆续制定了一系列环境保护的政策、法规、标准，初步形成了火电行业的环境保护体系。该时期，为了减轻或解决火电厂的大气污染，火电厂逐步开展了烟气除尘、烟气脱硫、烟气脱硝等环保改造；为了优化电力工业结构，开始关停小火电机组，或把小火电机组改造为热电联产机组；热电联产机组、空冷机组分别作为重大节能、节水的措施得到了迅速发展，对促进经济发展、缓解缺水地区电力发展和用水紧张的矛盾起了重要作用。

第十章

新"八字方针"下的火电发展
（1978—1982）

1978 年底召开的十一届三中全会，决定将全党的工作重点转移到经济建设上来，开启了中国经济社会发展的全新历史征程。1979 年 2 月，国务院设立电力工业部，这是中国第二次设立电力工业部。1979 年 4 月，中央工作会议决定，用 3 年时间对国民经济进行调整，并提出了"调整、改革、整顿、提高"的新"八字方针"❶。1979 年 5 月，国务院批转的电力工业部《关于执行"调整、改革、整顿、提高"方针的实施方案（摘要）》和当年 5 月召开的全国电力工作会议，都进一步延续了"文化大革命"结束后"突出抓电"的基本思路，明确了电力工业拨乱反正和治理整顿的政策与要求。

1979—1980 年是实行"五五"计划的最后两年，火电行业全面贯彻中央提出的新"八字方针"，开展了以生产为中心，以管理为重点，以提高经济效益为目标的整顿工作。1980年之前,中国电力工业基本上实行集中统一的计划管理体制，全国经历了长期的缺电局面。1978—1982 年是国民经济调整时期，这一时期的工作核心是"改革"和"整顿"。在这一时期，火电发展的特点是：建设工程大量停建、缓建，新投产项目主要以早前开工建设的火电项目为主；通过增产节约运动、技术改造、设备完善等整顿改进工作，对火电机组开展节能、降耗、恢复出力，以提高发电效率；发电企业内部开展以提高经济效益为中心的全面整顿工作。经过整顿，火电单机容量 10 万千瓦以上的大型机组发电比重从 1966 年的6%提高到 1980 年的 27%，烧煤机组改烧油的恢复烧煤 300 多万千瓦，发电标准煤耗率从1978 年的 434 克/（千瓦·时）下降至 1982 年的 404 克/（千瓦·时），供电标准煤耗率从1978 年的 471 克/（千瓦·时）下降至 1982 年的 438 克/（千瓦·时）。

1980 年 5 月 27 日，进出口管理委员会（国家进出口委）、国家计划委员会（国家计委）、国家经济委员会（国家经委）发出《关于安排 300 兆瓦、600 兆瓦大型火电设备的技术引进和合作生产项目有关事项的通知》，开启了中国大规模引进国外先进火电技术的序幕。

1980 年 9 月、11 月，中国与美国西屋电气（WH）公司、燃烧工程（CE）公司分别签订了 30 万千瓦、60 万千瓦火电机组的汽轮发电机组和锅炉技术转让合同以及第一台样机零部件购买合同。引进设计制造合同签订后，考核机组的研制提上议事日程。30 万千

❶ 中共中央文献编辑委员会：《李先念文选（一九三五—一九八八年）》，人民出版社，1989 年，第 347 页、360—361 页。

瓦机组由上海市第一机械电机工业局（后改由上海电气联合公司）负责，组织上海汽轮机厂、电机厂和锅炉厂试制；60万千瓦机组由哈尔滨电站设备成套公司负责，组织哈尔滨汽轮机厂、电机厂和锅炉厂试制，东方汽轮机厂、电机厂和锅炉厂则进行协作配合。整个研制过程大致分为生产准备、投料试制、部件运输和安装调试4个阶段。

第一节　新"八字方针"的提出

1978年，十一届三中全会做出了改革开放的伟大历史抉择，开启了中国经济社会发展的全新历史征程。粉碎"四人帮"后，经过拨乱反正等一系列整顿，电力工业生产秩序和经济技术指标有所恢复，但电力工业与国民经济其他门类间的比例关系失调问题并未得到改善，缺电反倒更加严重了。电力工业成为国民经济中的突出薄弱环节，电力工业内部也存在比例失调，主要有以下几个方面：规划和前期工作被严重削弱，制约建设发展；电力建设投资不足，电力设备陈旧，更新困难；发电厂内部公用系统和设施不配套，影响生产；电力供应紧张和能源利用效率低并存。电力工业部认真分析了以上情况，多次向中央部门报告了电力工业的发展问题，受到了中央的重视。1979年2月，国务院设立电力工业部，这是中国第二次设立电力工业部，加快了电力工业发展。1980年之前，中国电力工业基本上实行集中统一的计划管理体制，全国经历了长期的缺电局面。1979—1980年是实行"五五"计划的最后两年，电力工业全面贯彻中央提出的"调整、改革、整顿、提高"新"八字方针"，开展了以生产为中心，以管理为重点，以提高经济效益为目的的企业整顿工作。"六五"计划时期（1981—1985年），继续贯彻执行"调整、改革、整顿、提高"的新"八字方针"，开启了电力快速发展时期。

一、第三次全国性缺电局面

"文化大革命"期间，科研机构和勘测、规划、设计等前期工作机构被解散，人员被下放。电力工业发展的长期规划不足，尤其是缺乏大电源基地的规划、选点。"三边工程"普遍存在，造成了建设工程改动多、工期长、浪费大，影响了整个电力工业发展的速度。受"文化大革命"影响，电力工业与国民经济之间的比例关系严重失调，出现了全国性的缺电。粉碎"四人帮"后，经过拨乱反正等一系列整顿和发展，电力工业生产秩序和经济技术指标有所恢复，"电力工业虽然发展比较快，仍落后于国民经济发展的需要"。电力工业与国民经济其他门类的比例关系失调并未得到改善，缺电反倒更加严重了，电力工业成为国民经济各部门的突出薄弱环节。

1978年底，中国发电设备装机容量为5712万千瓦，年发电量为2565.5亿千瓦·时，人均装机容量和人均发电量还不足0.06千瓦和270千瓦·时[1]，改革开放之初的电力发

---

❶《改革开放30年的中国电力》，中国电力企业管理，2008年第23期，第14—18页。

展规模远低于世界平均水平。

改革开放激活了市场，经济得到了快速发展，对电力的需求大幅增长。改革开放初期，全国面临的最大问题就是缺电，全国发电能力约缺 1000 万千瓦，有 20% 左右的工业生产能力发挥不出来，大批工厂经常处于停工半停工状态，缺电最严重的地方，企业要"开三停四"，就是一个星期开三天停四天。电力工业发展跟不上经济发展的速度，电力工业与经济发展不相适应的矛盾突出。

造成缺电既有客观原因，也有体制方面的原因。客观上，从需求侧来说，是需求电力快速增加；从供给侧来说，是发电能力和输电能力不足、线损大、厂用电率高，以及电力装备技术能力薄弱。体制方面的原因主要体现在电力工业体制改革滞后于经济体制改革。1978—1984 年期间，经济体制改革开放，但电力工业体制依然还是政企合一、国家独家垄断经营。改革开放以后，垄断经营体制已不适应改革开放带来电力需求快速增长的变化，特别是工业用电激增的变化。电力投资资金短缺、缺电问题日益尖锐，电力工业无法满足经济发展的需要，工农业及人民生活用电得不到保障，缺电给工业生产和人民生活带来了不良影响，对经济建设造成了巨大损失。

二、第二次设立电力工业部

为了加强对电力工业的统一集中领导，落实"突出抓电"的方针，加快电力工业发展，1979 年 2 月，经全国人民代表大会常务委员会（全国人大常委会）批准，国务院撤销水利电力部，分别成立水利部和电力工业部（电力部），刘澜波任电力工业部部长、党组书记，王林任第一副部长、党组第二书记❶。这是继 1955—1958 年国务院首次设立电力工业部之后，国务院第二次设立单独管理电力工业的组成部门。电力工业部代表国务院行使对全国电力工业的行业管理权限，自 1979 年设立后，对加强电力工业的管理，尤其是强化电网统一集中管理、进一步拨乱反正与整顿和恢复生产秩序、完善和调整电力工业内部比例关系等方面都起到了重要的作用。

1979 年 5 月，国务院下发 184 号文件，指出：电力工业是建立在现代化技术基础上的大生产，必须实行高度的集中统一管理。跨省（区）的和一个省范围内的电网，由电力工业部统一管理；电力供应由国家统一分配。电力工业部要在有关省、市、自治区协助和支持下，把所有电网管好。

根据国务院批示，1979 年 12 月，电力工业部决定成立华北电业管理局和西北电业管理局。华北电业管理局除直接管理北京电力外，下辖天津、河北省电力工业局（直接管理冀南电网）和山西省电力工业局；西北电业管理局除直接管理陕西省电力工业局外，下辖甘肃、青海、宁夏三省电力工业局。1980 年 3 月，成立华中电业管理局，下辖河南、江西、湖南和湖北四省的电力工业局。1981 年 5 月，成立西南电业管理局，除直接管理四

---

❶ 1979 年 2 月成立的电力工业部，由刘澜波任部长、党组书记，王林任第一副部长、党组第二书记，李代耕、张彬、李锐任部副部长、党组副书记，寒先佛、刘汉生、苏哲文、李锡铭、李鹏、陈伯村、毛鹤年、李鹗鼎任副部长、党组成员，王干国、齐明、邹林光任党组成员，李鹏兼任北京电业管理局党组书记。

川电力外，下辖云南和贵州两省的电力工业局。接着又于1981年12月把山东省电力工业局划归电力工业部领导。原已成立的华东电业管理局和东北电业管理局继续保留。这样到1981年底，六个大区电业管理局都已成立，只有福建、新疆、广东、广西、内蒙古和西藏等六个省（自治区）电力工业仍归各省（自治区）领导。电力工业部成立后，经过两年多的努力，又把全国主要电网、主要省（直辖市、自治区）电力工业统一管了起来。

三、1979年中央工作会议提出新"八字方针"

1979年4月，中央工作会议决定用三年时间对国民经济进行调整，并提出了"调整、改革、整顿、提高"的新"八字方针"❶。在确定国民经济比例调整的原则时指出，"在重工业中要突出地加强煤、电、油、建材工业的生产建设和交通运输建设，以保证其他工业和整个国民经济的发展。要采取双管齐下的办法，尽快改变目前燃料动力严重不足的紧张局面……煤、电、油的生产建设要尽快搞上去"。会议对电力工业的整顿和发展提出了要求，"电力要搞好原有设备的配套和完善化，在积极发展火电的同时多搞水电。要认真搞好水电站建设的勘察设计，做好水力资源综合利用的规划。建设条件具备的水电站，要立即组织力量，尽快上马加快施工。农村有条件的地方，要大力发展小水电。"同时，会议还要求调整电力供应的保障重点，向轻工业、出口外贸、轻纺工业倾斜；要求各行业都要节约用电，实行更加严格的计划用电政策，"必须采取最严格、最有效的措施，节约能源，杜绝浪费。所有企业，都要按照历史最好水平，实行定量凭票供应煤、电、油，并且在这个基础上再努力节约百分之五"。会议还强调，要坚决压缩基本建设战线，使建设规模同可能供应的燃料动力、原材料、设备和资金相适应。中央工作会议为国民经济调整时期的电力工业发展确定了原则和基调。

1979年5月，电力工业部组织召开了全国电力工作会议，从落实中央工作会议精神、肃清"文化大革命"错误影响、加强作风建设三个方面，就电力工业进一步拨乱反正、解放思想和落实新"八字方针"进行了部署。会议系统地总结了中华人民共和国成立以来中国电力工业发展的经验教训，澄清了电力工业发展的是非问题。会议重申了中华人民共和国成立后17年的电力工业发展中所提出的一系列正确原则，如"水火并举，因地制宜""大中小并举，以大型为骨干"，有条件地发展"大机组、大电厂、大电网"等，会议就贯彻落实新"八字方针"进行了讨论，并制定了详细的方案。

1979年5月29日，国务院以国发〔1979〕184号文件批转了电力工业部《关于执行"调整、改革、整顿、提高"方针的实施方案（摘要）》。文件指出："电力工业是国民经济的先行官。当前由于缺电，影响全国20%左右的工业生产能力发挥不出来。在今后一个时期内，电力工业仍然是国民经济的薄弱环节，也是调整国民经济重要发展的重点部门，各省、市、自治区和各部门都要关心和支持电力工业的发展，千方百计把电搞上去。电力工业是建立在现代化技术基础上的大生产，必须实行高度的集中统一管理。"电力工业部

---

❶ 中共中央文献编辑委员会：《李先念文选（一九三五——九八八年）》，人民出版社，1989年，第347页、360—361页。

就落实新"八字方针"提出了六个方面的意见：一是要千方百计把电搞上去，协调电力工业与国民经济各部门的比例关系；二是对电力管理体制进行必要的改革，加快电网和电力基本建设两个管理体制的改革，就电力分配和财政体制进行改革；三是继续搞好企业整顿，开展增产和节约运动；四是以极大的努力提高管理水平和科学技术水平；五是加强科技工作，科研要走在生产建设前面；六是政治思想工作只能加强，不能削弱。1979 年国务院国发〔1979〕184 号文件的指导思想，延续了国务院 1975 年国发〔1975〕114 号文件、国发〔1975〕159 号文件的要求与精神，成为国民经济调整时期电力工业发展的纲领。

第二节　落实新"八字方针"的火电调整与整顿

电力工业在国民经济中的比例失调及其严重后果，逐步为越来越多的人所认识，落实新"八字方针"的火电调整与整顿成为重点。1978—1984 年间，国家采取一系列手段和措施解决缺电问题。一是调整电源发展思路，从重点发展水电到水火核三电并举。采取"因地制宜、水火并举""大力发展水电和煤电""要从水电、火电和核电三个方面加快电力工业的发展"等政策，取得了一定的成效；二是调整电力工业布局，向电力负荷中心转移；三是在电源建设资金来源上做文章。提出"通过国家基本建设投资、吸收一部分地方资金和增加一些银行贷款"解决电力投资不足。经过整顿，火电单机容量 10 万千瓦以上的大型机组发电比重从 1966 年的 6%提高到 1980 年的 27%，烧煤机组改烧油的恢复烧煤 300 多万千瓦，发电标准煤耗率从 1978 年的 434 克/（千瓦·时）下降至 1982 年的 404 克/（千瓦·时），供电标准煤耗率从 1978 年的 471 克/（千瓦·时）下降至 1982 年的 438 克/（千瓦·时）。

一、火电发展速度的调整

刘澜波在 1979 年 4 月召开的中央工作会议上，重申了国民经济发展中"电力先行"的基本原则，提出了七条建议：逐步加大电力工业投资的比重；多搞水电；加速建设煤炭和电力的联合基地；积极发展大型发电机组的制造；抓紧做好电力建设的前期工作；搞好企业整顿和管理，发挥现有设备能力；加强电网的统一管理等。同年 5 月 19 日，刘澜波在《人民日报》上发表了题为《电力工业必须变落后为先行》的署名文章，文章系统总结了中国电力工业发展的经验，再次重申了"电力先行"这一国民经济发展的客观规律。刘澜波富有远见卓识地指出，随着中国经济建设的发展，用电量必将大幅增长，电力工业要及早做好准备，为四化建设做出应有的贡献，再次呼吁要加快发展电力工业。文章发表后，陈云特别让秘书写信转告刘澜波：他接连看了两遍，认为是一篇非常好的文章，并批示坚持按文章的方针办，完全支持。

当时，经济计划管理部门认为应以"盘活存量"的挖潜增效为主，缓解缺电的主要手段是提高现有电力生产能力和降低用电能耗。通过电力设备完善，可以增加发电容量 400

万千瓦；许多工业用电单位耗电量还高于历史最低值，供电和用电部门共同搞节约用电，每年有可能挖潜 200 亿千瓦·时。随后，在大规模压缩基建投资规模的情况下，采取了在现有计划内尽可能保障电力建设速度，同时确保能源节约、挖潜增效并重的政策。

新"八字方针"提出后，国民经济政策发生了重大调整，压缩重工业、压缩投资、压缩基本建设成为调整的重点。电力工业在国民经济各部门中虽然还是重点发展的，投资比例比较高，但投资规模却大幅度下降，大批工程下马，规划暂缓执行。电力工业短期内的侧重点也从加快建设的"高增长"模式变成了提升现有出力的"挖潜"模式。作为国家财政投资重点的电力建设规模也大幅度减少，电力工业增速显著放缓。1979 年开始，电力工业基本建设开始大规模缩减，原先规划并建设的项目陆续下马。电力基本建设新开工、复工、扩建项目规模从 1978 年的 868 万千瓦，下降至 1981 年的 260 万千瓦。自 1980 年开始，电力基建单位窝工情况普遍，近 10 万职工没有工作任务或者工作任务不足。

1980 年，中央提出了"开发和节约并重，近期把节约放在优先地位"的能源工作方针。在国民经济调整阶段，面对严重的缺电，党中央、国务院决定，一方面加强对电力工业和电网的统一集中领导，集中力量加快电力工业的发展，一方面千方百计降低能耗，加强计划用电和节约用电，尽快解决缺电问题。

1981 年 1 月，电力工业部召开了全国电力工作会议，贯彻落实中共中央工作会议的精神，进一步贯彻调整方针。国务院副总理余秋里就调整时期电力工业如何在资金投入有限的情况下做好工作，提出了两个原则：一是把有限的资金用好，集中力量保重点，加快建设速度、提高工程质量、搞好工程配套，充分发挥投资效果，在国家计划安排的财力、物力范围内努力加强前期工作，尽可能地安排好当前和长远的衔接；二是严格控制节约用电，严格执行供电合同，按照国家节能的政策、法令，继续实行计划用电、择优供电原则，优先安排国家重点保障的行业、能耗低的企业用电。

电力工业部也部署了调整工作的重点：一是按照调整的方针安排好生产基建计划；二是把安全生产、电能质量、设备完好率提高到一个新水平；三是千方百计节约能源；四是搞好在建工程，狠抓结尾项目，并妥善解决基建任务不足问题，减少停工窝工损失；五是大力加强基本建设前期工作；六是积极推行全面质量管理，进一步提高工程质量；七是继续进行电网管理体制改革和扩大企业自主权试点工作；八是改善经营管理，提高企业活动的经济效果；九是重视和加强科学技术和学校教育工作；十是加强培训，提高队伍水平。

二、火电发展质量的提高

针对电力建设前期工作薄弱、现有设备出力不足、电源与电网建设比例不协调等问题，电力工业部采取了一系列的调整措施。

加强电力建设前期工作。主要采取了恢复规划设计体系，规范、加强规划和基建前期工作等措施。电力工业部成立后，将改善加强规划设计和前期工作作为一项重点，逐步恢复规划设计单位，将"文化大革命"期间下放、分散和改行的技术人员重新归队，1982

年成立了华北电力设计院。1979—1981 年，完成了山西、内蒙古、两淮等火电基地的规划和一批骨干火电厂的选址及初步设计；做好了配合火电基地送电的 220 千伏及其以上骨干线路的规划设计。在完善勘测规划设计等前期工作的基础上，重点进行了严格按基建程序办事、逐步改变"边勘测、边设计、边施工"等做法的整顿。

搞好现有设备的挖潜、配套和电网完善化，充分发挥现有设备的"根据地"作用。1979年，经过设备整修，又恢复了出力 130 多万千瓦，设备完好率从 1978 年的 90.8%上升到93%，一批长期达不到铭牌出力的主力电厂达到了安全满发。1977—1979 年，经过 3 年的努力，400 万千瓦设备不能满发的问题已基本解决。1980 年，电力工业安排的"挖潜、革新、改造"工程投资规模达到了历年最高，体现了国家为调整电力工业内部比例失调和减少烧油电厂的安排。到 1981 年，发电设备完好率稳定在 93.5%的水平，一类设备的比重提高到 45%，一大批大机组的重大缺陷得到了处理，机组达到稳定运行。发电设备平均利用小时数从 1976 年的 4869 小时提高到了 1979 年的 5175 小时。

研究用多方面力量着手进行设备更新，如逐步解决电网内中、低压凝汽机组的更新，提高热效率，减少发电燃料的消耗。通过技术改造、建设新厂等途径，有计划地逐步拆除或改造低效率机组，更新设备，烧煤机组改烧油的恢复烧煤 300 多万千瓦。在投资上采用国家压缩烧油资金、银行贷款、集资等多种渠道。

针对电厂公用系统不配套，以及电网的发电与送电、有功与无功比例失调的问题，1979年，电力工业部在恢复发电出力 400 万千瓦的基础上，制订了三年完善规划，共投资 22.4亿元，调整电力基建投资比重，加强电网投资，改善有功、无功的比例，完善发电厂内部上煤、供水、除灰等公用系统及充实电网调度通信设施等，并初步取得成效。一些电厂的灰场、煤场、烟囱的改造或新建工程，已投入使用。

在生产上，大部分发供电单位经过企业整顿，"三基"工作有了加强，安全经济指标中的事故率、煤耗率、设备完好率等主要指标基本上达到了历史最好水平。安全生产方面，在 1978 年扭转了"文化大革命"开始以来电力生产事故年年上升的被动局面后，1979 年安全生产事故次数比 1978 年下降 15%。其中，重大设备损坏、全厂或一次变电站全站停电、大面积或重要用户停电、火灾以及人身死亡等五种重大事故次数下降 41%。1979 年，部分发电厂、供电局、变电站创造了比较好的安全生产纪录，如河北陡河电厂、天津军粮城电厂和河北邯郸供电局安全运行记录超过了 300 天，吉林丰满、四川重庆、辽宁抚顺电厂超过 400 天，山东白杨河电厂超过两周年。

1981 年，安全生产事故次数比上年下降 2.8%，天津第一发电厂等 12 个电厂实现了全年无事故。1982 年，安全生产事故次数比上年下降 7.4%，127 个 10 万千瓦以上的电厂、41 个中型供电局实现了 100 天以上无事故纪录；其中，郑州热电厂、白杨河发电厂、青山热电厂、闸北发电厂、新乡发电厂分别创造了 500 天以上的无事故纪录。

这些调整巩固措施，在补足电力建设前期缺失、保证电厂的稳定运行，提高电压质量，改进电网通信与调度设施等方面发挥了显著作用，发供电设备面貌逐步发生变化，火电发展质量有了一定程度的提高。

三、落实新"八字方针"的火电整顿

1980 年 2 月，电力工业部颁发了《电力工业生产企业整顿提高规划要点》（简称《要点》）。《要点》指出，要在调整中整顿，在整顿中调整，贯彻一切活动要以生产为中心的原则，讲究经济效果，加强经济核算，建立起一个精干有力的生产行政指挥系统，坚持"安全第一、质量第一"的方针，达到安全经济满发多供，坚持加强电网的统一经营、分级管理、统一核算，逐级考核，充分发挥大电网的经济优越性，更好地服务国民经济。《要点》还明确了整顿企业的标准和重点工作。

随后，出台了一系列火电企业整顿的文件和基础工作规章制度，作为企业整顿工作的依据，包括：《电力基层企业整顿标准（1980 年修订稿)》《对现代化发电厂、供电局的要求》《发电企业职工守则》《发供电企业班组生产管理试行办法》《关于电力生产企业开展小指标管理和竞赛的意见》《电力生产企业技术经济指标分解试行办法》《电力工业部直属单位生产奖励、津贴座谈会纪要》《关于在电力生产、基本建设企业中实行节约燃料、材料的补充规定》《动力系统负荷管理办法》等。

1981 年 10 月 28 日，《国务院批转国家经济委员会〈关于加强领导抓好企业整顿工作意见〉的通知》要求，要进一步完善经济责任制，改善经营管理，加强思想政治工作，以提高经济效益为目的，对企业进行全面治理，并提出了企业整顿工作的六个标准。

1981 年的企业整顿工作主要是调整领导班子和开展全员培训。在地方党委的领导下，电力工业部对 43 个网局、省局、工程局、设计院和重点企业的领导班子进行了调整，共提拔中青年干部 48 人，老同志改任顾问的 19 人。经过调整，各单位领导班子的平均年龄有所下降，文化水平和专业技术干部的占比有所提高，解决了一些领导班子长期不团结的问题。电力系统按照中央的部署和干部"四化"标准，选拔后备干部：各网局、省局、工程局、设计院和重点企业选拔后备干部 211 人，其中，50 岁以下的占 74%，专业技术干部占 81%；厂、处级后备干部 2000 人，其中，45 岁以下的占 77%，专业技术干部占 75%。全年有 108 名局、院级干部和 1153 名厂、处级干部参加了各种学习，大部分网局、省局的总工程师参加了电网技术管理学习班，组织开展了六期电力施工企业的经理学习班。通过班子的调整和干部培训，提高了领导班子的"四化"水平和技术、经营管理水平。

四、火电在整顿中逐步发展

电力基本建设新开工、复工、扩建项目规模从 1978 年的 868 万千瓦，下降至 1981 年的 260 万千瓦。自 1980 年开始，电力基建单位窝工情况普遍，近 10 万职工没有工作任务或者工作任务不足。

经过整顿，至 1980 年恢复发电设备出力达 401 万千瓦；经过恢复性的设备检修，一大批大机组的重大缺陷得到了处理，机组达到稳定运行。全国发电设备完好率由 1978 年的 90.8%上升到 1980 年的 93.5%，1980—1982 年的发电设备利用小时数稳定在 5000

小时左右。

火电机组的节能、降耗取得了进展，通过技术改造、建设新电厂等，逐步拆除或改造低效率机组，火电单机容量 10 万千瓦以上的大型机组发电比重从 1966 年的 6%提高到 1980 年的 27%；同时加强了"油改煤"工作，减少了烧油机组，烧煤机组改烧油的恢复烧煤 300 多万千瓦❶。发电标准煤耗率从 1978 年的 434 克/（千瓦·时）下降至 1982 年的 404 克/（千瓦·时），降幅 6.9%；供电标准煤耗率从 1978 年的 471 克/（千瓦·时）下降至 1982 年的 438 克/（千瓦·时），降幅 7%❷。

1980 年，国家进出口委、国家计委、国家经委发出《关于安排 300MW、600MW 大型火电设备的技术引进和合作生产项目有关事项的通知》，开始了电力工业大规模引进西方先进火电技术的工作。

第三节 在调整中推进火电项目建设

1979—1982 年是国民经济发展的调整期，电力工业发展速度显著放缓，表现在投资建设规模、新增发电能力和年发电量增速缓慢。发电工程年投资额从 1978 年的 39.94 亿元下降到 1981 年的 22.06 亿元，4 年年均发电工程建设投资仅为 29 亿元。1978 年末，全国发电设备装机容量为 5712 万千瓦，到 1982 年末全国发电设备装机容量为 7236 万千瓦，4 年仅增长 26.68%，年均新增发电能力 327.62 万千瓦。发电装机容量排名世界第七位，居美国、苏联、日本、法国、联邦德国和英国之后。1978 年，全国年发电量为 2566 亿千瓦·时，1982 年达 3277 亿千瓦·时，增加 771 亿千瓦·时。年发电量世界排名第五位，居美国、苏联、日本、加拿大、联邦德国之后。1979—1981 年，扩建了江苏谏壁电厂，重点新开工建设了临港型大型火电厂浙江镇海发电厂，一定程度上缓解了华东电网严重缺电的局面。

一、浙江镇海发电厂建成投产

镇海发电厂位于浙江省宁波市镇海县（今宁波市镇海区）甬江北岸，是浙江省最早建设的大型港口发电厂。20 世纪 70 年代初，浙江省用电快速增长，为适应浙江省国民经济发展需要，改善水电比重过高，缺乏大型火电厂的局面，同时，配合宁波港口建设和解决镇海石油化工总厂用电问题，改善华东电网东南部的用电紧张情况，1974 年 11 月，国家计委批准在宁波市镇海县建设一座大型港口型火电厂，首期工程建设规模为两台 12.5 万千瓦燃油机组。该项目是国家"六五""七五"重点工程，由华东电力设计院设计，主设备分别由上海锅炉厂、上海汽轮机厂、上海电机厂制造，特点是：利用海水直流冷却方式，

❶ 李代耕：《贯彻调整方针，继续稳步前进》［见《当代中国的电力工业》编辑室：《全国电力工业会议文件选编（1950—1985）》，1986 年 9 月，第 574 页］。

❷ 能源部综合计划司：《中国能源工业 40 年统计资料汇编（1949—1989）》，第 223 页、267—270 页。

机、电、炉集中控制。1976年11月，镇海发电厂一期工程动工。1979年9月，两台机组并网发电。镇海发电厂一期工程的建成投产，缓解了浙江省工农业生产的部分用电急需，但仍然跟不上改革开放后国民经济的发展速度。为此，国家计委于1981年7月批准镇海发电厂二期工程计划任务书，建设规模为两台20万千瓦燃煤机组。发电设备采用北京重型电机厂首次生产的20万千瓦汽轮机和氢冷发电机，锅炉采用四川东方锅炉厂制造的670吨/时锅炉。1984年9月，二期工程开工。1985年11月，3号机组移交生产，比国家核定工期提前161天。1986年12月，4号机组移交生产，比国家核定工期提前117天，创造了20万千瓦机组安装工期最短的新纪录，并做到了锅炉水压试验、锅炉酸洗、锅炉点火冲管、厂用电受电和空载试运行5个"一次成功"，工程质量被评定为优。

镇海发电厂三期工程建设规模仍为2台20万千瓦燃煤机组，工程于1986年11月开工，1989年6月投产。经两次扩建，镇海发电厂装机总容量105万千瓦，年发电量60多亿千瓦·时，成为浙江省首个百万千瓦级大型电厂，标志着浙江电力工业已进入建设大容量、高参数机组的历史新时期。镇海发电厂是在负荷集中的华东地区建设的大容量电厂，对于缓解华东地区缺电具有重要作用，与石化、港口相配套协调建设，也积累了在一次能源紧缺地区建设临港型大电厂的经验。

二、江苏谏壁发电厂装机容量162.5万千瓦

谏壁发电厂地处镇江东郊谏壁镇，华东电网的腹地，也是苏南大电网的负荷中心。谏壁电厂规划和选点适当，厂址濒临长江，充分利用长江水运来煤，减轻了沪宁铁路的运输压力，丰富的长江水提供了理想的冷却水源，厂址附近又有容量较大的储灰场。

1960年5月14日，谏壁发电厂主厂房正式开工，1965年6月23日，设备容量为2.5万千瓦的1号机组竣工投产。一、二、三期工程建成汽轮发电机组6台，总装机容量42.5万千瓦。1978年1月，开始第四期扩建工程，建设两台30万千瓦国产亚临界压力汽轮发电机组。这是当时国内自行设计制造的单机容量最大的机组，制造于"文化大革命"时期，1975年出厂，设备问题较多。按照水利电力部、机械工业部对30万机组完善化的指示，分别在制造厂和施工现场对设备进行改造和返修。两台机组先后于1980年12月和1983年10月投产，至此，谏壁发电厂装机容量达102.5万千瓦，成为华东电网第一个百万千瓦级大型电厂。

1983年，谏壁发电厂第五期扩建工程开始建设，主设备仍为两台国产同类型30万千瓦机组。五期工程核定概算投资为59 694万元（包括设备完善化项目投资），计划单位投资994元/千瓦，所用资金由国家与地方共同投资，集资合办。1983年4月25日，五期工程开始基础打桩。1986年9月和1987年9月，两台机组先后投产。至此，谏壁发电厂装机容量达到162.5万千瓦，成为当时全国最大的火力发电厂。至1990年底，谏壁发电厂全年发电量首次突破100亿千瓦·时（100.4073亿千瓦·时），供电煤耗率382克/（千瓦·时），厂用电率6.09%，全员劳动生产率17.74万元，均创历史最好水平。

三、湖北省大冶有色金属公司余热电厂建成投产

大冶有色金属公司位于黄石市新下陆，是大型国有企业。大冶有色金属公司冶炼厂采用生精矿反射炉熔炼流程，反射炉炉床面积 270 米^2，热效率仅 30%左右，烟气温度达 1100～1200℃。为充分利用反射炉高温烟气余热，1976 年，针对黄石社会用电负荷紧张的状况，大冶有色金属公司决定利用冶炼厂炼铜反射炉的余热发电，于1978 年底动工兴建反射炉的余热发电工程，1978 年 1 月，湖北省电力设计院完成工程项目初步设计，同年 6 月，完成施工图设计。工程总投资 787 万元，厂房建筑面积 2150 米^2，设计为一炉两机。

余热电厂安装 WGZ45/39-1 型余热锅炉 1 台，安装 6000 千瓦机组和 3000 千瓦机组各 1 台，总装机容量 9000 千瓦。1978 年 11 月，余热电厂动工，土建和电气工程分别由大冶有色金属公司所属建安公司和其总公司下属第五建安公司承建，1980 年底竣工，1982年 6 月 28 日试发电成功。在生产实践中，大冶有色金属公司针对生产中的薄弱环节作了一些改造，使电厂生产逐步正常，年发电量 3300 万～4000 万千瓦·时。反射炉高产时，发电负荷可达 8500 千瓦，基本上可达设计能力。余热电厂以 6 千伏出线在黄石电网下陆变电站 6 千伏侧母线上实现并网。

四、上海宝山钢铁总厂自备电厂建成投产

为了配合上海宝山钢铁总厂建设的项目，从日本引进两台 35 万千瓦机组、两台 1160吨/时的锅炉以及全部辅助设备，建成了上海宝山钢铁总厂自备电厂，成为中国当时单机容量最大、具有国际 20 世纪 70 年代末先进水平的电厂。

1979 年 4 月，工程破土动工，1982 年 4 月、1983 年 3 月，两台机组先后并网发电。工程由我国确定设计原则及条件，日本东京电力设计公司承担设计。华东电力设计院承担部分生产和全部辅助设施的设计，并负责全部设计的归口管理。设计中结合钢铁总厂的总体规划，工艺和流程配合紧凑合理，分区明确，注意绿化，主厂房造型美观大方。采用高度为 200 米的高烟囱和电气除尘器，环境保护符合国家规定的标准。该厂的建设从与日本谈判引进开始到主体建筑安装工程的施工，均由水利电力部华东电力建设局承担。该机组的技术经济指标先进，1984 年的供电煤耗为 316 克/（千瓦·时），居全国领先地位。

第四节　全面引进、消化西方的先进火电技术

为了解当时一些发达国家的火电设备发展情况，1972 年 1 月，水利电力部（水电部）、第一机械工业部（一机部）和第二机械工业部（二机部）组成中国电力考察团，赴日本、加拿大、瑞士、联邦德国和意大利了解和考察发电设备的制造水平及其运行情况，历时 4个月，对后来火电设备的发展和技术引进、工厂技术改造都有所帮助。十一届三中全会确

立了以经济建设为中心的改革开放政策，国民经济开始迅速发展。经济发展需要电力，国产机组由于技术落后、事故多，不能满足要求，开始逐年从日本、欧洲等发达国家进口技术指标先进的亚临界30万千瓦等级火电机组，投产后运行平稳。而对当时电力供应紧张，国内发电设备制造能力薄弱以及30万千瓦级以上大型成套火电机组进口数量逐年增加的现实形势，发电设备制造业各级领导和管理干部触动很大，不得不有所思考。1980年5月27日，国家进出口委、国家计委、国家经委发出《关于安排300兆瓦、600兆瓦大型火电设备的技术引进和合作生产项目有关事项的通知》，开启了中国大规模引进国外先进火电技术的序幕。机械工业部、电力工业部两部在国务院的领导和支持下，为加速发电设备产品开发，共同引进技术，机械工业部引进设备设计制造技术，电力工业部引进电厂设计技术，坚决贯彻李鹏"团结造机"的指示，密切配合，相互协调；组织技术引进谈判，安排出国人员培训，组织考核机组研制，开展对引进技术的消化吸收。

一、引进火电机组设计制造技术的决策过程

1977年下半年，一机部党组就发展大型火电机组立足国内还是引进技术进行了充分讨论，大家一致赞成通过引进国外设计制造技术，以提高国内制造水平。1977年末，一机部组织哈尔滨、四川、上海、北京等地的发电设备制造厂和有关研究所技术负责人进行座谈，讨论国产机组在运行中暴露的质量问题，座谈会上大家都赞成引进技术。1978年2月22日，一机部、水电部联名报告国务院，提出为了提高中国大型火电机组经济指标和制造水平，建议在进口样机的同时引进设计制造技术。1978年3月28日，一机部、水电部在征得国家计委初步同意引进大型火电设备制造技术的情况下，联合组织制造厂、研究所和设计院的50多名专家开始研究机组选型原则、引进内容和范围以及外商的选择和费用支付方式。1978年4月26日，一机部、水电部联合向国家计委及国务院领导同志提出"从日本引进30万千瓦火电机组制造技术"的报告，请求批准同外商开展谈判。1978年9月，国家计委、国家基本建设委员会（国家建委）发文通知一机部、水电部并外贸部，有关建议报告已经国务院领导同志同意，并要求在引进设计制造技术时统筹考虑引进60万千瓦或更大一级机组设计制造技术，一定要成系列引进，结合中国已有产品系列、技术标准，对引进机组定好型。

1978年10—12月，一机部同时组织了由部领导率领的赴欧洲和日本两个考察访问团。一个由部长周子健任团长、副部长饶斌任副团长、部外事局局长江泽民任秘书长的中国机械工业代表团，先后访问了罗马尼亚、南斯拉夫、意大利、瑞士、联邦德国和法国6个国家。另一个由副部长周建南任团长、四川省机械局局长罗红和部电工局副局长李达先任副团长、国家经委机械局副局长赵维臣任秘书长的中国机械工业综合考察团，访问了日本。两个出访团组，历时两个月时间，参观考察了包括欧洲11个发电设备制造企业、5个高压开关厂、试验中心和日本三菱、日立公司等在内的177个机械工厂、科研院所及用户部门。考察活动结束后，两个团组进行了认真总结，于1979年1月25日向国务院上报了《关于借鉴国外经验，加快机械工业发展的报告》。报告在分析中国机械工业落后和差距的基

础上，提出要大胆解放思想、大力开阔思路、借鉴国外经验，在技术引进、出口产品、合作生产、合资经营和人员培训、体制改革等方面进行有益的探索和实践。

1979 年 9 月，一机部、电力部联合向国家相关部委提出了引进 30 万千瓦、60 万千瓦火电机组设计制造技术的请示报告，据此，国家进出口委、国家计委、国家经委于 1980 年 1 月 28 日联合向国务院提出了引进大型火电机组制造技术的请示报告。1980 年 2 月中旬，国务院副总理薄一波在征得副总理李先念、余秋里、谷牧、康世恩同意后，又请沈鸿同志约几位专家进行研究，并又征询周子健部长的意见后，一致同意批准国家进出口委、国家计委、国家经委的三部委报告，至此，引进国外先进火电机组设计制造技术正式进入实施历程。

1980 年 5 月 27 日，国家进出口委、国家计委、国家经委联合发出《关于安排 300 兆瓦、600 兆瓦大型火电设备的技术引进和合作生产项目有关事项的通知》，通知要求一机部负责制造技术引进工作，电力部负责电厂设计技术引进工作，这两个引进项目必须共同配合完成。1980 年 6 月中旬，一机部邀请美国通用电气（GE）公司、西屋电气（WH）公司、燃烧工程（CE）公司等 6 家外商到中国就引进制造事宜进行谈判。在历时 3 个多月的谈判过程中，中方集中了有设计、制造经验的机械系统 70 多名总工程师和技术骨干，集中了有安装、运行经验的电力系统 20 多名总工程师和技术骨干，根据谈判初期既定的"货比三家""技术先进、价格合理、条件优惠、择优引进"原则，反复讨论，对 6 家公司技术水平进行了认真的分析，美国 GE、美国 WH 和瑞士 BBC 等 3 家公司在制造汽轮机和发电机方面是世界名牌公司；美国的巴布科克·威尔科克斯有限公司（B&W）和 CE 这两家公司在制造锅炉方面都属于世界第一流技术公司；美国 GE 公司在汽轮机和发电机方面的技术最好，如果转让技术在范围、深度、广度等方面能达到中方提出的要求，技术转让费用能降到中方的内控数字，则建议与之成交。在谈判后期，美国 GE 公司代表明确表示做不到中方的要求；同时，瑞士 BBC 公司也表示不能完全按中方的要求，不能提供计算机程序，不能降低技术转让费用。针对上述情况，一机部与电力部共同研究，从技术、价格、条件等方面综合进行比较，一致同意拟选用美国 WH 公司和美国 CE 公司。

1980 年 8 月 4 日，国家计委主持召开了有国家经委、国家机械工业委员会（机械委）、进出口委、财政部、中国人民银行、建设银行、中国银行等单位同志参加的引进技术汇报会，会上一机部、电力部汇报了此前关于火电机组引进谈判分析和拟引进对象情况，大家认为，引进并合作生产 30 万千瓦、60 万千瓦主、辅机组各 1 套，总的用汇不超过 2 亿 4000 美元，不但比进口同等级机组便宜，还可以掌握当时世界先进水平的大型火电机组制造技术，同时使国内制造厂具有成套生产能力，以后同类型机组可以不再进口，因而引进的路线是合算的。会议同意一机部择优选择外商签订引进设计制造合同。1980 年 9 月 9 日，一机部同美国 WH 公司签订了汽轮发电机组的技术转让和购买部分零部件合同，1980 年 11 月 21 日，同 CE 公司签订了锅炉的技术转让和购买部分零部件合同。同时，电力部从美国依柏斯柯工程公司引进了电站设计技术。引进 30 万千瓦、60 万千瓦火电机组设计制造技术的内容涵盖了科研发展、产品设计、制造工艺、质量保证、生产技术管理、电站系统工程、人员培训、工厂技术改造和技术咨询以及考核机组的调试、安装、运行和维修等。外商提供的图纸资料有薄膜底图两套、微缩胶卷两套、技术资料 4 套、成熟的计算机程序（包括源程序、程序编制法、程序卡、计算公式、程序使用说明、有关常数和图表等）176项。合同同时还约定在 15 年的合同有效期内，外商还提供免费交流和与合同产品有关的改进新技术。

二、引进火电技术的谈判和签约

一机部、水电部于 1978 年 8 月提出邀请瑞士 BBC、美国 GE、法国 Alstom 等公司谈判汽轮机发电机组技术引进，邀请美国 CE、联邦德国拔柏葛、瑞士 Sulzer 等公司谈判锅炉技术引进。从这时起到谈判结束，大致经历了摸底与交流、确定合同内容与条款、最终谈判与签约 3 个阶段。

中方同外商主要就其技术水平和特点、习惯采用的技贸方式、转让技术的广度和深度、外方的技术在中方实现的可能性，以及外方乐意接受的支付方式等方面进行了摸底和交流，同时对非英语国家的外商，还应考虑语言文字问题，对采用英制单位的外商，还要考虑公英制转换问题等。而外商主要交流的是中方需要引进的内容和范围，希望采用何种支付方式等。

从 1978 年末开始，中方要求外商先提出技术转让合同的草案由双方逐条逐款进行磋商，这一过程就用了近 15 个月时间。在最终商务谈判前，为了进一步了解外商的技术底细，中方按国际技术转让许可证贸易惯例，派工作组到对方现场去进行技术核查。火电技术工作组由电工局李达先局长带领，共 17 人（其中，一机部 12 人、电力部 4 人、国家经委 1 人）按专业分 4 个小组活动，从 1979 年 6 月 2 日到 7 月 26 日，重点考察了美国 GE、CE，瑞士 BBC、Sulzer，法国 Alstom 5 家公司，技术核查摸清了各公司技术转让的具体内容；各公司的外购件中是否还有技术引进问题；各公司的制造工艺与中国现有制造工艺的差距，是否要对中国工厂进行较大的技术改造；制造引进机组是否要特殊的材料等。WH 公司得知了来到美国的汽机工作组，通过各种渠道，多次要求中方同意他们也参与转让汽轮发电机组制造技术的竞争。由于采用 WH 公司技术的三菱公司在宝钢自备电站投标成功，电力部对 WH 公司的技术发生了兴趣，所以一机部、电力部于 1979 年底决定向美国 WH 公司发出邀请。

1980 年 6 月中旬，经中方一系列细致的工作后，决定邀请美国 GE、WH，瑞士 BBC，法国 Alstom 共 4 家汽轮发电机组制造商和美国 CE、B&W 两家锅炉制造商来华正式进行商务谈判。谈判由一机部副部长王子仪同志具体领导，下设专业组、商务谈判组、合同条文组、翻译组和接待组。经过技术、价格、条件等多方面的综合分析比较后，中方确定了引进美国 WH 公司的汽轮发电机组技术和美国 CE 公司的锅炉制造技术。1980 年 9 月 9日，同美国 WH 公司签订了汽轮发电机组技术转让合同和第一台样机零部件购买合同。1980 年 11 月 21 日，同美国 CE 公司签订了锅炉技术转让合同和第一台样机零部件购买合同。至此，历时近 3 年的主机制造技术引进谈判胜利结束。

1980 年 12 月 16 日，电力部与美国依柏斯柯公司签订了燃煤电厂工程服务和技术转让合同。在主机引进合同签订后，随着规格、型号和技术参数的进一步明确，与主机配套的矿山产品、仪表与自动化装置等的技术引进谈判工作逐步开展起来。

三、考核机组的生产制造

（一）哈尔滨、上海两个发电设备制造基地完成改造

为使国内企业能够制造引进技术的考核机组，一机部多次组织与考核机组生产制造有关的工厂、设计院、研究所进行研究，提出了工厂改造原则，由于当时受到投资限制和遵循国家不开新项目的精神影响，重点在哈尔滨、上海两个发电设备制造基地已有的基础上，补充急需建设的内容和生产条件，根据引进技术的需要，补充少量关键设备和试验、检测仪器，不另新建厂房。充分利用现有条件，组织全国协作生产，基本具备 30 万千瓦、60 万千瓦机组成套生产条件，暂不考虑批量生产工厂改造。从 1981 年 5 月北京石景山钢铁厂招待所第一次工厂改造酝酿会开始，至 1985 年 12 月底进行国家验收，历时 5 年。哈尔滨发电设备制造基地国内投资 12 626 万元，统借统还外汇 829.3 万美元。上海发电设备制造基地国内投资 5110 万元，统借统还外汇 634.6 万美元。

在这些投资安排中，重点为哈尔滨、上海两个发电设备制造基地解决了承担引进 30 万千瓦、60 万千瓦考核机组所必需的生产试验条件，增添了较先进的工艺加工设备和保证质量的试验、检测设备和测试仪器。例如，哈尔滨发电设备制造基地主要增添了超速动平衡装置、发电机机座加工中心、数控弯管生产线、CE 加拿大龙门焊机、HMEV 直线加速器等设备。上海发电设备制造基地主要增添了发电机试验站试验测量用的谐波分析、振动/气体分析仪、真空压力浸渍设备、汽轮机叶根槽铣床、水冷壁鳍片管龙门焊机及空气预热器波纹板生产线、全位置氩弧焊机、9 兆电子伏直线加速器、320 千伏 X 荧光探伤设备，以及改造了发电机转子槽铣床等。为了保证质量，除给各厂适当补充检测仪器外，大型关键机床和重要设施原则上全国暂补齐 1 套，放在条件较好的工厂。

从 1983 年起，30 万千瓦、60 万千瓦火电机组三大主机陆续进入投料试制阶段。经过 3 年左右，这两套考核机组分别完成试制工作。由于考核机组在工艺、技术要求、质量和标准等方面与国产机组有较大的不同，即使进口了 30%～50% 的关键零部件，仍在试制过程中遇到了大量的困难和问题，包括工艺、设备进口零部件质量、材料、配套件、计划安排等。

考核机组的试制工作就是在克服了一个又一个困难，解决了一个又一个关键技术的情况下完成的。

试制阶段，各生产厂充分认识到，考核机组的质量是引进技术能否在国内站稳脚跟，取得用户信任的关键。为了一丝不苟地确保产品质量，各厂在试制过程中严格按照美国 WH 公司和 CE 工程公司的图纸和技术要求，坚持质量第一，使考核机组的质量达到优等水平。

（二）如期完成零部件从制造厂到电厂的运输任务

考核机组30万千瓦机组零部件从上海闵行各制造厂发运到山东石横发电厂是由铁路运输承担的，而60万千瓦机组零部件从哈尔滨制造厂发运到安徽平圩发电厂，既有铁路运输，又有海上运输，还有长江和运河的江河运输。从哈尔滨到大连是铁路运输，大连到上海是海上运输，上海至平圩发电厂是江河运输。

为完成运输任务，各厂组织力量，制定零部件发运计划，派专人与铁路部门联系，请铁路运输部门的同志到厂里来参观，向他们宣传30万千瓦、60万千瓦火电机组的意义。在运输部门的支持下，锅炉、汽轮机和大部分发电机的零部件的运输都很顺利，但由于发电机定子是超重、超宽的特种超限大件，其运输遇到了许多困难，经过各个方面的努力，克服了种种困难，运输任务安全、如期完成，保证了机组的安装、调试和运行。

30万千瓦发电机定子运输重量为262吨，运输尺寸为9.1米×3.81米×3.9米；60万千瓦发电机定子运输重量为325吨，运输尺寸为10.49米×4.11米×4.55米。发电机定子在铁路运输中属于超重、超宽的特种超限大件，一般的铁路运货车皮无法装运，必须用特种钳夹车皮来运输，涉及铁路沿线的运输条件、特种车辆的制造、费用等问题，特别是60万千瓦发电机定子因重量与尺寸更重、更大，运输中的问题更多。哈尔滨电机厂对这一问题高度重视，早在1982年就开始派人沿运输线进行调查，发现从铁路到公路到水路，除了车皮以外，还存在许多问题。例如，哈尔滨市西大桥高度和宽度不够，必须拓展；从哈尔滨到大连铁路线上的水鹤、信号机、电柱需要拆迁，线桥需要加固；驳船建造、简易码头修建及河道疏浚等。制造厂将这些问题反映到机械部和电力部，请求解决。由于涉及部门多，又不属于一个体系，所以机械部、电力部两部打报告给国家计委。

1984年，由国家计委召集有关方面的协调会议，确定了30万千瓦、60万千瓦发电机定子运输中特种车辆制造、铁路沿线改造的解决方案，并落实了30万千瓦火电机组专项经费520万元，60万千瓦火电机组专项经费2000万元。在国家计委、铁道部、电力部和机械部的关心和支持下，从1984年开始，经过3年左右时间的共同努力，于1986年底，株洲车辆厂完成了30万千瓦机组D35特种车辆的制造，铁路部门完成了上海、济南两个铁路段沿线的改造，如期将30万千瓦发电机定子发运到了石横发电厂现场。齐齐哈尔车辆厂完成了60万千瓦机组D350钳夹车辆的制造，铁路部门完成了哈尔滨到大连铁路沿线的改造，哈尔滨市完成了西大桥的拓展，有关部门完成了驳船建造、简易码头修建和河道疏浚等。为保证D350钳夹运输车辆的安全运行，5月15日将60万千瓦发电机定子装上D350车，从5月15日至6月8日在哈尔滨电机厂内铁路线及香坊段线路上进行了静态和动态试验，7月20日从哈尔滨起运，7月29日运至大连，8月6日从大连起运，到达上海港后，8月12日从上海港起运，8月24日到达平圩发电厂。30万千瓦、60万千瓦发电机定子的运输是一项颇为复杂的工程，涉及面广、影响面大，经过努力，最后顺利地完成了任务，保证了30万千瓦、60万千瓦考核机组的如期投运。3年时间的经验与教训表明，设计发电机定子时必须考虑可行的运输方案。

平圩发电厂2号60万千瓦机组发电机的运输确定于1992年4月下旬由哈尔滨起运，

铁道部、机械部、电力部三部组成铁路运输联合押运小组。为做好发电机定子运输工作，铁道部组织专列运输，为降低运输高度，装运定子的车辆是国产 D350 特种钳夹车组。专列中包含 3 列硬卧车厢、两列工具车，为了分散轴重，特种钳夹车前后各有 1 列空车皮，另有铁道科学研究院的实验车 1 辆和餐车 1 辆，整个专列由 9 辆车组成。哈尔滨电机厂派出包括运输处处长、搬运装卸人员等 30 余人，铁道科学研究院、齐齐哈尔车辆厂和绥化车务段派出钳夹车操作人员和技术监测人员，沿途哈尔滨铁路局和沈阳铁路局的运输处处长和特调都随专列负责运输调度。

（三）各方协同完成考核机组的安装调试

30 万千瓦、60 万千瓦火电机组的安装、调试阶段经历了一年半左右的时间，主要工作由电力部的建设安装公司和调试单位承担。由于此类大型发电设备成套性强，配套关系极为复杂，涉及的产品和企业非常多，而且在研制和安装、调试过程中与外方和用户之间的联系非常密切，因此一机部不但派了由电工局电站处领导带队的工作组在美国长期驻守，同时还组织了长期驻电厂工地的工作组，协调解决各种头绪纷繁而又急迫的问题。

上海电气联合公司和哈尔滨电站设备成套公司对机组在电厂的安装、调试工作十分重视。总经理和总工程师亲自到工地了解工程进展情况和存在的问题，及时调度解决急需的零部件和配件。在调试的关键时刻，各公司指派专门值班，配合工地及时解决问题。

石横、平圩两个电厂工程，不但由机械企业引进了设备制造技术，而且由电力设计院引进了电厂设计技术。设备方面不但引进了汽轮机、发电机、锅炉三大主机技术，而且对辅机、配套及关键铸锻件等采用 4 种形式使其与主机水平同步提高：一是直接从国外进口；二是引进技术，国内制造，进口部分关键零部件；三是进口样机国内仿制；四是采用国内改进后的产品。初步统计，在 30 万千瓦、60 万千瓦火电机组的十大系统 240 余种配套设备中，有 168 项分别从美国、法国、德国、加拿大、英国、瑞典、瑞士、日本、奥地利、澳大利亚等 10 个国家、约 80 家公司引进技术，有 57 种为进口样机测绘仿制，其余 112 项是将国产设备改进提高后生产的，一共有 210 个企业承担了任务。电厂设计是引进美国依柏斯柯工程公司的设计技术，概念设计以美国为主，施工设计石横发电厂以西北电力设计院为主，平圩发电厂以华东电力设计院为主。

1987 年 4—5 月，时任中央财经领导小组顾问周建南十分关心 30 万千瓦、60 万千瓦考核机组的进展情况，在陆燕荪、周鹤良、陈延豪等的陪同下，深入山东石横发电厂、安徽平圩发电厂，对考核机组的安装、调试进行现场调研，了解情况，指导工作。经过几年的努力，30 万千瓦考核机组主机于 1985 年 12 月 20 日在上海试制完成，1987 年 6 月 30 日在山东石横发电厂投入运行发电。60 万千瓦考核机组主机于 1987 年 12 月 17 日在哈尔滨试制完成，1989 年 11 月 4 日在安徽平圩发电厂投入运行发电。1985 年 3 月 9 日，李鹏副总理在视察平圩发电厂建设时，写下了"平圩不平常，单机甲中华"的题词。经考核试验性能测定，30 万千瓦、60 万千瓦考核机组的各项指标都达到了技术输出方的设计保证值。实践表明，研制工作十分成功。

（四）机械部与电力部两部"团结造机"

党和国家领导人一直重视发电设备制造业，关注着 30 万千瓦、60 万千瓦火电机组的引进技术，在首台（套）引进型 30 万千瓦、60 万千瓦考核机组的制造过程中，时任国务院副总理的李鹏听到机械部、电力部两部一些同志还对引进技术有不同意见时，特别提出机械部、电力部两部要"团结造机"，制造部门与用户使用部门要密切配合。从此，"团结造机"成为参与这个重大引进项目全体人员牢记的座右铭。

"团结造机"，就是要求机械部、电力部两部，一要密切协商，确定技术引进的对象和引进内容；二要齐心协力，落实首台（套）考核机组的依托工程；三要通力合作，共同解决引进中遇到的各种问题；四要相互支持，保障引进型机组的市场。

在整个考核机组的研制过程中，机械部和电力部于 1983 年建立了两部石横、平圩工程协调小组，并建立定期联席会议制度，由各自的主管部门（电力部基建司和科技司，机械部电工局）负责人任组长，不定期召开工作会议，及时解决设计、制造、安装、调试、运行中发生的各种问题。在长达七八年的合作中，双方密切配合，相互支持，克服了大量难以想象的困难，保证了这项重大技术装备引进项目的顺利完成。为使项目顺利推进，两部商定技术引进、制造厂技术改造和新建电厂定点实行"三同步"原则。为此，两部联合下达了《关于组织石横、平圩两电厂建设工程主辅机设备供需双方订货签约联合通知》（简称《通知》），对技术引进、工厂改造和电厂建设作了通盘考虑，对两家电厂所需的 323 项主、辅机设备进行了全面安排。其中，当时已引进技术 59 项，需引进技术 74 项，需进口样机或设备 40 项，国内自行设计 125 项，国内配套标准设备 14 项，需双方进一步落实的设备 11 项。两部《通知》中，要求电厂、工程设计单位和制造厂密切协作配合，签约落实生产制造和订货任务。

电站选型的确定和采购工作，牵涉面比较广。无论是国内采购，还是国外采购，这些都需要机械部和电力部之间很好地商谈。由机械部电工局和规划司的领导在上海与电力部成套局的技术领导商谈，历时 1 个月，对电站很多辅机完成了选型和采购工作，确保了石横发电厂 30 万千瓦考核机组的投运进度。

当第一台 30 万千瓦、60 万千瓦考核机组主机已制造完成，进入安装、调试阶段时，两部石横、平圩工程协调小组因机构调整等原因，人员变动较大，给工作带来不便，为有利于继续工作，进行了一次调整。

1985 年，预计 30 万千瓦考核机组三大主机的价格约为 1.58 亿元，这一价格电力用户部门难以接受。机械部、电力部两部召开研究引进型机组价格座谈会，会上对将引进费用摊入每台机组制造成本争论较大，财政部提出是否可用国务院总理基金拨付解决。在引进技术消化吸收国产化进入关键时期，为了实现批量生产，降低引进型机组的制造成本，李鹏副总理提出：引进型机组 1 次订购 10 台（套），同时表示国务院可研究引进费用由总理基金拨付的问题。1989 年，在发电设备生产调度会上，李鹏总理决定 30 万千瓦、60 万千瓦火电机组的技术引进费用由总理基金拨付，不再摊入每台（套）机组成本。由此，30 万千瓦火电设备三大主机的价格，从第一台（套）的 1.58 亿元，下降到第三台（套）的

0.85 亿元。

通过持续 15 年的消化吸收、国产化和优化创新，"团结造机"终于孕育了丰硕的成果。30 万千瓦、60 万千瓦火电机组形成了批量生产能力，其技术经济指标和安全可靠性，均达到了当时国际同类机组的先进水平。从 20 世纪 90 年代开始，引进型 30 万千瓦、60 万千瓦火电机组成为中国发电设备企业的主要产品，30 万千瓦、60 万千瓦火电机组成为中国电网的主力机组。

30 万千瓦、60 万千瓦考核机组的研制是一个巨大的系统工程。当时国际上流行一套系统工程的管理办法，机械部赵明生副部长要求电工局陈延豪副局长等管理工作者学习系统工程的管理办法，并在这个工程中实践。经过学习，他们绘制了 30 万千瓦机组（石横发电厂）主辅机设备系统分工图和 60 万千瓦机组（平圩发电厂）主辅机设备系统分工图。

四、引进火电技术的消化

（一）计算程序的消化

火电机组设计制造技术引进与消化的核心是各种计算程序，按照引进技术合同和中方的要求，美国 WH 公司和 CE 公司先后向中方提供汽轮机及其附属系统的计算程序 115 个，发电机、励磁机、永磁发电机及其附属系统的计算程序 65 个，锅炉及其附属系统的计算程序 75 个，还有发电机程序用的 SIMSYS 库子程序 105 个，汽轮机程序用的工程库子程序 145 个，传热库子程序 182 个，水蒸气表子程序 35 个，累计达 700 多个计算机程序。这批计算机应用程序是宝贵的资源，它是火电机组锅炉、汽轮机、汽轮发电机三大主机的全部设计计算程序（包括源程序），在 30 万千瓦、60 万千瓦机组技术引进中占有重要的地位。

机械部根据当时情况，决定将引进的计算程序的移植和消化吸收工作安排给发电设备行业的技术归口研究所——上海发电设备成套设计研究所来进行。但这批计算机应用程序是依附于美国 WH 公司、CE 公司所用计算机系统，使用不同的编程语言，同时必须要有与之相适应的大型计算机系统。当时，上海发电设备成套设计研究所只有用于产品设计计算的国产 709 计算机，其容量与速度都无法进行引进计算程序的消化吸收。而机械工业系统当时已有的大中型计算机系统软件与这些程序都不能兼容，容量及速度达不到运算的要求。

经美国 WH 公司计算机专家来华技术咨询后，上海发电设备成套设计研究所还进行了国内调研，通过专家技术论证，提出了购买美国 CDC 公司 CYBER170-825B 通用数字电子计算机系统的项目建议书。1983 年 4 月 25 日，国家计委批准同意进口该型计算机系统和引进相应操作系统软件及应用软件等。经过机械部批准同意，动用国家批准的技术引进费用中统借统还的外汇额度，1983 年 6 月 28 日，中国机械设备进出口总公司在北京与美国控制数据公司签订了购买 CDC 的 CYBER170-825B 计算机系统合同，同时分别与数字化仪公司签订了"965 绘图机、922 控制器""CCS300-04 微型计算机"合同，共计总投资 1 914 252.60 美元。CYBER170-825B 计算机系统的处理能力为 170 万条指令/秒，主存容量 524 千字节，字长 60 位，磁盘存储容量 2768 兆字节，还包括两套计算机辅助设计和自动绘图工作站、22 套远近程终端以及网络操作系统等相应软件。

为安放这些娇贵的计算机系统，上海发电设备成套设计研究所抓紧进行安装计算机的场地准备。经过多方努力，1984 年 10 月如期完成了计算机房改建任务，计算机房室温控制在 22 摄氏度左右，相对湿度在 60%以下。不间断电源（UPS）和配电屏（PDP）从法国进口，对电源系统和远程信号系统都作了试验，达到设计要求。同时，为了做好计算机的运行技术准备，多方位进行人员培训，有 20 人赴美国 CDCCALCOMP 和 TEKTRONIX 公司接受培训，有 6 人在国内接受 CD2000 软件培训。

1984 年 12 月 8 日，《新民晚报》有一篇"智运大电脑"的报道：国内第一台从美国控制数据公司（简称 CDC 公司）引进的"170-825 大型计算机系统"，最近顺利地在机械工业部上海发电设备成套设计研究所安家落户了。计算机安装后，相关人员马不停蹄地进行计算机系统的验收工作，上海发电设备成套设计研究所组织进行了 16 个方面进行验收试验。在计算机设备通电后，分别使用一组脱机诊断程序和联机诊断程序调试各类计算机设备，于 1984 年 11 月 15 日正式进行 12 小时的验收试验。美国 WH 公司、CE 公司提供的 7 个批量处理程序的运算结果与同样程序在美国明尼阿波利斯市 CDC 示范中心的 CYBER 170/825B 机上获得的结果相符，各程序的运行记录正常，验收试验美方与中方都表示满意，11 月 19 日双方签署了验收试验证明。从此，CYBER170-825B 计算机系统正式投入使用。上海发电设备成套院最终编译整理了与移植程序相应的文字资料，编印了近 100 万字的锅炉、汽轮机、汽轮发电机设计程序使用手册，无偿提供给制造 30 万千瓦、60 万千瓦火电机组的各制造厂使用，为各厂消化吸收引进技术，创新发展中国大型火电设备，创造了有利条件。

（二）机组设计资料的消化

机组设计资料的把握是后续技术开发的关键。在引进技术合同生效后 4 个月内，美国 WH 公司交付了第一批通用基础资料，包括材料、标准、质量保证方面的资料以及考核机组汽轮机、汽轮发电机总图和部套总图，还有考核机组的铸件、锻件图纸。在合同生效后 7 个月内，交付第二批通用基础资料，包括设计计算、基础工艺、生产管理、全面质量管理和专用设备图纸等。在合同生效后 11 个月内，交付第三批通用基础资料，包括计算方法、计算机程序、试验报告以及合同产品的发展资料等。在合同生效后 13 个月内，即 1982 年 3 月 5 日以前，交齐全部技术资料和图纸。

产品图纸的消化是进行新产品研制的基础，如何开展制造图纸的转化工作非常重要。技术引进所提供的产品图纸和标准件图纸都是英文的，所标注的尺寸都是英制的，其制图规范与方法又与中国的制图系统不同，而且数量远远多于国产机组，30 万千瓦和 60 万千瓦火电机组都各有 40 000 多张图纸。图纸的转化工作是在各厂负责技术引进的总工程师领导下进行的，各位技术人员克服外语与制图习惯的困难，在国外交付图纸拖期、图纸不成套、图纸修改通知单频繁的情况下，边熟悉消化图纸、边转化图纸，用了一年半时间完成了这项工作，为考核机组的研制提供了有力的保证，为今后 30 万千瓦、60 万千瓦火电机组批量化生产的图纸正规化工作奠定了坚实的基础。

（三）国外先进标准的引进

自 1953 年引进苏联 2.5 万～10 万千瓦高压火电机组设计制造技术后，中国一直沿用苏联的电工标准，导致中国机电工业的产品水平普遍落后于欧美国家。20 世纪 80 年代初，中国决定从美国引进 30 万千瓦、60 万千瓦火电机组设计制造技术，中国发电设备的设计和制造标准从采用苏联标准转而采用美国标准，发电设备行业内各制造厂原有的标准进一步提高和统一到美国的先进标准上来，实现了与国际先进标准的接轨，将中国大型火电机组的设计制造水平提高到了一个新的起点。

按照 30 万千瓦、60 万千瓦火电机组技术转让合同规定，美国 WH 公司、CE 公司在合同生效 5 个月后开始分期、分批交付汽轮机、发电机和锅炉相关的技术标准、管理标准等。1981 年 6 月，一机部召开了第一次标准化工作会议，决定成立火电技术引进标准化工作组。1981 年 8 月，一机部召开了第二次标准化工作会议，决定成立锅炉、汽轮机和发电机 3 个标准化工作组，并通过了《火电技术引进标准化工作细则》。1981 年 12 月，一机部召开了第三次标准化工作会议，检查标准翻译工作的情况，并通过了相应的锅炉、汽轮机、发电机标准翻译和转化工作的具体要求。

（四）开展专业人员培训

30 万千瓦、60 万千瓦电站锅炉、汽轮发电机组 2 项主机技术转让合同非常重要的一部分内容就是人员培训。汽轮发电机组（WH 公司）、电站锅炉（CE 公司）和空气预热器（CE-A 公司）技术转让合同的内容分别包括制造技术和管理技术资料（包括计算机软件）的提供，对中国有关单位技术人员和管理人员的培训、专家来华咨询和中方人员赴美技术咨询为主的详细条款。为了使中方人员尽快全面而正确地掌握合同产品的设计、制造、质量控制管理、试验、操作技能、运行维修以及其他必须技术，合同规定了以合同产品作为范围界限对上述诸方面进行全面培训，培训人员可以在出让技术方公司的与合同产品有关的车间、设计部门、发展部门、计算中心、试验室、技术档案室等接受培训。

合同生效后 5 年内（1986 年 2 月）分两批完成 95%培训任务，第一批为前 2 年，第二批为后 3 年，其余 5%在合同有效期内完成（至 1996 年）。由于人员准备等诸方面原因，实际上第一批培训人员接收培训是在合同生效半年之后（1981 年 7 月 27 日）开始的，一直到 1985 年 5 月 17 日才结束，前后历时将近 4 年。第二批培训自 1986 年 7 月 18 日开始，一直到 1987 年底结束。前后跨了 7 年，实际用了 6 年，完成了 95%的培训任务。为了保证技术培训能达到预期效果，在培训人员的选拔上，坚持按外语基础和业务水平双考核。哈尔滨、上海、四川三地都成立了培训人员考核领导小组，严格选择培训人员，确保了培训人员的质量。各单位都开办了英语培训班，选择技术骨干进行英语强化训练。

中国各制造企业和科研院所有计划地派出设计、工艺、质量、标准、管理等专业人员出国培训。通过培训学习，开阔了眼界，增长了知识，深入地了解引进技术的内涵和国外技术发展的动向，为掌握引进技术的实质，考核机组的研制和今后国产化、优化工作的开展，打下了坚实的基础。为中国今后发电设备产品的开发和创新，培养了一大批技术和管理人才。

通过技术引进及其培训，实现了发电设备行业技术标准的转轨。从此开始，发电设备设计和制造标准，由采用苏联标准转而采用美国标准，为今后发电设备的发展与国际标准的接轨打下了坚实的基础。此次技术引进及其培训，促使中国发电设备用钢材牌号由此开始采用与国际主流相适应的美国钢材牌号，并开创了材料国产化的新进程。中方用了10年时间，实现了引进型 30 万千瓦、60 万千瓦火电机组批量生产，到 20 世纪 90 年代中期，该机组已经成为中国电网中的主力机组，为今后发电设备的大型化、高水平发展奠定了基础。

第十一章

电力体制改革与火电规模化发展

（1982—1992）

    中共中央和国务院明确提出，能源、交通的建设要围绕电力来安排，以电力为中心，在基础设施的建设中要突出电力建设，电力必须先行。"电力要先行"战略的确立，为"六五""七五"计划期间电力工业"以改革促发展"创造了政治条件。党中央、国务院通过一系列改革，基本形成了"政企分开，省为实体，联合电网，统一调度，集资办电"的电力工业改革发展方针。这一时期也是中国特色电力工业发展模式的重要探索和形成时期，电力工业体制机制改革得以快速推进。

    电力投资长期不足导致全国缺电局面越来越严重。从 1980 年开始，电力建设率先实行使用银行贷款的试点，电力部在《电力工业十年计划汇报提纲》中提出了利用部门与地方、部门与部门联合办电、集资办电、利用外资办电等办法来解决电力建设资金不足的思路，开启了多渠道集资与多家办电的序幕。1981 年，国家计委向国务院提出实行"以煤代油"政策，经国务院同意后，设立了"以煤代油"专项资金办公室，1985 年，在煤代油办公室的投资下，先后成立了 9 个统一以华能为名的公司。1985 年 5 月，国务院批转国家经委等部门《关于鼓励集资办电和实行多种电价的暂时规定》的通知，对集资新建的电力项目按还本付息的原则核定电价水平，打破了单一的电价模式，培育了按照市场规律定价的机制。进入"七五"时期，多渠道集资与多家办电步伐加快，1987 年开始发行电力建设债券，1988 年又在全国范围内征收电力建设资金，拓宽了电力建设资金渠道，也打破了单一的电价模式。1988 年 6 月，中国华能集团公司筹备组成立，1988 年 8 月，国务院办公厅发文批准成立中国华能集团公司。在多渠道集资与多家办电的促进下，电力建设规模快速增长，投资额度逐年扩大。年度基本建设投资额从 1982 年的 42.1 亿元增加到 1992 年的 400.23 亿元。

    国家将 30 万千瓦、60 万千瓦机组国产化工作列入"七五"重大科技攻关项目，攻关取得的成果使引进型 30 万千瓦、60 万千瓦火电机组逐步实现了国产化，中国的锅炉制造技术、汽轮机制造技术有了质的飞跃，到"七五"末，实现了 30 万千瓦、60 万千瓦机组的批量生产。20 世纪 80 年代到 90 年代初，火电行业在国家环境保护国策出台和完善的背景下，制定了一系列具体的环境保护的政策、规定、标准，初步形成了火电行业的环境保护体系。

第一节 电力机构改革

改革与发展是电力行业多年来的两大主题，中国电力工业的快速发展正是通过改革而实现的。1978 年后，中国电力工业的管理体制经历了巨大改革，曾经历了恢复水利电力部（1975—1979 年）、第二次成立电力工业部（1979—1982 年）、第二次成立水利电力部（1982—1988 年）、成立能源部（1988—1993 年）、第三次成立电力工业部（1993—1998 年）、成立国家电力公司（1997—2002 年）、成立国家电力监管委员会（2002 年—）。2002 年 12 月，国家电力公司（厂网分开）分拆为 5 家发电集团、4 家辅业集团和两家电网公司，为发电侧塑造了市场主体。这一时期的电力改革朝着国务院提出的"政企分开，省为实体，联合电网，统一调度，集资办电"的电力体制改革原则进行。

一、第二次设立水利电力部

1981 年 12 月，第五届全国人民代表大会（五届全国人大）四次全体会议通过了《国务院机构改革的报告》，1982 年 3 月 8 日，五届全国人大常委会第二十二次会议通过了《国务院机构改革的决议》，决定对部分经济管理部委进行调整，水利部与电力部合并成立水利电力部（水电部）。这是继 1958 年国务院首次设立水电部后，第二次将分设的水利部、电力部两部合并。水电部成立后，钱正英任部长、党组书记，李鹏任第一副部长、党组副书记。水利部、电力部两部在合并两部原有工作人员的基础上，从副部长、司局长到一般工作人员都进行了精简，还按照干部"四化"❶的原则，选拔了一批比较年轻的干部进入各级领导班子。

这次合并之后，接受以往的经验教训，继续沿着电力工业集中统一的方向发展。1983 年 1 月，决定将福建和新疆电力局划归水利电力部管理，分别成立福建省电力工业局和新疆维吾尔自治区电力工业局。1984 年 9 月，广西壮族自治区电力工业划归水利电力部管理。1984 年 12 月水利电力部决定成立华南电网办公室，准备把云南、贵州、广西和广东电网连接起来，充分利用西部丰富的水能资源，实现"西电东送"，以缓解两广缺电局面，这一举措为日后发展南方电网和大规模"西电东送"奠定了基础。到 1985 年止，全国只有广东、内蒙古和西藏三个省（区）的电力工业仍实行以地方为主管理，加上后来成立的海南省，以地方为主管理的电力工业增加到 4 个省区。

1986 年 5 月，国务院召开的会议研究电力工业体制改革问题，6 月电力体制改革小组提出了《加快电力工业发展的改革方案（草案）》的报告，提出了五项改革措施和五项政策。1987 年 9 月 14 日，李鹏副总理提出了电力工业体制改革的原则是："政企分开，省为实体，联合电网，统一调度，集资办电"和因地制宜的方针。在此之前，水利电力部曾

---

❶ 干部"四化"是干部队伍的革命化、年轻化、知识化、专业化的简称。

提出全面包干的经济责任制，简政放权以及自负盈亏、以电养电的建议。

二、列车电站完成使命

随着集资办电热潮的兴起，电力工业得到了快速发展，一批电源项目投产，还有不少小火电上马，电网迅速扩展，电源结构开始变化，电力供求矛盾缓和。虽然因自然灾害及电力发展不平衡等，仍需要一定的备用机动电源，但对应急电源的需求减少，列车电站供求形势发生显著变化。

从列车电站发展看，列车电站机组容量小、能源消耗高、环保水平低的问题逐渐凸显出来。闲置电站逐渐增多，1980 年下降到 32 台，1981 年下降到 27 台，1982 年下降到 24 台。

燃煤机组都是中压设备，1981 年各站平均煤耗率为 800 克/（千瓦·时），较低的为 563 克/（千瓦·时），平均利用小时为 4492 小时，列车电站经营问题逐渐突出。电站退租增加，租金收入锐减。列车电站 1979 年租金收入 2951 万元，上缴利润 561 万元；1980 年租金收入 2852 万元，上缴利润 429 万元；1981 年租金收入 1914 万元，上缴利润不到 133 万元；1982 年继续减少，面临亏损境地。在日益讲求经济效益的条件下，这种状况显然不能持续下去。

1981 年 10 月 21 日，电力部副部长李鹏来到列车电业局。他肯定了列车电站发挥的作用，具体分析了供求形势，认为"调整加强一部分、淘汰下放一部分"的工作方针是正确的。1982 年 11 月 3 日，水电部发布水电劳字第 85 号文件《进一步调整下放列车电站管理体制的决定》，同意列车电业局进一步调整的方案。按照这个决定，列车电站分区打捆下放。1983 年 4 月 15 日，水电部发布列车电业局在京单位管理体制改变的决定，明确列车电业局于 4 月 30 日停止办公，在水电部内设立列电管理处，自 5 月 1 日办公，负责电站移交及职工安置未了事宜。至此，成立 27 年的列车电业局，在经历蓬勃发展、取得辉煌业绩之后，在电力体制调整中终于落下帷幕。

三、能源部成立

在电力工业体制改革方针确定后，电力工业管理体制改革随即展开。在中央政府层面，有意识地将煤炭、电力、石油天然气等能源工业的部，合并成能源部，以促进能源工业的政企分开和底层的企业化改造。1988 年 5 月，电力工业的行业主管部门由水电部改为能源部，政企分开改革迈出了实质性步伐。

1988 年 4 月，第七届全国人民代表大会（七届全国人大）一次会议通过了国务院机构改革方案。按照转变职能、下放权力，调整结构，精简人员，减少政府机构干预企业经营活动的职能，增强宏观调控职能，初步改变机构设置不合理和行政效率低下的目标，国务院对机构进行了较大幅度的调整，裁减了一些专业管理部门，完善和新建了一些综合和行业管理机构。为了统筹管理和开发能源对能源工业实行全行业管理，调整能源结构，加快能源建设，对包括电力工业在内的能源工业管理部门进行了较大幅度的改革。撤销了煤炭工业部、石油工业部、核工业部，成立能源部，水利电力部中的电力部分划归能源部，黄毅诚任能源部部长。

新组建的能源部是国务院统管全国能源工业的职能部门，主要职责是：拟定能源工业的方针政策和战略布局，搞好综合平衡和宏观决策；促进能源的合理利用和开发；拟订有关的法规、条例和经济调节政策，监督、协调生产建设，提高经济效益；拟订技术政策；协同国家计委推动社会节能和能源的综合利用。

与此同时，与电力工业关系密切的原国家计划委员会和国家经济委员会合并成立了新的国家计划委员会。新的国家计划委员会是国务院管理国民经济和社会发展的综合部门，不再承担微观管理与行业管理的职能。新组建的水利部，负责对以防洪、灌溉、供水为主的水力发电和农村小水电的建设管理。

在能源部成立后，各网局、省局和联合电网公司、省电力公司划归能源部管理，负责使用国家基本建设基金的国家能源投资公司、中国水利水电工程公司和中国电力企业联合会相继成立。

能源部的成立及相关机构的调整和电力工业行业其他机构的配套改革是中国电力管理体制上的一个较大的突破。能源部的职能定位，突出了政企分开，转变职能，下放权力扩大企业自主权，从过去的水电部（电力部）直接管企业，转变为能源部"四管三不管"，即管政策、管规划、管服务、管监督，不管企业人、财、物。能源部的成立，在中央政府层面迈开了电力工业政企分开的步伐，是电力工业管理体制改革上的重要一步。能源部的设立，是政府行政管理体制改革的一次探索，更是政企分开改革中对政的一次大瘦身、大放权。精简了中央一级电力行政主管部门的设置与权限，客观上促进了网局、省局、水电建设、规划、设计和科研等机构的政企分开改革。

四、中国电力企业联合会的组建

电力工业行业的政企分开改革，一方面是网局、省局的企业化改造，另一方面是电力工业行业行政主管部门的职能转变。1988年，在能源部成立后，电力行业管理方面的部分职能从行政部门剥离，成立了电力行业的中介和自律管理组织——中国电力企业联合会（中电联）。

1988年9月，能源部向国务院办公厅并机构改革办公室上报了《关于组建"中国电力企业联合会"的报告》。1988年11月，国务院办公厅下发了《关于组建中国电力企业联合会的复函》，批准能源部组建中国电力企业联合会。国务院办公厅复函中明确中电联的性质定位是"全国电力行业企事业单位的联合组织，是非营利的社会经济团体"，主要任务是"为电力企业服务并协助能源部加强对电力行业的管理，在政府和企业事业单位之间发挥桥梁、纽带作用，成为企业的好参谋和政府的得力助手。"此后十年间，中电联一直作为事业单位，先后由能源部和电力工业部归口管理，受主管部门委托或协助承担一部分行业管理服务工作。

从组织机构的设置上，中电联主要有理事会、常务理事会和办公室及政策规划、科技教育、生产基建、劳保卫生、财务企业、国际合作等工作部门，另有原属政府部门的可靠性管理中心、环境保护中心等挂靠在中电联。其中，理事会由参加中电联的各网、省局（电力联合公司），各省、市、自治区电力局（电力公司），以及其他有关电力企事业单位的负责人，通过民主推荐或选举组成。

中电联成立后，主要负责和承接了一部分原电力部（水电部）的电力行业管理职能。根据政府的规定和要求，中电联负责组织做好电力行业专业领域的经验交流，组织探讨重大技术问题，推动电力工业技术革新；组织拟订电力工业行业的技术规则，做好电力行业标准化建设；协助能源部做好设备质量、工程质量等管理工作；组织科技成果、专利、奖励等的评审上报工作，做好电力职工教育培训工作，提高电力职工的队伍素质；管理电力部门的劳保卫生、医疗保健、疗养院及第三产业的工作，改善职工劳保福利条件；推动《企业法》的贯彻实施，协助能源部对各级企业进行评估、考核和升级工作；开展经验交流，推动企业的政治思想工作；在能源部的指导下，使用电力企业科技基金、教育基金和劳保统筹基金；开展国际民间的电力学术、科技、人才、经济等交流合作工作，并开展调查研究电力工业发展和改革技术、经济政策的咨询活动，推动电力经济研究工作的发展。

1989 年 2 月，能源部将挂靠在能源部的中国电机工程学会、中国水力发电工程学会、中国水利电力体育协会委托给中电联代管。学会、协会的日常工作、人事劳动管理及部分经费都由中电联负责管理。

第二节　多渠道集资与多家办电

电力短缺日益成为制约国民经济发展的一个障碍，而国家对电力工业的投资随着财政经济建设职能的不断弱化不能有效地投入，于是集资办电率先在山东、上海、浙江等地应运而生。20 世纪 80 年代初至"七五"前期，筹集办电资金除国家允许通过卖用电权解决一部分外，国家提倡主要依靠社会闲置资金办电。进入"七五"时期，为了加快全国集资办电步伐，1987 年开始发行电力建设债券，1988 年又在全国范围内征收电力建设资金。在多渠道集资与多家办电的促进下，电力建设规模快速增长，投资额度逐年扩大。年度基本建设投资额从 1982 年的 42.1 亿元增加到 1987 年的 154.81 亿元，1987 年投资额度相当于"二五""三五"两个五年计划的总和[1]。1982 年到 1987 年的 6 年间，电力工业基本建设投资额共计 548.79 亿元[2]，其中，发电工程投资额 388.01 亿元，送变电工程投资额 120.18 亿元，电力工业年均基本建设投资额 78.39 亿元，超过了"三五"计划五年的投资总和[3]。1992 年电力基本建设完成投资 400.23 亿元，比 1987 年增长 245.42 亿元，涨幅 63.07%。电力工业的投资结构已由中央"一统天下"变为中央、地方、外资"三足鼎立"。1980 年

---

[1] "二五"计划 5 年间电力工业基本建设投资完成额为 88.62 亿元，"二五""三五"计划的总和为 156.87 亿元。

[2] 不含华能国际电力开发公司。

[3] "三五"计划 5 年间电力工业基本建设投资完成额为 68.25 亿元。

电力工业投资构成中，中央投资占绝对优势，达到91.4%，地方集资崭露头角，只占8.6%。到了1985年，电力投资结构发生了很大变化：中央投资比例迅速下降，占73.5%，地方集资比例大幅度上升，占21.6%，利用外资开始起步，占4.9%。1990年，电力投资结构产生了根本性的变化，中央投资比例已屈居第二，占43.2%；地方集资成了办电的主体资金，占49.3%；利用外资成了办电资金的必要补充，占7.5%。

一、集资办电政策的形成

为了拓宽电力工业发展的资金来源，在国民经济调整时期的1980年，电力部就率先响应国家"拨改贷"改革试点，走出拓宽建设资金渠道的第一步。"拨改贷"更多的还是从提高资金使用效率角度进行调整，对拓宽电力建设资金来源影响有限。1980年，电力部在《电力工业十年计划汇报提纲》中，提出了部门与地方、部门与部门联合办电、集资办电、利用外资办电等办法来解决电力建设资金不足的思路。在缺电较为突出和严重的华东地区，相继出现了一些集资办电的实践。1980年，上海闵行电厂4号机组建设率先在集资办电上取得突破。

上海闵行电厂扩建1台12.5万千瓦机组，由于资金不足，电力部和上海市政府达成协议，合资建设闵行电厂第四台12.5万千瓦机组。这其中，国家安排投资1300万元（占22.4%），电力部自筹1700万元（占29.3%），剩下的不足部分由上海市政府投资，地方财政贷款2800万元（占48.3%）给电厂。这就形成了国家财政及投资计划、电力部、上海市政府三方出资合建闵行电厂第四台机组的局面，打破了电力部"一家办电"的局面，在集资办电方面取得了突破。1981年，电力部与山东省合资建设龙口电厂，通过地方发行股票集资、电厂建成后独立核算等一系列打破常规、传统的新做法、新实践，使龙口电厂成为集资办电的重要典型。1981年7月，浙江省政府与电力部签订合资建设台州电厂的协议。

1981年12月，《经济参考报》刊发了对电力部部长李鹏的书面采访，题为《欢迎各地集资办电》。这篇采访中，李鹏肯定了闵行、龙口、台州等电厂的经验，表示电力部欢迎地方各级政府、厂矿企业和农村社队，在国家计划指导下集资办电，以加快电力建设步伐，改变各地缺电局面。李鹏代表电力部对通过集资办电项目做出了"保证按合同优先供电，保证政策兑现"的承诺。还介绍推荐了集资办电的试点经验和3种不同模式。一是"闵行模式"，即由地方贷款给电力部门建设电厂，电厂投产后地方按贷款所占新建电厂投资总数的比重，分得相应的电力；贷款本金由电厂用发电获得的利润，在若干年内逐年偿还，贷款还清后，电厂发出的电力纳入电网统一分配。二是"台州模式"，即由地方政府和电力部门联合投资办电厂，电厂投产以后，地方政府可按实际投资的比例，年年提取相应的利润，并留取相应的电力归地方使用，其余电力归电网统一分配。三是"龙口模式"，即按国家批准的电力建设项目通过银行发放地方电力建设股票，这种股票，由新建或扩建电厂地区的城镇全民所有制企业、集体所有制企业、公社企业和生产大队自愿认购，不强迫摊派，不平调；电厂建成后，购买股票的单位按投资比例优先分电、分红。

1982 年 11 月，国家计委、国家经委、财政部、中国人民银行、建设银行联合发布《关于试行国内合资建设暂行办法的通知》，对集资办电的改革措施给予了充分肯定。随后，江苏、河北、黑龙江、福建、河南、湖南、四川、甘肃、云南、宁夏、天津、大连等省（市）先后和水电部签订了合资办电的协议，大批地方政府掌握的建设资金进入电力建设领域，电力建设的资金大幅度增长，电力建设的规模迅速扩大。

1983 年 9 月，中共中央主办的《红旗》杂志上发表了国务院副总理李鹏的署名文章《经济要振兴，电力必须先行》。文章在论述"发展电力工业的目标和步骤"部分，不仅提出提高电力工业在国民经济各门类中的投资比重，要加大财政拨款和银行贷款的投资力度，"同时还应该鼓励地方和企业投资作为补充，对投资单位的利益，包括投资的利润、电力使用权等，都要以法律或经济合同的形式给予保证。这样才能调动各方面办电的积极性" ❶。

针对蓬勃兴起的办电热潮及其带来的一些新情况、新问题，1984 年 5 月，水电部颁发了《关于筹集电力建设资金的暂行规定》（简称《规定》）。该《规定》明确集资建设的电力工程建成投产后，由电网实行统一调度和集中管理，不实行联合经营，集资各方的所有制和原来的隶属关系、财政关系不变。文件中特别规定了以下 4 类资金可以作为集资办电资金：地方按国家规定超收留用的能源交通重点建设资金和地方财政机动财力；按照国家规定征用的土地补偿费；企、事业单位依据国家规定可以用于集资的各项预算外资金（包括电力企业、事业单位的资金）；向电力企业投入的劳务，也可按规定的标准计算出劳务费作为电力部门的投资。同时规定，银行贷款不得作为集资资金。这些具体规定为集资办电起到了推动作用。

1984 年 6 月，时任中共中央总书记胡耀邦就加快电力建设问题做了批示："加大和加快电力建设，看来是实现国民经济翻两番的第一位的先决条件。要发挥地方、企业、集体以至个人办电的积极性。要允许地方、企业拥有自己的自备电厂，只要它可以自负盈亏，哪怕用柴油，也要允许，而不要批评、干预。要有一套优待、奖励地方、企业、集体以及个人投资办电的办法。总之，要调动大家办电的积极性，使'七五'计划期间，出现一个办电的新热潮。"

1984 年 7 月底到 8 月初，水电部党组在北戴河向中共中央书记处、国务院汇报水电部党组整党工作情况时，再次提出了"发动各行业集资办电，农村办电、集煤办电、热电结合和办自备电厂"。水电部党组在整党汇报材料中提出，"为了积极支持地方和各行业办电，对他们所办的电厂和县办小水电、小火电、小电网，都实行自建、自用、自管原则"，并将"制定明确的条例，鼓励各方面办电"。中共中央书记处、国务院听取水电部党组汇报后，明确提出要转变电力工业业务指导思想，实行多家办电、集资办电，尽快把电力搞上去。至此，"多家办电""集资办电"从部门与地方实践上升到了国家政策。

按照中共中央和国务院确定的"多家办电、集资办电"新决策，水电部迅速开展集资

---

❶ 李鹏：《经济要振兴，电力必须先行》，红旗，1983 年第 18 期。

办电的具体办法和政策制定。1984 年 8 月 23 日，水电部邀请江苏、山东等 12 省（区）的计委主任和国家经委、建设银行、农业银行、国务院上海经济区的有关负责同志，座谈讨论了集资办电办法。8 月 28 日，水电部邀请冶金、石油、交通、纺织、煤炭、化工等部及有色、石化总公司的负责同志座谈讨论集资、合资办电及办自备电厂的办法❶。此后，水电部牵头制定了集资办电的相关文件。在一系列政策鼓励下，到 1984 年，浙江、江苏、河北、东北等 13 个省（区）相继开始集资办电，共筹集地方电力建设资金超过 16 亿元。

1985 年 5 月，国务院批转了国家经委、国家计委、水电部、国家物价局等联合制定的《关于鼓励集资办电和实行多种电价的暂行规定》（简称《规定》），为集资办电方针的实施提供了政策支持。文件决定把国家统一建设电力的办法改为"鼓励地方、部门和企业投资建设电厂"❷。该文件明确了集资办电的两种形式：一是集资扩建、新建电厂，二是通过出售用电权集资办电。集资建设的电厂或机组，其产权所有可采取两种形式：一是由集资单位按投资比例拥有产权，长期不变，分取利润；二是产权归电网，由电网用发电利润分期向集资单位还本付息。以上两种方式，集资单位可按投资比例分享用电权，20 年不变。在集资办电新建或扩建电厂方面，集资电厂可由集资单位成立联营公司，独立经营，与电网签订供电用电经济合同，也可委托电网代为经营管理。集资电厂或机组的用电分配，由电网代为管理的，按当年可提供的实际发电量分配，第二年按电网火电平均利用小时分配。水电分配办法另定。独立经营的，按实际发电量分配，并给予相应的税收优惠。与以往加快电力建设的相关文件相比，《规定》更加注重用经济办法管理发电供电工作。对集资办电的合资公司有关经营管理、上网经济合同多种电价等都做出初步规定，使集资办电工作逐步规范化，特别是对合营公司经营管理和实行新电新价，使电力工业从计划经济走向市场经济迈出了一大步，为下一步改革奠定了基础。该项规定还加重了地方政府办电的责任，调动了地方和企业办电的积极性，有力地推动了集资办电的发展。

1985 年 11 月，水电部在江苏常州组织召开全国集资办电工作会议。1986 年 1 月，在全国电力网局省局局长会议上，广泛征求意见，就集资办电问题进行了讨论。1986 年 4 月，水电部印发了《贯彻国务院〈关于鼓励集资办电和实行多种电价的暂行规定〉中有关集资办电部分的试行办法》。同年 5 月，水电部颁布《集资办电设计管理工作的暂行规定》。在集资办电试点经验、效果和政策的作用下，集资办电项目从建设周期短、投资见效快的火电工程逐步向水电、输变电工程扩展。

发行电力债券、开征建设基金拓宽了集资渠道，可由于电力建设资金通过电力价外加价征收，归地方所有，由用户承担；加之操作简便、来源稳定，一些地方政府对电力建设资金层层加码。这种做法不仅加重了用电企业负担，减少了财政收入，而且使集资办电的渠道由多样化转化为单一化，即由原来地方机动财力、企业自有资金办电为主转向单一依

---

❶《当代中国的电力工业》编辑室：《中国电力工业大事记（摘编）》（一九四九至一九八五），1986 年，第 107 页。

❷《国务院批转国家经委等部门〈关于鼓励集资办电和实行多种电价的暂行规定〉的通知》，1985 年 5 月 23 日。

靠电力层层加价、发行电力债券办电为主。1986 年全国集资 33 亿元，几乎 100% 都是地方机动财力、企业自有资金、个人存款。1988 年集资 131 亿元，电力建设资金、电力债券达 65%，地方机动财力等下降为 35%。

1987 年 9 月，在国家计委、国家经委、水电部联合召开的加快电力发展座谈会上，李鹏副总理代表国务院提出"政企分开、省为实体、联合电网、统一调度、集资办电"的"二十字"方针，集资办电成为电力体制改革和电力工业发展的方针之一。"二十字"方针是社会主义市场经济体制在电力行业的具体体现，符合中国国情，也符合电力工业的内在规律，是中国电力改革战略选择的依据。

集资办电促进了电力工业管理体制改革。集资办电的过程，也是为中国电力工业市场化改革不断创造条件的过程。一方面促进了中央所属的电力国有企业改革；另一方面推动庞大的地方电力国有经济改革。由于电力体制改革相对于经济体制改革的被动性，随着集资办电的深入发展，"让电力行业资源配置机制更加制度化"的呼声日益强烈，电力体制改革的思路和方案逐步清晰。地方投资办电后，全国各省、区、市先后组建了投资公司，经营管理办电资金，并积极参与投资电厂的管理，有的改组成股份有限公司上市发行股票，开拓新的资金渠道。

多家办电的格局逐步形成打破了电力由国家垄断经营的格局，中央和地方、内资和外资、各地方、各部门、各企业的资金大量涌入，各种形式的合资电厂纷纷建立，产生了一大批按现代企业制度规范运作的有限责任公司、股份公司和上市公司，如华能国际电力开发公司、新力能源开发公司、国家开发投资公司等。

二、利用外资办电的发展

集资办电同样对外商开放，中国电力工业大量利用的外资大多是来自国际金融组织、外国政府贷款和国外出口信贷等相对比较优惠的外资。1980 年，中国先后恢复了在世界银行（世行）和国际货币基金组织的席位，此后便开始了较大规模地使用国际组织贷款开展电力建设。中国首次利用世行贷款建设了浙江北仑发电厂，上海吴泾电厂第六期工程、山东邹县电厂三期等也使用了世行贷款。

1985 年，深圳与香港合和电力有限公司合资建设沙角电厂，用 BOT 方式经营管理，广东与香港合资建设经营大亚湾核电站，成立华能国际电力开发公司和新力电力开发公司等利用外资办电，以后许多外商纷纷到中国投资办电。

1986 年，中国加入亚洲开发银行（亚行）后开始利用亚行贷款建设电力项目。亚行贷款项目较有代表性的是吉林长山热电厂油改煤项目。长山热电厂两台 10 万千瓦机组油改煤工程投资由国家"以煤代油"专用资金安排，部分设备费用从亚行贷款，其余由吉林省能源投资公司筹集。中国与亚行于 1988 年 2 月签订了协议，亚行为长山热电厂油改煤工程提供 3330 万美元贷款，由中国华能发电公司执行。

一些西方国家政府出于自身对外政策的需要或其他目的，以政府或国家金融机构名义向中国提供了具有双边经济援助性质的优惠贷款❶用于电站建设。1981—1992 年，先后有日本、奥地利、加拿大、法国、科威特、意大利、瑞典、挪威、澳大利亚等 9 个国家向中国提供了以混合贷款为主的政府贷款❷用于电站建设。相较于广东省与港澳之间带有企业间合作性质的利用外资办电，利用国际间接贷款、政府提供的混合贷、出口信贷等形式开展电力建设的规模更大，范围更广。西欧国家的政府贷款主要是混合贷款，以出口信贷❸、政府间贷款等为主，还有少部分的赠款，欧洲国家的贷款相当一部分用于采购该国的电力设备或技术。1985、1986 年意大利政府以混合贷款方式为天津大港电厂两台 33 万千瓦机组提供 2.17 亿美元。

从 1979 年到 1992 年，国家和地方利用外资的电力建设项目一共 55 个，装机容量 3372 万千瓦，协议总金额 119 亿美元。其中，国际金融机构贷款协议金额 20.628 亿美元；外国政府贷款 29.009 亿美元；华能国际电力开发公司利用出口信贷 21.88 亿美元；与苏联及东欧国家易货贸易进口电站设备，合同金额 30 亿美元。到 1992 年底，合计完成 89.4 亿美元❹。中国大规模利用外资办电，是在改革开放实行经济领域大规模对外合作交流基础上实现的。国际资金为中国电力建设提供了亟须的资金，也一定程度上缓解了国产主机设备供应不足的情况。同时，在利用外资办电的过程中，中国电力工业的技术装备水平和企业经营管理水平也得到了提高。

三、华能国际电力开发公司的成立

在香港商人胡应湘投资建设沙角 B 电厂的启示下，水电部计划司向国务院副总理李鹏提出了组建一个专门利用外资办电的开发公司，借贷外国贷款，引进外国成套设备，加速发展电力工业的建议。1984 年 12 月，国务院副总理李鹏召集国家计委、水电部、国家建委、对外经济贸易部等部委负责同志召开"七五"电力计划安排会议，研究落实中共中央、国务院主要负责人关于要突出电力建设的批示和利用外资加快电力建设有关问题。会议认为，增加"七五"电力建设投资，是加快电力建设的一项重要措施，并从资金筹集、建设电站所需材料和还本付息 3 个方面提出了利用外资加快电力建设的具体措施。会后，李鹏在写给中共中央、国务院有关领导的信中指出："利用外资和地方集资准备再建 500 万千瓦火电，主要建在沿海发达地区，有些项目已经开始和外商接触……这批电站可以建得快些，是解决电力紧张的一项战略措施。"会后起草了《利用外资加快电力建设问题的会议纪要》，指出"最近一些沿海城市因缺电严重，办电心切，已纷纷与外商洽谈外购电力设备。但因各地分头进行、信息不灵、经验不足，同样机组报价相差甚多，贷款利率、

---

❶ 其中还包括了一定比例的赠款。

❷ 外国政府提供的贷款分为两类：一类是纯政府贷款，由政府提供低息财政贷款资金，但额度不大。主要的形式是政府混合贷款，由政府财政性资金和商业性贷款组成。

❸ 出口信贷是指出口国政府为加强本国产品在国际市场上的竞争力，通过向本国金融机构提供担保，鼓励其向本国出口商或向外国进口商或进口商业银行提供优惠贷款，或者是由出口信贷机构直接向买主（进口商）提供贷款融资。

❹ 电力工业部：《关于电力工业扩大利用外资的汇报》，1993 年 8 月 20 日。

偿还年限也有很大差别，有可能让外商钻空子'各个击破'，同时筹集资金也有一定困难。在今年全国计划会议期间，有关省市一致要求设立一个联合机构，以便共同筹集资金、联合对外谈判"。结合当时引进港资建设沙角 B 电厂的经验和国务院有关部门、相关省份的建议，会议提出组建一家中外合资企业作为利用外资办电的机构，即华能国际电力开发公司。这份纪要很快得到党中央的同意，并要求抓紧实施。

根据这次会议的建议，由中国银行的香港分支机构、对外经济贸易部华润公司、水电部对外公司和煤代油办公室共同投资成立华能国际电力开发公司，作为利用外资办电的机构。

经中央和国务院批准，华能国际电力开发公司属于投资性质的中外合资企业，具有独立法人资格，在经营上独立核算，自负盈亏。主要任务是支持地方集资办电，为办电提供部分内资和外汇，联合组织对外商务谈判，为办电提供部分"三材"和组织燃料供应。电站的建设和投产后的管理由地方自行组织中方单独经营或中外合资的电站负责经营。华能国际电力开发公司和这些电站是投资关系，并按股分利。华能国际电力开发公司注册资本 1 亿美元，其中，香港中国建设投资有限公司和香港华润公司两家共持有 25%的股份。

1985 年 1 月，国务院要求由国家计委副主任黄毅诚负责并抓紧华能国际电力开发公司的组建。在国家计委、水电部、对外经济贸易部等部门的支持下，华能国际电力开发公司于 1985 年 6 月正式成立。华能国际电力开发公司组建的过程中，国家利用这个平台和载体加快电力建设的步伐。

1985 年 5 月，国务院召开了"关于研究华能国际电力开发公司工作问题"的会议，并指出"中央和国务院利用外资加快电力建设，成立华能国际电力开发公司的决定是十分重要的。一方面抓紧公司的筹备工作，一方面为迅速落实 500 万千瓦的开发任务积极开展工作，取得了初步成绩，利用外资办电的工作已经起步，有关工作正在开展。"这次会议确定：华能国际电力开发公司利用外资办电，第一批项目确定为大连、南通、福州、石家庄 4 个各装 2 台 35 万千瓦机组燃煤电厂和汕头 10 万千瓦燃气蒸汽联合循环机组；第二批项目原则为上海、营口、德州、湖南 4 个电厂。并明确电厂建设周期（从主厂房开挖算起到第一台机组商业性发电）不得超过 30 个月。1986 年 8 月 1 日，华能大连电厂一期项目破土动工，1988 年 7 月 31 日，华能大连电厂 1 号机组一次启动并网成功，在全国第一个实现了 35 万千瓦机组 24 个月投产发电的新纪录。到 1989 年 12 月，华能福州电厂、南通电厂、上安电厂相继提前建成投产发电。华能国际电力开发公司高速度、高质量、低造价建成投产第一批火电厂，为缓解当地缺电局面和促进当地经济快速发展做出了积极的贡献，同时也为华能国际电力开发公司、利用外资办电的快速发展奠定了良好的基础。

华能国际电力开发公司的组建，是利用外资办电的一项重大举措，是电力工业体制的创新，也是中国对外开放的一项重要成果。

四、地方与国家合资建设浙江台州发电厂

台州发电厂屹立在浙江省当时新开放的第三大港城市——椒江市，是地方与国家合资

经营项目，总装机容量达到 75 万千瓦，共有 6 台 12.5 万千瓦发电机组，规模仅次于镇海发电厂，为浙江省第二大火力发电厂。

整个工程分三期施工。第一期 2 台 12.5 万千瓦发电机组，装机容量 25 万千瓦，1979 年开工，1983 年建成投产后，到 1984 年已满发电 18 亿千瓦·时。该厂自投产到 1984 年 4 月，1 号机组创造了连续安全运转 7300 小时的全国纪录，2 号机组也已经运转了 5400 多小时，安装和运行质量都达到了国内先进水平，在全国第七次"质量月"活动中，是浙江省获得的两个银质奖项目之一。

台州发电厂二期扩建工程（2×12.5 万千瓦）是全国重点建设项目，原定 1985 年和 1986 年各投产 1 台机组，后因浙江缺电严重，2 台机组均列入全国 1985 年投产装机容量 500 万千瓦的各期必成项目，4 号机组由原来的力争投产项目改为确保投产项目。工程从 1984 年 3 月开工，经 16 个月建成，比合理工期提前 124 天；又用 5 个月建成 4 号机组，比合理工期提前 210 天。在 1985 年内连续投产 2 台机组，共计 25 万千瓦，质量优良，投资节省 500 万元，每千瓦造价仅 640 元，在建设全过程中没有人身伤亡和重大设备损坏事故。

台州发电厂建成投产，对台州地区的工农业生产发展起到了重要作用，输出的电能对浙江省全省，尤其是对台州、温州、丽水等地区的经济发展，起到"此棋一着，浙东南全盘皆活"的显著作用。

五、中央和地方合资建设山东龙口发电厂

1981 年开工建设的龙口发电厂，是全国第一个由国家和地方联合集资建设和管理的发电企业。

龙口属于烟台市，烟台是山东提供商品粮的主要地区之一，该地区有色金属和非金属资源以及煤炭资源比较丰富，工业基础较好。进入改革开放后，烟台经济得到了快速发展。但当时烟台总发电设备装机容量只有 20.7 万千瓦，年发电量只有 17.6 亿千瓦·时，年人均用电量在 12 千瓦·时以下，远远低于山东省省年人均用电量水平。20 世纪 70 年代中期，龙口附近的洼里、桑园、北皂、梁家等煤矿相继投产，储量虽然丰富，但煤质差、工业用途欠佳，适合电厂燃烧。为了充分利用龙口矿区褐煤、油母页岩等低质燃料，发挥该区自然资源优势，1978 年山东省计划委员会就以〔78〕鲁计基字第 49 号文件与水电部水电生字 107 号文上报国家计委，国家计委于 1979 年 10 月 19 日以计燃〔1979〕588 号文件批复："同意龙口电厂按最终规模 60 万千瓦考虑，本期规模为 2 台 10 万千瓦机组进行设计"，工程总投资为 2.043 亿元。因为资金问题没有落实，国家计委在文件最后强调"在项目未列入计划前，不要搞筹建机构。"

山东省电力工业局也清楚当时国家财力十分紧张的困难局面，单靠国家投资建设，势必影响龙口电厂建设进程。山东省电力工业局首先提出了集资办电的设想，并向山东省委、省政府，水电部和国家计委分别做了汇报，得到了大力支持。龙口发电厂 2 台 10 万千瓦机组的建设工程终于排进国家 1981 年计划。山东省政府于 1981 年 2 月 22 日召开专门会

议，形成了《关于建设龙口电厂两台 10 万千瓦机组有关问题的会议纪要》，这项总投资约 1.65 亿元（以审批的设计概算为准）的工程，其中电厂设备费约 6000 万元，由电力部投资，其余资金均由烟台行署发放股票集资解决。并规定"电厂第一台机组投产后的收益，先还建厂期间的集资利息，两台机组正常发电后的收益，按省府和电力部合营章程所定投资比例进行分配，留地方的部分，在付息还本期内免交工商税，全部还本付息。本息付清后再分红相当于集资的总数，联营即结束，以后的收益，除电力部投资部分外，全部纳入省财政。"

一期工程 2 台 10 万千瓦（编为 1、2 号机组）分别于 1984 年 8 月 31 日和 12 月 20 日建成投产。2 台机组移交生产后运行情况良好，经济效益逐年提高，有效缓解了烟台地区电力供应紧张状况，有力地促进了烟台地区的经济发展。1985 年，烟台地区工业总产值比 1984 年增长 24.64%，利税增长 37.7%，列山东省 8 个地级市的第一名。1986 年，烟台地区工农业总产值达到 102 亿元，居全省第二位，成为全国 20 个产值过百亿元的城市之一。1985 年 4 月，国务院副总理李鹏在山东视察电力建设时指出："集资办电是个好形式，是今后发展中国电力事业的一条重要途径，山东龙口电厂 20 个月建成两台 10 万千瓦机组的经验值得推广"，并为龙口发电厂题词："集资办电，全国首创，满发稳发，保证安全"。对集资办电做了充分肯定和高度评价。

根据国家计委计燃〔1984〕1957 号文件《关于龙口电厂扩建二期工程设计任务书的批复》、水电部〔1984〕水电计字第 439 号文件《转发关于龙口电厂扩建二期工程设计任务书批复》，二期工程扩建 2 台 20 万千瓦汽轮发电机组（编为 3、4 号机组）仍由中央和烟台地区合资建设。由西北电力设计院设计，山东电力建设第三工程公司承担主体工程及辅助、附属工程、施工区的"三通一平"及临建工程的施工，龙口发电厂负责厂前区的辅助、附属生产等项目的建设。汽轮机、发电机均由北京重型电机厂制造，2 台 670 吨/小时锅炉由武汉锅炉厂制造。3 号机组于 1988 年 1 月 1 日建成投产，4 号机组于同年 12 月 16 日建成投产。2 台机组分别比国家计划工期提前 3 个月和 6 个月，总工期为 31.5 个月。升压站配电装置为室内高型布置，通过 3 条 110 千伏出线和 4 条 220 千伏出线向电网送电，至此，新厂装机总容量达 60 万千瓦。概算总投资 29 180.7 万元，批准调整概算 38 945.1 万元，平均造价 973.64 元/千瓦，在全国都属于先进水平。

六、中外合资建设广东沙角 B 电厂

沙角 B 电厂注册地为深圳市福田区，经营地坐落于珠江出海口东莞市虎门镇沙角村，与沙角 A 电厂、C 电厂毗邻，共同组成当时全国最大的火电基地。沙角 B 电厂设计为 2 台进口 35 万千瓦燃煤机组，总装机容量 70 万千瓦。电厂采用中外合作经营方式，合资双方分别是：中方为深圳特区电力开发公司，另一方为在香港注册的合和电力有限公司。在合作期内，合和电力有限公司负责安排提供项目的全部外汇资金，组织项目建设，并且负责经营电厂 10 年。在获得协议中规定的项目收益并合作期满后，合和电力有限公司将电厂的资产所有权和控制权无偿转让给中方，并且退出该项目。这是中国改革开放以

来首例建设—经营—转让（BOT）项目，也是第一个以项目融资方式取得银团贷款的大型基建项目。

1984 年 6 月，深圳市与香港合和集团签订协议书，1985 年 3 月 8 日，正式签订 BOT 方式的中外合作兴建沙角火力发电厂"B"厂合同。1985 年夏天，B 电厂提前开工。项目投资总额 42 亿港币（按 1986 年汇率，折合 5.396 亿美元）。项目贷款组成是：日本进出口银行固定利率日元出口信贷 26 140 万美元、国际贷款银团的欧洲日元贷款 5560 万美元、国际贷款银团的港币贷款 7500 万美元，中方深圳特区电力开发公司的人民币贷款（从属性项目贷款）9240 万元。在本项目中，中方深圳特区电力开发公司除提供项目使用的土地、工厂技术操作人员以及为项目安排优惠的税收政策外，还签订了一个具有"供货或付款"性质的煤炭供应协议和一个"提货与付款"性质的电力购买协议，承诺向项目提供生产所需的煤炭并购买项目产品——电力。这样，中方就为项目提供了较为充分的信用保证。从表面上看，电厂项目并没有像一般在发展中国家兴建基础设施项目那样依靠政府特许为基础，而是中外合资双方根据合作协议以及商业合同为基础组织起来的。但是由于中方深圳特区电力开发公司和项目的主要担保人广东省国际信托投资公司都具有明显的政府背景，广东省政府也以出具支持信的形式表示了对该项目的支持，因此深圳沙角 B 电厂项目实际上也具有一定的政府特许性质。

当时中国法律不允许对外国投资实行国有化，但是中国法律鼓励外商在华投资并予以明确保护，有关外汇、税收、进出口管制等制度正日趋与国际惯例一致。本项目中，广东省政府还为项目的信用保证安排出具了支持信，虽然其不具备法律约束力，但作为地方政府提供的意向性担保，也具有相当分量。因此，本项目的政治风险也很小。至于环境保护风险，鉴于本项目时间较早，环境保护法规和政策也不很完备，这种风险当时也不是很突出。至于信用风险，以当时的条件看，无论是中方还是外方都是资信良好、实力雄厚的大型公司，中方还具有明显的政府背景，应该比较有信用保障。至于项目的其他信用保证提供人，向日本进出口银行提供了项目风险担保的一家国际贷款银团（由大约 50 家银行组成的）无疑具有相当好的信誉，而为项目中方深圳电力开发公司的承诺提供担保的广东省国际信托投资公司在当时也是信誉良好的金融机构，因此信用风险在当时看也是不太大的。就汇率风险的问题，中方和外方之间也做了适当的安排。在合作期间，项目的电力销售收入的50%支付人民币，50%支付外汇。中方承担项目经营费用以及外汇贷款债务的全部汇率风险，但是对于外方的利润收入部分的汇率风险则由中外双方共同承担，30%由中方承担，70%由外方承担。这样，汇率风险也得到了妥善安排。沙角 B 电厂于 1985 年 7 月动工建设，1987 年 4 月和 7 月，2 台机组相继投入运行。1999 年 8 月合作期满后，沙角 B 电厂产权正式移交中方，由深圳市广深沙角 B 电力有限公司运营管理。

广东沙角 B 电厂是在中国改革开放初期在法律环境及其他各种投资环境都不健全的情况下诞生的。当时 BOT 项目在中国刚刚出现，它的运作过程并不规范，合同内容较简单，由于经验不足也造成了一些遗留问题。从中央到地方对该项目评论较多，焦点是项目公司的回报率是不是太高了。经过 10 年的运作，该项目取得了成功，沙角 B 电厂供电成本低于广东省国营电网。广东省经济贸易委员会（广东省经委）曾组织对投资商的回报进行调查，得出的结论是回报率高是合理的。首先，沙角 B 电厂管理水平和效率较高；其次，投资商承担了一定风险，如项目工期延长一年回报率将会变得很低。再次，投资商的回报率低于多数发展中国家的收益水平。最终，沙角 B 电厂模式得到了各级政府的认可，而且中央政府分别于 1992 年和 1994 年两次上调沙角 B 电厂电价。融资安排本身也比较合理，是亚洲发展中国家采用 BOT 方式兴建项目的典型。

七、利用世界银行贷款建成浙江北仑发电厂

浙江北仑发电厂是中国大型临港型火电厂，也是中国首次利用世界银行贷款建设的大型电力项目。北仑发电厂位于杭州湾口、金塘水道南岸，与舟山群岛隔海相望。港阔水深，流缓浪小，岸线平直，建厂条件优越。

1984 年 9 月，国家计委复函水利电力部，同意北仑发电厂向世界银行贷款进行建设。北仑发电厂成为中国第一个利用世界银行贷款建设的火电厂。工程分两期建设，总投资动态概算为 150.655 亿元人民币，其中利用世界银行贷款或担保的联合融资贷款为 9.162 3 亿美元，其余为内资部分。根据世界银行规定，由其提供贷款建设的项目，设备必须在世界银行成员国内招标采购。因此，北仑发电厂的锅炉、汽轮发电机等主设备，全部通过国际招标，分别从美国、日本、加拿大、法国、瑞士等国家引进，主要设备的技术性能达到 20 世纪 80 年代国际先进水平，其控制系统的自动化程度很高。由于该工程是浙江省首次建设安装 60 万千瓦机组，因而在浙江省大中型电力基建项目中，率先通过招标、议标方式，选择了十余家资质较好、管理较强的部、省属骨干设计和施工企业承担工程建设任务，并聘请美国依柏斯柯（EBASCO）公司提供咨询服务。

北仑发电厂工程是备受国内外关注的重点工程，生产准备和工程建设同步进行，并于 1986 年 9 月，经浙江省重点建设工程领导小组批准，成立北仑发电厂工程建设领导小组，由浙江省电力工业局和宁波市的主要领导参加，作为该工程建设的决策和指挥机构，全方位组织协调工程建设。

北仑发电厂一期工程于 1988 年 1 月正式开工，中央领导出席了开工典礼。工程开工后进展较为顺利，但主厂房工程进入混凝土浇灌后，工程进展缓慢，主要是该工程指挥部主要领导不得力，并且对按计划于 1990 年发电的设计产生动摇。浙江省委、省政府于 1988 年 9 月在该厂工地召开现场办公会议，浙江省电力工业局决定替换该厂工程建设领导小组组长，随即在全工地展开"奋战七十天，完成四亿五百万投资计划"的社会主义劳动竞赛，施工进展不断加快。与此同时，从国外引进质量分别为 390 吨的主变压器、308 吨的发电机定子、260 吨的锅炉汽包等重大件设备，都在 3000 吨级重件码头上岸。当时，浙江省内尚不具备 250 吨以上重件的运输能力，担负施工安装的浙江省火电建设公司职工，全部采用简陋的"滚杠拖运法"一步一步地把一个又一个庞然大物拖运过长 1.1 千米的码头引桥，运到安装工地。美国 CE 公司分包给河南三门峡水工机械厂制造的锅炉大板梁，由北京市大型物资运输公司用汽车直接从生产厂运到工地，这在当时是中国公路运输

史上单件重量最大、行程最长的前所未有的创举。

参加北仑发电厂一期工程建设的各施工单位，积极采用各种新工艺、新技术，加快工程进度，提高工程质量。负责一期5万吨级运煤码头建设的交通部三航四公司，成功采用了1.2米大口径预应力混凝土灌桩新工艺；上海隧道工程公司采用盾构法开掘进排水隧道；浙江省第二建筑工程公司采用滑模施工法建造235米高的烟囱钢筋混凝土外筒；浙江省工业设备安装公司采用汽压顶升法安装240米高的烟囱钢内筒等。这些新工艺、新技术的应用，提高了浙江电力工业现代化建设的水平，把锅炉大板梁、锅炉汽包、发电机定子等重大件设备吊装就位，更是对北电建设者的严峻考验。由浙江省火电建设公司承担的首期安装的2台60万千瓦进口燃煤机组，与国产机组相比较，不仅机组容量大，而且采用的新设备、新技术较多，其安装工艺、施工方法与国内有较大差异，因此该公司根据各种技术资料的到达情况，卓有成效地进行了重点为国外工艺要求、质量标准、验收规范等内容的施工前期的适应性培训。浙江省电力工业局党组又决定将当年湖州电力技术学校热机专业的全班应届毕业生调至宁波支援参加机组安装的浙江省火电建设公司，使炉、机、电、焊、管道、炉瓦等岗位的施工人员，具有较好的技术状态进入施工阶段。

由于引进设备到货日期一再推延，安装工期已经严重拖后，按照与世行的合同规定，1号机组如果推迟1天发电，即要罚款24万元人民币，并将影响国家的国际声誉。在这样严峻的情况下，该公司提出"向管理、向技术进步要工期"的对策，强化施工管理，重新调整施工网络计划，大力鼓励施工上的"三个创新"（意识创新、技术创新、工艺创新），经研究和试验，自行设计倾斜吊装法，结果与美国依柏斯柯（EBASCO）公司推荐的吊装方案相比，不但不需要重新拆装94件钢结构件，而且还抢回工期3个月。在发电机定子的吊装中，自行设计出"三机抬吊"方案，即用1台250吨履带吊机和2台80吨桥式起重机联合抬吊发电机定子就位。日方闻讯发来电传，急称这个吊装方案"极端冒险"，警示这样起吊"汽轮机房将下沉甚至倒塌"。该公司请华东电力勘测设计院对汽轮机房的稳定性进行测计，随之采取临时加固措施和监测措施。

在考虑万全之后，1989年10月3日，用了不到半天时间，就顺利完成了发电机定子吊装。喜讯传出，第二天日方拍来贺电，可谓心悦诚服。该吊装方案被浙江省劳动竞赛委员会授予"1989—1990年浙江省最佳合理化建议和发明创造项目"评价。

当60万千瓦1号机组进入调试阶段时，由于机组设备制造系分岛国际招标，各外商只负责其范围内的技术服务，因此，调试的组织准备、技术准备、调试大纲编写以及全面指挥、协调各方调试力量等项工作，是由中方负责的。1990年4月，浙江省电力工业局成立工程调试领导小组，并设置汽轮机、锅炉、电气等11个专业组开展调试工作。其中1号机组仪控系统MOD-300无硬手操，在国内外都属首次用于60万千瓦机组，在设计、制造、安装、调试等方面均缺乏成熟经验，也未经大机组运行的实践考验。于是，承担机组主要调试任务的浙江省电力试验研究所，派出精兵强将云集北仑，日夜奋战。他们坚持高标准、严要求，一次又一次地熟悉图纸，一遍又一遍地核对数据，从1990年10月16日，第一次成功地用MOD-300计算机集散控制系统启动1号机组2台闭式冷却水泵起，一路闯关，终于顺利完成全部设备调试任务，并于 1991 年 3 月并网发电，机组负荷率99.26%，保护投入率 100%，自动投入率 95%。这标志着浙江省火电建设已跨上施工安装大容量、高参数、亚临界机组的台阶。

1992 年 1 月，能源部把北仑发电厂列入全国电力系统首批"新厂新办法"试点单位，对深化改革、减人增效提出了明确的目标和要求。该厂按照"以三新实现三高"的指导思想，对管理机制进行改革，采用新的装备及技术，建立新的管理标准和制度，运用新的管理组织和管理方式，配备高素质的职工队伍，探索高效率和高效益的实现，在全省电力系统中起到示范作用。

北仑发电厂的建设，引起中央和地方各级领导的高度重视。1992 年 5 月，国务院总理李鹏再次到北仑发电厂视察，并写下了"建设浙江现代化火力发电基地"的题词。乔石、朱镕基、胡锦涛等中央领导，以及电力部、浙江省委省政府、华东电业管理局、浙江省电力工业局、宁波市委市政府的领导先后到北仑发电厂检查指导工作，帮助解决生产建设上的困难和问题，业已开工建设的 2 号机组，随之加快了进程。

根据浙江省电力需求情况和北仑发电厂的客观条件，二期工程决定再建 3 台 60 万千瓦火电机组，于 1996 年 6 月正式开工建设。投资方为浙江省电力公司、浙江省电力开发公司、华东电力集团公司。1997 年 7 月，按照建立法人责任制的有关规定和建立现代企业制度的要求，成立北仑发电有限公司。原负责工程建设管理的北仑发电厂工程建设公司改为工程总承包单位，并选择中国电力建设工程咨询公司浙江分公司承担北仑发电厂二期工程监理。

北仑发电厂二期建设工程认真总结并吸取一期工程建设的经验教训，紧紧抓住主体网络计划，组织土建、安装等施工单位编制相应的施工计划，优化配置各施工要素，使总体进度要求落实到各个施工单位和各个时间阶段。同时，编制分级的现场总平面管理、单位工程开工报告管理、工程质量管理、现场文明施工管理、合同管理、设备材料管理等 30多项管理制度，并在工程建设过程中严格执行。二期工程建设又采用了许多新工艺、新技术，对提高工程建设效率、保证工程质量起到了重要的作用。如汽轮发电机基础采用大模板施工工艺，使混凝土建筑表面光滑平整；锅炉大板梁、汽包等重大件设备吊装采用液压提升装置，使吊装工作得以安全高效的完成；针对现场特殊的软土地质条件，二期工程主厂房和循环泵房等关键部位进行基础处理，采用了许多特殊的施工方法，既保证了相邻的1、2 号机组的安全生产，又保证了二期工程的顺利进行，为软土地质条件下大型工程的建设积累了经验。"依靠科技创新，提高建设效率，确保工程质量"成为北仑发电厂二期工程建设的精髓所在。为此，电力部于 1997 年号召全国电建系统"学北仑，赶扬二"，北仑发电厂建设工程成为全国电建系统安全文明施工的榜样。

北仑发电厂二期工程 3 台 60 万千瓦火电机组在 20 世纪末全部建成，总装机容量达到300 万千瓦，是 20 世纪中国最大的火电厂。北仑发电厂的建成投产，从根本上改变了浙江用电紧缺的局面，标志着浙江电力继超百万千瓦装机容量的镇海发电厂、台州发电厂之后，又上了一个新的更高的台阶，电力建设、电厂运行、电网管理都达到了国内先进水平。

八、利用外资和地方集资联合建设华能大连电厂

华能大连电厂原名大连第四发电厂，一期工程是 1985 年 5 月经国务院批准，由华能国际电力开发公司利用外资和辽宁省、大连市集资贷款建设的国家"七五"期间的重点能源项目。

华能大连电厂一期工程是中国第一个尝试利用外资和地方集资联合办电的尝试项目，是中国电力工业改革开放的一个标志性项目，是当时国内电厂建设速度最快的典型项目之一，不仅在建设上创出了新路子、新速度，还在企业经营管理上树立了新标杆。

1985 年 6 月初，华能国际电力开发公司与辽宁省及大连市达成协议，由华能国际电力开发公司成套引进国外先进技术设备，承担大连新建电厂建设项目，采取华能国际电力开发公司与省、市地方合作的形式建设电厂，并商定了各方内外资分摊的比例和立即成立华能国际电力开发公司大连分公司等重大事宜。同月，华能国际电力开发公司大连分公司正式成立，大连分公司作为华能国际电力开发公司在大连的派出机构，全面负责建设和管理工作。在华能大连电厂一期工程建设特定的条件下，经华能国际电力开发公司、辽宁省、大连市、东北电业管理局协商，工程管理采取两项措施：一是由华能国际电力开发公司、辽宁省、大连市、东北电业管理局有关负责人组成电厂工程领导小组，主要任务是协调各方关系，解决内资筹集和物资供应问题，其次是解决电厂建设涉及地方的一些问题；二是成立大连电厂工程建设指挥部，理顺大连分公司与东北电业管理局等参建单位的关系，指挥部与大连分公司是"一套人马、两块牌子"，指挥部直接受华能国际电力开发公司、辽宁省、大连市、东北电业管理局的领导，行政管理以华能国际电力开发公司为主，施工组织方面以东北电业管理局领导为主。1986 年 8 月，大连电厂一期工程正式开工，主要施工单位是东北电业管理局第二工程公司（东电二公司）、东北电业管理局第三工程公司（东电三公司）、交通部一航局三公司、东北电力烟塔工程有限公司（东电烟塔公司）等。

工程初始，工程建设指挥部确定的总工程目标是：第一台机组确保 30 个月，2 台机组间隔 8 个月投产，即第二台机组建设总工期 38 个月。1987 年 3 月，建设目标改为"学沙角创一流，争取 24 个月，保证 26 个月"。为保证工程目标的实现，华能大连分公司与华能国际电力开发公司签订合同，明确责任，实行费用承包，即华能国际电力开发公司、辽宁省、大连市负责落实建设资金，保证进口设备和主要物资供应；华能大连分公司保证工程质量，在按期投产发电的前提下，工程需要的内资由华能大连分公司包干使用，包干总额不得调整；对施工单位实行概算切块包干、结余归己，以经济合同形式促进施工单位保质量、保安全、保工期、保工程费用不突破概算。

1988 年 7 月，1 号机组并网发电，实现了 24 个月发电的奋斗目标，同年 12 月，2 号机组并网发电，两台机组分别于 1988 年 9 月和 1989 年 1 月正式移交生产，总的建设工期为 30 个月，比计划工期 38 个月提前了 8 个月。1988 年 8 月 20 日，国务院时任总理李鹏专程到大连，为华能大连电厂第一台机组并网发电剪彩，他肯定了华能利用外资和地方联合办电的经验，高度赞誉华能大连电厂一期工程速度快、路子好。华能大连电厂一期工程

提前投产发电，缓解了辽宁地区严重缺电的局面，达到了建厂的目的和要求。

1989 年 11 月，能源部副部长史大桢到华能大连电厂视察工作时指出："我们现在谈管理，一讲现代化管理就是西方资本主义国家的那一套，为什么不能搞出一套适合中国特点的现代化管理经验呢？你们华能大连电厂在火电厂管理方面要起示范作用。"1991 年 5 月，在华能国际电力开发公司汇报会上，史大桢进一步阐述了争创一流企业的设想，并建议华能国际电力开发公司拿出一个现代化的管理办法。为贯彻能源部领导的指示精神，华能国际电力开发公司决定华能大连电厂率先一步，用 3 年或更多一点的时间实现"争创一流电厂"的目标。

1991 年，华能大连电厂迈开了创一流火力发电厂的第一步，即"安全、文明生产双达标"，电厂收集了大量国内外同类型电厂的资料，选取国内宝钢电厂、沙角 B 电厂和日本松岛、竹原电厂进行比较，制定了《创一流目标考核标准》，编制了《创建一流火力发电厂三年规划》和《争创一流火力发电厂实现对策》，决心用 3 年时间实现一流电厂的目标。

从 1991 年开始，华能大连电厂全厂干部职工全部出动，多次掀起卫生清扫的高潮，通过大扫除改变并保持住现场面貌。从管理上改变工作习惯，一律取消设在现场的仓库、工作间、工具柜。实行"定置管理"，即现场存放的检修专用工具、消防器材、清扫工具在规定部位挂上标示牌，改变随意堆放的现象。消灭水、汽、风、油、氢、粉、灰等"七漏"，全厂 72 274 处设备动静密封点，通过整治，渗漏点不多于 20 处。在设备管理上，电厂引入了"点检制"的检修管理方式，将原电力行业传统的设备 1 年 2 次小修改变为 1 年 1 次小修，将 3 年 1 次大修改变为 4 年 1 次大修。根据设备的磨损、腐蚀规律制定检修周期，创造了独特的辅助设备定检办法。1991 年后电厂对大小修采用了文件包管理，在缺陷管理上实行了"缺陷工作卡"制度，并纳入计算机管理系统，保证了消缺质量，提高了设备健康水平。

劳动人事工资制度改革是华能大连电厂创一流火力发电厂规划的第二步实施计划。华能大连电厂在劳动人事工资制度改革前（1991 年）总人数为 680 人，经机构重组、转变职能、改革管理，截至 1993 年底，电厂本部人数为 280 人、关联公司 195 人、二期筹建43 人、多种经营 140 人。电厂的中层干部人数从 71 人减至 18 人，管理人员从 203 人减至 92 人。

华能大连电厂与国外先进电厂的差距主要表现在管理水平上，实现管理现代化是争创一流电厂的关键。1991 年，电厂对计算机管理系统进行了总体设计；成立了"计算机管理办公室"，开发、应用、推广计算机应用系统，普及计算机知识；确定人力、资金、物资三大数据流向构成电厂生产经营的管理模型。

管理工作的规范化、标准化是实现计算机管理的先决条件，为了打好基础工作，电厂组织大批人员进行设备编码、编制大小修设备定检周期、大小修项目、工时定额、质量标准、安全措施、设备备件储备定额、消耗定额等。在管理上提出一切通过书面、一切用数据说话，为实现计算机管理作准备。采用自主开发、委托和合作开发、购买成熟商品软件等手段开发应用软件。截至 1993 年底，电厂计算机管理系统已具备人事管理、财务管理、生产管理、安全管理、设备管理 5 大应用系统，同时还建立了生产控制系统的实时数据采集系统，建立了决策支持系统的雏形"厂长管理系统"，这些构成了电厂管理现代化的总体框架。各管理岗位基本使用计算机进行业务处理，全厂形成了完整的计算机网络，系统之间实现了数据共享。在计算机管理实施过程中，管理模式、管理方法被不断改进，计算机管理提升了管理水平，也提高了人员的管理素质。

华能大连电厂通过创一流火电厂，安全文明生产、经营管理、技术管理、职工队伍的素质均发生了重大改变。1993 年底统计，发电量 40.61 亿千瓦·时，超额完成公司下达的发电计划；连续安全生产 3 周年，连续安全生产记录 1129 天；供电煤耗 322 克/（千瓦·时），比1991 年降低 2 克/（千瓦·时）；厂用电率 3.78%，比 1991 年降低 0.34%；发电补给水率 1.2%，比 1991 年降低 0.2%；发电油耗 1621 吨，比 1991 年减少 1776 吨；实现利润 1.182 9 亿元，比 1991 年增加 0.174 亿元。安全生产、经济技术指标均为国内同级别机组领先水平。

1994 年 6 月，电力部在大连召开 1994 年电力企业达标暨创一流工作会议。会上，华能大连电厂被授予全国第一个"一流火力发电厂"称号，电力部副部长陆延昌在大会讲话中说："华能大连电厂率先被命名为一流发电厂，这是一件意义深远的事情，它向人们证明了，中国人有志气、有能力运行管理好现代化的电厂，现在在大连就可以看到世界一流火电厂的模样。"1994 年 6 月，李鹏总理为华能大连电厂荣获"一流火力发电厂"称号题词："坚持改革、勇于创新、再接再厉、攀登高峰"。

华能大连电厂荣获"一流火力发电厂"称号后，全国各大报纸都发表文章介绍华能大连电厂创一流的业绩，全国电力同行纷纷到厂学习、参观，华能大连电厂成为中国电力行业改革发展的一面旗帜。1996 年 5 月 25 日，电力部部长史大桢再次到华能大连电厂视察工作，在听完汇报并视察了现场后史大桢说："要了解国际先进水平，要总结出科学的管理办法，你们努力的结果、创造的水平，就是下步国内电厂要达到的标准。部里树你们一流电厂，就是要求你们有先进水平，起到带领全国电厂向前跑的作用。"

九、利用外资建成华能上海石洞口第二电厂

华能上海石洞口第二电厂（石洞口二厂）是由华能国际电力开发公司和上海申能股份有限公司合作，利用外资建造的中国第一座超临界压力机组发电厂。

石洞口二厂位于上海市北郊盛桥镇，毗邻上海宝山钢铁总厂，占地 53.05 万米²。为适应华东电网及上海地区用电增长、压缩烧油量、改善上海南电北调的布局，1979 年 8 月，选定在石洞口建造大型港口电厂。1982 年，国家经委批准建造上海石洞口第二电厂。1982 年 4 月，电厂筹建组成立，并申报计划安装 2 台 30 万千瓦机组的设计任务书。但出于降低电站建设单位造价，提高投资效益的考虑，并从上海地区缺电的实际出发，1984 年 5 月，国家计委做出 4 台机组一次建成的决策。1984 年 7 月，水利电力部确定石洞口

二厂为全国试行招标建设的三大电站工程之一。同月，石洞口二厂工程指挥部成立，11月，电厂工程列入国家基本建设新开工大中型项目计划，并定为以煤代油项目，列入 1985年国家重点建设工程。

1986 年 6 月，经国务院批准，国家计委下达了《关于上海石洞口第二电厂新建工程项目建议书的批复》，要求在外商总承包设备供货的前提下，争取由国内制造厂分包 15%左右的制造任务，以提高国内发电设备的制造技术。1987 年 10 月 22 日，江泽民、李鹏出席了在人民大会堂举行的供货合同签字仪式，朱镕基同志出席了开工典礼，吴邦国、邹家华同志分别视察了电厂。

1987 年 11 月，成立华能上海分公司，具体负责建设和经营石洞口二厂。工程批准概算 23.4 亿元，竣工决算总投资 36.02 亿元，单位投资 3002 元/千瓦。第一台机组工期为47.5 个月，第二台机组工期为 54 个月。

经过国际招标和谈判，石洞口二厂工程由美国萨金·伦迪公司、瑞士 ABB 公司、苏尔寿公司和美国 CE 公司等国外厂商组成的供货集团中标负责供货，并由萨金·伦迪公司担任供货集团首领。锅炉由瑞士苏尔寿和美国 CE 公司供货，型式为超临界一次再热、螺旋管圈、高压运行直流锅炉，最大连续出力（BMCR）为 1900 吨/小时，主蒸汽压力和温度分别为 25.4 兆帕和 541 摄氏度，再热蒸汽出口压力和温度分别为 4.57 兆帕和 569 摄氏度，锅炉设计效率为 92.53%。汽轮机和发电机由瑞士 ABB 公司供货，汽轮机为单轴四缸四排汽反动式凝汽机组。汽轮机最大连续出力（TMCR）60 万千瓦，热耗 7648 千焦/（千瓦·时），低压转子末级叶片长度 867 毫米。发电机额定容量 719 兆伏·安，额定电压 24千伏，冷却方式为水—氢—氢冷，额定负荷效率 98.91%。主体工程由萨金·伦迪公司和华东电力设计院联合设计，华东电力设计院负责国内设计协调以及外围部分项目的设计。通过议标和招标形式，主体工程施工由上海电力建设局承包，码头、排水管道、厂前区、灰场和运灰道路等配套工程分别由交通部第三航务工程局、上海隧道工程公司、上海市第五建筑工程公司、水利电力部第十三工程局和上海宝山水利工程公司负责施工。机组调试是在外方的指导下由上海电力建设调试所完成。华东电业管理局质量监督中心站负责工程的质量监督工作。

该工程于 1988 年 6 月破土动工。在工程建设中，由于国外图纸资料和设备材料迟供、设备缺陷处理、国内设备迟交等原因，工程进度一度受阻。在上海市政府、华能总公司领导的重视下，积极依靠和调动地方电业部门、投资和建设单位、施工和设计单位三方面的积极性，使建设进度得到有效控制。经过全体参建人员的共同努力，1 号机组于 1992 年 6月移交投产，2 号机组于同年 12 月移交投产。一年投产 2 台 60 万千瓦超临界压力机组，在中国火电建设史上谱写了光辉的一页。1993 年 4 月 13 日，李鹏总理亲临石洞口二厂，出席投产庆典，为工程全面建成剪彩。1995 年 11 月 11—12 日，石洞口二厂工程通过了国家竣工验收。石洞口二厂建成后，较快地形成了生产能力，主要技术经济指标在当时居国内领先水平，并于 1996 年 1 月荣获电力部优质工程奖。

十、利用世界银行贷款建设上海吴泾热电厂六期扩建工程

吴泾热电厂位于上海黄浦江上游的西岸龙吴路 5000 号，北邻吴泾化工区，厂区占地面积 56.64 万米²。1958 年初，为满足新兴的吴泾化工区用电用热需要，上海市人民委员会决定新建一座热电厂，由上海电业管理局筹建，厂址经多处比较选择，最终定在现址。厂区用地按总装机容量 100 万千瓦规模，早期使用"上海热电厂"名称，1958 年 10 月 1日起改用现名。之后，多次进行扩建，1974 年第五期扩建工程，安装了 1 台 2.5 万千瓦背压式汽轮机组（6 号机组）和 1 台 220 吨/小时燃油锅炉（0 号锅炉）。1975 年，全厂装机容量为 38 万千瓦。1976 年，发电 32.31 亿千瓦·时，供电煤耗率 374 克/（千瓦·时）。1983 年 1 月，0 号机组退役，全厂装机容量减为 35 万千瓦。1984 年 12 月，水电部批准在厂区南部 30 万米²的余地扩建 2 台 30 万千瓦亚临界参数机组的可行性报告，此为第六期扩建工程。

1986 年，国家计委批准使用世界银行贷款兴建六期工程，国内配套资金由上海市人民政府负责筹集，并计划于 1992 年全部建成。1986 年 12 月 6 日，第六期扩建工程开始筹建。按世界银行规定，使用该行贷款的工程必须按公开国际竞争性招标的规则进行。为此，华东电力设计院在中国国际咨询公司和一家美国咨询公司的协助下，于 1986 年底编制了招标书初稿。水电部会同国务院有关部、委进行审查后批准了招标书，并于 1987 年5 月 18 日由中国国际招标公司正式向经过世界银行认可并具有投标资格的各国厂商出售。1988 年 5 月 16 日上海电气联合公司中标，6 月 22 日签订合同，合同价为 16 890 万美元。该公司提供的 2 台 30 万千瓦机组系上海各发电设备制造厂应用美国技术制造的产品，汽轮机为亚临界压力一次中间再热凝汽式机组，发电机采用水—氢—氢冷却方式，锅炉为露天岛式布置的亚临界压力汽包炉。

1988 年，上海火电建设施工单位企业积极参与国际竞争投标，中标吴泾热电厂第六期扩建工程的 2 台亚临界 30 万千瓦机组。该工程被列入国家"七五"计划期间建设、"八五"计划投运的重点项目。这是由世界银行贷款建设的国内第一个大型火电项目，成功后既为中国赢得信誉，又为上海今后国外融资拓宽渠道。工程通过招投标，由上海电气联合公司、上海电力建设局、西北电力设计院 3 个单位组成的上海电气联合公司中标，承包工程设计、工程施工、成套设备供应、建筑安装主要材料供应和管理等工作。按照世界银行规定的条文，上海电气联合公司邀请世界银行指定的美国柏克德公司为咨询公司，工程施工受该公司现场代表的指导。该扩建工程安装的 2 台 30 万千瓦机组，均引进和应用美国技术。华东电力设计院作为业主方的总体设计院，上海电气联合公司作为"供方"，它由上海电力建设局（作牵头单位，负责工程项目管理、现场施工管理并对整个工程负责）、上海电气联合公司（负责合同设备的成套）、西北电力设计院（负责标内部分的设计及汇总）三方组成。1988 年 11 月 22 日，主厂房开始打桩。施工中，世界银行曾多次派员到现场检查工程进展情况并给予较好评价。从 1989 年 5 月 20 日主厂房开工，到 1991 年 12月 30 日第一台机组完成 168 小时满负荷试运转，用时 31 个月 10 天。到 1992 年 11 月 29

日，第二台机组完成 168 小时满负荷试运转，工期为 42 个月，比国家考核工期提前半年时间。

吴泾热电厂第六期扩建工程是实行"单一责任制"要求建设成功的第一个工程。"单一责任制"是买方为节约工程总费用，通过加强供方的责任，从而达到按质、按量、按期建成工程的一种新的、有效的合同模式，在国内电力建设行业属首次实行。整个工程建设与国际惯例接轨，工程按世界银行采购导则和国际惯例进行国际性招标；工程管理也按国际通用的组织体制和管理办法办理；工程质量则按国际惯例建立质量保证体系，执行国际工程全方位安全文明施工管理的通常惯例，实现机组整体优质和全口径无人身死亡、无重大机械设备事故的目标。与此同时，吴泾热电厂第六期扩建工程 2 台 30 万千瓦发电机组建设成功，也为上海制造的 30 万千瓦发电机组创下品牌，使亚临界 30 万千瓦机组在国内电力设备市场上，不仅占有率大大提高，而且还打入国际市场。

十一、长山热电厂油改煤项目投产

长山热电厂是吉林省为满足省内油田开发和前郭县建设炼油厂、化肥厂及白城地区农业用电增长需要而新建的，1969 年 1 月开工，1976 年 11 月竣工投产。前 4 期工程所安装的 7 台发电机组，总装机容量为 29.3 万千瓦，全部为燃油机组，年燃油量为 55 万吨。所需燃油主要由扶余油田、新木油矿、红岗油矿、新北油矿供应原油，由前郭炼油厂、吉林化学工业公司炼油厂、大庆炼油厂供应渣油。

根据国家计划，长山热电厂被列为"七五"期间第一批燃油炉改燃煤炉项目，并被列为国家重点压油项目，改造其中的 21.8 万千瓦燃油机组，原 3 台中压 2.5 万千瓦机组因无改造价值，另行研究处理。长山热电厂采用集资的办法改造烧油机组。2 台 10 万千瓦机组油改煤工程投资由国家"以煤代油"专项资金安排；招标设备的部分设备费用从亚洲开发银行（亚开行）贷款，其余部分由吉林省能源投资公司筹集。该厂 6、7 号锅炉烧油改烧煤工程总投资 25 416 万元。其中，中国华能发电公司投资占 68.23%，吉林省能源交通总公司投资占 31.79%。项目的执行方为吉林省长山热电厂，设计单位是水电部东北电力设计院、吉林省电力勘测设计院（部分工程），施工单位是吉林省火电建设一公司。长山热电厂采用集资的办法改造燃油机组。根据国务院以煤代油专用资金办公室、国家计委和水电部以煤代油〔1986〕第 56 号文件批准，利用外资对外招标进行长山热电厂 20 万千瓦机组的燃油炉改造工作。

1988 年 2 月 5 日，中国与亚洲开发银行签订了协议，亚洲开发银行同意为长山热电厂油改煤工程的外资部分提供 3330 万美元贷款，贷款编号为 880－PRC，由中国华能发电公司执行。利用亚洲开发银行的贷款必须严格执行国际上通用的公开招投标准则，这就需要与亚洲开发银行贷款项目办公室和项目建设单位有良好的业务协调能力，熟悉亚洲开发银行的规则和工作程序，能协调好各方面的关系，才能让亚洲开发银行贷款为中国电力建设所利用。长山热电厂油改煤项目在华能发电公司的组织下，由中技公司国际招标公司、水利电力对外公司和中国电力建设咨询公司负责标书的编制、评标和工程实施的各项服务。

联邦德国拔柏葛公司、意大利安莎多公司和中国哈尔滨锅炉厂联合（安莎多—哈锅公司）参与投标，两个投标书通过评标委员会的认定，由于联邦德国拔柏葛的报价高于安莎多—哈锅的报价将近一倍，最终选择了安莎多—哈锅公司为中标公司。

1989 年 4 月 22 日，1 号和 2 号锅炉停炉断油，开始改造，并分别于 1990 年 9 月 26 日和 1992 年 4 月 2 日改造成功，断油烧煤，移交生产。1989 年 8 月 1 日，6 号和 7 号锅炉停炉开始改造，并分别于 1991 年 12 月 26 日和 1992 年 4 月 21 日改造成功，断油烧煤，移交生产。

十二、全国第一个股份制电厂——内蒙古海勃湾电力股份有限公司建成

"二十字"方针是一个有机的整体，系统地揭示了解决中国电力发展深层次问题的途径，在"二十字"方针的指引下，中国电力要走规范化股份制的道路。随着集资办电的深入开展，办电机制进行改革，内蒙古电力产权结构发生重大变化，中央国有、地方国有、外省市、公司个人等成分共存其中。1990 年 8 月，经内蒙古自治区政府和国家能源部批准，成立内蒙古自治区电力公司并正式挂牌运营。对此，内蒙古电力公司通过参股及转让资产，对一批电力企业进行了公司制改组。1992 年 4 月 23 日，经内蒙古自治区政府批准，正式组建成立内蒙古海勃湾电力股份有限公司，这是全国第一个股份制电厂。

海勃湾发电厂位于内蒙古自治区乌海市海南区南侧，北侧有海公铁路（海勃湾至公乌素）及公路干线，厂址为荒沙地，地势较平坦开阔。厂址按 2×10 万千瓦＋4×30 万千瓦规划，留有扩建场地，可满足用地需要，场地工程地质条件较好，可采用天然地基。海勃湾发电厂一期工程 2×10 万千瓦机组是由内蒙古电管局、乌海市有关单位、设备制造厂家等共同集资（电力企业职工参股）合作建设的，该电厂二期工程 2×20 万千瓦机组也是合资建设的工程，也实行股份制。2000 年，电厂组建成立了内蒙古渤海湾发电有限责任公司，简称蒙华海电公司。

一期工程安装 2 台 10 万千瓦发电机组，总投资 6.27 亿元，工程设计单位为内蒙古电力勘测设计院，主体施工单位有内蒙古第一、三电力建设工程公司。工程于 1993 年 4 月正式开工，1 号机组于 1994 年 2 月建成投产。为保证内蒙古西部电网西端的电压水平，2 号机组于 1994 年 9 月建成投产。海勃湾发电厂是内蒙古自治区第一个投产及达标的火力发电厂。1998 年，海勃湾发电厂设计获内蒙古自治区优秀工程设计二等奖。

二期工程安装 2 台 20 万千瓦发电机组，总投资 15.36 亿元，设计单位和施工单位仍是一期工程的相关单位。工程于 2000 年 8 月正式开工，2003 年 1 月实现双机组投产发电。

电厂水源采用黄河岸边一、二级阶地地下水，水源地位于海南区黄河东岸，分为南段、北段两个水源地，南段水源地中心距电厂约 5 千米，北段水源地中心距电厂约 14 千米。根据内蒙古 104 水文地质队报告资料，南段水源地可开采量为 33 700 米³/天，北段水源地可开采量为 82 400 米³/天，电厂 2×10 万千瓦机组使用南段水源地供水，扩建 2×

30 万千瓦机组使用北段水源地供水，乌海市人民政府同意电厂开采上述两地段地下水为电厂供水水源。

燃煤采用铁路专列运输，从公乌素选煤厂集配站接轨，至电厂约 5.5 千米，专列由海勃湾矿务局统一管理，保证向电厂供煤。电厂 2×10 万千瓦机组通过单回 220 千伏线路经临河东郊变电站接入内蒙古西部电网。扩建 2×30 万千瓦机组以发电机—变压器接线双绕组变压器接至电厂 500 千伏母线，厂内设 500/220 千伏联络变压器 1 台，电厂出 1 回 500 千伏线路接至达拉特发电厂，通过达拉特至丰镇 500 千伏线路向华北电网送电。

第三节 "以煤代油"筹集电力建设资金

1981 年，国家计委向国务院提出实行"以煤代油"政策，经国务院同意后，设立了"以煤代油"专项资金办公室，促进了"以煤代油"工作的开展。1985 年，在煤代油办公室的投资下，先后成立了 9 个统一以华能为名的公司。1988 年 6 月，中国华能集团公司筹备组成立。1988 年 8 月，国办发文批准成立中国华能集团公司，统一在国家计划中单列，享有一定的外事审批权，同年 12 月，康华国际贸易公司整体转入华能集团。1989 年 2 月 24 日，根据政企分开原则，能源部将由原水电部归口管理的华电电力技术开发公司、华源电力综合利用开发公司、华电工程建设公司，华电南方（集团）公司等 4 个公司划入华能集团管理。同日，华能集团与"以煤代油"专项资金办公室（煤代油办公室）联合发文，将原煤代油办公室下属的 9 家华能公司归入华能集团管理。

一、国家颁布"以煤代油"政策及规划

1981 年，国家计委向国务院提交了"以煤代油，节省原油进行出口"的报告，很快得到了国务院主要负责人的回应。1981 年和 1983 年，国务院先后召开了两次会议研究"以煤代油"工作。1981 年 3 月，国务院主要负责人主持召开会议讨论节油问题，会议要求电力工业准备节油 1000 万吨，改烧油发电为燃煤发电。电力部提出，为此需建设火电代替容量 800 万千瓦，需投资 97 亿元，争取到 1990 年全部见效。通过讨论，国务院同意建设代替容量，并打 20%的保险系数，水电代替容量应按电量折算。同时，会议还决定，"以煤代油"列入国家计划，设立专门机构负责相关工作。

在当时电力供需矛盾尖锐，发电装机容量不足的状态下，怎样贯彻好国家"烧油改烧煤"的重大决策，当时出现了两种方案。一是国家计委最初提出了对原设计烧油的电厂或机组改炉不改机，选择了望亭电厂 30 万千瓦机组搞"先建烧煤炉再拆除烧油炉"的试点。二是电力部门通过对现场的调查研究，为了保持已有的电力生产持续稳定，真正做到烧油改烧煤过程中不减少对用户已有用电的供应，提出新建或扩建全套的烧煤机组，容量按 1.2:1（因烧煤厂用电和线损加大），烧油机组仍保留作为备用的改造方案。国家计委最后同意望亭电厂改造试点采用扩建整套烧煤机组的方案，同时对电力部门提出的烧油改烧煤

的规划和分年的实施计划进行了审查，并在建设资金的保障上给予了支持，用节约烧油增收的资金（含外汇）返回一定比例资金，用以支持油改煤工程。1982 年 4 月召开的全国电力工业会议上，水电部对"以煤代油"工作做出了具体的部署，提出了"节约能源，压缩烧油"的具体工作要求，主要有三方面的工作：一是全国电力系统设计烧油机组和原设计烧煤改烧油机组共有 851 万千瓦，其中 144 万千瓦的机组有可能改回烧煤，要抓紧在两三年内全部改完；其余 707 万千瓦的机组，要用新建烧煤电厂来代替，把烧油机组停下来；二是更新和改造中低压机组，降低煤耗，全国共有中低压凝汽式机组 1300 万千瓦，单位煤耗比高温高压机组多 150 克左右，要逐步用高温高压大机组来代替；三是合理发展热电厂，在热负荷比较集中的工业区和大城市，建设一批公用热电厂，实行热电联供。❶

1983 年 10 月，国务院再次召开会议研究"以煤代油"。这次会议上，国务院决定，要下大决心"以煤代油"，压油出口，积累资金，倒过手来发展能源、交通，并指出，这是把国民经济搞活，实现良性循环的一个突破口。经过两次国务院会议的研究，在国家政策层面，从侧重于节约用油、出口创汇的"油改煤"政策，调整为"以煤代油"积累能源交通，尤其是电力工业发展资金的政策。

二、"以煤代油"专项资金办公室成立

1981 年，国家计委向国务院提出实行"以煤代油"政策，经国务院同意后，设立了"以煤代油"专项资金（以煤代油资金），并纳入国家计划。在国家计委设立了国务院"以煤代油"专项资金办公室（煤代油办公室），具体负责编制"以煤代油"的计划和规划，管理专用资金，审批煤代油建设项目。煤代油办公室成立后，国务院相继出台了几项重要政策促进"以煤代油"工作的开展。

一是起步资金的落实。在国家计划中拨给煤代油办公室 100 万吨原油，将出口油的利润收入约 5.7 亿元和国家财政安排的 3 亿元改造锅炉的资金作为启动资金。同时，确立了滚动发展的原则，利用这项资金安排一批烧油锅炉改造为烧煤锅炉，将压下来的烧油用于出口，出口油的利润仍作为"以煤代油"的资金，用于压缩烧油工作，如此则滚动向前发展。

二是压缩烧油采取"先建后停、先建后改、由易到难"的方针。初期，为了尽快能压下一部分油供出口，积累资金，煤代油工作的重点是对一批原设计烧煤、在 20 世纪 70 年代改为烧油的电站锅炉和工业锅炉进行改造，在较短的时间内，用较少的投资实现压缩烧油 200 多万吨，积累了十几亿元的以煤代油资金。第二步，对原设计烧油的 600 万千瓦发电机组，安排建设 800 多万千瓦的烧煤电站来顶替。"七五"期间还将原有规模达 110 万千瓦烧油机组改为烧煤机组，建成投产 30 万千瓦。与此同时，量大、面广的工业锅炉和工业窑炉压缩烧油的基本建设和技术改造工作也全面铺开。

三是以煤代油资金筹集"三材"（钢材、木材、水泥）等计划外物资。压缩烧油所需

---

❶ 李鹏：《电力要先行·李鹏电力日记（上册）》，中国电力出版社，2005 年，第 428 页。

的代油煤以及煤代油工程所需的"三材"由煤代油办公室自筹，不挤占国家计划内的统配资源，形成自我循环的机制。利用以煤代油资金对煤炭、森工、钢铁、建材、铁路、交通等行业进行投资，实现了资源自给有余，确保了压缩烧油工作顺利进行。

"以煤代油"工作的实践证明，国务院在政策、资金、实施路径、物资计划等各方面确定的一系列优惠政策，有效促进了煤代油工作的顺利开展，成为此项工作取得成功的根本保证。

在 1981 年"以煤代油"政策确定前，电力部就在电力生产环节的挖潜、革新、改造措施项目费用中明确了烧油电厂改烧煤的资金❶。这一时期的以煤代油资金主要是国家投资改造燃油电厂和机组的资金，来源是财政投资。烧油改烧煤后所节省的用于出口创汇的资金并未明确其投入电力建设。1981 年，国家确定了压油资金用于能源建设后，进一步明确了以煤代油资金的使用重点投入到电力建设中。以煤代油资金成为电力建设的重要资金来源。

1982 年底，国务院煤代油办公室和水电部联合出台了《关于水电部所属企业以煤代油资金包干办法的协议》，在具体执行上把压油任务和所得资金挂起钩来，明确权利和义务，争取多压油，早压油。根据《协议》的规定，从 1981 年到 1990 年，每年水电部所属企业的压油指标，经协商纳入"六五""七五"计划。以煤代油资金被优先安排用于压油项目的改造和基建工程，有多余资金时用于其他电力建设项目。

在国家财政、投资体制改革的大背景下，国务院出台优惠政策，保证和促进了以煤代油资金用于发展电力工业。1984 年底，国务院主要负责人做出了"要突出电力建设"的指示，并提出把一些电力进入市场的意见。1984 年 10 月，国务院副总理李鹏组织召开了"七五"电力计划安排会议❷，研究落实相关的要求和指示，会议确定了压油机组进行市场调节，电价高来高去❸。"高来高去"电价的实行，在电力供应紧张的时期，保证了以煤代油资金和其他中外合资、引进进口成套设备的新建电厂能够有足够的收入偿还贷款和扩大再生产，保证了电力工业的良性循环。从 1985 年起，国家进一步明确，以煤代油资金在财政部列收列支。

经国务院批准，1986 年起以煤代油投资由拨款改为贷款，"七五"期间凡用以煤代油资金贷款建设的烧煤机组，产权归水电部，按国家规定由水电部负责从这些机组投产后实现的利润和折旧归还贷款，以烧煤机组相应顶替下来的烧油机组，由水电部按该机组的原值作价划归华能发电公司，并以此冲减烧煤机组应归还贷款的数额❹。

使用以煤代油资金建设的项目投产后，在还款期内免缴所得税，以煤代油资金实行拨款

❶ 李鹏：《电力要先行·李鹏电力日记（上）》，中国电力出版社，2005 年，第 159 页。

❷ 水利电力部：《水利电力部转发关于中央和国务院领导对利用外资加快电力建设问题批示的通知》〔（85）水电计字第54 号〕之附件一、附件二。

❸ 李鹏：《电力要先行·李鹏电力日记（中）》，中国电力出版社，2005 年，第 809 页。

❹ 水利电力部、财政部、国家计划委员会、煤代油办公室：《以煤代油电站顶替烧油机组的资产划转与经营问题的通知》（〔1986〕水电财字第 90 号）之附件《华能发电公司委托电管（电力）局经营烧油机组的试行办法》，1986 年7 月 21 日。

改贷款，收回贷款仍作为以煤代油资金，继续用于能源交通建设。

三、华能发电公司成立

1981 年，国务院实行"以煤代油"政策，以煤代油资金中相当一部分用于电力建设，对加快电力建设起到了良好的作用。在运用以煤代油资金方面，先后设立了华能精煤、华能发电等公司，以企业的方式创新了电力投资建设的机制，丰富了"集资办电"的形式。

国务院煤代油办公室成立后，国家明确提出以煤代油资金用于能源交通项目建设，项目配套的"三材"等不列入国家计划。为了增加煤炭供给，替代石油出口，保证煤代油的实行，经国务院批准，煤代油办公室于 1985 年成立了中国精煤公司，后更名为华能精煤公司，这是煤代油办公室成立后设立的第一个公司。随后，煤代油办公室又利用以煤代油资金，相继成立了华能原材料、华能科技等一系列华能公司。

随着以煤代油工程实行的第一个五年，替代下来的烧油机组逐渐增加，有的暂时参加调峰，有的利用来油加工以缓解严重缺电的燃眉之急，有的则停运。如何更好地利用好这些替代下来的烧油机组是个现实的问题。1985 年，经国家批准，正式成立华能发电公司处理相关的资产。华能发电公司资金来源为煤代油办公室贷款，国家允许实行华能发电公司"高来高去"的电价政策，公司的发展要依靠自己的积累，滚动发展，公司税后利润不上缴国家财政，国家也不向公司提供资金支持。这样的公司在当时也是一种尝试，国务院领导批准"试办"。

1986 年 7 月，水电部、财政部、国家计委、煤代油办公室联合印发《以煤代油电站顶替烧油机组的资产划转与经营问题的通知》，再次强调和明确了"顶替下来的烧油机组资产所有权仍归当地电网，财务上独立核算，在烧油机组改造期间利润作为以煤代油资金的组成部分"的规定。同时，水电部、财政部、国家计委、煤代油办公室还制定了《华能发电公司委托电管（电力）局经营烧油机组的试行办法》，规定煤代油机组建成后，按 1.2 千瓦替代 1 千瓦烧油机组容量计算，将顶替下来的烧油机组的固定资产划转给华能发电公司，单独立账；还规定被替代的烧油机组资产划拨华能发电公司后，经营权仍归当地电网，电网作为其他资产投入管理，统一管理和调度，不再另设管理机构。华能发电公司所属的电厂（机组），在电管（电力）局代为统一经营、统一管理的前提下，实行独立核算。华能发电公司所生产的电量，列入国家指导性计划，国家统一分配，实行市场调节和"高来高去"电价政策。❶

华能发电公司成立后立即参与煤代油工程的建设，主动协助水电部和煤代油办公室对煤代油工程的管理，经常派人去工地了解情况，及时汇报，沟通联系，帮助工地调剂资金，解决"三材"缺口和品种调剂，帮助制定年度计划的设备订货，协助解决执行计划中存在的问题，成效显著。华能发电公司成立当年，煤代油工程计划超额完成，扭转了前两年基

---

❶ 水利电力部、财政部、国家计划委员会、煤代油办公室联合印发的《以煤代油电站顶替烧油机组的资产划转与经营问题的通知》[（86）水电财字第 90 号]之附件《华能发电公司委托电管（电力）局经营烧油机组的试行办法》，1986 年 7 月 21 日。

建计划完不成的状况，与此同时，华能发电公司抓紧研究停运烧油机组改烧煤工作，包括世界各国油炉改造资料的搜集，与国内外设计单位、制造单位研究油炉改造方案，制订油炉改造规划。1986 年 8 月，在水电部和煤代油办公室的支持下，华能发电公司召开了全国公用电站烧油锅炉改造规划会议。会上统一了认识，首先将处于停运和无力销售高价油电的机组先安排改造，共有荆门、长山等 24 台油电机组列入改造规划，油炉改造从此进入了实施阶段。

为了进一步落实煤代油的成果为发展电力工业做贡献，华能发电公司利用以煤代油资金有盈余的情况，在煤代油办公室的支持下，对电力发展潜力大和有较好建厂条件的地区，与当地省、市政府和电力局洽谈合资办电问题。在一年多的时间内，共签了 11 项总装机容量为 505 万千瓦的合资协议。

"六五"期间，以煤代油资金完成电力投资 25.28 亿元，占总投资额的 8.42%；"七五"期间以煤代油资金完成电力投资 97.4 亿元，占总投资额的 9.8%，比原计划多完成 40.7 亿元。"以煤代油"支持电力建设政策与实施的发展与变化，有效加快了电力建设，不仅调整和改变了火电结构，拓宽了电力建设资金来源，促进和丰富了"集资办电"的形式，还走出了一条政企分开、集资办电的有中国特色的电力建设新路，充分体现了电力工业改革创新发展的成效。

四、华能集团公司的组建

1985 年，在煤代油办公室的投资下，先后成立了 9 个统一以华能为名的公司。除了华能精煤公司、华能国际电力开发公司、华能发电公司外，还有开发钢材、水泥、木材等资源为主的华能原材料公司，以开发节能工程和科技为重点的中国（华能）工程技术开发公司和华能科技发展公司，以利用低热值燃料办电的华能综合利用公司，同时为了华能各公司后勤工作社会化，还成立了华能实业开发服务公司。利用煤代油源源不断的资金支持，以利用外资办电的华能国际电力开发公司为龙头的华能系，迅速发展为国内能源领域一股重要的力量，同时也为华能集团公司的创立奠定了基础。

1988 年 6 月，中国华能集团公司筹备组成立。1988 年 8 月，国办发文批准成立中国华能集团公司，统一在国家计划中单列，享有一定的外事审批权，同年 12 月，康华国际贸易公司整体转入华能集团公司。1989 年 2 月 24 日，根据政企分开原则，能源部将由原水电部归口管理的华电电力技术开发公司、华源电力综合利用开发公司、华电工程建设公司、华电南方（集团）公司等 4 个公司划入华能集团公司管理。同日，华能集团公司与煤代油办公室联合发文，将原煤代油办公室下属的 9 家华能公司归入华能集团公司管理。

华能集团公司创立发展的改革创新实践，是在改革开放深入推进过程中深化"政企分开""集资办电"的产物，不仅有效地缓解了国家电力供应的紧张局面，而且促进了电力工业装备水平和经营管理水平的提高；不仅促进了电力工业的持续、快速发展，而且为深化电力体制改革提供了成功的经验；不仅确保了国有资产保值增值，而且为国有企业进一步深化改革提供了有益的借鉴。

从 1981 年开始实行"以煤代油"政策，到 1990 年的十年间，以煤代油资金收入达 322 亿元，其中售油收入 264.3 亿元；累计出口油品创汇 42.23 亿美元，其中上交国家 27.14 亿美元，留成外汇 15.09 亿美元。加快了能源、交通、原材料基础工业的发展。"六五"期间，以煤代油资金主要用于压缩烧油及其配套工程。从"六五"末期开始，遵照李鹏关于煤代油工作由补偿型向开发型、管理型向经营型转变的指示，相继成立了华能各公司。煤代油办公室和华能各公司根据国家安排，双管齐下，利用以煤代油资金和地方集资、吸收的外资，加快了能源、交通特别是电力工业的发展。十年间，在电力建设方面共投入煤代油专用资金 302 亿元，机组建设总规模达 2027.1 万千瓦，其中，煤代油机组 895.1 万千瓦，华能合作机组 1132 万千瓦。根据"七五"计划执行情况的统计，全国完成电力建设投资 1000 亿元，其中，以煤代油资金和华能集资、利用外资达 200 亿元以上，占全国电力投资的 20%；全国新增大中型电站装机容量 3900 万千瓦中，以煤代油资金和华能集资公司建设机组占 21%。

此外，还有烧油机组改为烧煤机组的改造规模 107.5 万千瓦。特别是煤代油办公室和华能集团公司建成了一批具有 20 世纪 80 年代国际先进水平的现代化大型电厂和大型机组。上海石洞口电厂 4 台 30 万千瓦机组同时建设，一气呵成；大连、福州华能电厂 2 台 35 万千瓦引进机组 24 个多月建成投产，均创造了国内电力建设的新水平。

第四节　火电机组的国产化与规模化

引进火电机组技术之后，下一步就是要全面国产化。30 万千瓦、60 万千瓦机组的国产化工作是一个系统工程，要从分析考核机组的进口零部件、配套件开始，从价格高的零部件、配套件开始逐步排队进行国产化。1982—1992 年跨越"六五""七五""八五"3 个五年计划，30 万千瓦、60 万千瓦大型火电成套设备都被列入国家重大技术装备科技攻关项目，国家有组织、有计划地实施了消化吸收—国产化—优化这个系统工程中的每一个环节。第一阶段完成了 30 万千瓦、60 万千瓦 2 台考核机组的试制，并分别于 1987 年、1989 年投产。第二阶段以"国产化"为中心开展攻关，使三大主机和主要辅机基本实现国产化，三大主机的国产化率达到 85%～90%，主要辅机的国产化率达到 90%。第三阶段以"优化"为中心开展攻关，使引进技术有所发展、创新和提高，达到当时国际同类机组的先进水平。在对引进火电机组的全面国产化过程中，机械行业的几十家主机、辅机生产厂商进行了相应的装备改造，并掌握了先进的火电装备生产技术，形成了大型火电机组批量生产能力，同时实现了以引进技术带动整个行业水平的目的。中国的火力发电设备制造技术达到国际先进水平，从此不再大量进口高参数火电机组。

一、主机的国产化与规模化

（一）锅炉钢材的国产化

一台引进型 30 万千瓦机组配套的锅炉，大概需耗钢材 10 000 吨，一台 60 万千瓦机组配套的锅炉，需耗钢材 18 000 吨，这么多的钢材不可能全部依靠进口。为了减少钢材进口，争取在引进型 30 万千瓦、60 万千瓦机组配套的锅炉制造中尽可能采用国产钢材，在中美共同进行锅炉设计时，中方就提出要用国产钢材的要求，并开展了锅炉材料国产化的探索。

1980 年底，中方代表团去美国 CE 公司带去 YB528（后改为 GB 5310）标准中 20G、15CrMo、12Cr1MoV 等钢管的化学成分和高温持久强度的试验数据，与美方讨论采用这些钢材设计锅炉的可能性。1981 年春，美国 CE 公司来函对引进型锅炉采用中国钢种提出 6 点异议。机械部要求上海发电设备成套设计研究所会同哈尔滨锅炉厂、上海锅炉厂和东方锅炉厂研究对策，由上海发电设备成套设计研究所主持，3 家锅炉厂以及中国电工设备总公司到上海召开了一次专题讨论会。会议认为，以前中国的高温持久强度试验采用棒料在试验室热处理后加工成标准圆试样，而工业生产条件下，钢材的冶金条件和热处理炉温度偏差等均达不到试验室这种精确控制的规范，特别是对铁素体钢，热处理的正火冷却速度对室温和高温强度有很大的影响，棒料在正火时冷却比钢管在工业条件下冷却要快得多，其强度性能必然偏高。为了使美方确信中国的数据是可靠的，中方对报给美方的数据进行了修正，结果中国的钢种与国外钢种成分相近。后来，在中美双方就锅炉管材料选材讨论时，中方对材料的强度可靠性作了承诺，美方才同意在锅炉设计时采用中国钢种进行计算。

由于引进型锅炉用材有一套单独的强度计算取用值，导致中国锅炉厂在锅炉强度计算时有两套计算标准，一套用于国产锅炉，一套用于引进锅炉，中国几家锅炉厂都很有意见。由于美方的反对和汽包材料都需要进口，中方没有对汽包钢材提出国产化替代要求。

锅炉用小口径钢管，主要是指外径在 63 毫米以下的省煤器、水冷壁、低温过热器、末级过热器、低温再热器和末级再热器用碳钢和低合金锅炉管，每万千瓦锅炉需用碳钢锅炉管 20 吨，合金锅炉管 35 吨，合计约 55 吨。上海宝钢是最主要的小口径锅炉管生产企业，1990 年建成年产 10 万吨的锅炉管生产线。上海宝钢多数采用纯氧顶吹转炉生产的管坯，中合金的 T91 钢管管坯是采用电炉钢。由于原材料用的是进口矿石，杂质较少，钢质纯净。上海宝钢的管理比较规范，不定期地进行质量调研，并与进口产品进行对比，所以产品质量深得各家锅炉厂的认可。

上海钢管厂（后改名为上海精密钢管厂）是最早生产锅炉管的企业，具有年产 5 万～10 万吨锅炉管的能力；无锡振达特种钢管有限公司已发展到年产 50 万吨以上钢管产品的能力，其中高压锅炉管和合金的锅炉管各 5 万～10 万吨；常宝精特钢管有限公司主要生产 SA-210C 内螺纹管和合金锅炉管，也具有年产 5 万吨以上锅炉管的能力；天津钢管公司主要生产石油管，也生产锅炉管。此外，能生产锅炉管的企业还有江西红都钢管厂、成都无缝钢管厂、东北特钢厂、衡阳钢管厂、宜兴精密钢管厂等，所以当时小口径锅炉管已经完全实现了国产化。

随着中国发展超临界锅炉，由于参数提高了，奥氏体钢管的用量猛增到对应每万千瓦发电容量用钢管 8～10 吨。1985 年，奥氏体钢管的国产化研究曾立项，由鞍钢无缝钢管厂生产。由于鞍钢无缝钢管厂的生产线只适应生产碳素钢和低合金结构管，生产出来的奥氏体钢管性能虽然达到要求，但表面质量不行，无法转入批量生产。当时国产奥氏体钢管价格太贵，当时从日本进口的 TP347H 钢管，每吨约为人民币 5 万元，而国产钢管要 8 万元，而且长度不足 8 米，质量也不如进口的好。21 世纪初，锅炉厂对奥氏体钢管需求量剧增，由于这种商机，一些原来生产化工用不锈钢管的企业，改进装备转入奥氏体不锈锅炉管的生产，不仅可以生产 TP347H，也可以生产超级 TP304H 和 TP347H 钢管，奥氏体钢管完全实现国产化，满足锅炉厂的需要。

20 世纪 80 年代末，中国锅炉厂开始使用 ASME SA-213T91 钢管，初期因为没有掌握该钢管的焊接工艺，出了一些问题，后来因焊接工艺改进才大量使用，逐渐代替中国以前使用的 12Cr2MoWVTB（102）钢管和 TP304H 钢管，成为锅炉制造的主力钢种。

锅炉厂希望国内钢厂试制 T91 钢管，可在当时的冶炼设备条件下，困难较大。20 世纪 90 年代初，上海第五钢厂和上海钢管厂、抚顺钢厂、成都无缝钢管厂先后试制过 1 批 T91 钢管，结果钢管的高温持久强度均偏低，锅炉厂不敢使用国产钢管，只能从国外大量进口。为此，国务院重大成套装备办公室（国务院重大办）下达研究项目，希望能彻底解决生产中的工艺难题，促进 T91 钢管的国产化。经过工艺改进，使国产 T91 钢管性能达到标准的要求。上海宝钢、常宝精特钢管有限公司、宜兴精密钢管厂、上海精密钢管厂等都可以批量生产 T91 钢管，钢管的性能完全达到标准的要求。

（二）锅炉配套阀门的国产化

30 万千瓦、60 万千瓦机组配套锅炉引进了美国 CE 公司设计制造技术，但配套阀门则没有引进技术，只进口了部分特殊阀门硬件，因此第一套考核机组还需配公称直径从15～350 毫米的关闭类阀门，如 Y 形截止阀、止回阀、排污阀等 43 种规格。一些特殊阀门如安全阀、循环泵排放阀、燃油组合阀等逐步由购买进口硬件走向国产化，以满足机组国产化的配套。

进行第一套的配套和为今后的国产化面临着一个很大的难题，以往中国的产品是从仿制苏联的产品发展起来的，使用的一些标准和设计方法还不能完全脱离苏联标准的框框，对西方国家的一些标准还不熟悉，对按美国标准设计制造出具有世界先进水平的产品，有一定的难度。为解决这个难题，从 1983 年开始，国家组织技术人员对进口的样机进行了大量的测绘，结合一些国外的阀门样本，对美国标准进行了翻译、消化和分析研究工作，并结合样机的结构特点，根据中国现有的材料规范，现有的生产能力和生产设备进行试制。除安全阀和动力控制阀已由哈尔滨锅炉厂引进了日本岗野株式会社的设计制造技术外，哈尔滨锅炉厂和上海电站辅机厂仿制或自行设计了 30 万千瓦、60 万千瓦机组配套的大部分阀门，如给水管道上的 Y 形截止阀、止回阀、循环泵排放阀、燃油组合阀等。43 种关闭类阀门已经在石横发电厂 30 万千瓦及平圩发电厂 60 万千瓦机组上使用，循环泵排放阀已在石横发电厂 30 万千瓦机组上使用，燃油组合阀仿制出的样机已在哈尔滨第三发电厂 60 万千瓦机组上进行工业性试验。

仿制并逐步实现阀门国产化的工作从 1983 年就开始，通过几年的努力，当时 30 万千瓦、60 万千瓦机组吹灰系统、喷水减温系统的调节阀因气动执行机构元件配套问题没有解决而没有自制外，绝大多数阀门已经做到了国产化。但是，因阀门的泄漏问题长期没有得到彻底解决，以后建造的 30 万千瓦、60 万千瓦机组有一些阀门还是从国外采购，特别是一些调节阀门。

由于引进技术的 30 万千瓦、60 万千瓦机组配套锅炉是按照 ASME 规范制造，因而安全系统必须配置直接作用式安全阀和动力控制阀。但是，当时中国仅能生产冲量式安全阀，即先由导阀动作，然后打开主安全阀排放蒸汽泄压。为了满足考核机组的配套进程，先向国外购买两套安全装置，即 1982 年底向美国德莱赛公司购买了 30 万千瓦和 60 万千瓦机组的安全阀各 1 套，分别耗资 15 万美元和 22 万美元。

为发展中国火电机组，提高并掌握中国设计、制造安全阀的技术，替代进口，节约外汇，需要引进安全阀的设计制造技术。于是开封高压阀门厂和日本冈野阀门制造株式会社在商谈铸钢件生产技术引进的基础上，增加了有关电站用高温高压阀技术引进问题的探讨。经过对冈野安全阀、减压阀等技术的考察，认为其技术在国际上还是先进的，安全阀的启闭压差可达 4%（仅次于美国），也符合 ASME 规范的要求。日本冈野阀门制造株式会社的技术是从美国引进后发展起来的，该公司产品在陡河电厂、宝钢电厂等均有使用，质量良好。最后决定由哈尔滨锅炉厂和开封高压阀门厂共同引进日本冈野阀门制造株式会社的高温高压阀的设计制造技术。开封高压阀门厂引进电站管路系统上的通用高温高压阀门技术；哈尔滨锅炉厂引进电站锅炉配套的专用特殊阀门技术。合同于 1985 年 9 月签约，共花入门费 19 500 万日元，其中哈尔滨锅炉厂花入门费 9500 万日元（约合 42 万美元）。软件合同范围是 30 万千瓦、60 万千瓦机组配套的安全阀、调节阀等特殊阀门的专有技术。软件的价格只相当于买 2 台 60 万千瓦机组配套安全阀的硬件价格。

1986 年 10 月第一批设计、工艺、调试人员去日本冈野阀门株式会社接受培训。在安全阀资料消化过程中，根据国产的材料、工厂当时机床设备的能力，不同的加工工艺等进行了国产化设计。在材料国产化的工作中，设计人员和工艺、材料研究人员共同研讨，反复查找资料，特别对一些主要零部件如热阀瓣、阀杆、导向套、上下调整环等材料逐一落实，在满足性能条件的前提下，做到了 100% 的国产化。

弹簧是安全阀的重要零件之一，其性能直接关系到阀门开启和关闭的重复性。美国德莱赛公司和日本冈野阀门制造厂自身都不制造如此高精度的弹簧，所配弹簧由专业弹簧厂制造，进厂时进行复验。30 万千瓦、60 万千瓦机组所用安全阀弹簧直径为 48～55 毫米，由哈尔滨锅炉厂自制缺少卷制机，同时也缺乏制造如此大直径且高精度（Ⅰ级精度）的经验。鉴于大连弹簧厂是机械部定点专业厂，有制造弹簧的经验，1986 年又从联邦德国进口了 1 台卷簧设备。经过两厂商谈，决定由哈尔滨锅炉厂提出技术要求，大连弹簧厂试制安全阀弹簧，但卷制前后的探伤由哈尔滨锅炉厂进行。

在国外，凡能生产安全阀的工厂都拥有安全阀动作性能试验设备。在消化引进技术的同时，哈尔滨锅炉厂决定利用原 2 吨/小时直流锅炉（最高工作压力可达 19.6 兆帕，工作温度 570 摄氏度），重新设计了安全阀动作性能试验装置，将 2 吨/小时直流锅炉的产汽引入 1 只蓄热器，将热能储存起来，达到瞬时排放 200 吨/小时的流量，该装置可对每只安全阀（公称直径 200 毫米以下）的开启压力、回座压力、密封性、阀起跳重复性能等指标进行出厂前的检测。对于汽包和过热器用安全阀采用 14.7 兆帕的饱和蒸汽进行试验，对再热器进出口安全阀以其实际工作压力进行试验，并在试验后进行出厂前的整定、铅封。

从 1985 年签订引进技术合同以来，至 1995 年末，哈尔滨锅炉厂已生产 30 万千瓦、60 万千瓦机组安全阀和电磁泄放阀 344 台，在 20 多家电厂运行，电厂反映安全阀和电磁泄放阀动作性能可靠，运行情况良好，能够保证机组的正常、安全运行。

（三）锅炉厂国产化能力的提高

国内的锅炉制造厂通过对第一套 30 万千瓦和 60 万千瓦机组配套锅炉的试制，生产出了合格的符合美国 CE 公司标准的当时具有先进水平的产品，也使制造厂的工艺制造水平有了很大的飞跃。在消化引进技术的同时，结合国情又有所创新，提高了技术和管理人员的素质，培养了队伍，为今后进一步国产化和技术的发展与提高奠定了良好的基础。

哈尔滨锅炉厂通过“六五”计划期间的工厂技术改造，新建了膜式壁厂房和线性加速器探伤室，建立了集箱生产专用场地，进口关键设备 13 台，自行设计制造了一批非标设备，装备了新的生产线和扩大了原有生产线的能力，为提高产品部件的质量和国产化率提供了有力保证。

哈尔滨锅炉厂进口的用于厚壁钢管接长的高效直管接熔化极惰性气体保护焊（MIG）焊机，蛇形管屏拼排的感应压力焊机全位置压力焊机，X 光工业电视系统加上自行设计制造的系统弯管机、C 型框架焊机、小 R 挤压机等组成厚壁、蛇形管生产线，成立了 60 万千瓦机组配套锅炉蛇形管生产工段。实现了考核机组的蛇形管全部由国内生产制造，使省煤器、过热器、再热器等重要部件的制造都达到了美国 CE 公司标准的要求，并实现了国产化。

哈尔滨锅炉厂进口的双头钨极氩弧焊（TIG）点焊机和六头龙门焊机，加上自行设计的四头气体保护焊拼排焊机等，组成了新的膜式壁生产线，淘汰了旧的价格昂贵的轧制鳍片管制造膜式壁，改为光管加扁钢新工艺，实现了水冷壁部件制造的国产化。用自制的重型集箱对接焊机等扩大了集箱的加工能力，适应了大直径、厚壁长集箱的加工，实现了集箱部件制造的国产化。通过进口的窄间隙埋弧焊机、4 兆电子伏直线加速器等，使工厂具有利用进口筒节拼装汽包的能力。通过技术攻关，使锅炉的全量型安全阀、电磁泄放阀、气动调节阀等零部件实现了国产化。

由国内各兄弟厂承担制造的锅炉配套件，有的按引进技术制造，有的自行研制，经过对各厂“六五”计划期间的技术改造，增添了设备，相继实现国产化的配套。如东方锅炉厂试制成锻制三通，供应 30 万千瓦和 60 万千瓦机组配套锅炉使用。沈阳水泵厂和哈尔滨电机厂共同试制成功按照联邦德国 KSB 引进技术生产的炉水循环泵。吹灰器系统分别由上海电站辅机厂和哈尔滨锅炉厂制造，其控制设备由上海发电设备成套设计研究所试制成功，从第二台开始实现国产化。哈尔滨锅炉厂和风华机械厂共同试制的空气预热器漏风控制系统、转子停转报警及油润滑系统也在国产 20 万千瓦机组配套锅炉及第二台（套）60万千瓦机组配套锅炉上使用。其他如点火器、电视摄像系统的国产化也都在逐步进行之中。

"六五"计划期间的技术改造完成以后，到 30 万千瓦机组配套锅炉第四台制造完成时，国产化率达到了 85%以上，并在产品的质量上有了新的提高。在"六五"计划期间工厂技术改造的基础上，"七五"计划期间，为实现引进型 30 万千瓦、60 万千瓦机组配套锅炉的全面国产化和上海锅炉厂、哈尔滨锅炉厂达到年产各 300 万千瓦火电设备配套锅炉的生产能力，进行了全面的技术改造。

"七五"计划期间，上海锅炉厂新建了约 2 万米^{2}的膜式壁车间，扩建了 3000 米^{2}的管子车间。还针对膜式水冷壁的制造，在原有 2 台设备的基础上进一步充实设备，配套成线，使之形成双生管、四生管直至能焊拼排最宽为 3.2 米机械化流水生产线。关键设备包括扁钢开卷、清理、校正生产线 4 套，Komesma800 型焊机（膜式焊）2 台，Komesma160型焊机（膜式焊）1 台，3200 型龙门焊机 1 台，间断鳍片管焊机 1 台，立式成排弯管机 1台。蛇形管的制造在原来基础上，增添 1 条以 Babcock 公司的 RLS63 型左右翻身连续弯管机为主体的弯管生产线。汽包、集箱制造，除内部调整外，再新增焊接操作机、焊接滚轮架、窄间隙埋弧焊机组成的纵/环缝焊接群、集箱数控三轴钻、集箱焊接机械手等设备，新增 451 数控冲床、立式带锯、数控加工中心、液压剪板机、数控气割机以及 CO_2 焊机。

"七五"计划期间，哈尔滨锅炉厂为提高重型汽包的生产能力，增加了 8000 吨油压机，以压制汽包筒体，加上配套的加热炉、新的窄间隙焊机、焊缝磨锉机、汽包钻孔设备等，具备了汽包生产能全部立足国内的条件，从此 30 万千瓦和 60 万千瓦机组配套锅炉的汽包制造就完全实现了国产化。新增了第二条配有系统弯管机、MIG 焊机、X 光工业电视检测系统等的生产线，以增加生产能力。引进了国外最新的 12 头和 4 头 MPM 膜式壁 CO_2气体保护焊机等，制成新的膜式壁生产线，以提高膜式壁的生产能力。引进及采购国产材料试验装备和新的质量检测设备，以增加材料的试验能力和检测能力。增建新的物料仓库，改造煤气站，调整厂内运输系统等，以满足工厂生产能力的全面增长。

"七五"改造完成以后，上海锅炉厂、哈尔滨锅炉厂除了达到预定的生产能力以外，使 30 万千瓦和 60 万千瓦机组配套锅炉的国产化率提高到 95%以上，并在产品质量、工厂管理和提高生产效率方面都有了新的进展，使这两个锅炉厂进入了国际锅炉制造先进水平行列。

（四）汽轮机的国产化

根据机械部的安排，由上海汽轮机厂承担引进型 30 万千瓦汽轮机的研制任务，哈尔滨汽轮机厂承担引进型 60 万千瓦汽轮机的研制任务。在第一台引进型 30 万千瓦汽轮机（即考核机组）试制时，向美国 WH 公司购买的关键零部件及毛坯，其总价在 650 万美元左右，约占整台机组进口价格的 60%，致使汽轮机的售价高出国产型 30 万千瓦汽轮机的两倍以上。如何在保证机组质量的前提下，尽量减少进口零部件，实现国产化，已成为当时摆在上海汽轮机厂面前的迫切任务。

汽轮机用的材料，除了大型铸锻件以外，主要是叶片和螺栓。当时冶金部系统有十大特钢厂，特别是上海第五钢铁厂（上海五钢）、抚顺钢厂（抚钢）、长城钢厂为航空、航天工业供应各种高合金冶金产品，包括各种高温用镍基、铁镍基和钴基合金。从技术上讲，生产引进型汽轮机用的叶片和螺栓材料没有太大问题，但需要组织攻关，进行各种性能评定试验。

在第一台汽轮机产品试制时，原则上都按美国 WH 公司的材料牌号投料。国产化过程中，在不降低产品质量的基础上将材料品种进行了归并和简化。凡是美国 WH 公司准予采用的材料，则直接转化为中国国家标准的材料。1982 年秋，为了解决第一台引进型火电设备的材料问题，机械部和冶金部组织有关设备制造厂和部分冶金企业在哈尔滨召开一次专门订货会，会上本溪钢厂表示今后愿意专门从事汽轮机用钢的生产，本溪钢厂逐渐成为汽轮机叶片材料的专业生产厂。汽轮机末级和次末级叶片需用 17-4PH 模锻叶片，无锡叶片厂增强了锻造能力，哈尔滨、上海、东方三大汽轮机厂的模锻叶片大部分都由无锡叶片厂提供。1989 年，生产哈尔滨第三发电厂第三台引进型 60 万千瓦机组时，除了大型转子锻件和特厚钢板等原材料外，其余都已能立足于国内供应了。

引进型 30 万千瓦汽轮机共有高中压转子和低压转子各 1 根。第一台机组的高中压转子是进口粗加工后的转子锻件，再由上海汽轮机厂加工得到；由于进度要求，低压转子购买了转子成品（不包括动叶片），致使成品转子的售价高出锻件 3～4 倍。第二台开始仅进口锻件，自行精加工，节约了大量外汇。自第三台开始，逐步采用上海重型机器厂和第一重型机器厂生产的高中压转子和低压转子锻件。

高中压外缸分为上下两片，各重 35 吨左右，第一台和第二台机组的高中压外缸铸件均从国外进口。经过科技攻关，从第三台起国内上海重型机器厂（简称上重）、第一重型机器厂（简称一重）、第二重型机器厂（简称二重）均已有能力铸造，就不再进口。第一台机组的主汽阀、调节汽阀及再热联合汽阀是向美国 WH 公司购买整套设备。第二台机组的两种阀门仅进口了阀壳锻件。经过科技攻关，采用以铸代锻，自第三台开始两种阀门的阀壳改为铸件，由上海汽轮机厂自行浇注，实现了主汽阀、调节汽阀及再热联合汽阀阀壳的国产化。

首台机组配套零部件，绝大部分向美国 WH 公司购买，这些配套件由于美国 WH 公司也是外购的，因此没有图纸提供，给自行制造构成一定困难。主要采用以下几种办法进行国产化：测绘制造，按美国 WH 公司技术要求采用国内机组上使用过的成熟产品，按美国 WH 公司技术规范采用国内的标准产品，按要求自行设计制造等。例如，测绘了主油泵、推力轴承等，汽封冷却器中的鳍片管由哈尔滨空调机厂轧制，顶轴油泵、排烟风机采用国内标准产品，汽封、疏水、喷水系统的各部件都在国内落实定点试制。

美国 WH 公司采用 R-26 合金和 C-422 钢作为汽轮机高温螺栓材料，但价格昂贵。中国以往用的大直径螺栓采用国内开发的 20Cr1Mo1VNBTB 和 20Cr1Mo1VTiB 低合金钢，这两种材料在国产机组当时已用了 20 多年，运行情况良好，所以汽轮机用的大直径螺栓仍用国内研发的低合金钢。

近代大型高压定子线圈主绝缘归纳起来可以分为两个技术系统：一是以美国 WH 公司的 Thermoplasic 绝缘和瑞士勃朗—包威利公司的 Micadur 绝缘为代表的环氧粉云母带（少胶带）、真空压力浸渍的连续式绝缘（简称少胶带型）；二是以美国 CE 公司的 Micapal 绝缘和法国 Alstom 的 Isotenax－N 绝缘为代表的环氧粉云母多胶带型，连续式绝缘液压或模压成型绝缘系统。中国惯用玻璃布补强的粉云母带，由桂林科学研究所负责、哈尔滨大电机研究所参加与美国 WH 公司签订了联合开发玻璃布补强少胶云母带（简称 CBMP）协议，想用此绝缘代替美国 WH 公司的 Thermoplastic 绝缘。

整个联合开发工作分两个阶段进行，第一阶段由中方派代表去美国 WH 公司，采用中国的玻璃布和粉云母纸与美国的同等材料作比较，与美方代表联合研制 GBMP 带。第二阶段除派代表与美国 WH 公司共同评定线棒应用试验外，中方同时在国内也进行一些评定工作，这阶段经过电性能、力学性能试验、热稳定性试验、电老化试验和线棒浸水试验等一系列试验，美国 WH 公司得出国产的 GBMP 绝缘和在美国 WH 公司生产的 GBMP 绝缘相当的结论。从此，引进技术的 30 万千瓦、60 万千瓦汽轮发电机的定子线棒主绝缘实现了国产化。

"六五"和"七五"期间，上海汽轮机厂、哈尔滨汽轮机厂分别开展了符合生产实际的技术改造，完善了厂房及配套设施，引进了一些现代化设备和仪器，如数控转子大车、大型数控汽缸镗铣床、大型数控龙门铣、检测设备等，为形成引进型 30 万千瓦汽轮机、60 万千瓦汽轮机的批量生产奠定了基础。哈尔滨汽轮机厂在引进型 60 万千瓦汽轮机的国产化工作方面取得了很大进展，国产化率由第一台的约 40% 提高到第四台的 90% 左右。

二、辅机的国产化与规模化

20 世纪 80 年代前，国内生产的电站辅机只是国外 20 世纪 40～50 年代的水平。为提高 30 万千瓦、60 万千瓦机组的成套水平，国家对辅机、配套及关键铸锻件等采用了 4 种方式使其与主机水平同步提高：一是引进技术，国内制造；二是进口样机，国内试制；三是采用国内改进后的产品；四是直接从国外进口。在 30 万千瓦、60 万千瓦火电机组的 230 余种配套设备中，有 168 种产品，包括鼓风机、引风机、给水泵、循环水泵、给水泵汽轮机、空气预热器、高压加热器、磨煤机、大中型电动机、大型变压器、大电流断路器、高压开关、避雷器、电除尘器、化学水处理设备和有关控制系统等，分别从美国、法国、德国、加拿大、英国、瑞典、瑞士、日本、奥地利、澳大利亚等 10 个国家的约 80 家公司引进技术。

（一）鼓风机和引风机的国产化

动叶可调轴流风机是 20 世纪 50 年代初发展起来的新型风机，它具有良好的调节性能、宽广的流量变化范围和高效率的运行区域，特别是对大容量变工况运行的火电厂锅炉送、引风机，更具有其他风机无可比拟的优越性能，因而在欧美等发达国家得到广泛的应用。

在中国开始进行 30 万千瓦机组开发之前，西安热工研究所就与西北电力设计院和沈阳鼓风机厂一起对大型火力发电机组采用轴流式风机可行性进行了调查研究，提出在 30 万千瓦级机组中采用轴流式风机的建议，得到水电部和机械部的支持。由于中国 30 万千瓦火电机组分配给上海三大主机厂开发制造，于是由上海鼓风机厂负责进行 30 万千瓦机组轴流式送、引风机的开发。所开发的 07－11 型动叶调节轴流式风机先后用于姚孟和望亭电厂首批 30 万千瓦机组上，但未取得成功，动叶调节实现不了，造成多起叶片断裂飞车事故。于是国家决定引进动叶调节轴流式风机，西安热工研究所风机专业人员从始至终参与了引进的准备和谈判，并派员到国外参加监造及验收工作。在分别引进 8 台送、引风机用于更换姚孟和望亭电厂各 2 台锅炉送、引风机的同时，上海鼓风机厂于 1979 年 12 月从联邦德国透平通风技术公司（简称 TLT 公司）引进了轴流风机和消声器技术，其中包括研究、设计、制造、装配、质量、检查、试验、安装、销售及售后服务等专有技术。

电站用动叶可调轴流风机大致可分为用于送风机的 FAF 系列、用于一次空气风机的 PAF 系列、用于引风机的 SAF 系列、用于脱硫装置的 RAF 系列，可以满足 1.5 万～150 万千瓦机组的需要，适用于各种负压锅炉和微增压锅炉，有立式和卧式两种布置，成套性强。TLT 公司又于 1986 年向上海鼓风机厂转让了该公司拥有的联邦德国 Babcock 公司的工业离心风机和静叶可调轴流风机（又称子午加速轴流风机）的全部技术，这两类产品可为 1.5 万～75 万千瓦火电机组提供离心式和静叶可调轴流式的引风机、一次空气风机、除尘风机、烟气再循环风机、密封风机等。这样，使上海鼓风机厂成为风机行业中能按引进技术向电厂提供国际先进水平的动叶可调轴流风机、静叶可调轴承流风机、离心风机的主要厂家。为提高产品的质量和促进产品的国产化，工厂结合"六五""七五"技术改造，增添了数控车床、光电数控下料设备、等离子线切制设备、自动焊接设备、动平衡设备等，并自行改装了大型立车数显装置，采用了铝合金差压铸造工艺，提高了加工设备的技术等级和工艺水平，同时加强了产品的质量控制，设计制造了主要部套的功能试验检查装置，完善了产品检测手段。因此，无论是试制的样机，还是批量的产品，出厂试车都是一次成功，实现了国产化。

配套件的国产化是难度最大的问题。产品的配套件有上百种型号、规格，在国外均是由制造厂直接从市场采购，不需要自己制造也不用担心买不到，而国内情况不同，大多数配套件要自己想办法落实。工厂自 1981 年起就开始抓配套件的落实，先后跑遍了大半个中国，与机械部、航天部、航空部、造船总公司所属的 30 余家工厂联系，先后落实的有消声器（自制）、蝶型弹簧（自制）、铜密封环（自制）、液压动叶调节装置（委托试制）、液压润滑供油装置（委托试制）、轴承、聚四氟乙烯密封件、橡胶密封 O 形环、橡胶围带、端面热电阻、电动执行器、行程开关、各种管件、就地仪表盘等近百种。但仍有少量零配件因技术要求高、型号规格多，需要量少，暂时进口解决，如滚动轴承、密封件等。

经过不懈的努力，基本上实现了轴流风机产品的国产化，按价格计算，FAF 轴流送风机、PAF 一次空气风机国产化率为 80%，SAF 轴流引风机为 70%，配套消声器为 100%。通过轴流风机国产化工作的开展，使国内电站配套轴流风机技术水平跨入了国际先进水平行列。上海鼓风机厂技术引进的产品在 1988 年的产值和利润已分别占到全厂的 51.6% 和 51%，经济效益十分明显，成为企业的主导产品，至 1995 年已生产了 165 台产品，满足了国内发电设备的需要，上海鼓风机厂在轴流风机的国产化过程中还十分注意引进技术的移植，带动其他产品水平的提高。如为秦山核电站 30 万千瓦机组配套的风机中采用了 TLT 公司的空气动力设计和结构设计，在为青海铁路提供的老产品中采用引进动叶调节机构，在为 12.5 万千瓦机组的离心送风机中加装按引进技术设计的大型消声器等均取得满意的效果。

沈阳鼓风机厂研制的 60 万千瓦火电机组离心引风机于 1988 年 8 月在平圩发电厂 1 号机组试运行情况良好。沈阳鼓风机厂设计制造的 30 万千瓦、60 万千瓦火电机组的离心引风机是在美国依柏斯柯公司引风机规范书的基础上，按供需双方达成的技术协议书内容进行的。其空气动力性能，是由 0.7 米叶轮双吸模型试验后换算而得到的，是可靠的。主轴、叶轮等重要零部件严格按设计要求、专门工艺制造，经探伤检测、转子动平衡校验后再进行超速试验，因而风机强度可靠，工业运行安全。整台风机除结构合理、实用外，还有一定创新，如斜锥式进风口、盖盘外侧小叶片、方向接头和盘车装置的拨叉等。

沈阳鼓风机厂为 30 万千瓦、60 万千瓦火电机组配套的离心引风机的试研成功，为设计制造大型锅炉风机积累了经验。但从发展的眼光看尚需进一步完善和改进，如该风机的主轴粗而长，吨位大，锻造及加工费用高，今后应考虑研制空心轴，以减轻重量、降低成本；该风机气动设计方法还较落后，风机的压力系数小，有时出现气流流动不稳定现象；该风机的润滑油系统结构复杂，泵出口压力过高，自力式压力调节阀选型有待改进；产品几何尺寸大，制造成本高，有待在不降低质量的前提下降低成本。以上这些问题，直到该厂在 1985 年从丹麦诺文科公司引进了动叶可调大型轴流风机设计制造技术后，通过消化吸收、引进技术，才促进了离心引风机的完善和改进。开发设计了机翼双吸离心引风机，解决了运行稳定性问题；开发设计了单板三元叶片，提高了风机的效率及耐磨性；采用空心轴及滚动轴承，节省了润滑油站和高位油箱；在开发的单板三元叶片风机模型的基础上，采用了三元流动理论设计叶轮，其压力系数高，高效范围宽广，装置效率高，相继为出口的 21 万千瓦机组和引进优化型 30 万千瓦机组生产了产品，投运情况良好，风机效率达到 83%～84%。经过消化吸收、引进技术开展了产、学、研三结合，先后攻克了叶片、轮毂和小直径长孔液压缸加工等技术关键，用了两年时间生产出样机，为望亭、汉川、珠江、哈三、元宝山、铁岭等电厂的 30 万千瓦、60 万千瓦火电机组生产了 136 台 ASN（单级）和 AST（双级）型动叶可调轴流风机，沈阳鼓风机厂在"八五"期间进行了大型电站轴机配套风机国产化的技术改造工程（即双加技术改造工程），改造后形成年产 20 万～60 万千瓦火电机组配套风机 400 万千瓦的生产能力，并且国产化率达到 95% 以上。

继沈阳鼓风机厂和上海鼓风机厂之后，武汉鼓风机厂是第三家引进动叶可调轴流风机技术的厂家。1987 年，经国家经委批准，武汉鼓风机厂从日本三菱重工业株式会社（三菱重工）引进了动叶可调轴流风机的设计、制造技术，获得了三菱重工开发的大型火电站 20 万～100 万千瓦用的动叶可调轴流风机及双吸双支撑离心风机的技术和专利，并获得了设计、工艺、制造、组装、检测和销售许可证产品的权利，中国成为第四个获得三菱重工此项专利技术的国家。

20世纪80年代末，大容量火力发电机组在中国迅速发展，又出现了大型电站风机可靠性不高的问题，这不仅直接关系到发电机组的安全运行，也直接影响着电厂的经济效益，电站风机故障和事故停运使得电厂的发电量减少。据统计，1991年中国10万千瓦以上火电厂机组仅由于引风机故障所造成的全年损失电量达12.7亿千瓦·时，可见，提高电站风机运行的可靠性，既是保证主机安全运行的必要条件，又是电站风机节能的一个重要途径。为此，能源部将提高中国大容量电站风机可靠性的研究作为电力工业重点科技项目下达给西安热工研究所，于20世纪90年代初开始实施。经过5年多的研究和在电站风机改造中的实践，西安热工研究所提出了为提高中国大容量电站风机可靠性的《大型电站风机及系统可靠性设计原则》，为大容量电站风机及系统的设计以及电站风机的改造提供了依据。

（二）水泵的国产化

水泵是电站的重要辅机，沈阳水泵厂承担了30万千瓦、60万千瓦火电机组配套强制循环泵、给水泵、循环水泵和凝结水泵的研制与国产化工作。由于锅炉引进了美国CE公司的可控制循环锅炉技术，为配合锅炉主机的引进技术，决定引进可控制循环锅炉的配套产品——锅炉强制循环泵的技术。由于美国CE公司采用的是CE-KSB强制循环泵，因此，沈阳水泵厂首先与联邦德国凯士比（KSB）公司谈判引进强制循环泵的技术转让合同。

1981年11月20日，沈阳水泵厂与KSB公司正式签订了《配有电机的LUV型无填料热水强制循环泵技术转让合同》。1981年12月21日，此合同获得国家进出口委批复同意。按合同规定，共引进3种规格，其中两种规格是等同于CE-KSB配石横电厂30万千瓦和平圩发电厂60万千瓦亚临界控制循环锅炉，为铸件结构。1983年4月和11月，沈阳水泵厂先后分10批赴KSB公司进行设计、制造、质量等方面的人员培训。1983年11月14日，完成对引进图纸、技术文件的转化工作。石横发电厂1号机组和平圩发电厂1号机组的强制循环泵都是从国外购买的。

从1985年初开始，就石横发电厂2号机组锅炉配套用强制循环泵的研制，沈阳水泵厂与上海锅炉厂、沈阳水泵厂与KSB公司分别进行技术谈判，最后考虑到第一次研制经验不足，交货进度又紧迫，为保质按期交货，决定与KSB公司合作生产。1986年3月，沈阳水泵厂与上海锅炉厂签订了强制循环泵（锻焊结构）新产品试制合同书（3台）。1986年4月和8月，沈阳水泵厂与KSB公司签订了合作生产合同。KSB公司制造1台泵，再提供2台泵壳毛坯、主螺栓、主螺母、缠绕密封垫、外配系统等，其余由沈阳水泵厂制造。1988年6月，沈阳水泵厂完成产品试制，缠装配、试验合格后于同年7月发货到石横发电厂。

1987年12月，装有KSB公司生产的1台强制循环泵的"卡松"号货轮发生了火灾沉船事故，为确保石横发电厂按期发电，沈阳水泵厂一方面由机械部协调，将泵壳锻件毛坯交由中国第二重型机械集团公司（德阳二重）赶制，另一方面根据工厂现有生产条件，在综合消化引进的铸件结构设计制造技术的基础上，赶制铸件结构强制循环泵。1989年1月完成了铸件结构的强制循环泵研制，经装配、试验合格后，同年2月发货石横发电厂。也就是说，石横发电厂2号机组的3台强制循环泵（2台锻件结构、1台铸件结构）都是沈阳水泵厂研制的。

1987年2月，沈阳水泵厂与哈尔滨锅炉厂签订了《平圩发电厂2号机组60万千瓦机组锅炉配套用强制循环泵新产品试制合同》，泵壳毛坯（锻件）向德阳二重订货。1989年12月，沈阳水泵厂完成了60万千瓦锅炉配套用强制循环泵的研制，经总装和试验，其性能达到引进技术的要求。沈阳水泵厂研制的强制循环泵在石横发电厂2号机组上投运后，运行正常，泵的性能参数达到设计要求，二次冷却水在电厂原设计水源条件下，没有发生泵机组的超温现象。

在强制循环泵的研制过程中，沈阳水泵厂十分重视国产化工作，经过工厂技术改造后，除了密封缠绕平垫仍需从国外进口外，已全部实现了国产化，国产化率达到99%。

石横发电厂30万千瓦火电机组配套的锅炉给水泵是100%容量的主给水泵组和50%容量的启动备用给水泵及其升压泵。平圩发电厂60万千瓦火电机组配套的锅炉给水泵是50%容量主给水泵及其升压泵和30%容量的启动备用给水泵及其升压泵。根据机械部安排，引进技术的30万千瓦、60万千瓦火电机组配套的锅炉给水泵由沈阳水泵厂承担研制任务。

为解决电站锅炉用国产给水泵效率低、可靠性差、品种不全、配套不全、可控性水平低等问题，1979年11月21日，沈阳水泵厂与KSB公司签订了《电站锅炉给水泵许可证生产协议》，《协议》内容包括15个品种的给水泵和升压泵的设计制造。1980年5月，沈阳水泵厂和KSB公司共同与比利时牵引公司签订了为中国平顶山姚孟电厂2台国产30万千瓦机组提供6台（套）给水泵组的合同，其中有2台（套）完全由沈阳水泵厂生产，1台（套）内泵芯由KSB公司生产，外壳由沈阳水泵厂生产，在沈阳水泵厂组装。在KSB公司专家和比利时牵引公司专家对产品进行全面验收合格后，50CHTA/6给水泵于1982年底顺利合格出厂发运。

紧接着就开始了为石横发电厂、平圩发电厂、邹县发电厂、谏壁发电厂、洛河发电厂等30万千瓦、60万千瓦火电机组配套给水泵组作技术准备工作，分别于1983年、1984年签订了技术协议和合同。供石横发电厂、平圩发电厂的水泵分别于1984年2月和12月设计出图纸，于1985年底和1986年初分别试验合格出厂。

引进30万千瓦、60万千瓦火电机组技术后，一机部通用机械总局决定引进适用于大型机组输送循环水用的斜流泵制造技术。本着"货比三家"的原则，决定引进日本荏原公司的立式斜流泵及合金铸造技术。1981年4月，沈阳水泵厂与日本荏原公司签订了技术引进合同，日本荏原公司向沈阳水泵厂提供10套立式斜流泵产品图纸，其中5套为标准型，另5套为非标准型。

引进技术合同签订后，沈阳水泵厂分两批派出工程技术人员出国接受技术培训。在培训期间，产品设计人员直接参加了石横发电厂 30 万千瓦机组配套的 1400HB 立式斜流泵及平圩发电厂 60 万千瓦机组配套的 1800HK 立式斜流泵的产品图样设计。日方分别于 1983 年和 1984 年向沈阳水泵厂提交了两产品的完整图纸。接到图纸后，沈阳水泵厂立即组织技术人员对产品图纸进行转换、消化，按新产品试制要求组织投入样机的试生产。1986 年，沈阳水泵厂完成配石横发电厂 30 万千瓦机组配套 1400HB 立式斜流泵 2 台样机的加工制造及制造厂原型性能测试，并经厂及部级技术鉴定后，提交石横发电厂使用。1987 年 10 月，完成平圩发电厂 60 万千瓦机组配套 1800HK 立式斜流泵 2 台样机加工制造及制造厂原型性能测试，并经厂及部级技术鉴定后，提交平圩发电厂使用。

经安装、调试和投运，沈阳水泵厂研制的 30 万千瓦机组配套 1400HB 立式斜流循环水泵及 60 万千瓦机组配套 1800HK 立式斜流循环水泵，经受了冬季、夏季不同运行工况考核，运行平稳，机组噪声在 85～90 分贝以下，性能完全满足电厂运行参数、负荷变化的要求。

在 20 世纪 70 年代中国自行研制国产 30 万千瓦火电机组时，为配套国产 30 万千瓦机组，沈阳水泵厂研制了 9LDTN 型国产凝结水泵。沈阳水泵厂又为哈尔滨第三发电厂的引进型 60 万千瓦机组研制了 10LDTN 型凝结水泵。

69APMA 大型立式斜流泵是长沙水泵厂为平圩发电厂 60 万千瓦火电机组试制的辅助冷却塔循环水泵，是长沙水泵厂采用美国英格索尔公司技术制造的许可证贸易产品。1984 年，长沙水泵厂与美国英格索尔公司签订了技术引进合同。1985 年 1—3 月，长沙水泵厂派出设计人员到英格索尔公司进行技术培训，并参加第一种合同产品 69APMA 型泵的设计工作。1985 年 9 月，英格索尔公司向长沙水泵厂提交了 69APMA 型泵正式图纸资料和技术文件。

（三）容克式空气预热器的国产化

引进技术的 30 万千瓦、60 万千瓦机组配套的锅炉都采用正压直吹式制粉系统，又称冷一次风系统。一次风机装于空气预热器下方，空气预热器采用三分仓式，一次风经空气预热器分仓加热后，送往磨煤机作为干燥剂。

上海锅炉厂自 20 世纪 70 年代开始生产配套国产 12.5 万千瓦和 30 万千瓦锅炉的回转式空气预热器，但技术比较落后，漏风率较大，性能不能令人满意。自 1981 年引进美国空气预热器公司（ABB、API 公司）容克式回转空气预热器的技术后，产品设计、制造和质量控制均按照该公司的标准和规范进行，产品质量稳步提高，径向密封间隙可控制在 1.5 毫米以内，减少漏风，设计漏风率小于 7.3%。

上海锅炉厂已具有波形板自动生产线等一系列专用设备，材料利用率从以前的 70% 提高到 95% 以上。空气预热器的漏风控制系统开发成功后于 1990 年通过部级鉴定。空气预热器的轴承油循环系统、减速箱、转子停转报警装置以及轴承等部件国内均能配套，各个配套件性能均能满足本体要求。通过十多年的努力，空气预热器本体及其配套件的国产化程度逐步提高，至 1995 年底，国产化程度已达 100%。

在引进技术以前，哈尔滨锅炉厂只能设计和生产中小型风道转预热器（Rothemuhle型），最大定子直径为 8.2 米，生产的数量也少。虽然是"两分式"，压差也不高，但漏风还是较大，在制造上也未形成规模。

1981 年，哈尔滨锅炉厂引进了美国空气预热器公司（ABB、API 公司）容克式回转空气预热器技术。制造时采取以哈尔滨锅炉厂为主体，由济南锅炉厂、青岛金属结构厂等单位协作制造，考核机组空气预热器通过鉴定，漏风率为 7.9%，证明了引进技术是成熟而先进的。经过十多年的努力，空气预热器本体及其配套件都实现了 100%国产化。在消化吸收引进技术的基础上，根据自己的实践经验，自行设计并扩大品种，又设计、制造了一批配套 60 万千瓦、30 万千瓦、21 万千瓦、12.5 万千瓦、10 万千瓦和 50 万千瓦机组的容克式空气预热器。

（四）高压加热器的国产化

1981 年 9 月，上海电站辅机厂与美国福斯特惠勒（FW）公司签订了高压加热器设计制造技术转让合同，引进技术合同签订后，上海电站辅机厂先后派出 15 人次赴美培训，并在短短的一年时间里，完成了 30 万千瓦和 60 万千瓦两个等级火电机组的高压加热器设计。

在 20 世纪 70 年代中期，中国生产的配套国产 12.5 万千瓦和 20 万千瓦机组的高压加热器，其设计及制造工艺都是袭用国内传统的方法，一些专门的关键结构和制造工艺问题没有得到很好的解决，生产出的高压加热器，管子管板接头泄漏严重，投运率低。当时世界上先进的工业国家大都采用过热区、凝结区和内置式疏水冷却区的组合式高压加热器。为使引进考核机组配套高压加热器的顺利制造，工厂进行了必要的技术改造，并将掌握的制造工艺和检测方法先在国产机组配套的高压加热器上实施。

最先运用引进技术设计制造的 30 万千瓦机组配套的高压加热器，1984 年 12 月完工出厂，安装在邹县电厂国产机组的 1 号机组上，1985 年 12 月并网投运成功。随后，安装于石横发电厂考核机组 1 号机组的高压加热器也在 1985 年 4 月完工，1987 年 6 月随机投运。首台 60 万千瓦机组配套的高压加热器于 1986 年 2 月完工出厂，安装在平圩发电厂考核机组 1 号机组上。按引进技术制造的 30 万千瓦和 60 万千瓦机组配套的高压加热器，经热力性能测试，达到了设计要求，符合引进技术的要求，接近和达到了当时国际先进水平，可以替代进口，并开始组织批量生产。

（五）高压加热器用 U 形管的国产化

按美国 ASME SA556 标准的规定，高压加热器用"U"形管多采用 C2 级，主要用于制造 30 万千瓦、60 万千瓦等汽轮机辅机高压加热器。高压加热器"U"形换热管是一种技术要求高、制造难度大的超薄、超细、超长的特殊产品，长期以来，"U"形管所用的 SA－556M C2 无缝钢管一直严重依赖于进口。国内企业生产经验、技术以及生产能力尚有所欠缺，加之不了解高压加热管的使用特点，其质量无法与进口管媲美。为了降低高压加热器制造企业的原材料成本、缩短交货周期，迫切需要进行国产化试制研究。

东方锅炉（集团）股份有限公司（东方锅炉）在过去十多年的技术积累中，对高压加热器用"U"形换热管的特点及要求积累了大量经验。宜兴精密钢管公司在东方锅炉支持下，于2002底开始研制开发556M C2管，并先后经历了钢种试制、产品试轧、性能评定和批量生产阶段，形成了批量生产和供货能力。宜兴精密钢管公司已经向日本东芝公司、大连日立宝原公司、哈尔滨锅炉厂和东方锅炉提供了SA−556M C2"U"形换热管，用于30万千瓦及其以上大型发电机组高压加热器的制造。哈尔滨锅炉厂在金竹山2×60万千瓦、大连日立宝原公司在乌沙山2×60万千瓦、日本东芝公司在九州1×60万千瓦、北海道1×60万千瓦以及东方锅炉公司在新海2×30万千瓦机组中的SA−556M C2"U"形换热管均为宜兴精密钢管公司提供。高压加热管的国产化不仅解决了进口钢管存在的交货周期和价格问题，保证了辅机制造企业的生产周期，降低了采购成本，而且推动了国内钢管产品的升级换代。

（六）给水泵驱动汽轮机的国产化

随着大功率汽轮机的发展以及给水泵容量的相应增大，在大电站中已普遍采用了小汽轮机驱动的给水泵，小汽轮机效率提高到几乎与主汽轮机相等。根据一机部的安排，引进技术的30万千瓦、60万千瓦火电机组配套的给水泵驱动小汽轮机将由东方汽轮机厂负责技术引进和今后的生产配套。

东方汽轮机厂于1981年引进了美国WH公司给水泵驱动汽轮机技术，并与美国WH公司合作生产。合作生产的4台给水泵驱动汽轮机，首台是在美国WH公司装配的，后3台是在东方汽轮机厂装配的。通过3台机组的装配，完全掌握了美国WH公司的技术，并结合该厂的情况有所改进。石横、平圩两家电厂的运行实绩表明，该机组性能完全达到引进技术的要求，相当于20世纪80年代中期的国际水平，用它们来驱动30万千瓦、60万千瓦机组配套的锅炉给水泵，不仅具有高的可靠性，而且还具有好的经济性。

东方汽轮机厂在与美国WH公司经过合作生产、消化技术和对外购部件进行测绘后于1987年实现了国产化设计，生产的机组已成功投运。国产化立足厂内制造与国内配套，产品的国产化程度几乎达到100%。所用材料立足国内，零部件加工全部在厂内进行，盘车装置实现了国产化，对密封要求特殊的真空蝶阀，实现了国产化；低压主汽阀壳体采用碳钢铸件替代锻件，既实现了国产化，又降低了成本；MEH控制装置由新华公司实现了国产化，电液执行机构由航空工业部秦峰精密液压元件厂实现了国产化。

哈尔滨汽轮机厂、上海汽轮机厂也成功地开发了30万千瓦、60万千瓦机组配套的给水泵驱动小汽轮机。随着中国电力建设的发展，21世纪初，哈尔滨汽轮机厂、上海汽轮机厂、东方汽轮机厂忙于生产大型汽轮机，给水泵小汽轮机有一大部分由杭州汽轮机厂生产，后来青岛汽轮机厂也开发了给水泵小汽轮机。

（七）汽轮发电机氢油水系统的国产化

从美国WH公司引进技术的30万千瓦和60万千瓦汽轮发电机属氢内冷型发电机。其中，30万千瓦发电机采用全氢冷，而60万千瓦发电机采用水氢氢冷却。优化后的30万千瓦和60万千瓦汽轮发电机则都是采用水氢氢冷却。

中国在 1981 年从美国 WH 公司引进了 30 万千瓦和 60 万千瓦汽轮发电机的氢油水控制系统，从 1983 年初开始正式对引进的美国 WH 公司的汽轮发电机氢油水控制系统进行消化吸收和国产化设计工作。氢油水控制系统的国产化工作主要包括两部分，一是引进技术的消化与吸收，二是氢油水系统 3 个装置的国产化及制造技术。通过对引进技术的消化与吸收，主要确定氢气控制站、密封油装置、定子冷却装置等设计参数。

经平圩发电厂 2 号机组实际运行证明，运行参数与设计参数相同，充分说明引进的技术是成熟可靠的。在这一过程中，曾发现系统主要技术指标不符合中国的实际情况，如系统氢压高，漏氢量大。于是将氢气系统压力下降到 0.4 兆帕，油压力为 0.484 兆帕，水压力为 0.35 兆帕，这样设计的氢油水系统主要性能满足了主机和电厂的要求。

氢油水系统的国产化工作是利用国产元件或国产化的元件研制、设计出相当于美国 WH 公司技术水平的 3 个系统装置。这项国产化工作进行得很艰难，尤其是选用国产设备和元件，有些通过科研、测绘及设计试制，使系统装置的国产化率达到 98%，技术指标相当于美国 WH 公司的技术标准。工厂还建立了氢油水控制系统的试验装置，检测仪器、仪表其试验过程自动化程度可达到 20 世纪 80 年代国际水平，全套试验设备已满足设计制造 30 万千瓦、60 万千瓦汽轮发电机氢油水控制系统装置的要求，可完成氢油水系统装置出厂配套试验项目，保证了产品质量，使第一台、第二台氢油水系统基本上一次投运成功。

1986 年基本完成引进技术消化吸收和国产化工作，1988 年基本形成了批量生产能力。自石横发电厂第二台 30 万千瓦机组和平圩发电厂第二台 60 万千瓦机组开始，汽轮发电机上应用的氢油水系统就是国产化的产品。

（八）磨煤机的国产化

用于电站的磨煤机品种繁多，按磨煤机转速可分为低速磨、中速磨、高速磨三类。各种磨煤机对煤种都有一定的适应范围，一般而言，中速磨适合于磨制烟煤。由于中国已探明的煤炭资源中烟煤藏量最大，分布区域最广，因此，中速磨在国内有着广阔的市场。

中国为电厂主机配套生产的磨煤机主要是钢球磨煤机，无论是出力规模还是设备性能都无法满足 30 万千瓦及以上大型火电机组的需要。即便是当初通过引进技术发展起来的风扇磨煤机，也因为只适用于制备褐煤而无法在以烟煤为主的国内赢得市场。RP 碗式磨煤机以其优越的技术性能、出力规模以及在国际上丰富的运行经验引起了中国发电设备行业的关注。

1980 年 11 月 21 日，中国有关方面与美国 CE 公司签订了 30 万千瓦、60 万千瓦机组配套锅炉技术转让合同，并于 1981 年 3 月 5 日生效。上海重型机器厂同时于 1981 年随锅炉合同一起从美国 CE 公司引进了 RP 碗式磨煤机制造技术。根据合同内容，美国 CE 公司向中方提供 RP 磨煤机系列主要品种❶的全套图纸以及包括冷、热加工工艺、耐磨材料在内的制造技术。随之，上海重型机器厂就派出技术人员到美国 CE 公司接受技术培训，

---

❶ 4 个规格：RP783、RP863、RP923、RP1003。RP783 型号表示该磨煤机的磨辊为 3 个，磨碗的名义直径为 1.98 米。

到 1986 年共派出 11 人。

上海重型机器厂对 RP 磨煤机的国产化工作起始于 1983 年初，大约可分为 3 个阶段。第一阶段从 1983 年初至 1984 年底，鉴于山东石横发电厂 1 号机组 30 万千瓦、安徽平圩发电厂 1 号机组 60 万千瓦工程交货期紧，RP 磨煤机生产设计周期跟不上，所以有一部分主要零部件依靠进口，因此，第一台 30 万千瓦和 60 万千瓦机组配套的磨煤机的国产化率为 44%。第二阶段从 1985 年初至 1986 年底，对产品图纸集中进行第二步国产化消化工作，大量选用国产元器件替代进口，一些重要的零部件，如驱动装置（蜗轮箱）、盘车装置、磨辊装置（包括堆焊磨辊）等均由上海重型机器厂制造，实现了国产化，并开发了堆焊磨辊，在堆焊材料方面作了多次改进，RP 磨煤机的堆焊磨辊的耐磨寿命已比原美国进口的 Ni-Hard 材料浇注磨辊有所提高。石横发电厂第二台 30 万千瓦机组配套的 RP923 碗式磨煤机的国产化率达到 75%。第三阶段从 1987 年初至 1990 年，主要是将产品中尚没有完成国产化替代的部分作为科研课题组织攻关，逐步实现 30 万千瓦和 60 万千瓦机组配套的 RP923 和 RP1003 型号磨煤机的国产化率达到 85%，如液压加载装置经过科研攻关实现了国产化。

从 1982 年开始，上海重型机器厂先后转化了 4 个型号（RP782、RP863、RP923、RP1003）12 种规格的产品，与石横发电厂、平圩发电厂、沙岭子发电厂、沙角发电厂、黄台发电厂、吴泾发电厂、哈三电厂等签订了 RP 碗式磨煤机供货合同，至 1993 年，生产各种规格磨煤机 69 台，已有 20 多台在电厂投运，运行良好，磨辊寿命约为 5000 小时。随着科技的进步，美国 CE 公司在 20 世纪 80 年代末借鉴 MSP 磨煤机及其他中速磨煤机的优点，开发出了新型的 HP 型碗式中速磨煤机。上海重型机器厂按照与美国 CE 公司签订的引进磨煤机制造技术合同的规定，即在合同期内美国 CE 公司开发的新技术应无偿提供给上海重型机器厂，于 20 世纪 90 年代初期拿到了新型 HP 磨煤机的全套图纸和技术。由于 HP 磨煤机主传动装置是美国 CE 公司向别的公司购买的，为掌握该技术，上海重型机器厂于 1991 年向德国 Flender 公司引进了全套 HP 系列磨煤机主传动装置的制造技术，为产品的开发和更新换代创造了良好条件。

HP 磨煤机所有的改进，其目的是使产品的性能更优良，更适应电厂的实际需要，增强产品的生产竞争力。上海重型机器厂在 HP 磨煤机方面转化了 6 个型号（HP743、HP803、HP863、HP943、HP1003、HP1103）21 种规格的产品，并重点对 HP 磨煤机的齿轮箱进行了国产化攻关。该齿轮箱是从德国 Flender 公司引进技术，其国产化工作是从箱体、行星架及法兰盖等重要部件的试制及进行齿轮箱的装配试车考核着手。通过对箱体焊接探伤、行星架和法兰盖高强度球墨铸铁的浇注及加工，以及对齿轮箱整体装配和空负荷试车的工艺攻关，完成了国产化研制任务，经德国 Flender 公司专家的鉴定验收，达到了该公司同类产品的要求。

至"八五"末期，HP 磨煤机的国产化率达到 80%，并正在对齿轮箱中的大型止推轴、齿轮材料，弹簧加载装置中的特大型弹簧等项目进行研制攻关，以进一步提高自制率，争取到"九五"末，国产化率达到 90%。

沈阳重型机器厂于 20 世纪 50 年代就开始生产火电厂用各种磨煤机，是沿用苏联的图纸型号，磨煤机效率低、能耗高、故障率高，到了 20 世纪 70 年代，已经不能满足国内火电发展的需要。针对这种情况，该厂在不断更新传统的筒式磨煤机的同时，根据国内市场的需要，引进了高速风扇磨煤机。随着 30 万千瓦、60 万千瓦火电技术的引进，1985 年沈阳重型机器厂同德国巴高克公司签订了引进 MPS190、225、255 三种磨煤机制造技术的许可证合同。

MPS 中速磨煤机是 20 世纪 80 年代国际上优先发展起来的磨煤机。引进技术后，经过对引进技术的消化吸收，了解到相关部件和材料在国内均尚没有过关。为此，沈阳重型机器厂在机械部的大力支持下，分别就 MPS 中速磨煤机的选型试验，MPS 中速磨煤机磨辊、磨盘瓦耐磨材料及平面合金加工等 7 项关键技术进行攻关。经过 4 年的艰苦努力，终于在 MPS 中速磨煤机的关键技术研究和国产化方面取得了突破。在"九五"期间达到年产 80 台 MPS 中速磨煤机的能力目标，又经过开发创新，产品设计制造质量已达到国际 20 世纪 90 年代初的水平，国产化率达到 95%，成套率 90%。截至 1995 年底，沈阳重型机器厂已累计生产了 8 种规格的 MPS 中速磨煤机产品 69 台，其中 MP2116A、MPS190 两种规格产品已分别于 1994 年 11 月和 1995 年 7 月通过了机械部组织的新产品鉴定，结论为："MPS 磨煤机经过沈阳重型机器厂的国产化，已达到了引进产品的技术指标，并在引进的基础上，其结构、性能还有新的突破，设计制造是成功的，该产品已达到国际先进水平"。

三、火电机组控制系统的国产化

20 世纪 80 年代初，中国从美国引进了 30 万千瓦、60 万千瓦火电机组的制造技术。结合 30 万千瓦、60 万千瓦考核机组，从国外引进了模拟数字单元组装仪表和计算机监视系统，形成了大型单元机组完整的控制系统模式，实现了机炉集中控制。30 万千瓦、60 万千瓦考核机组的主要控制系统有汽轮机数字电液控制系统（DEH）、汽轮机监测仪表系统（TSI）、汽轮机旁路控制系统（BPC）、协调控制系统（CCS）、锅炉炉膛安全监控系统（FSSS）、发电机励磁控制系统（VPR）等，以及许多辅机可编程序控制系统（PLC）。为头两台考核机组配套的这些控制系统及装置没有列入引进技术的行列，是用外汇直接向国外厂商购买的。为了实现这些控制系统及装置的国产化，机械部和电力部决定在引进型第三台 30 万千瓦、60 万千瓦机组必须采用国产的产品。此后，国内承担这些控制系统和装置国产化任务的单位，一方面开展专题攻关工作，另一方面派员出国考察培训，以求尽快突破。经过努力拼搏，这些控制系统及装置陆续研制成功，提高了大型火电机组的自动化水平，并促进了机电工业"机电一体化"产业的形成。

（一）DEH 控制系统的研制与国产化

在论证 30 万千瓦、60 万千瓦机组引进技术是引进美国 CE 公司技术还是美国 WH 公司技术的关键时刻，有人提出美国 WH 公司的 DEH 技术复杂，国内实现国产化的难度大。当时的机械部副部长王子仪立即找上海发电设备成套设计研究所参加引进技术谈判的代表了解情况,当得知该所在 20 世纪 70 年代中期所开展的高压抗燃油电液调节系统（AEH）研究课题在上海闵行电厂获得工业试验成功,液压部分的国产化不成问题时,王子仪副部长说:"以后就找你们要国产化的 DEH"。

由于在引进技术谈判时,美国 WH 公司对 DEH 控制系统这一高新技术不肯输出,DEH 就必须要由国内技术力量自行研制,国产化难度十分大。DEH 研制与国产化的成功与否,又会直接影响到 30 万千瓦、60 万千瓦机组的整体国产化、批量生产的进程,承担任务的上海发电设备成套设计研究所深感责任重大,将该项任务列为该所天字第一号课题。在 DEH 的研制与国产化的过程中,受到了各方面的关注和关心。机械部、电力部两部无论是领导还是一般工作人员来上海,都必到上海发电设备成套设计研究所,都必谈 DEH 工作的重要性,都必要听取该所对 DEH 研制课题工作的汇报,还要深入到课题组检查、了解情况。

在引进技术赴美国培训阶段,机械部所属的发电设备制造厂和研究所为 DEH 项目先后共派出 14 名工程技术人员（阿城继电器研究所 2 人、哈尔滨汽轮机厂 3 人、上海汽轮机厂 3 人、上海发电设备成套设计研究所 3 人、哈尔滨电站设备成套设计研究所 1 人、东方汽轮机厂 2 人）到美国 WH 公司学习 DEH 系统设计技术及运行检修技术。由于美国 WH 公司仅转让了系统设计技术,而硬件及软件技术属美国 WH 公司的保密级技术,不属于技术转让范围,因此,在培训中仅学习到一些 DEH－Ⅱ 的原理性设计知识。

根据机械部电工局 30 万千瓦、60 万千瓦引进机组办公室的安排,为便于集中全国技术力量,消化 DEH 技术,由上海发电设备成套设计研究所负责组织 DEH 出国培训人员共同消化 DEH 技术。从 1983 年起,先后召开了多次有关 DEH 的专业会议,总结了赴美培训学习的经验,对培训时从美国带回来的资料进行消化和交流,研究和分析了 DEH 设计、检验、验收等技术问题,比较快地掌握了 DEH－Ⅱ 系统的设计原理。

1982 年 11 月,上海发电设备成套设计研究所根据美国 WH 公司有关的 DEH 资料,分析了国内外汽轮机电液调节系统 AEH 及 EH 系统的发展概况,总结了国内从 1963 年开始研制电液并存的 AEH 电液调节系统和 1973 年开始研制采用高压抗燃烧的 AEH 系统在闵行电厂 6 号机组（1.2 万千瓦汽轮机）上投运及正式鉴定的经验,对比了 AEH 与 DEH－Ⅱ 的差别,提出了"研制 WH 公司 30 万千瓦、60 万千瓦汽轮发电机组数字式电液控制系统（DEH－Ⅱ）可行性报告",并在可行性报告中提出了研制 DEH 的国产化设想。考虑到中国引进技术的 30 万千瓦、60 万千瓦汽轮机所采用的 DEH－Ⅱ 型数字式电液控制系统是属于美国 WH 公司的老产品,美国 WH 公司已经研制了采用最新微处理机技术的 DEH－Ⅲ 控制器,将 DEH 发展为分散控制,并将要投入运行,如果中国当时研制的 DEH 仍然仿照 DEH－Ⅱ,必然使国产化的 DEH 永远落后于美国 WH 公司。为了使研制的 DEH 产品不落后,必须走引进、消化、创新、发展的道路,采用高起点研发、高水平追赶。因此确定国产化设想是原理性仿制的原则,即控制系统不变,输入输出信号不变,控制流程及 ATC 流程基本仿制,而硬件和软件采用比 DEH－Ⅱ 更为先进的微处理机技术。此原则不但使国产化的 DEH 达到美国 WH 公司的 DEH－Ⅱ 的指标,而且某些功能和指标达到

DEH-Ⅲ的水平。机械部电工局对可行性报告作了批复，同意可行性报告提出的原理仿制的原则。

根据批复的精神，从 1983 年第一季度起，开始了 DEH 研制课题的立题准备工作，并于 1983 年 5 月召开了研制 DEH 有关技术问题座谈会。会议对前阶段的消化吸收工作作了总结，确定了研制国产 DEH 的技术路线是原理性仿制，立足国内在 AEH 的基础上逐步发展功能，最终实现 DEH。与会同志一致认为这是一条适合国情、切合实际的研制路线。1983 年 9 月，DEH 课题列入"六五"国家重大技术装备科技攻关项目。

上海发电设备成套设计研究所早在 1973 年开始研制 AEH 及 EH，于 1976 年研制成功，并在上海闵行电厂 1.2 万千瓦汽轮机上连续运行了 5 年，完成了机械部、电力部两部下达的研制 60 万千瓦汽轮机高压抗燃油电液调节系统的中间试验，积累了 AEH 及 EH 的设计经验和运行经验，带动并完成了高压大流量电液伺服阀、磷酸酯抗燃油、适用于抗燃油的高压密封件和高压油动机等一系列技术的开发和设备的研制，为 60 万千瓦大功率汽轮机采用电液调节系统提供了设计依据及关键技术。但 DEH 毕竟是一项复杂的新技术，美国 WH 公司先后动员了 STD、R&D、IED 等部门近百名工程技术人员，花了 5 年时间才研究成功 DEH，从 DEH-Ⅰ到 DEH-Ⅲ又花了 7 年时间。

考虑到 DEH 是为汽轮机主机配套的，与主机有着各种联系与配合。按照中国的习惯，汽轮机的调节系统是由汽轮机厂配套出厂的，国产化的 DEH 也必须由汽轮机厂配套出厂，因此研究所必须与制造厂联合起来，在研发时就共同攻关、相互协调，成功后由制造厂配套出厂。这一想法，经上海发电设备成套设计研究所向机械部电工局和 30 万千瓦、60 万千瓦引进机组办公室汇报。

在 30 万千瓦、60 万千瓦引进机组办公室的支持下，为了使 DEH 早日国产化，科技单位实行企业管理，科研直接为生产服务的精神，1985 年 3 月，电工局批准成立新华控制技术联合开发中心。该中心是由中国电工设备总公司、中国机械对外经济技术合作总公司、哈尔滨电站设备集团公司、上海发电设备成套设计研究所、哈尔滨电站设备成套设计研究所、哈尔滨汽轮机厂、上海汽轮机厂、东方汽轮机厂、杭州汽轮机厂、上海闵行工业公司等单位合资组成的科技生产联合体。中心成立后，召开了"DEH 试验样机方案设计审查会"，课题组介绍了"DEH 试验样机系统方案设计"和"DEH 试验样机硬件总体设计方案"。方案审查后，中心开始了试验样机的研制工作，采取边消化、边开发、边生产、边为国产机组配套的原则。1985 年，开始组装国产第一批 DEH 设备，与国产大功率汽轮机配套，用于陡河发电厂 7 号、8 号国产 20 万千瓦汽轮机（该汽轮机由哈尔滨汽轮机厂生产）。1986 年组装第二批 DEH 设备，为石洞口电厂 1 号、2 号、3 号、4 号国产 30 万千瓦汽轮机配套（该汽轮机由上海汽轮机厂生产）。这几台 DEH 设备是作为国产化 DEH 的工业试验样机，其重点是要考核 DEH 数字部分（即 DE 部分）的系统设计、硬件与软件的设计等内容。

用于陡河发电厂 20 万千瓦机组的 DEH 系统是 DEH 国产化设计的第一步，是国内采用国产汽轮机数字控制的第一台机组，机组仍保留了原有的机械液压调节系统，构成数字式电液并存的调节系统。系统的硬件按国产化设计的原则选型，应用软件的流程与美国WH公司的DEH-I基本相同。

用于石洞口电厂30万千瓦机组的DEH系统是DEH国产化设计的第二步，应用软件增加了阀门切换功能，但保留机械液压调节不具备阀门管理的功能。

这两套DEH系统由微处理机控制柜、智能式图像站、运行人员控制盘、显示盘、调试终端及打印机等组成。完成汽轮机转速控制、发电机功率控制、机炉协调控制、数据处理显示、数据打印及事故追忆记录等功能。

陡河发电厂的7号机组于1986年11月投运，8号机组于1987年10月投运，为汽轮机所配套的DEH电液并存控制系统的投运很成功；石洞口电厂4台机组分别于1988年2月、12月，1989年9月以及1990年5月相继投运，DEH电液并存控制系统的投运也很成功，极大地鼓舞了新华控制技术联合开发中心的工程技术人员，决心把DEH纯数字式电液调节系统研制出来，投运到引进型30万千瓦、60万千瓦机组。

国产化设计的第三步是为上海汽轮机厂制造的引进型30万千瓦汽轮机配套用于汉川电厂的DEH及EH系统。这套系统配置了汽轮机控制全部功能，包括汽轮机基本控制、阀门切换、阀门管理、汽轮机自启动、中压缸启动及高压抗燃油液压伺服控制。

配套引进型30万千瓦机组国产DEH系统的总体设计思想是采用陡河电厂、石洞口电厂运行成熟的数字式电调部分和在闵行电厂进行过中间试验运行考验的AEH中的"EH"部分，共同组成全功能型的DEH。

1989年运往汉川电厂现场，又经过安装调试，于1990年1月在汉川电厂引进型30万千瓦机组上成功投运并投入使用，得到了用户的一致好评。经过一年的运行考核，1990年底，机械、能源两部召开了对国产化DEH的技术评审会，与会专家一致认为国产化DEH及EH产品经汉川电厂引进型30万千瓦机组的运行实践，证明其设计是成功的，完全可以替代进口。

由新华控制技术联合开发中心为哈尔滨第三发电厂引进型60万千瓦机组研制的国产化DEH，于1996年1月26日通过了168小时试运行考核，正式移交电厂，从此，新华控制技术联合开发中心的DEH及EH开始了批量生产。

1990年，当时的国务院副总理邹家华在北京的机电一体化展览会上看到了国产化DEH-III产品的样机，并得知其在汉川电厂成功投运，非常高兴，立即指示机械电子工业部和能源部发文，要求新建的30万千瓦、60万千瓦火电机组都必须采用国产化的DEH产品。于是，DEH-III型产品得以大量推广应用。

1995年12月，上海新华控制技术（集团）有限公司（新华公司）通过ISO 9001质量体系认证，1996年4月通过美国FMRC的质量认证。新华公司已具备批量生产能力，年生产能力为DEH及EH24台（套）、MEH及EH 30台（套）、DCS16台（套），能满足国内电力建设的配套需要。所生产的电站自控设备能在公司内通过仿真设备组成闭环系统，模拟电站运行工况，调整参数及整机考核。

自1986年国产化第一套DEH系统投运至1995年底的10年时间里，新华公司共接受订货 81 套，其中，引进型 30 万千瓦机组 DEH–Ⅱ 50 套，引进型 60 万千瓦机组 DEH–Ⅱ 2 套；30 万千瓦机组电液并存型 DEH 19 套，其中配套东方汽轮机厂 11 套，配套上海汽轮机厂 8 套；5 万～21 万千瓦机组电液并存型 DEH 10 套。

（二）锅炉—汽轮机协调控制系统（CCS）的国产化

1981 年，在与美国 CE 公司签订的引进技术合同中，未包括 CCS 的技术引进。机械部仪表司考虑到今后 CCS 系统的国产化必须掌握 CCS 系统设计、调试、成套和技术服务全面的能力，与美国 Foxboro 公司签订了 CCS 的技术引进合同。派遣了以上海工业自动化仪表研究所为主，包括中国自动化仪表总公司和哈尔滨电站设备成套设计研究所在内的培训组，于 1986 年 10 月至 1987 年 4 月到美国 Foxboro 公司接受 CCS 系统的全面培训，并结合石横发电厂和平圩发电厂 2 号机组 CCS 系统进行控制培训，全面参加了系统设计、系统组态、编制接线清单、定标计算、开列备品备件、系统联调等工作，还参加了美国 Foxboro 公司为石横发电厂和平圩发电厂设置的用户培训和系统监造。通过培训，基本上掌握了 CCS 的系统设计、成套和技术服务的整套技术。

为了 CCS 系统的国产化，1983 年 4 月由美国 Foxboro 公司和上海仪电控股（集团）公司合资成立了上海 Foxboro 公司，该公司生产销售 SPEC200、SPEC200MICRO 组装仪表，先是从美国进口功能块组件，后逐步在国内生产。随着仪表技术的飞速发展，后又生产与销售 SPECTROM 分散控制系统及较先进的新一代 I/ASeries 分散控制系统。

CCS 设备的国产化成套工作通过合资、技术引进消化吸收和国产化，至 1990 年有 80% 以上硬件设备已能由国内供货。如主控设备有 Foxboro 公司生产的 SPEC200 和 SPEC200MICRO，可供用户选用；变送器已由西安仪表厂和北京电表厂引进了 Rosemonte1151 电容型变送器生产技术；调节阀已由上海自动化仪表七厂引进了 Masonielan 的生产技术等。CCS 的系统设计由国内单位的工程技术人员承担，如上海发电设备成套设计研究所、西安热工研究院等。

上海发电设备成套设计研究所在 1988 年采用自己设计的 CCS 系统和 SPEC200 组装仪表在闵行电厂 12.5 万千瓦机组上成功投运。该系统是国内第一个采用 DEB 直接能量平衡法设计的协调控制系统，是国内第一个通过电网负荷自动调度接口试验的 DEB 协调控制系统，安全可靠，投运效果国内领先。

20 世纪 70 年代中期，随着计算机技术的迅速发展，国外开发出了全新一代的过程自动化产品分散型控制系统 DCS，并迅速成为过程自动化控制的主导产品。由于电力工业的高度可靠要求，DCS 进入电站，比冶金、石化、化工行业要滞后几年。从 1985 年开始，中国在成套引进的发电机组中，随主机配套进口了多套 DCS 系统。1987 年水电部首先在望亭电厂国产 30 万千瓦机组上进行应用 DCS 系统的试点（采用西屋的 WDPF 仪表）。随后，DCS 成功地在电厂得到了推广应用，从 1990 年以后，30 万千瓦及以上机组全面进入了 DCS 时代。DCS 的控制功能可以覆盖火电厂的大部分热控系统，它一般覆盖了数据采集系统（DAS）、协调控制系统（CCS）、炉膛安全保护系统（FSS）、顺序控制与联锁保护系统（SCS）。

（三）锅炉炉膛安全监控系统（FSSS）的国产化

锅炉炉膛安全监控系统（FSSS）是现代大型燃煤火电机组锅炉所必须具有的一种安全保护和顺序控制的监控系统。该系统主要是保证锅炉燃烧系统中的各设备能够按照一定的顺序和条件进行启动/投入或停止/切除，并能够在危急工况下迅速切断进入炉膛的全部燃料，保证炉膛安全，防止爆燃等破坏性事故的发生。

30万千瓦、60万千瓦火电机组引进技术时，FSSS 没有引进技术，而只是在石横发电厂30万千瓦考核机组和平圩发电厂60万千瓦考核机组研制时，从国外购买了 FSSS。并在"六五"期间，将 FSSS 国产化的研制任务以国家重大成套装备科技攻关项目的形式下达给了阿城继电器厂阿城电站设备自动化设计研究所，要求在第三台引进型30万千瓦、60万千瓦机组上使用国产化的 FSSS。

第一套30万千瓦、60万千瓦考核机组选用的 FSSS 是美国 CE 公司的双列直播式 CMOS 集成电路构成的逻辑组件，它具有模件通用性强、编程更加灵活、可靠性大大提高、体积大大缩小等优点。FSSS 中的火焰检测器是采用美国 CE 公司研制的 SAFE SCAN 型火焰检测器，属可见光原理火焰检测器。

阿城继电器厂阿城电站设备自动化设计研究所派出技术人员到美国 CE 公司参加 FSSS 的技术培训，掌握了 FSSS 的设计思想，又经过对引进技术的消化吸收，提出分几步走的 FSSS 国产化方案。

第一步是试制第一代简化型 FSSS。即是研制与美国 CE 公司 SAFE SCAN 型火焰检测器具有等同效果的火焰检测器，后定型为 ZHJ–1 型火焰检测器，在国产20万千瓦机组上应用是成功的。

第二步是试制第二代简化型 FSSS。即是研制 MHB–1 型灭火保护装置，该装置的功能主要有：启动前的炉膛清扫联锁、全炉膛火焰监视、WFT 联锁（包括炉膛压力等）。设备包括火焰检测和公共逻辑两大部分。火焰检测如第一代简化型 FSSS 一样，而公共逻辑部分类同国外的全套燃烧器管理系统，可以由继电器、半导体硬件逻辑、计算机3种形式组成。该型灭火保护装置也采用 CMOS 集成电路，选定21个品种作基本组件。

第三步是研制为哈尔滨第三发电厂引进型60万千瓦机组提供的 ZHA–1 型炉膛安全监控装置。该装置是一套完整的油系统控制的过渡型炉膛安全监控装置，它的电子控制设备共包括5块屏：电源分配屏、配有24个火焰探头的火焰检测屏、公用保护逻辑屏、油枪程控屏 A、油枪程控屏 B。此外，还有一块操作显示板、冷却风机就地控制箱、油枪就地控制箱、火焰检测探头端子箱等。系统中所用的压力及差压开关是从美国进口的开关，每个油枪所配置的阀门为美国 SKOTCH 三用阀，它将油阀、雾化阀、吹扫阀合为一体，控制简单、动作可靠。它与30万千瓦、60万千瓦考核机组油枪所配用的阀是相同的，炉膛安全监控装置的功能不是固定不变的，根据具体工程的要求可大可小。它的功能全，即可代替一部分常规设备，可以节约部分常规设备的投资，换来的是严密、统一、可靠的控制系统。

随着 DCS 成功地在电厂得到推广应用，30万千瓦及以上机组全面进入了 DCS 时代。

DCS 的控制功能它一般覆盖了数据采集系统（DAS）、协调控制系统（CCS）、炉膛安全保护系统（FSSS）、顺序控制与联锁保护系统（SCS）。因此，应用 DCS 的电厂就不再单独配置 FSSS 系统了。

在现有的工程中，根据工程的特点和用户的要求，有的是由 DCS 来实现 FSSS，有的是由可编程序控制器（PLC）来实现 FSSS，再通过通信实现数据共享和监视设备共用，这些灵活多样的配套方式得到了电力用户的认同。

四、电力勘测设计的规范化

（一）电力规划设计总院（电规总院）的成立

中华人民共和国成立之初，电力规划设计体系逐步建立。1950 年东北院成立之后，华北、华东、中南、西北、西南等直属院参照苏联火电设计院模式相继成立。1954 年，电力规划设计总院（电规总院）的前身——"燃料工业部电业管理总局设计管理局"成立，首次由独立机构行使全国电力规划设计管理职责。到 1965 年，基本形成了燃料工业部电业管理总局设计管理局归口管理、6 家大区院和 22 家省级院为主的电力规划设计队伍。这一时期，电力规划设计的先驱们克服困难、艰苦创业，实现了从依靠、模仿到独立设计的转变，初步建立起一整套符合国情的组织机构、管理模式和技术规范。电规总院先后隶属于水利电力部、能源部、电力工业部、国家电力公司、中国能源建设集团有限公司。

20 世纪 60 年代中期到改革开放前，电力规划设计在逆境中前进。"文化大革命"期间，部分电力规划设计及管理机构被撤销、解散，人员下放，技术发展陷于停滞。1975 年 9 月，水利电力部规划设计院（规划设计管理局）成立，直接管理部属电力设计院、勘测设计院，归口管理全国水利电力系统规划设计业务。这一时期，在广大设计人员的坚持和努力下，中国完成了一批 20 万、30 万千瓦火电机组的建造工程。

1979 年，水利电力部分为水利部和电力工业部，电力工业部恢复电力建设总局，其职能是主管电力勘测设计和施工。1982 年，水利部和电力工业部再次合并，撤销了电力建设总局，总局原施工管理工作和所属人员并入部基建司，重新组建了水利电力部电力规划设计院。1982 年，在建设部的统一安排下，水利电力部电力规划设计院成立了中国电力建设工程咨询公司（咨询公司）。该公司下设 5 个子公司和 2 个分公司，后发展到 6 个子公司和 3 个分公司，子公司分别为东北、西北、西南、中南、华东和华北公司，分公司分别为山东、河南和浙江分公司。咨询公司主要从事评估、咨询和监理等生产业务。1987 年，水利电力部电力规划设计院又称水利电力部电力规划设计管理局，1988 年改为能源部电力规划设计总院。能源部电力规划设计总院对除华北院以外的部属电力设计院实行直接管理，对全国各电力规划设计单位实行行业管理。

1993 年 5 月，能源部电力规划设计总院改称电力工业部电力规划设计总院，1998 年 5 月，根据国务院组建国家电力公司的方案，原电力工业部规划设计总院更名为国家电力公司电力规划设计总院。

2002 年 2 月，国务院对国家电力工业实施重大改革，在原中国电力工程顾问有限公司的基础上，将全国六大区域电力设计院纳入后组建中国电力工程顾问集团公司，成为四大电力辅业集团之一，划归国务院国有资产管理委员会管理的中央企业，电力规划设计总院作为事业单位，保留在中国电力工程顾问有限公司总部，仍负责归口管理全国电力规划设计工作。2004年3月，国家电力公司电力规划设计总院正式更名为电力规划设计总院。2011年9月，中国能源建设集团有限公司成立，电力规划设计总院由其直接管理。2014年5月，组建电力规划总院有限公司，电力规划设计总院和电规总院公司按照"一套人马、两块牌子"的原则设置组织机构。

电力规划设计总院是国家级高端咨询机构，是中央编办登记管理的事业单位，主要向政府部门、金融机构、电力相关企业提供服务，主要业务领域是电力行业发展战略、产业政策、发展规划电力新技术等方面的研究，电力工程项目的评审、评估和咨询，科研标准化等工作，具有国家发展和改革委员会认定的电力工程项目评估资格。电规总院是中国电力规划设计行业的"国家队"，拥有一支以全国工程勘察设计大师为学术带头人的高素质专家队伍。

电规总院设有国家电力规划研究中心、全国电力规划实施监测预警中心、全国新能源消纳监测预警中心、国家能源科技资源中心、电力规划设计标准化管理中心、电力工程造价发布牵头单位、国家能源局研究咨询基地等机构。结合服务于政府、行业的定位和长远发展需要，电规总院提出了"能源智囊、国家智库"的发展愿景和建设"国家级高端能源咨询机构和专业智库"的战略目标。参与国家与地方、能源电力体制改革等重要政策研究，承担能源电力监管的支持性任务，组织落实行业重大系统性工程，深度参与能源国际合作，为建设绿色低碳、安全高效的现代能源体系提供了高质量的智库研究支持。

（二）《火力发电厂设计技术规程》的制定及修订

《火力发电厂设计技术规程》（大火规）诞生于1957年，中间先后经过1959年、1964年（未正式出版）、1975年、1979年、1984年、1994年、2000年的7次修改，平均6年多修改一次。大火规是行业标准，适用于整个电力行业，其多数条文是推荐性条文，即对设计、施工、生产等工作，对项目法人、咨询评估单位、各级主管部门审定设计和决策起指导作用，少数条文是强制性条文，在正文中用下划线表示。大火规是为火电厂设计编制的通用标准，侧重于确定设计原则和贯彻执行与安全、投资、环保等相关的标准。

从1957年到1979年，前五版大火规是由负责设计管理的单位组织编制的，1984年和1994年两版改由华东电力设计院为主编制；2000年版修编又改回来，仍由负责设计管理的单位组织编制。

1994年版的大火规，是为适应中国电力建设发展对SDJ 001—1984《火力发电厂设计技术规程》进行的修订。这次修订工作是在总结国内发电厂工程建设和运行实践经验、消化吸收引进机组和某些国外工程公司设计技术的基础上进行的。修订中对国内科技水平的发展、经济实力的增强、制造能力的提高也作了力所能及的预测，力求在技术水平上切合中国的国情，并具有一定的先进性，跟上时代发展的步伐，实现修订工作的预期目标。

电力部和原能源部领导对SDJ 001—1984的修订工作非常重视，专门召集东北和华北电管局的有关专家，成立了 SDJ 001—1984 修改意见调查组，走访了 11 个网省局、19 个新建成的和在建中的发电厂，编写出 SDJ 001—1984 修改意见调查报告。华中电管局也专门组织会议对 SDJ 001—1984 修订大纲进行讨论，结合华中地区的具体情况提出修订意见。在 SDJ 001—1984 修订过程中，收到了 85 个单位的书面意见，除华东电力设计院编写了 13 份专题报告外，许多兄弟设计院和发电厂也提供了 27 份专题报告，所有这些都为修订工作的顺利开展提供了极大的帮助，为修订内容奠定了扎实的基础。整个修订过程经过修订大纲、征求意见稿、送审稿和报批稿，SDJ 001—1984 几经修改、反复推敲，最后定稿。1992 年 10 月，能源部委托电力规划设计总院召集华东电力设计院等单位，对送审稿进行审查修改，形成了报批稿，经部审定通过，标准编号为 DL 5000—1994，由水利电力出版社出版，电力规划设计总院负责解释。

1994 年版的大火规起到了应有作用，但火电建设形势发生了很大变化：① 以项目法人责任制、资本金制、招标投标制、工程监理制和经济合同制为中心的基建体制改革已广泛推行；② 电力建设改革发展的方针已深入人心；③ 科技创新、产业升级，采用新设备、新工艺、新材料，洁净发电技术和减人增效、节水、节地的要求更为迫切；④ 设计革命已经起步，"2000 年示范电厂"设计已经开始运作；⑤ "网厂分开、竞价上网"已经开始试点；⑥ 全国联网、在全国范围内实现资源优化配置已提上议事日程；⑦ 电力供需形势发生变化，大部分电网已有一定数量的备用容量，对机组的调峰功能提出了更高的要求；⑧ 从 1995 年开始的控制工程造价的力度逐渐加大，已出台了一系列的规定，不少内容与大火规有关，需要纳入新的版本。为此，对 1994 年版的大火规启动了修编工作。

1994 年的大火规版修订原则有：① 新《规程》在原《规程》的基础上做必要的补充和修订，要合理衔接，保持一定的连续性；② 要贯彻中国当前的建设方针和技术政策，吸收近年来的工程实践经验和科技进步成果，消化国外引进工程的先进技术，力求做到既技术先进，又切合国情；③ 要能适应"八五""九五"期间生产和科技发展对发电厂提出的新的要求，力求做到有一定的预见性；④《规程》的规定应既能使设计工作有章可循，又要注意因时因地制宜，灵活应用，留有创造余地；⑤ 内容和深度要以能指导大、中型火力发电厂的可行性研究和初步设计为基准，从宏观上控制发电厂的建设标准，有关施工、安装、设计的详细要求，一般不做描述；⑥ 要注意与各种国家标准、规范以及各专业技术规定间的协调，不应发生矛盾，力求避免重复。

1994 年版大火规的修订目标有：① 能较好地指导中国 2000 年之前大、中型发电厂的规划和设计，使建成的发电厂在技术水平上具有一定的先进性；② 发电厂的安全、经济、可用率、劳动生产率、自动化水平等比现有发电厂有一定的提高；③ 建设用地、材料消耗等有一定的降低；④ 在环境保护、劳动安全和工业卫生、消防措施等方面更好地符合国家的有关法令，使发电厂具有更佳的经济效益、环境效益和社会效益。

1998 年 1 月，1994 年版大火规修编工作正式启动；1998 年 3 月，审定了修编大纲，1998 年 10 月，提出了征求意见稿；1999 年 5 月，完成了送审稿编制工作；1999 年 10 月，国家电力公司召开了内部预审查会；2000 年 1 月，根据预审查意见完成了送审稿；2000

年 4 月，中电联会同国家电力公司对标准的送审稿进行了审查；2000 年 11 月 3 日，国家经贸委正式批准颁发，标准编号为 DL 5000—2000。1994 年版大火规修编工作前后共用了近三年时间，其中审查及修改用时将近一年。

（三）省、部电力设计院的恢复和重建

1977 年，"文化大革命"结束后，水利电力部为加强中南地区电力系统规划及设计工作，决定重建中南电力设计院。1978 年 9 月，湖北省电力设计院改名为武汉电力设计院，承担中南地区的电力勘测设计任务，并改属水利电力部规划设计管理局领导。1979 年 12 月，恢复中南电力设计院名称。与湖北院改为武汉院同时，山西院改为太原院，在华北院恢复之前的一段时间，太原院曾直接隶属水利电力部规划设计管理局领导。

1980 年 3 月，在华北电业管理局的主持下，开始了"恢复华北电力设计院"工作。1981 年 7 月 28 日，经电力工业部批准，华北电业管理局通知恢复华北电力设计院。1982 年 8 月，水利电力部批复华北电业管理局，明确"华北电力设计院为水利电力部直属事业单位，由部委托华北电业管理局代管，在业务上接受电规总院的领导。"根据水利电力部恢复华北电力设计院的通知，到 1984 年 7 月，原下放到山西、河北、内蒙古的人员陆续回到河北燕郊镇的华北院基地。1984 年 9 月 28 日，全体职工在燕郊基地隆重举行"恢复华北电力设计院庆祝大会"。时任国务院副总理的李鹏到会祝贺并讲话，水利电力部、华北电业管理局及当地政府的领导出席了大会。当时华北电力设计院共有职工 1882 人，其中，工程技术人员 1090 人。

在此期间，新建了辽宁和四川（电力局）等省院，恢复和重建了湖北、江西等一些原处于解散或半解散状态的省院。由于电规总院的成立，中南、华北院的恢复和一些省院的新建和重建，极大地增强了电力规划勘测设计的整体实力，为中国电力建设的全面发展奠定了基础。

（四）电力勘测设计队伍的全面发展

党的十一届三中全会以后，中国的电力勘测设计工作在总结过去经验的基础上，广泛吸收世界各国的先进技术，以科技为先导，以改革为动力，进入一个新的发展时期。自 1979 年起，原撤销或解体的电力建设管理及设计机构相继恢复和重建，电力勘测设计体系日益健全，综合勘测设计能力大幅提高。

进入 20 世纪 90 年代，发电工程已完成多项亚临界 60 万千瓦机组和超临界机组的发电厂设计，在 37 个直属院和省院中，具有 20 万千瓦机组发电工程设计资质的有 32 个，具有 30 万千瓦机组发电工程设计资质的有 19 个，具有 60 万千瓦机组发电工程设计资质的有 11 个，另有 5 个院专门从事送变电工程设计。自中华人民共和国成立至 20 世纪 90 年代末，这支电力勘测设计队伍承担了全国 90% 以上的电力工程设计任务。

1997 年 1 月，国家电力公司成立，电力工业的改革进入新的阶段。1998 年 5 月，中国电力工程顾问有限公司（顾问公司）成立，其行业管理职能逐步移交中国电力规划设计协会。1999 年 5 月，国电华北电力设计院工程有限公司成立，率先在直属院中初步完成了公司制改造。随着改革的不断深入，电力勘测设计进入新的发展时期。

到 1999 年底，按照设计资质划分，全国有甲级设计院 32 家、乙级设计院 32 家，丙、丁级设计院约 350 家。20 世纪 90 年代末，全国除西藏自治区（该自治区工业设计院内也有部分电力勘测设计能力）外，各省、自治区和直辖市全都建立了自己的电力勘测设计队伍（台湾地区和香港、澳门特别行政区未在统计之列）。根据国家统计局、建设部和中国建设企业评价中心统计通报，截至 1999 年，全国电力勘测设计系统共有华北、东北、西北、西南、中南、华东等 6 个直属院和河北、山东、广东、广西、云南、江苏、浙江、河南、吉林、山西等 10 个省院先后进入或多次进入全国工程勘察设计单位综合实力百强，其中，西北院和华北院分别在 1992 年和 1999 年进入综合实力百强单位的前 10 名。在建设部 1989 年、1994 年和 2000 年评选出的第一、二、三批全国勘察设计大师中，电力勘测设计部门有 13 人上榜，其中，设计大师 11 人。

2000 年，省院以上电力设计院发展到 37 家（不包括电规总院），从业人员 19 020 人，其中，生产技术人员 13 252 人，人员总数是 1978 年的 1.37 倍。另外，还有约 10 000 名设计人员分布在各地供电系统，从事中、小型电力工程设计。在人员数量增加的同时，人员结构、素质也有了明显提高，具有工程师以上技术职称的技术人员由 1978 年的 1342 人增加到 2000 年的 10 194 人。

中国的勘测设计手段和技术装备不断更新，管理方式逐步与国际接轨，电力勘测设计能力和水平得到快速提高，设计队伍走向全面成熟。通过大量的工程实践，各设计院就勘测设计工作一些最基本的经验达成共识：认真做好前期工作；按照基本建设程序办事；以科技为先导，以质量为目标；遵循经济规律，符合客观实际。这些基本经验是电力勘测设计队伍不断发展的重要保证。同时，电力勘测设计行业积极开拓业务范围，不仅在火力发电建设方面获得较大的发展，而且还介入核电和地热发电等其他形式的发电领域，许多直属院和省院打入了国际市场，从技术到管理，逐步实现与国际接轨。

五、火电机组的优化

引进国外技术，一般的做法，大致可分为 3 个阶段：第一阶段是消化吸收掌握；第二阶段是国产化；第三阶段是优化再创新。这 3 个阶段不是截然分开的，而是交叉进行的。自 1983 年开始到 1995 年，时间跨越"六五""七五""八五"3 个五年计划，30 万千瓦、60 万千瓦大型火电成套设备都列入国家重大技术装备科技攻关项目。"六五"期间，以"消化吸收"为中心开展科技攻关，保证顺利生产出 30 万千瓦、60 万千瓦考核机组；"七五"期间，以"国产化"为中心开展科技攻关，使三大主机和主要辅机基本实现国产化，实现批量生产能力；"八五"期间，以"优化"为中心开展科技攻关，使引进技术有所发展创新，优化机组的水平，达到当时国际同类机组的先进水平。30 万千瓦、60 万千瓦火电成套设备国家重大技术装备科技攻关项目的立项、组织管理、验收与鉴定工作，第一机械部指定由机械部电工局牵头负责，机械部电工局则明确由上海发电设备成套设计研究所具体负责组织进行。

（一）"六五"火电机组的优化攻关

1982年，国家将消化吸收30万千瓦、60万千瓦火电机组引进技术列入"六五"国家重大技术装备科技攻关项目。1983年，机械部对30万千瓦、60万千瓦火电机组国家科技攻关项目立项，提出基本原则：按30万千瓦、60万千瓦次序，首先要考虑影响进度的关键工艺项目的消化掌握。为保证30万千瓦、60万千瓦考核机组能顺利通过调试和考核，必须消化掌握的一些项目。对于成套引进时未引进的技术，只购买设备而在生产第三台机组时将由国内提供设备的项目，也应优先安排攻关。

经过大量可行性分析之后，设立消化吸收引进技术科技攻关项目22项，其中，三大主机和电工辅机18项，通用辅机及其自控系统4项，国家共下拨科技攻关经费2000万元。"六五"期间完成得比较好的项目有电站自动化系统的消化吸收项目和工艺攻关项目。

自动控制系统项目，由于引进技术中没有引进电站自动化系统（如汽轮机数字电液控制系统DEH、汽轮机监测仪表TSI、汽轮机旁路控制系统BPC、单元机组协调控制系统CCS、锅炉炉膛安全监控系统FSSS、发电机励磁控制系统VPR等）的设计制造技术，只为第一、二台机组购买了几套设备。为了以后产品立足国内，实现国产化，机械部决定在生产引进型第三台机组时必须采用国产化的自动控制系统产品，因此"六五"期间，各承担单位均积极地开展了自动控制系统的消化掌握工作，并为研制作了技术和条件的准备，制订了研制方案，为"七五"自动控制系统的国产化工作打下了基础。

工艺攻关项目是结合考核机组的部件生产进行的，至1985年底，大部分科技攻关课题都取得了实际成效，为制造出30万千瓦、60万千瓦考核机组起到了坚实的技术保证作用。

（二）"七五"火电机组的优化攻关

在为消化吸收30万千瓦、60万千瓦火电机组引进技术"六五"科技攻关立项的时候，为了向国家计委申报30万千瓦、60万千瓦火电机组"七五"科技攻关项目，机械部电工局经研究提出了一个继"六五"开展消化吸收引进技术科技攻关后，"七五"开展国产化科技攻关，"八五"开展优化科技攻关的共计15年跨3个"五年计划"的科技攻关项目的设想。

1985年10月，机械部电工局发文要求发电设备行业技术归口研究所——上海发电设备成套设计研究所组织行业提出"七五"30万千瓦、60万千瓦火电机组科技攻关项目。1985年12月，上海发电设备成套设计研究所在上海闵行饭店召开了有哈尔滨、上海、东方三大发电设备制造集团的制造厂和科研院所及有关高等院校参加的会议，围绕30万千瓦、60万千瓦火电机组国产化的主题，经过研究讨论，用了5天时间，提出了一份锅炉、汽轮机、汽轮发电机、电站自动控制、电站辅机、材料与大型铸锻件等6个方面国产化所需科技攻关课题的初步方案，并根据制造厂、研究院所和高等院校的各自优势，将它们安排为各个课题或子课题的承担单位或负责单位。这份初步方案拿到机械部电工局后，又花了3个多月时间，在机械部各司局进行讨论平衡、修改补充，最终提出了一份供专家审查用的项目审查稿。

1986 年 5 月 18—23 日，国家计委在武汉华中工学院召开"七五"国家重点科技攻关项目《国家重点成套装备研制项目》的专家审查会，其中，大型火电重点成套装备研制项目就是 30 万千瓦、60 万千瓦火电机组国产化攻关项目。这次，机械部各司局的领导和管理工作干部以及约 50 位发电设备行业内的专家参加了会议，项目方案编制成员提前两天来到了武汉华中工学院。专家们经过热烈认真地讨论，一致认为中国自从引进了美国 WH 公司和美国 CE 公司 30 万千瓦、60 万千瓦火电机组设计制造技术以来，在消化掌握引进技术方面做了大量工作；石横发电厂 30 万千瓦考核机组与平圩发电厂 60 万千瓦考核机组已研制完成，正在安装调试，为批量生产而进行的工厂技术改造也已进行；如何提高国产化率（特别是三大主机的国产化率），降低造价，实现批量生产是当务之急。项目提出经过 5 年攻关，三大主机的国产化率达到 85% 以上，造价降低一半，专家们一致同意立项，并要求尽快拿出项目可行性报告上报国家计委审批。

在国家计委召开的"七五"国家重点科技攻关项目《国家重点成套装备研制项目》的专家审查会后，在机械部电工局的领导下，由上海发电设备成套设计研究所牵头，制造企业参加，集中在北京编写"七五"大型火电成套装备（30 万千瓦、60 万千瓦火电机组）国家重点科技攻关项目可行性研究报告，于 1986 年 6 月 15 日编制完成并上报国家计委。

"七五"重大成套装备 30 万千瓦、60 万千瓦火电机组科技攻关项目的组织领导方式是，机械部为该项目的主持部门，国务院重大办为组织协调部门。机械部由电工局牵头与国务院重大办签订专项合同，各专业局由行业的 1 个技术归口部门为总承担单位与电工局签订专项合同，总承担单位与课题、专题承担单位签订分合同，并定期检查、定期交流合同执行情况，准时上报合同项目进展情况和年度总结。

"七五"重大成套装备 30 万千瓦、60 万千瓦火电机组科技攻关项目共 181 项。1986 年，按照规定办理了各项合同的签订后，项目开始启动。机械部电工局明确该项目由发电设备行业技术归口单位——上海发电设备成套设计研究所负责组织行业管理。1986 年 9 月，在上海发电设备成套设计研究所召开了"七五"重大成套装备科技攻关项目管理工作小组成立会议，通过了管理条例，成立了管理工作小组，要求各承担单位每半年上报 1 次课题或专题工作进度，每年 8 月召开 1 次课题、专题项目情况交流会，每年到各承担单位检查项目进展情况 1 次，并明确了课题终结要有总结、成果（科研报告和实物成品）要组织鉴定。

每年，管理小组都要到哈尔滨电站设备集团公司、上海电气集团公司、东方电气集团公司及其所属的汽轮机、锅炉、发电机三大厂，以及北京的北重、巴威，武汉的武锅等单位检查各承担单位课题、专题的进展情况，在检查完毕后，管理小组都要写出总结报告向机械部电工局汇报。1989 年下半年起，又开始组织项目课题、专题的鉴定工作。课题鉴定工作在当时是一个新生事物，全国刚刚开始，机械部电工局也是第一次，谁也没有搞过，面临诸多问题，例如鉴定会怎么组织、专家怎么请、鉴定意见怎么写等，管理小组就在实践中摸索、总结、提高，并逐步推广，到 1991 年上半年，所有的"七五"课题、专题都进行了鉴定或验收。

　　1991 年，"七五"重大成套装备 30 万千瓦、60 万千瓦火电机组科技攻关项目国家验收会议在北京召开，同时进行的还有石化、煤炭、冶金等重大成套装备项目。参加 30 万千瓦、60 万千瓦火电机组科技攻关项目验收会的专家主要为来自机械部、电力部两部的领导与专家，还有国家计委、国家经委、国家科委和财政部的领导和专家。

　　"七五"重大成套装备 30 万千瓦、60 万千瓦火电机组科技攻关项目经过 5 年的攻关，在机械部、电力部两部的领导下，经过全国发电设备制造企业几万人的共同努力，胜利地完成了一个目标（30 万千瓦、60 万千瓦火电机组基本实现国产化，降低设备造价，达到批量生产能力。三大主机及主要系统辅机国产化程度达到 90%以上，30 万千瓦机组三大主机目标价格从考核机组 1.7 亿元左右降为"七五"期间生产的机组的平均价格 8500 万元，辅机以相应价格下降，同样 60 万千瓦机组也按相应比率降低造价），两个水平（提高整个机组的控制水平，提高机组的产品设计水平），三个基础（基础技术，基础材料，基础设备），四个提高（提高机组的经济性，提高机组的可靠性，提高调峰机组负荷适应性，提高机组的成套性）的任务。"七五"科技攻关共设立课题 181 项，下拨了 4000 多万元科技攻关费。其中，汽轮机 34 项，锅炉 15 项，发电机 11 项，电站辅机（含重型矿山机械、通用、电工等行业）67 项，大型铸锻件及材料 41 项，自动控制系统 13 项。通过科技攻关，促进了发电设备行业的科技进步，"七五"科技攻关获得了多项科技进步奖，仅上海发电设备成套设计研究所一个单位就获机械部科技进步一等奖 1 项、二等奖 5 项、三等奖 12 项，管理工作获三委一部（国家计委、国家经委、国家科委、财政部）联合发放的集体荣誉证书 2 张。通过科技攻关，培养了一批科研、设计、工艺、调试、运行方面的人才。经过参加验收会的各位领导与专家的评审，大家认为"七五"重大成套装备 30 万千瓦、60 万千瓦火电机组科技攻关项目完成了 30 万千瓦、60 万千瓦火电机组国产化的目标，实现了 30 万千瓦、60 万千瓦火电机组批量生产，成果丰硕，取得的经验丰富，一致同意通过国家验收。

　　通过"七五"科技攻关，30 万千瓦、60 万千瓦火电机组的国产化率得到较大提高，30 万千瓦机组国产化率由第一台的 40%提高到第二台的 68%，第三台进而超过 75%，第四台更达到 85%，其中三大主机的国产化率接近 90%。并且实现了批量生产，截至"七五"结束的 1990 年，30 万千瓦火电机组共生产了 87 套，60 万千瓦火电机组共生产了 5 套，还出口了一套 32 万千瓦火电机组到巴基斯坦。

　　在这一时期，还将消化吸收的引进技术运用到国产 12.5 万～30 万千瓦火电机组的完善化工作中，运用引进的计算机软件，开展了实验室科学实验和现场机组的实际试验，有针对性地解决了其存在的质量问题。与此同时，生产企业强化技术管理，建立质量保证体系，加强制造过程质量控制。经过近 4 年的产、学、研三结合科技攻关，国产 12.5 万千瓦、20 万千瓦、30 万千瓦火电机组存在的机组轴系振动及叶片断裂、锅炉过热器温度偏差、发电机线圈磨损等突出问题已基本得到解决，国产大机组开始实现稳发、满发，其安全可靠性和经济性水平有了较大提高。

（三）"八五"火电机组的优化攻关

"八五"期间，国民经济发展中突出的问题是电力紧张，缺电严重，很多企业"停三开四"。到 1989 年底，全国电力总装机容量达到 1.26 亿千瓦，其中低效率的中小机组比重较大，全国电站平均煤耗始终保持在 430 克/（千瓦·时）左右。因此，发展电力和节约用煤成为中国国民经济发展中的当务之急和长久任务。为此，国家计委的"计划纲要"中提出要用高参数大机组装备电力工业，开发煤炭燃烧新技术，提高机组可用率和热效率并重视环境保护。

1989 年，全国能源工作会议召开，对能源工业如何贯彻"治理、整顿、改革"方针作了部署，并以"节煤、节运、利用劣质煤"作为基本方针，对此后 12 年内大型火电机组装备政策提出了建议。电网主力机组要从"七五"以 20 万千瓦机组为主过渡到"八五"以 30 万千瓦、60 万千瓦机组为主。煤炭调入地区新建的大型火电机组供电煤耗不能超过 330 克/（千瓦·时）。加快引进技术的亚临界 30 万千瓦、60 万千瓦机组国产化进度，力争 30 万千瓦机组热耗由 8080 千焦/（千瓦·时）降到 7955 千焦/（千瓦·时），60 万千瓦机组热耗由 8005 千焦/（千瓦·时）降到 7892 千焦/（千瓦·时）。研究煤炭燃烧新技术，研究燃用无烟煤、高硫煤、褐煤等劣质燃料的大型锅炉，开发坑口电站所需的大型空冷机组。

虽然经过"六五""七五"科技攻关，中国大型火电成套装备的综合性能有了很大的提高，但是，中国大型火电成套装备在品种规格和性能指标上与当前国际先进水平相比，还是存在着一定的差距。即使是引进型 30 万千瓦、60 万千瓦机组，当时煤耗也比国外同类型先进机组高出 10 克/（千瓦·时）左右，而且国产化程度还不到90%，造价也偏高。

"八五"开展了以 30 万千瓦、60 万千瓦火电机组优化为主要内容的科技攻关，其可行性报告的编制沿用了"七五"期间采用的方法、步骤，仍由上海发电设备成套设计研究所牵头，制造企业参加，开展产、学、研三方发挥各自优势共同承担课题或子课题的科技攻关方式，编制了"八五"大型火力发电成套装备（30 万千瓦、60 万千瓦火电机组）国家重点科技攻关项目可行性研究报告，并于 1990 年 12 月编制完成上报国家计委。与"七五"时期有所不同的是，"八五"国家科技攻关强调了以企业为主，在攻关的内容、重点、负责单位、经费分配等方面都反映了以企业为主的特点。

"八五"国家大型火电重大技术装备科技攻关项目共设立攻关课题 58 个，其中包括：优化汽轮机研制 7 个课题（含 38 个专题），优化锅炉研制 5 个课题（含 33 个专题），优化汽轮发电机研制 5 个课题（含 32 个专题），材料和大型铸锻件国产化关键技术 4 个课题（含 17 个专题），关键辅机研制 16 个课题，自动控制系统及其关键仪表研制 8 个课题，大型空冷机组研制 4 个课题，大型无烟煤锅炉研制 4 个课题，大型循环流化床锅炉研制 5 个课题。

通过"八五"科技攻关，给引进技术注入了新的生命力，实现了引进技术产品的稳定生产，进一步提高了产品的经济技术指标。30 万千瓦汽轮机优化后，使机组热耗从 8080 千焦/（千瓦·时）降到 7913 千焦/（千瓦·时），发电机优化后，使发电机效率由 98.6%

提高到 98.84%，连续最大出力分别扩大至 35 万千瓦。而锅炉厂则在引进的燃用烟煤锅炉的基础上扩展了贫煤、褐煤等炉型，还进一步开发了具有超压 5%长期运行能力的 30 万千瓦亚临界自然循环汽包炉，扩大了用户的选择范围。

（四）发电机制造技术的优化

1983 年 5 月，水电部即向机械部发文提出要求组织有关单位与美国 WH 公司协商，对 30 万千瓦、60 万千瓦汽轮发电机进行优化设计。机械部随即在同年 12 月答复同意与美国 WH 公司合作，对 30 万千瓦、60 万千瓦汽轮发电机进行联合开发，通过优化设计达到当时水电部提出的对优化设计的技术要求，并同意在 1990 年后全部提供优化型汽轮发电机。

1983 年 5 月，水电部以〔1983〕水电技字第 37 号文给机械部提出了优化 30 万千瓦、60 万千瓦汽轮发电机的主要技术条件。1983 年 7 月，机械部与美国 WH 公司达成开展联合开发 30 万千瓦水氢冷汽轮发电机的协议。1983 年 11 月，机械部派出上海电机厂汪耕、阮家栋和哈尔滨电机厂张泳国 3 位工程师赴美国与美国 WH 公司工程部共同编制完成了《联合开发 30 万千瓦定子水冷汽轮发电机技术要求规范书》和《联合发展 30 万千瓦 50 赫兹发电机项目规划书》两个文件。

1985 年美国 WH 公司与中方联合设计组在设计开始时先讨论和确定了 30 万千瓦汽轮发电机优化设计的原则和统一了重要设计问题。1987 年由哈尔滨电机厂和上海电机厂组成的 60 万千瓦汽轮发电机联合设计组在美国 WH 公司进行优化设计时，绝大部分采用了与 30 万千瓦汽轮发电机设计时相同的设计原则和主要设计选择。

1985 年 8 月 26 日，联合开发优化设计的 30 万千瓦汽轮发电机初步设计审查会在美国 WH 公司正式举行，机械部、水电部专家共 6 人专程到美国审查初步设计。美国 WH 公司也正式聘请了美国 WH 公司研究发展中心、工厂等部门 10 名专家参加审查会。初步设计完成后，机械部、水电部与美国 WH 公司（9 名专家专程来华）及上海电气联合公司于 1988 年 5 月在上海电机厂联合召开了对联合优化设计的 30 万千瓦汽轮发电机技术设计审查会议。上海电机厂于 1989 年 8 月制造完成第一台 30 万千瓦的汽轮发电机并在电机厂内进行总装、充氢，1989 年 9 月完成全部性能试验，性能完全符合设计要求，1989 年 10 月自上海电机厂黄浦江码头用 500 浮吊吊上轮船，通过黄浦江、长江、汉水运往湖北汉川电厂，1990 年 1 月 21 日首次胜利并网发电。截至 1995 年底，上海电机厂已制造引进型 30 万千瓦全氢冷汽轮发电机 4 台和优化设计的 30 万千瓦水氢冷汽轮发电机 24 台，其中包括 1 台出口巴基斯坦木扎法戈电站的 32 万千瓦水氢冷汽轮发电机（1997 年投运）。

1987 年初，哈尔滨电机厂向机械部提出要求在 1987 年上半年组织人员去美国与美国 WH 公司联合开发 60 万千瓦汽轮发电机优化设计。在机械部的支持和美国 WH 公司的同意下，1987 年以哈尔滨电机厂为主、上海电机厂参加的联合设计组去美国奥拉多，在美国 WH 公司汽轮发电机专家的指导和审查下，完成了优化 60 万千瓦汽轮发电机的初步设计和技术设计阶段的工作，并于 1987 年 9 月在美国 WH 公司主持的审查会上，由美国 WH 公司发电机专家组成的审查组通过了优化 60 万千瓦汽轮发电机初步设计。1988 年 4

月和 1989 年 12 月，分别在上海和北京通过了能源部、机电部两部组织的优化设计 60 万千瓦汽轮发电机初步设计审查和技术设计审查。

1993 年 8 月，哈尔滨电机厂按这次联合优化设计，试制完成了第一台 60 万千瓦汽轮发电机组的制造，并经厂内各项性能试验，证明完全符合设计要求，1996 年于哈尔滨第三发电厂并网发电。1995 年 12 月，以上海电机厂原来设计制造汽轮发电机部分与美国 WH 公司合资成立的上海汽轮发电机有限公司与上海吴泾电厂签订了两台优化设计的 60 万千瓦汽轮发电机供货合同，1998 年交货安装发电。优化设计 30 万千瓦、60 万千瓦汽轮发电机第一台试制完成后，分别于 1989 年 9 月和 1993 年 9 月在上海电机厂和哈尔滨电机厂内进行总装充氢试验。

30 万千瓦、60 万千瓦水氢冷汽轮发电机的优化设计是中国引进 30 万千瓦、60 万千瓦火电机组后进行得最早的优化创新项目。优化后的 30 万千瓦、60 万千瓦水氢冷汽轮发电机性能良好、国产化程度高（零部件的国产化率可达 90% 以上）、成本低、完全取代了进口机组。在 2000 年底前，哈尔滨、上海、东方三个电机厂共生产制造了 30 万千瓦汽轮发电机 200 多台，60 万千瓦汽轮发电机 20 多台，成为中国电网中的主力机组。

（五）汽轮机制造技术的优化

为使引进型 30 万千瓦、60 万千瓦汽轮机的效率和热耗及可靠性达到 20 世纪 90 年代初的国际水平，采用 1987 年哈尔滨汽轮机厂、上海汽轮机厂、东方汽轮机厂和美国 WH 公司联合进行末级为 1000 毫米叶片的新低压缸模块的方案设计。同时，消化吸收美国 WH 公司 1985 年提供给埃及电厂 30 万千瓦等级汽轮机高压缸改进设计资料，作为优化高压缸通流部分的主要依据。

其中，列入"八五"国家重大技术装备科技攻关的课题有汽轮机高中压缸叶型优化，调节级喷嘴子午面型线研制及气动试验，高中压缸新型汽封研制及试验，通流部分热力计算方法优化及程序开发，高压缸进排汽道优化设计及试验，弯扭叶片全三元流场计算及试验研究，900（905）毫米末级叶片振动特性试验研究及叶根、轮缘应力分析，自带围带成圈叶片及轮系振动特性研究，1000 毫米长叶片精锻炼毛坯研制等。

安徽平圩发电厂 1 号机组是哈尔滨汽轮机厂按美国 WH 公司技术制造的首台 60 万千瓦反动式汽轮机。这台汽轮机从 1988 年 12 月开始启动调试，在带低负荷试运行期间情况良好，但在 1989 年 3 月带高负荷运行时，在 100% 负荷下测得的推力轴承瓦温度和轴向推力远超过设计允许值，当即停机找原因。

（六）超压 5% 自然循环锅炉的研制

20 世纪 80 年代初，中国从美国 CE 公司引进了控制循环汽包锅炉设计制造技术，并从美国 WH 公司引进了汽轮发电机组的设计制造技术，锅炉汽包运行压力达到 19.66 兆帕，过热器出口压力为 18.55 兆帕，汽轮机进口蒸汽压力为 16.67 兆帕，汽轮机有较高的效率且热耗低，受到电力用户的欢迎。1985 年，东方锅炉厂研制成功国产 30 万千瓦机组配套的亚临界压力自然循环锅炉，在山东邹县电厂投运，其汽包压力为 18.10 兆帕，过热器出口压力为 17.5 兆帕。自然循环锅炉水循环简单，无需锅炉循环泵，因此投资低，对用户有一定的吸引力。水电部要求将亚临界自然循环锅炉汽包的运行压力提高到19.66兆帕，与控制循环锅炉一样，以便使引进型30万千瓦汽轮机在机组性能不变的条件下，有两套选择，既可配控制循环锅炉，又可配自然循环锅炉。这就要求机械部制造企业研制出锅炉汽包运行压力达到19.66兆帕的自然循环锅炉，这一锅炉汽包运行压力将高出中国已研制的亚临界压力自然循环锅炉汽包运行压力的5%（简称该类型锅炉为超压5%自然循环锅炉），当时，世界上还没有这样高压力的自然循环锅炉投入运行。

自然循环锅炉水冷壁的运行动力主要来自下降管与上升管工质的密度差。对自然循环锅炉来说，压力越高，汽水密度差越小，运行的安全性越差。当超压5%运行时，水冷壁系统内压力达到19.78兆帕，此时饱和水与饱和汽之间的密度差减小，水冷壁循环系统的流动压头减小，水冷壁系统是否安全可靠，水冷壁管内是否会产生膜态沸腾传热而引起恶化，以及汽包压力升高，汽水分离困难，蒸汽品质能否达到要求，这都是大家最为关心和必须回答的问题。

超压5%自然循环锅炉研制被列入国家重大技术装备"八五"科技攻关课题，由上海发电设备成套设计研究所、哈尔滨锅炉厂、上海锅炉厂和东方锅炉厂共同承担。

1995年1月，在阳逻电厂的支持协助下，对超压5%自然循环锅炉全面进行了实炉水循环与热化学试验，炉膛水冷壁上升管的测速管安装在锅炉后墙的受热较强与较弱的管子上。在严格控制汽轮机进口蒸汽压力为17.5兆帕的条件下，汽包水位维持在正常水位，当机组负荷达到试验工况时，稳定20分钟后进行试验。锅炉各运行参数均正常，各上升管流速在运行过程中变化不大，最低流速为1.5米/秒，由实测点上升管流速算得的循环倍率大于4。这说明，该锅炉的水循环系统是安全可靠的，能满足超压5%工况下长期安全运行。

"八五"科技攻关，成功地完成了超压5%自然循环锅炉的研制，这在当时是世界上最高压力的自然循环锅炉。新的设计将原来6～8根大下降管减少至4根，水冷壁采用较小口径管且仅在局部高热负荷区域上采用螺纹管，以轴流式涡轮分离器替代旋风分离器，同时采用锅炉筒内给水直接注入下降管入口方式等，在保证运行安全的同时，降低了锅炉钢材耗量。

（七）计算机辅助设计（CAD）系统的开发

在计算机程序移植与消化工作完成以后，"七五"期间，在消化30万千瓦、60万千瓦火电机组引进技术的基础上，以汽轮机、锅炉、汽轮发电机总体（初步）设计及其部分关键零部件为研究对象，上海发电设备成套设计研究所联合全国22个单位，开发了一套火电设备关键零部件CAD系统。这套CAD系统是在CYBER170-825计算机软硬件系统支撑下，以火电设备设计程序库、产品数据库、关键零部件图库、有限元分析系统、设计基础与方法研究成果为依托而开发出来的，它包括汽轮机设计系统、锅炉设计系统、汽轮发电机设计系统和火电站设计系统4套CAD软件包。

火电设备设计程序库装入近千个经过二次开发的引进设计程序和国产机组设计程序；产品数据库储存了近百万条设计数据；图库可调用各类关键零部件、标准件工程图、常用符号、汉字术语等；有限元分析系统包括 SAP-5、ADINAT、ANSYS 和自行开发的前后处理软件；设计基础与方法研究成果包括 17 套计算分析程序，可进行大功率汽轮机全三元流场设计、锅炉炉膛三维流动、燃烧和传热过程数学模拟、汽轮发电机组转子—轴承—基础动态特性分析、汽轮发电机优化设计、锅炉受压部件应力分析与寿命预估等。

锅炉设计系统 CAD 软件包包括锅炉总体设计 CAD 软件包、锅炉汽包自动设计系统 CAD 软件包、锅炉框架自动设计系统 CAD 软件包。锅炉总体设计 CAD 软件包由电站锅炉热力计算程序，屏式过热器、高压过热器、高压再热器热偏差与壁温计算程序，低压过热器、低压再热器热偏差与壁温计算程序，烟风阻力计算程序，制粉系统计算程序和锅炉总体布置图绘图程序组成，实现锅炉总体设计计算集成化，绘制锅炉总体布置图，并通过绘图程序和接口程序，用锅炉原始结构数据和几何尺寸计算获得的结果数据，生成结构设计方案图。锅炉汽包自动设计系统 CAD 软件包由总控程序、计算程序和绘图程序组成，实现进行锅炉汽包的强度计算、疲劳寿命设计及锅炉汽包整体图绘制。锅炉框架自动设计系统根据锅炉总体设计时确定的条件，制定框架结构模型数据及相应的材料属性数据，进行结构分析计算后，实现绘制框架垂直、水平剖面技术设计图及结构模型中各节点的节点详图。

火电站设计系统 CAD 软件包包括火电站成套设计 CAD 软件包、火电站电气辅助系统 CAD 软件包。火电站成套设计 CAD 软件包由系统优化程序、经济分析程序、火电站管道静力与动力分析组成，实现对电厂进行综合评价。火电站电气辅助系统 CAD 软件包由电气辅助系统设备数据库、应用程序及绘图软件组成，实现输入原始数据后，即可绘制火电厂厂用电原则接线图和厂用电负荷统计表。

上海发电设备成套设计研究所计算中心在消化 30 万千瓦、60 万千瓦火电机组引进的几百个设计计算程序及其设计模型、计算方法的基础上，改进扩充了它们的功能，自行开发出产品设计计算集成化的汽轮机热力气动设计、锅炉总体方案设计等 CAD 软件包，研制出集产品设计、计算分析、自动绘图为一体的汽轮机叶片、锅炉汽包、汽轮发电机铁心冲片、大型滑动轴承等关键零部件设计系统，接近和达到了 20 世纪 80 年代中期美国、日本等国厂商所公布的同类软件包和设计系统的功能和水平。由各子系统集成的火电设备 CAD 应用系统是一个庞大的应用系统，系统结构模块化，各子系统既可集成为一个整体，又具有相对独立性，在引进型 30 万千瓦、60 万千瓦汽轮机、汽轮发电机和锅炉的优化设计中得到了实际应用。

第五节 重点火电工程建设

"七五"期间，国家把"消化吸收引进技术，实现引进型 30 万千瓦、60 万千瓦火电机组国产化"列入"七五"重大科技攻关项目，"八五"期间，以"优化"为中心开展科技攻关。1987 年 12 月 17 日，60 万千瓦考核机组主机在哈尔滨试制完成，1989 年 11 月 4 日，在安徽平圩发电厂投入运行发电。攻关取得的成果使引进型 30 万千瓦、60 万千瓦火电机组在保证达到引进技术标准和成套水平的前提下，逐步实现了国产化，中国的锅炉制造技术、汽轮机制造技术有了质的飞跃。国产首台亚临界 60 万千瓦火电机组在哈尔滨第三发电厂投产，引进的 60 万千瓦火电机组在安徽平圩发电厂投产，华能德州电厂两台机组仅用 28.5 个月建成投入生产，创下全国一年内投产两台 30 万千瓦机组的先例。1992 年底，我国火电装机容量达到 1.2585 亿千瓦，火电年发电量为 6227 亿千瓦·时。

一、北京石景山热电厂投产

石景山热电厂是北京市第一家现代化大型股份制发电供热企业，是在北京石景山发电厂原址上拆除全部建筑物重建的一座现代化热电厂。石景山热电厂装设 4×20 万千瓦汽轮发电机组，其中，首期为 3×20 万千瓦汽轮发电机组，二期扩建一台 20 万千瓦汽轮发电机组。

1983 年 4 月，国家计委批准石景山热电厂工程计划任务书。同年 9 月，北京石景山发电厂停运，并随即开始拆除。根据时任国务院副总理李鹏的指示，石景山发电厂厂房爆破工程实行招标，最终由河北省第三建筑公司中标，中国科学院力学研究所负责爆破设计。1984 年 12 月，石景山发电厂主厂房爆破完毕，1985 年 4 月，地上地下建筑物全部拆除。此次采取爆破拆除工程招投标形式，节省概算约 700 万元。

石景山热电厂工程设计单位为华北电力设计院，初步设计在 1983 年 12 月完成，因电厂场地狭小，建设条件有一定的限制，在设计方案上也相应采取了一定的措施。建设工程按照水利电力部的要求，实行招标建设试点，经公开招标后，由北京电力建设公司承包，北京电力机械建筑公司分包。锅炉、汽轮机、发电机分别采用上海锅炉厂生产的 HG−670/140−13 型锅炉、哈尔滨汽轮机厂生产的 C145/B200−130/535/535 型汽轮机、哈尔滨电机厂生产的 QFSN−200−2 型发电机。1985 年 10 月，石景山热电厂主厂房正式开工建设。设备安装准备工作于 1986 年 4 月开始，施工队配备了 3000 吨·米的塔式吊车和 60 吨门座吊车各 1 台，担负锅炉、主厂房、电除尘器等涉及大型施工机械的吊装工作。采用北京电力建设公司自制的液压顶升装置，将 102 吨的大汽包提升到 52.2 米安装就位。1 号汽轮机组于 1988 年 8 月移交生产，2 号锅炉于 1989 年 5 月点火。2 号汽轮发电机于 1988 年 11 月安装，1989 年 9 月移交生产。3 号锅炉于 1989 年 9 月吊装，1990 年 5 月点火。3 号汽轮发电机于 1989 年 12 月安装，1990 年 9 月移交生产，后因设备质量问题又返厂检修。

1993 年，国家计委批准了石景山热电厂二期工程，增建一台 20 万千瓦抽汽供热汽轮发电机组和一台 670 吨/小时煤粉锅炉。工程设计仍由华北电力设计院进行，建筑与安装工程由北京火电建设公司负责。工程于 1993 年 10 月工程开工，1995 年机组移交生产。二期工程建成后，石景山热电厂共 4 台 20 万千瓦机组，为了保证机组正常运行，在一期工程 5 座 1 万吨储煤筒仓的基础上，又建设了 3 座 3 万吨的环形双煤斗超大型钢筋混凝土储煤筒仓。单体 3 万吨的储煤筒仓在国内尚属首例，1998 年投产后，取得了国家发明专利，获单项工程优质工程，并获得优质工程金质奖。

2015 年 3 月，根据北京市全面关停燃煤（热）电机组的目标计划，石景山热电厂与北京热电厂相继关停。石景山热电厂关停后，原先承担的供电、供热由西北热电中心替代。

二、国产首台亚临界 60 万千瓦机组在哈尔滨第三发电厂投产

华电能源股份有限公司哈尔滨第三发电厂（哈三电厂）位于黑龙江省哈尔滨市北郊 29 千米处。哈尔滨是中国东北地区的政治、经济和文化中心，也是中国省辖市中面积最大的特大城市。这里有哈大、滨绥、滨州、滨北、拉滨 5 条铁路连通国内，有京哈高速和 202、221、301 国道辐射通向全国，且与黑龙江省内多条高速公路毗邻，紧邻松花江水运航线，与黑龙江、乌苏里江、嫩江及俄罗斯远东部分港口相通。

1975 年到 1985 年这 10 年间，黑龙江省电力供需缺口较大，企业生产用电供应不足，常常停三天开四天，遇到农业干旱，企业生产就得停四天开三天；居民生活用电也有限制，大功率电器不让使用。

1983 年 9 月 7 日，时任国务院副总理李鹏视察哈三电厂，认为该厂处在黑龙江省内电力负荷中心，具备建设大机组的条件（当时正在建设 2 台 20 万千瓦机组），建议原计划装机容量 80 万千瓦增至 160 万千瓦，二期工程安装 2 台国产 60 万千瓦机组，要求积极开展可行性研究并尽快报水利电力部审批。

1983 年 11 月，水利电力部确定了哈三电厂二期扩建装机 2 台 60 万千瓦的建设规模。1984 年，东北电力设计院对哈三电厂二期做了可行性研究，1985 年 2 月提出可行性研究报告。1985 年 5 月，水利电力部批复了可行性研究。1986 年 5 月 3 日，水利电力部、黑龙江省人民政府联合行文，以《关于合资建设哈尔滨第三发电厂二期工程的报告》报国家计委。1986 年 10 月，国家计委以《关于哈尔滨第三发电厂二期扩建工程项目建议书的复函》，同意水利电力部和黑龙江省合资建设报告。1987 年 6 月，中国电力建设工程咨询公司、水利电力部计划司、国家机械成套设备总局以及东北电业管理局等单位的 20 多位专家，对建设规模进行了评估，认为哈三电厂建设 2 台 60 万千瓦机组是可行的。工程设计由东北电力设计院进行。1987 年 12 月，水电部电力规划设计总院主持召开初步设计审核会，能源部计划司、生产司、基建司、科技司、成套设备局、东北电业管理局、东北电力设计院、黑龙江省电力工业局、哈尔滨电站设备成套设计研究所等 13 个单位参加会议，会议通过了初设方案。1988 年 5 月，能源部批复哈三电厂二期工程初步设计。此时，安徽平圩发电厂从美国成套引进的 60 万千瓦机组建设工程进入收尾阶段。

1989 年 9 月 28 日，哈三电厂二期工程厂房基础打入第一根桩，首台国产 60 万千瓦机组正式在哈三电厂"落户"。三大主要设备分别由哈尔滨三大动力厂提供，锅炉采用哈尔滨锅炉厂制造的 HG－2008/186－M 型燃煤锅炉，蒸发量 2008 吨/小时，蒸汽压力 18.2 兆帕，蒸汽温度 540 摄氏度；汽轮机采用哈尔滨汽轮机厂制造的 N600－16.7/537/537－1 型单轴、四缸、四排汽、中间再热冷凝式汽轮机，额定功率 60 万千瓦，蒸汽压力 16.67 兆帕，蒸汽温度 537 摄氏度，转数 3000 转/分钟；发电机采用哈尔滨电机厂制造的 QFSN－600－2 型发电机，额定容量 60 万千瓦，频率 50 赫兹，电压 20 千伏；工程占地

面积 266.9 万米²。二期工程总投资概算为 16.24 亿元，遵照国务院提出的"政企分开、省为实体、联合电网、统一调度、集资办电"的方针，由能源部和黑龙江省政府各投资 50% 合资建设。

在设计、制造 60 万千瓦机组国产化过程中，"三大动力"主机厂完成优化项目大大小小 50 余项，敢在"洋"技术身上"动手术"。哈尔滨锅炉厂将美国 CE 公司惯例采用的过热系统、省煤器加装防振隔板、燃烧器、水冷壁安装等"主器官"进行了改革创新，达到了优化目标。哈尔滨汽轮机厂在汽轮机通流部分结构、系统、工艺等方面完成优化工作 20 项，尤其是 1 米叶片的应用，创世界先进水平，国外大公司反过来要购买中国的技术。哈尔滨电机厂设计制造的电机改变了国外同类产品结构和性能的缺陷，缩小了机座宽度，减轻了定子重量，降低了造价，使整台机组国产化率超过 95%。

1990 年 4 月，国家计委将哈三电厂二期工程列为国家重点项目；4 月 8 日，筹建处副主任李钟南参加"全国重点建设工作会议"，受到江泽民总书记、李鹏总理等国家领导人的亲切接见；10 月 6 日，工程开工剪彩，能源部部长黄毅诚发来贺电。工程全部采用招标方式确定施工单位，主厂房土建、机组设备安装和输煤系统土建部分，由黑龙江省火电三公司和黑龙江省新建建筑工程公司承建，其他工程分别由哈尔滨市公路工程处、黑龙江省火电二公司、吉林电力管道工程公司、东北电力局烟塔公司、哈尔滨铁路工程处等施工单位承建，近 7000 人投入施工现场。

1992 年，主厂房基本完成，钢筋混凝土结构烟囱高 210 米、出口内径 7 米，双曲线型钢筋混凝土结构冷却水塔淋水面积 7213 米²、高 130 米。出力 1100 吨/小时双路输煤皮带、37 万吨储煤场如期完成。铺设除灰水冲灰管道 3 条，每条长 14 千米，扩建储灰场总容积达 1000 万米³，可储灰 10 年。电气热控电缆桥架配制 130 吨。在滨北正线右侧 22.5～23.6 千米处设燃料铁路专用线，铁路总长 14 千米。同时，安排分配来的毕业生赴各电力大学培训、学习，部分人员到拥有进口 60 万千瓦机组的元宝山发电厂、平圩发电厂实习。

1993 年 9 月 17 日，重达 320 吨的机组定子用专列运达现场，21 日安装就位。同年 9 月 26 日，受热面 32 544 个焊口一次性打水压合格。同年 11 月 20 日，高压备用变压器受电完毕。此机组施工、平面布置及管理获得 1993 年度黑龙江省电力企业管理现代化成果二等奖。

哈三电厂二期工程 2 台国产 60 万千瓦机组编号为 3 号、4 号，其中，3 号机组原计划于 1993 年投产，但因设计、制造、安装、调试等诸多方面都毫无经验，暴露出大量问题和缺陷，光单体试运就给各方积累数据达几千条。1995 年 3 月 13 日，锅炉、汽轮机、发电机同步首次启动，在 10 月 12 日第 51 次试运行时达到 60 万千瓦的满负荷。1996 年 1 月 27 日 20 时，机组终完成 168 小时试运行移交试生产。10 个月艰苦磨砺，启动 76 次，点火 71 次，并网 35 次……这一刻，大家等了 62 个月 21 天。

考验还在继续，发电机定子铁芯温度高、锅炉主要参数达不到设计值、汽轮机轴系振动大、频繁跳机、轴系负荷分配不均经常烧瓦、循环水泵叶片运行中松动断裂、空气预热器运行不稳定、漏风率高……机组因启停频繁被戏称为"礼拜机"。设计、施工、设备、业主多方积极配合，把"为民族争光，为国家奉献"的情感融入向"礼拜机"的挑战中，1996年9月30日，机组首次小修，连续运行35天；1998年2月20日，连续运行84天；1999年实现连续安全生产3个百日，供电煤耗指标逐年向好，1996—1999年的供电煤耗分别为382、360、346、340克/（千瓦·时），处于当时同类机组领先水平。

有了首台60万千瓦机组积累的宝贵经验，4号60万千瓦机组实施了574项优化设计项目。1999年11月30日一次通过168小时试运行，2000年9月16日一次通过国家电力公司达标复检，实现了国产60万千瓦机组达标投产"零"的突破，持续为振兴民族机电工业和地方经济发展做出卓越贡献，向世界证明了中华民族电力工业的崛起。

2002年4月18日，在3号机组向连续运行200天发起挑战之际，哈三电厂在巡视中发现汽轮机9号瓦、10号瓦振动异常，停机检查发现转子汽端、励端分别有一条宽度为8毫米的磨痕，未伤及护环本体。转子返厂深入体检发现，由于材质及锻造工艺不合格导致弯曲，在靠近10号瓦的轴柄根部R角处有一条周向裂纹，裂纹长约占圆周的一半。因停机及时，成功避免了一次重特大设备事故。国家电力公司、黑龙江省公司通报表扬并给予嘉奖，同时命令将正在大修的4号机组转子移过来，12天内恢复运行。在那个电力不充裕的时期，参战人员昼夜奋战，重约65吨的转子从4号机组抽出，吊装至3号机组回穿进发电机定子腔腔内，消除各种缺陷恢复运行，最终提前1天完成任务。

经过一系列科技攻关，哈三电厂二期工程3号机组安全性能、经济性能不断提高，这台饱经磨难的机组等效可用系数由投产初期的28.9%提高到90%以上，并在2004年创造了连续安全运行311天的全国同类型机组运行周期新纪录，成为东北电网安全稳定的骨干机组。2006年，机组全年利用小时数达5928.93小时，等效可用系数完成98.99%。2007年5月11日，该机组荣获2006年度"全国火力发电可靠性60万千瓦级金牌机组"称号。

首台国产化60万千瓦机组的诞生，给国家节约了大量外汇，同时打破了"中国不能自己生产大型火电机组""消化引进技术不能过快"等种种论调，使中国一跃成为大机组产地，为民族机电工业的发展奠定了基础。

三、第一台引进型60万千瓦机组在平圩发电厂投产

平圩发电厂位于安徽省淮南市潘集区平圩镇，地处两淮亿吨煤基地，淮沪特高压输电线路起点，近邻苏浙沪负荷中心。电厂总装机容量为440万千瓦，拥有一期工程2×60万千瓦亚临界机组、二期工程2×60万千瓦超临界机组、三期工程2×100万千瓦超超临界机组，是安徽省装机容量最大的发电企业。

平圩发电厂一期工程作为国家"七五"重点工程，是国务院十二项重大技术装备科研项目之一。1980年2月，国务院批准国家进出口委、国家计委、国家经委三委引进大型火电机组制造技术的请示，分别于同年9月、11月与美国WH、CE公司签订汽轮机与锅炉技术转让合同，同年12月与美国依柏斯柯（EBASCO）公司签订燃煤电厂工程服务和

技术转让合同。1980年9月29日，国家计委向电力部下达《关于淮南平圩发电厂工程计划任务书的批复》，新建平圩发电厂，设计规模120万千瓦，至此，平圩发电厂一期工程建设正式立项。

平圩发电厂一期工程三大主机，锅炉系引进美国CE公司技术，由哈尔滨锅炉厂制造，为HG－2008/186－M型单炉膛悬吊式强循环汽包炉；汽轮机和发电机系引进美国WH公司技术，由哈尔滨汽轮机厂、哈尔滨锅电机厂制造，分别为N600－170/537/567单轴/四缸/四排汽反动式型汽轮机、QFSN－600－2型发电机。

1988年4月2日，1号机组开始部分运转；7月30日，1号机组"中枢神经"FOX－1/A型计算机安装调试成功，系统接地电阻仅为0.4欧姆，低于国内外同期水平的0.8～1欧姆；8月14日，炉前酸洗结束，10月6日，锅炉点火酸洗一次成功；10月24日，500千伏升压站带电试验成功；11月6日，吹管结束；12月11日，整套启动、空负荷试转、冲转，12月15日，第一台引进型60万千瓦发电机组并网成功。1989年11月4日，一期工程1号机组移交试生产；1990年5月4日，一期工程1号机组正式投入商业性运行。

平圩发电厂一期工程1号机组投产，使中国从此迈上了60万千瓦机组设计、制造、安装、运行的新台阶，并为中国今后大量建设大型火电厂的设计、制造、施工与生产取得了良好的经验，提供了样板，标志着中国发电设备和电站建设进入了一个新的阶段，从而在中国的电力工业史上又竖起了一座新的里程碑。

1990年，平圩发电厂一期工程1号机组经国家能源部、机械部性能考核试验，生产运行主机性能良好，辅机质量可靠，具有20世纪80年代初期国际先进水平。汽轮机热耗率为8006.54千焦/（千瓦·时），锅炉效率超过保证值的87.93%和额定负荷下的设计效率88.11%，其主要性能和经济指标均达到设计要求。

平圩发电厂一期工程是中国电力建设史上重要的里程碑工程，从一开始便引起了广泛关注。1985年，时任国务院副总理李鹏亲临建设工地视察并题词："平圩不平常，单机甲中华"。1988年，中央领导李德生来厂视察。1991年，时任中共中央政治局常委、全国人大常委会委员长乔石来厂视察。1992年，时任国务院副总理邹家华来厂视察。1号机组先后荣获国家"重大技术装备成果特等奖""全国优秀焊接工程""优质工程奖"等荣誉。一期工程于2019年获评"庆祝中华人民共和国成立70周年经典工程"。

四、快速建成华能德州电厂

华能德州电厂建于1989年8月，早期称华鲁发电厂。1985年4月，时任国务院副总理李鹏到山东省德州考察，将电厂选址确定在德州市西郊。1987年5月，国家计委召开专题会议，确定由华能发电公司与山东省计委合资建设华鲁发电厂，建设总投资10亿元人民币，华能发电公司和山东省政府各占50%，委托山东电力工业局代管，规划装机容量120万千瓦，采用国产30万千瓦燃煤机组。该工程由山东电力设计院设计，山东电力建设第二工程公司安装，锅炉和汽轮发电机组分别由哈尔滨锅炉厂和东方汽轮机厂、东方电机厂制造。1987年8月，华鲁发电厂筹建处正式成立。

20 世纪 80 年代，全国电力基建项目并不景气，建设速度非常缓慢。1990 年 10 月，国家能源部在华鲁发电厂建设工地召开电力工程现场座谈会，能源部部长黄毅诚及全国各省电力基建的负责人出席座谈会。山东省电力局负责人当众立下军令状：只要资金到位，明年两台 30 万千瓦发电机组准时投产！一年投产两台 30 万千瓦发电机组，这在当时整个电力行业还是罕见的。

1991 年 1 月，山东省电力工业局主持召开全省会战华鲁协调会，提出了"会战华鲁、务期必成"的奋斗目标。这一年，在生产条件不具备、办公和生活设施很不完善，甚至连厂区道路都不通的情况下，所有参建人员踏着泥泞、冒着雨雪进驻厂区、工地，积极开展各项生产准备工作，没有节假日，每天工作十几个小时，有时甚至连轴转。终于，1 号机组于 1991 年 5 月锅炉点火，5 月首次启动，7 月正式移交生产；2 号机组于 1991 年 9 月开始分部试运行，11 月进入整机启动调试试运阶段，12 月移交生产，由此创下了中国电力建设史上一年投产两台 30 万千瓦机组的纪录。

华鲁发电厂 1 号机组比国家计划工期提前 84 天，比定额工期提前 7.7 个月建成投产。2 号机组比国家指令性计划工期提前 3.5 个月，比考核工期提前 9.5 个月，不仅创下全国一年内投产两台 30 万千瓦机组的先例，而且两台机组仅用 28.5 个月建成投入生产，也创造了中国电力建设史上的奇迹。华鲁发电厂工程建设的过程，提炼出闻名全国的"强化整体，超前攻关，团结协作，顽强拼搏，争金保银"的华鲁精神。能源部部长黄毅诚称赞华鲁工程"快速度、高质量建设电站的经验，是中国电力建设战线的一大财富"，称赞华鲁精神是"一大宝贵财富"。

第六节　火电行业环保体系的初步建立

火电行业环境保护起步于 20 世纪 70 年代，针对火电领域烟尘、废水、废渣等污染物排放采取了一些措施。"六五""七五"期间，国家将环境保护明确为基本国策，随着火电建设迅速发展，火电领域污染排放导致和长期积累的问题逐步显现，火电行业环境保护越来越重要、越来越紧迫。到 20 世纪 80 年代末，环境污染问题已成为制约火电行业发展的重要因素之一。"八五"计划和《国民经济和社会发展十年规划》明确提出了开发与节约，将节约放在突出位置的能源政策，并对环境保护和污染物排放及治理提出了明确的要求，相关环境保护的法律法规、污染物排放的限制标准、收费制度陆续出台。火电行业作为废气、废水、废渣、烟尘等污染物排放的重点，成为环境保护工作的重点领域。

20 世纪 80 年代到 90 年代初，火电行业在国家环境保护国策出台和完善的背景下，制定了一系列具体的环境保护的政策、规定、标准，形成了火电行业环境保护工作的体系。在火电领域，推行"以大代小"，开展技术改造；建立从环境监测到污染治理的全流程管理体系；重点加强对烟尘、废水、废渣的排放治理，开展二氧化硫排放控制技术研发和应用；对火电行业进一步强化节能改造。

一、《燃煤电厂大气污染物排放标准》出台

火电厂是中国最主要的工业污染源之一，国家根据环境空气质量标准，并结合中国在不同发展阶段的技术、经济条件等具体国情，制定并颁布与相应阶段相适应且具有可操作性的专门针对火电厂的大气污染物排放标准。

1973年，国家计划委员会、基本建设委员会、卫生部批准了《工业"三废"排放试行标准》（GBJ 4—1973），并于1974年1月1日试行，这是中国第一部与火电厂有关的大气污染物排放标准。该标准的制定引进了西方国家制定排放标准的一些做法，如直接与环境空气质量挂钩，其中"废气"部分引入了落地浓度的概念及其相关的计算模式、公式，涉及电厂的污染物包括了烟尘和二氧化硫，仅对每座烟囱允许排放的烟尘和二氧化硫数量加以限制。由于当时除规定较大的锅炉采用湿式除尘器以外，可供选择的技术措施只有烟囱高度，因而又将烟尘和二氧化硫的允许排放量与烟囱高度（最高为150米）挂钩。但是，没有考虑各地污染气象条件的影响，也未考虑多台锅炉、多座烟囱叠加对落地浓度即环境空气质量的影响。但在随后十余年中，对火电厂大气环境影响进行了深入研究，为后来《燃煤电厂大气污染物排放标准》的制定奠定了基础。

1991年10月，国家环境保护局批准了《燃煤电厂大气污染物排放标准》（GB 13223—1991），并于1992年8月1日实施。这是中国首部专门针对火电厂的大气污染物排放标准，能源部电力环境保护研究所负责起草。与《工业"三废"排放试行标准》（GBJ 4—1973）相比，该标准的主要特点表现在三方面：① 将电厂分为新、扩、改建火电厂与现有火电厂两大类。② 对于烟尘，改用排放浓度控制，即对不同容量锅炉及燃煤灰分，对烟囱出口处烟尘的排放浓度给出相对应的浓度限值。其中，对现有电厂还针对采用除尘器类型分别给出排放限值，对新扩（改）建电厂则按电厂厂址位于县及县以上城镇规划区内、外的不同，排放浓度限值有所区别。③ 对于二氧化硫，仍采用排放量控制，即对燃煤电厂全厂（扩建工程包括现有机组）二氧化硫允许排放量做出规定。由于当时除个别试点外，限于经济条件还不允许上脱硫装置，只能根据燃煤收到基含硫量来控制建厂规模，防止大气污染。该标准首次对烟尘排放采用浓度控制，推动了电除尘技术在新建燃煤电厂的应用。

二、火电厂开展污染物治理

电力环境保护工作的重点之一是对火电厂污染排放的治理，环境监测是环境管理和污染物治理的基础，火电厂的烟尘、废水、废渣等的排放控制和资源化利用则是火电厂污染物治理的重点。"七五"到"八五"期间，这方面的工作有了很大的进步。

（一）电力环境监测网的建立与加强

"七五"期间，全国电力环境监测网络初步形成。1988年起，电力环境监测总站开始抓各级监测站的组建和网络建设。到1990年底，共建成205个监测站，其中，总站1个，省中心站27个，厂监测站177个，完成了应建站的82%，初步形成了电力环境监测队伍。

三级监测站网在1991年前后初步形成，使得电力环境监测全面展开，重点进行污染

源监测。实现了对 90%以上电厂的废水监测，重点监测冲灰水，普遍开展的项目覆盖 pH
值、悬浮物、砷、氟化物等，部分省份还对油、挥发酚、硫化物、三氮化合物、氰化物、
铜、铅、锌、镉、汞等进行定期抽测。烟气排放监测逐步开展，主要监测烟尘、二氧化硫、
氮氧化物等，许多电厂能按照《大气污染防治条例》的要求，在锅炉大修后对除尘器的除
尘效率进行测试，受仪器设备的限制，每年能进行烟道气测试的电厂约占 45%，测除尘
效率的电厂约占 60%。对厂区大气环境进行监测的电厂约占 40%，进行灰渣中有害物监
测的电厂约占 42%，进行噪声监测的电厂约占 70%。

在环境监测管理上，建立了统计与监测数据报表制度。1986 年建立了环境统计数据
管理体系，1990 年对指标解释进行了新的修订，形成了年度定期报送统计报表的制度。
建立了省中心站的监测季报、厂站报省中心站的监测月报制度，可及时了解各电厂的污染
状况及排污状况。总站在省中心站的参与下，以监测数据和电力环保统计数据为基础编写
《火电厂环境状况报告书》及环境统计年鉴，受到国家有关部门的重视。

1991 年 10 月，能源部组织各网局、省局、电力环境监测机构及科研机构编制了"八
五"电力环境监测计划。1994 年 4 月，电力部根据"八五"期间国家环境保护的方针政
策，在广泛吸取前期火电厂环境监测的实践经验、科研成果和国外先进技术的基础上，制
定发布了《火电行业环境监测管理规定》，于 1996 年 9 月 1 日起实施。

（二）火电厂的烟尘治理工作取得了显著成效

火电厂烟尘治理工作在电力环保领域起步较早，也较早地取得了显著的成效。20 世
纪 80 年代是中国火电厂电除尘器发展的黄金时代，采用电除尘器的锅炉容量占锅炉总容
量的比重，由 1980 年的 0.8%迅速上升到 1989 年的 30.1%。同时，"七五"期间国产电除
尘器制造质量显著提高，除尘器技术领域取得了一批重大科研成果，如：国内首创的、安
装在邵武电厂的宽极距横向槽板新型电除尘器；获得国家金奖的、安装在焦作电厂的 KFH
型电除尘器，可使钢材耗量降至 32.91 千克/米² 的电除尘器壳结构设计优化，进入国际同
类设备（单机）先进行列的 JD－I 型电除尘器高压电源微机自动控制装置等。

中国电除尘器的设计制造始于 20 世纪 60 年代，以生产小型电除尘器为主，主要用于
冶金、化工、水泥等行业。20 世纪 70 年代末，随着电力建设的加速发展，电除尘器开始
向电力部门发展，规格也有所增多，设计出国产 CP 系列电除尘器，但是与国际先进技术
相比，技术落后，效率低。随着中国引进 30 万千瓦、60 万千瓦火电机组设计制造技术，
按照美国 EBASCO 公司为电除尘器确定的技术规范，机械部决定引进电除尘器的设计制
造技术。从国外引进电除尘器设计制造技术的项目，由上海冶金矿山机械厂、浙江电除尘
器总厂和上海电阻厂联合进行。由浙江电除尘器总厂负责山东石横发电厂 30 万千瓦机组
配套的电除尘器，上海冶金矿山机械厂负责平圩发电厂 60 万千瓦机组配套的电除尘器，
上海电阻厂负责该两个机组的电除尘器电气控制设备（高压硅整流器和电气控制柜）。经
过出国考察和与 3 家外商谈判，由于瑞典菲达公司是美国 EBASCO 公司推荐的厂商之一，
而且技术转让费用最低，条件较为优惠，决定引进瑞典菲达公司技术，并于 1982 年 10
月 14 日签订了电除尘器技术转让的正式合同，1983 年 3 月 15 日合同生效。

　　石横发电厂 1 号 30 万千瓦机组的电除尘器是由浙江电除尘器总厂（该厂在浙江诸暨，以下称诸暨电除尘器厂）承担研制和国产化。30 万千瓦机组每台锅炉配置并列的 2 台电除尘器，每台电除尘器分 4 个电场，每个电场宽 9 米，高 10.5 米，长 3.75 米，流通面积为 189 米^2，2 台电除尘器的总集尘面积为 37 800 米^2。电除尘器的最大处理烟气量为 195 500 米^3/小时；通过电除尘器的最大烟气流速为 1.436 米/秒；最大烟气处理时间为 10.44 秒；除尘效率不小于 99.3%。

　　每台除尘器设有高压电源 8 套，低压控制屏 2 套，安装开关 26 只，接地棒箱 4 台，高压电源的交流输入功率为 92 千伏·安，初级电压为 380 伏，最大初级电流为 240 安，次级电压峰值为 72 千伏，次级电流平均值为 1200 毫安。

　　诸暨电除尘器厂从瑞典菲达公司引进技术后，经对引进技术的消化吸收和出国培训，在瑞典菲达公司的指导下，完成了石横发电厂 30 万千瓦机组电除尘器的设计，并开始进行研制攻关。735C 型阳极板是电除尘器的关键零件，迫切需要研制一条新的极板生产线。1983 年，围绕着 735C 型阳极板轧机是进口还是国内制造，是自制还是联合研制，展开了讨论。经过充分论证认为，735C 型阳极板轧机的制造国内已具备条件。从 1984 年初开始设计，1985 年 10 月整机安装、调试后投入生产，1985 年 11 月中旬，全部 30 万千瓦机组电除尘器所需的 735C 型阳极板轧制完成，极板质量合格。

　　石横发电厂 1 号机组电除尘器从 1985 年 3 月开始制作，到 1986 年 3 月全部零部件制作完成，发往电厂工地。经工地总装、调试、运行和性能测试，1 号电除尘器效率为 99.45%，2 号电除尘器效率为 99.80%，均超过了保证值的要求。

　　第一台 30 万千瓦机组电除尘器，进口配套件的种类达 21 种，国产化率为 93.6%。主要进口件有高镍不锈钢阴极螺旋线、F86-02 绝缘套管、磁轴、F86-03 虎克螺钉、滑动轴承和软性膨胀节等。又经过几年的努力，螺旋线、绝缘套管、磁轴、虎克螺钉、滑动轴承和软性膨胀节等都实现了国产化。

　　上海冶金矿山机械厂用引进的瑞典菲达公司技术为安徽平圩发电厂 60 万千瓦机组设计和制造了电除尘器。每台 60 万千瓦机组锅炉配套电除尘器 4 台，最大处理烟气量为 3 735 000 米^3/小时，每台电除尘器分 5 个电场，电场烟气流速 1.153 米/秒，除尘效率保证值 99%，电除尘器总重约 4400 吨。该厂不仅对硬件组织开展了试验、攻关、转换等工作，使电除尘器产品的自制率达到 90% 以上，而且还着重组织力量对软件进行了移植、转换、开发创新，形成了适合中国国情的应用软件。经安装、调试、投运和效率测试，为平圩发电厂研制的 60 万千瓦机组配套的电除尘器，达到了引进技术的水平，用户表示十分满意。

　　"七五"期间，火电厂除尘器总体水平显著提升，烟尘排放量控制取得明显效果。1986 年，水电部召开了"七五"除尘技术及管理研讨会，明确规定 30 万千瓦及以上机组必须采用电除尘器，20 万千瓦机组应根据环保要求、综合利用需要等实际情况尽量采用电除尘器。随后，能源部修改了相关要求，规定 20 万千瓦以上机组必须安装电除尘器，1991 年根据国家环保局的要求，能源部出台规定，新投产 20 万千瓦以上机组除尘率必须达到 99%，城市中 10 万千瓦机组、城市城区新建机组也必须安装电除尘器。随着电除尘器和其他方式的除尘器的推广应用，与"六五"末的 1985 年相比，1989 年 5 万千瓦及以上火电厂装机容量和年生产用煤量分别增加 59.18% 和 54.25%，但烟尘排放量仅增加 8.66%。1989 年，全国 5 万千瓦及以上火电厂除尘器平均效率为 93.85%，已提前达到了"七五"电力环保技术要求的 93% 的目标。

"八五"电力环保计划对烟尘治理提出的目标是：到 1995 年末，全国 5 万千瓦及以上的火电厂除尘器平均效率达到 95% 以上，平均出口烟尘浓度比 1989 年降低 25% 左右，并有效控制烟尘排放总量。到 1993 年，火电装机容量比 1983 年增加了 184%，而烟尘排放量只增加了 22%，每万千瓦的排放量下降了 53.7%。

（三）火电厂开展废水治理

中国水资源丰富，蕴藏量居世界第六，但人均水资源较低，水资源分布极不均匀，北方地区水资源严重短缺，限制了火电厂发展。节约火电厂用水、提高水利用效率，控制废水污染物含量，是电力行业发展中一个重要的问题。

"七五"期间，随着电力工业的稳步发展，燃煤电厂废水治理工作取得了一定的进展。在废水系统管理上，新建工程一般都考虑了污水处理设施，老厂的水系统进行了一定的改造，火电厂的主要废水——冲灰水进行了回收利用，新建工程采用浓相输送系统日益增多，实现了碱性水、油污水等工业废水达标排放。1989 年底，全国 246 家 5 万千瓦及以上火电厂拥有外排水处理设备 384 套，主要用于化学废水、含油污水和厂区生活污水等废水的治理。"七五"前四年，全国废水治理费用累计 2.68 亿元，全国火电厂工业废水基本上做到了达标排放，提前实现了"七五"规划目标。

火电厂主要排水的种类是灰水，重点采取了高浓度输灰、灰渣分排、储灰场排水回收利用 3 个措施。通过高浓度输灰，灰水比由传统的稀浆输送的 1:15～1:20 降至 1:2～1:4，60%～80% 灰水经厂内浓缩池澄清后回收利用，减少了外排水量。1990 年全国已有 40 家电厂，1300 万千瓦装机容量实施了浓浆输灰系统。灰渣分排较灰渣混排可节约 40% 的用水量，到 1989 年，全国已有 308 台锅炉实现了灰渣分排。储灰场排水回收利用方面，在灰场专设回水池、回水泵，通过管道将灰场排水送入厂内再利用，实现灰水闭路循环。1985 年，全国只有 13 家电厂回收复用灰水，回收水量 4000 万吨，到 1989 年，已增加至 44 家电厂，回收水量 1.99 亿吨。除了对灰水进行回用外，有的火电厂还对其他废水进行回收复用，如将汽轮机房、锅炉房的工业冷却水回收用作循环水补给水，将冷却水塔污水用于冲灰、冲渣；有的火电厂将回收的灰水经适当处理后用作冷水塔的补给水。采用这些措施，"七五"前四年，火电装机容量增加了 2521 万千瓦，比 1985 年增长了 57.8%，但冲灰、渣水量仅增加了 26 904 万吨，相对增加了 32.7%。从节约水资源和保护环境角度看，这都是很大的成绩。

在灰水用量下降、排放增长没有等比例增长的同时，受到沉淀池过小和加强了电除尘、湿法除尘等工艺的影响，灰水的 pH 值、氟、悬浮物等超标的情况有所加重。在控制排水的同时，治理废水 pH 值超标成为废水排放处理的一个重点。针对废水处理领域的难点，"八五"期间，国家确定了 10 个废水综合治理工程，积累经验。

（四）火电厂开展废渣处理及资源化利用

"七五"至"八五"期间，国家采取政策，一方面严格规范灰渣的排放，另一方面加强对灰渣的资源利用和产业化。

"七五"前四年，灰渣利用量平均年增长速度为 22.9%，1989 年的灰渣利用量比 1985 年多 1004 万吨，相当于 1985 年年利用量的 1.28 倍。灰渣排入江河的比例由 1986 年的 10.3% 降到 1989 年的 6.4%，大大减轻了灰渣对水体的污染。4 年间，隔年综合利用量、排入江河量和排入灰场量总和大于当年灰渣总量，平均每年超出 9.5% 左右，一些电厂已开始利用历年灰场存灰，年利用率超过 100%。"七五"期间，火电厂灰渣综合利用方面，国家相继出台了各种政策、措施，为灰渣处理创造了良好的条件，并两次召开全国资源综合利用会议，颁布出台了有关废渣综合利用的政策、法规、制度。1985 年国务院颁布了《关于开展资源综合利用若干问题的暂行规定》，1987 年国家经委颁布了《关于进一步开展利用再生资源若干问题的通知》，1988 年国家经委颁布了《关于进一步开展煤矸石、粉煤灰综合利用的通知》等一系列鼓励综合利用的优惠政策，水电部配套颁布了《粉煤灰综合利用管理办法》等相关的实施细则，这些政策、法规在财政、税收、奖励等方面为灰渣利用创造了极好的条件。同时，出台了对新、扩建电厂实行综合利用与主体工程的"三同时"政策，"八五"期间新、扩建的 5000 万千瓦机组，在设计中准备考虑灰渣利用的机组占总装机容量的 40%。

1987 年召开的电力系统灰渣综合利用会议明确了"储用结合、积极利用"的主导思想，并落实了各项措施，特别是将灰渣利用纳入火电厂多种经营轨道，加强了对综合利用工作的指导和管理，开始实行综合利用工程项目的承包经营和目标责任制以及奖惩结合的系统，调动了职工的积极性，促进了灰渣利用工作的发展。

坚持依靠科学技术解决灰渣问题。积极开展科研工作，推广了许多对全局有影响的新技术、新工艺和新产品。"六五"末期和"七五"初期，国家投入了较大的人力和财力，电力部门和有关 20 多所大专院校、科研单位密切配合协作，在粉煤灰性能、灰渣处理和分离技术以及粉煤灰在工农业生产中的开发应用和研究方面做了大量工作，取得了丰硕成果。中国电厂开发了大量利用灰的技术，如修公路、筑港、回填、矿井充填灭火、农业用灰、建材等，既解决了大量灰的出路，又为筑路、港口回填提供了优质、廉价的原料。灰场上纯灰种植，不仅充分利用了灰的物理性能及其中的微量元素使植物生长良好，同时还造出了良田，为灰场摘掉"占地""污染环境"两顶帽子积累了经验，给灰场使用、复垦增加了活力。很多电厂还开发了分离灰中有用成分的技术，如分选漂珠及生产漂珠保温砖、隔热砖，虽然用灰量很小，但经济效益及节能效果显著。这些技术既解决了当时应用领域亟需解决的难题，又在深度开发、高技术应用领域做了大量探索。"七五"后期，这些科技成果逐步转入实用化阶段，形成了生产力，为"七五"目标的完成发挥了巨大的作用。

在应用技术上取得突破后，确立了"以大宗直接利用为主"的原则。在初期以建材需求为主的情况下，根据经济形势变化带来的市场需求变化，及时调整灰渣利用方向，推广灰渣在筑路、农业和土地回填方面的利用。通过召开现场交流会、技术交易会等方式，及时推广了华东地区农业用灰、灰场种植和西北地区灰渣复土造田的经验，结合国道和地方公路建设，及时推广筑路用灰技术，提高了灰渣利用率。在产业化利用方面，逐一开展与其他行业间的横向联系，在上海、华中等一些地区发展行业、企业间的密切配合，根据不同地区的特点，初步形成了产灰、供灰、用灰一条龙体系。

灰渣作为可再生资源，其利用是重要的处置渠道。灰渣可用作建材、建工、筑路、回填、农业等用途，灰渣综合利用的效益显著提升。1986—1989 年，国家用于灰渣综合利用的总投资额约为 10.5 亿元，平均每年约 2.6 亿元，4 年灰渣利用总产值达 1.48 亿元，总利润达 2900 万元。1989 年与 1986 年相比，万元投资综合利用产值由 590 元/万元提高到 2975 元/万元，年平均增长 71.5%；万元投资综合利用利润由 110 元/万元提高到 374 元/万元，年平均增长 50.4%；灰场复土面积由 0.17 万亩增加到 0.56 万亩，已绿化灰场面积由 0.77 万亩增加到 1.15 万亩，4 年累计灰场复土 1.15 万亩，累计灰场绿化 3.57 万亩。

（五）火电厂开展二氧化硫控制工作

20 世纪 70 年代以来，我国采用高烟囱排放法，靠大气自身净化能力，使二氧化硫在高空中稀释。1974 年，我国开始对酸雨进行研究和监测，发现酸雨的危害已不容忽视。陕西、四川、山东等省有些煤矿的煤含硫高达 3%以上，其硫分中 99%是可燃硫，燃烧中转化为二氧化硫，随炉烟排入大气。当时处理大量烟气的除硫措施不多，20 世纪 70 年代曾进行过石灰石膏粉法、亚钠法、活性炭吸附法和湿式洗涤法等半工业性试验，不但造价高，而且维护费用大，还达不到国家规定的排放标准，至于高硫煤洗选，一般只能脱除 60%，也达不到国家规定要求。

西南电力设计院早在 20 世纪 80 年代就完成了旋转喷雾干燥法烟气脱硫技术研究，并在四川白马电厂建立了处理烟气量 70 000 米³/小时的旋转喷雾干燥法脱硫工业试验装置，自 1989 年投运，各项技术指标均满足设计要求，1991 年更获得了国家能源部科技进步一等奖、国家科技进步二等奖。旋转喷雾半干法工艺是采用生石灰粉制浆作为脱硫剂，生石灰经消化并加水制成消石灰乳，再由泵打入位于吸收塔内的雾化装置，利用高速旋转的喷雾器喷入蒸发反应塔，在吸收塔内，被雾化成细小液滴的吸收剂与烟气混合接触，与烟气中的二氧化硫（SO_2）和三氧化硫（SO_3），发生化学反应，生成 $CaSO_3$ 和 $CaSO_4$，烟气中的 SO_2 和 SO_3 被脱除。与此同时，吸收剂带入的水分迅速被蒸发而干燥，烟气温度随之降低，脱硫反应产物及未被利用的吸收剂以干燥颗粒物形式，随烟气带出吸收塔，利用锅炉配置的除尘器将脱硫灰与飞灰一起捕集下来。其特点是系统简单，投资较少，厂用电低，无废水排放，占地较少。缺点是脱硫剂利用率低，脱硫效率一般在 70%左右。我国已基本掌握了半干法烟气脱硫工艺的设计和设备制造技术，通过中试积累了设计、制造、调试、运行经验，已具备了设计、制造 10 万千瓦级机组半干法烟气脱硫技术力量和能力。

这期间，中国有关科研单位对火电厂排烟中的有毒、有害气体进行实测。1990 年，我国各电厂排放烟气中二氧化硫加上氮氧化物的总排放量为 645.7 万吨/年，其中，氮氧化物占 35.4%。1990 年，我国对火电厂排放烟气中的氮氧化物的限制尚无规定，引进和用引进技术制造的 30 万千瓦及以上大型锅炉，其燃烧装置的设计已考虑到分级送风以降低氮氧化物的生成量，而国产 30 万千瓦及以下机组的锅炉没有采取减排措施。由于每年火电机组增长较快，燃煤以每年 4000 万吨的速度增加，限制氮氧化物排放问题是一个重要环保难题。

三、"以大代小"技术改造

1990 年末，电力工业经济规模不高，技术装备水平落后，电源结构不合理的矛盾还很突出。"以大代小"逐步从大机组代小机组发电，转化为了淘汰老机组、小机组，新上大机组，"以大代小"逐渐成为技术改造的重要内容。

能源部在全国组织开展"以大代小"技术改造工作。"以大代小"技术改造，是有计划地建设高效大机组，及时替代需要淘汰的低效小机组。

从煤耗角度看，30 万千瓦以上高效能机组煤耗为 300～350 克/（千瓦·时），但一些低效小机组煤耗能达到 600 克/（千瓦·时）以上，一批投产较早的 10 万、12.5 万、20 万千瓦机组煤耗高的接近或超过 400 克/（千瓦·时），每年都烧掉了约 7000 万吨不该烧的煤，加重了环境污染、铁路运力和经济成本。从烟尘排放角度看，当时全国烟尘排放最突出的是老电厂。到 1991 年，全国还有 20% 的火电厂锅炉容量使用的是低效干式除尘器，除尘效率仅为 80%，但污染排放占了总量的 50%。这些老电厂集中在城市，污染影响大，技术改造方面存在着场地受限、机组容量小和面临退役的困难。为此，以高效的大机组或热电联产方式替代低效的老机组，重点不在于增加发电容量，而在于降低煤耗，控制污染，改善环境。

1990 年末，全国火电总装机容量达 1.0184 亿千瓦，其中，6000 千瓦及以上中、低压汽轮机组和 6000 千瓦以下机组两项合计超过 2100 万千瓦，约占火电装机容量的 21.5%，全国需要改造挖潜的 20 万千瓦火电机组有 150 台，合计 3000 万千瓦。需要技术改造和以高效大机组替代低效小机组、老机组的任务十分繁重，在国家经贸委、国家计委的指导、帮助下以及国家开发银行、中国建设银行、中国银行的支持下，能源部和电力工业部在"八五"期间有计划地开展了此项工作。

1991 年，国家对电力工业实行加速折旧和减免"两金"政策，能源部及时提出了将加速折旧 90% 和减免"两金"的 70% 专项用于电力"以大代小"技改项目，开辟了电力"以大代小"技术改造工程的资金渠道，作为电力企业的自筹资金，这是"八五"期间及电力"以大代小"技术改造工程资金的主要来源。与此同时，国家经贸委的政策和银行贷款也为"以大代小"提供了有力的资金支持，有些地区通过公司化改组的方式，积极吸纳地方投资、外资和其他资金开展"以大代小"工程。

能源部于 1992 年 12 月在河南郑州召开了电力工业"以大代小"技术改造规划工作会议及电力工业长期（到 2020 年）规划工作会议，制定了电力工业"以大代小"技术改造工作规划。1993 年起，能源部组织编制"以大代小"项目建设建议计划，将"以大代小"项目工程纳入了电力基本建设计划当中。为加快电力"以大代小"项目的实施，1994 年有 16 项电力"以大代小"技术改造项目被纳入国家经贸委组织实施的"双加"工程。

根据测算，每替代 1 台 1 万千瓦中、低压老机组，每年可以节约标准煤 1 万吨以上，每替代 1 台 10 万千瓦老机组，每年可减少烟尘排放量约 1 万吨。"八五"末期，全国火电机组供电煤耗下降了 13 克/（千瓦·时），主要措施之一就是"以大代小"技术改造。"八五"期间开工建设的 509 万千瓦大机组，替代高耗能小机组 365 万千瓦，在不需要增加煤耗和运力的情况下，可新增发电能力 144 万千瓦，节能效益和社会效益明显。通过开展"以大代小"技术改造建设的大容量机组全部安装了高效电除尘器，除尘率高达 98%，烟尘绝对排放量减少 70%，加上采取高烟囱排放，大大降低了烟尘平均落地浓度。在部分地区，还根据需要加装了脱硫装置，环保效益显著。另外，不少"以大代小"技术改造项目，在建设中充分利用老厂的有形或无形资产，节省了土建工程，节约了资金，工程造价比新建一般低 20%。不少超期服役的老机组逐步被新的高效大机组替代，火电企业生产安全可靠性和经济效益显著提升。

到 1992 年，全国发电设备平均利用小时数为 5039 小时，比 1987 年下降 353 小时；全国发电标准煤耗率为 386 克/（千瓦·时），比 1987 年下降 12 克/（千瓦·时），降幅为 3%；全国供电标准煤耗率为 420 克/（千瓦·时），比 1987 年下降 11 克/（千瓦·时），降幅为 2.55%。

经过三四年的发展，随着经济形势和宏观经济政策的调整，电力"以大代小"技术改造工作逐步从适应环保政策要求向电力工业自身发展需要方向转变，其重点是加快电力工业技术改造，目的是优化调整电力工业内部结构、提高质量和效益。

电力部将"以大代小"技术改造作为基建资金紧张时期扩大再生产规模的有效手段。随着国家采取控制通胀、压缩基建规模的宏观调控政策，包括财政投资、地方集资、银行贷款和债券、股票等在内的各类电力基建资金缩减，为了保证电力工业建设规模和发展速度，电力部加大"以大代小"技术改造的规模，扩大电力工业再生产规模，以投资省、见效快的方式作为避免电力建设规模出现过大的"马鞍形"的有效措施。1994 年，由于会计制度改革和银行贷款减少导致的改造资金紧张问题，导致"以大代小"工程建设的速度和规模大幅度放缓，开工项目不足 1993 年的 1/4，容量低于当年的投产容量。针对"以大代小"工作出现的资金不到位、贷款难度大、高效大机组投运后低效小旧机组因经济原因不退运、改造和供热资金未能有合理的电价疏导机制等问题，电力部连续两年召开专门会议推动相关工作的开展，并制定了"以大代小"技术改造的"九五"规划。

1995 年 8 月，第八届全国人民代表大会常务委员会第十五次会议决定修改《大气污染防治法》，增加一条，作为第十五条："企业应当优先采用能源利用效率高、污染物排放量少的清洁生产工艺，减少大气污染物的产生。国家对严重污染大气环境的落后生产工艺和严重污染大气环境的落后设备实行淘汰制度……被淘汰的设备，不得转让给他人使用。"这条规定的增加，加快了火电领域低效老旧机组、小机组的淘汰，也使得"以大代小"项目从大机组替代小机组发电，变为了火电行业机组效能和规模的更新换代。

第十二章

电力市场化改革与火电优化发展（1992—2002）

　　在经济领域，虽然电力被公认为要"先行"，但在"九五"之前，电力一直与国民经济和社会发展的水平不匹配。改革开放后，中国电力体制经过两轮改革，第一轮改革是在原来政企分开的计划经济体制下进行，改革措施主要有集资办电、政企分开、建立企业集团、推动股份制改革等。从 2002 年开始进行第二轮电力体制改革，重点实施厂网分开、重组发电企业和电网企业，实行竞价上网，建立电力市场运行规划和政府监管体系等。

　　在股份制改造、上市融资、境外融资和集资办电等措施的推动下，电力工业开辟了新的资金来源，有效应对了增大的还贷压力，电力建设驶入快车道。1996 年，中国发电设备装机容量达到 2.37 亿千瓦，发电量 10 794 亿千瓦·时，长期困扰中国国民经济和社会发展的缺电问题，得到了明显改善。从 1996 年开始，加快电力结构调整、优化电力资源配置成为电力工业发展的重点，中国电力工业迈入了大机组、大电厂、大电网、超高压、自动化、信息化，水电、火电、核电、新能源发电全面发展的新时期。截至 2002 年底，全国发电设备装机容量达到 3.57 亿千瓦，发电设备装机容量居世界第二位。这一时期中国新增发电设备装机以火电为主，火电技术沿着国产高参数方向发展，一批 60 万千瓦以上的大机组成批矗立在中华大地上。

　　"八五"和"九五"是中国实现第二个战略目标即人民生活达到小康水平的重要十年，国家制定了"预防为主、防治结合、综合治理"的环境保护工作方针，坚持治理污染与节约能源、综合利用资源相结合，严格控制污染，强化管理，依靠科技进步，挖掘潜力，提高环保设施投资的综合效益，实现经济效益、社会效益和环境效益的统一。国家相关部委陆续发布了《环境影响评价技术导则》《火电厂大气污染物排放标准》（GB 13223—1996）、《电力工业环境保护管理办法》等，对建设项目的环境影响评价、火电厂大气污染物更严格的控制、电力与环境保护的"同步规划、同步实施、同步发展"原则等做出了明确规定。该时期，为了减轻或解决火电厂的大气污染，火电厂逐步开展了烟气脱硫、烟气脱硝等环保改造；为了优化电力工业结构，陆续关停了小火电机组，或把小火电机组改造为热电联产机组；热电联产机组、空冷机组分别作为重大节能、节水的措施得到了迅速发展，对促进经济发展、缓解缺水地区电力发展和用水紧张的矛盾起了重要作用。

第一节　电力企业的公司化改革

改革开放后，中国电力体制经过两轮改革，第一轮改革是在原来政企分开的计划经济体制下进行，采取集资办电、政企分开、建立企业集团、推动股份制改革等。第二轮改革是从 2002 年开始进行，参照美、英电力体制改革模式，采取了实施厂网分开、重组发电和电网企业，实行竞价上网，建立电力市场运行规划和政府监管体系等。电力工业在"政企分开、省为实体、联合电网、统一调度、集资办电""因地因网制宜"的改革方针指导下，经过十几年的发展，取得了举世瞩目的成就。在快速发展的同时，进入20 世纪 90 年代后，电力工业发展成本显著提升，企业发展的还贷压力增加，环境污染严重、农村电价成本高、管理乱等问题显著，这些制约电力工业健康发展的根本性深层次问题尚未得到彻底解决。1993 年，电力部成立后，按照建设社会主义市场经济体制的总要求，继续深化了政企分开改革，总改革战略是实行"公司化改组、商业化运行、法制化管理"。在电力部权限范围内，主动下放权力给电力企业，积极为电力企业走向市场创造条件。在建立企业集团方面，原能源部部属的五大电力公司改组为五大电力集团，实行计划单列。在推动股份制改革方面，电力部颁布了电力工业试行股份制的规范性意见，一批发电项目实行规范化股份制改革，山东、上海电力公司开展了股份制改革试点。

一、能源部撤销与电力工业部第三次设立

中国共产党第十四次全国代表大会（中共十四大）和第八届全国人民代表大会第一次会议（八届全国人大一次会议）后，中国进入了建立社会主义市场经济新体制和加快发展国民经济的新时期。要适应新时期国民经济加速发展的需要，就必须进一步解放电力工业的生产力，使电力工业实现超常规发展。当时，社会主义市场经济体制尚在形成过程中，电力工业作为关系到国计民生的基础行业，既要抓改革，又要抓发展，任务艰巨而繁重。为此，中共中央下决心组建新的电力部，集中力量抓好电力工业的发展与改革。1993 年 3月，八届全国人大一次会议审议通过了《关于国务院机构改革方案的决定》，1988 年成立的能源部被撤销，组建新的电力部，作为国务院主管全国电力工业的职能部门。

政府职能转变是新成立的电力部不同于以往的一大特点●。经过改革开放，尤其是集资办电政策的推动，电力工业得到迅速发展，电力部门一家办电、电力部门直接管理和经营电力企业的格局发生了巨大的变化，企业主体多元化，建设资金多元化，形成了一个较为复杂的电力工业格局。时任国务院副总理邹家华在新组建的电力部成立大会上，提出了

● 国务院办公厅《审定电力部、电子部和煤炭部"三定"方案》，载于《中国电力年鉴》编委会编《中国电力年鉴 1993》，中国电力出版社 1995 年版，第 3 页。

电力部的四大基本任务：一是研究制定整个电力工业发展的战略；二是根据全国经济建设进程，制定电力工业的规划和布局；三是为实施电力工业发展战略、规划和布局制定一系列具体政策；四是监督全国电力国有资产的保值和增值。

电力部成立后，提出了到 20 世纪末电力工业的发展目标：政府转变职能，逐步做到由对企业的直接管理到对行业的宏观管理和调控；企业转换机制，逐步成为具有"四自"功能的经济实体；完善法规体系、调整经济政策，促进集资办电，力争满足国民生产总值年均增长 8%～9%对电力的需求；到 20 世纪末，在全国范围内基本缓解缺电局面，消灭无电县，农户通电率达到 95%以上，相当一批电力企业的劳动生产率和经济效益达到国内一流水平，一批电力企业达到或接近国际先进水平。

二、五大电力集团成立

1987 年以后，电力工业在"政企分开、省为实体、联合电网、统一调度、集资办电"的"二十字方针"的指导下，在网局层面，成立了华北电力联合公司、华东电力联合公司、东北电力总公司、华中电力联合公司、西北电力联合公司五大跨区域的联合电网公司，跨区电网形成了多个企业法人的联合体，省电力公司进行独立核算，加入电网。1993 年 1 月，分别组建成立了中国华北电力集团公司、中国华东电力集团公司、中国东北电力集团公司、中国华中电力集团公司和中国西北电力集团公司。

五大电力集团的成立是政企分开的进一步深化。在政企关系上，五大电力集团在国家计划中单列，能源部（后为电力工业部）管理。领导班子由能源部（后为电力工业部）管理，领导班子中部分人员享受副部级政治待遇。考虑到电力行业是专业性管理，电网为垄断经营，以及保证大电网的统一调度和安全运行，五大电力集团成立后，实行政企职责分开，作为政企分开的过渡阶段。五大电力集团与电管局、省电力公司与省电力工业局保持两块牌子一套人马的格局，电力行业行政管理由电力集团和省电力公司负责，省级政府不再另设电力行政主管部门。运营机制方面，五大电力集团对联合电网公司模式进行了更深一步的公司化改组，商业化运营程度更高。五大电力集团成立后，在国家层面实行计划单列。1993 年，国家相关部门批准了它们享有类似于华能集团公司的投资、融资、外经、外贸等自主权限，并逐步建立起类似于华能集团公司的运营机制。在外贸、外经权限上，享有进出口经营权、自营对外承包工程及外派劳务业务权限、派遣临时出国人员和邀请国外人员来华审批权。在投资、融资方面，国家信贷资金可以由集团直接向银行借贷还款等。另外，五大电力集团成立后，执行了国家新颁布的财务管理制度，结合电网实际制定了新的会计核算和财务管理制度。

五大电力联合公司改组为电力集团，进一步在机制上促进了"集资办电"和"统一管网"。五大电力集团为一级法人，省电力公司为二级法人，分开核算。五大电力集团统一负责联合电网调度，管理超高压线路，并保持一定的发电容量，省电力公司加入电力集团，企业性质不变，仍为本省内中央、地方及其他所有权不同的电力企业的联合企业。1993 年 11 月，东北电力集团公司被能源部推荐为现代企业制度改革试点单位。

三、龙源电力技术开发公司和神华集团公司组建

1992 年 11 月，经国务院经贸办批准，成立了龙源电力技术开发公司，由能源部直接管理，主要从事电力系统及电气设备的技术改造、技术开发、技术转让及相关资讯、服务业务。龙源电力技术开发公司实行政企分开，独立核算，自主经营，自负盈亏。1993 年 2 月，经能源部批准，成立龙源电力环保技术开发公司，作为龙源电力技术开发公司的直属全资子公司，从事电力环保技术开发、转让、改造，环保新工艺、新设备的研制和推广应用。

1995 年 8 月 8 日，国务院以国函〔1995〕75 号文件批复国家计委的请示。国务院在批复中明确：同意成立神华集团有限责任公司（神华集团公司）和以神华集团公司为核心组建神华集团，列入国务院大型企业集团试点，在国家计划实行单列，神华集团公司为国家投资的国有独资公司，与华能集团公司彻底脱钩。公司初期注册资本为 25.8 亿元，其中包括：国家计委煤代油办公室历年投入华能精煤公司的以煤代油资金 21 亿元和华能精煤公司历年积累的所有者权益 4.8 亿元，这 4.8 亿元由华能集团公司无偿划入神华集团公司。神华集团公司以华能精煤公司为基础进行组建，负责开发经营神府东胜煤田及其配套的铁路、电站、港口、航运船队及与之相关产业，拥有对外融资、外贸经营和煤炭出口权。1995 年 10 月 23 日，神华集团有限责任公司在国家工商局登记注册。1995 年 11 月 29 日，国家计委党组批准成立中共神华集团公司党组，肖寒为党组书记，任命韩英为神华集团有限责任公司总经理。神华集团公司的成立，预示着神华电力正式起航。

四、国家电力公司成立与电力工业部撤销

1992 年，党的十四大报告提出了建立社会主义市场经济体制的改革方向和部署，政府的产业管理部门将逐步撤销，政府部门要缩减，要放权。当时，相关产业部有化工部、冶金部、电力部、煤炭部、机械部等，此时针对庞大的产业部体系的改革显得尤为重要。

1993 年 3 月，八届全国人大一次会议通过决议撤销能源部，成立电力工业部（电力部），并议明确提出了政企分开。因此，电力部在组建时，指导思想十分明确：政企职责分开，大力简政放权，由部门管理转向行业管理，加强规划、协调、监督、服务职能；精简内设机构和编制，合理配置职能，提高宏观管理水平，加强宏观管理职能。总而言之，凡是电力企业能够依法办到，又属于电力部权限范围内的事，全部下放给企业。

按照这个思路，电力部一方面需要加强电力行业发展战略、规划，政策、法规和体制改革，监督国有资产保值增值，协调电力生产、建设和集资办电中的重大问题等宏观管理的职能，另一方面则要将对企业人、财、物及经营管理的职能下放和转移。因此，电力部被确定为国务院机构改革试点，并开展政企分开的调查研究工作。

1995 年夏，中央在北戴河召开会议，研究电力部和冶金部改革试点的问题。电力部领导最后向国务院作了一次汇报，汇报内容基本得到了国务院的认可。但是，在讨论的过程中，有国务院领导提出，电力存在调度问题，企业间的上下连接非常紧密，如果电力部

转变为控股公司，但调度权还掌控着，可能存在理不顺的问题，建议改为实体公司。当时的名字为中国电力集团，是个集团式的公司。虽说是实体公司，但是管理方法上，还保持集团下属单位的相对独立性，是介乎控股公司和一体化实体公司之间的一种形态。

此次北戴河会议后，国务院印发了会议纪要，决定将电力部改为中国电力集团。此份会议纪要由国务院秘书二局下发到电力部。由于当时中国已经有了东北、华北、华东、西北四大电力集团，如果再设一个"中国电力集团"，有重名的感觉。都是电力集团，分不出谁大谁小，所以，电力部内部不倾向这个名字。之后，电力部向国务院机构管理部门反映了这个意见，国务院最终同意将公司定名为国家电力公司。

1996年12月7日，国务院下发国发〔1996〕48号文《国务院关于组建国家电力公司的通知》，通知明确，由国务院出资设立，采取国有独资的形式，是国务院界定的国有资产的出资者和国务院授权的投资主体及资产经营主体，是经营跨区送电的经济实体和统一管理国家电网的企业法人，按企业集团模式经营管理。文件明确国家电力公司的主要职责有五方面：一是经营国务院界定范围内的国有资产，承担保值增值责任；盘活存量资产，优化资源配置和产业结构，运用国家资本金并开展经批准的公司融资业务，对电力项目进行投资并负责偿还本息。二是享有产权收益，决定全资子公司的经营方针、重大产权变更、分配方式以及其他重大经营决策等事项；任免全资子公司的主要经营者及监事会成员；对控股、参股子公司派出董事会成员；研究决定所属事业单位的工作方针、发展规划等重大事项，任免其领导成员。三是研究制定公司发展战略、中长期发展规划和年度计划、投融资计划并组织实施。负责全国电力联网建设，经营管理联接区域电网的主干网络和跨区送电的大型电厂以及必要的调峰、调频骨干电厂。四是对国家电网实施统一规划、统一建设、统一调度、统一管理，依法对与国家电网相联接的发电厂和电网实施统一调度；监督全国电网安全、稳定、经济、优质运行，不断提高供电质量和服务水平。五是指导公司系统精神文明建设和思想政治工作。承担国务院及有关部门委托的其他工作。

1997年1月16日，国家电力公司成立大会在北京人民大会堂举行。时任中共中央总书记江泽民、国务院总理李鹏为国家电力公司成立题词。时任国务院副总理吴邦国出席会议并讲话，为国家电力公司揭牌。国家电力公司首任总经理由时任电力部部长史大桢兼任。大会上，国家工商行政管理局向国家电力公司颁发了营业执照。国家电力公司的组建成立，标志着中国电力工业管理体制改革正式进入实施阶段。

国家电力公司由国务院出资设立，采用国有独资的形式，是经营跨地区送电的经济实体和统一管理国家电网的企业法人，公司注册资本为1600亿元。1997—1998年，电力部与国家电力公司实行两块牌子、两套班子、一套人马运行。电力部继续行使对电力工业的行政管理职能，国有资产经营职能和企业经营管理职能移交给国家电力公司。新组建的国家电力公司是一个对发电、输电、配电、供电实行资产和经营垂直一体化的巨型企业，拥有当时国内近48.3%的发电总装机容量和77%的总售电量，经营管理电力部直属或管理的全部电力企业集团公司、省级电力公司及其他电力企业的股权。

成立大会后的第二天，国务院在中南海举行电力工业管理体制改革座谈会。会议由吴邦国主持，李鹏出席会议并讲话。李鹏在听取史大桢等人汇报后明确，组建国家电力公司是政府深化改革的重要一步。根据改革方案，国家电力公司确定"四步走"的改革战略框架：第一步，1997 年 1 月—1998 年 3 月，即已完成的改革，以成立国家电力公司、撤销电力部为标志，在中央层面上实现政府职能的移交和行业管理职能的转移；第二步，1998—2000 年，以国发办〔1998〕146 号文为纲领，坚持政企分开、省为实体的方针，完成国家电力公司的公司制改组，培育发电侧电力市场，主要任务完成省级电力公司的公司制改组，组建一批独立发电公司；第三步，2001—2010 年，在实现全国联网的基础上，"厂网分开、竞价上网"全面推开，建立竞争性电力市场；第四步，2010 年以后，根据电力市场的发育程度和政府监管的要求，放开配电和售电环节，实现电力市场全面竞争，使市场化改革到位。

理顺管理职能的国家电力公司依照《公司法》和现代企业制度，遵循"公司制改组、商业化运营、法制化管理"的方针，开始按照实体化、集团化运作，逐步成为经济实体。

1998 年 3 月，第九届全国人民代表大会（九届全国人大）一次会议批准国务院机构改革方案，决定撤销电力部，实行政企分开，将电力部的电力行政管理职能移交国家经贸委，行业管理职能移交给中电联。中电联改为电力企业之间的联合组织，与政府部门分开，行使行业管理和服务的职能。国家经贸委内设电力司，其职能为：研究拟定电力工业（含水电）的行业规划、行业法规和经济技术政策，组织制订行业规章、规范和技术标准，实施行业管理和监督；提出有关电、热价格政策方面的意见；指导农村电气化和小电网建设规划的工作。除国家经贸委外，国家计委、财政部等其他部门也有一些管电职能。

第二节　火电建设进一步优化

从 1988 年起，为了解决电力短缺问题，中国电力工业以多渠道办电为突破口，在股份制改造、上市融资、境外融资和集资办电等措施的作用下，有效应对了增大的还贷压力，开辟了新的资金来源，火电建设驶入快车道。在电力供需矛盾突出的情况下，电源建设依然是这一时期的重点。广东沙角 C 电厂、浙江嘉兴发电厂、华能伊敏煤电联营项目、福建漳州后石发电厂、陕西渭河发电厂新厂、江苏扬州第二发电厂、上海外高桥发电厂、华能太仓电厂、河北邯峰发电厂等一批重点骨干火电厂建成投产，成为各大电网的重点电源。1995 年 3 月，河北马头发电厂 8 号机组投产发电，标志着中国发电设备装机容量已经超过 2 亿千瓦。中国发电设备装机容量从 1 亿千瓦发展到 2 亿千瓦，共历时 7 年零 3 个月。1996 年，中国发电设备装机容量和发电量均跃居世界第二位，长期困扰中国经济发展的缺电问题得到了明显改善。从 1996 年开始，中国电力工业发展水平全面提高，加快电力结构调整，优化电力资源配置成为重点。这一时期中国电力工业迈入了大机组、大电厂、大电网、超高压、自动化、信息化，水电、火电、核电、新能源发电全面发展的新时期，科技水平与世界先进水平日益接近。其中，中国新增发电设备装机以火电为主，火电发展沿着国产和引进两条主线，向高参数方向齐头并进，一批 60 万千瓦以上的大机组矗立在中华大地上。同时，中国热电联产事业作为重大节能措施得到了迅速发展，对促进国民经济和社会发展起到了重要作用。

一、热电联产快速发展

中国由于能源供应紧张，提出了开发和节约并重的能源政策，热电联产集中供热作为一项公认的节能措施受到重视。改革开放以来，中国热电联产事业得到了迅速发展，对促进国民经济和社会发展起到了重要作用。

华北电力设计院组建了供热管道室，约有近百人，专门负责研究热电发展规划、热力网建设等问题。为培养热电建设人员，还聘请了苏联专家指导热力规划设计。

1971—1980 年期间，热电联产项目发展处于低潮，主要原因是第一、二、三个五年计划期间建设的热电厂，由于热负荷设计偏大，造成热电厂节能效益下降，同时建设区域热电厂需要协调有关工业建设和城市建设规划，工作量很大，一时难以定案，致使热电建设受到很大影响。同时，由于热负荷限制不可能发展大容量供热机组（当时供热机组最大容量为 5 万千瓦），而大容量、高参数凝汽机组的热效率高，热电联产方案与分别生产热能、电能方案比较，热电联产效益差。在此期间，由华北电力设计院支援各大区设计院的热网专业人员也因热电工程不多而改行。

"六五"计划时期，热电联产的建设开始了新发展。1981 年以后，中央提出到 2000 年工农业总产值翻两番，人民生活达到小康水平的宏伟战略目标，在能源政策上提出了节约和开发并重方针。在节约能源上采取一系列措施，积极鼓励热电联产集中供热，中央及各级地方政府中设置了节能机构，国务院建立了节能办公会议制度。国家计委在计划安排上专列了"重大节能措施"投资，支持热电厂项目建设。

在此期间，电力部除了在计划司内组织审查节能项目外，在北京水利电力经济研究所内成立了热化室，承担小型节能项目审查工作，在总结以往经验的基础上，强调建设热电厂其热负荷必落实可靠。当时制订的原则是：需要供热的企业没有批准的计划任务书，电厂不考虑供热、不安装供热机组，不给予报批热电厂设计任务书，为提高热电经济效益，尽可能地采用背压式机组或抽汽背压式机组。国家计委在"六五""七五"期间共安排节能投资 96 亿元，热电联产项目 213 个，分布在全国近百个城市。其中，"六五"期间新增热电装机容量 92 万千瓦，增长 21%，全国总装机容量达到 535 万千瓦（单机容量 6000 千瓦以上机组）。"七五"期间新增热电装机容量 464 万千瓦，增长 86.8%，全国总装机容量达到 999 万千瓦（单机容量 6000 千瓦以上机组）。

1990 年 12 月，国务院第六次节能办公会议纪要提出：国务院决定 1991 年为"质量、品种、效益年"，1991 年要把节能工作与热电联产紧密结合。国家计委已确定将积极发展热电联产作为节能的重要措施。能源部制订的《中国能源技术政策要点》在"加快电力发展速度"一节中明确提出"在需要集中供热的大中城市和工业中心建设热电站"。据能源部《电力节能通讯》1991 年第 1 期报道：1990 年，24 家高压热电厂中，供电煤耗率高于

400 克/（千瓦·时）的有 12 家电厂，最好的为北京第一热电厂，为 290 克/（千瓦·时）。

热电联产有效缓和了当地电力紧张的被动情况，有的热电厂已形成当地的重要电源点。"八五"期间新增热电装机容量 724 万千瓦，全国总装机容量达到 1723 万千瓦。1996年底，全国单机容量 6000 千瓦及以上供热机组的总装机容量已达 1902 万千瓦，按发电设备利用小时数为 5000 小时估算，年发电量为 862 亿千瓦·时，约为全国总发电量的 8.6%，如果考虑单机容量 6000 千瓦以下供热机组的发电量，则热电发电量的比重还将提高。

1998 年 1 月 1 日起施行的《中华人民共和国节约能源法》第三十九条规定，国家鼓励开发下列通用节能技术：推广热电联产，集中供热，提高热电机组的利用率；发展热能梯级利用技术，热、电、冷联产技术和热、电、煤气三联供技术，提高热能综合利用率。从此，发展热电联产有了法律保障。国家计委、国家经贸委、电力部、建设部还印发了《节约能源法》的配套法规之一《关于发展热电联产的若干规定》，以鼓励促进热电事业的健康发展。

截至 1998 年底，我国 6000 千瓦以上供热机组为 1313 台，总装机容量达 2494 万千瓦，年供热量达 103 599 百万千焦，运行的热电厂中规模最大的是太原第一热电厂，总装机容量为 138.6 万千瓦，全国已有 286 个城市建设了集中供热设施。

2000 年，国家计委、国家经贸委、建设部、国家环保总局联合发出了《关于发展热电联产的规定》的通知，明确了"统一规划、分步实施、以热定电和适度规模"的发展原则。鼓励使用清洁能源，鼓励发展热、电、冷联产技术和热、电、煤气联供，以提高热能综合利用效率。在国家计委、国家经贸委、国家科技局颁布实行的《中国节能技术政策大纲》中明确指出："2000 年实现城市集中供热普及率 25%~30%，重点城市达到 45%~50%"。

"十五"计划的顺利开局、申办奥运成功、加入 WTO、西部大开发和燃料结构调整都为我国热电联产的发展创造了极好的机遇，热电联产的发展进入快车道。

二、广东沙角 C 电厂建成投运

1989 年，广东省曾因沙角 B 电厂投产缓解的电力供需矛盾再度激化，部分工矿企业生产"开四停三"。为了解决缺电问题，广东省电力工业局与已在广东省投资建成沙角 B 电厂的爱国港商、香港合和实业有限公司主席胡应湘合作，建设沙角 C 电厂。同沙角 B 电厂的筹资建设模式一样，按照 BOT 模式，由乙方即投资者香港合和实业有限公司负责筹集资金和建设，在合同期内负责经营，合同期满后无偿移交甲方即广东省电力工业局所有。贷款由甲方负责，甲方无需提供贷款担保，只需提供履约保证。甲方只要保证发电厂建成后按合同购买一定电量即可。沙角 C 电厂建设合同中规定了奖罚条款：如能提前投产半年，可得 3 亿美元奖金——甲、乙方按二八分成；如延误，则要罚款，最高罚款是2.5 亿美元。沙角 C 电厂为粤港合资电厂，由广东省电力工业局出资 60%，香港合和实业有限公司出资 40%，预算总投资 88.88 亿元[1]，注册资本 3.75 亿美元，利用外资约 12 亿美元，其中，7.5 亿美元由境外银团贷款，采用项目抵押贷款形式[2]。

1990 年 6 月，国家计委批准沙角 C 电厂工程项目建议书，同年 12 月，由华东电力设计院与广东省电力设计院联合完成工程可行性研究报告。1991 年 4 月开始设备招标和商务谈判，1992 年 6 月，广东省电力工业局与香港合和实业有限公司合作双方签订了沙角 C 电厂的建设合同，1992 年 12 月开始工程设计。

沙角 C 电厂位于珠江口北岸，东莞市虎门镇沙角，紧靠沙角 A、B 电厂东边。电厂全套设备由英、法、美三国进口，拥有 3 台 66 万千瓦亚临界压力汽轮发电燃煤机组，总装机容量 198 万千瓦，是当时广东省最大的发电厂。厂区占地面积约 53 公顷，大部分为开山填海造地。汽轮机房为钢结构，跨度 30 米、长度 265 米，柱距有 8.5 米、16 米和 18.5 米 3 种，运行层标高 12 米，汽轮发电机组纵向布置；锅炉构架为钢筋混凝土结构，露天布置，3 台锅炉共用 1 座高 240 米的 3 筒钢筋混凝土烟囱。

主要生产系统工程机电技术设计和设备安装由英法 GEC–ALSTHOMT 公司和美国 ABB–GE 公司负责，汽轮机采用 T2A–650–30–46 型亚临界中间再热、单轴、4 缸 4 排汽凝汽式汽轮机，发电机采用 T271–606 型水—氢—氢冷却发电机，锅炉采用亚临界、一次中间再热、控制循环汽包炉。土建施工由香港滑模公司承包。英法 GEC–ALSTHOMT 公司、美国 ABB–GE 公司和香港滑模公司三方组成总承包集团，采取交钥匙工程运作方式。土建设计由奥雅纳工程顾问公司承担，广东火电工程总公司为设备安装总分包商。

1992 年 10 月主厂房破土动工，3 台锅炉大件于 1993 年 7 月开始吊装，3 台机组分别于 1994 年 12 月、1995 年 5 月和 1995 年 8 月首次并网发电，并于 1995 年 12 月、1996 年 6 月和 1996 年 6 月运行移交商业运行。工程从土建开工至第一台机组建成投产，工期 39 个月，电厂总工期 45 个月。沙角 C 电厂建成总投资 145.61 亿元，其中，输变电配套 4000 万美元，单位千瓦造价 7354 元人民币。

1993 年全国两会结束后，胡应湘主动提出沙角 C 电厂提前完工奖金不提走，先还贷款，减轻利息负担，电价也可以降下来。相对于当时国内的情况，胡应湘熟悉国际金融运作，筹资经验多。在沙角 B 电厂和 C 电厂融资的问题上，国家银行担保有困难，胡应湘想办法在香港组成银团，贷款后转贷到国内，采用购电担保法。沙角 C 电厂贷款时，胡应湘说服广东省电力工业局，改出口信贷为商业贷款方式。当时正是商业信贷利息最低时期，而且只需交银团筹资费用 1200 万美元，而出口信贷要交担保费。这样节省了 1765 万美元，承诺费又少了 504 万美元，利息少了 2000 万美元，总计省出了 4269 万美元，比中国银行担保也要少 3000 万美元，开创了发展中国家借助国际资本和技术发展电力工业的新模式，成为 20 世纪 90 年代外资投资建设中国电力工业的重要借鉴，同时也受到了世界银行的高度重视，在发展中国家发展和南北合作中被广泛推广。

---

[1] 不含建设期利息，汇率按 1 美元/5.46 元人民币。

[2] 广东省电力工业史志编纂委员会：《广东省电力工业志"八五"期间（1991–1995）》，第 15 页。

三、浙江嘉兴发电厂建成投运

嘉兴发电厂位于长江三角洲平原浙沪交界地区，南临杭州湾，是长三角火电基地之一。嘉兴发电厂工程分两期建设，规划总装机容量300万千瓦，一期工程安装2台30万千瓦燃煤发电机组，二期工程安装4台60万千瓦燃煤发电机组，工程总投资115.9958亿元人民币❶。

1992年6月，经国务院批准，国家计委下达了开工通知。一期工程概算总投资13.1958亿元，其中，浙江省能源集团有限公司投资70%、浙江省电力公司投资30%。安装2台30万千瓦国产引进型燃煤发电机组。电厂三大主机分别由上海锅炉厂、上海汽轮机厂和上海电机厂生产。电厂自动化程度和各项技术指标均达到20世纪90年代国际先进水平。这是浙江省内首次安装采用引进技术、国内制造的30万千瓦发电机组。嘉兴发电厂有限责任公司为工程业主，华东电力设计院负责工程设计，浙江省火电建设公司施工总承包，承担除码头、厂区以外的全部机务和电气安装工程，主厂房、烟囱、打桩江堤、取排水管以及输煤系统等土建项目化管理。同年7月，浙江省第二建筑公司中标主厂房、烟囱土建工程，嘉兴建筑安装总公司中标输煤系统安装工程。1992年12月一期工程正式开工。该工程系贯彻GB/T 19000国标系列和优化试点工程，负责施工的浙江省火电建设公司把基建投产达标工作贯穿在整个施工过程中。1994年5月，嘉兴发电厂工程被国家计委列为"八五"计划期间重点建设项目。1995年3月，1号机组并网发电；11月，2号机组并网发电。2台机组全部实现了锅炉水压试验、电气倒送电、锅炉点火、汽轮机冲转、机组并网发电以及168小时试运行等重大控制目标一次成功。1995年7月和12月，1、2号机组分别通过试运行考核，比国家合理工期分别提前150天和151天正式移交生产。

1996年5月，1号机组通过了华东网局基建移交生产达标预检查，成为华东电网内第一台和全国第二台达标投产机组，1996年9月，2号机组通过了电力部基建移交生产达标验收，以总分449.74的成绩荣居当年全国达标机组的榜首。翌年11月，2号机组获评"华东电网第6批同类型（30万千瓦）投产机组对口竞赛优胜机组"。1998年1月8日，一期工程荣获电力部1997年度"部级优质工程"称号。

为缓解华东地区特别是浙江省的用电紧张状况，浙江省政府与中国国际信托投资公司签署了关于合资建设嘉兴发电厂二期工程的意向书。1999年11月，国家计委批复了嘉兴发电厂二期扩建工程的可行性研究报告，将原拟中外合资和进口设备建设的4台60万千瓦燃煤发电机组，改为安装4台60万千瓦国产机组，并由国内企业投资建设。二期工程动态总投资102.8亿元，项目资本金25.7亿元，由浙江省电力开发公司出资25%、浙江东南发电股份有限公司出资24%、北京国华电力有限公司出资20%、国家电力公司华东公司出资18%、浙江省电力公司出资10%、浙江省电力建设总公司出资3%，六方共同投资建设。厂网分开后，国家电力公司华东公司和浙江省电力公司的股份全部转入浙江省能

---

❶《浙江省电力工业志》编纂委员会：《浙江省电力工业志：1991-2002》，中国电力出版社2010年版，第12页。

源集团公司。各投资方组建浙江嘉华发电有限责任公司作为项目业主，负责嘉兴发电厂二期建设和经营。资本金以外所需资金，分别由中国工商银行贷款 45 亿元和中国建设银行贷款 32.1 亿元解决。二期工程位于一期工程 2 号机组西侧，与一期工程主厂房分开、平行布置。二期工程连续安装 4 台 60 万千瓦国产亚临界燃煤发电机组及相应的 500 千伏、220 千伏输变电配套工程。

2002 年起，二期工程 4 台机组相继开始建设。2004—2005 年，二期工程相继建成投产。此后，在 2011 年，又相继建成了 7、8 号 2 台单机容量 100 万千瓦的超临界火电机组。

四、华能伊敏煤电联营项目

华能伊敏煤电联营项目位于内蒙古自治区呼伦贝尔市鄂温克族自治旗，项目肇始于 1976 年伊敏河露天煤矿开发，发端于 1989 年《国务院关于推行煤电联营问题的批复》，是国务院批准的全国第一家煤电联营试点工程，也是中国第一家借鉴国外煤电联营管理模式，突破传统行业界限，实现大型煤电一体化开发经营的试点。伊敏煤电一体化项目因煤而生、因电而兴，因走煤电一体化发展道路而成长壮大，成为具有引领示范意义的国内首个煤电一体化项目。

（一）伊敏露天煤矿及发电厂建设

伊敏露天煤矿位于内蒙古自治区呼伦贝尔市伊敏河中下游，属于大兴安岭山脉西坡区域。伊敏煤田于 1959 年煤田预测发现，20 世纪 70 年代开展了大规模的露天煤矿建设。为缓解国内能源紧张，国家计划以当时的伊敏河、霍林河、元宝山等地的露天煤矿开发建设为基础，配以坑口电站，实行各种形式的煤电联营，解决当时东北能源紧张问题，减少华北地区煤炭出关，增加对华东的煤炭支援，至此露天煤矿开发建设进入加速发展期。1976 年 5 月，国家计委下达开发伊敏河露天煤矿计划，由鸡西矿务局包建伊敏河露天煤矿，同年 7 月开建。1982 年 8 月，中共中央主席胡耀邦考察伊敏矿区，指示"煤电要联营，还要煤电同步建设"❶，为矿区建设确定了"由小到大、先易后难、分期建设、逐步扩大"的方针。至 1983 年建成建工、建材、农林 3 个基地，公路、铁路、通信、供电工程基本建成。1983 年 10 月，伊敏露天煤矿一采区建设破土动工，当年生产原煤 15 万吨，为当时国内高寒地区露天煤矿开发建设闯出一条新路。1984 年 10 月，煤矿一期工程首采区形成 100 万吨/年生产能力。在此基础上，当年继续扩建 400 万吨/年生产能力，1995 年，按照电厂一期工程发电煤耗设计形成 500 万吨/年生产能力。

1989 年 3 月，国务院批准将伊敏河矿区作为国内第一批煤电联营试点单位之一，按照"搞一部设计、立一个项目、建一个企业、最终产品是电"的原则，开始伊敏煤电联营一期工程规划。伊敏发电厂成为国内第一个煤电一体化的特大型能源项目。

伊敏发电厂规划装机容量为 400 万千瓦，一期工程安装 2 台由俄罗斯制造生产的 50 万千瓦超临界燃煤汽轮发电机组。工程设计由苏联莫斯科火电设计院和东北电力设计院共

---

❶《东北电力工业史》编辑室：《中华人民共和国电力工业史·东北卷》，中国电力出版社 2005 年版，第 231 页。

同完成。伊敏发电厂筹建始于 20 世纪 80 年代初，1983 年 10 月，国家计委下发批复同意伊敏发电厂工程选址。1985 年 6 月至 1988 年 1 月，中苏双方经中国技术进出口总公司与苏联对外技术工业进出口公司牵头，电力、外贸、设计、施工等多个单位进行了 5 次会谈，确定设计的原始条件、设计分工及设计原则等具体问题。

1993 年 7 月，伊敏煤电一期工程开工，安装 2 台俄罗斯制造 50 万千瓦超临界发电机组，配套建设年产 500 万吨露天煤矿。1998 年 11 月，第一台机组建成移交投产；1999 年 9 月，第二台机组移交投产。2005 年 4 月，伊敏煤电二期工程开工，安装 2 台国产 60 万千瓦亚临界发电机组，配套增加露天煤矿煤炭产能 600 万吨，于 2007 年 12 月进入商业运营。2008 年 4 月，伊敏煤电三期工程开工，安装 2 台国产 60 万千瓦超临界发电机组，配套增加露天煤矿煤炭产能 500 万吨，2011 年 1 月移交生产。

（二）伊敏煤电联营公司的成立和运营

1989 年 3 月，国务院下发《国务院关于推行煤电联营问题的批复》，同意伊敏煤电作为煤电联营试点项目。1990 年 1 月，由国家能源投资公司、中国华能集团公司、东北电业管理局三方签订了《伊敏煤电联营项目投资原则协议》。同年 4 月，中国东北电力公司伊敏电厂筹建处成立。同年 6 月，国家计委批复《关于伊敏煤电联营一期工程设计任务书》，同意电厂按 200 万千瓦设计，一期建设规模为 100 万千瓦。同年 8 月，能源部决定成立伊敏煤电联营领导小组和伊敏煤电公司筹备组。1990 年 9 月 23 日，中共中央总书记江泽民视察伊敏发电厂。1990 年 12 月，国家计委批准伊敏煤电联营一期工程为能源工业基本建设预备大中型项目计划。同日，中苏双方签订伊敏发电厂 2 台 50 万千瓦电站供货合同。1991 年 1 月 22 日，伊敏煤电联营公司成立。1995 年 8 月，进行公司化改造，成立伊敏华能东电煤电有限责任公司，中国华能集团公司、东北电力集团公司分别拥有 51% 和 49% 的股份。1999 年 4 月，公司的股权发生变化，原东北电力集团公司 49% 的股权分解给了辽宁、吉林、黑龙江三省电力有限责任公司。2002 年末，国家电力体制改革，伊敏华能东电煤电有限责任公司全资划归中国华能集团公司管理。2004 年改名为华能伊敏煤电有限责任公司。

（三）伊敏煤电联营基本经验

借鉴了国外煤电联营的管理模式，突破了中国传统的行业界限，实现煤电两种资源合一，注重煤电一体化生产经营的管理，实现煤电两种资源的优化配置，统一煤矿和电厂设计、建设和运营，减少了中间环节和管理层次，提高了工作效率和劳动效率，避免重复建设和投资，煤电资源也得到了充分的综合利用，有效地降低了生产成本和管理成本。据能源部对《伊敏煤电联营总体设计》的审查和中国国际咨询公司的评估表明，按煤电联营建设比煤矿与电厂分开建设可节约投资 6.7% 左右，运营成本可降低 10% 左右；煤电一体化经营，激发企业加强环境保护和投入的积极性，实现了煤、灰、水、土之间的科学利用，有力地保护了生态环境，促进了企业可持续发展和实现循环经济的目标。

伊敏煤电一体化项目依托循环经济推进绿色发展，实现了资源循环利用，经济效益稳定，生态效益显著。一方面是企业内部煤炭生产与火力发电的产业循环。煤矿向电厂提供发电用煤，电厂为煤矿提供生产用电，提高煤炭经济附加值的同时，大大降低了发电成本。另一方面是水、灰、渣、土、热力的资源循环。原煤开采过程中的附带产品——疏干水，经管道输送至电厂，被用作机组发电冷却水，节约了水资源利用；煤炭燃烧发电产生的灰渣和粉煤灰，通过皮带返排露天煤矿回填矿坑，避免了常规火电储灰场带来的环境污染；煤炭生产剥离过程中的地表腐殖土单独存放，覆盖用灰渣回填后的矿坑，植树种草，恢复植被，保护了草原生态环境；发电产生的乏汽用于生产生活采暖热源，企业职工与驻地居民享受到了企业发展所带来的实惠。伊敏煤电一体化项目以煤保电、以电带煤、煤电并举，创造了多个"行业第一"。

五、福建漳州后石发电厂建成投运

漳州后石发电厂位于福建省漳州龙海区港尾镇，是由中国台湾台塑集团董事长王永庆[❶]投资建设的港口型大型火电厂。1995 年，台塑集团与福建省人民政府达成协议，决定由台塑美国公司进口 6 台 60 万千瓦超临界机组，在福建漳州后石独家投资建设火电厂。投资 28.8 亿美元，由业主华阳电业有限公司委托日本三菱公司、日本富士化水株式会社、电力部西南电力设计院、中交第一航务工程勘察设计院和福建省电力勘测设计院联合设计。采用国际通行的 BOT 投资形式，6 台 60 万千瓦机组一次设计、连续建设，由华阳电业有限公司负责建设和运行。华阳电业有限公司在与福建省电力工业局签订的《购电协议》中规定，合同期满后，业主将其对电厂的所有权利，包括产权与利益，无偿一次性地移交给中国政府授权的接收单位。[❷]

后石发电厂是当时福建省单机容量最大、电厂规模最大、具有带基本负荷和 40%调峰能力的电厂，一度是全国装机容量最大的火电厂，是中国大陆规模最大的台湾资本建设项目。

该工程采用国际通行的招标方式，整个工程按项目划分为数百个标段，不执行国内行业资质取费标准，也不按照国际取费标准，常常是最低价中标。台塑集团在工程管理方式上自成体系，颇具特色，营建处与施工处的专业技术人员由台塑集团派出，没有请电力工程监理，在工程管理方面执行严格的合同化管理。运行人员由华阳电业有限公司在当地招聘，并进行培训和管理。

1996 年 3 月，国务院批准后石发电厂项目建议书。1996 年 4 月，国家计委批准立项。电厂整体设计一次完成，分两期建设。一期工程于 1996 年获批，安装 2 台 60 万千瓦机组。同年 7 月动工，9 月完成五通一平及施工准备，1997 年 1 月主厂房开工，主机安装工程于 1998 年 4 月开工。一期工程 1、2 号机组分别于 1999 年 11 月、2000 年 6 月并网发电，二期工程 3、4、5、6 号机组分别于 2001 年 9 月、2002 年 11 月、2003 年 12 月、2004 年 7 月并网发电。

---

❶ 王永庆（1917.1—2008.10），台湾省台北市人，祖籍福建泉州安溪，为台湾省著名企业家，台塑集团创办人，中国台湾台塑集团董事长。

❷ 《福建省电力工业史》编委会：《中华人民共和国电力工业史·福建卷》，中国电力出版社 2003 年版，第 155 页。

后石发电厂全部采用进口设备,前 4 套锅炉、汽轮机及发电机采用日本三菱重工产品:锅炉为辐射再热式超临界压力直流锅炉;汽轮机为超临界、中间再热、单轴、三缸四排汽、凝汽式;发电机为全密封氢冷、旋转无刷励磁。❶后 2 套锅炉采用 ABB - CE,发电机仍采用日本三菱重工设备。210 米高烟囱 2 座,钢筋混凝土外筒,钢管加钛金属内衬结构,每 3 台机组共用 1 根集束烟囱。采用气力除灰系统,建有兴古灰场。

该项目的建成,改善了福建省电力紧张的状况,对改善福建省电网结构,促进福建省经济建设发挥着重要的作用。

六、陕西渭河发电厂新厂建成投运

渭河发电厂新厂即渭河发电厂二、三期,位于渭河发电厂老厂东南约 1 千米处。该工程是为解决陕西省"七五""八五"时期严重缺电而抢建的项目,总装机容量 4×30 万千瓦,是陕西省第一座单机容量 30 万千瓦的火电厂。该厂由陕西省电力建设投资开发公司投资 70%、西北电力集团公司投资 30%建设。

电厂主体由西北电力设计院设计,铁路专用线由郑州铁路勘测设计院设计,防护堤由陕西省水利电力土木建筑勘测设计院设计。工程建设由陕西(西北)电力建设总公司承包,主体工程土建由西北电力建设第四工程公司承揽,机组安装由西北电力建设第三工程公司承揽。部分外围工程分别由中建三局第三建设工程有限责任公司(中建三局三公司)、陕西建工第十一建设集团有限公司(陕西省建十一公司)、西安铁路分局线桥公司及中国有色冶金第二建筑公司承揽。

1987 年 9 月,渭河发电厂扩建工程设计任务书经国家计委正式批准,被补列为当年国家大中型预备项目。1987 年 10 月,成立渭河发电厂建设公司。1987 年 11 月,水利电力部批准了初步设计。二期扩建工程于 1988 年 12 月正式开工。原计划 1990 年末达到"锅炉冒烟,汽机转圈",由于主机未如期到货而调整计划。1992 年 12 月建成投产。

二期工程 3、4 号机组采用上海锅炉厂生产的 TSG1025/16.7 - M315 型亚临界中间再热自然循环汽包炉,上海汽轮机厂生产的 N300 - 165/535/535 亚临界中间再热四缸四排汽冷凝式汽轮机,上海电机厂生产的 QFS - 300 - 2 型水 - 氢 - 氢冷却发电机,上海汽轮机厂生产的 CC - 7(165) - 3 型汽动给水泵和沈阳水泵厂生产的 50CHTA/6 型电动给水泵,西安变压器电炉厂生产的 $SFP_7360000/330$ 型主变压器,武汉电力修造厂生产的 CFH - 2 型翻车卸煤机,西仪横河有限公司生产的 CENTUM 分散控制系统。该期工程混凝土量 20 万米^3,土石方量 24.74 万米^3。主厂房承重结构采用装配式混凝土结构,除氧煤仓间为双框架。锅炉结构为 T 型,汽包中心标高 63 米,宽度方向总跨距 32 米,深度方向总跨距 39.4 米。汽轮机房跨度 27 米,高 31 米。

二期工程 2 台机组投运后,每年发电量相当于一期工程 2 台机组发电量的 6 倍,在很

---

❶ 西南电力设计院唐茂平:《漳州后石电厂 6×600MW 超临界机组热机设计特点》,热机技术,2001 年 4 月第 2 期。

大程度上缓解了陕西严重缺电局面，对陕西经济的发展发挥了重要作用❶。

三期扩建工程于 1993 年 12 月正式开工，1996 年 3 月移交生产。二期造价 1985 元/千瓦，三期造价 3680 元/千瓦。工程质量总评优良。三期工程 5、6 号机组采用东方锅炉厂生产的 DG1025/18.4－116 型亚临界中间再热自然循环汽包炉，哈尔滨汽轮机厂生产的亚临界中间再热三缸两排汽冷凝式汽轮机，哈尔滨电机厂生产的 QFSN－300－2 型水－氢－氢冷却发电机，沈阳水泵厂生产的 50CHTA/GSP－4 型汽动给水泵和 50CHTA7 型电动给水泵，西安变压器厂生产的 SFP－360000/330 型主变压器，西仪横河有限公司生产的 CENTUM－XL 分散控制系统，西安水处理公司生产的循环水弱酸处理系统。

1996 年 9 月，陕西省电力建设投资开发公司、西北电力集团公司与香港中旅（集团）有限公司在西安签订合作经营合同，约定设立中外合作的陕西渭河发电有限公司。渭河发电厂新厂净资产评估为 54 亿元，公司注册资本 18 亿元，其中香港旭兴发展有限公司占51%、西北电力集团公司占 30%、陕西省电力建设投资开发公司占 19%，净资产与注册资本的差额部分为公司对合作三方的债务。转让 51%净资产的价款为 27.54 亿元，经营合作期限为 20 年。

随后西北电力集团公司与陕西渭河发电有限公司签订《电量购销合同》，约定陕西渭河发电有限公司 4×30 万千瓦机组装机容量的年基准上网电量为 65.5 亿千瓦·时，上网电价（含税）不低于 0.35 元/（千瓦·时），并依据发电用煤、燃油价格上涨幅度做同步调整。

1997 年 5 月，外经贸部批复同意设立中外合作（香港回归后称秦港合作）的陕西渭河发电有限公司。同日，陕西渭河发电有限公司完成工商注册登记。当月，陕西渭河发电有限公司挂牌。这是陕西省第一个特大型发电企业运用 TOT❷融资方式引进外资的项目。渭河发电厂新厂经营权 51%成功转让后，陕西省电力建设投资开发公司获得的转让资金，主要用于投资建设陕西蒲城发电有限责任公司和宝鸡第二发电有限责任公司。

七、江苏扬州第二发电厂建成投运

扬州第二发电有限责任公司原为扬州第二发电厂，位于扬州市邗江县（后为扬州市开发区）八里乡（后为八里镇）。1992 年 8 月，国家计委批准扬州第二发电厂一期工程项目建议书，同意进行可行性研究，规划容量 240 万千瓦，第一期工程建设 2 台 60 万千瓦亚临界机组。1994 年 12 月，国家计委批复江苏扬州第二发电厂一期工程可行性研究报告，一期工程由中国华东电力集团公司、江苏省投资公司、江苏省电力公司和扬州市四方组建有限责任公司合资建设，四方投资比例分别为 30%、25%、10%、35%。1996 年 3 月，由

---

❶《中国电力年鉴》编辑部：《中国电力年鉴 1996－1997》，中国电力出版社 1997 年版，第 690 页。

❷ TOT（Transfer-Operate-Transfer），即"移交—经营—移交"。是一种国际上较为流行的项目融资方式，通常是指政府部门或国有企业将建设好的项目的一定期限的产权或经营权，有偿转让给投资人，由其进行运营管理；投资人在约定的期限内通过经营收回全部投资并得到合理的回报，双方合约期满之后，投资人再将该项目交还政府部门或原企业的一种融资方式。

投资各方组建扬州第二发电有限责任公司,投资方变更为江苏省国信资产管理集团有限公司（35%）、江苏省电力公司（15%）、中国华东电力集团公司（30%）和扬州扬子江投资发展集团有限公司（20%）。

该工程是利用世界银行贷款建设的大型火电项目,由世界银行向扬州第二发电厂贷款3.5亿美元,并代扬州第二发电厂向摩根银行进行国际融资1.2亿美元,全部用于从国外引进先进发电设备、控制系统及其相关技术和服务。按照世界银行的规定,设备进口通过国际竞争招标,美国、英国、法国、德国、日本、意大利、加拿大等7个国家的14个公司参加投标。世界银行于1994年10月批准美国B&W公司和美国WH公司分别为锅炉岛和汽轮机岛设备的中标厂商。主体工程施工由江苏省电力建设第三工程公司承担,江苏兴源电力建设监理有限公司负责工程监理,调试单位为江苏省电力试验研究所。❶

工程于1996年3月正式开工。为达到"控制工程造价,实现合理工期,保证达标投产"三大目标,江苏省电力建设三公司坚持以高标准、高起点严格要求队伍,狠抓安全文明施工并做出了杰出贡献。扬州第二发电厂建设期间,江苏省电力建设三公司实行安全管理制度化、安全设施标准化、物品堆放定置化、人的行为规范化的"四化"管理模式,工地上看不到泥泞的道路、满目工业垃圾的场面,看到的只是整洁的混凝土道路,堆放整齐的设备和材料,安全警示随处可见,汽轮机平台一尘不染。扬州第二发电厂第一期工程被誉为全国电力建设文明施工的"窗口"工程。

1998年11月和1999年6月,2台机组转入试生产阶段,至此,扬州第二发电厂第一期工程全部建成投产。2台60万千瓦机组总工期为38个多月,比考核工期整整提前16个月,创造了当时同类型电厂建设工期的最快纪录。整个工程施工中未发生死亡和重伤事故,土建和安装的质量优良率为100%,成为全国同类型机组工程中工期最短、安全最好、质量最优的精品工程。

在工程造价上,扬州第二发电厂第一期工程造价为6250元/千瓦。在建设过程中,采取了一系列控制和降低造价的措施,在建设一开始就较好地将招投标制运用到设备采购和施工工程项目中去,坚持对设计、施工方案进行优化,不仅保证了质量,同时也降低了造价。

八、上海外高桥发电厂建成投运

上海外高桥发电厂位于上海浦东新区海徐路1001号,地处东海之滨、长江口南岸,浦东新区的东北端,北靠长江,南以外环线环东大道为界,与外高桥保税区相邻,西与外高桥新港区相连,距上海市中心直线距离约18千米,占地面积86.24万米²。

为缓解上海电力供需矛盾,上海外高桥发电厂一期被列入国家"八五"重点工程。1990年5月,外高桥电厂工程经国家计委正式批准立项兴建,规划容量360万千瓦,第一期工程安装4台30万千瓦国产引进型燃煤机组。能源部、机电部确定该工程为优化试点项目,

❶《江苏省电力工业史》编委会:《中华人民共和国电力工业史·江苏卷》,中国电力出版社2004年版,607页。

上海市亦将其列为创优工程。1991年6月7日，上海市领导在市政府专题会上明确指出：
"外高桥电厂要成为样板工程，建设、施工单位应尽早投入前期工作，原则同意除打桩、
码头、进排水、厂前区及厂外灰堤工程外的项目由上海电力建设局承担。"

1991年8月13日，经国务院批准、国家计委批复建厂，由国家能源投资公司、上海
市申能电力开发公司和上海市电力工业局三家合资建设，投资比例分别为40%、50%和10%。
上海外高桥发电厂在建设过程中陆续安装了4台30万千瓦亚临界参数的引进技术国产制造
燃煤发电机组。机组分别于1995年4月25日、12月28日和1996年12月21日及1997年
9月19日投入运行。2001年，该厂完成发电量69.65亿千瓦·时，设备等效可用系数为
92.99%，负荷率为71.26%，厂用电率为5.27%，供电煤耗为340克/（千瓦·时），全员
劳动生产率达88.32万元/（人·年）。由于各台机组的主要技术经济指标在当时国内同类
型机组中均处于先进水平，投产后的上海外高桥发电厂成为当时国内一流火力发电厂。

1997年5月，国务院正式批准了上海外高桥发电厂二期工程项目建议书。1999年2
月14日，国家计委批准了该项目工程的可行性研究报告。二期工程建设规模为2台90
万千瓦单轴超临界燃煤发电机组，是中国当时引进的单机容量最大的火力发电机组，具有
20世纪90年代后期先进水平。该项目计划投资总额逾百亿元人民币，利用世界银行贷款。
锅炉岛和汽机岛按世界银行采购导则进行国际竞争性公开招标，分别由阿尔斯通能源系统
公司和西门子公司中标承建。2000年7月18日，上海外高桥发电厂二期工程破土动工，
该工程的开工建设，标志着中国电力建设跃进百万千瓦级的新阶段。2004年9月22日9
时30分，上海外高桥发电厂二期在建项目的国内第二台百万千瓦级机组顺利通过连续168
小时满负荷运行试验，比计划提前了84天投入商业运行。1999年11月24日，根据上海
市电力工业局文件沪电力计字〔1999〕第795号《关于上海外高桥发电厂申请企业法人改
制请示的批复》，上海外高桥发电厂一期非公司法人企业改制为由上海电力股份有限公司
与申能股份有限公司两家合资的上海外高桥发电有限责任公司，注册资本人民币18.0384
亿元。2002年，该公司股权置换后，上海电力股份有限公司拥有股权51%（控股并经营
管理），申能股份有限公司拥有股权49%。改制之后，该公司的经营范围为30万千瓦机
组火力发电、综合利用开发、外高桥地区供热，并成为在电力行业中，较早实现传统管理
体制向现代管理体制转变的实践者。

九、华能太仓电厂建成投运

华能太仓电厂位于中国经济较为发达的江苏省苏州市，前身为苏州工业园区华能发电
有限责任公司，成立于1997年6月19日，当时由中国华能集团公司、苏州工业园区股份
有限公司、中新苏州工业园区开发有限公司、江苏省国际信托投资公司、江苏省电力公司、
太仓市能源开发公司共同投资建设。

华能太仓电厂成立之初，江苏省内电力供需矛盾十分突出，亟需新建、扩建电源点。根
据时任国务院总理李鹏、副总理吴邦国等中央领导视察苏州工业园区的指示精神，在江苏省
政府的大力支持下，中国华能集团公司于1996年开展了华能太仓电厂的前期准备工作。

1996 年 9 月 23 日，国家计委发布《关于利用国内外汇贷款购买国产发电设备发展电力工业有关事项的通知》（计投资〔1996〕1832 号），确定华能太仓电厂为利用国内外汇贷款购买国产发电设备、发展电力工业的第一批 4 个试点项目之一，为加快电厂建设速度奠定了基础。

1997 年 12 月 17 日，国务院批准了电厂一期工程的可行性研究报告；1998 年 2 月 11 日，国务院会议通过了电厂一期工程的正式开工报告。

1998 年 5 月 6 日，电厂一期工程正式开工建设。电厂一期工程建设 2 台 30 万千瓦国产引进型亚临界燃煤发电机组，三大主机分别为上海汽轮机厂、上海锅炉厂、上海电机厂生产的引进型产品，项目总投资 268 640 万元。1999 年 12 月 19 日，1 号机组正式并网发电；2000 年 4 月 19 日，2 号机组正式并网发电。随着 2 台机组的并网发电，电厂一期工程的基建工作全面完成，整个基建工作仅用了 23 个月 13 天，创造了当时同类型国产机组建设的最快速度。

机组投产后运行稳定，各项指标优良，实现了华能集团公司提出的"项目高起点、建设高速度、工程高质量、生产经营高效益"的目标，并取得了当年投产、当年盈利的佳绩，真正体现了电力体制改革的市场效应。2001 年 3 月，2 台机组被国家电力公司命名为"基建移交生产达标投产机组"；2001 年 12 月，电厂一期工程被国家电力公司评定为"火电优质工程"。2002 年 6 月，电厂被国家电力公司授予"一流火力发电厂"荣誉称号。

华能太仓电厂 2 号机组是中国发电设备总装机容量突破 3 亿千瓦的标志机组，中国发电设备装机容量从 2 亿千瓦发展到 3 亿千瓦共历时 5 年零 1 个月。随着装机容量的不断增加，电网发供电能力不断增长，实现了电力工业的快速发展，为全国经济建设和社会的发展提供了强大的电力支撑，适应了经济迅速发展的需要。

十、河北邯峰发电厂建成投运

华能国际电力股份有限公司邯峰发电厂是国家"九五"期间河北省最大的中外合资项目，采用中德合资方式建设，工程总投资 78.8 亿元人民币。该厂位于河北省邯郸市，厂区占地 73.54 公顷，规划容量 240 万千瓦，一期工程于 2001 年 3 月 26 日、9 月 1 日先后建成，2 台 66 万千瓦燃煤发电机组投入商业运营，是华北地区单机容量最大的发电企业。

国务院于 1996 年 3 月 28 日批准了项目的可行性研究报告，外经贸部于 1996 年 8 月 26 日批准了河北邯峰发电有限责任公司的合资合同。河北省电力公司、河北省建设投资公司、德国西门子公司、德国汉堡电力公司分别以 40%、20%、24%、16%股份比例出资，共同组建河北邯峰发电有限责任公司，负责项目的筹资、建设、经营和还贷。中外合资经营期限为 25 年（含建设期 5 年）。

邯峰发电厂于 1998 年 12 月 30 日正式挂牌成立，全面负责电厂的生产准备和运营管理工作。1 号机组于 2000 年 12 月 31 日比计划工期提前 3 个月完成 168 小时满负荷试运行。2001 年 1 月 10 日，1 号机组由邯峰发电厂代管，3 月 26 日，1 号机组正式投入商业运行。2 号机组于 2001 年 6 月 19 日比计划工期提前 5 个月完成 168 小时满负荷试运行。

2001 年 6 月 30 日始，邯峰发电厂对 2 号机组实施代管；9 月 1 日，2 号机组正式投入商业运营。邯峰发电厂一期工程的建成投产，不仅使华北地区拥有了首座 2×66 万千瓦现代化发电厂，而且标志着河北电力拥有了 66 万千瓦单机机组的设计、施工、安装、监理、调试和生产管理的优良业绩和经济技术能力。

第三节　大型空冷发电机组建设

火电行业是中国用水量最大的行业之一。中国水资源相对缺乏，水资源分布与煤炭资源分布地域上不匹配，三北地区煤炭资源丰富，但水资源匮乏。采用空冷机组发电技术是中国三北富煤贫水地区电力可持续发展的必然选择，具有显著的社会效益和经济效益。中国在改革开放前就开展了空冷技术的试验室研究和工业性试验，并在小型机组上进行了应用，20 世纪 80 年代末，山西大同的 2 台 20 万千瓦机组首次引用匈牙利的海勒式间接空冷系统，实现了中国大型空冷机组零的突破。20 世纪 90 年代中期，丰镇、太原热电厂的 20 万千瓦机组国产化海勒、哈蒙系统投入运营，使中国电厂空冷技术的发展进入了一个新的阶段。在技术引进和消化吸收的基础上，重点开发研制间接空冷或直接空冷 60 万千瓦级空冷机组，缓解中国缺水地区发展电力和用水紧张的矛盾成为科技攻关和设备研制的重点。在"九五"期间，电力部组织开展了 60 万千瓦空冷机组技术的研究。

一、通过 3 个工程为大型空冷机组的发展打下基础

1982 年，中国从匈牙利进口 2 套 20 万千瓦海勒式间接空冷系统设备，安装在大同第二发电厂 5、6 号机组，分别于 1987 年 6 月和 1988 年 11 月投产。5、6 号机组由东方汽轮机厂生产的汽轮机与中国首次引进的匈牙利海勒式间接空冷装置配套而成。海勒空冷的冷却水系统必须保持一定微正压，防止空气进入导致凝结水溶氧超标。但是大同第二发电厂 6 号机组自投产以来，凝结水溶氧超标问题长期存在，水轮机及循环水泵轴端密封效果差是造成该问题的重要原因，以及喷嘴的性能较差导致不能形成理想的水膜也是不可忽略的因素。大同第二发电厂 2 台空冷机组自投产以来一直受到夏季出力受阻问题的困扰，当环境温度达到 22 摄氏度时，机组就必须限负荷运行，影响了机组的经济运行以及迎峰度夏。通过对真空系统进行全面漏点检查，加强对空冷设备的维护，改进空冷塔的密封性能，安装喷淋水系统，对散热器定期采用弱酸清洗和高压水冲洗，改善空冷塔周边环境，空冷系统于 2002 年运行良好，当环境温度达到 35 摄氏度时仍能够满发运行。

1986 年，国家重大技术装备办公室将 20 万千瓦空冷机组列入"七五"和"八五"国家重大技术装备研制的内容。一个是中国自行设计、制造的带混合式凝汽器间接空冷系统（即海勒式），依托工程为 4×20 万千瓦内蒙古丰镇发电厂 3～6 号机组，分别在 1993 年投产 2 台，1995 年投产 2 台。内蒙古丰镇发电厂 3 号 20 万千瓦机组的投产标志着中国自行设计、制造大容量间接空冷装置的成功。另一个是中国自行设计、制造的带表面式凝汽器

间接空冷系统（即哈蒙式），依托工程为 2×20 万千瓦太原第二热电厂 7、8 号机组，分别在 1994 年 1 月、9 月投产。通过 3 个工程的建设和开展相应的试验研究工作，初步建立起中国自主设计、制造、研究空冷机组的体系，并制订了相关的空冷机组标准。

二、自主研发直接空冷技术，发展大容量空冷机组

直接空冷系统又称空气冷却系统，即用空气直接冷却汽轮机的排汽，空气与排汽之间进行热交换。直接空冷系统所需要的冷却空气，通常直接由机械通风方式供应。直接空冷的凝汽器称为空冷凝汽器，由表面镀锌外套矩形钢翅片的椭圆形钢管束即散热器组成。采用直接空冷系统的优点是设备投资少，系统简单，节水、环保，适合环境温度低。其缺点是风机群产生噪声危害，由空冷凝汽器的出口空气侧形成的热空气回流到入口空气侧而带来的热风再循环问题，以及冷却风机运行的电能消耗和维护检修工作量的增加。直接空冷系统运行中由于受到环境温度的影响，汽轮机背压变化幅度较大，对于汽轮机有一些特殊的要求。机组排汽为了达到一定的散热效果需要相当的冷却面积，因此真空系统庞大。

直接空冷技术的开发应用已有几十年的历史，德国早在 1939 年就建成了采用空气冷却的发电机组。直接空冷技术的发展主要是围绕直接空冷凝汽器管束进行的。20 世纪 60 年代，属于直接空冷凝汽器技术的发展初期，由于受加工工艺的限制，鳍片管的内径较小。为将蒸汽侧的压力损失控制在合理的范围内，单管长度一般为 7 米左右。为了获得足够的换热面积，凝汽器管束不得不采用 2 排、3 排甚至 4 排管片。由于多排组成的管束空气（蒸汽）流会产生死区，换热面积不能像单排管那样被 100% 利用；而且多排管空气流动阻力大，其空冷风机必然要多消耗电能；管束内可能出现死区，在冬季运行时流动不畅的不可凝气体和凝结水容易结冰。因此，直接空冷技术的优越性显得不够突出，其发展和推广也受到了一定制约，基本上都在单机容量比较小的发电机组上使用。

20 世纪 80 年代初，鳍片管直径由 25.4 毫米扩大到 38 毫米，单管长度也相应加长到 10 米，组成管束的鳍片管排数也相应减少，使用空冷技术发电机组的单机容量相应增大。20 世纪 80 年代中期以后，鳍片管直径已经扩大到 50 毫米以上，组成管束的鳍片管减少到只有 1 排。这也就是目前普遍使用的具有特殊形状的单排椭圆形鳍片管的空冷凝汽器。

与多排管管束相比，单排管管束的优势有：空冷凝汽器总换热面积减小，因而造价降低，同时也缩短了制造周期；空冷风机电耗降低，降低了运行费用和噪声；凝结水流动更加顺畅，减小了凝结水的过冷度和发生冬季冰冻的危险；支架结构简化，安装工作量相应减少；更加紧凑，设备占地面积减少。

空冷风机的发展特别是变频技术的应用对直接空冷技术的发展和推广也是功不可没的。它为防止空冷系统在严寒的冬季发生冰冻提供了更为灵活的手段。由于空冷凝汽器制造技术不断发展，解决了直接空冷技术在应用上的诸多难题，使其优点更为突出，为其在大容量机组上的应用铺平了道路。空冷技术已经为越来越多的国家认同和使用。使用空冷凝汽器的机组从无到有、容量从小到大，世界上相继出现了一批 20 万千瓦、30 万千瓦甚至 60 万千瓦及以上的大容量直接空冷机组。直接空冷技术比间接空冷技术更加有前途，

其发展速度已超过间接空冷系统。

自 20 世纪 80 年代末，中国先后建成并投产了 8 台大型间接空冷机组。在各方面取得了一些经验的基础上，2001 年 9 月，中国自己设计、制造和安装的国内首台空冷机组（单机容量 6 兆瓦），在山西交城义望铁合金厂自备电厂建成投产。

大唐国际云冈热电有限责任公司 2×20 万千瓦空冷机组是中国直接空冷技术在大机组上的首次应用，采用国外空冷系统技术，主要设备在国内制造，2 台机组分别于 2003 年 11 月、12 月投产。山西漳山 2×30 万千瓦直接空冷机组采用国产空冷汽轮机、国外的空冷凝汽器，分别于 2004 年 9 月、10 月投产，接着同类机组相继投产。与此同时，中国空冷机组已开始出口，东方汽轮机厂自 2001 年出口伊朗 4 台 32.5 万千瓦空冷汽轮机组，上海汽轮机有限公司于 2001 年亦出口伊朗 4 台 32.5 万千瓦空冷汽轮机组。这些机组的顺利投产，说明中国已经掌握了 30 万千瓦级直接空冷机组技术，并为发展 60 万千瓦直接空冷机组打下基础。

发展 60 万千瓦空冷机组是中国三北地区火电机型的重要选择，国家和电力部门一直将 60 万千瓦空冷机组作为科技攻关和设备研制的重点。在"九五"期间，电力部就组织开展了 60 万千瓦空冷机组技术的研究。1999 年，国家电力公司完成了对采用国产 60 万千瓦直接空冷汽轮机的调研，2001 年 5 月对调研报告进行专家评议，确认了国内已具备生产 60 万千瓦空冷机组的条件，并确定大同第二发电厂项目为首个 2×60 万千瓦直接空冷机组的试点工程。自 2005 年 4 月首台 60 万千瓦空冷机组投产后，到 2007 年底全国 60 万千瓦空冷机组已经有 30 台，达到 1800 万千瓦装机容量。

为进一步提高空冷机组的经济性，将 60 万千瓦空冷机组的参数从亚临界 16.7 兆帕/538/538 摄氏度提高到超临界 24.2 兆帕/566/566 摄氏度，60 万千瓦级超临界空冷机组的订货达到 38 台。"十一五"期间，科技部将百万千瓦等级空冷机组的研究列入"863"计划，这些研究工作处于世界空冷机组技术的最前沿。

三、太原第二热电厂的空冷发电机组投产

首次引进匈牙利空冷技术和设备的大同第二电厂 2×20 万千瓦空冷机组于 1987 年、1988 年投运。1990 年底，能源部、机电部对大同第二电厂 2×20 万千瓦空冷机组组织了评议，一致认为该间接空冷机组节水显著，发电量、年利用小时基本上达到国内 20 万千瓦级湿冷机组的同等水平；但该系统存在一些不符合国情和技术的薄弱环节，亟待改进。1990 年初，该工程初步设计阶段，在仍保持混合式凝汽器间接空冷系统的原则下，山西省电力勘测设计院提出了以钢管钢片散热器替代铝管铝片散热器的空冷塔改进方案。1990 年 8 月，能源部考察团赴南非考察空冷技术后，建议太原第二热电厂空冷供热机组改用带表面式凝汽器的间接空冷系统方案。后经能源部批复，确定选择此空冷系统。

太原第二热电厂四期扩建工程批准建设规模 2×20 万千瓦空冷供热发电机组，早在 1974 年，电力部就对四期扩建工程所需水源、燃煤、运输、环境影响、供热需量做了大量前期研究，1987 年国家计委批准项目建议书。1991 年 12 月 28 日，太原第二热电厂四

期扩建工程正式开工兴建，概算总投资 73 820 万元，由国家和山西省各投资一半。太原第二热电厂四期工程所建空气冷却塔是亚洲最大的空冷塔，设计标高 135.75 米，零米最大直径为 118.32 米。

太原第二热电厂四期扩建工程由山西省电力勘测设计院设计，由山西省电建三公司施工。太原第二热电厂四期工程 1 号 20 万千瓦机组是 1993 年全国投产 1200 万千瓦计划中的必保项目。山西省电建三公司干部职工为克服设备到货晚、安装时间短、调度时间少的困难，保证机组如期投产，他们提出"大干 60 天、年内保发电"的誓言，干部职工连续两个多月在现场吃住，夜以继日顽强拼搏，终于使机组提前投产，创造了机组整套启动、一次并网发电、一次带负荷连续运转 312 小时的国内同类机组先进水平。第一台机组于 1993 年 12 月 22 日提前 7 个月投产发电，机组投产一年运行小时达到 7219 小时，发电量达到 11.6 亿千瓦·时，取得全国同类机组投产第一年运行最好水平，成为山西省首台达标机组。

1994 年 8 月 26 日，太原第二热电厂四期工程第二台 20 万千瓦机组满负荷完成 72 小时和 24 小时试运行，正式投产发电，至此，太原第二热电厂四期扩建工程 2 台 20 万千瓦机组竣工。该机组系统复杂、工程量大、施工难度大，与其配套建设的 2 座空气冷却塔标高 135.75 米、地面直径 118.32 米，是当时亚洲最大的空冷塔。

太原第二热电厂的间接空冷系统主要由表面式凝汽器、循环水泵、空冷散热器以及进排水管道组成。循环冷却水为除盐水质，在表面式凝汽器内部冷却汽轮机排汽，受热后经循环水泵增压进入空冷塔散热器，与外部空气换热，冷却之后再回到表面式凝汽器，如此在凝汽器和空冷塔之间进行闭式循环。冬季供热工况下排汽流量减少时可以分段投入散热器，降低了散热器冻结的危险。该机组采用东方汽轮机厂生产的汽轮机，带供暖抽汽，设计背压 10.79 千帕，满发背压 22 千帕，末级叶片高度为 710 毫米，采用拱形围带整圈拉金连接，低压缸轴承不落地，汽轮机与发电机之间的联轴节采用半挠性。此系统的最大缺点是除基建费用增加外，还因机组的运行背压提高而增加煤耗。但因为是坑口电厂煤价相对便宜，弥补了这一缺陷。1995 年（投运后第二年），该机组比同类湿冷火电机组节水 65%～70%。

四、丰镇发电厂国产空冷发电机组投产

丰镇发电厂位于乌兰察布市南端丰镇市，总装机容量 120 万千瓦，其中包括 2 台 20 万千瓦湿冷机组和 4 台 20 万千瓦国产空冷机组。该电厂是内蒙古自治区首次自行设计、施工、安装、调试和管理的第一座超百万千瓦火力发电厂，也是全国少数民族地区首座超百万千瓦大型火力发电厂，是国家"七五"重点建设项目和"八五"国务院"重大装备办"的重点工程。该电厂是内蒙古西部电网联接华北电网的枢纽电站，拥有内蒙古自治区首座 500 千伏厂内升压站，承担着向内蒙古自治区和首都北京供电的任务，是内蒙古自治区实施"煤电转换，西电东送"战略的骨干电厂。

1982 年 7 月，内蒙古自治区计委、内蒙古自治区电业管理局提出"八五"计划期

间安排建设丰镇发电厂二期扩建工程 2×20 万千瓦国产空冷发电机组的建议。1993 年 2 月，国家计委批准了丰镇发电厂二期扩建工程项目建议书，同意扩建工程以 500 千伏电压接入电力系统，工程总投资 8.5 亿元，由国家能源投资公司和内蒙古自治区各承担 50%。

1993 年 6 月，国产第一台海勒系统大容量间接空冷发电机组在丰镇发电厂（20 万千瓦、3 号机组）安全投运，结束了中国不能自己设计和制造大容量空冷发电设备的历史。丰镇发电厂从 1986 年 7 月破土动工，1995 年底全部建成投产。电厂采取高效除尘器和高烟囱，以减少烟尘排放和增加大气稀释能力。电场静电除尘器除尘效率不小于 98%，6 台锅炉设了 3 座 210 米高的烟囱。燃料及燃烧采用中速磨煤机直吹系统，热力系统采用一机一炉单元制，除灰系统采用灰渣分除方式，锅炉排渣采用刮板机连续排渣；锅炉补水处理系统采用高效纤维处理器；电气系统采用发电机—变压器组接入 500 千伏系统，热工自动化系统采用炉机电集中的单元控制，采暖系统由热网加热站供汽。

丰镇发电厂 3 号机组由内蒙古电力设计院设计，主要设备由哈尔滨汽轮机厂、哈尔滨空调机厂制造，国产化率达到了 98%，这标志着中国在空冷电厂的设计、制造上已有了长足的进步，并接近了国际水准。汽轮机是由哈尔滨汽轮机厂制造的，一次中间再热、三缸两排汽单轴凝汽式汽轮机。由于空冷机组凝汽器背压较高，且随环境气温变化大，因此要求末级叶片为加强型，故在叶片上采用 Z 型拉金拱型围带，叶片高度为 710 毫米。哈尔滨汽轮机厂通过试验研究，对混合式凝汽器在设计和结构上有所改进。凝汽器的主凝结区共布置 3936 个喷嘴，其射流长度比大同第二发电厂凝汽器的射流长度长 175 毫米。大同第二发电厂喷嘴的喷射角度为 30 度，哈尔滨汽轮机厂喷嘴的喷射角度为 45 度，此法装置的混合式凝汽器的水膜面积较大同第二发电厂增加一倍，使用效果良好。在热工控制方面，国产海勒空冷系统也进行了部分改进。在扇形段顶部增加了压力变送器，监视顶部压力以防止断流和冬季防冻。扇形段顶部的排空竖管内运行中保持 2 米的静水柱，冬季运行中为防冻而设计有电加热装置，此外还增加了相应的温度测量系统，确保运行人员能够监视竖管水柱状态。

五、大唐国际云冈热电有限责任公司大容量空冷机组建成投产

大唐国际云冈热电有限责任公司（云冈热电）位于山西省大同市平城区，是由大唐国际发电股份有限公司、山西晋能和众投资担保有限公司分别以 80%、20% 的比例出资组建的。一期工程建设 2 台 22 万千瓦的直接空冷供热机组，二期工程建设 2 台 30 万千瓦直接空冷供热机组。

2002 年 8 月，国家计委下发《关于下达 2002 年第二批限额以上技术改造新开工项目计划的通知》，批准大唐国际云冈热电有限责任公司一期工程建设 2 台 22 万千瓦直接空冷供热机组。主厂房基础采用钢筋混凝土结构，汽轮发电机组为按纵向顺列布置；锅炉构架采用钢结构，高 54.9 米，紧身封闭布置。2002 年 5 月 18 日，一期工程开工建设。

2003 年 11 月 11 日，中国首台大容量直接空冷机组——大唐云冈热电有限责任公司 1

号机组顺利完成 72＋24 小时试运并移交生产。2003 年 12 月 13 日，2 号机组也顺利建成投产。云冈热电 1、2 号机组填补了中国大型直接空冷机组的空白，标志着中国发电厂空冷技术已经跟上了世界的脚步，为中国大型直接空冷机组的发展取得了宝贵经验。

　　一期工程 2 台 22 万千瓦的直接空冷供热机组，在电网中既可以承担基本负荷，也可以承担调峰任务。机组采用以热定电的设计原则，利用低压蝶阀控制供热抽汽，使用 GEA 鼓风式机械通风直接空冷凝汽器（ACC）系统，采用的变频调速 ACC 系统其运行的安全性、操控的灵活性、严寒的抗冻性以及维持机组背压的能力和运行稳定性都超出预期。

第四节　烟气环保改造和"上大压小"

　　"七五"期间，火电行业环境保护工作取得了很大的成绩，由于电力工业发展很快，煤炭消耗得多，火电厂排放的污染物仍呈增加的趋势，有的地区环境问题已成为发展电力的制约因素。"八五"和"九五"是中国实现第二个战略目标即人民生活达到小康水平的重要十年。中央提出了"能源工业的发展要以电力为中心"的方针，在加速发展电力工业的同时，环境保护也是一个重要任务。国家制定了"预防为主、防治结合、综合治理"的环境保护工作方针，坚持治理污染与节约能源、综合利用资源相结合，严格控制污染，强化管理，依靠科技进步，挖掘潜力，提高环保设施投资的综合效益，实现经济效益、社会效益和环境效益的统一。为了减轻或解决火电厂的大气污染，火电厂逐步开展了烟气脱硫、烟气脱硝等环保改造。

一、国家制定了更为严格的电力环保法规

　　随着改革开放的深化，以多种形式利用外资进行电力建设的项目逐年增多。由于环境保护越来越受到国际上重视，环保问题成为能否成功利用外资的关键因素之一。环保问题涉及国家的法规、标准、政策和基础数据，处理不当可能会影响整个电力行业有效利用外资。国家相关部委先后出台了各类规范文件，要求做好建设项目的环境影响报告书。

　　1993 年 6 月，《国家环保局、国家计委、财政部、中国人民银行关于加强国际金融组织贷款建设项目环境影响评价管理工作的通知》发布，规范了国际金融组织贷款项目的环境评价管理工作。1994 年 4 月，国家环保局发布了《环境影响评价技术导则》，电力工程的环评工作有了较大的进步。1995 年 6 月，《电力工业部关于加强利用外资电力建设项目环境影响评价管理工作的通知》印发，对利用外资开展的电力建设项目的环境评价报告书的编制、提供等工作进行了明确和规范。

　　1996 年 3 月，国家环境保护局批准了《火电厂大气污染物排放标准》（GB 13223—1996），并于 1997 年 1 月 1 日实施，替代《燃煤电厂大气污染物排放标准》（GB 13223—1991）。这是国家对 GB 13223 进行的第一次修订，并更名为《火电厂大气污染物排放标准》。

《火电厂大气污染物排放标准》（GB 13223—1996）的特点是：

（1）增大了控制对象的范围，将燃煤电厂改为火电厂。

（2）控制的污染因子增加了氮氧化物，共 3 种。

（3）根据火电机组的建设及运行时间长短，引入分阶段控制原则，将不同时期建设的火电厂划分为 3 个时段，既保持了对老机组采用老标准的宏观稳定、逐步趋严，又体现了对新建电厂的超前性。

（4）对于烟尘，第Ⅰ时段的限值分别与 GB 13223—1991 中的"现有火电厂"及"新扩改建火电厂"对应，增加了烟气黑度等级的限值；对新增加的第Ⅲ时段电厂，由于电除尘器除尘技术的发展，除尘效率显著提高，因此限值不再与燃煤灰分挂钩，但仍保留了城乡差别和炉型差异。

（5）对于二氧化硫，第Ⅰ、Ⅱ时段的标准也分别与原标准中"现有火电厂"及"新扩改建火电厂"一致，第Ⅲ时段的标准限值，对位于农村（无论丘陵或平原）的电厂也均与第Ⅰ时段相同，对位于城市的电厂标准限值更为严格，仅为第Ⅰ时段的 77.8%，相当于将上述限值计算条件中的燃煤收到基含硫量降低至≤0.7%，或减小电厂建设规模。与此同时，根据脱硫装置已从试点向一定建设规模转变的实际情况，对于第Ⅰ时段，还按燃料收到基含硫量规定了最高允许排放浓度，要求燃用含硫量大于 1%的电厂进行烟气脱硫，开始了电厂二氧化硫进行浓度控制的尝试，推动了各种脱硫技术在中国的试验与应用。

（6）对于氮氧化物，根据当时引进国外技术的状况，引进锅炉技术时，同时引进低氮燃烧技术。根据低氮燃烧技术可能达到的氮氧化物排放浓度，规定了第Ⅲ时段 1000 吨/小时及以上锅炉（相当于 30 万千瓦及以上机组）的氮氧化物允许排放浓度。

1996 年 11 月，电力部印发了《关于进一步加强电力工业环境保护工作若干问题的意见》。该《意见》明确提出，实施电力的持续发展必须把节约能源资源和环境保护作为一项长期的战略任务；把环境保护纳入电力发展规划，以控制污染物为中心，合理开发和优化配置资源，调整电源结构，加快水电发展，适当发展核电及燃气—蒸汽联合循环机组，积极建设坑口电厂，变输煤为输煤、输电并举，实现"西电东送"。

1996 年 12 月，电力部发布了《电力工业环境保护管理办法》。该《办法》共 8 章 46 条，分别对电力工业环境保护管理的机构和职责、建设项目环境保护管理、生产过程环境保护管理、科研、教学、培训及国家交往、监督管理、奖励与惩罚等进行了明确的规定。《办法》规范了电力工业规划、计划、设计、施工、生产、供应、科研、教育等活动中的环境保护工作，明确了电力与环境保护必须做到"同步规划、同步设施、同步发展"的"三同步"原则。

二、烟气脱硫技术的开发

20 世纪 70 年代中期，中国电力行业就开始了电厂控制二氧化硫排放的试验研究。不过，当时的重点是推广应用麻石水膜除尘器，引进电除尘器技术来治理烟尘，同时采用炉内喷钙法进行烟气脱硫，防止锅炉受热面的低温腐蚀。对于烟气中的二氧化硫，主要采用高烟囱自然扩散稀释。

国家"八五"计划之后，各种脱硫工艺的小试、中试不断发展，烟气脱硫开始进入自主创新技术试验阶段。

20世纪90年代开始，中国通过国际合作方式组织实施了燃煤电厂烟气脱硫试验项目和示范项目。1994年，黄岛发电厂建成了相当于7万千瓦装机容量机组的旋转喷雾干燥法烟气脱硫装置；1996年，太原第一热电厂建成了相当于20万千瓦装机容量机组的石灰石—石膏湿法烟气脱硫（WFGD）装置；1997年，成都热电厂建成了相当于20万千瓦装机容量机组的电子束烟气脱硫装置；1990年，深圳西部电厂建成了30万千瓦机组海水脱硫工程；1999年，南京下关电厂建成了2台12.5万千瓦机组的炉内喷钙加炉后烟气增湿干法脱硫装置。这些工程的工艺技术设计、设备成套施工调试等均由国外公司总承包，中方人员参与了大量工作。在此期间，一部分有实力的企业开始走上技术消化吸收的创业道路，为脱硫装置的国产化打下了基础。

2000年，国家经贸委组织制定和印发了《火电厂烟气脱硫关键技术与设备国产化规划要点》（国经贸资源〔2000〕156号），提出了中国燃煤电厂烟气脱硫技术与设备国产化的指导思想、目标、主要内容及实施国产化的措施，明确了烟气脱硫工艺技术选择的主要原则，对促进烟气脱硫产业化的发展起到了关键作用。2001年，国家经贸委等八部委又联合印发了《关于加快发展环保产业的意见》（国经贸资源〔2001〕1517号），进一步促进了烟气脱硫产业化的发展。

一方面是环保法规和行政命令对火电厂二氧化硫排放控制要求的不断加压，另一方面则是国家产业化发展政策的引导以及市场经济机制的推进。在这一背景下，从2001年开始的短短几年里，专业烟气脱硫公司由原来的几家激增到200多家，其中具备一定技术资金、人员实力，且拥有10万千瓦以及以上机组的烟气脱硫工程总承包业绩的公司近50家。众多脱硫公司的出现，为火电厂脱硫市场需求提供了保障的同时，也促进了脱硫产业的形成。

在国债资金的支持下，2002年底，京能热电（原北京石景山发电厂）1台20万千瓦机组WFGD引进技术国产化示范项目投入试运行；2003年12月底，山东黄台发电厂1台30万千瓦机组WFGD引进技术国产化示范项目正式投产。

之后，自主研发和引进技术消化吸收再创新的企业有了更多收获，中国逐步拥有更多大型火电厂烟气脱硫自主知识产权的技术，并经过30万千瓦以上机组配套脱硫工程商业化运行的检验，脱硫设备国产化水平由此大大提高。

三、WFGD样板工程在华能珞璜电厂建成

受地形限制，四川盆地是中国工业污染较为严重的地区，地处四川盆地的工业基地重庆工业污染问题尤为突出，重庆的酸雨频率高达70%。在工业污染源中，火电厂的烟尘、二氧化硫排放都是最大的污染源。重庆高度重视工业污染的治理，率先在国内开展了二氧化硫排放治理。20世纪80年代末90年代初，重庆首个集资办电项目——华能珞璜电厂

成为国内首个利用外资和引进国外先进脱硫技术的电厂。该电厂厂址位于重庆市江津珞璜镇东南约 400 米处，北临长江，西南为川黔铁路珞璜火车站，距重庆市区 25 千米。

1986 年 3 月，华能国际电力开发公司（华能国际）与重庆市人民政府签订了合资建设华能珞璜电厂一期工程的贷款协议。协议规定了建设电厂机组及配套送变电工程所需国内资金的 2/3 由重庆市负责自筹，有偿借给华能国际。重庆市负责的 3 亿元贷款要根据工程进度，按年度拨付给华能国际，华能国际在华能珞璜电厂商业发电半年后，开始以基本折旧的 50%用于工程贷款的还本付息，10 年还清，还本付息期满后，华能珞璜电厂的产权按投资比例归投资双方所有。此外，协议规定了华能珞璜电厂 2 台机组所发电力全部由重庆市使用，并在 10 年还本付息期满后，调整上网电价。

电厂装机容量为 4×36 万千瓦（分一、二期建设完成），发电机组是引进法国的燃煤汽轮发电机组。燃煤为重庆松藻煤矿的劣质无烟煤，燃料中的含硫量为 3.5%～5%，这种高硫煤燃烧产生的烟气中二氧化硫的浓度较高，2 台锅炉全年按运行 6500 小时计，年耗煤量约为 200.5 万吨，全年排放二氧化硫为 11.7 万～16.8 万吨。华能珞璜电厂的兴建，虽然能给重庆地区的改革开放与经济腾飞带来动力，但随之新增工业污染源，在当地二氧化硫背景值超过环境容量的极限的情况下，更是令人担忧。

1985 年，电厂建设已迫在眉睫，初步设计（预设计）提议采取燃用洗（动力）煤和高烟囱稀释的环境治理方案。然而洗煤脱硫有其局限性，由于原煤中有 86.6%以上的黄铁矿硫，其嵌布粒度极细，借以破碎释放极为困难，因而脱硫率通常为全硫的 30%～40%。以 1986 年投产的重庆发电厂 2×20 万千瓦燃煤机组为例，燃用金鸡岩洗煤厂的洗煤，原煤含硫量为 4%～4.5%，入炉煤的含硫量仍达 2.77%。根据西南电力设计院当年对建设洗煤厂的投资估算为 1.2 亿～1.28 亿元，需占地 35 公顷。洗煤的弊端显露无遗，投资巨大，脱硫效果又不理想，而高烟囱稀释在重庆的地理环境中效果甚微，更是治标不治本的消极措施。

为解决电厂建设中的二氧化硫污染治理和从长远及全局考虑，华能国际审时度势，决定引进国外先进烟气脱硫装置，作为试点工程，为中国大型火电厂燃用高硫煤积累经验。1986 年 8 月，经国务院"以煤代油"专用资金办公室与国家计委批准，派遣华能国际脱硫技术考察团赴日本和德国，对 11 家已配备烟气脱硫装置的火电厂进行实地考察。对多种运行中的脱硫装置工艺进行研究，当时国际上主流脱硫工艺已有湿法、干法、半干法和氨法几大类，其中以 WFGD 工艺最为成熟、可靠。WFGD 工艺已为发达国家大多数发电厂所接受，特别是大容量机组，对大气质量要求高的地区一般湿法脱硫。这一特点正好满足地处长江上游的经济中心城市重庆及厂址所处地著名的江津柑橘林带大气环境保护，因此，专家考察团认为应该首选 WFGD 工艺作为机组配套脱硫装置的工艺。

1986 年 10 月，重庆市政府颁发《重庆珞璜电厂集资办法》，成立华能珞璜电厂集资办公室，挂靠川东电业局，负责筹集资金及集资债券发行、偿还等管理工作。按照集资办法，重庆市按照"谁集资，谁用电；多集资，多用电；不集资，不增加供电"的原则，通过发动地方机动财力和能源交通重点建设基金，发行有偿电力建设集资债券等方式集资。

华能珞璜电厂一期工程 2×36 万千瓦机组，除循环水系统和锅炉部分由国内设计、供货外，其他生产工艺系统和生产建筑均为国外设计、供货。2×36 万千瓦机组全套设备由法国阿尔斯通公司设计供货，与发电设备相匹配的 2 套烟气脱硫装置由日本三菱重工公司设计供货。初步设计（预设计）和部分辅助生产设施由西南电力设计院负责设计。

通过招标的方式，华能珞璜电厂一期工程主厂区、水工区、燃油输煤区分别由重庆电建总公司、四川电力建设二公司、重庆市第九建筑公司、四川省煤炭建筑安装第二工程公司等施工单位承建。1988 年 9 月 1 日，一期工程正式开工。按照原定计划进度，第一台机组应于 1990 年 10 月 1 日投产，第二台机组于 1991 年 4 月 1 日投产。由于法国方面设计图纸不断修改，未能按时交付，且设备材料缺件、缺货、推迟到货，制约了工程进度。加之设备自动化程度高，调试工作量大、耗时长，推迟了机组的投产时间。最终，1 号机组于 1991 年 9 月竣工投产，2 号机组于 1992 年 2 月竣工投产。

华能珞璜电厂一期工程共计向电力用户集资 1.0243 亿元。从 1993 年 1 月起集资办公室开始偿还本息，至 2002 年底，已偿还本金 9579.2 万元，支付利息 2565.2 万元。

1994 年，根据当时的电力形势，华能国际决定华能珞璜电厂再扩建 2 台 2×36 万千瓦燃煤发电机组。设计院在做环境可研时认为，根据国家《燃煤电厂大气污染物排放标准》（GB 13223—1991），华能珞璜电厂在一期已投 2 套全烟气量高效脱硫装置的基础上，二期工程 2 台锅炉只需再上 1 套脱硫装置就可满足环保允许排放要求。但在环评时，重庆市环保局根据重庆地区大气污染严重二氧化硫浓度趋于饱和状态的实际情况，要求华能珞璜电厂二期扩建工程仍然建 2 套烟气脱硫装置减少实际排放量。经过综合平衡，国家计委批复同意二期工程再建两台烟气脱硫装置处理 85% 的烟气量，吸收塔脱硫效率为 95%，综合脱硫效率为 80%。并批示为降低造价只引进少量关键设备，其余设备国产化，为普及火电厂 WFGD 做出示范。

国家计委在二期工程立项批文中明确二期脱硫工程外汇额度为 1500 万美元，为落实国家计委的指示精神，华能珞璜电厂组织各专业技术人员对 WFGD 所属设备的特点在国内进行调研工作。华能国际制定了二期脱硫工程由外商设计、设备由中外合作制造供货的原则，通过与外商招标谈判后，最终确定仍然由一期供货商日本三菱重工中标，合同明确规定工程设计由三菱重工负责，设备由华能国际与三菱重工合作供货。华能国际与三菱重工双方供货比例台件量为 70%:30%，最终三菱重工的合同金额只有 1450 万美元。由于国产化率高，二期工程的总造价控制在 3.2 亿元内，二期工程 3、4 号机组 WFGD 也于 1999 年投入商业运行。

1998 年 12 月 27 日，华能珞璜电厂全部建成投产，这在当时是西南地区装机容量最大、单机容量最大、投资最多、技术最先进的现代化火力发电厂，其各项技术指标不仅完全符合国家要求，二期工程中 2 台扩建机组更以一次通过锅炉酸洗、一次通过蒸汽吹管、一次通过启动冲转、一次通过发电机并网、一次通过满负荷试运的"5 个国内电力建设第一"而为国内同行业所瞩目。由于从建设开始就矢志不移地注重环境保护，华能珞璜电厂首家引进、研究和开发国外先进烟气脱硫装置和技术，不仅在中国最早成套引进国外脱硫装置，还将该装置最早投入国内商业运行，成为中国脱硫行业的先锋。

华能珞璜电厂是国内开发WFGD的标杆，也是WFGD的培训基地，国内从事WFGD技术应用、开发、管理的单位或企业基本上都派人到过华能珞璜电厂参观、考察或学习，参观、考察或学习的人员涉及电力、化工、冶金等企业，以及机关、学校、设计院、环保公司。

四、重庆发电厂脱硫项目投产

1996年3月，经国家经贸委批准立项，重庆发电厂新建2台20万千瓦机组，利用德国政府低息贷款551.15万马克，引进德国WFGD装置1套，总投资4.89亿元人民币，这是中国政府利用外国政府贷款，实施烟气脱硫的3个示范项目之一。

工程于1999年1月22日动工，2000年12月15日投运，每小时处理标准状态下烟气量176万米^3，脱硫率达97.8%，使标准状态下烟气中的二氧化硫浓度由7600毫克/米^{3}降至400毫克/米^3，年脱除二氧化硫57万吨，做到达标排放，还可减少烟尘含量80%。

1998年，中国和日本两国政府确定重庆市为中日环境保护合作示范城市。重庆发电厂20万千瓦机组烟气脱硫项目被重庆市政府确定为环境合作优选项目之一。1999年11月，国家计委批准同意该工程采用日本WFGD装置1套，总投资2.27亿元人民币，其中利用日本国际协力银行贷款1331万美元。工程投运后，脱硫率在95%以上，年脱硫量3.13万吨，使二氧化硫年排放量从3.3万吨降至0.17万吨。

五、国内首个30万千瓦WFGD国产化示范项目在山东黄台发电厂建成

在20世纪末，火电厂烟气脱硫工作刚起步，随着国家对电力环保的要求越来越高，中国火电厂面临大规模控制二氧化硫排放的艰巨任务。然而，当时中国尚不具备大型火电厂烟气脱硫工程成套设计和建设的能力和业绩，已建和在建的脱硫工程基本全为外国公司承包建设，工程造价对应每千瓦装机容量高达1000元以上。加快脱硫技术的国产化，特别是单机容量在30万千瓦以上的大型火电厂的脱硫技术的国产化，培育中国脱硫产业，不仅将大幅度降低脱硫工程造价，推动脱硫技术在火电厂的大规模应用，同时还可带动国内相关机电行业的技术进步和产业升级，有利于国有企业的脱困和国民经济的发展。

1998年1月，国务院下发《酸雨控制区和二氧化硫污染控制区的划分方案》，山东省济南市位于"两控区"内，1999年济南市大气污染排全国城市第八名，市区空气污染非常严重。黄台发电厂地处济南市东北郊，距市区仅10千米，排放的二氧化硫直接影响到济南市区的空气质量。根据山东省和济南市政府对济南市改善大气环境质量的要求，同时也为降低发电购煤成本，山东电力集团公司决定对所属黄台发电厂7、8号2台30万千瓦发电机组进行烟气脱硫技术改造。1999年10月16日，黄台发电厂成立脱硫项目领导小组和工作小组。1999年10月18日，山东电力集团公司成立黄台发电厂脱硫可研工作小组，并委托龙源环保公司对该项目进行项目可行性研究工作。

2000年9月25日，国家经贸委和国家计委联合下发《关于下达2000年国家重点技

术改造项目计划（第四批国债专项资金项目）的通知》（国经贸投资〔2000〕951 号），黄台发电厂 7、8 号 2×30 万千瓦机组烟气脱硫技改工程正式立项。

2002 年 1 月 29 日，国家电力公司受国家经贸委委托，以《关于山东黄台发电厂 8 号机组（30 万千瓦）烟气脱硫国产化示范项目可行性研究报告的批复》（国电科〔2002〕73 号）批准黄台发电厂 8 号机组烟气脱硫项目可行性研究报告。同年 7 月 22 日，国家电力公司受国家经贸委委托以《关于山东黄台发电厂 7 号机组烟气脱硫技改项目可行性研究报告的批复》（国电发〔2002〕477 号）批复了 7 号机组可行性研究报告。至此，2 台机组的可行性研究报告全部通过审批。

2002 年 4 月 9 日，7、8 号机组烟气脱硫国产化示范工程举行开工庆典，山东省副省长赵克志等 63 位省市领导参加了典礼，8 号机组烟气脱硫及公共部分正式破土开工。2003 年 3 月，7 号机组烟气脱硫部分开工建设。整个示范工程，设计工作由北京国电龙源环保工程有限公司设计，山东电力研究院承担技术监督工作，诚信监理公司负责工程监理，山东电力建设第一工程公司、山东电力建设第二工程公司和山东电力设备检修安装总公司负责设施设备的安装建设。

2003 年 12 月 18 日，8 号机组及公共部分脱硫装置进入 168 小时试运。12 月 25 日，完成 168 小时试运，系统运行稳定，各主要设备运转正常。168 小时试运期间，脱硫装置各主要运行指标均达到了设计指标。脱硫效率设计值≥95%，实际运行值 98.5%；钙硫比设计值≤1.05，实际运行值 1.03；WFGD 出口温度设计值≥75 摄氏度，实际运行值 78.1 摄氏度；石膏中 $CaCO_3$ 残余量设计值≤5%，实际运行值 2.1%。12 月 27 日，8 号机组烟气脱硫工程及公用系统同时竣工，其中土建单位工程 11 个，安装单位工程 13 个，优良率 100%。2004 年 11 月 19 日，7 号机组完成 168 小时试运，随后正式投运。

黄台发电厂 7、8 号机组烟气脱硫采用 WFGD 工艺，设计脱硫效率 95%。两台机组分别设置 1 座吸收塔，相应配套脱硫风机、烟气换热器、引接烟道等；公用部分主要包括石灰石堆料场、吸收剂石灰石浆液制备系统、脱硫电控楼、石膏脱水系统、氧化空气系统、石膏仓库、石膏炒制车间等。主要系统包括烟气系统、吸收塔系统、吸收剂制备系统、石膏浆液脱水系统、工艺水系统、排水系统等。脱硫产生的石膏经一级水力旋流器浓缩处理后成为含固量 50% 的石膏浆液，由石膏浆液泵送至真空脱水皮带机脱水制成含水 10% 的石膏，50% 的脱硫石膏由自卸卡车运送至石膏炒制车间进行深加工，炒制成为建筑石膏粉，其余储存于石膏堆料场外销。

六、首台烟气脱硝装置在福建后石发电厂投运

后石发电厂采用世界先进的环保设备，所有废弃物排放均远低于国家标准。采用日本富士化水公司海水烟气脱硫工艺专利技术，脱硫效率大于 90%；锅炉岛设置 2 台双室五电场静电除尘器，除尘效率达 99.8%，指标均大大低于国家排放标准。工业废水由废水站集中处理，做到综合回收利用，达到零排放目标。

1998 年 6 月 17 日，国家环境保护总局批准漳州后石发电厂一期工程海水法脱硫工

艺方案。1999 年 8 月 26 日，1 号机组及脱硫设备建成投运。2000 年 2 月 22 日，国家环境保护总局批准漳州后石发电厂二期工程继续采用海水法脱硫工艺方案，2001 年获准建设。

20 世纪 70 年代末 80 年代初，选择性催化还原（SCR）脱硝技术首先由日本发展起来，并迅速在日本、德国、美国等国家的火电厂得到了应用。到 2004 年时止，全世界应用 SCR 脱硝处理技术的电站燃煤锅炉容量超过 17 810 万千瓦。其中，日本安装有 SCR 脱硝装置的机组容量约有 23.1 万千瓦，欧洲安装有 SCR 脱硝装置的机组容量约有 55 万千瓦，美国安装有 SCR 脱硝装置的机组容量已超过 100 万千瓦。

随着国内环保标准的日益严格，中国燃煤电厂的氮氧化物排放控制工作势在必行。后石发电厂采用日立技术率先建成的中国第一套选择性催化还原（SCR）烟气脱硝装置，效果较好，氮氧化物排放浓度只有 85 毫克/米^3。福建后石发电厂烟气脱硝系统是中国内陆地区安装的第一套 60 万千瓦机组配套脱硝系统，这套系统的设计融合了国外在烟气脱硝方面的先进技术，系统自动化程度高，为中国火电厂烟气脱硝技术的进一步发展起到了推动作用。

七、"上大压小"关停小火电

20 世纪 90 年代以来，中国发电设备装机容量快速增长，小火电机组由于发展过快造成比重过大的现象引起国家关注。1995 年，国家计委、国家经贸委、中国人民银行、电力部、机械工业部以计机轻〔1995〕2372 号文件联合下发《关于严格控制小火电设备生产、建设的通知》，要求：无论是新建、扩建还是技改项目，因特殊情况需要采用 0.3 万～2.5 万千瓦小火电机组设备（包括柴油机）的，必须按投资限额和国家规定程序审批；0.3 万千瓦及以下冷凝式小火电机组严禁生产和建设。1997 年 8 月 7 日，电力部《关于印发〈小火电机组建设管理暂行规定〉的通知》肯定了小火电机组在一定时期一定程度上缓解了一些地区严重缺电局面，但也明确指出，小火电机组无序建设造成了极大的资源浪费和严重环境污染，加剧了电价混乱局面，挤占了发展大容量机组的空间，要求电力部门从全局利益出发，充分认识严格限制小火电建设的紧迫性和重要性，贯彻国家产业政策和环保要求，加快产业结构调整的步伐，包括严格限制小火电机组建设，规范小火电机组的管理。

1998 年 7 月 22 日，国家电力公司以国电安运〔1998〕292 号文件下达系统内小火电机组停运计划。根据当时的计划，在 2000 年底之前国家电力公司系统将停运小火电机组装机容量 681.5 万千瓦，其中，低压凝汽机组容量 580.75 万千瓦，高压及其他容量机组 60.75 万千瓦，供热机组容量 40 万千瓦。

1998 年 12 月 24 日，国家经贸委《关于"九五"后期调整电力建设结构有关问题意见的复函》中指出，电力工业要控制总量、调整结构的工作，针对实际情况提出切实有效的政策措施。

1999 年，国务院办公厅转发了国家经贸委《关于关停小火电机组有关问题的意见》

（国办发〔1999〕44 号），关停小火电机组工作正式启动。同年，国家经贸委出台了《关停小火电机组实施意见》（国经贸电力〔1999〕833 号），并于 2000 年又印发了《综合利用电厂（机组）认定管理办法》（国经贸电力〔2000〕660 号）和《关于做好关停小火电机组工作中小型热电联产机组审核工作的通知》（国经贸电力〔2000〕879 号）等配套文件。

为贯彻 1998 年中央经济工作会议关于整顿和关闭"五小"企业，国家经贸委于 1999 年 4 月 26 日下发《关于关停小火电机组有关问题的意见》，提出在旧机组替代改造项目中被替代的机组、已退役报废的机组和服役期间单机容量 2.5 万千瓦以下（含 2.5 万千瓦）的凝汽式机组，1999 年 12 月 31 日前一律予以关停；单机容量 5 万千瓦以下（含 5 万千瓦）的中压、低压常规燃煤（燃油）机组，2000 年前予以关停；单机容量 5 万千瓦以下（含 5 万千瓦）的高压常规燃煤、燃油机组，2003 年前基本关停。

对个别边疆省份、孤立电网或与主网联系较少的地方电网内的小火电机组，可根据本地区实际情况适当推迟，但推迟关停计划需经所在省、自治区、直辖市经贸委（经委、计经委）、电力局（电力公司）审核确认，并报国家经贸委批准。未按规定程序和审批权限审批的在建小火电机组应立即停止建设。对热电联产、综合利用小火电机组，由省、自治区、直辖市经贸委（经委、计经委）牵头，组织有关部门和单位按国家有关规定和技术标准进行检查核实。凡名义上是热电联产、综合利用，实际上是凝汽式发电的小火电机组，必须立即关停。

《关于关停小火电机组有关问题的意见》要求，各省、自治区、直辖市经贸委（经委、计经委）会同省电力局（电力公司）等有关部门和单位负责检查核实小火电机组情况，制订关停计划，于 1999 年 6 月底以前报国家经贸委，同时抄报国家计委、财政部、环保总局、国家电力公司。关停计划经国家经贸委会同上述有关部门和单位审核批准后实施。

国家电力公司出台《国家电力公司关于关停小火电机组管理办法》，对于小火电关停工作的组织管理、范围和计划、资产处理、人员安置、供电设施改造、列入关停计划的运行与改造等方面作了明确规定。各省电力公司对于政策要求范围的关停小火电机组，积极开展调查分析，制定和上报关停计划和处理方案，落实具体工作措施，做好与相关城网与农网的改造工作，保证做好供电衔接工作，实现小火电关停工作按计划完成。

截至 2001 年底，中国累计关停小火电机组装机容量 1226 万千瓦。其中，国家电力公司关停 919 万千瓦，基本完成了关停任务；地方关停 307 万千瓦小火电机组，进展相对缓慢；另有一小部分机组改造为热电联产机组和综合利用机组。关停小火电机组是优化电力工业结构的重要举措，对于整顿和改革电价、实现城乡用电同网同价具有十分重要的意义。

第四编

新世纪中国火电的
自主创新与发展
（2002—2019）

2002—2019 年，是中国电力市场化改革全面推进，电力工业创新发展、走向国际、创造辉煌的时期。2002 年 2 月，以《国务院关于印发电力体制改革方案的通知》（国发〔2002〕5 号）为标志，拉开了电力市场化改革的序幕。电力市场化改革打破垄断，引入竞争，构建起具有中国特色的电力市场体系。这期间，电力工业贯彻新的发展理念，注重高质量发展，以前所未有的速度向前迈进，形成了强大的生产力。重大电力技术实现突破，重大电力工程相继投产，自 2011 年起，我国电力装机容量和发电量稳居世界首位，从根本上扭转了用电紧缺的局面，有力支撑了国民经济发展和人民生活水平提高。电力工业积极实施"走出去"的战略和"一带一路"的倡议，国际合作亮点纷呈，中国已成为世界上当之无愧的电力强国。

2002—2012 年，中国电力工业实施厂网分开、竞价上网，开展节能调度，电力行业在加快发展可再生能源、鼓励电力多元化发展的同时，自主建设了一大批 60 万千瓦级超临界、超超临界机组和 100 万千瓦超超临界机组。同时，开始实施"上大压小"政策，即关停小机组，新建 60 万千瓦及以上的大机组，以此提高能源利用率和减少污染物排放。基于此，洁净煤发电技术在中国得到快速发展和应用。

2012—2019 年，中国经济从高速增长转为中高速增长，经济发展方式从规模速度型粗放增长转向质量效率型集约增长。中国政府提出加强生态文明建设，强化低碳发展；环境保护税法开始实施，排污费改为环保税；新一轮电力体制改革开始。国家发展改革委、国家能源局印发的《能源生产和消费革命战略（2016—2030）》要求到 2020 年把能源消费总量控制在 50 亿吨标准煤以内，煤炭消费比重降低到 58% 以下，全国发电装机容量控制在 20 亿千瓦，非化石能源发电装机达到 7.7 亿千瓦左右；承诺二氧化碳排放 2030 年左右达到峰值并争取提前实现。在这期间提出超低排放标准，清洁高效煤电技术逐步走向国际领先。政府提高了新建煤电机组准入标准，限制煤电的新增规模，要求淘汰 30 万千瓦以下落后产能，对现役煤电机组实行节能和超低排放改造升级，实施供给侧结构性改革。

"十一五"至"十三五"期间，累计关停小火电机组 1.24 亿千瓦，煤电装机容量占比降至 55%。全面推进以电代煤、以电代油等电能替代，优化能源消费结构。百万千瓦超超临界机组、二次再热机组、超临界 CFB 机组、大型 IGCC 机组相继投产。中国火力发电迈进了高参数、大容量、高效率、低排放的时代，发电效率大幅提升，中国煤电发电效率与日本基本持平，总体上优于德国、美国；火电机组全面实现超低排放，污染物控制排放水平世界领先。中国火电技术已整体达到了世界先进水平。

第十三章

电力企业重组和火电技术装备全面国产化
（2002—2009）

2002年2月10日，国务院印发《电力体制改革方案》（国发〔2002〕5号）。根据该方案，国家电力公司被拆分为两大电网公司、五大发电集团和四大辅业集团，电力行业实现了厂网分开，引入了竞争机制。这是中国电力体制改革的重要成果，是中国电力工业发展的新里程碑。

《电力体制改革方案》的颁布实施，为电力企业的发展注入了强大动力，尤其是发电企业竞争意识大幅增强。这一时期，电源建设成绩突出，一批具有国际先进技术水平的国产化火电工程先后投产。发电装机总容量相继突破5亿千瓦、6亿千瓦、7亿千瓦的标志性火电机组都在这一时期投产。

第一节　中国电力新组建（改组）公司成立

2000年10月17日，国务院办公厅印发《关于电力工业体制改革有关问题的通知》（69号），对1998年12月国家经贸委《关于深化电力工业体制改革有关问题的意见》（146号）进行了调整，明确提出电力体制改革工作"由国家计委牵头，会同国家经贸委等有关部门和单位，组成电力体制改革协调领导小组"。

2001年12月，国家计委上报了新的电力体制改革方案并最终获国务院通过。2002年2月10日，国务院印发《国务院关于印发电力体制改革方案的通知》（国发〔2002〕5号）（简称"5号文"），决定对电力工业实施以"厂网分开、竞价上网、打破垄断、引入竞争"为主要内容的电力体制改革。并决定由国家计委牵头，成立电力体制改革工作小组，负责组织电力体制改革方案实施工作。经过电力体制改革工作小组近10个月的努力，国务院正式批复了《发电资产重组划分方案》。2002年12月3日，国家计委印发了《关于国家电力公司发电资产重组划分方案的批复》（计基础〔2002〕2704号）。

根据上述方案，在原国家电力公司的基础上，成立2家电网公司，5家发电集团公司和4家辅业集团公司。其中，2家电网公司是国家电网公司、中国南方电网有限责任公司；5家发电集团公司是中国华能集团公司、中国大唐集团公司、中国华电集团公司、中国国电集团公司和中国电力投资集团公司；4 家辅业集团公司是中国电力工程顾问集团公司、中国水电工程顾问集团公司、中国水利水电建设集团公司和中国葛洲坝集团公司。

按照 5 号文的精神，国务院下设国家电力监管委员会（正部级），履行电力监管职责。电力监管委员会按垂直管理体系设置，向区域电网公司电力调度交易中心派驻代表机构。国家电力监管委员会的主要职责是：制定电力市场运行规则，监管市场运行，维护公平竞争；根据市场情况，向政府价格主管部门提出调整电价建议；监督检查电力企业生产质量标准，颁发和管理电力业务许可证；处理电力市场纠纷；负责监督社会公共服务政策的实施。

厂网分开的工作按行政划拨方式进行，以 2000 年的财务决算数为依据，5 家发电集团公司的资产规模、质量大致相当，地域分布基本合理，在各区域电力市场中的份额均不超过 20%，平均可控容量为 3200 万千瓦，权益容量为 2000 万千瓦左右。已形成较大规模的水电流域开发公司分别划入 5 家发电集团公司：澜沧江水电开发公司划归中国华能集团公司，龙滩水电开发公司划归中国大唐集团公司，乌江水电开发公司划归中国华电集团公司，清江水电开发公司和大渡河水电开发公司划归中国国电集团公司，黄河上游水电开发公司和五凌水电开发公司划归中国电力投资集团公司。

除华能国际电力股份公司、北京大唐发电股份公司、国电电力发展股份公司、山东国际电源股份公司外，原国家电力公司规模较小的上市发电公司的股权也分别划入 5 家发电集团公司：浙江东南发电股份有限公司划归中国华能集团公司，广西桂冠和湖南华银电力股份有限公司划归中国大唐集团公司，黑龙江电力股份有限公司划归中国华电集团公司，湖北长源电力发展股份公司划归中国国电集团公司，山西漳泽电力和重庆九龙电力股份有限公司划归中国电力投资集团公司。

2002 年 12 月 29 日，中国电力新组建（改组）公司成立大会在北京人民大会堂召开，中国电力新组建（改组）的 11 家公司正式宣告成立。这 11 家公司的组建（改组），实现了厂网分开，引入了竞争机制，是中国电力体制改革的重大事项和重要成果，是中国电力体制改革史上的一件大事，标志着电力工业在建立社会主义市场经济体制，加快社会主义现代化建设的征程中，进入了一个新的发展时期。

一、两大电网公司

根据 5 号文的精神，重组电网资产，设立国家电网公司和中国南方电网有限责任公司（简称南方电网公司）。

两大电网公司管辖的区域电网公司按现代企业制度设置，做到产权明晰、权责明确、政企分开、管理科学，享有法人财产权，承担资产保值增值责任。区域电网公司根据电力市场发展的具体情况以及合理的企业法人治理结构，将区域内的省级电力公司改组为分公司或子公司，负责经营当地相应的输配电业务。区域电网公司可以拥有抽水蓄能电厂或少数应急、调峰电厂。个别暂未纳入重组后发电企业的电厂，可由区域电网公司代管。

（一）国家电网公司

根据 5 号文和 2003 年 2 月 28 日《国务院关于组建国家电网公司有关问题的批复》（国函〔2003〕30 号）精神，国家电网公司是在原国家电力公司部分企事业单位基础上组建的国有企业，是国家授权投资的机构和国家控股公司的试点。作为原国家电力公司管理的电网资产出资人代表，按国有独资形式设置。公司注册资本为人民币 2000 亿元。

公司主要从事电力购销业务，负责所辖各区域电网之间的电力交易和调度。公司对其全资企业、控股企业、参股企业（简称有关企业）的有关国有资产和国有股权行使出资人权利，对有关企业中国家投资形成并由公司拥有的国有资产和国有股权依法进行经营、管理和监督，并相应承担保值增值责任。公司主要成员单位包括 36 个全资企业、1 个控股企业、1 个事业单位，以及 38 个发电企业（暂由国家电网公司代管，下一步根据实际需要逐步调整和转让）。设立华北（含山东）、东北（含内蒙古东部）、西北、华东（含福建）、华中（含重庆、四川）电网公司。西藏电力企业由国家电网公司代管。区域内的省级电力公司改组为分公司或子公司。负责各区域电网之间的电力交易和调度，处理区域电网公司日常生产中需网间协调的问题；参与投资、建设和经营相关的跨区域输变电和联网工程，近期负责三峡输变电网络工程的建设管理；受国家有关部门委托，协助制定全国电网发展规划。

（二）南方电网公司

根据 5 号文和 2003 年 11 月 8 日《国务院关于组建中国南方电网有限责任公司有关问题的批复》（国函〔2003〕114 号）精神，中国南方电网有限责任公司，是以广东省、海南省电网资产，以及国家电网公司在广西、贵州、云南所属电网资产为基础组建的国有企业。2004 年 6 月 18 日完成工商注册，注册资本为人民币 600 亿元。公司总部设在广州市。

公司主要成员单位包括广东电网公司、广西电网公司、海南电网公司、贵州电网公司、云南电网公司和南方电网公司超高压输变电公司等 6 个电网运营企业，以及鲁布革电厂、天生桥二级电站、广州抽水蓄能电厂等 3 个发电企业（暂由南方电网公司代管，下一步根据实际需要逐步调整）。公司主要从事电力购销业务，负责投资、建设和经营管理南方区域电网，经营相关的输配电业务。公司组建后，原由国家电网公司代为行使的南方电网调度职责交由南方电网公司负责。公司对其全资企业、控股企业、参股企业的国有资产和国有股权行使出资人权利，依法经营、管理和监督，并相应承担保值增值责任。

2003 年 12 月 4 日，国家发展改革委根据国务院批复意见，以发改能源〔2003〕2101 号文正式下发了关于公司组建方案和章程，确立了公司的法律地位。

二、五大发电集团公司

根据 5 号文精神，国家计委以计基础〔2002〕2704 号文批复国家电力公司发电资产重组划分方案，文件确定各发电集团公司的资产规模、质量大致相当，地域分布基本合理，在各区域电力市场中的份额原则上不超过 20%。保持各发电集团公司在区域中的市场份额大致均衡，一省内的发电资产相对集中。在上述原则下组建了五家发电集团公司。

（一）中国华能集团公司

根据 5 号文和 2003 年 1 月 20 日《国务院关于改组中国华能集团公司有关问题的批复》（国函〔2003〕9 号）精神，作为新组建（改组）的 5 家全国性发电集团之一，中国华能集团公司是五大发电集团中唯一直接在原中国华能集团公司及原国家电力公司部分企事业单位基础上直接改组的独立发电企业。公司为国家授权投资的机构和国家控股公司的试点。拥有发电资产可控容量 3797 万千瓦，权益容量 1938 万千瓦。公司主要成员单位包括 7 个全资企业、3 个内部核算单位、26 个控股企业和 4 个参股企业。主要从事电源的开发、投资、建设、经营和管理，组织电力（热力）生产和销售等方面的业务。注册资本为 200 亿元。

（二）中国大唐集团公司

根据 5 号文和 2003 年 2 月 2 日《国务院关于组建中国大唐集团公司有关问题的批复》（国函〔2003〕16 号）精神，作为新组建（改组）的 5 家全国性发电集团之一，中国大唐集团公司是在原国家电力公司部分企事业单位基础上组建的国有企业，是国家授权投资的机构和国家控股公司的试点。主要成员单位包括 2 个全资企业、33 个内部核算单位、48 个控股企业和 11 个参股企业。公司主要从事电源的开发、投资、建设、经营和管理，组织电力（热力）生产和销售等方面的业务。拥有发电资产可控容量为 3249 万千瓦，权益容量 2121 万千瓦。公司注册资本为人民币 120 亿元。

（三）中国电力投资集团公司

根据 5 号文和 2003 年 2 月 2 日《国务院关于组建中国电力投资集团公司有关问题的批复》（国函〔2003〕17 号）精神，作为新组建（改组）的 5 家全国性发电集团之一，中国电力投资集团公司是在原国家电力公司部分企事业单位基础上组建的国有企业，是国家授权投资的机构和国家控股公司的试点。主要成员单位包括 5 个全资企业、31 个内部核算单位、46 个控股企业和 15 个参股企业。拥有发电资产可控容量为 3015 万千瓦，权益容量 2222 万千瓦。公司主要从事电源的开发、投资、建设、经营和管理，组织电力（热力）生产和销售等方面的业务。公司注册资本为人民币 120 亿元。

（四）中国国电集团公司

根据 5 号文和 2003 年 2 月 2 日《国务院关于组建中国国电集团公司有关问题的批复》（国函〔2003〕18 号）精神，作为新组建（改组）的 5 家全国性发电集团之一，中国国电集团公司是在原国家电力公司部分企事业单位基础上组建的国有企业，是国家授权投资的机构和国家控股公司的试点。主要成员单位包括 6 个全资企业、41 个内部核算单位、53 个控股企业和 19 个参股企业。公司主要从事电源的开发、投资、建设、经营和管理，组织电力（热力）生产和销售等方面的业务。拥有发电资产可控容量为 3078 万千瓦，权益容量 2045 万千瓦。公司注册资本为人民币 120 亿元。

（五）中国华电集团公司

根据 5 号文和 2003 年 2 月 2 日《国务院关于组建中国华电集团公司有关问题的批复》（国函〔2003〕19 号）精神，作为新组建（改组）的 5 家全国性发电集团之一，中国华电集团公司是在原国家电力公司部分企事业单位基础上组建的国有企业，是国家授权投资的机构和国家控股公司的试点。主要成员单位包括 5 个全资企业、43 个内部核算单位、47 个控股企业和 22 个参股企业。公司主要从事电源的开发、投资、建设、经营和管理，组织电力（热力）生产和销售等方面的业务。拥有发电资产可控容量为 3134 万千瓦，权益容量 2116 万千瓦。公司注册资本为人民币 120 亿元。

三、四家辅业集团公司

（一）中国水利水电建设集团公司

根据 5 号文和 2003 年 2 月 20 日《国务院关于组建中国水利水电建设集团公司有关问题的批复》（国函〔2003〕25 号）精神，作为 4 个辅业集团之一，中国水利水电建设集团公司是在原国家电力公司所属中国水利水电工程总公司及有关企业基础上组建的国有企业，是跨国经营的大型综合型工程建设企业（集团），是中国水电资源开发和江河治理的主要力量。主要成员单位包括 23 个全资企业和 2 个控股企业。公司主要从事水利和水电建设工程的总承包及勘测设计、施工、咨询和监理等业务。公司注册资本为人民币 20 亿元。

（二）中国电力工程顾问集团公司

根据 5 号文、国家计委计基础〔2002〕1685 号文件、国家电力公司《重组划分电网、发电和辅业、三产（多经）企业的初步方案框架》（国电办〔2002〕391 号）文件以及 2003 年 2 月 20 日《国务院关于组建中国电力工程顾问集团公司有关问题的批复》（国函〔2003〕26 号）精神，作为 4 个辅业集团之一，中国电力工程顾问集团公司是在原国家电力公司所属中国电力工程顾问（集团）有限公司及有关企事业单位基础上组建的国有企业。主要成员单位包括 8 个全资企业和 1 个事业单位，分别为东北、华东、中南、西北、西南电力设计院，国电华北电力设计院工程有限公司、中国电力建设工程咨询公司、中国电力工程顾问（集团）有限公司和电力规划设计总院。公司主要从事电力工程的勘测、规划设计、咨询、监理、总承包，以及电力工程技术中介咨询等业务。公司注册资本为人民币 4.1 亿元。

（三）中国水电工程顾问集团公司

根据 5 号文和 2003 年 2 月 28 日《国务院关于组建中国水电工程顾问集团公司有关问题的批复》（国函〔2003〕32 号）精神，作为 4 个辅业集团之一，中国水电工程顾问集团公司是在原国家电力公司所属中国水电顾问有限公司及有关企事业单位基础上组建的国有企业。主要成员单位包括 9 个全资企业和 1 个事业单位。公司主要从事水电和新能源等方面工程的勘测设计、咨询、监理、施工、项目管理、总承包及相关技术和中介服务，以及河流（河段）水电规划等业务。公司注册资本为人民币 5.1 亿元。

（四）中国葛洲坝集团公司

根据 5 号文和 2003 年 2 月 28 日《国务院关于组建中国葛洲坝集团公司有关问题的批复》（国函〔2003〕33 号）精神，作为 4 个辅业集团之一，中国葛洲坝集团公司是在中国葛洲坝水利水电工程集团有限公司及原国家电力公司部分企业基础上组建的国有企业，主要成员单位包括 18 个全资企业和 4 个控股企业。公司主要从事水利和水电建设工程的总承包以及勘测设计、施工、监理、咨询、技术培训等业务。公司注册资本为人民币 9.6 亿元。

第二节　环保新要求和国家环评风暴

为进一步控制酸雨和城市空气污染，中国将酸雨和二氧化硫污染防治纳入国家"十五"计划和"十一五"规划。2002 年 10 月 30 日，颁布了《"两控区"酸雨和二氧化硫污染防治"十五"计划》（环发〔2002〕153 号）。2007 年 3 月 19 日，发布了《现有燃煤电厂二氧化硫治理"十一五"规划》（发改环资〔2007〕592 号）。

2001 年，国家修订了 GB 13271—1991《锅炉大气污染物排放标准》；2002 年，国家出台了《二氧化硫总量分配指导意见》。2002 年 1 月 8 日，第五次全国环境保护会议提出了环境保护是政府的一项重要职能，要求把环境保护工作摆到同发展生产力同样重要的位置，按照经济规律发展环保事业。

2003 年 9 月 1 日，《环境影响评价法》施行。与此同时，国家又对 GB 13223—1996《火电厂大气污染物排放标准》进行了修订。2005 年的国家"环评风暴"有力地推进了环境影响评价法的贯彻，促进和加强了公众参与的进程，实施了重大项目环境影响公众听证。在促进环境决策民主化方面，发挥了重要作用。

2005 年 10 月 8—11 日，中国共产党第十六届中央委员会第五次全体会议首次提出，把建设资源节约型和环境友好型社会确定为国民经济与社会发展中长期规划的一项战略任务。

一、国家颁布《燃煤二氧化硫排放污染防治技术政策》

2002 年 3 月 19 日，国家环保总局、国家经贸委、科技部联合颁布了《燃煤二氧化硫排放污染防治技术政策》，为控制燃煤造成的二氧化硫污染提供了技术指导和政策支持。

中国 2000 年二氧化硫年排放量约为 1995 万吨，其中 90% 以上为燃煤排放。二氧化硫污染使中国的酸雨面积达到国土总面积的 30%，成为世界三大酸雨区之一。"十五"计划提出，到 2005 年全国二氧化硫排放量在 2000 年的基础上削减 10%，"两控区"（酸雨和二氧化硫控制区）削减 20%。《燃煤二氧化硫排放污染防治技术政策》适用于煤炭开采和加工、煤炭燃烧、烟气脱硫设备的运行等。控制的主要污染源包括燃煤电厂锅炉、工业锅炉等，控制的重点区域是"两控区"及对"两控区"酸雨产生有较大影响的周边省、市和地区。该技术政策提出燃煤二氧化硫排放污染控制的技术原则是：推行合理使用能源、提高煤炭品质、高效低污染燃烧以及与末端治理相结合的综合防治措施，减少二氧化硫排放。鼓励燃煤电厂锅炉和大型工业锅炉使用中、高硫分燃煤，并安装烟气脱硫设施；中小型工业锅炉和炉窑应优先使用优质低硫煤、洗选煤等低污染燃料或其他清洁能源；城市市民用炉灶鼓励使用电、燃气等清洁能源。

针对电力行业的二氧化硫排放控制，该技术政策规定，到 2003 年要淘汰能耗高、污染大的 5 万千瓦及以下的常规燃煤机组。到 2010 年，逐步淘汰不能满足环保要求的 10 万千瓦以下燃煤发电机组，提高火力发电的煤炭利用效率。除定点供应，安装有脱硫设施并达到国家污染物排放标准的用户外，对硫分大于 1.5% 的新建煤矿，应配套建设煤炭洗选设施；对硫分大于 2% 的已建煤矿，应补建配套的煤炭洗选设施。

此外，该政策特别强调要加速烟气脱硫的研究及应用，规定新建和改建电厂不论燃用煤含硫高低，应在建厂同时安装高效烟气脱硫装置，实现达标排放并满足总量控制要求。对于已建电厂，剩余寿命大于 10 年的（含 10 年），为达到排放标准，应补建烟气脱硫设施。对于已建的老电厂，剩余寿命小于 10 年的，如排放标准超标或无法满足排放总量控制要求，可采取低硫煤替代或其他费用较低的控制技术或措施。火电机组应配备二氧化硫和烟尘排放在线连续监测系统并与环保行政主管部门的管理信息系统联网。

二、中国第一例二氧化硫排污权交易

2002 年 5 月 9 日，江苏省南通天生港发电有限公司（天电公司）收到南通一家大型化工公司第一笔 20 万元的二氧化硫排污权转让费。这标志着中国第一例二氧化硫排污权交易取得圆满成功，同时也开创了中国二氧化硫排污权交易的先河。

此项交易于 2001 年 9 月开始，卖方——天电公司是一家有着 70 多年历史的国有企业，是电力系统一流火电厂。通过技术改造和污染治理，排污总量不断下降，每年二氧化硫实际排放量与环保部门核定的排污指标相比尚有数百吨"富余"。买方——江苏南通醋酸纤维有限公司则是一家年产值数十亿元的大型化工合资企业，已经通过 ISO 14000 认证，随着市场占有率的不断提高，急需购买排污权指标以实现生产规模的扩大。根据协议，卖方以 39.6 万元的价格转让 1800 吨二氧化硫排污权，供买方在此后的 6 年内使用。在这次交易中，二氧化硫排污权以年度为单位进行转让，交易费用按年度结算，合同期满，排污权仍归卖方所有，买方得到的是排污权年度使用权。

二氧化硫排污权，是指在污染物浓度达标排放的前提下，由环境保护行政主管部门批准核定的该企业生产过程所允许排放的二氧化硫总量指标。此项交易首次确立并突出了排污权的概念。排污权交易不同于排污指标买卖，实际上是指双方实现了环境资源使用权的转让，即在享受权利的同时，也要承担相应的义务，具有非买断性。

《合同》规定，合同期内买方未使用完的排污权可以结转下一年度使用，甚至可以有条件地出让给第三方使用。而对于天电公司而言，由于该公司二氧化硫排放指标的减少，在合同生效后的几年中这个公司将会对燃煤含硫量进行控制，以进一步控制二氧化硫排放总量，这会给社会带来一定环境效益。

三、大气污染防治处于转型阶段

2002—2009 年，大气污染的主要防治对象为 SO_2、NO_x 和 PM10，大气污染初步呈现出区域性、复合型特征，烟尘、酸雨、PM2.5 和光化学污染同时出现，京津冀、长三角、珠三角等重点地区大气污染问题突出，控制重点为燃煤、工业源、扬尘、机动车尾气等污染，中国开始实施污染物总量控制和区域联防联控。

为推动中国大气污染防治工作进入政府的综合决策，2008 年国家环境保护总局升级为环境保护部，成为国务院的组成部门，在京津冀、长三角、珠三角等重点地区试点实施了大气污染联防联控，空气中一次污染物的浓度得到初步控制，国际重大赛事如北京奥运会、上海世博会和广州亚运会期间的空气质量得到基本保障，为之后中国更大范围的大气污染防治提供了宝贵的经验和借鉴。

四、分时电价和环保电价等差别电价的实行

2003 年开始，为充分发挥价格杠杆的调节作用，优化电力资源配置，提高电能利用效率，国家发展改革委全面推行并完善了分时电价等需求侧管理电价政策。内容主要包括：一是大力推行销售侧峰谷分时电价，将每天用电的时间划分为高峰（尖峰）、平段、低谷时段，分别执行不同的电价水平，目的是鼓励用户移峰填谷，维持电力系统稳定，提高电力资源利用效率；二是试行尖峰电价，对高峰用电期间出现的尖峰时段，有条件的地区实行尖峰电价，电价水平适当高于高峰时段电价；三是在上网侧引入峰谷分时电价制度，鼓励发电企业充分利用发电能力，高峰时段上网电价适当上浮，低谷时段上网电价相应下浮；四是实行丰枯电价，对水电比重大的地区，按照有利于调节和平衡丰枯季节电力供求的原则，在上网和销售环节实行丰枯电价，合理安排丰水期、枯水期电价价差；五是推行季节性电价，对于电力紧缺、用电负荷季节变化大的地区，在电力供求紧张或缓和的不同季节内，电价实行上下浮动；六是试行高可靠电价和可中断电价，根据用户对供电保证率、供电可靠性等用电特性的不同要求，对具备条件的地区和用户，逐步试行高可靠电价和可中断电价，合理调节电力需求。

2007 年 5 月，国家发展改革委与国家环保总局又联合下发了《燃煤发电机组脱硫电价及脱硫设施运行管理办法（试行）》，在脱硫设施建设安装、在线监测、脱硫加价、运行监管、脱硫产业化等方面提出了全面、系统的措施，同时规定了脱硫电价加价政策及非正常停运脱硫设施时脱硫电价扣减和罚款办法，加大了对电厂脱硫的监管力度。

国务院办公厅于 2006 年 9 月转发了《国家发改委关于完善差别电价政策的意见》，规定差别电价政策试行范围由原来的电解铝、铁合金、电石、烧碱、水泥、钢铁扩大到磷冶炼产业和锌冶炼产业等 8 个高耗能产业，并根据国家产业政策，按照能耗、物耗、环保、

技术装备水平等，对高耗能行业限制类和淘汰类的用电执行相对较高的销售电价。

为更好地发挥价格杠杆的作用，促进燃煤发电企业加快环保设施建设，提高运行效率，减少二氧化硫、氮氧化物、烟尘及粉尘污染物排放，2014 年 3 月 28 日，国家发展改革委和环境保护部联合印发《燃煤发电机组环保电价及环保设施运行监管办法》，明确燃煤发电机组必须按规定安装脱硫、脱硝和除尘环保设施，其上网电价在现行上网电价基础上执行脱硫、脱硝和除尘电价加价等环保电价政策。

差别电价是国家的产业政策，助力国家的产业结构调整，促进了电力行业和高耗能产业的技术进步，在一定程度上缓解了经济发展对资源、环境的压力。

五、国家发展改革委发布《关于加快火电厂烟气脱硫产业化发展的若干意见》

随着一系列加快火电厂二氧化硫治理的政策和措施的实施。截至 2004 年底，全国约有 2000 万千瓦装机的烟气脱硫设施投产或建成，约 3000 多万千瓦装机的烟气脱硫设施处于施工建设阶段。

然而，在火电厂烟气脱硫快速发展的同时，仍存在一些问题：国家缺乏对烟气脱硫设施进行科学评价的指标和要求；建设规模急剧增长，但脱硫产业化发展相对滞后；虽然大部分相关设备可以国内制造，但关键设备仍需要进口；供方市场存在脱硫技术的重复、盲目引进，技术人员严重不足，招标中无序、低价竞争，质量管理环节薄弱等；需方市场存在工艺选择的盲目性，单纯以低价位选取中标单位；要求与机组"三同时"的脱硫设施在实际中却不能与新建机组同步建设、同步投产，投产后达不到设计指标，不能连续稳定运行等情况时有发生。

因此，制定火电厂烟气脱硫相关技术政策，加大监管力度，促进火电厂烟气脱硫产业化发展的任务十分紧迫。

为了从根本上解决火电厂二氧化硫污染问题，促进火电厂烟气脱硫产业健康发展，2005 年 5 月 19 日，国家发展改革委发布《关于加快火电厂烟气脱硫产业化发展的若干意见》（简称《意见》）。该《意见》提出加快火电厂烟气脱硫产业发展的主要任务是，通过三年的努力，建立健全火电厂烟气脱硫产业化市场监管体系，完善火电厂烟气脱硫技术标准体系和主流工艺设计、制造、安装、调试、运行、检修、后评估等技术标准及规范；主流烟气脱硫设备的本地化率达到 95% 以上，烟气脱硫设备的可用率达到 95% 以上；建立有效的中介服务体系和行业自律体系。

针对脱硫工程后评估问题，该《意见》明确指出，后评估是针对已建成投产的脱硫工程进行评估。通过对所采用的烟气脱硫技术的先进性（效率、能耗、资源消耗、副产品可利用情况、二次污染情况）、整套装置的可靠性、投资的经济性、本地化率等进行公正的评价，对以后将要建设的烟气脱硫工程起到借鉴和指导作用。为此，国家发展改革委会同有关部门或委托行业协会对以下三种情况开展专门的后评估工作：一是每个脱硫工程公司承接的不同工艺、不同等级机组的首个烟气脱硫工程。但对同类工艺技术，大机组上应用已通过评估的，小机组上的首个工程不再进行评估。二是每个脱硫工程公司承接的烟气标准状态下二氧化硫含量 4000 毫克/米^3 以上的首个烟气脱硫工程。三是国家重点示范工程后评估的结果将作为考核脱硫工程公司业绩的依据，同时也是处罚脱硫成本已进电价而脱硫设施不能在规定脱硫率下长期、稳定运行的火电厂的重要依据之一。

此外，该《意见》就规范火电厂烟气脱硫供方市场、火电厂烟气脱硫工艺技术选择原则、加大政策支持力度、建立健全火电厂烟气脱硫技术规范体系、推动中介机构建设和行业自律、加强协调管理等方面提出了具体要求。

该《意见》的发布，对规范火电厂烟气脱硫产业市场，提高烟气脱硫设施建设、运行水平，加快烟气脱硫产业的健康、快速发展起到了积极促进作用。

六、国家发布燃煤电厂二氧化硫治理"十一五"规划

为落实"十一五"规划纲要提出的二氧化硫排放总量削减 10%的目标，推动现有燃煤电厂烟气脱硫工程建设，2007 年 3 月，国家发展改革委会同国家环保总局印发了《现有燃煤电厂二氧化硫治理"十一五"规划》（简称《规划》）。《规划》在分析中国燃煤电厂二氧化硫治理现状、面临的形势与任务的基础上，提出了现有燃煤电厂二氧化硫治理的指导思想、原则和主要目标，并提出了重点项目及保障措施。

《规划》提出："十一五"期间，现有燃煤电厂有 221 个项目需安装烟气脱硫设施，共计 1.37 亿千瓦，可形成二氧化硫减排能力约 490 万吨。加上淘汰落后项目、燃用低硫煤、节能降耗等措施，到 2010 年，燃煤电厂二氧化硫排放总量由 2005 年的 1300 万吨下降到 502 万吨，下降幅度为 61.4%。《规划》的实施，对实现"十一五"时期全国二氧化硫排放总量削减 10%的约束性目标起到了决定性作用。

为实现上述目标，《规划》提出以下保障措施。一是完善二氧化硫总量控制制度，依据大气污染防治法和"公开、公平、公正"的原则核定企业二氧化硫排放总量，核发许可证，进一步完善二氧化硫总量控制制度。二是强化政策引导，完善电价形成机制，研究和逐步实施根据燃煤机组脱硫改造的实际投资和运行成本核定脱硫电价。鼓励安装烟气脱硫装置的机组优先上网，优先保障上网电量。二氧化硫排污费优先用于现有燃煤电厂二氧化硫治理。对脱硫关键设备和脱硫副产品综合利用继续给予减免税优惠。三是加快脱硫产业化发展，加大对拥有自主知识产权烟气脱硫技术和设备产业化的扶持力度，加快烟气脱硫新技术、新工艺的研发和示范试点，推动烟气脱硫副产品综合利用，继续整顿烟气脱硫市场。四是充分发挥政府、行业组织和企业的作用。

此后，国家发展改革委、国家环保总局根据《规划》，每年公布需安装烟气脱硫设施的电厂名单、重点项目及完成情况，接受社会监督。同时，加快制订烟气脱硫设施建设、运行和维护技术规范，开展烟气脱硫特许经营试点，加大对已投产烟气脱硫设施运行的监管，对非正常停运烟气脱硫设施的企业加大处罚力度。

七、国家"环评风暴"推进国民经济健康有序发展

21 世纪初，在全国电力需求猛增的情况下，一些地区和企业不顾国家多次重申电力

建设必须有序发展的要求，违法违规开工建设了大量电站项目，致使电站在建规模远远超出电力规划确定的目标，也超出了资源和环境的承受能力。这些情况极易再次形成高能耗工业无序发展的恶性循环，生态环境保护工作面临巨大挑战。

作为控制新增污染的第一道关口，环境影响评价由此成为社会越来越关注的话题。环境影响评价是对规划和建设项目实施后可能造成的环境影响进行分析、预测和评估，提出预防或者减轻不良环境影响的对策和措施，并进行跟踪监测的方法与制度。

2003 年 9 月 1 日，《环境影响评价法》正式实施。2004 年，经国务院批准，国家环保总局正式成立环境影响评价司。《环境影响评价法》明确规定，建设项目的环境影响评价文件未经法律规定的审批部门审查或者审查后未予批准的，该项目审批部门不得批准，建设单位不得开工建设。

然而，《环境影响评价法》正式颁布实施一年多后，仍有项目置国家法律于不顾，未经环评就开工建设，不仅造成严重的环境污染和生态破坏隐患，而且影响国家宏观调控，干扰正常经济秩序。

从 2004 年 1 月至 11 月，国家环保总局受理 200 个电站项目的环境影响报告书，总装机容量为 17 559 万千瓦。根据当时的预计，如果这 200 个项目全部上马，将增加耗煤量 4 亿吨/年以上。如不采取污染控制措施，将新增二氧化硫和烟尘排放量 500 万吨/年和5326 万吨/年以上。部分省区将很难完成国家二氧化硫"十五"总量控制目标。

在此期间，国家环保总局也发出紧急通知，要求各省（自治区、直辖市）环境保护局配合当地政府，清查违法建设的电站项目，各省清查工作结果于 2005 年 1 月 31 日前上报国家环保总局；对没有经过审批而开工建设的电站项目，将严厉查处。

2005 年 1 月 18 日，国家环保总局负责人向新闻媒体通报了 30 个严重违反环境法律法规的建设项目名单，责令立即停建，并将对其重罚，建议有关部门对直接责任人员依法给予行政处分。这其中就包括当时最热门的 26 个电站建设项目。

这些项目的主要问题是环评报告书未获批准就开工建设，有些项目甚至已基本建成，依法停建这些项目引发了较大震动。加之不少项目已经过有关部门批准立项，从而增加了查处的复杂性。不过，国家环保总局毫不手软查处违法违规项目，迅速派执法人员清查违法建设项目，并强调还将不定期地检查和抽查，防止反弹，并及时向社会公布检查情况。

环境影响评价是控制环境污染的第一道关口，也是一项严肃的法律制度。2005 年的国家"环评风暴"，是对中国电力工业贯彻环境影响评价法的有力推进，有利于推动开展战略环境影响评价，建立和完善环境与发展综合决策机制，在促进和加强公众参与环境保护，实施重大项目环境影响公众听证，促进环境决策民主化方面，发挥了重要作用。

第三节　加强能源治理体系建设

在电力体制改革深化方面，2007 年 4 月 6 日，国务院办公厅转发的电力体制改革工作小组《关于"十一五"深化电力体制改革的实施意见》（简称《实施意见》），认真总结了"十五"期间电力体制改革的成果、经验及存在问题，进一步明确了电力体制改革的指导思想、改革方向、具体步骤和政策。

这一时期，国家电力监管委员会会同财政部、国资委等相关部门及电力企业，协调解决厂网分开过程中以及历史形成的电力资产、财务、产权争议和发电企业"一厂多制"、"空壳电厂"等大量遗留问题，进一步巩固了厂网分开的改革成果。

一、成立国家能源领导小组办公室

随着国家经济的快速发展，能源安全供应问题日益成为一个重大战略问题。与此同时，日益严峻的全球气候变暖压力，也对能源的开发和使用提出了重大挑战。但是自1993年能源部撤销以来，国家一直没有一个统一的能源管理部门，能源管理多头、分散，协调性较差。

鉴于此，为研究能源领域的重大问题和政策，国家能源领导小组于2005年5月成立，下设办事机构——国家能源领导小组办公室（简称"能源办"）。能源领导小组组长由时任国务院总理温家宝担任，能源办主任由时任国家发展和改革委员会主任马凯担任。国家能源领导小组作为能源管理高层次议事协调机构，其办公室主要职责为跟踪了解能源安全状况，预测、预警能源宏观和重大问题，组织研究能源战略和规划，组织研究能源开发与节约、能源安全与应急、能源对外合作等重大政策。

由于能源办仅仅在一些重大问题上和宏观问题上起草政策，提出建议，更多的作用并没有体现，在2008年国务院大部制改革时，成立"能源部"的呼声颇高。但部委权限划分等问题没有解决，最后国务院机构改革方案决定设立国家能源委员会，组建国家能源局。

2008年3月15日，第十一届全国人民代表大会第一次会议听取了国务委员兼国务院秘书长华建敏《关于国务院机构改革方案的说明》，审议了国务院机构改革方案，并予以批准。这次国务院机构改革是根据党的十七大和十七届二中全会精神，主要任务是围绕转变政府职能和理顺部门职责关系，探索实行职能有机统一的大部门体制，合理配置宏观调控部门职能，加强能源环境管理机构，整合完善工业和信息化、交通运输行业管理体制，以改善民生为重点加强与整合社会管理和公共服务部门。其中为了加强能源战略决策和统筹协调，决定设立高层次议事协调机构——国家能源委员会，同时组建国家能源局，国家能源委员会办公室的工作由国家能源局承担，不再保留国家能源领导小组及其办事机构。

二、国家能源委员会成立

2008年3月21日，国务院发布《国务院关于议事协调机构设置的通知》（国发〔2008〕13号），撤销国家能源领导小组，其工作由新设立的国家能源委员会承担。随后经过两年时间的筹备，2010年1月22日，国务院办公厅根据上述文件精神，发布《国务院办公厅关于成立国家能源委员会的通知》（国办发〔2010〕12号），正式成立国家能源委员会。

2010 年 4 月 22 日，时任中共中央政治局常委、国务院总理、国家能源委员会主任温家宝在北京主持召开国家能源委员会第一次全体会议，听取能源委办公室关于当前能源形势与工作任务的汇报。时任中共中央政治局常委、国务院副总理、国家能源委员会副主任李克强出席会议并讲话。

国家能源委员会负责研究拟订国家能源发展战略，审议能源安全和能源发展中的重大问题，统筹协调国内能源开发和能源国际合作的重大事项。此时正值国家宣布了控制温室气体排放的行动目标，提出到 2020 年非化石能源占一次能源消费的比重达 15%左右。国家能源委员会的成立，对构筑稳定、经济、清洁、安全的能源供应体系起到了积极作用。

三、国家能源局成立

党的十七大报告中提出"加大机构整合力度，探索实行职能有机统一的大部门体制，健全部门间协调配合机制"。2008 年 3 月 11 日，国务院向十一届全国人大一次会议提交《国务院机构改革方案》。2008 年 3 月 15 日方案得到批准。方案中有关能源管理机构改革的内容为："设立高层次议事协调机构——国家能源委员会。组建国家能源局，由国家发展和改革委员会管理。将国家发展和改革委员会的能源行业管理有关职能及机构，与国家能源领导小组办公室的职责、国防科学技术工业委员会的核电管理职责进行整合，划入该局。国家能源委员会办公室的工作由国家能源局承担。"

2008 年 7 月，国务院正式批准中央编制委员会办公室拟订的国家能源局主要职责、内设机构和人员编制。

国家能源局的主要职责，包括划入原国家能源领导小组办公室职责、国家发展和改革委员会的能源行业管理有关职责以及原国防科学技术工业委员会的核电管理职责等。具体包括拟订能源发展战略、规划和政策，提出相关体制改革建议；实施对石油、天然气、煤炭、电力等能源的管理；管理国家石油储备；提出发展新能源和能源行业节能的政策措施；开展能源国际合作。在拟订能源发展战略、规划和政策方面，国家能源局负责加强对能源问题的前瞻性、综合性、战略性研究，拟订能源发展规划、重大政策和标准并组织落实，提高国家能源安全的保障能力。对于能源国际合作，明确由国家能源局牵头开展，与外国能源主管部门和国际能源组织谈判并签订协议，协调境外能源开发利用工作，核准或审核煤炭、石油、天然气、电力、天然铀等能源境外重大投资项目。能源行业节能和能源科技方面，国家能源局负责能源行业节能和资源综合利用，组织推进能源重大设备研发，指导能源科技进步、成套设备的引进消化创新，组织协调相关重大示范工程和推广应用新产品、新技术、新设备。在能源行业管理方面，国家能源局负责煤炭、石油、天然气、电力（含核电）、新能源和可再生能源等能源的行业管理，组织制定能源行业标准，监测能源发展情况，衔接能源生产建设和供需平衡，指导协调农村能源发展工作。

国家能源局与国家发展和改革委员会、工业信息化部等部委的职责分工也在此次调整中得到明确。炼油、煤制燃料和燃料乙醇的行业管理由国家能源局负责；能源价格的管理由国家能源局提出调整能源产品价格的建议，报国家发展和改革委员会审批或审核后报国务院审批，国家发展和改革委员会调整涉及能源产品的价格应征求国家能源局意见。

国家能源局共设综合司、政策法规司、发展规划司、能源节约和科技装备司、电力司、煤炭司、石油天然气司、新能源和可再生能源司、国际合作司共九个司，编制 112 人。

2008 年 8 月 8 日，国家能源局正式挂牌运行。国家能源局为国家发展改革委管理的国家局，国家发展改革委副主任张国宝兼任国家能源局首任局长。成立国家能源局是国务院机构调整方案中的一项重要内容，旨在加强对能源行业的集中统一管理，应对日益严峻的国际国内能源问题，保障国民经济持续稳定健康发展。

四、合理处置发电资产遗留问题

2002 年，按照国务院电力体制改革方案 5 号文件，在进行"厂网分开"及发电资产划分时，专门预留了 920 万千瓦和 647 万千瓦两部分发电权益资产。前者是为解决电网企业主辅分离改革支付必要的改革成本，后者主要用于补充电网建设资本金。

（一）920 万千瓦发电资产处置

2006 年 8 月，根据国务院和电力体制改革工作小组决定，国家电监会正式启动了预留 920 万千瓦（简称 920 项目）发电权益资产变现工作。遵照"依法合规、公开透明、规范操作、缜密细致"的要求，确定了 38 家标的资产的受让方和受让价格。920 项目资产总体情况为：从发电资产类型看，38 家企业中 6 家为综合型发电企业，29 家为火电企业，2 家为水电企业，1 家为铝电联营企业。38 家企业分布在全国 21 个省（自治区、直辖市），其中 7 家为上市企业，31 家为非上市企业。截至 2006 年 6 月 30 日，31 家非上市企业总装机容量为 3038 万千瓦。31 家非上市企业出售股权对应的权益容量约为 770 万千瓦，对应的未经评估的账面净资产值约为 70 亿元。

2006 年 10 月 11 日，国家电监会发布《国家电力监管委员会关于邀请投资者参与 920 万千瓦发电权益资产变现的公告》，负责牵头组织实施 920 项目资产变现工作。2007 年 5 月 30 日，920 万千瓦发电资产部分股权转让协议签字仪式暨新闻通气会在人民大会堂举行。

变现结果显示，所有股权全部出售并兼顾解决了部分企业的历史遗留问题，协调处理了电网企业为目标企业提供担保、资本金不到位、集资办电及软贷款资金等问题。38 家标的资产均已有目标受让方，共涉及受让方 31 家（其中，中央发电企业 10 家，地方发电企业 18 家，外资公司 2 家，民营企业 1 家）。地方发电企业购得权益装机容量 400 万千瓦，占全部权益装机容量 1086.7 万千瓦的 37%。变现资金用以支付电网企业主辅分离改革成本。

2007 年 6 月 5 日，国家发展改革委印发了《电力体制改革工作小组第五次组长办公会议纪要》（发改能源〔2007〕1210 号），纪要指出，2007 年 4 月 3 日召开的电力体制改革工作小组第五次组长办公会议，审定了 920 万千瓦发电资产受让方案和 647 万千瓦发电资产变现工作操作方案，研究了厂网分开有关遗留问题的处理意见和贯彻落实国务院《关于"十一五"深化电力体制改革的实施意见》的相关工作。会议同意国家电监会提出的

920万千瓦发电资产变现工作相关问题的处理意见和后续事项的工作分工。国家电监会作为协议见证方，协调原股权持有单位及受让方签署转让协议，其他有关单位要按照各自分工及920项目受让方案，依法、合规、高效履行相关程序，尽快完成后续工作。

　　组织变现920万千瓦发电资产是"十一五"初期电力体制改革的一项重要工作。工作的顺利完成有利于巩固厂网分开改革成果，有利于电网企业主辅分离改革的整体推进，有利于促进电力体制改革的全面深入，是按市场化方式处置国有电力资产的有益尝试。

　　（二）647万千瓦发电资产处置

　　2007年4月3日，电力体制改革工作小组第五次组长办公会议审议并批准了国家电监会会同国家电网公司等提出的《647万千瓦发电资产变现工作操作方案》，明确647万千瓦发电资产变现工作（简称647项目）的总体原则是：依法合规，引入竞争机制，确保国有资产保值增值，统筹兼顾，"一厂多制"等遗留问题的处理，简化操作程序，节省操作费用，确保企业安全生产及职工队伍稳定。

　　2007年5月25日，647万千瓦发电资产变现工作启动大会召开，会议对变现工作进行了总体部署：647项目主要面向五大发电集团，以协议方式进行转让。

　　647项目在程序上借鉴920项目的做法，严格按照规定程序，明确工作小组的职能，进行资产评估，聘请中介机构参与等。而作为项目组织方的国家电监会，仍沿用严格缜密的内部决策机制和工作机制，即成立国家电监会领导牵头的项目咨询领导小组，并设定咨询领导小组会议、主席专题会议和主席办公会等集体讨论、集体决策的严密的内部决策程序。

　　647项目在2007年8月底完成主体变现工作。2007年12月23日，647万千瓦发电资产的安全生产责任及管理权转移协议签字仪式在北京举行，相关8家电厂的控股方和国网新源公司与7家受让公司签署了安全生产责任及管理权转移协议。此次资产受让方包括中国华能集团、中国大唐集团、中国华电集团、中国国电集团、中国电力投资集团、神华集团和湘投控股。至此，两项发电资产变现工作基本完成。

第四节　超临界、超超临界火电机组的创新与国产化

　　新中国成立后经历半个世纪的奋斗，中国建成了一些具有相当规模、水平和实力的发电设备制造基地。2000年以后，30万千瓦、60万千瓦和100万千瓦火电机组相继国产化，对中国的电力产业结构起到了重大的优化作用。

　　中国把实现60万千瓦超临界机组国产化确定为"九五"期间九项重大装备国产化的科研项目之一。2000年以前从国外引进了约20台超临界机组，并通过技术消化吸收，逐步掌握了超临界机组的设计、制造、安装、调试、运行和检修技术。2000年以后，中国将超超临界发电技术列入国家"十五"科技攻关和"863"计划，并制定以中方企业为主、引进技术与中外联合设计制造的技术路线，加大国产化力度，并最终实现装备的自主设计、

制造。

自 2002 年开始，中国超临界和超超临界火电机组发展迅速。中国 60 万千瓦超临界机组的参数为 24.2 兆帕/538 摄氏度/566 摄氏度或 24.2 兆帕/566 摄氏度/566 摄氏度；超超临界机组按容量通常可分为 60 万千瓦等级和 100 万千瓦等级，从初参数上可分为 25 兆帕/600 摄氏度/600 摄氏度和 26.25 兆帕/600 摄氏度/600 摄氏度两大类。

截至 2018 年 8 月，全国已投产的百万千瓦级超超临界机组达到 103 台，数量和总容量均居世界首位。全国火电机组的平均供电煤耗已明显优于世界平均水平，电力工业呈现出高效、清洁、低碳的良好态势，先进的百万千瓦二次再热机组的供电煤耗率已经低于 270 克/（千瓦·时）。

一、首台国产 35 万千瓦超临界机组在瑞金电厂投产

赣州位于江西省最南部，处于江西电网的末端，为典型的受端电网（处于主网一端的以受电为主的地区电网），缺乏大电源的支持，电网的安全稳定运行受到严重影响。改革开放以来，特别是进入 21 世纪后，赣南地区的经济发展势头迅猛，电力却逐步成为制约其发展的"瓶颈"。鉴于此，中国华能集团公司决定在赣州投资建设瑞金电厂。

2003 年 9 月 2 日，瑞金电厂项目前期工作正式启动，华能集团于同年 11 月 3 日与江西省政府签订了在赣州投资建设瑞金电厂的意向协议。经过前期准备工作，瑞金电厂筹建处于 2005 年 11 月 28 日经华能国际电力股份有限公司批准成立，并于 2006 年 2 月 16 日正式入驻赣州，工程建设进入施工准备阶段。项目原计划新建 2 台 30 万千瓦亚临界机组，但因时代背景变迁，国产 30 万千瓦亚临界机组因为发电煤耗高，难适应投产后的市场竞争，因此，华能集团将原定 2 台 30 万千瓦亚临界装机规划改为国内首例 35 万千瓦超临界机组，并首次采用国产化技术。2007 年 4 月 25 日，国家发展改革委以《关于华能瑞金电厂新建工程项目核准的批复》（发改能源〔2007〕861 号）批准华能瑞金电厂项目通过核准。同年 4 月 29 日，电厂主体工程正式开工建设。

2008 年 12 月 15 日，瑞金电厂 1 号机组暨中国首台国产 35 万千瓦超临界机组顺利通过 168 小时满负荷试运行，正式投产运营，烟气脱硫装置同步投入运行，试运过程中实现了无油点火，自动、保护的投入率达到 100%。该机组锅炉是由哈尔滨锅炉厂采用英国三井巴布科克公司的技术进行设计生产，锅炉过热蒸汽最大流量为 1100 吨/时，过热蒸汽出口最高压力为 25.4 兆帕，温度为 571 摄氏度。瑞金电厂 1 号机组的投产标志着中国实现了国产超临界机组系列化，这对于推动电力市场优化发展具有重要意义。2008 年 12 月 18 日，2 号机组暨华能集团总装机容量突破 8000 万千瓦的标志性机组通过 168 小时试运，实现一年双投产目标。瑞金电厂一期 2 台机组的投产运营，填补了江西省南部没有大的电源支撑点的空白，对于改善赣南革命老区乃至江西电网结构，提高电网的安全可靠性和电能质量，促进革命老区经济社会发展和人民生活水平提高都有着十分重要的意义。

二、首台 60 万千瓦国产化超临界机组在华能沁北电厂投产

1992 年，中国引进的首台 60 万千瓦超临界火电机组安装在上海石洞口第二发电厂。在此次引进中，中国通过技贸结合，采用设备制造分包和引进制造技术等方式，使上海电站设备制造企业得到了 62 项重要设备的分包制造项目和一批设备设计软件。通过参与主设备的联合设计、制造以及技术人员接受培训等途径，获得了超临界机组的关键制造技术，为自主设计、制造超临界火电机组培养了人才，并由此开展了项目技术攻关，为中国超临界机组的国产化奠定了基础。

20 世纪 90 年代，国家有关部委将超临界发电技术研发和国产化工作列入国家发展计划。1992 年，沁北电厂项目建议书获得批复，其中明确电厂总规划容量为 360 万千瓦，一期工程安装 2×60 万千瓦燃煤发电机组。在此期间，朱镕基、邹家华、李长春等国家领导人先后到厂区进行视察。1996 年，沁北电厂被列为世行贷款项目，主机设备在世界范围内进行招标选购。然而，在沁北电厂主机设备招标过程中，中国政府与世行官员就机炉岛设备的有关问题未能达成共识，尤其存在世行歧视中国厂家、拒绝中国厂家参与投标的现象。

1996 年，机械部电工局向国家计委提出开展 60 万千瓦超临界火电机组科技攻关的申请报告，并于 1997 年上报了 60 万千瓦超临界火电机组国家科技攻关项目的可行性研究报告，国家计委组织了专家论证，但当时没有审批下来。

1997 年 11 月 27 日，为发展壮大民族工业，提高中国重大装备国产化水平，在国务院办公会议上决定取消沁北电厂世行贷款项目，改为由国内自筹资金建设，取消国外进口主机设备，改由国内自行建造，并要求各有关部门和单位大力支持，全力配合，力促沁北电厂的各项工作向前推进。

1999 年，国家电力公司把沁北电厂项目确定为"21 世纪燃煤电站示范设计试点工程"。同年，该项目又被国家计委列为超临界机组国产化依托工程。

直到 2000 年，为推进超临界火电机组自主开发的历程，国家计委要求机械部补充完善 60 万千瓦超临界火电机组科技攻关项目的可行性研究报告，又再次组织专家论证。2000 年 3 月 31 日，国务院召开总理办公会，沁北电厂项目可行性研究报告正式通过。

2000 年 4 月 25 日，国家计委下发了《印发国家计委关于审批 60 万千瓦超临界参数国产化依托工程河南沁北电厂可行性研究报告的请示的通知》（计基础〔2000〕446 号），华能沁北电厂一期工程可行性研究报告经国家计委批复。

2000 年 4 月，国家计委报国务院批准了将河南沁北电厂 2×60 万千瓦机组作为 60 万千瓦超临界参数火电设备国产化的依托工程，同时国家经贸委将该项目列入国家"十五"重点科技攻关项目，确定了实现 60 万千瓦超临界火电机组成套设备国产化、优化、批量化，并形成系列产品的最终目标。

2001 年 12 月 26 日，由中国华能集团公司、河南省建设投资总公司、河南省电力公司、济源市建设投资公司按 55%、35%、5%、5% 的比例共同出资，组建成立河南华能沁

北发电有限责任公司。

为了支持国产超临界机组的发展，国家决定，最早开始的几台超临界机组研制时，国内企业可寻找国外合作伙伴，以中方名义参与招投标，由外方负责机组性能保证。于是，哈尔滨、上海、东方三大电气集团所属各企业按国家计委和电力部门的要求，都各自寻找了国外合作伙伴，以中方的名义参与了河南沁北、江苏常熟、江苏镇江等电厂的60万千瓦超临界火电机组的招投标，由外方负责机组性能保证并提供对机组性能有重大影响的关键部件。哈尔滨电气集团中标河南华能沁北电厂项目（汽轮发电机组由哈尔滨电气集团制造，国外合作伙伴是日本三菱公司；锅炉由东方锅炉厂制造，国外合作伙伴是日本日立公司）；东方电气集团中标常熟电厂项目（国外合作伙伴是日本日立公司），上海电气集团中标镇江电厂项目（国外合作伙伴是德国西门子公司）。

华能沁北电厂一期工程由西北电力设计院设计，三大主机设备分别由东方锅炉厂、哈尔滨汽轮机厂、哈尔滨电机厂供货，中国电力建设工程咨询公司和北京中城建建设监理公司分别为建筑和安装监理单位。

工程一期 2×60 万千瓦超临界机组，配套 DG1900/25.4－II1 锅炉，汽轮机为一次中间再热、单轴三缸四排汽凝汽式，型号为 CLN600－24.2/566/566。2002年9月1日开工建设，2004年11月23日和12月13日，华能沁北电厂一期工程2台机组顺利投产发电。该工程自开工建设到投产，仅用了27个月零13天，比电力建设定额工期提前近31个月，比合同工期2005年6月30日提前近6个月。1号机组从2004年9月30日汽轮机首次冲转开始整套启动试运至2004年11月23日完成168小时满负荷试运，仅用55天；2号机组从2004年11月1日汽轮机首次冲转开始整套启动试运至12月13日完成168小时满负荷试运，仅用43天，且2台机组投产间隔时间仅为20天。

该工程质量优异，所有项目单位工程施工质量优良率均为100%，水压试验、系统受电、锅炉酸洗、锅炉点火、电除尘升压、整套启动、并网发电七个重点考核阶段都顺利通过，试运指标均达到设计值，168小时试运期间，启动次数少，运行时间短，负荷率高，自动控制、保护装置、主要仪表投入率高，各项技术指标优良，实现了高水平投产，168小时过后直接转入商业运行。沁北电厂一期工程批准计划总投资为46.55亿元，投产后实际总投资为40.12亿元，为国家节约资金6.43亿元，占计划总投资的13.8%。整个建设期间现场未发生一起人身死亡、重伤和群伤事故，未发生一起重大火灾、重大设备和重大交通事故，确保了人身及设备无事故的良好局面。

华能沁北电厂投产后，经过一年试运行，机组性能稳定，技术经济指标先进，机组热耗率、发电煤耗率等主要经济技术指标都超过当时国内已投产的进口超临界机组，国产三大主机的效率和主要性能参数达到当时的世界先进水平。2005年，电厂投产第一年，机组发电量74.48亿千瓦·时，机组利用小时数为6206小时，创造产值18.1亿元，完成利税2.5亿元，实现利润近3亿元，为国家、社会创造了良好的经济效益。此外，该工程获得了中国建筑工程最高奖——鲁班奖、中国电机工程学会科技进步一等奖、中国国际工业博览会银奖等奖项。

东方电气集团供货的常熟电厂 60 万千瓦超临界火电机组和上海电气集团供货的镇江电厂 60 万千瓦超临界火电机组也分别于 2005 年 3 月和 2005 年 7 月投产发电。中国自主制造的 60 万千瓦超临界机组的性能经西安热工研究院和上海发电设备成套设计研究院测试，热耗率约 7528 千焦/（千瓦·时），供电煤耗率为 293 克/（千瓦·时），达到了国际先进水平。自此，60 万千瓦超临界火电机组由中国三大电站设备制造集团各企业自主设计制造。

华能沁北电厂一期工程的顺利投产，标志着中国电站设备制造和电力工业装备水平从此迈上了新的台阶。

三、首台国产 60 万千瓦超超临界机组在华能营口电厂建成

华能营口电厂位于辽宁营口经济技术开发区，占地 67 公顷，南与营口新港毗邻，西面是辽东湾，东面是沈大高速公路，依山傍水，气候宜人，交通便利。

2002 年，随着社会经济的发展以及东北老工业基地的复苏，营口电厂把握机遇，及时开展 60 万千瓦超超临界燃煤发电机组建设的前期准备工作。2003 年 1 月 6 日，营口市人民政府发文表示营口市政府和辽宁省计委将全力支持工程建设，并希望电厂第一台超超临界机组在 2007 年末投产。

华能营口电厂二期工程 3 号机组——首台国产化 60 万千瓦超超临界燃煤机组，锅炉、汽轮机、发电机采用哈尔滨锅炉厂、哈尔滨汽轮机厂、哈尔滨汽轮发电机厂的产品，锅炉主蒸汽压力 24.2 兆帕，主蒸汽温度 566 摄氏度，2007 年 8 月 31 日投产。2007 年 10 月 14 日，营口电厂 4 号机组圆满完成 168 小时试运行，热态移交生产。这标志着全国首座国产 2×60 万千瓦超超临界燃煤机组工程全面建成投产。

华能营口电厂处于辽宁省重要发展战略的"五点一线❶"沿海经济带地区，该电厂二期工程的投产为辽宁省经济建设和社会发展提供了更为充足的能源保障。

华能营口电厂 60 万千瓦超超临界机组具有节能降耗、高效环保的突出特点。机组设计供电煤耗率为 292 克/（千瓦·时），比当时全国平均水平低 70 克/（千瓦·时），与同容量超临界机组相比，每年节约标准煤 14 万吨。机组耗水率低，与同容量亚临界机组相比，每年可节约淡水 130 万吨。

四、首台国产 100 万千瓦超超临界机组在华能玉环电厂建成

2000 年，中国将超超临界发电技术列入国家"十五"科技攻关和"863"计划，并制定以中方企业为主、引进技术与中外联合设计制造的技术路线，以期加大国产化力度，并

---

❶ "五点一线"沿海经济带的"五点"是指：大连长兴岛临港工业区、辽宁营口沿海产业基地（含盘锦船舶工业基地）、辽西锦州湾沿海经济区（含锦州西海工业区和葫芦岛北港工业区）、辽宁丹东产业园区和大连庄河花园口工业园区，规划总面积 582.9 平方千米，起步区面积为 219.86 平方千米。

"一线"是指：从丹东到葫芦岛绵中 1443 千米的滨海公路。通过"以点连线、以线促带、以带兴面"的空间发展格局，辐射和带动距离海岸线 100 千米范围内的沿海经济带的发展。

最终实现自主设计、制造。

2001 年初，根据浙江省经济增长形势预测，中国华能集团酝酿进入浙江省电力市场，对包括玉环电厂在内的 5 个厂址进行调查比选，并和浙江省政府及有关部门达成共识，"十五"期间由华能集团负责开发建设玉环电厂。

2002 年 7 月，国家电力公司召开专题会议，确定超超临界技术研究以华能玉环电厂为依托项目并入国家"863"计划。将玉环电厂规划容量扩大至 4×100 万千瓦级机组，一期工程为 2×100 万千瓦级机组。2003 年 11 月 28 日，华能玉环电厂工程项目获国家发展改革委正式批复。

在"863"计划课题的支持下，国家电力公司、中国华能集团公司和国内电力装备制造企业强强联手，成功完成超超临界关键引进技术的论证研究，迅速掌握了其核心技术和研究方法。在华能玉环电厂的工程设计、设备选型、供货商选择和工程建设的各个环节，采取"引进技术，联合设计，合作生产"的方式，推动中国电力装备制造水平再上一个新台阶。经过与相关设计、制造、应用单位联合攻关，在课题取得成功后不久便实现了产业化突破。

在工程设计、设备选型方面，锅炉选择哈尔滨锅炉厂供货，日本三菱公司提供技术支持，为超超临界变压运行垂直管圈直流炉，一次中间再热、平衡通风、固态排渣、Ⅱ型布置、单炉膛、反向双切圆燃烧，炉膛容积 28 000 米³，最大连续蒸发量（B-MCR）2953 吨/时，出口蒸汽参数 27.56 兆帕/605 摄氏度/603 摄氏度。汽轮机和发电机分别由上海汽轮机厂和上海汽轮发电机厂供货，均由德国西门子公司提供技术支持。汽轮机采用超超临界、一次中间再热、单轴、四缸四排汽、双背压、凝汽式、八级回热抽汽，额定功率 1000 兆瓦，参数 26.25 兆帕/600 摄氏度/600 摄氏度，末级叶片高度 1146 毫米。发电机铭牌功率 1000 兆瓦，冷却方式为水-氢-氢，额定电压 27 千伏，F 级绝缘，功率因数 0.9。三大主机的技术参数均为当时国内最高参数。

在自动控制方面，DCS（分散控制系统）采用艾默生公司的 OVATION 系统，DEH（汽轮机数字电液控制系统）采用西门子 T3000 系统，实现了 DCS 系统和 DEH 系统的双向数据通信。

在焊接工艺方面，由于超超临界机组主蒸汽温度达到 600 多摄氏度，压力达到 27 兆帕，当时国内没有一种材料可以承受这样的温度和压力，主蒸汽管道都要靠进口，所使用的 P92 和 P122 等新材料不仅价格高，而且焊接工艺也没有哪个国家愿意提供。面对这样的情况，华能集团公司多次组织召开研讨会，最后决定由玉环电厂牵头，西安热工研究院等科研单位提供技术支持，进行技术攻关。经过无数次试验和到全国各地选材，最终研制出了一套适用于玉环电厂项目工程的焊接方法，成功攻克了焊接难题。这套焊接工艺的研发成果，后来被列为 2007 年度第十二批中国企业新纪录。

2004 年 6 月 28 日，一期主体工程正式开工。玉环电厂建在滩涂之上，占地面积 110 公顷，其中 58% 利用滩涂围垦而成，含水率达 70%，处于流塑状态。各参建方组织专题攻关，应用多种地基处理技术和施工技术，采取了主控室"四机一控"、输煤系统"四炉一桥"、循泵房"四机一房"等方式，大幅减少土地占用和建设费用，单位千瓦占地仅 0.19 米²，取得了中国复杂地质条件下大型电站建设的新经验。在超超临界关键技术的材料方面，玉环电厂也取得了突破性进展，四大管道及锅炉设备在国内首次使用 P92、P122 及 HR3C、super304 等新型耐热钢。在焊接方面，成功地解决了异种钢的焊接。2006 年 1 月 12 日，国内 P92 钢第一道安装焊口在玉环电厂 1 号机组主蒸汽管道正式施焊；2006 年 3 月 30 日，国内 T122 钢第一道安装焊口在玉环电厂 1 号锅炉末级过热器联箱与管屏连接处（标高 73 米）正式施焊。2006 年 4 月 16 日，国内 P122 钢第一道安装焊口在玉环电厂 1 号锅炉末级过热器联箱出口处正式施焊。

玉环电厂地处浙江省玉环市，淡水资源极其匮乏，电厂使用的全部淡水，包括工业冷却水、锅炉补给水、生活用水等均通过海水淡化制取。玉环电厂在国内第一个采用"双膜法"海水淡化工艺，建成国内特大容量的海水淡化工程，制水量为 1440 米³/时，重复利用率为 64%，每年可节约淡水资源 800 万米³。2006 年 3 月 1 日，锅炉补给水处理系统制出合格的除盐水；2006 年 4 月 11 日，海水淡化一级反渗透制出合格淡水，并供现场施工用水。

2006 年 11 月 18 日 17 时，中国首台百万千瓦超超临界机组——玉环电厂 1 号机组负荷升至 100 万千瓦。2006 年 12 月 30 日，2 号机组投产。

2007 年 11 月 11 日，二期工程 3 号机组投产；2007 年 11 月 25 日，二期工程 4 号机组投产，创造了 12 个月内建成投产 4 台 100 万千瓦超超临界机组的世界纪录。

华能玉环电厂发电机组供电煤耗率为 283.2 克/（千瓦·时），发电系统热效率达到了 45.4%，比国内同期运行的超临界 60 万千瓦燃煤机组效率高 3%～4%。二氧化硫实际排放质量浓度 17.6 毫克/米³，达到了发达国家的排放控制指标。对比全国同行业平均水平，2007 年玉环电厂一次能源利用水平提高了 20.6%，全年可直接减少二氧化碳排放 262 万吨，减少二氧化硫排放 15 356 吨。依托此项目的"超超临界燃煤发电技术的研发与应用"课题获得 2007 年度国家科学技术进步一等奖。

玉环电厂项目工程先后荣获《亚洲电力》杂志"2006 年度最佳创新工程奖"、国家科学技术进步一等奖、国家优质工程金质奖、国家环境友好工程，并作为全国唯一的火电工程荣膺新中国成立 60 周年"百项经典暨精品工程"。

五、首台国产 66 万千瓦超临界塔式炉褐煤机组在华能九台电厂投产

2009 年 10 月 24 日，中国自主研发的国产首台 66 万千瓦超临界塔式褐煤❶锅炉机组——华能九台电厂 1 号机组顺利通过 168 小时试运，投入商业运营。此举填补了中国火力发电超临界塔式炉❷建设的一项空白。

---

❶ 褐煤是煤化程度最低的矿产煤，是介于泥炭与沥青煤之间的棕黑色、无光泽的低级煤。褐煤化学反应性强，在空气中容易风化，不易储存和运输，燃烧时对空气污染严重。由于国内优质煤几乎被采空，褐煤已成为中国主要使用的煤种。燃用褐煤时要经过洗煤处理和提炼，对燃用烟气要经过除尘、脱硫、脱硝处理。

❷ 塔式炉是下部为炉膛、上部为对流烟道的塔型结构锅炉。大容量锅炉很少采用全塔型，而大多采用Π型锅炉。

华能九台电厂位于吉林省长春市九台区营城煤矿南部，距长春市 48 千米，距龙嘉国际机场 22 千米，地理位置优越，交通便利。电厂由中国华能集团公司下属华能吉林发电有限公司独资建设，规划设计总装机容量 4×66 万千瓦。九台电厂项目结合东北地区和当时国内电力发展实际，确定了超临界褐煤塔式炉技术路线，并委托哈尔滨锅炉厂开展国产化设计。

褐煤塔式炉是为燃烧褐煤而设计的特有炉型，是中国少见的炉型。褐煤塔式炉的历史可追溯到 20 世纪六七十年代，德国、罗马尼亚、波兰、土耳其等欧洲发达国家生产了如 Lippendorf 940 兆瓦锅炉、Frimmerdorf 915 兆瓦和 Schwarze Pumpe 815 兆瓦等一系列百万等级褐煤锅炉。其中装机容量为 50 万～80 万千瓦的自然循环塔式锅炉应用最为广泛。70 年代，中国开始自主设计、研发、制造褐煤塔式锅炉，但与发达国家有着明显差距，国内最大的褐煤锅炉为元宝山电厂、上都电厂 60 万千瓦亚临界锅炉。

哈尔滨锅炉厂接到九台电厂煤质资料及相关技术要求后，成立了超临界褐煤塔式炉国产化攻关小组。邀请国内多年从事褐煤锅炉研究的院士、专家等进行技术交流、调研，对工程的总体布置、性能特性参数、燃烧型式等进行了详细的评审，2007 年 4 月 26 日正式签订锅炉技术协议，2007 年 5 月 13 日正式开工建设。攻关小组积极与西安交通大学、国内的水动力研究机构、钢结构设计部门进行联合，论证了塔式布置锅炉炉型在北方地区的优势，自主开发适合塔式锅炉的计算程序并对锅炉结构安全性进行研究。通过多次演算、核算，同时充分吸收和借鉴亚临界、超临界机组的成功运行经验，解决了设计工程中的难点。2008 年 2 月，面对受热面安装难点，根据塔式锅炉安装施工顺序的特殊性，及时调整现场的安装进度和制造进度，确保机组安装的连续性，整个钢结构的设计制造仅仅用了 6 个月时间，远小于 Π 型布置的锅炉的设计制造时间。

华能九台电厂 2×66 万千瓦超临界机组锅炉型号为 HG2100/25.4-HM11 型，采用单炉膛、一次中间再热，最大连续蒸发量 2100 吨/时，过热器蒸汽出口温度 571 摄氏度，再热器蒸汽出口温度 569 摄氏度。2009 年 9 月 25 日 1 号机组一次并网成功。10 月 24 日、12 月 6 日，1 号、2 号机组顺利通过 168 小时试运。机组各项性能指标及经济指标均达到或超过设计值，处于国内同类机组领先水平。首次在国内采用的现场总线控制模式，在锅炉机组控制领域处于领先地位。同时全面优化了锅炉运行方式，提高了锅炉运行经济性、可靠性、环保特性，创造了 60 万千瓦级超临界机组锅炉冷态启动磨煤机高温烟道少油点火，油枪投入 25 分钟即可投入制粉系统运行，启动用油仅用 23 吨的最好成绩。

九台电厂褐煤塔式炉是中国自主设计研发的首台亚洲最大容量褐煤塔式锅炉，处于世界领先水平。九台电厂褐煤塔式炉单炉用钢结构量达到 1.95 万吨，锅炉大板梁标高为 127 米，锅炉高度、用钢量均堪称世界第一。首次实现了风扇磨燃烧系统应用微油点火技术，无炉水循环泵成功启动的壮举，提高了锅炉运行效率、经济性及环保性能，并为今后超临界锅炉的无泵设计提供了依据，同时燃烧器在燃烧方面也具备了高效低污染的能力，处于国内领先地位。

九台电厂褐煤塔式炉先后获得了电力行业优质工程奖、国优"30 周年"精品工程奖、电力行业优质工程奖、优秀设计奖、黑龙江省科技进步二等奖。项目的建设对吉林省中部电网的稳定运行起到了强有力的支撑和巩固作用，同时还对提高东北电网吉、黑断面稳定水平，增强东北电网"北电南送"起到了重要的作用，被誉为褐煤领域的新一代"绿色环保锅炉"，更为中国首台超临界塔式褐煤锅炉在启动技术、风扇磨煤机制粉系统的运行特性、燃烧优化技术，锅炉运行经济性及排放特性、汽温特性及壁温特性等方面积累了宝贵经验。

第五节　空冷机组的发展与国产化

为了解决"三北"（华北、东北、西北）地区缺水，制约火电发展的问题，中国在20世纪80年代初开始研制火电厂空冷技术装备，首次从匈牙利引进空冷技术并应用到大同第二电厂。随后便逐步国产化，使得空冷机组在三北地区逐步发展起来。

与湿冷机组相比，空冷机组的优势在于节水和环保，其不足是资金投入高，发电煤耗高。在全厂范围内，采用空冷系统与采用湿冷系统相比，节水率约为80%。一台60万千瓦空冷机组，每小时节水量达到700~800吨。另外，空冷机组没有逸出水雾，不产生淋水噪声，减轻了对环境的噪声污染。同时，废水排放明显减少，可以实现废水零排放。

火电厂空冷机组包括直接空冷和间接空冷。其中，间接空冷又包括混凝式间接空冷和表凝式间接空冷。直接空冷的优点主要是占地面积小，一次性投入少，冬季运行防冻性能好，主要缺点是噪声比较大，运行费用高，对风的影响很敏感，间接空冷则刚好相反。

2000年以前，国内空冷机组的总装机容量只有160万千瓦，而且都为间接空冷系统，最大单机容量为20万千瓦。1999年，国内汽轮机制造业着手30万千瓦、60万千瓦直接空冷汽轮机国产化的可行性研究。2001年5月，国家电力公司科技环保部组织国内专家对调研报告进行评议，认为国内已具备生产大型空冷机组的条件，促成了国内大型空冷机组的诞生。2001年，中国第一台小型直接空冷机组——山西义望铁合金厂6000千瓦空冷机组成功投入运行，为大容量机组采用直接空冷积累了经验。2003年，中国首台大型直接空冷机组——大同云岗发电厂2×20万千瓦机组建成投产。随后直接空冷技术在中国得到了快速发展，同时中国也逐步进入空冷机组国产化阶段。大同第二电厂项目为国产首台亚临界60万千瓦直接空冷机组的试点工程，随后一大批采用国产亚临界60万千瓦、30万千瓦空冷机组的工程开始兴建。

2004年以前，空冷岛的设计和制造主要由国外承包商完成，占据了约90%的市场份额。随后，以哈尔滨空调股份有限公司为代表的国内企业在此领域已经形成了自主知识产权和技术体系，能够独立承担大型电站空冷系统的设计和制造，产品达到国际先进水平，打破了国外在此领域近70年的垄断局面，使中国成为世界上继美国、德国之后第三个全面掌握此项技术的国家。

一、国产首台亚临界 60 万千瓦直接空冷机组在大同二电厂投产

2005 年 4 月 21 日，国家重点工程"西电东送"重要项目——国电电力大同发电公司（大同二电厂）2×60 万千瓦直接空冷机组工程首台机组顺利完成 168 小时试运行。

大同二电厂二期工程为 2 台 60 万千瓦直接空冷机组（7 号、8 号），其中 7 号机组由国电电力发展股份有限公司、北京国际电力开发投资公司共同投资 48.91 亿元，主机由哈尔滨汽轮机厂、哈尔滨电机厂和东方锅炉厂提供设备。

2002 年 8 月 4 日，7 号机组开工建设。哈尔滨汽轮机厂对大同二电厂 60 万千瓦空冷汽轮机相关的课题，如大型空冷机组末级叶片、新型轴承箱落地式低压缸、大刚度轴承箱、末级动叶表面复合镀膜技术等进行了研究和攻关。在此基础上，开发、设计、制造了国内首台 60 万千瓦直接空冷汽轮机，填补了中国大型空冷机组的空白。该机组应用最先进的三维流场设计方法进行通流设计，开发了新型低压缸，配置了三死点滑销系统，设计了大刚度轴承箱；采用了 620 毫米高刚度、高强度的空冷机组专用末级叶片；设计了适用于空冷机组的低压缸喷水系统；配置了合理的调节保护系统，并制定了背压保护限制曲线；采用了新工艺、新刀具、新装配方法并进行严格的检查测量。

机组采用空气直接冷却方式，在冷却过程中没有水的蒸发。大同二电厂两台 60 万千瓦空冷机组的耗水率为 0.52 千克/（千瓦·时）[该厂 4 台水冷机组的平均耗水率为 1.91 千克/（千瓦·时）]，日节水量约 4 万吨。按每人每月生活用水 3 吨计算，采用直接空冷机组所节约的水，足够供 40 万人的生活用水。对于富煤贫水的三北地区（华北、东北、西北）而言，建设大容量空冷发电机组是可持续发展的必由之路。60 万千瓦直接空冷汽轮机的研制成功，进一步提高了中国汽轮机设计制造水平。

二、国产首台 30 万千瓦空冷机组在内蒙古乌拉山电厂投产

虽然 30 万千瓦空冷机组晚于 60 万千瓦空冷机组投运，但对于空冷机组系列化、产业化发展也是非常有意义的。2006 年 6 月 12 日，国产首台 30 万千瓦空冷机组在内蒙古乌拉山电厂顺利完成 168 小时试运行，投入商业运营。该机组的投产对缓解内蒙古西部电网高峰时段缺电，拉动地区经济发展，推动企业"以大代小"战略起到积极作用。

作为国家发展改革委确立的国产化空冷试点项目，乌拉山电厂三期扩建工程 2×30 万千瓦空冷燃煤脱硫机组于 2004 年 10 月 9 日开工建设，工程动态投资 29.324 亿元。其中，锅炉采用哈尔滨锅炉厂按照美国 ABB–CE 技术生产的 HG–1056/17.5–MY39 型中间再热、自然循环亚临界汽包锅炉。空冷岛采用哈尔滨空调股份有限公司生产的国内首套 30 万千瓦空冷凝汽器系统，填补了国产设备在空冷项目上的空白。

同时，该工程采用中水为主要生产用水，有效吸纳处理当地生活、生产废水；采用干式电除尘、脱硫等节水环保技术，使整体节水率达到 65%以上，硫化物排放减少 95%以上。

三、国产首台60万千瓦亚临界空冷燃煤脱硫机组在华能铜川电厂投产

华能国际电力开发公司铜川电厂（华能铜川电厂）一期工程为2×60万千瓦亚临界空冷机组。2007年11月8日，1号机组作为首台国产60万千瓦亚临界空冷燃煤脱硫机组顺利通过168小时试运行正式投产发电。2007年12月12日，华能铜川电厂2号机组顺利通过168小时试运行，标志着一期工程正式建成投产，总工期22个月。

华能铜川电厂坐落于陕西省铜川市耀州区照金镇。铜川具有丰富的煤炭资源，但也是缺水严重的干旱地区。2003年4月9日，在第七届西洽会上，华能集团公司和陕西省政府签署了《合作开发投资意向书》，与铜川市政府签署了《开发铜川电厂项目合作协议书》。经过陕西省政府和华能集团公司反复论证，华能铜川电厂引进了世界最新的"间接冷却技术"，以缓解铜川富煤缺水矛盾。

2005年12月28日，工程正式开工建设。该工程具有"资源节约、技术领先、高效环保"的建设特色，体现了五大工程亮点。一是节地，厂区布局紧凑，比同期同类型电厂节约近35%。二是节水，一期工程发电水耗仅为0.32千克/（千瓦·时），年耗水量小于200万吨，为常规湿冷机组的七分之一，比常规湿冷机组节水85%以上，处于国内领先水平。三是节约投资，一期工程静态投资42.7亿元，动态投资45.2亿元，实际总投资不到36.51亿元，单位装机容量造价约为3042元/千瓦。四是技术领先，一期工程综合采用了主机直接空冷、小机间接空冷、锅炉等离子点火、干式排渣等先进技术。五是环保，机组同步建设烟气脱硫装置，采用低氮燃烧技术，工业废水和生活污水实现"零排放"；使用EDI电脱盐水处理技术，实现无酸碱污染；粉煤灰、渣及石膏的综合利用可达100%。

华能铜川电厂一期工程建成后，荣获了中国电力优质工程奖。凭借先进的生产技术，投产后的华能铜川电厂为优化地区能源资源配置，促进西部地区经济发展发挥出积极的推动作用，也为同类型机组的设计运行起到了示范作用，为富煤缺水地区建设火力发电厂探索出一条新路，标志着中国已经成功掌握世界先进的大型空冷火力发电技术。

四、首台60万千瓦超临界空冷机组在华能上安电厂投产

华能上安电厂坐落在河北省井陉县境内的上安镇，位于太行山东麓井陉盆地的东缘丘陵地带，东距石家庄市区约30千米，西距煤源地阳泉市70千米，北侧与石太铁路及石太公路毗邻，南侧和石太高速公路相望，交通非常便利，属于近煤矿道口电站。但由于当地缺水，制约了火电的发展。

从"八五"时期开始，国家重大装备研制项目及原电力部科技攻关项目就对20万千瓦、60万千瓦空冷机组的一些关键技术开展了科技攻关，已经取得了一批科技成果。上海、哈尔滨、东方三家汽轮机厂制造的60万千瓦湿冷机组都已投入运行，汽轮机的优化设计取得了明显的效果。国产20万千瓦空冷机组运行几年来也取得了一定的经验，特别是东方汽轮机厂出口伊朗的32.5万千瓦空冷汽轮机于2002年下半年投入运行。30万千瓦等级的空冷机组低压缸与60万千瓦机组比较接近，为设计60万千瓦空冷机组

打下了基础。

华能上安电厂三期工程由华能国际电力股份有限公司独资建设，工程概算静态投资46.8 亿元，动态投资 49.5 亿元，为世界上首次在 60 万千瓦超临界等级上采用空冷技术的机组，三期安装了先进的全脱硫装置。同时，对一、二期进行了设备改造，使废水实现了零排放，烟尘实现了增容减污。

2006 年 3 月 9 日，上安电厂三期工程通过了国家发展改革委的核准，工程于 2006 年6 月 28 日开工。三期工程全部采用国产设备，三大主机均由东方电气集团制造。锅炉为超临界参数、前后墙对冲燃烧、变压直流炉；汽轮机为三缸四排汽空冷式汽轮机。三期工程施工质量、工艺水平、调试水平，以及各项经济、技术指标均达到较高水平，整个工程未发生人身伤害事故和设备、机械损坏事故，未发生工程质量事故，实现了锅炉水压、汽轮机扣盖、厂用电受电、化学清洗、点火冲管、整套启动、并网发电、168 小时满负荷试运 8 个"一次成功"。2008 年 6 月 1 日、7 月 16 日，三期工程 5、6 号机组分别完成 168小时满负荷试运行移交试生产。华能上安电厂总装机容量达到 254 万千瓦，成为河北南部电网最大的火力发电厂。

2009 年 4 月，按电力行业《火电机组达标投产考核标准》和《华能国际电力股份公司火电机组达标投产考核办法（试行）》要求，三期工程高标准通过了华能国际电力股份公司达标投产验收。2009 年 12 月 7 日，上安电厂三期工程被授予"国家优质工程银质奖"。

五、世界首台百万千瓦空冷机组在华电灵武电厂启动

2005 年 8 月，总投资 50.5 亿元的华电灵武发电公司（华电灵武电厂）一期两台 60万千瓦亚临界燃煤直接空冷发电机组开工，1 号机组仅用 22 个月就投产发电，创下了中国 60 万千瓦空冷机组投产进度的新纪录，2 号机组整套试运历时 13 天，创全国同类型机组 168 小时最短纪录。德国 GEA 公司在该项目上创造了空冷岛严密性 5 毫帕/24小时的 40 年最好纪录，达到世界一流水平。为此，该工程获评"2008 年度国家优质工程银质奖"。

2009 年 10 月 21 日，华电灵武电厂二期 2 台百万千瓦级空冷发电机组工程通过审查。在总结一期工程建设成功经验的基础上，电厂二期工程 2 台 100 万千瓦超超临界空冷机组开工建设。作为国产化示范项目，该工程的 2 台百万千瓦机组空冷系统设计、设备制造将完全实现国产化，彻底改变中国空冷机组技术、设备依赖进口的历史。该项目不仅是国家百万千瓦机组空冷技术装备自主国产化示范项目，也是国家重点开发区——宁东煤电化基地开工建设的"一号工程"。与 30 万千瓦级传统发电机组相比，该工程设计发电煤耗率仅为 282 克/（千瓦·时），年可节约标准煤 40 多万吨。与湿冷机组相比，该工程节水率可达 80%，年节水量达 2600 万吨。该项目脱硝装置采用选择性催化还原法，脱硝效率达到 75% 以上；脱硫装置采用石灰石—石膏湿法，脱硫效率达到 95% 以上，节能减排效果非常显著。

第六节　大型循环流化床锅炉技术的发展和国产化

循环流化床（Circulating Fluidized Bed，CFB）锅炉技术具有煤种适应性强（可以烧低热值品质差的煤，甚至煤矸石），负荷调节范围大（特别是低负荷性能好），燃烧稳定等优点。因为是低温燃烧，可以实现炉内脱硫，氮氧化物和二氧化硫的排放浓度低，灰渣易于综合利用。该炉型结构紧凑、占地面积小、钢耗量小、制造成本低，密封性好，运行安全稳定，具有良好的启动、压火及再启动性能。

2002 年，原国家电力公司启动了 CFB 锅炉设计与制造技术的引进，由电力规划院牵头，三大锅炉厂和 6 家部属设计院参加，委派技术人员去法国学习培训，并购买了其技术专利使用权。为了掌握循环流化床技术，采取先引进技术消化，后自主创新的发展道路。首先引进 30 万千瓦亚临界循环流化床机组在白马电厂进行工程示范，为此项技术国产化打下了良好的基础。随后便逐步自主研发超临界循环流化床发电技术。

2006 年 2 月，国家发布《国家中长期科学和技术发展规划纲要（2006—2020 年）》，提出中国在能源领域将重点研发"超临界大型循环流化床等高效发电技术与装备"。

一、引进技术的 30 万千瓦循环流化床示范工程在白马电厂投产

2006 年 4 月 17 日，四川白马电厂 30 万千瓦循环流化床示范工程完成 168 小时试运，投入商业运行，7 月 24 日，按与法国阿尔斯通签订的合同，完成了 336 小时满负荷运行考核。中国参与设计和制造的科研院所、企业在此次 CFB 示范工程中获得了丰富的经验，为中国自主研发 30 万千瓦、60 万千瓦循环流化床奠定了基础。

在 1996 年下半年确定建设白马电厂示范工程后，鉴于当时国际上尚无 30 万千瓦流化床锅炉设备，按照国家计委的指示，以对外发布合作方案征询书的形式选择外商合作伙伴，并制定了技术引进与设备采购合同同时谈判、同时签约、同时生效的"三同时"原则。当时的国家计委在白马电厂示范工程可研报告批复中明确，本项目经综合比选，由法国阿尔斯通公司提供 30 万千瓦大型循环流化床锅炉的设备和相关设计与制造技术。哈尔滨锅炉厂（现名哈尔滨锅炉有限责任公司）、上海锅炉厂（现名上海锅炉厂有限公司）和东方锅炉厂［现名东方锅炉（集团）股份有限公司］作为锅炉设备的设计和制造技术的接收方，电力规划设计总院作为电站系统设计技术的接收方。

2003 年 3 月 31 日，中法两国在北京钓鱼台国宾馆举行了"四川白马洁净煤发电示范项目 30 万千瓦循环流化床锅炉设备采购暨技术转让合同签字仪式"。同年 4 月 25 日，在人民大会堂举行了"四川白马 30 万千瓦循环流化床锅炉设备采购及技术引进"等 3 个中法合作项目的正式签字仪式。2003 年 5 月 15 日，四川白马电厂循环流化床示范项目正式开工建设。

白马电厂 30 万千瓦循环流化床锅炉技术的引进，解决了中国 30 万千瓦级循环流化床

锅炉从无到有的问题，其设计、制造及运行经验为中国发展大型流化床锅炉奠定了良好基础。锅炉在运行中主要表现出床温均匀性好，锅炉在不同负荷条件下燃烧温度稳定，锅炉效率及脱硫效率高等优点。同时锅炉在运行过程中也出现过锅炉冷渣器出渣不畅，炉内翻床等运行故障；另外存在锅炉外置式换热器占地较大且系统复杂、成本高，厂用电耗高，以及外置换热器受热面泄漏后难以处理等不足。运行中暴露的这些问题，为之后的优化设计提供了宝贵的素材。

二、国产首台 21 万千瓦循环流化床锅炉机组在分宜第二发电厂投产

2006 年 7 月 7 日，西安热工研究院研发设计的国产首台 21 万千瓦循环流化床锅炉机组在江西分宜第二发电厂顺利通过 96 小时试运行。

机组试运行期间，整体运行十分平稳，最大负荷达到 22.4 万千瓦，锅炉主要技术性能指标均达到设计要求。特别是自主研制的外置热交换器——紧凑式分流回灰换热器运行性能稳定可靠，经受住了试运行的考验。

21 万千瓦循环流化床锅炉机组顺利通过试运行，标志着国内首台拥有完全自主知识产权的大容量循环流化床锅炉研制和应用取得成功，中国大型循环流化床锅炉研制和设计制造达到国际先进水平。

三、首台国产 30 万千瓦循环流化床机组在开远电厂投产

2006 年 6 月 3 日 12 时，云南大唐国际红河发电公司开远电厂 1 号机组顺利完成 168 小时试运行，正式移交生产。

开远电厂位于云南省开远市，该电厂 2×30 万千瓦工程是国家"西电东送"的战略部署和《云南电力发展"十五"计划和 2015 年远景规划》的重点火电建设项目之一，也是国家发展改革委确定的国内第一个国产化 30 万千瓦循环流化床锅炉项目。

中国大型 CFB 锅炉技术研发和应用起步较晚。为了缩短与国外发达国家的技术差距，国务院批准实施了《中国洁净煤技术"九五"计划和 2010 年发展纲要》。国家计委及国家电力公司于 1997 年 4 月开始，通过反复考察论证，最终决策以技贸结合方式引进一台 30 万千瓦 CFB 锅炉及其设计制造技术与系统设计技术，确定四川白马电厂 30 万千瓦 CFB 机组项目为中国引进大型 CFB 锅炉的示范电站。开远电厂 2×30 万千瓦项目为引进 30 万千瓦 CFB 技术第一个国产化依托工程。

开远电厂 2×30 万千瓦两台机组的成功投产及稳定运行，为加快中国大型循环流化床技术和设备国产化、解决深层次环保问题、推动电力技术升级、促进可持续发展做出了突出贡献。

四、循环流化床技术研发获得国家科技进步奖

2007 年 2 月 27 日，2006 年度国家科学技术奖励大会在北京人民大会堂隆重举行。"循环流化床（CFB）锅炉关键技术的自主研发及应用"项目获得国家科技进步二等奖。

由西安热工研究院主持研发，哈尔滨锅炉厂、江西分宜电厂参加的"循环流化床（CFB）锅炉关键技术的自主研发及应用"项目属于洁净煤发电技术领域。经过研究开发单位十余年的努力，项目成果缩小了中国循环流化床（CFB）锅炉技术与国际先进水平的差距，并为中国 CFB 锅炉技术赶上世界先进水平奠定了基础。

通过项目的实施，西安热工研究院建立了功能齐全的 CFB 锅炉技术开发实验室，包括热功率 1 兆瓦和 4 兆瓦 CFB 燃烧试验台、石灰石脱硫性能评价实验室，进行了中国 110 多个工程煤种的试烧和石灰石脱硫试验；为 40 多个 CFB 锅炉工程提供石灰石脱硫性能评价服务。

项目对首台引进的 10 万千瓦 CFB 锅炉技术进行了消化吸收，在国内首次开展了 CFB 锅炉炉内过程特性试验研究，通过大量的实炉试验研究，发现了引进锅炉在技术上存在的不足，为中国从较高起点研制大型 CFB 锅炉奠定了基础。研制了中国首台自主知识产权的 5 万千瓦 CFB 锅炉，首台产品安装在山西振兴电厂。研制了中国首台自主知识产权的 10 万千瓦 CFB 锅炉及相关系统，首台产品在江西分宜电厂成功示范。分宜电厂机组性能考核试验表明，锅炉效率为 90.76%。钙硫摩尔比（Ca/S）为 1.87 时，二氧化硫排放浓度为 607 毫克/米³，氮氧化物排放浓度实测值为 113.4 毫克/米³。通过项目的实施，开发了 CFB 锅炉热力计算程序，建立了传热计算模型，拥有了回流式风帽、排渣控制冷却器、分级可调灰渣控制阀等 8 项专利技术，形成了自主知识产权的 CFB 锅炉设计、制造的核心技术。自主知识产权的 10 万千瓦 CFB 锅炉显著提高了中国 CFB 锅炉技术在国际市场的竞争力，并已成功进入国际市场。

第七节　火电厂分散控制系统自主创新发展

1975 年，分散控制系统（DCS）❶在美国诞生，这种建立在网络、计算机、集成电路、自动控制技术基础上的新系统一经问世，就显示了强大的技术优势。1964 年，中国电力科学研究院（以下简称电科院）也开始了计算机控制电厂的探索。20 世纪 70 年代末，国内电厂随主设备引进了一些计算机监控系统，电科院电厂自动化所的科研人员在人员、资金极度紧张的情况下，重新研究、开发火电厂计算机监控系统。1984 年，开发出的第一套分散控制系统成功应用于望亭电厂，首次在中国实现了计算机对电厂的监控。

望亭电厂 DCS 是当时全国唯一一例成功应用于火电厂生产过程监控的计算机系统，在中国自动化研究发展史上写下了光辉的一笔。《人民日报》对此作了重点报道"望亭计算机监控系统的成功应用，表明了中国科研人员经过长期在黑暗中摸索，终于走出了自己

---

❶ 分散控制系统（英文简称 DCS）也可称为分布式计算机控制系统，它是以计算机为基础，采用控制功能分散、显示操作集中、兼顾分而自治和综合协调的原则设计的新一代仪表控制系统。DCS 采用控制分散，操作和管理集中的基本设计思想，采用多层分级、合作自治的结构形式。其主要特征是它的集中管理和分散控制。在电力、冶金、石化等各行各业都获得了广泛的应用。

的火电厂计算机应用之路"。望亭电厂计算机监控系统虽然获得了成功，但是却具有不可重用性，也就是说该系统只能应用于该厂，不具备任何推广性和商业性。此后，电科院的科研人员根据望亭电厂的经验，开始了DCS的推广性研究。

1986年，电科院电厂自动化所开发了中国第一套商业化的火电厂计算机监控系统，并在唐山陡河电厂试点成功。该系统仍然只有监视功能，未参与电厂的控制。但是，陡河电厂的成功标志着中国火电厂计算机应用开始进入商业化阶段。在进行陡河电厂试点的同时，电科院电厂自动化所开始着手研究开发自己的分散控制系统（DCS），在对国外DCS进行考察的基础上，开发出了中国第一套分散控制系统EDPF－1000系统。尽管该系统只能实现简单的监视功能，但是已经具备了分散控制系统的结构。由于当时技术的限制，系统在功能上还有局限性，不能实现分散控制系统的全部功能。

1989年，电科院电厂自动化所在江苏望亭电厂进行了能源部DCS试点，将引进的美国西屋公司分散控制系统应用于国产30万千瓦机组，这是中国火电机组第一次采用进口分散控制系统实现火电厂的自动控制，该项目于1991年取得成功，自动化率达到了96%，大大提高了火电厂的自动化水平。

1992年以后，国外大的自动化公司产品纷纷进入国内自动化市场，而国内的DCS开发工作刚刚起步，还处在成长阶段，由于控制系统对火电机组的生产过程的极端重要性，有关部门制定了严格的准入资格，国产DCS系统难以跨越这个门槛，无法进入30万千瓦的大机组市场。在这种情况下，国产技术开始仅仅在一些20万千瓦机组上做改造时得以应用。

早在1987年，电科院就派出10名专家前往美国合作执行分散控制系统工程项目，学习并吸收了当时的先进技术。在消化、吸收国外先进技术的基础上，电科院电厂自动化所开发了中国第二代分散控制系统EDPF－2000，并于1992年在安徽淮北电厂20万千瓦机组上投入使用，这是中国自主研发的第一套真正现代意义上的分散控制系统，实现了和当时进口分散控制系统同样的功能。EDPF－2000系统及随后开发的EDPF－3000、GD99系统采用了开放的、通用的商业化系统平台。

随着进一步的研发，1996年湖北汉川电厂30万千瓦机组的分散控制系统采用EDPF－2000，这是国产分散控制系统首次在30万千瓦机组上实现闭环控制。1997年在辽宁抚顺电厂实现了AGC（自动发电控制），是国内首次采用DCS实现的高级发电控制功能，这在当时是进口自动控制系统也没能实现的。国产化的控制系统开始闪光，具备了与进口系统一比高下的实力。1998年，电科院电厂自动化所开发完成了新一代分散控制系统EDPF－NT系统，采用全新的硬件结构设计，拥有更强大的软件功能，在国内首次实现了真正意义主辅机控制一体化，并在内蒙古丰镇电厂投入使用。主辅机控制一体化的实现，更大范围地整合了不同专业、工艺的控制需求，推动了火电厂自动化控制系统应用的进步。EDPF－NT是科研人员在DCS常规技术基础上进行自主研发的成果，具有其独特功能：小型化的高性能控制器、高抗干扰的全密封控制硬件、冗余安全型网络、面向工艺特征实现的专用硬件、解决特殊工艺的专用软件包，硬件损坏率低于同类国外系统。

EDPF-NT 系统被科技部认定为国家级火炬计划项目。

2002 年，在原中国电力科学研究院电厂自动化研究所和国电龙源电力技术工程有限公司的基础上，重组成立了北京国电智深控制技术有限公司（国电智深公司）。重组后的公司拥有更强的资金和技术力量，具备了更强的创新能力。2005 年，国电智深公司获得国家发展改革委高技术产业化重大专项——"超临界火力发电机组综合自动化系统产业化示范工程"，并承接了龙山电厂 60 万千瓦机组控制项目，该项目于 2006 年 5 月完成出厂验收。

2002 年以后，国内的 DCS 研发呈现群雄逐鹿的局面，涉及火电领域除国电智深公司外，还有上海新华控制技术（集团）有限公司、科远自动化（南京）公司和浙江中控（杭州）公司等。不同的是国电智深公司专攻电力领域，而其他公司涉及领域较广。

成立于 1985 年的上海新华控制技术（集团）有限公司（新华控制）可以说是国产 DCS 领域历史最为悠久的企业之一。20 世纪 80 年代末到 90 年代初，新华控制先后研制成功火电厂大型汽轮机组 DCS 系统，填补了国内空白，并且创建了中国最大最具实力的火电厂 DEH（汽轮机数字式电液控制系统）和 DCS 研发、生产和工程基地，是中国火电厂自动控制领域的领跑者。2004 年，新华控制在火电机组 DCS 市场占有率曾经达到 72%。

经过潜心钻研，在学习吸收外国技术的基础上，国产化 DCS 取得了长足的进步，完全可以和国外系统同台竞争，完成了对国外先进技术的追赶和超越。国产 DCS 终于凭实力进入 30 万千瓦机组市场，在 30 万千瓦及以下火电机组中得到普遍应用，具有了较强的国际竞争力。然而，2006 年以前中国已经建成投产的 60 万千瓦及以上火电机组仍然全部采用国外自动化控制系统。2006 年以后，在国家有关政策的支持和鼓励下，北京国电智深控制技术有限公司凭借其高性能和高可靠性的产品、较高的性价比，在庄河新建 60 万千瓦超临界机组控制项目工程招投标中中标，结束了高端自动控制系统完全依赖进口的局面。

一、国产 DCS 首次应用于 30 万千瓦发电机组

2001 年下半年，深圳西部电力公司妈湾发电总厂 2 台新建 30 万千瓦机组（5、6 号机）DCS，通过国际竞标选用上海新华控制技术（集团）有限公司研制的新华 XDPS-400+ 系统。这是国产化的自主知识产权的 DCS 首次用于新建 30 万千瓦发电机组，改写了国内新建 30 万千瓦机组没有国产分散控制系统的历史。XDPS-400 与 400+ 的推出，将 DEH（汽轮机数字电液控制系统）、MEH（气动给水泵控制系统）、DAS（数据采集与控制系统）等系统统一在同一个硬件和软件平台上。至此，新华控制成为国内第一家能成套提供电站 DCS、DEH、MEH 一体化控制系统的专业厂家。

二、国产 DCS 中标 60 万千瓦超临界发电机组

2006 年 1 月，国电智深公司在大连庄河电厂 2×60 万千瓦超临界发电机组主控系统和辅助车间一体化控制系统的项目招投标中，凭借其具有自主知识产权的 DCS 产品

EDPF-NT 系统战胜多家国外著名 DCS 厂商，一举中标。4 月 29 日，双方举行了合同签约仪式，中国自主研发的自动化控制系统首次用于 60 万千瓦超临界机组，打破了外国公司对中国大型火电机组"大脑系统"的垄断局面，国家发展改革委对这个项目高度重视，将其确定为落实"国务院关于加快振兴装备制造业的若干意见"的首个技术进步示范工程。此后便拉开了 DCS 国产化的序幕。

三、国产 DCS 中标 100 万千瓦超临界发电机组

2007 年 11 月 30 日，国电大连庄河电厂 60 万千瓦超临界机组国产自动化控制系统投产。同一天，"江苏谏壁电厂 100 万千瓦超超临界机组国产自动化控制系统项目合作协议"签字仪式在人民大会堂签署，这标志着国产自动化控制系统在大型火力发电机组上的应用已获得重大突破。

60 万千瓦机组 DCS 的国产化打破了一直以来国外企业垄断该领域的局面。实现 DCS 国产化后，不仅可以提高中国重大装备自主化水平，满足国内重点工程技术装备高度自动化和智能化的要求，另外很重要的一点是相比国外设备，在很大程度上降低了工程建设投资和运行维护的费用，这将给电厂节省一笔不小的开支。国产自动控制系统设备比进口设备价格低 30%左右，而且国产设备的备品备件费用仅是进口设备的 1/10。从 60 万千瓦超临界机组再到 100 万千瓦超超临界机组，中国的装备制造企业实现了 DCS 的国产化。

随后，国电智深公司高端 DCS 系统又成功中标国华电力徐州发电厂 2×100 万千瓦超超临界和陈家港电厂 2×66 万千瓦超超临界火电机组自动化控制系统项目。

国家高技术研究发展计划（863）重点项目"先进制造技术领域火电行业重大工程自动化成套控制系统"实现了国产化，成功应用于百万千瓦级火电机组的自动化控制工程。

第八节　火电领域辅助技术创新与成果

2002—2009 年间，中国除了在火电机组主要技术，如空冷、超临界、DCS 等技术领域有突破，在辅助技术上也获得了长足的发展，尤其是大型电站锅炉燃煤特性及炉型耦合技术、煤粉锅炉等离子点火及稳燃技术等都达到了世界领先水平。

一、大型电站锅炉燃煤特性及炉型耦合体系的研究成果

中国的煤种比较复杂，受市场价格、供求关系等因素的影响，往往火电厂原设计的煤种得不到及时的供应，而所采购的煤的品质与设计值偏差很大，给电厂的稳定运行带来安全隐患。因此，大型电站锅炉燃煤特性及炉型耦合体系的研究就显得非常重要。

针对上述情况，原电力工业部的重点科技攻关项目主要针对电站锅炉设备状况、煤质燃烧特性、机组运行性能，以及三者之间的关系等技术领域进行研究，以应用于运行机组

燃煤选配、问题诊断、设备改造、运行方式的确定、新建机组锅炉选型等。

2002年1月23日，由西安热工研究院负责完成的"大型锅炉燃用煤特性及炉型耦合体系的研究"获得国家科技进步二等奖。

在1994—2003年间，该项研究成果已在玉环电厂、沁北电厂、王滩电厂、新乡电厂等电厂得到应用，取得了较理想的效果。项目研究成果为新建的30万千瓦以上机组锅炉的煤性评价与锅炉选型提供了近70项的技术指导；为沙角C电厂燃用神府、东胜煤的防渣技术，北仑电厂、扬州二电厂60万千瓦锅炉配煤研究及神华煤降低结渣性配煤研究，镇海电厂锅炉改造煤性能研究等近20项配煤与锅炉运行控制提供了技术服务。

该研究成果涉及了锅炉与燃煤的全面技术，为中国电站锅炉的发展储备了完整的资料，同时为减少污染产物、提高煤电效率以及减少温室气体排放等方面做了必要的前期工作。

二、大型汽轮机部件寿命评定新技术

电站汽轮机是在高温、高压条件下高速运转的大型设备。由于设计、制造和材料等原因，有时会出现汽轮机断叶片，甚至断轴现象，严重影响火电厂运行的安全性和可靠性。因此，大型汽轮机部件寿命评定就显得非常重要。

大型汽轮机部件寿命评定新技术由上海发电设备成套设计研究院、华东电力试验研究院和云南省电力试验研究院等单位完成。主要针对火电机组运行安全性技术监督、机组调峰与大型汽轮机部件寿命预测以及寿命管理和延寿改造。

2003年2月28日，国务院发布关于2002年度国家科学技术奖励的决定，"大型汽轮机部件寿命评定新技术"获得国家科技进步二等奖。

该项目主要技术成果有：

（1）通过在电厂进行的几十次汽轮机的启停试验，得出了汽轮机载荷随机性和蒸汽参数变化的统计规律。在几十年试验积累的大量汽轮机部件材料寿命数据的基础上，对材料寿命数据的离散性进行了试验与分析研究，得出了汽缸、转子所用的6种常用材料的低周疲劳、蠕变和裂纹扩展的寿命特性曲线。

（2）在寿命评定技术方面：采用了非对称循环法计算汽轮机部件的低周疲劳寿命；采用了定量方法计算大型汽轮机部件蠕变应力和蠕变寿命；把原有的转子防脆断缺陷技术发展为部件裂纹扩展寿命的定量评定技术。建立了完整的大型汽轮机部件低周疲劳寿命、蠕变寿命和裂纹扩展寿命评定及设计的技术体系，实现了运行阶段的寿命评定和设计阶段的寿命设计。

（3）完成了30万千瓦、12.5万千瓦、10万千瓦汽轮机9个部件的寿命评定和32.5万千瓦、5.5万千瓦汽轮机6个部件的寿命设计。对每个部件进行了20项寿命评定的技术研究工作，得出了5种等级的汽轮机共15个部件的6种设计寿命以及3种等级的汽轮机9个部件的寿命评定。

经专家鉴定和科技成果查新检索，该项目成果达到国际先进水平，项目研究成果应用情况良好，取得了良好的社会经济效益。

三、30万千瓦火电机组可靠性增长技术

1991年起，发电设备制造行业和电力行业强强合作，完成了30万千瓦火电机组可靠性增长技术的研究和应用，建立了完整的30万千瓦火电机组可靠性增长的技术体系。

2004年4月24日，国务院发布关于2003年度国家科学技术奖励的决定，"30万千瓦火电机组可靠性增长技术的研究和应用"获得国家科技进步二等奖。项目由上海发电设备成套设计研究院、中国电力企业联合会、上海汽轮机有限公司、哈尔滨锅炉厂有限责任公司、东方锅炉（集团）股份有限公司、东方汽轮机厂、哈尔滨汽轮机厂有限责任公司等13个单位联合完成。

30万千瓦火电机组可靠性增长技术体系的科研成果已应用到主机和辅机厂设备的制造以及多家发电企业的升级改造。发电设备可靠性分析技术和评定技术规范已在国内十几家火电设备制造企业推广应用，对提升国内发电设备设计、制造水平有显著的推动与促进作用。

随后，该项目研究得出的30万千瓦火电机组可靠性统计分析技术、可靠性管理技术、可靠性薄弱环节改进技术等科研成果已在国内30万千瓦火电机组上得到全部推广应用。对国内电力企业提升运行和检修技术管理水平有重要的促进作用，对机组的安全运行有重要的意义。

该项项目制定出电站主机和辅机的7个可靠性评定技术规范，研究得出了锅炉48种现场故障、汽轮机2种现场故障及发电机14种现场故障的原因及处理措施；研究解决了30万千瓦火电机组可靠性评定与管理、可靠性薄弱环节改进、可靠性设计和制造工艺等技术，建立了完整的30万千瓦火电机组运行可靠性增长的技术体系。

该项目经过10年的科技攻关后，火电机组的可靠性增长技术日臻成熟，并于2002年在177台国产30万千瓦火电机组上推广应用，使等效可用系数达到91.21%，等效强迫停运率为1.09%。同1991年相比，2002年国产30万千瓦火电机组的等效可用系数提高了10.20个百分点，等效强迫停运率下降了7.53个百分点。国产30万千瓦火电机组的可靠性水平已经达到了进口同类机组的可靠性水平，可靠性指标的增长效果十分显著。

四、一种煤粉锅炉等离子点火及稳燃技术

火电厂锅炉启动和低负荷稳燃过程中，需要消耗大量的燃料油，中国的油资源贫乏，并且国际原油价格昂贵。等离子点火装置可以在不需要任何燃油的情况下点燃煤粉，达到点火及稳燃的目的，是一种有效节约锅炉点火、稳燃和调试用油的方法，对降低发电成本、节约油资源、增强国家能源安全意义重大。

2003年12月12日，在北京召开的中国电力科学技术奖励评审会上，烟台龙源电力技术有限公司负责的"一种煤粉锅炉等离子点火及稳燃技术"获中国电力科学技术一等奖。2005年3月24日，国务院发布关于2004年度国家科学技术奖励的决定，"一种煤粉锅炉

等离子点火及稳燃技术"获得国家科技进步二等奖。

　　该项目研究的煤粉锅炉等离子点火及稳燃技术，是将4000摄氏度以上高温的直流电弧空气等离子体输送到专门设计的燃烧器内，使流经该燃烧器的煤粉在等离子体高温和热化学作用下瞬间被点燃，煤粉在燃烧器内着火后喷入炉膛，从而达到了锅炉点火和助燃不用燃油的目的。采用该技术的运行费用仅相当于燃油点火的10%～20%，不仅省油而且经济环保。此外，该技术还具有安全可靠、自动化程度高、操作简单、有利于工业应用和规模化生产等特点。该项目技术含量高，已获得中国专利15项，国际专利1项。该项目在技术上的重大创新是：解决了阴极和阳极寿命的问题、等离子体的形态控制和输送问题、大功率直流电源的设计匹配问题、锅炉冷态制粉问题、燃烧器本身和炉膛的安全问题，解决了不同煤质、不同制粉系统、不同炉型和不同容量锅炉的技术匹配等问题；研发了可以长期连续运行的等离子体发生器和易点燃、防烧损和防结渣的煤粉点火燃烧器等系列化产品，使该项技术达到广泛的工业应用水平。2000年9月，该项目通过了国家电力公司组织的技术鉴定，鉴定专家认为其技术达到国际领先水平。截至2004年2月，该技术成功地在5万千瓦、10万千瓦、12.5万千瓦、20万千瓦、30万千瓦和60万千瓦等燃用不同煤种的50多台各类机组上得到应用。该技术在30万千瓦及以上容量新建机组基建调试期间即可节约数千吨燃油，同时由于简化了燃油系统设计，还可节约上千万元的基建初投资。采用该技术对燃油较多的机组，如深度调峰及启停调峰机组，节油效果和经济效益显著。

　　煤粉锅炉等离子点火及稳燃技术的研究起步于1995年。从1995年11月30日开始，哈萨克斯坦动科院在中国宝鸡电厂先后做了5次工程应用试验，均因设备损坏而失败。1997年3月，中国广州鑫际等离子有限公司与俄罗斯新西伯利亚动科院合作，在广东省韶关电厂6号炉（220吨/时）进行了长达五年的工程应用试验，但最终以失败而告终。

　　俄罗斯提供的设备适用于俄罗斯电厂的运行工况，不适用于中国电厂的运行工况，过于简陋，自动化程度太低。我国要求等离子点火系统所有设备在启炉点火结束后始终处于热备用状态，随时准备因煤质变化或负荷变化投用等离子点火系统，而俄罗斯电厂的煤热值高、挥发分高、灰分低，一般均为优质烟煤，燃烧稳定不会熄火，也无需调峰，等离子发生器在启炉点火结束后即可从炉子上拆下，自动化程度无需太高。

　　1997年，烟台龙源电力技术有限公司（龙源公司）在总结宝鸡电厂、韶关电厂经验教训的基础上，从烟煤特性研究开始起步，从220吨/时锅炉做起，开发出150千瓦同轴单气室电磁压缩空气等离子发生器及其配套的全桥控晶闸管直流电源和气膜冷却多级燃烧式马弗炉。于2000年初在山东烟台电厂1号炉（220吨/时）上采用四台等离子点火煤粉燃烧器点燃了烟煤，第一次实现了电站燃煤锅炉无油启动和低负荷稳燃。

　　2007年9月，龙源公司凭借等离子点火系统首次走出国门。韩国三千浦电厂1号炉装备的等离子点火系统由龙源公司研发，于2007年10月24日在三千浦电厂一次应用成功，实现了机组完全无油点火启动。随后在1号机组大修后试验期间进行的多次冷、热态启动中，等离子点火系统均实现了机组的无油启停，各项设备运行稳定，锅炉燃烧情况良好，为电厂节约了大量的燃油。三千浦电厂等离子点火项目成功后，在韩国国内引起了巨大轰动，韩国多家电视台到现场进行了采访，韩国其他发电集团及电厂均派技术人员到现场参观，并对等离子点火技术产生了浓厚的兴趣。

2008 年 5 月 18 日，首座不投用燃油的燃煤电厂示范工程——国电康平发电有限公司 1 号锅炉点火成功，这是世界首台 60 万千瓦机组在无燃油系统保障下实施"等离子点火"技术的成功实践。

龙源公司长期致力于 W 火焰锅炉等离子点火技术攻关，2011 年底，取得突破性进展，解决了多项困扰等离子点火技术在 W 火焰锅炉上应用的难题。2012 年 7 月 22 日 3 时 49 分，龙源公司等离子点火技术在国电荥阳煤电一体化公司 2 号锅炉上一次点火成功，是等离子点火技术第一次在 W 火焰锅炉上成功应用，标志着等离子点火技术在煤种适应性、锅炉炉型适应性上又迈出了重要一步。

2012 年 2 月 14 日上午，在 2011 年度国家科学技术奖励大会上，烟台龙源电力技术有限公司凭借"实现无燃油燃煤电厂的成套技术研究与应用"项目再次获得国家科技进步二等奖。

五、发电厂热力设备重要部件寿命管理技术

2004 年，"发电厂热力设备重要部件寿命管理技术研究"项目获得国家科技进步二等奖。该项目由西安热工研究院有限公司、华北电力大学、原国电电力建设研究所、江苏华能淮阴发电有限公司等单位共同完成。

"发电厂热力设备重要部件寿命管理技术研究"项目是国家电力公司重点科技研究项目，包括三个子课题：锅炉管寿命管理技术研究、汽轮机部件寿命管理研究、锅炉部件寿命评估技术及机组寿命管理系统研究。

项目组在集成、创新的基础上，首次构建了完整的火电厂重要部件寿命管理系统，开发了具有自主知识产权的锅炉管寿命管理系统软件（BCLMS）、汽轮机部件寿命管理系统（TCLMS）、锅炉厚壁部件寿命管理系统软件（BTLMS）及锅炉管失效分析专家系统软件（BTFAS），主要应用于火电厂重要部件（锅炉管、蒸汽管道、高温联箱、汽轮机部件）的寿命监测、诊断和管理等方面，为火电厂开展寿命管理提供了技术基础；首创了综合力学性能和老化状态分析的锅炉管寿命评估新方法——老化因子法，成果获得国家发明专利。此项研究对转子等部件分别进行了蠕变、蠕变疲劳交互作用、低周疲劳及扭转疲劳试验研究，得到了材料的特性曲线，提出了相应的寿命计算模型，丰富了汽轮机材料老化与损伤规律的研究内容。结合依托工程首次实施了在线与离线寿命评估相结合的寿命管理模式，提高了火电机组的安全经济运行水平，取得了显著的经济效益和社会效益，课题研究成果整体上达到国际先进水平。

六、火电厂厂级运行性能在线诊断及优化控制系统

2007 年 2 月 27 日，"火电厂厂级运行性能在线诊断及优化控制系统"被评为 2006 年

度国家科学技术进步二等奖。该系统于 2005 年 1 月经中国电机工程学会的技术鉴定并通过评审，获得中国电力科学技术一等奖。项目由西安热工研究院有限公司、华北电力大学、国电宁夏石嘴山发电有限责任公司、天津大唐国际盘山发电有限责任公司等单位完成。

该项目是国家电力公司"十五"重大科技攻关项目，是国家电力公司 2002 年重大科研项目的依托工程项目。该系统成功地在 2000 年全国燃煤示范电厂试点项目——宁夏石嘴山电厂 4×33 万千瓦扩建工程中实施，并且首次实现了与新建机组同步开发、同步投入运行，在国内同类型企业中具有重大示范意义。

该系统是建立在面向生产过程的、开放性的实时过程信息数据库基础上的信息系统，建立了完整的多层次的安全防护体系，将机组主、辅机生产过程数以万计的实时数据进行储存和分析，为运行人员和生产管理者提供控制和决策的依据与指导，并形成了实时优化、生产管理、远程监管为一体的生产运行模式。

该项目以提高火力发电厂整体优化运行及其管理水平为目标，充分应用先进技术手段，通过对全厂机组运行状态在线监测与性能诊断、经济性能分析、系统优化控制，达到了提升机组安全经济性能指标、节约能源、改善环境的目的。项目研究为火电厂进行综合优化创建了一套从理论方法、实现技术到软件开发、系统集成、产业化和推广应用的完整技术体系，形成了具有自主知识产权的核心技术、软件产品与应用模式。该系统自 2002 年底投入使用以来，系统软件运行稳定，应用功能丰富先进，使用操作方便快捷，并且取得了显著的经济效益。

七、超超临界燃煤发电技术的研发和应用

"超超临界燃煤发电技术的研发与应用"是国家"十五"863 计划能源技术领域所属洁净煤技术主题研究课题。研究内容涉及动力与电气工程、能源科学技术和环境工程。2008 年 3 月 29 日，国务院印发《关于 2007 年度国家科学技术奖励的决定》（国发〔2008〕2 号），"超超临界燃煤发电技术的研发与应用"项目获得 2007 年度国家科学技术进步一等奖。项目完成单位是中国华能集团公司、中国电力投资集团公司、哈尔滨锅炉厂有限责任公司、东方电气集团东方汽轮机有限公司、上海电气集团总公司、华能国际电力股份有限公司、国家电站燃烧工程技术研究中心、西安热工研究院有限公司、中国电力工程顾问集团华东电力设计院等 23 个单位。项目首次提出了中国发展超超临界火电机组的技术选型方案；完成了三种不同型式 100 万千瓦超超临界锅炉及汽轮机的设计开发、制造软件包研制和材料加工性能研究；完成了全套超超临界电站设计和运行技术的研究，形成了中国完整的超超临界电站设计和制造体系。该课题取得了多项重要科研成果和 17 项技术专利，为自主开发研制大型超超临界燃煤发电机组提供了技术支撑，形成了中国完整的超超临界电站的开发基础。

课题项目组承接该研究课题后，组织国内相关设计、制造、研究等单位，研究分析了国际上超超临界燃煤发电技术的现状与发展趋势，在国内已有的超临界发电技术基础上，结合中国发电设备制造及运行的技术条件和基础，以华能玉环电厂百万千瓦超超临界燃煤

机组作为课题的依托工程，在国内首次提出了中国发展超超临界火电机组的技术选型方案，即容量为 60 万千瓦级和 100 万千瓦级，一次中间再热、参数为 25～28 兆帕、600 摄氏度/600 摄氏度，以及其他有关的技术选型结论；研发了具有中国自主知识产权的超超临界发电机组的锅炉、汽轮机设计制造技术；自主研究和设计了 60 万千瓦、100 万千瓦超超临界机组电站；研究了超超临界机组调试技术，制定了完整的运行技术体系；完成了配套大机组的选择性催化还原法（SCR）烟气脱硝装置的开发。

该课题的节能环保示范作用十分显著，作为示范工程的华能玉环电厂项目，由华能集团公司全资建设，一期工程 2 台 100 万千瓦超超临界机组于 2004 年 6 月开工，于 2006 年 12 月建成投产。二期工程 2 台 100 万千瓦超超临界机组，于 2007 年 11 月全部建成投产，成为当时世界上超超临界百万千瓦级机组容量最大的火电厂。

华能玉环电厂示范工程应用了大量该课题的研究成果，2 台 100 万千瓦超超临界发电机组（参数 26.25 兆帕、600 摄氏度/600 摄氏度）是当时国际上参数最高、容量最大、同比效率最高的超超临界机组，经实际运行，热效率高达 45.4%，供电煤耗率 283.2 克/（千瓦·时），比 2006 年全国平均供电煤耗率 366 克/（千瓦·时）低 82.8 克/（千瓦·时），大幅节约了煤炭资源，并相应大幅减少了二氧化硫、二氧化碳的排放，具备国际先进的能耗和环保水平，经济效益和社会环境效益巨大。

所有参与玉环电厂项目投标的设备制造厂商，各自拿出了包括技术选型、设备选材、参数容量选择在内的完整锅炉或汽轮机制造方案。尽管最后各类设备的中标厂商只能有一家，但这些方案为后来各制造厂商开展超超临界机组制造技术攻关提供了重要参考。截至 2007 年底，国内制造厂家已有 50 台 100 万千瓦超超临界机组、90 台 60 万千瓦超超临界机组的订货合同。这说明，该课题的研发和应用带动中国电站装备设计制造水平达到了国内新高度，为百万千瓦超超临界机组产业化创造了条件。

中国 20 世纪 80 年代引进 30 万千瓦、60 万千瓦亚临界火电机组的制造技术，到完全消化吸收，用了近 20 年时间。国产超临界发电技术自 21 世纪初起步，到投入商业化运行，只用了 3 年时间。国产百万千瓦超超临界技术从项目研发到 2006 年玉环电厂首台机组投产，仅用了 4 年时间。国产百万千瓦超超临界技术的研发和应用，体现了《国家中长期科技发展规划》提出的"自主创新、重点跨越、支撑发展、引领未来"的科技发展指导方针，符合"优先发展先进适用技术，提升能源工业技术水平"的技术发展目标，实践了"以企业为主体、市场为导向、产学研相结合"的科技创新模式。

回顾国产百万千瓦超超临界技术的研发过程，国产百万千瓦超超临界技术的研发，做到了"两个结合"：一是市场和技术的结合，二是电力行业和机械行业的结合。正是借助市场与技术合作使得国外先进技术得以消化，在消化的基础上进行再创新，同时将部分现有技术与国外先进技术资源进行整合，完成集成创新，最终在较短时间内实现了中国燃煤发电技术的跨越式发展。作为中国发电技术进步的一个标志，"超超临界燃煤发电技术"引领中国发电业走上了一条促进节约发展、清洁发展、安全发展，进而实现可持续发展的新型工业化之路，它是中国发电业科学发展的象征。

八、超临界 60 万千瓦火电机组成套设备研制与工程应用

2008 年 12 月 29 日，国务院发布《关于 2008 年度国家科学技术奖励的决定》（国发〔2008〕38 号），"超临界 60 万千瓦火电机组成套设备研制与工程应用"获得国家科技进步一等奖。

"超临界 60 万千瓦火电机组成套设备研制与工程应用"项目是由国家发展改革委组织，国家电网公司和中国机械工业联合会联合主持的"十五"国家重大技术装备研制项目，得到了上海、哈尔滨与四川等地方政府与有关企业的 300 多个项目的支持。该项目由上海发电设备成套设计研究院、哈尔滨汽轮机厂有限责任公司、东方锅炉（集团）股份有限公司、上海电气电站设备有限公司、哈尔滨锅炉厂有限责任公司、东方电气集团东方汽轮机有限公司、上海锅炉厂有限公司、机械工业北京电工技术经济研究所、哈尔滨电机厂有限责任公司、东方电气集团东方电机有限公司共同完成。该项目的产业化应用，为中国优化火电结构、供电煤耗逐年下降与电力行业节能减排做出了积极贡献。

科研工作者迎难而上，经过多年科技攻关，自主研制开发出超临界 60 万千瓦火电机组成套设备的 40 多项设计新技术和 20 多项制造新技术，研究掌握了超临界 60 万千瓦火电机组的汽轮机、锅炉、发电机等主机以及高压加热器、除氧器、给水泵等主要辅机的自主设计核心技术与自主制造关键工艺；研究解决了高温部件设计与制造的关键技术，实现了中国超临界火电机组高温部件的国产化。在超临界汽轮机设计与制造技术、超临界锅炉设计与制造技术、发电机与主要辅机设计与制造技术、高温部件设计与制造技术等方面有重大突破，在超临界锅炉煤种适应性技术开发、汽轮机阻尼叶片研制、发电机性能提高、成套设备系统集成等方面有重大创新。实现了中国超临界 60 万千瓦火电机组成套设备的自主设计、自主制造、批量化生产和产业化工程应用。

中国超临界 60 万千瓦火电机组成套设备因其技术先进、价格低、适应多煤种、供电煤耗低、节能减排效果显著，在国内外市场具备竞争优势。到 2008 年，中国超临界 60 万千瓦火电机组成套设备已订货 257 套，合同额达 1430 亿元，新增利税 279 亿元，带动相关产业 5756.8 亿元；有 22 套成套设备出口到俄罗斯、印度、土耳其，创汇 17.5 亿美元。在国内已投产的 103 套成套设备，成为中国电网的主力机组，与亚临界 60 万千瓦火电机组相比，每年节约标准煤 680 万吨，减排二氧化碳 1906.9 万吨，减排二氧化硫 11.19 万吨，减排 NO_x 2.54 万吨。

超临界 60 万千瓦火电机组成套设备研制与工程应用的成功，标志着中国在重大技术装备国产化方面实现了重大突破，重大装备研制能力和国际竞争力得到提升，也为开发研制具有自主知识产权的更大容量、更高参数机组奠定了坚实的基础。该项目的成功产业化，是中国煤电成套设备从亚临界到超临界的升级换代和跨越式发展的一个重要标志。

九、中国第一台 9FA 重型燃气轮机发电机组研制成功

燃用天然气的燃气轮机发电机组，其二氧化碳排放量仅为同容量燃煤发电机组的

42%，氮氧化物的排放量还不到燃煤发电机组的 20%，而且机组启动快，运行灵活，适于调峰，因此适宜于在电力负荷中心建设燃气轮机电厂。

杭州华电半山发电有限公司前身为杭州半山发电厂，坐落在杭州市北郊大运河边，其发展历程是浙江省电力建设历程的一个缩影。20 世纪 90 年代，半山发电厂积极寻求清洁发展的转型之路，主动关停了煤耗高、污染大的燃煤发电机组。浙江半山天然气发电工程建设的 3×39 万千瓦燃气—蒸汽联合循环发电机组，作为国家实施西部大开发战略、落实"西气东输"工程下游最大的配套发电项目，是国家重点工程和浙江省"五大百亿"工程及省重点工程项目。工程总投资 40 亿元人民币，占地 17.25 公顷。浙江半山天然气发电工程机岛设备（燃气轮机—汽轮机—发电机）由 GE/哈动力联合体供货，系国内首次采用的单轴 9FA 联合循环机组。

2000 年 2 月，国务院批准启动"西气东输"工程，这是仅次于长江三峡工程的又一重大投资项目，是拉开"西部大开发"序幕的标志性建设工程。"西气东输"是中国距离最长、口径最大的输气管道，西起塔里木盆地的轮南，东至上海。全线采用自动化控制，供气范围横贯新疆、甘肃、宁夏、陕西、山西、河南、安徽、江苏、上海 9 个省（区、市），全长 4200 千米，惠及人口超过 4 亿人。

2002 年，浙江半山天然气发电工程启动项目前期工作。同年 5 月，该工程项目正式委托中国技术进出口总公司承担设备的招标和采购工作，并在 2003 年 1 月，与华电望亭发电厂、华电戚墅堰发电有限公司一起打捆招标。当时，这三家电厂均为国家"西气东输"的重要配套项目，也是燃气轮机电站联合招标团组织的第一批设备打捆招标项目，三个燃气轮机项目共建设 7 套 39 万千瓦 9F 级燃气–蒸汽联合循环发电机组。2003 年 10 月，国家发展改革委下发了《国家发展改革委关于审批浙江半山天然气发电工程可行性研究报告的请示的通知》。

2003 年 12 月 21 日，浙江半山天然气发电工程正式奠基开工。2005 年 5 月 19 日，浙江半山天然气发电工程 1 号机组燃气轮机投运，并在 6 月 2 日并网，8 月 1 日正式投产，比 GE 公司的标准计划工期和中国的合理工期整整提前了一年。仅隔 45 天，2 号机组燃气轮机于 11 月 12 日投运。次月 27 日，3 号机组燃气轮机投产发电，实现了"一年三投"的佳绩，创造了国内同类型燃气轮机建设的速度之最。

第九节　火电建设标志性工程

中国的电力工业沿着高效、环保、安全、节能的方向不断发展，装机容量也突飞猛进。2002 年至 2007 年五年间，中国新增发电装机规模约 3.5 亿千瓦，相当于新中国成立至 2002 年 50 多年的总和，也相当于英国、法国、意大利三个发达国家电力装机的总和，创造了世界电力发展史上的奇迹。

2005 年 12 月，中国电力装机容量突破 5 亿千瓦，这是中国电力发展史上的重要里程碑。随后，发电装机容量从 5 亿千瓦发展到 6 亿千瓦历时 12 个月，发电装机容量从 6 亿千瓦发展到 7 亿千瓦也历时 12 个月。

2007 年 12 月，泰州发电厂 1 号机组投运并成为中国电力装机达 7 亿千瓦标志性机组，该机组为百万千瓦超超临界燃煤发电机组，节能、环保性能优越。该机组的投产，不仅仅标志着中国发电装机总容量迈上 7 亿千瓦的台阶，更标志着中国电力工业结构调整取得新的佳绩，也标志着中国大型、高效、清洁发电机组的设计、制造、建设能力跻身于国际先进行列，充分表明中国电力工业综合实力显著增强。

一、电力装机 5 亿千瓦标志性机组在宁海电厂建成

2005 年 12 月 29 日，由国家发展和改革委员会主办，国家电力监管委员会协办，中国电力企业联合会承办的"庆祝中国发电装机突破 5 亿千瓦大会"在人民大会堂新闻发布厅隆重召开。会上，中国电力企业联合会理事长赵希正郑重宣布："浙江国华宁海电厂 2 号机组的投产，标志着中国电力装机突破 5 亿千瓦！"

改革开放之后，浙江省经济一直保持快速增长，经济总量和综合实力进入全国前列。进入 2000 年，浙江省缺电比例占全国电力缺口的 1/3 以上，电力缺口最大时到达 2000 万千瓦，频频出现限电现象。"九五"期间浙江省国内生产总值年均增长 11.0%，2001 年全省国民生产总值达 6748 亿元，比 2000 年增长 10.5%。国民经济的持续增长和人民生活水平的不断提高，大大增加了浙江省乃至华东地区对电力的需求。

2002 年 7 月，中国神华能源股份有限公司和浙江浙能电力股份有限公司按照 6∶4 的比例共同投资 162 亿元，注册成立浙江国华浙能发电有限公司，开始了宁海电厂的建设。宁海电厂位于宁波市象山港畔的宁海县强蛟镇象山港，厂址所在地部分为海滩，部分为山地，占地面积 115 公顷。一期工程建设规模为 4×60 万千瓦火力发电机组，同步建设脱硫和脱硝装置，二期工程建设规模为 2×100 万千瓦火电机组，同步建设脱硫和脱硝装置，是浙江省"五大百亿"重点建设工程之一。

2003 年 11 月 27 日，一期工程正式开工，2005 年 12 月 27 日，2 号机组建成投产，中国电力装机由此突破 5 亿千瓦。中国发电装机从 4 亿千瓦到 5 亿千瓦共历时 19 个月。2006 年 11 月 20 日，一期工程 4 台机组全部投入运营。其中，2 号机组被国家发展改革委、中国电力企业联合会命名为"中国装机规模突破 5 亿千瓦标志性机组"。

时任浙江省委书记的习近平在获悉宁海电厂 5 亿千瓦标志性机组投运时，签发了一封贺信，表扬了神华集团在浙江省成功办电的成绩。2006 年 12 月 26 日，习近平在获悉公司一期工程全面竣工、二期工程正式开工时又发来贺信："欣悉浙江国华宁海电厂一期工程全面竣工、二期工程正式开工，谨表示热烈祝贺！宁海电厂作为浙江省在新的电力体制下引进的第一个省外企业控股的大型电力项目，电厂积极组织建设，积极克服困难，不仅以其投资省、环保好而成为电力建设项目的一个标杆，而且及时有效地缓解了浙江的电力供需矛盾。希望电厂再接再厉，勇于进取，努力把二期工程建设成为示范工程，为浙江实现经济社会又好又快发展，作出新的贡献"。

作为解决"十五"末和"十一五"期间浙江省严重缺电情况的建设项目，宁海电厂成为浙江省电网的重要电源点，缓解了浙江省电网缺电情况，提高了电网运行的经济性、可靠性，促进了浙江沿海地区的对外开放和经济发展。

宁海电厂二期工程于 2006 年正式动工，2009 年下半年顺利实现双机投产。该项工程于 2010 年底获得中国建筑业工程质量的最高荣誉"2010—2011 年度中国建设工程鲁班奖（国家优质工程）"。

二、电力装机 6 亿千瓦标志性机组在邹县发电厂建成

2006 年 12 月 4 日，当时全国单机容量最大的百万千瓦超超临界燃煤机组——邹县发电厂 7 号机组顺利通过 168 小时满负荷试运行，正式投产发电，比计划工期提前约 9 个月。邹县发电厂 7 号机组投产时，时任中共中央政治局常委、国务院总理温家宝作出批示："得知华电百万千瓦超超临界燃煤机组投产，谨致祝贺。要积累经验，继续努力，确保机组安全、稳定运行。"时任中共中央政治局委员、国务院副总理曾培炎对邹县发电厂首台百万千瓦机组投产也作出批示，表示祝贺。

随着华电国际邹县发电厂 7 号机组开始发电，中国发电装机容量超过 6 亿千瓦。发电装机容量从 5 亿千瓦发展到 6 亿千瓦共历时 12 个月。2007 年 7 月 26 日，邹县发电厂 7 号机组被国家发展改革委和中国电力企业联合会确定为全国发电装机容量突破 6 亿千瓦标志性机组。

邹县发电厂地处山东省邹城市南 10 千米的唐村镇。1981 年 11 月筹建时期，确定厂名为"山东鲁南发电厂"，1984 年 5 月，更名为"山东邹县发电厂"。1990—2000 年十年间，山东省用电量年均增长 8.39%。在这一期间，山东邹县发电厂于 1994 年 6 月成为山东国际电源开发股份有限公司全资子公司，更名为"山东国际电源开发股份有限公司邹县发电厂"（邹县发电厂），属中外合资股份制特大型发电企业。后来，邹县发电厂开始了四期工程 2×100 万千瓦高效超临界机组的计划，并于 1996 年 7 月 16 日召开初步可行性研究报告审查会。1998 年，电力供应出现过剩现象，全国电力投资规模连续三年大幅下降。邹县发电厂四期工程建设也暂时后延。

这一时期，国际上，超临界机组已向大容量、高参数、高效率的超超临界机组发展；在国内，中国电力工业进入大机组、大电厂、大电网、超高压、自动化、信息化的新时期。高效超超临界机组的发电标准煤耗较超临界和亚临界机组分别低 5% 和 8%，为了节约煤炭资源、减少煤电对环境的污染，需要发展国产高效超超临界发电技术。在这一背景下，作为引进百万千瓦级高效超超临界机组技术本土化的依托项目，邹县发电厂具有一定的管理和技术优势，积累了大量的技术经验和人才；紧邻兖州和济北特大矿区，可就近供煤，具有较好的厂址条件，有利于节省投资，加快建设进度。由此，当时的评估认为在邹县发电厂建设百万千瓦机组是必要的。

2005 年 1 月，邹县发电厂四期工程 2×100 万千瓦机组开始建设，由华电国际电力股

份有限公司、兖州煤业股份有限公司、邹城市城市资产经营公司按 69%、30%、1%的比例出资，由西北电力设计研究院和山东电力工程咨询院联合设计，主体施工单位为山东电建一公司、山东电建三公司、西北电建四公司和中铁十九局一公司。

　　7 号机组工程，从开工建设到顺利投产只用了 22 个月 19 天，从开始整套启动到完成 168 小时满负荷试运仅用了 23 天，创造了国内百万千瓦机组建设和试运的领先水平；实现了锅炉水压试验、汽轮机扣缸、倒送厂用电、锅炉点火、汽轮机冲转、发电机并网、168 小时试运行等七个一次成功。该机组高效节能，设计发电煤耗率为 272.9 克/（千瓦·时），比全国平均发电煤耗率 339 克/（千瓦·时）低 66.1 克/（千瓦·时）；机组二氧化硫排放达 0.4 克/（千瓦·时），比全国电力平均二氧化硫排放量 6.4 克/（千瓦·时）低 6 克/（千瓦·时）；机组采用了超超临界新技术、P92 新材料，完全符合国家建设资源节约型、环境友好型、自主创新型企业的政策要求。该机组投产后，邹县发电厂装机总容量达到 354 万千瓦，同时拥有 30 万、60 万、100 万千瓦三个容量等级和亚临界、超超临界两个技术等级的发电机组。

　　邹县发电厂四期工程的两台国产百万千瓦超超临界燃煤凝汽式汽轮发电机组，是国家"863"计划依托项目和"十一五"重点建设工程，是引进超超临界技术建设的大容量、高参数、环保型机组的代表性工程，也是华电集团突破装机规模和提升经营效益的标志性项目。

三、电力装机 7 亿千瓦标志性机组在泰州发电厂建成

　　2008 年 7 月 31 日，国家能源局和中国电力企业联合会在人民大会堂举行授牌仪式，正式授予国电泰州发电有限公司（泰州发电厂）1 号发电机组为"全国发电装机突破 7 亿千瓦标志性机组"。时任国家能源局局长张国宝和中电联理事长赵希正为机组授牌。

　　进入 21 世纪后，江苏省电力缺口不断扩大，电源建设严重滞后。电力供应同样严重不平衡的苏南地区，可用于火电厂开发的也仅有背靠苏北、与苏南隔江相望的泰州市。而泰州市经济发展也很快，在泰州市建设一座具有统调和电源支撑作用的电厂势在必行。

　　泰州发电厂由中国国电集团公司、江苏省国信资产管理集团有限公司、江苏省交通控股有限公司、深圳颐和置业有限公司和泰州市泰能投资管理有限公司共同出资组建，于 2004 年 1 月 16 日注册成立公司。规划建设 4 台 100 万千瓦超超临界燃煤机组，分两期建成。一期工程建设两台 100 万千瓦超超临界燃煤机组，是国家"十一五"重点建设项目，是中国国电集团公司在华东地区的重点电源点建设项目，是中国国电集团公司和江苏省第一个百万级超超临界燃煤机组工程，也是中国建设的第一批百万千瓦级机组。

　　2005 年 3 月 31 日，国家发展改革委正式核准于 2003 年 3 月 19 日通过审查的一期工程初步可行性研究报告。一期工程锅炉由哈尔滨锅炉厂与日本三菱公司联合设计制造；汽轮机由哈尔滨汽轮机厂与日本东芝公司联合设计，哈尔滨汽轮机厂制造；发电机由哈尔滨汽轮机厂与日本东芝公司联合设计制造。另外，一期工程主体由中国电力工程顾问集团华

东电力设计院设计，由中国能建江苏省电力建设第三工程公司和中国能建江苏省电力建设第一工程公司施工，江苏方天电力技术有限公司负责调试，江苏兴源电力建设监理有限公司负责工程监理。

2005年12月12日，一期工程正式开工建设。开工伊始，中国国电集团即提出了创"精品工程、样板工程"的目标要求，并在国家有关部委和江苏省各级政府及部门的大力支持与协助下，克服了诸多困难，实现了倒送厂用电、锅炉水压试验、汽轮机扣盖、锅炉点火、整套启动、并网发电、168小时试运行7个"一次成功"和环保"三同时"。

2007年12月4日，1号机组完成168小时满负荷试运行。次年3月31日，2号机组移交试生产后，一期工程投产运行，泰州发电厂由此成为江苏电网北电南送的枢纽电站。随着泰州发电厂1号百万千瓦机组开始发电，中国发电装机容量超过7亿千瓦。发电装机容量从6亿千瓦发展到7亿千瓦历时12个月。

泰州发电厂处于江苏省负荷中心，是江苏省电网北电南送的枢纽，同时一期两台机组具有较强的可调性，可以随电力峰谷调节发电能力，对江苏省电网的稳定起到重要作用。一期工程两台机组引进国外先进技术，锅炉采用高效超超临界煤粉炉，汽轮机采用高效超临界、单轴、再热凝汽式，各项技术经济指标居国内、国际领先水平。设计供电煤耗率为292克/（千瓦·时），其性能试验供电煤耗率为282克/（千瓦·时），优于设计值，远低于当时中国火力发电厂平均供电煤耗率346克/（千瓦·时），每年可减少煤耗近百万吨。

泰州发电厂在设计上，充分吸收各方面先进经验，通过吹沙回填工程设计、道路施工永临结合、供排水管道优化设计、总平面优化设计、主厂房优化、主厂房桩基优化、管道材料选择优化、汽轮发电机机座自主设计、厂用电电压等级的优化、循环水泵选型优化等，有效节约土地资源，降低工程造价。机组采用100万千瓦机组煤粉锅炉等离子点火稳燃技术，基本实现了无燃油点火。机组设备通过计算机系统，将原来分散的辅助管理点全部汇总到两个集控室：主控室和辅控室。人员工作效率大大提高。这些措施充分体现了降低成本、提高效率的科学发展设计理念，有效提高了机组未来参与市场的竞争能力。锅炉安装双室四电场高效静电除尘器，除尘效率达到99.8%。脱硫系统与机组同步进入168小时试运，脱硫效率达95%以上，在全国同类型机组中位于前列。灰、渣、石膏100%综合利用，废水全部回收利用，实现了"零排放"。一期工程实现了环保设施与主体工程"三同时"目标，是一座符合国家宏观政策的高效、环保、节能的绿色电厂。

泰州发电厂百万千瓦超超临界机组的投产还标志着中国电力工业结构调整取得积极进展，也标志着中国大型、高效、清洁发电机组的设计、制造、建设能力跻身国际先进行列。

第十节　重要火电建设工程

2002—2009年间，中国的火电建设日新月异，火电总装机容量超过美国达到世界第一，具有代表性的一些火电项目大多都是在这一时期建成的。

一、中国首台 90 万千瓦火电机组并网

上海外高桥电厂二期工程建设规模为两台 90 万千瓦单轴超临界燃煤发电机组。该发电机组是当时我国单机容量最大、科技水平最高的火力发电机组，具有 20 世纪 90 年代国际先进水平。工程符合我国关于建设高参数、大机组和大电网的要求，标志着我国火电建设已进入百万级机组新阶段。

2003 年 12 月 20 日 15 时，上海外高桥电厂二期工程建设的全国首台单机容量 90 万千瓦超临界燃煤发电机组并网发电，提前 42 天完成并网任务，2004 年 5 月机组投入商业运行。该机组锅炉连续最大蒸发量为 2778 吨/时，过热蒸汽压力 25.67 兆帕，汽轮机出力 90 万千瓦。

外高桥电厂二期工程位于浦东新区，长江口南岸。工程于 2000 年 9 月开始锅炉基础浇筑，施工进行了 38 个月。工程由国电电力、申能股份和上海电力按 40%、40% 和 20% 的比例共同出资，总投资为 106 亿元。工程利用世界银行贷款，因此设备采购流程严格按照世行规则进行国际竞争性公开招标。锅炉岛、汽机岛由德国的 ALSTOM 公司、SIEMENS 公司中标，仪控岛和 500 千伏 GIS（六氟化硫封闭式组合电器）岛由日本的日立、三菱公司中标。该工程 5 号机组总体由华东电力设计院设计，主机和土建及主要的外围系统由上海电力建设有限公司施工总承包。该公司与多方通力合作，力创精品工程，使工程管理做到标准化、规范化、科学化，为中国电力建设水平的升级积累了宝贵经验。

二、大唐湖南湘潭发电有限责任公司二期 3 号机组 60 万千瓦超临界机组并网

2006 年 2 月 12 日，湖南省首台 60 万千瓦超临界机组——湘潭发电有限责任公司二期工程 3 号机组并网一次成功。

湘潭发电有限责任公司二期工程 2×60 万千瓦机组锅炉系东方锅炉（集团）有限公司生产的 DG1900/25.4/Ⅱ1 型超临界参数变压直流本生锅炉，于 2004 年 4 月 15 日开工建设。安装两台 60 万千瓦超临界燃煤机组后，该公司成为当时湖南装机容量最大的火电企业。该公司与参建单位精心组织、严格管理，在保证工程质量的前提下，使工期一再提前，机组首次并网成功仅用了 22 个月。

2006 年 3 月 31 日，湘潭发电有限责任公司二期 3 号 60 万千瓦机组通过 168 小时试运行。该机组投产后，成为湖南省电网的骨干电源之一。二期 4 号机组于 2006 年 11 月 13 日正式投产。二期工程全面竣工后，湘潭发电有限责任公司跻身全国火电 50 强，年发电量达到 100 亿千瓦·时，成为湖南省最大的火力发电企业。

三、华电可门发电公司 1 号机组并网发电

2006 年 7 月 2 日，中国华电集团公司首台 60 万千瓦超临界燃煤发电机组——福建华电可门发电有限公司（可门发电公司）1 号机组并网发电成功。可门发电公司由华电福建发电有限公司全资开发。该项目规划装机容量 1040 万千瓦，计划总投资 420 亿元。8 月 3

日 23 时，可门发电公司 1 号机组顺利通过 168 小时满负荷试运行。

可门发电公司一期工程 2×60 万千瓦超临界燃煤发电机组于 2005 年 5 月 12 日通过国家发展改革委核准。汽轮机是上海汽轮机厂引进美国西屋公司技术生产的 N600－24.2/566/566 型 60 万千瓦超临界单轴、三缸、四排汽、中间再热凝汽式汽轮机；锅炉为上海锅炉厂设计制造的超临界参数变压运行、螺旋管圈直流炉，采用单炉膛一次中间再热四角切圆燃烧方式、平衡通风、固态排渣、全钢悬吊结构Ⅱ型锅炉露天布置燃煤锅炉，型号为 SG－1913/25.4－M958。

继 1 号机组并网发电后，2 号机组 2006 年 10 月实现投产发电。该工程用地是移山填海，没有占用耕地，并且充分利用自然条件，连接码头和厂房的栈桥只有 363 米。同时工程采用了低氮燃烧、烟气脱硫、静电除尘、全封闭圆形储煤场、灰渣综合利用、海水直流供水冷却等新技术。

该工程建成后成为福建电网的主力电源，为区域经济发展提供了强劲的电力保障。

四、北方联合电力公司上都电厂一期工程投产

2006 年 8 月 3 日，华能集团所属北方联合电力公司上都电厂一期工程（2×60 万千瓦）首台机组顺利完成 168 小时试运行，正式投入商业运行。该机组的投产，结束了内蒙古锡林郭勒盟最大发电单机只有 2.5 万千瓦的历史。

上都电厂一期工程 2003 年 9 月 28 日开工建设，动态投资 52.76 亿元。由北方联合电力公司、北京能源投资（集团）公司分别按 51%、49% 的比例出资兴建。

投产的一期 1 号机组采用国际领先的德国斯必克公司空冷技术，比同等级湿冷机组节水 75%～80%。而作为亚临界燃褐煤机组，该机组锅炉容量是同等级机组普通锅炉容量的 1.5 倍。此外，240 米高的烟囱、静电除尘、低氮燃烧、全国最长的 59 千米输水管线等，也是该工程的亮点。

2006 年 8 月 25 日，华能集团北方联合电力公司上都电厂一期工程 2 号机组完成 168 小时试运行，投入商业运行。2 号机组的投产标志着内蒙古锡林郭勒盟首座百万千瓦电厂的诞生，也是北方联合电力公司继丰镇发电厂、达拉特发电厂、海勃湾发电厂之后的第四座装机容量达百万千瓦以上的火力发电厂。

上都电厂作为北方联合电力公司首家"点对网"的特大型电厂，将锡林郭勒盟丰富的褐煤资源高效地转化为电能，通过 250 千米的 500 千伏双回线路直接输入华北电网，成为国家规划的西电东送北通道的骨干电源支撑点，有力地保障了京津唐电网的稳定运行，并满足北京 2008 年奥运会的用电需求。同时，也开启了北方联合电力公司走高参数、大容量、高性能自动化大机组发展道路的先河。

五、北京首个燃气—蒸汽联合循环热电工程——华润协鑫（北京）热电有限公司一期投产

2006 年 6 月 28 日，华润协鑫（北京）热电有限公司一期 2×75 万千瓦燃气—蒸汽联

合循环工程投入运行。这是北京市首个燃气—蒸汽联合循环热电工程。

该工程投资总额为 7.2 亿元人民币，由华润电力控股有限公司和协鑫（集团）控股有限公司按 51%、49%共同投资。工程于 2005 年 6 月 18 日正式动工建设，一期工程建成后，年发电能力达 6 亿~8 亿千瓦·时，每小时供汽能力达 100 吨，年供汽量达 50 万吨以上，有效缓解了北京经济技术开发区的供热紧张局面，并在优化北京电网结构、提供快速的故障恢复电源等方面作出了积极贡献。

因燃气轮机电厂的清洁特征，项目一期工程投产后，每年减少北京地区的烟尘排放量约 3713 吨，减少二氧化硫排放量约 825 吨，减少氮氧化物排放量约 1500 吨，同时减少了其他有害气体和可吸入颗粒物的排放。

六、浙江大唐国际乌沙山发电厂 3 号机组投产

2006 年 9 月 30 日，浙江大唐国际乌沙山发电厂 3 号机组顺利通过 168 小时试运行后，进入商业运行。由此，大唐国际的发电装机容量实现了由 1994 年成立时的 285 万千瓦到 2003 万千瓦的跨越。

乌沙山发电厂一期工程计划投资近百亿元，建设 4 台 60 万千瓦国产超临界燃煤发电机组。该项目是浙江省五大"百亿工程"项目之一，也是中国电力工业史上第一个以公开招标方式确定业主的项目。项目采用先进的环保技术，同步建设高效脱硫和除尘装置，脱硫效率可达 96%。为保护海洋生态环境，项目采取了低潮位水下排水，使用了燃煤封闭储运等技术，将污染控制在最低限度。4 台机组全部投产后，年发电量可达 150 亿千瓦·时，极大缓解了浙江省电力短缺的局面。

七、华能珞璜电厂 5 号机组投产

2006 年 12 月 8 日，当时川渝电网最大的火力发电机组——华能珞璜电厂三期工程（2×60 万千瓦）5 号机组，比计划提前 4 个多月投入商业运行。5 号机组的投产，使珞璜电厂 2006 年的发电量超过 90 亿千瓦·时。

与该工程同时竣工投产的烟气脱硫工程同步安装了高效除尘、高效脱硫的装置，脱硫率达到 96%，烟气排放完全达到国家环保标准。该电厂因此成为国内最大的全脱硫火电厂。

华能珞璜电厂三期工程建设的这两台 60 万千瓦国产燃煤机组，是投资 45 亿元兴建的国家重点工程项目。5 号机组投产后，满负荷运转时每天用煤量在 5000 吨左右。珞璜电厂除在本地购买合格电煤外，还专门从四川省、贵州省等地购煤。

八、安徽淮南平圩电厂 3 号机组投产

2007 年 3 月 19 日，"皖电东送"龙头工程——安徽淮南平圩电厂 3 号机组顺利通过 168 小时试运行，高标准移交生产，正式投入商业运营。该机组是国家"十一五"期间电力工业发展规划的重点工程，也是华东能源"火电三峡"的首台 60 万千瓦机组。

平圩电厂是中国电力投资集团创新"工程建设委托制管理"模式的第一个 60 万千瓦

机组项目。针对业主的管理模式，安徽电建二公司将科学的管理、务实的作风与现代化的施工手段结合起来，提出了建设"同期同类型最好机组"，争创"鲁班奖"目标。施工责任区采用彩钢板全封闭，整个现场严格按照科学化管理、定置化布置、标准化建设，被安徽省公司授予"安全文明施工标准化工地"，被电力同行称为样板工程。精细管理，合理调配资源，均衡组织施工，实现了当年开工，当年"四到顶"（锅炉房到顶、主厂房到顶、烟囱到顶、冷水塔到顶）。其中3号机组冷却塔仅用5个月19天时间就完成了筒身施工，创造了全国同类型冷却塔三脚架翻模施工最快纪录；4号机组冷却塔从环梁施工到结构到顶只用了5个月13天，刷新了3号机组冷却塔的施工记录。项目部针对锅炉钢架吊装进行了精心的技术准备，比原计划提前8天完成了钢架安装任务。4号锅炉从第一根钢架开吊到最后一根大板梁就位，仅用2个月零3天。

九、国电成都金堂电厂1号机组投产

2007年6月3日，国电成都金堂电厂（2×60万千瓦）1号机组正式投入运行，这是当时国电集团公司在四川投产的最大的火电机组。

国电成都金堂电厂1号机组从2004年11月8日浇筑主厂房第一罐混凝土开始，到2007年5月17日完成168小时试运行。在历时两年多的工程建设中，国电成都金堂电厂以建设"四新"（新电厂、新机制、新水平、新面貌）电厂和"高质量投产、高效益发电"为目标，以"工程造价控制"为核心，以"质量、安全、工期控制"为主线，克服各种困难，确保工程安全、质量、工期、造价可控在控，全力推进了工程建设。

在质量管理上，通过业主、监理和各施工单位的共同努力和严格把关，施工质量得到了较好的控制。分项工程验收保持合格率100%、优良率大于90%，隐蔽工程验收保持合格率100%。工程质监站和四川省电力建设质量监督中心站按照大纲规定进行的质量监检结果，评价均为优良。其中1号汽轮机扣盖、1号锅炉水压试验前的监检实现了零缺陷目标。工程建设期间未发生人身事故、火灾事故、交通事故、机械设备损坏事故及环境污染事故，工程安全实现了"六个零"的目标，保持了较好的现场文明施工形象，被国电集团公司评为基建工程安全文明管理优秀单位。

国电成都金堂电厂的正式投产发电，对于四川省进一步改善电源结构有着十分重要的意义，对调整成都市电源结构，改善电源布局，满足电力平衡，加强成都地区受电端对电网电压的支撑，提高电网的稳定水平，保证电网安全可靠运行，具有极其重要的作用。

十、邹县发电厂8号百万千瓦机组投产

2007年7月5日，当时中国国产化程度最高的百万千瓦机组——华电国际邹县发电厂8号机组顺利通过168小时满负荷试运行，正式投产发电。8号机组于2007年6月25日12点27分点火总启动，6月28日7时39分机组带满负荷开始168小时试运行，7月5日7时39分168小时满负荷试运顺利完成。满负荷试运期间，平均负荷率达到101.86%，汽轮机最大轴振45微米，发电机漏氢量9.06米³/天，真空严密性0.04

千帕/分，自动投入率、保护投入率、仪表投入率均为 100%，其他各项指标均达到优良水平。

邹县发电厂 8 号机组从锅炉点火到完成 168 小时满负荷试运行仅用 9 天 19 小时，创全国同类型机组整套启动试运时间最短纪录。整个工程建设工期为 29 个月 20 天，比计划工期提前 8 个月。8 号机组整套试运和文明启动条件创全国同类型机组最好水平，实现了"文明启动、绿色启动、无缺陷启动"。该机组 168 小时满负荷试运期间，实现了锅炉水压试验、汽轮机扣缸、倒送厂用电、锅炉点火、汽轮机冲转、发电机并网、168 小时试运等"七个一次成功"，自动、保护、仪表投入率均为 100%，各项技术指标均达到较高水平。该工程动态投资 72.64 亿元，机组热效率超过 45%，设计发电煤耗率 270 克/（千瓦·时），低于全国火电机组平均水平近 70 克/（千瓦·时）。脱硫等环保设施实现了"三同时"，烟气脱硫装置效率达 95% 以上，除尘效率高达 99.9%，每年可减少二氧化硫排放 3.5 万吨。工程采用干式除灰系统，并同步建设全国最大的中水深度处理工程，每年可利用城市中水 1200 多万吨，节能环保效益非常突出。

十一、国电北仑电厂三期工程 7 号机组正式投产

2009 年 6 月 2 日，国电北仑电厂三期扩建工程第二台百万千瓦超超临界机组（7 号机组）正式投入商业运行，脱硫、脱硝装置同步通过试运行。至此，国电北仑电厂以 7 台燃煤机组、500 万千瓦装机容量、275 亿千瓦·时年设计发电量，成为当时全国最大火力发电厂。

国电北仑电厂三期扩建工程（6 号、7 号机组）动态总投资 84.2 亿元，由中国国电集团公司、浙江省能源集团有限公司、宁波开发投资集团有限公司共同出资建设。该工程既是浙江省、宁波市重点工程，也是国电集团公司在浙江省内首个电源建设点，2006 年 12 月工程开工，6 号机组于 2008 年 12 月 20 日投产。国电北仑电厂三期扩建工程环保投资约占总投资的 12.81%，在采用石灰石—石膏脱硫、三室五电场高效静电除尘器等先进环保技术和设施基础上，又投入资金 1 亿多元，安装了低氮燃烧器和 SCR 脱硝装置，这在国内同类型机组中尚属首例。

国电北仑电厂三期扩建工程开工以来，按照国电集团公司提出的"建设新电厂、形成新机制、创造新水平、展现新面貌"要求，工程安全、质量、进度、造价始终处于可控在控状态，两台机组均实现厂用电受电、汽轮机扣缸、锅炉水压试验、点火、机组并网和 168 小时满负荷试运行一次成功。7 号机组 168 小时满负荷试运行期间，机组负荷率 100.78%，脱硫率 95.5%，脱硝率 72.6%，电除尘效率 99.81%，各项污染物排放检测数据远远优于国家标准。

作为特大型国有企业，国电北仑电厂始终以高度的责任感和使命感，坚定不移地走科技含量高、经济效益好、资源消耗低、环境污染少的和谐发展之路。国电北仑电厂一、二期 5 台 60 万千瓦机组与三期扩建工程 2 台百万千瓦机组的发电量输入华东电网，为整个华东地区的经济发展提供着强劲动力。

十二、世界首台 60 万千瓦 W 火焰超临界锅炉试运成功

W 形火焰燃烧方式适用于低挥发分的无烟煤、贫煤，主要解决这些煤种着火困难、燃烧效率低的问题。这对拓宽中国火电的使用煤种起到积极的作用。

湖南省大唐华银金竹山火力发电分公司扩建工程 3 号锅炉，由北京巴威公司按美国技术标准，结合本工程燃用煤、校核煤质特性和自然条件，进行性能、结构优化设计。该锅炉是世界首台 60 万千瓦 W 火焰超临界锅炉。

2009 年 7 月 4 日，机组顺利移交生产，并得到湖南电力建设监理咨询有限公司、湖南省电力勘测设计院及湖南省湘电试验研究院有限公司等单位的签字认证。该机组的成功运行，填补了 60 万千瓦 W 火焰超临界锅炉在电力行业的空白，标志着北京巴威公司具备了设计制造新型锅炉及相关产品的能力。

作为世界首个将 60 万千瓦 W 火焰超临界技术投入实际应用的锅炉机组，金竹山项目为该炉型实现产业化提供了可靠的应用数据，并为北京巴威公司签订河南荥阳项目和贵州兴义项目 60 万千瓦 W 火焰超临界锅炉批量生产奠定了坚实的技术基础。

十三、国华宁海电厂 5 号百万千瓦机组投产

2009 年 10 月 14 日，国华宁海电厂 5 号百万千瓦超超临界机组成功通过 168 小时满负荷试运行，正式投入商业运行，与 2009 年 9 月 21 日并网发电的 6 号机组成功实现双投，并同步投入使用脱硫脱硝系统，进入当时中国高环保水平火电机组行列。

宁海电厂这两台百万千瓦机组配套安装了全面先进的环保设施，拥有两座亚洲第一高的海水冷却塔，昵称"双子塔"。此前，国内海滨电厂都是采取海洋取水使用后将热水直接排回海洋的直流供水方式，产生"温排水效应"，影响近海流域的生态。宁海电厂率先在中国采用了海水二次循环冷却技术，从一期工程循环水系统引取水源，使用"双子塔"进行处理，成功实现了"温排水"的"零排放"。

宁海电厂采用的海水二次循环冷却技术，取用水量比海水直流冷却减少 96.5% 以上，排污减少 98% 以上，大大节省了水资源。同时，宁海电厂投入使用的脱硫脱硝系统，脱硫率高达 95% 以上，脱硝率高达 50%，对二氧化硫与氮氧化物的排放起到了积极的控制作用。另外，粉煤灰、脱硫石膏等发电衍生产品的循环产业链已经成为电力企业循环经济的典范。

十四、国投北疆电厂 2 号百万千瓦机组投产

2009 年 11 月 30 日，山东电建二公司承建的国家首批循环经济试点项目——国投北疆电厂一期 2 号百万千瓦机组顺利完成 168 小时连续试运行，高质量投产发电。

北疆电厂循环经济项目位于天津滨海新区，规划建设 4 台 100 万千瓦超超临界燃煤发电机组和 40 万吨/天海水淡化装置，总投资 260 亿元。一期工程建设两台 100 万千瓦机组和 20 万吨/天海水淡化装置。该项目采用"发电—海水淡化—浓海水制盐—土地节约整理—

废物资源化再利用"的"五位一体"循环经济模式，最终实现废水零排放。

在工程建设中，山东电建二公司以"创循环经济示范项目，建百万千瓦机组样板"为目标，不断加强安全管理，强化过程控制，确保工艺质量和施工安全，优质高效推进项目建设。土建、安装分项工程优良率均为 100%，受监焊口 97 213 道，一次透视合格率 99.4%。相继实现了倒送厂用电、锅炉水压试验、点火冲管、并网发电、168 小时连续试运行等多项一次成功。

北疆电厂一期海水淡化工程首套装置投入运行，其水质达到了饮水标准。此项海水淡化工程 10%满足电厂自用，其余 90%淡水向市区供应，有效缓解了天津市水资源紧张状况。

十五、大唐景泰电厂 1 号 66 万千瓦超临界机组投产

2009 年 12 月 6 日，大唐景泰电厂 1 号 66 万千瓦超临界发电机组顺利通过 168 小时满负荷试运行，正式移交投产，结束了甘肃省没有装机 60 万千瓦超临界等级发电机组的历史。

大唐景泰电厂位于甘肃、宁夏、内蒙古三省（区）交界的白银市景泰县草窝滩乡陈槽村，距兰州市 170 公里，距白银市 70 公里。项目规划容量 2×66 万千瓦＋2×100 万千瓦，分两期建设。一期建设 2×66 万千瓦直接空冷超临界燃煤机组，750 千伏一级电压接入系统。一期工程动态总投资 47 亿元，设计安装两台国内先进的 66 万千瓦高参数、大容量、环保型和数字化的直接空冷燃煤发电机组，同步安装烟气脱硫装置、静电除尘设备和烟气连续监测设施。两台机组全部建成投产后，每年可为甘肃电网提供电量 66 亿千瓦·时，这对完善西北电网结构、提升甘肃省电力科技能力、拉动地方经济都具有极其重要的作用。1 号机组在 168 小时满负荷试运行期间，平均负荷率达到 97%，各项运行参数、技术指标全部达到设计标准。

十六、华能东方电厂一期 2 号机组投产

2009 年 12 月 5 日，国产第一批低煤耗 35 万千瓦超临界燃煤发电机组——华能东方电厂一期工程 2 号机组顺利通过 168 小时试运行，正式进入商业运营。华能东方电厂一期工程是海南省"十一五"重点项目，是确保海南省"十一五"后期国民经济和社会发展对电力需求的唯一电源点，投资约 32.5 亿元，建设两台国产第一批低煤耗 35 万千瓦超临界燃煤发电机组；设计供电煤耗率 308 克/（千瓦·时），各项节能环保指标达到国内先进水平，配套建设了一个 5 万吨级电煤专用码头。工程同步配套脱硫、脱硝和高效静电除尘设备，其平均脱硫率超过 90%，除尘效率达到 99.6%以上。

第十一节 关停小火电和全面推进烟气脱硫

2004 年 6 月 30 日，国务院常务会议讨论并原则通过《能源中长期发展规划纲要

（2004—2020 年）（草案）》，提出坚持把节约能源放在首位，实行全面、严格的节约能源制度和措施，显著提高能源利用效率；坚持以煤炭为主体、电力为中心、油气和新能源全面发展的战略。

2008 年初，国家发展改革委，原国家环保总局在北京举行了火电厂烟气脱硫特许经营试点项目签约仪式，首批 11 个试点项目签订了烟气脱硫特许经营合同。北京国电龙源环保工程有限公司作为专业脱硫公司分别与国电大同发电公司，兰州热电公司和蚌埠发电有限公司 3 个试点项目签订了总装机容量 438 万千瓦的脱硫工程合同。烟气脱硫特许经营试点工作具有典型示范意义，将为全面提升火电厂烟气脱硫产业化水平奠定基础。

一、《关于加快关停小火电机组的若干意见》

到 2004 年年底，全国发电设备装机容量达 4.4 亿千瓦。其中，10 万千瓦以下小火电机组共 4240 台，装机容量 7028.3 万千瓦，占全国发电装机总容量的 16%；5 万千瓦以下小火电机组共 3796 台，装机容量 4666.1 万千瓦，占全国发电装机总容量的 10.6%。中国的小火电机组，绝大部分是在电力供应较为紧张的"八五"和"九五"时期建设的，为缓解当时电力供应紧张状况，满足经济社会发展对电力的需求发挥了积极作用。这些机组大部分都接入 110 千伏电网，对电网负荷起着平衡及调峰的作用。

随着运行时间的增长，小火电机组运行时间大都超过 10 年，存在着多方面问题，如发电能耗逐步增加，环境污染问题突出。一些机组设备超出了经济运行寿命期，设备性能明显下降，出力不足。而且，小火电机组基本上没有配套建设脱硫装置，环保设施落后，对环境造成了较严重的污染。

燃煤小火电机组效益快速下滑，负债率畸高，资产质量难以提升。例如，中国电力投资集团小火电机组 2003 年盈利合计 4562 万元，有 11 家电厂亏损；2004 年亏损达 3.35 亿元，亏损数量扩大到 18 家电厂；2005 年亏损额进一步增大，达到 4.34 亿元，而且出现了全局性亏损的严峻局面，有 18 家电厂的资产负债率超过 80%，其中部分电厂的负债率已经达到甚至超过了 100%。

小火电曾为中国国民经济和电力工业的发展作出了重要贡献，但随着中国经济发展步入新的历史阶段，关停小火电机组对于提高资源利用率、减少环境污染、提高经济效益具有十分重要的现实意义，是电力工业贯彻科学发展观和转变增长方式的重要内容。

2007 年 1 月 20 日，国务院批转了国家发展改革委、能源办《关于加快关停小火电机组的若干意见》。1 月 29 日，全国电力工业"上大压小"节能减排工作会议在京召开。会议上，国家发展改革委与 30 个省市自治区的负责人、五大发电集团和两大电网公司签署责任书，要在"十一五"期间关停 5000 万千瓦的小火电机组。这 5000 万千瓦的小火电机组被关停以后，将会使全国单位 GDP 能耗比 2005 年下降 4%，二氧化硫的排放量下降 8%。

"十一五"期间确定逐步关停 12.5 万千瓦和 20 万千瓦的小火电机组，不再上马 30 万千瓦的火电机组。2007 年 6 月 3 日，国务院印发《节能减排综合性工作方案》。该方案共分 10 大部分，包括 40 多条重大政策措施和具体目标。

2009 年 7 月 30 日，国家能源局宣布，2009 年上半年全国关停小火电机组 1989 万千瓦。至此，"十一五"期间全国淘汰小火电机组已突破 5407 万千瓦，提前一年半完成"十一五"期间关停 5000 万千瓦小火电机组的任务。

"十一五"期间，全国累计关停小火电机组 7700 万千瓦。其中油电机组大约 700 万～1000 万千瓦，其余均为煤电机组。

二、大唐安阳公司实施上大压小"全国第一爆"

2007 年 1 月 29 日上午，随着爆破的巨响，大唐安阳公司 2 台小火电机组的锅炉、厂房轰然倒塌，成为中国"十一五"期间拆除的首批 10 万千瓦小火电机组。大唐安阳公司 2 台 10 万千瓦机组成功实施"全国第一爆"，由此拉开了"十一五"期间全国上大压小、节能减排、关停小火电机组的序幕。

大唐安阳公司位于河南省安阳市殷都区，始建于 1958 年，前身为安阳电厂，历经九期改扩建。特别是在 1977 年和 1978 年，2 台 10 万千瓦机组分别建成投产，使安阳电厂成为当年河南省装机容量最大的电厂，更是河南电网豫北区域的关键电源支撑点和电力人才的摇篮。小火电机组关停后，总装机容量为 127 万千瓦，在役 1 台 30 万千瓦，2 台 32 万千瓦和 1 台 33 万千瓦机组，均为热电联产机组。

关停的 10 万千瓦机组改新上 30 万千瓦机组，供电煤耗率可由 422 克/（千瓦·时）降低到 300 克/（千瓦·时），按 10 万千瓦机组每年发电量 10 亿千瓦·时、煤发热量 5000 大卡（20 929 千焦）、每年 4500 小时有效利用小时数计算，改由 30 万千瓦机组发电，每年节约原煤 14 万吨。

2008 年 8 月 29 日，大唐安阳公司新上的 1 号热电机组一次顺利通过 168 小时试运行。同年 12 月 22 日，该公司新上的 2 号热电机组一次成功通过 168 小时满负荷试运行，正式投入商业运行，圆满完成了 2 台 30 万千瓦热电联产机组 2008 年内"双投"的任务，收获"全国第一爆"的丰硕成果，成为全国电力"上大压小"、节能减排示范工程，大唐安阳公司也完成向百万千瓦电厂的历史性跨越。

三、山西侯马发电公司关停 2 台 2.5 万千瓦老机组

2007 年 3 月 18 日，山西侯马发电公司在主控制室举行了 2 台 2.5 万千瓦老机组的关停仪式。18 日 15 时 15 分，该公司 2 台 2.5 万千瓦机组先后与电网解列，安全退出运行。此前的 1 月 6 日，该公司另外 2 台 2.5 万千瓦机组已安全停运。至此，侯马发电公司 4 台 2.5 万千瓦机组在服役近 40 年后，全部退出历史舞台。

侯马发电公司 4 台 2.5 万千瓦机组在 1968—1972 年间先后建成投产。多年来，侯马发电公司克服各种困难，确保了机组的安全稳定运行，累计发电 230 多亿千瓦·时，保障了城市集中供热，缴纳税款 1.7 亿多元，曾为侯马市乃至晋南地区经济发展和社会稳定作出了积极贡献。

四、广西合山电厂一次性关停 36 万千瓦机组

2007 年 9 月 28 日，广西节能减排关停小火电机组拆除爆破仪式在合山电厂举行。随着 120 米高的烟囱轰然倒塌，运行多年的 4～7 号装机，容量共计 36 万千瓦的小火电机组正式关停。合山电厂成为当时国内单一火电企业一次关停容量最大的电厂。

"十一五"期间，广西计划关停 21 台共计 62.95 万千瓦小火电机组。2007 年上半年，广西已经顺利关停田东老电厂、合浦公馆火电厂、百色电厂、西湾电厂等电厂的 13 台共计 10.95 万千瓦机组。合山电厂 4～7 号机组顺利关停，使广西小火电机组关停容量达到 46.95 万千瓦，节约标准煤约 46 万吨。

广西在 2007 年内增加关停中胜电厂、兴安电厂、莲花山电厂和钦州老电厂共 8 台 12.9 万千瓦机组。到 2007 年年底，广西关停了 26 台共计 59.85 万千瓦机组，比年初预期目标多 12.9 万千瓦，完成了广西省"十一五"关停计划的 95%。

五、国华电力徐州发电有限公司"上大压小"拆除小火电机组

2008 年 5 月 22 日 15 时 50 分，在富有节奏的连续三次爆破声中，国华电力徐州发电有限公司 2、3 号机组的两座 90 米高冷水塔和 1、2 号锅炉共用的一座 180 米烟囱分别向西、向北的既定方向轰然倒下。这标志着神华集团、国华电力公司落实国家节能减排政策，实施"上大压小"拆除小机组工程"第一爆"的成功。

这次爆破作业拆除的单机容量为 13.7 万千瓦的四台机组总容量为 54.8 万千瓦，列当时全国"上大压小"火力发电项目一次拆除容量之最。

徐州发电有限公司 1977 年第一台机组投产发电，到 1987 年分三期共建设安装了四台 12.5 万千瓦和四台 20 万千瓦机组，后经增容改造，到 1997 年总装机容量为 143 万千瓦，8 台机组建成投产之时曾经是全国第三大火力发电厂，也是全国首批"双达标"和"国家一流"企业。

2007 年 12 月 23 日，神华集团与国网新源控股有限公司在北京签署了《647 万千瓦发电资产相关电厂安全生产责任及管理权转移协议书》，收购了徐州发电有限公司，这是神华集团积极支持电力体制改革的重要举措。国华电力公司接收徐州发电有限公司经营管理权之后，坚持贯彻科学发展观，践行"在发展中兑现承诺"，把"上大压小"作为发展的第一要义，把以人为本、人尽其才、保持稳定作为发展的核心，突出抓好创安全、增效益、育人才、谋发展等工作，促进徐州发电有限公司改革、发展、稳定、增效统筹兼顾，协调发展。

2008 年 4 月 14 日，国家发展改革委专家组经现场核查确定，徐州发电有限公司进行机组拆除工作完全满足《关停小火电机组现场核查确认单》的要求。

六、国华北京热电厂烟气脱硫工程竣工

2000 年 10 月 25 日，全国首家利用湿法脱硫并生产石膏板的工程——国华北京热电

厂烟气脱硫工程竣工投产，每年将减排 6000 吨二氧化硫。

此项烟气脱硫工程是国华北京热电厂"以大代小"技术改造工程的配套工程，总投资 4 亿元，全套湿法脱硫装置从德国引进，科技含量具备世界较高水平，实测烟气脱硫率可达 98% 以上。另外，该装置不仅能够净化烟气，还可以变废为宝，每年能产出脱硫的副产品——石膏板 38.4 万米^2，这种新型环保建材具有广阔的市场前景。

七、浙江省首台 60 万千瓦火电机组烟气脱硫工程技改项目投产

2006 年 9 月 15 日，浙江北仑发电厂 3 号机组脱硫装置正式投产。该工程的竣工标志着浙江省首台 60 万千瓦火电机组烟气脱硫工程技改项目的成功投产。该装置投产后每年可减少两万吨二氧化硫的排放，为打造宁波市"蓝天碧水"工程创造条件。

北仑发电厂机组烟气脱硫工程是当时国内总体规模最大的技术改造项目。该工程是浙江省、宁波市"十一五"重点工程，也是宁波市实事工程之一。该脱硫工程于 2004 年 11 月 18 日动工建设，2007 年底脱硫工程全部完工，工程概算静态投资 11.5 亿元。

北仑发电厂脱硫工程按"总体规划，分步实施"的原则推进。脱硫装置按单元制设计，一炉一塔，脱硫工艺采用国际上技术最为成熟、应用最多的脱硫工艺——石灰石/石膏湿法脱硫工艺。3 号机组脱硫装置投产后，不但脱硫效率高达 95% 以上，同时，平均每小时可生产石膏 12 吨左右，成为当地水泥厂和石膏制品行业最佳原材料。

北仑发电厂实施烟气脱硫工程符合国家和地方有关环境保护和电力发展的相关政策和规划要求，有利于浙江省电力行业二氧化硫总量控制目标的实现，对改善和缓解宁波市和周边地区严重的酸雨污染问题起到了积极作用。

八、国内首批同步脱硫、脱硝机组在华电长沙电厂投产

2007 年 10 月 23 日下午，国内首批、华电集团公司首台 60 万千瓦同步实现脱硫、脱硝机组，华电长沙电厂 1 号机组暨脱硫、脱硝装置圆满通过 168 小时试运后转入商业运营。

华电长沙电厂由华电集团公司独资建设，2005 年 12 月开工建设，一期工程建设两台 60 万千瓦超临界燃煤火电机组，二期规划建设两台 100 万千瓦超超临界燃煤火电机组。一、二期工程全部建成投产后，华电长沙电厂将成为湖南省最大的"绿色"火电生产基地。华电集团公司高度重视环保"三同时"工作，将其贯穿于电厂工程设计和工程建设的全过程，并把华电长沙电厂列为脱硝示范性工程，与工程同步开展静电除尘、废水处理和烟气脱硫、脱硝工程建设。

华电长沙电厂一期工程投入 5.5 亿元人民币，引进新技术、新工艺，高质量、高标准地开展环保设施建设，实现了环保装置与机组同步投产运行，确保减排目标和环保效益最大化。

华电长沙电厂烟气脱硝装置采用选择性催化还原法（SCR），以氨作为还原剂 100% 处理锅炉烟气量，装置出口含量每标准立方米烟气氮氧化物不大于 312 毫克。脱硫采用石灰石—石膏湿法烟气脱硫工艺技术，该装置 100% 处理锅炉烟气，脱硫效率大于 95%。

在设计条件下，一期两台机组运行每年可减排二氧化硫 3.84 万吨、氮氧化物 6387 吨。经检测，华电长沙电厂 1 号机组暨脱硫、脱硝装置在 168 小时试运期间，脱硫效率高达 97%，脱硝效率达到 58%，各种经济技术指标均达到优良标准。

九、世界首例海水脱硫百万千瓦机组在华能海门电厂投产

2009 年 6 月 30 日，华能海门电厂 1 号 103.6 万千瓦机组顺利完成 168 小时试运行，正式投入商业运行。1 号机组 6 月 21 日开始点火，23 日进入 168 小时试运行，取得了一次并网成功、一次带满负荷成功、一次通过 168 小时试运行的好成绩，并实现脱硫试运同步完成，保护投入率、仪表投入率、自动投入率均达到 100%。

华能海门电厂一期 1 号、2 号机组（2×100 万千瓦）工程坐落于汕头市南部海门镇东南龙头山以南的滨海地段，距离汕头市中心城区 23 千米，属于大型燃煤火力发电厂，实际总投资为 140 亿元，其中环保投资约占总投资的 12%。华能海门电厂是南方电网首座百万千瓦级节能环保绿色电厂，是广东省电源建设重点项目、国家重点工程之一。2003 年初开始前期准备工作，被国家发展改革委列入 2006 年备选开工项目。

2005 年 8 月，广东省电力设计研究院编制完成的《华能汕头海门电厂一期 1 号、2 号机组工程可行性研究报告》中对石灰石湿法脱硫和海水脱硫进行了比较论证，明确两种脱硫工艺均可行。

由于当时对海水脱硫工艺研究时间、政策认识不够充分，担心海水脱硫论证与报批工作繁琐，从而影响到项目核准进度不能如期于 2006 年开工，电厂暂以石灰石—石膏湿法脱硫工艺上报，海水脱硫工作继续同时推进。根据国家发展改革委《关于加快火电厂烟气脱硫产业化发展的若干意见》（发改环资〔2005〕757 号），华能海门电厂经过详细研究，确定 1 号、2 号机组工程在海水盐碱度、海域环境影响、技术经济等方面，均具备采用海水法脱硫工艺的条件。2006 年 8 月，华能海门电厂继续向国家环保总局申请改用海水脱硫工艺。经过严格的论证、审查，2006 年 12 月，取得国家环保总局的正式批复，于 2006 年 12 月 30 日开工建设。

华能海门电厂一期海水脱硫排水水质中各种指标浓度与海水本底值比较仅有少量增加：水温增加小于 1 摄氏度，pH>6.8，DO>4 毫克/升，COD_{Mn}、SO_4^{2-}、SS 分别增加约 0.257 毫克/升、45 毫克/升、4 毫克/升；各种重金属的增量极微，Hg 增值仅为本底值的 1/8，其他大部分重金属增量低于本底值 1~2 个数量级，增加值叠加本底值后，所有重金属浓度均低于二类海水水质标准。

华能海门电厂一期 1 号、2 号机组（2×103.6 万千瓦）烟气海水脱硫工程是世界首例采用海水脱硫的百万千瓦机组，是全国首批脱硫设备与主机同步建设、同步投运的百万千瓦机组。该项技术成果于 2009 年 11 月列入《中国企业新纪录暨自主创新成果年鉴·2009》，标志着中国海水脱硫技术达到了国际先进水平。

2009 年 9 月 27 日 8 时，随着华能海门电厂 2 号机组通过 168 小时试运行，华能海门电厂一期工程 1 号、2 号两台百万千瓦级超超临界燃煤机组投产发电，中国华能集团公司

发电装机容量突破 9000 万千瓦。

第十二节　电 价 机 制

在电煤指导价没有取消之前，煤电两家一直友好相处，利益共享，实现了双赢。电煤双方在很长一段时间里，无论是在价格上还是供应上都相安无事，原因在于有一把约束双方的"双刃剑"——电煤国家指导价。从 2002 年起这把裁判双方的利器不复存在了，煤电之间价格谈判就出现了激烈的矛盾。

一、中国电价机制的形成

电力改革关系国计民生，关系国民经济发展和社会进步的全局。在整个电力体制改革中，电价作为平衡各方利益的杠杆是一个核心问题，健全合理的电价形成机制是电力改革的关键环节。自 1996 年电力供需出现基本平衡以来，社会各界对电力发展的效率、价格和服务的敏感度明显提高。

世界各国对电力产品的定价曾经采用过三种基本定价方法。第一种是以个别成本为基础的成本加成方法；第二种是以标准成本为基础的限价定价方法；第三种是很多发达国家，包括一些发展中国家尝试的市场竞价方法。中国采用的是第一种方法。简单的成本加成的定价机制存在固有的效率问题，最突出的问题就是把建设投资都算入电厂成本中，即建设投资形成的固定资产以按设计年限折旧加入到发电成本，最终转嫁给消费者。

按照通常理解，商品价格应是市场需求与生产成本的综合反映。但是中国的电力商品经历的是短缺—发展—暂时平衡的发展过程。在这个过程中它的价格形成，遵循的不是市场经济的竞争法则。改革开放前，中国政府核定销售电价的原则主要是根据用户的经济水平和支付能力，即通常所说的公平负担。这种方法对用户的用电时段、用电类型及电力生产各环节的合理回报考虑较少。

从 20 世纪 80 年代中期起的十几年里，中国为了解决电力发展的瓶颈问题，决定调动各方的积极性，发挥各方力量集资办电，把解决缺电问题摆在第一位。历史性的电力短缺掀起了全民办电的热潮，还本付息电价和多种电价政策就在这种背景下应运而生。

1985 年，国务院批转了《关于鼓励集资办电和实行多种电价的暂行规定》（国发〔1985〕72 号文），决定把国家统一建设电力和统一电价的办法，改为鼓励地方、部门和企业投资建设电厂，并对部分电力实行多种电价的办法。与当时的经济体制相适应，电力行业相继形成了指令性和指导性两种电量和两种电价；由于允许电力企业利用议价燃料发电并执行"燃运加价"，电价的价格杠杆作用开始显现。

1990 年以后，新建电厂普遍实行"还本付息电价"，即按个别成本加税金和合理利润确定电价，保障电厂投资者在相对较短时间内（一般为 10 年）偿还贷款本金和利息，并获得相应的投资回报，从而出现了"一厂一价，一机一价，同网同质不同价"现象。由于电厂是以财务上可偿还债务的价格向电网售电，在电力短缺时代，投资电厂无任何风险，还本付息电价促进了电力投资。但由于资金来源、建设地点、建设方式的差异，加上缺乏有效的投资成本约束和经营成本控制，导致不同电厂的电价相差很大。

1998 年以后，随着电力供需矛盾的缓解，为克服还本付息电价的弊端，新建电厂开始改为"经营期电价"，将按发电项目需要在还贷期核定的还本付息电价改为按发电项目在经营期核定的平均上网电价。根据国家发展计划委员会（已撤销）于 2001 年下发的《关于规范电价管理有关问题的通知》（计价格〔2001〕701 号），电厂的成本按省级电网内同时期建设的同类型技术先进的发电机组的社会平均成本核定（即标杆上网电价），从而实现了同类电厂上网电价相同，打破了"一厂一价"的还本付息定价模式，为电力市场公平竞争奠定了基础。

二、电价管理政出多门

为了解决地方集资办电还本付息的压力，国家电力公司系统的大机组总要为地方小机组让出发电空间，例如河南省 1998 年、1999 年地方小机组的平均利用小时数大大高于 20 万千瓦及以上大机组的平均利用小时数。正是这种历史沿袭的复杂性，使得从 1999 年初就酝酿的改革还本付息电价的想法一直难以实施。电价杠杆在这种复杂环境下失去了调节供需、配置资源的功能。

中国工业用电价格与居民用电价格处于严重不合理的状态。居民一般在用电高峰时用电，理应支付高负荷成本，但在电价构成中居民用电价格却较低，而工业用电负荷集中、稳定，特别是在低谷时用电，但他们却支付着比居民用电高的电价。

电价在电力生产流程的各环节上分配比例也不适当。国外输配电网与发电厂在电价的分配比例一般是 6:4，这样电网才有合理利润和投资来源，电厂才有约束成本的动力。而中国的输配电网与发电厂在电价的分配比例大约是 3:7，在电网获利能力低的情况下，改善电网结构薄弱的资金难以落实。

电价管理政出多门也是造成电价混乱的原因之一。首先，电价管理权限不够明确，电价管理职责和程序不够清晰。1985 年以后集资办电的过程中，各级政府都有审批电价的权力，一般是中央投资的电力项目中央管电价，地方投资的项目地方管电价。在这期间，统一的价格管理原则、政策难以落实。1995 年 12 月 28 日颁布的《电力法》粗线条地划分了上网电价、电网销售电价的定价权限，但中央、地方政府、电力企业三方面对电价定价与管理的职责没有进行具体划分。1997 年 12 月 29 日《价格法》出台后，明确了垄断产品要实行政府定价和管理。电价审批权的分散，必然造成电价行为的不规范，各省、市政府都可以某种名目从电价中为某种投资寻求回报，造成了乱加价、乱收费的混乱局面，例如，1997 年北京市的电价就有 100 多种，在 1998 年进行了清理整顿，统一了北京市的电价。不少地方利用各种价外加价筹集电力建设基金，为加速资金回收，自行批准较高的电价。电价审批的不规范行为加重了用户负担，后果是正常的电价空间被挤占，电网建设从正常的电价渠道得不到回收资金，正常的电价调整难以实施，而终端用户电价又越来越高。

电价整顿工作的开展取得了一些成绩，但还没有从根本上解决电价机制问题，中国的电价结构离"厂网分开，竞价上网"的目标模式相距甚远。厂网分开后，电网要独立经营，但如果电价中电网方的价格仍得不到合理体现，不仅电网公司经营困难，而且电网架构薄弱的现状仍得不到根本改观。其次，中国在各个不同历史时期投产的电厂上网电价问题必须得到科学合理的解决，这样在未来的竞争中，不同的投资主体才能站在相对平等的起跑线上，政府才能进一步构建有序竞争的机制。

三、电煤价格由双轨制到放开

2001 年 7 月 5 日，国家计委下发了《关于放开和下放部分商品和服务价格的通知》，宣布从 2002 年起不再发布电煤指导价。

中国煤炭从 1985 年开始实行双轨制价格，同时对国家指令性电量也开始实行"燃运加价"政策，以此转化资源运输、价格上涨对电力成本的影响。1992 年，国家放开了所有动力煤价格，但当时由于煤、电价格关系尚未理顺，煤、电价格联动还没有走上正轨，影响了煤炭和电力的生产。为此，1996 年 2 月，国家计委对发电用煤实行国家指导价，规定发电用煤价格在 1995 年 11 月实际结算价格基础上平均每吨 8 元的最高提价额度，以后每年发布文件，规定电煤价格在上年基础上的提价限度。

1985 年到 1995 年期间，售电单价基本随煤价的变动而变动。1995 年到 2000 年，原煤平均售价逐年降低，同期电价有所降低。2000 年与 1995 年相比，原煤平均售价下降 30% 左右，电价下降 15% 左右。这期间，电力企业执行电煤指导价，电煤价格高于市场价。因此，电价下降水平低于煤价下降水平。从 1985 年到 2000 年的煤价电价变化情况可以看出，"煤运加价"政策和电煤指导价政策是电价相对稳定的基础，电煤价格与电价联动是电力运营的客观规律。

1992 年，国家放开煤炭价格后，电煤价格和煤炭市场价格连续六年持续上涨。六年中，电煤涨价幅度为 33～48 元/吨，电煤指导价低于煤炭市场价 10～50 元/吨，电煤供应较为紧张。1998 年后，随着地方小煤矿的产量逐年大幅度提高，煤炭出现了严重供大于求的情形，煤炭企业纷纷以降价抢占市场，电煤指导价反过来比煤炭市场价格高 10～48 元/吨，个别地方差价达到 60 元/吨。不难看出，电煤指导价的实行有效保证了电煤价格的相对稳定。

在电价政策不变的情况下，电煤价格放开对电力企业的影响主要体现在经济效益和供煤的稳定性上。但也应该看到，电煤指导价是政府与煤炭企业双重定价的形式，实质是政府定价和市场定价间的过渡形式。取消电煤指导价后，对电力企业的影响将是多方面的，从保障供应、成本控制，到电力生产经营管理以及电价的稳定，最根本的是电力企业面临的市场环境必将发生根本性变化。国家使电煤价格逐步放开，把产品定价权交给经营者，把选择权交给消费者。电煤价格放开是市场经济体制发展的需要，是电煤价格管理依照《价格法》进行宏观调控的开始。电煤价格放开后，电煤指导价对电力企业的成本保护作用已不复存在。

国家对电价依然实行严格的管制，电价不可能随煤价起落而涨跌，那么在电煤市场上以价格杠杆来平衡供需，显然是不现实的。为了控制煤价，2002 年各地电力燃料系统纷纷召开电煤价格协调会，提出争取"煤价基本保持稳定"，但在电煤紧张的形势下，采购成本逐年攀升，使电厂的运营出现严重的危机，主要表现在以下几个方面：

一是电煤的供应还未能按照市场化规则运作。由于电煤供应环节多、数量大、运距长等原因，在取消指导价后，电煤供应矛盾重重。煤炭供求关系、价格并没有遵循市场准则交易，违背了市场规律，影响了煤电行业的生产。因此说明电煤的供应不是市场能够调节的，需要国家综合各相关部门的协调，需要没有指导价的指导政策。

二是供需双方缺乏保证。在取消指导价后，煤电双方的利益都难以得到保证。当供方提出的煤价过高时，作为需方的电力企业会因为价格拒绝接货，从而波及正常生产。反之，煤价达不到煤矿的预期，煤矿的正常供货就会出现问题。

三是加大了政府部门的协调难度。电煤指导价放开，本意是减少政府对煤炭市场交易的干预，尽快走向市场。然而市场放开后煤、电、运三方互相牵扯，市场行为起不到太大作用，同时也使综合部门的协调大打折扣。

四、煤电联动政策出炉

为解决中国经济运行中出现的煤炭、电力供应紧张，价格矛盾突出问题，同时也为进一步理顺价格关系，国家发改委 2004 年 12 月 15 日印发了《关于建立煤电价格联动机制的意见》（简称《意见》），决定建立煤电价格联动机制。

在基础价格方面，要求首次煤电价格联动以 2004 年 5 月底煤炭企业销售电煤的车板价为基础，根据 2004 年 6—11 月电煤综合出矿价格（车板价）的平均涨幅，按照煤电价格联动公式测算和调整发电企业上网电价和销售电价。区域电网内煤价涨幅差距较大的部分省（区、市）调整电价。上网电价与煤炭价格的联动将根据煤炭价格与电力价格的传导机制，建立上网电价与煤炭价格联动的公式。以电煤车板价为基础，实行煤电价格联动。电力企业要消化 30%的煤价上涨因素。燃煤电厂上网电价调整时，水电企业上网电价适当调整，其他发电企业上网电价不随煤价变化调整。销售电价调整后，按照电网经营企业输配电价保持相对稳定的原则，相应调整电网企业对用户的销售电价。各类用户的销售电价中，居民电价、农业电价、中小化肥电价保持相对稳定，一年最多调整一次，除居民电价外，其他用户电价随上网电价变化相应调整。另外，在电网经营企业实行"主辅分离"前，按照电网经营企业实际的电力购销价差，核定并公布各电网输配电价标准，作为煤电价格联动的基础。在明确界定电网输配资产后，依据国家制定的输配电价格定价机制和输配电价格成本监审办法，合理核定输配电电价标准，在此基础上实施煤电价格联动。对于煤电价格联动的周期及涉及的区域，《意见》规定原则上不少于 6 个月为一个煤电价格联动周期。若周期内平均煤价比前一周期变化幅度达到或超过5%，相应调整电价；若变化幅度不到 5%，则下一周期累计计算，直到累计变化幅度达到或超过 5% 后再进行电价调整。

《意见》提出，从长远看，要在坚持放开煤价的基础上，对电力价格实行竞价上网，建立市场化的煤电价格联动机制：在过渡期间，按照"市场导向、机制协调、价格联动、综合调控"的思路，建立灵活的、能够及时反映煤价变化的电价调整机制，即在电力企业消化部分煤价上涨因素的基础上，实行上网电价与煤价联动，并按照电网经营企业输配电价保持相对稳定的原则，将销售电价与上网电价联动。

2005 年 4 月 30 日，国家发展改革委发出通知，公布煤电价格联动实施方案。自 2005 年 5 月 1 日起，全国销售电价平均每千瓦·时提高 2.52 分钱。2005 年，实现了三个突破：一是发挥市场配置资源的基础性作用，鼓励企业自主衔接，依法签订合同；二是政府通过发布衔接原则和框架方案，指导产运需衔接，不再直接对企业分配资源；三是在铁路运力偏紧的情况下，运力配置效率优先与保障重点相结合。由于铁路运力的改善，原由企业自行签订的无运力保障的"白合同"煤炭也转为有运力保障的"绿合同"，订货数量大大突破原衔接框架方案。

2006 年 1 月，济南订货会上煤电矛盾再度升温，由于矛盾无法协调，使订货会无果而终，之后在长达四个月时间里，煤电之间就电煤价格进行了艰难的拉锯战。在国家有关部门的协调下，2006 年 4 月电煤合同陆续签订。为疏导电价矛盾，经国务院批准，国家发展改革委 2006 年 6 月 28 日下发特急文件调整电价，全国上网电价平均上调 11.74 元/（千千瓦·时），销售电价平均提高 24.94 元/（千千瓦·时），发电调整项目包括：全国平均煤（运）电联动销售电价提高 9.79 厘/（千瓦·时），脱硫项目专项加价全国平均调整电价 2.4 厘/（千瓦·时），新投产机组标杆上网电价按煤（运）电联动同步调整。

2006 年，实施了"三项措施"：① 在政府控制条件下，取消电煤价格临时干预措施，由企业自主协商定价；② 铁路重点运力不再翻版，而是根据上年实际完成情况和新增生产能力予以调整；③ 运力配置向诚实守信、依法合规生产经营、合同兑现率高的企业以及中长期、大宗合同倾斜。

2007 年，继续推进"三个深化"：① 彻底取消延续 50 多年的由政府组织产运需企业召开订货会的做法；② 进一步引入竞争机制，凡符合国家产业政策的企业，不分所有制、不分隶属关系，均可以自主参加衔接；③ 在坚持供需双方企业根据市场供求关系协商定价的基础上，明确了以质论价、优质优价、同质同价的原则。

五、全国煤炭订货会的终结与煤电联动机制的形成

2006 年 12 月 27 日，国家发展改革委召开 2007 年煤炭产运需衔接电视电话会议。会上，国家发展改革委明确要求煤炭供需双方根据市场供求关系协商确定煤炭价格，电煤等大宗合同自愿协商、价格优惠。

国家发展改革委摒弃延续了 50 年之久的煤炭订货会形式，改用视频会议指导 2007 年的全国煤炭订货。这种形式上的改革，表明政府意欲淡出煤炭订货，同时也传递出煤炭价格市场化改革的信心。

国家发展改革委明确规定，供需双方自主衔接，且规定在一个月之内完成。但是，由于煤电企业的地位不对等，哪天开会、价格多少、什么时候必须结束，全是煤炭企业一家说了算。如果电力企业要讨价还价，那么煤炭企业就取消订货资格。原本是供需双方本着平等公正的原则，自主进行双向选择，现在被煤炭企业一家独大所代替。

要发挥市场在电力资源配置中的基础性作用，关键是要大力推进电力工业市场化改革，尽快消除价格机制的扭曲。中国电力价格中补贴和交叉补贴普遍存在，因为要考虑老百姓的承受能力，所以在电力提价时工业和商业往往多提，城乡居民用电和农业用电少提。1997 年，有关部门在调整电价时已发现电价扭曲问题，当时提出，今后在电力提价时，民用电价要多提，工业电价少提；基本电价多提，梯度电价少提。可在以后的改革中，为了减轻农村居民的电费负担，国家采取了以城市补农村的城乡同价，进一步扩大了补贴和交叉补贴的内容和范围。在 2002 年实行新一轮电力体制改革后，由于国际石油、天然气和煤炭等一次能源价格急剧上涨，被迫实行煤电价格联动。实际上，2004、2005 和 2006 年的电价调整，电力企业并没有从加价中获得收益，相反还承担煤炭和运输价格上涨的 30%的成本。在这三年提价中，继续照顾城乡居民，仍然采取工业、商业多提，居民生活和农业用电电价少提，工业用电价格仍然高于民用电价。应当说自改革开放以来，在电价调整中，政府非常关注居民对电价的承受能力，因而取得了民众的理解和支持。电力体制改革明确了改革要降低成本、要促进发展，中国的电力体制改革这两点承诺都做到了。如果这几年没有世界性的油、气、煤大涨价，没有交通运输的提价，电力企业就可以通过降低成本使电力价格降下来。所以，2002—2006 年电价上涨，主要是世界能源价格逐渐飙升引起的。

国家发展改革委发布了《关于做好 2007 年跨省区煤炭产运需衔接工作的通知》（发改运行〔2006〕2867 号）（简称 2867 号文件）中写明，"继续实施煤电价格联动"政策，使煤炭企业上涨煤价有了充分的理由和依据。在电价政府管制的大背景下，煤炭价格的市场化给发电企业的生产经营造成了巨大压力。

根据国家发展改革委的指导意见，2007 年取消电煤的重点订货合同，煤炭企业认为煤价放开，就是要一步并轨，认为 2867 号文件中有"煤电联动"的提法，因此，发电企业就要答应电煤涨价。2007 年电煤价格出现这样大的涨幅，关键在于只有价格协商机制，没有协调机制。在煤电双方的对话中，电力企业一方保发电，不能停机，社会责任给发电企业带来了极大的压力；而另一方的煤炭企业由于占有资源，其单方面要价、定价且态度强硬。在市场地位悬殊的对话中，就应该有一个协调机制对价格加以平衡和约束。

煤炭价格上涨，并大幅度挤压电力行业整体利润固然是事实，但火电设备利用小时不升反降，这表明电力产业存在的结构问题相当突出，亟待调整。在当时节能降耗的形势下，2007 年的政府工作报告明确提出，当年要关停 1000 万千瓦小火电机组。电力产业结构的调整任务繁重，而且极为紧迫。尤为关键的是，电煤价格的上涨，使得负担沉重、煤耗高、燃料成本居高不下的小火电厂面临巨大的生存压力，而这也恰恰减轻了小火电机组关停工作的压力，有利于电力产业结构的调整。

2007 年电煤价格大幅上涨，已经远远超过煤电联动规定的 5%原则，电价是否会再次上涨自然成为人们关注的焦点。2007 年 1 月 10 日，为期 7 天的全国煤炭合同汇总会在桂林举行。会议期间，鉴于电煤价格涨幅过高，中电联时向国务院报送了《关于 2007 年电煤产运需衔接有关问题的报告》，建议政府尽快出台稳定当时电煤价格的指导性意见，对电煤价格矛盾予以协调或干预，同时建议及时安排有关部门进行煤电价格联动方案测算，予以同步实施。

2007 年，电力企业出现大规模亏损现象，其主要原因：一是电力机组利用小时数在下降，电力供过于求；二是国家宏观经济形势不具备电价上涨的氛围；三是电煤价格过高。煤炭企业拥有了价格话语权，电力企业只能被动接受高煤价。五大发电集团受此影响，发电成本急剧上升。电力企业纷纷表示，希望通过国家制定的"煤电联动"政策来减少电煤大幅上涨带来的经营压力。

煤电联动机制实施伊始，多被认为是权宜之计，不是解决煤电之争的根本。要解决煤电之争，根本所在还是要加快市场化进程，即电力行业推进电力市场化改革，推动竞价上网，煤炭企业严格规范管理，科学定价，使煤炭价格真正反映它的价值。也就是说，通过市场使两个行业达到和谐。一方面煤价放开，另一方面电价被堵死，煤炭企业在市场化的招牌下，毫无限度地抬高煤价。而政府在改革的压力下，完全放弃协调和监管的权力，将改革的成本全部转移给电力企业，是否合理、合适，有待推敲。

在煤电联动喊声此起彼伏时，数据表明，煤电联动条件已经成熟，煤电联动应顺势开启。不过，考虑到节能减排，以及关停 1000 万千瓦的严峻形势，煤电联动更多地让位于小火电的关停，煤电联动只能等待时机。电力行业整体利润的消失殆尽本身，也意味着电力行业政策调整在即。只要电力行业处于困境的不利因素稍有出现，也是煤电联动开启之时。

六、国家发展改革委对电煤价格第一次临时干预

2008 年 5 月份以后，受国际煤价大涨的影响，全国煤炭价格飙升，由于迟迟未能实施煤电联动，发电企业生存状况不断恶化。以山西省为例，2008 年 5—6 月份期间，一个月时间内，标准煤单价从 500 元/吨直逼 600 元/吨，部分标准煤单价达 670 元/吨。随着煤价快速上涨，大多数发电企业已经没有了边际利润，企业经营状况严重恶化。

2008 年 6 月 19 日，国家发展改革委发布《关于对全国发电用煤实施临时价格干预措施的公告》（2008 年第 46 号），这是国家发展改革委第一次临时干预电煤价格。为防止煤、电价格轮番上涨，促进煤炭和电力行业协调、稳定、健康发展，根据《价格法》第三十条规定，决定自 2008 年 6 月 19 日起至 2008 年 12 月 31 日，对全国发电用煤实施临时价格干预措施，主要内容如下：

（1）全国煤炭生产企业供发电用煤，包括重点合同电煤和非重点合同电煤，其出矿价（车板价）均以 2008 年 6 月 19 日实际结算价格为最高限价；当日没有交易的，以此前最近一次实际结算价格作为最高限价。临时价格干预期间，煤炭生产企业供发电用煤出矿价

（车板价）一律不得超过最高限价。

为稳定非重点合同电煤的市场销售价格，省级价格主管部门要采取限定差价率等措施，控制流通环节费用。

（2）煤炭供需双方已签订合同的，要严格按照合同约定的数量、质量和价格履行电煤合同。禁止将重点合同煤转为市场煤销售。煤炭运输等流通企业要执行规定的收费标准，不得擅自提价或价外加价。

（3）各煤炭生产企业要严格执行上述临时价格干预措施。各地价格主管部门要加强检查，重点查处违反政府限价、擅自提高价格的行为；查处通过降低煤质、以次充好等欺诈手段变相涨价的行为；查处不执行电煤供应合同，将重点合同煤转为市场煤销售的行为等。对违反电煤价格临时干预措施的企业，将依照《价格法》《价格违法行为行政处罚规定》予以严肃处理。对查处的典型案件，在有关媒体上予以曝光。

与此同时，国家发展改革委于2008年6月19日宣布，自2008年7月1日起，将全国销售电价平均每千瓦·时提高2.5分钱。国家发展改革委向各电力企业以及各省发展改革委、物价局、电监办等相关单位下发了关于提高电力价格的通知，通知详细规定了各地调价的基本情况。

此次调整电力价格涉及全国各区域电网，调整范围包括了上网电价、输配电价、销售电价以及可再生能源电价。其中，对于上网电价的规定最为详细，而上网电价的地区差异也最大。如针对电网统调燃煤机组（含热电联产机组）上网电价的调整中，云南省提价幅度最大，为每千瓦·时3.5分钱；上调幅度最小的为内蒙古东部地区，每千瓦·时提价0.43分钱。而同为南方电网区域内的调价差异也很明显，如与云南省的每千瓦·时3.5分钱相比，贵州省每千瓦·时提价1.89分钱，差价达1.61分钱，相当于河北省北部地区电网统调燃煤机组（含热电联产机组）上网电价提价标准。在国家发展改革委给各电力企业下发的通知中统一要求："本次调价中，未安装脱硫设施的机组，上网电价在上述电价基础上每千瓦·时扣减1.5分钱。"

这次电价调整是在火力发电企业生产经营难以持续的状况下出台的。可以看出，国家直接调整的是电网公司的销售电价，而非发电企业的上网电价，但其最终目的是通过上调销售电价来上调发电企业的上网电价。但是，即使这每千瓦·时2.5分钱的电价都给了火电企业，许多火电企业也仅仅是有了边际利润，离真正解决亏损问题还差得很远。

2008年6—7月是政府出台电煤价格临时干预措施的第一个月，但从市场反馈的信息来看，市场煤价继续延续着自4月下旬开始的持续、大幅度上涨行情，而且这种单边上涨行情似乎已经"无所顾忌"，丝毫没有受到2008年6月19日国家发展改革委对全国发电用煤实施临时价格干预措施的干扰。6月末，秦皇岛地区发热量5500大卡[1]/千克市场动力煤的交易价格已经达到900元/吨的历史高位，单月的整体上涨幅度再次达到140元/吨以上。

---

[1] 1大卡即为1千卡，为4186焦。

2008 年 7 月 23 日，国家发展改革委发布《关于进一步完善电煤价格临时干预措施的通知》（电〔2008〕248 号）。为确保临时干预措施的全面落实并取得实效，决定进一步完善相关政策，主要包括以下 4 个方面。

（1）公布主要煤炭生产企业电煤销售价格。各产煤省（区、市）价格主管部门要掌握主要煤炭生产企业 6 月 19 日及之前重点合同和非重点合同电煤结算价格、热值等，作为煤炭生产企业执行限价的依据。自 2008 年 8 月初起，各主要煤炭生产企业须每月向省级价格主管部门或其授权机构报告电煤结算价格、热值、数量等情况。省级价格主管部门汇总后，要通过新闻媒体定期向社会公布主要煤炭生产企业电煤价格、热值、合同兑现率等情况，加强社会监督。具体企业名单由省级价格主管部门指定。

（2）制定主要港口和集散地动力煤最高限价。鉴于主要煤炭运输港口市场煤交易价格对全国煤价水平影响重大，且电煤与其他动力煤难以区分，决定在主要港口对动力煤进行统一限价。自发文之日起至 2008 年 12 月 31 日，秦皇岛港、天津港、唐山港等港口动力煤平仓价格，不得超过 6 月 19 日价格水平。各地可参照上述规定，制定本地区重要港口或煤炭集散地动力煤最高限价。

（3）加强对重点电煤合同兑现率的监管。煤炭生产经营企业原则上不得在港口变更重点合同收货人，不得将重点合同电煤交给关联销售公司进行销售，转变为市场电煤或其他用煤。国家发展改革委将组织有关单位按价格、热值、数量统计重点合同兑现率，对未按合同约定执行的，依据合同未兑现煤量比例，相应削减其次年重点合同运力计划，并按价格违法所得收缴相应差价款。

（4）加强价格监督检查。各级价格主管部门要加强电煤价格检查，按照《价格法》和《价格违法行为行政处罚条例》规定，重点查处煤炭生产企业违反政府限价、擅自提高价格的行为；通过降低煤质、以次充好、变更重点合同属性等手段变相涨价的行为；中间环节囤积居奇、哄抬价格，违反最高限价或经营差率规定的行为。对查处的典型案例，将通过新闻媒体予以曝光。

第十三节　深化煤电体制改革与电煤市场化形成

2004 年以后，煤炭逐步取消政府直接组织订货方式，改为在国家公布的运力配置意向框架下，由供需企业自主衔接签订合同，2012 年重点订货范围已由 8 个行业逐步缩小为电力、化肥和居民生活 3 个方面，电煤价格基本延续了发布参考价的做法。2012 年签订的重点煤炭合同 8.1 亿吨，其中电煤 7.5 亿吨，规定重点电煤价格上涨幅度不得超过 5%。

在特定时期和条件下，重点煤炭合同对保障中国经济发展曾经起到了积极的作用。但随着社会主义市场经济体制的逐步完善，供需双方的衔接机制已不适应市场配置资源的要求。重点电煤与市场煤在资源供给、运力配置和价格水平上存在明显差异，在实际运行中的弊端日益显现。一是重点电煤与市场煤长期存在较大价差，限制了市场机制作用的发挥。

二是不同煤、电企业之间重点合同的煤价存在差异，造成不公平竞争。三是煤、电供需双方签订年度合同时纠纷不断，执行中兑现率偏低，不利于电煤稳定供应。

2012 年 12 月 25 日，国务院发布《关于深化电煤市场化改革的指导意见》（国办发〔2012〕57 号），这次改革的核心是充分发挥市场机制的作用，为市场主体的公平竞争创造良好的外部环境，在此基础上形成合理的电煤衔接新机制，实现煤炭、电力行业持续健康发展，保障社会经济发展和人民生活的能源需求。

一、发电企业结盟进行电煤价格谈判

2008 年疯狂的煤价让火电厂燃料成本飙涨，同时发电小时数锐减，在双重重压之下，五大发电集团和香港华润电力集团组成了业内称为非常"5+1"的谈判同盟军，六个大型发电集团同进同退，第一次以强硬的姿态代表发电企业突围，共同抵制电煤涨价，并且尝试开启从海外市场采购电煤的新路。

国家发展改革委在 2009 年 12 月 15 日订货会之前宣布，煤炭供需双方必须在《国家发展改革委关于做好 2009 年跨省区煤炭产运需衔接工作的通知》下达后的 20 天至 1 个月内，自主采取各种方式完成衔接、签订合同，不得以任何理由拖延。然而，市场并没有反馈给国家发展改革委一个满意的答复，在政府规定的时间内，签订的合同量不足计划的一半。

国家发展改革委能源局在第一次全国能源工作会议闭幕式上表示，2009 年煤炭行业增值税的提高以及资源税改革均会增加煤炭成本，煤炭企业要求每吨涨价 50 元有其合理性，并将改革给煤炭企业带来的成本增加等问题上报给了国务院等待回复。同时传出的信息还有电价上涨希望渺茫，期待进一步理顺体制。

二、煤电联动造成的恶性循环

2008 年 4 月 10 日，国家发展改革委刚刚上调 12 个省份的上网电价不久，受该消息刺激，煤炭价格飙升了 25 元/吨，以秦皇岛 5500 大卡动力煤平仓价为例，从平均 785 元/吨涨到 810 元/吨，相当于上网电价提高 1 分钱/（千瓦·时）。煤价的"联动"顿时让稍微缓解亏损的很多火电企业再次回到调价前的原点。于是，2008 年 4 月 27 日，发改委价格司开始约谈大型煤炭企业，就保持市场煤炭价格稳定进行沟通。

2008 年 5 月 30 日，国家发展改革委决定自 6 月 1 日起调整 15 个省（市）工商业、农业用电价格平均每千瓦·时上调 1.67 分钱后，电煤价格迎来了新一轮上涨。据海运煤炭网统计，2008 年 6 月 1 日第 33 期环渤海动力煤价格指数综合平均价为 837 元/吨，环比上涨 5 元/吨，整体增长额为 70 元/吨，涨幅 9.13%。

根据前几年的经验，在电煤价格的持续上涨趋势之中，每次电价的调整总是伴随着电煤价格的暴涨，这已成了一种常态：2008 年 7 月 1 日，全国销售电价平均每千瓦·时提高 2.5 分钱，根据具体细则，此次调整电力价格涉及全国各区域电网，调整范围包括了上网电价、输配电价、销售电价以及可再生能源电价。两个月后，国家发展改革委上

调了火电上网电价：自 2008 年 8 月 20 日起，将全国火力发电企业上网电价平均每千瓦·时提高 2 分钱，电网经营企业对电力用户的销售电价不做调整。2009 年 11 月 20 日开始，电价又进行了一次调整：全国非民用电价平均每千瓦·时提高 2.8 分钱。几次电价调整之后，电煤价格都出现暴涨态势，这已成了一种恶性循环。从以往的经验看，"电荒"的结果通常是政府启动"煤电联动"，适度提高上网电价和销售电价。这些提价往往较为滞后，无法全部对冲发电成本的上涨，还会带来电煤大涨的负效应，而且由于担心加剧通胀，电网终端销售电价的提价幅度一般低于发电企业上网电价的增幅，结果只能是压缩电网的利润空间，将电网的部分效益转移到发电企业。

在整个火电行业性亏损严重的情况下，上网电价的上调给火电企业带来了一丝曙光，但是，上网电价的上调往往刺激市场煤价"报复性"上涨，火电企业刚刚谋得的一点儿微薄利润很快被悄然吞噬；上网电价的上调还会影响销售电价的上调，而这会直接或间接推高国内的居民消费价格指数（CPI）。煤电矛盾始终在"煤价上涨—电企亏损—电价上调—煤价再上涨"的恶性循环中。促进电煤市场化的形成和深化煤电体制改革势在必行！

三、再次启动煤电价格联动机制

2009 年，国家发展改革委再次实施煤电联动，于当年 11 月中旬出台了新一轮电价调整方案。根据方案，2009 年 11 月 20 日起全国销售电价平均提高 2.8 分/（千瓦·时）；上网电价各省区根据不同实际情况进行调整，有升有降。陕西、甘肃、青海、山西、江西、四川、重庆、云南、贵州、海南十省市燃煤机组标杆上网电价每千瓦·时上调 0.2～1.5 分不等，浙江、福建、江苏、上海、辽宁、河南、广东七省市每千瓦·时下调 0.3～0.9 分不等；此外，部分电价偏低、亏损严重、更新改造资金严重不足的小水电和老水电企业上网电价得到适当提高。

电煤市场化是必然的发展趋势，国家已经完全放开对于电煤价格的控制，但在电价市场化改革未到位情况下，电力企业被置于不公正的市场位置，煤电之间的矛盾呈愈演愈烈之势，电力企业受到电价限制和煤价上升的双重压力出现巨额亏损。

煤电价格联动机制颁布后，国家还陆续实施了多次煤电价格联动，在一定程度上缓解了煤电价格矛盾，较好地保证了电力正常生产。过渡期间，政府一方面积极稳妥地推进电力市场建设，在电力供大于求或电力供求基本平衡的地区，开展电力竞价上网试点，通过市场竞争反映煤价变化；另一方面，在暂不具备市场条件的地区，通过建立煤电价格联动机制，使政府制定的电价能够反映煤炭价格变化，同时对煤价进行合理监控，防止其非理性涨落。

通过建立煤电价格联动机制，对缓解煤电价格矛盾、实现向竞价上网平稳过渡等方面发挥了积极作用，尽管该机制只是一个过渡办法，但也为电力市场化改革积累了经验。

四、第二次电煤价格临时干预

据五大发电集团统计，2008 年仅电煤价格上涨导致燃料成本上升 300 亿元，占五大发电集团 2007 年 320 亿元总利润额的 93.8%。此后火电企业连续三年经营困难，已成为国民经济中利润最微薄、经营最困难、经营风险最高的行业之一，行业的持续发展能力受到严重削弱。为贯彻落实国务院《关于稳定消费价格总水平保障群众基本生活的通知》（国发〔2010〕40 号）关于"煤电双方要衔接好 2011 年度电煤供需合同，煤炭行业要加强自律，保持价格稳定"的精神，国家发展改革委于 2011 年 3 月 28 日下发《关于切实保障电煤供应稳定电煤价格的紧急通知》（发改价格〔2011〕659 号），要求各地采取有力措施，保障电煤供应，稳定电煤价格。

《通知》要求，2011 年重点合同电煤价格维持 2010 年水平不变，并不得以任何形式变相涨价。各地区、各部门要认真抓好贯彻落实工作，各司其职，各负其责，确保上述要求落到实处。各煤炭和电力企业要识大体、顾大局，加强企业自律，严格执行稳定电煤价格的各项规定，不得把合同煤兑现量与市场煤购买量挂钩，不得通过降低煤炭质量等方式变相涨价，不得擅自提价或价外加价。各级人民政府尤其是煤炭主产区人民政府要切实加强煤炭价格监管，维护正常的煤炭生产经营秩序和价格秩序。

2011 年 6 月 2 日，国家发展改革委下发《关于适当调整电价有关问题的通知》，明确了火电、水电上网电价及部分省（市）销售电价调整的具体范围、额度及时间。

此次火电提价，重点考察煤炭价格上涨对火电成本的影响及发电设备利用情况两大指标。在此基础上，国家发展改革委对山西等 15 个省（市）统调火电企业上网电价适当提高，具体提价标准每千瓦·时分别为：山西 3.09 分钱、青海 3 分钱、甘肃 2.68 分钱、江西 2.62 分钱、海南 2.53 分钱、陕西 2.52 分钱、山东 2.45 分钱、湖南 2.39 分钱、重庆 2.28 分钱，安徽、河南、湖北各 2 分钱，四川 1.5 分钱、河北 1.49 分钱，贵州 1.24 分钱（其中 0.46 分钱用于提高脱硫加价标准）。《关于适度调整电价有关问题的通知》指出，上述 15 个省（市）以外的其余省（区、市）统调火电企业上网电价小幅提高，燃煤发电企业标杆上网电价同步调整。其中，广西、云南省（区）燃煤发电企业脱硫加价标准每千瓦·时分别提高 0.5 分钱和 0.3 分钱；北京、上海、江苏、浙江 4 个省（市）燃气发电企业上网电价每千瓦·时分别提高 1 分钱、3.6 分钱、3.6 分钱和 3.6 分钱。

2011 年 11 月 30 日，国家发展改革委发布《关于对电煤实施临时价格干预和加强电煤价格调控的公告》，决定对电煤在全国范围内实施临时价格干预措施，这是国家发展改革委第二次电煤价格临时干预。主要包括以下 4 个方面：

（1）对合同电煤适当控制价格涨幅。纳入国家跨省区产运需衔接的年度重点合同电煤，2012 年合同价格在 2011 年初签订的合同价格基础（合同未约定价格的，以 2011 年第一笔结算价格为基础）上，上涨幅度不得超过 5%。产煤省（区、市）自产自用的电煤，年度合同价格涨幅不得超过上年合同价格（2011 年电煤合同有多个价格的，以合同双方确定的最高实际结算价格为准）的 5%。煤炭生产经营企业不得采取降低热值、降低煤质、以次充好等手段变相涨价，不得降低电煤合同兑现率、高价搭售市场煤。发电企业不得抬价抢购、超过国家规定价格涨幅签订电煤合同。

（2）对市场交易电煤实行最高限价。2012 年 1 月 1 日起，秦皇岛港、黄骅港、天津港、京唐港、国投京唐港、曹妃甸港、营口港、锦州港和大连港发热量 5500 大卡的电煤平仓价最高不得超过每吨 800 元，其他热值电煤平仓价格按 5500 大卡限价标准相应折算。电煤交易双方通过铁路、公路直达运输的电煤市场交易价格，不得超过 2011 年 4 月底的实际结算价格，也不得采取改变结算方式等手段变相涨价。电煤价格在全国范围内基本稳定后，国家发展改革委将及时公告解除临时价格干预措施。

（3）取消违规设立的涉煤基金和收费项目。除国务院批准设立的矿产资源补偿费、煤炭可持续发展基金，以及依法设立的对煤炭征收的价格调节基金外，凡属省级以下地方人民政府越权或擅自设立的附加在煤炭上征收的所有基金和收费项目，必须在 2011 年 12 月 31 日前由相关地方人民政府自行取消。

（4）规范省级政府随煤炭征收基金的标准。省级人民政府对煤炭征收的价格调节基金和其他基金、收费项目，征收标准合计不得高于国务院批准的山西省煤炭可持续发展基金每吨 23 元的征收标准，不得对省内外用煤实行不同标准；超过每吨 23 元，以及对省内外实行不同标准的，必须在 2011 年 12 月 31 日前进行整改；未对煤炭设立基金、收费项目的，不得新设基金、收费项目；已设基金、收费项目征收标准合计低于每吨 23 元的，不得提高。

自 1998 年《价格法》实施以来，一共实施了 5 次价格干预，其中两次都与电煤价格有关。

五、电煤市场化形成

2012 年，由于国内经济增长减速，煤炭下游行业经营困难，煤炭产能过剩，煤炭产量增加量超过需求增加量，市场持续疲软，产品供过于求，库存积压比较严重，销售价格持续下滑，煤炭生产商、贸易商、消费客户煤满为患。从 2012 年前三季度的煤炭销售和生产经营形势来看，与过去的十年相比，煤炭企业经济效益呈大幅度下滑趋势，给煤炭企业发展带来了严峻挑战。

2012 年 12 月 21 日，国家发展改革委发布《关于解除发电用煤临时价格干预措施的通知》（简称《通知》），决定从 2013 年 1 月 1 日起，解除对电煤的临时价格干预措施，电煤由供需双方自主协商定价。《通知》指出，为进一步深化煤炭市场化改革，充分发挥市场配置资源的基础性作用，根据当前电煤供需形势和价格变化情况，决定解除自 2012 年 1 月 1 日起实施的电煤临时价格干预措施。在电煤最高限价与市场煤炭价格已经严重脱钩的情况下，取消临时干预措施本身的意义并不大，倒是《通知》释放的取消电煤重点合同、完成电煤价格并轨的强烈信号，对电煤未来的走向影响较大。

2012 年 12 月 25 日，国务院办公厅印发了《关于深化电煤市场化改革的指导意见》（简称《意见》），提出要坚持市场化取向，以取消重点电煤合同、实施电煤价格并轨为核心，逐步形成合理的电煤运行和调节机制。根据《意见》要求，中国将建立电煤产运需衔接新机制。自2013年起，取消煤炭重点合同，取消电煤价格双轨制，国家发展改革委不再下达年度跨省区煤炭铁路运力配置意向框架。煤炭企业和电力企业自主衔接签订合同，自主协商确定价格。鼓励双方签订中长期合同。对于电力企业最为关注的煤电联动问题，《意见》提出要继续实施并不断完善煤电价格联动机制，当电煤价格波动幅度超过5%时，以年度为周期，相应调整上网电价，同时将电力企业消纳煤价波动的比例由30%调整为10%。《意见》强调，将加强煤炭市场建设，加快健全区域煤炭市场，逐步培育和建立全国煤炭交易市场，形成以全国煤炭交易中心为主体、区域煤炭市场为补充，与中国社会主义市场经济体制相适应的统一开放、竞争有序的煤炭交易市场体系，为实施电煤市场化改革提供比较完善的市场载体。同时着力推进电煤运输市场化改革。铁道部、交通运输部要加强对有关路局、港航企业的指导，完善煤炭运力交易市场，依据煤炭供需双方签订的合同和运输能力，合理配置运力并保持相对稳定，对大中型煤电企业签订的中长期电煤合同适当优先保障运输。对签订虚假合同、造成运力浪费或不兑现运力、影响资源配置的行为要依法依规加大惩罚力度。铁道部要周密制定电煤铁路运输管理办法，进一步建立公开公平的运力配置机制。

《意见》要求推进电力市场化改革。鼓励煤电联营，增强互保能力。改进发电调度方式，在坚持优先调度节能环保高效机组的基础上，逐步增加经济调度因素，同等条件下对发电价格低的机组优先安排上网，促进企业改善管理、降低能耗和提高技术水平，为实行竞价上网改革探索经验。

《意见》指出，将完善调控监管体系，依法加强和改善市场调控监管，创造公平公正的市场竞争环境。制定电煤价格异常波动的应对预案，在电煤价格出现非正常波动时，依据价格法有关规定采取临时干预措施，切实加强组织协调。继续加强对电价形成机制改革、电力体制改革、煤炭期货市场建设等重大问题研究。

党的十八大提出，加快完善社会主义市场经济体制和加快转变经济发展方式，更大程度更广范围发挥市场在资源配置中的基础性作用。电煤市场化改革作为能源领域的一项重要改革，是贯彻落实党的十八大精神的重要举措和具体体现。煤炭作为中国重要的基础能源，占一次能源生产和消费的70%左右，电煤消费占煤炭消费总量近60%。这次改革的核心就是要充分发挥市场机制的作用，为市场主体的公平竞争创造良好的外部环境，在此基础上形成合理的电煤衔接新机制，实现煤炭、电力行业持续健康发展，保障经济社会发展和人民生活的能源需求。

《关于深化电煤市场化改革的指导意见》的出台意味着历时多年的电煤价格双轨制正式退出，中国电煤市场化乃至整个煤炭产业链市场化向深层次改革迈出了重要一步。

第十四章

火电的清洁低碳高质量发展（2009—2012）

2009 年 12 月，在丹麦召开了哥本哈根世界气候大会，党中央、国务院对此高度重视。2009 年底，中国宣布 2020 年全国单位 GDP 二氧化碳排放要在 2005 年基础上降低 40%～45%，并将碳减排作为约束性指标纳入了"十二五"规划纲要。

重新布局全国火电产业，进一步提高燃煤发电机组的发电效率，推广洁净煤发电技术，降低供电煤耗和燃煤带来的污染物排放，是中国电力工业发展的必然选择和根本出路。

2009—2012 年，电力行业按照国家统一要求与部署，积极推进"上大压小"，优化电源结构，加大二氧化硫治理和节能减排力度，燃煤机组平均供电煤耗率、线损率、单位火电机组二氧化硫排放量等指标达到或接近世界先进水平。2012 年，火电供电标准煤耗率下降到 326 克/（千瓦·时）。截至 2012 年底，全国累计关停小火电 8000 多万千瓦；已投运燃煤机组烟气脱硫装置容量 6.75 亿千瓦，占煤电机组容量 90%以上；已投运烟气脱硝机组容量 2.3 亿千瓦，占煤电机组容量 30.5%。烟尘中氮氧化物和二氧化碳排放强度均呈下降态势。

火电机组装备质量和技术水平跃上新台阶，60 万千瓦级超超临界和百万千瓦级超超临界火电机组的设计制造技术日趋成熟，百万千瓦超超临界空冷机组正式投入运行，自主设计和制造了 30 万千瓦大型循环流化床锅炉（CFB），大机组成为火电主力机型。截至 2012 年底，全国在运的百万千瓦级超超临界机组达 54 台，在运、在建的百万千瓦机组容量居世界第一，30 万千瓦及以上机组占全国机组的 75%以上。

第一节 持续推进火电国产化高质量发展

在"十一五"国家科技支撑计划项目"100 万千瓦空冷机组成套技术研究开发与工业示范"的支持下，百万千瓦超超临界空冷机组在宁夏灵武电厂建成。在国家能源局的组织协调下，经过示范电厂、主机厂、设计院和制造企业的共同努力，超（超）临界关键阀门（包括一、二类关键阀门）、四大管道钢管材料在示范电厂成功替代了进口产品，国产化率不断提高。

2007 年初，智能化电厂华电莱州一期工程投产发电，采用侧煤仓布置、海水淡化、微油点火、圆形封闭煤场、干除渣、尾能综合利用、海水水源热泵、DCS＋DEH 一体化、AMS 智能设备管理系统等技术。

2011 年 8 月 20 日，粤电湛江生物质发电项目 1 号机组顺利通过“72＋24”小时试运行，粤电湛江生物质发电项目是广东第一个生物质发电项目，也是亚洲最大的“绿色电厂”，其容量为 5 万千瓦的单烧生物质燃料机组是世界最大的生物质发电机组。

2011 年 7 月 15 日国家电投乌苏热电厂 2 号机组并网发电，中国发电装机总容量由此正式跨上 10 亿千瓦台阶，该电厂 2 号机组成为标志性机组。

一、百万千瓦超超临界空冷机组在宁夏灵武电厂建成

2008 年，《国务院关于进一步促进宁夏经济发展的若干意见》明确指出：高起点、高水平地把宁东建设成为国家重要的大型煤炭基地、煤化工产业基地、“西电东送”火电基地，实现资源优势向经济优势转变，促进形成新的经济增长点。

为此，宁夏第一条大规模电力外送通道，一条长达 1335 千米的宁东至山东±660 千伏直流输电示范工程将这副重担率先揽于肩上，并规划在宁东地区形成由大型坑口电厂构成的、具有一定规模的火电集群，以满足宁夏回族自治区内用电及外送需要。华电宁夏灵武发电有限公司（宁夏灵武电厂）二期百万千瓦机组，就是向山东省“西电东送”的配套电源点。

2008 年 12 月 9 日，在地处 8 度地震区的“塞上江南”，宁夏灵武电厂作为打破百万空冷垄断壁垒的先行者，首次向具有自主知识产权的百万千瓦级空冷系统发出挑战，没有参考，更无技术援助。在高烈度地震区进行百万千瓦直接空冷机组设计，在国际上尚属首次，设计中会面临诸多新情况。同时，当空冷等级增加到百万千瓦后，工艺设备的重量也将成倍增长，这也将带来一系列的技术难题。

在“十一五”国家科技支撑计划项目“100 万千瓦空冷机组成套技术研究开发与工业示范”的支持下，完成了 100 万千瓦直接空冷机组参数优化、空冷系统优化及环境因素影响、空冷岛布置方式及给水泵配置方案、机组大口径排汽管道特性、自动控制方案、空冷机组系统集成技术及其优化等研究，该项目的研究成果应用于宁夏灵武电厂的示范工程中。

2009 年三季度，东方汽轮机厂完成叶片试制工作，并于 2009 年年底前分别完成了单只叶片静频试验、模态分析试验及叶片动调频试验。

灵武电厂二期工程在设计和建设过程中攻克了诸多技术难题，大胆采用新技术，如在百万千瓦级机组上首次使用炉顶、空气预热器柔性密封，干式排渣和烟囱防腐等新技术、新材料，采用了国内最先进的 P92 焊接等，这些新技术使灵武电厂二期工程成为国际上空冷机组技术的领航者。3 号机组的核心设备和技术，如空冷翅片管、风机叶片、冷凝管束等，中国均拥有自主知识产权，二期工程的投产大大地推进了大型空冷技术设备的国产化进程。

2010 年 12 月 28 日 6 时，华电宁夏灵武发电有限公司二期工程 3 号机组高质量通过

了 168 小时满负荷试运行，这标志着拥有自主知识产权的世界首台百万千瓦超超临界空冷机组正式投产发电。项目试运期间，机组平均负荷率 100.62%，汽水品质合格率 100%，汽轮发电机组轴振最大 48 微米，汽轮机真空严密性 0.074～0.087 千帕/分，机组自动、保护投入率 100%，仪表准确率 100%。脱硫、脱硝系统与主体工程同时通过 168 小时试运，脱硫效率 98.5%，脱硝效率大于 75%，其他各项指标也均达到国内先进水平。770 毫米末级叶片装机于超超临界、四缸四排汽 100 万千瓦空冷机组，这是当时世界上参数最高、容量最大的空冷汽轮机，这证明中国空冷技术已经达到了世界先进水平。

与同容量湿冷机组每年耗水量 3304 万吨相比，灵武电厂二期机组每年可节水 2664 万吨，节水率达 80.6%，相当于近 80 万人 1 年的生活用水量。对于建设宁夏"西电东送"火电基地，确保中国富煤、贫水地区电力工业的可持续发展具有重大意义。

二、国家能源局召开火电机组阀门国产化工作启动会议

阀门是超（超）临界火电机组的关键配套产品，是保证机组安全、经济运行的重要设备之一。随着机组的大型化、清洁化趋势，60 万千瓦、100 万千瓦超（超）临界机组逐渐成为主力火电机组，锅炉、汽轮机和发电机"三大主机"的国产化取得重要进展，已完全能够自主设计制造，但阀门等电站辅机的国产化一直是薄弱环节。

一台百万千瓦超（超）临界火电机组中约有 500 多个高端阀门，90%依赖进口，进口阀门价格昂贵，投产后的维护和更换费用也很高。国产阀门的价格约为进口的 50%，推进火电机组高端阀门国产化，可有效降低电力建设成本，提高电力行业竞争力，还能推动中国阀门制造业的技术进步、产品结构调整和产业升级。

2010 年 9 月 29 日，国家能源局组织召开火电机组高端阀门国产化会议，决定借鉴核电泵阀设备国产化的经验，依托超（超）临界火电项目，争取用 2～3 年时间，使火电机组高端阀门依赖进口的局面有根本的改观。为此，国家能源局能源节约和科技装备司会同电力司，组织有关单位，在深入调查研究和广泛征求意见的基础上拟定了超（超）临界火电阀门国产化实施方案；确定江苏华能南通电厂、河南大唐三门峡电厂、江苏华电句容电厂、重庆中电投合川双槐电厂、河南华润焦作龙源电厂等 5 个项目为国产化依托工程，并对关键阀门国产化任务进行了分工，使风险分担，并在可控范围之内；同时，确定了产学研用各单位"联合研发，成果共享"的原则。

为落实上述国产化内容，2010 年 9 月 13 日，国家能源局在北京组织召开了百万千瓦超（超）临火电机组阀门国产化工作启动会议。

会议讨论了国产化实施方案，听取了与会代表的发言。与会代表一致认为，推动火电机组阀门国产化意义重大，中国阀门制造业的研发能力、装备水平和质量保障体系都有了长足的进步，火电机组阀门国产化已具备条件；分"三步"提高国产化率的战略和国产化目标科学可行：一是要推动示范工程直接采购已有国产化业绩的阀门，二是加快已完成或即将完成样机研制的阀门的国产化进程，三是稳妥推进尚需进一步努力研发的特殊阀门，争取 2011 年底国产化率达到 70%。与会代表还就进一步细化火电机组阀门国产化的研制

计划，完善保障措施提出了建议。中国通用机械协会阀门分会代表阀门企业承诺将全力以赴，进一步完善设计、制造和试验检测能力，做好高端阀门科研攻关工作；电力行业的代表在发言中表示积极支持火电机组阀门国产化，为产品试用和推广提供条件。

2011 年 4 月 29 日，国家能源局在北京主持召开超（超）临界火电机组二类关键阀门国产化联合研发签约仪式，17 家有实力的电站阀门制造企业与示范电厂、主机厂、设计院签订联合研发协议。2011 年 6 月 29 日，国家能源局委托中国通用机械协会组织专家对 17 家阀门企业的二类关键阀门设计方案进行了评审，专家组一致认为阀门制造企业设计方案合理先进，可以组织进行样机制造。2011 年 12 月 7 日、12 月 25 日及 2012 年 1 月 7 日，分别在上海、开封和大连组织召开了"超（超）临界火电机组二类关键阀门国产化样机鉴定会"，15 家阀门制造企业的 86 台样机通过专家组的鉴定，专家组一致认为样机结构设计合理，符合技术规范要求，主要技术性能指标达到国内先进水平。

2012 年 8 月 30 日，第三类关键阀门国产化启动会在北京召开，明确了国产化依托工程单位及国产化任务分工。同年 12 月 24 日，国家能源局组织华能长兴电厂等五家依托单位、相关项目设计院、主机厂以及十五家阀门企业在北京举行超（超）临界火电机组第三类关键阀门国产化联合研发协议签约仪式。

2013 年 2 月 4 日和 4 月 22 日，在北京分别召开了两次"超（超）临界火电机组国产化第三类关键阀门设计方案评审会"，十五家阀门企业的十一种三类关键阀门样机的设计方案通过评审。

2013 年 12 月 3 日—5 日、2014 年 2 月 17 日，国家能源局分别在哈尔滨和北京组织召开了"超（超）临界火电机组三类关键阀门国产化样机鉴定会"，9 家阀门制造企业的 30 台三类样机通过专家组的鉴定，专家组一致认为样机结构设计合理，符合技术规范要求，主要技术性能指标达到国内领先水平。

在国家能源局的领导和组织协调下，经过示范电厂、主机厂、设计院和阀门制造企业的共同努力，超（超）临界关键阀门（包括一、二类关键阀门）在示范电厂成功替代了进口产品，国产化率达到 75% 左右，第三类关键阀门国产化完成后，国产化率可以达到 85% 左右。

三、推进超（超）临界火电机组四大管道国产化

火电机组四大管道是指连接锅炉与汽轮机之间的主蒸汽管道、再热蒸汽热段、再热蒸汽冷段、主给水管道以及相应旁路管道，四大管道主要材料为大口径厚壁无缝钢管。因技术所限，超（超）临界火电机组，甚至部分亚临界火电机组中的关键耐热钢管仍主要依赖进口，由于进口管材资源短缺、价格昂贵，致使电站投资提高，电厂建设周期延长，严重制约了中国火电建设，火电机组四大管道亟待实现国产化。

国内许多企业自中国引进第一台超临界机组投产后，就开始进行四大管道国产化的研究工作。2007 年 8 月，华能济宁电厂、华能白杨河电厂、华能平凉电厂、华能营口电厂开始对四大管道国产化进行试点，共 8 台机组均投入商业运行，运行至 2010 年未出现任

何问题。为进一步扩大与推动四大管道国产化进程，2010 年 11 月国家能源局主持召开了超超临界火电机组四大管道国产化工作会议。2011 年 4 月，国家能源局在北京组织召开了超（超）临界火电机组关键阀门和四大管道联合研发协议签约仪式。

国产 P91 管道最初供给锅炉厂做锅炉管道用，随后开始用于主蒸汽管道及联箱上。国内能够生产 P91 管道的共计 6 家，分别为北方重工集团有限公司（北方重工）、武汉重工铸锻有限公司（武汉重工）、攀钢集团成都钢铁有限责任公司（攀成钢）、扬州诚德钢管有限公司（扬州诚德）、衡阳华菱钢管有限公司、四川三洲特种钢管有限公司。其中北方重工、扬州诚德、攀成钢、武汉重工生产的 P91 管材已通过专家组评审，管材的性能指标已达到或超过进口管材的水平。北方重工、武汉重工、扬州诚德已批量生产 WB36 管材，并有较多的使用业绩。

国内企业和科研机构在新型耐热钢研发方面取得了很大进展，以北方重工集团有限公司为代表，大口径厚壁无缝钢管生产技术水平和装备水平显著提高，P91、P22 和 WB36 等材质钢管已相继通过性能评定和鉴定评审，并应用于电站设备，高端 P92 钢管也已研发成功，具备了承担超（超）临界火电机组四大管道产业化的能力。

根据四大管道国产化工作任务，国家能源局制定了《超（超）临界火电机组用大口径厚壁无缝钢管国产化实施方案》，以进一步加强组织协调和国产化依托工程管理。华能集团和国电集团合资的江苏南通电厂被选中作为国产化依托工程项目，在该电厂新建的两台 100 万千瓦机组上，分别开展四大管道中两个管道的国产化示范。华能集团和国电集团积极按照实施方案的要求，组织集团有关主管部门和江苏南通电厂落实国产化工作，确定示范机组有关参数、任务分工和工作进度等；江苏南通电厂完成了两台机组建设所需四大管道钢管的统计，对国产化工作要求进行了分析，积极配合四大管道国产化示范；设备制造企业分别征求了业主单位、研究院所和有关专家的意见，形成了"四大管道用大口径无缝钢管联合研发协议"，并联合有关研究机构对四大管道钢管材料研制、加工工艺、技术规范和质量控制等开展了研发和试制准备工作。

2012 年 8 月，在国家能源局的主持下，北方重工与南通电厂签订了"江苏南通电厂 2×100 万千瓦级超（超）临界燃煤发电机组工程（四大管道国产部分）"供货合同，其中 P92 材质的主蒸汽主管规格为 ID368×96，国产化长度为 160 米，管道设计压力为 28.84 兆帕，设计温度为 610 摄氏度；P92 材质的再热蒸汽热段主管规格为 ID749×45，国产化长度为 190 米，管道设计压力为 7.237 兆帕，设计温度为 608 摄氏度；15Ni Cu Mo Nb5-6-4（WB36）材质的给水主管规格为 ID660×65，国产化长度为 30 米，管道设计压力 39 兆帕（阀前）/36 兆帕（阀后），设计温度为 302 摄氏度。

2014 年 2 月 26 日，江苏南通电厂 100 万千瓦超超临界火电 2 号机组顺利通过 168 小时测试，正式并网发电。标志着国产高端耐热钢大口径厚壁无缝钢管在超超临界机组四大管道上的应用取得全面突破。

四、智能化电厂华电莱州电厂一期工程投产发电

2012 年 12 月 6 日，华电莱州电厂一期 2 台 100 万千瓦级工程 2 号机组顺利完成 168 小时试运行，这标志着中国首座智能化生态电厂——华电莱州发电有限公司（华电莱州电厂）一期工程胜利投产。

2007 年初，华电集团公司成立了华电国际莱州项目筹建处，负责华电集团公司在山东莱州区域项目的发展。项目规划建设 6×100 万千瓦火电机组，一期工程建设 2×100 万千瓦超超临界火电机组，同步建设 2×3.5 万吨级卸煤码头。项目地处渤海之滨、莱州湾畔，是国家"蓝黄"两大经济区的交汇之地；厂址是海边滩涂，完全不占耕地，被华电集团公司列为八大港电基地之一。2008 年，火电迎来了由高速发展到控制发展的换挡期，为加快推动节能减排，"上大压小"成为新建火电项目的必备条件。华电莱州公司及时将项目"评优"调整为"上大压小"，全力协调争取关停小机组容量，开启了历时 3 年的协调关停和"路条"❶争取之旅。

华电集团公司提出"要建设成为'大容量、高参数、环保型、景观式'的现代大型发电企业"的建设要求，华电莱州公司贯彻这一决策部署，提出了建设全国首家智能化生态电厂的构想。为实现"智能化、环保型、景观式"的电厂目标，华电莱州公司用了 3 年时间，不断进行优化设计，邀请最好的专家开展咨询，先后到国内外数十家电厂收资调研，学习先进技术和先进管理理念。

莱州项目选址在海边滩涂，以废旧金矿坑作为灰场，为了引入海水淡化和尾水发电技术，实现了完全不占用耕地、不占用当地淡水资源，采用全寿期三维数字化设计和远程在线诊断技术，为莱州项目植入了生态、智能的基因。在设计上，莱州一期项目坚持"科技、人文、自然"的企业发展理念，是全国首家全厂采用三维立体化工程设计的火力发电企业项目，建设全寿期三维数字化电厂。通过三维设计，将电厂物理实体与数字模型完美结合，从设计到退役全生命周期均做到三维化、可视化和在线管控预警。在工程建设中累计解决 206 处设计碰撞，减少了设计变更，提高了工作效率。

项目还打破了传统电力建筑的常规设计，创新将美学色彩艺术引入电力工业建筑设计。其以"创优策划为中心、安全文明策划为基础、质量工艺策划为根本、管理创新策划为手段、进度造价控制策划为保证"。"四位一体"工程策划体系的实施，开创了中国电力建设工程策划的先河，并在华电集团公司得到推广和应用。

2010 年 1 月 29 日，国家发展改革委以"发改能源〔2010〕210 号"文件下发了《国家发展改革委关于山东华电莱州电厂"上大压小"新建工程核准的批复》，2010 年 3 月，莱州一期工程开工建设。

建设中，莱州公司全力打造"国优金奖"工程。针对传统的数字化电厂仅主机系统采用 DCS 技术，外围系统则采用 PLC 技术，不仅容易形成"信息孤岛"，无法实现海量数

---

❶ 路条就是国家发展改革委批准电厂开工建设的批文。

据的存储和利用，而且控制方式复杂、人员配置较多的短板，通过建立水、煤、灰、脱硫等辅助系统和主机一体化的 DCS，实现了全厂控制系统的一体化。借助 AMS 智能设备管理系统、现场总线技术、机组自启停（APS）功能，提升了机组自动化水平。同时，智能化吹灰、主再热汽温自动优化、智能燃煤岛等先进智能技术的应用减轻了人员劳动强度，提高了生产效能。SIS、指标智能预警系统和数字化生产经营管理平台融合集成，提高了电厂生产指标信息的共享和利用，为全厂生产经营科学分析、决策提供依据。推行全厂弱电一体化，对全厂会议、一卡通、安防系统实现智能化管理，推行数字化会议室、手机移动办公，实现办公管理高效、智能。

2012 年 11 月 4 日，华电莱州电厂一期工程 1 号机组顺利通过 168 小时满负荷试运行；1 号机组工程单位造价为 3246 元/千瓦，是全国同期百万千瓦机组造价最低的项目之一。仅隔 32 天，标志着华电集团装机容量突破 1 亿千瓦的 2 号机组投产发电，机组负荷率 102.3%，汽轮机最大振动 53 微米，自动投入率、仪表投入率、保护投入率均为 100%，凝汽器真空严密性为每分钟 0.0702 千帕，发电机漏氢量每天 4.23 标准立方米。该机组从整组启动到完成 168 小时试运、移交共历时 20 天，创出了国内同类型机组的最好水平，实现了华电集团提出的"集团一流、国内领先、国际先进"的目标，成为国内百万千瓦级超超临界机组的"新标杆"。两台机组供电煤耗率分别为 279.28 克/（千瓦·时）、278.74 克/（千瓦·时），综合厂用电率分别为 3.65%、3.46%，主要经济、技术、环保指标位居同类型机组领先水平。建成后的莱州电厂一期 2 台机组，集控室仅需 2 名主值班员，在厂区脱硫、除灰等外围系统实现了无人值守，智能化建设取得初步成效。

华电莱州电厂一期工程采用侧煤仓布置、海水淡化、微油点火、圆形封闭煤场、干除渣、尾能综合利用、海水水源热泵、DCS＋DEH 一体化、AMS 智能设备管理系统等技术。一期工程获得国家发明专利 6 项，省部级以上奖项 43 项，"五新❶"应用 22 项，荣获 2013—2015 年"国家优质工程金质奖"。

五、世界最大生物质电厂在广东湛江投入商业运营

湛江是中国最大的桉树生产基地，桉树被广泛用于建筑、家具、造纸。虽然桉树被当地人誉为黄金树、发财树，但大量的树皮、树枝由于无法利用，要么直接烧毁，要么丢弃到河流、田地，成为"垃圾"。

由广东省粤电集团有限公司投资 25 亿元的生物质发电项目落户湛江，电厂配置 2 台 220 吨/时高温高压循环流化床锅炉，燃用生物质燃料，锅炉型号为 HX220/9.8－IV1，最大连续蒸发量为 220 吨/时，过热器出口蒸汽压力为 9.8 兆帕，过热器出口蒸汽温度为 540 摄氏度，省煤器进口给水温度为 224 摄氏度，空气预热器出口烟气温度为 140 摄氏度。该电厂日耗燃料（桉树燃料和甘蔗燃料按固定比例混合燃烧）2300 吨，年消耗生物质资源约 57.86 万吨。

---

❶ 五新技术是指新技术、新工艺、新设备、新产品、新材料。

2011 年 8 月 20 日，粤电湛江生物质发电项目 1 号机组顺利通过"72＋24"小时试运行，标志着该生物质电厂正式具备了投产能力。2011 年 11 月 14 日，2 号机组顺利通过"72＋24"小时满负荷试运行。

粤电湛江生物质发电项目是广东第一个生物质发电项目，也是亚洲最大的"绿色电厂"，其容量为 5 万千瓦的单烧生物质燃料机组是世界上最大的生物质发电机组。该生物质电厂以生物质资源代替化石燃料，不仅减少了二氧化碳、二氧化硫、氮氧化物等污染物排放，而且燃烧后产生的灰烬作为钾肥，可直接还田。

六、电力装机 10 亿千瓦标志机组在乌苏热电厂建成

国家电投乌苏热电厂位于新疆乌苏市，装机容量 2×33 万千瓦。2009 年 6 月 18 日，乌苏热电厂正式开工建设，2010 年 12 月 26 日 1 号机组投产发电，2011 年 7 月 15 日 2 号机组并网发电，全国发电装机总容量由此正式跨上 10 亿千瓦台阶，电厂 2 号机组成为装机 10 亿千瓦标志性机组。

乌苏热电厂项目在新疆率先采用先进的燃煤亚临界直接空冷岛冷却装置，相对水冷凝汽式机组，每年节水约 650 万吨；投入 3500 万元建设的脱硫、脱硝、除尘系统，可使脱硫率达 95%，脱硝率达 80% 以上，每年减少烟尘排放 60 吨、二氧化硫 90 吨、氮氧化物 300 吨，为保护地方生态环境做出了积极贡献。

乌苏热电厂投产后，成为天山北坡重要的电源支撑点，有力解决了北疆地区电力供应短缺问题，提高了电网稳定运行水平。

七、神华神东郭家湾电厂 30 万千瓦 CFB 发电机组投产

随着国家西部大开发进程加快，西部地区用电负荷日益增长。神华集团所属的神东电力公司为满足陕西省榆林地区用电需要，投资建设神华神东郭家湾电厂。神华神东郭家湾电厂位于陕西省府谷县大昌汗乡郭家湾工业集中区，2007 年被国家发展改革委列入"十一五"期间开工建设的资源综合利用发电项目。

2008 年 7 月 8 日，该项目经国家发展改革委核准，同年 6 月 19 日正式开工建设，建设规模为 2 台 30 万千瓦 CFB 发电机组，投资概算为 26.45 亿元。郭家湾电厂项目采用循环流化床锅炉燃烧技术和直接空冷发电机组。锅炉是哈尔滨锅炉厂在引进吸收法国 Alstom 30 万千瓦循环流化床锅炉技术的基础上，自主研发的 1065 吨/时循环流化床锅炉，是国内首台拥有自主知识产权的 1065 吨/时亚临界循环流化床锅炉。选用上海电气集团股份有限公司生产的型号为 NZK300－16.7/538/538 直接空冷汽轮机，型号为 QFSN－300－2 水－氢－氢冷却方式发电机；主变压器采用保定天威保变电气股份有限公司生产的 SFP10－370000/330 型变压器。设计年发电量 33 亿千瓦·时，全部送入陕西 330 千伏电网；设计年耗煤量 268 万吨，其中燃用原煤 107 万吨，消化当地煤矸石等劣质煤 161 万吨，综合煤耗率 338 克/（千瓦·时）。

2010 年 6 月 28 日，神华神东郭家湾电厂 2×30 万千瓦 CFB 1 号机组完成 168 小时满

负荷试运行。2010年9月11日，2号机组完成168小时试运行并投入商业运营。

郭家湾电厂项目主要燃用劣质的神府低热值高灰分煤、煤矸石及煤泥等，选取较高的运行床温、单炉膛双布风板结构、高效绝热式分离器、滚筒式冷渣设备等，有效提高了锅炉燃烧效率。锅炉结构上取消了引进技术的外置床设备，根据投运的近百台循环流化床锅炉丰富的运行实践，不带外置床的循环流化床锅炉在不投油的情况下，完全能够满足30%～100% BMCR❶负荷连续稳定长期运行，短期内满足10%～100% BMCR负荷连续稳定运行。

另外在机组运行中，存在设计方面的诸多问题：床温高，中过屏变形及超温爆管，下二次风口水冷壁爆管，分离器超温等。为解决上述问题，郭家湾电厂与哈尔滨锅炉厂共同研究，通过改造汽水流程等措施，解决了哈尔滨锅炉厂第一台30万千瓦循环流化床锅炉存在中压过热器超温爆管等技术难题；通过下二次风口加装套管等方案，彻底解决了锅炉下二次风口磨损爆管问题；完成返料非金属膨胀节改造、落渣管改造等技术改造项目。郭家湾电厂联合清华大学开展了循环流化床锅炉防磨规律研究科技项目，研究出二次风口加装套管方案，得到了哈尔滨锅炉厂认可，并应用于后续锅炉设计中。

郭家湾电厂消纳当地煤矿副产品的低热值燃料，使煤炭资源得到充分利用，既减少了资源浪费，又降低了煤矿副产品直接排放造成的环境污染，低热值燃料利用率达35%。陕北水资源紧缺，电厂采用直接空冷发电机组，较纯凝机组节水65%以上。郭家湾电厂体现了"烟囱不排尘、厂房不漏汽、噪声不扰民、废水不外排、灰渣再利用"的循环经济和环保理念，机组真空严密性、发电机漏氢量、点火油耗、发电水耗等指标均达到国内同类型机组先进水平。

八、国华沧东电厂自主设计建造第一个万吨级海水淡化装置

国华沧东电厂也称黄骅电厂，位于河北省沧州市黄骅港开发区东100千米的黄骅港区南护岸及南防波堤的南侧海域，北侧紧邻朔黄铁路黄骅港站及港口煤码头堆场，是采用围海造陆的方式获得厂区用地的电厂。一期、二期工程分别安装了2台60万千瓦和2台66万千瓦燃煤发电机组。

2002年11月30日，围海造陆工程开工，2004年5月全部竣工，围海造陆面积239.27公顷，陆地标高5.5米。2004年6月30日，一期2台60万千瓦机组建设工程开工。2006年6月28日和12月16日，1、2号机组分别正式投入运行。2007年6月1日，二期工程开工，3、4号机组分别于2009年3月27日、11月27日通过168小时试运行后正式投产运行。

沧州市是严重缺水城市，国华沧东电厂位于海边滩涂之上，周边100千米范围内没有淡水资源。电厂及黄骅港的生产、生活用水完全依赖于海水淡化。四台机组投产后，为解

---

❶ 锅炉最大连续蒸发量下的工况。

决电厂用水问题及所处地区淡水资源短缺问题，在建设项目中引进法国 SIDEEM 公司生产的低温多效海水淡化装置（MED）及使用技术，实现水、电联产运营方式。

2006 年，一期 2 万吨/日海水淡化工程投入使用；2008 年底，神华国华电力自主研发的二期海水淡化工程，1.25 万吨/日 MED 设备，在国华沧东电厂投入运行，成为国内自主设计、建造的第一个万吨级 MED 装置。沧东电厂海水淡化装置造水比❶达到 5.76，1 吨淡水直接成本不到 5 元，水质达到直接饮用的标准。不但解决了电厂自身用水问题，还为社会提供低价高品质的饮用水。

国华沧东电厂日产 1.25 万吨规模的 3 号海水淡化装置是中国拥有自主知识产权的首台万吨级海水淡化装置，共创造 8 项全国第一。该装置与国外制造的同类型设备相比，具有造水比高、电耗低、投资低等显著特点，已达到国际同类产品先进水平。

为进一步降低制水成本，国华电力进一步开展 MED 技术大型化研究，开发了各项技术经济指标均达到国际同类先进产品水平。2013 年底，被国家发展改革委列为国家级海水淡化示范工程，首台国产 2.5 万吨/日 MED 装置，在国华沧东电厂成功投产。

2.5 万吨/日 MED 技术研发和工程应用的成功，为国内同类工程设计、制造、建设、运行积累了宝贵的经验，示范作用明显。适合拥有低温热源的火力发电厂、化工、冶金等行业，利用生产过程中低品位余热淡化海水生产高品质淡水，可大幅度降低制水成本，推广应用前景非常广阔。该项目荣获中国电力科学技术一等奖和中国电力创新成果一等奖。该工程通过"发电生产—海水淡化—盐化工"资源综合利用和生产的产业链，使近邻区域的工业发展和自然环境进入一个良性的、生态的循环状态，使国华沧东电厂成为循环经济的示范性龙头企业。

第二节　火电节能环保主要指标接近世界先进水平

2009—2012 年，电力行业按照国家统一要求与部署，积极推进"上大压小"，优化电源结构，加大二氧化硫治理和节能减排力度，燃煤机组平均供电煤耗率、线损率、单位火电机组二氧化硫排放量等指标均达到或接近世界先进水平。2012 年火电供电标准煤耗率下降到 326 克/（千瓦·时）。截至 2012 年底，全国累计关停小火电 8000 多万千瓦；配套烟气脱硫装置燃煤机组容量为 6.75 亿千瓦，占煤电机组容量的 90% 以上；配套烟气脱硝装置燃煤机组容量为 2.3 亿千瓦，占煤电机组容量的 30.5%。烟尘氮氧化物和二氧化碳排放强度均呈下降态势。同时火电技术装备质量和水平跃上新台阶，60 万千瓦级超超临界

---

❶ 1 吨蒸汽可生产淡水的量（吨）。

和百万千瓦级超超临界火电机组的设计制造技术日趋成熟,百万千瓦超超临界空冷机组正式投入运行,自主设计和制造了 30 万千瓦大型循环流化床（CFB）锅炉。大机组发展成为火电主力机型,截至 2012 年底,全国在运的百万千瓦级超超临界机组达 54 台,在运、在建的百万千瓦机组容量均居世界第一,30 万千瓦及以上机组占全国机组总容量的 75% 以上。

一、国内首例联合脱硝技术在神华国华北京热电厂投用

神华国华北京热电厂作为国家环境友好型企业,是中国最早对已投产机组进行脱硝改造的电厂之一。电厂克服已投产机组在空间和技术上的种种限制,实现中国首例选择性非催化还原（SNCR）与选择性催化还原（SCR）联合脱硝技术。神华国华北京热电厂从 2004 年起即着手进行锅炉脱硝可行性研究。当时国内外比较成熟的脱硝技术有低氮氧化物燃烧器、SCR 技术、SNCR 技术等,一般燃煤电厂锅炉大多只应用其中一种技术,然而受到在运机组布置空间比较紧、空间有限的影响,电厂在脱硝技术方面存在较大难度,无法采用单一技术达到环保要求。为此,电厂通过脱硝技术的阶段性研究与论证,最终确立了采用联合脱硝技术的改造方案。

2005 年,神华国华北京热电厂首先应用低氮氧化物燃烧器技术,将氮氧化物排放浓度从超过 600 毫克/米³ 降低至 330 毫克/米³ 左右,完成了第一步改造。2007 年,电厂对四台锅炉进行了 SNCR 改造,通过喷射尿素溶液,将氮氧化物排放浓度从 330 毫克/米³ 降低至 200 毫克/米³ 以下,成为当时北京市第一家氮氧化物排放达到环保标准的企业。2009 年 3 月至 6 月,电厂实施了脱硝改造的第三步,对 2 号、3 号锅炉进行了 SCR 改造,利用 SNCR 逃逸的氨,在催化剂的作用下脱除氮氧化物,从而实现进一步降低氮氧化物排放的目的,达到北京市 100 毫克/米³ 的排放标准,最低可降至 50 毫克/米³。在 SNCR 与 SCR 联合运行的情况下,如何更好实现两者的有机结合,通过共同作用达到最佳脱硝效果是个技术难题。为此,电厂技术人员与业内专家充分讨论,制定了 2 号、3 号锅炉的 SNCR 与 SCR 联合运行调整试验方案,在不同锅炉负荷工况下,通过 SCR 喷枪组合试验,使得最终排放的氮氧化物浓度达到理想值;通过使用扰动汽源对尾部烟气中氮氧化物及逃逸氨浓度分布不均进行流场扰动,解决了氨与氮氧化物在进入催化剂前分布不均导致反应不完全的问题。经过两个月的运行调整试验,最终摸索出了不同锅炉负荷工况下 SNCR 与 SCR 联合运行的最佳方式及扰动投运方式,为燃煤锅炉进一步降低氮氧化物排放提供了一条新路。

二、环保部脱硝技术政策初定

2009 年 6 月 26 日,环保部发布了《火电厂烟气脱硝工程技术规范选择性催化还原法（征求意见稿）》和《火电厂烟气脱硝工程技术规范选择性非催化还原法（征求意见稿）》

两项国家环境保护标准及其编制说明。

2010年1月27日，环保部发布了《火电厂氮氧化物防治技术政策》（简称《防治技术政策》）。国家按照补偿治理成本的原则，提高氮氧化物排污费的征收标准，组织开展氮氧化物治理电价补助的试点及推广，并建议各发电企业应将低氮燃烧技术作为氮氧化物控制的首选技术。同时，还鼓励有条件的地区和单位可实行氮氧化物排污交易。而两项技术规范标准则对火电企业如何开展烟气脱硝作了详细、明确的规定，并提出了二次污染的防控措施。

在《防治技术政策》的编制说明中，环保部表示，"十一五"期间，氮氧化物排放的快速增长加剧了区域酸雨的恶化趋势，部分抵消了中国在二氧化硫减排方面所付出的巨大努力。据中国环保产业协会组织的《中国火电厂氮氧化物排放控制技术方案研究报告》的统计分析，2007年火电厂排放的氮氧化物总量已增至840万吨，比2003年的597.3万吨增加了40.6%，约占全国氮氧化物排放量的35%~40%。

《防治技术政策》的编制说明充分肯定了火电行业在脱硝上所做出的努力，认为近几年高效率大容量机组增速较快，单位发电量的煤耗有所降低，且这些机组大多采用了较为先进的低氮燃烧技术，使单位发电量的氮氧化物排放水平呈下降趋势。另外，在役机组的低氮燃烧技术改造和一部分新建电厂烟气脱硝装置的建成并投入运行，对降低氮氧化物排放水平也起到一定作用，使氮氧化物排放量的增加速率明显小于总装机容量和煤耗量的增长率。但从整个行业来说，这时期对氮氧化物排放的控制尚处于起步阶段。

有关数据表明，2007年中国单位发电量的氮氧化物排放水平为3.1克/（千瓦·时），高于美国、日本、英国、德国等发达国家1999年的单位发电量排放水平。《防治技术政策》显示，长江三角洲、珠江三角洲和京津冀地区以及各省会城市的30万千瓦及以上燃煤发电和热电联产机组的氮氧化物排放是该技术政策控制的重点。同时，该政策还鼓励上述地区对30万千瓦以下和其他地区的燃煤发电和热电联产机组的氮氧化物排放进行控制。

《防治技术政策》还倡导合理使用燃料与污染控制技术相结合、燃烧控制技术和烟气脱硝控制技术相结合的综合防治措施，并表示燃煤电厂氮氧化物控制技术的选择应因地制宜、因煤制宜、因炉制宜，依据技术上成熟、经济上可行及便于操作来确定，将低氮燃烧技术作为氮氧化物控制的首选技术。当采用低氮燃烧技术后，氮氧化物排放浓度不达标或不满足总量要求时，应建设烟气脱硝设施。

《防治技术政策》要求锅炉制造厂及其他单位在设计、制造发电锅炉时，应配置高效的低氮燃烧技术和装置；新建、改建、扩建的燃煤电厂，应选择装配有高效低氮燃烧技术和装置的发电锅炉；在役燃煤机组氮氧化物排放浓度不达标或不满足总量要求的电厂，应制订低氮燃烧技术改造计划，并组织实施。新建、改建、扩建的燃煤电厂应配置烟气脱硝设施，并与主机同时设计、施工和投产；在役燃煤机组已进行低氮燃烧技术改造的电厂，当其氮氧化物排放浓度仍不达标或不满足总量要求时，应进行烟气脱硝改造。

三、《火电厂大气污染物排放标准》的修订

2003 年 12 月，国家环境保护总局批准了《火电厂大气污染物排放标准》（GB 13223—2003），并于 2004 年 1 月 1 日实施，这是中国对《火电厂大气污染物排放标准》进行的第二次修订，由中国环境科学研究院、国电环境保护研究所等单位起草。到"十一五"末，全国累计建成运行 5.65 亿千瓦燃煤电厂脱硫设施，火电脱硫机组比例从 2005 年的 12%提高到 80%。但燃煤机组装机总容量仍不断增长，火电厂排放的二氧化硫、氮氧化物和烟尘也不断增加，对大气污染物如不采取有效控制措施，将直接影响中国大气环境质量的改善和电力工业的可持续发展。

为更好地适应"十二五"环境保护工作的新要求，环保部在总结实践经验的基础上，对《火电厂大气污染物排放标准》（GB 13223—2003）进行了修订。2011 年 7 月，中华人民共和国环境保护部批准了《火电厂大气污染物排放标准》（GB 13223—2011），并于 2012 年 1 月 1 日实施，这是国家对《火电厂大气污染物排放标准》进行的第三次修订，由中国环境科学研究院、国电环境保护研究院起草。此次修订的主要内容及特点包括：① 不再按时段划分电厂，以本标准实施之日起，环境影响评价文件通过审批的新建、扩建和改建的火力发电锅炉及燃气轮机组均视为新建机组，其余均为现有机组。② 调整了大气污染物排放浓度限值，不再区分资源综合利用电厂、坑口电厂及煤种差异，规定了新建及现有锅炉的执行时间。③ 增加了燃煤锅炉汞及其化合物的排放浓度限值。④ 取消了全厂二氧化硫最高允许排放浓度的规定。⑤ 针对环境保护工作的要求，在国土开发密度较高，环境承载能力开始减弱，或大气环境容量较小，生态环境脆弱，容易发生严重大气环境污染问题而需要严格控制大气污染物排放的重点地区，增设了更加严格的大气污染物特别排放限值。

《火电厂大气污染物排放标准》（GB 13223—2011）中规定燃煤电厂最严的烟尘、二氧化硫、氮氧化物排放限值分别为 20、50、100 毫克/米³，比同期世界各国的排放限值都要严格，被称为史上最严的排放标准。由于比发达国家的燃煤电厂排放标准限值还要严格很多，该标准的发布极大地推动了烟气治理技术的全面进步，为大气环境的改善作出了贡献。

四、脱硝成本增加和脱硝电价政策出台

《火电厂大气污染物排放标准》（GB 13223—2011）在大幅收紧烟气排放限值的同时，也给出了火电排污治理的时间表。

《火电厂大气污染物排放标准》实施初期，火电脱硝的困难很大，主要是脱硝原材料中的催化剂短缺，一些电厂和脱硝企业订购不到催化剂，缺口达三分之一。因此，出现了

火电企业的脱硝项目无人投标的尴尬局面。而且，大规模采购导致脱硝设备价格上涨很快，火电企业面临的资金压力进一步加大。

脱硝设备主要由催化剂和设备钢结构组成，而市场上催化剂的价格一直呈走高态势，2012 年初时价格在 3 万元/米³左右，年中每立方米已上涨了 7～8 千元。新的排放标准规定，重点地区从 2012 年起即全面实施新标准，不分新建电厂和老电厂都要改造。不少火电厂开始招标，造成火电脱硝市场对催化剂的需求突然加大，进而导致催化剂的产量短期不足。多数火电厂都是新装脱硝设备，而新装阶段对催化剂的需求量很大，在之后的脱硝过程中，每次对催化剂的替换量约为 50%，需求量慢慢才能稳定下来。

为了提高火电企业脱硝的积极性，国家发展改革委出台了火电脱硝电价补贴政策，对安装并正常运行脱硝装置的燃煤电厂，每千瓦·时电价加价 0.008 元。山东省物价局按照《国家发展改革委关于调整华北电网电价的通知》等文件规定，对省内安装并运行脱硝装置，且经过国家环保部验收合格的 4 家企业试行脱硝电价。辽宁省下发了《辽宁省"十二五"期间电力企业脱硝计划》，表示要从环保专项补助资金、省政府采取贴息等方式支持企业贷款，开展排污权有偿调节并用新建项目的总量调节资金建立减排专项资金，让脱硝企业尽快享受到脱硝电价优惠政策。2012 年 3 月，江苏省执行的脱硝补贴电价规定，按照脱硝实绩来考核，以发电机组的投产率为准，扣除氮氧化物排放超出的时间内实际发电量的脱硝补贴电价，再将一个月的考核累计相加，最终按照机组达标排放期间的实际发电量来兑现补贴电价。湖北省则将 11 台需要进行脱硝建设的机组名称及脱硝工程的最后期限明确公示。山西省更是要求 11 台未完成 2011 年脱硝任务的机组停产整治。上海市将燃煤电厂脱硝项目列入 2012 年上海市重大工程，山东省将获准脱硝电价补贴的机组最低容量定为 30 万千瓦，辽宁省将国家要求的脱硝机组从 30 万千瓦的容量降低到 20 万千瓦。此外，重庆、青海、河北等省（市）也纷纷出台了严格的政策规定。

2013 年 1 月 1 日起，全国脱硝电价试点范围由原来 14 个省区的部分燃煤发电机组扩大到全国所有燃煤发电机组。2013 年 1 月 9 日，国家发展改革委公布的《关于扩大脱硝电价政策试点范围有关问题的通知》里明确脱硝电价标准统一确定为每千瓦·时补助 8 厘钱。

国家发展改革委还要求，各地价格主管部门及时对已安装脱硝设施的燃煤机组执行脱硝电价，调动发电企业脱硝积极性；并会同有关部门加强对发电企业脱硝设施运行情况的监管，督促发电企业提高脱硝效率。

五、废旧脱硝催化剂的处理及再生

催化反应系统是 SCR 工艺的核心，设有氨气喷嘴和粉煤灰的吹扫装置，烟气顺着烟道进入装载了催化剂的 SCR 反应器，在催化剂的表面，氨气催化反应还原成氮气。催化剂是整个 SCR 系统关键，催化剂的设计和选择是由烟气条件、组分来确定的，影响其设计的三个相互作用的因素是 NO_x 脱除率、氨气的逃逸率和催化剂体积。2013 年普遍使用的是商用钒系催化剂，如 V_2O_5/TiO_2 和 $V_2O_5-WO_3/TiO_2$。在形式上主要有板式、蜂窝式和波纹板式三种。该工艺于 20 世纪 70 年代末首先在日本开发成功，80 年代以后，欧洲和美国相继投入工业应用。在 NH_3/NO_x 的摩尔比为 1 时，NO_x 的脱除率可达 90%，NH_3 的逃逸量控制在 5 毫克/升以下。

2013 年后火电行业进入烟气脱硝改造爆发期，巨大的环保压力也传导至下游的催化剂厂商。作为脱硝的核心材料，催化剂需求量很大。当时国内脱硝机组 95% 以上采用 SCR 法，到 2014 年底，脱硝催化剂保有量约 60 万米³，到 2018 年保有量约 80 万米³。

催化剂需求在短时间猛然增长，国内的催化剂产量供不应求。随着超洁净排放要求的提出，需求数字将会再次刷新。为了实现更低的氮氧化物排放，最常见的手段就是加大催化剂的使用。催化剂的投入量越大，电厂的经济性就越差。催化剂的化学寿命一般在 24 000 小时，其活性会在使用中不断衰减，电厂大约 3～4 年就需要更换一批催化剂。由于催化剂使用成本高，废弃之后又会变成固体废弃物，对环境造成影响，发达国家普遍采用再生技术再次激活催化剂的活性，以达到循环利用的目的。无论从经济角度考虑，还是从环境保护的角度考虑，对催化剂进行再生都是发展方向。

中国的脱硝改造热潮从 2012 年开始，按照催化剂使用寿命周期，2014 年对催化剂再生技术的需求开始显露。从 2016 年开始，废催化剂的量为每年 10 万～24 万米³，并每年递增。

环保部于 2014 年 8 月正式发布了《关于加强废烟气脱硝催化剂监管工作的通知》，将废烟气脱硝催化剂（钒钛系）纳入危险废物进行管理，并将其归类为《国家危险废物名录》中"HW49 其他废物"。废旧 SCR 脱硝催化剂废物性质的改变，以往由电厂进行填埋处置或由没有危废处置资质的生产厂进行再生回收的模式已经彻底走到尽头。废弃的烟气 SCR 脱硝催化剂（钒钛系）已成为火电系统必须认真对待的危险废物，随意处置将会触犯国家环保法律法规。国内中电恒德（北京）环保投资有限公司、江苏龙净科杰催化剂再生有限公司等少数几家企业获得"HW49 废弃 SCR 脱硝催化剂"《危险废物经营许可证》，这些企业成为国内处置危废 SCR 催化剂的重要力量。

2013 年 1 月，福建龙净环保股份有限公司与美国 CoaLogix 公司合资注册成立龙净科杰环保技术（上海）有限公司（龙净科杰）。2013 年 10 月，在盐城环保科技城注册成立江苏龙净科杰催化剂再生有限公司。

龙净科杰采用的是工厂再生方式，将催化剂再生的场所由电厂的临时性场所搬到了固定的工厂。虽然采用现场再生方式可以节省运输环节、节省时间，但工厂再生因为具有专门的场所、处理设备和工作流程，再生效果也会更完善。2014 年 8 月环保部发布《关于加强废烟气脱硝催化剂监管工作的通知》，明确对现场（移动式）再生方式处理废催化剂下了禁止令（除非使用催化剂的单位自建固定的再生设施并通过危险废物的环评）。现场再生极易对电厂周边环境和水质形成二次污染，对电厂工作人员产生较大的健康风险，转向工厂再生后将有效规避这些风险，并能够降低环保部门的监管成本。另外，考虑到合理的催化剂管理对于减少 SCR 装置的运行风险和降低运行费用非常关键。

六、大型火电厂烟气脱硫、脱硝技术逐渐成熟

燃煤电厂是中国二氧化硫及氮氧化物排放大户，控制燃煤电厂排放的二氧化硫及氮氧化物是大气污染控制的关键之一。中国应用于火电厂脱硫的主导工艺技术基本上是从国外引进的成熟技术。在技术引进的同时，一部分企业对引进技术进行消化吸收后，创新性地开发了一批具有自主知识产权的脱硫技术。

中国电力行业氮氧化物排放量巨大，截至 2007 年底，全国电力氮氧化物年排放量达到 840 万吨左右。2003 年修订颁布的《火电厂大气污染物排放标准》（GB 13223—2003）对氮氧化物排放提出了明确要求，此后生产的机组均配备了低氮氧化物燃烧技术，可使氮氧化物的排放量得到适度控制。为了满足排放标准的要求，发电企业分别引进了美国 B&W 公司，丹麦托普索公司、德国鲁奇和 FBE 公司、日本三菱和日立公司、意大利 TKC 公司等烟气脱硝技术。

在借鉴发达国家先进技术的基础上，寻求和开发适合中国国情的高效率的脱硝技术，引起国家有关部门和单位的关注和重视。在大量实践探索的基础上，脱硫脱硝一体化技术、选择性催化还原脱硝技术的研发，被列为国家"863"高新技术产业化发展计划，并组织开展了"中国火电厂氮氧化物排放控制技术方案研究"。

1. 烟气脱硫技术

中国主要脱硫企业基本掌握了从工艺设计到运行调试全过程相关的技术，积累了一定的工程实践经验，设备国产化方面也取得了长足的发展，部分脱硫工程企业自主再开发的脱硫工程配套设备的国产化率已提高到 90%以上，使脱硫工程造价大幅度降低。脱硫技术与产业的快速发展打破了国外厂商包揽国内大型火电厂脱硫项目的局面。中国的烟气脱硫技术主要有以下几种：

石灰石—石膏法烟气脱硫技术是脱硫工程建设主流技术。该技术主要采用石灰石浆液作为二氧化硫吸收剂，脱硫副产物为石膏，由于该技术的脱硫效率高，采用的石灰石吸收剂价格便宜、容易获取，副产品石膏成分稳定，不会造成二次污染，且综合利用市场广阔。国内最早成立的专业脱硫公司，在技术引进的基础上通过自主创新开发的石灰石—石膏湿法脱硫技术已承接建设了 90 台机组，76 套烟气脱硫装置，截至 2006 年底，累计新建和改造的脱硫机组容量达 3027 万千瓦，脱硫系统的国产化率达到 90%以上。太仓港环保发电有限公司 86 万千瓦机组的脱硫设施工程采用了国内自主研发的石灰石–石膏法湿式脱硫工艺核心技术，先后获得了 2006 年度国家科技进步二等奖和国家环境保护总局科技进步一等奖。江苏徐州电厂 2×30 万千瓦发电机组研发应用的卧式平流吸收塔可实现脱硫紧凑布置，运行电耗指标达到国际领先水平。

烟气循环流化床脱硫技术。该技术以消石灰粉为脱硫剂，在脱硫塔内烟气中的酸性气体与加入的消石灰、循环灰及工艺水发生反应，以去除 SO_2 和 SO_3 气体，排烟无需再加

热，整个系统无需采取防腐措施，同时为了使脱硫塔在低负荷运行时保持最佳工作状态，设置了洁净烟气再循环系统，以保证塔内烟气流量的稳定性。该技术在引进的基础上在山西华能榆社电厂二期扩建工程中的 2 台 30 万千瓦机组上得到应用。该工程是当时世界上最大容量的烟气循环流化床法脱硫技术工程，脱硫装置运行稳定。

半干法脱硫技术。在技术引进的基础上开发的利用锅炉烟道作为反应器，将吸收剂、再循环灰和工艺水在紧靠烟道反应器外的混合槽内，按一定比例先行混合后进入烟道内进行脱硫的半干法脱硫技术具有工艺流程简单、占地面积小等特点。该技术在浙江衢州化工厂自备电厂、河南焦作电厂以及有些地区的垃圾焚烧炉的烟气净化中应用，脱硫效率达到 90% 以上。该技术的研究成果获"国家科技进步二等奖"。

海水脱硫技术。该技术主要是利用海水的天然碱度（碳酸根和碳酸氢根）在吸收塔中与烟气中的 SO_2 发生反应，生成亚硫酸根，通入空气后，氧化成硫酸根，脱硫后产生的酸性水的二氧化碳被鼓入的空气带走，其水的酸性被海水中的碱度中和，从而达到脱除烟气中二氧化硫的目的。海水烟气脱硫技术系统主要由海水输送系统、烟气系统、吸收系统、海水水质恢复系统和监控调节系统等组成。系统可不设烟气旁路及增压风机，也不对脱硫后烟气加热。深圳西部电厂 30 万千瓦机组上应用了该技术，积累了多年的运行经验。福建后石电厂采用海水脱硫技术，应用于 60 万千瓦的发电机组上，脱硫效率大于 90%。

烟气氨法脱硫技术。该技术是采用一定浓度的氨水作为吸收剂，在吸收塔内洗涤烟气中的二氧化硫，达到烟气净化的目的，具有脱硫副产物是可做农用肥的硫酸铵，不产生废水和其他废物，脱硫效率高等特点。该技术于河南三门峡电厂 5 万千瓦机组上试用，打通了工艺流程，副产物硫酸铵达到合格农用肥要求。

烟气镁法脱硫技术。该技术是用氧化镁的浆液吸收二氧化硫，生成含水亚硫酸镁和少量硫酸镁，该法具有脱硫效率高，运行稳定可靠，不易堵塞，投资少，工艺简单的特点，因此，镁法脱硫技术的发展较快，并已有 20 万千瓦及以下机组投入运行。该脱硫技术列入"十一五"国家"863"计划《大中型锅炉镁法脱硫工艺工业化》课题，对镁法脱硫工艺操作参数、吸收塔优化设计等方面进行了全面深入研究。

另外，国内自主研发的流光放电半湿法烟气脱硫、脱硝技术，利用高电压激发的富能电子，离解氧气、氮气、水等分子，产生离子体自由基，与喷入吸收塔的氨结合后，以吸收烟气中的二氧化硫和氮氧化物气体，其副产物是农用铵肥。该工艺在脱硫的同时还可以脱硝，并采用等离子抑雾技术可把氨的逸出浓度控制在 5 毫克/米³ 以下。该技术已完成了每小时处理 12 000 米³ 烟气量的中间试验，在国家"863"计划的支持下，在 10 万千瓦机组上开展工业性试验。

由于氨的价格贵，脱硫后的生产的副产物硫酸铵的质量以及氨的储运安全、氨逃逸等问题有待进一步采取措施予以解决，致使氨法脱硫技术当时在国内还未得到很好的应用和推广。为了解决大量氨水储存、运输引起的安全问题，后来大多改为尿素热解生成氨气进行脱硝。

2. 烟气脱硝技术

在烟气脱硝方面，主要有低氮燃烧技术，选择性催化还原法和选择性非催化还原技术。

低氮燃烧技术。国外从 20 世纪 50 年代开始，通过对煤炭燃烧过程中氮氧化物生成机理和控制方法的研究，开发出了低氮氧化物燃烧技术。该技术的特点是工艺成熟，投资和运行费用低，也可应用于在役发电锅炉的技术改造，并形成低氮燃烧器、空气分级燃烧技术和燃料分级燃烧技术三大类型。中国主要电站锅炉生产企业在引进消化的基础上，开发了若干类低氮氧化物燃烧技术及装置，如开发的 PM 型燃烧器和高位风布置低氮氧化物燃烧装置和技术，应用于华能玉环发电厂的 2 台 100 万千瓦超超临界锅炉上，燃用烟煤时实测氮氧化物浓度分别为 270 毫克/米^3 和 280 毫克/米^3。该类低氮燃烧技术不但已配用于新生产的电站锅炉，也应用于现有机组改造，可使氮氧化物排放降低 30%～50%，燃用烟煤时氮氧化物排放浓度可控制在 400 毫克/米^3 左右。

选择性催化还原技术（SCR）。该技术是指在催化剂的作用下，利用还原剂（如氨气、尿素）"有选择性"地与烟气中的氮氧化物反应并生成无毒无污染的氮气和水。SCR 技术已成为世界上应用最多、最为成熟且最有成效的主导烟气脱硝技术。该技术的主要特点是：对锅炉烟气氮氧化物控制效果十分显著，技术成熟，易于操作，可作为中国燃煤电厂控制氮氧化物污染的主要手段之一。

20 世纪 90 年代，福建后石电厂率先引进国外 SCR 技术，并在该厂 60 万千瓦火电机组上建成投产。2006 年 1 月 20 日，国华太仓发电有限公司 7 号机组 60 万千瓦机组采用具有自主知识产权的 SCR 核心技术设计建成的脱硝工程投入运行，氮氧化物脱除效率可达到 80% 以上。该技术广泛应用的 $V_2O_5 - WO_3 - TiO_2$ 催化剂国内尚不能生产，仍依赖于进口且价格昂贵，服役期满后对催化剂的性能恢复和处置技术也有待于进一步研究开发。

选择性非催化还原技术（SNCR）。该技术是另一类具有代表性的烟气脱硝技术。由于工艺简单，无催化剂系统，在神华国华北京热电厂 2、3 号锅炉，采用 SCR＋SNCR 技术的烟气脱硝工程得到应用。SNCR 对氮氧化物的脱除效率为 25%～40%，适用于 NO_x 原始浓度低、排放要求不高的场合。

七、国产 20 万千瓦机组开始拆除

2010 年 5 月 21 日，国家能源局在北京召开 2010 年全国电力行业淘汰落后产能工作会议。时任中央政治局常委、国务院副总理李克强对会议作出重要批示，时任国家发展改革委副主任、国家能源局局长张国宝对电力行业 2010 年关停小火电机组工作进行了动员

部署。国家能源局与 26 个省（区市）人民政府负责人签订了 2010 年关停小火电机组责任书。会议当天，辽宁、黑龙江等 8 个省区进行了小火电机组集中爆破拆除行动，关停的 20 台小火电机组总容量达到 237.3 万千瓦。

国电朝阳发电厂国产第一台和第二台 20 万千瓦汽轮机组，被列入此次集中爆破拆除行动。中国国电集团公司按照国务院关于决战 2010 年，采取强有力、见效快的措施，加大淘汰落后产能力度，确保"十一五"节能减排目标实现的要求，积极组织做好机组关停工作，成为此次集中爆破（拆除）仪式中关停容量最多的发电集团公司，共有 83.4 万千瓦容量机组被同时爆破拆除，其中包括朝阳发电厂 2 台共 40 万千瓦机组、新疆红雁池电厂 5 台共 15 万千瓦机组、广西永福电厂 2 台共 28.4 万千瓦机组。

朝阳发电厂 2×20 万千瓦机组始建于 1967 年，是国家"三五"计划的重点工程之一，代号为 212 工程。电厂第一台和第二台 20 万千瓦汽轮发电机组当时由中国自行设计、制造、安装调试，分别于 1972 年、1975 年并网发电，是当时中国单机容量最大的国产机组，朝阳发电厂由此成为当时东北电网的骨干电厂。

在中国电力工业发展历程中，朝阳发电厂为中国 20 万千瓦机组的设计、运行管理积累了宝贵经验，为中国电力工业培育了大批优秀人才，为国家和地方社会经济发展做出了重要贡献，从投产至关停当日，朝阳发电厂累计发电 773.66 亿千瓦·时。

2011 年、2012 年，全国关停的火电机组总容量分别为 350 万千瓦、200 万千瓦，通过关停小火电机组，火电装机结构得到进一步优化，单机 30 万千瓦及以上火电机组比重持续提高，火力发电效率也大幅度提高，污染物和温室气体排放明显减少。

第三节　在空冷发电和湿法脱硫、脱硝、脱汞环保技术等方面取得显著的成果

火力发电空冷技术具有显著的节水效益，从 2002 年起，中国燃煤火力发电装机容量开始快速增长，空冷技术在北方广大"富煤缺水"地区的火力发电中得到广泛应用。但是与水冷却机组相比，空气冷却机组效率低，用于强制冷却的风机耗电量大，导致厂用电率居高不下。空冷系统优化设计与运行关键技术科研项目的突破，使空冷机组在煤耗、电耗方面接近水冷机组。因此，此技术在中国"三北"地区迅速发展。

国外常用的脱硫硝汞技术系统复杂、占地大、运行成本高。浙江大学等科研院所针对燃煤电厂硫硝汞一体化脱除的国际性难题，历经 10 多年技术攻关，成功研发了具有完全自主知识产权的湿法高效脱硫硝汞控制一体化关键技术与成套装备，为电力行业"十一五"减排任务的提前完成及"十二五"SO_2、NO_x减排约束性指标和 Hg 控制目标的实现提供了强有力的技术支撑。

一、大型火电机组空冷系统优化设计与运行关键技术及应用

2012年2月14日上午，2011年度国家科学技术奖励大会在北京人民大会堂隆重举行。"大型火电机组空冷系统优化设计与运行关键技术及应用"获国家科学技术进步奖二等奖，项目完成单位包括华北电力大学、中国电力工程顾问集团华北电力设计院工程有限公司、北京首航艾启威节能技术股份有限公司、中国国电集团公司等。

火电空冷技术在中国发展之初，设计和装备都是引进国外空冷技术。该技术不能进行有针对性的优化设计，并缺乏高效运行技术的积累，造成投产机组能耗巨大、安全性降低且不能获得应有的节水效益。针对中国北方气候的极端高温和低温变化大、环境风影响大、空气质量差等恶劣运行条件，该项目的研究成果主要体现在以下三个方面：

（1）形成了具有完全自主知识产权的火电空冷技术研究完整的软硬件平台，建立了不同层次上空冷技术的热态实验研究平台，取得了大型空冷机组性能的数值模拟技术和大型火电空冷系统的现场热力性能试验技术等。其中，国内首次搭建的60万千瓦和100万千瓦空冷凝汽器热态性能试验台，开发的大型多尺度空冷系统数值仿真技术和空冷岛性能红外热成像监测方法等，为开展具有自主知识产权的空冷设计和运行技术研发提供了完善的研究条件和研究手段。

（2）针对中国北方特有的气候环境条件，完整揭示出大型火电空冷系统的性能特征和特性机理，系统地探讨了环境风，以及气温和气候气象条件、翅片管表面积灰等对空冷系统性能的影响机理，深入揭示出大型空冷风机群的集群效应和非线性放大机理，为开发复杂条件下空冷系统优化设计和高效运行技术奠定了坚实基础。

（3）从设计和运行两个方面，提出了应对恶劣环境和运行条件的大型空冷系统新技术和新方法。在设计方面，开发了空冷凝汽器用系列化新型高性能翅片管传热元件；提出了具有自主知识产权，适合中国北方气象环境条件的新型间接空冷系统；结合中国国情，提出了新的空冷凝汽器性能评价准则。在运行方面，开发了空冷单元空气流场的优化组织、空冷岛环境风场诱导强化技术和装置，提出了风机群分区优化运行技术，解决了空冷技术受制于环境风场和极端气温不利影响带来的机组运行热效率偏低的核心难题。

项目成果申请发明专利20余项，依据项目成果发表了国内外学术期刊论文100余篇。技术成果通过了教育部的科技成果鉴定，鉴定委员会认为：项目研究"克服和弥补了国际上同类技术在抵御恶劣环境和气象条件影响、全工况优化运行和设计、性能评价等方面的不足，新的评价体系、分区优化运行、空气流场优化组织等方面处于国际领先水平"。

项目开发的设计和运行系列技术成果已在火电行业30万千瓦和60万千瓦及以上大型空冷机组的设计、建设和运行中得到广泛应用。在火电行业近百台大型空冷机组的应用过程中，该成果使机组供电煤耗率降低4.5～7克/（千瓦·时），每年节约标准煤约40万吨。

二、湿法高效脱硫及硝汞控制一体化关键技术与应用

2013年1月18日，2012年度国家科学技术奖励大会在北京召开，"湿法高效脱硫及硝汞控制一体化关键技术与应用"项目获国家科技进步二等奖。项目由浙江大学、浙江蓝天求是环保集团有限公司、浙江浙大网新机电工程有限公司、蓝天环保设备工程股份有限公司、广东电网公司电力科学研究院等单位共同完成。

项目主要技术成果如下：

（1）首创了湿法高效脱硫及硝汞控制一体化关键技术，突破了国外技术在脱硫效率、硫硝汞一体化控制、吸收剂品质适应性、煤质和硫分适应性等多方面的局限性，在国内100万千瓦级的燃煤机组上实现了规模化应用，且已输出北美、南美及中国港澳地区。

（2）研究了多相复杂体系中硫硝汞等污染物、吸收剂及活性添加组分的相内/相间相互作用机制和规律，创新性开发了能自释放活性组分的pH值/温度响应型多效复合添加剂及配套关键设备，强化了在湿法脱硫温度区SO_2、NO_x、HgO的氧化/吸收。

（3）成功研制了具有原创性的硫、硝、汞一体化脱除多效吸收塔，在塔内利用多级气相均流－液相再分布强化传质反应构件和多效添加剂的协同效应，解决了大空间内（直径可达19米）气液相浓度分布不均匀性和污染物组分间相互竞争性的难题。

（4）建立了基于组分迁移转化及状态多值性的污染物一体化脱除工艺计算新方法，开发了具有自主知识产权的湿法高效脱硫及硝汞控制一体化关键技术与成套装备工艺包，经国内外查新检索，未见有同类技术。该成果的脱硫效率可达99.3%，脱硝效率可达52.1%，脱汞效率可达88.4%（国外引进同类技术一般以脱硫为主，运行效率在95%左右）。

教育部组织专家对成果进行鉴定，认为"研究成果整体达到国际先进水平，其中多效复合添加剂，硫、硝、汞协同脱除的多效吸收塔等技术达到国际领先水平"。

项目组组织并起草国家和行业标准9项，促进了国内火电污染物控制行业整体装备水平的提高。项目成果同时获浙江省科学技术奖一等奖、中国机械工业科学技术奖一等奖、广东电网公司科技进步奖；获授权发明专利6项，授权软件著作权登记2项，公开发明专利4项（美国和澳大利亚各1项）。

截止到2012年年底，该成果在国内外累计推广了112套装置（机组容量合计4177万千瓦），市场占有率居行业前列，在国内外赢得了声誉；项目完成单位累计合同额42.73亿元，实现减排二氧化硫160万吨/年、氮氧化物5.5万吨/年、汞8.9吨/年，其经济、社会效益显著。浙江大学依托该项目，建立了国家环境保护燃煤大气污染控制工程技术中心。

第四节　火电厂烟气碳捕集技术的发展

燃煤电厂是二氧化碳的排放大户。电厂有三种碳捕集技术路线：燃烧后捕集、燃烧前捕集、富氧燃烧，后两条技术路线适用于特定类型的火电机组，燃烧后捕集技术路线则适

用于所有类型的火力发电机组。目前在世界范围内火电厂中二氧化碳的捕集与利用尚处于探索阶段，距商业应用还有很长的距离。

一、国内首座燃煤电厂烟气二氧化碳捕集示范工程

2008 年 7 月 16 日，华能北京热电厂 3000 吨/年二氧化碳捕集示范工程投产，这标志着中国燃煤发电领域二氧化碳气体减排技术首次得到应用。

由中国华能集团公司投资建设的国内首座燃煤电厂烟气二氧化碳捕集示范工程于2007 年 12 月开工建设，工程由西安热工研究院完成设计，并全部采用国产设备。经过 7 个月的紧张施工、调试与试生产，二氧化碳回收率大于 85%，年可回收二氧化碳 3000 吨。该项目主要着眼于二氧化碳的资源化，通过捕集后的精制系统提存成高纯度的二氧化碳，达到食品级要求，可用于碳酸饮料等食品中。

燃煤电厂二氧化碳减排技术是世界性难题，华能北京热电厂的烟气碳捕集工程，能成功捕集出纯度为 99.99% 的二氧化碳，也是国际上规模较大的燃煤电厂烟气二氧化碳捕集项目。该项目建成后，华能北京热电厂成为全国第一家安装有脱硫、脱硝、二氧化碳捕集以及利用城市中水的热电联供的清洁、高效、环保型绿色电厂，各项环保指标已达到国际先进水平。此项二氧化碳捕集示范工程，是二氧化碳资源化的大胆探索，为中国掌握二氧化碳捕集和封存的核心技术、占领煤电发展未来制高点、提高相关技术自主创新能力，提供了技术研发平台和技术支撑，对中国煤电可持续发展，建设资源节约型、环境友好型社会具有积极的意义。

二、国内首个万吨级燃煤电厂二氧化碳捕集装置投运

2010 年 1 月 21 日，中国电力投资集团公司宣布，该集团投资建设的中国首个万吨级燃煤电厂二氧化碳捕集装置在重庆合川电厂正式投产。该装置技术位于国际领先水平，每年可处理烟气量最大约 5000 万米^3，捕集浓缩得到液体二氧化碳 1 万吨。

此套碳捕集装置由中国电力投资集团旗下的远达环保工程公司研发建设，总投资1235 万元，具有投资成本低、烟气适应性广、二氧化碳捕集率高、吸收溶剂耗量少等特点。此套碳捕集装置通过采用自主研发技术、国产化设备和材料优化等途径，使单位投资成本与国外同等规模二氧化碳捕集装置相比降低了 40%～50%；其烟气适应范围广，可对中国所有经脱硫后的煤种进行脱碳，包括在西南地区广泛使用的污染较重的高硫煤种；碳捕集率最高可达 99%，捕集到的高浓度工业级二氧化碳可运用在灭火、制冷、金属保护焊接、生产碳酸盐等领域。

三、华能上海石洞口第二电厂 10 万吨二氧化碳捕集装置投产

华能国际电力股份有限公司上海石洞口第二电厂是中国首座建成 2×60 万千瓦超临界机组的大型燃煤发电企业，于 1992 年投产。为支持 2010 年上海"世博会"的配套绿色电源工程，华能集团公司决定在华能上海石洞口第二电厂投资兴建二氧化碳捕集装置，这

是对发展"低碳经济"城市做出的最为积极的响应。

2009年12月28日，脱碳工程完成72小时试运行，石洞口第二电厂10万吨级二氧化碳捕集项目顺利投产，这是中国第一个10万吨级燃煤电厂捕集装置。

该电厂采用的二氧化碳捕集技术是采用西安热工研究院有限公司研制的乙醇胺法，吸收、解析、提纯的工艺路线，二氧化碳提纯的理论值可达到99.997%。

2010年上海市每年的二氧化碳用量大约为15万～18万吨，华能上海石洞口第二电厂的碳捕集量就为10万吨/年，可以满足上海市场需求量的近2/3。

华能集团公司的燃煤机组碳捕集技术已经走在国内前列，与国际水平基本同步，但居高不下的建设成本在一定程度上制约了二氧化碳捕集装置的应用，国内电厂碳捕集项目仍然是凤毛麟角。中国还需从战略布局出发，针对二氧化碳的捕集、封存及利用作出规划，打造真正的碳减排产业链条。

第十五章

创新改革引领世界火电发展（2012—2019）

"十二五"时期，世界政治经济形势更加复杂严峻，能源发展呈现新的阶段性特征，中国既面临由能源大国向能源强国转变的历史机遇，又面临诸多问题和挑战。国家坚持科学发展观，决定以加快转变发展方式为主线，着力推进能源体制机制创新和科技创新，着力加快能源生产和利用方式变革，强化节能优先战略，以期全面提升能源开发转化和利用效率，达到控制能源消费总量，构建安全、稳定、经济、清洁的现代能源产业体系，保障经济社会可持续发展。

2012年11月，党的十八大报告提出"推动能源生产和消费革命，控制能源消费总量，加强节能降耗，支持节能低碳产业和新能源、可再生能源发展，确保国家能源安全"。2013年1月1日，国务院印发了《能源发展"十二五"规划》（国发〔2013〕2号）。

2014年6月13日，习近平总书记主持召开中央财经领导小组第六次会议，明确提出了中国能源安全发展的"四个革命、一个合作"能源安全新战略。"四个革命"即推动能源消费革命，抑制不合理能源消费；推动能源供给革命，建立多元供应体系；推动能源技术革命，带动产业升级；推动能源体制革命，打通能源发展快车道。"一个合作"即全方位加强国际合作，实现开放条件下的能源安全。

2014年8月18日召开的中央财经领导小组第七次会议，研究了实施创新驱动发展战略问题。习近平总书记在会上指出，中国依靠要素成本优势驱动、大量投入资源和消耗环境的经济发展方式已经难以为继。

为贯彻习近平总书记提出的"四个革命、一个合作"能源安全新战略，2014年11月19日，国务院办公厅印发了《能源发展战略行动计划（2014—2020年）》，从能源安全、能源清洁利用、能源体制改革等多方面提出未来相当长一段时间能源发展的路径，并提出一系列约束性指标。

2016年12月29日，国家发展改革委、国家能源局印发了《能源生产和消费革命战略（2016—2030）》。中国电力工业开始了全面的结构性调整和优化。

第一节　新一轮电力体制改革

2014 年提出"超低排放"❶改造政策后，开始实施环保电价政策，这是对火电厂大气污染物控制采用环境经济激励政策的重要制度创新，具有将污染治理的外部经济性内部化的中国特色政策，对于推动煤电企业降低污染排放作用巨大。

2015 年新一轮以"逐步放开计划电量，放开发电侧和售电侧电价，管住输电侧电价，在电力交易市场平台上交易"为主要特征的电力体制改革启动。对煤炭、钢铁、有色、建材等 4 个行业的电力用户全面放开发电、用电计划，在"基准电价＋浮动机制"的框架内，由用户和发电企业自主协商确定供电价格机制。随着电力市场化改革的推进和可再生能源平价上网的临近，未来火电电价要遵循市场竞争原则，不同机组按照基荷、调峰、备用等功能实现"服务定价"。

一、国家能源局重组

2003 年，国务院在机构改革中撤销了国家经贸委，能源行业管理转移至国家发展改革委能源局，同期组建国家电监会，负责电力行业的监管。2005 年 5 月，在全国部分地区出现煤荒、油荒、电荒的背景下，国务院成立了国家能源领导小组，作为能源工作最高协调领导机构。

2008 年，在国务院大部制改革中以国家发展改革委能源局、国家能源领导小组和原国防科工委的核电管理部分合并组建的国家能源局，由于没有同步整合，因而形成了国家电监会与国家能源局在电力改革、投资准入、项目审批等诸多方面的职责交叉，能源管理不统一、不协调的弊端，对能源工作的统筹协调极为不利。

2012 年 11 月 8 日，党的十八大提出了加快完善社会主义市场经济体制的任务。党中央决定通过深化国家机关体制改革、完善制度机制特别是职能转变，推动行政体制优化、完善。次年 3 月 14 日，十二届全国人大一次会议第四次全体会议批准了《国务院机构改革和职能转变方案》，提出在整合国家能源局、电监会现有职能的基础上，重新组建国家能源局，统筹推进能源领域的发展、改革和监管。改革后，国家能源局继续由国家发展改革委管理。国家发展改革委主要做好国民经济和社会发展规划与能源规划的协调衔接，国家能源局具体拟订并组织实施能源发展战略、规划和政策，研究提出能源体制改革建议，负责能源监督管理。重组国家能源局成为改革的一项重要举措，对促进中国能源发展，维护国家能源安全具有重要的意义。2013 年 3 月 21 日，《国务院关于部委管理的国家局设

---

❶ 超低排放，是指火电厂燃煤锅炉在发电运行、末端治理等过程中，采用多种污染物高效协同脱除集成系统技术，使其大气污染物排放浓度基本符合燃气机组排放限值，即烟尘、二氧化硫、氮氧化物排放浓度（基准含氧量 6%）分别不超过 5 毫克/米³、35 毫克/米³、50 毫克/米³，比《火电厂大气污染物排放标准》（GB 13223—2011）中规定的燃煤锅炉重点地区特别排放限值分别下降 75%、30% 和 50%，是燃煤发电机组清洁生产水平的新标杆。

置的通知》（国发〔2013〕15号）发布，正式明确了国家能源局由国家发展和改革委员会管理的关系。

2013年6月17日，国家能源局召开全体干部大会，传达《国务院办公厅关于印发国家能源局主要职责内设机构和人员编制规定的通知》，宣布重组后的国家能源局正式成立。重组后的国家能源局内设机构新增了市场监管司和电力安全监管司，原政策法规司改制为法制和体制改革司。市场监管司在电力监管基础上，其监管职能扩大至对煤炭、油气、新能源等领域的监管。电力安全监管司承担原国家电监会多数职能。法制和体制改革司由原国家能源局政策法规司、国家电监会政策法规部（电改办）等部门整合组成，主要承担能源法律法规体系、能源监管体系、能源体制改革措施等方面的研究工作。

2015年5月15日，国务院印发《2015年推进简政放权放管结合转变政府职能工作方案》，同年6月5日，国家能源局印发《国家能源局关于推进简政放权放管结合优化服务的实施意见》，提出"从重数量向提高含金量转变，从'给群众端菜'向'让群众点菜'转变，从分头分层级推进向纵横联动、协同并进转变，从减少审批向放权、监管、服务并重转变"，继续取消含金量高的行政审批事项，彻底取消非行政许可审批类别，大力简化投资审批，出台规范行政权力运行、提高行政审批效率的制度和措施，推出创新监管、改进服务的举措，切实实现政府职能转变。

在国务院机构改革和职能转变的大趋势下，国家能源局尝试向宏观战略、宏观规划、宏观政策、能源改革和能源监管等领域转移，微观管理上简政放权，简化办事程序，提高办事效率，并强调事后监管，逐步构建"小政府、大社会、强监管"的管理格局。

二、进一步完善煤电联动机制

2004年以后，中国逐步建立了燃煤发电标杆上网电价及煤电价格联动机制。燃煤发电标杆上网电价及煤电价格联动机制成为上网侧电价形成的重要基准，对规范政府定价行为、促进不同类型上网电价合理形成、优化电力行业投资、引导电力企业效率改善、推动电力上下游产业健康发展发挥了重要作用。2004年煤电价格建立联动机制后，2005年首次执行了联动，煤电价格平均涨幅5.4%，最大涨幅超过10%，此后的12年间先后进行了10次煤电价格联动，其中有6次上调，3次下调。

虽然建立了燃煤发电标杆上网电价及煤电价格联动机制，但是"市场煤"和"计划电"的矛盾一直未解决，到2015年新一轮电力体制改革后，煤电矛盾进而表现为"长协煤"和"市场电"之间的矛盾。2015年4月13日，国家发展改革委发布《关于降低燃煤发电上网电价和工商业用电价格的通知》（发改价格〔2015〕748号），决定调整全国燃煤发电上网电价平均每千瓦·时下调约2分钱（含税），形成的降价空间除适当疏导部分地区天然气发电价格以及脱硝、除尘、超低排放环保电价等突出结构性矛盾，促进节能减排和大气污染防治外，主要用于下调工商业用电价格，全国工商业用电价格平均每千瓦·时下调约 1.8 分钱。

2015 年 9 月 30 日，国家发展改革委推出了"中国电煤价格指数"，作为煤电联动价格基础。中国电煤价格指数反映了全国及各省电煤到厂价，发布热值为 5000 大卡（20 929 千焦）代表规格品的电煤价格，监测区域覆盖全国 30 个省份（西藏除外），采价样本为各省主要燃煤发电企业、主要煤炭生产企业、主要煤炭转运港口、煤炭贸易商等 1600 多家企业。指数以 2014 年 1 月为基期，2015 年试行按月发布，2016 年起正式按月发布。

2015 年 12 月 31 日，国家发展改革委印发《关于完善煤电价格联动机制有关事项的通知》（发改价格〔2015〕3169 号），自 2016 年 1 月 1 日起开始实施新的煤电联动政策。新的煤电价格联动机制以年度为周期，由国家发展改革委统一部署启动，以省（区、市）为单位组织实施，对煤电价格实行区间联动。通知明确了煤电价格联动机制基准，电煤价格按照中国电煤价格指数确定，每次煤电价格联动，电煤价格和上网电价分别与基准煤价、基准电价相比较计算，通知相应调整了上网电价和销售电价，全国燃煤机组上网电价和销售电价均下调 3 分/（千瓦·时），这是 2004 年以来的第 6 次依据煤电联动政策进行的电价调整，新的煤电价格联动机制引入分省电煤价格指数作为各省调价的依据，统筹解决了省份间煤电生产成本差别问题。发布的燃煤机组标杆上网电价与煤价联动的计算公式，加上公开发布的电煤价格指数，市场可以按照公式自行计算出燃煤发电上网电价的变化幅度，按新联动机制调整的上网电价和销售电价的实施时间为每年 1 月 1 日，煤价波动幅度在每吨 30 元以内的，成本变化由发电企业自行消纳；煤价波动幅度在每吨 30～150 元，按联动机制调整电价；煤价波动幅度超过 150 元后，超过的部分也不启动联动机制，但调价金额并入下一周期计算。

2017 年初，新的联动机制首次调整窗口期未达触发条件，但是由于 2016 年下半年开始电煤价格大幅上涨，国家发展改革委在 2017 年中曲线上调标杆电价以缓解煤电企业经营困难。2018、2019 年两年，新的联动机制虽然达到了触发条件，但由于国家宏观调控，连续两年下调一般工商业电价，致使煤电联动机制搁浅。随着电力市场化改革的不断深化，燃煤发电标杆上网电价逐渐不再能够反映市场供求变化以及电力成本的变化。在这种情况下，新一轮电力体制改革逐渐深入，全国各地电力市场化交易规模逐年扩大并建立了现货市场，约 50% 的燃煤发电上网电量电价通过市场交易形成。为此，国家发展改革委于 2019 年 10 月 21 日发布了《关于深化燃煤发电上网电价形成机制改革的指导意见》，宣布将现行燃煤发电标杆上网电价机制改为"基准价＋上下浮动"的市场化价格机制，基准价按当地现行燃煤发电标杆上网电价确定，浮动幅度范围为上浮不超过 10%、下浮原则上不超过 15%。

"十三五"期间，经济运行以稳增长、调结构为主。国家深化电煤市场化改革，完善实施新的煤电联动机制，是按照市场化改革方向运作的体现。电煤市场化改革形成由市场决定电价的机制，构建"多买多卖"的电力市场体系，将发电成本向下游传导，在电力供应相对富余，煤价下跌的情况下，政府可以降低电价，以作为稳增长、调结构的重要手段，为企业减负。

三、实行燃煤电厂超低排放电价支持政策

超低排放是指燃煤发电机组大气污染物排放浓度基本符合燃气机组排放限值要求，在基准含氧量 6% 条件下，烟尘、二氧化硫、氮氧化物排放浓度分别低于 10、35、50 毫克/米³。为落实 2015 年《政府工作报告》提出的"推动燃煤电厂超低排放改造"的要求，2015 年 12 月 2 日，国家发展改革委、环境保护部、国家能源局联合发布了《关于实行燃煤电厂超低排放电价支持政策有关问题的通知》（发改价格〔2015〕2835 号），明确对符合超低限值要求的燃煤发电企业给予最高每千瓦·时 1 分钱的上网电价支持。决定自 2016 年 1 月 1 日起对燃煤电厂超低排放实行电价支持政策，以此推动煤炭清洁高效利用，促进节能减排和大气污染治理。

通知指出，为鼓励引导超低排放，对经所在地省级环保部门验收合格并符合上述超低限值要求的燃煤发电企业给予适当的上网电价支持。其中，对 2016 年 1 月 1 日以前已经并网运行的在役机组，对其统购上网电量加价每千瓦·时 1 分钱（含税）；对 2016 年 1 月 1 日之后并网运行的新建机组，对其统购上网电量加价每千瓦·时 0.5 分钱（含税）。

通知强调，省级能源主管部门负责确认适用上网电价支持政策的机组类型。超低排放电价政策增加的购电支出在销售电价调整时疏导。地方制定更严格超低排放标准的，鼓励地方出台相关支持奖励政策措施。

通知明确指出，超低排放电价支持政策实行事后兑付、季度结算，并与超低排放情况挂钩。省级环保部门于每一季度开始之日起 15 个工作日内对上一季度燃煤机组超低排放情况进行核查并形成监测报告，同时抄送省级价格主管部门。电网企业自收到环保部门出具的监测报告之日起 10 个工作日内向燃煤电厂兑现电价加价资金。对符合超低限值的时间比率达到或高于 99% 的机组，该季度加价电量按其上网电量的 100% 执行；对符合超低限值的时间比率低于 99% 但达到或超过 80% 的机组，该季度加价电量按其上网电量乘以符合超低限值的时间比率扣减 10% 的比例计算；对符合超低限值的时间比率低于 80% 的机组，该季度不享受电价加价政策。其中，烟尘、二氧化硫、氮氧化物排放中有一项不符合超低排放标准的，即视为该时段不符合超低排放标准。燃煤电厂弄虚作假篡改超低排放数据的，自篡改数据的季度起三个季度内不得享受加价政策。上述规定自 2016 年 1 月 1 日起执行，此前完成超低排放建设并经省级环保部门验收合格的，无论享受电价加价多少，均按照新规定的加价政策执行。电价加价标准暂定执行到 2017 年底，2018 年 1 月 1 日起统一标准，不再享受加价补贴。

第二节 煤电行业持续节能减排

《能源生产和消费革命战略（2016—2030）》要求到 2020 年把能源消费总量控制在 50 亿吨标准煤以内，煤炭消费比重降低到 58%以下，全国发电装机容量 20 亿千瓦，非化石能源发电装机达到 7.7 亿千瓦左右；提出超低排放标准，清洁高效煤电技术逐步走向国际领先。政府提高了新建煤电机组准入标准，限制煤电的新增规模，要求淘汰 30 万千瓦以下落后产能，对现役煤电机组实行节能和超低排放升级改造，实施供给侧结构性改革。

自 2013 年党的十八届三中全会召开以来，以习近平同志为核心的党中央把生态文明建设摆在治国理政的突出位置。党的十八大通过的《中国共产党章程（修正案）》，把"中国共产党领导人民建设社会主义生态文明"写入《党章》。中央把生态环境保护放在政治文明、经济文明、社会文明、文化文明、生态文明"五位一体"的总体布局中统筹考虑，生态环境保护工作成为生态文明建设的主阵地和主战场，环境质量改善逐渐成为环境保护的核心目标和主线任务，环境战略政策改革进入加速期。2015 年 4 月，《关于加快推进生态文明建设的意见》对生态文明建设进行全面部署。2015 年 9 月，中共中央、国务院印发《生态文明体制改革总体方案》，提出到 2020 年构建系统完整的生态文明制度体系。

这一阶段围绕全面建成小康社会目标建设，改善环境质量成为环境保护工作的核心。在环境政策方面进行了以下四个方面的调整：① 环境法治体系向系统化和纵深化发展。2014 年 4 月，中国修订完成的《环境保护法》被称为"史上最严"的环保法。随后，《大气污染防治法》《水污染防治法》等相继完成修订；《环境保护税法》《土壤污染防治法》等也开始实施。② 环境监管体制改革取得重大突破。2015 年 10 月，召开的党的十八届五中全会明确提出实行省级以下环保机构监测监察执法垂直管理制度，以大幅度提升中国生态环境监管能力。2018 年 3 月 17 日，十三届全国人大一次会议批准《国务院机构改革方案》，组建生态环境部，统一实行生态环境保护执法。③ 推进建立最严格的环境保护制度。随着污染治理进入攻坚阶段，中央深入实施大气、水、土壤污染防治三大行动计划，部署污染防治攻坚战，建立并实施中央环境保护督察制度，以中央名义对地方党委、政府进行督察，如此高规格、高强度的环境执法史无前例。④ 环境经济政策改革加速。明确了建立市场化、多元化生态补偿机制改革方向，补偿范围由单领域补偿延伸至综合补偿，跨界水质生态补偿机制基本建立。全国共有 28 个省（自治区、直辖市）开展排污权有偿使用和交易试点，出台了国际上第一个专门以环境保护为主要政策目标的《环境保护税法》。

2018 年 3 月，第十三届全国人大一次会议通过了《中华人民共和国宪法修正案》，把生态文明和"美丽中国"写入《宪法》。特别是在 2018 年 5 月召开的全国第八次生态环境保护大会上，正式确立了习近平生态文明思想，这是在中国生态环境保护历史上具有里程碑意义的重大理论成果，为环境战略政策改革与创新提供了思想指引和实践指南。

一、煤电行业淘汰落后产能，推进高效发电，火电效率世界领先

"十二五"期间，全国累计淘汰能耗高、污染重的火电机组约 2800 万千瓦，超额完成"十二五"计划淘汰 2000 万千瓦的目标，电力结构调整取得显著成效。为进一步做好"十三五"期间煤电行业淘汰落后产能工作，国家发展改革委、国家能源局明确提出"十三五"期间，淘汰不具备供热改造条件的单机 5 万千瓦及以下纯凝煤电机组、大电网覆盖范围内单机 10 万千瓦及以下纯凝煤电机组、大电网覆盖范围内单机 20 万千瓦及以下设计寿命期满的纯凝煤电机组，以及改造后供电煤耗达不到《常规燃煤发电机组单位产品能源消耗限额》（GB 21258—2013）规定的机组（不含超超临界机组）、污染物排放不符合国家环保要求且不实施环保改造的煤电机组。

根据国家统一部署，各省（区、市）机组关停容量滚动纳入本省电力电量平衡考量，在符合产业政策的情况下，可按等容量替代原则新建煤电项目。对于经电力电量平衡测算存在电力盈余的省（区、市），暂缓安排等容量替代新建煤电项目。不参与等容量替代新建煤电项目的机组，关停后可在一定期限内享受发电权，并可通过发电权交易转让获得一定经济补偿。承担供热任务的抽凝煤电机组关停后不再新建抽凝煤电机组，原供热任务通过建设背压机组等方式解决。机组符合相关淘汰标准的，由地方政府予以淘汰关停，企业供热需求通过建设背压机组等方式解决，差额电力需求采用发电权交易等市场化方式解决。

各省（区、市）在确保供电、供热及人员妥善安置的前提下，联合发电、电网企业及地方政府，制订并实施了本地区"十三五"煤电淘汰落后产能计划，关停淘汰工作得以迅速推进。

二、取消一批不具备建设条件的煤电项目

2016 年 3 月 17 日，《国家发展改革委、国家能源局关于促进中国煤电有序发展的通知》（简称《通知》）发布。《通知》从建立风险预警机制、严控煤电总量规模、加大监督管理处理力度等四个方面，提出了建立煤电规划风险预警机制，严控各地煤电新增规模，按需推进煤电基地建设，加大力度淘汰落后产能等十三项措施。《通知》要求，取消一批不具备核准条件的煤电项目，电力盈余省份的煤电项目要缓核一批、缓建一批，严格按程序核准建设煤电项目；强化事中事后协调监管，加强专项监督检查，严厉查处违规建设。

《通知》明确指出，取消 2012 年及以前纳入规划的未核准煤电项目，相应规模滚动纳入当地未来电力电量平衡，待 2018 年后结合电力供需情况再逐步安排；黑龙江、山东、山西、内蒙古、江苏、安徽、福建、湖北、河南、宁夏、甘肃、广东、云南等 13 省区 2017

年前（含 2017 年）应暂缓核准除民生热电外的自用煤电项目（不含国家确定的示范项目）；黑龙江、辽宁、山东、山西、内蒙古、陕西、宁夏、甘肃、湖北、河南、江苏、广东、广西、贵州、云南等 15 省区，除民生热电项目外的自用煤电项目，尚未开工建设的，2017 年前应暂缓开工建设，正在建设的，适当调整建设工期，把握好投产节奏。

三、火电机组煤耗指标达到世界先进水平

2012 年 8 月，国务院印发《节能减排"十二五"规划》，明确提出淘汰小火电机组 2000 万千瓦。

2014 年 9 月，国家发展改革委、环境保护部、国家能源局印发《煤电节能减排升级与改造行动计划》（发改能源〔2014〕2093 号），明确规定："建设高效清洁大型热电机组，替代能耗高、污染重的落后燃煤小热电机组"。

2015 年 3 月 25 日，国家能源局印发《关于 2015 年中央发电企业煤电节能减排升级改造目标任务的通知》（国能电力〔2015〕93 号），对中国华能集团、中国大唐集团等八家中央发电企业下达了 2015 年度煤电节能减排升级改造目标任务。

2015 年 4 月 13 日，国家能源局印发《关于 2015 年电力行业淘汰落后产能目标任务的通知》（国能电力〔2015〕119 号），要求全国范围内 2015 年年底前淘汰 423.4 万千瓦落后小火电机组。

《煤电节能减排升级与改造行动计划（2014—2020 年）》指出，到 2020 年，全国所有具备改造条件的燃煤电厂力争实现超低排放，即在基准氧含量 6%条件下，烟尘、二氧化硫、氮氧化物排放浓度分别不高于 10、35、50 毫克/米³。全国有条件的新建燃煤发电机组达到超低排放水平。加快现役燃煤发电机组超低排放改造步伐，将东部地区原计划 2020 年前完成的超低排放改造任务提前至 2017 年前总体完成；将对东部地区的要求逐步扩展至全国有条件地区，其中，中部地区力争在 2018 年前基本完成，西部地区在 2020 年前完成。全国新建燃煤发电项目原则上要采用 60 万千瓦及以上超超临界机组，平均供电煤耗率低于 300 克/（千瓦·时），到 2020 年，现役燃煤发电机组改造后平均供电煤耗率都应低于 310 克/（千瓦·时）。

2016 年 1 月 15 日，国家能源局组织召开加快推进煤电超低排放和节能改造动员大会。会议提出，全国新建机组平均供电煤耗率低于 300 克/（千瓦·时），有条件的新建机组都将实现超低排放；到 2020 年，全国具备条件的机组都将达到超低排放，现役机组的平均供电煤耗率都应低于 310 克/（千瓦·时）。

2016 年 6 月 28 日，国家能源局与环境保护部联合印发《2016 年各省（区、市）煤电超低排放和节能改造目标任务的通知》（国能电力〔2016〕184 号），对全国各省（区、市）煤电超低排放和节能改造目标任务进行部署，其中超低排放改造目标为 25 436 万千瓦，节能改造目标为 18 940 万千瓦。

2016 年 6 月 28 日，国家能源局综合司下达火电灵活性改造试点项目的通知（国能综电力〔2016〕397 号），确定丹东电厂等 16 个项目为提升火电灵活性改造试点项目。

2017 年 7 月 13 日，华电国际十里泉发电厂"上大压小"扩建项目第二台 66 万千瓦机组一次性通过 168 小时满负荷试运行，标志着中国华电也是全国首个高效超超临界抽凝供热项目竣工投产。

2017 年 7 月 26 日，国家发展改革委、工信部、国土资源部、环境保护部、水利部、国家能源局等 16 部委联合印发《关于推进供给侧结构性改革，防范化解煤电产能过剩风险的意见》（发改能源〔2017〕1404 号），指出"十三五"期间，全国停建和缓建煤电产能 1.5 亿千瓦，淘汰落后产能 0.2 亿千瓦以上，实施煤电超低排放改造 4.2 亿千瓦、节能改造 3.4 亿千瓦、灵活性改造 2.2 亿千瓦。到 2020 年，全国煤电装机规模控制在 11 亿千瓦以内，具备条件的煤电机组完成超低排放改造，煤电平均供电煤耗率降至 310 克/（千瓦·时）。

2018 年 4 月，国家发展改革委、工信部、国家能源局、财政部等 6 部门联合印发《关于做好 2018 年重点领域化解过剩产能工作的通知》，明确了 2018 年再压减钢铁产能 3000 万吨左右，退出煤炭产能 1.5 亿吨左右，淘汰关停不达标的 30 万千瓦以下煤电机组的目标任务，提出不断提升煤炭供给体系质量，由总量性去产能转向系统性去产能、结构性优产能为主，坚持破立结合，先立后破。

2019 年 5 月 9 日，国家发展改革委发布《2019 年煤电化解过剩产能工作要点》，其中明确了 2019 年目标任务为淘汰关停不达标的落后煤电机组（含燃煤自备机组），依法依规清理整顿违规建设的煤电项目，发布实施煤电规划建设风险预警，有序推动项目核准建设，严控煤电新增产能规模，按需合理安排应急备用电源和应急调峰储备电源。统筹推进燃煤电厂超低排放和节能改造，西部地区具备条件的机组 2020 年完成改造工作。

随着火电机组容量等级结构持续向大容量、高参数方向发展，煤耗以积小步不停步的速度持续降低，全国 6000 千瓦及以上火电厂供电标准煤耗率数据：2012 年为 326 克/（千瓦·时），2013 年为 321 克/（千瓦·时），2014 年为 318 克/（千瓦·时），2015 年为 315 克/（千瓦·时），2016 年为 312 克/（千瓦·时），2017 年为 309 克/（千瓦·时），2018 年为 308 克/（千瓦·时），2019 年为 306.4 克/（千瓦·时），2020 年为 305.5 克/（千瓦·时）。火电机组供电煤耗率继续保持世界先进水平。

四、华电国际十里泉发电厂"上大压小"工程

华电国际十里泉发电厂位于山东枣庄市，是中国华电集团公司下属华电国际电力股份有限公司的全资发电厂。2007 年 12 月至 2008 年 5 月，该厂响应国家"上大压小"号召，主动关停了本厂的 4 台 14 万千瓦机组和收购替代关停地方小火电容量 16.22 万千瓦，共落实关停小容量 72.22 万千瓦，开展了 2×66 万千瓦超超临界机组扩建工作。

两台机组于 2014 年 12 月正式破土动工，并分别于 2016 年 11 月、2017 年 7 月投产发电，三大主机均采用东方电气集团公司最新技术生产的 28 兆帕/600 摄氏度/620 摄氏度高效型超超临界抽凝供热机组，平均热效率 51%，综合厂用电率 5.14%，年均发电煤耗率 256 克/（千瓦·时），供热能力为 2250 万米²，具有大容量、高参数、煤耗低、效率高、

环保排放、抽凝供热等优势。

项目实施过程中积极运用新理念、新设计、新工法，共提出优化设计83条，打造了建筑结构清水砼、电缆桥架架设等21项精品工程，31项亮点工程。项目采用国际先进的三维设计平台和精细化的三维设计技术及锅炉本体立体动态密封技术，同步实施"SCR脱硝系统＋低低温静电除尘器＋高效脱硫及高效协同除尘系统＋MGGH❶"的环保技术，实现再热气温620摄氏度全负荷段安全稳定运行。项目获2018年度中国建设工程"鲁班奖"。

五、内蒙古大唐国际托克托发电有限责任公司建成世界最大火力发电厂

内蒙古大唐国际托克托发电有限责任公司（托克托发电公司）位于呼和浩特市南约70千米的托克托县境内，西南距黄河取水口12千米，南距准格尔大型煤田50千米，煤、水资源极其丰富。共规划建设了12台机组，其中，8台60万千瓦机组和2台66万千瓦机组通过500千伏四回线路接入京津唐电网，占京津唐电网煤机总装机容量的13%，是京津唐电网重要的电源支撑点；2台30万千瓦机组接入蒙西电网，是托克托大型循环经济示范区的核心电厂。

20世纪80年代，中国改革开放的大幕刚刚拉开，经济发展的步伐逐渐加快，但由于电力基础设施建设薄弱，电力供需矛盾日益突出，制约着经济的发展，而当时的煤炭大区内蒙古，由于当时受运力的限制，煤炭资源的开发与利用举步维艰，煤炭行业连年亏损，资源优势难以转化为经济优势。1983年4月，时任水利电力部第一副部长李鹏同志初步提出了在内蒙古建设煤电基地，在托克托附近建设大型火力发电厂的设想。但当时改革开放处于初始阶段，仍以计划经济为主，前期论证进展十分缓慢。

1995年11月，内蒙古大唐国际托克托发电有限责任公司成立，由大唐国际发电股份有限公司、北京能源投资（集团）有限公司、内蒙古蒙电华能热电股份有限公司三家企业共同组建。2000年一期工程首台60万千瓦亚临界机组开工建设，2003年至2006年分别实现了一至四期工程的连续投产发电，2007年两台30万千瓦机组投产，电厂总装机容量达540万千瓦，成为当时全国最大的火力发电厂。

2015年5月，五期两台66万千瓦国产超超临界机组开工建设，并分别于2016年12月24日和2017年2月25日一次性顺利完成168小时满负荷整套试运，电厂总装机达到672万千瓦，一跃成为世界在役最大火力发电厂。

2016年，该公司对两台60万千瓦高效亚临界机组进行了综合升级改造，实现单台机组降低煤耗率15克/（千瓦·时），4号机组成为国内首台改造后达标机组，达到了同类机组国内领先水平；6号、7号空冷机组实施尖峰凝汽器技术改造，年节约标准煤1.5万

---

❶ MGGH是指利用水作为媒介，通过水循环方式吸收脱硫前高温烟气的热量，用于加热脱硫后的净烟气，提升净烟气的温度，提高烟气排放的抬升高度，降低污染物的落地浓度。

吨；对 2 号、3 号、6 号炉烟气余热利用回收装置进行改造，其中 2 号、3 号机组改造后，两台机组烟气余热回收可年节约标准煤 5200 吨，6 号机组可年节约标准煤 8500 吨。同时，积极推进太阳能与火电耦合技术，每年降低厂用电率 0.05%，年减排温室气体二氧化碳 1.48 万吨，实现了"光煤互补"，成为国内首例。

作为国家"西部大开发"和"西电东送"的重点工程，托克托发电公司每年就地转化燃煤 1800 多万吨，年发电量约占北京地区总用电需求的 30%，实现了由输送燃煤向输送电力的清洁能源转化。

托克托发电公司始终牢记央企社会责任，秉持"提供清洁电力、点亮美好生活"的企业使命，坚持建设"资源节约型、环境友好型"企业。2005—2008 年，陆续安装了 10 台机组的石灰石—石膏湿法脱硫装置；2011—2014 年，10 台机组的脱硝改造也全部完成并投入运行。2016—2018 年，12 台机组全部完成超低排放改造，环保绩效指标始终保持行业先进水平。

六、新疆农六师煤电有限公司建成世界上单机容量最大、参数最高的空冷机组

新疆农六师煤电有限公司是山东信发集团响应国家西部大开发战略，于 2009 年在新疆五家渠市投资建设的企业。公司位于乌鲁木齐"后花园"之称的新疆生产建设兵团第六师五家渠市的国家级经济开发区，距离五家渠市 20 千米、昌吉市 40 千米、乌鲁木齐市 60 千米。

新疆农六师煤电有限公司于 2009 年 6 月动工建设，累计投资 360 亿人民币，建成了 4×36 万千瓦热电机组、2×110 万千瓦热电机组，总装机容量 364 万千瓦。

新疆农六师煤电有限公司 2×110 万千瓦超超临界空冷机组工程于 2012 年 5 月正式开工建设，2014 年 1 月 16 日，中国东方电气集团有限公司研制的新疆农六师煤电有限公司 110 万千瓦的 5 号机组顺利通过 168 试运行。第二台机组于 2015 年 9 月投产，在一定程度上缓解了当地供电紧张情况。

这两台 110 万千瓦超超临界空冷机组是世界上单机容量最大、参数最高（过热蒸汽压力 27.46 兆帕）的空冷机组，也是新疆地区首台百万千瓦机组，由山东电力工程咨询院有限公司设计。该公司针对当地气候恶劣、地质状况差等特殊条件，进行了多项技术攻关，有效确保了工程设计质量和建设进度，实现了设计质量零差错。

七、安徽淮南平圩电厂三期百万千瓦机组直联特高压电网

2015 年 4 月 16 日，安徽淮南平圩电厂三期扩建的 5 号百万千瓦机组成为世界上首座一次直接升压至 1000 千伏后接入特高压电网的发电厂。

该机组通过 1 组额定容量为 120 万千伏安的特高压升压变压器，将机端电压从 27 千伏一次升压至 1000 千伏，经 5 千米特高压线路接入淮南特高压变电站。与以往先升压至 500 千伏，再经 500 千伏线路接入特高压变电站，通过特高压自耦变压器升压至 1000 千

伏的方案相比，此举大幅减少了中间环节，显著提高了电厂的送电能力。

特高压升压变压器是实现发电厂直连特高压电网的核心装备。2009 年以来，国家电网公司会同五大发电集团，组织各大变压器厂、多家科研院所和高等院校开展了联合攻关。2010 年 12 月，特变电工沈阳变压器集团有限公司（简称：特变电工沈变，总部位于新疆昌吉）率先研制成功三相额定容量 120 万千伏安的特高压升压变压器，实现了无局部放电设计，设备运行性能稳定，具备了工程推广应用条件。其后，西安西电变压器有限责任公司、山东电工电气集团有限公司、天威保变（合肥）变压器有限公司也成功研制了样机。

2013 年 2 月，国家核准平圩电厂三期扩建项目，同意采用直接接入特高压电网方案。2014 年 6 月，国家核准配套的特高压送电工程，国家电网公司高度重视，组织各参建单位，高质量安装特变电工沈变生产的特高压设备，于 2015 年 3 月完成送电工程建设任务，4 月顺利完成启动调试和试运行，满足了电厂并网需求。

平圩电厂三期扩建机组的成功并网，全面验证了大型电厂直接接入特高压电网的可行性和可靠性，为后续类似工程的顺利实施积累了宝贵的技术和运行经验。该技术的推广应用有助于解决大型能源基地集中送出面临的输送走廊紧张、容量受限、系统短路和电流超标等难题，对促进大型能源基地的集约开发，推动特高压电网发展具有重大意义。

八、徐州华润电力有限公司 3 号机组高温亚临界综合升级改造

2019 年 8 月 10 日，徐州华润电力有限公司 32 万千瓦 3 号机组高温亚临界综合升级改造项目一次性顺利通过 168 小时满负荷试运行并移交生产。

该项目 168 小时试运的顺利通过，标志着全球首个通过高温亚临界综合升级改造大幅提升传统亚临界机组综合性能的改造项目取得圆满成功，改造后机组效率远优于国家煤电机组"六年行动计划"指标要求，为中国在役 3.5 亿千瓦亚临界机组的升级改造树立了标杆，开辟了一条先进可行的道路。

徐州华润电力有限公司改造项目由申能电力科技总体负责，施工安装由安徽电建二公司实施，汽轮机本体改造设备由西门子供货。在华润电力控股及徐州华润电力有限公司的统筹管理下，项目于 2017 年 4 月启动定制化设计，2018 年 12 月开始施工安装。改造后，机组主蒸汽和再热蒸汽温度均提高到 600 摄氏度，将 3 号机组额定工况下供电煤耗率降至低于 287 克/（千瓦·时），降幅超过 31 克/（千瓦·时）。3 号机组除了效率大幅提升外，在负荷灵活性、环保性和安全性等方面也得到了大幅提升。通常情况下，在机组蒸汽温度提高至 600 摄氏度等级时，蒸汽侧管道的氧化和汽轮机固体颗粒侵蚀问题会对机组效率和安全构成严重威胁，该项目由于应用了量身定制的专项启动、高动量冲洗等系列技术，机组长期高效安全运行得到良好保障，168 小时试运期间根据在线数据测算，高中压缸效率优于原设计值。

第三节 燃煤电厂全面实现超低排放

燃煤电厂的超低排放存在多种表述，如"零排放""近零排放""超低排放""超净排放""超洁净排放""比燃机排放更清洁"等。在"十三五"期间，燃煤电厂通过一系列的技术改造，全面实现了生产过程超低排放。

零排放：是指燃煤电厂在生产过程中不得向环境排出任何废水、废气和其他固体废弃物，或排放的废弃物充分利用，成为另一种产业的原料或燃料，从而通过循环利用形成生态产业系统。❶

近零排放：一般是把燃煤电厂排放的烟尘、二氧化硫和氮氧化物 3 项大气污染物与《火电厂大气污染物排放标准》❷中规定的燃气轮机执行的"大气污染物特别排放限值"相比较，达到或者低于燃气轮机排放限值的情况，称为燃煤机组的"近零排放"，或称"比燃气轮机排放更清洁"的排放。

超低排放：2014 年 9 月 12 日，国家发展改革委、环保部、能源局联合发布《煤电节能减排升级与改造行动计划》（〔2014〕2093 号文），规定了排放限值要求，即烟尘为 10 毫克/米^3、SO_2 为 35 毫克/米^3、NO_x 为 50 毫克/米^3，这与包括美国在内的所有国家的煤电机组排放标准限值相比，三项指标均是远低于标准限值的，因此可以认为该排放限值要求属于超低排放。

"超净排放""超洁净排放"都属于"超低排放"的范畴，指的是低于某一标准值的排放，但排放值往往优于"超低排放"。

一、中国建成世界最大规模的清洁煤电体系

燃煤电厂排放的颗粒物、二氧化硫、三氧化硫、氮氧化物、汞等多种污染物，是导致灰霾等大气污染问题的重要原因之一。中国和世界其他国家一样，一直在探索着更清洁的能源利用方式和更高效的污染物治理技术。

2014 年 9 月 12 日，国家发展改革委、环保部、国家能源局三部委联合印发了《煤电节能减排升级与改造行动计划（2014—2020 年）》（发改能源〔2014〕2093 号）。文件提出：

---

❶ 从技术角度讲，在产业生产过程中，能量、能源、资源的转化都遵循一定的自然规律，资源转化为各种能量、各种能量相互转化、原材料转化为产品，都不可能实现100%的转化。根据能量守恒定律和物质不灭定律，其损失的部分最终以水、气、声、渣、热等形式排入环境。中国环保工作起步较晚，以现有的技术、经济条件，真正做到将不得已排放的废弃物减少到零，可谓是难上加难。有些企业通过对不得已排放废弃物的充分利用，实现了所谓的"零排放"，也只是改变了污染物排放的方式、渠道和节点，一些污染物最终要进入环境。从这个意义上讲，真正的"零排放"只是一种理论的、理想的状态。

❷ 《火电厂大气污染物排放标准》（GB 13223—2011）要求：一般地区烟尘、二氧化硫、氮氧化物排放限值分别为30、100、100 毫克/立方米，重点地区特别排放限值分别为20、50、100 毫克/立方米，燃气发电排放限值分别为5、35、50 毫克/立方米。

新建燃煤发电机组应同步建设先进高效脱硫、脱硝和除尘设施，不得设置烟气旁路通道；东部地区新建燃煤发电机组，大气污染物排放浓度基本达到燃气轮机组排放限值，中部地区和西部地区新建机组原则上接近或达到燃气轮机组排放限值；支持同步开展大气污染物联合协同脱除，减少三氧化硫、汞、砷等污染物排放；重点推进现役燃煤发电机组大气污染物达标排放改造，确保满足最低技术出力以上全负荷、全时段稳定达标排放要求；稳步推进东部地区现役30万千瓦及以上和有条件的30万千瓦以下公用燃煤发电机组实施大气污染物排放浓度基本达到燃气轮机组排放限值的环保改造；鼓励其他地区现役燃煤发电机组实施达到或接近燃气轮机组排放限值的环保改造。

2015年12月2日，国务院常务会议决定，在2020年前对燃煤机组全面实施超低排放和节能改造。随后，环境保护部、国家发展改革委、国家能源局印发了《全面实施燃煤电厂超低排放和节能改造工作方案》，进一步明确：到2020年，全国所有具备改造条件的燃煤电厂力争实现超低排放。全国有条件的新建燃煤发电机组达到超低排放水平。加快现役燃煤发电机组超低排放改造步伐，将东部地区原计划2020年前完成的超低排放改造任务提前至2017年前总体完成；将对东部地区的要求逐步扩展至全国有条件地区，其中，中部地区力争在2018年前基本完成，西部地区在2020年前完成。

2015年底，浙能萧山发电厂两台燃煤机组关停，该电厂成为纯天然气发电的绿色电厂。浙能集团陆续投入超50亿元，对所属燃煤电厂全面实施超低排放改造。2017年6月30日，随着绍兴滨海热电厂1号机组超低排放装置投运，浙能集团提前两年全部机组完成了国家确定的煤电机组超低排放改造目标，成为首个全面实现煤电机组超低排放的大型发电集团。改造后的浙能集团燃煤机组，二氧化硫、氮氧化物和烟尘的平均排放达标率分别大于99%、98%、99%，主要污染物排放值均优于燃气轮机组标准，是欧盟标准的1/6。据测算，浙能集团煤电机组超低排放改造后，每千瓦·时发电成本比燃气机组低约0.25元，环境和经济效益实现双提升。2018年，浙能集团"燃煤机组超低排放关键技术研发及应用"项目荣获2017年度国家技术发明奖一等奖。

五大发电集团根据大气污染防治行动计划和工作方案确定的时限要求，"一厂一策"制定改造方案和进度计划，自主研发或合作研发先进除尘、高效脱硫脱硝、污染物超低排放监测等技术装备。截至2019年底，华能集团96%的燃煤机组（289台）实现超低排放，完成"十三五"期间超低排放和节能改造任务的110.5%；大唐集团超低排放燃煤机组的容量占比达到97.04%；华电集团超低排放燃煤机组占比超过90%，烟尘、二氧化硫、氮氧化物单位排放量同比降低13.5%、11.1%、5.8%；国家能源集团在运常规燃煤机组全部实现了超低排放，烟尘、二氧化硫和氮氧化物排放量同比下降21.1%、12.4%和9.64%。国家电投集团加大超低排放改造和污染物排放管控力度，排放达标水平显著提高。

截至2018年三季度末，中国煤电机组累计完成超低排放改造7亿千瓦以上，提前超额完成5.8亿千瓦的总量目标，加上新建的超低排放煤电机组，实现超低排放的煤电机组达7.5亿千瓦以上；节能改造累计完成6.5亿千瓦，其中"十三五"期间完成3.5亿千瓦，提前超额完成"十三五"的目标。

2019 年初，国家能源局发布消息称，中国煤电清洁高效发展取得阶段性成果：煤电超低排放"十三五"总量目标任务提前两年完成，已建成世界最大的清洁煤电供应体系。截至 2019 年底，全国已经实现超低排放的煤电机组累计约 8.9 亿千瓦，占到总装机容量的 86%，排放标准世界领先，为打赢"蓝天保卫战"作出了重要贡献。

二、浙能嘉兴电厂投运国内首套超低排放装置

2014 年 5 月 30 日，中国首套烟气超低排放装置在浙江省能源集团公司嘉兴电厂 8 号机组投入运行。机组满负荷时烟囱总排口主要烟气污染物的排放数据：烟尘 2.12 毫克/米^3，二氧化硫 17.47 毫克/米^3。氮氧化物 38.94 毫克/米^3。嘉兴电厂 8 号机组超低排放系统已经达到了天然气燃气轮机组的排放标准，即烟尘不超过 5 毫克/米^3，二氧化硫不超过 35 毫克/米^3，氮氧化物不超过 50 毫克/米^3，较《火电厂大气污染物排放标准》（GB 13223—2011）中规定的重点地区烟尘、二氧化硫、氮氧化物排放标准分别下降 75%、30% 和 50%，达到国际先进水平，开启了燃煤发电机组清洁化排放的新时代，为东部经济发达地区发展煤电开辟了新的途径。

嘉兴电厂百万千瓦燃煤机组烟气超低排放改造工程是全国率先实施超低排放的示范改造项目。该项目于 2013 年 8 月 13 日开工建设，总投资 3.95 亿元，采用"多种污染物高效协同脱除集成技术"，对已投产的 2 台百万千瓦燃煤机组进行示范改造。

三、首台"近零排放"燃煤机组在舟山电厂投产

2014 年 6 月 25 日 9 时，神华国华舟山电厂 4 号 35 万千瓦国产超临界燃煤发电机组顺利完成 168 小时试运，正式移交生产。根据浙江省环境监测中心机组试运行期间独立现场取样监测数据：4 号机组试运行期间，粉尘排放 2.55 毫克/米^3，二氧化硫排放 2.86 毫克/米^3，氮氧化物排放 20.5 毫克/米^3，3 项指标均远低于燃气发电机组大气污染物排放限值，标志着国内首台"近零排放"燃煤发电机组顺利投入商业运行。

2013 年，神华集团制定了《2013—2017 年大气污染防治行动计划》，明确提出"深度治理燃煤电厂，创建一流排放业绩"，"打造超低排放电厂"的要求，并开始启动实施新建燃煤发电机组"清洁高效近零排放工程"。舟山电厂 4 号燃煤机组是在神华集团提出的"清洁高效近零排放工程"指导下实施的首个项目。国华电力把目标瞄准了天然气发电机组排放标准。对燃煤机组来说，这是一个很高的排放标准。国内燃煤机组达到燃气机组的其中一项排放限值都不容易，同时达到三项排放限值就更不容易。

为实现"近零排放"的目标，舟山电厂 4 号燃煤机组在项目设计阶段便确立了建设"低碳环保，技术领先，世界一流的数字化电站"理念，通过设计优化，加大采用新材料、新工艺、新设备、新技术、新布置。特别是在节能环保上，制定了多项有效措施，例如烟气除尘器采用高频电源、旋转电极技术，大幅提高电除尘器供电效率，节约电能，并提高除尘效率；烟气脱硝采用低氮燃烧器＋SCR 催化还原脱硝技术，脱硝效率达 80%；烟气脱硫利用沿海电厂的有利条件，采用海水脱硫技术，脱硫效率达到 97%；湿式电除尘则利

用喷水雾化对放电极和集尘极连续冲洗，使放电极和集尘极始终保持清洁，有效消除反电晕现象的发生，提高单位面积的集尘效率，在相同条件下可达到更低的排放浓度，从而实现了"近零排放"的目标。

舟山电厂超低排放改造增加发电成本仅 1 分/（千瓦·时）左右，燃煤发电为 0.3～0.4 元上网电价，远低于燃气发电的 0.8 元左右上网电价。

业界专家认为，舟山电厂 4 号燃煤机组实现"近零排放"目标，不仅对神华集团具有里程碑意义，甚至对于整个煤电行业而言都堪称一场革命。随着这台"近零排放"燃煤机组的正式投产，一个燃煤发电超低排放的绿色能源新时代正在到来。让人们认识到煤炭的清洁高效利用完全可以实现，对于整个燃煤发电行业的升级与发展具有重要的引领作用。

四、国内首台"超净排放"改造的燃煤机组在广州恒运电厂投产

2014 年 7 月 16 日，广东广州恒运电厂"超净排放"环保改造现场会在 9 号机组现场举行。现场 9 号机组实时排放数据显示二氧化硫、氮氧化物、烟尘排放值分别为 1、23、1.7 毫克/米³，远低于天然气发电机组的排放标准，为目前国内同类机组（燃煤硫分达到 1%）环保改造的最好水平，达到了超净排放。

恒运电厂为广东广州恒运集团所属企业。恒运集团是以发电为主的上市公司，发电装机容量 108 万千瓦。恒运集团先后投入 3 亿元资金对两台 30 万千瓦燃煤机组实施环保超净改造。改造历时两年，采用国内最新技术，在恒运电厂完成了国内首台单塔双循环脱硫改造，加装了湿式电除尘器，并对低氮燃烧器进行了改造，加上之前投产的布袋除尘、电除尘、SCR 脱硝装置，恒运电厂环保装置达到国内先进水平，二氧化硫、氮氧化物、烟尘排放三项指标同比下降 70% 以上。

与 2014 年 6 月底投产的国内首台新建"近零排放"燃煤机组——神华国华舟山电厂 4 号机组相比，在三项排放指标中，恒运电厂 9 号机组的二氧化硫数据略低于舟山电厂 4 号机组，氮氧化物数据高于舟山电厂 4 号机组 2.5 毫克/米³，两机组烟尘数据相当。作为一座老电厂，恒运电厂进行环保改造后能够达到天然气机组的排放标准，在全国具有示范作用。

五、京津冀首台"近零排放"燃煤机组在神华国华三河电厂投产

神华国华三河电厂成立于 1994 年，地处河北省三河市燕郊经济技术开发区，由神华国华国际电力股份有限公司、北京京能电力股份有限公司、河北建投能源投资股份有限公司分别按 55%、30%、15% 的比例出资建设。

神华国华三河电厂总装机容量 133 万千瓦。其中，一期工程两台 35 万千瓦日本三菱燃煤亚临界发电机组分别于 1999 年 12 月、2000 年 4 月投入商业运营，并于 2009 年 12 月完成抽汽供热改造；二期工程两台 30 万千瓦国产燃煤亚临界热电联产机组分别于 2007 年 8 月、11 月投产发电，2015 年分别完成了汽轮机增容升级改造。

神华国华三河电厂于 2014、2015 年完成了在役四台机组的节能环保综合升级改造，4 号机组改造后的烟尘排放值 0.23 毫克/米³，二氧化硫 5.9 毫克/米³，氮氧化物排放值为 20 毫克/米³，成为京津冀地区首家实现全厂"近零排放"的燃煤电厂；2014 年 10 月，国家能源局授予神华国华三河电厂"国家煤电节能减排示范电站"荣誉称号。

神华国华三河电厂是京、冀两地重要的民生采暖热源，同时也是国内同等级供热量最大的燃煤发电企业。其中，一期机组为燕郊地区 883 万米² 面积提供稳定热源，2016 年 2 号机组安装 6 台热泵，新增燕郊供热面积 180 万米²，二期机组同时供给北京通州新城 1800 万米² 和燕郊地区 550 万米²。电厂成功地利用机组的废热、余热、低参数的热量，向周边地区供热，提高了火力发电的经济性。

神华国华三河电厂始终坚持创新驱动的发展理念，不断提高科技创新对企业生产经营的贡献率，实现了全国首家自主创新应用烟塔合一、全国首家跨省利用城市中水、全国首家应用脱硫无旁路技术实现引增合一、全国首家跨省供热、全国燃煤电站烟尘排放指标最优值等多项创新和突破。《大型燃煤电站污染物近零排放改造技术研究及工程应用》项目分别荣获 2016 年度中国电力科学技术一等奖和中国电力创新一等奖，《燃煤电厂烟气重金属污染物排放特征研究》获 2017 年中国电力创新二等奖。

六、天津诞生"近零排放"燃煤电厂

2014 年 8 月 24 日，神华国能（神东电力）集团在天津大港发电厂主持召开了环保示范电厂建设验收会，中电联、神华集团、天津市环保局等单位 35 位代表和专家参加了会议，会议成立了以中科院院士、清华大学教授郝吉明为组长的专家验收组，专家验收组通过严格审查，一致通过大港发电厂"环保示范电厂"建设验收，由此，大港发电厂成为全部机组均达到"近零排放"的燃煤电厂。

大港发电厂位于天津市滨海新区（大港）南部，于 1974 年开始建设，共安装 4 台 32.85 万千瓦燃煤发电机组。从 2013 年开始，在神华集团的大力支持下，该电厂承担了科技部 863 计划资源环境技术领域主题项目——30 万千瓦等级燃煤电厂 PM2.5 控制示范应用项目的研究工作，通过集成低温省煤器、高效静电除尘等技术手段，达到了烟尘 PM2.5 低于 2.5 毫克/米³ 的效果，且比同类环保改造项目节省资金 50% 以上。2014 年 4 月，在神华集团支持下，神华国能（神东电力）集团选定大港发电厂开展 30 万千瓦等级燃煤电厂环保示范建设。

专家验收组最终形成验收意见，认为该电厂通过一系列环保改造、煤质保障及优化运行控制，大气污染物排放可达到氮氧化物低于 50 毫克/米³，二氧化硫低于 35 毫克/米³，烟尘低于 5 毫克/米³，PM2.5 低于 2.5 毫克/米³，同时实现了节电和节水，为大型燃煤电厂严格控制 PM2.5 排放提供了成功的案例。

专家组在讨论中指出：在国家大力开展大气污染治理的大背景下，相比新建机组的投产，现役燃煤机组实施环保改造是一项投资巨大、规模巨大、难度巨大的工程。大港发电厂的环保示范电厂建设取得了成功，走在了全国的前列，为国内火电机组环保改造提供了

非常好的技术路线。

七、福建省首台超低排放燃煤机组投运

2015年6月26日，华电永安发电有限公司8号机组脱硫脱硝改造工程顺利通过168小时试运行，标志着福建省首台超低排放燃煤机组顺利投运。

华电永安发电有限公司共有2台30万千瓦循环流化床热电联产机组（7号、8号机组），采用炉内脱硫技术。2012年全部建成投产后，各项污染物排放指标远低于国家规定值。2014年，该公司继续投资1.65亿元进行超低排放升级改造，此项改造工程成为当年省级重点项目及华电集团公司百万千瓦工程跟踪项目，于同年8月开始动工。改造前，烟气中的二氧化硫含量为800～1500毫克/米^3，改造后烟气出口二氧化硫低于50毫克/米^3。改造后烟尘、氮氧化物排放浓度分别不高于15毫克/米^3、100毫克/米^3。7、8号机组脱硝改造于2015年3月全部通过环保验收，其中8号机组超低排放升级改造工程于6月全面竣工，6月26日22时通过了168小时试运行。

华电永安发电有限公司此次超低排放改造主要是对脱硫脱硝系统进行升级。该公司在工艺技术上进行了大胆创新，脱硫系统采用烟气循环流化床脱硫除尘一体化工艺，是半干法脱硫除尘一体化技术在30万千瓦循环流化床锅炉中首次成功应用。

八、燃煤机组超低排放关键技术研发及应用

2018年1月8日，2017年度国家科学技术奖励大会在人民大会堂举行，"燃煤机组超低排放关键技术研发及应用"项目获得国家技术发明奖一等奖。项目由浙江大学能源工程学院高翔教授领衔，与浙江省能源集团有限公司合作完成。

项目依托能源清洁利用国家重点实验室和"2011协同创新中心"等国家级平台，在国家和省部级科研项目的持续支持下，成立了产学研用团队，经过长期深入的理论和试验研究，发明了整体协同优化与智能调控的多污染物高效协同脱除超低排放系统。该系统攻克了高效率、高适应性、高可靠和低成本等关键技术难题，实现了污染物超低排放。具体成果为：发明了多污染物高效协同脱除集成系统，研发了燃煤机组超低排放新工艺，实现了燃煤机组主要烟气污染物排放优于天然气发电排放标准限值要求，引领中国燃煤机组超低排放工作；发明了多功能脱硝催化剂配方、催化剂制备及催化剂再生改性等系列技术，解决了燃煤机组高效脱硝难题；发明了细颗粒物高效脱除技术，解决了颗粒物的超低排放难题。

项目授权发明专利34项，牵头或为主制定国家和行业标准15项，成果实现规模化应用，成果应用装机容量超过1亿千瓦，大幅削减了燃煤污染物，全面提升了燃煤污染治理技术水平。其中，浙江省能源集团累计投入50亿元，全面完成煤电机组超低排放改造，成为全国首个煤电机组全面实现超低排放的大型发电集团。同时，项目相关技术和产品已输出欧美和"一带一路"国家，新增销售109.6亿元，创造了显著的社会和经济效益。

2017 年 6 月 10 日—9 月 10 日，主题为"未来的能源"的世界博览会在哈萨克斯坦首都阿斯塔纳举行。在 100 多个国家展馆中，中国展馆脱颖而出。它以"过去、现在、未来"为主线，全面展示中国在传统能源转型、新能源开发、绿色环保和可持续发展等方面的新理念、新成果。在中国展馆中，就有项目团队提供的"超低排放技术"展示模型。

九、SCR 脱硝催化剂逐步国产化

受中国煤炭资源和燃料供应政策的制约，燃料供应呈现出复杂性和多样性的特点，火电厂燃煤的品质通常较差，灰分含量较高（30%～40%），砷含量大（9.6～21.0 微克/克），部分锅炉的氮氧化物生成浓度较高（大于 1000 毫克/米^3），决定了中国火电厂的脱硝催化剂不能完全照搬国外现有的催化剂技术。

当时选择性催化还原技术（SCR）催化剂生产核心技术均被美国、日本、韩国、德国等国外大型企业垄断，国内 SCR 脱硝催化剂行业起步很晚，多依赖购买欧美和日本的技术使用权。为降低对国外技术、设备和原料的依赖，摆脱外部因素的束缚，降低生产成本，必须加快自主开发进度，从设备、原材料、备品备件等各方面入手，最终形成具有自主知识产权的燃煤烟气脱硝催化剂的生产技术。

2004 年 12 月底，中国东方电气集团东方锅炉（集团）股份有限公司与德国 Envirotherm GmbH（KWH）合作，成立了成都东方凯特瑞环保催化剂有限责任公司，注册资本为 1300 万欧元，其中东方锅炉出资 910 万欧元，占总投资比例的 70%。一期工程于 2006 年 9 月建成投产，是首家实现脱硝催化剂国产化的生产企业，二期扩建工程于 2010 年 6 月建成投产，拥有 3 条具有国际先进水平的生产线，年生产能力达到 18 000 米^3，成为国内最大的脱硝催化剂生产企业。

2007 年 11 月，中国国电集团公司下属的北京国电龙源环保工程有限公司从日本触媒化成公司（CCIC）引进蜂窝式催化剂生产技术及工艺。2008 年 3 月 3 日在无锡投资成立江苏龙源催化剂公司，主要从事蜂窝式催化剂的生产与销售。随着 3、4 期工程于 2012 年 10 月 29 日正式完工，累计总年产能达 16 000 米^3。2012 年 4 月，该公司将产品销往日本，是中国同类产品的首次出口，但仍未突破国外技术的垄断。

2008 年 4 月，中电投远达环保工程有限公司投资设立重庆远达催化剂制造有限公司，注册资本 7500 万元。同年 6 月与美国科美特克公司（CORMETECH）签订蜂窝式催化剂技术转让协议，年产量为 10 000 米^3。由于市场主要面向国外，该公司并无对引进技术国产化的迫切需求。

2008 年 6 月，四川华铁钒钛科技股份有限公司开工建设国内第一条"SCR 脱硝催化剂载体 TiO_2 产品"生产线，并于 2010 年初投产试车。经过不断改进和完善生产线的工艺和装备，形成了成熟的载体 TiO_2 产品工业化生产技术，产品在国内几家大型 SCR 脱硝催化剂生产厂推广应用，这是全国首条拥有自主知识产权的脱硝催化剂载体二氧化钛生产线。

2011 年 12 月 15 日，中国大唐集团环境技术有限公司引进德国雅佶隆（Argillon）公司平板式脱硝催化剂（简称板式催化剂）技术，并收购了包括实验室在内的全套生产线，在南京投资组建了中国首家板式催化剂专业制造企业——大唐南京环保科技有限责任公司（大唐南京科技公司）。2013 年 3 月 29 日，该公司 1 号生产线正式达标投产，现已投产 4 条生产线，年产量为 40 000 米³。当时，除雅佶隆公司、日立公司 2 家国外企业外，大唐南京科技公司是世界上第 3 家，也是中国首家和唯一已达标投产的板式催化剂生产企业，也是世界上最大的板式催化剂供应商。

2013 年 3 月，华电青岛环保技术有限公司成立，注册资本 1 亿元，位于青岛国家高新技术产业开发区。公司是专业从事烟气脱硝催化剂的研发、设计、制造、检验、销售、技术服务和脱硝工程技术改造的高新技术企业。公司引进美国 Cormetech 公司先进催化剂生产技术，拥有年产能 10 000 米³ 的蜂窝式脱硝催化剂生产线，其主要工艺设备和实验检测设备通过进口，自动化程度高，检测和质量管控标准与美国 Cormetech 公司保持一致。

2013 年 11 月 8 日，启源（西安）大荣环保科技有限公司（启源大荣公司）成立。2014 年 5 月，启源大荣公司波纹式生产线设备入厂安装并调试，同年 10 月，第一批国产波纹式脱硝催化剂成功投产，产品通过西安热工研究院苏州分院进行性能测试，其脱硝性能达到同等进口波纹式脱硝催化剂性能。2014 年 12 月，首批产品应用于燃煤电厂脱硝。2015 年初，启源大荣公司生产量达到设计产能，但公司生产波纹式脱硝催化剂的主要原材料仍需进口，其技术仍被国外公司垄断，不仅采购价格昂贵、周期长，且给生产计划安排和持续稳定生产带来很大弊端。为实现波纹式脱硝催化剂技术国产化，启源大荣公司自 2015—2017 年陆续开展波纹式脱硝催化剂用主要原材料如催化剂粉末、专用玻璃纤维毡等的研究，解决供应商单一的问题，为波纹式脱硝催化剂技术的消化和转化奠定了坚实的基础，成为世界上继比利时优美科公司、韩国大荣株式会社后，第三个有能力独立自主生产波纹板式脱硝催化剂的公司，填补了中国波纹板式脱硝催化剂制造技术的空白，达到国内领先，国际先进水平。

十、新型多温区 SCR 脱硝催化剂与低能耗脱硝技术及应用

2020 年 1 月 10 日上午，2019 年度国家科学技术奖励大会隆重召开，"新型多温区 SCR 脱硝催化剂与低能耗脱硝技术及应用"获国家科学技术进步奖二等奖。本项目于 2016 年由华北电力大学单位提出，联合中国华电集团有限公司、中国华电科工集团有限公司、华电电力科学研究院有限公司、北京华电光大环境股份有限公司、北京清新环境技术股份有限公司共同研发。

项目采用理论研究、实验模拟和工程验证相结合的手段，深入研究并自主研发了适用于不同烟气条件的多温区多功能系列化平板式 SCR 脱硝催化剂，同时开发了高效低能耗 SCR 脱硝工程优化与系统管理技术。其中包括：① 平板式 $V_2O_5-WO_3/TiO_2$ 和 $V_2O_5-MoO_3/TiO_2$ 型中温 SCR 脱硝催化剂（适用温度：300～450 摄氏度），形成了国内唯一具有自主知识产权的成套技术和装置，突破了国外的技术封锁。② 首次采用的平板式宽温差 SCR

脱硝催化剂（适用温度：250～450 摄氏度，解决了 300 摄氏度以下温区的催化剂硫中毒等问题）、平板式低温 SCR 脱硝催化剂（适用温度：140～300 摄氏度，解决了低温区催化剂活性低和硫中毒等问题）、平板式高温 SCR 脱硝催化剂（适用温度：450～650 摄氏度，解决了高温区催化剂稳定性差以及硫、氯中毒等问题）、平板式抗砷中毒 SCR 脱硝催化剂（适用于富砷煤的烟气脱硝），实现了大规模多温区与含硫、含砷等复杂烟气工况的高效脱硝。③ 开发了高效低能耗 SCR 脱硝工程优化技术以及系统管理技术，包括基于导流板、喷氨格栅和整流格栅等优化布置，以及关键设备结构优化的 SCR 流场优化技术、尿素烟道直喷制氨技术、尿素溶液催化水解制氨技术、SO_3 测试与控制一体化技术、强化还原剂与烟气混合的 SNCR-SCR 耦合脱硝技术、SCR 脱硝催化剂寿命预测以及系统管理技术，实现了高效低能耗的 SCR 烟气脱硝以及脱硝系统的管家式服务。

项目获得授权发明专利 18 项（包括 1 项国际专利）、实用新型专利 18 项、软件著作权 3 项，参与编写脱硝领域相关标准 4 项，且均已获发布。项目成果通过了中国电机工程学会成果鉴定，鉴定意见认为：研究成果为复杂烟气工况脱硝的技术难题提供了解决方案，提升了 SCR 脱硝领域的技术档次，支撑了火力发电等行业的节能环保，具有良好的社会、经济、环境效益和推广应用前景，整体达到国际领先水平。

项目成果的应用大幅降低了氮氧化物的排放。2016—2018 年，平板式 SCR 脱硝催化剂和 SCR 脱硝工程设计技术已应用于 400 余个脱硝工程。研制的平板式中温、宽温差、低温、高温和抗砷中毒 SCR 脱硝催化剂累计销售超过 37 200 米^3，可脱除氮氧化物超过 105 万吨，为减少雾霾、改善中国空气质量和推动生态文明建设起到了重要作用。

十一、燃煤电厂逐步开展废水零排放改造

2013 年，水利部印发了《关于加快推进水生态文明建设工作的意见》（水资源〔2013〕1 号）；2015 年，施行了新的《中华人民共和国环境保护法》，颁布《水污染防治行动计划》（即"水十条"），修订了《取水许可管理办法》；2016 年印发了《控制污染物排放许可制实施方案》（即排污许可证制度），修订了《中华人民共和国水法》；2017 年环保部发布的《火电厂污染防治可行性技术指南》规定了电厂废水处理设施的设计规范，新增多条废水的设计要求，逐步推动废水零排放的实现；2018 年，施行新的《中华人民共和国水污染防治法》。

中国火电行业用水量占工业用水比重超过 40%。火电厂的节水与废水治理工作对推进生态文明建设具有积极作用，国家对火电厂废水治理提出了具体要求。"水十条"要求在役电厂逐渐增加使用再生水的比例，新建电厂必须使用城市中水；发电企业需开展废水深度处理回用、废水达标排放、高盐废水浓缩减量工作；降低取水量、外排水量，排水达到排放标准。排污许可证制度率先对火电企业核发排污许可证。

中国的废水零排放技术自 2009 年开始进行工程实践，截至 2015 年，国内的废水零排放工程案例较少，包括广东河源电厂和华能长兴电厂等，但整体水平仍处于技术起步和探

索阶段，废水零排放系统的设计和运行经验不够成熟，存在投资与运行费用过高的问题，而且淡水回收率低，产出杂盐副产物无法处置，存在二次污染风险。这些问题限制了零排放技术的发展应用，因此，同时实现燃煤电厂废水与杂盐的高效回收是电厂废水零排放技术的瓶颈问题。

2016年12月20日，中国国电集团汉川电厂三期扩建工程2×100万千瓦超超临界火力发电机组脱硫废水深度处理项目在经过连续168小时系统稳定运行后，正式通过验收。此项目成为全国首例百万千瓦机组实现脱硫废水零排放且资源化利用的工程，采用"全膜法＋蒸发结晶"脱硫废水零排放处理工艺，有效提高了火电厂用水效率和减少废水排放，解决了国内电厂废水近零排放中杂盐固废难处理等环境问题，实现了水资源梯级利用以及盐资源的完全回收，吨水投资费用和运行成本均远低于现已运行的同类工程。

2017年6月，内蒙古国华准格尔发电有限责任公司废水零排放工程开工建设，2018年5月15日项目正式投产。该项目使用超滤以及反渗透膜法处理技术，运营费用低，处理能力强，污水处理后能达到相当于矿泉水的水质。废水改造完成后，85%的回用水水质达到工业水以上标准，15%的浓水回用至脱硫，脱硫废水又全部用于干灰拌湿；不仅达到了全厂废水零排放的目的，而且实现了水的循环利用，减少了购水成本。

2020年6月5日，浙江浙能长兴发电有限公司中水深度回用系统正式建成投运，该系统以中水回用于电厂循环冷却水系统为基础，进一步将中水用于发电机组的锅炉补给水。该公司每年可节约水资源1600万吨，实现生产全过程"地表水零取用"，结合先前投运的"废水零排放"系统，该公司成为全国首家"双零"燃煤电厂。

2020年6月7日上午9时，山东省首例"烟道蒸发"高盐废水零排放项目在华电山东莱城发电厂圆满完成168小时试运并投入运行。该项目通过烟气余热对高盐废水进行蒸发浓缩，再利用高温烟气对浓缩后的废水进行蒸发干燥，盐分析出后形成副产品，实现了以废治废，循环利用。

第四节 碳排放交易市场和绿色煤电促进环保升级

碳排放交易，是指运用市场经济来促进环境保护的重要机制，允许企业在碳排放交易规定的排放总量不突破的前提下，可以用这些减少的碳排放量，使用或交易企业内部以及国内外的能源。碳排放交易是为促进全球温室气体减排，减少全球二氧化碳排放所采用的市场机制。

所谓"绿色煤电"技术，就是以整体煤气化联合循环（IGCC）和碳捕集与封存（CCS）

技术为基础，以联合循环发电为主，并对污染物进行回收，对二氧化碳进行分离、利用或封存的新型煤炭发电技术。

一、全国碳排放权交易体系在发电行业正式启动

2012 年 1 月 20 日，国家发展改革委宣布，北京市、天津市、上海市、重庆市、广东省、湖北省、深圳市获准开展碳排放权交易试点工作，以逐步建立国内碳排放交易市场，以较低成本实现 2020 年中国控制温室气体排放行动目标。国家发展改革委要求各试点地区着手研究制定碳排放权交易试点管理办法，明确试点的基本规则，测算并确定本地区温室气体排放总量控制目标，研究制定温室气体排放指标分配方案，建立本地区碳排放权交易监管体系和登记注册系统，培育和建设交易平台，做好碳排放权交易试点支撑体系建设，保障试点工作的顺利进行。

2013 年 6 月，深圳市碳排放权交易率先在全国上线运行。2013 年 7 月，杭州市政府发布《杭州市能源消费过程碳排放权交易管理暂行办法》。《天津市碳排放权交易试点工作实施方案》获得市政府批准，进入操作实施阶段。7 个试点省市的人口和 GDP 分别占到全国的 18%和 30%，具有相当的代表性。

北京市、天津市、上海市的试点工作也在紧锣密鼓地开展。截至 2014 年 6 月 19 日，7 个试点市场的总成交量为 695 万吨，总成交额超过 2.5 亿元。湖北省以 373 万吨总成交量排在首位，上海市以约 117.1 万吨排在第二位，深圳市则以 84.4 万吨排在第三位。

2014 年 12 月 10 日，国家发展改革委发布了《碳排放权交易管理暂行办法》，以推动建立全国碳排放权交易市场。

2017 年 12 月 18 日，经国务院同意，国家发展改革委印发了《全国碳排放权交易市场建设方案（发电行业）》（简称《方案》）。12 月 19 日下午，国家发展改革委召开全国碳排放权交易体系启动工作电视电话会议，宣布以发电行业为突破口，全国碳排放权交易体系正式启动，并对全面落实《全国碳排放权交易市场建设方案（发电行业）》进行了部署。根据《方案》，全国碳排放权交易市场的参与主体，除了监管机构与核查机构外，重点排放单位主要包括：发电行业年度排放达到 2.6 万吨二氧化碳当量（综合能源消费量约 1 万吨标准煤）及以上的企业或者其他经济组织。年度排放达到 2.6 万吨二氧化碳当量及以上的其他行业自备电厂视同发电行业重点排放单位管理。在此基础上，逐步扩大重点排放单位范围。

自《方案》印发后，分 3 个阶段稳步推进碳市场建设工作：首先是基础建设期（2018年），用 1 年左右的时间，完成全国统一的数据报送系统、注册登记系统和交易系统建设，深入开展能力建设，提升各类主体参与能力和管理水平，开展碳市场管理制度建设。其二是模拟运行期（2019 年），用 1 年左右的时间，开展发电行业配额模拟交易，全面检验市场各要素环节的有效性和可靠性，强化市场风险预警与防控机制，完善碳市场管理制度和支撑体系。其三是深化完善期（2020 年），在发电行业交易主体间开展配额现货交易。交易仅以履约（履行减排义务）为目的，履约部分的配额予以注销，

剩余配额可跨履约期转让、交易。在发电行业碳市场稳定运行的前提下，逐步扩大市场覆盖范围，丰富交易品种和交易方式。创造条件，尽早将国家核证自愿减排量纳入全国碳市场。

2018年4月11日，由中国华电电力科学研究院建设的国内电力行业首个碳排放检测研究实验平台完成调试。该实验平台首次采用世界先进的量子级联激光气体分析技术，可对火电厂烟气中的二氧化碳浓度进行精确的在线测量。利用该平台，实验室将开展碳排放在线检测、碳排放领域标准研究等研究工作。

2018年4月17日，中国电力企业联合会在北京召开了"发电企业碳排放交易相关工作座谈会"，中国华能集团、中国大唐集团、中国华电集团、国家能源集团、国家电力投资集团、粤电集团、申能集团、深圳能源集团等8家大型发电集团的碳交易管理部门及其所属碳资产公司代表参加了会议。2018年9月5日，由生态环境部主办、中国电力企业联合会承办的发电行业参与全国碳排放权交易市场动员部署会在北京召开。

2019年11月27日，国务院新闻办公室举行了《中国应对气候变化的政策与行动2019年度报告》发布会。生态环境部介绍，通过积极稳妥地推进全国碳排放权交易市场建设，已经取得了积极进展：一是在制度体系建设方面，起草完善《碳排放权交易管理暂行条例》，为碳交易奠定法律基础；二是在技术规范体系建设方面，组织开展2018年度碳排放数据的报告、核查及排放监测计划制定工作，进一步完善发电行业配额分配的技术方案；三是在基础设施建设方面，在原有全国排放权注册登记系统和交易系统的建设方案提出后，组织专家做优化评估；四是在能力建设方面，开展了大规模培训行动。

二、二氧化碳捕集、利用与封存技术逐步发展

碳捕集与封存技术（CCS）是指将二氧化碳从电厂等工业或其他排放源分离，经富集、压缩并运输到特定地点，注入储层封存，以实现被捕集的二氧化碳与大气长期分离的技术，有望实现化石能源使用产生的二氧化碳近零排放，被认为是进行温室气体深度减排重要的技术路径之一。全球范围内的CCS技术尚处于前期研发和示范阶段，商业化的二氧化碳捕集已经开始运营，技术发展也较为成熟，而封存技术还处于实验阶段。中国CCS技术尚处于起步阶段，并且更加强调碳捕集、利用与封存技术（Carbon Capture Utilization and Storage，CCUS），该技术把生产过程中排放的二氧化碳进行提纯，投入到新的生产过程中循环再利用，而不是简单地封存。

20世纪90年代初，中国曾对整体煤气化联合循环发电系统（Integrated Gasification Combined Cycle，IGCC）进行过大量的研究，并取得了一些成绩，为IGCC示范电站奠定了基础。经过论证，国家批准准备在山东省烟台市建立中国第一个IGCC示范电站，但由于其后的电力体制改革而被迫中断。

鉴于一次能源危机和环保压力的加大，中国"十一五"发展规划纲要明确提出"启动整体煤气化——蒸汽联合循环电站工程"，并被列为装备制造业振兴重点之一。华能集团、华电集团、大唐集团、神华集团等纷纷涉足IGCC领域，并在浙江半山和天津筹建2座IGCC

示范电站。

1997 年，在日本京都召开的《联合国气候变化框架公约》（简称：CDM）第三次缔约方大会上通过了《京都议定书》，旨在限制发达国家温室气体排放量，以应对全球气候变化，全称《联合国气候变化框架公约京都议定书》。《京都议定书》首次以国际性法规的形式限制温室气体排放。1998 年 5 月，中国签署《京都议定书》。2002 年 8 月，中国核准了《京都议定书》。《京都议定书》于 2005 年 2 月生效。2012 年多哈会议通过包含部分发达国家第二承诺期量化减（限）排指标的《京都议定书多哈修正案》，第二承诺期为期 8 年，于 2013 年 1 月 1 日起实施，至 2020 年 12 月 31 日结束。2014 年 6 月中国交存了《京都议定书多哈修正案》的接受书。

2004 年 7 月 1 日，《清洁发展机制项目运行管理暂行办法》在中国正式施行，其中规定了 CDM 项目实施的条件、领域、程序、管理机构等，并于 2005 年 10 月 12 日正式实行。

2007 年，国家发布《中国应对气候变化国家方案》，强调煤的清洁高效利用技术，重点研发整体煤气化联合循环、高参数超超临界机组、超临界大型循环流化床等高效发电技术和碳捕获与封存技术（CCS）等。

2007 年 9 月 6 日，中国华能集团公司与澳大利亚联邦科学工业研究组织在澳大利亚悉尼举行了《关于洁净煤发电及二氧化碳捕集与处理等技术研究的合作框架协议》签字仪式。根据协议，华能集团和澳大利亚科工组织在煤炭发电、二氧化碳捕集与处理等技术领域开展合作研究，促进研究成果的工业示范和推广应用。研究课题涉及发电厂烟气二氧化碳的捕集与处理、煤气化技术、煤气净化技术、制氢和膜分离技术及其他发电技术。双方将支持华能集团所属的西安热工研究院与澳大利亚科工组织能源中心开展"燃煤电厂烟气二氧化碳捕集与处理"项目的合作研究，澳大利亚科工组织支持华能集团在华能北京热电厂建设二氧化碳捕集装置。

2007 年 12 月 26 日，国内首个"燃煤发电厂年捕集二氧化碳 3000 吨试验示范工程项目"在华能集团所属北京热电厂开工建设。该项目设计二氧化碳回收率大于 85%，年回收二氧化碳能力为 3000 吨，分离、提纯后的二氧化碳纯度达到99.5%以上，可用于食品行业。

2008 年 7 月，在北京奥运会即将召开的前夕，首座燃煤电厂烟气二氧化碳捕集示范工程——华能北京热电厂二氧化碳捕集示范工程建成投产，成功捕集出纯度为99.997%的二氧化碳，达到设计标准。华能北京热电厂成为国内第一家同时具有烟气脱硫、脱硝、二氧化碳捕集设施的高效、节能、绿色环保燃煤电厂。

2009 年底，党中央、国务院郑重宣布，到 2020 年中国单位 GDP 二氧化碳排放要在 2005 年基础上降低 40%～45%，并将碳减排作为约束性指标纳入了"十二五"规划纲要。党的十七届五中全会进一步提出，要加快建设"两型"社会，积极应对气候变化，加快建设创新型国家，增强科技创新能力。进一步提高燃煤发电机组的发电效率，推广洁净煤发电技术，降低供电煤耗和燃煤带来的二氧化碳排放，是中国电力工业未来发展的必然选择和根本出路。

2009 年底，华能石洞口第二电厂建成当时世界上规模最大的燃煤电站二氧化碳捕集示范项目，二氧化碳捕集系统采用华能西安热工研究院开发的低分压胺法二氧化碳回收技术，所处理的烟气来自脱硫后尾部烟道，设计正常处理烟道气量为 66 000 米³/时（湿基），回收二氧化碳 12.5 吨/时。系统捕集部分处理得到的二氧化碳浓度大于 99.5%，经过精制系统处理后，其浓度可大于 99.9%，得到的二氧化碳产品质量符合液体二氧化碳国家标准（GB 10621—2006）和工业液体二氧化碳国家标准（GB/T 6052—1993），产品形态为低温液态二氧化碳，压力为 1.8～2.1 兆帕，可年产 12 万吨工业级液态二氧化碳或 9.6 万吨食品级液态二氧化碳。

2011 年 11 月 28 日，华能石洞口第二电厂年产 12 万吨级二氧化碳捕集系统被国家能源局评为"国家能源科技进步一等奖"。

2013 年，科技部出台《国家"十二五"碳捕集、利用与封存（CCUS）科技发展专项规划》。2013 年 12 月 18 日，中英（广东）碳捕集利用与封存（CCUS）产业促进与学术交流中心正式成立，成员包括中国能建广东院、英国 CCS 中心、苏格兰 CCS 中心、华润电力、中海油集团、中科院南海海洋研究所、中科院广州能源研究所、中集集团、深圳市领先财纳投资顾问公司、壳牌康索夫公司、阿尔斯通集团以及挪威船级社。中心定位为积极推动近零排放技术和大型 CCUS 项目的示范，以应对人类面临的温室气体排放的挑战。同时，中心将为中国因煤炭使用而面临的环境污染问题（如雾霾、水污染）提供国际合作平台，催化清洁化石能源技术的产业化，培养相关专业人才。中心的工作是集中精力推动 CCUS 技术测试基地，推动示范大型 CCUS 和煤炭近零排放技术，以促进相关产业发展和学术合作，并进行能力建设和争取资金支持。中心为正式注册登记的社会团体组织，完成了 12 项 CCUS 研究任务，发表了 20 余份研究报告，先后和爱丁堡大学、挪威 TCM、美国 NCCC、苏格兰 CCS 中心等机构建立了长效的国际合作协议，与世界碳捕集领域的专家顾问保持沟通交流。

2015 年，国家发布《煤炭清洁高效利用行动计划（2015—2020 年）》，加快燃煤发电技术装备攻关及产业化应用，积极开展碳捕集与封存技术（CCS）研究和示范。

2016 年，国家发布《电力发展"十三五"规划（2016—2020 年）》，加快整体煤气化联合循环（IGCC）自主化设计攻关，研究碳捕获与封存技术（CCS）和资源化利用技术。2016 年，环境保护部编制了《二氧化碳捕集、利用与封存环境风险评估技术指南（试行）》，为碳捕集、利用与封存技术提供了政策支持。

2016 年 7 月 10 日，全国首套燃煤电厂燃烧前二氧化碳捕集装置满负荷测试在华能天津 IGCC 电站完成。华能集团在天津 IGCC 电站建成的中国首套燃烧前 CO_2 捕集装置，完成了 72 小时满负荷连续运行测试，科技部高技术中心组织专家组进行了现场见证。装置的成功运行标志着中国在燃烧前 CO_2 捕集技术领域取得了重大突破，向近零排放的煤基能源清洁发电迈出了关键一步。该装置由华能清洁能源技术研究院牵头，与华能国际股份公司、华能华北公司、天津 IGCC 电厂，以及国内科研院、高校和制造企业等十多家单位合作，历时 5 年，研制成功的。得到国家"十二五""863"重点课题"基于 IGCC 的 CO_2 捕集系统研制"的支持，也是华能集团"绿色煤电"计划第二阶段的主要任务。主要目标是依托中国首套 25 万千瓦级 IGCC 示范工程，试验研究了旁路处理 3 万千瓦对应的烟气流量 CO_2 捕集关键工艺和设备技术。该项目开发出具有自主知识产权的燃烧前 CO_2 捕集技术。燃烧前 CO_2 捕集技术与常规煤电的燃烧后 CO_2 捕集相比，单位能耗和捕集成本均大幅度减小，是未来化石燃料实现低成本捕集 CO_2 的关键技术。该项目的成功运行，不仅填补了国内空白，而且使中国在此领域跻身国际前列，是中国清洁煤发电技术的又一重大突破，为煤基能源实现高效近零排放提供了一条重要的技术途径，对煤基能源的科技创新、煤基能源的可持续发展和应对气候变化都具有重要意义。

中国掌握了碳捕捉装备的制造、强化采油技术、防腐技术，基本上都形成了相应的产业链，科研项目贯穿了整个 CCUS 技术的全产业链。同时，政府先后资助神华集团等开展 CCUS 技术在中国的示范，其中，神华集团鄂尔多斯咸水层封存项目作为亚洲第一个全流程 CCUS 项目，积累了大量经验。

2018 年 12 月 23 日，亚洲首个多技术开放国际碳捕集技术测试平台，华润电力海丰碳捕集测试项目开始调试并捕集首吨二氧化碳。2019 年 5 月 14—16 日，广东省碳捕集测试平台项目投产仪式在华润电力（海丰）有限公司举行。这标志着亚洲首个基于超超临界燃煤发电机组的二氧化碳捕集技术测试平台正式投入运行，成为与美国国家碳捕集技术测试中心、挪威蒙斯塔技术中心并行的世界三大碳捕集技术中等规模试验基地。

三、华能天津 IGCC 示范电站

2012 年 12 月 12 日，中国首座、世界第六座 IGCC 电站——华能天津 IGCC 电站示范工程正式投产，基于 IGCC 的绿色煤电国家 863 计划研究开发示范基地同日在天津市成立。作为国家洁净煤发电示范工程和国家 863 计划重大课题的依托项目，华能天津 IGCC 示范电站装机容量 265 兆瓦，由华能联合国内多家大型国有企业和美国博地能源公司投资，采用了具有华能自主知识产权的世界首台两段式干煤粉加压纯氧燃烧气化炉以及多项新技术、新工艺。该电站于 2009 年 7 月动工，2012 年 11 月 6 日完成"72+24"小时整套试运行。

整体煤气化联合循环（IGCC）和碳捕集与封存（CCS）技术是国内外公认的最具有发展前景的绿色煤电技术。这种新型煤炭发电技术以煤气化制氢、氢气燃机与燃料电池联合循环发电为主，并对污染物进行回收，对二氧化碳进行分离、利用或封存。IGCC 技术环保性能极好，污染物排放量仅为常规燃煤电站的 1/10，脱硫效率可达 99.9% 以上，同二氧化碳捕集与封存（CCS）技术结合后，能以相对较低的成本大幅度削减二氧化碳排放。基于 IGCC 技术，还能同时生产甲醇、汽油、硫黄等化工产品，实现电力和化工的联产，提高煤炭资源的综合利用效率。中国 20 世纪 70 年代末启动了 IGCC 技术的研究和论证，1994 年启动了烟台 IGCC 示范工程的前期工作和可行性研究，但一直没有开工建设。

2003 年以后，美国、日本和澳大利亚及欧洲等国由政府支持，相继启动了未来电力、氢电联产、新阳光、零排放发电等计划。这些项目均以提高发电效率、实现二氧化碳近零排放为发展目标。据美国能源部统计，截至 2008 年，美国在建和获批的 IGCC 电站有 6 座，对外发布的 IGCC 电站有 22 座。2009 年，为应对气候变化谈判，美国又发布了《清洁能源工作与美国电力法案》，提供上百亿美元的资金用于支持清洁煤发电技术，IGCC 和 CCS 是其中的重点。

2004 年，华能集团在国内率先提出了"绿色煤电"计划，旨在研究开发、示范推广能够大幅度提高发电效率，达到污染物和二氧化碳近零排放的煤基发电系统。"绿色煤电"计划分三阶段实施：第一阶段建设一座 25 万千瓦级整体煤气化联合循环（IGCC）示范工程，采用华能自主研发的两段式干煤粉加压气化炉，同步建设绿色煤电实验室；第二阶段对 IGCC 示范工程进行完善，完成绿色煤电关键技术的研发；第三阶段建设实现二氧化碳捕集与封存（CCS）的 IGCC 示范电站，验证其经济性并进行商业化准备。

2005 年 12 月 25 日，华能集团联合大唐集团、华电集团、国电集团、中电投集团、神华集团、中煤集团、国开投集团等国内 7 家大型发电、煤炭、投资企业组建绿色煤电公司，着手实施"绿色煤电"计划。"绿色煤电"计划得到了国家高度重视，时任国务院副总理曾培炎出席绿色煤电公司发起人签字仪式，并给予充分肯定，国家科技部将 IGCC 项目列入《国家中长期科学和技术发展规划纲要（2006—2020）》。随后，华能集团绿色煤电 IGCC 项目被正式列为"十一五"863 计划重大项目依托工程。

绿色煤电公司选定天津滨海新区作为项目厂址。2006 年 9 月 1 日，华能集团与天津市政府签订了《建设绿色煤电 IGCC 示范项目合作框架协议》，当年 11 月，天津市发改委同意开展 IGCC 项目前期工作，项目可研及环评等前期工作开始启动。

2007 年 5 月 8 日，华能绿色煤电天津 IGCC 项目筹建处正式成立。当时国内多家电力公司和煤炭能源公司都在申报 IGCC 项目。2007 年 11 月，国家发展改革委组织全国 IGCC 示范项目优选，共有 9 个 IGCC 项目参加。最终，华能天津 IGCC 项目以"五自主"（自主研发、设计、制造、建设、运营）的定位脱颖而出，在优选中获得第一名。

2008 年 10 月 21 日，国家能源局印发《关于同意华能天津 IGCC 项目示范工程开展前期工作的函》（国能局电力函〔2008〕96 号文），批复同意天津 IGCC 项目开展前期工作。2008 年 10 月 29 日，华能（天津）煤气化发电有限公司正式成立。2009 年 5 月 22 日，国家发展改革委核准华能天津 IGCC 电站示范工程建设。国家能源局副局长孙勤指出，"IGCC 技术，特别是后面的碳捕捉和碳封存技术还不是非常成熟。但是批准这个项目主要让它起到探索和示范的作用，同时在建设和运营过程中不断积累经验，不断改进提高。"

华能天津 IGCC 电站示范工程由中国华能集团公司、绿色煤电有限公司、华能国际电力股份有限公司、天津市津能投资公司参股建设，项目单位为华能（天津）煤气化发电有限公司。示范工程建设 25 万千瓦等级整体煤气化燃气—蒸汽联合循环（IGCC）发电机组，采用华能自主研发、具有中国自主知识产权的 2000 吨/天级两段式干煤粉气化炉，相应配套一台 E 级燃机以及空分装置、蒸汽轮机、余热锅炉等设备。

2009 年 7 月 6 日，华能天津 IGCC 电站示范工程正式开工。作为国内首座自主开发、设计、制造并建设的 IGCC 电站示范工程，也是世界第 6 座煤基 IGCC 电站，它的开工标志着代表世界清洁煤技术前沿水平的"绿色煤电"计划迈出实质性的第一步。2009 年 11 月，美国博地能源公司与华能集团公司在北京签署《绿色煤电有限公司增资认购协议》，成为绿色煤电公司第 9 大股东，中美两国在携手开发清洁能源、共同应对气候变化的道路上迈出了重要一步。2010 年 5 月 28 日，亚洲开发银行为支持中国发展清洁煤利用技术，同意向天津 IGCC 示范项目提供 1.35 亿美元贷款，期限 26 年，宽限期 6 年，同时提供 500 万美元赠款。项目得到了国际金融机构的支持和参与，有利于降低项目的融资成本，提高项目管理水平，扩大了国际国内影响。

2012 年 11 月 6 日，天津 IGCC 示范工程顺利通过"72＋24"小时试运行，正式投产发电。经测试，电站热效率可达 48%，相当于标准煤耗率 255.19 克/（千瓦·时），比超超临界机组约高 3 个百分点。IGCC 煤炭清洁利用示范工程项目先后荣获中国美丽电厂称号，以及国家科技进步奖二等奖、中国电力科技奖一等奖等。2018 年 9 月 26 日，天津 IGCC 电站正常停机，机组整套装置连续运行达到 3993 小时（166.4 天），创造了 IGCC 机组最长连续运行的世界纪录，标志着中国煤炭资源绿色开发和清洁低碳高效利用技术处于世界领先水平。

2017 年 1 月 9 日，2016 年度国家科学技术奖励大会在北京人民大会堂举行。"25 万千瓦整体煤气化联合循环发电关键技术及工程应用"获得国家科技进步二等奖。主要完成单位是：中国华能集团公司、中国华能集团清洁能源技术研究院有限公司、绿色煤电有限公司、华能（天津）煤气化发电有限公司、西安热工研究院有限公司、华能国际电力股份有限公司、上海锅炉厂有限公司。

课题来源于国家"十一五"高技术研究发展计划（863 计划）重大项目课题，包括：25 万千瓦 IGCC 系统试验和示范、2000 吨/天级干煤粉加压气化技术开发与示范、IGCC 联产系统运行及控制技术和 25 万千瓦级 IGCC 煤气显热回收技术的开发与示范。

随着温室效应对气候影响日益显现，捕集和封存 CO_2 的呼声越来越高，清洁、高效和具有二氧化碳处理能力的电厂将成为未来煤电技术的主要发展方向。美国、欧盟、日本和澳大利亚近年也相继开展了名为未来电力、氢能发电、新阳光计划以及零排放电站等计划，这些计划均以煤的高效发电、制氢、CO_2 理和近零排放为目标，并由此带动相关先进技术的发展。

中国以煤为主的国情和实施可持续发展的战略客观上决定了具有高效、近零排放的 IGCC 技术是中国电力工业中长期发展的重要战略选择，而其中大型煤气化、IGCC 电站集成与设计及 IGCC 系统运行及控制技术为 IGCC 的关键技术。

煤气化是指将固体煤炭通过热加工的方法转变为以 CO 和 H_2 等为有效气体的过程，煤炭气化不仅大幅度减少了高硫煤、劣质煤燃烧过程中污染物的排放，所制得合成气而且便于输送，同时也是各种化工过程基础原料，煤炭气化是洁净煤技术中的龙头和关键技术，是现代先进能源化工动力系统的基础。煤的气化不但显著增加燃料选用的范围，相对于常规燃烧烟气来说，氮硫等污染物的脱除相对方便，与高效低污染的燃烧技术相结合，可以大大缓解燃煤造成的环境问题。

中国的大容量煤气化技术，特别是全废热回收的干煤粉加压气化技术，长期依赖进口。中国华能集团清洁能源技术研究院开发的"两段式干煤粉气化工艺"已经取得成功。针对我们的国情，从发展中国的洁净煤综合利用产业、实现可持续发展和构建和谐社会的战略高度出发，"十一五"863 先进能源技术领域设立本课题进行研究，开发出了具有自主知识产权的 2000 吨/天级大型干煤粉加压气化技术，建立一套出力为 2000 吨/天的干煤粉加压气化示范装置，应用在中国华能集团公司"绿色煤电"计划第一阶段 25 万千瓦IGCC 示范工程中。一方面可实现中国具有自主知识产权的干煤粉加压气化技术尽早付诸大规模应用，另一方面可打破国外技术的垄断，节省巨额专利费。此前中国尚未掌握 2000 吨/天级干煤粉加压气化技术，长期依赖进口，除付出大量的技术使用许可费外，还需要支付大量的专有设备费用，对核心设备气化炉和废热锅炉的设计和制造还是空白。

IGCC 发电机组由空分岛、气化岛、净化岛和联合循环发电岛组成，系统较为复杂。涉及化工和电力两个行业，如何将不同工质间的热量、冷量充分利用，如何将气化炉系统、净化系统、燃机系统、余热锅炉系统、蒸汽轮机系统高效的结合，比较诸多种不同厂家设备的组合方案，同时考虑机组启动的灵活性和可靠性，关系到整个电厂运行的关键技术之一，"IGCC 电站设计"的任务是完成系统集成和优化设计，在此基础上进行电站的初步设计和详细设计，达到系统的合理配置。此前中国尚未掌握全系统的集成优化技术，尤其针对不同方案和不同特性设备间的优化匹配技术，IGCC 电站系统设计的完成，使国内对IGCC 系统的外部表征和内部机理有了详细和充分的认知。

IGCC 系统运行及控制技术是 IGCC 发电技术的核心技术，也是整体煤气化联合循环发电技术组合后能否协调运行的关键。对发电控制技术而言，常规燃气蒸汽联合循环及燃煤机组发电经过多年发展，其生产流程、工艺及运行控制较为成熟，对化工煤气化领域，空分、气化炉以及净化系统等关键设备的运行与控制也相对稳定成熟，但把空分、气化炉、净化系统以及燃气蒸汽联合循环等组合到一起形成完整 IGCC 发电系统，并对其安全生产进行完善的运行控制是大的挑战，也是必须要掌握的技术；针对中国首套 IGCC 电站，采用自主知识产权二段式气化炉，其运行控制机理不同于国外现有技术，没有现成经验借鉴，而且，在本项目开始之前，中国还不掌握 IGCC 系统运行与控制技术，在这方面是空白，所以研发设计一整套适应 IGCC 示范电站流程及煤气化装置的控制系统非常艰难，也非常必要，也对中国 IGCC 发电技术将来的发展产生积极意义和巨大的工程价值。

四、中国生物质发电厂的建设进入高峰期

生物质能作为一种碳中和、可再生、高效的优质能源，已成为传统火力发电厂改造的

优质选择。

2016 年，国家能源局《生物质能发展"十三五"规划》提出，到 2020 年，生物质发电总装机容量达到 1500 万千瓦，年发电量 900 亿千瓦·时，其中农林生物质直燃发电 700 万千瓦，沼气发电 50 万千瓦；生物天然气年利用量 80 亿米^3。

2017 年 12 月 6 日，国家发展改革委、国家能源局制定了《关于促进生物质能供热发展的指导意见》。《指导意见》明确了发展目标是"把扩大市场应用、加快形成产业作为发展生物质能供热的基本立足点，构建有利于生物质能供热应用的市场环境和政策环境，建立资源收集、热力生产和服务一体化、规模化、专业化、市场化的绿色低碳清洁供热体系。"

2018 年 1 月 19 日，国家能源局组织开展"百个城镇"生物质热电联产县域清洁供热示范项目建设。示范项目共 136 个，涉及 20 个省（区、市）及新疆生产建设兵团，装机容量 380 万千瓦，年消耗农林废弃物和城镇生活垃圾约 3600 万吨。其中，农林生物质热电联产项目 126 个，城镇生活垃圾焚烧热电联产项目 8 个，沼气热电联产项目 2 个。新建项目 119 个，技术改造项目 17 个，总投资约 406 亿元。示范项目供热部分每年替代散煤约 660 万吨，区域内相应规模的燃煤供热设施关停，相当于每年节约天然气约 40 亿米^3。

2018 年 6 月 16 日，中共中央国务院发布《关于全面加强生态环境保护，坚决打好污染防治攻坚战的意见》，指出要增加清洁能源使用，拓宽清洁能源消纳渠道，落实可再生能源发电全额保障性收购政策。

2018 年 6 月 27 日，中共中央国务院发布《关于打赢蓝天保卫战三年行动计划的通知（国发〔2018〕22 号）》，提出要加快发展清洁能源和新能源。到 2020 年，非化石能源占能源消费总量比重达到 15%。有序发展水电，安全高效发展核电，优化风能、太阳能开发布局，因地制宜发展生物质能、地热能等。在具备资源条件的地方，鼓励发展县域生物质热电联产、生物质成型燃料锅炉及生物天然气。

截至 2018 年底，全国已投产生物质发电项目 902 个，生物质发电并网装机容量达到 1784.3 万千瓦，年发电量 906.8 亿千瓦·时，上网电量 772 亿千瓦·时。截至 2019 年底，中国生物质发电累计装机容量达到 2254 万千瓦，同比增长 26.6%；中国生物质发电量 1111 亿千瓦·时，同比增长 20.4%，继续保持稳步增长势头。2019 年中国生物质能源累计装机容量和发电量占可再生能源的比重分别上升至 2.84% 和 5.45%。生物质能发电正逐渐成为中国可再生能源利用中的新生力量。

2020 年 9 月 11 日，国家发展改革委、财政部、国家能源局联合印发了《完善生物质发电项目建设运行的实施方案》（发改能源〔2020〕1421 号），坚持"以收定补、新老划段、有序建设、平稳发展"，进一步完善生物质发电建设运行管理，合理安排 2020 年中央新增生物质发电补贴资金，全面落实各项支持政策，推动产业技术进步，提升项目运行管理水平，逐步形成有效的生物质发电市场化运行机制，促进生物质发电行业持续健康发展。

五、全国首个生物质气化耦合发电项目

2018 年 6 月，湖北华电襄阳发电有限公司生物质气化耦合发电 6 号机组项目被国家能源局、生态环境部遴选为国家燃煤耦合农林生物质发电技改试点项目。当年 7 月 7 日，秸秆项目制气试验成功，各项参数达到设计要求，这是中国第一个利用农林秸秆为主要原料的生物质气化与燃煤耦合发电项目。

华电襄阳生物质气化耦合项目是中国华电集团的重点科技项目，由湖北华电襄阳发电有限公司和中国华电科工集团有限公司共同承担。项目新建一台循环流化床气化炉及其附属设备，年处理生物质固废 5.14 万吨，系统年利用小时数为 5500 小时，设计发电平均功率为 1.08 万千瓦，生物质能发电效率超过 35%，年供电量 5458 万千瓦·时，每年可节省标准煤约 2.25 万吨，减排二氧化硫约 218 吨，减排二氧化碳约 6.7 万吨。项目于 2017 年 3 月 28 日开工。2018 年 2 月 4 日完成冷态试验，4 月 27 日 100% 稻壳气化成功，7 月 7 日稻壳与秸秆比重按 1:1 成功混合制气，9 月完成 72+24 小时满负荷试运行。2019 年 3 月完成性能考核试验。该项目投产后形成"生物质—高温燃气—电—还田"的循环经济产业链，可有效破解秸秆田间直接焚烧的问题，具有显著的社会效益。

2019 年 4 月 3 日，受湖北省能源局委托，电力规划设计总院在襄阳市组织召开评估会。华电襄阳生物质气化耦合项目成为全国首个通过评估检查的燃煤耦合生物质发电技改试点项目。专家组认为，项目符合国家能源局、生态环境部关于燃煤耦合生物质发电技改试点项目建设的有关要求，具有良好的社会效益、环保效益与经济效益，拓展了现有生物质循环流化床气化炉燃料的适用范围，积累了秸秆气化的研发、调试与运行经验，对生物质发电产业的开拓与发展可发挥示范引领作用。

第五节　推进火电厂转型升级

2015 年 5 月 8 日，国务院发布的《中国制造 2025》是中国政府实施制造强国战略的第一个十年行动纲领，也是指导中国智慧能源产业大发展的行动纲领。2015 年 7 月，国务院下发了《国务院关于积极推进"互联网＋"行动的指导意见》（国发〔2015〕40 号文），其中针对能源企业提出了相应的重点行动，即"互联网＋"智慧能源，提出通过互联网促进能源系统扁平化，推进能源生产与消费模式革命，提高能源利用效率，推动节能减排；加强分布式能源网络建设，提高可再生能源占比，促进能源利用结构优化；加快发电设施、用电设施和电网智能化改造，提高电力系统的安全性、稳定性和可靠性。

2016 年 2 月 29 日，《关于推进互联网＋智慧能源发展的指导意见》（发改能源〔2016〕392 号）进一步明确指出促进能源和信息深度融合，实现智能发电是发电企业提升管理水

平、培育市场竞争优势的创新举措和有效途径。至此，智慧能源从理论到行动、从规划到实施迅速发展，成为中国推动能源领域高质量变革的重要方向。

具体说，在实现智能发电的基础上，电力系统有潜力做到最大限度地向社会供热，形成热电联产；或与其他耗能产业相组合，形成循环经济；或利用低谷电集中制氧、制氢、制压缩空气，为其他工业企业提供服务；或利用燃煤电厂特有的耦合燃烧能力，消纳更多的工业固废、生活垃圾和城市污泥；发电企业污染物零排放和废弃物再进行充分的利用等。

一、北京燃气热电智慧电厂示范工程投产

2010 年，北京市明确在"十二五"期间建设四大燃气热电中心，以替代燃煤热电厂，这也是北京清洁空气行动计划的一项重要任务。2013 年，北京市制定《2013—2017 年加快压减燃煤和清洁能源建设工作方案》（以下简称《方案》），要求到 2017 年全市燃煤总量比 2012 年削减 1300 万吨，总量降到 1000 万吨以内。《方案》的主要任务之一，是全面关停北京市四大燃煤电厂（高井热电厂、华能高碑店热电厂、国华东郊热电厂和京能石景山热电厂），取而代之建成四大燃气热电中心，即扩建华能热电厂（关闭燃煤机组，改建燃气机组），建设东南燃气热电中心；扩建草桥热电厂，建设西南燃气热电中心；在朝阳区高安屯建设东北燃气热电中心，在高井建设西北燃气热电中心。四大老牌燃煤热电厂关停后，将减少 920 万吨燃煤消耗，约占北京市压减燃煤目标的 70%。四大燃气热电中心建成后，共新增北京市清洁发电能力 720 万千瓦，占全市用电负荷的 25%；新增清洁供热能力 1 亿平方米，约占集中热网供热的 50%，城区供热的 15%。在改善空气质量方面，每年可净减少二氧化硫排放 1 万吨，减少氮氧化物排放 1.9 万吨，烟尘排放 3000 吨，为北京市空气质量的提升做出重大贡献。

神华国华（北京）燃气热电厂（国华京燃热电）位于首都东麓，共有三台机组，采用燃气蒸汽联合循环二拖一，总容量 95 万千瓦。全厂水源来源于城市中水，天然气来源于天然气管网。向外输出电和热，分别进入电网和供热管网。

2012 年 2 月 22 日，国华京燃热电项目核准；2012 年 9 月 28 日，该项目奠基。经过 22 个月的紧张施工调试，2015 年 8 月 7 日 9 时 58 分，国华京燃热电顺利通过 168 小时试运行，正式投产，是北京市"四大热电中心"之一的"东北热电中心"。

国华京燃热电的建成投产使得一键启动、无人值守、全员值班、一体化平台、三维全景、智能巡检、智能票务等，成为行业内的新名词，开启了"智能化、数字化"电站的建设之路。与当时国内外同类电厂相比较，国华京燃热电在主要技术参数、效益、市场竞争力等方面均处领先水平。

国华京燃热电项目先后荣膺 2017 年中国电力科学技术进步一等奖、中国电力创新一等奖、电力信息化成果一等奖、2017 年度亚洲最佳燃气电站金奖、2016—2017 年度国家优质投资项目奖、北京市智能制造标杆企业等重量级荣誉。2019 年，国华京燃热电被中

国电机工程学会授予"电力科普教育基地"。

二、国家能源集团全面推进"智慧企业"建设

2017 年 10 月 10—11 日，中国国电集团在成都市召开智慧企业建设现场会，推广大渡河公司智慧企业建设经验，全面启动集团公司智慧企业建设工作。2014 年开始的国电大渡河公司智慧企业建设，以强化物联网建设、深化大数据挖掘、推进管理变革创新为抓手，将先进信息技术、工业技术和管理技术深度融合，致力于实现企业全要素数字化感知、网络化传输、大数据处理和智能化应用，初步形成了风险识别自动化、决策管理智能化、纠偏升级自主化的企业柔性组织形态和新型管理模式，取得了显著的成效：一是专业化管理更加规范。整合财务经营、安全监测、发电调度、经济运行、合同管理以及计算机网络等，实现投资、招标、采购、资金、营销等统一集中管控。二是智能化管控效能提升。在三年间投产容量翻番的情况下，公司做到了增效不增员，同步实现了机关精简与管理加强。三是科学化决策水平提高。建成了覆盖生产全过程的大型流域梯级电站预报调控一体化平台。四是智慧风险管理明显加强。围绕战略、市场、财务、运营、法律等五个层面开展风险管理，分类确定风险信息，制定控制流程。五是经济效益进一步凸显。六是创新活力显著增强。搭建了为发电企业提供状态诊断与趋势分析等增值服务的中国工业设备管理平台。

2017 年 11 月，中国国电集团与中国神华集团合并重组为国家能源投资集团公司后，颁发了《集团公司智慧企业建设指导意见》，智慧企业建设步伐进一步加快。到 2019 年底，已经建设和形成一批新的智慧企业。

为解决电厂间、系统间的数据孤岛问题，国家能源集团国华电力建成了覆盖 24 个电厂的工业互联网。通过对数据"存储、整合、建模、分析"，为发电企业提供全生命周期的生产、经营、管理、决策支持等服务，首次实现了火电行业完整集成云服务模式、微应用框架、大数据处理、边缘计算及行业大数据分析应用，为探索发电企业管理模式向以数据为中心转变及专家远程数据分析诊断创造了条件。国华京燃热电实施智慧电厂示范工程建设，开发实现了七个电力行业第一：云技术支撑的电站一体化管控平台；智能测控设备状态自检自举的现场总线应用系统；全系统、全过程、无断点一键启停控制系统；基于多维模糊向量集技术的高精度在线仿真；基于系统集成技术的设备数据中心和故障预警；电站全作业移动平台；基于增强现实技术的电站智能安防系统。国华电力参与的"多维度融合的燃气智能电站研究与应用"项目，荣膺 2017 年度中国电力科学技术奖一等奖。

国家能源集团将智能化充分应用于煤炭、火电、水电、运输、化工等产业，建设了集中统一的各类管理信息系统。龙源电力将智能化建设作为风电场运维的重点，实现了由生产运营监控中心监测风电场的运行状态，通过手机应用软件就可实时更新信息和同步上传至信息管理平台。作为世界首批百万千瓦级间接空冷电站之一的宁夏方家庄电

厂，两台 100 万千瓦煤电机组充分利用"云大物移智"❶技术，构架起"一个中心、两个平台❷、6+11 个模块"（6 个机组主系统应用程序模块和 11 个辅助系统应用程序模块）的"智慧电厂"管理体系。作为国家能源集团智慧企业建设首批试点的东胜热电公司，建成了国内首次应用的燃煤火电智能 DCS（ICS）系统，实现了能效分析、运行优化、控制优化、设备优化、状态监测相结合的智能发电技术应用，覆盖单元机组、公用系统、辅助系统等全厂所有生产环节，是国内首家做到智能发电平台全面覆盖的火电厂。

三、戚墅堰发电有限公司由煤电转变为燃气轮机发电

江苏华电戚墅堰发电有限公司（戚电公司）始建于 1921 年。进入 21 世纪以来，戚电公司抓住时代赋予的发展机遇，经历三次燃气轮机建设，关停拆除燃煤机组，成功实现从小煤电到大型现代化纯燃气轮机发电企业的华丽转身。

伴随着改革开放的时代大潮，电力工业加快社会主义建设步伐，戚电公司先后投产中高压机组，热力系统形成了独特的高－中－低压迭置运行的方式。

1999 年，随着国家西部大开发战略的实施，西气东输工程全面开工建设，戚电公司敏锐地发现其中蕴含的机遇，提出了建设燃气轮机工程的构想。戚电公司位于江苏电网负荷中心，距常州武南枢纽变、长江三峡西电东送华东受电点常州政平换流站仅 20 千米，紧邻天然气管道，企业有宽裕的基建场地，具有得天独厚的扩建条件。燃气机组具有高效率、低污染、调峰性能好、建设工期短等优势，且引进国外先进燃气轮机技术并加以消化、吸收，对推进国内燃气轮机产业发展具有重要战略意义。

经过咨询、论证、立项、批复和建设，戚电公司成为国内首批燃气轮机项目的"先行者"。2001 年 8 月，戚电公司两台 39 万千瓦等级燃气—蒸汽联合循环机组项目经国家计划发展委员会批准立项。2002 年，燃气轮机主设备由国家第一批统一打捆招标。2004 年 5 月 7 日，燃气轮机主厂房区域桩基工程全部结束，累计打桩 1049 套。2005 年 1 月 28 日，1 号余热锅炉第一块模块缓缓起吊，模块及翻转架的最大质量超过 220 吨，起吊高度超过 60 米，旋转半径超过 24 米，创造了当时国内同类型机组余热锅炉模块最大起吊质量和起吊高度的纪录。

2005 年 12 月 27 日，2 号燃气轮机 168 小时试运行成功，两台 9F 级 39 万千瓦燃气—蒸汽联合循环机组实现年内双投目标。机组采用国际先进的燃气轮机技术，其联合循环的热效率达 56.7%，且采用了低 NO_x（氮氧化物）燃烧技术，节能减排成效显著。

燃气轮机投产后，戚电公司处于燃气、燃煤机组并存的生产状态。2008 年，企业响应国家节能减排、"上大压小"政策，关停并拆除了两台 22 万千瓦燃煤机组。戚电公司发展的空间更为广阔了，但多年来具有的传统优势被瞬间打破，产能急剧滑坡，同时还面临 618 名员工的转岗安置。

---

❶ 云大物移智，即云计算、物联网、移动互联网、大数据、智慧城市。

❷ 一个中心，即一个大数据的中心。两个平台，即智能开发平台（ICS）和智慧管理平台（IMS）。

在企业艰难转型的紧要关头，戚电公司坚定地提出"两个转变"，即生产方式由煤机燃机并存向纯燃机方向转变，思想观念由传统优势向重新创业转变，并作出了"不丢下任何一名员工"的庄重承诺。戚电公司树立起"创建清洁能源基地、构筑环保电站典范"、重返百万大厂的战略设想。

2009 年春，在国家"川气东送"的春风中，工程的重点配套项目，戚电公司的 2 台 E 级 22 万千瓦燃气热电联产机组工程获得核准，2011 年两台机组竣工。"西气东输"和"川气东送"两大工程输气管道在戚电公司交汇。

"十二五"期间，戚电公司抓住国家"西气东输"二线工程建设机遇，扩建 F 级二期 2×47.5 万千瓦燃机工程。2013 年，项目获得国家发展改革委核准。2015 年，两台 47.5 万千瓦燃气—蒸汽联合循环机组实现年内双投。该机组是当时国内单机容量最大、效率最高的联合循环机组，建设工期、工程造价均位于国内同类型工程领先水平，荣获国家优质工程奖。戚电公司纯燃机装机容量达到 217 万千瓦，跨入大型清洁发电企业行列，燃机规模位于全国第三位。

在燃机技术研究方面，戚电公司先后开展了"燃机 EX2100 励磁装置研究"、"大型燃气—蒸汽联合循环机组故障分析""9FA 单轴燃气—蒸汽联合循环机组性能验收试验规程编制"等几十项技术攻关。静态启动控制系统 LS2100 的研究成果填补了国内空白。在燃机检修领域，经过十多年的技术积累，戚电公司掌握了燃机开缸、发电机抽转子、DCS 控制系统、励磁系统、变频启动等重大检修技术，成功进行了机组燃烧室等自主检修。

在燃机技术培训方面，与西安热工研究院共同努力，成功研发有自主知识产权的国内首台大型 S109FA 燃气—蒸汽联合循环机组仿真机。2012 年，戚电公司燃机技术培训中心获得了江苏省电力行业"燃机发电技术培训基地"称号；2013 年，被中电联授予"电力行业仿真培训基地"称号。

完成全面转型的戚电公司，满足了地区电力市场发展的需要，缓解了地区电力供需矛盾。燃气机组启停灵活、用气量大，有利于对电网、气网的双调峰，极大提高了江苏电网调峰能力，促进了江苏省能源结构调整，为天然气管网调峰调压、维护管网运行安全发挥了重要作用。

四、望亭大型燃煤机组跨区域长距离供热转型

中国华电集团有限公司望亭发电分公司（望亭发电厂）位于太湖之滨，东接沪宁铁路，西靠京杭大运河，毗邻古城苏州和无锡，公司肩负着保障苏南电网及无锡、苏州两地集中供热的重要使命，为区域能源供应、节能减排、经济发展、生态建设发挥了积极的作用。

望亭发电厂大型燃煤机组跨区域长距离供热主要有以下技术创新：

1. 首创跨区供热

2011 年，无锡市委、市政府大力建设"生态城、旅游与现代服务城、高科技产业城、宜居城"，按照"十二五"期间的节能减排要求，要确保并加快实施《无锡市区热电行业整合整治 3 年（2010—2012 年）行动计划》中关于 2012 年内市区燃煤热电厂数量减少 2

家以上的主要目标任务。

望亭发电厂以此为契机，与无锡国联环保集团合作，围绕无锡市委市政府要求，寻求向无锡地区供热的可行性。然而因企业地处苏州市，一方面，无锡年 130 万吨用热排放指标转嫁到了苏州地区，使项目遇到了来自苏州政府方面的较大阻力；另一方面，热电联产规划由各区（县）编制发至市一级，公司项目未纳入无锡地区热电联产规划，需增补修编。

2015 年，江苏省人民政府办公厅下发了《关于加快淘汰集中供热范围内小锅炉意见的通知》，苏州市根据实际情况编制下发《关于加快淘汰集中供热范围内小锅炉的通知》，要求关停能耗高、污染严重的小锅炉，由公共热源电厂进行集中供热。

望亭发电厂通过对政策和苏州市相城区锅炉关停整治计划的研究，同时参与配合编制苏州市"十三五热电联产"规划，被苏州市政府认定为苏州市相城区唯一公共热源点。同时，通过"PPP"模式，协同苏州惠龙热电有限公司与苏州市相城区城市建设开发有限责任公司合资成立苏州华惠能源有限公司，建立"利益共享、风险共担、全程合作"的共同体。苏州惠龙热电有限公司作为民营企业，控股蠡口电厂，可有效锁定可靠热用户，苏州市相城区城市建设开发有限责任公司作为政府代表，负责协调区域小锅炉、小热电的关停，依托该模式的高效运行，企业成功替代关停了惠龙热电、蠡口热电、灵峰供热站及212 台燃煤小锅炉。2017 年，供热范围内污染物排放减少烟尘 43 730 吨、二氧化硫 5447吨、氮氧化物 903 吨、二氧化碳 273 773 吨，供热区域内年耗煤量减少 120 931 吨。

2. 强化技术革新

望亭发电厂顺应小热电、小锅炉关停趋势，抢占集中供热区域内印染、服装、化学、机械、服务业等产业的热力市场。同时，通过先进技术实施供热改造。此举在满足政府节能减排需要的同时，保障了各用热企业的正常生产。

常规蒸汽管道的供热半径仅为 5～7 千米，每千米温降约 15～20 摄氏度，均无法满足望亭发电厂跨行政区域集中供热的需求。为此，采用"长输热网方法"专有技术，使蒸汽管道的供热半径延长至 35～40 千米，每千米温降为 4～6 摄氏度。通过采用低导热系数、轻容重的保温材料，采取硅酸铝针刺毯和高温玻璃棉的复合保温结构，使用低摩擦高效隔热节能型管托，使得供热管线压降降至每千米约为 0.017 兆帕，温降进一步降至每千米 3.7摄氏度。供热管网损耗的降低，使得对外供热不断突破距离壁垒，苏州市相城区已形成供热主管网 111 千米，单根最远距离已达 42 千米。

望亭发电厂在机组供热改造过程中，合理运用中低压连通管抽汽供热、旋转隔板抽汽供热、背压机供热、匹配器供热、热再抽汽扩容双减等多种技术手段，形成了包含 15 个抽汽口、9 种抽汽汽源参数、10 条供热线路、7 种对外供热蒸汽参数的复杂供热系统，企业供汽流量达 1080 吨/时。

望亭发电厂以"互联网＋供热"为依托，利用数字化、信息化推动技术升级，将传统的分散式机组侧供热控制进行一体化改造，建设了集中化、智能化供热负荷调度中心，通过应用智能、节能调度，对厂内供热方式及系统实施优化。企业通过引入数据建模精确计算，实现满足 10 条管线不同需求的对策方案。一方面以自动控制实现智能切换，依据"大数据云平台"实现供热全过程的实时智能诊断、分析；另一方面，搭建"智慧电厂"框架，重点围绕"互联网+""云计算"、三维可视化等关键课题探索方案，更及时、全面地收集客户需求，提升服务质量。

2012—2017 年，企业先后实施三期供热改造，四台燃煤机组通过深度供热改造，满足了无锡、苏州两地热负荷增长需求，率先完成《煤电节能减排升级与改造行动计划（2014—2020 年）》中关于现役燃煤发电机组供电煤耗指标要求。

五、燃煤电厂掺烧废弃物项目进入快速发展期

依托燃煤电厂高效发电系统和污染物集中治理设施消纳污泥、农林废残余物以及生活垃圾等生物质资源，被认为是解决城镇污水处理厂污泥处置难题、秸秆直焚、垃圾围城问题的经济有效途径。

中国最早于 2004 年在江苏省常州市广源热电有限公司 3×75 吨/时循环流化床锅炉成功掺烧了生活污水处理厂污泥，此后燃煤电厂掺烧污泥应用得到较大范围推广，也为掺烧其他废弃物提供了思路。

中国燃煤电厂掺烧废弃物以生活污水处理厂污泥为主，其次为工业污泥（印染污泥、造纸污泥、纺织污泥、制革污泥）、农林生物质，而掺烧生活垃圾的应用和研究较少。基于国家排污许可平台数据，有 34 家电厂（含自备电厂）公布了废弃物掺烧情况，其中 23 家掺烧污泥（包括 13 个生活污水处理厂污泥、4 个造纸污泥、3 个纺织污泥、1 个印染污泥、1 个石化污泥、1 个生活污水处理厂污泥+造纸污泥掺烧项目）；7 家掺烧生物质；3 家混合掺烧污泥和生物质；仅 1 家掺烧生活垃圾。此外，危险废物掺烧项目也有公开报道，如河南华润电力古城有限公司药渣掺烧项目，为全国首家得到政府部门认可的火电协同处置危险废物的企业。

污泥掺烧电厂主要分布在江苏、浙江、山东等省份，单机规模为 0.6 万～60 万千瓦，尤以小规模机组为主，5.5 万千瓦以下机组约占 76.5%。掺烧主要采用循环流化床锅炉，约占 77.5%，其次为煤粉炉，前者污泥掺烧比例一般在 25% 以下，少量电厂掺烧比例在30% 以上，后者污泥掺烧比例在 7.4% 以下。掺烧工艺主要以湿污泥与煤直接掺烧、污泥余热干化后掺烧两类技术为主，污泥干化热源普遍采用烟气或过热蒸汽。

相比污泥掺烧，中国燃煤电厂掺烧生物质应用较少，与发达国家相比相距较远。自2005 年山东华电十里泉电厂掺烧生物质（秸秆）发电项目建成投产以来，由于生物质发电上网电价补贴不足、生物质燃料价格较高等原因，电厂掺烧生物质发展较缓慢。运行较成功的典型案例为国电荆门发电厂 66 万千瓦机组掺烧秸秆项目。

2017 年，国家能源局、环保部联合发布的《关于开展燃煤耦合生物质发电技改试点工作的通知》（国能发电力〔2017〕75 号）允许生活垃圾、农林废弃物掺烧到燃煤电厂锅炉中，拓宽了废弃物掺烧的种类。

2018 年 3 月 29 日上午 9 时，福建华电永安发电公司（华电永安电厂）二期工程 7 号发电机组顺利通过 168 小时试运。华电永安电厂 7 号发电机组可以同时耦合城市固废、生物质及污泥进行发电，具有热值高、灰分低、挥发分高、环保效益好等优点。该机组充分发挥 30 万千瓦循环流化床锅炉燃料适应性广的优势，依托高效燃烧系统和福建省首家超净排放系统，真正实现了城市垃圾、工业废弃物、笋壳、污泥等一般固体废弃物的资源化、减量化和无害化处理。

2018 年 6 月，国家能源局、生态环境部发布《关于燃煤耦合生物质发电技改试点项目建设的通知》（国能发电力〔2018〕53 号），确定了 84 个燃煤耦合发电试点项目（部分项目含多种类型废弃物掺烧工程），其中，包括 58 个农林生物质耦合工程、29 个污泥耦合工程和 2 个垃圾耦合工程，覆盖全国 23 个省、自治区、直辖市，涉及 28 个电力企业。该通知要求，除燃煤耦合垃圾发电技改试点项目外，各技改试点项目主体工程应于 2019年 5 月 1 日前建成投产。燃煤电厂掺烧废弃物项目掺烧规模大幅增长，中国燃煤电厂掺烧废弃物项目已经进入了快速发展期。

六、大型超超临界机组自动化成套控制系统应用

2007 年 10 月，科技部将火电行业重大工程自动化成套控制系统确立为 863 重点项目，依托工程为国电谏壁发电厂新建 100 万千瓦超超临界机组，该工程被国家能源局列为自动化控制系统新技术示范工程。项目主要完成单位是：华北电力大学，中国国电集团公司，北京国电智深控制技术有限公司，中国国电集团公司谏壁发电厂，中国电力工程顾问集团华东电力设计院，北京华电天仁电力控制技术有限公司。该项目立项时，中国已建成的 100 万千瓦超超临界机组的自动控制系统全部采用国外装备与技术。本项目针对 100 万千瓦超超临界机组大规模复杂生产过程运行控制的特点与难点，立足于自主化和国产化，扩展传统分散控制系统（DCS）、厂级监控信息系统（SIS）、全激励仿真系统（SIM）的功能，提升各系统及优化控制策略的性能，以网络化、集成化、智能化为目标，研发了各功能高度协作运行的自动化成套控制系统，以适应中国大容量、高参数超超临界机组对高性能、经济性的运行控制要求。

2011 年 5 月 21 日，随着国电谏壁发电厂 13 号机组顺利通过 168 小时试运行，标志着中国首台安装自主化自动化成套控制系统的 100 万千瓦超超临界机组正式投入商业运行。

该项目成功研发了 100 万千瓦超超临界机组自动化成套控制系统，实现了该领域关键技术的重大突破，取得了具有自主知识产权的原创性成果，形成了产学研用相结合的技术创新体系。该项目入选"十一五"国家重大科技成就展。

2015 年 1 月 9 日，国家科学技术奖励大会在北京人民大会堂举行。"大型超超临界机组自动化成套控制系统关键技术及应用"项目获得国家科技进步二等奖。

第六节　燃气轮机发电机组的自主化发展之路

燃气轮机发电机组是将燃料混合气在燃气轮机的燃烧室里燃烧，利用涡轮机动力驱动，带动发电机发电，其优点是运行可靠，结构简单、紧凑；与燃煤或燃气锅炉相比，占地少，节省基建投资，环保性能好；启动快，适用于电网调峰。缺点是发电成本高。

2000 年前，中国高端重型燃气轮机技术基本空白。2001 年，中国开始引进美国、日本和德国的燃气轮机制造技术，但仅限于非核心的制造技术，外国拒绝转让关键核心技术。实现重型燃气轮机的自主研发，对于打破国外技术垄断，确保国家能源安全与国防安全具有重大意义。

燃气轮机被誉为装备制造业的皇冠，一个国家的燃气轮机技术如何，直接决定着这个国家的工业实力和设计制造能力。在这一技术领域，西方国家在早期占有绝对的领先地位，在 2008 年以前，美俄英德等国不仅掌握着燃气轮机市场的大部分份额，同时还握有生产燃气轮机的所有关键技术。而作为后发展的国家，中国此前如果想要制造燃气轮机，除了要从西方国家进口核心零件，每年还得花钱买周边技术及技术许可。这种情况也导致中国早年间生产的各式重型燃气轮机，国产化虽然高达 80%，但剩下的 20%核心零部件都来自外国，中国燃气轮机技术仍处于被卡脖子的状态，但中国也并非单纯引进，每次引进国外技术，中国都要对其进行技术消化与仿制。在 2008 年，中航工业黎明公司聚中国航空的精髓力量，研制出中国首台具备自主知识产权的 R0110 型燃气轮机，该燃气轮机的成功，使中国一举拥有了自主设计，生产重型燃气轮机的能力。

在 2008 年之后的十余年里，中国依靠越来越强大的工业实力与规模浩大的制造业，对国产燃气轮机进行了多轮升级。现如今，中国的燃气轮机技术不仅已经位居世界一流，同时也朝着更为完善的方向发展，在重型燃气轮机方面，中国于 2019 年成功研制出了 300 兆瓦的重型燃气轮机，同时新的 400 兆瓦重型燃气轮机，也就是 H 级燃气轮机的研发也已开始，而在小型燃气轮机领域，中国也早已形成了一整套 50 兆瓦燃气轮机系列产品。

一、上海电气联合安萨尔多布局燃气轮机

2014 年，上海电气完成了对意大利安萨尔多能源公司（简称安萨尔多）40%股权的收购，双方在上海成立合资公司，专注于新一代燃气轮机的研发和亚太地区（含中国）燃气轮机的销售和服务。包括在重型燃气轮机的技术、制造、销售和服务等方面开展合作，从事重型燃气轮机及其热部件的生产和销售。上海电气收购安萨尔多股权之后，成为一个全球性的燃机厂商。

上海电气与安萨尔多能源公司联合后，可为用户提供全方位的服务。上海电气掌握决策权，制定了适应中国市场需求的服务方案，不仅推出了不同的合同模式，还准备

了不同的服务项目，通过与客户的友好协商共同确定合同内容。上海电气拥有联合循环"机电炉辅"全产业链技术体系，制定了包含辅助系统、控制系统、汽轮机、发电机全方位服务解决方案，可供客户选择。上海电气是中国装备制造业龙头企业，中国市场所特有的文化特质与生俱来，加之本地化的技术、人员、备件、工具和组织储备，从态度和能力上同时保证了服务响应速度。上海电气联合业主针对同类型机组建立战略备件储备库，在降低用户的备件库存量减少资金占用的同时，有效控制紧急情况下的停机时间风险。

2014年6月，上海电气与华电集团签订合同，为广东江门项目提供两台 AE64.3A 燃气轮机。2014年11月15日合资公司成立，与中电投集团签订上海闵行电厂两台 AE94.3A 燃气轮机合同。2015年4月，上海电气中标申能股份奉贤项目两台 AE94.3A 燃气轮机。

二、哈尔滨汽轮机厂生产国产首台3万千瓦燃气轮机

2014年8月，哈尔滨汽轮机厂成功交付了首台3万千瓦燃驱压缩机组本体，在中石油西部管道西三线烟墩站一次点火成功，顺利通过220小时的工业化运行验证，状态良好。

中小型燃气轮机因其高技术、高投入、高附加值而备受各国青睐，目前高端市场基本被欧、美等国家所垄断，中国在这方面差距还很大。2009年在国家能源局和中国机械工业联合会主持下，中船重工七〇三所和哈尔滨汽轮机厂组成研发团队，与中石油签订了"天然气长输管道关键设备国产化3万千瓦级燃驱压缩机组研制协议"。通过首台3万千瓦级燃驱压缩机组本体的研制生产，哈尔滨汽轮机厂掌握了中小型燃气轮机的全部制造技术，并培育了人才团队，奠定了中小型燃气轮机的产业基础。

首台燃气轮机研制过程中，哈尔滨汽轮机厂投入22亿元进行设备改造和采购，建成了占地9600多平方米燃气轮机厂房，突破了高温空心冷却叶片和燃烧室部件生产，以及热障涂层、流量测试、激光、电火花加工等技术瓶颈十余项，整个机组本体的所有零部件都实现了国产化。

2017年1月26日，哈尔滨汽轮机厂举行西气东输二线"衢州站"国产3万千瓦级燃气轮机完工仪式，这是哈尔滨汽轮机厂生产的第二台燃气轮机，标志着哈尔滨汽轮机厂掌握了完整的中小型燃气轮机制造技术，成为国内首个可以小批量生产中小型燃气轮机本体的企业。

三、东方汽轮机厂5万千瓦重型燃气轮机研发加速推进

2017年1月22日，东方汽轮机厂自主研发的5万千瓦重型燃气轮机1～17级试验压气机满转速试验达到12 200转/分，顺利超过了设计目标转速，宣告1～17级压气机首次试验成功。

2009年，东方汽轮机厂启动了5万千瓦重型燃气轮机的研发，2014年3月，东方汽轮机厂牵头成立四川省第一家战略新兴产业联盟——四川省燃气轮机产业联盟，集合各联盟单位力量，加速推进研发进程。2015年，东方汽轮机厂完成了5万千瓦压气机1～8级

转子系统实验、燃烧室实验和高温合金叶片实验，在设计、实验和制造等环节攻克了一个又一个难题，其中"长寿命高温材料实验室"入选为国家重点实验室，成为该领域唯一国家级重点实验室。2016年，东方汽轮机厂5万千瓦燃气轮机研发项目完成了1~8级试验压气机试验；完成1~17级试验压气机制造、总装、系统施工和调试，并开始进行试验；完成燃烧器常压试验；进行了高温透平叶片毛坯制造的工艺开发，并成功浇铸4列透平叶片产品件毛坯，实现了小批量生产；启动了天然气增压站建设及燃气轮机整机试车台建设。

四、燃气轮机"三大中心"成为助力清洁高效发电的新引擎

为积极响应国家节能减排号召，作为中国大唐集团公司在京唯一热电企业，高井热电厂于2014年7月23日，在北京率先将6台在役燃煤机组全部关停。同年6月20日和10月12日，新建的3台具有国际领先水平的35万千瓦级9FB燃气蒸汽联合循环热电联产机组分别投入运营，实现了清洁高效能源的替代与提升，全力确保和支撑起了北京西部的用电负荷，成为首都最大的燃气电厂。工程所采用的美国通用电气公司9FB燃气轮机和控制系统在亚洲首次应用，为同类机型在国内推广应用和主要部件国产化打下良好基础。

2015年9月1日，时任中国大唐集团公司董事长、党组书记陈进行到高井热电厂检查工作时，提出了"建设燃气轮机三大中心"（北京国际电力数据监测诊断中心、燃气轮机检修中心和清洁能源发电培训中心）的设想，项目正式启动。中国大唐集团公司和美国通用电气（简称GE）公司达成合作，2016年11月29日，中国大唐集团公司与GE公司"全面战略合作伙伴关系协议"签署暨中国大唐集团公司燃机"三大中心"揭牌仪式在北京高井热电厂举行。作为中国大唐集团公司智慧创新项目之一的燃气轮机"三大中心"，响应了国家推动互联网、大数据、人工智能和实体经济深度融合的号召，符合行业数字化、本地化的趋势，是中国发电行业转型升级的样板。

自2017年1月起，北京国际电力数据监测诊断中心先后完成了大数据平台搭建所需资料收集与整理，数据模型构建，四套软件系统的设计、调试与部署，2017年12月14日完成全部验收，投入试运行，从2018年开始转入专业服务阶段。该中心已建成为亚太地区功能最完善、覆盖范围最广的发电机群监测诊断平台，对中国大唐集团公司6家燃气电厂13台机组机群进行管理，为燃机机群提供全生命周期故障预警与诊断、性能分析与优化，大幅提高机群设备可靠性，有力地提升对燃气轮机设备的管控能力。

为了能让完全进口的燃气轮机检修维护实现自主化，北京国际燃气轮机检修中心采取"首次观摩学习，二次全程协助参与，最后在GE公司指导下独立承担部分检修项目"三步走培训策略，大力实施"走出去"战略，将GE公司成熟的检修技术与经验引进来。2016年克服燃气轮机本体检修零经验的困难，参与完成亚洲前三台9FB燃气轮机国内首次本体小修。2017年相继完成深圳大唐宝昌燃气发电厂、华能天津临港燃气热电厂、北京正东集团燃气轮机电厂等数家电厂、多种型号燃气轮机机组的检修项目。2018年已经具备

独立完成 GE9F 机组中修能力，提供更多燃气轮机本土检修服务。

为了能实现燃气轮机专业培训本土化，提高培训效率和成果，北京国际清洁能源发电培训中心以先进的经验技术和管理理念为载体，发挥"技术放大器"的功能作用，培训中心开设课程涵盖燃机机务、燃机控制、电气、设备运行、数据分析和智慧电厂等各个类别，将创新知识源源不断地输送到发电行业的各个领域。

第七节　煤电联营下火电快速发展

2017 年 11 月 28 日中国国电集团和神华集团合并重组的国家能源投资集团有限公司正式成立，成为煤电联营最早的试点。2019 年 6 月，国家发展改革委、国家能源局在全国范围内选取了 15 个具有代表示范作用的煤电联营项目，确定为全国第一批煤电联营重点推进项目，以形成可推广、可复制的煤电联营发展模式。其中安徽省淮沪煤电田集电厂、淮浙煤电凤台电厂、中煤新集利辛板集电厂 3 个项目列入第一批煤电联营示范项目。贵州、云南、宁夏等地方政府也出台煤电联营的推动政策。

2019 年 10 月，国家发展改革委、国家能源局印发《关于加大政策支持力度进一步推进煤电联营工作的通知》，提出支持北方地区清洁取暖项目实施煤电联营；鼓励煤矿项目和北方地区冬季清洁取暖背压热电联产项目开展煤电联营。

一、中国国电集团和神华集团合并重组开创集团层面煤电联营

2013 年以来，国家取消了煤炭价格双轨制，并开始积极促使煤电双方签订中长期煤炭供需协议，以稳定煤炭价格，确保电煤供应。但是，因长协煤炭价格市场化程度不足，以及水电对于火电的替代作用增强等原因，煤电长协合同的履约情况一直不甚理想。

为化解煤电"顶牛"现象，政府积极在煤电行业推行"煤电联营"。2016 年 4 月，发改委印发的《关于发展煤电联营的指导意见》指出，煤电联营是煤炭和电力生产企业以资本为纽带，通过资本融合、兼并重组、相互参股、战略合作、长期稳定协议、资产联营和一体化项目等方式，将煤炭、电力上下游产业有机融合的能源企业发展模式，煤电一体化是煤矿和电厂共属同一主体的煤电联营形式。

2017 年 11 月 28 日，中国国电集团和神华集团合并重组为国家能源投资集团有限公司（国家能源投资集团）。合并后的国家能源投资集团资产规模超过 1.8 万亿元，成为仅次于国家电网、中国石化、中国石油之后的第四大能源央企。国家能源投资集团是国家探索煤电一体化运营的重要试点。

神华集团的第一大业务为煤炭开采与销售。2016 年，神华集团的煤炭年产量达到 3.9 亿吨，外销煤炭占比约为 77%。神华集团的第二大业务为发电，截至 2016 年底，神华集团燃煤发电机组的总装机容量为 0.56 亿千瓦，燃煤发电量达到 2297.3 亿千瓦·时。神华

集团旗下上市公司中国神华（601088.SH）的煤炭业务收入占主营业务收入的 53.6%，发电业务占比为 37.6%。神华集团是一个以煤炭开采为主，以发电为辅的能源企业。

中国国电集团的第一大业务为发电和售电。截至 2011 年底，中国国电集团发电总装机容量为 1.07 亿千瓦，大约是神华集团的两倍。其中，燃煤发电机组总装机容量为 0.83 亿千瓦，2011 年燃煤发电量约 3700 亿千瓦·时。但是，中国国电集团煤炭产量远低于神华集团。2011 年，国电集团的煤炭产量为 0.65 亿吨，不到神华集团的四分之一。从中国国电集团旗下上市公司——国电电力（600795.SH）的业务构成来看，其电力生产及销售业务的营收占比达到 86.8%，煤炭开采和销售业务占比为 13%。

所以，神华集团与中国国电集团在煤电业务方面具有很强的互补性。按照每千瓦·时发电量耗煤 310 克计算，中国国电集团 2011 年 3700 亿千瓦·时的燃煤发电量，需要消耗煤炭 1.147 亿吨。除去自产的 0.65 亿吨煤炭外，中国国电集团需要外购大约 0.5 亿吨煤炭。神华集团与中国国电集团合并以后，这部分采购量完全可以通过内部供应来解决。

根据神华集团 2016 年财报，其自产煤炭的单位生产成本仅为 108.9 元/吨，而 2017 年动力煤供需维持紧平衡的状态下，煤炭全年价格持续高位震荡，秦皇岛 Q5500 动力煤价格处于 600 元/吨之上。所以，神华集团在单位生产成本之上适当加价后的内部销售价格，也会远低于当前的市场价格。这也意味着，神华集团和中国国电集团合并成立国家能源投资集团以后，其发电成本将大幅降低。

二、淮沪煤电一体化示范项目

田集电厂是中国电力投资集团公司上海电力股份有限公司（上海电力股份）和淮南矿业（集团）有限责任公司按双方均股投资建设，是国内第一家煤电均股的跨地区、跨行业的"煤电一体化"项目。作为上海市和安徽省能源合作的重大项目，田集电厂是国家"皖电东送"规划的首选项目之一，是全国 6 个煤电基地之一，被列入华东电网和安徽省"十一五""十二五"电力建设规划，是"淮南—上海"1000 千伏淮沪交流特高压示范工程首批配套电源项目。

安徽省丰富的煤炭资源及上海市广阔的电力市场，为皖沪能源合作展现了良好的发展前景与合作契机。2002 年 10 月 29 日，淮南矿业（集团）有限责任公司与上海电力股份有限公司签订合作意向书，就"在淮南合作建设坑口大电厂"达成合作意向。2003 年 9 月 25 日，双方签订《关于上海市和安徽省开展电力长期战略合作协议》，两省市共同支持安徽省煤电基地建设，加快建设沪皖电力合作项目。安徽省加快以煤电一体化为重点的大规模、高效率、环保型的电源点建设，优先为上海市提供安全、稳定、经济、可靠的电力保证；上海市将重点在安徽省投资建设煤电项目，根据电力电量需求情况，优先长期购买相应的电力电量。

2003 年 12 月 5 日，《淮南煤电基地田集电厂工程项目建议书》得到了国家发展改革委批准，田集电厂项目建设筹备处成立。2005 年 1 月 4 日，上海电力股份和淮南矿业（集团）有限责任公司成立淮沪煤电有限公司，电厂业务主要由上海电力股份负责管控，煤矿业务主要由淮南矿业（集团）有限责任公司负责管理。2005年3月28日，国家发展改革委下达《国家发展改革委关于核准安徽淮南田集电厂新建工程项目的批复》（发改能源〔2005〕488号）。2005年7月21日，田集电厂工程举行开工典礼仪式，沪皖两地发展改革委签署了《关于安徽淮南田集电厂建设和供购电问题的合作协议》，确定田集电厂建成后所发电量全部送上海市。

田集电厂一期建设2×63万千瓦国产超临界燃煤发电机组，1号、2号机组分别于2007年7月26日和2007年10月15日投产。田集电厂一期工程分别被中国建筑工业协会和中国电力投资集团评为2008年度中国建筑工程"鲁班奖"和"2008年度中国电力优质工程奖"；煤矿工程被中国煤炭建设协会评为"太阳杯"工程。

2013年9月10日，股东双方签订《淮沪煤电有限公司》重组协议，双方采取存续分立方式组建专门的"淮沪电力有限公司"，经营田集电厂二期工程；淮沪煤电续存，继续经营田集电厂一期工程和丁集煤矿，淮沪煤电和淮沪电力保持分立之前均股的管理模式不变。丁集煤矿由淮南矿业（集团）有限责任公司为主进行管理；田集电厂由上海电力股份为主进行管理。

田集电厂二期建设2×66万千瓦国产超超临界燃煤发电机组，3号、4号机组分别于2013年12月22日、2014年4月28日投产。二期工程采用先进的27兆帕/600摄氏度/620摄氏度的装机方案，是当时世界上首次采用再热蒸汽温度达到623摄氏度的60万千瓦级超超临界Π型燃煤锅炉。二期工程先后获得了"中国电力优质工程奖"、"国家优质工程金质奖"和"2014—2015年度国家优质投资项目奖"。

淮沪煤电项目体现出了煤电一体化的优势：将"四忧"变为了"四无忧"，即无缺煤之忧，无市场之忧，无铁路运力之忧，无煤电行业壁垒之忧。煤矿距离电厂仅30千米，而且内部配有专用的铁路来运输煤炭，不需要借助国家铁路资源。因此，资源供应、运力配给都没有问题。田集电厂所发电量通过华东电网送到上海市消纳，基本上没有市场销售的后顾之忧。这样一种"上下贯通、环环相扣"的经营模式，令煤矿和电厂双方达到"双赢"，同时也是合作双方长期合作的牢固基石。这一模式突破了原有的行业束缚，实现了市场、体制、机制、管理和技术的创新，为减轻华东地区交通拥挤及缓解华东电网电力缺口，降低华东地区的电力供应成本，减少煤炭长途运输导致的风险，促进安徽省、上海市两地经济发展起到了十分积极的作用。

多年来的实践证明，"淮沪模式"解决了煤、电两个行业长期以来互相博弈的局面，实行产权融合、产业组合，整合了股东双方强大的资源优势、资金优势、技术优势、管理优势和人才优势。田集电厂取得了业内领先的技术和经营绩效，走在了同类型机组的前列。截至2017年底，田集电厂累计完成发电量921.8亿千瓦·时，上缴利税46.2亿元。截至2018年8月13日，全厂累计发电量达1000亿千瓦·时。

三、神华国能哈密煤电工程

神华国能哈密煤电有限公司大南湖 4×66 万千瓦电厂坐落在新疆维吾尔自治区哈密市大南湖地区的南湖戈壁之中，紧邻南湖煤矿，设计安装 4 台国产 66 万千瓦空冷发电机组，总装机容量 264 万千瓦，是一座大型绿色环保的"煤电一体化"坑口发电厂。该项目是国家"十二五"发展规划和新疆"疆电外送"项目的主要电源点之一，也是哈密地区推进新型工业化进程的重点项目。

2013 年 3 月 12 日，神华国能哈密煤电工程开工建设，2 号、3 号机组分别于 2014 年 12 月、2015 年 1 月顺利完成了 168 小时满负荷试运行并网发电，1 号、4 号机组分别于 2015 年 5 月、7 月顺利完成了 168 小时满负荷试运行并网发电。

神华国能哈密煤电工程是世界首次在大风、高温、严寒气象的沙漠地区建成的 66 万千瓦空冷机组。新疆哈密为多风、严重缺水地区，为有效降低水耗，项目设计选择了国产空冷系统。此项目利用煤电一体化工程的明显优势，燃煤由皮带直接入厂，充分利用了当地煤炭资源，既减少了资源浪费，又降低了环境污染。项目的建设投产对推动新疆优势资源转换，促进地区经济发展有着重要意义。

四、伊敏煤电公司的煤电一体化模式

伊敏煤电公司是典型的先有矿后围绕煤矿建电厂的坑口电厂模式，电厂离煤矿只有 5 千米。作为中国第一家大型煤电一体化企业，伊敏煤电公司在工程立项设计之初就借鉴国外煤电联营的管理模式，突破了传统的行业限制，实行煤电合一。

1956 年，一个在呼伦贝尔大草原放牧的牧民偶然间进入鄂温克旗区，在肥美的水草下发现了煤，并上报了政府。时隔 4 年，内蒙古煤炭厅责成 147 地质勘探队对涵盖伊敏河在内的区域进行矿探。4 个钻孔打进"处女地"后，147 队在勘探报告里写下了"108 平方千米内，可采煤层 20 层，储量 731 100 万吨"等数据。1976 年夏，成立伊敏河矿区指挥部。

1989 年 3 月，伊敏煤电公司被正式批准建设伊敏坑口电站。1991 年 1 月，伊敏煤电公司成立煤电联营试点单位，由此中国诞生了第一家"煤电联营"公司。2014 年，伊敏煤电公司完成了 3 期工程建设，电力装机 340 万千瓦，煤炭产能 2200 万吨。至 2013 年底，已累计发电 1200 多亿千瓦·时，生产原煤 1.8 亿多吨，完成基建投资 215 亿元。

伊敏煤电公司发电用煤无需经过铁路或公路运输，而是通过 8.5 千米长的封闭输煤皮带系统直接将煤输送到电厂。该公司露天矿生产的褐煤发热量约为 3000 大卡（1 大卡＝4186 焦耳），含 40%的水和 15%的灰，特别适合就地转化。对热值较低的煤炭来说，自采煤自发电，利润会增加 4～5 倍，而用自己的煤电，吨煤开采成本可以节约 1 元左右。数据显示，2013 年，伊敏煤电公司露天矿生产用电 5854 万千瓦·时，按照每千瓦·时节约 0.4 元计算，该年节约煤炭开采成本 2300 多万元。实现循环的还有水、土、灰、热。

伊敏煤电公司将煤炭生产过程中产生的疏干水，通过管道输送到电厂作发电冷却循环水，利用后的电厂循环水再回到煤矿用于生产防火、降尘用水，每年的水资源重复使用量达到1800万吨以上。

伊敏煤电公司露天矿刚开始开发时，非常重视草原生态的保护，把剥离开采之前的腐殖土收集起来，在排土场达到设计标高以后将腐殖土覆盖在排土场上，然后种植牧草、沙棘、苜蓿和云杉等植被。站在煤电公司采掘场边缘放眼望去，307公顷的外排土场已经全部完成复垦，葱葱郁郁，与天然的草原无明显差异。

此外，伊敏煤电公司在循环利用灰和渣方面也进行了尝试，建成了粉煤灰砖厂、煤粉灰提取铁粉装置、粉煤灰分选装置，对煤炭燃烧发电后产生的灰和渣进行制砖、提取铁粉等分级综合利用。

第八节 超超临界再热机组技术和循环流化床机组性能指标世界领先

"十五"期间，二次再热超超临界发电技术被确定为中国"863"重点研究和开发项目。"十二五"期间，国家能源局正式批准了华能安源发电有限责任公司（华能安源电厂）、国电泰州发电有限公司（国电泰州电厂）和华能莱芜发电有限公司（华能莱芜电厂）建设超超临界二次再热高效燃煤发电项目。二次再热发电技术成为《国家能源科技"十二五"规划》重点攻关技术，同时也是《煤电节能减排升级与改造行动计划（2014—2020年）》推进示范技术。与一次再热相比，二次再热是在一次再热基础上再增加一次再热，以提高发电循环的平均吸热温度，从而提高发电效率。以31兆帕二次再热机组为例，其相比传统24.2兆帕/566摄氏度/566摄氏度一次再热机组，热效率可提高2～3个百分点。

为了适应中国煤种的多样性，消纳劣质煤、低热值煤甚至煤矸石的循环流化床机组在"十一五"期间就被国家列入规划发展的日程。

在国家"863"计划和"十一五"科技支撑计划的资助下，按照先学习后自主研发的道路，先与国外机构同期开展了超临界CFB关键技术研发，后按照"自主开发、自主设计、自主制造、自主建设、自主运营"的原则，国内科研院所、设备制造单位组成"国家级"研发团队，经过十余年的联合攻关，系统地解决了从30万千瓦亚临界CFB机组到60万千瓦超临界CFB机组工程挑战，完成了世界首台35万千瓦、60万千瓦超临界循环流化床锅炉的创新实践，性能指标全面优于国外同期水平。

一、超超临界一次再热机组向更高参数发展

（一）安徽淮南田集电厂二期超超临界示范工程

2014年4月28日，中国能源建设集团有限公司中电工程华东院负责设计的安徽淮南

煤电基地田集电厂二期扩建工程 4 号 66 万千瓦机组通过 168 小时试运行后顺利投产。至此，该项目二期扩建工程两台 66 万千瓦超超临界机组全部高标准投产。

田集电厂二期扩建工程由上海电力股份有限公司和淮南矿业（集团）有限责任公司共同投资建设，是"皖电东送"的重要组成部分，属于皖沪两省市战略合作的煤电一体化坑口电站项目。2011 年，国家发展改革委核准了"淮南—上海"1000 千伏淮沪交流特高压示范工程，"皖电东送"规模进一步增大。田集电厂立刻抓住这一机遇，积极筹备，2012 年 12 月国家发展改革委核准了田集电厂二期工程，田集电厂二期工程成为"淮南—上海"特高压输电线路的首批配套项目。

田集电厂通过多方调研、全面分析，决定突破参数瓶颈，开展 Π 型锅炉再热蒸汽温度 623 摄氏度的技术攻关。在材料种类没有发生变化的情况下，将再热蒸汽温度从 603 摄氏度提升至 623 摄氏度。首先，将因升温而必须增加的吸热面布置在烟温较低的区域。其次，将高温再热器的出口管材由 T92 材料提升至 SA-213S304H，同时增加壁厚，确保温度提高后再热器受热面具有大于 15 摄氏度的安全裕度。最后，通过有效的措施控制烟气流动偏差和介质流动偏差，使锅炉具有更高的安全性保证。最终选定上海锅炉厂生产的 SG1957/28—M6005 型锅炉，锅炉最大连续蒸发量（BMCR）为 1957 吨/时，额定压力 28.1 兆帕，主蒸汽温度 605 摄氏度，再热蒸汽温度 623 摄氏度。

另外通过 FB2/CB2 材料的应用，对汽轮机中压缸部分进行全新设计。其次对汽轮机各级叶片材料进行优化调整，满足汽轮机中压缸入口蒸汽温度提高到 620 摄氏度后的安全性、稳定性。最终选择上海汽轮机厂生产的 N660-27/600/620 型汽轮机。主蒸汽压力为 27 兆帕，主蒸汽温度为 600 摄氏度，再热蒸汽温度为 620 摄氏度。高效主机的选择，从源头开始提高了机组的性能。再热蒸汽温度提升 20 摄氏度后，热耗值较 N660-27/600/600 型机组降低了约 40 千焦/（千瓦·时）。

田集电厂二期工程两台机组的锅炉水压试验、厂用电受电、汽轮机扣盖、锅炉酸洗、锅炉点火冲管、主变受电、机组整套启动、汽轮机冲转、机组首次并网和完成 168 小时满负荷试运等均一次成功。在 168 小时试运期间，4 号机组平均负荷 66.075 万千瓦，平均负荷率 100.11%，最高负荷 67.346 万千瓦。机组各项技术指标优良，主蒸汽、再热蒸汽压力 27.82/5.03 兆帕，主蒸汽、再热蒸汽温度达到 599/622 摄氏度，热控、电气的保护和自动投入率均为 100%，脱硫、脱硝设施同时投用，真正实现了"高质量安装、高标准启动、高标准移交"的目标。

田集电厂二期工程率先践行煤电产业升级样板工程，是世界首个采用再热汽温 623 摄氏度 Π 型锅炉，机组热效率达到了 46%，实现了 60 万千瓦等级机组技术经济指标达到百万千瓦机组水平的历史性突破。通过主机高参数、凝泵调速、低温省煤器设置、循环水泵节能、建筑节能等优化设计，以及新技术、新材料、新工艺、新方法的应用，机组供电煤耗率最低达到 274 克/（千瓦·时），汽轮机热耗率在投用低温省煤器后均在 7220 千焦/（千瓦·时）以下，与国内同等级同类型机组相比较，二期机组供电煤耗率较国内同类型机组平均供电煤耗率减少约 10 克/（千瓦·时），每年可节约标准煤 6.27 万吨，减少二氧化碳排放 16.68 万吨，减少二氧化硫排放 1300 吨。田集电厂二期工程通过多项设计优化和技术创新的集成应用，成为推动煤电产业升级的示范引领工程，成功打造了 66 万千瓦火电机组创新升级版。

（二）华能长兴电厂"上大压小"2×66 万千瓦超超临界燃煤机组

长兴电厂始建于 1959 年，前身为浙江省长兴长广煤矿公司的自备电厂，原厂址在浙江省长兴县煤山镇，后迁至雉城镇五里桥。1984 年 9 月，长兴电厂划归湖州市领导，为市属企业。1988 年 11 月，长兴电厂划为省属企业，由浙江省电力局领导和管理。1990 年 6 月，国务院正式批准 2×125 兆瓦机组扩建工程开工，由浙江省电力开发公司和华能集团合资建设，两方投资比例分别为 68.95% 和 31.05%，两台机组先后于 1992 年 1 月和 8 月投产，电厂总装机容量为 27.4 万千瓦，成为浙北地区主力电厂，并更名为"浙江华能长兴电厂"。

2014 年 12 月 17 日，长兴电厂"上大压小"2×66 万千瓦燃煤发电工程 1 号机组顺利通过 168 小时试运行，这也是华能集团首个高效超超临界机组。

长兴电厂"上大压小"工程采用国产超超临界锅炉和汽轮发电机组，主机参数 28 兆帕/600 摄氏度/620 摄氏度，为当时国内一次再热机组的最高参数，是华能实施燃煤发电机组烟气协同治理技术路线和废水零排放的依托项目。机组采用 100% 汽动给水泵、汽动增压联合风机、增设蒸汽冷却器、数字总线等前沿技术，设计主要经济指标达到国内领先水平。指标中，全厂热效率 46.035%，厂用电率 3.82%，供电煤耗率达到 278 克/（千瓦·时）。1 号机组 168 小时试运行期间，机组平均负荷率达 99.7%，厂用电率 3.34%，热控保护投入率 100%、自动投入率 100%、热控测点投入率 99.5%，电气保护投入率为 100%、自动投入率 100%、电气测点投入率 100%，汽水品质合格，各项性能指标均达到设计值，环保设施同步投入，成功运用华能集团公司最新环保技术路线——烟气协同治理技术，粉尘、二氧化硫、氮氧化物等烟气排放值达到超净排放指标。

2014 年 12 月 29 日 11 时，华能长兴电厂"上大压小"工程 2 号机组投产。至此，中国华能集团公司可控发电装机容量突破 1.5 亿千瓦，成为全球装机规模最大的发电企业。

工程建设过程中，长兴电厂切实履行社会责任，按照国家最新环保节能标准，投入约 12 亿元用于环保节能设施建设，国内首创建设了封闭集束蜂窝型煤仓、"8"字形烟囱等先进设施，并确保环保节能设施与主体工程同步设计、建设、投用。工程采用国际最先进的正渗透废水处理技术，实现废水"零排放"；采用低低温电除尘加高效脱硫除尘技术、低氮燃烧技术进行烟气协同治理，烟尘、氮氧化物、二氧化硫浓度均低于国家超净排放限值。

（三）神华重庆万州港电 1 号百万千瓦级超超临界燃煤发电机组投产

2015 年 2 月 9 日，神华重庆万州港电 1 号发电机组顺利通过 168 小时试运行，正式投入商业运营。该机组是国内首台高效一次再热超净排放 105 万千瓦机组，环保指标大幅优于燃气轮机标准，主要经济技术指标达到了国内同期同类型机组先进水平。

神华重庆万州港电一体化项目规划建设 6×100 万千瓦级超超临界燃煤发电机组，项目分三期实施，2012 年开工建设一期 2×1000MW 超超临界燃煤发电机组和千万吨级储煤基地、煤炭中转码头，总投资约 80 亿元。2015 年 9 月一期项目实现双投。该项目为神华集团 2013 年、2014 年"十大重点工程"，三峡库区、重庆市"十二五"重要能源项目，中国西南地区首个百万千瓦级火力发电工程。该项目充分运用国际国内先进技术和工艺，不断优化调整指标，先后开展了数字化电厂、智能升压站、九级回热系统、再热蒸汽温度 623 摄氏度、高位收水冷却塔、100%汽动给水泵组等创新项目和技术优化措施。1 号机组 168 小时试运期间，自动投入率 100%，保护投入率 100%，仪表投入率 100%，环保指标厂内 CEMS 系统显示：粉尘 2.542 毫克/米³，二氧化硫 10.45 毫克/米³，氮氧化物 20.504 毫克/米³，各项指标达到设计值，机组环保指标大幅优于燃气轮机标准，达到"超净排放"，主要技术指标与同期同类型机组比较处于领先水平。

（四）华电国际电力股份有限公司十里泉发电厂扩建 8 号超超临界机组

2016 年 11 月 7 日，华电国际电力股份有限公司十里泉发电厂 8 号机组一次通过 168 小时满负荷试运行。

该项目三大主机采用东方电气集团公司最新技术生产的 28 兆帕/600 摄氏度/620 摄氏度高效型超超临界抽凝供热机组，是华电集团公司第一个 66 万千瓦超超临界机组再热汽温 620 摄氏度的试点项目，设计供电煤耗率 266.5 克/（千瓦·时），纯凝工况设计供电煤耗率为 279.09 克/（千瓦·时）。

8 号机组 168 小时满负荷试运期间，累计发电 1.11 亿千瓦·时，机组平均负荷率 101.47%，自动、仪表、保护投入率均为 100%，汽水品质合格率 100%，二氧化硫、氮氧化物、粉尘排放浓度均优于超低排放标准要求，汽轮发电机组各轴承振动均好于优秀值，主要经济技术指标在国内同类型机组中处于领先水平。

十里泉发电厂扩建工程是华电集团公司落实国家"十一五"要求，加快关停小火电机组，推进"上大压小"，实施节能减排的重要举措。2007—2008 年期间，该电厂先后关停 4 台 14 万千瓦机组，全面启动"上大压小"扩建工程。

该项目采用最新"环保岛"技术和超低排放技术路线，具有效率高、能耗低、环保排放优等特点。同步建设脱硝、除尘、脱硫环保设施，采用脱硝系统＋低低温静电除尘器＋高效脱硫协同除尘系统（不加湿式静电除尘器）的环保技术路线，二氧化硫排放浓度小于 35 毫克/米³，氮氧化物排放浓度小于 50 毫克/米³，烟尘排放浓度小于 5 毫克/米³。配套建设 MGGH❶，在实现超低排放的同时消除了视觉污染。

2017 年 7 月 13 日，十里泉发电厂"上大压小"扩建的 9 号 66 万千瓦机组一次顺利通过试运行，标志着中国华电集团首个高效超超临界抽凝供热项目顺利竣工投产。两台机组再热汽温成功实现 620 摄氏度的技术攻关目标，在 50%～100%额定负荷区间内都可以安全稳定运行，在全国处于领先水平。两台机组年设计发电量 72.6 亿千瓦·时，供热能

---

❶ 利用水作为媒介，通过水循环的方式将脱硫前高温烟气的热量吸收后，用于加热脱硫后的净烟气，提升净烟气的温度，提高烟气排放的抬升温度，降低污染物的落地温度，实现节能减排的目的。

力达到 2300 万米²。

二、超超临界二次再热发电技术达到世界先进水平

（一）首台 66 万千瓦超超临界二次再热机组在华能安源电厂投产

华能安源电厂前身为江西萍乡发电厂，始建于 1958 年 10 月 19 日。1997 年 11 月 26日，由江西省投资公司和江西省电力公司作为发起人，以其在萍乡发电厂的投资作为发起人股，成立了江西赣能股份有限公司，在深交所上市，萍乡发电厂遂更名为江西赣能萍乡发电厂。经江西省政府批准，江西省投资公司 2008 年 10 月 22 日与中国华能集团公司正式签署资产转让暨移交协议。至此，萍乡发电厂成为华能集团公司在赣的第三家电厂，正式更名为华能安源发电有限责任公司，又称华能安源电厂。

2012 年 3 月 6 日，按照国家"节能减排""上大压小"政策和《江西省小火电机组关停实施方案》要求，华能安源电厂原有的 2 台机组退出调度运行，完成了其历史使命。2012年 7 月 16 日，国家发展和改革委员会核准批复了华能安源电厂"上大压小"建设 2 台 66万千瓦国产超超临界燃煤发电机组项目。2012 年 9 月 11 日，华能集团公司在总部组织召开了华能安源电厂"上大压小"工程专题汇报会议，会议明确安源电厂"上大压小"项目采用二次再热技术。2013 年 6 月 28 日，新建工程正式开工建设。

二次再热技术在国外于 20 世纪已成功得到应用，美国、德国、日本等国家在 30 万千瓦以上机组上已有应用，国内二次再热机组当时还没有相关的建设和运行经验可借鉴。安源电厂项目在设计制造上没有任何借鉴与参考，机组近 250 套系统图、近万个零件需要新设计。2013 年 12 月，华能集团公司专门成立了二次再热应用技术研究工作领导小组，华能集团公司总工程师任组长，依托西安热工研究院有限公司，针对二次再热亟需解决的一批关键技术问题，分两个阶段成立了"二次再热机组动态响应分析""汽温调节和协调控制策略研究""二次再热机组启动参数及启动控制研究""二次再热机组热力系统优化及调整研究""超厚壁合金钢、异种钢焊接工艺研究""二次再热机组环保排放优化研究""二次再热机组有关参数监测及测点布置研究""二次再热机组提高热效率研究""二次再热机组全负荷脱硝和实现超低排放研究""二次再热机组腐蚀防治问题研究""二次再热机组仿真机研究" 10 个课题研究小组，系统性地开展二次再热机组应用技术研究，打破了国外知识产权壁垒制约。

在科研人员不懈努力下，攻克了一个又一个技术难关，如攻克了"超厚壁合金钢、异种钢焊接工艺"。66 万千瓦二次再热机组与常规火电机组相比，焊接是个技术难关。它的水压 T91/T92 焊口是常规机组的 4 倍，大口径焊口是常规机组的 2 倍，焊口热处理是常规机组的 2 倍等。尤其是 160 毫米的 P92 马氏体钢焊口，是当时国内最大壁厚焊口。2014年 8 月 21 日，6 名技术人员经过不间断的 84 小时的连续作业，用掉 200 千克的 P92 焊条，一次成功检验合格。又如挑战中国锅炉水压试验的最高压力。66 万千瓦二次再热机组锅炉一次汽水压试验压力为 51 兆帕，为中国锅炉水压试验的最高压力。为保证试压成功，500 多名作业人员，加班加点 3 个多月反复检测和不断试验，2014 年 11 月 25 日，1 号机

组 51 兆帕水压试验时，全部焊口及法兰、阀门等无泄漏、变形，水压试验一次成功。

2015 年 5 月，在中国电力建设企业协会组织的 2015 年度电力建设 QC 成果评选中，华能安源电厂"上大压小"新建工程有 6 项成果获奖。其中"钢煤斗制作安装质量控制"、"提高钢筋混凝土栈桥观感质量"成果获二等奖，"改进框架支模螺栓施工质量"等 4 项成果获三等奖。这些建设成果的取得标志着该厂在创"国家优质工程金奖"道路上迈出了坚实的步伐。

2015 年 6 月 27 日，华能安源电厂"上大压小"新建工程 1 号机组顺利通过 168 小时满负荷试运行。它是中国首次设计、首次制造、首次施工、首次运行的 66 万千瓦二次再热机组工程，全球首台 66 万千瓦主蒸汽压力 32.45 兆帕、主蒸汽温度 605 摄氏度，一/二次再热汽温达 623 摄氏度的高参数机组，是当时世界上汽温汽压最高的火电机组。

2015 年 8 月 24 日，华能安源电厂 2×66 万千瓦超超临界二次再热机组 2 号机组完成试运投产，超净排放环保系统同步完工投产。该工程为二次再热火力发电技术在国内的推广应用作出了示范。

华能安源电厂超超临界二次再热机组投产运行，在汽轮机技术领域填补了多个国内技术空白，其中主要关键技术包括热力系统、高温材料、耐高压阀门、耐高压汽缸、高效通流技术、机组轴系稳定性、汽轮机启动运行。

二次再热机组面临系统复杂、轴系变长、汽轮机参数高、汽流激振风险增大、高温部件安全性受挑战等风险。因此，运行技术是二次再热机组最关键的技术之一。华能安源电厂项目 2 台机组投产总体顺利。机组试运行期间，主、辅设备和系统运行稳定，各项性能指标达到设计要求，主要技术经济指标达到国内领先水平，均一次完成 168 小时试运行。投产后，机组一次和二次再热蒸汽温度均长期在设计温度 620 摄氏度下运行。

（二）首台百万千瓦超超临界二次再热燃煤机组在国电泰州电厂建成

国电泰州电厂二期工程建设 2 台百万千瓦超超临界二次再热燃煤发电机组，是国家能源局、环境保护部的燃煤发电示范项目，也是国家科技部确定的"十二五"节能减排国家重大科技支撑计划项目。这是世界上首次将二次再热技术应用到百万千瓦超超临界燃煤发电机组，实现机组能效、排放水平大幅提升。

2011 年 4 月，中国国电集团公司、中国电力工程顾问集团公司和上海电气集团股份公司共同实施"新型超超临界二次再热燃煤发电机组关键技术研究项目"，提出总体技术路线、参数选择、主设备制造、控制系统研发、调试运行等多项二次再热关键技术。经国家能源局组织的多方专家评审讨论，确定了机组采用 31 兆帕/600 摄氏度/610 摄氏度/610 摄氏度的基本参数、一/二次再热受热面交叉并列布置的锅炉、长轴系单轴布置的汽轮机、全自主知识产权的控制系统及控制技术的总体技术路线。2011 年 10 月，国家科技支撑计划"高效率低排放的超 600 摄氏度百万千瓦等级超超临界机组关键技术研究与工程应用"（2012BA00B00）立项。2012 年 5 月，国家能源局将泰州电厂二期工程列为 100 万千瓦二次再热燃煤发电示范工程。

示范工程应用成熟高温材料，研发高效率低排放的百万千瓦等级、超 600 摄氏度超超临界二次再热机组关键技术与工程应用，包括机组参数选择和系统设计、主设备设计与制造、控制系统、调试运行等关键技术研究。历经近 60 个月，建成全球首台百万千瓦二次再热燃煤发电机组，实现了"自主设计、自主制造、自主建设、自主运行"，形成包含规划、研发、设计、制造、施工、调试、运行、维护的自有核心技术。

2015 年 9 月 25 日，泰州电厂二期工程 3 号机组顺利完成 168 小时满负荷试运行，正式投入商业运行。2016 年 1 月 13 日，泰州电厂二期工程 4 号机组圆满完成 168 小时连续满负荷试运行，正式投入商业运行。通过采用二次再热、提高主参数、十级抽汽回热系统和烟气余热利用等技术，泰州电厂二期机组实现了发电效率达 47.82%，发电煤耗率为 256.86 克/（千瓦·时），均创下当时的世界之最；在污染物排放指标上，与常规百万千瓦超超临界机组相比，二氧化碳、二氧化硫、氮氧化物、粉尘排放量均减少 5% 以上，大气污染物排放浓度低于燃气轮机排放限值，达到了国家超低排放要求，成为全球煤电领域的标杆。

2017 年 11 月 21 日，国电泰州电厂二次再热燃煤发电示范工程荣获中国施工企业管理协会 2016—2017 年度国家优质工程金质奖。

（三）华能莱芜电厂百万千瓦超超临界二次再热燃煤机组投产

2009 年 7 月 29 日，"全国关停 5000 万千瓦小火电机组总结现场会"在莱芜电厂召开，3 台机组 5 座冷水塔成功爆破，莱芜市也一举关停了 13 台总容量为 17.7 万千瓦小机组，满足了筹建一台百万千瓦机组"上大压小"容量。经过不懈努力，第一台百万千瓦机组于 2012 年 6 月 26 日获得核准并开工建设。2015 年 8 月 26 日，第二台百万千瓦机组顺利获得山东省发展改革委核准。

2013 年 6 月 20 日，华能莱芜电厂百万千瓦机组"上大压小"扩建工程正式开工建设。经过 3 年的建设，2 台百万千瓦超超临界二次再热机组分别于 2015 年 12 月 24 日和 2016 年 11 月 9 日高质量通过 168 小时满负荷试运，顺利进入商业运营。2 台百万千瓦超超临界二次再热机组均顺利实现厂用电受电、汽轮机扣缸、水压试验、锅炉点火、汽轮机冲转、发电机并网、168 小时试运等"七个一次成功"，创造了"网格型锅炉基础体积全国最大、锅炉高度全国最高、锅炉焊口数量全国最多、水压试验压力全国最高、从水压试验到机组点火吹管用时最短、从并网发电到完成 168 小时试运用时最短"等多项全国纪录。

华能莱芜电厂"上大压小"百万千瓦机组扩建工程是山东省和华能集团"十二五"开工的重点项目，将建成全国首批，当时世界上单机容量最大的超超临界二次再热机组。该工程具有效率高、能耗低、科技环保、效益显著等优势，对提高中国高端大型燃煤机组装备设计制造和运行水平，实现中国火力发电重大技术进步，引领国际火力发电技术发展方向有着十分重要的意义。

2016 年 6 月，第一台百万千瓦超超临界二次再热机组完成性能考核试验，机组发电效率为 48.12%，发电煤耗率为 255.29 克/（千瓦·时），供电煤耗率为 266.18 克/（千瓦·时），3 项指标均刷新了世界纪录。这个集技术研发、建设创新于一体的项目自 2015 年 12 月 24 日投产以来，一直保持安全、可靠、平稳运行，各项性能指标均优于设计值，各项环保指标全面优于国家超低排放标准，成为当时世界上效率最高、能耗最低、指标最优、环保最好的火电机组。2018 年 5 月 11 日，2 台百万千瓦超超临界二次再热机组工程凭着优异的基础建设、现场管理和效益产出荣获中国电力优质工程奖。2018 年 9 月 19 日，2 台百万千瓦超超临界二次再热机组凭借效率高、能耗低、指标优、环保好、自动化程度高等特点获得亚洲电力奖 2018 年度燃煤发电项目金奖。

（四）国能宿迁电厂 2×66 万千瓦超超临界二次再热燃煤发电机组投产

2017 年，"高效灵活二次再热发电机组研制及工程示范"列入了国家科技部"十三五"重点研发计划。

江苏省国能宿迁电厂 2 台 66 万千瓦超超临界二次再热燃煤发电机组，同步安装烟气脱硫、脱硝装置。该工程是国家重点研发计划项目"高效灵活二次再热发电机组研制及工程示范"和"燃煤电站低成本超低排放控制技术及规模装备"的依托工程。工程集成应用了包括"汽电双驱"引风机高效供热、螺旋卸船机国产化、废水干蒸、无油电厂、智能发电等新技术。

从 2016 年 10 月起，原国电集团依托宿迁电厂联合华北电力大学、华东电力设计院、上海电气集团等 14 家单位，根据科技部、财政部有关国家重点研发计划管理的政策和规定，成立了组织协调机构。

2018 年 12 月 31 日，国能宿迁电厂 2×66 万千瓦机组 3 号机组顺利通过 168 小时满负荷试运行，各项性能和环保指标均达到设计值。2019 年 6 月 4 日，国能宿迁电厂 2×66 万千瓦工程 4 号机组，顺利通过 168 小时满负荷试运行。机组在 100% 额定负荷下发电效率达到 48% 以上，70% 额定负荷下发电效率达 47.3%～48%；100% 额定负荷下发电煤耗率为 256 克/（千瓦·时），70% 额定负荷下发电煤耗率达 256～260 克/（千瓦·时）。

该工程项目在建设过程中攻克了高效灵活的二次再热汽轮机及锅炉设计等关键技术，形成了一批诸如螺旋卸船机、汽电双驱、智能发电等具有可复制性、可推广性的产业技术，对建立具有中国自主知识产权的超超临界二次再热机组装备制造技术和产业体系，促进中国能源工业转型升级具有很强的示范推动作用。

（五）国家能源集团安徽蚌埠发电公司超超临界二次再热机组投产

2018 年 4 月 15 日，国家能源集团安徽蚌埠发电公司二期扩建项目（2×66 万千瓦）工程 3 号机组圆满完成 168 小时连续满负荷试运，正式投入商业运行。2018 年 4 月 15 日、6 月 14 日，3 号、4 号机组分别实现水压试验、倒送电、吹管、点火、冲转、并网、168 小时试运"七个一次"成功和环保"三同时"目标，各项技术经济指标均达到设计值。

该公司二期扩建工程是国家能源集团首台 66 万千瓦二次再热机组，也是国家能源集团成立后新建投产的首台机组。工程自 2015 年 9 月 29 日开工建设，其锅炉采用国际上最先进的三烟道挡板调温技术，成功解决了二次再热锅炉汽温调节难题，调温方式简单、可靠，运行安全、经济，质量和性能优异。

该工程是国家科技部支撑计划项目"燃煤电厂烟气一体化协同超净治理技术及工程示范"依托项目，注重推行科技创新，应用国家重点节能低碳技术 13 项，"建筑业十项新技术"十大项 11 子项，电力"五新"技术 28 项，自主创新项目 5 项，通过了新技术应用专项评价。同步建设脱硫、脱硝装置，烟尘、二氧化硫、氮氧化物等排放浓度优于国家超低排放标准。

（六）江苏华电句容发电有限公司超超临界二次再热燃煤机组投产

2018 年 12 月 16 日，江苏华电句容发电有限公司 3 号机组成功通过 168 小时满负荷试运行，正式投产。

该公司二期扩建工程建设 2 台 100 万千瓦超超临界燃煤机组（3 号、4 号机组），2015 年 7 月获得江苏省发展改革委正式核准，2016 年 6 月主厂房基础第一罐混凝土正式开始浇筑，进入全面施工阶段。

该公司二期扩建工程百万机组三大主机，选用"哈尔滨锅炉厂＋上海汽轮机厂＋上海发电机厂"的"哈上上"组合。作为国家发电设备国产化依托工程，其主机、关键阀门、三大泵、四大管道等均实现国产。两台机组选用最先进的二次再热技术，锅炉为超超临界压力、变压运行、单炉膛、二次中间再热、平衡通风、露天布置、固态排渣、全钢构架、全悬吊结构、塔式布置燃煤直流炉，设计供电煤耗率为 263 克/（千瓦·时）。与一期工程一次再热机组相比，一次再热蒸汽返回锅炉经过二次加热，从而提高蒸汽的做功效率，机组热效率提高 2.7%。

工程同步建设高效除尘、脱硫、脱硝系统和二氧化碳捕集系统，排放指标优于燃气轮机标准；灰、渣、脱硫石膏全部综合利用，工业废水及生活污水经处理后全部回收利用。投产的 3 号机组同步配套烟气治理设施：采用石灰石—石膏湿法烟气脱硫，设计效率高于 98.6%，采用五电场静电除尘器＋湿法脱硫装置除尘＋湿式除尘器，设计综合除尘效率高于 99.98%，每年可削减烟尘排放量 620 吨；采用低氮燃烧＋脱硝（SCR）装置，脱硝效率达到 85%；碳捕集系统每年可收集食品级二氧化碳 10 000 吨，既实现了低碳排放，又增加了企业效益。

在 3 号机组建设过程中，该公司先后完成了锅炉水压试验、汽轮机扣盖、厂用电受电、锅炉点火、汽轮机冲转、并网发电、168 小时试运行等关键性节点的一次成功。168 小时试运行期间，机组运行稳定，各项指标优良，平均负荷率达 99.16%，累计发电量 16.66 亿千瓦·时；电气保护投入率 100%，热控保护投入率 100%，自动投入率 100%，主要仪表投入率 100%。脱硫、脱硝同步投产，经现场测试，除尘、脱硫、脱硝指标在国内同类机组中处于领先水平。

（七）大唐国际雷州电厂超超临界二次再热机组投产

2019 年 12 月 7 日，大唐国际雷州电厂"上大压小"新建工程 1 号机组 168 小时试运行圆满成功。在试运行期间，机组保护、自动、仪表投入率达 100%，电除尘、脱硝、脱硫装置投入率达 100%，汽水品质合格率达 100%，机组各项主要经济技术指标均优于设计值，达到国家优良标准。

大唐国际雷州电厂"上大压小"工程一期建设 2 台 100 万千瓦超超临界二次再热燃煤发电机组，是广东省"十三五"重点建设项目之一，是中国大唐集团有限公司和广东省首台二次再热百万千瓦机组。锅炉采用哈尔滨电气集团制造的 HG-2764/33.5/605/623/623-YM2 超超临界二次再热 Π 型直流锅炉。汽轮机采用上海电气集团制造的 N1000-31/600/620/620 超超临界、二次中间再热、单轴、五缸四排汽、双背压凝汽式汽轮机。发电机采用上海电气集团制造的 THDF125/67 型发电机。主机参数 31 兆帕/600 摄氏度/620 摄氏度/620 摄氏度。

该项目实现了厂用受电、汽轮机扣盖、锅炉打水压、锅炉点火吹管、汽轮机冲转、发电机组并网、168 小时试运"七个一次成功"，达到了预期目标。

该项目具有高参数、大容量、新工艺等技术优势。项目投产后，在额定工况下，机组供电煤耗率达到设计值 265.91 克/（千瓦·时），与同容量高效一次再热机组相比，每年可减少燃煤约 7.48 万吨，减少二氧化碳排放约 20.6 万吨，减少二氧化硫排放约 23.3 吨，在提高发电效率、节能降耗方面优势明显，对于助力中国大唐集团建设世界一流能源企业、促进地方经济可持续发展具有重要意义。

（八）大唐东营发电有限公司百万千瓦超超临界二次再热机组投产

2020 年 11 月 11 日，大唐东营发电有限公司 1 号机组——世界首台百万千瓦超超临界、二次再热、六缸六排汽燃煤发电机组顺利完成 168 小时满负荷试运行。

大唐东营发电项目位于山东省东营市东营港经济开发区，一期建设 2 台 100 万千瓦超超临界燃煤发电机组，总投资 91.54 亿元，是《山东省半岛蓝色经济区发展规划》和《黄河三角洲高效生态经济区发展规划》重点能源项目，是山东电网"第一跨"——东营黄河 500 千伏输变电工程重要电源支撑点。

大唐东营发电项目具有高参数、大容量、新工艺特性，采用多项世界首次和国内首例的集成创新技术，设计供电煤耗率 258.72 克/（千瓦·时）、厂用电率 3.88%、全厂热效率 49.4%，在同期百万千瓦火电机组中指标最优。其中，汽轮机是世界首次采用的单轴"六缸六排汽"型式，超长轴系 59.627 米，设计与制造均体现了"中国创造"水平，与传统"五缸四排汽"百万千瓦机组相比，有效降低了机组运行的热能损失。锅炉采用国内先进的超超临界二次再热塔式炉，效率为 94.9%；采用海水淡化技术，每年可节约淡水 200 余万吨；工程同步建设脱硫、脱硝、除灰、除尘、污水处理等环保设施，二氧化硫、氮氧化物、烟尘排放浓度等指标均达到设计值，优于国家超低排放标准，同时实现了废水零排放，为之后的大容量、高参数、清洁环保型火力发电厂的设计、施工、调试以及生产运维提供了借鉴示范作用。

三、循环流化床机组性能指标世界领先

在国家"863"计划和"十一五"科技支撑计划的资助下，按照"自主开发、自主设计、自主制造、自主建设、自主运营"的原则，国内科研院所、设备制造单位组成"国家级"研发团队，开展了循环流化床锅炉设计、制造、安装、调试技术的系统研究。研发团队经过十余年的联合攻关，系统地解决了从 30 万千瓦亚临界自然循环突破到 60 万千瓦超临界强制循环的技术理论及工程挑战，完成了世界首台 35 万千瓦、60 万千瓦

超临界循环流化床锅炉的创新实践，性能指标全面优于国外同期开发的超临界循环流化床锅炉。

（一）世界首台60万千瓦超临界循环流化床机组在四川白马电厂投产

由于中国超临界煤粉锅炉技术以及大型循环流化床锅炉技术均已经成熟，完全具备了自主开发60万千瓦超临界循环流化床锅炉的实力，国家发展改革委决定不再引进60万千瓦超临界CFB技术，而是组织国内相关单位自主开发60万千瓦级及以上超临界循环流化床锅炉。

考虑四川白马电厂在30万千瓦循环流化床示范项目取得了良好的示范效应，积累了丰富的建设、运营管理经验，国家决定将60万千瓦循环流化床示范项目继续放在四川白马电厂进行建设、示范，以一个示范项目带动整个技术体系和产业的发展。四川白马电厂60万千瓦超临界循环流化床示范电站是中国"十二五"重点工程，也是洁净煤燃烧新技术应用的重大示范工程，是当时世界上单机容量最大的超临界循环流化床示范电站工程。

2008年8月，国家发展改革委正式下文批复：四川白马电厂CFB项目锅炉由东方锅炉厂牵头自主开发、自主设计、自主制造。哈尔滨锅炉厂、上海锅炉厂也均针对四川白马电厂CFB项目提出了循环流化床锅炉的设计方案。

此示范项目创新性地研制了60万千瓦超临界循环流化床锅炉物料循环系统、热交换系统、均衡布风系统等关键设备系统，首创60万千瓦超临界循环流化床机组控制策略、调试运行的规程规范。2011年7月12日，国家级示范工程——四川白马电厂60万千瓦循环流化床示范工程核准并开工建设。锅炉采用东方锅炉厂自主研发的超临界循环流化床燃煤锅炉，汽轮发电机组采用东方集团产品。

2013年4月14日，由东方锅炉厂自主设计制造的世界首台60万千瓦超临界循环流化床锅炉（CFB）顺利通过168小时试运行，正式投入商业运行。标志着中国在大容量、高参数循环流化床洁净煤燃烧技术领域走在了世界前列。试运行期间，机组满负荷试运平均负荷率100.5%，保护装置投入率100%，热控自动投入率100%，各项性能指标表现优良。

世界首台60万千瓦等级超临界循环流化床锅炉的成功投产，对中国重大技术装备制造企业全面掌握60万千瓦循环流化床原始设计技术，提高自主创新和自主开发能力，调整能源结构，实现能源发展与环境保护具有划时代的重大意义。特别是东方锅炉厂完全掌握了60万千瓦等级超临界循环流化床锅炉的核心技术，形成了自己的锅炉设计、制造标准，掌握了制造工艺及工装设计技术、防磨工艺技术，并开发出了大型循环流化床锅炉的软件设计包。2013年12月，东方锅炉厂签订了山西中煤平朔低热值煤发电新建工程2×66万千瓦超临界循环流化床锅炉合同。

2016年4月，中国电机工程学会召开的第十届理事会第三次会议暨2016年工作会上，由神华集团公司牵头，东方锅炉厂、清华大学、国神集团等30余个单位共同完成的国家重大科技攻关项目"60万千瓦超临界循环流化床锅炉技术开发与工程示范"荣获"2015

年度中国电力科技进步一等奖"。

（二）世界首台 35 万千瓦超临界循环流化床机组投产

2015 年 9 月 18 日，世界首台 35 万千瓦超临界循环流化床机组（CFB）在山西国金电力有限公司 1 号机组顺利通过 168 小时试运行，正式投产。

中国的超临界压力循环流化床锅炉的发展，采用的是一种积极稳妥的策略，主要为 35 万千瓦级和 60 万千瓦级 2 种级别的超临界压力循环流化床锅炉。锅炉为与 60 万千瓦超临界循环流化床锅炉相比，35 万千瓦超临界循环流化床锅炉具有更好的布置灵活性和更好的调峰性能。由于 30 万千瓦等级的亚临界循环流化床锅炉技术已经非常成熟，而 35 万千瓦超临界煤粉锅炉也已经有非常好的运行业绩和经验。因此二者技术的结合，技术风险相对更小。按照这种设想，国内三大锅炉制造厂商都开展了 35 万千瓦级超临界压力锅炉的设计和制造，并投入了应用。

东方锅炉厂 35 万千瓦超临界循环流化床锅炉的技术方案为：锅炉采用单炉膛单布风板、前墙多点给煤、水冷隔墙、炉内屏式受热面、3 台汽冷式分离器、不带外置床、尾部双烟道的 M 型布置、卧式光管空气预热器、水冷壁采用垂直管圈水冷壁。该种方案与其 30 万千瓦级自主型循环流化床锅炉的设计思路基本一致。东方锅炉厂设计生产的首台 35 万千瓦超临界循环流化床锅炉燃用煤种为烟煤、煤矸石和煤泥掺烧的混煤。

哈尔滨锅炉厂 35 万千瓦超临界循环流化床锅炉技术方案为：采用单炉膛、裤衩腿型、H 型布置；4 个旋风分离器对称布置于炉膛两侧；采用自平衡双路回料阀；取消外置床换热器；水冷壁为垂直管圈水冷壁；1 台四分仓回转式空气预热器。该种方案与其 30 万千瓦级自主型循环流化床锅炉设计基本一致，考虑到超临界压力的特点，35 万千瓦级超临界压力锅炉对水动力及辅助系统的设计进行了变更。2013 年 10 月，哈尔滨锅炉厂与山西大同煤矿集团朔南电厂签订了首个 35 万千瓦级超临界压力循环流化床锅炉项目合同。

上海锅炉厂 35 万千瓦超临界循环流化床锅炉技术方案与其 30 万千瓦级自主型循环流化床锅炉的设计思路大体相同，上海锅炉厂首个 35 万千瓦超临界压力 CFB 项目在华电朔州热电厂于 2013 年底开始建设。

由于 35 万千瓦超临界压力循环流化床锅炉具有超临界机组高经济性，兼具 30 万千瓦级循环流化床锅炉运行可靠性，加上循环流化床锅炉特有的煤种适应性广泛的优点，国内投建了大批 35 万千瓦超临界压力 CFB 项目。

（三）河曲发电公司 35 万千瓦超临界循环流化床机组投产

2015 年 9 月 28 日，神华集团神东电力河曲发电公司 2×35 万千瓦低热值煤发电工程 1 号机组通过 168 小时满负荷试运行。该项目是神华集团投产的首台 35 万千瓦超临界循环流化床机组，也是世界上投产的第二台 35 万千瓦超临界循环流化床机组。河曲发电公司应用"低床温、低床压"燃烧、半干法脱硫等先进技术，一举突破了大型循环流化床机组运行不稳定、能耗高的技术瓶颈。河曲发电公司项目作为绿色环保示范电厂，脱硫方案的选取本着节约投资、技术创新的理念，结合循环流化床锅炉自身脱硫的特点，选择了半干法脱硫的方案。采用的炉内脱硫＋炉外半干法脱硫除尘一体化的方案，最终综合脱硫效率达 97.8% 以上，除尘效率达到 99.997%，实现了该项目投产即完成超低排放。

（四）60 万千瓦超临界循环流化床锅炉技术开发、研制与工程示范

2018 年 1 月 8 日，2017 年度国家科学技术奖励大会在人民大会堂举行。"60 万千瓦超临界循环流化床锅炉技术开发、研制与工程示范"项目获得国家科技进步一等奖。项目主要完成单位是清华大学、东方电气集团东方锅炉股份有限公司、神华集团有限责任公司、华北电力大学、中国电力工程顾问集团西南电力设计院有限公司、四川白马循环流化床示范电站有限责任公司、浙江大学、神华国能集团有限公司、四川电力建设三公司、中国华能集团清洁能源技术研究院有限公司。

按照原国家计委《关于四川白马 30 万千瓦循环流化床示范工程项目建议书》（计基础〔1999〕27 号文）批复的"在引进国外技术并完成 30 万千瓦循环流化床锅炉国产化的同时，自主开发更大容量等级的循环流化床锅炉"精神，项目完成单位在四川白马电厂 30 万千瓦亚临界循环流化床示范工程建设过程中，联合开展了超临界 CFB 的技术可行性研究和方案设计研究等前期探索。2002 年获得国家高技术研究发展计划（863 计划）支持。通过研究试验，取得了超临界 CFB 关键问题解决措施，与国外同步得到了技术可行、经济合理的重要结论。"十五"科技支撑计划（滚动）项目中，研究了超临界循环流化床锅炉工程实现的主要问题，解决了 60 万千瓦超临界 CFB 工程示范的工程技术问题。进而在国家"十一五"科技支撑计划中，作为重点项目正式支持 60 万千瓦超临界 CFB 关键部件及关键技术研究。形成了 60 万千瓦超临界 CFB 的关键技术，完成了 60 万千瓦超临界 CFB 研制，建成了 60 万千瓦超临界 CFB 示范工程。

60 万千瓦超临界循环流化床锅炉于 2012 年 12 月 1 日投入运行，最长连续运行 163 天。性能试验表明，锅炉最大连续蒸发量 1903 吨/时，受热面无超温；额定工况下锅炉热效率 91.52%；锅炉出口 NO_x 排放浓度 111.94 毫克/米³、SO_2 排放浓度 192.04 毫克/米³；Ca/S 为 2.07 时脱硫效率为 97.12%，各项指标均优于设计值，并达到了国际领先水平。

根据 60 万千瓦超临界 CFB 的工程需要，开展了系统的研究，成功实现了世界首台 60 万千瓦超临界 CFB 及辅助设备的开发和工程示范，取得了系列原创性成果，包括：

（1）研究发现了超高炉膛物料浓度延续性分布规律、双布风板床压不稳定机制、多回路并联流动非均匀性机理及控制方法；建立了水冷壁热流密度二维分布模型、超临界 CFB 条件下水冷壁工质传热和流动阻力关联式、受热面热偏差预测模型；开发了超临界 CFB 的整体布置技术、性能计算方法和设计技术。

（2）研制了 60 万千瓦超临界 CFB 锅炉装备。首次采用 6 个汽冷旋风分离器和外置换热器的单炉膛双布风板整体 H 型布置方案；研发了低质量流速一次上升垂直水冷壁、双面受热水冷壁、双层水冷布风板等结构，突破了超高炉膛、超大床面和锅炉传热强烈耦

合、热量分配等技术瓶颈；开发了防磨工艺和高强度垂直上升管屏、大型旋风分离器、大床面布风板等制造工艺和设备，解决了60万千瓦超临界CFB的制造难题。

（3）开发了60万千瓦超临界CFB系统集成工程设计技术，研制了关键辅机系统，包括辅机选型、紧急补水系统配置、高压头大容量离心式风机、大出力滚筒冷渣机、大容量石灰石制备等，用于示范工程的建设。

（4）提出了考虑燃烧延迟的即燃碳的概念，并用于控制模型，实现了CFB直流锅炉煤水比调节的精准控制和负荷自动调节，开发了60万千瓦超临界CFB的自动控制系统和仿真系统。

（5）开发了60万千瓦超临界CFB无刚性梁支撑的双面受热水冷壁无定位安装、双床大床面弱流化点火等安装调试技术。

（6）通过对锅炉实际运行的试验研究、总结比较和运行优化，编制了60万千瓦超临界CFB安全运行规程、维护检修规程。

上述创新性成果已经在白马电厂60万千瓦超临界CFB上得到了实践验证，并得到进一步推广使用。项目的研究成果不仅为60万千瓦超临界CFB提供了技术支持，也可用于35万千瓦等级的超临界CFB。目前国内已有6台35万千瓦超临界CFB机组进入调试、试运阶段，正在制造的60万千瓦超临界CFB锅炉已有2台，35万千瓦等级的超临界CFB锅炉有20余台。

四、火电机组面临深度调峰和灵活性的新要求

2006年《可再生能源法》实施后，以风、光为主的新能源发电开始快速发展。新能源发电一些地区的弃风、弃光等问题也日益突出，2018年，弃风率排名前三的区域是新疆、甘肃、内蒙古（弃风率分别为23%、19%、10%），弃风电量合计233亿千瓦·时。火电产能结构性过剩，新能源面临极大的消纳压力，火电机组尤其是煤电机组在未来几年持续低负荷或深度调峰将成为新常态。

（一）火电灵活性改造和深度调峰是煤电发展的必然路径

火电灵活性改造需在政策、机制、技术等层面破题。《电力发展"十三五"规划（2016—2020年）》指出必须从负荷侧、电源侧、电网侧多措并举，充分挖掘现有系统的调峰能力，增强系统灵活性、适应性，破解新能源消纳难题。2016年6月28日，为加快能源技术创新，挖掘燃煤机组调峰潜力，提升中国火电运行灵活性，全面提高系统调峰和新能源消纳能力，综合考虑项目业主、所在地区、机组类型、机组容量等因素，国家能源局下发了《国家能源局综合司关于下达火电灵活性改造试点项目的通知》，共计16家电厂确定为火电灵活性试点项目。2016年7月28日，在第一批16个火电灵活性改造试点项目的基础上，国家能源局综合司下发《关于下达第二批火电灵活性改造试点项目的通知》，确定长春热电厂等6个项目为第二批提升火电灵活性改造试点项目。通过灵活性改造，使热电机组增加20%额定容量的调峰能力，最小技术出力达到40%～50%额定容量，纯凝机组增加15%～20%额定容量的调峰能力，最小技术出力达到30%～35%额定容量，部分具备改

造条件的电厂预期达到国际先进水平,机组不投油稳燃时纯凝工况最小技术出力达20%～25%。

火电机组灵活性必须是在安全、环保的基础上有效益保障的灵活性。机组灵活性改造主要包括两个方面的含义,一是增加机组运行灵活性,即要求机组具有更快的变负荷速率、更高的负荷调节精度及更好的一次调频性能;二是增加锅炉燃料的灵活性,即机组在掺烧不同品质的燃料下,确保锅炉的稳定燃烧以及机组在掺烧工况下仍有良好的负荷调节性能。

燃煤生物质耦合发电是灵活性改造"升级版"。燃料的灵活性是火电灵活性改造的基础属性之一,燃煤生物质耦合发电则兼备运行灵活性和燃料灵活性特点。生物质耦合发电主要有直接混烧和生物质气化混烧技术,通过混烧来提高燃煤锅炉特别是劣质煤种运行的稳定性。同时,生物质替代部分燃煤后,可以有效减少锅炉尾气中的二氧化硫、氮氧化物等有害成分。

中国在役火电机组在其设计阶段时基本都没有考虑深度调峰工况,只能通过技术改造提高机组灵活性。前期主要工作为诊断试验,包括主汽轮机、辅汽轮机、锅炉以及给水泵等设备低负荷运行适应性试验,找出限制机组深度调峰和稳定运行的瓶颈,挖掘锅炉最低稳燃能力和机组负荷提升能力,为灵活性运行提供基础数据。

火电灵活性改造的成本主要是设备改造成本和可变成本。对于常规火电机组,改造包括对锅炉、汽轮机等主机设备的改造,也包括对控制系统、脱硝系统、凝结水系统等辅助设备的改造。对于供热火电机组,在上述改造基础上,还可进一步通过低压缸旁路、蓄热罐、电锅炉等方式,改变原有发电与供热间的耦合关系,释放机组的运行灵活性。可变成本包括增加的燃料成本、厂用电、设备运行维护成本及由于长时间深度调峰和大范围负荷率变动引起的设备寿命减损、加速更换成本等。其中,随着调峰深度的增加,火电机组的供电煤耗率将明显增加,特别是进入深度调峰区间后,供电煤耗率增速进一步加快。

火电灵活性改造的收益主要包括减少的调峰分摊费用和获得的调峰补偿费用两部分。在改造之前,供热火电机组往往运行在深度调峰标准之上,需要分摊其他深度调峰机组的补偿费用,进行改造之后,该部分费用将消失,形成机会收益。随着改造深度增加,火电机组可运行至深度调峰区域,可获得深度调峰补偿。

在调峰辅助服务市场建立的初期,由于调峰资源紧缺,卖方主导了市场交易,成交价格均为最高限价。随着市场的扩大,部分省份的竞争态势已发生变化,开始逐步显现市场竞价氛围。以东北地区为例,总体来说,辽宁省调峰形势相对较好,卖方优势相对弱化,市场竞价氛围相对其他省份更浓。2019年,第1档报价中,88家火电厂中有32家火电厂采取了低于最高限价的报价方式,其中蒙东地区5座,吉林省6座,黑龙江省1座,辽宁省20座;第2档报价中,有30家火电厂采取了低于最高限价的报价方式,其中蒙东地区4座,辽宁省21座,吉林省3座,黑龙江省2座。从实际出清情况看,虽然次数和电量占比很少,但在第1档有偿调峰中,各省均出现了出售价格低于最高限价的情况,在第2

档有偿调峰中，蒙东地区和辽宁省也出现了低于最高限价的情况。在这样的氛围下，截至2019年底，东北网内已经有接近50家电厂完成灵活性改造，增加调峰能力超过850万千瓦，其中14家电厂采用了蓄热式电锅炉方案。与此同时，更多的火电企业通过运行调整，优化自身调峰空间，火电在补偿费用分摊中的比例已由初期的60%～90%下降至当时的10%～20%。差异化的灵活性策略已经成为各火电厂基于自身情况进行的自主选择。

火电灵活性改造是发电企业主动适应由电量主体向容量主体转变的过程，本质核心是收益模式的变化。随着发电量计划的放开、燃料和上网电价的双侧波动以及中长期电力交易的拓展，火电机组的收益方式将呈现差异化的发展模式，寻求灵活性突破，获取灵活性收益将成为火电机组的主动选择。"十四五"期间，中国新能源发电仍然维持高速发展，新能源消纳压力仍然明显。充分发挥火电灵活性改造的灵活性增量主体地位，构建以火电灵活性改造为主要素的灵活性规划体系，将成为"十四五"电力规划的有力支撑。

（二）火电灵活性改造的丹东样本

《煤电节能减排升级与改造行动计划（2014—2020年）》对灵活性改造有所要求："合理确定燃煤发电机组调峰顺序和深度，积极推行轮停调峰，探索应用启停调峰方式，提高高效环保燃煤发电机组负荷率。"《电力发展"十三五"规划》对煤电机组灵活性改造提出明确要求："全面推动煤电机组灵活性改造。实施煤电机组调峰能力提升工程，充分借鉴国际火电灵活性相关经验，加快推动北方地区热电机组储热改造和纯凝机组灵活性改造试点示范及推广应用。"

2016年6月，华能国际在沈阳召开技术讨论会，确定华能丹东电厂为机组灵活性改造试点单位。该电厂立即成立9个专业工作组，有序展开灵活性改造。2016年7月，华能国际在华能丹东电厂召开试点项目现场协调会，相关科研院所及发电企业共同研讨交流火电灵活性改造。2016年8月，华能丹东电厂召开改造试验项目会议，西安热工研究院等6家单位讨论灵活性改造各试验项目。

华能丹东电厂的灵活性改造过程中，各方大胆尝试，不断挖掘机组自动负荷调整下限空间，将两台机组自动负荷调整下限由50%额定负荷改为20%额定负荷，成为辽宁省电力公司区域内调峰深度最大的电厂。检修部汽机专业、热控专业和运行相关人员全力配合，将两台机组低压缸进汽调整阀最小开度限值改为10%、8%。经过试验确认，机组负荷12万千瓦，供热抽汽流量可达到180吨/时，能满足供热始末期热网供热需求，突破了原有供热始末期机组最小出力23万千瓦方能满足供热需求的瓶颈，经济效益显著，仅供热20天就获得调峰奖励达600万元。2016年，华能丹东电厂自6月份开始对机组进行灵活性调峰，截至2016年12月31日，6个多月时间，获得电网调峰补偿2259.21万元。其中11月14日当日，在未影响供热的情况下，参与电网深度调峰，获得调峰补偿149.12万元。2259.21万元利润，使全年上网电价提高了8.72元/（千千瓦·时）。按照2016年1—12月发电综合电价计算，需发1.57亿千瓦·时电量，折合利用小时为224小时；按照基础电价368.5元/（千千瓦·时）计算，需发1.35亿千瓦·时基础电量，折合利用小时为194

小时；按照替代电价 235 元/（千千瓦·时）计算，需发 5.6 亿千瓦·时替代电量，折合利用小时为 800 小时。

华能丹东电厂抓住灵活性改造的有利机遇，获得了经济效益和社会效益的双丰收。为火电厂转变经营方式，多发有效益电量，增加企业效益提供了经验。

（三）火电灵活性改造领先全国的"庄电模式"

国电电力大连庄河发电有限责任公司（庄电公司）是由国电电力、北京能源投资集团、大连建设投资公司按 51%、34%、15% 股比投资组建，是国家"十五"末期的重点工程项目，全厂建设 2 台 60 万千瓦超临界燃煤机组，同步建设高效静电除尘和烟气全脱硫装置，冷却水采用海水直流冷却，锅炉补给水由海水淡化提供。

受电网电源结构变化的影响，庄电公司 2009 年发电量完成 67.94 亿千瓦·时，而到了 2015 年公司年度发电量仅完成 48.18 亿千瓦·时，发电量缩减 30%。机组年平均负荷率也由 2009 年的 75.4% 降至 2015 年的 63.5%。每年 10 月至次年 5 月的供暖期，机组负荷率更降至 52%，月均最低值达到 40.6%。发电量持续走低，负荷率不断下降，导致企业连年亏损，经营发展陷入困局。转机出现在 2014 年末，为了贯彻国家能源局《关于缓解东北地区电力供需矛盾的意见》，解决东北地区电力调峰困难问题，国家能源局东北监管局印发了《东北电力调峰辅助服务市场监管办法（试行）》。针对东北电网电源结构特点，办法提出了深度调峰有偿辅助服务采用"阶梯式"补偿机制，当机组调峰率大于 48%（负荷率小于 52%）时，机组即可以按照报价享受调峰补偿。"少发电也可以挣钱"的调峰辅助服务，完全打破了"多发电才能多挣钱"的传统思维。根据测算，随着负荷的不断降低，虽然燃料成本可能随着煤耗率的升高而加大，但通过调峰补偿，机组以 18 万千瓦负荷运行时的收益与机组满负荷运行时相当，不仅可以补偿成本，而且企业因此还可获得一定收益。2014 年庄河公司试水调峰市场，当年获利 3351 万元。

为适应电网形势的新变化，2016 年 6 月 28 日，国家发展改革委、国家能源局印发了《关于下达火电灵活性改造试点项目的通知》，庄电公司被列为首批 16 家试点单位之一。2016 年 7 月 7 日，中国国电集团在庄电公司组织召开了灵活性改造启动会，明确了庄电公司这次灵活性改造以降低机组最小技术出力为目标。

制约大容量火电机组深度调峰的因素是多方面的。为避免深度调峰影响机组安全稳定运行，庄电公司组织攻关小组从汽轮机、锅炉、电控以及辅助系统等多方面入手，反复试验，分析发现不同调峰深度暴露出的问题，寻找恰当的运行调控手段和必要的设备改造措施。通过分阶段、分系统深度调峰实验，逐步掌握了在当地气候环境下，机组各个系统调峰不同阶段的性能改变、工作状况及需要解决的技术问题，从而为形成与电网、机组特性相适应的运行方式和技术改造方案奠定了基础。庄电公司的机组"灵活性改造"坚持"分步走"策略。先是依靠运行调整将机组负荷压低至 24 万千瓦，然后通过技术攻关和设备改造，在 2016 年初成功达到 20 万千瓦的调峰深度。2017 年初，庄电公司持续不断对机组进行灵活性改造，将机组最低调峰负荷成功压低至额定容量的 30%。2017 年 1 月 12 日，2 号机组首次调峰至 18 万千瓦，此后连续 8 天保持 18 万千瓦深度调峰运行，日负荷率最低仅有 30.1%。而且，整个调峰期间不投油、不退环保设施、协调系统保持正常运行。庄电公司 2 号机由此成为全国首家深度调峰至 30%负荷的超临界纯凝机组，成为辽宁省首家深度调峰标杆火电企业。

庄电公司在机组"灵活性改造"中始终坚持了效益原则。由于"灵活性改造"的投资收益完全来自调峰补偿，因此必须准确把握调峰补偿的政策本质，坚持以政府发布的调峰辅助服务监管办法及其补充规定等政策文件为指引，把投资小、效果佳、收益大、见效快作为制定"灵活性改造"方案的优先选项，实现灵活投资。

庄电公司把参与深度调峰纳入企业经营发展，作为创新营销和扭亏增盈的突破口，并于 2015—2016 年依靠调峰补偿成功扭亏。同时高度重视非调峰时段抢发电量，强调"高负荷带得上，低谷调峰压得下"，提高由低谷调峰到抢发电量两种模式间的快速转换能力，通过加快升负荷速率抢发电量，真正实现灵活调峰。

2018 年 3 月，国家能源局主办的清洁能源部长级会议（CEM）"发电侧灵活性规模化提升国际研讨会"在大连举行。庄电公司作为国内火电灵活性改造示范单位，接待了来自国家能源局、国际能源署、德国国际合作机构（GIZ）、欧洲 AGORA 能源智库、日本电源株式会社以及国内各地能源局、发电和电网企业、设计单位、科研院校代表的调研观摩，"庄电模式"获得业界广泛认可。

五、以标准化、规范化、制度化推进火电高质量发展

经过 40 年改革开放，中国电力标准整体上由苏联模式，逐步发展成吸收国际和发达国家经验、兼容并蓄、符合中国特色的电力标准化格局。40 年来，火电领域标准化工作从领域看，充分体现以电力行业管理为主导，政府标准管理部门及能源、电力、质量、环保、安全、建设、机械等部门相协调的标准化体系；从过程或环节看，涵盖了电厂规划、设计、建设、运行、退役等生命周期全过程。根据标准制定所依据的法律层级不同、性质不同，有的是产业政策落实的重要载体，有的是产业政策制定的依据，有的是电力产业走向国际化的"通行证"，有的是企业自身遵循的基本要求。

2003 年，国家经济贸易委员会撤销，相关政府职能划入国家发展和改革委员会。国家发展改革委印发了《行业标准制定管理办法》，把组织电力行业标准的制定、修订及管理工作委托给中国电力企业联合会（简称中电联）管理。按照《中华人民共和国标准化法》的相关规定，行业（地方）标准采用备案制，电力行业标准发布后分别向国家标准化管理委员会、住房和城乡建设部（工程建设类行业标准）申报备案。2007 年，国家电力监管委员会成立了全国电力标准管理委员会，以指导、协调电力标准制订及修订，开展对电力标准执行情况的监督、检查等有关工作。

2008 年，电力标准化组织管理工作移交当年成立的国家能源局，全部电力标准修订的组织和标委会的管理工作由中电联承担。电力国家标准的计划下达及标准的发布由国家质检总局负责，电力建设国家标准的计划下达及标准的发布由建设部负责，电力行业标准

（含电力行业工程建设标准）的计划下达及标准的发布由国家发展和改革委员会负责。2013年，国家能源局、国家电力监管委员会的职责整合，重新组建国家能源局，由国家发展和改革委员会管理。国家能源局行使对煤炭、石油和电力等能源领域统一管理的行政职能，电力行业标准也纳入其统管范畴之中。为协调能源领域行业标准的统一，2014 年，国家能源局设立了一个新的行业标准代号"NB"。核电、新能源发电、水电设计等以及部分涉电装备的行业标准于此时开始以 NB 为标准代号，其他电力行业标准仍沿用 DL 标准代号。

2015 年 2 月，国务院印发《深化标准化工作改革方案》，开启了团体标准试点工作。中国电力企业联合会作为第一批团体标准的试点单位，根据《中国电力企业联合会标准管理办法》和电力工业发展实际与标准化工作需求，同步进行了专业标准化组织建设。2016年经与多方协调，批准成立了中国电力企业联合会配电网规划设计、输变电材料、抽水蓄能、垃圾发电、直流配电系统等专业标准化技术委员会，弥补了行业标准化技术委员会涉及专业领域的不足。

2017 年 11 月 4 日，第十二届全国人民代表大会常务委员会第三十次会议审议通过修订后的《标准化法》，在新修订的《中华人民共和国标准化法》中明确了团体标准的定位。

为推动电力企业"走出去"战略的实施，中电联有目标地组织火力发电和电网建设、运行等标准陆续统一翻译为英文标准，运用于海外项目，推动了中国电力企业在海外项目的应用和发展。同时，中国电力专家积极参与国际标准化活动，在 IEC[1]、IEEE[2]等组织中积极表现，成为国际标准化领域中最为活跃的成员。

自 2012 年起，中国电力专家舒印彪连续两次当选为国际电工委员会（IEC）副主席，任期为 2013—2018 年。2018 年 10 月，在韩国首尔召开的 IEC 年会上，中国电力专家舒印彪全票通过当选为国际电工委员会（IEC）新一任主席，任期为 2020—2022 年。这是该组织自成立一百多年来首次由中国专家担任主席一职，标志着中国电力（电工）领域技术发展得到世界广大国家的认可和国际化水平的提升。

截至 2019 年底，中国已有近百项电力标准提案通过了 IEC、IEEE 等国际组织的认定，数十项中国电力标准成为国际标准，参与国际标准化组织各相关领域的专家数百人，提升了中国电力标准化工作的国际话语权和信誉度，电力标准向着更深更广的领域发展和迈进。

---

[1] 国际电工委员会（International Electrotechnical Commission）简称 IEC，成立于 1906 年。它是世界上成立最早的国际性电工标准化机构，负责有关电气工程和电子工程领域中的国际标准化工作。国际电工委员会的总部最初位于伦敦，1948年搬到了位于日内瓦的现总部处。

[2] 电气与电子工程师协会（Institute of Electrical and Electronics Engineers），简称 IEEE，总部位于美国纽约，是一个国际性的电子技术与信息科学工程师的协会，也是全球最大的非营利性专业技术学会。

第九节 火力发电助力"一带一路"建设

2013 年，"一带一路"倡议提出，为中国煤电和相关产业走出去进行国际化合作提供了新的空间和对接平台，在合作主体、合作区域、合作方式等方面都取得了较大突破。

作为全球火电装机容量最大的国家，中国火电技术的发展突飞猛进。在国内市场日益饱和的情况下，电力集团纷纷走出国门，寻找新的发展机遇和空间。中国火电设备制造能力全球第一，以 60 万千瓦机组为主力的火电出口机型，遍及印度、印尼、土耳其、巴基斯坦等新兴国家，标志着中国火电设备制造技术从"引进来"发展模式到自主创新"走出去"的转变。

从合作区域看，加入 WTO 以来，火电企业海外开发主要集中在中国周边的一些发展中国家，如印度、孟加拉国、印度尼西亚、菲律宾、越南、蒙古、俄罗斯等国家。随着"一带一路"倡议的深入推进，中国火电企业海外投资、合作和开发范围不断扩大，开始转向经济状况较好、较为发达的国家，比如澳大利亚、加拿大、波兰等。从合作方式看，由单一的技术、装备和劳务输出延伸为全产业链合作。近年来，神华、国家电投、华能、华电、国电等火电企业在"一带一路"沿线国家的投资开发力度进一步加大。

中国的"一带一路"倡议所秉承的共商、共建、共享原则已经被大多数国家所接受，中国与"一带一路"国家的合作对当地的发展起到了至关重要的作用。中国火电项目开发海外市场，不会把落后产能带给"一带一路"国家，只会带去最先进的火力发电技术，能够为当地创造良好的经济效益和社会效益。

一、华能集团积极践行"一带一路"倡议

华能集团在新加坡、澳大利亚、巴基斯坦等多个"一带一路"沿线国家开展了能源合作，包括新加坡天然气联合循环电站项目、澳大利亚 M 厂燃煤电站、巴基斯坦萨希瓦尔燃煤电站等。

（一）新加坡天然气联合循环电站项目

2008 年 3 月 14 日，中国华能集团公司成功收购新加坡大士能源公司、澳洲电力公司等股权。2013 年 2 月 27 日，中国华能集团公司在海外自主开发建设的新加坡大士能源公司登布苏热电联产项目一期工程正式投产，标志着华能集团实施国际化战略又迈出了坚实的一步，该项目是新加坡第一座也是当时唯一的一座以煤为主要燃料的电厂。2013 年 11 月 30 日，华能集团新加坡大士能源公司 5 号机组建成投产，比合同工期提前约 1 个月。该机组为大士能源公司在关停 1 台 60 万千瓦燃油机组后，投资建设的天然气联合循环机组，装机容量 40.6 万千瓦。2014 年 6 月 1 日，华能集团新加坡大士能源公司登布苏热电联产项目二期 A 工程正式建成并投入商业运行。

（二）巴基斯坦萨希瓦尔燃煤电站项目

萨希瓦尔电站工程项目建设规模为 2 台 66 万千瓦超临界燃煤发电机组，是中巴经济走廊"优先实施"项目，是华能集团响应"一带一路"倡议，在海外建设的第一个大型高效清洁煤电项目。巴基斯坦萨希瓦尔项目是中国电建核电公司以 EPC 总承包商身份协助业主进行中国境内买方信贷融资的项目，山东电建一公司承担建设任务。

2014 年 11 月 8 日，在中国国务院总理李克强与巴基斯坦总理谢里夫的共同见证下，华能山东公司总经理王文宗、巴基斯坦旁遮普省能源部长耶汉泽布·汗在人民大会堂签署了《华能山东发电有限公司、山东如意科技集团与巴基斯坦旁遮普省政府关于开发萨希瓦尔 2×66 万千瓦燃煤电站项目合作谅解备忘录》。萨希瓦尔燃煤电站位于巴基斯坦旁遮普省，紧靠 LBDC 运河，交通运输便利，是中巴经济走廊首座投产发电的高效、清洁、环保大型燃煤电站。

2015 年 4 月 19 日，华能山东如意（巴基斯坦）能源有限公司分别与巴基斯坦国家输配电公司（NTDC）签订了购电协议（PPA），与巴基斯坦电力管理委员会（PPIB）签订了执行协议（IA）。这两个协议的签订，标志着萨希瓦尔煤电项目开发的相关政策措施落实到具体合同文本中，获得国家主权担保，具有了法律保护效力。2015 年 4 月 20 日，华能集团总经理曹培玺与巴基斯坦旁遮普省能源部长杰汗泽布在伊斯兰堡签署能源战略合作框架协议。

2015 年 7 月 31 日，工程正式开工建设。工程建设过程中，通过科学组织、创新管理，项目公司克服了巴基斯坦夏季高温、冬季多雾、属地资源匮乏、机加工水平低等诸多不利因素，工程各阶段里程碑节点均提前或如期达到。萨希瓦尔电站三大主机和主要辅机全部采用国产，设计、安装和调试工程也全部采用中国标准，由国内企业承担，生产运营由中国华能集团负责。建设过程中以质量为核心，以争创国优金奖为目标，从设计、监造、物流、施工、调试各个环节进行精细化管理，通过创优策划、过程控制、高水平验收，实现了基建九个"一次成功"。

2017 年 5 月 24 日和 6 月 8 日，2 台机组分别投产发电。机组投产后连续保持安全稳定运行，机组平均负荷率 96% 以上，综合厂用电率 4.9%，综合供电煤耗率 299 克/（千瓦·时），各项指标均优于设计值，处于同类型机组领先水平。

项目采用世界先进的低氮燃烧技术，同步建设了高效率的静电除尘、湿式脱硫和污水处理等环保设施。每月委托第三方环境监测机构对电厂周边方圆 15 千米范围内的空气、各类水质、土壤、烟尘烟气进行检测，定期向旁省环保局提交报告，通过媒体向社会进行公示。先进的工艺、严格的管理，保障了电站烟尘排放量低于 30 毫克/米^3，二氧化硫排放量低于 50 毫克/米^3，灰渣综合利用率达到了百分之百，整个生产过程实现了废水零排放。

在创造经济价值的同时，萨希瓦尔电站积极履行社会责任，树立国企良好形象。项目坚持走"管理国际化、用工本土化"的道路，积极为当地创造就业机会。工程建设期间，3000 多名巴籍员工参与工程建设。项目建成后，电站巴籍员工已占到总用工数的 50%

左右，近 200 名巴籍员工到中国参加了专业技术培训。

为了从根本上改变当地贫穷落后的局面，萨希瓦尔电站专门投入资金在当地建设一所电力专业职业技术学校，每年可为 600～800 名巴基斯坦青年提供中文、焊工、电工、化验检测和火电仿真机等多项职业技术培训，成为中巴文化、技术交流基地。2017年 7 月 3 日，华能集团公司与旁遮普省政府签署萨希瓦尔电站履行社会责任协议和技能培训协议，将履行社会责任写入公司发展计划中。计划每年投入 1000 余万元人民币，对当地居民开展医疗救助和清洁饮用水计划。此举为华能集团公司赢得了极高的社会声誉。

2017 年 10 月 28 日，项目正式进入商业运营。项目建设仅仅历时 22 个月零 8 天，比合同工期提前 200 天，是中巴经济走廊第一个投产的大型煤电项目，创造了华能集团参与中巴经济走廊电力建设的"萨希瓦尔速度"和中国海外电力项目建设速度的新纪录，得到了中巴双方政府和社会各界的高度赞誉。

电站年发电量约 90 亿千瓦·时，弥补了巴基斯坦 1/4 以上的电力缺口，可解决巴基斯坦近两千万人口的用电，为沿线地区经济社会发展注入强大的活力，对整个巴基斯坦电网起到了强劲的支撑作用。巴基斯坦旁遮普省首府拉合尔市每天停电时间由 6 小时缩短为 3 小时，巴基斯坦全国每天减少停电 2 小时。电站日耗煤量约 1 万吨，巴基斯坦铁路因此增加了近 50% 的货运量，对经济的拉动作用十分明显。

萨希瓦尔电站获得中巴两国省部级以上科技成果、质量奖 82 项，用事实向全世界展示了中国制造的过硬质量。萨希瓦尔电站的建设，为巴基斯坦带来的是现代化的大型能源企业、现代化的管理和现代化的发展理念，奠定了中国标准在巴基斯坦落地的基础，将中国制造带出国门，将中国标准扬名海外。

二、华电集团境外试"火"方兴未艾

华电集团在俄罗斯、印尼、柬埔寨、越南等 10 余个"一带一路"沿线国家开展了能源合作，包括俄罗斯捷宁斯卡娅燃气—蒸汽联合循环电站、印尼巴厘岛燃煤电站、越南沿海二期燃煤电站等。

（一）俄罗斯捷宁斯卡娅燃气—蒸汽联合循环电站

2011 年 5 月 25 日，国家发展改革委（发改外资〔2011〕997 号文）核准了中国华电香港有限公司拟控股投资的华电捷宁斯卡娅燃气—蒸汽联合循环电站项目。该项目位于俄罗斯雅罗斯拉夫尔市内，是华电香港与俄罗斯联合投资的项目。电站装机容量 45 万千瓦，配置 2+2+1 联合循环供热电站，即 2 台 15 万千瓦燃气发电机、2 台 225 吨/小时余热锅炉，1 台 15 万千瓦汽轮发电机。莫斯科时间 2013 年 9 月，项目正式破土动工。由中国能建黑龙江火电三公司负责施工建设，经过将近 4 年的不懈努力，克服了地域文化差异、设计滞后、变更频繁、物资采购困难等不利因素，科学组织施工、积极协调地方社会资源，历经千辛万苦圆满完成了承建任务。莫斯科时间 2017 年 6 月 17 日 21 时整，华电捷宁斯卡娅 45 万千瓦燃气—蒸汽联合循环供热电站顺利通过 72 小时满负荷试运行，正式投入商业运营。

（二）印尼巴厘岛 3×14.2 万千瓦燃煤电厂

2012 年 8 月 28 日，印尼巴厘岛 3×14.2 万千瓦燃煤电厂工程开工，2015 年 6 月竣工。2015 年 6 月 5 日，1 号机组顺利通过 168 小时满负荷试运行，正式投产发电；2015 年 8 月 1 日，3 号机组顺利完成 168 小时满负荷试运。至此，印尼巴厘岛 3×14.2 万千瓦燃煤电厂 3 台机组全部投产，成为巴厘岛的主要支撑电源。

印尼巴厘岛 3×14.2 万千瓦燃煤电厂是巴厘岛内单机容量、总装机容量均最大的燃煤电厂，使用高效的清洁燃煤技术。电厂建成后，可以改善当地电网供电紧张的状况，提高岛内电网的稳定性，并为本地电力用户节省支出，为当地百姓创造福祉。煤炭从印尼当地采购，经海上运输到达电厂。煤炭从进厂的一刻起就进入密闭的输煤栈桥，运到封闭的圆形煤场，整个过程都是封闭的，以此减少粉尘的污染。

（三）越南沿海二期 2×66 万千瓦燃煤电站

该项目位于越南茶荣省沿海区，规划建设 2×66 万千瓦超临界燃煤机组以及配套设施，包括卸煤码头、海水淡化等设施和工程。项目以 BOT 模式开发，特许经营期 25 年，由华电工程与国外企业合资开发并由华电工程负责 EPC 建设。2014 年 5 月 22 日，越南沿海二期 2×66 万千瓦燃煤电站项目正式通过国家发展改革委核准，标志着中国华电集团公司在海外市场的发展迈向了一个新的台阶。2017 年 5 月 26 日开工，2018 年上半年浇筑第一方混凝土，于 2021 年 6 月 1 日 0 时整，1 号机组正式投入商业运行。

三、国家电投集团积极响应"一带一路"倡议

国家电投集团以绿色、高效、清洁能源开发和电站服务业为主导，积极参与"一带一路"倡议实施，不断加强沿"一带一路"项目研究和布局，具有代表性的海外工程是土耳其阿特拉斯 2×60 万千瓦超临界燃煤发电厂。

土耳其阿特拉斯 2×60 万千瓦超临界燃煤发电厂位于土耳其伊斯肯德伦（Iskenderun）市工业开发区内，濒临地中海伊斯肯德伦海湾，处于"一带一路"经济带的核心地区。该项目由土耳其迪勒（DILER）控股集团阿特拉斯能源有限公司投资，中电投电力工程有限公司实行 EPC 总承包。工程新建 2 台 60 万千瓦超临界凝汽式燃煤发电机组，同步配套建设烟气脱硫、脱硝设施。项目主、辅机均采用中国设备，三大主机均采用哈尔滨电站集团公司产品。

2011 年 11 月 10 日，该项目经土耳其哈塔伊省伊斯肯德伦市政府批准开工。2 台机组分别于 2014 年 8 月 8 日和 2014 年 12 月 19 日投入商业运行。在 1 年考核期内，连续安全稳定运行均达到 200 天以上，等效可用系数超过 96%，1 号机组年利用小时数为 6751.7，2 号机组为 7206.7。机组投产后连续运行时间创土耳其同类机组纪录，机组性能、环保及经济性指标处于领先水平。该项目投产后的稳定运行，极大地缓解了当地供、用电紧张局

面，为中国企业开拓土耳其电力建设市场赢得了信誉。

四、国家能源集团投资中国境外首个 100 万千瓦级火电项目

国家能源集团的印度尼西亚爪哇 7 号 2 台 105 万千瓦燃煤发电项目（简称爪哇 7 号项目），是中国企业在海外投资建设单机容量最大的火电机组，是印度尼西亚电力建设史上装机容量最大、参数最高、技术最先进、指标最优的高效环保型电站，是中国电力工业技术、装备制造、建设、管理的一次整体性输出。

2014 年，印度尼西亚全国总装机容量 5200 万千瓦，人均 0.22 千瓦，电力缺口很大。在此背景下，印度尼西亚加大电力建设力度，爪哇 7 号项目应运而生，并公开进行 IPP 招标。来自中国、新加坡、泰国、马来西亚、日本、法国、韩国等国家的数十家企业参与了招标预审。2015 年 12 月 21 日，经过几番激烈的角逐，中国企业神华电力从 8 个国家共计 36 家企业中脱颖而出，一举拿下爪哇 7 号项目。该项目采用国际基础设施建设领域通行的 EPC 总承包模式建设，由山东电力工程咨询院有限公司、浙江火电建设有限公司组成 EPC 联合体，所有主机均采用中国自主生产设备。

2019 年 12 月 13 日，爪哇 7 号项目 1 号机组一次性通过 168 小时满负荷试运行，试运期间各系统运行正常，技术指标优良，满足连续稳定运行要求，顺利签署商业运营日期证书及移交生产交接书。爪哇 7 号项目成为当地最环保的电厂之一，氮氧化物排放浓度在 30 毫克/米^3 以下，除尘效率达 99.50%，二氧化硫排放浓度小于 423 毫克/米^3，远远低于印度尼西亚国家排放标准。

截至 2020 年 8 月 19 日，爪哇 7 号项目 1 号机组投产后实现连续安全运行 251 天，创造了国华电力同类机组的最佳纪录，期间各项指标优良，机组负荷率始终维持在 80% 以上。1 号机组自投入商业运营以来，并凭借良好的设备可靠性及先进的技术，有效改善了爪哇—巴厘电力系统的稳定性。

2020 年 8 月 20 日，爪哇 7 号项目第 2 台机组首次顺利并入印尼爪哇巴厘电网，标志着项目全面建成。

五、中国电建巴基斯坦卡西姆港燃煤电站首台机组投产发电

卡西姆港燃煤电站项目位于巴基斯坦信德省卡拉奇市东南方约 37 千米的卡西姆港工业园内，是中国电建与卡塔尔王室 AMC 公司按照股比 51%:49% 比例共同投资建设的混合所有制项目，该项目包括电站工程、配套的卸煤码头及航道工程，电站设计安装 2 台 66 万千瓦超临界机组，年均发电量约 90 亿千瓦·时。该电站是"中巴经济走廊"首个落地的大型发电项目，也是"中巴经济走廊"框架下第一个有第三方参与的项目。

2013 年，中巴两国就提出了卡西姆港项目的构想，此项目位列"中巴经济走廊早期收获清单"，是"中巴经济走廊"排在首位的优先实施项目；2014 年 11 月 8 日，在中国国务院总理李克强与巴基斯坦总理谢里夫的共同见证下，中国电建所属水电海投公司、水

电顾问国际公司分别与巴基斯坦水电部相关负责人在人民大会堂签署卡西姆港火电项目促进备忘录和 Dawood（大沃）风电投资项目初步实施协议。

2015 年 4 月，习近平主席对巴基斯坦进行重要国事访问，将中巴关系提升为全天候战略合作伙伴关系，借此东风，卡西姆港燃煤电站项目顺利完成《实施协议》《购电协议》《土地租赁和港口服务协议》三大协议的签署。

2015 年 5 月 21 日，卡西姆港燃煤电站项目举行了桩基工程开工仪式。在签订 EPC 合同后短短 14 天内，卡西姆港燃煤电站项目正式进入建设阶段。建设过程中，坚持"属地化"管理理念，积极分享先进的工程技术，为当地提供了工程师、技工、劳务工人以及司机、帮厨等后勤服务岗位，建设高峰期巴籍员工达 4000 多人，有力地拉动了当地就业，改善了居民生活条件，有效促进了当地经济社会的发展。电站设备全部采用中国制造，直接带动中国装备"走出去"。2016 年，卡西姆港燃煤电站首批招聘了 100 名巴基斯坦优秀大学毕业生，经过在中国为期 6 个月的培训后分配到卡西姆港燃煤电站运行维护各岗位工作中。卡西姆港燃煤电站成为巴基斯坦火力发电人才的培训基地，为巴基斯坦电力能源业务发展培养和输送大量人才。

2017 年 11 月 29 日，卡西姆港燃煤电站首台机组投产发电。自 2018 年 4 月 25 日该电站进入商业运行以来，至 2019 年 10 月已累计发电 144 亿千瓦·时，有效缓解了当地电力短缺状况，累计向巴基斯坦政府缴纳各类税费 2.25 亿美元，为巴基斯坦经济发展做出了重要贡献。

六、中国能源建设集团海外项目遍布世界

中国能源建设集团在参与国际市场开发和建设过程中，发挥中国火电技术全产业链和全生命周期服务的优势，确保安全、质量、进度可控，促进中国设计、施工、装备制造深度融合、紧密衔接，共创合作共赢。

2012 年 12 月，中国能源建设集团东电一公司以 EPC 总承包的方式承建菲律宾康塞普森 13.5 万千瓦 CFB 燃煤电厂项目。2013 年 10 月 15 日，工程开工建设。2016 年 7 月 11 日，项目 1 号汽轮发电机组一次并网发电成功；2016 年 8 月 5 日，2 号汽轮发电机组一次并网发电成功；2016 年 9 月 19 日，3 号机组首次并网成功。该项目的建设，受到了菲律宾总统杜特尔特、菲律宾业主及当地电力部门多次表扬，评价该工程为"迄今为止菲律宾同类型机组建设速度最快、机组性能指标最好的电厂"。

越南永新燃煤电厂位于越南平顺省，是越南首个采用超临界火焰炉技术的电厂。永新燃煤电厂一期项目计划总投资 17.55 亿美元，建设 2 台 60 万千瓦级的超临界燃煤机组。建设总承包商为中国能源建设集团广东省电力设计研究院有限公司与广东火电工程有限公司组成的联合体。

2018 年 5 月 28 日，越南永新燃煤电厂一期 2×62 万千瓦工程 1 号机组 168 小时试运行一次成功。2018 年 10 月 20 日，2 号机组 168 小时试运行一次成功。越南永新燃煤电

厂一期项目设计、建设完全采用中国标准，投运后机组各系统设备运行平稳，主要运行参数指标符合合同、规范和设计要求。

越南永新燃煤电厂一期 2×62 万千瓦项目是中国企业在越南的首个采用建设—经营—转让（BOT）投资模式的项目，也是践行中国"一带一路"倡议的重点项目，被列入中越经贸合作重点项目清单。作为当时中国企业在越南最大的投资项目，该项目也是中越两国政府推动基础设施、产能合作、互联互通的关键项目，对推进中国产能和装备制造的国际合作具有重要意义。

七、中国东方电气集团出口百万千瓦级电站锅炉

2015 年 10 月 9 日，印尼芝拉扎燃煤电站三期 1 台 100 万千瓦扩建项目锅炉设备采购合同签字仪式在中国东方电气集团东方锅炉股份有限公司成都基地隆重举行。该项目实现了国内首台 100 万千瓦等级超超临界机组锅炉出口海外，一举打破了西方同类产品对东南亚市场的长期垄断。

芝拉扎燃煤电站三期 1 台 100 万千瓦项目由印尼知名电力开发商 S2P 公司开发，中国成达公司负责项目 EPC 总承包。投产发电后，将成为印尼首台投入商业运行的 100 万千瓦超超临界机组，极大地缓解芝拉扎地区及爪哇岛南部的电力紧张状况。

东方锅炉股份有限公司作为国内领先的大型火力发电、环保设备供应商，拥有世界一流的超超临界锅炉技术，自主研发的新一代超超临界参数变压运行直流炉，在国内市场获得巨大成功。芝拉扎燃煤电站三期工程锅炉选用东方锅炉股份有限公司先进、成熟、可靠的 100 万千瓦超超临界锅炉产品。锅炉出口蒸汽参数为 28.35 兆帕/605 摄氏度/603 摄氏度；采用 Π 型布置、单炉膛、前后墙对冲低 NO_x 燃烧系统、一次中间再热、固态排渣、全钢构架、全悬吊结构，燃用印尼当地次烟煤。氮氧化物、二氧化硫、烟尘等污染物排放指标将完全满足印尼国家环保排放标准。

印尼芝拉扎三期项目合同的签约，开创了中国百万等级火电锅炉出口的先河，对全面提升中国自主创新、100 万千瓦等级超超临界机组等重大技术装备走向国际市场具有重要意义。

第十节　火电央企跻身国际一流

随着电力体制改革和电力市场建设的深化，火电央企不断深化内部改革和机制创新，促进经济提质增效，推动产业结构优化，实现业务转型升级，向着世界一流能源企业的目标不断迈进。

2002 年开始的电力体制改革，为火电央企做大、做强奠定了坚实的基础。经过十几年的发展，一批火电央企已跻身世界一流能源企业集团。2009 年，中国华能集团成为首个进入世界 500 强的发电企业，列第 425 位。截至 2019 年，入围世界 500 强名单的中国

电力企业共有 9 家，发电企业占 5 家，其中，国家能源投资集团列第 107 位，中国华能集团公司列第 286 位，国家电力投资集团位列第 362 位，中国华电集团列第 386 位，中国大唐集团列第 438 位。

一、中国华能集团有限公司

1985 年 5 月，国务院决定，由国家计委牵头，联合水利电力部、中国建设银行、中国银行、华润集团公司，发起成立华能国际电力开发公司。华能国际电力开发公司成立后，又有华能精煤公司、华能原材料公司、华能金融公司等冠有"华能"字头的专业公司相继诞生。在"政企分开、转变职能"的政府机构改革大背景下，1988 年 8 月 24 日，国务院批准正式组建中国华能集团，设立中国华能集团公司（1989 年 3 月 31 日登记注册）。挂靠在国务院以煤代油专用资金办公室归口管理的九个公司以及水电部归口管理的四个公司一并划入华能集团旗下，华能集团完成了国有企业从政府行政机关附属向独立的市场主体、法人主体的转变，成为中国首家独立发电企业集团。

1993 年，华能集团是国务院下属最大型的企业之一，总资产达到 400 亿元，其中电力相关资产占 78%，建成 30 多个电厂，新增装机容量达到全国总装机量 8%。当时华能集团正在投资和建设世界上最大的煤田——神府东胜煤田，计划投资 300 亿元，用于建设电站、桥梁、矿井、铁路和港口设施。1994 年，华能集团和华能国际开发公司分别选择一部分优良电力资产，联合国内其他投资者，先后发起设立山东华能发电股份有限公司和华能国际电力股份有限公司，在纽约证券交易所上市发行股票，开创了国内企业到国际资本市场直接融资的先河。股份制改造不仅解决了华能集团建设资金短缺的难题以及集资办电初期存在的投贷不清等问题，而且促使华能集团按照现代企业制度的要求不断完善公司治理结构，大大提高了决策水平和经营效率。1995 年，华能精煤公司独立出去，改名为神华集团，并获得超百亿的"以煤代油"专用资金的注入，迅速发展起来，华能集团则归电力部管理。1996 年，华能集团划入新成立的国家电力公司，成为其全资子公司。1999 年 12 月 22 日，根据国家经贸委精神，中国华能集团公司与华能国际电力开发公司重组为中国华能集团公司。2000 年 12 月 18 日，根据国务院（国阅〔1999〕50 号）文件精神，华能集团与华能国际电力开发公司本部合并。

2002 年，根据国家电力体制改革方案，国务院批准改组中国华能集团公司，新划入部分国家电力公司发电资产，由国家电力公司的全资子公司变为中央直接管理的发电企业集团，成为国家授权的投资机构和国家控股公司的试点单位。2017 年，国家启动新一轮央企改革，华能集团完成公司制改革，名称由中国华能集团公司变更为中国华能集团有限公司。2018 年 2 月 9 日，中国华能集团有限公司董事会开始正式运行。

中国华能集团坚决贯彻党中央决策部署，认真履行央企肩负的经济责任、政治责任和社会责任，秉承"三色公司"使命，不断推动公司做强做优做大，始终处于行业发展最前沿，为保障国家能源安全、推动能源转型升级、促进国民经济发展作出了积极贡献。

坚持创新发展，持续引领行业技术进步。在煤电清洁高效利用、整体煤气化联合循环发电、水电大坝技术等方面形成了具有自主知识产权的能源核心技术，获得众多国家级奖项，创造了数十个"第一"。在北京、上海先后投产了中国第一和全球最大的二氧化碳捕集装置，在天津建成了中国第一个整体煤气化联合循环发电（IGCC）电站，在玉环电厂投产中国首台国产百万千瓦级超超临界机组，在小湾水电站建成世界上第一座300米级的混凝土双曲拱坝，在安源电厂投产中国首台二次再热机组，在广东南澳建成中国首个商用风光互补发电系统。面对新形势新任务，中国华能把科技自立自强摆在十分重要的位置，聚焦电力领域"卡脖子"问题，成立电力基础网络安全研究等多个技术研发中心，自主研发的国内首套100%全国产化分散控制系统（DCS）在福州电厂成功投用，标志着中国发电领域工业控制系统完全实现自主可控。对接国家重大战略需求，主动承担国家重大科技专项，在石岛湾建设具有第四代核电技术特征的高温气冷堆核电站示范项目。研制出中国唯一的700摄氏度高温材料验证试验平台，成功开发中国自主知识产权的高温合金材料；研制中国首台0.5万千瓦超临界二氧化碳发电试验系统，探索更高效的发电技术；建设金坛盐穴压缩空气储能国家试验示范项目，探索大容量储能技术。坚持数字化智能化发展，构建集团统一数字化平台与工业互联网，在江苏建成全国首个海上风电智能运维平台。积极推动科技创新成果转化为技术标准，深入参与国际标准制定，建立国际标准与技术创新的协调发展机制，承担IEC/TC5（汽轮机）秘书处、IEC/PC127（厂站低压辅助电力系统）技术委员会助理秘书工作。

坚持协调发展，统筹好电力核心产业与煤炭、金融、科技等产业的关系，协调好中西部与东部产业布局之间的关系，做到集团高质量发展"一盘棋"。优化业务布局，在巩固能源电力生产业务的同时，积极发展供热、供气、海水淡化、配电网等综合能源服务，培育新的经济增长点。截至2019年底，挂网供热面积9.2亿米^2，采暖管网长度5060千米。大力推动提质增效，经济效益保持平稳增长态势，加快处置落后产能和低效无效资产，累计退出煤炭产能1244万吨/年，处置"僵尸企业"20户。坚持卓越运营，不断完善三级管理体系，构建专业化支撑力量，深化体制机制改革，不断激发企业内部活力。

坚持绿色发展，把转型升级、结构调整贯穿企业发展全过程。早在2004年，中国华能集团就率先提出并联合国内发电、煤炭等企业启动"绿色煤电"计划，致力于实现二氧化碳和污染物的近零排放。大力发展风电、光伏等新能源，风电装机容量超过2200万千瓦，光伏装机容量超过528万千瓦。核电发展取得重大突破，海南昌江二期核电获得核准，公司获得国内第四张核电牌照，加快构建昌江、石岛湾、霞浦"三大核电基地"。积极发展水电，构建西南水电基地全流域一体化开发格局，建成糯扎渡、小湾、藏木等项目，水电装机容量突破2700万千瓦。实施燃煤机组超低排放改造，全部机组实现达标排放，主要污染物排放绩效保持行业最优。持续进行节能降耗工作，机组能耗水平保持行业领先。着力发展科技环保产业，进行垃圾污泥耦合掺烧工程示范和产业化推广应用，探索出一条资源综合利用、循环可持续发展之路。

坚持开放发展，积极践行国际化发展战略，2003年成功收购了澳洲电力公司50%股权，成为中国第一个投资海外电力的发电企业。紧紧抓住国家"一带一路"重大战略机遇，在"三线一区"沿线国家开展布局，加快走出去步伐。截至 2020 年 6 月末，海外参与投资和管理项目装机容量 944 万千瓦，权益装机容量 342 万千瓦，境外资产为 778 亿元。坚持"走出去"和"引进来"相结合，扩大国际合作，连续三届参加进博会，圆满承办了国际电工委员会（IEC）大会。

坚持共享发展，积极履行社会责任，无偿援建西藏拉萨、阿里地区电源项目，建成墨脱县可再生能源县城电网。2012 年以来累计投入帮扶资金 82.48 亿元，致力于陕西、新疆、青海、西藏、云南等地区扶贫援助工作的探索与实践，扎实推进陕西省榆林市横山区、新疆维吾尔自治区克州阿合奇县的定点扶贫以及青海省黄南州尖扎县的对口支援工作，助推云南省直过少数民族脱贫摘帽，帮助贫困群众实现稳定脱贫。关爱职工成长和生活，多渠道建立职工成长平台和通道，实现企业与职工共同发展。

到"十三五"末，中国华能集团总装机容量接近 2 亿千瓦，低碳清洁能源装机占比超过 1/3；年发电量超过 7000 亿千瓦·时，约占全国的 10%。电力资产遍及 31 个省区市及海外 6 个国家。煤炭产能 7760 万吨/年，可控煤炭资源量 307.5 亿吨，可控运力 367 万载重吨，控股经营的港口码头设计年吞吐能力 9970 万吨，控股和管理十余家金融企业，拥有 5 个国家重点实验室、研发中心，公司资产总额和金融管理资产规模均超过 1 万亿元，主要生产经营指标保持行业领先。

中国华能集团 15 次获国资委年度经营业绩考核 A 级、5 次获央企负责人任期考核 A 级，在中国发电企业中，中国华能率先步入世界企业 500 强行列，2020 年位居 266 位。

二、中国大唐集团有限公司

2002 年 12 月 29 日，中国大唐集团有限公司（中国大唐集团）在原国家电力公司部分企事业单位基础上组建而成，是中央直接管理的国有独资公司，是国务院批准的国家授权投资的机构和国家控股公司试点，注册资本金为人民币 370 亿元。

中国大唐集团在组建的第一年就提出了 8 年分三个阶段的战略目标，经过 4 年的努力，8 年的目标顺利完成。随后，中国大唐集团对集团的发展战略目标进行了调整，将原来的 8 年分三个阶段的"3、6、8"目标调整为 18 年分三个阶段的"3、8、18"目标。调整后的发展阶段和战略目标为：2003—2005 年为第一阶段，创业阶段。2006—2010 年为第二阶段，持续快速协调发展阶段。2010—2020 年为第三阶段，以电为主、多元发展、跨国经营阶段。2005 年底，中国大唐集团圆满实现了以"三个突破"（发电装机容量突破 4000 万千瓦，发电量突破 2000 亿千瓦·时，销售收入突破 500 亿元）为主要标志的发展战略第一阶段目标。2010 年底，中国大唐集团发电装机容量达到 1.06 亿千瓦，是组建时的 5.08 倍；水电、风电等新能源和可再生能源装机达到 19.25%；60 万千瓦及以上等级火电机组由组建时的 2 台增加到 70 台，机组台数和所占比重均居五大发电集团首位；完成发电量 4725.75 亿千瓦·时，是组建时的 4 倍；消耗性指标和排放指标持续大幅度优化，供电煤耗率达到 324.83 克/（千瓦·时），比组建时下降了 46.35 克/（千瓦·时），达到国际先进水平，污染物全部实现达标排放；上市公司增加到 4 家，拓展了融资平台；海外市场发展取得突破，煤炭开发初具规模，煤化工项目稳步推进，金融、物流、科技等非电产业增收盈利能力稳步提高，顺利实现发展战略第二阶段目标。截至 2019 年底，中国大唐已经实现了火电和水电、风电、光伏、燃机等清洁能源种类全面发展，火电装机容量 9732.14 万千瓦，水电装机容量 2702.64 万千瓦，风电装机容量 1839.59 万千瓦，光伏 146.27 万千瓦。

中国大唐集团成立多年来，倾力打造电力、煤炭、金融、海外、煤化工、能源服务六大产业板块。以电为主，不断调整发电产业结构布局，电源结构、机组结构和区域布局不断优化，资产质量和技术装备水平大幅度提高，绿色发展水平显著提升。在清洁电力发展方面，中国大唐集团创造了多项全国乃至世界第一。截至 2019 年底，发电装机规模 1.44 亿千瓦，年发电量增加到 5453.61 亿千瓦·时，资产总额 7585 亿元，分布在全国 31 个省（自治区、直辖市）以及境外的缅甸、柬埔寨、老挝、印尼、印度、圣多美和普林西比等"一带一路"沿线 16 个国家和地区。旗下拥有 5 家境内外上市公司、12 家区域分公司、18 家区域子公司、15 家专业公司和 1 个派出机构，共有员工总数 10.01 万人。

2012—2017 年，中国大唐集团连续 6 年获得国资委考核"A"级。2019 年居世界 500 强企业排行榜第 438 位。

三、中国华电集团有限公司

中国华电集团有限公司（中国华电集团）成立于 2002 年 12 月 29 日，是国务院国资委监管的特大型中央企业。2017 年底改制为国有独资公司，注册资本金 120 亿元。

2005 年，中国华电集团在委托麦肯锡公司研究咨询成果的基础上，科学系统地编制了公司 2010 年发展战略规划，提出了总体发展战略以及子项战略，制定了 3、5、8 年的"358"战略计划及相关措施，即"三年跨一步、五年上台阶、八年翻一番"，明确了每一个阶段要达到的重要指标，包括装机容量、发电量、主营业务收入、利润总额、净利润、净资产收益率等关键指标。

2006 年，中国华电集团经过成立初期 4 年的艰苦创业，初步形成了高效火电、大中型水电和新能源共同发展的格局。30 万千瓦及以上火电机组的比重由成立时的 44.3%上升到 55.3%，其中 60 万千瓦及以上机组由成立时的 4 台增加到 11 台；水电在役机组达到 722.41 万千瓦；热电联产机组由 193.3 万千瓦增加到 532.5 万千瓦；投产 7 台 9FA 重型燃机共 273 万千瓦，核电、风电建设取得进展。初步构建了战略区域、重点区域和其他区域互为支撑的区域格局，电源项目分布从 14 个省（区、市）扩大到 21 个省（区、市）。培育形成以发电为主体，煤炭、金融为两翼的发展格局。

2014 年，中国华电集团制定了 2014—2020 年发展战略，确立了中长期发展规划和"1181""三个翻番"的战略目标。以战略为统领，集中精力做强做优主业，突出大项目带动和重点区域布局，加快调结构、补短板，转型升级取得明显成效。莱州二期、句容二期、芜湖二期、永利一期、江陵一期、邵武三期、新疆西黑山、襄垣一期等一批战略性项目，共计 1500 万千瓦列入国家清洁高效火电建设规划。西南水电迎来发展契机，新能源开发建设明显提速，全年投产风光电 320 万千瓦，风电装机容量达到 842 万千瓦，清洁能源装机容量占比 1/3。协同推进煤炭、金融、工程技术等产业发展，控股原煤产量、港口吞吐量、航运货运量均大幅增长，金融产业发展稳中有升，工程技术产业新签合同总额 200 亿元，中国首台航改机成功下线。稳步实施"走出去"战略，不断拓展国际发展空间，强化境外资本运作和国际合作交流，柬埔寨额勒赛水电项目正式进入商业运行，越南沿海二期项目获得核准，成功在俄罗斯、西班牙、加拿大等国家并购了一批发电和油气资源项目。

自 2007 年，中国华电集团开始从单一发电集团向综合性能源集团转变，逐渐调整产业格局，按照价值思维和产业链的理念，推进发电企业向产业链上下游延伸，形成煤电一体、路港配套、产业集群的发展格局。2009—2011 年，中国华电集团电源结构和布局不断优化，投产清洁能源超过 1000 万千瓦，沿海区域装机增加 735 万千瓦。煤炭、金融、工程技术板块发展迅速，效益从 8.4 亿元增加到 53 亿元，控股煤矿产量从零起步增加至 2260 万吨。资产并购成效突出，收购煤炭资源储量 33 亿吨、可控发电装机 1130 万千瓦，实现了资产布局的重要突破。

截至 2018 年，中国华电集团发电产业装机容量达到 1.48 亿千瓦，拥有煤电 8917 万千瓦、水电 2722 万千瓦、天然气发电 1509 万千瓦、风力发电及光伏发电 1629 万千瓦、生物质能 2.8 万千瓦，清洁能源装机占比 39.7%，是中国同类型企业中水电装机最多、天然气发电装机最多、分布式发电装机最多的企业。煤炭产业控股煤矿产能 5580 万吨/年，拥有 4 个千万吨级煤矿。金融产业拥有 6 家金融机构，取得财务公司、信托公司、证券、保险经纪等 4 类金融牌照，管理资产规模达到 4643 亿元。科工产业涵盖自动化、信息化、环保水务、高端装备制造等业务，拥有国家级企业技术中心、国家能源分布式能源技术研发中心等多个科技创新平台。

截至 2019 年底，中国华电集团装机容量 1.53 亿千瓦，年发电量 5786 亿千瓦·时，资产总额 8233 亿元，营业收入 2347 亿元。2012—2019 年，连续第 8 年被评为国资委 A 级企业，2019 年世界 500 强企业中位列 386 位。

四、国家电力投资集团有限公司

国家电力投资集团有限公司（国家电投集团）成立于 2015 年 5 月 29 日，由原中国电力投资集团公司与国家核电技术公司重组而成，注册资本金 350 亿元，是全国唯一同时拥有水电、火电、核电、新能源资产的综合能源企业集团。拥有 9 家上市公司、公众挂牌公司，包括 2 家香港红筹股公司和 5 家中国 A 股公司。

清洁能源是国家电投集团的发展战略目标之一。2019 年，国家电投集团大型新能源基地项目乌兰察布风电 240 万千瓦、青海海南州 405 万风电光伏项目开工建设，四川甘孜州等国家级清洁能源基地开发取得重要进展。至此，国家电投清洁能源装机 7662 万千瓦、占比 50.64%，清洁电量超 43%，均高出行业平均水平 10 个百分点，清洁发展及产业结构优势进一步凸显。国家电投集团在清洁能源基地建设中，广泛引入"生态能源"新业态，不仅提高了企业经济效益和发展后劲，而且为贫困地区经济发展提供了资金、技术和产业保障，实现了共享共赢。

国家电投集团还承担了多项国家重大任务。其中牵头组织的国家科技重大专项——重型燃气轮机，是能源动力装备领域的最高端产品，是国家战略性新兴产业，已取得自主铸成大尺寸一级静叶、完成400兆瓦级H/G级研发设计等里程碑成果。这标志着重型燃机自主发展迈出关键步伐。

2016年，国家电投集团开始投入氢能技术研发。2019年，国家电投集团正式进军氢能、储能领域，并作为战略新兴产业重点发展，随后与德国西门子公司在氢能技术、制氢科创项目、氢能产业能力培育和标准制定等领域开展合作。国家电投集团自主研发国际水准的百千瓦功率氢燃料电池组装及系统集成技术，氢能产业已突破基础原材料、关键制造工艺、集成设计与装配等关键问题。2019年7月，研制成功的百千瓦功率金属双极板氢燃料电池电堆，在"灵雀H"飞机获得验证。

国家电投集团重视国际化发展，境外业务分布在日本、澳大利亚、马耳他、印度、土耳其、南非、巴基斯坦、巴西、缅甸等64个国家，覆盖"一带一路"沿线国家37个，涉及电力项目投资、技术合作、工程承包建设等。截至2019年底，国家电投集团海外在运装机容量达到521万千瓦，在建装机容量1240万千瓦。公司获得穆迪、惠誉、标普三大国际信用评级机构A类评级。

截至2019年底，国家电投集团资产总额1.08万亿元，电力总装机容量1.51亿千瓦，其中：火电8155万千瓦，水电2395万千瓦，核电698万千瓦，太阳能发电1929万千瓦，风电1933万千瓦，在全部电力装机容量中清洁能源比重居中国同类型企业第一，太阳能发电装机居全球第一，具有鲜明的清洁发展特色，年发电量5538亿千瓦·时。拥有煤炭产能8194万吨，电解铝产能248万吨，铁路运营里程331千米。国家电投集团连续7年被列入世界500强企业，2019年位列第362位。

五、国家能源投资集团有限责任公司

国家能源投资集团有限责任公司（国家能源集团）由中国国电集团有限公司与神华集团有限责任公司合并重组而成，2017年11月28日成立，属中央直管的国有重要骨干企业和国有资本投资公司改革试点企业。

国家能源集团是全球最大的煤炭生产、火力发电、风力发电公司和煤制油、煤化工公司，是全球唯一同时掌握百万吨级煤直接液化和煤间接液化两种煤制油技术的公司。国家能源集团开展煤炭等资源性产品、煤制油、煤化工、电力、热力、港口、各类运输业、金融、国内外贸易及物流、房地产、高科技、信息咨询等行业领域的投资和管理，拥有煤炭、火电、新能源、水电、运输、化工、科技环保、产业金融等八大业务板块。

至2019年，国家能源集团拥有煤矿97处，产能68 485万吨/年。其中，井工煤矿74处，产能42 080万吨/年；露天煤矿23处，产能26 405万吨/年。拥有世界首个2亿吨级的神东矿区，世界最大单井煤矿——补连塔煤矿，产能 2800 万吨/年。拥有 162 个火力发电厂，火电总装机容量 1.78 亿千瓦。60 万千瓦及以上机组占比 60%，百万千瓦机组 29台，占全国的 25.9%。全部燃煤发电机组实现脱硫、脱硝，84%的机组实现超低排放。新能源和可再生能源装机容量 3667 万千瓦，形成涵盖风能、太阳能、生物质能、潮汐能、地热能在内的新能源及可再生能源发电产业体系。风电装机 3589 万千瓦，居世界第一。海上风电储备总容量超过 800 万千瓦。拥有水电资源总量约 5000 万千瓦，已投产装机1861.5 万千瓦。拥有 2155 千米区域铁路路网，运输能力达到 5.21 亿吨；拥有 3 个专业煤炭港口（码头）及 62 艘自有船舶，港口设计吞吐能力 2.47 亿吨。生产运营煤制油化工项目 28 个，已建成运营的煤制油产能 526 万吨，煤制烯烃产能 393 万吨。在煤化工主要技术领域拥有自主技术，煤化工产业规模和技术水平处于世界领先地位。国家能源集团以科技创新推动绿色发展，坚持产学研用相结合，坚持能源高效、清洁利用的产业发展方向，培育并建成了高新科技环保企业集群，掌握了节能减排、综合污染治理、智能化系统等 20 多项核心技术，承担国家科技支撑计划、"863 计划"等国家级科研项目（课题）28 项，超低排放、火电 DCS 低风速风机、矿井水保护利用、燃煤细颗粒物及前体物治理、烟气湿法脱硫、海水脱硫、锅炉燃烧降氮、烟气脱硝等十项重大关键技术国际领先。

国家能源集团在煤炭绿色开发、清洁高效燃煤发电、风电设备及控制领域拥有 3 个国家重点实验室；牵头组织实施的"煤炭清洁高效利用"项目，是面向 2030 国家 17 个重大科技项目之一；3 项成果荣获国家科技进步奖一等奖，4 项成果荣获中国专利金奖；25 项成果荣获国家科技进步奖二等奖。泰州电厂百万千瓦二次再热超超临界燃煤发电机组指标全球最优；数字化矿山、大渡河公司智慧企业、北京燃气智能电站引领能源行业"两化"融合；三河电厂燃煤超低排放、海上风电"大直径"嵌岩单桩技术、煤基特种燃料、等离子无油点火、电厂分散控制系统等技术居国内外同行一流水平。

在国家实施"一带一路"倡议和"走出去"战略中，国家能源集团在加拿大的德芙琳风电项目稳定盈利；澳大利亚塔斯马尼亚风电项目保持全天候安全稳定运行，盈利达到预期水平；印尼南苏电厂项目获评印尼"2017 年度最佳创新电力企业"，南非德阿风电项目建成即盈利。

截至 2019 年底，国家能源集团资产规模超过 1.8 万亿元。煤炭产量 5.1 亿吨，煤炭销量 6.7 亿吨；电力总装机 24 644 万千瓦，发电量 9690 亿千瓦·时；铁路运量 4.6 亿吨，两港装船量 2.5 亿吨，航运量 1.7 亿吨；化工品产量 1593 万吨；自营铁路 2155 千米；港口和煤码头吞吐能力 2.64 亿吨，自有船舶 62 艘。国家能源集团位列 2019 年世界 500 强企业第 107 位。

大 事 年 表

1879 年 · 5 月，上海公共租界工部局英籍电气工程师毕晓浦（J.D.Bishop）在上海虹口乍浦路一幢仓库里安装一台 10 马力蒸汽机直流发电机，做了碳极弧光灯照明试验。

1882 年 · 4 月，英籍商人立德尔（R.W.Little）等人招股筹银 5 万两，创办上海电气公司。

· 7 月 26 日，在南京路江西路西北角建厂，安装一台 16 马力蒸汽机发电机组，沿外滩至虹口招商局码头一带立杆架线，为沿线 15 盏弧光灯供电。

1883 年 · 2 月，上海电气公司将南京路电厂迁至乍浦路 41 号，安装 12 千瓦发电机组，并在外滩、南京路、百老汇路等主要街道上架线，办理装灯业务。至同年 5 月，这一带全部用弧光灯代替了煤油灯照明。

1888 年 · 4 月，清政府从丹麦祁罗弗洋行购买 15 千瓦发电机组一台，在西苑西门建成西苑电灯公所，专供宫廷照明用电。

· 7 月，湖广总督张之洞从国外购进发电机发电，供广州总督府电灯照明用电。

· 夏季，德商世昌洋行在天津英租界伦敦路的绒毛厂安装一台小型直流发电机为照明供电，天津开始用电照明。

1890 年 · 8 月，华侨商人黄秉常等开办广州电灯公司，安装了 2 台美国产的 100 马力柴油发电机，供商店和公共场所照明用电。

1891 年 · 9 月，清政府从德国购买一台蒸汽发电机组，在颐和园宫门外东南角建成颐和园电灯公所，专供园内照明用电。八国联军入侵时被毁。至 1902 年，慈禧从西安回到北京后决定新订发电设备，重建西苑、颐和园两个电灯公所。于 1904 年 6 月安装完毕发电。

1893 年 · 8 月，上海公共租界工部局以银 6.6 万两，收购了新申电气公司，成立工部局电气处。

· 9 月，工部局电气处在乍浦路公司旧址建设 197 千瓦的中央电站，后在斐伦路（今九龙路）虹口江边扩建。至 1896 年 5 月装机容量达到 298.5 千瓦，至 1907 年全站装机容量达 4000 千瓦。

1898 年 · 1 月，清政府上海市马路工程善后局在十六铺太平码头建成南市电厂，为 30 盏路灯照明供电。

· 德国人朴尔斯曼在青岛装设两台西门子 50 马力柴油发电机。1903 年改为德国驻青岛官厅所办青岛电灯厂。至 1905 年发电设备容量达 600 千瓦。1914 年日本占领青岛,将该企业没收。1923 年中国收回主权,改为胶澳电气股份有限公司。

1901 年 • 1 月,香港中华电力有限公司成立,资本 30 万港元。其营业范围主要是九龙、新界。最初在九龙建设红磡电厂。1903 年开始向九龙半岛 500 多户供给照明用电。至 1999 年该公司的装机和可供使用的总容量达 826 万千瓦。

1902 年 • 天津法租界公议局在埃菲尔铁桥旁(今解放桥西岸)建设电灯房,安装直流发电机组,专供法租界用电。1907 年由法商布吉瑞收买,在法租界 26 号路建设新厂(今滨江道发电厂)。1916 年 10 月成立法商电力股份有限公司。

• 俄商在大连出资 200 万元,建设大连发电所。安装 750 千瓦发电机组。这是东北地区最早的电厂。

1904 年 • 4 月,比利时商人海礼、比利时领事嘎斯德与北洋大臣袁世凯的代表唐绍仪、蔡绍基、王仁宝等在天津签约,承办天津电车电灯公司,经袁世凯批准,天津比商电车电灯公司正式成立,设置办事处(今天津市电力公司所在地)。根据契约规定,该公司供电范围以鼓楼为中心,半径 6 华里。期限 50 年,期满无偿交还中国政府。1906 年比商在金家窑建设电厂,到 1934 年装机容量达 2.04 万千瓦,是中国首次以交流供电,并以变流机供电车直流用电。

1905 年 • 京师华商电灯股份有限公司成立。1906 年 10 月设在前门顺城街的电厂建成发电,装机 375 千瓦;至 1912 年,增至 3035 千瓦。1919 年 8 月,又在京西广宁坟村建厂,即石景山发电厂,于 1922 年 2 月发电,经 4 次扩建,至 1937 年,装机达 32 330 千瓦,以 33 千伏向北京市内和门头沟矿区供电。

• 清政府四川总督锡良在成都银元局内安装发电机,利用厂内蒸汽进行发电,专供总督府照明。1906 年,重庆绅商集资在太平门仁和湾普安巷集义公会地界安装一台 100 千瓦柴油直流发电机组。最初供巨商李耀庭祝寿用电,后供附近商店照明用电。随后出现了重庆烛川电灯公司和成都启明电灯公司。

• 山东沂水县刘恩柱和营县人庄式如在济南市院后街(今曲水亭街 25 号)开办济南电灯公司,安装 2 台德国产 210 千瓦往复式蒸汽发电机组。

1906 年 • 7 月,湖广总督张之洞批准商人宋炜臣等创立商办汉镇既济水电股份有限公司。集资 300 万元,在汉口大王庙(今利济路江边)建设电厂,安装 3 台 500 千瓦直流发电机组。1908 年 8 月发电。至 1932 年装机容量达 1.65 万千瓦,是当时华中地区最大的电厂。

• 10 月,设在前门顺城街的电厂建成发电,装机 375 千瓦;至 1912 年,增至 3035 千瓦。1919 年 8 月,又在京西广宁坟村建厂,即石景山发电厂,于 1922 年 2 月发电,经 4 次扩建,至 1937 年,装机达 32 330 千瓦,以 33 千伏向北京市内和门头沟矿区供电。

• 11 月,由胡廷儒呈请创办的吉林省城宝华电灯公司,购买德国西门子 250 马力(约 186.5 千瓦)旧发电机 1 台,在原省城吉林市新开门外建厂安装。1908 年正式发电。

- 英商仁记洋行在天津伦敦路（今成都道黄家花园）建电灯房，安装小型直流发电机组，供英租界内用电。
- 李平书等人集银 6 万余两，将经营困难的官办南市电厂改为商办。创办上海内地电灯公司。移厂于紫霞殿，于 1907 年 8 月发电。装机容量 650 千瓦。

1907 年
- 4 月，南满洲铁道株式会社成立，兼营南满洲的电力事业，并积极在南满铁路沿线建设电厂，先后建有大连、抚顺、鞍山等电厂。
- 12 月，根据慈禧"速设宁寿宫电灯，在紫禁城外择房安置机器，务于年内备齐"的要求，购得北池子大悲院寺庙一处，安装发电机组，建成宁寿宫电灯处，隶属于西苑电灯公所，次年宁寿宫亮了电灯。
- 哈尔滨市政府兴办哈尔滨电业局，与取代帝俄权益的日本北满电业株式会社展开激烈竞争，以维护国家权益。装机容量曾达到 7000 千瓦，超过北满电业株式会社 2000 千瓦。
- 哈尔滨耀滨电灯公司成立。1917 年前后改装英、美制造的汽轮发电机组。最终装机 4 台共 3950 千瓦。
- 商人吴兴周筹集白银 12 万两创办芜湖市明远电灯股份有限公司，装机容量达 250 千瓦。

1908 年
- 6 月，"满铁"于 1907 年在奉天（今沈阳西塔）开工建设的 1 台 120 千瓦发电机的奉天临时发电所建成发电。
- 江西永新县举人贺赞元等在南昌集股创办开明电灯有限公司。
- 吉林省省会吉林市建立了官督商办的宝华电灯公司，安装了一台 250 马力发电机，供官府和商业区照明用电。

1910 年
- 9 月，南京金陵电灯官厂 100 千瓦发电机组在西华门建成。
- 上海闸北水电公司成立。兼营电气及给水两种事业，因外商越界经营水电，侵犯主权，由地方政府拨借款加入商股组建而成。1912 年收归省办，改称省立上海闸北水电厂。1922 年，再改归商办，称闸北水电公司。至 1930 年，装机容量达 10 000 千瓦，并于 1929 年在黄浦江滨剪淞桥兴建电厂，装 2 台 10 000 千瓦汽轮发电机组。

1913 年
- 4 月，上海公共租界工部局电气处因斐伦路电站无地扩建，便在杨树浦沈家滩建设江边电厂（今杨树浦电厂），装机容量 4000 千瓦。至 1923 年全厂装机容量达到 12.1 万千瓦。它是当时远东地区最大的电厂。

1916 年
- 杭州电厂改由官商合办。当时装机容量 1800 千瓦。至 1922 年在艮山门外建厂，安装 3 台发电机组，共 6100 千瓦。至 1929 年将电厂收归省办，并拟在闸口建设新厂。

1918 年 • 1 月，上海华商电气股份有限公司成立。它是由 1906 年成立的内地电灯公司和 1911 年成立的华商电车有限公司合并而成。当时共有股金 74 万余元；发电机组 6 台，共 3350 千瓦；电车 32 辆，车轨线 14.47 千米。公司设在上海南车站路 564 号。至 1926 年装机容量已达 1.6 万千瓦。当时居全国民营电业之首。

1921 年 • 1 月，上海浦东电气公司成立。至 1929 年，装机容量达 750 千伏·安。

1926 年 • 6 月，南满洲电气株式会社成立，垄断东北南部全部电业。

1927 年 • 10 月，官督商办哈尔滨发电厂 2×2000 千瓦汽轮发电机组投产。在此基础上建立了哈尔滨电业公司；收回或收买了各外商和民族资本家电厂的营业权，统一了全市的电业，1930 年改称哈尔滨电业局。

• 国民政府建都南京后，接管了江苏省立电灯厂，改名为南京市电灯厂。1928 年 4 月改属建设委员会，改名为首都电厂，装机容量为 1300 千瓦左右。

1928 年 • 10 月，国民政府建设委员会接收了震华制造电机厂所属的震华电厂，改名为戚墅堰电厂，当时装机容量为 6400 千瓦。至 1931 年装机容量达 9600 千瓦。

• 国民政府成立建设委员会，主管电气事业，在其内成立了全国电气事业指导委员会，具体管理电业。

1929 年 • 8 月，上海公共租界工部局电气处，将中央电站的全部产业和专营权，以银 8100 万两出售给美国电气债券和股份公司（EBASCO）所属美国和国外电力公司（AFPC），成立上海电力公司。

1931 年 • 九一八事变后，日本侵占东北三省，强行接管东北各地电力设施。

1934 年 • 11 月，日本侵略军强行接管了奉天电灯厂、长春电灯厂、吉林电灯厂、安东电灯厂、黑龙江电灯厂和哈尔滨电业局，与日军经营的南满、北满、营口三个电气株式会社合并，在长春成立满洲电业株式会社，简称满电。满电收买和吞并的电厂达 68 处，除少数日本企业自备电厂外，东北的电业全归满电控制。至 1936 年东北地区装机容量为 41.2 万千瓦。

• 12 月，满铁在大连成立，日本兴中公司全部资金由满铁提供，作为日本侵略华北、华中、华南的公开经济活动机构。至 1935 年 5 月又成立中国电气事业调查委员会，为侵略全中国电力事业而进行较全面的调查。

1935 年 • 1 月，国民政府与美方达成协议，在上海成立第一家中外合资的沪西电力股份有限公司。其股份为中方占 49%，美方占 51%。该公司向美商上海电力公司购电转售，其负荷约占上海电力公司全部负荷的 1/5。

• 国民政府又在军事委员会下成立资源委员会，着手勘测水电、筹办电厂。

1936 年 • 国民政府资源委员会组建电工器材厂，下设四个分厂：一厂为电线厂，二厂为电子管厂，三厂为电话机厂，四厂为电力机械厂；此外，还组建中央机器厂，其中第四分厂生产水轮发电机组和汽轮发电机组，第二分厂生产锅炉。1939 年中央机器二厂和四厂利用部分进口部件制成 2000 千瓦汽轮发电机组及配套锅炉。

1937 年 · 日本兴中公司与伪冀东反共自治政府签约，成立中日合办冀东电业公司。吞并了通县、昌黎、芦台、唐山、秦皇岛、山海关等地的电灯公司。

· 国民政府将首都电厂、戚墅堰电厂十分之八的股权售给宋子文控制的建设银公司。该公司还兼并了既济水电公司。

1938 年 · 2 月，日军将北平华商电灯公司划归北平市政府公用局领导，将华商电灯公司改名为电气管理局。不久，又由日军收管，成立北平电业公司。

· 6 月，日军成立华中水电公司。该公司是日本华中振兴公司的子公司之一。起初，接收华人经营的上海各电厂；随后，陆续接收上海至汉口沿长江一带的水电事业。太平洋战争爆发后，又接收英美经营的电力事业。

· 7 月，由中兴公司出面与蒙疆政府协议，在张家口成立日蒙合办蒙疆株式会社（股份公司），管理大同、张家口、包头等地电厂，并兴建下花园电厂。

· 国民政府迁重庆，将建设委员会、资源委员会、全国经济委员会及工商部合并为经济部，其下仍设资源委员会，管理国营电气事业。

1940 年 · 2 月，在北平，日军成立华北电业株式会社，系华北开发株式会社的子公司之一，统一管理北平、天津、河北、山西太原以南、河南开封、山东、徐州等地电业，并在各地成立支店（分公司）。

· 4 月，资源委员会与青海省政府签订合建西宁电厂合约。翌年 2 月 8 日，第一台 29 千瓦柴油发电机组发电，高原古城西宁第一次有了电灯。

· 中共中央在延安利用汽车发动机发电，供新华社广播电台用电。

1941 年 · 12 月，太平洋战争爆发，日军进入上海公共租界，接管了上海电力公司和沪西电力股份有限公司，改称为华中水电公司上海电气分公司。同时接管了天津英商、比商的发电厂，委托华北电业公司天津分公司管理。

1945 年 · 8 月 15 日，日本帝国主义无条件投降，伪满洲国傀儡政权垮台，从此结束了日伪对东北电业长达 14 年的统治。10 月 27 日，中共中央派出的第一批挺进东北的干部大队进驻沈阳；11 月 3 日，中共特派员何纯渤接收沈阳南满株式会社。

· 8 月 15 日后，在华北，八路军接管了张家口、下花园、承德等地，在张家口成立民生电业公司，管理张家口及下花园电厂，同时接管了承德电厂。随着国民党军占领沈阳、张家口、承德等地，上述电业接管人员相应撤出，下花园电厂很多工人也同时撤走。

· 9 月，日本投降后，东北地区电力设备被苏联军队拆走约 132.9 万千瓦。

1946 年 · 5 月，东北抗日民主联军进驻哈尔滨市，哈尔滨电业局成立。7 月 18 日，国民党在丰满切断松滨线，对哈尔滨实行电力封锁。7 月 19 日，哈尔滨发电厂 1、2、3 号发电机修复，恢复供电。

1947 年 · 3 月，美商上海电力公司江边电站于 1938 年开始安装的国内第一台高温高压 1.755 万千瓦机组竣工投运。

1948 年 · 12 月，京津唐电网的唐山电厂、石景山电厂相继解放。

1949 年 · 1 月，天津各电厂解放。

· 2 月，北平和平解放，北平军管会派军代表任一宇接管冀北电力公司。此后，划归华北人民政府公营企业部领导，经理仍由鲍国宝担任。

· 4 月，华北人民政府下令：冀北电力公司和察哈尔省察中电业局合并，成立华北电业公司，管辖北平、天津、唐山、察中等分公司，不久又改称为华北电业总局。

· 10 月 1 日，中华人民共和国成立。中央人民政府设立燃料工业部，管理全国煤炭、电力和石油工业。

· 12 月，全国发电设备容量为 184.86 万千瓦，其中火电 168.56 万千瓦，水电 16.30 万千瓦；年总发电量为 43.10 亿千瓦时，其中火电 36 亿千瓦时，水电 7.1 亿千瓦时。

1950 年 · 2 月 10 日，燃料工业部发布《关于一九五零年实行发电厂与线路主要电力设备大修及日常检修的通令》。

· 2 月 19 日—3 月 2 日，燃料工业部在北京召开第一次全国电业会议，规定三年恢复时期的基本方针与任务是：保证安全发供电，并准备有重点地建设两三年内工业生产所需要的电源设备。在此总方针下，大力改进技术和管理制度，并进一步开展民主改革工作，努力消灭事故与贯彻定额管理，达到质好、量多、效率高与成本低的目标，以帮助其他工业的生产与发展。

· 3 月 15 日，东北人民政府工业部撤销东北电业管理总局，成立东北电业管理局，隶属东北人民政府工业部领导。

· 5 月 25 日，燃料工业部决定取消华东，华北两区地区性的管理机构，华东地区的青岛、鲁中、徐州、淮南、南京、苏南等电业部门并入华北。将华北电业管理总局改称为电业管理总局，由燃料工业部直接领导。

· 6 月 1 日，西北电力建设公司改为西北电业管理总局，由西北军政委员会工业部领导。

· 7 月 7—22 日，中国电业工会第一次全国代表大会在北京召开。

· 7 月 15 日，政务院财政经济委员会发出电令，将中南地区 11 个电厂改归国有。中南重工业部所属燃料工业管理局改组为燃料工业管理总局，在各地设电业局，管理中南地区的电力工业。

· 10 月，燃料工业部发出《关于统一发电煤耗计算及煤质试验的决定》，确定标准煤耗率的计算方法。

1951 年 · 3 月 10—23 日，燃料工业部召开全国电业会议。会议总结了 1950 年工作，决定了 1951 年全国电业工作的基本方针与任务。

· 9 月 11 日，西南军政委员会工业部电业管理局改名为燃料部西南电业管理局。同时，云南省电管局亦改为西南电管局云南电业局。

- 11 月 10 日，燃料工业部发布《对今后电业技术安全工作的指示》，要求积极进行反事故斗争，指出今后工作中必须掌握三个中心环节：① 充实技术安全检查机构；② 严格贯彻规程制度；③ 有重点地解决影响安全生产的技术问题。

1952 年
- 9 月 17 日，辽宁省阜新发电厂第一台 2.5 万千瓦汽轮发电机组投产。9 月 25 日，毛泽东主席给阜新发电厂工程队发了嘉勉电。
- 12 月，燃料工业部召开第一次全国电力基本建设会议，贯彻基本建设程序。
- 12 月 1 日，燃料工业部命令：决定成立华北电业管理局，管理华北全区电业的基建和生产工作。
- 12 月 10 日，为了迎接即将到来的第一个五年计划经济建设，燃料工业部根据财经委员会决定，对电业管理总局进行改组，由原管辖华北、华东地区的范围扩大为管理全国电业。并先后成立了华北、华东电业管理局，管理华北、华东全区电业的基建和生产工作。
- 12 月 12 日，燃料工业部中南电业管理局在武汉成立。
- 12 月，经过 3 年的国民经济恢复时期，大部分设备和线路得到修复，使全国装机容量达到 196.4 万千瓦，其中，火电 177.6 万千瓦，水电 18.8 万千瓦；年总发电量为 72.61 亿千瓦·时（其中火电 60.01 亿千瓦·时，水电 12.60 亿千瓦·时）。
- 政务院财经委员会决定在上海、哈尔滨分别建立三大动力设备厂。上海三个厂利用原有基地，由捷克引进技术；哈尔滨三个厂新建，由苏联援建并引进技术。

1953 年
- 1 月 1 日，中国国民经济第一个五年计划正式执行。电力工业计划装机容量 205 万千瓦，1957 年发电量达到 159 亿千瓦·时。"一五"期间将以建设火电厂为主。同时利用已有的资源条件进行水电站建设，并大力进行水能资源勘测工作，为今后开展水电建设准备条件。
- 同日，燃料工业部决定：将电业设计局筹备处改隶在电业管理总局领导下，正式成立设计局。
- 3 月 13 日，中华人民共和国成立后安装的第一台 5 万千瓦汽轮发电机组在辽宁省抚顺发电厂投产，中共中央办公厅贺电嘉奖。
- 7 月 6 日，黑龙江省富拉尔基热电厂第一期工程动工兴建，它是中国第一座高温高压热电厂，是苏联援建的 156 项工程之一。初步设计容量为 15 万千瓦。
- 10 月，陕西省西安市灞桥热电厂第一台 6000 千瓦机组投产，第二台机组（6000 千瓦）于同年 11 月投产。这个厂是第一个五年计划 156 项重点工程之一，是陕西省第一座中温中压电厂，也是当时西北最大的电厂。至 1960 年，装机容量达 7.2 万千瓦。
- 10 月，郑州发电厂 2×6000 千瓦机组投产。

1954 年
- 3 月 6 日，召开全国电业生产会议，燃料工业部陈郁部长在会议上作报告，讲了以下五个问题：① 电力工业五年发展计划及 1954 年的任务。② 坚持安全发供电的方针，力争安全情况好转。要求发电厂和供电系统基本上消灭 14 种责任事故。③ 贯彻厂长负责制。④ 有计划地进行干部培训工作。⑤ 防止骄傲自满，树立整体思想。

- 3月10日，电业管理总局决定成立基建工程管理局，将所属各大区管理局领导的火电工程公司、送变电公司、土建公司、修建工程局，电业工程公司等施工单位，正式归属于基建工程管理局领导。

- 3月22日，电业管理总局决定改组原设计局，一部分组建北京电力设计分局，另一部分组建成立设计管理局。将东北、华东、北京电力设计分局归属于设计管理局领导，中南、西南、华北、西北电业管理局设计处的有关设计业务也均由该局领导。

- 9月10日，电业管理总局发出《关于修订现场规程的指示》，并责成电业管理总局生产技术处主持编发各种典型规程试行。修订现场规程的工作则由发电厂、线路管理所的总工程师领导进行。

- 9月15日，燃料工业部颁布《电力工业技术管理暂行法规》，自即日起执行。

1955年 • 1月，太原第一热电厂第一台机组（1.2万千瓦）投产。它是华北地区由苏联援建的第一座火力发电厂。1953年10月动工兴建。第二台1.2万千瓦机组于1955年4月，第三台2.5万千瓦机组于同年10月投产。第二期工程扩建一台2.5万千瓦机组，于1956年12月投产发电。

- 1月5日，中国第一座用电子自动控制的电厂——吉林热电厂第1期工程开工。该厂建设共分5期，第一台机组于1956年7月移交生产，至1965年6月最后1台10万千瓦机组投产装机总容量45万千瓦。

1956年 • 4月，国产第一台6000千瓦汽轮发电机组在安徽淮南田家庵电厂投产。机组蒸汽参数为压力3.43兆帕，温度435摄氏度。

- 6月2日，第一机械工业部、电力工业部联合颁布中华人民共和国《电力设备额定电压及频率标准》。额定频率为50赫兹。额定电压分三类：第一类100伏及以下；第二类超过100伏而不满1000伏；第三类1000伏及以上。

1957年 • 3月，电力工业部召开动力科学研究会议，会上综合提出发展中国电力工业技术政策的十项建议，其中与火力发电相关的几项如下：① 大力发展电力系统；② 发展高温高压及超高温高压大型火力发电设备；③ 结合工业需要大力建设供热电厂；④ 必须最大限度地利用当地劣质煤，利用选煤厂洗渣及其他二次动力资源；⑤ 电厂设备自动化；⑥ 在电力基本建设中尽量采用工厂化和机械化施工方法。

- 11月5日，电力工业部发出《关于加强设计工作领导的决定》。将电力设计院合并到基建总局。逐步地制定或充实各项设计规程和标准，改善设计文件编制的方法和程序。一般的设计项目委托基建总局或局代部审批。

- 12月29日，电力工业部根据《国务院关于改进工业管理体制的决定》的精神，电力工业企业的组织形式，确定按省的建制在电力系统成立十五个省电力局（包括上海、北京两电业局）和一个列车电业局。1958 年 1 月经国务院正式批复。随着省局的建立，原北京，沈阳、上海、武汉、西安和成都的地区管理局的建制即行撤销。

- 12 月，在第一个五年计划期间（1953—1957 年），实际新建和扩建 76 个水火电厂，新增装机容量 267.1 万千瓦，使全国总装机容量达到 463.5 万千瓦，其中火电 362 万千瓦，年总发电量为 193.35 亿千瓦·时。

1958 年
- 1 月 7 日，电力工业部发文给所属单位，重申按电力工业部和建工部联合指示，把火电站建设的土建任务与土建施工队伍移交建工部统一领导。

- 1 月 8 日，根据国务院 1 月 3 日关于撤销六大区局，成立 16 个省局的批示，电力工业部决定撤销沈阳电业管理局，成立辽宁省电业局、黑龙江省电业局。辽宁省电业局负责辽宁、吉林两省电力生产和建设任务。黑龙江省局归电力工业部和黑龙江省双重领导，并以地方为主。

- 1 月，中共中央在南宁会议上提出"水主火从"作为发展电力工业的长远建设方针，确定将电力工业部和水利部合并为水利电力部。

- 5 月 29 日，水电部党组进一步改革电力工业管理体制，改变过去中央集中过多的作法，依靠地方，全党办电，全民办电。确定除少数大型工程和华北、东北跨省的大电力系统外，电力工业一般都交由地方建设和管理。

- 7 月 17 日，由中国自行设计、自制设备、自行施工的哈尔滨热电厂破土动工。该厂分四期建设，总容量为 30 万千瓦。到 1967 年 12 月 26 日全部工程竣工投产。

- 7 月 18 日，上海南市发电厂扩建 3 台国产首创的 1.2 万千瓦双水内冷汽轮发电机组工程破土动工，第一台机组于是年 12 月 31 日竣工投产，荣获第一机械工业部、水利电力部技术奖。第二、三台分别于翌年 3 月 31 日和 9 月 30 日竣工投产。但在试运行中，曾因短路故障拆回制造厂进行过修理。

- 7—8 月，石景山发电厂遵照电力部发出的《关于研究使用汽轮机组的短时间最大出力的通知》，将设备出力提高 4000 千瓦。到第四季度不到一个月的时间，又将发电设备出力提高 27 500 千瓦，为全厂发电容量的 24%。其中发电设备机组比铭牌出力提高 42%。

- 8 月，国产第一台 1.2 万千瓦机组（空气冷却型）在四川省重庆电厂投产发电。机组蒸汽参数为压力 3.43 兆帕，温度 435 摄氏度。

- 9 月，毛泽东主席在最高国务会议上提出：一为粮，二为钢，加上机器叫三大元帅。三大元帅升帐，就有胜利的希望。还有两个先行官，一个是铁路，一个是电力。

- 21—28 日，国家经委和水利电力部在大连市联合召开全国全民办电现场经验交流会，会议总结交流了各地特别是辽宁省大连市的办电经验，以便在全国掀起一个全民办电运动，在发展"大洋群"的同时，还大力开展"小土群"的办电运动。"大洋群"和"小土群"相结合，两条腿走路，使电力工业以更高速度前进。

- 12 月 3—9 日，国家经委和水电部联合在石景山发电厂召开了全国电力工业提高设备出力的现场会议，会上介绍了石景山发电厂提高发电设备出力和北京供电局提高输、配电线路送电能力的情况。之后，各地发电厂相继效仿提高发供电出力运行，加之规程制度废弛，致使电力生产连续发生重大设备事故。1960 年底统计全国约烧毁发电设备 100 多万千瓦。

- 12 月，国产第一台 2.5 万千瓦汽轮发电机组在上海闸北电厂投产。机组蒸汽参数为压力 3.43 兆帕，温度 435 摄氏度。

1959 年
- 11 月 10 日，国产第一台 5 万千瓦汽轮发电机组在辽宁省辽宁电厂投产。机组蒸汽参数为压力 8.83 兆帕、温度 535 摄氏度。

- 11 月，全国第一台 10 万千瓦高温高压汽轮发电机组——北京热电厂 4 号机组投产。

1960 年
- 1 月 5 日，中国自行设计、制造的第一台中压凝汽式 5 万千瓦汽轮发电机在上海闸北发电厂安装成功，其发电机是双水内冷的，运行中铁芯水冷部分逐步堵塞，发热严重，于 1970 年拆换 1 台 10 万千瓦双水内冷发电机。

- 5 月 21 日，全国第一座露天火力发电厂——浙江半山发电厂建成投产。该厂于 1959 年 3 月动工兴建，装机容量 1.2 万千瓦，采用露天厂房、双水内冷、轻型汽轮机基础等技术。水电部在该厂召开了现场会，并拍摄科技纪录片《露天发电厂》。

- 哈尔滨电机厂制成 QFN-100-2 型 100 兆伏·安氢内冷汽轮发电机；哈尔滨汽轮机厂制成 10 万千瓦高压凝汽式汽轮机；哈尔滨锅炉厂制成 410 吨/时高压锅炉；上海锅炉厂制成中国第一台 220 吨/时高压直流锅炉。

1961 年
- 2 月 28 日，由于压缩基本建设战线，全年约有 200 万千瓦主机，不能安装投产，为此，水电部发出《关于加强设备保管工作的指示》，要求把设备保管作为今年基本建设单位一项重大的工作。

1962 年
- 12 月，1958—1962 年执行第二个五年计划。至 1962 年底。全国总装机容量为 1303.72 万千瓦，其中火电 1065.85 万千瓦。水电 237.87 万千瓦；年总发电量为 457.95 亿千瓦·时，其中火电 367.53 亿千瓦·时，水电 90.42 亿千瓦·时。

1963 年
- 2 月，水利电力部召开全国电力工业会议，会议提出："以安全生产为中心，保证安全、经济发供电，满足国民经济各部门的电力需要，是电力工业最根本的任务。为了适应国民经济的不断发展，电力工业必须先行一步"。会议还提出：水火并举，因地制宜；大、中、小并举，因地因时制宜；积极地、有步骤地采用高温、高压发电设备和恰当地发展热电厂等具体政策。

1964 年
- 6 月，国家计委、国家统计局、水利电力部联合发文，修改电力工业新增生产能力计算方法：设备进行满负荷 72 小时试运合格，并移交生产之日起，开始计算其新增生产能力。

- 8月29日，水电部征得国家科委同意，将技术改进局改名为电力科学研究院，负责电力工业的技术改进和科学研究工作。

1965年 · 4月28日，根据中央《关于加强战备工作的指示》和国务院批转《公安部关于加强人民防空工作的请示报告》，水电部对电力工业防空备战工作提出措施和要求。

- 12月，在三年调整时期（1963—1965年），为"二五"期间的电力工程项目进行了大量填平补齐和设备完善化工作，3年新增装机容量仅203.91万千瓦。至1965年底，全国总装机容量为1507.63万千瓦，其中火电1205.67万千瓦，水电301.96万千瓦；年总发电量为676.04亿千瓦·时，其中火电571.9亿千瓦·时，水电104.14亿千瓦·时。

- 在西安组建西安热工研究所。

1966年 · 2月20日—3月16日，水利电力部召开全国电力工业会议和水利电力政治工作会议。提出了1966年至1970年电力工业赶超世界先进技术水平的措施规划。

- 5月16日，中共中央发出全面发动"文化大革命"的"五一六"通知。

1967年 · 2月16日，国产第一台10万千瓦汽轮发电机组在北京高井电厂投产，并确定为国家试验项目。机组蒸汽参数为压力8.83兆帕，温度530摄氏度。

- 7月，中共中央、国务院、中央军委、中央文革小组发布关于对水利电力部实行军事管制的决定。成立了以陈德三为主任的水利电力部军事管制委员会（简称水电部军管会），于11日进部，12日正式办公。

1968年 · 8月，石家庄热电厂开始进行提高设备出力试验，使该厂综合最高出力达23万千瓦，比额定出力14.7万千瓦提高了56%。

1969年 · 8月28日—9月9日，水电部军管会召开全国电力工业"抓革命，促生产、促工作，促战备"座谈会。这是"文化大革命"期间，在水利电力系统以军管会名义，正式领导运动和生产的第一次会议。

- 9月26日，国产第一台超高压、中间再热式12.5万千瓦汽轮发电机组在上海吴泾热电厂投产。机组蒸汽参数为压力12.75兆帕、温度550摄氏度/550摄氏度。

- 10月，根据备战要求，水利电力部系统在京单位被迫全部或大部分迁出的有：北京水利水电学院，北京电力学院，北京水力发电学校、北京勘测设计院、华北电力设计院、海河勘测设计院、电力科学研究院、水利水电科学研究院等。

1970年 · 1月，水电部军管会改组，陈德三调回部队，任命张文碧为主任。

- 5月26日—6月21日，为贯彻全国计划会议精神，水电部军管会召开了全国电力工业增产节约会议。在这次会议上提出了以下奋斗目标：1970—1972年，实现"老厂变一厂半，新厂快马加鞭，能力翻一番，全国县县都有电"。

- 6月22日，中共中央批转国务院关于水利电力部革命委员会和党的核心小组组成的报告。革命委员会由18人组成，主任：张文碧。党的核心小组由7人组成，组长：张文碧，副组长：梁其舟、钱正英、杜星坦。

- 10月15—23日，水利电力部在石家庄召开"提高出力座谈会"，推广石家庄热电厂超出力的做法。

- 12月，在第三个五年计划（1966~1970年）期间，新增装机容量869.37万千瓦。至1970年底，全国总装机容量2377万千瓦，其中火电1753.5万千瓦，水电623.5万千瓦；年总发电量为1158.62亿千瓦·时，其中火电954.04亿千瓦·时，水电204.58亿千瓦·时。

1972年 · 12月，国产第一台20万千瓦汽轮机组在辽宁省朝阳电厂投产。机组蒸汽参数为压力12.75兆帕、温度535摄氏度/535摄氏度。

1974年 · 11月25日，国产第一台燃油亚临界压力30万千瓦汽轮发电机组在江苏省望亭电厂首先投入运行。机组蒸汽参数为压力16.20兆帕、温度550摄氏度/550摄氏度。该机组于1973年6月2日开工。

1975年 · 1月，经中央批准，国务院做出决定，撤销了水利电力部革命委员会，军队派出的革命委员会成员撤离水利电力部返回部队，水利电力部恢复了正常部门建制。

- 7月25日，国务院发出114号文件《关于加快发展电力工业的通知》。《通知》要求：抓紧完成1975年装机400万千瓦、1976年装机500万千瓦的任务；贯彻水、火并举的方针和大、中、小并举的方针；严格计划用电；厉行节约用电，坚决克服用电浪费；确保电网安全，提高供电质量；加强电网的统一管理。

- 8月13—19日，为贯彻国务院114号文件，水利电力部召开全国电力工业会议。

- 9月，国产第一台燃煤亚临界压力30万千瓦汽轮发电机组在河南省姚孟电厂投产。机组蒸汽参数为压力16.20兆帕、温度550摄氏度/550摄氏度。该机组于1970年11月开工。

- 12月，在第四个五年计划期间（1971—1975年），新增装机容量1963.60万千瓦。至1975年底，全国总装机容量达4340.6万千瓦，其中火电2997.8万千瓦，水电1342.8万千瓦；年总发电量为1958.4亿千瓦·时，其中火电1482.1亿千瓦·时，水电476.3亿千瓦·时。

1976年 · 7月28日，河北省唐山、丰南地区发生7.8级强烈地震，处于极震区的唐山电厂、陡河电厂及输变电系统遭到严重破坏。唐山电厂、供电局、陡河电厂及参加该厂建设的陕西、北京电力建设公司职工伤亡严重。

1977年 · 11月29日—12月12日，水利电力部召开全国电力工业会议，钱正英部长在会上作报告，要求在全党、全国突出抓电的大好形势下，自力更生，奋发图强，以大庆、石化部为榜样，抓纲办电，因地制宜地充分利用中国的能源资源，以最快速度把电搞上去。

1978年 · 5月，水利电力部决定恢复电力科学研究院建制。

- 10月4日，天津大港电厂1号机组（32万千瓦）并网发电，11月26日移交生产。

- 12 月 21 日，内蒙古元宝山发电厂第一台 30 万千瓦机组并网发电。

1979 年 · 2 月 15 日，经国务院批准，撤销水利电力部，成立电力工业部和水利部，刘澜波任电力工业部部长、党组书记王林任部党组第二书记。4 月 2 日，任命李代耕、张彬、李锐为党组副书记。

- 5 月 15—29 日，电力部在北京召开全国电力工作会议。提出了电力部贯彻执行"调整、改革、整顿、提高"方针的初步方案。

1980 年 · 1 月 1 日，西北电管局成立，对西北地区的电力工业实行统一领导。西北各省（区）电力局既是西北电管局的直属企业，又是省（区）政府管电的职能部门（原陕西省电管局撤销，由西北电管局代行其职能）。同时，成立西北电力建设局，属西北电管局领导。

- 1 月 22 日—2 月 6 日，电力部召开全国电力工业会议。

- 2 月 4 日，李先念等 5 位副总理听取电力工作会议汇报时，就电网集中统一管理，计划用电、节约用电，力争多发电多装机以及大机组试制和引进等问题作了指示，并传达了陈云同志的指示：电网要扩大，能联网的都要联网，电网要统一管理，电力部领导一定要坚持这一条。

- 10 月 27 日，国务院发布关于压缩各种锅炉和工业窑炉烧油的指令，要求 1985 年底以前，把现有烧油的锅炉改为烧煤。

1981 年 · 1 月 5—19 日，电力部召开全国电力工业会议。会议决定，在国民经济调整时期，电力工业要调整好内部的比例关系，在调整中求得发展；在搞好基本建设的同时，充分发挥现有企业的潜力。

- 2 月 16 日，国家经委、财政部、电力部联合下文，决定从 1980 年 1 月 1 日起，山西、河北两省电力工业财政体制上划电力部。

- 5 月，西南电业管理局成立，管辖云、贵、川三省电力工业，在四川省内设立川东、川西、川南、渡口四个电业局。

- 12 月 5 日，全国第一座中央与地方集资兴建的山东省龙口坑口电厂正式开工兴建，第 1 期工程为 2 台 10 万千瓦机组和两条 220 千伏输变电工程。

- 12 月 7 日，浙江省与电力部达成协议，联合投资兴建大型火力发电站——台州电站。

1982 年 · 1 月，山东省电力工业局上划电力部。

- 3 月 8 日，国务院决定水利部、电力工业部两部重新合并为水利电力部，钱正英任部长，李鹏任第一副部长。

- 9 月，湖北省大冶有色金属公司建成一座余热发电站，是当时全国最大的余热电站。

1984 年 · 12 月，辽宁省清河发电厂 9 台汽轮发电机组（5×10 万千瓦，4×20 万千瓦）全部投产，成为当时中国最大的火力发电厂。该电厂于 1969 年 4 月动工兴建，1970 年 12 月第一台 10 万千瓦机组投产。

- 12 月 3—8 日，水电部召开电力体制改革座谈会。会议集中讨论了电力工业体制改革的问题。制定了《关于电力工业简政放权的规定》。

1985 年
- 6 月，水利电力部发出关于贯彻执行国务院批转国家经委等部门《关于鼓励集资办电和实行多种电价的暂行规定》的通知。
- 7 月 29 日，水电部颁发了《关于通过用电加价收取煤炭加价和运输加价款的实施细则》。
- 9 月，华能发电公司成立，隶属于国务院以煤代油专用资金办公室，专门从事电力开发及烧油电厂改造，并经营所属电力企业。
- 12 月 28 日，中国单机最大的 60 万千瓦火力发电机组在内蒙古元宝山电厂建成投产。

1986 年
- 11 月，中国制订了"七五"重点科技攻关项目。
- 12 月，河南省平顶山姚孟电厂 4×30 万千瓦亚临界压力机组全部建成投产。该电厂是 1970 年 11 月动工兴建的，分三期进行建设，一期工程安装了中国自行设计、制造的第一台 30 万千瓦亚临界压力机组。

1987 年
- 2 月，水利电力部科技司组织制定了《1986 年～2000 年电力工业科学技术发展纲要（草案）》。
- 5 月，《1986—2015 年电力发展纲要（草案）》编成。部领导及各司领导听取了六个大区 30 年规划的汇报。《纲要（草案）》提出，在 1985 年全国装 8000 万千瓦基础上，2000 年将达到 2.9 亿千瓦，2015 年将达到 5.8 亿千瓦；按照国家动力资源条件，火电、水电、核电并举；到 2015 年，火电将达到 3.8 亿千瓦。
- 6 月 30 日，我国引进美国技术制造的首台亚临界 30 万千瓦汽轮发电机组，在山东石横电厂投产。
- 9 月，国家计委、国家经委和水利电力部联合召开加快电力发展座谈会。李鹏代表国务院提出："政企分开、省为实体、联合电网、统一调度、集资办电"方针。其后，又提出在执行此方针时要"因地、因网制宜"。
- 9 月，江苏谏壁电厂全部建成。全厂装机容量为 162.5 万千瓦（1×2.5 万千瓦，2×5 万千瓦，3×10 万千瓦，4×30 万千瓦），是当时全国最大的火电厂。该厂始建于 1959 年，1965 年开始发电。经四期扩建，共安装 10 台机组。
- 9 月 15 日，国务院颁发《电力设施保护条例》。
- 12 月，山西省神头第一发电厂 2×7.5 万千瓦、2×20 万千瓦（苏制）、4×20 万千瓦（捷制）机组全部建成投产。该电厂是 1973 年 10 月动工兴建，分三期进行建设的。
- 12 月 7 日，中国发电设备总装机容量已超过 1 亿千瓦。这是中国电力工业发展史上具有重大意义的里程碑。

1988 年
- 4 月 9 日，七届全国人大第一次会议决定，原水利电力部的水电、火电部分与煤炭、石油、核电合并组成能源部，同时组件新的水利部，4 月 13 日，任命黄毅诚为能源部部长。

- 7月，经国务院批准，国家能源投资公司正式宣告成立。

- 7月，华能大连发电厂第一台机组（35万千瓦）投产。该厂于1986年8月动工兴建。

- 8月24日，国务院办公厅复函能源部和国家计委，同意成立中国华能集团公司，并同意该公司在国家计划中单列，在涉外活动中享有一定的对外审批权。中国华能集团公司在北京成立。该公司主要从事电力投资，以及金融、贸易、房地产、通信、变通等综合产业的开发。至1999年底，该公司合并资产总额1453亿元，净资产440亿元；全口径发电装机容量2748万千瓦，占全国总装机容量的9.2%。

- 8月，北京石景山热电厂第一台20万千瓦供热机组投产，是当时中国最大的供热机组。另两台20万千瓦供热机组分别于1989年、1991年投产，使该厂成为中国最大的热电厂。老厂始建于1919年，至1949年装机容量仅有5.5万千瓦，后经两次扩建，容量达10万千瓦。1983年老厂全部拆除，1985年动工兴建新厂。

- 10月，我国引进美国技术制造的首台亚临界60万千瓦机组，在安徽平圩电厂投产。

- 12月，华能福州电厂1、2号机组（各350兆瓦）投产。该厂是1986年动工兴建的。

1989年 · 12月，富拉尔基发电总厂4×30万千瓦机组全部建成投产。

1990年 · 9月，浙江省镇海发电厂2×12.5万千瓦、4×20万千瓦机组全部建成投产。该电厂是1976年3月动工兴建的，分三期进行建设。

- 12月，广州黄埔电厂最后一台30万千瓦机组建成投产，使该厂总装机达110万千瓦。

- 12月，在第七个五年计划期间（1986~1990年），新增装机容量5083.68万千瓦。至1990年底，全国总装机容量达13 789万千瓦，其中火电10 184.45万千瓦；年总发电量为6213.18亿千瓦·时，其中火电4949.68亿千瓦·时。

1992年 · 6月，河南焦作电厂6×20万千瓦机组全部建成投产。

- 7月，安徽平圩发电厂一期工程2×60万千瓦国产引进型机组全部建成投产。该厂规划装机4×60万千瓦，1号机组是国产第一台60万千瓦机组，于1988年12月建成投产。

1993年 · 1月，华北、东北、华东、华中、西北五大电力集团在北京人民大会堂集会，宣告五大电力集团正式成立。

- 3月，八届全国人大一次会议第四次大会通过了国务院机构改革方案，决定撤销能源部，分别组建电力工业部和煤炭工业部，同时撤销中国统配煤矿总公司。

- 4月，石洞口第二电厂一期工程2×60万千瓦超临界压力机组全部建成投产。

- 7月，广东省沙角 A 电厂 3×20 万千瓦、2×30 万千瓦全部建成投产。该电厂一期工程 3×20 万千瓦机组于 1983 年 9 月开工，1989 年 8 月建成；二期工程 2×30 万千瓦机组于 1989 年 9 月开工。
- 10月，山西省神头第二发电厂一期 2×50 万千瓦机组（捷制）全部建成投产。该电厂是 1988 年动工兴建的。
- 12月，国务院证券委批复电力工业部，同意山东华能发电股份有限公司和华能国际电力股份有限公司 1994 年到美国发行股票。

1994 年
- 6月，华能大连电厂获电力工业部"一流火力发电厂"称号。
- 6月，电力工业部首次全国电力科技工作会议在北京召开。会议提出：要面向 21 世纪，运用市场机制，发挥科技先导作用，促进电力工业发展。
- 10月，中国第一座垃圾发电厂——深圳市垃圾发电厂 4000 千瓦建成发电。
- 10月，中国电机工程学会成立 60 周年庆祝大会在北京人民大会堂举行。
- 11月，河北西柏坡电厂一期工程 2×30 万千瓦机组全部建成投产。1998 年 9 月，3 号机组建成投产。
- 12月，江苏省扬州第二发电厂一期工程引进 2×60 万千瓦机组汽轮机和锅炉设备合同签字仪式在北京人民大会堂举行。该项目是利用世界银行贷款进行主机设备国际招标的项目。1994 年 3 月，世界银行执董会批准贷款 3.5 亿美元。第一次采用了世界银行担保下的扩大联合融资方式，以较低成本筹集了 1.2 亿美元的银团贷款。

1995 年
- 3月31日，中国发电装机容量已经超过 2 亿千瓦。
- 7月，西北第一家中美合作开发的靖远电厂二期工程合同签字仪式在北京人民大会堂举行。该项目由国家开发投资公司、甘肃省电力投资开发公司、甘肃省电力公司、美国第一中华电力合作有限公司出资建设。1997 年 10 月，4×20 万千瓦、2×60 万千瓦机组全部建成投产。
- 7月，国务院新闻办公室举办记者招待会，发布中国发电装机容量已超过 2 亿千瓦。从 1 亿千瓦增长到 2 亿千瓦，仅用了 7 年零 3 个月时间。
- 11月，山东日照发电有限公司合作经营合同和章程签字仪式在北京人民大会堂举行，国务院总理李鹏和德国总理科尔出席了签字仪式。这是中国电力行业第一个以有限追索贷款方式完成项目融资的项目。该电厂一期 2×35 万千瓦机组，汽轮机和锅炉分别由德国的西门子公司和西班牙的福斯特惠勒公司提供，工程总投资约 50 亿元人民币，其中外资 3.5 亿美元，由德国复兴银行和西班牙中部关注银行提供。
- 12月，八届全国人大常委会第十七次会议通过了《中华人民共和国电力法》。同日，国家主席江泽民签署第 60 号主席令，公布了《电力法》，自 1996 年 4 月 1 日起施行。
- 12月，电力工业部、国家计委、国家经贸委、中国人民银行、机械工业部联合发出《关于严格控制小火电设备生产、建设的通知》，要求：无论是新建、扩建还是技改项目，因特殊情况需要采用 0.3 万～2.5 万千瓦小火电机组设备（包括柴油机）的，必须按投资限额和国家规定程序审批；0.3 万千瓦及以下冷凝式小火电机组严禁生产和建设。

- 12 月，陕西渭河电厂二期工程 2×30 万千瓦全部建成投产，使该厂总装机达到 130 万千瓦。
- 12 月，蒙荣古丰镇发电厂 6×20 万千瓦机组全部建成投产。该厂 3～6 号机组是采用带混合式凝汽器的间接空冷系统，是中国最大的空冷电站。
- 12 月，在第八个五年计划期间（1991—1995 年），新增装机容量 7173 万千瓦。至 1995 年底，全国总装机容量达 21 722 万千瓦，其中火电 16 294 万千瓦；年总发电量为 10 069 亿千瓦·时，其中火电 8073 亿千瓦·时。

1996 年
- 1 月，中国第一台国产优化 60 万千瓦机组——哈尔滨第三发电厂 3 号机组完成 168 小时试运行。
- 4 月，国家"八五"重点能源环保科研科目、中国第一座循环流化床锅炉示范电站——四川省内江循环流化床锅炉示范电站工程并发网发电。该项目是 1994 年 8 月开工建设的。
- 5 月，天津盘山发电厂一期工程 2×50 万千瓦超临界进口机组全部建成投产。二期工程 2×60 万千瓦国产机组，计划 2002 年建成。
- 7 月，电站锅炉煤清洁燃烧国家工程研究中心在西安成立。
- 8 月，广东省沙角 C 电厂 3×66 万千瓦机组建成投产，是中国当时单机容量最大和总装机容量最大的燃煤发电厂。该电厂 1993 年 1 月开工兴建，全部建设采用总承包交钥匙方式，全套设备从英、法、美三国引进。
- 11 月，电力工业部根据《国务院关于环境保护若干问题的决定》，印发了《关于进一步加强电力工业环境保护工作若干问题的意见》。
- 11 月，河北邯蜂发电厂一期工程 2×66 万千瓦机组设备进口合同签字仪式在北京人民大会堂举行。该项目由中德合资建设，中方出资 60%，德方出资 40%，境外融资采用有限追索项目融资方式，利用外资总额 5.027 亿美元。12 月开工兴建，计划 2001 年建成。规划装机 252 万千瓦。

1997 年
- 9 月，上海外高桥发电厂一期工程 4×30 万千瓦国产引进型机组全部建成投产。该厂利用世界银行贷款规划建设二期工程 2×90 万千瓦超临界进口机组。
- 9 月，广西来宾电厂 B 厂特许权协议签字仪式在北京人民大会堂举行。该电厂是 BOT 试点项目，计划安装 2×36 万千瓦燃煤发电机组，由法国电力公司和通用电气阿尔斯通联合体中标，总投资额为 6 亿多美元。运营 15 年后全部产权移交给广西壮族自治区政府。
- 11 月，山东石横发电厂乙站 4×30 万千瓦机组全部建成投产。
- 11 月，山东邹县发电厂 4×30 万千瓦，2×60 万千瓦机组全部建成投产。

1998 年
- 2 月，国家计委、国家经贸委、电力工业部和建设部联合印发了《关于发展热电联产的若干规定》。
- 3 月，九届全国人大一次会议批准国务院机构改革方案。方案说明中指出："电力行业已组建国家电力公司，电力工业部撤销，电力工业的政府管理职能并入国家经贸委。"
- 4 月，国务院决定，任命高严为国家电力公司总经理，免去史大桢的国家电力公司总经理职务。此前，1997 年 8 月、9 月，根据中共中央、国务院决定，高严任电力工业部党组书记兼国家电力公司党组书记，电力工业部副部长兼国家电力公司副总经理。
- 5 月，中国电力工程顾问有限公司在北京举行成立仪式。
- 7 月，国家电力公司下发系统内小火电机组停运计划表。至 2000 年底前，国家电力公司系统将停运小火电机组 681.5 万千瓦，其中低压凝汽机组 580.75 万千瓦，中压、高压机组 60.75 万千瓦，供热机组 40 万千瓦。
- 8 月，甘肃省平凉电厂 4×30 万千瓦机组正式开工建设。
- 10 月，中国第一座垃圾填埋气发电厂——杭州天子岭垃圾填埋气发电厂 2×970 千瓦机组建成发电。
- 11 月，内蒙古元宝山发电厂 1×30 万、2×60 万千瓦机组全部建成投产。其中第一台 60 万千瓦机组于 1985 年 12 月建成投产，当时中国最大的火电机组。
- 12 月，重庆华能珞璜电厂 4×36 万千瓦机组全部建成投产。该厂各机组均装有石灰石—石膏湿式烟气脱硫装置。
- 12 月，山东省聊城电厂 2×60 万千瓦机组正式开工兴建。

1999 年
- 3 月，由神华集团有限责任公司控股，并与国华能源投资有限公司共同出资组建的北京国华电力有限责任公司成立。至 2000 年底，该公司共拥有全资和控股的发电设备容量 400 万千瓦，总资产 230 亿元，净资产 43 亿元。
- 5 月，国务院办公厅批转国家经贸委《关于关停小火电机组有关问题的意见》。
- 6 月，山西太原第一热电厂六期扩建工程结束。全厂总装机容量达 138.6 万千瓦，成为目前中国最大的热电厂。
- 7 月，经国家有关部门批准，原国家电力公司电力科学研究院更名为中国电力科学研究院。
- 9 月，广东沙角 B 电厂在深圳举行移交典礼。这是中国内地第一个成功移交的 BOT 项目。
- 12 月，山西神头第二发电厂进口捷克、斯洛伐克 2×50 万千瓦发电设备合同签字仪式在北京人民大会堂举行。国务院总理朱镕基、捷克总理米洛什·泽曼出席了签字仪式。

2000 年
- 4 月，随着苏州工业园区华能发电厂 2 号 30 万千瓦机组的投产发电，中国发电装机总容量超过 3 亿千瓦。

- 6 月，中编办和国家经贸委联合提出《关于调整电力行政管理职能有关问题的意见》，要求 2000 年电力工业继续推进政企分开的改革，逐步完成撤销大区电业管理局和省级电力工业局的工作。至 2000 年底，已撤销江苏、河北、辽宁、天津、黑龙江、河南、湖南、山西、广东、海南、内蒙古等省市区电力工业局。

- 9 月，浙江北仑发电厂二期工程最后一台 60 万千瓦机组顺利通过 168 小时试运行，使该厂装机容量达到 300 万千瓦，成为当前中国最大的火力发电厂。

- 10 月，绥中发电厂一期工程 2×80 万千瓦机组全部建成投产。两台机组全套设备从俄罗斯等国引进，单机容量是中国目前最大的超临界压力机组。

- 10 月，国务院办公厅发出《关于电力体制改革有关问题的通知》。《通知》指出：1998 年 12 月国务院办公厅转发《国家经贸委关于深化电力工业体制改革有关问题的意见》后，经过各地努力，改革试点工作取得了一定成绩，为下一步继续深化电力体制改革积累了经验，打下了基础。根据目前改革试点工作的实际情况，国务院决定对已经开展的电力体制改革试点内容做必要调整。《通知》明确：由国家计委牵头，会同国家经贸委、财政部、国务院法制办、国务院体改办、国家电力公司及中国电力企业联合会等有关部门和单位组成的电力体制改革协调领导小组负责电力体制改革工作。《通知》对政企分开，竞价上网及以省为实体试点范围等问题做了明确规定。

- 至 12 月底，全国电力结构调整成效显著。1997—2000 年，累计关停小火电机组约 1000 万千瓦，其中国家电力公司系统 778 万千瓦。

2002 年
- 5 月，全国最大的生活垃圾焚烧电厂——上海浦东垃圾焚烧厂的 3 台焚烧炉和 2 台 8500 千瓦的发电机组于 29 日下午 5 时同时完成 168 小时试运行，具备投入商业运行的条件。该厂每天可处理城市生活垃圾 1000 吨，是目前全国最大的生活垃圾处理系统。

- 12 月 29 日，国务院电力体制改革工作小组在北京人民大会堂召开中国电力新组建（改组）公司成立大会。国家电网公司、中国南方电网公司、中国华能集团公司、中国大唐集团公司、中国华电集团公司、中国国电集团公司、中国电力投资集团公司、中国水电工程顾问集团公司、中国电力工程顾问集团公司、中国水利水电建设集团公司、中国葛洲坝集团公司正式宣布成立。新组建（改组）的 11 家公司正式宣告成立，实现了厂网分开，引入了竞争机制，它标志着电力工业在建立社会主义市场经济体制，加快社会主义现代化建设的宏伟事业中，进入了一个新的发展时期。

2003 年
- 3 月 20 日，国家电力监管委员会正式挂牌，作为新成立的国务院直属事业单位，开始履行电力监管职能。

- 11 月 30 日，平凉电厂 4 号机组并网发电，至此，平凉电厂一期工程全部建成。平凉电厂一期工程 1998 年开工兴建，总投资 51.8 亿元，建设规模为 4×30 万千瓦，是甘肃省历史上一次性投资最多、装机容量最大的火力发电工程。

2004 年 · 6 月 30 日，国务院常务会议讨论并原则通过《能源中长期发展规划纲要（2004—2020 年）（草案）》。《纲要》提出，要坚持把节约能源放在首位，实行全面、严格的节约能源制度和措施，显著提高能源利用效率；坚持以煤炭为主体、电力为中心、油气和新能源全面发展的战略。

· 11 月 23 日，中国首台 600 万千瓦国产化超临界燃煤机组——华能沁北电厂 1 号机组正式投入生产。这标志着中国电站设备制造和电力工业装备水平迈上了新台阶。

· 12 月，国家发展改革委《关于建立煤电价格联动机制的意见》正式出台，标志着电煤问题朝着市场化方向迈出一大步。

2005 年 · 4 月 21 日，我国首台 60 万千瓦直接空冷式机组在国电集团大同二电厂投产。

· 4 月 30 日，国家发展改革委发出通知，公布煤电价格联动实施方案。按此方案，自 5 月 1 日起全国销售电价平均每千瓦时提高 2.52 分钱，旨在解决自 2004 年 6 月以来煤炭价格上涨、部分电厂经营亏损及取消超发电价等对电价的影响。

· 12 月 27 日，中国华电集团浙江半山天然气发电工程 3 号机组正式投产发电。至此，中国最大天然气发电工程建成投产。浙江半山天然气发电工程是"西气东输"工程下游的最大发电项目，1 号燃气轮机和 2 号燃气轮机分别于 2005 年 8 月 1 日和 11 月 12 日投产。

· 12 月 27 日，随着国华电力宁海电厂 2 号机组的建成投产，中国电力装机突破 5 亿千瓦。发电装机从 4 亿千瓦到 5 亿千瓦共历时 19 个月。12 月 29 日，"庆祝中国电力装机突破 5 亿千瓦大会"在人民大会堂举行。

2006 年 · 5 月 29 日，国家环境保护总局与中国华能集团公司等 6 家电力企业签订了二氧化硫减排目标责任书。

· 8 月 22 日，内蒙古托克托电厂 8 号机组建成移交生产。托克托电厂规划容量为 8 台 60 万千瓦火电机组，分 4 期建设，以 500 千伏输电线路接入京津唐电网。一期工程于 2000 年 8 月 1 日开始建设，从 2003 年至 2006 年，每年投产两台机组，至 8 号机组投产，一至四期工程全部建成，总装机达 480 万千瓦，成为当时中国最大的火电厂。

· 11 月 1 日，国务院常务会议审议并原则通过了《关于"十一五"深化电力体制改革的实施意见》，明确了"十一五"期间电力改革的基本原则。

· 11 月 28 日和 12 月 4 日，浙江华能玉环电厂 1 号机组和山东华电国际邹县发电厂 7 号机组两台国产超超临界百万千瓦机组相继投产。2007 年 11 月 24 日，华能玉环电厂 4 号机组顺利投产，总容量达 400 万千瓦，成为世界上超超临界百万千瓦级容量最大的火电厂。

· 12 月 22 日　我国首台 30 万千瓦直接空冷供热机组——大唐太原第二热电厂六期扩建工程 10 号 30 万千瓦机组投产发电。该机组的投产填补了国内 30 万千瓦等级供热机组应用直接空冷技术领域的空白，对缺水地区的电力工程建设产生了积极影响。

- 12 月 27 日，2007 年煤炭产运需衔接电视电话会议在北京召开。以这次会议为标志，在我国延续了 50 多年的由政府直接组织召开的全国煤炭订货会结束，在国家宏观调控指导下，由企业自主衔接资源、协商定价的新机制基本确立。

- 12 月，随着华电国际邹县发电厂 7 号机组开始发电，中国发电装机容量超过 6 亿千瓦。发电装机容量从 5 亿千瓦发展到 6 亿千瓦共历时 12 个月。

- 全国发电装机容量达到 62 429.09 万千瓦，发电量达到 28 603.65 亿千瓦·时，全国电力供需基本平衡，电力工业结束了自 2002 年 6 月以来的持续缺电状况，开始步入电力结构调整、优化发展的重要时期。

2007 年

- 1 月 28 日，大唐安阳发电厂 2 台 10 万千瓦小火电机组实施了爆破拆除，拉开了 2007 年全国关停小火电机组的序幕。

- 1 月 29 日，全国电力工业"上大压小"节能减排工作会议在京召开。会上，中国华能集团公司等五大发电集团公司、国家电网公司、中国南方电网公司及 30 个省、市、自治区人民政府负责人与国家发展改革委签订了目标责任书，明确了"十一五"期间关停小火电机组的责任、措施和考核办法。

- 3 月 28 日，国家发展改革委、国家环保总局联合发布《现有燃煤电厂二氧化硫治理"十一五"规划》。该规划在分析我国燃煤电厂二氧化硫治理现状、面临的形势与任务的基础上，提出了现有燃煤电厂二氧化硫治理的指导思想、原则、主要目标、重点项目及保障措施。

- 4 月 11 日，国家发展改革委公布了《能源发展"十一五"规划》。该规划提出，要深化煤炭、石油天然气、电力、可再生能源等领域的体制改革，完善能源价格体系，到 2010 年，中国一次能源生产目标为 24.46 亿吨标准煤，五年年均增长 3.5%。

- 5 月 29 日，国家发展改革委、国家环保总局印发《燃煤发电机组脱硫电价及脱硫设施运行管理办法（试行）》。该办法于 2007 年 7 月 1 日起正式实施。

- 6 月 16 日，中国华能集团公司所属北方电力公司达拉特电厂 8 号 60 万千瓦燃煤机组投产，中国华能集团公司总装机容量率先迈上 6000 万千瓦，到 2007 年底，中国华能集团公司总装机容量突破 7000 万千瓦。

- 7 月 4 日，国家发展改革委办公厅、国家环保总局办公厅印发《关于开展烟气脱硫特许经营试点工作的通知》（发改办环资〔2007〕1570 号），决定开展火电厂烟气脱硫特许经营试点工作。这是推进污染治理专业化、市场化的一个重大举措，对于提高脱硫工程质量和设施投运率，加快烟气脱硫技术进步，实现烟气脱硫产业又好又快发展有着重要意义。

- 8 月 2 日，电力体制改革小组印发《关于电力资产财务划分有关遗留问题的通知》，标志着厂网分开遗留问题的处理取得了重大进展。

- 9 月 6 日，中国华能集团公司和澳大利亚联邦科学与工业研究组织签署《关于洁净煤发电及二氧化碳捕集与处理等技术研究的合作框架》协议。根据协议，双方将积极开展发电厂烟气二氧化碳的捕集与处理技术研究合作，并为在华能北京热电厂建设国内第一个燃煤电厂二氧化碳捕集试验示范项目提供技术支撑。

- 9月26日，国务院常务会议通过了《国家环境保护"十一五"规划》，11月22日正式印发。《规划》围绕实现国家"十一五"规划确定的主要污染物排放总量控制目标，对水、大气、固体废物、生态安全、农村污染防治、海洋、核与辐射环境安全等重点领域的环保工作做出了全面规划，明确了目标、任务和措施。

- 11月8日，中国首台国产60万千瓦空冷脱硫燃煤发电机组——华能铜川电厂1号机组投产发电；12月12日，2号机组投产，一期工程建成。铜川电厂一期工程是国家空冷机组国产化依托项目。

- 11月24日，华能玉环电厂4号机组顺利投产。华能玉环电厂成为世界上超超临界百万千瓦级容量最大的火电厂。

- 11月30日，国电庄河电厂60万千瓦超临界机组国产自动化控制系统投产、国电谏壁电厂百万千瓦超超临界机组国产自动化控制系统项目合作协议签字仪式在北京举行，标志着我国高端自动化控制系统实现重大技术突破，自动化控制领域自主创新再上新台阶。

- 12月4日，随着国电泰州发电有限公司一期2×100万千瓦超超临界1号燃煤机组投产，我国电力装机容量突破7亿千瓦。

- 12月11日，中国华电集团公司与英国益可环境金融集团公司、德意志银行在北京签署《CDM全面战略合作框架协议暨超超临界项目碳减排条款书》。这是我国电力行业二氧化碳减排第一笔超超临界购碳协议，也是二氧化碳减排出售单笔之最。

- 12月26日，国内首个"燃煤发电厂年捕集二氧化碳3000吨试验示范工程项目"在华能北京热电厂开工建设，2008年7月16日建成投运。

- 12月，随着国电泰州发电有限公司百万千瓦的1号机组开始发电，中国发电装机容量已超过7亿千瓦。发电装机容量从6亿千瓦发展到7亿千瓦历时1年。

2008年 - 1月3日，国家环保总局、国家发展改革委印发《国家酸雨和二氧化硫污染防治"十一五"规划》。《规划》要求，到2010年，火电行业二氧化硫排放量控制在1000万吨以内，单位发电量二氧化硫排放强度比2005年降低50%。

- 3月15日，十一届全国人大第一次会议批准了《国务院机构改革方案》。根据这一方案，国家加强能源管理机构；设立高层次议事协调机构国家能源委员会；组建国家能源局，由国家发展改革委管理。7月30日，国家能源局正式成立。国家能源局的成立，标志着我国能源管理体制发生重要变革。

- 6月19日，为防止煤、电价格轮番上涨，促进煤炭和电力行业协调、稳定、健康发展，国家发展改革委颁布《关于对全国发电用煤实施临时价格干预措施的公告》，决定自 2008 年 6 月 19 日起至 2008 年 12 月 31 日，对全国发电用煤实施临时价格干预措施。

- 7 月 31 日，国家能源局和中电联在人民大会堂为国电泰州发电有限公司 1 号机组成为全国 7 亿千瓦标志性机组举行了授牌仪式。

- 8 月 14 日，中国华电集团公司、哈尔滨空调股份有限公司与中国电力工程顾问集团科技开发股份有限公司联合体在北京举行百万千瓦发电机组空冷技术装备自主化项目合作协议签字仪式，标志全球首个百万千瓦超超临界空冷机组项目正式启动。

- 8 月 20 日，国家发展改革委下发了《关于提高火力发电企业上网电价有关问题的通知》，决定自 2008 年 8 月 20 日起，适当提高火力发电企业上网电价水平，燃煤机组标杆上网电价同步调整。电网经营企业对电力用户的销售电价暂不做调整。

2009 年
- 6 月 14 日，世界首例海水脱硫百万千瓦机组——华能海门电厂 1 号机组并网发电。海门电厂是南方电网区域内首座百万千瓦超超临界燃煤发电厂，该机组是全国首个脱硫、脱硝与主体工程同步建设、同步投运的建设项目，污水处理率 100%。

- 7 月 6 日，华能绿色煤电天津 IGCC（联合循环发电系统）示范电站在天津临港工业区正式开工。该项目是国内第一座、世界第六座 IGCC 发电站。

- 7 月 30 日，国家能源局宣布，上半年全国关停小火电机组 1989 万千瓦，至此，"十一五"期间全国淘汰小火电机组已突破 5407 万千瓦，提前一年半完成"十一五"关停 5000 万千瓦小火电的任务。

- 11 月 19 日，国家发展改革委出台新一轮电价调整方案，自 11 月 20 日起将全国销售电价每千瓦时平均提高 2.8 分钱，并对各地区标杆上网电价做了有升有降的调整。按照"突出重点、促进环保、推进改革、关注民生"的原则，统筹解决了 2008 年 8 月 20 日火电企业上网电价上调对电网企业的影响；提高了可再生能源电价附加标准，适当解决了电厂脱硫加价对电网的影响。居民电价暂不调整。

- 12 月 15 日，国家发展改革委发布《完善煤炭产运需衔接工作的指导意见》，宣布取消 2010 年度煤炭视频会、衔接会以及合同汇总会。2010 年度以后，煤炭和电力企业将完全自主进行煤炭价格谈判。自此，从 1993 年开始的全国煤炭订货会正式"谢幕"。

2010 年
- 1 月 22 日，国务院办公厅发出通知（国办发〔2010〕12 号），根据十一届全国人大一次会议审议批准的国务院机构改革方案和《国务院关于议事协调机构设置的通知》（国发〔2008〕13 号）精神，国务院决定成立国家能源委员会，国务院总理温家宝任主任。国家能源委员会的主要职责是负责研究拟订国家能源发展战略，审议能源安全和能源发展中的重大问题，统筹协调国内能源开发和能源国际合作的重大事项。

- 4月17日，华能长春热电厂2号机组投入商业运营。该机组是全国首座国产35万千瓦超临界燃煤供热机组。
- 6月28日，国内首个具有完全自主知识产权的30万千瓦等级循环流化床火力发电厂——神华神东电力公司郭家湾电厂1号机组通过168小时满负荷试运。
- 9月15日，我国电力总装机容量突破9亿千瓦。
- 10月13日，我国具有自主知识产权的首台2000吨/天干煤粉加压气化炉成功制造完成。此举标志着我国自主知识产权的两段式干煤粉加压气化技术在大规模工业化的道路上又迈出了重要一步。2000吨/天干煤粉加压气化炉是华能天津IGCC示范电站项目的关键设备，由华能集团公司所属西安热工院开发研制，技术上处于国际先进水平，工程造价比国外同类气化炉低40%左右。
- 12月28日，全球首台百万千瓦级超超临界空冷机组——华电宁夏灵武发电有限公司二期工程3号机组正式投产。该机组的核心设备和技术均拥有自主知识产权。

2011年
- 4月25日，华电宁夏灵武发电有限公司二期工程4号机组投产。至此，该公司2台百万千瓦超超临界空冷机组全部建成投产，成为全国最大的空冷发电基地。
- 6月16日，华电集团公司与俄罗斯第二地区电力公司关于华电捷宁斯卡娅燃机项目公司股东协议在俄罗斯首都莫斯科签订。中国国家主席胡锦涛和俄罗斯总统梅德韦杰夫出席签字仪式。
- 6月24日，国家能源局组织召开了国家700摄氏度超超临界燃煤发电技术创新联盟第一次理事会和技术委员会会议，标志着我国700摄氏度超超临界燃煤发电技术研发计划正式启动。
- 7月29日，环境保护部与国家质量监督检验检疫总局联合发布新修订的《火电厂大气污染物排放标准》（GB 13223—2011），新标准于2012年1月1日正式实施。新标准大幅度提高了火电厂大气污染物排放限值，被称为"世界最严火电环保标准"。
- 9月29日，两大电力建设集团——中国电力建设集团有限公司、中国能源建设集团有限公司挂牌成立，电网主辅分离改革取得重大进展，中央电力企业布局结构调整迈出历史性步伐。
- 11月29日，国家发展改革委发出通知，宣布对发电用煤实施价格临时干预措施。
- 12月20日，国家能源局正式发函确认2011年7月15日并网投产的中电投集团公司新疆乌苏热电厂2号机组为全国发电装机容量突破10亿千瓦标志性机组。

2012年
- 9月19日，国内首台超超临界二次再热火电机组——国电泰州发电厂二期百万千瓦超超临界二次再热燃煤发电示范项目奠基。

- 12 月 12 日，中国首座煤气化联合循环电站——华能天津 IGCC 示范电站投产，标志着我国洁净煤发电技术取得了重大突破。

- 12 月 20 日，国务院办公厅印发《关于深化电煤市场化改革的指导意见》，决定自 2013 年起，取消重点合同，取消电煤价格双轨制，建立电煤产运需衔接新机制。

2013 年
- 1 月 1 日，根据环境保护部和国家发展改革委联合印发《关于加快燃煤电厂脱硝设施验收及落实脱硝电价政策有关工作的通知》，脱硝电价政策由 14 个省份试点扩大到全国所有省份。

- 3 月 15 日，陕西省科学技术厅组织专家对西安热工院完成的"FCS165 现场总线控制系统的研发和工程示范"科技成果进行鉴定，认为该技术填补了国内空白，达到国际领先水平。

- 3 月，国务院重新组建国家能源局，完善能源监督管理体制。将国家能源局、电监会的职责整合，不再保留电监会。改革后，能源局继续由发展改革委管理。

- 4 月 9 日，由中国华能集团公司承担、依托华能天津 IGCC 电站示范工程的"25 万千瓦 IGCC 系统试验和示范""2000 吨/天级干煤粉加压气化技术开发与示范"和"IGCC 联产系统运行及控制技术"三项国家"十一五"863 计划重大项目课题在天津顺利通过国家科技部组织的验收。

- 4 月 14 日，中国神华集团公司四川白马循环流化床示范电站有限责任公司 60 万千瓦超临界循环流化床（CFB）示范机组成功投入商业运行，标志着中国自主研发、具有完全自主知识产权的世界首创 60 万千瓦超临界循环流化床发电示范机组建设取得圆满成功，是中国电力装备制造技术取得的重大突破。

- 4 月 24 日，由华能清洁能源研究院开发的中国首套燃气烟气二氧化碳捕集装置在华能清能院密云试验基地完成了第一阶段示范运行，累计运行 3887 小时。

- 5 月 15 日，大唐环境技术公司大唐南京环保公司的平板式脱硝催化剂 4 条生产线全线达标投产，最大年产能达 4 万米 ^{3}，这标志着技术领先、世界产能最大的平板式脱硝催化剂生产线基地正式建成。

- 6 月 8 日，中国能建所属中国电力工程顾问集团华东电力设计院承担勘测设计任务的中电国际安徽淮南平圩电厂三期 2×100 万千瓦燃煤发电机组工程正式开工建设。该项目融合了发、输、变电三大领域当时最先进的技术，是新时期厂网合作的典范。

- 9 月 27 日，大唐安徽淮北发电厂虎山"上大压小"项目 1 号机组（66 万千瓦超临界凝汽式机组）顺利通过 168 小时试运行并网成功。

- 9 月 30 日，国家发展改革委印发《国家发展改革委关于调整发电企业上网电价有关事项的通知》（发改价格〔2013〕1942 号），本次电价下调为全国性火电上网电价下调，除新疆和云南外，其余地区每千瓦时下调 0.9～2.5 分，火电上网电价的调整自 2013 年 9 月 25 日起执行。

- 10 月 29 日，中国华电集团江苏华电句容分公司一期工程 2 台百万千瓦超超临界燃煤发电机组实现"双投"。该项目采用 2 台百万千瓦级超超临界燃煤发电机组，除尘系统在国内首次应用"移动电极"技术，烟粉尘排放浓度降低到 30 毫克/米 ^{3}。

- 11 月 22 日，华能天津 IGCC 项目被亚洲开发银行评为"2012 年度最佳表现贷款项目"。

- 12 月 25 日，华能集团九台电厂 2 号机组（66 万千瓦）实现连续安全稳定运行 365 天，刷新了国内大型褐煤塔式锅炉的连续运行纪录。

- 截至 2013 年底，中国发电装机容量达到 12.57 亿千瓦，发电装机总规模超越美国，成为世界第一。

2014 年
- 1 月 16 日，世界单机容量最大、参数最高的机组——新疆农六师煤电有限公司二期工程 5 号机组 110 万千瓦超超临界空冷工程首台机组完成 168 小时试运行投产发电，树立了火电建设领域新标杆，引领世界火电进入了单机容量 110 万千瓦的新纪元。

- 1 月 20 日，神华集团和印尼国家电力公司（PLN）共同签署了"印尼南苏煤电 2×300 兆瓦（或 1×600 兆瓦）扩建项目合作谅解备忘录"（MOU），签约仪式在印尼首都雅加达 PLN 总部举行。

- 4 月 8 日，国家能源局印发《大气污染防治工作任务分解落实意见的通知（2013—2017 年）》（国能大气〔2014〕146 号），进一步贯彻落实国务院《大气十条》和《能源行业加强大气污染防治工作方案》。

- 5 月 22 日，越南沿海二期 2×660 兆瓦燃煤电项目正式通过国家发展改革委核准，标志着中国华电集团公司在海外市场的发展迈向了一个新的台阶。

- 6 月 19 日，国务院办公厅印发《能源发展战略行动计划 2014—2020 年》（国办发〔2014〕31 号）。

- 6 月 23 日，国家能源局在北京组织召开全国"十三五"能源规划工作会议，部署动员"十三五"能源规划编制工作。

- 6 月 25 日，全国首台"近零排放"煤电机组——神华集团国华舟山发电公司 4 号 35 万千瓦国产超临界机组完成 168 小时试运行正式投产。同时，华能、大唐、国电、华国、浙能等发电集团也纷纷推进煤电机组"超低排放"技术改造。中国迎来"煤电清洁化"的新时代。

- 7 月 21 日，神华集团国华三河电厂 1 号机组"近零排放"改造项目 168 小时试运圆满结束，标志着京津冀地区首台"近零排放"燃煤发电机组改造项目顺利完成并正式移交生产。

- 8 月 24 日，神华集团国神天津大港发电厂环保示范电厂建设通过以中国工程院院士郝吉明为组长的专家组验收，标志着大港发电厂在全国率先建成了环保示范电厂。

- 9 月上旬，华能集团西安热工院国家重点实验室成功研发了华能集团首个拥有完全自主知识产权与多项国家发明专利的尿素水解制氨装置。尿素水解制氨技术在烟台电厂脱硝环保改造工程中率先应用。

- 9 月 12 日，国家发展改革委、环境保护部、国家能源局联合印发《煤电节能减排升级与改造行动计划（2014—2020 年）》（发改能源〔2014〕2093 号）。

- 9 月 17 日，浙能六横电厂一期 2×1000 兆瓦超超临界燃煤机组全面投产发电，作为全国首个百万千瓦级超低排放与主体工程"同步设计、同步建设、同步投产"的燃煤发电厂，其大气污染物实现"近零排放"。

- 11 月 26 日，华电莱州公司一期工程获得国家级最高工程质量奖国家优质工程金质奖。

- 12 月 29 日，随着长兴电厂"上大压小"工程 2 号机组投产，华能集团可控发电装机容量突破 1.5 亿千瓦，成为当时全球装机规模最大的发电企业。

2015 年
- 1 月 6 日，神华国能集团公司世界首个百万千瓦级间接空冷燃煤机组电厂获得宁夏回族自治区发展改革委核准。

- 2 月 9 日，神华集团重庆万州港电公司 1 号发电机组顺利通过 168 小时试运行。该机组是国内首台高效一次再热超净排放 105 万千瓦机组。

- 3 月 4 日，华能天津 IGCC 电站成功完成机组满负荷冲击试验，实现投运以来首次满负荷运行。

- 3 月 6 日，华能宁夏公司大坝电厂四期工程 2×66 万千瓦燃煤机组项目正式开工建设。该项目是宁东—浙江±800 千伏特高压直流输电工程配套电源项目之一。

- 3 月 15 日，《中共中央、国务院关于进一步深化电力体制改革的若干意见》（中发〔2015〕9 号）下发，标志着新一轮电力体制改革大幕开启。

- 3 月 20 日，神华集团北京热电厂 1 号机组正式与电网解列。按照停机计划安排，北京热电厂 2 号机已于 3 月 19 日先期停机。至此，该厂两台燃煤机组功率从此全部归零，服务首都近 60 年、为首都经济和社会发展做出巨大贡献的神华国华北京热电厂正式关停。

- 4 月 13 日，国家能源局下达《关于 2015 年电力行业淘汰落后产能目标任务的通知》（国能电力〔2015〕119 号），要求全国范围内 2015 年底前淘汰 423.4 万千瓦落后小火电机组。

- 5 月 6 日，华能长兴电厂 2 台 66 万千瓦超超临界高效超净排放燃煤机组首次同时实现满负荷运行，总出力达 132 万千瓦，实现了机组"安全、经济、环保"运行的三大设计目标。

- 5 月 17 日，华能洛阳热电联产工程 1 号、2 号机组分别于 5 月 17 日和 6 月 7 日顺利通过 168 小时满负荷试运行，投入商业运行，标志着中国首个超净排放单系列辅机 35 万千瓦热电联产工程投产，也标志着河南省新建热电联产燃煤电厂超净排放实现了"零"的突破。

- 5 月 26 日，神华集团鸳鸯湖电厂二期 2×1100 兆瓦机组扩建工程浇注第一方混凝土，世界首个百万千瓦级超超临界间接空冷燃煤机组正式开工建设。

- 6 月 5 日，华电集团截至当时最大海外投资项目——印尼巴厘岛 3×142 兆瓦燃煤电厂项目 1 号机组顺利通过 168 小时满负荷试运行，正式投产发电。

- 6 月 27 日，中国首台 66 万千瓦超超临界二次再热发电机组——安源电厂新建工程 1 号机组通过 168 小时连续满负荷试运行，脱硫、脱硝装置同步投运。8 月 24 日，安源电厂 2 号机组完成 168 小时试运，超净排放环保系统同步完工投运。试运期间，安源电厂机组平均供电煤耗率 272.66 克/（千瓦·时），比 2014 年国内同容量一次再热火电机组平均水平低 19.97 克/（千瓦·时），两台机组每年可节约标准煤 14.5 万吨。

- 7 月 14 日，江苏省发展改革委下发《关于核准华电句容二期扩建工程项目的批复》（苏发改能源发〔2015〕678 号），句容二期扩建项目获得核准。这是国家审批权限下放后江苏省核准的首个大型火电项目。

- 7 月 15 日，山西省发展改革委核准左权电厂 2×66 万千瓦低热值煤发电项目。

- 7 月 15 日，中国电力投资集团公司与国家核电技术公司合并重组的国家电力投资集团公司，在北京举行揭牌仪式，宣布正式成立。

- 7 月 24 日，神华集团哈密电厂 4 号机组通过 168 小时试运行并投入生产运营，哈密电厂 4 台机组全部投入生产运营，成为新疆地区总装机容量最大的火力发电厂。

- 7 月 31 日，中巴经济走廊首个能源项目——华能巴基斯坦萨希瓦尔燃煤电站举行主厂房第一方混凝土浇筑仪式，标志着萨希瓦尔燃煤电站建设全面启动。

- 9 月 1 日，国电南京自动化股份有限公司武汉天和公司自主研发的 300 千瓦以上大功率无级可调等离子体发生器、智能点火系统、煤粉燃烧器，实现了低反应性煤粉（贫煤）稳定燃烧。该技术达到国际先进水平，填补了国内外等离子体点燃贫煤的技术空白。

- 9 月 6 日，陕西省发展改革委核准华能铜川电厂二期扩建项目。该项目是关中地区首个获核准的百万千瓦机组建设项目。

- 9 月 22 日，华能伊春热电厂 1 号机组顺利通过 168 小时试运行。12 月 22 日，伊春热电厂 2 号机组通过 168 小时试运行，该工程 2 台机组试运行期间均实现了超低排放。项目建成后，可替代 3 座小电厂及 200 多座分散的小锅炉，满足伊春市中心城区 1250 万米^{2}供热需求。

- 9 月 23 日，神华集团灵州电厂 2×135 兆瓦循环流化床锅炉机组环保示范电厂通过验收，在全国率先建成具备超低排放能力 CFB 机组，也是神华集团首台具备超低排放能力的 CFB 机组。

- 9月25日17时58分，由中电工程华东院公司设计、江苏电建三公司承建的世界首台百万千瓦超超临界二次再热火电机组——国电泰州电厂3号机组顺利通过168小时满负荷试运行，投产发电。
- 9月28日，神华集团神东电力河曲发电公司2×350兆瓦低热值煤发电工程1号机组通过168小时满负荷试运行。该项目是神华集团投产的首台350兆瓦超临界循环流化床机组，也是世界上投产的第二台350兆瓦超临界循环流化床机组。
- 10月8日，神华国华孟津电厂成为河南省首家超低排放燃煤发电企业。
- 10月26日，神华国能集团大港发电厂成为天津市第一个获得超低排放上网电价政策支持的企业，也是天津市第一个全厂机组一次取得超低排放上网电价的企业。
- 11月6日，华能威海电厂6号机组节能先进技术集成应用与示范及环保超低排放改造项目正式启动。项目包括13项节能先进技术改造项目，同步实施4项环保改造项目，改造后机组烟尘、二氧化硫、氮氧化物排放浓度达到超低排放标准。
- 11月11日，神华国华三河电厂成为京津冀地区首家煤电超低排放企业。
- 11月11日，神华集团神皖能源公司成为安徽省唯一获得超低排放电价加价的电力公司。
- 11月16日，国电泰州发电公司世界首台百万千瓦超超临界二次再热燃煤发电机组完成性能试验，各项指标数据全部达到了设计和攻关要求，机组发电效率47.82%，发电煤耗率256.8克/（千瓦·时），供电煤耗率为266.5克/（千瓦·时），各项环保指标全面优于国家超低排放限值，是当时世界上综合指标最优的火电机组。
- 11月27日，华能日照电厂1号、2号、4号机组顺利通过了山东省环境保护厅组织的项目竣工环保验收。至此，该厂4台机组全部通过了燃煤机组超低排放验收，成为山东省首家全部机组通过超低排放验收的发电企业。
- 12月24日，华能莱芜电厂6号机组顺利完成168小时满负荷试运行，标志着华能集团公司和山东省首台百万千瓦级超超临界二次再热机组正式投产。
- 12月30日，由华能集团牵头的中国首个700摄氏度关键部件验证试验平台在华能南京电厂成功投运并成功实现700摄氏度稳定运行，验证平台建设取得圆满成功，标志着中国新一代先进发电技术——700摄氏度超超临界燃煤发电技术的研究开发工作取得了重要阶段性成果，表明中国已经初步掌握700摄氏度先进超超临界发电技术所涉及的高温材料冶炼、部件制造加工和现场焊接等关键技术。

2016年 · 1月15日，国家能源局组织召开加快推进煤电超低排放和节能改造动员大会。会议提出，全国新建机组平均供电煤耗率低于300克/（千瓦·时），有条件的新建机组都将实现超低排放。

- 6 月 28 日，国家能源局与环境保护部联合印发《2016 年各省（区、市）煤电超低排放和节能改造目标任务的通知》（国能电力〔2016〕184 号），对全国各省（区、市）煤电超低排放和节能改造目标任务进行部署，其中超低排放改造目标为 25 436 万千瓦，节能改造目标为 18 940 万千瓦。

- 6 月 28 日，国家能源局综合司下达《火电灵活性改造试点项目的通知》（国能综电力〔2016〕397 号），确定丹东电厂等 16 个项目为提升火电灵活性改造试点项目。

- 7 月 10 日，依托天津 IGCC 电站建成的中国首套燃煤电厂燃烧前二氧化碳捕集装置，完成 72 小时满负荷连续运行测试，向近零排放的煤基能源清洁发电迈出了关键一步。

- 11 月 7 日，国家发展改革委、国家能源局发布《电力发展"十三五"规划》。预计到 2020 年，全社会用电量 6.8 万亿～7.2 万亿千瓦·时，年均增长 3.6%～4.8%，全国发电装机容量 20 亿千瓦，年均增长 5.5%，人均装机突破 1.4 千瓦，人均用电量 5000 千瓦·时左右，接近中等发达国家水平，电能占终端能源消费比重达到 27%。

- 11 月 17 日，中国华电集团首台 66 万千瓦/28 兆帕/600 摄氏度/620 摄氏度高效超超临界抽凝供热机组——华电国际电力股份有限公司十里泉发电厂 8 号机组一次通过 168 小时满负荷试运行。

- 11 月 22 日（巴基斯坦时间），华能集团山东如意巴基斯坦萨希瓦尔 2×66 万千瓦燃煤电站工程 1 号机组锅炉水压试验一次成功，锅炉本体安装、受热面系统的管道焊接及一次密封工作全部完成，比计划提前了 70 天。当地时间 12 月 12 日，该工程 2 号机组锅炉水压试验一次成功，比里程碑计划提前了 78 天。

2017 年
- 2 月 25 日，内蒙古大唐国际托克托发电有限责任公司五期工程 10 号机组顺利通过 168 小时试运行，该公司总装机达到 672 万千瓦，成为世界上在役的最大火力发电厂。

- 5 月 24 日，华能集团巴基斯坦萨希瓦尔燃煤电站 1 号机组通过 168 小时满负荷试运行，成为中巴经济走廊首台投产的高效清洁燃煤发电机组。

- 6 月 8 日，中国能建承建的中巴经济走廊首个能源项目——萨希瓦尔燃煤电站 2 号机组正式建成投产。

- 7 月 3 日，华能集团巴基斯坦萨希瓦尔燃煤电站项目竣工仪式在巴基斯坦旁遮普省萨希瓦尔举办，中国国家发展改革委副主任、国家能源局局长出席仪式并讲话。巴基斯坦旁遮普首席部长夏巴兹·谢里夫、中国驻巴基斯坦大使孙卫东出席活动。竣工庆典仪式的举行，标志着中巴经济走廊框架内首个早期收获重大能源项目暨中国企业在海外投资建设的最大规模燃煤电站全面建成并投产发电。

- 7 月 13 日，华电国际十里泉电厂"上大压小"扩建项目第二台 66 万千瓦机组一次通过 168 小时满负荷试运行，标志着中国华电集团也是全国首个高效超超临界抽凝供热项目竣工投产。

- 11 月 2 日，国家发展改革委批复《关于新核准煤电机组电量计划安排的复函》（发改办运行〔2017〕1794 号），明确 2015 年 3 月 15 日"9 号文"颁布实施后核准的煤电机组，原则上不再安排发电计划，投产后一律纳入市场交易和由市场形成价格。政府制定优先发电、优先购电计划，保障清洁能源发电、调节性电源发电优先上网。

- 11 月 21 日，国电泰州电厂二次再热燃煤发电示范工程、国电哈密大南湖煤电一体化 2×660 兆瓦工程荣获中国施工企业管理协会 2016—2017 年度国家优质工程金质奖。

2018 年
- 1 月 8 日，2017 年度国家科学技术奖励大会在人民大会堂举行。"燃煤机组超低排放关键技术研发及应用"项目获得国家技术发明奖一等奖。

- 3 月，国家能源局主办的清洁能源部长级会议（CEM）"发电侧灵活性规模化提升国际研讨会"在大连举行。庄电公司作为国内火电灵活性改造示范单位，接待了来自国家能源局、国际能源署、德国国际合作机构（GIZ）、欧洲 AGORA 能源智库、日本电源株式会社以及国内各地能源局、发电和电网企业、设计单位、科研院校代表的调研观摩，"庄电模式"获得业界广泛认可。

- 3 月 17 日，十三届全国人大一次会议批准《国务院机构改革方案》，组建生态环境部，统一实行生态环境保护执法。

- 4 月，国家发展改革委、工信部、国家能源局、财政部等 6 部门联合印发《关于做好 2018 年重点领域化解过剩产能工作的通知》，明确了 2018 年再压减钢铁产能 3000 万吨左右，退出煤炭产能 1.5 亿吨左右，淘汰关停不达标的 30 万千瓦以下煤电机组的目标任务。

- 4 月 15 日 20 时 18 分，国家能源集团蚌埠电厂二期扩建项目（2×66 万千瓦）工程 3 号机组圆满完成 168 小时连续满负荷试验，正式投入商业运行。

- 5 月，召开的全国第八次生态环境保护大会上，正式确立了习近平生态文明思想，这是在中国生态环境保护历史上具有里程碑意义的重大理论成果，为环境战略政策改革与创新提供了思想指引和实践指南。

- 5 月 15 日，内蒙古国华准格尔发电有限责任公司废水零排放改造项目正式投产。该项目使用超滤以及反渗透膜法处理技术，运营费用低、处理能力强，处理后的污水能达到相当于矿泉水的水质。

- 5 月 28 日，越南永新燃煤电厂一期 2×62 万千瓦工程 1 号机组 168 小时试运行一次成功。越南永新燃煤电厂一期项目设计、建设完全采用中国标准，真正实现"中国制造"，带动中国国内融资、设计、装备、施工"走出去"。

- 6 月 27 日，中共中央国务院《关于打赢蓝天保卫战三年行动计划的通知》（国发〔2018〕22 号）提出要加快发展清洁能源和新能源。

- 6 月，湖北华电襄阳发电有限公司生物质气化耦合发电 6 号机组项目被国家能源局、生态环境部遴选为国家燃煤耦合农林生物质发电技改试点项目；当年 7 月 7 日，秸秆项目制气试验成功，各项参数达到设计要求，这是中国第一个利用农林秸秆为主要原料的生物质气化与燃煤耦合发电项目。

- 9 月 26 日，天津 IGCC 电站正常停机，机组整套装置连续运行达到 3993 小时（166.4 天），创造了 IGCC 机组最长连续运行的世界纪录，标志着中国煤炭资源绿色开发和清洁低碳高效利用技术处于世界领先水平。

- 10 月 20 日，越南永新燃煤电厂一期 2×62 万千瓦工程 2 号机组 168 小时试运行一次成功，机组各系统设备运行平稳，主要运行参数指标符合合同、规范和设计要求。

- 12 月 16 日 11 时 18 分，江苏华电句容发电有限公司 3 号机组成功通过 168 小时满负荷试运行，正式投产。

- 12 月 23 日，亚洲首个多技术开放国际碳捕集技术测试平台，华润电力海丰碳捕集测试项目开始调试并捕集首吨二氧化碳。

- 12 月 31 日，国家能源集团宿迁发电有限公司 2×66 万千瓦机组 3 号机组顺利通过 168 小时满负荷试运行，各项性能和环保指标均达到设计值。

2019 年
- 4 月 3 日，华电襄阳生物质气化耦合项目成为全国首个通过评估检查的燃煤耦合生物质发电技改试点项目。

- 5 月 9 日，国家发改委发布《2019 年煤电化解过剩产能工作要点》，其中明确了 2019 年目标任务为淘汰关停不达标的落后煤电机组（含燃煤自备机组），依法依规清理整顿违规建设煤电项目，发布实施煤电规划建设风险预警，有序推动项目核准建设，严控煤电新增产能规模，按需合理安排应急备用电源和应急调峰储备电源。

- 6 月 4 日，国家能源集团宿迁发电有限公司 2×66 万千瓦机组 4 号机组，顺利通过 168 小时满负荷试运行。

- 8 月 10 日 9 时 58 分，徐州华润电力有限公司 32 万千瓦 3 号机组高温亚临界综合升级改造项目一次性顺利通过 168 小时满负荷试运行，并举行了移交生产交接仪式。

- 11 月 27 日，国务院新闻办公室举行了《中国应对气候变化的政策与行动 2019 年度报告》发布会。生态环境部气候司负责人介绍，通过积极稳妥地推进全国碳排放权交易市场建设，已经取得了积极进展。

- 12 月 7 日，广东大唐国际雷州电厂"上大压小"新建工程 1 号机组 168 小时试运行圆满成功。

- 12 月 13 日，爪哇 7 号项目 1 号机组一次性通过 168 小时满负荷试运行，试运期间各系统运行正常，技术指标优良，满足连续稳定运行要求，顺利签署商业运营日期证书及移交生产交接书。这标志着印尼电力建设史上装机容量最大、参数最高、技术最先进、指标最优的高效环保型电站正式投产。

2020 年 · 1 月 10 日上午，2019 年度国家科学技术奖励大会隆重召开，"新型多温区 SCR 脱硝催化剂与低能耗脱硝技术及应用"获国家科学技术进步奖二等奖。

· 6 月 5 日，浙江浙能长兴发电有限公司中水深度回用系统正式建成投运，该系统以中水回用于电厂循环冷却水系统为基础，进一步将中水用于发电机组的锅炉补给水。至此，该公司每年可节约水资源 1600 万吨，实现生产全过程"地表水零取用"，结合先前投运的"废水零排放"系统，该公司成为全国首家"双零"燃煤电厂。

· 6 月 7 日上午 9 时，山东首例"烟道蒸发"高盐废水零排放项目在华电山东莱城发电厂圆满完成 168 小时试运投入运行。该项目通过烟气余热对高盐废水进行蒸发浓缩，再利用高温烟气对浓缩后的废水进行蒸发干燥，盐分析出后形成副产品，实现以废治废、循环利用。

· 8 月 20 日，中国企业在海外投资建设的单机容量最大、拥有自主知识产权的火电机组——国家能源集团国华印尼爪哇 7 号 2×105 万千瓦燃煤发电工程（爪哇 7 号项目）2 号机组首次顺利并入印尼爪哇巴厘电网，标志着项目全面建成。

· 11 月 11 日 18 时 18 分，大唐东营发电有限公司 1 号机组——世界首台百万千瓦超超临界、二次再热、六缸六排汽燃煤发电机组顺利完成 168 小时满负荷试运行，机组各系统运行平稳，各指标参数优良。

附　录

附录 A　1978—2020 年发电装机容量及比重

1978—2020 年发电装机容量及比重　　　　单位：万千瓦，%

年份	总计	水电		火电		核电		风电		太阳能发电	
		容量	比重	容量	比重	容量	比重	容量	比重	容量	比重
1978	5712	1728	30.3	3984	69.7						
1979	6302	1911	30.3	4391	69.7						
1980	6587	2032	30.8	4555	69.2						
1985	8705	2641	30.3	6064	69.7						
1990	13 789	3605	26.1	10 184	73.9						
1995	21 722	5218	24.0	16 294	75.0	210	1.0				
2000	31 932	7935	24.8	23 754	74.4	210	0.7				
2001	33 849	8301	24.5	25 314	74.8	210	0.6				
2002	35 657	8607	24.1	26 555	74.5	447	1.3				
2003	39 141	9490	24.2	28 977	74.0	619	1.6				
2004	44 239	10 524	23.8	32 948	74.5	684	1.5				
2005	51 718	11 739	22.7	39 138	75.7	685	1.3	106	0.2		
2006	62 370	13 029	20.9	48 382	77.6	685	1.1	207	0.3		
2007	71 822	14 823	20.6	55 607	77.4	885	1.2	420	0.6		
2008	79 273	17 260	21.8	60 286	76.1	885	1.1	839	1.1		
2009	87 410	19 629	22.5	65 108	74.5	908	1.0	1760	2.0		
2010	96 641	21 606	22.4	70 967	73.4	1082	1.1	2958	3.1		
2011	106 253	23 298	21.9	76 834	72.3	1257	1.2	4623	4.4	222	0.2
2012	114 676	24 947	21.8	81 968	71.5	1257	1.1	6142	5.4	341	0.3
2013	125 768	28 044	22.3	87 009	69.2	1466	1.2	7652	6.1	1589	1.3
2014	137 887	30 486	22.1	93 232	67.6	2008	1.5	9657	7.0	2486	1.8
2015	152 527	31 954	20.9	100 554	65.9	2717	1.8	13 075	8.6	4218	2.8
2016	165 051	33 207	20.1	106 094	64.3	3364	2.0	14 747	8.9	7631	4.6
2017	178 451	34 411	19.3	111 009	62.2	3582	2.0	16 325	9.1	12 942	7.3
2018	190 012	35 259	18.6	114 408	60.2	4466	2.4	18 427	9.7	17 433	9.2
2019	201 006	35 804	17.8	118 957	59.2	4874	2.4	20 915	10.4	20 429	10.2
2020	220 204	37 028	16.8	124 624	56.6	4989	2.3	28 165	12.8	25 356	11.5

附录 B　1978—2020 年发电量及比重

1978—2020 年发电量及比重　　　　　　　单位：亿千瓦·时，%

年份	总计	水电		火电		核电		风电		太阳能发电	
		发电量	比重	发电量	比重	发电量	比重	发电量	比重	发电量	比重
1978	2566	446	17.4	2119	82.6						
1979	2820	501	17.8	2318	82.2						
1980	3006	582	19.4	2424	80.6						
1985	4107	924	22.5	3183	77.5						
1990	6213	1263	20.3	4950	79.7						
1995	10 069	1868	18.6	8074	80.2	128	1.3				
2000	13 685	2431	17.8	11 079	81.0	167	1.2				
2001	14 839	2611	17.6	12 045	81.2	175	1.2				
2002	16 542	2746	16.6	13 522	81.7	265	1.6				
2003	19 052	2813	14.8	15 790	82.9	439	2.3				
2004	21 944	3310	15.1	18 104	82.5	505	2.3				
2005	24 975	3964	15.9	20 437	81.8	531	2.1	16	0.1		
2006	28 499	4148	14.6	23 741	83.3	548	1.9	28	0.1		
2007	32 644	4714	14.4	27 207	83.3	629	1.9	57	0.2		
2008	34 510	5655	16.4	28 030	81.2	692	2.0	131	0.4		
2009	36 812	5717	15.5	30 117	81.8	701	1.9	276	0.8		
2010	42 278	6867	16.2	34 166	80.8	747	1.8	494	1.2		
2011	47 306	6681	14.1	39 003	82.4	872	1.8	741	1.6	6	
2012	49 865	8556	17.2	39 255	78.7	983	2.0	1030	2.1	36	0.1
2013	53 721	8921	16.6	42 216	78.6	1115	2.1	1383	2.6	84	0.2
2014	56 801	10 601	18.7	43 030	75.8	1332	2.3	1598	2.8	235	0.4
2015	57 400	11 127	19.4	42 307	73.7	1714	3.0	1856	3.2	395	0.7
2016	60 228	11 748	19.5	43 273	71.8	2132	3.5	2409	4.0	665	1.1
2017	64 529	11 947	18.5	45 877	71.1	2481	3.8	3046	4.7	1178	1.8
2018	69 947	12 321	17.6	49 249	70.4	2950	4.2	3658	5.2	1769	2.5
2019	73 269	13 021	17.8	50 465	68.9	3487	4.8	4053	5.5	2240	3.1
2020	76 264	13 553	17.8	51 770	67.9	3662	4.8	4665	6.1	2611	3.4

附录C　2016—2020年主要发电企业火电机组装机情况

2016—2020年主要发电企业火电机组分容量等级发电装机容量情况

单位：台，万千瓦

地区	2016年		2017年		2018年		2019年		2020年	
	台	容量	台	容量	台	容量	台	容量	台	容量
合计	1968	73 309	2039	76 670	1995	76 673	2077	81 698	2173	84 603
机组≥100	90	9051	97	9791	101	10 183	118	12 150	123	12 399
60≤机组<100	462	29 258	481	30 573	485	30 828	510	32 462	537	34 288
30≤机组<60	840	27 882	874	29 170	870	29 124	913	30 737	931	31 450
20≤机组<30	176	3727	165	3492	144	3062	142	3025	139	2977
10≤机组<20	200	2795	212	3017	195	2807	177	2554	180	2632
0.6≤机组<10	200	595	210	626	200	669	217	769	263	856

注：本表基于中国华能集团有限公司、中国大唐集团有限公司、中国华电集团有限公司、国家能源投资集团有限责任公司、国家电力投资集团有限公司、国投电力控股股份有限公司、中国核工业集团有限公司、中国长江三峡集团有限公司、华润电力控股有限公司、黄河万家寨水利枢纽有限公司、新力能源开发有限公司、北京能源集团有限责任公司、河北建设投资集团有限责任公司、晋能控股山西电力股份有限公司、申能股份有限公司、江苏省国信资产管理集团有限公司、浙江省能源集团有限公司、安徽省皖能股份有限公司、江西省投资集团有限公司、广东省能源集团有限公司、中国广核集团有限公司、广州发展集团股份有限公司、深圳能源集团股份有限公司、甘肃电力投资集团有限责任公司、中铝宁夏能源集团有限公司等公司报送数据汇总得出。

附录 D　2016—2020 年主要发电企业火电机组发电量情况

2016—2020 年主要发电企业火电机组分容量等级发电量情况

单位：亿千瓦·时

地区	2016 年	2017 年	2018 年	2019 年	2020 年
合计	29 400	31 715	33 398	34 482	34 097
机组≥100	4029	4629	5044	5447	5429
60≤机组<100	12 045	13 038	13 827	14 147	13 985
30≤机组<60	10 640	11 398	11 988	12 540	12 297
20≤机组<30	1382	1336	1226	1199	1177
10≤机组<20	1043	1058	1052	835	871
0.6≤机组<10	261	254	261	314	338

注：本表基于中国华能集团有限公司、中国大唐集团有限公司、中国华电集团有限公司、国家能源投资集团有限责任公司、国家电力投资集团有限公司、国投电力控股股份有限公司、中国核工业集团有限公司、中国长江三峡集团有限公司、华润电力控股有限公司、黄河万家寨水利枢纽有限公司、新力能源开发有限公司、北京能源集团有限责任公司、河北建设投资集团有限责任公司、普能控股山西电力股份有限公司、申能股份有限公司、江苏省国信资产管理集团有限公司、浙江省能源集团有限公司、安徽省皖能股份有限公司、江西省投资集团有限公司、广东省能源集团有限公司、中国广核集团有限公司、广州发展集团股份有限公司、深圳能源集团股份有限公司、甘肃电力投资集团有限责任公司、中铝宁夏能源集团有限公司等公司报送数据汇总得出。

附录 E　2016—2020 年主要发电企业火电机组利用小时情况

2016—2020 年主要发电企业火电机组分容量等级利用小时情况　　　单位：小时

地区	2016 年	2017 年	2018 年	2019 年	2020 年
合计	4086	4229	4436	4365	4164
机组≥100	4672	4847	5089	4748	4597
60≤机组＜100	4172	4333	4510	4563	4261
30≤机组＜60	3875	4010	4235	4133	3978
20≤机组＜30	3766	3861	4005	4009	3972
10≤机组＜20	3759	3609	3828	3305	3389
0.6≤机组＜10	4841	4575	4325	4431	4128

注：本表基于中国华能集团有限公司、中国大唐集团有限公司、中国华电集团有限公司、国家能源投资集团有限责任公司、国家电力投资集团有限公司、国投电力控股股份有限公司、中国核工业集团有限公司、中国长江三峡集团有限公司、华润电力控股有限公司、黄河万家寨水利枢纽有限公司、新力能源开发有限公司、北京能源集团有限责任公司、河北建设投资集团有限责任公司、晋能控股山西电力股份有限公司、申能股份有限公司、江苏省国信资产管理集团有限公司、浙江省能源集团有限公司、安徽省皖能股份有限公司、江西省投资集团有限公司、广东省能源集团有限公司、中国广核集团有限公司、广州发展集团股份有限公司、深圳能源集团股份有限公司、甘肃电力投资集团有限责任公司、中铝宁夏能源集团有限公司等公司报送数据汇总得出。

附录 F　2016—2020 年主要发电企业火电机组发电煤耗情况

2016—2020 年主要发电企业火电机组分容量等级发电标准煤耗情况

单位：克/（千瓦·时）

地区	2016 年	2017 年	2018 年	2019 年	2020 年
合计	289.0	287.7	285.5	285.4	282.9
机组≥100	274.2	273.6	273.0	273.8	273.2
60≤机组<100	290.4	289.4	288.3	290.9	286.8
30≤机组<60	290.8	289.5	287.2	285.3	283.2
20≤机组<30	295.5	289.6	286.4	284.2	281.7
10≤机组<20	297.9	296.2	288.4	273.4	275.4
0.6≤机组<10	317.8	331.2	289.9	276.2	291.1

注：本表基于中国华能集团有限公司、中国大唐集团有限公司、中国华电集团有限公司、国家能源投资集团有限责任公司、国家电力投资集团有限公司、国投电力控股股份有限公司、中国核工业集团有限公司、中国长江三峡集团有限公司、华润电力控股有限公司、黄河万家寨水利枢纽有限公司、新力能源开发有限公司、北京能源集团有限责任公司、河北建设投资集团有限责任公司、晋能控股山西电力股份有限公司、申能股份有限公司、江苏省国信资产管理集团有限公司、浙江省能源集团有限公司、安徽省皖能股份有限公司、江西省投资集团有限公司、广东省能源集团有限公司、中国广核集团有限公司、广州发展集团股份有限公司、深圳能源集团股份有限公司、甘肃电力投资集团有限责任公司、中铝宁夏能源集团有限公司等公司报送数据汇总得出。

索　引

索 引

583

参 考 文 献

[1] 张彬. 当代中国的电力工业 [M]. 北京：当代中国出版社，1994.

[2] 张彬. 中国电力工业志 [M]. 北京：当代中国出版社，1998.

[3] 李代耕. 新中国电力工业发展史略 [M]. 北京：企业管理出版社，1984.

[4] 李代耕. 中国电力工业发展史料——解放前的七十年（1879—1949）[M]. 北京：水利电力出版社，1983.

[5] 李鹏. 李鹏回忆录（1928—1983）[M]. 北京：中央文献出版社、中国电力出版社，2014.

[6] 李鹏. 电力要先行 电力日记 [M]. 北京：中国电力出版社，2005.

[7] 黄毅诚. 历史的经验 [M]. 北京：中国电力出版社，2008.

[8] 全国政协文史和学习委员会. 回忆国民党政府资源委员会 [M]. 北京：中国文史出版社，2015.

[9] 《中国电力年鉴》编委会. 1993 中国电力年鉴 [M]. 北京：中国电力出版社，1995.

[10] 《中国电力年鉴》编委会. 1994 中国电力年鉴 [M]. 北京：中国电力出版社，1996.

[11] 《中国电力年鉴》编委会. 1995 中国电力年鉴 [M]. 北京：中国电力出版社，1996.

[12] 《中国电力年鉴》编委会. 1996—1997 中国电力年鉴 [M]. 北京：中国电力出版社，1997.

[13] 《中国电力年鉴》编委会. 1998 中国电力年鉴 [M]. 北京：中国电力出版社，1998.

[14] 《中国电力年鉴》编委会. 1999 中国电力年鉴 [M]. 北京：中国电力出版社，1999.

[15] 《中国电力年鉴》编委会. 2000 中国电力年鉴 [M]. 北京：中国电力出版社，2000.

[16] 《中国电力年鉴》编委会. 2001 中国电力年鉴 [M]. 北京：中国电力出版社，2001.

[17] 《中国电力年鉴》编委会. 2002 中国电力年鉴 [M]. 北京：中国电力出版社，2002.

[18] 《中国电力年鉴》编委会. 2003 中国电力年鉴 [M]. 北京：中国电力出版社，2003.

[19] 《中国电力年鉴》编委会. 2004 中国电力年鉴 [M]. 北京：中国电力出版社，2004.

[20] 《中国电力年鉴》编委会. 2005 中国电力年鉴 [M]. 北京：中国电力出版社，2005.

[21] 《中国电力年鉴》编委会. 2006 中国电力年鉴 [M]. 北京：中国电力出版社，2006.

[22] 《中国电力年鉴》编委会. 2007 中国电力年鉴 [M]. 北京：中国电力出版社，2007.

[23] 《中国电力年鉴》编委会. 2008 中国电力年鉴 [M]. 北京：中国电力出版社，2008.

[24] 《中国电力年鉴》编委会. 2009 中国电力年鉴 [M]. 北京：中国电力出版社，2009.

[25] 《中国电力年鉴》编委会. 2010 中国电力年鉴 [M]. 北京：中国电力出版社，2010.

[26] 《中国电力年鉴》编委会. 2011 中国电力年鉴 [M]. 北京：中国电力出版社，2011.

[27] 《中国电力年鉴》编委会. 2012 中国电力年鉴 [M]. 北京：中国电力出版社，2012.

[28] 《中国电力年鉴》编委会. 2013 中国电力年鉴 [M]. 北京：中国电力出版社，2013.

[29] 《中国电力年鉴》编委会. 2014 中国电力年鉴 [M]. 北京：中国电力出版社，2014.

［30］《中国电力年鉴》编委会. 2015 中国电力年鉴［M］. 北京：中国电力出版社，2015.

［31］《中国电力年鉴》编委会. 2016 中国电力年鉴［M］. 北京：中国电力出版社，2016.

［32］《中国电力年鉴》编委会. 2017 中国电力年鉴［M］. 北京：中国电力出版社，2017.

［33］《中国电力年鉴》编委会. 2018 中国电力年鉴［M］. 北京：中国电力出版社，2018.

［34］《中国电力年鉴》编委会. 2019 中国电力年鉴［M］. 北京：中国电力出版社，2019.

［35］《中国电力年鉴》编委会. 2020 中国电力年鉴［M］. 北京：中国电力出版社，2020.

［36］河北电力工业史编委会. 中华人民共和国电力工业史·河北卷［M］. 北京：中国电力出版社，2004.

［37］东北电力工业史编辑室. 中华人民共和国电力工业史·东北卷［M］. 北京：中国电力出版社，2005.

［38］《湖南省电力工业史》编委会. 中华人民共和国电力工业史·湖南卷［M］. 北京：中国电力出版社，2003.

［39］山西省电力公司. 中华人民共和国电力工业史·山西卷［M］. 北京：中国电力出版社，2008.

［40］《江苏省电力工业史》编委会. 中华人民共和国电力工业史·江苏卷［M］. 北京：中国电力出版社，2004.

［41］《四川省电力工业史》编委会. 中华人民共和国电力工业史·四川卷［M］. 北京：中国电力出版社，2003.

［42］《山东省电力工业史》编委会. 中华人民共和国电力工业史·山东卷［M］. 北京：中国电力出版社，2003.

［43］内蒙古电力（集团）有限责任公司史志办公室. 中华人民共和国电力工业史·内蒙古卷［M］. 中国电力出版社，2006.

［44］《福建省电力工业史》编委会. 中华人民共和国电力工业史·福建卷［M］. 北京：中国电力出版社，2002.

［45］《吉林省电力工业史》编委会. 中华人民共和国电力工业史·吉林卷［M］. 北京：中国电力出版社，2005.

［46］《江西省电力工业史》编委会. 中华人民共和国电力工业史·江西卷［M］. 北京：中国电力出版社，2003.

［47］西北电力工业史编辑室. 中华人民共和国电力工业史·西北卷［M］. 北京：中国电力出版社，2005.

［48］宁夏电力工业史编委会. 中华人民共和国电力工业史·宁夏卷［M］. 北京：中国电力出版社，2002.

［49］《甘肃省电力工业史》编委会. 中华人民共和国电力工业史·甘肃卷［M］. 北京：中国电力出版社，2003.

［50］《广东省电力工业史》编委会. 中华人民共和国电力工业史·广东卷［M］. 北京：中国电力出版社，2003.

［51］《青海省电力工业史》编委会. 中华人民共和国电力工业史·青海卷［M］. 北京：中国电力出版社，2004.

［52］新疆电力工业史编委会. 中华人民共和国电力工业史·新疆卷［M］. 北京：中国电力出版社，2004.

［53］《海南省电力工业史》编委会. 中华人民共和国电力工业史·海南卷［M］. 北京：中国电力出版社，2003.

［54］ 广西电力工业史编委会. 中华人民共和国电力工业史·广西卷［M］. 北京：中国电力出版社，2004.

［55］ 浙江电力工业史编委会. 中华人民共和国电力工业史·浙江卷［M］. 北京：中国电力出版社，2004.

［56］《云南省电力工业史》编委会. 中华人民共和国电力工业史·云南卷［M］. 北京：中国电力出版社，2004.

［57］《贵州省电力工业史》编委会. 中华人民共和国电力工业史·贵州卷［M］. 北京：中国电力出版社，2003.

［58］《重庆电力工业史》编委会. 中华人民共和国电力工业史·重庆卷［M］. 北京：中国电力出版社，2004.

［59］《华中电力工业史》编委会. 中华人民共和国电力工业史·华中卷［M］. 北京：中国电力出版社，2003.

［60］《河南省电力工业史》编委会. 中华人民共和国电力工业史·河南卷［M］. 北京：中国电力出版社，2003.

［61］《天津市电力工业史》编委会. 中华人民共和国电力工业史·天津卷［M］. 北京：中国电力出版社，2004.

［62］《北京市电力工业史》编委会. 中华人民共和国电力工业史·北京卷［M］. 北京：中国电力出版社，2004.

［63］《辽宁省电力工业史》编委会. 中华人民共和国电力工业史·辽宁卷［M］. 北京：中国电力出版社，2004.

［64］《上海市电力工业史》编委会. 中华人民共和国电力工业史·上海卷［M］. 北京：中国电力出版社，2003.

［65］ 中国电力企业联合会.改革开放四十年的中国电力［M］. 北京：中国电力出版社，2018.

［66］《中国电力百科全书》编辑委员会，《中国电力百科全书》编辑部编. 中国电力百科全书·火力发电卷［M］. 3版. 北京：中国电力出版社，2014.

《中国电力工业史　火力发电卷》
主要编辑出版人员

责任编辑　赵鸣志　宋红梅　安小丹　孙建英
　　　　　孙　芳　刘汝青　娄雪芳　畅　舒
　　　　　闫柏杞
设计负责　李东梅
封面设计　王红柳
正文设计　赵姗姗
责任校对　黄　蓓　朱丽芳　马　宁
责任印制　邹树群　吴　迪　单　玲